国家及各地区
国民经济和社会发展
“十二五”规划纲要

（下）

国家发展和改革委员会 编

人民出版社

目　录 Contents

上　册

中 册

下 册

广西壮族自治区国民经济和社会发展第十二个五年规划纲要

（2011 年 1 月 21 日广西壮族自治区
第十一届人民代表大会第四次会议通过）

广西壮族自治区国民经济和社会发展第十二个五年（2011—2015 年）规划纲要根据《中共广西壮族自治区委员会关于制定国民经济和社会发展第十二个五年规划的建议》编制，对“十二五”时期科学发展和加快转变经济发展方式，推进“富民强桂”新跨越作出重大部署，是全区各族人民共同的行动纲领。

第一章　开创“富民强桂”新局面

“十二五”时期是我区科学发展、和谐发展、跨越发展，加快“富民强桂”的关键时期，是深化改革开放、加快转变经济发展方式的攻坚时期，必须适应新形势，抢抓新机遇，完成新使命，实现新跨越。

第一节　“十一五”时期经济社会发展跃上新台阶

“十一五”时期是我区发展史上极不平凡的五年。面对百年不遇的雨雪冰冻灾害、百年不遇的国际金融危机冲击、百年不遇的特大干旱灾害，在党中央、国务院正确领导下，自治区党委、政府审时度势，坚持发展这个党执政兴国的第一要务，以科学发展观为统领，坚决贯彻落实中央的方针政策，紧密结合实际，及时作出一系列重大决策部署，团结带领全区各族人民，克难攻坚，锐意进取，“十一五”规划确定的目标任务胜利完成，经济社会发展和人民生活水平迈上新的台阶。“十一五”时期成为我区发展最好的时期之一。

——经济实力明显增强。经济较快增长，初步统计年均增速 13.9%，增幅进入全国前列，质量效益明显提高。实现地区生产总值、人均地区生产总值、财政收入、工业增加值、服务业增加值、规模以上工业企业利润总额、全社会固定资产投资、社会消费品零售总额、进出口总额、实际利用外资、金融机构存款和贷款余额12个主要指标翻一番以上。

——基础设施支撑能力大幅提升。基础设施建设累计投入8000亿元左右，开工和续建铁路29条，区内建设里程3300公里，新增营运里程500公里，总营运里程达到3200公里；开工和续建高速公路39条3400公里，新建成1235公里，建成总里程达到2574公里；全区新增公路3.95万公里，总里程达到10.18万公里，基本实现地级市通高速公路、县县通二级以上公路、乡乡通油路和村村通公路。港口吞吐能力达到1.82亿吨，其中沿海港口1.22亿吨。机场年旅客吞吐量达到1201万人次，开通9条通往东盟国家的国际航线，西南出海大通道发挥重要作用。发电总装机容量2530万千瓦，其中水电装机1510万千瓦，成为国家"西电东送"重要电源基地。

——产业结构调整取得重大进展。三次产业结构由22.9∶37.9∶39.2调整为17.6∶47.4∶35.0，工业化率由1.39提高到2.31，工业增加值比重由31.7%提高到40.6%，工业化进入中期阶段。工业总产值突破万亿元，食品、汽车、冶金率先成为千亿元产业，上汽通用五菱成为国内首个汽车产量突破100万辆的企业，柳钢跻身全国千万吨钢企行列，自主研发的中级轿车等新产品填补区内空白；食糖产量占全国总产量的66%，微型汽车、轮式装载机、柴油内燃机等产品市场占有率全国第一，氧化铝产能660万吨，汽车135万辆，水泥9000万吨，炼油1200万吨，炼钢1200万吨；柳钢、上汽通用五菱主营业务收入均突破400亿元，玉柴超过300亿元，强优企业年销售收入超30亿元的由11家增加到30家，工业园区年产值超100亿元的由3个增加到15个，柳州高新技术产业开发区升格为国家高新技术产业开发区。特色优势农业加快发展，农业综合生产能力显著提高，甘蔗、蚕茧、木薯、速丰林、八角等特色农产品产量稳居全国首位，优质稻、香蕉、柑橘、蔬菜、食用菌、中药材等产量排全国前列，农产品质量安全水平不断提升。旅游总收入达到952.9亿元，年均增长25.6%。物流、金融、信息、会展等现代服务业快速发展。

——城乡建设成就显著。城镇化加快推进，城镇化率达到40.6%，城镇人口突破2000万人，城镇建成区面积增加到2197平方公里，城市道路1万公里以上，供水普及率92%，燃气普及率90%以上，桥梁、电网、排水、通信、公交、污水和垃圾处理等市政设施进一步完善。中心城市新区与产业园区同步规划建设，产业、人口集聚加快，人居环境明显改善，城市魅力进一步凸显，辐射带动能力不断增强。南宁市荣获"全国文明城市"和"联合国人居奖"，柳州市荣获"国家园林城市"和"中国人居环境范例奖"，桂林市荣获"国家环境保护模范城市"和"全国绿化模范城市"，北海市荣获"国家级生态示范区"和"中国历史文化名城"称号。县城建设提速，形成一批各具特色的重点镇。新农村建设取得可喜成效，行政村通电率100%，户通电率99.55%，20户以上通电自然村通电话、通广播电视，80%以上的行政村能上网，涌现出300多个各具特色的新典型，全面实施城乡清洁工程和城乡风貌改造，农村生活条件极大改善，城乡风貌焕然一新。

——"两区一带"协调发展。广西北部湾经济区开放开发上升为国家战略，经济区发展规划实施取得明显成效，年均经济增速高于全区2.4个百分点，经济总量占全区比重达31.8%，沿海现代重化工业布局加快形成，北部湾港跨入亿吨大港行列，建成钦州保税港区、南宁保税物流中心、凭祥综合保税区和北海出口加工区等海关特殊监管区，成为全国发展最快、活力最强、潜力最大的新增长区域之一。西江黄金水道建设全面推进，建成南宁至贵港千吨级、贵港至梧州两千吨级高等级航道，内河港口吞吐能力6000万吨，沿江中心城市形成汽车、机械、冶金、高新技术及建材等产业布局，承接东部产业转移势头迅猛，带动西江经济带快速发展。桂西优势资源开发力度加大，铝、锰、有色金属、水能、制糖、红色旅游、农产品加工等在全国有重要影响的特色优势产业基地发展壮大。

——重大项目建设取得历史性成就。全社会固定资产投资累计2.25万亿元，全区建设重大项目累计7610项，总投资3.24万亿元，其中开工6867项，竣工投产3814项，完成投资1.3万亿元。中石油钦州千万吨炼油厂投产，填补了西南地区没有大型炼油厂的空白；防城港红沙核电开工，成为西部地区首座建设的核电站；龙滩水电站投产，成为全国运营的第二大水电站；洛湛铁路通车，改写了梧州、贺州市无铁路的历史。南宁至广州高速铁路开工，标志着我区进入铁路现代化建设新时代。

——生态建设成果丰硕。加快推进生态文明示范区建设，国家下达的"十一五"节能减排目标和淘汰落后产能任务全面完成，重点行业、企业能耗水平和排污强度较大幅度下降。我区成为全国第9个、西部第2个县县建成污水处理设施的省区，城镇污水集中处理率、生活垃圾无害化处理率分别由8.8%、32.9%提高到60.6%和61.2%。制糖行业循环经济发展新模式走在全国前列，电解锰环境综合整治全国领先。全区森林覆盖率达58%，排全国第4位；新建沼气池106万座，总数达到371.3万座，农户入户率46.4%，居全国首位。成为全国第一个封闭使用非粮车用燃料乙醇的省区。设区城市空气质量优良率99%以上，重点流域水质达标率100%，近岸海域环境达标率85%。"山青水秀生态美"成为一大优势和亮丽品牌。

——文化软实力实现大提升。城乡社区基本公共文化服务体系建立完善。广西民族博物馆、广西科技馆、广西体育中心主体育场等标志性工程建成使用，广西城市规划展示馆、广西美术馆、广西铜鼓馆等重大文化项目开工建设。文化惠民工程硕果累累，广播、电视人口覆盖率分别达到95%、97%。广播影视数字化取得突破，在全国率先完成城市有线电视数字化整体转换。南宁国际民歌艺术节、《印象·刘三姐》等一批彰显广西民族气派的优秀文化品牌享誉中外，一批优秀文学作品、舞台艺术精品剧目和广播影视剧获国内外大奖，漓江画派在国内美术界独树一帜。建成一批文化名城名镇名街名村。文物和非物质文化遗产得到保护传承。少数民族传统体育活动深入开展，竞技体育屡创佳绩。出版和报业实力居西部地区前列。组建一批文化产业集团，打造一批重点文化产业基地。以东盟为重点的国际文化交流不断扩大。

——社会建设全面加强。实施第四轮科技创新计划成效明显，攻克一批重大共性关键技术，铝电解预焙槽控制技术迈入世界先进行列，世界首台可再生空气混合动力柴油发动机、世界最大的机械式硫化机、我国最大的轮式装载机等研制成功，世界首例亚种间克隆水牛、首例冷冻胚胎克隆水牛成功培育。专利授权量实现翻番，建成36个国家和自治区级重点实验室、85个企业工程技术中心、40个博士后工作站、126个人才小高地，组建23个自治区级千亿元产业研发中心，引进2500多名海内外高层次人才。教育发展十大重点工程和十大改革试点启动实施，农村教育"两基"攻坚目标提前实现，城乡免费义务教育全面实施，三年职业教育攻坚任务胜利完成，中等职业教育在校生规模实现翻番，高等教育在校生规模超过70万人，家庭经济困难学生资助实现全覆盖。城乡社区基层医疗机构和公共卫生服务体系不断完善，艾滋病攻坚、地中海贫血防治等重大疾病预防控制能力增强。人口和计划生育服务水平不断提高。整合资源建设村级公共服务中心取得突破。老龄、妇女儿童、残疾人、社会福利、慈善等各项事业取得新成绩。

——人民生活显著改善。全区各级财政在教育、卫生、社会保障和就业、文化等民生领域投入累计达到3305.15亿元，增长2.61倍。扶贫开发、以工代赈、易地安置搬迁扎实推进，实施兴边富民行动和扶持人口较少民族发展规划成效突出，大石山区五县、桂西五县、重点库区等基础设施建设大会战以及桂西北少数民族村寨改造三年任务全面完成，大石山区人畜饮水工程建设大会战加快推进。解决1063.7万人口的饮水安全问题，帮助114万农村人口脱贫，大中型水库移民后期扶持政策全面落实，改造26.23万户农村居民和华侨农林场危房，16.34万户城镇居民享受廉租住房。社会保险待遇大幅提高，养老、医疗、失业、工伤和生育保险参保人数共达2077万人次，新型农村合作医疗农民参合率达到93.1%，220多万农村居民参加新型农村养老保险，建成五保村6852个，集中供养对象10万人。新增农村劳动力转移就业396.45万人，新增城镇就业188.32万人，城镇登记失业率每年控制在4.5%以内，64万城市居民和316万农村居民享受最低生活保障，基本实现应保尽保。连续5年全力为民办实事，群众最关心的切身利益问题得到有效解决。战胜历史罕见的雨雪冰冻、特大干旱和严重洪涝灾害，灾后群众生产生活有效恢复。城镇居民人均可支配收入达到17064元，农民人均纯收入达到4543元，年均增长分别达到13.9%和12.7%。居民消费价格年均涨幅3.2%，物价基本稳定。

——*改革开放实现重大突破*。行政管理机构新一轮改革任务全面完成，政府职能加快转变，国有企业、财税、金融、投资、价格等重点领域改革和农村综合改革深化推进，广西北部湾国际港务集团、北部湾投资集团和北部湾银行，以及广西交通、铁路、金融、有色、旅游、城建、西江开发等投融资平台成功组建并发挥重要作用。财税改革扎实推进，在14个县推行自治区直管县财政管理方式改革试点。推行重大项目集中联合审批制度。医药卫生体制五项重点改革全面推进，国家基本药物制度稳步实施。资源性产品价格和环保收费改革稳步进行。集体林权制度改革基本完成勘界确权任务。玉林等市统筹城乡改革试点进展顺利。非公有制经济规模占全区经济总量比重达到55%左右，在促进就业、扩大投资、增加财政收入等方面发挥重要作用。成功承办中国—东盟博览会和商务与投资峰会、泛北部湾经济合作论坛、中国—东盟自由贸易区论坛及中越青年大联欢等活动，形成中国—东盟合作“南宁渠道”。5个东盟国家在南宁设立领事机构，泛北部湾、大湄公河、中越“两廊一圈”等次区域合作及南宁—新加坡经济走廊建设务实推进，中越跨境经济合作区建设积极推动。与世界五大洲26个国家建立58对国际友好城市，居西部地区首位。积极参与上海世界博览会，展示广西新形象。在大陆省市自治区中率先赴台成功举办大规模综合性经贸文化交流活动，桂台实现全方位交流对接。桂港、桂澳合作不断深化。参与泛珠三角、大西南、长三角、环渤海等区域及省际合作成效突出。进出口总额年均增长27.8%，与东盟贸易规模跻身全国10强，实际利用外资年均增长25.6%，对外投资额年均增长85%。招商引资到位资金增长8倍。引进世界500强企业35家，中央企业40家，国内500强民营企业84家；银行业金融机构由16家增加到27家，保险公司由10家增加到26家。我区已成为中国—东盟开放合作的前沿和窗口，成为连接多区域的交流桥梁、合作平台、国际通道。

——*社会大局和谐稳定*。社会主义精神文明和民主法制建设全面推进，社会主义核心价值体系建设不断加强。和谐建设在基层活动全面展开。制定《广西北部湾经济区条例》等地方性法规(草案)44件，政府规章50件。在全国率先建成自治区、市、县三级电子联网政务服务体系，政务、村务、厂务公开深入推进。安全生产总体状况明显好转，产品质量和食品药品安全监管整治取得新成效，公共应急体系不断完善。国防教育和国防后备力量建设进一步加强，边海防基础设施建设加快完善，双拥工作取得新成绩。认真做好信访、人民调解和行政调解工作。切实维护司法公正。社会治安综合治理和平安广西建设成效突出。庆祝新中国成立60周年、自治区成立50周年、纪念百色起义龙州起义80周年等重大活动成功举办。民族工作成绩显著，我区成为全国民族团结的模范、维护统一的模范、维护稳定的模范、民族关系“三个离不开”的模范。

经过“十一五”的快速发展，我区在国家区域发展总体战略中的地位明显提高，在国家对外开放战略中的作用更为凸显，在全国的综合影响力日益提升，树立了改革开放新形象，在全面建设小康社会征程上迈出了坚实步伐。

专栏 1 “十一五”时期主要指标增长情况

主要指标	2005 年	2010 年初步统计	2010 年比 2005 年翻番	年均增长（%）
地区生产总值（亿元）	3984	9502	1.25	13.9
人均地区生产总值（元）	8590	19471	1.18	12.8
财政收入（亿元）	475	1228	1.37	20.9
全部工业增加值（亿元）	1265	3860	1.61	19.4
服务业增加值（亿元）	1561	3321	1.09	12.7
规模以上工业企业利润总额（亿元，五年累计）	396	1502	1.93	28.5
全社会固定资产投资（亿元）	1769	7859	2.15	34.7
社会消费品零售总额（亿元）	1406	3272	1.22	18.4
进出口总额（亿美元）	51.8	177	1.77	27.8
实际利用外资（亿美元）	6.4	20	1.64	25.6
金融机构存款余额（亿元）	4203	11814	1.49	23.0
金融机构贷款余额（亿元）	3057	8980	1.55	24.1
城镇居民人均可支配收入（元）	8917	17064	0.94	13.9
农民人均纯收入（元）	2495	4543	0.86	12.7

注：地区生产总值、人均地区生产总值、工业增加值、服务业增加值年均增长按可比价格计算。

第二节 “十二五”时期进入跨越发展新阶段

当前和今后一个时期，我区面临重大发展机遇。和平、发展、合作仍是时代潮流，经济全球化和区域经济一体化深入发展，科技创新加快并孕育新突破，国际分工格局调整中蕴含新机遇，国际环境总体有利。我国发展仍处于可以大有作为的重要战略机遇期，经济发展方式加快转变，市场需求潜力巨大，区域协调发展总体战略进一步完善，社会大局保持稳定，我区发展面临良好的国内宏观环境。中国—东盟自由贸易区全面建成，西部大开发深入推进，为我区加快把区位优势、资源优势和生态优势转化为竞争优势创造了极为有利的条件。我区发展呈现新的阶段性特征，经济社会加快转型，工业化跨入中期阶段，城镇化快速推进，居民消费逐步向发展型升级，投资增长、消费增长具有广阔空间，区域和产业发展将形成新增长点，发展潜力巨大。我区完全有条件在新的起点上实现新跨越。

同时，必须清醒地看到，我区发展也面临严峻挑战。国际金融危机影响深远，外部环境更趋复杂，我国发展中不平衡、不协调、不可持续问题依然突出，国际国内竞争日趋激烈，给我区发展带来极大压力。特别要深刻认识到，我区后发展欠发达的基本区情没有改变，人民群众日益增长的物质文化需要同落后的社会生产之间的矛盾没有改变，主要是：经济总量小，人均水平低；工业化城镇化水平不高，产业结构不合理，基础设施不完善，科技支撑能力不强，创新型人才缺乏；市场化、国际化程度较低，制约科学发展的体制机制障碍较多；城乡居民收入水平不高，城乡发展差距明显；经济发展方式仍较粗放，资源环境约束压力加大；社会发展滞后，基本公共服务保障能力不足。必须深化对基本区情的再认识，科学判断和准确把握发展趋势，树立强烈的机遇意识、忧患意识和赶超意识，切实增强加快发展的紧迫感和责任感，不失时机地推动经济社会发展再上新台阶，不断满足人民群众过上更好生活的新期待。

第三节 指导思想

高举中国特色社会主义伟大旗帜，以邓小平理论和“三个代表”重要思想为指导，深入贯彻落实科学发展观，牢牢把握重要战略机遇期，围绕实现“富民强桂”新跨越，以科学发展为主题，以加快转变经济发展方式为主线，推进工业化、城镇化、信息化、市场化、国际化，深入实施西部大开发战略，推进经济结构战略性调整，深化改革开放，保障和改善民生，保持经济长期平稳较快发展和社会和谐稳定，加快建设区域性现代商贸物流基地、先进制造业基地、特色农业基地和信息交流中心，构筑国际区域经济合作新高地，打造我国沿海经济发展新一极，为全面建成小康社会打下具有决定性意义的基础。

以科学发展为主题，关系改革开放和现代化建设全局。坚持科学发展，必须更加注重以人为本，更加注重全面协调可持续发展，更加注重统筹兼顾，更加注重保障和改善民生，促进社会公平正义。

以加快转变经济发展方式为主线，是推动科学发展的必由之路，必须贯穿经济社会发展全过程和各领域，使经济增长真正建立在优化结构、提高效益、降低消耗、保护环境、改善民生的基础上，实现经济社会又好又快发展。

“富民强桂”体现科学发展观的本质要求，与坚持科学发展为主题和加快转变经济发展方式为主线相统一，与全面建设小康社会的内涵相一致，是我区发展进入新阶段的必然要求，反映全区各族人民的强烈愿望。

“富民”就是坚持以人为本、富民优先，走共同富裕道路，加快由总体小康向全面小康转变，大幅增加城乡居民收入，普遍提高人民富裕程度，明显改善生活质量，极大丰富文化生活，更加健全公共服务，促进人的全面发展，提高人民幸福感。

“强桂”就是坚持发展是硬道理、是第一要务，解放和发展社会生产力，不断壮大经济总量，大力提升软实力，提高生态文明水平，走在西部开发崛起的前列，使我区成为产业发达的经济强区。

第四节 基本要求

坚持把科学发展的主题和加快转变经济发展方式的主线贯穿于“富民强桂”新跨越全过程，保增长、保民生、保稳定、保持和扩大经济社会发展的良好势头。

——*必须加快推进工业化城镇化。*坚持工业化城镇化主导方向和核心战略，牢牢把握和用好西部大开发的重大机遇，优先发展产业、交通、北部湾经济区，大力发展现代农业，加快壮大中心城市，加快布局建设区域性现代商贸物流基地、先进制造业基地、特色农业基地和信息交流中心，推进工业化、城镇化和信息化跨越式发展。

——*必须立足扩大内需。*健全扩大内需长效机制，发挥投资对扩大内需的重要作用，保持投资较快增长，调整优化投资结构，形成市场主导的投资内生增长机制。把扩大消费需求作为扩大内需的战略重点，增强居民消费能力，落实扩大消费政策，培育消费热点，改善居民消费预期，营造良好消费环境，促进消费结构升级。

——*必须更加突出保障和改善民生*。坚持民生优先,促进城乡居民收入增长与经济增长同步,劳动报酬提高与劳动生产率提高同步,推进基本公共服务均等化,建立比较完整、覆盖城乡、可持续的基本公共服务体系,缩小城乡地区间公共服务差距。

——*必须促进经济社会加快转型*。深入实施科教兴桂和人才强桂战略,坚持科技引领、创新驱动,加快创新型广西建设,推动发展向主要依靠科技进步、劳动者素质提高和管理创新转变。促进绿色发展,健全节能减排的激励和约束机制,推动形成资源节约、环境友好的生产方式和消费模式。创新社会管理体制机制,保持社会和谐稳定。

——*必须充分激发全民创业创新活力*。坚持走全民创业创新发展之路,加大政策支持力度,放宽市场准入,减少和规范行政审批,健全服务体系,鼓励自主创业、劳动致富,促进多种所有制经济公平参与市场竞争,同等受到法律保护,形成勤奋创业、锐意创新的良好环境。

——*必须深化改革扩大开放*。坚持解放思想、实事求是、与时俱进,勇于改革创新,深化开放合作,加快实施空间换时间、资源换产业、存量换增量的战略,加快推进经济市场化、国际化,加快构建国际区域经济合作新高地,加快打造我国沿海经济发展新一极。

第五节　主要目标

按照与贯彻落实国家应对国际金融危机冲击的重大部署紧密衔接、与中央对广西发展提出的目标任务紧密衔接、与到2020年实现“富民强桂”和全面建设小康社会奋斗目标紧密衔接的要求,综合考虑今后五年发展趋势、有利条件和约束因素,提出“十二五”时期经济社会发展的主要目标:

——*经济平稳较快发展*。地区生产总值年均增长10%,财政收入年均增长15%,力争实现地区生产总值翻一番,财政收入、全社会固定资产投资、社会消费品零售总额、进出口总额翻一番以上。城镇新增就业190万人,城镇登记失业率控制在5%以内。价格总水平基本稳定。经济增长质量和效益明显提高。

——*结构调整取得重大进展*。工业增加值占地区生产总值比重提高5个百分点,服务业增加值比重提高2个百分点,城镇化率提高9.4个百分点。基础设施支撑能力较大提升,城乡区域发展的协调性增强。

——*科技教育发展明显加快*。九年义务教育巩固率提高8个百分点,高中阶段教育毛入学率提高18个百分点。研究与试验发展经费支出占地区生产总值比重达到2.2%,每万人口发明专利拥有量提高到3件。

——*生态文明建设成效显著*。耕地保有量保持在6316万亩。单位工业增加值用水量降低30%,农业灌溉用水有效利用系数提高到0.45。非化石能源占一次能源消费比重达到20%。确保完成国家分解下达我区的单位地区生产总值能源消耗降低、单位地区生产总值二氧化碳排放降低和化学需氧量、二氧化硫、氨氮、氮氧化物排放减少目标任务。森林覆盖率提高2个百分点,森林蓄积量增加到6.5亿立方米。

——*人民生活全面改善*。全区总人口控制在5400万人以内。城镇居民人均可支配收入年均增长10%,农村居民人均纯收入年均增长11%。城镇参加基本养老保险人数达到540万人,城乡三项医疗保险参保率提高到95%。城镇保障性安居工程建设50万套,中等收入群体持续扩大,贫困人口显著减少。

——*社会建设明显加强*。覆盖城乡居民的基本公共服务体系逐步完善。各族群众思想道德素质、科学文化素质和健康素质不断提高,社会主义民主法制更加健全,人民权益得到切实保障。文化事业繁荣发展,文化产业发展壮大。社会治安状况进一步好转,公共安全保障水平明显提升,社会管理制度不断健全,社会更加和谐稳定。

——改革开放不断深化。国有企业、财税金融、要素价格等重点领域和关键环节改革取得明显进展,政府职能加快转变,创业创新形成新局面,非公有制经济占国民经济的比重较大幅度提高。进出口总额翻一番以上,全方位开放合作水平进一步提升。

经过全区各族人民共同努力,使我区经济发展方式转变取得实质性进展,综合经济实力、产业竞争力和可持续发展能力显著增强,发展成果更加惠及民生,推动“富民强桂”迈出新步伐。

专栏2 “十二五”时期经济社会发展主要指标

类别	指标	2010年	2015年	年均增长(%)	五年累计	属性
经济发展	地区生产总值(亿元)	9502	15500	10		预期性
	人均地区生产总值(元)	19471	30390	9		预期性
	财政收入(亿元) 其中:一般预算收入(亿元)	1228 772	2460 1600	15 17		预期性
	全社会固定资产投资(亿元)	7859	19000	20	60000	预期性
	社会消费品零售总额(亿元)	3272	6580	15		预期性
	进出口总额(亿美元) 其中:出口总额(亿美元)	177 96	460 240	21 20		预期性
	工业增加值比重(%)	40.6	45.6		5	预期性
	服务业增加值比重(%)	35	37		2	预期性
	城镇化率(%)	40.6	50		9.4	预期性
科技教育	九年义务教育巩固率(%)	85	93		8	约束性
	高中阶段教育毛入学率(%)	69	87		18	预期性
	研究与试验发展经费支出占地区生产总值比重(%)	0.9	2.2		1.3	预期性
	每万人口发明专利拥有量(件)	0.64	3		2.36	预期性
资源环境	耕地保有量(万亩)	6320	6316		-4	约束性
	单位工业增加值用水量降低(%)	193吨/万元	135吨/万元		30	约束性
	农业灌溉用水有效利用系数	0.415	0.45		0.035	预期性
	非化石能源占一次能源消费比重(%)	17.8	20		2.2	约束性
	单位地区生产总值能源消耗降低(%)	2.01			15	约束性
	单位地区生产总值二氧化碳排放降低(%)				16	约束性 约束性
	化学需氧量排放减少(%)	80.7	74.6		7.6	约束性
	二氧化硫排放减少(%)	57.2	52.7		7.9	约束性
	氨氮排放减少(%)	8.45	7.71		8.7	约束性
	氮氧化物排放减少(%)	45.1	41.1		8.8	
	森林覆盖率(%)	58	60		2	约束性
	森林蓄积量(亿立方米)	6.04	6.5		0.46	约束性

续表

类别	指　　标	2010 年	2015 年	年均增长(%)	五年累计	属性
人民生活	全区总人口(万人)	5152	<5400	9‰		约束性
	城镇登记失业率(%)	3.7	<5			预期性
	城镇新增就业人数(万人)				190	预期性
	城镇参加基本养老保险人数(万人)	450	540		90	约束性
	城乡三项医疗保险参保率(%)	80	95		15	约束性
	城镇保障性安居工程建设(万套)	12.09			90	约束性
	城镇居民人均可支配收入(元)	17064	27480	10		预期性
	农村居民人均纯收入(元)	4543	7655	11		预期性

注:地区生产总值、人均地区生产总值和城乡居民收入绝对数按 2010 年价格计算,速度按可比价格计算;城乡三项医疗保险指城镇职工基本医疗保险、城镇居民基本医疗保险、新型农村合作医疗。

第二章　大力发展现代工业

坚持走新型工业化道路,适应市场需求、结构调整、消费升级新变化和科技进步新趋势,推进工业化与信息化融合发展,加快发展结构优化、技术先进、配套协作、清洁安全、附加值高、竞争力强的千亿元产业和新兴产业,尽快做大做强做优工业。

第一节　发展壮大千亿元产业

深入实施重点产业调整和振兴规划,全面落实配套政策,加大技术改造力度,淘汰落后产能,建设重大工业项目,鼓励企业在研发设计、过程控制、企业管理、营销物流、人力资源开发等环节集成应用信息技术,加快实现千亿元产业发展目标。食品产业,重点提高精深加工和综合利用水平,健全食品安全质量体系,提升全国糖业重要基地的地位。汽车产业,依托大型骨干企业,重点发展以中型轿车为主导的乘用车,巩固微型汽车在国内市场的领先优势,支持商用车扩大市场份额,形成具有较强竞争力的汽车产品体系,大力发展汽车零部件,加快建设柳州汽车城。石化产业,按照炼化一体化要求,重点发展乙烯、丙烯、芳烃等石化产品,建设全国重要的石化基地。电力产业,重点发展清洁能源,打造多元、稳定、经济、清洁、安全的现代电力产业。有色金属产业,重点延伸铝、铜、镍等产业链,实施铝电热结合,推进铜、锡、锑、钨、铅、锌、铟和稀土等精深加工,加快发展百色生态型铝、南宁和来宾铝深加工、柳州和河池有色金属新材料、防城港镍铜加工等产业,建设全国重要的有色金属产业基地。冶金产业,重点发展系列精品钢材及锰系、镍系合金等关联产品,建设全国重要的钢铁基地和锰系深加工基地。机械产业,重点发展机电一体化、数字化、智能化产品,建设区域性机械装备生产及出口基地。建材产业,重点发展太阳能光伏玻璃、优质浮法玻璃和建筑卫生陶瓷等产品,大力开发绿色环保新型建材。造纸与木材加工产业,重点发展林浆纸一体化及造纸深加工产品,积极发展环保型林化工和木材精深加工产品。电子信息产业,重点发展电子终端、软件、新型电子元器件及电子原材料等产品,建设北海、南宁、桂林、玉林、钦州等电子信息产业基地。医药制造产业，重点发展现代中药和以壮瑶药为重点的民族医药，大力发展检测、诊断、治疗等医疗器械。纺织服装与皮革产业，重点发展茧丝绸及服装系列加工和环保型制革产品，发展林浆纺一体化产业。生物产业，重点发展生物医药、生物育种、生物肥料等生物技术和产品，加快建设南宁国家高技术生物产业基地。修造船产业，重点发展船舶修造及配套产业，建设沿海和西江修造船基地。到2015年，力争食品产业年销售收入超3000亿元，汽车、石化、电力、冶金、机械、有色金属产业均超2000亿元，建材、造纸与木材加工、电子信息、生物产业均超1000亿元，医药制造、纺织服装与皮革、修造船及海洋工程装备产业均超500亿元。

专栏3 千亿元产业建设

食品产业：重点建设一批制糖精深加工和综合利用，粮食及饲料、食用植物油深加工和综合利用，卷烟产品结构提升，及六堡茶等特色农产品深加工项目。

汽车产业：重点建设上汽通用五菱乘用车、东风柳汽商用车、一汽柳特卡车、桂客集团中高档大型客车及纯电动公交车、柳州运力专用汽车等，以及发动机、变速器、驱动桥、轮胎、轮毂等零部件产品。扶持柳州五菱集团、方盛实业组建超大型零部件集团，桂林零部件生产基地建设。

石化产业：重点建设中石油钦州炼化一体化二期、中石化铁山港炼化一体化、广维生物化工VAE浮液二期、玉林龙潭重交沥青及精细化工等工程。

电力产业：重点建设清洁能源、大容量燃煤机组和电网等工程。

有色金属产业：重点建设平果铝结构调整、金川防城港有色金属原料深加工、有色集团梧州30万吨再生铜和30万吨再生铝、桂中铝深加工基地、百色新山铝工业园铝深加工产业群、华银铝结构调整、南南铝大规格高性能铝合金板带型材、桂东电子铝光箔、河池南方有色铅锌联合冶炼、河池金山100万吨多金属回收等工程。

冶金产业：重点建设防城港钢铁、中信大锰锰深加工和崇左、来宾铁合金循环经济示范，以及龙潭镁盐等深加工项目。

机械产业：重点建设柳工工程机械装备制造、玉柴新一代高效节能系列柴油机、桂林数控机床及铸锻件、上汽通用五菱高效节能小排量汽油发动机、桂林多功能系列农林机械、梧州海洋起重机械、贵港船舶机械装备制造等工程。

建材产业：重点建设华润、海螺、台泥、鱼峰等新型干法水泥生产线，合浦高岭土深加工、桂林滑石深加工、北流日用陶瓷、梧州建筑陶瓷、贺州改性超细粉体及新型建材等工程。

造纸与木材加工产业：重点建设北海林浆纸，金桂林浆纸二期，梧州林浆纸，贺州林浆纸，柳州竹浆纸和造纸深加工，环保林化和木材精深加工等工程。

电子信息产业：重点建设北海电子信息产业园、南宁软件园、南宁富士康电子产业园、桂林国家高新区信息产业园、柳州信息产业园、钦州电子产业园、梧州光电产业园、贺州电子产业园等工程。

医药制造产业：重点建设国家基本药物重大疾病原料药基地项目，以及中药、壮瑶医药、化学药、特色中药材深加工等工程。

纺织服装与皮革产业：重点建设茧丝绸、林浆纺、棉纺织、剑麻制品、服装、羽绒、家用和产业用纺织品、皮革等工程。

生物产业：重点建设生物能源、生物材料、生物农业、生物环保等工程。

修造船及海洋工程装备产业：重点建设沿海和西江修造船基地，及海洋油气、海洋化工等海洋装备工程。

第二节 提升工业整体素质

重点围绕汽车、机械、石化、冶金、有色金属等产业领域的骨干企业，加快企业技术进步，强化质量和技术标准，促进产品升级换代，鼓励品牌创建，实施制造业信息化服务增效工程，推动企业强强联合、跨地区兼并重组、境外并购和投资合作，提高产业集中度，尽快把上汽通用五菱、玉柴集团、柳工集团、钦州炼油厂等培育成为销售收入超千亿元的强优企业。重点围绕国家级和自治区级产业园区，完善基础设施，提高投资强度，加大招商力度，创新管理机制，加快项目入园集聚，形成以产业链为纽带、专业特色鲜明的产业集群，尽快把南宁、柳州、桂林高新技术产业开发区和柳州汽车城园区、钦州港经济技术开发区、铁山港工业区、玉柴工业园区、梧州进口再生资源加工园区等培育成为总产值超千亿元的产业园区。重点围绕“专、精、特、新”,实施“千家中小企业成长”工程,完善中小企业服务体系,促进中小企业创新转型发展,提升专业化分工协作水平,尽快培育一批销售收入超亿元和超10亿元的优秀企业。

专栏4 产业提升工程

重大科技攻关工程:铝精深加工、新能源汽车、非粮生物质能源、制糖、工程机械、电子信息、粮食安全、桑蚕茧丝绸、特色优势水果、罗非鱼、畜禽安全、桉树、节能减排、中药现代化、海洋产业、江海生态、金属尾矿资源综合治理、重大疾病防治等关键技术研发与应用示范。

公共检测平台:围绕千亿元产业、重点产业园区,建设18个国家级质检中心和30个自治区级质检中心。

重点产业园区:南宁、桂林、柳州高新技术产业开发区和北海高新技术产业园区,南宁经济技术开发区、南宁—东盟经济开发区、南宁六景工业园区、明阳工业区、南车工业园区、柳州汽车城园区、柳州阳和工业园区、柳州河西机械产业园区、桂林苏桥工业园区、桂林西城经济开发区、梧州陶瓷产业园区、梧州进口再生资源加工园区、铁山港工业区、北海工业园区、防城港大西南临港工业园、防城港企沙工业区、钦州保税港区、钦州港综合物流加工区、钦州港经济技术开发区、贵港(台湾)产业园、贵港江南工业园区、玉柴工业园区、玉林龙潭产业园、田东石化工业园区、百色新山铝产业示范园区、贺州旺高工业园区、河池南丹有色金属新材料加工园区、来宾市工业区、崇左市城市工业区、凭祥综合保税区等。

产业集群:推进形成食品、汽车、钢铁、石化、铝、锰、镍、工程机械、水泥、陶瓷、造纸、林化工、电子信息、纺织服装、医药制造、生物、修造船、海洋工程装备等产业集群。

第三节 加快发展战略性新兴产业

着眼于发展现代产业体系,发挥重大科技专项支撑作用,依托优势企业和产业集聚区,实施产业创新发展工程,加快发展节能环保、先进装备制造、生物、新能源汽车、新材料、新能源、生命健康、新一代信息技术等战略性新兴产业,尽快培育形成新的经济增长点,逐步成为国民经济的先导性、支柱性产业。节能环保产业,重点发展高效节能、先进环保和资源循环利用关键技术装备、产品和服务。先进装备制造产业,重点发展轨道交通装备、航空制造设备、智能制造设备等。生物产业,重点发展生物医药、生物农业、生物医学工程产品、生物制造、海洋生物等。新能源汽车产业,重点发展插电式混合动力汽车、纯电动汽车、燃料电池汽车等。新材料产业,重点发展新型功能材料、先进结构材料、高性能复合材料、共性基础材料、LED发光材料等。新能源产业,重点发展生物柴油、规模沼气、光伏光热发电、风电技术装备、智能电网等。生命健康产业,重点开发养生、保健、养老系列产品。新一代信息技术产业,重点发展新一代移动通信、下一代互联网、三网融合、物联网、云计算、集成电路和信息服务等。落实国家鼓励战略性新兴产业发展的政策,加快设立战略性新兴产业发展专项资金,建立创业风险投资和产业投资基金,研究建立新兴产业重要产品技术标准,支持新产品应用配套基础设施建设。到2015年,力争战略性新兴产业增加值占地区生产总值比重达到6%左右。

专栏5 战略性新兴产业创新发展工程

节能环保产业工程:重点推进节能产业及产品、污染防治、节能和环保装备制造、固体废弃物处理设备、节能与环保服务和资源节约与综合利用等工程。

先进装备制造工程:重点发展高端工程机械、数控机床、内燃机、建筑机械等装备,以及轨道交通装备,建设智能控制系统。

生物育种工程:重点推进重要粮食作物、经济作物和主要畜禽品种生物育种研发、试验、检测等设施建设,实施农业生物新品种产业化示范专项。

续表

新能源汽车研发推广工程:重点推进逐步替代内燃机汽车的纯电动汽车进入商业化示范,促进插电式混合动力汽车产业化,建设柳州、桂林新能源汽车产业基地。

新材料产业化工程:重点推进铟材料、铝基复合材料、锌锡产业链高端产品、锑阻燃剂系列新兴材料,及以木薯、糖蜜为原料的生物质基新材料、高效发光材料、稀土合金、镍铬合金、节能灯具等领域的技术研发和产业化。

新能源产业工程:加快推进以木薯、甘蔗、农林纤维等非粮资源开发燃料乙醇、工业甲醇示范应用,重点研发实施生物乙醇、生物柴油、生物质固化成型及气化等高效清洁燃料工程。

生命健康产业工程:重点开发应用健康长寿系列产品,推进生物医药新产品产业化,建设滨海型、山水型、森林型、气候型等养生、疗养、康复基地。

宽带信息网络建设工程:重点推进全覆盖的下一代信息网络,实施信息产品网络产业化专项。

电子信息基础产业工程:重点培育发展新型平板产业,推进核心元器件产业化。

物联网工程:重点推进智能城市管理、智能工业、精细农牧业、智能交通、智能物流、智能医疗等应用示范工程。

空间基础设施工程:重点推进遥感、卫星等应用示范工程及地理信息系统。

第四节　大力发展能源产业

推进能源多元清洁发展,转变能源生产和利用方式,优化能源结构,构建清洁能源示范区。深度开发水电,突出抓好龙滩水电站二期建设,因地制宜发展中小型水电,合理布局抽水蓄能电站。优化发展火电,优先建设“上大压小”煤电、热电联产综合利用等项目,鼓励发展清洁高效、大容量燃煤机组,推进传统能源清洁利用。加快建设防城港核电,积极推进平南核电前期工作并适时开工。积极发展生物质能、风能、太阳能、地热能、潮汐能等可再生能源。稳步推进沿海液化天然气利用、非粮乙醇、生物柴油、生物质成型燃料、生物质气化等项目建设,开展分布式能源和太阳能城市试点,配套建设电动汽车充电设施,提高可再生能源在能源消费中的比重。加强对外能源合作,积极利用云南水电资源,扩大与贵州煤电联营合作,参与东盟国家能源项目勘察设计、工程建设,大力引进国内外煤炭、油、气资源,提高能源供给保障能力。加快建设沿海原油、成品油商业储备设施和煤炭储备及转运配送基地。建设适应负荷发展需要和区内外电力接入的主网架,完善受端电网结构,鼓励在用电负荷集中的地区整合输配电资源,组建股份制区域电网,提高供电安全性和可靠性。加强城市电网完善和县级电网升级改造,重点建设南宁、柳州、桂林、梧州和沿海城市电网,积极发展智能电网。加快实施原油、成品油管道和天然气主干管网、支线管网、配气管网及附属设施工程。到2015年,力争电力装机容量达到4100万千瓦,其中水电1600万千瓦;建成500千伏变电站27座,220千伏公用变电站169座;设区城市天然气管网覆盖率达到70%,具备条件的县城管网覆盖率达到60%。

专栏6　能源建设

水电:建成岩滩水电站扩建工程,开工龙滩水电站二期、抽水蓄能电站等项目。

煤电:建成南宁电厂、贺州电厂、合山电厂上大压小第一台等工程;开工或争取开工建设鹿寨上大压小热电联产、永福电厂上大压小热电联产、合山电厂上大压小二期、百色电厂、防城港电厂二期、钦州电厂二期、钦州热电厂、环江电厂、崇左电厂、梧州电厂、隆林电厂、贵港电厂二期、北海电厂二期、柳州电厂上大压小、玉林龙潭火力热电联产等工程。

核电:建成防城港红沙核电一期,开工防城港红沙核电二期,推进防城港白龙核电和平南白沙核电前期工作并力争开工建设。

可再生能源:开工上思、藤县、合浦、武宣等生物质发电项目,合浦西场、玉林大容山、桂林、防城港企沙等风电项目,木薯燃料乙醇二期工程,金太阳示范工程。

续表

电网：新建玉林二变、柳南、桂南、靖西、桂平、北海、河池二变、贺州二变、梧州二变等500千伏变电站，扩建崇左、桂林、逢宜、百色、贺州、河池、沙塘、南宁、永安、梧州、海港变、久隆等500千伏变电站。 天然气：开工西气东输二线工程、中缅天然气管道工程、支线管网、配气管网及附属设施、北海液化天然气项目、南宁华南城分布式能源站。 石油：重点建设原油、成品油商业储备设施和管道项目。 煤炭：重点建设北海、钦州煤炭储备和转运配送基地。

第五节　积极发展海洋产业

坚持陆海统筹，科学规划海洋经济发展，合理开发利用海洋资源，建设海洋工业基地，大力发展海洋产业。加强海洋基础性、前瞻性、关键性技术研发，发展高效生态海水养殖、外海和远洋捕捞、海产品加工、海洋生物医药、海洋化工、港口物流、滨海旅游、修造船等产业，积极探索合作开发北部湾油气资源。加强南澫、营盘、犀牛脚、企沙、侨港、龙门港等重要渔港建设，加快实施沿海转产转业渔民、连家船渔民上岸定居及就业安置工程。加强人工鱼礁和海洋牧场建设，健全围填海管理制度，保护海岛、海岸线和海洋生态环境。实施海洋主体功能区规划。积极开展与东盟国家的海洋开发合作。

第三章　加快社会主义新农村建设

在工业化、城镇化深入发展中同步推进农业现代化，坚持工业反哺农业、城市支持农村和多予少取放活方针，加大强农惠农力度，夯实农业农村发展基础，提高农业现代化水平和农民生活水平，建设农民幸福生活的美好家园。

第一节　大力发展现代农业

加快转变农业发展方式，建立健全现代农业产业体系，大力发展高产、优质、高效、生态、安全农业，促进农业生产经营专业化、标准化、规模化、集约化，提高农业综合生产能力、抗风险能力和市场竞争能力。把增强粮食安全保障能力作为重要任务，实施新增粮食生产能力规划，优化粮食品种结构，加快超级稻、优质稻等良种选育推广，严格保护耕地，加强农村土地整理复垦，重点搞好以农田水利设施为基础的田间工程建设，大规模改造中低产田，把产粮大县的基本农田尽快建成旱涝保收的高标准农田，发展一批水稻、玉米和冬种马铃薯等优势产区，建设50个商品粮生产基地县，粮食播种面积稳定在4600万亩以上，粮食综合生产能力达到1500万吨以上。完善粮食生产流通扶持政策，加强粮油加工、物流、储备和应急保障能力建设，完善粮食市场调控体系。优化农产品结构，大力开发特色优势农产品，扩大健康种苗种植面积，鼓励和支持优势产区集中发展粮食、甘蔗、桑蚕、油料等大宗农产品，引导稳定糖料蔗种植面积，重点建设城市郊区蔬菜生产基地和右江河谷、湘桂通道等南菜北运蔬菜基地，推进蔬菜、水果、花卉、中草药、茶叶等园艺产品设施化生产。提高生猪、家禽和草食畜禽发展水平，促进特色名贵海淡水产品健康养殖，实施养殖池塘标准化改造工程。大力发展林业产业。加强农产品品牌培育，重视农产品原产地地理标识认证，强化特色优势农产品在全国中心城市的宣传、展示和促销，完善多种形式的农产品市场营销网络。推进农业产业化经营，建设重点龙头企业梯队，突出发展农产品深加工和流通，加强农产品批发市场和冷链物流设施建设。加快把蚕茧、草食动物、奶水牛、中药材、非粮生物质能原料、优势水产品、油茶、花卉培育为产值超100亿元，粮食、蔬菜、水果培育为超500亿元，糖料蔗、畜禽、速丰林培育为超1000亿元的强优农产品产业。强化生产、储运、销售等环节全程监管，提高农产品质量安全水平。加强现代种业、高效栽培、疫病防控、农业节水等科技创新，建设农业科技重点示范县，增强现代农业示范区示范功能。健全农业科技成果转化、技术推广、动植物疫病防控等农业公共服务体系，继续开展农村科技特派员行动。推进农业机械化和农业生产经营信息化。培育多元化农村社会化服务组织，支持供销合作社、邮政服务"三农"网络配送中心、农民专业合作组织、农民经纪人、龙头企业等提供多种形式的生产经营服务。拓宽政策性农业保险覆盖区域和试点品种，完善农业生产灾害补偿机制。

专栏7　现代农业建设

商品粮基地：重点建设15个国家粮食生产大县和35个自治区粮源基地县。

良种工程：实施超级稻、秋冬种、间套种3个"千万亩行动计划"，甘蔗脱毒健康种苗繁育推广示范等项目；实施速丰林和经济林"双四千万亩"工程；建设糖料蔗、桑蚕、蔬菜、水果、木薯、优势特色水产品、畜禽、松树、杉木、桉树、油茶、珍贵阔叶树等良种繁育基地。

基本农田建设：重点实施旱涝保收标准农田、土地复垦、沃土工程、植保工程。

粮食流通：重点建设南宁、柳州、贵港区域性粮食物流中心和防城港跨境粮食物流中心，以及一批粮食交易、粮油加工、仓储、物流，粮食流通管理信息化等项目。

特色农业基地：重点建设高产高糖糖料蔗、蔬菜标准化、果园、优质原料茧、优质木薯、中药材标准化、特色花卉、茶叶、油茶、烟叶、肉桂、八角等农林产品和奶水牛、肉兔、山羊、香猪、罗非鱼、对虾、大蚝、珍珠、名贵龟鳖等畜禽水产品生产示范基地。

设施农业：重点推进水稻、甘蔗生产全程机械化及节水灌溉示范，建设蔬菜、水果、花卉、中草药、茶叶等园艺设施和水产养殖池塘标准化改造、水产网箱养殖、捕捞渔船改造等工程。

农产品物流设施：建设水果保鲜冷库与产地预冷库80个，水果采后商品化处理线300条。

农业科技示范：重点建设海峡两岸（广西玉林）农业合作试验区、中国—东盟现代农业科技合作园区、百色国家农业科技园区、北海国家农业科技园区、西江经济带梧州特色农业示范区，以及一批农业产业科技重点示范市、县。

龙头企业培育：打造5个年销售收入超50亿元、20个超10亿元的农业产业化龙头企业，新发展农民专业合作组织超过1000家。

动植物疫病防控：重点推进边境重大动物疫病防控阻截带、突发重大动物疫情应急体系、重大植物疫病防控等设施，以及农产品质量安全检测体系建设。

第二节　改善农村生产生活条件

加强新农村建设规划引导，统筹农村基础设施和公共服务设施建设，明显改善农村面貌。加大农田水利建设力度，实施田间灌排工程、中小型灌区、抗旱水源工程，配套完善灌溉渠系及附属设施，加快干旱地区雨水集蓄利用工程建设，改善农村小微型水利设施条件，健全建设和管护机制。以全面解决农村地区安全饮水问题为目标，加快实施农村饮水安全工程步伐，突出解决好大石山区缺水和沿海地区苦咸水、局部地区高氟水、高砷水等饮水不安全问题，全区农村自来水普及率达到65%以上。大力推进农村公路建设，重点实施通乡公路等级提高、通村公路硬化和通屯道路通达等工程，全面提高农村路网通畅率和管理养护水平。加强农村能源建设，实施新一轮农村电网升级改造工程，继续发展农村户用沼气，推进有条件的农村户用沼气向集中式供气转变，大力发展农村秸秆利用、小水电、太阳能等可再生能源，建设绿色能源示范县。开展全区乡镇和中心村规划集中行动，合理安排县域乡镇建设、农田保护、产业集聚、村落分布、生态涵养等空间布局。按照体现民族风格、突出地域特色、尊重村民意愿的原则，有序引导农村居民点适当集中布局，建设新型农村社区。实施农村安居工程，重点推进农村危房特别是边境地区边民危房、少数民族村寨、国有林区垦区、水库库区、移民安置区和华侨农场危旧房改造，以及内陆江河连家船渔民上岸定居工程。加强农村公共消防设施建设，继续实施少数民族村寨防火改造工程。推进信息网络进村入户，提高农村信息化水平。完善农村邮政服务设施，提高邮政普遍服务水平。加强农村饮用水源地保护、面源污染控制、污水垃圾集中处理、土壤污染治理等环境综合整治，实施农村清洁工程，配套开展村庄硬化绿化，改善农村卫生条件和人居环境。

第三节　加强水利建设

坚持兴利除害结合、防灾减灾并重、治标治本兼顾、政府社会协同，加强水利设施建设，进一步提高水利保障能力。推进西江、郁江、柳江、桂江、钦江、南流江等重要江河干支流及中小河流治理，重点建设桂林市防洪及漓江补水、洋溪、落久等控制性水利枢纽工程，构建重要堤库结合的防洪抗旱减灾体系。大力支持小型农田重点县设施建设。实施沿海海堤达标和重要河口综合治理工程。加快推进病险水库除险加固和大中型病险水闸除险加固，消除安全隐患。搞好跨界河流国土防护治理。重点推进桂中和左右江等治旱骨干工程建设、桂西大石山区旱片治理，以及大中型灌区配套续建和节水改造，新增有效灌溉面积180万亩。加快建设山区“五小水利”工程。加强防汛抗旱预警预报信息化系统和基层防汛体系建设，提高防汛抗旱应急处置能力。

专栏8　水利建设

重大水利工程：重点建设桂林市防洪及漓江补水，以及洋溪、落久等枢纽工程。

灌区工程：重点建设桂中治旱乐滩水库引水灌区一期并开工二期，左江治旱灌区水源驮英江水库、桂西北大石山区旱片治理、右江旱片治理等工程和中央财政小型农田重点县设施建设；完善建设11处大型灌区、一批中小型灌区和已建成水库（电站）自流灌溉骨干渠系；完成1000多座病险水库和87座大中型病险水闸除险加固。

防汛抗旱预警预报工程：重点建设防汛抗旱指挥系统内网工程、视频工程等，完善建设大中型水库水情自动测报系统、山洪灾害预警预报系统、加密和升级气象监测站网、广西中尺度数值天气精细化预报系统、主要旱片旱情监测系统。

第四节　促进农民收入持续较快增长

完善强农惠农政策，提高农民职业技能和创收能力，拓宽农民增收渠道，努力增加非农收入。落实粮食最低保护价及大宗农产品临时收储等政策，鼓励农民优化种养结构，挖掘农业内部增收潜力，拓展农业功能，实施万元增收工程，巩固提高家庭经营性收入。加快发展面向农村的职业教育，加强就业信息引导，大力发展劳务输出。建设农民创业基地和创业园，促进农民就地就近转移就业。加大农村基础设施建设投入，积极发展农村二、三产业，增加农民劳务收入。完善农业补贴制度，提高农村社会保障、农村扶贫、农村最低生活保障水平，加快发展政策性农业保险，增加农民转移性收入。积极创造条件，增加农民财产性收入。

第五节 完善农村发展体制机制

按照统筹城乡发展要求，深化农村体制改革，增强农业农村发展活力。坚持以家庭承包经营为基础、统分结合的双层经营体制，现有农村土地承包关系保持稳定并长久不变。加强土地承包经营权流转管理和服务，健全流转市场，在依法自愿有偿流转的基础上发展多种形式的土地适度规模经营。促进城乡协调发展，逐步实现公共资源在城乡之间均衡配置、生产要素在城乡之间平等交换和自由流动，统筹城乡基础设施、公共服务、社会管理等建设，提高财政保障农村公共服务水平。逐步建立城乡统一的建设用地市场，促进土地增值收益主要用于农业农村。加快建立城乡劳动者平等就业制度。深化农村信用社改革，加快组建广西农村商业银行，稳步推进县级农村合作金融机构改制。鼓励发展社区银行、村镇银行、贷款公司、农村资金互助社等新型金融机构，完善农村信用担保体系，扩大农村有效担保物范围，逐步建立涉农贷款风险补偿和涉农金融服务补贴机制，促进县域和农村存款主要用于县域和农业、农村。加快推进南宁、玉林等市统筹城乡综合配套改革试点。深化集体林权制度改革，推进国营林场、华侨农林场等改革发展。促进供销社创新发展。完善农垦管理体制。积极推行“农事村办”制度。

第六节 培育发展经济强县

围绕富民、强县、奔小康目标，推进扩权强县改革，发挥县域比较优势，以县城和重点镇为依托，以工业集中区为载体，以农产品加工、特色资源开发和承接产业转移为重点，加快发展与大中城市、大企业配套协作的产业集群，积极培育特色支柱产业，打造一批工业强县。鼓励城市工商企业到农村建设原料生产和加工基地，促进城市资金、技术、人才、管理等生产要素向县域流动。推进县域企业重组改造，培育壮大乡镇企业，积极发展农村商贸、物流、旅游等服务业，改善县乡镇农贸市场设施。深化县域体制改革，全面推行自治区直管县财政体制改革，选择一批重点镇开展扩大管理权限改革试点，增强县域发展活力，培育更多经济强县进入西部百强县行列，力争实现进入全国百强县的新突破。

第四章 促进城镇化跨越发展

坚持走新型城镇化道路，以统筹城乡发展和扩权强县为抓手，以加快产业和人口集聚为基础，以推进工业化为支撑，以体制机制创新为动力，做大做强中心城市，培育发展辐射作用大的城市群，推进大中小城市和小城镇协调发展，形成重点突出、定位明确、功能完善、特色鲜明的城镇体系新格局，较大幅度提高城镇化水平。

第一节 加快壮大中心城市

实施中心城市带动战略，以城市产业园区建设带动城市新区发展，完善大型综合商业区布局，发展商务经济，促进产业与城市发展相融合，优化城市规划，美化人居环境，增强经济实力、文化实力、综合服务能力，发挥中心城市以工促农、以城带乡的核心带动作用。突出发展南宁、柳州超大城市和桂林特大城市，成为推动城镇化跨越发展的重要引擎。南宁市按照建设区域性国际城市的定位,加快向五象新区拓展,完善江北,提升江南,重点建设五象核心区文化城、体育城、总部基地、保税物流、金融集中区和空港新城、五合大学城,推进邕宁枢纽前期工作,加快生态水城建设,成为广西"首善之区",力争建成区人口达到300万人左右。柳州市按照建设现代工业名城的定位,重点建设柳东新区汽车城,提升完善河西工业区,整合优化柳北工业区,推进洛维工业集中区,打造西江经济带龙头城市,力争建成区人口达到230万人左右。桂林市按照建设国际旅游名城的定位,保护开发漓江山水,保护传承历史文化遗产,重点拓展临桂新区,加快建设雁山科教园区和苏桥产业新城,打造国际旅游重要目的地,力争建成区人口达到120万人左右。做大做强其他区域性中心城市,完善新建城市基础设施,壮大产业经济,增加城市人口,扩大城市规模,完善城市功能,着力建设富有特色、独具魅力的现代化城市。

专栏9 中心城市发展

到2015年,南宁市建成区人口300万人左右,用地规模250平方公里;柳州市建成区人口230万人左右,用地规模148平方公里;桂林市建成区人口120万人左右,用地规模101平方公里;梧州市建成区人口65万人左右,用地规模70平方公里;北海市建成区人口65万人左右,用地规模125平方公里;防城港市建成区人口35万人左右,用地规模56平方公里;钦州市建成区人口60万人左右,用地规模90平方公里;贵港市建成区人口60万人左右,用地规模60平方公里;玉林市建成区人口70万人左右,用地规模80平方公里;百色市建成区人口45万人左右,用地规模41平方公里;贺州市建成区人口35万人左右,用地规模38平方公里;河池市建成区人口30万人左右,用地规模35平方公里;来宾市建成区人口40万人左右,用地规模51平方公里;崇左市建成区人口20万人左右,用地规模31平方公里。

第二节 培育发展城市群和城镇带

依托现代交通网络和区位优势,发挥中心城市辐射带动作用,集约发展县城和小城镇,优化城镇布局,完善城镇体系,加快培育形成结构有序、功能互补、整体优化、共建共享的城市群和城镇带,成为跨越发展的新增长极。以南宁为核心的北部湾城市群,是工业化城镇化优先发展区域,要加快推进基础设施建设一体化和网络化发展,加强南宁、北海、钦州、防城港四市功能互补和产业分工,推进合浦廉州湾开发,城镇化率超过55%,建成全国重点城市群。西江干流城镇化地区覆盖桂中、桂东南城镇群,是工业化城镇化重点推进区域,要加快柳州—来宾一体化发展,促进贵港—梧州、玉林—梧州、玉林—贵港、贺州—梧州经济走廊建设,建成具有区域重要影响的城镇群。依托桂林、百色、河池、崇左、贺州等中心城市的辐射带动,推进县城和重点镇发展,完善基础设施,提升产业、人口集聚能力,形成各具特色的桂北城镇群和右江河谷走廊、黔桂走廊、桂西南及桂东北城镇带。到2015年,力争全区新增城镇中心城区450平方公里,城镇化率提高到50%。

第三节 提高城镇规划建设水平

按照以人为本、节地节能、生态环保、安全实用、突出特色、保护文化和自然遗产的要求,科学编制城镇总体规划和控制性详细规划,优化城市功能设计,扩大规划覆盖面,建立城镇规划动态监控体系,加强规划实施监督。统筹城镇市政设施和公共设施建设,完善城镇道路、桥梁、通信、邮政、供电、给排水、供气、消防、园林、绿化、环卫及残疾人专用等基础设施,加强面向大众的学校、医院、图书馆、科技馆、博物馆、体育场馆等设施建设。继续加强城镇污水和垃圾处理设施建设,已建成的污水处理设施确保正常运行。推进郁江调水、北部湾经济区及百色等重点产业基地调水,以及南宁、北海、梧州、贵港、贺州、玉林等城市饮用水后备水源工程建设，实施一批中小微型水源工程。加强重点江河流域防洪控制性工程和城镇防洪堤坝建设，进一步提高防灾减灾和应急管理能力。深化城镇市政公用事业改革，创新城镇建设投资、管理和运营体制，探索发行市政建设债券，鼓励多元投资主体进入市政建设领域。支持发展承载量大、快速便捷的城市公共交通网络，鼓励南宁、柳州等大城市发展立体交通体系，加快南宁轨道交通工程建设。突出城市个性塑造，加强历史文化名城、街区保护，打造一批名城名镇。到2015年，力争城镇自来水普及率和燃气普及率均达到95%，污水集中处理率和垃圾无害化处理率分别达到85%和80%，人均道路面积15平方米；县城以上城市建成区绿化覆盖率达到35%，人均公园绿地面积12平方米；采取堤库结合措施，力争使南宁市主城区防洪能力提高到200年一遇，柳州、桂林、梧州、贵港市主城区防洪能力提高到100年一遇，全区31个重点防洪市县和46个非重点防洪市县防洪能力提高到20年一遇。

第四节 加强城镇化管理

深化户籍制度改革，加强和改进人口管理，根据实际放宽外来人口落户城镇的条件，继续发挥城市吸纳外来人口的重要作用。坚持因地制宜、分步推进，把有稳定劳动关系并在城镇居住一定年限的农民工逐步转为城镇居民，优先解决举家迁徙农民工以及新生代农民工的落户问题，引导农村人口有序向城镇转移。加快完善农民工社会保障、子女就学、住房租购等制度，改善公共服务，保障农民工平等就业、劳动报酬、职业安全等基本权益。实施城镇危旧住房和“城中村”、城乡结合部改造工程。落实各级政府责任，把保障基本住房、稳定房价和加强房地产市场监管纳入各地经济社会发展的工作目标，增加居住用地供应总量，有效扩大普通商品住房供给，促进房地产市场健康发展。建设数字城市，推动城市管理信息化。科学管理城市交通。深化城镇管理体制改革，提高综合执法水平。深入实施城乡清洁工程和城乡风貌改造，建立市容环境综合整治长效机制。

第五章 全面加快服务业发展

坚持市场化、产业化、社会化、国际化导向，优化服务业结构，完善服务业布局，创新服务业体制机制，引导服务业集聚发展，推进服务业规模化、品牌化、网络化经营，壮大服务业规模，提高服务业特别是现代服务业发展水平。

第一节 加快发展生产性服务业

深化专业化分工，促进服务业与先进制造业、现代农业融合发展。完善城乡商品市场体系，重点发展一批集散力强、在全国有影响的大型综合批发市场和专业批发市场，形成食糖、汽车、钢材、有色金属、建材装饰、农资农机、中药材等商品交易集散中心。加快发展与现代制造业密切相关的高技术服务业，积极发展投资和管理咨询、软件开发、服务外包。建立现代物流体系，推进连接东盟、辐射内地的出省出海出边物流通道、物流设施和区域性物流基地建设，形成全国性、地区性物流节点城市和专业性物流中心相协调的物流区域布局。积极推进物流业与制造业联动发展，重点发展千亿元产业专业物流，带动第三方物流，完善配送体系，提高物流效率，降低物流成本，大力发展国际物流和保税物流。建设南宁、钦州、玉林全国流通领域现代物流示范城市。积极发展会展服务，加强会展设施建设，整合展馆资源，培育市场主体和会展品牌，创新办展机制，提升国际化水平。推动发展法律仲裁、会计税务、咨询评估、工程设计等中介服务业。大力发展城市服务经济。

第二节　积极发展生活性服务业

面向城乡居民生活，丰富服务产品类型，增加服务产品供给，扩大服务消费。加快完善建设城乡大型消费品市场，优化商业网点结构和布局，推进中心商业区和特色商业街建设，发展购物中心、中小超市、便利店和社区商业，以及连锁经营、物流配送、电子商务、物流快递等现代流通方式，提升住宿餐饮业水平。鼓励发展家政服务、养老服务、社区照料服务和病患陪护服务等家庭服务业。发展互联网增值服务、手机电视、网络电视、网上购物、远程医疗等新型服务业态。促进服务消费方式多样化、便利化。培育一批年交易额超百亿元的大型商品市场。

第三节　大力发展金融业

加快构建现代金融体系，全面提升金融服务水平，不断满足日益增长的多样化金融需求。继续实施“引金入桂”，鼓励国内外银行、证券、保险、期货、信托、风险投资基金等各类金融机构到我区设立分支机构和后台服务机构。支持北部湾银行、柳州银行、桂林银行深化改革，推进农村新型金融机构创新试点，发展信托投资、金融租赁、创业投资、财务公司等金融机构，规范融资担保、金融中介服务。创新金融产品和服务，大力发展面向小型微型企业的融资服务。扩大直接融资，鼓励更多企业成为上市公司，支持企业发行债券。开发新的保险品种，拓宽保险资金运用渠道。围绕打造南宁区域性金融中心，加快建设连接东盟的区域性人民币结算中心、离岸中心、投融资中心和金融人才信息交流中心。到 2015 年，力争全区银行业金融机构存贷款余额分别达到 2. 6 万亿元和 2 万亿元，金融业增加值 700 亿元。

第四节　加快发展旅游业

顺应旅游市场新变化，发挥旅游资源潜力，完善旅游基础设施体系，开发大众化、多层次旅游产品，提高旅游业整体发展水平，建设旅游强区。着力整合旅游资源，提升山水观光、滨海度假、红色旅游、边关风情、民俗民风、休闲健身、节庆活动、宗教文化、科考探险、生产体验等旅游产品档次。积极创建国家 3A 级及以上旅游景区，开发一批新兴精品旅游线路，发展乡村游、自助游、跨国游等新兴旅游方式。重点建设桂林国家旅游综合改革试验区、南宁凤亭国际生态文化旅游区、北海涠洲岛旅游区、大新和凭祥中越国际旅游合作区、西江旅游带、红水河生态旅游区、桂台（贺州）客家文化旅游合作示范区，以及百色、河池、龙州全国红色旅游基地等项目，打造桂林、南宁、北海、梧州国际旅游目的地和游客集散地，培育发展一批旅游强县和特色旅游小城镇。健全旅游公共服务体系，加强旅游市场监管。到 2015 年，力争旅游总收入 2500 亿元，支柱产业地位进一步提升。

第五节　推进经济社会信息化

构建覆盖城乡的信息基础设施网络，布局建设新一代移动通信、下一代互联网、数字电视等网络设施及宽带无线城市、农村宽带网络。推进电信网、广电网、互联网互联互通和业务融合。建设南宁区域国际通信业务出入口局，发展广西与东盟国际数据通信业务。扩大农村地区通信覆盖面。加强云计算服务平台建设，建立北部湾数据资源和交换中心。积极发展物联网。提升数字化城市管理信息系统，建设广西数字认证中心，逐步形成面向中国—东盟的数字证书认证体系。加强信息网络监督、管控能力和无线电频谱监管设施建设，确保信息网络系统安全。加快建设电子政务网络和基础数据库，实现重要政务信息系统互联互通、信息共享和业务协同，完善网络行政审批、信息公开、网上信访、指挥决策、电子监察和审计体系，整合提升政府公共服务和管理能力。加强重要信息系统建设，强化地理、人口、法人、金融、税收、统计、档案等基础信息资源开发利用。完善面向企业的电子商务服务，推动面向全社会的信用服务、网上支付、物流配送等支撑体系建设。建立企业和个人征信服务体系。推进社区和家庭信息化。培育发展网络出版、数字娱乐等信息服务。加强信息技术人员培养和信息知识普及教育。

第六节　营造服务业发展良好环境

建立公平、规范、透明的市场准入制度，鼓励和引导社会资金投向服务业，实现投资主体多元化。推进营利性事业单位改制和机关事业单位后勤服务社会化改革，以及工业企业分离非核心服务业务，拓展服务业发展领域。实施服务业百强工程和品牌发展工程，培育一批年营业额超百亿元的大型服务业集团和知名服务业品牌。鼓励先行先试，加快推进桂林市国家服务业综合改革试点。支持非公有制企业参与国有服务企业重组改造。扩大服务业对外开放，积极拓展旅游、运输、劳务等传统服务出口，努力扩大文化、中医药、软件和信息、商贸物流、金融保险等新兴服务出口，引进跨国采购、国际会展、国际市场中介等优质资源，提高服务业国际化水平。尽快实现鼓励类服务业的用电、用水、用气、用热与工业同价，完善支持服务业发展的财税、融资、土地、政府采购、人才培养等政策措施。加大对劳动密集、技术先进、节能减排、便民利民等服务业的税收优惠力度。制定重点服务行业标准，重视新兴服务业标准化建设，加强新型服务业态市场管理。

专栏10　服务业发展

服务业聚集区：“一个核心区、三个功能带”，即以南宁市为中心的现代服务业核心区和南北陆路通道服务业集聚带、西江黄金水道服务业集聚带、沿海开放通道服务业集聚带。

物流区域布局：南宁市为全国性物流节点城市，柳州市、桂林市、北海市、防城港市、钦州市、崇左市为地区性物流节点城市，梧州市、贵港市、玉林市、百色市、贺州市、河池市、来宾市为专业性物流中心。

商贸流通业：重点建设“万村千乡”市场工程、“双百”市场工程、“新网工程”，以及南宁、柳州食糖现货交易市场，大型工业品、粮食及农资商品、中草药材、农副产品批发市场和专业市场等工程。

物流业：重点建设中国—东盟国际物流基地、南宁机场空港物流园区、中国—东盟南宁国际农业生产资料物流配送中心、柳州制造业物流中心、钦州港综合物流加工区、玉林机电设备物流中心、梧州西江经济区域物流中心、贵港综合物流中心、玉林国际商贸物流港、桂林两江国际机场空港物流园区、贺州农产品专业物流中心、中国—东盟凭祥物流园等工程。

会展业：重点建设中国—东盟（广西）花卉博览会展览和交易中心、南宁华南城会展中心、东盟博览会柳州汽车分展中心、桂林旅游博览中心、梧州国际人工宝石展示中心、北海冠岭会展中心、钦州保税港区进口汽车展示交易中心、中国—东盟（广西百色）现代农业展示展销中心、玉林中医药博览会展中心、玉林中小企业商机博览会展中心。

旅游业：重点建设完善桂林国家旅游综合改革试验区、中越国际旅游合作示范区、桂台（贺州）客家文化旅游合作示范区、红水河生态旅游区、红色旅游等基础设施、南宁凤亭国际生态文化旅游区、巴马长寿养生旅游区、大明山都市休闲旅游区、乐业—凤山世界地质公园、北海邮轮码头及涠洲岛旅游基础设施、主要景区景点游客服务中心及旅游信息化工程。

第六章　构建综合交通运输体系

按照适度超前原则，统筹各种运输方式发展，进一步完善出省出边出海国际大通道，初步形成网络设施衔接完善、技术装备先进适用、运输服务安全高效的综合交通运输体系。

第一节　推进铁路现代化建设

加快发展高速铁路，提高技术等级，扩大路网覆盖，增加铁路网密度，逐步形成以南宁为主枢纽的快速客运网和大能力货运网。在“北上、南下、东靠、西进”四个方向上加大力度，加快对接先进生产力地区，建设通往珠三角经济发达地区和西北、华北、西南地区的大能力快速铁路通道，连接北部湾地区的沿海铁路通道及周边国家的国际铁路通道。重点建设省际干线、客运专线、煤运通道和开发性新线，加快既有线路扩能和复线建设，提高电气化水平，改造和新建一批铁路运输枢纽。建成南宁至广州，贵阳至广州（广西段），南宁至柳州，柳州至桂林，南宁至昆明（新线），南宁至钦州、北海、防城港等在建项目；新建黄桶至百色、南宁至凭祥、合浦至湛江、河池至南宁、柳州经梧州至肇庆、贵港至玉林、柳州经贺州至韶关、防城港至东兴、靖西至龙邦等铁路；实施湘桂线、黔桂线、焦柳线、黎湛线、南昆线、洛湛线等既有线路扩能改造，规划建设项目38项（其中在建项目21项），建设规模5000公里（其中续建2500公里），实现北京至南宁全程高速铁路贯通运行。推进南宁枢纽、柳州枢纽、桂林北站、梧州南站，以及南宁、柳州、北部湾集装箱办理站建设。规划研究南宁至新加坡通道凭祥至河内段，贵阳经河池至南宁，张家界经桂林、玉林至海口等铁路项目及既有线路电气化改造。到2015年，铁路营运里程达到5000公里以上，铁路网密度每万平方公里210公里，复线率55%，电气化率70%以上，形成以南宁为中心的城际高速铁路网，实现地级市开通城际高速列车，基本建成“一轴四纵四横”现代化快速铁路运输网络，全面进入高铁时代。

专栏11　铁路建设

“一轴四纵四横”：一轴，即湘桂铁路；四纵，即贵阳—河池—南宁—防城港、永州—贺州—梧州—玉林—铁山港、怀化—柳州—黎塘—钦州—防城港、黄桶—百色—龙邦铁路；四横，即贵阳—桂林—广州、贵阳—河池—柳州—梧州—广州、昆明—百色—南宁—广州、东兴—钦州—合浦—湛江铁路。

以南宁为中心的城际高速铁路网：南宁至钦州、北海、防城港1小时内到达，南宁至其他中心城市2小时左右到达，南宁至周边省会城市3小时左右到达。

第二节　加快公路网建设

加快推进国家和地方高速公路网规划项目建设，重点实施出省出边出海通道工程和国省干线公路改造工程，大幅提高公路网密度和通达深度。建成六寨至河池、河池至宜州、河池至都安、岑溪至水汶、钦州至崇左、玉林至铁山港、六景至钦州港、百色至靖西、南宁外环、防城港至东兴等高速公路及沿海高速公路改扩建工程，开工河池至百色、崇左至靖西、梧州至柳州等高速公路，建设项目

43项(其中在建项目24项),建设里程4660公里(其中续建里程2600公里)。推进南宁东站(凤岭)及柳州飞鹅、梧州玫瑰湖等综合客运枢纽站建设。加快滨海公路等国省干线改造,贯通省际公路通道。到2015年,力争公路总里程超过11.5万公里,公路网密度每百平方公里48.5公里,其中高速公路新增3500公里,通车里程6000公里以上,基本建成“四横六纵六支线”高速公路网,实现高速公路网覆盖所有中心城市,85%以上的县城半小时内通达高速公路,为到2020年高速公路通车里程达到8000公里、实现县县通高速公路打下坚实基础。

专栏12 公路建设

四横六纵六支线:四横,即灌阳—兴安—龙胜—三江、贺州—荔浦—宜州—河池—隆林、岑溪—玉林—贵港—百色、合浦—钦州—崇左—靖西—那坡;六纵,即龙胜—桂林—钟山—梧州—岑溪、资源—兴安—恭城—平南—玉林—博白—铁山港、三江—融安—柳城—象州—贵港—浦北—北海、全州—桂林—柳州—来宾—南宁—崇左—友谊关、南丹—河池—都安—大化—马山—南宁—钦州—东兴、乐业—凌云—百色—德保—靖西—龙邦;六支线,即梧州—柳州、武宣—平果、崇左—水口、钟山—富川、松旺—铁山港、六景—铁山港。

国省干线改造:滨海公路、永福—鹿寨、崇左—龙州、柳江—来宾、百色—腊仁、梧州—津北、河池—环江等项目。

前期工作:贺州—象州、柳城—河池、贵港—宾阳、隆安—硕龙等高速公路项目。

第三节 提升广西北部湾港综合能力

以提高广西北部湾港现代化国际化水平为目标,重点实施港口工程、集疏运工程、港航服务工程,深化港口开放合作,努力建成区域性国际航运中心。大力推进深水航道、专业化大能力泊位及集装箱码头建设,大幅提高港口吞吐能力,到2015年,力争广西北部湾港新增吞吐能力2.15亿吨,总吞吐能力达到3.36亿吨以上,其中集装箱吞吐能力400万标箱;防城港域新增吞吐能力8100万吨,总吞吐能力达到1.32亿吨;钦州港域新增吞吐能力6500万吨,总吞吐能力达到1.08亿吨;北海港域新增吞吐能力7000万吨,总吞吐能力达到0.96亿吨。推进海运、公路、铁路和管道等多式联运的集疏运系统建设,完善石油、煤炭、矿石、粮食等大宗货物和集装箱国内外中转运输体系。加强港口通信、生产调度、安全保障、导航监管、海事海关、检验检疫等系统建设,健全港航服务保障体系。大力引进国内外大型港航企业,自主建设和经营港口码头、航运航班、物流运输,增开海运航线航班,扩大港口吞吐量,提升港口竞争力。拓展港口腹地,建设“无水港”。整合港口和航运行政管理资源,建立高效统一的新型港口管理体制。

专栏13 广西北部湾港建设

防城港域:建成20万吨级航道、18—22号泊位、东湾403—407泊位、钢铁基地专用码头等工程;开工云约江南作业区1—4号泊位、企沙南1—3号泊位等工程。新增万吨级以上泊位17个,万吨级以上泊位达到43个。

钦州港域:建成金鼓江航道一期、钦州港30万吨级航道、大榄坪3—13号泊位、钦州港三期、三墩30万吨油码头、大榄坪北1—10号泊位等工程;开工金鼓江航道二期、国投钦州煤炭码头等工程。新增万吨级以上泊位23个,万吨级以上泊位达到38个。

北海港域:建成石步岭港区三期、铁山港1—4号泊位、涠洲岛30万吨油码头、石步岭港区邮轮码头、公共客运码头等工程;开工铁山港5—10号泊位等工程。新增万吨级以上泊位25个,万吨级以上泊位达到33个。

第四节 推进西江水运加快建设

加快西江干流、重要支流航道整治，构建高等级航道网体系，完善港口布局和集疏运网络，推进运输船舶标准化大型化，形成畅通高效、平安绿色、江海联运的西江黄金水道。重点实施航运枢纽及船闸、航道疏浚、港口和物流设施、运力优化、支持保障系统五大工程，建设完善水路、铁路、公路相互衔接、转运便利的多式联运体系，全面提升航道等级、船闸通过能力和港口吞吐能力。到2015年，力争内河港口吞吐能力达到1.5亿吨，其中贵港、梧州和南宁综合港吞吐能力分别为7200万吨、2100万吨和2000万吨，百色、柳州、来宾和崇左港吞吐能力分别为1200万吨、1100万吨、1100万吨和280万吨。

专栏14 西江水运建设

枢纽及船闸工程：建成桂平二线、右江鱼梁航运枢纽、郁江老口航运枢纽、长洲水利枢纽三线四线船闸等工程；开工大藤峡水利枢纽、贵港枢纽二线船闸、红花枢纽二线船闸、西津枢纽二线船闸、百色水利枢纽船闸等工程，推进平陆运河江海联运前期研究。

航道疏浚工程：建成柳江航道工程、红水河曹渡河口至桥巩航道整治工程；开工南宁至贵港二级航道、柳州至石龙三江口和来宾至桂平二级航道、左江崇左至三江口三级航道、桂江航道等工程。

港口和物流设施：建成贵港猫儿山二期、柳州阳和一期、来宾宾港、南宁港六景区一期、南宁港牛湾作业区、柳州鸬鹚江1—4号泊位、平南武林港二期、梧州李家庄、梧州塘源、藤县东胜、田东祥周、崇左新环、河池天鹅等码头工程；开工田阳头塘、梧州赤水二期、象州中塘、桂平江口、柳州阳和二期、南宁港六景区二期等码头工程。

第五节 积极发展民用航空

加快机场建设，优化机场布局，扩大航线密度，形成以枢纽机场为骨干、支线机场和通用航空机场为辅助的民用航空网络。重点推进南宁吴圩国际机场新航站区、桂林两江国际机场航站楼及相关配套设施建设，把南宁机场建成我国面向东盟的门户枢纽机场、桂林机场建成国家重要的旅游机场。建成河池机场，扩建北海机场、柳州机场、百色机场，迁建梧州机场，新建贺州机场，加快南宁机场军用民用分离。建设南宁空港经济区、桂林航空物流园。规划研究并适时建设玉林机场及北海涠洲岛、南宁三塘、防城港等通用航空基地。到2015年，力争全区机场旅客吞吐能力2750万人次，其中南宁机场旅客吞吐能力1500万人次，桂林机场旅客吞吐能力1000万人次。

第六节 提高运输服务水平

加强铁路、公路、港口、机场、城市公共交通的高效对接，努力实现客运零距离换乘、货运无缝化衔接。推进南宁、桂林国际区域性和柳州、梧州国内区域性综合交通运输枢纽建设。推广先进装备技术应用，提高交通运输信息化水平。优化运输组织，创新服务方式，实现客票一体联程、货物多式联运。大力发展节能环保的运输工具和运输方式。加强安全管理，保障运输安全。

第七章 深入推进“两区一带”协调发展

充分发挥比较优势，推进沿海沿江率先发展，加快资源富集区开发，促进生产要素合理流动，实现区域协调互动发展。

第一节 推动北部湾经济区率先发展

深入实施广西北部湾经济区发展规划，全面落实国家赋予的各项优惠政策，继续在资源配置、产业布局、重大项目、政策支持等方面加大倾斜力度，推动产业、港口、交通、物流、城建、旅游、招商、文化等实现大发展，充分发挥北部湾经济区引领带动作用。加快推进钢铁、石化、核电、铜镍、林浆纸、电子信息、机械设备制造、新能源等重大项目布局建设，完善国家级和自治区级重点工业园区基础设施，培育壮大防城港钢铁深加工，钦州和北海石化及林浆纸，南宁铝深加工，北海、南宁和钦州电子信息，防城港、铁山港等有色金属深加工，南宁生物高技术，北部湾港域临港粮油、海产品加工等产业集群，尽快建成我国沿海现代重化产业基地。加快扩大北部湾港吞吐能力，完善港口集疏运体系并与周边地区对接的铁路、公路、管道、航道等基础设施和物流设施，尽快建成我国沿海重要枢纽港和连接多区域的重要物流枢纽。统筹推进陆海旅游，提升滨海、岛屿、港湾、跨国等旅游精品，成为国际旅游新热点。挖掘海洋文化资源，创新海洋文化与地域民族文化相结合的产业发展模式，构筑国际海洋文化新基地。推动行政管理、财政、金融、投融资、土地和招商机制等综合配套改革实现新突破，扩大沿海沿边和重点区域开放合作形成新优势，引进高素质人才建立人力资源新高地。尽快打造成为重要国际区域经济合作区，构建具有全国重要影响的经济增长新一极。到2015年，力争北部湾经济区生产总值占全区比重达到40%以上。

第二节 加快建设西江经济带

加快西江黄金水道开发，依托沿江中心城市，构建铁路、公路、水路高效畅通衔接的综合运输网络，形成我国重要的内河航运枢纽，有效降低物流成本，为产业拓展、提升、集聚和城镇化发展提供强有力支撑，推进西江经济带整体快速发展。以区域内柳州、来宾、桂林、梧州、玉林、贵港、贺州中心城市为节点，以产业园区为载体，完善空间布局，重点发展装备制造业、原材料产业、轻纺化工产业、高技术产业、现代农业、现代服务业，形成分工明确、优势明显、协作配套的产业带。提升梧州、玉林、贵港、贺州四市承接产业转移的竞争力，加快与珠三角地区市场对接，建设桂东国家级承接产业转移示范区。把西江经济带打造成为国家深入实施西部大开发新的区域经济增长极。

第三节 加快桂西优势资源开发

把加快桂西地区发展摆在实现跨越发展总体战略的重要位置，在基础设施建设、重大资源开发、社会事业发展、保障和改善民生等方面给予优先支持。充分发挥矿产、水能、旅游等资源富集优势，大力发展特色产业，提高资源就地转化率，建立国家重要战略资源接续区和资源深加工基地，形成产业集聚区，逐步增强自我发展能力，积极探索老少边山地区加快发展的新路子。百色重点打造全国重要的铝工业基地和红色旅游目的地，加快发展煤炭、石化、电力、农产品加工等产业。河池重点建设全国重要的有色金属深加工、水能资源开发和生态旅游基地，加快发展特色食品、桑蚕、生物质化工等产业。崇左重点发展全国重要的糖业和锰深加工业，加快发展旅游、建材、剑麻深加工等产业。崇左、百色围绕发挥沿边区位优势，大力发展边境贸易、跨国旅游、跨境合作、出口加工、国际物流等口岸经济。

第四节　实施主体功能区规划

统筹谋划人口分布、经济布局、国土利用和城镇化格局，引导人口、经济向适宜开发的区域集聚，保护农业和生态发展空间，构建高效、协调、可持续的空间开发格局。对规划为城市化地区的重点开发区，加大交通、能源等基础设施建设力度，优先布局重大制造业项目，统筹工业和城镇发展布局，适度扩大建设用地规模，促进经济集聚与人口集聚同步。对规划为农产品主产区的地区，加强耕地保护，加大农业综合生产能力建设投入，推动农业规模化、产业化和现代化，以县城为重点推进城镇建设和工业发展，引导农产品加工、流通、储运企业聚集，加强公共服务设施建设。对规划为重点生态功能区的地区，加强生态环境保护和修复，增强水源涵养、水土保持和生物多样性等功能，发展资源环境可承载的适宜产业。对规划为自然文化资源保护的地区，依法实施强制性保护，严格控制人为因素对自然生态和文化自然遗产原真性、完整性的干扰，禁止不符合主体功能定位的各类开发活动。按照不同区域的主体功能定位，配套实施财政、投资、产业、土地、环境、人口等政策，建立分类绩效考核评价制度，引导各地严格按照主体功能定位推进发展。

第八章　加强生态文明建设

坚持生态立区、绿色发展，强化节能减排，推广低碳技术，发展循环经济，加强生态环保，推动形成资源节约、环境友好和有利于应对气候变化的生产方式和消费模式，加快建设全国生态文明示范区。

第一节　加强节能管理

合理控制能源消费总量，提高能源利用效率。加强固定资产投资项目节能评估和审查，抑制高耗能产业过快增长。加强重点用能单位节能，大力推广先进节能技术和产品，在工业、建筑、交通运输、公共机构等领域实施重点节能工程，在各类工业园区推广热电联产和余热余压利用。加快推行合同能源管理和电力需求侧管理，完善能效标识制度、节能产品认证制度和节能产品政府强制采购制度，严格执行主要耗能产品能耗限额和产品能效标准。加强节能能力建设，完善节能管理支撑体系，扶持壮大节能服务产业。强化节能目标责任考核，完善节能法规和政策。开展企业节能低碳行动、绿色建筑行动和节能减排全民行动。

专栏 15　节能管理

节能改造工程：继续实施电机系统节能、能源系统优化、余热余压利用、锅炉（窑炉）改造、节约和替代石油、热电联产、建筑节能、交通节能、绿色照明，及节能技术产业化示范等工程。

节能产品惠民工程：重点推广高效节能家电、汽车、电机、照明等产品。

节能服务工程：重点实施节能检测、技术咨询、合同能源管理、能源审计、节能规划编制等工程。

第二节　加强资源节约和管理

坚持节约优先，全面实行资源利用总量控制、供需双向调节、差别化管理，明显提高土地、水和各类资源利用效率。实行最严格的耕地保护制度和节约集约用地制度，强化土地利用规划和年度计划管控，严格用途管制，加强土地整治，盘活存量建设用地，加大闲置土地清理力度，提高耕地复垦质量，健全节约土地标准，加强用地节地责任和考核。实行取水总量控制，合理调配生产、生活和生态用水，强化水资源有偿使用，实行梯度水价制度，促进重点用水行业节水技术改造，大力发展高效节水产业，统筹利用雨洪资源和再生水、矿井水、微咸水等非常规水源，建设节水型社会。加强重点行业原材料消耗管理和技术改造，加大替代型材料、可再生材料推广力度，推进各领域、各行业节材。加强能源和矿产资源勘查和开发管理，强化矿产资源规划调控，加快推进矿产资源开发整合，对特定矿种严格实行保护性开发，促进形成优势矿产资源战略接续区，建立铝、锰、稀土等重要矿产资源储备体系，加强市场准入管理和矿业权市场建设，落实矿产资源有偿使用、矿山环境恢复治理保证金和土地复垦履约金制度，加强矿产资源和矿山生态环境保护执法监察。加大对合山资源枯竭型城市的产业转型扶持。

第三节 大力发展循环经济

以提高资源产出效率为目标，加强规划指导、财税金融等政策支持，推进生产、流通、消费各环节循环经济发展，加快构建覆盖全社会的资源循环利用体系。重点在制糖、铝业、钢铁、锰业、石化、电力、建材、林浆纸、林产加工、化工等行业构建循环利用产业体系，鼓励企业建立循环经济联合体，推动产业循环式组合，建成糖业循环经济示范省区。引导企业实施环境管理标准，全面推行清洁生产。开展重点产业园区能源资源循环化改造，实现土地集约利用、废物交换利用、能量梯级利用、废水循环利用和污染物集中处理。加强共伴生矿产及尾矿综合利用，推进大宗工业固体、建筑和道路、农林等废弃物综合利用，工业固体废弃物综合利用率达到70%。完善再生资源回收体系和垃圾分类回收制度，推进再生资源规模化、产业化利用，发展再制造产业。大力推广生态循环农业模式，发展生态循环型农业。开发应用源头减量、循环利用再制造、零排放和产业链接技术，推广循环经济典型模式，加快循环经济示范基地建设。倡导文明、节约、绿色、低碳消费理念，逐步形成绿色生活方式和消费模式。

专栏16 循环经济

循环经济示范工程：重点建设再制造、城市矿产、餐厨废弃物资源化利用、园区循环化改造、农业秸秆综合利用、林业三剩物综合利用、大宗固体废弃物利用、农业循环经济、服务业循环经济、建筑废弃物利用、关键技术推广利用等重点循环经济工程，及100家循环经济示范企业，静脉产业固废资源化回收利用与综合处理工程。

循环经济示范基地：重点建设贵港国家生态工业（制糖）示范园，梧州、玉林进口再生资源循环利用示范园区，南宁再生资源产业示范园区，贺州（华润）循环经济产业园区，钦州石化产业循环经济示范区，田东石化工业园循环经济示范区，河池有色金属新型材料循环经济示范园区，南丹有色金属循环经济示范区，崇左湘桂糖业循环经济园区和锰深加工循环利用园区，宜州桑蚕茧丝绸产业循环经济示范园区，玉柴集团再制造产业示范园区，农垦糖业循环经济示范区等。

第四节 强化环境保护

坚持预防为主、综合整治，着力解决危害群众健康和影响可持续发展的突出环境问题。实施化学需氧量、二氧化硫、氨氮、氮氧化物排放总量控制，强化工业污染治理和治污设施监管。实行严格的饮用水源地保护制度，规划城镇集中式饮用水源保护区及备用水源地，加大西江流域重点江河和大中型水库水污染防治力度，加强地下水污染防治。推进火电、钢铁、化工、有色金属等行业二氧化硫、氮氧化物治理，开展工业烟气脱硝治理和低氮燃烧技术改造，控制城市噪声和颗粒物污染，加强机动车尾气污染治理和废旧电子电器产品回收处理，建立健全大气污染联防联控机制。全面加强畜禽养殖污染防治，控制农业面源污染。加大北部湾近岸海域陆源和海洋污染物治理力度，保护近岸海域红树林、珊瑚礁、海草和滨海湿地生态系统。加强重金属污染综合治理和持久性有机物、危险废物、危险化学品污染防治，强化对核设施与放射源安全监管。严格落实环境保护目标责任制，强化总量控制指标考核，健全重大环境事件部门应急联动机制，强化污染事故责任追究制度，完善地方环保法规和标准，加强环境监管能力建设。到2015年，设区城市、县城集中式饮用水源地水质达标率分别达到98%和90%以上，设区城市空气质量达到二级标准的天数大于340天/年。

专栏17　环境治理

主要污染物减排工程：城镇污水处理、工业水污染防治、畜禽养殖污染防治等水污染物减排工程；电力行业脱硫脱硝、其他非电重点行业脱硫、水泥行业与工业锅炉脱硝示范等大气污染物减排工程。

环境改善工程：城镇饮用水源地环境保护，邕江、左江、右江、漓江、桂江、贺江、钦江、南流江、刁江、融江、浔江及大中型水库环境综合治理和水生态修复，北部湾近岸海域污染防治，地下水污染防治、污染土壤修复等。

农村环保工程：农村环境综合整治、农业面源污染防治示范。

重点领域环境风险防范工程：重金属污染防治、化学品及持久性有机物（POPs）污染防治、危险废物和医疗废物无害化处置。

第五节　加强生态建设

坚持保护优先和自然修复为主，加强重要生态功能区保护和管理，增强涵养水源、保持水土、防洪防潮能力，构建以桂西生态屏障、北部湾沿海生态屏障、桂东北生态功能区、桂西南生态功能区、桂中生态功能区、十万大山生态保护区、西江千里绿色走廊"两屏四区一走廊"为主骨架，以点状分布的自然保护区为重要组成的生态安全格局。全面实施"绿满八桂"造林绿化工程和生态修复工程，大力推进山区生态林、珠江防护林、沿海防护林、自然保护区、湿地生态系统建设，巩固天然林保护、退耕还林等成果。采取恢复自然植被、封山育林育草、小流域水土保持等措施，全面推进石漠化综合治理。加强生物物种资源保护和安全管理，防止境外有害物种对生态系统的侵害，保护生物多样性。加强矿山生态环境整治和生态修复。促进森林增长，提高森林覆盖率，增加森林蓄积量和森林生态服务价值，增强固碳能力。加快建立生态补偿机制，积极探索市场化生态补偿机制。支持生态严重退化区域实施生态移民。开展生态示范创建活动。

第六节　加强防灾减灾体系建设

以中小河流治理和山洪地质灾害防治为重点，增强城乡防洪能力。提升沿海防台风、风暴潮、海啸能力。加快建立山洪地质灾害调查评价体系、监测预警体系、防治体系、应急体系。对地质灾害易发的城镇、村屯、重点工程建设区、交通要道和石山地区等区域开展重点防治。采取工程措施治理重大地质灾害隐患点，突出抓好梧州地质灾害整治。对治理难度大的危险隐患点采取搬迁避让。加强地震和气象灾害预测预警、灾害防御和应急救援能力，以及适应气候变化特别是应对极端气候事件能力的建设。推行自然灾害风险评估，强化地质灾害抢险救灾措施，制定应急预案，普及防灾知识，增强群众防灾减灾意识，加强救援队伍建设，提高物资保障水平。

专栏18　生态建设和防灾减灾体系建设

生态建设重点实施：
——"绿满八桂"造林绿化工程。
——退耕还林工程，造林面积23.3万公顷，其中退耕还林5.3万公顷，荒山荒地造林10万公顷，封山育林8万公顷。
——珠江防护林工程，造林面积32.7万公顷。
——沿海防护林工程，造林面积5.3万公顷。
——石漠化综合治理工程，封山育林面积132万公顷，宜林荒山造林24万公顷。
——湿地保护恢复与湿地公园建设工程，退养还滩、退耕还湖4000公顷，红树林恢复2100公顷，营造红树林9230公顷，新建国家级湿地公园10处。
——重点野生动植物保护及自然保护区建设工程，新建自然保护区7处，建立猫儿山等9个示范保护区。
地质灾害治理工程：重点治理重大地质灾害隐患点1200处。

第九章　大力推进科技进步与创新

坚持自主创新、重点跨越、支撑发展、引领未来方针，完善科技创新体制机制，强化科技创新基础，构建科技创新体系，加快建设创新型广西。

第一节　增强科技创新能力

促进科技进步与产业升级紧密结合，加快科技创新成果向现实生产力转化。继续实施千亿元产业重大科技攻关工程和广西创新计划，全面实施质量兴桂战略，着力提高企业创新能力，力求在关键共性技术、基础工艺及重大装备等方面取得突破。推进一批国家和自治区级重点实验室、工程技术研究中心、产业研发中心、企业技术中心、中试基地等创新平台建设。发挥科技企业孵化器作用，扶持科技型中小企业发展壮大。增强高等院校、科研院所创新能力，充分发挥高校科技资源优势，支持适应经济社会跨越发展需要的应用基础研究。推进南宁、桂林、柳州高新技术产业开发区向创新型特色园区发展，提升北海高新技术产业园区发展水平并争取进入国家级高新区行列，支持钦州、梧州高新技术园区建设，优化发展百色等国家农业科技园区，打造广西北部湾经济区国家高新技术产业带。稳定基层科技队伍。加强基层科技能力和科普服务能力建设，实施全民科学素质行动计划。建立中国—东盟科技合作与技术转移平台，深化国际科技交流与合作。

第二节　完善科技创新体制机制

深化科技体制改革，促进科技资源优化配置。重点引导和支持创新要素向企业集聚，在千亿元产业推动建立产业技术创新战略联盟和创新型企业，鼓励大型企业加大研发投入，增强中小企业创新活力，发挥企业家和科技领军人才在创新中的重要作用，加快构建以企业为主体的技术创新体系。建设创新型城市。推进科研院所分类改革。完善公共科技服务平台和科技推广服务体系，健全技术产权交易市场，鼓励发展科技中介服务机构。保持各级财政用于科学技术经费的增长幅度高于同级财政经常性收入的增长幅度，落实科技创新激励政策，制定创新产品政府采购及首购实施办法，建立多渠道科技创新投融资体系。加强知识产权创造、运用、保护和管理，研究制定促进科技进步和创新条例，完善科技评价激励制度，激发科技人才创新活力。

专栏 19　科技创新平台及重大专项

重点实验室：重点建设非粮生物质能源酶解国家重点实验室，亚热带农业生物资源保护利用、有色金属及特色材料加工、药用资源化学与药物分子工程等省部共建国家重点实验室培育基地以及中药药效研究、地中海贫血防治、空间信息与测绘、水牛遗传繁育、重大动物疫病防控新技术、岩溶动力学等自治区重点实验室。

工程实验室及工程研究中心：重点建设西南濒危药材资源开发国家工程实验室及特色生物能源国家地方联合工程研究中心、免疫诊断试剂国家地方联合工程实验室、甘蔗育种与栽培技术国家地方联合工程研究中心。

千亿元产业研发中心和工程技术研究中心：重点建设商用汽车、内燃机、汽车零部件等一批千亿元产业研发中心和非粮生物质能源工程技术研究中心、土方机械工程技术研究中心等国家级工程技术研究中心，重点培育广西内燃机等自治区级工程技术研究中心成为国家级工程技术研究中心。

科研及产业创新基地：重点建设柳州国家新材料、柳州国家工程机械、柳州国家预应力机具、钦州石化等高新技术产业化基地，北海电子信息产业孵化基地，玉林日用陶瓷产业研发中心，中国—东盟农作物技术创新中心，及甘蔗区域育种试验、畜牧兽医水产研发等基地。

科技公共服务平台：重点建设中国—东盟科技合作与技术转移服务网络中心、社会化农村科技信息综合服务平台、国家星火科技培训示范基地。

重大科技专项：重点在铝精深加工、新能源汽车、非粮生物质能源、桑蚕茧丝绸、畜禽安全生产等领域实施一批重大科技专项。

重要技术标准：重点建立健全优势特色产业、产品质量和食品安全、农业、节能减排、服务业等标准体系。

第十章　优先发展教育事业

按照优先发展、育人为本、改革创新、促进公平、提高质量的要求，深化教育教学改革，推动教育事业科学发展，为到 2020 年基本实现教育现代化打下良好基础。

第一节　促进各类教育协调发展

积极发展学前教育特别是农村学前教育，发展公办幼儿园，扶持民办幼儿园，建立健全幼儿园办园体制和管理体制，初步建成城乡学前教育体系。巩固提高义务教育质量和水平，推进农村义务教育学校标准化建设。保障基础教育发展用地。扩大高中阶段教育规模，基本普及高中阶段教育，发展优质普通高中教育，继续实施示范性普通高中建设工程。大力发展职业教育，推进国家民族地区职业教育综合改革试验区建设，新建一批地区性职教示范基地和综合实训基地，进一步提高中等职业教育基础能力，逐步实行中等职业教育免费制度。着力提升高等教育发展水平，扩大高等教育规模，优化结构布局，办好有区域特色的高水平大学。加快发展继续教育，构建灵活开放的终身教育体系，建设全民学习、终身学习的学习型社会。高度重视民族教育，改善边境地区和少数民族聚居区办学条件，建立民族团结教育课程体系，推进壮语文教育。实施国家中西部地区特殊教育学校建设工程，健全特殊教育保障机制。到 2015 年，力争学前教育三年毛入园率达到 60%，义务教育巩固率 93%，高中阶段教育毛入学率 87%，高等教育毛入学率 28%。

第二节 努力实现教育公平

促进义务教育均衡发展，重点向农村、边远、贫困、边境、民族地区以及薄弱学校倾斜，逐步建立城乡一体化义务教育发展机制，缩小城乡、区域、校际、群体教育发展差距，基本实现义务教育县域内均衡发展。实行县(市)域内城乡中小学教师编制和工资待遇同一标准，以及教师和校长交流制度。加大对家庭经济困难学生的资助力度，完善覆盖各阶段教育的资助体系，扶助家庭经济困难学生完成学业。逐步实行残疾学生高中阶段免费教育。实施民族地区、贫困地区农村小学生营养改善计划。切实保障进城务工人员子女和留守儿童平等接受义务教育的权利，改善农村学生特别是留守儿童寄宿条件。

第三节 提高教育质量

全面实施素质教育，遵循教育规律和学生身心发展规律，坚持德育为先、能力为重，改革教学内容、方法和评价制度，促进学生德智体美全面发展。建立以提高教育质量为导向的管理机制和工作制度，加强教育质量评估和监管。克服“应试教育”倾向，减轻中小学课业负担。实行工学结合、校企合作、顶岗学习的职业教育培养模式，提高学生就业技能和本领。加强师德师风建设，提高校长和教师专业化水平，鼓励优秀人才终身从教。加快实施学前教育推进、义务教育巩固提高、中小学教师素质提升、普通高中加快发展、职业教育基础能力强化、高等教育振兴、民族教育特色建设、家庭经济困难学生资助、教育信息化建设、教育国际交流合作区域特色建设等十项教育发展重点工程，全面提升教育质量水平。

第四节 深化教育改革

深入实施推进素质教育、义务教育均衡发展、职业教育办学模式、终身教育体制机制建设、拔尖创新人才培养、现代大学制度、办学体制、教育保障机制、考试招生制度、教育综合统筹等十项教育体制改革试点。创新人才培养体制、教育管理体制、办学体制，改革教学内容、教学方法、质量评价体系和考试招生制度。加大教育经费投入，健全以政府投入为主、多渠道筹措教育经费体制。鼓励引导社会力量兴办教育，落实民办学校与公办学校平等的法律地位，规范办学秩序，促进民办教育健康发展。扩大教育开放，加强以东盟国家为重点的国际教育交流与合作，大力发展留学生教育，多方式引进优质教育资源。

专栏20 教育发展重点项目

——农村学前教育机构、义务教育学校标准化、边境沿线学校、少数民族聚居区寄宿制学校、特殊教育发展及农村中小学饮水安全、中小学教师队伍建设、农村中小学教职工周转房和保障性安居试点等。

——普通高中、中等职业学校基础能力、示范性职业技术学校和实训基地、少数民族聚居区普通高中、民族地区职业教育实训基地等。

——普通高校和民办高等教育公共服务设施、高等学校特色学科和品牌专业、广西大学“211”工程、广西民族大学东盟学院、广西医科大学五象新校区、广西师范大学王城本部搬迁、北海大学园区入驻高校建设、及“省部共建”高等学校专项，以及国家支持地方高校发展专项资金项目，筹建北部湾大学。

——现代远程教育、西部地区开发远程学习网络及教育国际交流合作等。

第十一章　造就高素质人才队伍

坚持服务发展、人才优先、以用为本、创新机制、高端引领、整体开发的指导方针，加强适应跨越发展需要的各类人才队伍建设。

第一节　大力培养创新型人才

围绕提高科技创新能力，依托重点产业、重大项目、重要科研创新平台和优势企事业单位，实施八桂学者、特聘专家制度和院士后备培养工程，加快发展人才小高地。重点支持青年科技人才承担国家、自治区重大科技项目，以及国际学术交流与合作项目。扩大硕士、博士研究生教育规模，引进和用好海外高层次人才。大力开发经济社会发展各领域急需紧缺专门人才，统筹推进党政、企业经营管理、专业技术、高技能、农村实用、社会工作等各类人才队伍建设。组织实施国家少数民族高层次骨干人才培养计划，培养造就少数民族人才队伍。

第二节　健全人才发展机制

构建充满活力、富有效率、更加开放的人才制度环境。完善党管人才工作格局，建立健全宏观管理、市场配置、单位自主用人、人才自主择业的人才管理体制。深化干部人事制度改革，推动人才管理部门职能转变，创新培养开发、评价发现、选拔任用、流动配置和激励保障机制。完善人才引进和使用方式，采取项目合作、智力入股、兼职兼薪、成果转化、特聘岗位等多种形式，吸引国内外高层次创新型人才开展智力服务。完善地方性人才法规体系，改进人才管理方式，加强人才市场建设，落实国家和自治区重大人才政策，抓好重大人才工程，营造人才脱颖而出的环境，推动人才事业全面发展。

专栏21　人才建设

重点实施人才小高地建设提升、优秀企业家培养选拔、新世纪十百千人才、博士后培养、党政人才素质提升、北部湾经济区人才集聚、西江经济带人才开发、国际化外向型人才开发、重点工业产业高技能人才开发、农村实用人才开发、社会工作人才开发，以及边远贫困地区、边疆民族地区和革命老区人才支持等工程。

第十二章　建立健全基本公共服务体系

着力保障和改善民生，完善就业、收入分配、社会保障、医疗卫生、住房等制度，促进基本公共服务均等化，使发展成果更多惠及各族人民。

第一节　促进充分就业

实施更加积极的就业政策，促进经济增长与扩大就业良性互动，健全劳动者自主择业、市场调节就业和政府促进就业相结合的机制，创造平等就业机会，千方百计扩大就业规模。统筹产业政策和就业政策，大力发展劳动密集型产业、服务业和小型微型企业。促进高校毕业生、农村转移劳动力、城镇就业困难人员特别是零就业家庭成员就业，做好军队转业人员安置和退役军人就业工作。完善和落实税费减免、小额担保贷款、财政贴息、场地安排等扶持政策，鼓励自主创业、自谋职业，支持以创业创新带动充分就业。建立健全政府投资和重大项目带动就业机制，完善就业援助政策，积极开发社区服务、公共服务等公益性岗位，鼓励非全日制就业、季节性就业、家庭就业、临时就业等多样化就业形式。加强与珠三角、长三角等发达地区的劳务合作。全区城镇新增就业190万人，就业困难人员再就业10万人，农村劳动力转移就业300万人。健全基层劳动就业公共服务平台和网络建设，建立完善统一、规范、开放的人力资源市场。健全面向全体劳动者的职业培训制度，对下岗失业人员、农民工、残疾人等开展免费职业技能和实用技术培训，对未能升学的应届初高中毕业生等新成长劳动力普遍实行劳动预备制培训，鼓励企业开展职工岗位技能培训。加强创业培训，将有创业愿望和培训需求的人员纳入培训范围。健全失业监测预警制度。全面推行劳动合同制度，不断扩大集体合同覆盖面。加强劳动保障监察执法，完善劳动人事争议处理机制，改善劳动条件，切实维护劳动者权益。发挥政府、工会和企业作用，努力形成企业和职工利益共享机制，建立和谐劳动关系。

第二节 合理调整收入分配

坚持和完善按劳分配为主体、多种分配方式并存的分配制度，努力提高居民收入在国民收入分配中的比重、劳动报酬在初次分配中的比重。健全职工工资正常增长和支付保障机制，完善与经济发展水平挂钩的最低工资制度，逐步提高最低工资标准。完善企业工资指导线、人力资源市场工资价位和人工成本信息指导等制度，扩大工资集体协商覆盖范围。推进公务员工资制度改革，全面建立事业单位岗位绩效工资制度。深化垄断行业和国有企业收入分配改革。拓宽居民收入来源渠道，创造条件增加居民财产性收入。发挥税收对调节收入分配的作用，加强个人收入信息体系建设。整顿和规范收入分配秩序，保护合法收入、调节过高收入、取缔非法收入。到2015年，力争城镇单位从业人员劳动报酬总额占地区生产总值的比重提高2个百分点左右，月最低工资1000元以上。

第三节 健全覆盖城乡居民的社会保障体系

以城镇基本养老保险、基本医疗保险、失业保险、工伤保险、新型农村社会养老保险制度为重点，以商业保险保障为补充，形成广覆盖、保基本、多层次、可持续的社会保障体系，稳步提高保障水平。建立健全城镇职工和居民养老保险制度，企业职工基本养老保险基础养老金逐步实现全国统筹，全面落实企业职工基本养老保险关系转移接续办法，实现新型农村养老保险全覆盖和城乡养老保障制度有效衔接。改革机关事业单位养老保险制度。完善失业、工伤、生育保险制度。做好城镇职工和居民基本医疗保险、新型农村合作医疗、城乡医疗救助制度的政策衔接，逐步提高城镇居民医保和新农合筹资标准及保障水平，建立健全医疗保险关系转移接续和异地就医结算制度。扩大社会保障覆盖范围，重点解决非公有制经济从业人员、农民工、被征地农民、灵活就业人员和自由职业者参加社会保险问题。鼓励建立企业年金和职业年金，积极发展商业养老保险和医疗保险。加强社会保障信息网络建设，扩大社会保障卡覆盖面。健全城乡最低生活保障制度，合理提高低保标准和补助水平,对符合条件的困难群体实行应保尽保。推进社会救助体系建设,提高农村五保供养水平,加强流浪未成年人保护、孤儿福利、残疾人、优抚安置服务设施建设,实现城乡社会救助全覆盖。大力发展社会福利和慈善事业,支持社会慈善、社会捐赠、群众互助等社会扶助活动。到2015年,全区城镇参加基本养老保险540万人、失业保险240万人、工伤保险250万人、生育保险225万人,城镇居民基本医疗保险覆盖率95%以上。

第四节 加快医疗卫生事业改革发展

按照保基本、强基层、建机制的要求,深化医药卫生体制改革,建立健全基本医疗卫生制度,优先满足群众基本医疗卫生需求。全面加强公共卫生服务体系建设,健全疾病预防控制、健康教育、妇幼保健、精神卫生、应急救治、采供血、卫生监督、社区康复等专业公共卫生服务网络。逐步提高人均公共卫生经费标准,全面免费提供国家基本公共卫生服务项目,实施重大公共卫生服务专项。推进艾滋病、地中海贫血防治,以及重大传染病、慢性病、职业病、地方病和精神疾病防治。提高突发重大公共卫生事件应急处置能力。逐步建立农村医疗急救网络。普及健康教育,广泛开展爱国卫生运动。孕产妇死亡率控制在27/10万以内,婴儿死亡率控制在12‰以内,预期寿命提高到75岁左右。健全农村三级医疗卫生服务网络,完善以社区卫生服务为基础的新型城市医疗卫生服务体系,新增医疗卫生资源重点向农村和城市社区倾斜,加强医学人才特别是全科医生培养,完善鼓励全科医生长期在基层服务政策。积极稳妥推进公立医院改革,探索形成各类城市医院和基层医疗机构合理分工和协作格局。建立和完善以国家基本药物制度为基础的药品供应保障体系,确保药品质量和安全。坚持中西医并重,支持中医药事业发展,实施壮瑶医药振兴计划。加强贵港、贺州、来宾、崇左等新建地级市医疗机构建设。鼓励社会资本以多种形式兴办医疗机构。

第五节 加强保障性住房建设

立足保障基本需求、推动合理消费,加快构建以政府为主提供基本保障、以市场为主满足多层次需求的住房供应体系。对城镇低收入住房困难家庭,实行廉租住房制度,政府提供基本住房保障。对中等偏下收入住房困难家庭,实行公共租赁住房等制度,政府给予适当支持。对中高收入家庭,实行租赁与购买商品住房相结合的制度。建立健全住房标准体系,倡导租买结合、梯度消费。强化各级政府责任,加大以公共租赁住房为主体,包括廉租住房、经济适用住房、限价商品住房、各类棚户区改造等在内的保障性安居工程建设力度,多渠道筹措廉租房房源,加大租赁补贴力度,稳步扩大覆盖范围,基本解决保障性住房供应不足的问题。逐步将新就业职工和外来务工人员纳入保障性住房供应范围。落实国家对保障性住房建设用地的规定。加大财政投入,引导社会资金参与保障性住房建设运营。加强保障性住房管理,制定公平合理、公开透明的保障性住房配租政策和监管程序,严格规范准入、退出管理和租费标准。

第六节 统筹做好人口工作

控制人口总量,提高人口素质,优化人口结构,促进人口长期均衡发展。坚持计划生育基本国策,稳定低生育水平。完善人口目标责任制,全面推进诚信计生,开展人口计生基层群众自治示范活动。加强人口计生社会管理和服务体系建设,重点实施村级人口计生健康服务项目,进一步落实以农村计划生育家庭奖励扶助、“少生快富”工程和计划生育家庭特别扶助“三项制度”为主体的利益导向政策体系。加大综合治理出生人口性别比偏高问题力度，促进社会性别平衡。全面推进优生促进工程，开展免费孕前优生健康检查，切实做好出生缺陷一级预防。加强流动人口计划生育服务和管理。举办中国—东盟人口与发展论坛，加强人口问题战略研究国际交流。坚持男女平等基本国策和儿童优先原则，全面实施新一轮妇女儿童发展纲要，切实保障妇女合法权益，鼓励支持妇女就业创业，加强未成年人保护，救助孤残流浪儿童。积极应对人口老龄化，建立以居家为基础、社区为依托、机构为支撑的养老服务体系，优先发展社会养老服务，加强公益性养老服务设施建设，鼓励社会资本兴办养老服务机构，增加社区老年人活动场所和便利化设施。支持残疾人事业发展，实施重点康复、托养工程和“阳光家园”计划，开展残疾人就业服务和职业培训，加大对农村残疾人生产扶助力度。

第七节　加大扶贫开发力度

对革命老区、大石山区、边境地区、少数民族聚居区和水库库区及移民安置区等集中连片、特殊困难的重点扶贫区域，实行特殊政策，进一步加大扶持力度。继续集中整合各类资源，采取大会战方式，实施村屯道路、安全饮水、通电通邮、广播电视、公共服务、生态环境等基础设施和公共设施扶贫攻坚工程，切实改善生产生活条件，大幅减少贫困人口。加快整村推进扶贫开发，创新产业、教育、科技、生态扶贫以及对口帮扶、定点扶贫、易地搬迁扶贫、社会力量参与扶贫等方式，提高扶贫成效。贯彻落实支持民族地区发展政策，扶持人口较少民族发展。制定实施革命老区振兴规划。对贫困地区中央安排的公益性建设项目，逐步减少或取消市县两级配套资金。建立和完善财政扶贫资金稳定增长机制，推进扶贫开发政策与农村低保制度有效衔接。重点在贫困地区开展支医、支教等活动，加大干部交流力度。推进扶贫领域国际交流合作。

专栏 22　基本公共服务

就业和社会保障：重点实施基层就业和社保服务设施、创业孵化基地、劳动人事争议调解仲裁场所、工伤职业康复中心、广西社会保障服务中心、劳动保障信息系统、城镇居民基本医疗保险信息系统、新型农村社会养老保险信息系统等工程。

医疗卫生：重点实施县乡村基层医疗卫生服务体系、公共卫生服务体系、医疗卫生人才培养等工程。

人口计生：重点实施广西人口计生综合业务中心、市县乡村基层人口计生服务体系、优生促进、人口计生信息化建设等工程。

社会救助：重点建设 5000 个五保村和 400 所乡镇中心敬老院，改造 14 个地级市救助管理站，新建 158 个县级救助管理站和流浪未成年人救助保护中心。

扶贫开发：重点实施贫困村整村推进扶贫开发、十百千产业扶贫示范、特殊类型地区基础设施建设、边境地区扶贫攻坚、易地搬迁扶贫、库区移民安置等工程。

村级公共服务中心：重点建设集行政、文化、卫生、体育等于一体的综合服务设施。

第十三章　保持社会和谐稳定

适应社会结构转型新形势，加强社会管理能力建设，创新社会管理体制机制，深入推进平安广西建设，构建全国社会和谐稳定模范区。

第一节　创新社会管理体制

进一步完善党委领导、政府负责、社会协同、公众参与的社会管理格局。加快构建源头治理、动态管理和应急处置相结合的社会管理机制。健全基层管理和服务体系，发挥基层群众性自治组织、各类社会组织和企事业单位的协同作用，形成社会管理和服务合力。强化城乡社区自治和服务功能，健全党组织领导的社区居民自治制度，完善居民委员会组织体系，规范发展社区服务站等专业服务机构，建设社区综合管理和服务平台，加强社区服务人才队伍建设，推动管理重心下移。引导各类社会组织、志愿者参与社区管理和服务。改进社会组织登记管理，适度放宽经济类、公益类社团和基金会的设立，落实社会组织发展的扶持政策，加强社会组织监管。推进社会管理信息化建设。完善社会管理法规规章。

第二节　健全维护群众权益机制

拓宽社情民意表达渠道，加大社会矛盾调解力度，健全党和政府主导的维护群众权益机制。完善公共决策的社会公示制度、公众听证制度和专家咨询论证制度，注重民意收集与信息反馈。坚持领导干部接待群众、联系群众制度，强化信访工作责任制。深入开展社会矛盾“大排查、大接访、大调处、大防控”，完善人民调解、行政调解、司法调解联动的工作体系，建立调处化解矛盾纠纷综合平台。畅通和规范群众诉求表达、利益协调、权益保障渠道，建立重大工程项目建设和重大政策制定的社会稳定风险评估机制，有效防范和化解劳资纠纷、征地拆迁、环境污染、食品药品安全、企业重组和破产等引发的社会矛盾。依靠基层党政组织、行业管理组织、群众自治组织，充分发挥工会、共青团、妇联的作用，积极化解社会矛盾。

第三节　加强公共安全体系建设

适应公共安全新形势，推动建立主动防控与应急处置相结合、传统方法与现代手段相结合的公共安全体系。加大公共安全投入，健全应对事故灾难、公共卫生事件、食品药品安全事件、社会安全事件的预防预警和应急处置体系。加强食品药品监管能力和技术支撑体系建设，建立食品药品质量追溯制度，强化快速通报和快速反应机制，强化动植物检验检疫，开展药品安全国际合作，保障公众饮食和用药安全。严格安全生产管理，加强安全监管监察能力建设，实行重大隐患治理逐级挂牌督办和整改效果评价制度，严厉打击非法违法经营，严格安全目标考核与责任追究。健全应急管理组织体系，完善应急预案，加强应急队伍体系建设，建立健全应急物资储备体系，提高危机管理和抗风险管理能力。推动普及公众现场自救互救、紧急避险知识和基本技能培训。完善社会治安防控体系，推进城乡社区警务、群防群治等基层基础建设，强化社会治安综合治理，加强特殊人群帮教管理和服务工作，加大社会治安薄弱环节整治力度，构筑人防、物防、技防相结合的新格局，增强公共安全和社会治安保障能力。严密防范、依法打击各种违法犯罪活动，切实保障人民生命财产安全。加强边海防社会治安管理，完善边境一线基层治安联防联控体系。加强执法能力建设，提高执法水平和公信力。

专栏23　社会管理

社区综合服务平台:重点实施社区服务体系工程,建设街道(乡镇)社区服务中心和城乡社区服务站,改善公共设施和服务用房。

社区信息化:重点建设集行政管理、社会事务、便民服务于一体的社区服务信息网络。

食品药品安全:重点建设中国—东盟食品药品检验检测中心、食品药品检验监测机构、城乡食品药品安全保障体系等工程。

安全生产:重点建设区市县三级安全生产监管网络、广西安全生产技术中心、矿山抢险排水救灾中心、重大事故隐患治理等工程。

应急管理:重点建设自治区级应急平台、预警信息发布系统、城乡应急基础设施、区市县应急物资储备系统等工程。

社会治安:重点建设全区政法信息网络和基层政法基础设施,国家安全系统业务技术用房,公安机关视频指挥系统,全区监狱信息化、监狱安防、劳教戒毒设施改造,反恐训练基地和公安特警训练基地,公安、武警、消防、边防、司法、监狱管理指挥中心等工程。

第四节　巩固发展民族团结

坚持和完善民族区域自治制度,建立健全民族团结进步创建的长效机制,开创民族团结进步新局面。增强各族干部群众贯彻执行党的民族政策的自觉性,加强民族团结教育,加大少数民族干部培养选拔力度,加快少数民族和民族地区经济社会发展,实施兴边富民行动、扶持人口较少民族发展"十二五"规划,帮助特困少数民族聚居区、边境地区改善生产生活条件,不断提高少数民族群众生活水平,维护少数民族群众根本利益,进一步发展平等团结互助和谐的社会主义民族关系,实现各民族共同团结奋斗、共同繁荣发展,保持和发展广西作为全国民族团结示范区的良好局面。

第五节　加强国防后备力量建设

推进军民融合式发展,促进经济建设贯彻国防需求,构建平战结合、相互兼容、共建共用的基础平台。加强民兵预备役基层建设和武警、边海防、人民防空等建设,推进交通运输、信息、市政等基础设施共享,实现经济建设和国防建设相互促进、同步发展。建立和完善军民结合的科研生产、装备保障、人才培养等体系。提升经济、装备、科技、信息等国防动员能力和国防后备力量建设质量。深化国防教育,支持部队训练,深入开展拥军优属、拥政爱民活动,积极推进军民共建,密切军政军民团结,保持边疆巩固安宁。

第十四章　促进文化大发展大繁荣

坚持社会主义先进文化前进方向,弘扬中华文化,建设和谐文化,发展文化事业和文化产业,提升文化软实力,满足人民群众不断增长的精神文化需求,构建具有时代特征、壮乡风格、和谐兼容的民族文化强区。

第一节　提高全区各族人民文明素质

加强社会主义核心价值体系建设,广泛开展爱国主义教育和中国特色社会主义理想信念教育,倡导爱国守法和敬业诚信,形成各族人民奋发向上的强大精神力量。深入推进社会公德、职业道德、家庭美德、个人品德建设，加强学习和宣传道德模范，深化拓展群众性精神文明创建活动，不断推进“和谐建设在基层”活动，广泛开展志愿服务。弘扬科学精神，加强人文关怀，注重心理疏导，培育奋发进取、理性平和、开放包容的社会心态。提倡修身律己、尊老爱幼、勤勉做事、平实做人，推动形成我为人人、人人为我的社会风尚，倡导能帮就帮的助人为乐精神。净化社会文化环境，加强未成年人校外活动阵地建设，高度重视未成年人思想道德建设和大学生思想政治教育。坚持正确导向，营造积极健康的思想舆论环境，引导人们知荣辱、讲正气、尽义务，形成扶正祛邪、惩恶扬善的社会风气。

第二节　大力推动文化创新

适应群众文化需求新变化新要求，弘扬主旋律，提倡多样化，使精神文化产品和社会文化生活更加丰富多彩。实施文化精品战略，提高文化产品质量，深入挖掘优秀民族文化资源，推动文化与时俱进，创作生产更多体现民族特色、反映时代精神、艺术水准精湛、群众喜闻乐见的文化精品。繁荣发展哲学社会科学，推进学科体系、学术观点、科研方法创新。加强对东盟发展研究。运用高新技术创新传统文化生产方式，发展数字文化、网络文化等新兴文化业态，推进公共文化信息服务便捷化，加快构建传输快捷、覆盖广泛的文化传播体系，扩大优秀精品文化的社会影响。推动文化体制机制改革与创新，深化公益性文化事业单位改革，创新公共文化服务运行机制。加快经营性文化单位转企改制，建立健全法人治理结构，推动文化企业股份制改造和上市融资。深化文化管理体制改革。完善国有文化资产管理体制。

第三节　繁荣发展文化事业

坚持政府主导、社会参与、公共文化服务普遍均等的原则，以城乡基层为重点，加快实施文化惠民工程，加强基层文化队伍建设，基本建成公共文化服务体系。重点支持革命老区、少数民族聚居区、边境地区、贫困地区文化服务网络建设。完善城市社区文化设施，促进基层文化资源整合和综合利用，广泛开展群众性文化活动，丰富群众文化生活。加强重要新闻媒体建设，重视互联网等新兴媒体建设、运用和管理，提高传播能力，扩大广播影视覆盖范围。加强保护利用桂林、柳州、北海国家历史文化名城和名镇名村文化遗产及自然遗产，积极申报左江岩画世界文化遗产，实施百家博物馆建设工程，加强古籍整理保护，重视档案馆基础设施建设。实施重振体育雄风计划，加强公共体育场地设施建设，促进群众体育、竞技体育和体育产业协调发展。

第四节　加快发展文化产业

推动文化产业培育成为千亿元产业，增强文化产业整体实力和竞争力。实施重大文化产业项目带动战略，做大做强广电网络、电影院线、影视制作、出版发行、印刷复制、文化创意、演艺娱乐、动漫游戏、文化会展、工艺美术、文物博物馆等文化产业，推动文化产业与旅游业、商贸业、高新技术产业融合发展。加快培育大型文化企业和战略投资者，建设广西文化产业城、体育城等基地，发展区域性特色文化产业群，促进文化产业规模化、集约化、专业化。繁荣文化市场，扩大文化消费，打造城市文化消费集聚区，加强文化市场监管。培育发展体育产业，开发休闲健身体育、体育竞赛和表演市场。加强以东盟各国为重点的国际文化交流合作。到 2015 年，力争文化产业增加值占地区生产总值比重 5% 以上，推动文化产业成为国民经济支柱性产业。

专栏24 文化建设

文化惠民工程:重点实施广播电视村村通、文化信息资源共享、广播影视少数民族语言译制及播出工程、乡镇综合文化站、职工书屋、农家书屋、社区书屋、农村电影数字放映、文化致富、公共体育设施,及边疆少数民族地区新闻出版东风工程等。

文化产业:重点建设广西电视台新传媒中心、中国—东盟文化产品物流园区、中国—东盟文化产业人才培养基地、中国—东盟国家数字出版基地、广西美术馆、广西铜鼓博物馆、广西城市规划展示馆、广西文化产业城、广西体育中心二三期、广西文化艺术中心、广西刘三姐演艺城、工人文化宫、柳州文化产业园、桂林演艺之都、钦州坭兴陶文化园、百色红色文化产业园、梧州文化产业园、城市数字电影院改造、市县级国家综合档案馆、中国—东盟创意印刷园区、桂林动漫基地、北海(竹林)文化创意产业城等工程。

文化遗产保护:重点建设广西自然博物馆、广西博物馆改造、市县级博物馆、广西非物质文化遗产传承展示中心、广西民族文献中心,实施宁明花山岩画、连城要塞遗址及友谊关、北海老街等重点文物保护工程,建设国家考古遗址公园桂林靖江王府及甄皮岩遗址、贵港南江古码头遗址、贺州临贺古城、合浦汉文化主题公园、北海大垠海上丝绸之路始发港遗址博物馆等。

第十五章 加快改革攻坚步伐

坚持社会主义市场经济改革方向,继续解放思想,不断转变观念,进一步调动各方面积极性,尊重群众首创精神,全面深化各领域改革,在重点领域和关键环节取得新突破。

第一节 深化经济体制改革

坚持公有制为主体、多种所有制经济共同发展的基本经济制度。加快国有经济战略性调整,健全国有资本有进有退、合理流动机制,加快国有资本从一般竞争性领域退出。深化国有大中型企业改革,全面完成公司制股份制改革。完善各类国有资产管理体制,健全覆盖全部国有企业分级管理的国有资本经营预算和收益分享制度,合理分配和使用国有资本收益。完善国有金融资产、非经营性资产和自然资源资产监管体制,加强境外国有资产监管。鼓励和引导民间资本进入法律法规未明确禁止准入的所有行业和领域,公开透明市场准入标准和优惠扶持政策,不得对民间资本单独设置附加条件,支持民间资本通过参股、控股、资产收购等多种方式,参与国有企业改制重组,加大吸引民间资本参与项目建设的推介力度,落实支持民营经济发展的财税、金融、土地、工商管理、自主创新、品牌创建、政府采购等政策措施,切实保护民间投资合法权益。深化财政体制改革,完善财政预算管理制度和转移支付制度,进一步理顺各级政府间财政分配关系,扩大公共财政覆盖面,加强县级政府提供基本公共服务的财力保障,建立健全地方政府债务管理体系。改革和完善税收管理制度,逐步健全地方税体系。推进地方金融机构和金融管理体制改革,加强金融监管协调,防范金融系统性风险。深化资源性产品价格改革,完善重要商品、服务、要素价格形成机制。推进环保收费制度改革。建立健全土地、资本、劳动力、技术、信息等要素市场。加快社会信用体系建设。推动北部湾经济区综合配套改革和其他各类试验区改革创新取得重大突破。

第二节 推进行政体制改革

按照转变职能、理顺关系、优化结构、提高效能的要求,加快建立服务政府、责任政府、法治政府和廉洁政府。加快转变政府职能,健全政府职责体系,提高经济调节和市场监管水平,强化社会管理和公共服务职能。深化行政审批制度改革，建立行政审批清理常态化机制，加快推进政企分开、政资分开、政事分开、政府与市场中介组织分开，调整和规范政府管理事项。完善重大项目集中联合审批机制，提升投资服务水平。深化政府机构改革，继续优化政府结构、行政层级、职能责任，降低行政成本，探索开展自治区直管县改革试点。完善政务服务基础设施，推动政务服务向基层延伸，整合基层公共服务资源，建立健全自治区各级政务服务体系。大力推进政务公开，加强政务服务信息化建设，完善科学民主决策机制，增强公共政策制定透明度和公众参与度。严格依法行政，进一步做好行政复议和行政诉讼工作，推行政府绩效管理和行政问责制度，提高政府执行力和公信力。

第三节　推进社会事业领域改革

把维护社会事业的公益性、保障人民群众基本公共服务需求作为政府的主要职责。按照政事分开、事企分开、管办分离的原则，推进科技、教育、文化、卫生、体育等事业单位分类改革。改革基本公共服务提供方式，引入竞争机制，扩大购买服务，实现提供主体和提供方式多元化。推进非基本公共服务市场化改革，放宽市场准入，鼓励社会资本以多种方式投资建立非盈利性公益服务机构，增强多层次供给能力，满足群众多样化多层次需求。利用社会资本加快社会事业发展。

第十六章　全面深化开放合作

用好中国—东盟自由贸易区深入发展的重大机遇，全方位、多层次、宽领域扩大对外开放，全面参与国际国内多区域合作，以开放促发展、促改革、促创新，加快形成对外开放新格局和参与国际国内竞争新优势。

第一节　深化以东盟为重点的开放合作

坚持服务国家周边外交战略，以重要领域项目合作和机制建设为重点，以促进贸易投资便利化为主要内容，在中国—东盟自贸区框架下拓展新的开放领域及合作空间，把广西建成我国与东盟开放合作的新高地。加强办好中国—东盟博览会和中国—东盟商务与投资峰会的机制化建设，务实推进泛北部湾经济合作和中越“两廊一圈”合作，深度参与大湄公河次区域合作，积极争取更多的中国—东盟合作机制和机构落户广西，加快建设面向东盟的南宁商务总部经济基地。深化与东盟国家互利共赢的全方位、多领域开放合作，不断扩大教育卫生、文化体育、广播影视、新闻出版等的交流合作，建设中国—东盟青少年培养基地，推进交通、电力、电讯、信息网络等的互联互通。发挥钦州保税港区、南宁保税物流中心、凭祥综合保税区的出口加工、保税物流等功能，争取北海出口加工区扩区升级和铁山港、涠洲岛对外开放，完善内陆“无水港”网络，大力发展保税物流和保税加工。加快建设南宁国家内陆开放型经济战略高地、东兴国家重点开发开放试验区，推进南宁—新加坡经济走廊、凭祥—同登、东兴—芒街、龙邦—茶岭跨境经济合作区建设。加强与日韩、欧美、大洋洲、非洲等国家的经贸合作，完善对外开放合作格局。加强地方外事工作，贯彻落实与邻为善、以邻为伴的周边外交方针，完善与周边国家省级事务定期会晤磋商机制，推进务实合作，深化传统友谊，广泛开展民间友好交往。

第二节 扩大国内多区域合作

推进泛珠三角区域更紧密合作，加快建设连接珠三角地区的高速铁路、高速公路、高等级内河航道、信息网络等设施，全面提升能源、产业、环保、旅游、劳务等合作水平，形成快速直通东南沿海发达地区的人流、物流、资金流、技术流、信息流通道，使我区更加全面主动地接受先进生产力辐射带动。加强与大西南、长三角、环渤海等区域及省际合作，深化桂港、桂澳合作，拓展桂台经贸合作和文化交流。改善投资环境，创新招商引资机制，扎实推进央企入桂、民企入桂，深入开展大兑现活动，提高合同履约率、资金到位率和项目开工率。完善区域合作机制，拓宽合作领域，提高合作层次，增强合作实效。积极发挥商会、协会和华侨、华商的作用。

第三节 大力发展开放型经济

加快转变外贸发展方式，抢抓中国—东盟自贸区深入发展的重大机遇，培育技术、品牌、服务新优势，努力提高外经外贸及利用外资水平。扩大出口规模，提升劳动密集型出口产品质量和档次，扩大机电产品和高新技术产品出口。积极利用东部产业转移，大力发展加工贸易产业，促进加工贸易从组装加工向研发设计、核心元器件制造、物流等环节拓展，向海关监管区域集中。重点建设南宁、钦州、梧州、北海国家加工贸易梯度转移重点承接地、国家和自治区加工出口基地及服务外包基地。大力发展出口企业集团，鼓励企业培育出口品牌，设立国际营销网络，巩固拓展东盟市场，大力开拓新兴市场。加快发展边境贸易，扩大服务贸易规模。优化进口结构，增加先进技术、关键设备及零部件、短缺资源和节能环保产品进口，发挥进口对结构调整的重要作用。把扩大利用外资规模和提高利用外资质量有机结合，优化投资环境，丰富外资利用方式，引导外资投向先进制造、节能环保、新能源、高新技术、现代服务业和现代农业等领域，鼓励外资以参股、并购等方式参与企业兼并重组，促进外资股权投资和创业投资发展。有效利用国外优惠贷款，在基础设施、教育卫生、环境整治、扶贫开发等领域更多利用外资。加强智力、人才和技术引进。逐步扩大在跨境贸易和投资中的人民币结算业务。支持有条件的地方设立海关特殊监管区。完善大通关机制。加强口岸建设，扩大口岸开放范围，争取一批边境口岸升格为国家一类口岸。到 2015 年，力争进出口总额达到 460 亿美元，实际利用外资累计 150 亿美元。

第四节 加快实施“走出去”战略

按照市场导向和企业自主决策原则，鼓励引导更多优势企业“走出去”，不断拓展发展空间。开展以东盟为重点的多种形式投资、贸易、产业等合作与交流，鼓励和支持汽车、机械、农业、林业、矿业、农垦、制糖、能源、中医药和科技、教育、文化等行业领域的骨干企业“走出去”，带动一批上下游中小企业走向国际市场，建立资源开发和农产品加工基地，以及科技文化教育交流基地，推动承建周边国家的交通、能源等基础设施项目，扩大与东盟、非洲等国家的农业国际合作。鼓励企业以收购、兼并、上市、重组等方式开展境外投资。稳步推进中国·印尼经贸合作区、中国·埃塞俄比亚农业技术示范中心、玉林—文莱合作开发水稻基地等建设，力争建设更多的境外经贸合作区。以东盟、非洲、南美等为重点，支持企业直接参与国际工程招投标、境外工程分包和劳务合作，积极参与国家援外项目建设。落实支持企业“走出去”的各项政策措施。维护企业海外权益，防范各类风险。

第十七章　加强社会主义民主法制建设

坚持党的领导、人民当家作主、依法治国有机统一，深入实施依法治桂基本方略，扩大社会主义民主，发展社会主义政治文明。

第一节　发展社会主义民主政治

坚持和完善人民代表大会制度、中国共产党领导的多党合作和政治协商制度、民族区域自治制度以及基层群众自治制度，不断推进社会主义政治制度自我完善和发展。健全民主制度，丰富民主形式，拓宽民主渠道，依法实行民主选举、民主决策、民主管理、民主监督，保障人民的知情权、参与权、表达权、监督权。巩固和壮大最广泛的爱国统一战线。支持人民政协履行政治协商、民主监督、参政议政的职能，支持民主党派、无党派人士更好地履行参政议政、民主监督职能。支持工商联发挥广泛联系非公有制经济组织的作用。支持工会、共青团、妇联等人民团体依照法律和各自章程开展工作，参与社会管理和公共服务，维护群众合法权益。发挥宗教人士和信教群众在经济社会发展中的积极作用。鼓励新的社会阶层人士投身改革开放和现代化建设。贯彻落实侨务政策，做好侨务工作。

第二节　全面加强法制建设

加强国家法律实施，维护社会主义法制的统一、尊严、权威。坚持科学立法、民主立法，进一步完善环保、就业、社会保障、教育、医疗、科技进步、知识产权保护、规范政府行为等方面的地方性法规。全面推进依法行政、公正廉洁执法。深化司法体制改革，优化司法职权配置，加强基层司法建设，规范司法行为，强化司法监督，建设公正高效权威的社会主义司法制度。实施“六五”普法规划，深入开展法制宣传教育，弘扬法治精神，形成自觉学法守法用法的社会氛围。加强人权保障，促进人权事业全面发展。

第三节　加强反腐倡廉建设

坚持标本兼治、综合治理、惩防并举、注重预防的方针，加快推进惩治和预防腐败体系建设，坚决惩治腐败，加大教育、监督、改革、制度创新力度，更加有效地预防腐败。加强反腐倡廉长效机制建设，逐步建成内容科学、程序严密、配套完备、有效管用的反腐倡廉制度体系。严格执行党风廉政建设责任制，深化党性党风党纪教育，加强领导干部廉洁自律和严格管理。建立健全决策权、执行权、监督权既相互制约又相互协调的权力结构和运行机制，严格权力运行制约和监督。开展行业协会、市场中介组织和私营企业防治腐败工作。加大查办违纪违法案件工作力度。推进与东盟等国家的反腐败国际交流合作。加强政风建设，坚持密切联系群众、求真务实、艰苦奋斗，坚决反对形式主义、官僚主义，做到戒骄、戒懒、戒空、戒虚、戒假、戒奢，营造风清气正的环境。

第十八章 实现跨越发展的宏伟蓝图

本规划经过自治区人民代表大会审议批准，具有地方性法律效力。必须凝聚全区各族人民的意志和力量，努力实现经济社会发展目标任务。

第一节 健全规划实施机制

实施规划主要依靠发挥市场配置资源的基础性作用，各级政府要正确履行职责，合理配置公共资源，正确引导社会资源。

——明确规划实施责任。规划提出的预期性指标和产业发展、结构调整等任务，主要通过市场主体的自主行为实现，各级政府要完善市场机制和利益导向机制，营造良好环境，激发市场主体的积极性和创造性，引导市场主体行为与规划意图保持一致。规划确定的约束性指标，要分解落实到各地各有关部门确保完成，公共服务特别是促进基本公共服务均等化的任务，要明确工作责任和进度，主要运用公共资源全力完成。

——强化统筹协调。加强财税、金融、投资、产业、土地、环保、价格等政策措施衔接配合。按照公共财政服从和服务于公共政策的原则，优化财政支出结构和政府投资结构，重点投向民生和社会事业、农业农村、科技创新、生态环保、资源节约等领域，更多投向革命老区、大石山区、边境地区、少数民族聚居区。

——完善绩效评价考核体系。加快制定完善有利于推动科学发展，加快转变经济发展方式的绩效评价考核体系和具体考核办法，强化对结构优化、民生改善、资源节约、环境保护和基本公共服务等目标任务完成情况的综合评价考核。

——完善监测评估制度。加强监测评估能力建设和统计工作，强化对规划实施情况跟踪分析。自治区人民政府有关部门要加强对规划相关领域实施情况的评估，接受自治区人民代表大会及其常务委员会的监督检查。规划主管部门要对约束性指标和主要预期性指标完成情况进行评估，向自治区人民政府提交规划实施年度进展情况报告，以适当方式向社会公布。自治区人民政府组织开展规划实施中期评估，并将中期评估报告提交自治区人民代表大会常务委员会审议。需要对本规划修订时，要报自治区人民代表大会常务委员会批准。

——加强规划协调管理。改革规划体制，加快规划立法，以国民经济和社会发展总体规划为统领，以主体功能区规划为基础，以专项规划、区域规划、城市规划和土地利用规划为支撑，形成各类规划定位清晰、功能互补、统一衔接的规划体系。加强市县规划与本规划的协调，尤其是约束性指标的衔接。年度计划主要分解落实本规划的主要指标和任务，年度计划报告要分析规划实施进展特别是约束性指标完成情况。

第二节 推进实施重大项目

把重大项目建设作为实施规划的重要抓手。“十二五”前期要确保中央扩大内需和全区统筹推进的在建重大项目竣工投产并发挥效益。对规划提出的千亿元产业、战略性新兴产业、农业农村、城镇发展、基础设施、服务业、社会民生、自主创新、节能减排、生态建设、环境保护、文化产业、公共安全、开放合作等项目，落实建设责任，加强前期工作，完善推进机制，多渠道筹措资金，强化全程跟踪协调服务，加快项目开竣工，进一步增强跨越发展的支撑能力。

全区各族人民要紧密团结在以胡锦涛同志为总书记的党中央周围，高举中国特色社会主义伟大旗帜，继续解放思想，勇于开拓创新，为实现“富民强桂”宏伟蓝图而奋斗！

海南省国民经济和社会发展第十二个五年规划纲要

（2011 年 2 月 25 日海南省
第四届人民代表大会第四次会议审议通过）

序　　言

海南省国民经济和社会发展第十二个五年（2011～2015 年）规划纲要是海南国际旅游岛建设发展上升为国家战略后的第一个五年规划，根据《国务院关于推进海南国际旅游岛建设发展的若干意见》（国发〔2009〕44 号）、《中共海南省委关于制定国民经济和社会发展第十二个五年规划的建议》（琼发〔2010〕14 号）编制，主要阐明省委、省政府未来五年推进国际旅游岛建设发展的战略意图和工作重点，是全省人民共同的行动纲领，是政府履行职责的重要依据，是逐步把海南建设成为生态环境优美、文化魅力独特、社会文明祥和的开放之岛、绿色之岛、文明之岛、和谐之岛的宏伟蓝图。

第一章　国际旅游岛建设统揽海南经济社会发展全局

第一节　“十一五”的巨大成就和“十二五”面临的形势

“十一五”时期是我省经济社会发展史上最好的五年。在党中央的正确领导下，省委、省政府带领全省人民坚持以邓小平理论、“三个代表”重要思想为指导，深入贯彻落实科学发展观，紧紧围绕构建具有海南特色的经济结构和更具活力的体制机制，着力提升海南综合经济实力，有效应对国际金融危机冲击，战胜特大洪涝等自然灾害，全面超额完成了“十一五”规划确定的主要目标和任务，科学发展跨上新的台阶。

*经济步入健康发展的快车道。*2010年，全省生产总值2052亿元，人均生产总值23644元，按可比价格计算，分别是2005年1.87倍和1.77倍。地方财政一般预算收入271亿元，是2005年的4倍。全社会固定资产投资1331亿元，是2005年投资379亿元的3.5倍。城乡居民收入大幅度提高，城镇居民人均可支配收入15581元，比2005年的8124元增长84%；农村居民人均纯收入5275元，比2005年的3004元增长76%。经济结构战略性调整取得重要进展，三次产业比重为26.3∶27.6∶46.1。热带特色现代农业在结构调整中加快发展，瓜菜、水果、畜牧业、渔业等优势产业产值占农业总产值的比重不断上升，促进了农业增效、农民增收；农产品出口出岛、进宾馆进超市，为全国人民的菜篮子作出了重要贡献。依托本地优势资源的新型工业已成为提升海南经济的重要力量，800万吨炼油、100万吨纸浆、160万吨造纸、140万吨甲醇、15万台汽车发动机等一批大项目建成；昌江核电、文昌航天发射场等开工建设。建筑业等传统产业不断发展。新能源、新材料、电子信息等产业快速崛起，一批高新技术企业进驻海南，为海南绿色、低碳、可持续发展打下了重要的产业基础。旅游业在转型升级中逐步发展壮大，建成了一批重点旅游景区景点，旅游接待能力大幅提升，服务设施和服务水平明显改善，一批国际著名品牌酒店管理集团进驻海南。海洋经济持续壮大，南海资源开发和服务基地建设取得新进展。科技环境不断优化，科技创新不断发展。

*改革开放取得重大突破。*海南国际旅游岛建设上升为国家战略，省直管市县管理体制、农垦管理体制、洋浦保税港区以及海口综合保税区建设等重大改革目标基本实现。华侨农场属地化管理、集体林权制度改革基本完成。医药卫生体制改革全面启动。国资国企改革进一步深化。完成社保征管，地税、农税征管“三项体制”改革。农信社改革发展取得突破，金融环境大幅改善。利用外资水平提升，对内对外交流与合作进一步深化，博鳌亚洲论坛成为我国对外开放和交流合作的重要平台，博鳌国际旅游论坛成功举办，与华人华侨及港澳台的联系与合作进一步密切，海南的国际知名度进一步提升。

*以着力保障和改善民生为重点的社会建设取得重大进步。*始终把保障和改善民生作为做决策、谋发展的出发点和落脚点，本着能好尽量好、能快尽量快的原则，尽可能把群众迫切需要解决的问题解决好。调整支出结构，把有限的财力集中起来着重用于民生，省和市县政府每年新增财力55%以上用于改善民生，五年共投入资金952.7亿元，比“十五”时期增加2.7倍。保障性住房开工建设22.19万套。在全国率先实现城乡义务教育阶段“两免一补”，实现了义务教育阶段教师平均工资不低于当地公务员平均工资的目标，义务教育、高中和中职教师绩效工资全覆盖；实现农村中小学现代远程教育工程全覆盖，促进了职业教育快速发展；实施教育扶贫移民工程，启动海南大学“211”工程建设。解放军总医院海南分院开工建设，省人民医院和海口市人民医院综合大楼竣工。新型农村合作医疗和城镇医疗保险已基本覆盖全省城乡居民。继续保持低生育水平，劳动力素质不断改善，五年新增就业人数44.15万人。城镇从业人员基本养老保险纳入省级统筹，全省60岁以上的符合条件的农村居民全部纳入新型农村养老保险。扶贫开发成效显著。

*城乡基础设施明显改善。*总长303公里的东环高速铁路建成通车，西环高速铁路奠基，完成海口绕城高速公路建设和西环既有铁路提速改造。海口至屯昌高速公路、清澜大桥、洋浦大桥南连接线工程等项目开工建设。完成海榆东线、西线的大修改造和航天发射城的配套道路建设。农村公路行政村通畅工程基本完成。美兰和凤凰国际机场通过扩建大大提高了吞吐能力。加强重点港口的布局调整和建设，万吨级泊位达到34个，建成了华南地区第一个30万吨原油码头，初步形成覆盖全岛的海陆空立体交通运输网络。大广坝二期工程建设完工，红岭水库开工建设。实施了183

座病险水库除险加固工程。华能海口电厂两台机组和东方电厂一期建成投产。建成220千伏环岛主网和海南电网跨海联网工程一期，基本完成城乡电网升级改造。信息化建设取得重要进展。

生态省建设取得新进展。生态环境质量保持全国领先水平。建成海防林16万亩。全省森林覆盖率每年提高近1个百分点，从2005年的55.5%提高到2010年的60.2%。建设完成25个污水处理厂、19个垃圾处理工程，初步形成覆盖全省的垃圾污水处理体系，到2010年底全省城镇生活垃圾无害化处理率、污水处理率分别达到86%和70%。经过艰苦努力，节能减排完成了国家下达指标。

社会主义政治文明和精神文明建设取得新成效。民族团结继续巩固，民主法制建设不断加强，依法行政、为民务实、廉洁高效的服务型政府建设不断推进。建成了省图书馆、博物馆、文化艺术中心、体育馆等一批重大文化体育项目，人民的物质文化生活不断丰富。文化新闻出版等事业取得新突破，工青妇幼事业不断发展。平安国际旅游岛建设取得明显成效。思想道德建设进一步加强，构建和谐社会取得新进步。

专栏1 “十一五”规划主要指标实现情况

指标	2005年	“十一五”计划		“十一五”完成		
		2010年	年均增长（%）	2010年		年均增长（%）
				完成数	年增长（%）	
全省生产总值（亿元）	918.75	1392	9	2052	15.8	13.3
三次产业比重	32.7∶26.2∶41.1	29∶31.5∶39.5		26.3∶27.6∶46.1		
人均生产总值（元）	11165	16155		23644		
地方财政一般预算收入（亿元）	68.68	150	12.1	271	52.1	31.6
全社会固定资产投资（亿元）	379.43	575	9.0	1331	32.8	25.8
社会消费品零售总额（亿元）	270.79	414	11	624	19.5	18.2
城镇居民人均可支配收入（元）	8124	11887	8	15581	13.3	13
农村居民人均纯收入（元）	3004	4020	6	5275	11.2	11.9
接待旅游过夜人数（万人次）	1516.5	2215	8	2587	15	11.3
旅游收入（亿元）	125.05	217	12	258	21.7	15.6

注：“十一五”规划城乡居民收入绝对数按2005年当年价格计算，速度按可比价格计算。

这些重大成就标志着，“十一五”时期是海南贯彻落实科学发展观、实现科学发展最好最快的时期，是经济总量提升最快、发展质量最好的时期，是改革开放攻坚力度最大、体制机制最具活力的时期，是人民群众得到实惠最多、生活水平提高最快的时期。着力提升海南综合经济实力，有效应对国际金融危机冲击，战胜各种自然灾害；着力转变经济发展方式，不断提高经济发展的质量与水平；着力改善民生，全力推进富民强岛工程。全面超额完成了“十一五”经济社会发展的主要指标。

“十一五”时期成绩来之不易，积累的经验弥足珍贵：坚持发展为先、发展为大、发展为重，牢牢扭住经济建设这个中心，才能为全面落实科学发展观打下坚实基础。坚持继承和创新，不断探索和完善切合海南实际的发展思路，才能保持经济平稳较快发展。坚持发挥经济特区优势，加大改革开放力度，才能为构建具有海南特色的经济结构和更具活力的体制机制提供强大动力。坚持生态立省，处理好发展和保护的关系，才能增强可持续发展能力。坚持以人为本，让发展成果惠及人民群众，才能找准一切工作的出发点和落脚点。

未来五年，是实现海南国际旅游岛建设中期目标、为全面建设小康社会奠定决定性基础的关键时期，也是海南发展的黄金机遇期。世情、国情继续发生深刻的变化，同时欠发达的省情还没有从根本上改变，国内外环境使我们面临难得的历史机遇，仍处于可以大有作为的战略机遇期，同时，我们又面临着经济社会发展的诸多难题和挑战。中央对海南建设国际旅游岛寄予厚望，全省人民对建设幸福家园充满憧憬。机遇稍纵即逝，发展时不我待，我们必须聚精会神搞建设，一心一意谋发展，努力增强发展的全面性、协调性、可持续性，在全面建设国际旅游岛的征程上迈出更大的步伐，取得更大的成绩。

第二节 “十二五”的指导思想和基本原则

建设国际旅游岛是继建省办经济特区之后海南发展史上的又一个里程碑。“十二五”时期，海南发展的总体战略任务可以概括为：一个主题，一条主线，六大定位，七大任务。即以科学发展为主题，以转变经济发展方式的主线，用国际旅游岛建设统揽海南经济社会发展全局，全面贯彻落实国务院赋予海南国际旅游岛建设的六大战略定位，即我国旅游业改革创新的试验区、世界一流的海岛休闲度假旅游目的地、全国生态文明建设示范区、国际经济合作和文化交流的重要平台、南海资源开发和服务基地以及国家热带现代农业基地。全面完成优化经济结构、构建现代化基础设施体系、区域协调发展和积极稳妥推进城镇化、生态文明示范区建设、科教兴琼和人才强省、社会事业建设和深化改革扩大开放七大任务，顺利实现国际旅游岛建设的中期目标，基本奠定国际旅游岛的框架。实现富民强岛，将海南打造成为中外游客的度假天堂和海南人民的幸福家园。

制定“十二五”规划，要以邓小平理论和“三个代表”重要思想为指导，深入贯彻落实科学发展观，适应建设海南国际旅游岛的新形势，顺应全省各族人民过上更好生活的新期待，把科学发展的主题和转变经济发展方式的主线贯穿于建设海南国际旅游岛的全过程，发挥经济特区改革开放排头兵作用，加大体制机制创新力度，加大优化经济结构力度，加大保障和改善民生力度，大幅度提高综合竞争力，为把海南建设成为经济繁荣发展、生态环境优美、文化魅力独特、社会文明祥和的开放之岛、绿色之岛、文明之岛、和谐之岛，为建成全面小康社会，打下具有决定性意义的基础。

落实上述指导思想，必须遵循中央提出的关于加快转变经济发展方式的基本要求，紧密结合实际，坚持把海南国际旅游岛建设作为加快转变经济发展方式的主要抓手，坚持把优先发展教育和推动科技进步作为加快转变经济发展方式的重要支撑，坚持把保障和改善民生作为加快转变经济发展方式的根本出发点和落脚点，坚持把推进全国生态文明建设示范区作为加快转变经济发展方式的重要着力点，坚持把改革开放作为加快转变经济发展方式的强大动力。

第三节 “十二五”的主要目标

紧紧围绕海南国际旅游岛建设，“十二五”时期努力完成经济发展、结构调整、民生改善、改革开放、环境保护等方面的任务。主要目标是：

——实现经济更好更快发展。全省生产总值年均增长13%左右。经济效益持续提高，地方财政一般预算收入年均增长率在20%以上。全社会固定资产投资年均增长率为23%。保持物价基本稳定。

——优化结构成效显著。三次产业比重趋近20∶30∶50,以旅游业为龙头、服务业为主导的经济结构基本形成,热带特色现代农业水平显著提高,以高新技术产业和新型工业为支撑的支柱产业体系初具规模。继续加大基础设施建设力度。引进岛外消费,居民消费率稳步上升。城镇化进程进一步加快,城镇化率达到56%。

——以民生为重点的社会建设明显加强。努力实现居民收入增长和经济发展同步、劳动报酬增长和劳动生产率提高同步。城乡居民收入力争实现翻番。促进就业持续增加,实现新增就业岗位40万以上。高中阶段教育基本普及,中等职业免费教育基本实现,学前三年教育毛入学率达到60%,全面提升高等教育质量,教育设施和师资队伍建设明显加强。城镇中低收入住房困难家庭保障性住房问题基本解决,农村危房改造基本完成。实现基本医疗保险全省统筹。新型农村合作医疗和城镇居民基本医疗保险参保率95%以上。力争实现工伤、生育和失业保险省级统筹。城乡居民养老保险全覆盖。城乡居民最低生活保障实现应保尽保。文化事业和文化产业加快发展。深入开展平安国际旅游岛建设。

——以体制机制创新为重点的改革开放不断深化。根据我国旅游业改革创新的试验区的战略定位,积极探索,先行试验,推动海南旅游业及相关服务业在改革开放和科学发展方面走在全国前列。农垦管理体制改革目标全面实现,省直管市县管理体制更趋完善,政府公信力和行政效率进一步提高,体制机制更具活力。对外开放的广度和深度不断拓展,对外开放水平明显提升。

——全国生态文明建设示范区成效明显。单位地区生产总值能耗和主要污染物排放指标达到规定的要求,生态环境质量继续保持全国领先水平。坚持把建设资源节约型、环境友好型社会作为加快转变经济发展方式的重要着力点。深入贯彻节约资源和保护环境基本国策,节能减排,发展循环经济,坚持走绿色、低碳、可持续发展之路。

专栏2 "十二五"时期经济社会发展的主要指标

类别	指　标	2010年	2015年	年均增长(%)	属性
经济发展	全省生产总值(亿元)	2052	3780	13	预期性
	地方财政一般预算收入(亿元)	271	670	20	预期性
	全社会固定资产投资(亿元)	1331	3750	23	预期性
	接待旅游过夜人数(万人次)	2587	4760	13	预期性
	旅游收入(亿元)	258	540	15.9	预期性
	服务业增加值比重(%)	46.1	50.8	[4.7]	预期性
	城镇化率(%)	50	56	[6]	预期性
科技教育	九年义务教育巩固率(%)	86.5	93	[6.5]	约束性
	高中阶段教育毛入学率(%)	76	87	[11]	预期性
	研究与试验发展经费支出占地区生产总值比重(%)		1.5		预期性
	每万人口发明专利拥有量(件)	0.22	0.44	15	预期性

续表

类别	指　　标		2010 年	2015 年	年均增长(%)	属性
资源环境	耕地保有量(万亩)		1091	1081	[-1]	约束性
	非化石能源占一次能源消费比重(%)		6.5	12	[5.5]	约束性
	单位地区生产总值能源消耗降低(%)				完成国家下达指标	约束性
	单位地区生产总值二氧化碳排放降低(%)					
	主要污染物排放减少(%)	化学需氧量				
		二氧化硫				
		氨氮				
		氮氧化物				
	森林增长	森林覆盖率(%)	60.2	60.2	[0]	约束性
		森林蓄积量(亿立方米)	1.24	1.30	[0.06]	
人民生活	总人口(万人)			<940		约束性
	城镇登记失业率(%)		3	<4		预期性
	新增就业岗位(万)				[40]	预期性
	城镇居民社会养老保险参保率(%)			>80		约束性
	新型农村社会养老保险参保率(%)			>90		约束性
	城镇居民基本医疗保险参保率(%)			>95		约束性
	新型农村合作医疗保险参保率(%)			>95		约束性
	城镇保障性安居工程建设(万套)		12.63		[28.8]	约束性
	城镇居民人均可支配收入(元)		15581	28700	13	预期性
	农村居民人均纯收入(元)		5275	9720	13	预期性

注:全省生产总值绝对数按 2010 年价格计算,速度按可比价格计算;[ ]内为五年累计数。国家下达耕地保有量计划 2010 年为 1084 万亩、2020 年为 1077 万亩。

第二章　海南特色的经济结构

高起点推进经济结构调整,是转变经济发展方式的重要途径,是确保经济良性运行的根本性措施。提升发展以旅游业为龙头的服务业,优先发展高新技术产业和集约发展新型工业,升级发展热带特色现代农业,加快发展海洋经济,继续实施"大企业进入、大项目带动、高科技支撑"的产业发展战略。同时,加大力度支持中小企业的发展。夯实海南国际旅游岛建设发展的产业基础,着力构建具有海南特色的经济结构。

第一节　提升发展以旅游业为龙头的服务业

按照把海南建设成为我国旅游业改革创新的试验区和世界一流的海岛休闲度假旅游目的地的战略定位,打造一批世界级的旅游吸引物,初步建立符合国际标准的旅游服务标准体系,促进旅游业与其他产业的融合发展。推动形成海岛特色鲜明、山海优势互补、城乡和谐发展、人文环境优良的旅游格局，彰显“阳光海南、度假天堂”整体旅游形象。

（一）推进旅游业转型升级。以建设世界一流的海岛休闲度假旅游目的地为目标，基本完成旅游要素国际化改造任务，提高旅游产业的国际竞争力。到2015年，接待国内外游客达到4760万人次，旅游业增加值占全省生产总值比重达到9%以上，第三产业增加值占全省生产总值比重达到50%以上，第三产业从业人数占总从业人数的比重达到45%以上。

建设一批世界级的旅游景区和度假区。严格执行《海南国际旅游岛建设发展规划纲要》确定的功能定位和项目布局。全省重点旅游景区和度假区是我省重要旅游资源和旅游吸引物，是建设世界一流的海岛休闲度假旅游目的地的重要依托，是“十二五”期间必须重点建设的项目。重点旅游景区和度假区要加快规划编制和修编。着力推进核心项目建设、加大引资力度，追求项目差别化、避免同质化，提高投资门槛，实施“大规划、大项目、大企业、大投入、大营销”的战略，高起点规划，高品位建设，逐步建设成为产业特色突出、比较优势互补、基础设施完备、配套服务齐全的精品景区和度假区。围绕重点旅游景区和度假区建设，抓紧滨海、山区旅游精品线路的规划、建设和改造，完善景区和度假区内外路网，推动滨海、山区旅游资源整合。到2015年，建成国家5A级旅游景区（点）达到8～10家。

专栏3 重点旅游景区和度假区“十二五”建设任务表

序号	重点旅游景区和度假区	“十二五”完成建设内容	计划完成投资（亿元）
1	航天主题公园	打造以真实航天发射中心为基础的世界级太空主题公园。	20～30
2	海洋主题公园	打造世界级海洋探奇景观区。	30～50
3	长影海南世纪影城主题公园	打造电影娱乐业与影视旅游业相结合的世界级电影主题公园。	40～60
4	海棠湾国家海岸旅游度假区	建成32家五星级酒店，完成路网131.8公里，建成解放军总医院海南分院、供水厂、污水处理厂、林旺和龙海风情小镇。	200～300
5	亚龙湾国家旅游度假区二期工程	完成核心景观玫瑰园、5家五星级酒店、度假村、会展中心、地产开发等。	50～100
6	陵水清水湾旅游度假区	建成6家五星级酒店、3个度假社区、60万平方米的酒店式公寓、度假别墅。	120～180
7	万宁神州半岛旅游度假区	建成3家五星级、1家四星级酒店、30万平方米高层公寓，以及游艇码头、商业街、市政基础设施等。	30～47
8	乐东龙沐湾旅游度假区	建成5家五星级酒店，以及渔人码头商业街、海水运河、滨海浴场、康复运动公园、景观大道及配套基础设施。	30～50
9	昌江棋子湾旅游度假区	建成9家五星级酒店、文化体育公园、游艇码头、商业广场、海滩公园等；建设50万平方米的度假公寓、酒店式公寓；建设供水厂、污水处理厂。	20～40
10	文昌铜鼓岭生态旅游度假区	建成5家五星级酒店、云梯生态体育运动公园、彩虹大道等。	40～100
11	万宁石梅湾旅游开发项目	建成2家五星级酒店、50万平方米度假公寓、游艇会码头、商业购物中心、西岭公园等。	30～50
12	陵水香水湾旅游度假区	建成3家五星级酒店，以及万福金缔二期公寓、君澜度假别墅二期、生态景观公园等。	30～50

续表

序号	重点旅游景区和度假区	“十二五”完成建设内容	计划完成投资(亿元)
13	博鳌亚洲论坛永久会址核心区	建成2家五星级酒店,完善沙美内海防洪防潮工程、环沙美内海旅游道路、游艇码头等配套工程。	20～40
14	海口美丽沙及西海岸开发建设	建成国际会展中心、游艇码头、3家五星级酒店、国际邮轮母港等项目。开工建设西海岸五源河森林湿地公园和长流公园。	30～100
15	海口龙湾国际休闲旅游区	建成湖畔养生区、世界花园区、田园山庄区三大功能区。	30～50
16	儋州白马湾旅游综合开发区	建成3家五星级酒店、旅游体育公园、商业服务区、洋浦后勤生活服务保障基地。	100～110

“十二五”期间,航天主题公园、海洋主题公园、热带雨林主题公园建成开园,打造成世界一流的旅游景区。加大投入并充分利用五指山、尖峰岭、霸王岭、吊罗山等森林旅游资源,努力建成全国森林旅游试验区。充分利用稀缺的热带海湾海岸资源,开发好亚龙湾国家旅游度假区、海棠湾国家海岸旅游度假区、清水湾旅游度假区、香水湾旅游度假区、神州半岛旅游度假区、石梅湾旅游度假区、博鳌亚洲论坛永久会址核心区、铜鼓岭生态旅游区、海口美丽沙、棋子湾旅游度假区、龙沐湾旅游度假区、莺歌海度假旅游区、儋州白马湾旅游综合开发区、盈滨半岛旅游综合开发区等重点项目,打造国家滨海休闲度假海岸。

*构建多样化、品牌化的旅游产品体系。*加快对现有休闲度假旅游产品的升级改造,进一步扩大规模,提升质量,同时大力开发新的旅游产品,不断挖掘和丰富旅游产品文化内涵,逐步形成以滨海度假旅游为主导、观光旅游和度假旅游融合发展、休闲疗养等专项旅游为补充的旅游产品结构。提升度假旅游、红色旅游、民族风情旅游等传统旅游产品质量,积极发展乡村旅游、邮轮和游艇旅游、高尔夫旅游、山地运动、空中观光、森林旅游等新型消费业态,进一步丰富旅游内涵,扩大消费需求,塑造与海南自然环境和旅游资源优势相匹配的旅游品牌形象,逐步形成海南旅游的核心竞争力。

*以国际化改造为手段,建立衔接国际标准的旅游服务体系。*成立海南旅游国际顾问委员会,聘请国际旅游业界资深专家为海南打造国际一流旅游目的地提供专业咨询意见。实施旅游服务标准化和国际质量认证,在旅游购物、餐饮、住宿、交通、景区、旅行社、导游等领域和环节,加快建立与国际通行规则相衔接的旅游服务标准体系,推出一批省级地方标准,大力推广《国际旅游岛旅游服务规范》。规范商贸零售业服务,提高购物消费在旅游消费中的比重。实施好境外旅客购物离境退税和离岛旅客免税购物政策,引进大型免税集团,在海口、三亚、琼海、万宁等地方建设和经营好免税店。建成美兰国际机场免税店、三亚国际免税城、万宁奥特莱斯(Outlets)世界名牌折扣店等项目,支持重点旅游区建设各类大型品牌直销购物中心。开工建设海棠湾梦幻娱乐不夜城等项目。规划建设旅游城市特色商业街区,打造一批“购物一条街”。完善旅游小镇、度假区、景区、旅游线路和高速公路服务区购物场所。到2015年,初步建成包括免税店、大型品牌直销中心、重点城市和度假区的商业街、不夜城等的国际购物中心框架。

规范住宿业和餐饮业服务,为中外游客提供安全、舒适的优质服务。挖掘、提升本土特色餐饮,大力培育海南餐饮品牌。引进国际餐饮品牌、中华老字号餐饮店实施连锁经营,汇聚国内外餐饮精品。积极发展差异化、个性化餐饮服务。建设一批“美食一条街”。加强餐饮业标准化、规范化管理。逐步建立与市场需求相适应、具有海南特色的住宿服务体系。加强对各类宾馆饭店服务质量的监督管理,引导住宿业有序发展。继续推进高档酒店和度假酒店的品牌化经营,适度发展商务酒店、青年旅馆、乡村旅馆和汽车旅馆,鼓励发展家庭旅馆经营和房屋租赁经营。

规范旅游行业服务,加强交通、景区、旅行社和旅游从业人员诚信建设,营造良好的人文环境。进一步理顺旅游管理体制,强化政府公共服务职能。加强旅游立法工作,完善旅游相关法规。加强覆盖城乡的旅游标识系统和旅游交通体系建设。建立健全旅游安全预警、应急救援、公共医疗、卫生防疫、旅游厕所设施和管护体系。支持旅游业协会等行业组织充分发挥行业管理服务作用,建设功能齐全的综合性旅游网站和游客咨询中心。完成高速公路、旅游干线、旅游公路沿线旅游标识标牌的建设和改造。

从建设国际旅游岛先行试验区入手,抓紧落实中央赋予国际旅游岛建设的特殊政策,率先在体制机制创新、开发模式创新、投融资创新等关键环节取得突破。

*建立健全政府引导、行业协会和企业为主体、营销代理机构为补充的旅游营销体系。*以树立海南独特的旅游目的地形象为目标,以产品营销为重点,整合营销资源,加大营销投入,创新营销方式。实施市场多元化战略,在进一步巩固珠江三角洲、长江三角洲、环渤海湾以及港澳台、俄罗斯、韩国、日本、东南亚等重点客源市场的基础上,大力开发国内大中城市以及中亚、北欧、西欧、澳洲等客源市场。建立健全市场营销渠道,依托主要客源地的大型旅游机构建立旅游营销代理网络。创新营销手段,有效组合人员推销、媒体报道、广告宣传、网络营销、活动营销、事件营销等多种营销方式,提高市场营销的效果。

*(二)大力发展文化产业。*紧紧围绕国际旅游岛建设提出的总体要求,加快建设“国际化水平高、本土文化魅力独特、创新创意性强”的现代文化产业体系。到2015年,文化产业增加值占全省GDP的4%,把文化产业发展成为海南转变经济发展方式、优化经济结构的重要推动力,成为国际经济合作和文化交流的重要平台,成为海南新的支柱产业和经济增长极。努力把海南国际旅游岛建成国家“十二五”文化产业示范区,实现文化产业的跨越式发展,提升海南国际旅游岛软实力。

*发展布局。*依托海口和三亚等中心城市,加大资金投入力度,构建起“一区三带九重点”,南北互动、东西相融、差异化发展的产业格局,即以国际旅游岛先行试验区(文化产业集聚区)为突破口,大力发展文化旅游、文化创意、出版发行、影视制作、演艺娱乐、文化会展、动漫游戏、体育健身、休闲疗养等重点产业,形成东线以滨海旅游文化为主体,集中发展现代、时尚、国际一流的现代文化产业带;中线以黎苗民族风情、黎峒文化园等特色旅游文化为主体,重点发展自然、生态、环保、民俗的绿色文化产业带;西线以高科技、环保、民间文化为主体,重点发展新兴工业观光、乡村旅游、历史文化旅游的特色文化产业带。加强国际文化交流,以博鳌亚洲论坛、国际旅游论坛为依托,开拓国际文化市场,拓展对外文化贸易和网络,构建面向世界的文化传播体系和多元互动的文化交流格局。利用资源和区位优势,将海南打造成重要的国际文化交流平台。积极组织举办国际文化活动,精心打造具有海南特色的文化品牌,推动海南文化“走出去”,促进海南文化、娱乐产品进入国际市场,进一步提升海南国际旅游岛的世界知名度。

*发展着力点。*加快发展文化创意产业,引进创意产业人才,大力发展文化创意、影视制作、出版发行、印刷复制、广告策划、动漫制作等各类文化产业。加快建设电影主题公园等项目。鼓励大型文化企业通过参股、控股或兼并等方式进入动漫游戏产业,支持符合条件的动漫游戏企业境内外上

市融资，鼓励担保机构对动漫游戏企业提供融资担保；建设国家动漫产业基地和教学研究基地。全面提高创意设计水平，打造广告设计、产品设计、包装设计、形象设计、建筑设计、工艺品设计等产业基地和产业园区，大力推进设计服务业发展。重视民族工艺技术的传承和保护。大力发展娱乐演艺业。鼓励举办大型旅游文化演出和节庆活动，丰富演艺文化市场。精心打造具有海南特色的文化节庆品牌，如海南岛欢乐节、黎苗三月三、新丝路模特大赛、三亚天涯海角国际婚庆节、冼夫人文化节、妈祖文化节、东坡文化节等。引进各类演艺企业和专业创作团队，开发形成音乐会、舞台剧、曲艺、戏剧、马戏、演唱会、实景演出等一批演艺品牌。丰富大众化娱乐产品，结合旧城改造和城市建设，鼓励发展不夜城、娱乐城、酒吧街等设施，丰富夜间娱乐产品。

——会展业。以博鳌亚洲论坛为龙头，以海口、三亚为重要基地，培育国际会展品牌。拓展博鳌亚洲论坛效应，扩大博鳌国际旅游论坛国际影响力，办好国际旅游商品博览会、中国（海南）国际热带农产品交易会、中国体育旅游博览会等大型会展，争取申办 2017 年世界石油大会。积极引进招徕各类国际性、区域性会议、论坛等，吸引国内外大型企业、行业组织来海南召开年会、专题会议等。支持完善博鳌亚洲论坛、海口国际会展中心和三亚美丽之冠等重点会展服务设施，建立健全会展业规范发展的体制机制，积极引进国际顶级专业会展公司，大力培育国际会展企业，提升会展专业化水平。

专栏 4 “十二五”重要会议展览活动情况

类别	会议名称	主要内容	期望目标
论坛类	博鳌亚洲论坛	开展以亚洲各国为主的官、学、商三界对话、合作、交流。	打造国际交流平台。
	博鳌国际旅游论坛	探讨旅游产业创新发展，促进旅游产业交流合作。	打造国际性旅游论坛品牌。
	三亚国际数学论坛	探讨与跟踪国际数学前沿。	打造一流的世界数学论坛。
交易会	中国（海南）国际热带农产品交易会	瓜菜、水果、水产品、种子种苗、林产品、花卉等海南热带特色农产品国内外供销平台。	打造中国唯一的热带农产品交易品牌。
	中国体育旅游博览会	体育旅游的发展交流、商品及创意展示。	打造国内一流的体育会展品牌。

——体育健身业。积极发展体育健身业，举办有海南特色的体育赛事，培育体育健身市场。大力发展潜水、帆船、帆板、冲浪、垂钓、沙滩排球、沙滩足球等滨海运动项目和自行车、登山、漂流、野外拓展等户外运动项目。通过商业运作机制，建设一批体育训练基地和冬训基地，吸引各类运动队和俱乐部来海南训练和比赛。加快建设三亚奥林匹克湾、海口五源河文化体育中心等项目。大力引进国内外大型赛事活动，举办好公路自行车、沙滩排球等赛事，培育一批体育赛事品牌。支持培育若干具有海南特点的体育运动组织。在海南试办一些国际通行的旅游体育娱乐项目，稳步发展竞猜型体育彩票和大型国际赛事即开型彩票。加大对体育产业发展的投入，扶持体育产业发展。

在符合土地利用总体规划、林地保护利用规划和城乡规划、不占用耕地特别是基本农田、有效保护森林和生态环境、维护农民合法权益并依法办理用地手续的前提下，科学规划，总量控制，合理布局，规范发展高尔夫产业，促进高尔夫运动与旅游观光、休闲度假、康体保健、教育培训等产业的融合发展，引进高尔夫装备品牌企业，拉长高尔夫产业链条。积极引进国内外著名的高尔夫职业赛、业余赛、巡回赛,培育本土高尔夫赛事品牌。

专栏5 “十二五”主要体育赛事

类别	赛事名录	赛事影响力及期望目标
高尔夫赛事	海南观澜湖世界职业明星邀请赛	打造明星齐聚、媒体瞩目、带动力强的知名高尔夫赛事品牌。
	海南观澜湖高尔夫“世界杯”赛	提高海南举办世界级办赛水平,打造世界知名的高尔夫品牌。
	海南金椰子高尔夫球公开赛	打造国内顶级、亚洲知名的高尔夫品牌赛事。
自行车赛事	环海南岛国际公路自行车赛	打造亚洲顶级、国际一流的自行车赛事。
马拉松赛事	儋州国际马拉松赛	打造国际一流的马拉松赛事。
排球赛事	世界沙滩排球巡回赛三亚公开赛	打造世界一流的沙滩排球赛事。
拳击赛事	国际拳击赛、国际职业搏击赛	打造中国顶级的拳击赛事基地。
台球赛事	国际斯诺克海南邀请赛	打造具有一定国际影响力的斯诺克赛事。
水上运动赛事	国际海钓邀请赛	创建和提升“海南海钓世界”品牌。
	环海南岛国际大帆船赛	打造知名的国际大帆船赛事。
智力运动赛事	全国国际象棋特级大师超霸赛	打造大师云集、认可度高的世界级象棋赛事。
	世界女子职业围棋邀请赛	打造参与度广、知名度高的世界级女子职业围棋赛事。
	全国两岸三地桥牌邀请赛	打造特色鲜明、领先全国、汇集两岸三地精英的桥牌邀请赛。

——休闲疗养业。在提高全省公共卫生和基本医疗服务水平的基础上,大力发展休闲疗养产业。完善休闲疗养服务网络,鼓励现有医疗机构扩大疗养服务范围,鼓励引进国内外高水平医疗机构和康复疗养、养老养生服务机构,大力发展中医康复疗养、温泉康体疗养、森林氧吧康复等疗养服务项目。在保亭七仙岭、定安南丽湖等大型旅游度假区,扶持建设若干集休闲度假、医疗服务于一体的休闲疗养项目。积极引进境内外知名医疗和保健机构,争取开办中外合资医院,引入国际医疗卫生机构认证,满足境内外游客的休闲疗养服务需求。引进市场机制,提高养老产业的专业化管理水平和服务质量,做大做强养老服务产业。

创新体制机制。经营性与公益性文化资产适当分开,推进经营性文化单位转企改制,规范公司治理,完善国有出资人制度,理顺国有资产监管和行业监管之间的关系。培育文化产业骨干企业和战略投资者,通过资产重组做大做强一批有实力、有活力的国有文化企业,引进一批多媒体经营、跨地区发展的大型文化企业集团。

(三)保持旅游房地产平稳健康发展。积极引导和发展与国际旅游岛发展目标相适应的旅游房地产业,科学规划、合理引导房地产业发展的类型、规模和速度,保持房地产业持续平稳健康发展。

旅游房地产。充分利用好滨海、滨河、滨湖等优质土地资源,原则上主要用于度假区、酒店及旅游配套设施的建设。开发高质量、高水平、多层次的旅游商务房地产,满足多样化消费需求。积极发展酒店、度假村等经营性房地产。大力发展商业房地产,打造高品质的绿色低碳社区,逐步形成以海口、三亚为两大中心,东西部均衡发展,区域特色各异,互补性强的旅游、商务房地产空间发展格局。

规范房地产市场。加强对房地产业发展的宏观调控。强化规划引导，适度供应土地，合理调控房地产的规模、结构、开发时序和空间布局。使房地产业发展与人口规模、资源和环境容量、城镇发展、公共服务体系建设相协调。认真贯彻落实土地、信贷、税收等政策，合理引导住房消费，促进房地产市场规范有序发展。严格房地产准入制度，建立房地产业诚信体系，建立健全土地和商品房市场信息披露机制，加强对房地产开发建设、销售环节的严格规范管理。规范发展房地产中介和物业管理服务业，规范二手房交易和房屋租赁市场。严厉打击圈地不建和违规建房等违法违规行为，遏制房地产投机炒作，促进房地产市场规范健康发展。

（四）加快发展现代物流业。整合港口、铁路、高速公路、机场等资源，依托洋浦保税港区和海口综合保税区，大力发展航运、中转等业务，建立完善的交通运输体系，加快发展国际物流和保税物流，将海南打造成为面向东南亚、背靠华南腹地的航运枢纽、物流中心和出口加工基地。承接国内外产业转移，发展加工贸易和转口贸易。加强对物流业发展的政策研究，及时出台相关的扶持政策。用好用活国家赋予洋浦保税港区启运港退税政策。

优化物流基础设施建设。重点建设洋浦保税港区、海口综合保税区等园区。未来五年，建成总投资约30亿元的国家原油战略储备基地项目、总投资约10亿元的国家成品油储备基地项目和总投资约38亿元的中石化成品油保税库，力争石油、成品油储备能力达到1000万方。建成总投资约70亿元的国投孚宝30万吨原油码头及配套储运设施工程、总投资60亿元的300万吨/年液化天然气（LNG）站线等项目。通过建成石油化工和石油储备基地及完善相关产业链条等举措，为发展大物流奠定坚实的基础。

加快琼北大型农产品批发中心、沿海水产品批发市场、农产品贮藏保鲜和冷链物流体系建设。继续完善口岸基础设施，加快电子口岸建设，打造大通关、大物流、大外贸统一信息平台，大力发展电子商务，全面提升物流信息化水平。

培育和引进物流龙头企业。引进国内外大型航运物流集团，加强与国内外物流企业合作，鼓励生产企业物流外包。改进和规范货物通关相关收费，建立动态的、有竞争力的价格机制，鼓励国内外航运公司的船舶挂靠海南港口和有实力的大型船舶管理公司入户海南设立总部或区域中心及开辟海南航线。支持船运企业组织货运中转，加强与越南等周边国家的合作，开辟国际集装箱班轮航线，大力支持泛洋等海南航运企业发展壮大。建设航空物流，发展临空产业。

（五）支持金融业发展。加强政府服务，全力支持和配合国家金融管理部门和金融机构，创新金融产品，防范金融风险，提高核心竞争力。力争使金融业增加值占全省地方生产总值的比重不断提高。提升金融服务业的能力和水平。

金融组织体系。发展地方金融机构，加快推进省级地方商业银行的设立。研究制定扶持政策，鼓励境内外金融机构来海南设立分支机构。鼓励金融机构调整和优化网点布局，完善服务设施。支持农村信用社改制为农村商业银行，鼓励发展直接面向“三农”的小额贷款公司、资金互助社等农村金融服务机构，改善农村金融服务。引进和设立证券公司、基金管理公司等，不断完善证券和基金市场。大力发展风险投资、私募股权投资和各类基金，设立旅游产业投资基金，推动开展房地产投资信托基金试点，支持发行企业债券。积极发展保险公司、保险中介机构，构建保险市场体系。引进培育金融租赁、风险投资、担保、信托、财务公司等非银行金融机构。

优化金融服务。加强政银企合作和投融资规划工作，全面深化与银行机构在信贷投放方面的合作，与保险机构在构建防灾减灾体系和建设社会保障体系方面的合作，与证券机构在增强直接融资功能方面的合作。建立以个人信用为基础、企业信用为核心、政府信用为保障的社会信用体系。加强政府与金融机构的有机结合，用好用活支持金融发展的贴息资金、中小企业发展资金等专项资金，创造更好的金融发展环境。充分利用资本市场，培育10家以上上市公司，扩大直接融资规模。支持和规范省级投融资平台的建设，促进融资担保公司健康发展。

创新金融产品。提升金融国际化服务水平，全方位促进投资、贸易、货币兑换等便利化。推进外汇服务便利化，推动开展跨境贸易人民币结算试点，改善结算环境。开展个人本外币兑换特许业务试点，完善外汇支付环境。探索开展离岸金融业务试点。鼓励创新保险产品，拓展大众保险市场。创新旅游保险、航运保险、农业渔业保险等业务，扩大保险业保障、资金融通和辅助社会管理的功能。

第二节 升级发展热带特色现代农业和建设新农村

始终坚持把解决好“三农”问题作为全省工作重中之重的战略思想，推进热带特色农业现代化建设。围绕建设国家热带特色现代农业基地的战略定位，促进农业生产经营专业化、标准化、规模化、集约化，加大强农惠农力度，加快农民增收致富，提高农民生活水平。统筹城乡发展，加快社会主义新农村建设。

（一）大力发展现代农业。未来五年，要重点建设好“五基地一区”，即国家冬季瓜菜生产基地、天然橡胶基地、南繁育制种基地、热带水果和花卉基地、水产养殖与海洋捕捞基地、无规定动物疫病区。着力提升农业综合生产和加工能力、抗风险能力、市场竞争能力。加快发展设施农业和农产品加工流通业，推进农业现代化，把海南建成国家重要的蔬菜水果生产基地。

冬季瓜菜，要增加产量，扩大销量，确保质量。落实好建设规划，围绕打造无公害农产品、绿色农产品、有机农产品和地理标志农产品“三品一标”海南热带瓜菜品牌，加大政策支持力度，建立健全瓜菜质量安全保障统防统治体系、标准化体系、田头预冷处理系统和市场营销服务体系，加快良种繁育示范基地建设，实施高标准瓜菜农田提升工程。同时，各市县加大力度逐步建立稳产高产的生产基地，海口、三亚等中心城市要确保菜篮子生产用地保有量，提高本地的蔬菜自给能力。天然橡胶，推动橡胶产业布局向中西部优势地区转移，生产经营模式向产业化经营转变，产品向高端、差异化转变；扩大胶园面积、提升胶园标准、提高种植效益。支持龙头企业整合国有、民营橡胶资源，开展产加销、贸工农一体化经营。南繁育制种，结合实施全国新增千亿斤粮食生产能力规划，建设好南繁育制种基地；从种子安全战略高度，把南繁育制种基地建设成为服务全国的“南繁硅谷”；建成南繁种子检验检疫中心、南繁研发中心、瓜果良种繁育示范基地。积极发展航天育种。热带水果和花卉，以市场需求为导向，促进鲜果由产量型向质量型转化，由淡旺季大反差型向周年相对均衡型转化；引导热带水果向优势区域相对集中布局，支持建设一批规模较大、市场相对稳定的香蕉、芒果等优势主导性热带水果生产基地；因地制宜发展经济林，大力培育和发展市场前景广阔的热带花卉产业。建好西部兰花博览园。水产养殖与海洋捕捞，推动渔船、渔具升级换代，鼓励有实力的企业建造大型远洋渔船，组建远洋捕捞船队，积极拓展外海和远洋捕捞；加快推进养殖池塘标准化改造和示范场建设，全面推进生态健康养殖，把海南建设成为全国最大的暖水性水产养殖苗种产业化生产基地；未来五年，建好崖城、白马井、新盈等国家中心渔港和海尾、清澜、岭头、港北、玉包等一级渔港及相关配套设施；完善渔业生产服务体系，建好西沙渔业补给基地。发展休闲渔业，拓展垂钓、观光渔业、渔家乐等项目。发挥好无规定动物疫病区的品牌优势，大力发展畜牧业；完善省、市县、乡镇三级动物防疫设施，争取在未来5年内通过国际动物卫生组织（OIE）非免疫无疫区认证建设取得重要进展。

专栏6 “十二五”热带现代农业“五基地一区”建设目标与任务

名称	建设任务	建设目标
冬季瓜菜生产基地	在现有瓜菜基地的基础上，改造低产田和坡地，扩大标准化瓜菜基地，建设田头预冷处理系统等。	瓜菜种植面积400万亩，年产量700万吨，其中冬季瓜菜出岛量达500万吨，年均增长8%。瓜菜年冷藏处理能力达到600万吨。
天然橡胶基地	建设天然橡胶良种苗木繁育基地。	橡胶年产量约40万吨、年均增长5%。
南繁育制种基地	建设南繁育种科研试验核心区、南繁检验检疫中心、南繁研发中心、南繁植物有害生物隔离场。	南繁制种面积达20万亩，年制种量4000万公斤，年均增长7%。
热带水果和花卉基地	支持优势主导性热带水果生产基地、良种苗木繁育基地、热带花卉生产基地和种苗检验监测体系建设，建立健全热带水果灾害保险和再保险体系。	热带水果出岛量达300万吨，年均增长8%。花卉种植面积达到15万亩。
水产养殖与海洋捕捞基地	建设国家中心渔港、一级渔港，建造大型捕捞船。	建设渔港10个，新增100吨以上的外海捕捞渔船500艘；完成25万亩低产旧池塘标准化改造。全省水产品总量260吨，年均增长10%。
无规定动物疫病区	建设标准化规模养殖小区、“无疫区”等项目。	全省肉类产量达到110万吨。

大力发展食品、农产品加工业和流通业。加快发展农产品加工业，集中力量抓好畜禽和水产品深加工。建成200万头生猪屠宰加工、罗牛山农产品加工项目，以畜牧业加工带动养殖业比重的提高。大力发展水产品加工。优化农产品结构，积极发展高产、优质、高效、生态、安全和附加值高的优势农产品。培育一批热带果蔬、水产品、畜产品、橡胶以及优质矿泉水等农产品加工和饮料龙头企业。推进椰岛和椰树集团扩建技改等项目。充分发挥海南的资源、区位和加工产业基础等优势，以东南亚地区为腹地，建设中国—东盟热带农产品加工物流中心。

集中力量抓好农产品信息、批发、集散、冷藏、包装、检测一体化的大型热带农产品物流中心建设。进一步加强琼北中商农产品中心批发市场、天津环渤海热带（海南）农产品交易物流中心等大型农产品交易市场和农产品公共信息服务平台的建设。支持实施农产品批发市场升级改造工程，完成海口、文昌、琼海、万宁、陵水、三亚、乐东、东方、儋州、澄迈、屯昌、保亭等12个区域性标准化农产品批发市场升级改造任务。支持省供销合作系统新网工程建设。扩大农业生产企业、农户与大型连锁超市的合作，不断提升海南农产品的质量等级，不断完善农产品流通体系，构建稳定安全的农产品产销渠道。

加强农业科技、农产品质量追溯服务等体系建设。加强农产品技术标准体系建立、原产地标志认定、绿色有机农产品认证工作。完善农业技术推广、动植物疫病防控、信息发布、质量监管和产品溯源等农业公共服务体系。加快热带特色现代农业关键性技术的研发体系建设。充分发挥农业科技“110”和农业流动服务体系的作用。推广绿色植保防控技术，推广使用生物化肥和有机农药，确保农产品安全，落实瓜果菜质量安全责任追究。加强以小型水利设施为重点的农田基本建设，确保耕地数量，提高耕地质量和农业防灾减灾能力。实施海口南渡江十万亩农业土地整治项目。推广先进适用农机具，提高农业机械化水平。

（二）加强农村基础设施建设和公共服务。进一步贯彻与实施社会主义新农村建设规划，不断完善水、路、电、讯、气、房和优美环境"七到农家"工程，推进城乡一体化。结合重大项目建设中的拆迁安置和灾后重建，统筹科学规划村庄和农村社区布局，因地制宜引导农村居民集中居住，对地势低洼地带的村镇，尽快纳入全省民房改造计划，结合新农村和小城镇建设，建设一批独具特色的热带风情小镇。对农业、渔业设施等进行改造升级，切实提高抗灾标准和能力。继续推进教育移民扶贫工程，五年内建设六所思源实验学校和两所思源高中，让更多边远、少数民族、贫困地区的孩子接受良好教育。基本完成中小学校舍安全工程和公办乡镇中心幼儿园建设。完善"三集中"扶贫机制，深入推进开发式扶贫，逐步提高扶贫标准，加大扶贫投入，减低贫困发生率，促进初步摆脱贫困的人口稳定脱贫，确保国家、省扶贫开发工作重点县的农民人均纯收入年均增长幅度高于全国平均水平，提高贫困人口稳定发展能力和健康生活水平。完善农村社会保障体系，逐步提高保障标准。

（三）采取多种措施增加农民收入。培养造就新型农民，结合国际旅游岛建设的产业结构特点和劳动力需求，增加财政投入，整合各种涉农教育资源，建立政府扶助、面向市场、多元办学的培训机制，有针对性地大规模开展农村劳动力务农技能和转移就业技能培训，提高农民职业技能和增收致富的能力；结合发展以旅游业为龙头的服务业，加强高尔夫球运动、康体保健、餐饮住宿、商贸会展、信息应用等服务技能培训；结合发展热带现代农业，加强农产品种养、加工、运销和农渔业机械操作等技能培训；结合生态文明建设，加强生物技术、清洁生产技术、环保技术等应用技能培训；结合发展新型工业，加强零部件加工、修理、运输等配套产业技能培训。培训农村劳动力 25 万人以上，实现农村劳动力转移就业 40 万人以上。

实施农民增收计划，积极发展和扩大外出打工经济，增强农产品加工园区和重大项目建设吸纳农民转移就业的能力，多渠道增加农民工资性收入。大力发展休闲农业，探索农村集体和农户在当地资源开发中入股，增加农民财产性收入。完善农产品市场体系和价格形成机制，健全农业补贴等支持保护制度，增加农民生产经营性收入。加大强农惠农政策力度，健全农业补贴等支持保护制度，增加农民转移性收入。

（四）完善适应热带特色现代农业发展和新农村建设的体制机制。坚持和完善农村基本经营制度，提高农业的组织化程度，现有农村土地承包关系保持稳定并长久不变，在依法自愿有偿和加强服务基础上建立和完善土地承包经营权流转市场，发展多种形式的适度规模经营。积极推进农民专业合作社发展，加快健全农业社会化服务体系，择优扶持壮大一批品牌优势突出、联结农户多、确保农民增收的龙头企业。探索建立专业性和区域性的，提供产前、产中、产后综合服务的农业协会。完善城乡平等的要素交换关系，促进土地增值收益和农村存款主要用于农业农村。按照节约用地、保障农民权益的要求，推进农村征地制度改革，积极稳妥推进农村土地整治，完善农村集体经营性建设用地流转和宅基地管理机制。引导各市县抓紧编制和完善乡村发展控制性详规，支持农村集体经济组织和农民按照规划利用建设用地自主开发旅游项目。全面完成集体林权制度改革，继续抓好后续配套服务工作。建立健全农村基层工作保障机制。

第三节　优先发展高新技术产业、集约发展新型工业

实施"大企业进入、大项目带动、高科技支撑"产业发展战略，充分利用现有产业基础、港口条

件和重点工业园区及开发区,发挥海南发展战略性新兴产业的后发优势,优先发展高新技术产业,集中布局、集约发展新型工业。完善基础设施和强化优惠政策配置,增强工业园区产业集聚、配套能力。充分发挥我省建筑业等传统产业优势的同时,重点培育油气化工、浆纸及纸制品、汽车和装备制造、矿产资源加工、新材料和新能源、制药、电子信息、食品和热带农产品加工八大支柱产业。到2015年,力争培育十家成长性好、带动力强、产值超百亿元的本土企业。

(一)优先发展高新技术产业。大力发展信息产业。加快建设海南(澄迈)生态软件园、灵狮海南国际创意港和三亚创意园,鼓励和吸引国内外知名信息技术企业向园区集聚,发展软件研发、服务外包、信息技术培训等软件产品和相关产业,早日建成国家软件产业基地。鼓励和支持各类机构、大型企业在海南建设数据灾备中心。推进国民经济和社会信息化建设,积极发展互联网产业和信息服务业。重点推进惠普海南项目、中兴通讯研究院、东软南方基地、联想三亚项目、用友软件、海航数据中心、天涯数据中心等项目建设。

大力发展生物产业。支持海口维瑅瑷生物研究。加快海口国家高新技术产业开发区建设,扶持龙头企业发展。大力发展生物医药产业,增强南药、黎药、海洋药物的自主研发能力,加快国家中药现代化科技产业(海南)基地建设。加快发展生物育种、生物食品、生物农药、生物化肥、生物环保等产业。建立以企业为主体、产学研联合的技术创新体系。

大力发展新能源、新材料产业。支持光伏产业、电动汽车、风力发电、高端特种玻璃、塑料光纤等重点项目建设。建设光伏电池研发中心,形成产学研结合的光伏产业基地。发挥海南丰富的资源优势,发展生物柴油、燃料乙醇、工业化沼气等生物质能源。支持多晶硅、薄膜太阳能电池项目建设,引进上、下游产业链配套项目及高效储能项目。依托文昌航天发射中心建设,积极发展航天配套产业。

(二)集中布局、集约发展新型工业。坚持不污染环境、不破坏资源、不搞低水平重复建设的原则,高起点、高水平发展临港工业,集约发展油气化工、浆纸及纸制品、汽车制造、食品和农产品加工等产业,重化工业严格限定在洋浦、东方工业区,其他工业项目集中布局在现有工业园区。按照点状园区化集中布局,优化园区产业定位。

洋浦经济开发区。发挥“国家新型工业化产业示范基地”的引领作用,进一步优化、实化、细化洋浦经济开发区总体规划和控规,积极做好洋浦整体区划的扩大和调整工作。把洋浦打造成国家级石油化工一体化产业基地、国家级油气交易中心和储备基地、亚洲最大的制浆造纸产业基地和面向东南亚的物流与航运枢纽港。在油气化工方面,重点建设150万吨乙烯石化、1200万吨炼油、60万吨对二甲苯(PX)、210万吨精对苯二甲酸(PTA)、100万吨聚对苯二甲酸乙二醇酯(PET)等项目;在浆纸及纸制品方面,重点建设125万吨木浆扩建、160万吨造纸二期、24万吨卫生纸等项目;在油气储备方面,重点建设国投孚宝30万吨原油码头及配套储运设施、中石化成品油保税库、国家原油储备基地、国家成品油储备基地、300万吨液化天然气(LNG)站线等项目;在船舶和旅游装备制造方面,重点建设修造船、游艇、水上轻型飞机制造、直升机和公务机组装等项目。

东方工业园区。积极发展天然气化工和能源产业,重点推进精细化工项目建设,延伸产业链条,建设好临港精细化工基地。做好工业园区产业发展规划,加快完善园区基础设施和生活配套设施。

海口综合保税区,打造以口岸为依托、高度开放的加工贸易和现代物流区,重点发展电子、纺织、建材、家具、饮料等产业以及物流业。海口国家高新技术产业开发区,重点发展新能源新材料、生物制药、汽车等产业,形成产业集群。老城经济开发区,重点发展先进制造业和信息产业等高新技术产业,打造国家级软件产业基地,利用海口保税区西移的机遇,实现老城和海口工业的一体化发展。昌江国家级工业循环经济示范园区,以铁矿资源利用、新型建材等产业为主,发挥循环经济的示范作用。金牌港经济开发区,以修造船、海洋工程装备制造业和水产品深加工为主,建设海洋经济特色园区。儋州工业区,依托洋浦大工业和港口的辐射与带动,以木棠工业区和三都化工区为载体,承接洋浦产业转移,发展配套产业。定安塔岭工业园,发展水产品和农产品加工、生物医药、新型建材、塑料光纤、太阳能电池等产业。

图 1　海南省经济园区空间布局图

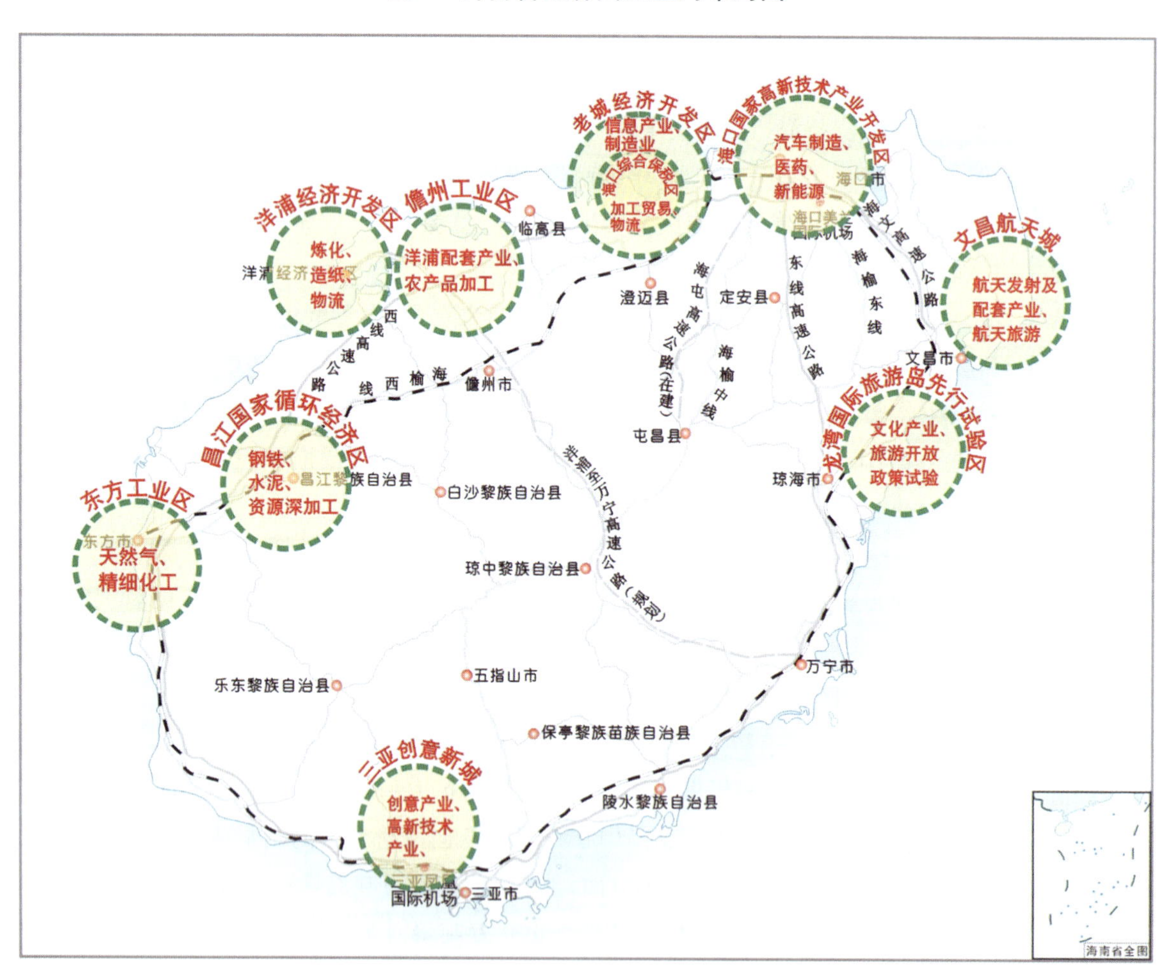

第四节　加快发展海洋经济

围绕建设南海资源开发和服务基地,制定和实施海洋强省战略,科学规划发展海洋经济,形成南海蓝色经济区。“十二五”要根据海洋产业发展规划,研究推进周边岛屿开发开放的政策措施;把海洋运输业、海洋船舶制造业、海洋渔业、海洋观光旅游业等海洋产业做大做强;加快疏港、临港基础设施建设,吸引更多的大型航运公司落户,开辟新的航线,发展中转贸易,成为国内市场与国际市场的接轨点、国内经济和国际经济的交汇点;依托区位、港口资源和保税港区的政策优势,优化港口经济结构和产业布局;加强海监渔政队伍和装备建设,提高海洋开发、控制、综合管理能力;切实加强海洋生态环境保护,保护好海岛、海岸线和海洋生态环境。

专栏7 “十二五”新型工业八大支柱产业的重大项目

一、油气化工:建设150万吨乙烯石化、1200万吨炼油、中海油精细化工、60万吨PX、210万吨PTA、100万吨PET等项目。

二、浆纸及纸制品:建设160万吨造纸二期工程、洋浦林浆纸一体化制浆扩建、年产24万吨卫生纸等项目。

三、汽车和装备制造:建设海马30万辆汽车、海航修造船一期工程、游艇制造基地、水上轻型飞机制造等项目。

四、矿产资源加工:建设20万吨/年精密极薄带钢、260万吨/年铁矿地采、200万吨/年选矿厂、5万吨钛白粉深加工等项目。

五、新材料和新能源:建设英利太阳能光伏产业、汉能光伏产业研发制造基地、20兆瓦光伏并网示范工程、中航特玻高端特种玻璃、东方光通塑料光纤、27万方/日海口沼气新能源示范等项目。

六、制药:建设海口药谷和塔岭医药产业园。重点推进齐鲁制药二期、亚洲制药厂、奇力新药产业化、双成多肽药业生产基地等项目。

七、电子信息:建设海南生态软件园、三亚创意产业园区、惠普海南、神州数码数字城市科技园等项目。

八、食品和热带农产品加工:建设30万箱红塔卷烟、保健酒易地扩建技改,椰树集团饮料生产基地、罗牛山农产品加工、雨润200万头生猪屠宰等项目。

(一)发展现代海洋产业体系。支持大型石油公司加大海洋石油资源勘探开发力度,提高海洋油气资源开发利用水平,加快推进海南国家石油战略储备基地建设。支持发展海洋生物工程、海洋能源利用、海水淡化等新兴产业。以港口为依托,按照城、港、区(园区)联动发展的思路,形成具有竞争力的海洋产业。洋浦港经济区重点发展石化、林浆纸一体化、港航、以油气储备为重点的现代物流、修造船以及小飞机、游艇制造等新兴产业,马村港经济区重点发展现代港口物流业、汽车及先进装备制造业、制药业、光伏产业等,八所港经济区重点发展天然气加工工业、海洋能源、对越边境贸易业等,三亚港经济区重点发展滨海旅游业、海洋渔业等,清澜港经济区重点发展现代物流业等。以海湾为依托,开发建设一批国际大型旅游区,发展休闲度假业、邮轮游艇产业。支持金牌港经济开发区列入国家级海洋经济示范区。以海口、三亚等滨海城市为依托,培育发展海洋旅游、金融服务、信息服务、技术服务、商贸服务等海洋服务业。以渔港为依托,做大做强现代海洋渔业。加强与广东广西的合作,建立海上巡航、搜救和事故应急合作机制,不断完善海上安全日常管理协调工作机制。

(二)科学规划海洋功能区开发。全面实施国务院批复同意的《全国海洋功能区划》,即海南岛东北部海域,大力发展滨海旅游及生态渔业,加快油气资源的勘探和开发,强化自然保护区管理;海南岛西南部毗邻海域,积极勘探开发油气资源,稳步发展盐和盐化工以及天然气化肥等海洋产业,发展生态养殖,加强滨海旅游设施建设,保护珊瑚礁资源;西沙群岛海域和南沙群岛海域,积极稳妥开放、开发西沙旅游,建设好西沙渔业补给基地,合理开发利用和养护渔业资源,推进涵养水源和风能、潮汐能电站及生活设施建设,争取开发深海油气资源以及天然气水合物资源,加强珊瑚礁等自然保护区管理,保护海龟等珍稀物种及海洋生物多样性。

(三)保护和利用海南岛周边海岛。依据国家海岛保护法,编制海南岛周边海岛保护和利用规划,加快编制西南中沙开发利用规划。坚持保护为主、科学利用的原则,重点保护和利用海南岛周围具有政治、经济、军事、旅游、环保和科研价值的海岛,因岛制宜,建设一批自然保护型、旅游型、水产养殖科研型、综合利用型海岛。加强海域、海岛、海岸线保护、整治、修复等工作。

第三章　十大工程为重点的基础设施建设

坚持扩大内需战略，促进消费与投资的良性互动。针对我省基础设施与海南国际旅游岛建设目标不相适应的现状，优化投资结构，集中财力物力，加快推进以琼州海峡跨海通道、环岛高速铁路、“田字型”高速公路、核电、机场、港口、公路、水利、能源、“三网融合”十大工程为重点的基础设施及其配套工程建设，打造与国际旅游岛建设目标相适应的基础设施。

第一节　构建海陆空便捷的综合交通体系

进一步突破岛屿型经济体发展的瓶颈制约，形成以航空、琼州海峡综合运输通道以及以港口为核心的海上运输组成的对外运输系统，构建进出岛便捷的综合交通体系。

（一）加快推进琼州海峡跨海通道工程。建设琼州海峡跨海通道，对于促进海南国际旅游岛建设和“泛珠三角”及北部湾区域经济一体化，具有重大战略意义。要积极做好跨海通道的前期工作，加大投入，深入开展实地勘探、科学论证、方案遴选、投融资模式研究等工作，提出可研报告，争取国家“十二五”开工建设。加强与广东、广西的合作，加快建设跨界高速公路、轨道交通及配套工程，打造快捷便利陆路网。

（二）港口建设。重点建设洋浦、海口、八所、三亚、清澜等港口，加强港口基础设施和集疏运体系建设，尽快形成功能完善、配套齐全的港口格局。洋浦港，全面建设洋浦港区、神头港区和后水湾港区三个核心港区，重点推进深水航道及岸滩整治工程、大型集装箱码头工程、洋浦 30 万吨级原油码头及配套储运设施工程、洋浦成品油保税库项目码头工程、海南天然气站线项目配套码头工程、公共化学危险品码头工程、公共原油码头工程、炼油二期成品油码头及乙烯码头工程、大型煤炭矿石码头工程、通用杂货码头和其他码头工程等项目建设，到 2015 年形成区域性枢纽港架构。海口港，重点推进马村港扩建二期工程、新海港区汽车客货滚装码头一期起步工程和国际邮轮母港建设。八所港，重点推进新港区精细化工项目码头配套扩改工程。三亚港，重点加快国际邮轮母港建设发展。清澜港，重点建设西南中沙交通码头工程。加强琼州海峡港口设施改造，建设琼州海峡两岸对接高效的客货运输系统。

（三）机场建设。为提高国内外游客进出的便利性，全面加快国际空港建设步伐。扩建美兰、凤凰国际机场，使旅客设计通行能力分别达到 2000 万人次/年和 2500 万人次/年。建成开通博鳌机场，争取早日开工建设西部机场。开辟更多国内外航线，积极发展通用航空和低空飞行。完善综合配套功能，发展空港产业。

图 2　海南省综合交通网络规划简图

第二节　建设覆盖全岛、城乡一体化基础设施网络

更具科学性和前瞻性地统筹规划建设全岛基础设施，更加重视基础设施建设与自然的和谐，大力提升基础设施抵御自然灾害的能力。强化岛内外有机对接、城乡有机对接、区域有机对接，各类交通工具零距离换乘无缝对接，促进全省基础设施网络化、现代化，打造全岛“两小时旅游交通圈”。海口、三亚等城市要加快论证研究和完善包括轨道交通在内的城乡立体交通体系，打造海口、三亚城乡一小时综合交通网络。

（一）铁路建设。建成 344 公里的西环高速铁路，形成环岛高速铁路网。完成西线 360 公里既有铁路的电气化改造。加强高速铁路和粤海铁路运营管理。

（二）公路建设。开工建设“一纵一横”380 公里的高速公路，形成海口—屯昌—五指山—保亭—三亚和洋浦—儋州—琼中—万宁“田字型”高速公路主骨架。争取实现县县通高速。加强对现有高速公路的维护，提升现有高速公路的质量。国省干线公路新建和改建 1650 公里，优化路网结构，提高公路技术等级和服务水平。加快农村公路建设，改造县道砂土路 1100 公里，在全面完成建制村通沥青（水泥）路建设任务的基础上，推动农村公路联网和人口较多具备条件的自然村“通畅工程”建设。选择有特色旅游资源的山区、滨海滨河路段建设旅游公路示范工程，新建和改建全省旅游公路460公里。加强景区（点）与公路网及景区（点）间的公路连接，完善旅游运输网络。建设工业园区出口路与集疏运公路间的连接线，加强与铁路、高速公路、港口、机场的衔接。开展公路景观美化、绿化改造工程，推进交通信息化、智能化建设，完善海口、三亚两个国家公路运输枢纽的客货站场规划建设，加快农村客运站建设。基本形成公路、铁路、港口、航空衔接快捷、分工合理的综合交通体系，实现岛内外及城乡间交通的便捷化。

（三）水利建设。构建覆盖全岛的南渡江流域、昌化江流域、万泉河流域、东北部流域、南部流域和西北部流域六大流域水利发展格局。加快推进红岭水利枢纽工程、红岭水利灌区工程、迈湾水库、天角潭水库、洋隆水库的建设，以及春江水库、石碌水库扩容。完成大广坝水利水电二期工程建设，实施海口南渡江调水工程，加快松涛灌区等续建配套工程。完成大中型和七百多个小型病险水库除险加固任务。全面完成南渡江、万泉河、文昌河、昌化江、环小海防洪治理工程。加强南渡江等河流的冬季储水功能建设。加强重点海堤和易涝洼地的综合治理，全面提升抗灾防洪标准。合理配置农业用水、城市用水、旅游区用水、生态用水。进一步加强水利工程、水资源利用的管理。

图3 海南省“十二五”重点水利工程空间布局图

（四）核电及能源建设。按照电力先行的原则，建设好昌江核电一期两台六十五万千瓦核电机组项目，同时建设六十万千瓦装机容量的琼中抽水蓄能电站。积极推进昌江核电二期建设，确保建成华能东方电厂两台三十五万千瓦燃煤发电机组扩建工程。建设东部燃气电厂和西南部电厂或海口电厂五期燃煤机组。加快海南电网跨海联网二期建设，对全岛城镇、农村电网进行升级改造。加强琼粤两省电力交换能力，积极推进智能电网建设，确保电网高效安全，稳定经济运行水平。积极发展风能、水能、太阳能等清洁能源。统筹利用好天然气等各种气源，形成互相调配、互为补充的格局。建成洋浦300万吨液化天然气（LNG）站线项目，确保全省液化天然气（LNG）的供应。加强福山等地油气勘探开采、输气管道建设。结合液化天然气接收站的布局，进一步完善天然气输配管网。

（五）通信网络建设。以建设信息智能岛为目标，完善覆盖全岛有线和无线相结合的高速宽带基础网络。加快旅游信息体系建设，加快旅游景区信息通信基础设施建设和新的信息技术与业务的应用，加大旅游产业信息资源整合，推进旅游业和信息化深度融合。加快农村信息化工程建设，加强农村地区互联网接入能力建设，建立和完善农产品产地数字可追溯系统、农业远程防疫系统和水库防洪数字系统；整合农村党员远程教育系统、农业科技"110"系统、新型农村合作医疗系统等资源。建设城市光网，实现基于光纤到户、到楼的宽带接入方式，提高宽带普及率及入户带宽。积极推进电信网、广播电视网、互联网"三网融合"工程，整合城乡信息网络资源，打造"数字海南"。大力支持邮政网络建设。在推进信息化过程中，全面提高海南城乡管理水平。

专栏8　十大基础设施工程"十二五"建设目标和任务

序号	基础设施工程名称	重点项目名称	"十二五"完成建设内容	完成投资（亿元）
一	琼州海峡跨海通道工程	跨海通道	力争在"十二五"末完成项目前期工作，开工建设。	20～50
二	环岛高速铁路工程	西环高速铁路	新建西环高速铁路344公里，设计时速250公里，贯穿八市县一区，北起海口，南至三亚，途经澄迈、临高、儋州、洋浦、昌江、东方、乐东。	250～300
三	"田字型"高速公路工程	纵向：海口—屯昌—琼中—五指山—保亭—三亚	建成高速公路182.8公里，双向四车道，设计时速100公里左右。琼中—五指山段完成开工建设的前期工作。	95～130
		横向：万宁—琼中—儋州—洋浦	"十二五"末完成前期工作，开工建设。	10～15
四	核电工程	昌江核电	建成2台65万千瓦核电机组。	180～220
五	机场工程	海口美兰国际机场扩建二期工程	建成第二条3600米跑道以及配套飞行、航站、供油等设施。	80～120
		三亚凤凰国际机场扩建三期工程	建成航站楼、办公楼、站坪滑行道、机场服务中心及基础设施。	30～70
		博鳌机场	建成2600×45米跑道；4个C级停机坪和22个B级停机坪；8100平方米综合航站楼；供电、给排水、灯光、消防等附属设施及场外配套设施。	8～15
		西部机场	争取"十二五"末前完成前期准备工作，开工建设。	8～15

续表

序号	基础设施工程名称	重点项目名称	“十二五”完成建设内容	完成投资（亿元）
六	港口工程	洋浦30万吨级原油码头及配套储运设施	建成30万吨级泊位2个、10万吨级泊位2个、5万吨级泊位2个和油品储罐500万立方米。	50～100
		中海油马村后勤服务支持基地	建成油品、灰浆、装卸、淡水供应、人员输送、应急救助和船舶维修等，满足3000万吨油当量后勤服务。	15～20
		海口马村港扩建二期工程	建成4个2万吨级通用泊位及3个5000吨级泊位，年设计吞吐能力350万吨。	12～18
		八所港DCC项目配套码头	建成5万吨级、2千吨级石化泊位各1个及改造原有1万吨级码头泊位。	3～6
		金海纸浆专用码头扩建工程	建成6个5万吨级散杂货泊位、3个5千吨级散杂货泊位，设计年吞吐量1680万吨，设计年通过能力829万吨。	12～18
		三亚国际邮轮母港	建成码头四个（分别是5、15、20、25万吨），邮轮大厦、会所，扩建改造联检楼等。	25～35
		海口湾西海岸人工岛配套国际邮轮母港	建成面积3000余亩人工岛，25万吨级邮轮母港码头，以及旅游配套设施、国际游艇会、免税商业区、水上运动基地、涉外娱乐服务区等。	30～40
七	公路工程	文昌“两桥一路”	建成全长5.44公里的铺前大桥，全长79.22公里的龙楼至铺前滨海旅游公路，二级公路标准建设。	30～50
		洋浦1小时交通圈	建成洋浦大桥，洋浦大桥南连接线项目，白莲桥至白马井路面改造及丘海立交项目。	20～28
		儋州滨海大道	建成道路、给排水、桥梁、路灯、绿化等项目。	5～8
		万宁旅游公路	建设环滨海贯穿南北的快速干道、港北跨海大桥、石梅高速公路连接线，全长80公里；龙滚南港至日月湾滨海旅游公路，全长75公里。	12～15
八	红岭水库、迈湾水库等水利工程	红岭水利枢纽工程	完成项目建设。水库总库容6.64亿立方米，拦河主坝坝长528米，最大坝高97.70米；电站总装机4.26万千瓦。	20～28
		红岭水利灌区工程	解决灌区内5个市县137万亩农田灌溉问题，争取“十二五”完成前期工作，并开工建设。	3～8
		大广坝水电水利二期工程	建成高干渠、中干渠、低干渠、昌江干渠和陀兴干渠等5个灌溉系统。	3～8
		天角潭水库	总库容1.74亿立方米，水库年供水量1.56万立方米，灌溉面积7.47万亩，积极开展前期工作。	3～8
		迈湾水库	总库容6.64亿立方米，年供水量4.74亿立方米，水电装机1.13万千瓦。争取完成前期工作。	1～2
		全省中型灌区续建配套工程	基本完成16个中型灌区续建配套节水改造，新增灌溉面积79.57万亩。	8～15
		全省小Ⅰ型病险水库除险加固工程	完成130座小Ⅰ型病险水库加固工程。	5～10
		海口南渡江调水工程	建设拦河闸、提水泵站、输水管道、输水明渠、沿线水库、五源河和清漪河，全年新增供水量12.91亿立方米。	28～35
		全省中小河流治理工程	规划治理中小河流38条，建成护岸237.87公里，堤防护岸176公里，穿堤建筑物200座，保护人口166万人。	8～12
		全省重点海堤工程	加固堤防290公里，保护人口28万人，保护农田24万亩。	5～10

续表

序号	基础设施工程名称	重点项目名称	“十二五”完成建设内容	完成投资（亿元）
九	能源工程	东方电厂二期工程	扩建完成2×35万千瓦超临界燃煤发电机组，同步建设烟气脱硫、脱硝等配套设施。	20～30
		电网跨海联网二期工程	建成湛江—徐闻—南岭及林诗岛—福山第2回500KV交流架空线路，南岭—林诗岛第2回500KV海底电缆（4根）；广东配套扩建2个间隔，海南配套扩建1台主变与1回220千伏线路。	30～50
		文昌—琼海—三亚输气管道工程	建成255公里天然气输气管道。	15～20
		文昌卫星发射中心/铜鼓岭旅游区天然气供气工程	建成31公里天然气输气管道。	1～2
		300万吨LNG	建成8万～26.7万立方米LNG船码头，3000吨级杂货船工作船码头，300万吨储存能力的LNG接收站，122公里天然气管道。	40～60
十	“三网融合”工程	有线网双向改造和全岛覆盖	完成有线电视网络双向改造，实现全省有线电视网络双向化率达到80%以上。	10～15
		中国电信海南通信网络	建成三亚创意新城、生态软件园、文昌航天城、海口综合保税区、海口狮子岭开发区、老城开发区、金牌开发区、东方工业区、海棠湾开发区、神州半岛、山钦湾、龙沐湾、棋子湾、洋浦大桥、文昌清澜大桥等省重点项目及重点园区通信网络，通信管道465公里、通信光缆535公里以及光信息点9000个。	1～2
		中国电信移动通信网络覆盖站点	建成昌江霸王岭、乐东尖峰岭、海棠湾开发区、神州半岛、山钦湾、博鳌机场、西部机场、文昌航天主题公园等省重点项目及重点园区移动通信网络，新建或扩容改造室外站点50个和分布系统127套。	1～2
		环岛高速铁路通信网络建设	建成沿东环铁路建设海口至三亚28芯光缆约310公里，室外站点95个和分布系统30套；沿西环铁路建设海口至三亚24芯光缆，全长约450公里，室外站点105个和分布系统50套。	2～3
		中国移动“无线省”网络通信工程	规划建设5260个TD-SCDMA基站，建设5200个GSM站点、超过1万个WLAN热点，5万个AP，实现全省城市、乡镇2G/3G网络100%覆盖，省内政府部门、星级酒店、机场、会展中心、重要交通枢纽、重点景区和工业园区、大型商业场所、重点高校等区域全面“TD+WLAN”无线宽带覆盖。	40～45
		中国移动城市光网络通信工程	规划建设通信管道1500公里、通信光缆2500公里、光信息点20000个、GPON OLT300个、ONU20万个，宽带端口300万个。	15～20
		中国联通海南网络建设	建成2800个WCDMA基站，1400个GSM基站，话音端口15万线、宽带端口90万线，环岛光缆、PTN、OTN传送网等。	20～40
		中国联通五大信息中心建设	建成移动宽带互联网数据中心、国际呼叫中心、音视频娱乐中心、电子商务中心、终端应用软件支撑中心等。	2～3

第三节 积极落实扩大内需战略，保持经济平稳较快发展

充分挖掘内需潜力，特别是岛内外消费需求的巨大潜力，着力扩大消费，增加投资，形成消费投资有机结合、良性互动，拉动经济增长的格局。

（一）努力扩大岛内岛外需求。千方百计增加就业和创业机会，努力提高城乡居民收入水平，努力保持价格总水平基本稳定，着力增强居民消费能力，完善社会保障体系，形成良好的居民消费预期。大力发展旅游度假、文化娱乐、体育健身等新型消费业态，引进岛外消费需求，促进中高端消费海南释放，促进消费结构升级。充分发挥消费信贷对消费升级的助推作用，激发新的消费需求。

（二）强化投资拉动作用。充分发挥投资对扩大有效需求的拉动作用，保持投资强度，优化投资结构，提高投资效益，确保投资重点。引导投资进一步向民生和社会事业、农业农村、生态环保、能源交通、科技创新、防灾减灾、资源节约等领域倾斜，实现全社会固定资产投资总量是“十一五”的3倍以上。严格执行投资项目用地、节能、环保、安全等准入标准，继续实施“大企业进入、大项目带动、高科技支撑”产业发展战略。大力引进战略投资，扩大民间投资。推进以十大工程为重点的基础设施建设，要制定实施意见，把扩大投资和增加就业、改善民生、促进城镇化有机结合起来。按照国家和省有关规定，最大限度地提高失地农民的补偿标准和社会保障水平，最大限度地吸纳当地农民转移就业，最大限度地做好拆迁安置工作，形成扩大投资和促进消费的良性互动。

第四章 区域协调发展和积极稳妥推进城镇化

海南作为岛屿省份，是一个独立的地理单元。以城乡一体化为目标，坚持把全省作为一个整体科学规划建设，落实国家主体功能区战略，构建区域经济优势互补、主体功能定位清晰、城镇布局科学合理、基本公共服务均等、人与自然和谐相处的发展格局。

第一节 区域协调发展

坚持把海南作为一个整体进行统一规划建设的原则，继续落实“南北带动，两翼推进，发展周边，扶持中间”的思路，强化区域功能定位发展。加强对岸线资源、岛屿资源、海洋资源、产业布局等统一规划与管理。

（一）加快建设琼东沿海地区国家休闲度假海岸带。以海岸线为依托、以东环高速铁路和东线高速公路为纽带，合理规划、科学利用海湾和沿线土地资源，把沿海部分海湾培育为国际化休闲度假社区，通过发展旅游业、热带特色现代农业和农产品加工业壮大特色县域经济，把琼东地区建设成为全省综合经济实力较强、生态环境优美的区域。

（二）扶持中部生态功能区建设。在实施中部市县农民增收三年计划的基础上，编制和实施中部生态功能区建设规划。坚持保护优先、适度开发、点状发展的基本思路，以生态建设和环境保护为首要任务，实施生态补偿政策，增强水源涵养、维护生物多样性的能力；积极发展旅游业、林业和农业及其他生态型产业，积极发展农林产品加工业；加强重点城镇建设，着力打造风情小镇，提高人口受教育水平，引导山区人口有序转移；加大转移支付力度，抓紧编制和实施中部地区特色产业发展规划，使中部地区成为生态环境优美、特色产业发达、农民共同富裕的全国重要生态功能区。

（三）加快西部地区开发建设。全面实施《海南西部地区开发建设规划纲要》，以特色资源为依托，以工业化和城镇化为主导，围绕建设新型工业基地、面向东南亚的航运枢纽和物流中心、能源和南海资源开发与服务基地、热带特色现代农业基地和山海互动特色旅游目的地“五大”战略定位，加快基础设施建设，加快优势特色产业发展，加强政策支持和改革开放力度，逐步使这一地区成为带动海南发展的重要增长极和我国北部湾地区发展的战略支点。

（四）增强琼北综合经济区综合承载和带动能力。整合周边地区资源，增强对外通道能力建设，改造提升汽车、制药、饮料食品等产业，加快发展金融保险、现代物流、文化产业、商贸会展等服务业，振兴旅游业，有序发展房地产业，培育光伏等新兴产业，提升综合经济实力，把琼北地区建设成为全省服务发展基地、装备制造业基地、高新技术产业基地和进出岛综合交通运输枢纽，增强以海口为龙头的琼北经济区对全省辐射带动和综合服务的能力。

（五）提升琼南旅游经济圈发展水平。注重增强以三亚为龙头的琼南旅游经济区对全省旅游业的带动能力。建设好三亚热带海滨风景名胜区，将三亚打造成为世界级热带滨海度假旅游城市。以三亚为龙头，高起点规划建设一批大型国际化旅游休闲度假区，重点发展疗养休闲、商务会展、文体娱乐、大型体育文化赛事等特色产业，加快培育创新创意产业和以南繁育制种为重点的农业高新技术产业，把琼南地区建设成为海南国际旅游岛观光休闲度假的核心区。

图4　海南省经济发展战略分区图

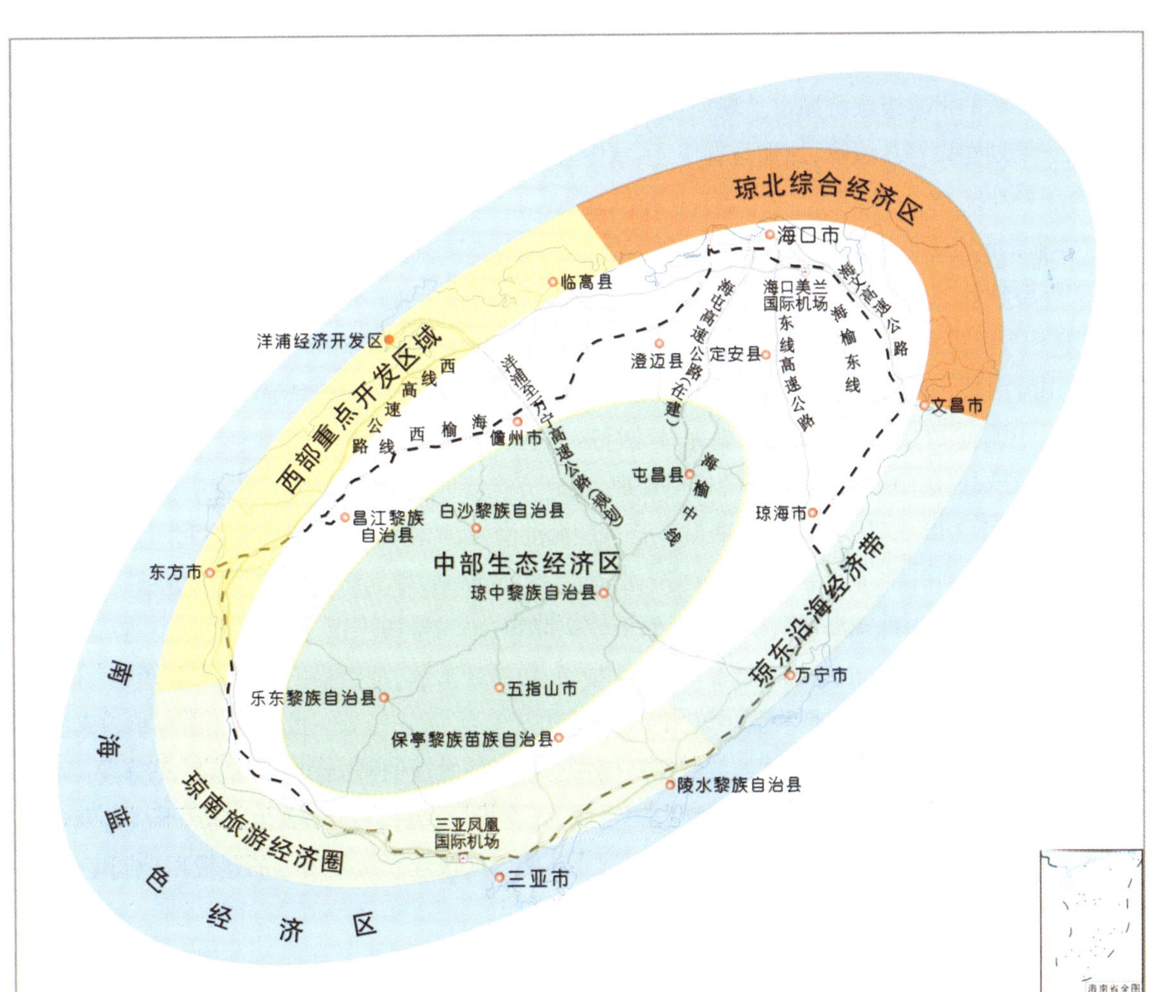

（六）继续加大对革命老区、少数民族地区、贫困地区等特殊类地区的发展支持力度。落实各项扶持政策，实施“兴边富民”行动，加强基础设施建设，改善教育、卫生、文化等公共服务设施，逐步缩小地区间基本公共服务差距。鼓励全省其他地区带动和帮助特殊类地区发展，加强对口援助，形成以政府为主导、市场为纽带、企业为主体、项目为载体的互惠互利机制。

第二节 积极稳妥推进城镇化

按照全岛一体化、城乡一体化发展的总体要求，统筹城乡发展、积极稳妥推进城镇化，加快社会主义新农村建设，形成以城带乡、城乡互动的一体化发展新格局。“十二五”期间，打造一批具有海南特色的风情小镇，走出国际旅游岛城乡一体化的独特路径。

（一）科学统筹城镇化布局。突出城镇化的国际旅游岛特色，按照统筹全岛、合理布局，节约土地、集约发展，壮大经济、完善功能的原则，突出热带海岛特色，构建省域中心城市—区域中心城市—县城镇—中心镇四级城镇化空间体系，增强城镇综合承载能力，提高城镇化水平。在城镇化进程中，要把重点放在中小城镇建设上，切实保护好、发展好农民的利益，大力引进社会资本，大力发展县域特色经济。

海口市要围绕成为环北部湾和海南国际旅游岛中心城市、全省服务业和高新技术产业中心、区域性交通枢纽和经贸文化交流中心等战略定位，打造宜居、宜业、宜学、宜游品位之城。三亚市要继续围绕建设国际热带滨海度假旅游城市的战略定位，以率先在全省实现城乡一体化为目标，全方位对旅游要素和旅游设施进行国际化改造，努力把三亚建成生态环境优美、设施和服务功能完善、旅游业协调发展的世界级旅游城市。规划建设好海南东西两翼的区域中心城市，提升带动周边地区的功能。规划建设好县城镇，加强与省域、区域中心城市的优势互补，发挥好统筹城乡发展结合部的综合服务功能。

（二）旅游风情小镇建设。规划建设100个左右的中心镇，选择一批地理位置、基础设施、自然和人文环境较好的乡镇，以旅游化改造为手段，集中财力，分批实施，建成一批特色旅游小镇。在城镇化进程中，要把重点放在加快小城镇建设和管理上，促进大中小城市和小城镇协调发展。

利用海南特色的旅游资源，打造古村古镇型、民族村寨型、生态观光型等特色旅游小镇。坚持“大稳定、小调整”的原则，稳妥推进撤并村建社区工程，进一步优化村庄布局，完善基础设施和服务设施，引导农民集中居住，建设一批规模合理、配套齐全、环境优美的新农村中心居民点。突出乡村特色、地方特色和民族特色，建设一批独具特色的海港渔村、黎村苗寨、热带风情乡村。依托县城和建制镇，按照“规划引导、企业参与、市场运作、群众受益”的原则，推动海口演丰镇、云龙镇、文昌东郊镇、龙楼镇、定安龙门镇、琼海博鳌镇、会山镇、万宁兴隆镇、华润希望小镇、陵水新村镇、三亚天涯镇、屯昌枫木镇、保亭三道镇、五指山水满乡、琼中营根镇、白沙牙叉镇、澄迈福山镇、临高新盈镇、乐东尖峰镇、莺歌海镇、昌江昌化镇、儋州蓝洋镇、中和镇、东方天安乡、大田镇等一批特色旅游小镇的建设。

大力发展县域特色经济，把壮大县域经济摆在全省经济发展的基础和主体地位，充分发挥好省直管市县的体制优势，以增强自我发展能力为主线，分类指导，突出特色，强化支持，形成各具特色的县域经济。增强中小城镇的产业聚集、吸纳就业功能。加快建立城乡统一的建设用地制度、户籍制度、劳动就业制度、医疗保险制度、社会保障制度。

（三）提高城镇规划管理水平。按照国际旅游岛建设发展的新要求和绿色低碳理念，高起点规划、高水平建设城镇。城镇规划和建设要注重以人为本、节地节能、生态环保、安全实用、突出特色、保护文化和自然遗产，强化规划约束力，加强城镇公用设施建设。优化城市功能分区，合理布局建设商务区、经济园区、居住区、行政办公区、休闲度假区、生态景观区等，高标准建设地下管网体系、综合交通体系、信息网络体系、生态环境体系、防灾减灾体系等基础设施，增强综合承载能力。加快"数字城市"建设，完善城市路网，优先发展公共交通，提高城市的服务效能和管理水平。要注重城市形象，塑造城市品牌，打造城市特色。

把符合落户条件的农业转移人口逐步转为城镇居民作为推进城镇化的重要任务，积极有序推进农民转市民。推动城市教育、医疗卫生、保障性住房等资源向进城农民开放。促进基本公共服务和社会保障均等化，着力提高公共服务能力。

推进危旧房和"城中村"改造，加强对城市民族文化、风景名胜资源和山地、水系等生态资源保护利用，加快建设低碳城市。在旅游区、旅游重镇和中心城市建设直接饮用自来水管网。结合征地搬迁，规划建设一批特色产业小镇，解决征地农民的长远生计。建立治理交通拥堵、违章违建、环境污染等问题的长效机制。

第五章　生态文明示范区建设

全国生态文明建设示范区的战略定位，对生态省建设提出了更高的要求。海南拥有良好的自然环境，这是我们最宝贵的财富，一定要倍加珍惜。要下大力气爱护好、保护好海南的生态环境，这是海南实现可持续发展的最大资本。要牢固树立绿色、低碳发展理念，实施好资源节约、环境保护、生态保护三项行动，进一步加大节能减排和应对气候变化工作力度，完成国家下达的节能减排指标。不断完善有利于低碳发展的体制机制，努力打造海南"绿色低碳岛"品牌，使海南的天更蓝，山更绿，水更清，实现人与自然和谐相处，经济社会全面协调可持续发展。

第一节　实施资源节约行动

实施节约优先战略是缓解资源约束和促进科学发展的必然选择。树立正确的资源观和资源管理观，由外延粗放利用资源向内涵集约利用资源转变，以提高能源资源利用效率为核心，以节能、节水、节地、节材、能源资源综合利用和发展循环经济为重点，逐步形成节约能源资源和保护生态环境的产业结构、增长方式、消费模式，提高全省能源资源利用水平。

（一）强化能源资源节约利用。严格节能目标责任考核，综合运用经济、法律和行政手段，最大限度地挖掘全社会节约能源资源潜力。提高公民节电、节水等节约意识。节能方面，完善节能法规和标准，提高节能环保市场准入门槛，彻底淘汰立窑水泥、黏土砖等落后产能。强化节能目标责任考核，加强重点用能单位节能管理，抓好建筑、交通、公共机构等重点领域节能减排。推进节能减排重点工程，大力推广蓄能、变频、高效节能空调、节能汽车、节能电机等节能新技术新产品。节水方面，继续抓好农业节水灌溉，加大工业节水技改力度和促进循环用水。在城区强制推广使用节水器具和节水设备，扩大再生水利用。严格控制超采地下水、严禁滥采地下水。节地方面，完善土地管理制度，强化土地利用总体规划和年度计划管理。严格土地用途管理，严格保护耕地和基本农田，争取建成国家集约节约用地试点示范区。统筹全省土地储备，增强省级政府对土地市场的调控。节材方面，大力推广新型墙体材料，全省城市、农村实行禁止或逐步禁止生产、销售和使用黏土砖，加强木材节约和循环利用。

(二)全面推进循环经济发展。从生产、流通、消费等环节入手,构建资源循环利用体系,大幅度提高资源产出效率。加快循环经济区建设。继续推进洋浦经济开发区、东方工业区、老城开发区、昌江工业区等循环经济示范园区建设,加强以余热利用、冶金废物利用、粉煤灰回收利用等行业为重点的循环经济建设。以沼气为纽带,推进畜禽养殖业废弃物、糖业蔗渣等综合利用,发展循环农业。以城镇和旅游区为重点,借鉴国际经验,建立全岛再生资源分类回收利用体系,发展再生资源产业,促进垃圾资源化利用。

(三)推动低碳产业发展。编制和实施全省低碳技术应用与推广计划,优化能源结构,增加非化石能源占一次能源消费比重。积极推动低碳产业发展,建设以低碳排放为特征的工业、建筑和交通体系,推动经济社会发展向高能效、低能耗、低排放模式转型。加强蓄能、变频、建筑节能等低碳技术和洁净煤、新能源汽车、节能灯等产品推广应用。力争"十二五"时期海口市、三亚市公交车、出租车基本普及新能源汽车。推广使用更高排放标准的汽车清洁燃料,完善汽车加气、充电站点的布局和建设。积极开展低碳城镇、低碳工业园区和低碳旅游景区试点,加大低碳技术研发和应用。开工建设中日合作万泉乐城太阳与水示范区项目。

第二节　实施环境保护行动

坚持把建设生态文明、保护生态环境放在经济社会发展的首要位置,着力完成重点流域综合整治、城镇环境综合整治、农村环境综合整治、海洋环境保护等四大主要任务,确保全省环境质量继续保持全国一流水平。

(一)加强水源保护。加强南渡江、万泉河、昌化江三大流域和松涛水库等有集中饮用水供水任务的水库水污染防治。坚决取缔水源保护区内的直接排污口,严防养殖业污染水源,推行水源保护区内退耕还林和保护性耕作,综合防治农业面源污染。禁止有毒有害物质进入饮用水水源保护区,强化水污染事故的预防和应急处理,建立健全水质监测定期报告制度及重点河流市县跨界面断面水质控制和考核机制,确保群众饮水安全。

(二)加强城镇环境综合整治。编制和实施新一轮城镇污水处理控制性规划和垃圾处理控制性规划,进一步完善城市(镇)污水和生活垃圾处理设施建设,强化污染物减排和治理,到2015年,全省城镇垃圾无害化处理率达90%以上,污水集中处理率达到80%以上。建立多元化投入机制,吸引和鼓励社会资本及外资参与环保基础设施建设。完善污水、垃圾处理费征收政策,建立治污设施正常运营保障机制。完善城镇环境卫生管理长效机制,提高环卫工人装备水平和待遇;加强城乡生活污水、生活垃圾循环利用设施建设,健全重大环境事件和污染事件责任追究制度。建成海口、昌江危险物处置的相关设施。加强对建筑施工、工业生产和社会生活噪声的监管。加强城市自然生态建设和保护,合理保留天然林草、河湖水系、滩涂湿地、自然地貌及野生动物等自然遗产,努力维护城市生态平衡。

(三)加强农村环境综合整治。继续实施《海南省农村环境综合整治规划》,加快农村小康环保行动工程建设,落实国家"以奖促治、以奖代补"政策。以加强土壤污染防治为重点,合理使用农药、化肥,防治农用薄膜对耕地的污染,加大规模化养殖业污染治理力度。逐步在全省建立"户分类、村收集、乡镇转运、市县处置"的城乡统筹垃圾处理模式,提高农村生活垃圾收集率、清运率和处理率。继续加强沼气工程建设,新增农村户用沼气20万户、总数达到66.5万户、基本普及户用沼气，推进大中型沼气和集中供气工程建设。推进“千村示范万村整治”环境卫生工作，不断提升文明生态村镇建设水平。

（四）加强海洋环境保护。强化城市海岸带环境保护，严禁工业废水和生活污水直接排海。严格保护、合理利用岸线、滩涂资源，禁止不合理开发活动，防止滩涂及海水养殖造成的污染。建立跨部门的海上溢油监测与应急体系，提高海上溢油事故快速反应和处置能力。建立南海海域环境质量例行监测制度和公报制度，保持良好的海洋环境。

专栏9　环境保护和生态建设七大重点工程

水环境防治工程：饮用水水源地环境整治、重点流域水污染防治、大广坝水库环境综合整治、牛路岭水库环境综合整治工程。

大气污染防治工程：燃煤电厂、海南炼化二氧化硫减排工程。

生态建设工程：海防林不断建设和天然林保护、“三边”防护林、退耕还林、生物多样性保护、重点生态功能区和自然保护区建设工程。

城市环境保护工程：城市污水处理、城市垃圾处理、城镇生活垃圾填埋场渗滤液处理示范推广、危险废弃物和医疗废弃物处置、电子废弃物综合处置场建设工程。

农村环境保护工程：农村环境综合整治、乡镇生活污水人工湿地处理、畜禽养殖废弃物综合利用与污染防治、农村小康环保行动、生态乡镇“以奖代补”工程。

旅游区环境保护工程：重点旅游景区环境基础设施建设、生态岸边缓冲带面源污染防治示范工程。

基础能力建设工程：省部合作海南国际旅游岛地质环境保障、环境监测站标准化建设、重点工业区环境基础设施及环境应急能力建设、核应急指挥中心及配套监测系统建设、重点旅游景区环境质量自动监测和实时发布工程。

第三节　实施生态保护行动

坚持生态立省、环境优先，积极探索和谐绿色发展之路。始终保持海南的森林覆盖率居于全国领先地位，把海南真正建成全国人民的四季花园。

（一）加强生态保护和防灾减灾体系建设。加强国家和省级自然保护区、风景名胜区、森林公园、重要水源地、重要海域的建设、保护和管理，新建一批国家级、省级湿地公园、森林公园和自然保护区。继续推进海防林建设和保护工程、天然林保护工程、重点生态功能区生态修复工程、三边防护林工程、生物多样性保护工程。未来五年，对沙化土地、水土流失地、西部荒漠化土地、25度以上的山坡地等重点生态区域实施造林绿化和还林，使全省天然林覆盖率稳定在18%左右，森林覆盖率稳定在60%以上，并不断提高森林质量和增加森林碳汇。同时做好城乡园林化建设，扩大花梨木等热带名贵树木的种植。实施生态移民工程，继续完善生态补偿机制，逐步提高补偿标准。加大生态保护基础设施投入。建立灾害易发区调查评价体系、监测预警体系、防治体系、应急体系。

（二）加强自然资源保护。坚持保护优先、开发有序，加强对水源、土地、森林、矿产、海洋等自然资源保护。合理确定各类生态资源的功能定位，集约、限额建设征占林地、湿地、绿地资源。加强对热带海洋生物多样性保护和渔业资源开发保护。合理划分功能区、集约利用开发海岸线，保护沿海防护林带、红树林、海滨湿地和珊瑚礁等海洋、海岸带生态系统，规范海域使用秩序。

第六章　科教兴琼和人才强省

加快海南国际旅游岛建设，教育是基础，科技是支撑，人才是关键。要认真落实国家中长期科技、教育、人才规划纲要，提高科技创新能力，加快教育改革发展，建设人才队伍。

第一节　增强科技创新能力

坚持“创新驱动、引进集成、示范推广、跨越发展”的思路，把增强科技创新能力的重点放在事关发展全局的关键环节上。推动我省科学技术蓬勃发展，为海南国际旅游岛建设、转变经济发展方式提供科技支撑。到2015年，全省科学研究与试验发展经费支出占GDP比重达到1.5%左右，科技财政支出占地方财政支出的比重达到2%，每万人口发明专利拥有量（件）年均增长15%，不断提高自主创新能力。

（一）提高海南优势领域的科技创新水平。热带特色农业方面，重点发展热带农业新品种开发和农副产品精深加工等新技术。海洋资源开发方面，重点发展深海养殖、海洋油气资源深加工催化技术、海洋药物研发、海洋工程装备维修与制造等新技术。生物与新医药制备方面，重点发展特色香料的研究开发、南药、生物医药等新技术。应用软件及网络方面，重点发展软件关键技术及应用系统、应用软件、新一代网络技术及应用等新技术。旅游产品与旅游装备开发方面，重点发展开发旅游新产品、发展旅游装备制造等新技术。现代服务业支撑平台与系统方面，重点发展数字旅游平台与体系、电子商务平台、电子政务系统、现代物流管理系统、创意产业等新技术。环境保护与监测方面，重点发展废弃物处置与循环利用技术研究、清洁生产技术研究、海洋生态环境保护、生态环境监测技术研究等新技术。新材料和新能源开发与利用方面，重点发展新型材料研发与应用、生物质能、太阳能、风能等新技术。

（二）推进科技园区与科技基础平台建设。重点建设洋浦经济开发区、海口国家高新技术开发区、海南生态软件园、三亚国家农业科技园区、儋州国家农业科技园区、定安塔岭高新技术园区等。加快推进科技资源共享、科研实验、科技成果转化公共服务、科研合作、科学普及与应用技术推广等平台的建设，重点建设一批工程技术研究中心、重点实验室和科技公共服务平台。

（三）创新科技体制机制。加快构建以企业为主体、市场为导向、产学研相结合的技术创新体系，使企业真正成为研究开发投入、技术创新活动、创新成果应用的主体。建立以企业为主体的多元化投入体系，实施对科技企业所得税、增值税减免的税收优惠政策以及鼓励企业增加研发投入的税收优惠政策，增加政府财政投资，增加农业科技“110”的资金投入。加快高科技产业与金融的有效结合，创立区域性创投引导基金，设立知识产权质押贷款贴息资金、科技成果转化资金、科技型中小企业贷款风险补偿基金，为高新技术企业、科技型中小企业、创投企业提供科技金融服务。构建社会化网络化的科技中介服务体系，提高全社会创新效率，促进知识成果传播、转化、应用。加强知识产权创造、运用、保护、管理，努力在优势特色产业领域形成一批具有自主知识产权的核心技术和品牌。

第二节　优先发展教育

继续把教育优先发展摆在突出位置。落实优先发展、育人为本、改革创新、促进公平、提高质量的教育工作方针。进一步加大教育投入，全面提升海南的教育质量与水平。到2015年，教育支出占财政支出的比重达到中央核定的比例。

（一）积极发展学前教育。建立政府主导、社会参与、公办民办并举的办园体制，制定学前教育办园标准和收费标准，建立幼儿园准入和督导制度，规范办园行为。重点发展农村学前教育，充分利用布局调整的农村富余校舍和教育资源发展学前教育，每个乡镇至少办好一所以财政投入为主的公办中心幼儿园。到2015年，学前三年教育毛入园率达到60%以上，基本普及学前一年教育。

（二）高质量推进九年义务教育均衡发展。实现所有城乡适龄儿童少年和进城务工人员子女平等接受义务教育的目标。实施义务教育规范化学校创建和标准化建设工程。实现90%以上的农村学校达到基本办学条件标准和县级以上规范化学校要求。实施中小学校舍安全工程，用五年时间，重建校舍100万平方米，加固校舍155万平方米，使中小学校舍都达到国家规定的安全标准。为教育扶贫移民孩子提供3万个优质学位。实施中小学多媒体进教室工程，计算机网络“班班通”，基本实现教学手段现代化。实现所有义务教育阶段学校图书、教学仪器设备等配置达到国家规定标准。实施特殊教育发展工程，在全岛东、中、西三个区域各独立建设一所特殊教育学校。继续深化基础教育课程改革，提升基础教育质量。

（三）基本普及高中阶段教育。实施优质普通高中学校建设工程，使全省普通高中学校的教学仪器设备基本达标，每个市县至少有一所重点普通高中达到省一级学校办学标准，现有省一级学校要达到“甲等”标准。

（四）基本实现中等职业免费教育。努力构建适应国际旅游岛建设发展要求、体现终身教育理念、中等和高等职业教育协调发展的现代职业教育体系。未来五年，投入12.9亿元，基本实现中等职业教育免学费，家庭经济特别困难学生免住宿费。建立健全政府主导、行业指导、企业参与的办学机制。投入6亿元，重点建设37所中等职业学校，大力支持建设国家示范学校和国家优质特色学校，推进职业教育标准化和规范化建设。实施县级职业教育中心“一校多功能”建设工程、职业学校基础能力建设和实训基地建设工程、职业教育教师队伍建设计划和职业院校毕业生双证书培养工程，完善就业准入制度。注重发展远程教育和继续教育，建设全民学习、终身学习的学习型社会。

（五）全面提升高等教育质量。继续推进海南大学“211工程”和海南职业技术学院国家示范性高职院校建设，加快桂林洋高校区建设，抓好海南师范大学、海南医学院博士与硕士学位授予单位立项建设，推进琼州学院省市共建工作，支持海南大学三亚学院等民办高校建设发展。实施高等教育教学质量与教学改革工程、科技创新平台建设工程、高层次队伍建设工作和研究生教育创新工程，形成海洋渔业、旅游业、热带高效农业、现代服务业等具有海南特色的学科优势，增强高校服务地方发展能力。

（六）加大教育改革开放和投入力度。全面实施教育扶贫工程、促进义务教育均衡发展等六个国家教育体制改革试点项目。创新人才培养体制、办学机制、教育管理体制，改革教育内容、方法、手段。鼓励有条件的学校和各类教育机构与国外相关机构开展合作办学和国际交流。支持国内知名大学来琼设立研究机构及实习基地。支持民间资本兴办各类教育和社会培训机构，建立民办学校的退出机制。健全以政府投入为主、多渠道筹集教育经费的体制，继续大幅度增加教育投入。

（七）加强教师队伍建设。加大培养培训力度，提高教师综合素质，重视教师职业理想和职业道德教育，增强广大教师教书育人的责任感和使命感。办好师范教育，提高教师业务水平，优化教师队伍结构，特别要加强农村教师队伍建设。制定、完善和落实好教师医疗、养老、住房、绩效工资等政策，积极改善教师的工作和生活条件。依法保证教师平均工资水平不低于或者高于国家公务员平均工资水平并逐步提高。继续加大公共教育资源向农村、中部贫困山区的倾斜力度，建立城市教师到农村支教的激励机制。健全教育资助制度，扶助家庭经济困难学生完成学业。

第三节　实施国际旅游岛人才工程

坚持把服务国际旅游岛建设发展作为全省人才工作的根本出发点和落脚点，认真实施《海南省中长期人才发展规划纲要（2010～2020年）》，抓紧实施重大人才工程和重大人才政策。到2015年，全省人才资源总量达到132万人、年均增长8%。

（一）实施重大人才工程。实施高层次创新创业型人才引进培养、以旅游业为龙头的现代服务业人才开发、热带现代农业人才开发、南海资源开发人才集聚、优秀企业家培养、高素质教育人才开发、高素质医疗卫生人才开发、高素质宣传文化人才开发、社会工作人才开发、琼属华人华侨人才开发、少数民族和贫困地区人才支持等11项工程；打造人才公共信息与公共服务平台。充分发挥海南高校、研究机构、企业吸引和聚集人才的平台作用。加快推进省高技能人才公共实训和技能鉴定基地建设。

（二）实施重大人才政策。大力实施人才优先发展、人才创新创业扶持、鼓励非公经济组织和社会组织人才发展、城乡区域人才流动的引导、教育先行、知识性财产保护、更加开放的人才国际化等人才开发七大政策，为优秀人才脱颖而出创造良好的政策环境。

（三）创新人才工作机制。坚持以国际旅游岛建设发展需求为导向，形成更加科学，更具活力的一整套机制。建立人才培养结构动态调控机制，以岗位职责为基础的人才评价发现机制，有利于各类人才充分施展才能的选人用人机制，建立政府部门宏观调控、市场主体公平竞争、人才自主择业的人才流动配置机制，建立健全与工作业绩紧密联系和维护人才合法权益的激励保障机制。

第七章　社会事业建设

制定保障和改善民生的规划，建立符合省情、覆盖城乡、可持续的基本公共服务体系，创新社会管理机制，着力解决劳有所得、住有所居、病有所医、老有所养等重大民生问题，不断提高人民的幸福感，让全省人民安居乐业、共享国际旅游岛和谐发展成果。

第一节　基本实现城乡居民住有所居

加大保障性安居工程建设力度，努力实现城乡居民住有所居。强化政府综合协调职责，加大资金投入，统筹使用中央下拨的各项住房保障专项补助资金。省财政从市、县收取的土地出让金10%部分以及省和市、县一般预算新增财力部分向保障性住房建设项目倾斜。根据保障性住房规划和年度计划，统筹安排住房用地计划，落实各项税费优惠政策，切实加大政策支持力度。建立和完善保障性住房分配管理和监督检查办法。建立健全住房公积金制度。

加大廉租住房、公共租赁住房、经济适用住房、限价商品住房的供应量，进一步推进垦区、林区、城市和国有工矿棚户区（危旧房）改造和住房建设。制定保障性住房建设专项规划，落实保障措施，完善保障体系。“十二五”期间，新增城镇保障性住房28.8万套，完成6.5万套国有垦区危房改造；在消灭茅草房的基础上，完成13.2万户农村危房和库区移民危房改造。基本实现城镇中低收入困难家庭有一套保障性住房，基本完成农村危房改造。

第二节 增加居民收入，扩大消费需求

积极扩大就业，为省内外劳动者参与国际旅游岛建设发展创造机会和空间。努力形成企业和职工利益共享机制，建立和谐劳动关系。建立扩大消费需求长效机制和合理的收入分配制度。力争实现城乡居民收入翻番，使全省人民共享国际旅游岛建设发展成果。

（一）实施更加积极的就业政策。努力扩大全省经济规模和就业容量，积极发展就业容量大的服务业、劳动密集型产业、中小企业和非公有制经济。完善和落实财政税收、金融信贷、社会保险补贴等各项就业扶持政策。采取发放小额担保贷款等措施，支持自主创业、自谋职业，促进以创业带动就业。根据国际旅游岛建设发展对劳动力的需求，建立城乡统一的就业公共服务体系，实现市县、乡镇、建制村都有就业和社会保障公共服务平台，提供免费的就业信息、就业咨询、职业介绍服务。健全面向全体劳动者的就业技能培训制度。统筹做好城镇新增劳动力就业、农村富余劳动力转移就业、下岗失业人员再就业工作，加强大学毕业生、退役军人就业指导和服务。加大就业扶持和援助力度，确保“零就业家庭”动态清零，确保每个农村贫困家庭至少有一名适龄劳动力转移就业。完善劳动关系协调机制，维护劳动者特别是农民工合法权益。到2015年，新增就业岗位40万个，转移农村劳动力40万人，城镇登记失业率控制在4%以内。

（二）城乡居民收入力争实现翻番。完善最低工资保障制度，健全工资指导线、劳动力市场工资指导价位和行业人工成本信息发布制度。健全协调劳动关系三方机制，发挥政府、工会和企业作用，努力形成企业和职工利益共享机制，建立规范有序、公正合理、互利共赢、和谐稳定的劳动关系。建立工资集体协商机制。深化事业单位收入分配制度改革。推进公务员分配制度改革。加大财政转移支付力度，加大直补城乡居民个人的财政支出力度。创造条件增加城乡居民工资性、财产性、经营性、转移性收入等。完善促进农民增收机制，增加农业补贴和农村社会保障投入，将土地收入的更多部分返还给农村。力争到2015年，实现城乡居民收入比2010年翻番。

（三）建立扩大消费需求长效机制。采取家电、汽车、摩托车、建材下乡等有效措施，提高农村居民消费水平。创造条件增加城乡居民财产性收入。坚持各级财政新增财力55%以上直接用于改善民生，增加社会事业支出比重，提高社会保障水平，完善基本公共服务体系，充分发挥12315消费维权执法体系的作用，打击消费欺诈等违法行为，维护消费者合法权益，形成良好的居民消费预期。

第三节 加快医疗卫生事业改革发展

以保障人人享有基本医疗卫生服务为目标，建立覆盖城乡居民的基本医疗卫生制度；扩大医疗对外开放，逐步满足国际旅游岛建设所带来的多层次医疗卫生需求。

（一）加快公共卫生服务体系建设。继续完善疾病控制体系，按照国家省级C类标准做强省疾

病预防控制中心，按照国家地级标准重点加强海口、三亚、琼海和儋州等4个区域重点疾控机构，按照国家县级标准强化其他市、县疾控机构基本职能。完善突发公共事件卫生应急体系和医疗救治体系，建立健全健康教育、妇幼保健、精神卫生、应急救治、采供血、卫生监督和计划生育等专业公共卫生服务网络。统筹农垦和市县公共卫生机构建设，完善基层医疗卫生服务网络的公共卫生服务功能。开展健康教育活动和爱国卫生运动。

（二）完善医疗服务体系。围绕打造全省“1小时三级医疗机构服务圈”，实施“东西南北中”卫生发展战略，加快省医疗中心省人民医院的建设，支持海口、三亚、琼海、儋州市人民医院和省第二人民医院五个区域重点医疗机构建设，加快推进专科医院建设。进一步完善农村卫生服务网络，每个市县按二级甲等以上水平办好县级医院，每个乡镇办好一所公立乡镇卫生院，每个行政村和农场区（队）办好一所卫生室。按照改造为主与适度新建相结合的原则，健全城市社区服务网络。大力加强以全科医生为重点的基层医疗卫生队伍。按照自愿有效合理利用的原则，在加强农垦总医院和三亚农垦医院建设的同时，逐步将农垦医疗卫生资源融入地方。鼓励和引进社会资本发展医疗卫生事业，积极促进非公医疗卫生机构的发展。探索建立对民营医疗机构基本医疗及公共卫生服务的购买和补贴制度。

（三）健全医疗保障体系。投入约75.1亿元，使城镇居民基本医疗保险和新型农村合作医疗参保率稳定在95%以上；巩固城镇职工基本医疗保险，逐步提高基本医疗保障水平。争取在“十二五”期间建立统一的城乡居民基本医疗保险制度。进一步完善城乡医疗救助制度，确保城乡困难人群患者能够得到及时救治。积极发展商业健康保险，满足多样化的健康需求。健全海南与各省（区、市）异地医保互认制度，进一步促进医疗旅游发展。

（四）建立药品供应保障体系。建立健全基本药物目录遴选调整管理机制、基本药物供应保障体系和基本药物优先选择和合理使用制度，规范医疗卫生机构药品集中采购制度，合理制定基本药物价格，确保人民群众安全用药。

（五）推进公立医院改革试点。改革公立医院管理体制、运行机制和监管机制，积极探索政事分开、管办分开的有效形式，完善医院法人治理结构，推进公立医院补偿机制改革。改进公立医院内部管理，实现同级医疗机构检查结果互认，推进医疗机构标准国际认证，提高服务质量和效率。

（六）大力发展中医药事业。加强中医医疗机构建设，努力建成一批富有中医药特色的区域性示范中医院。大力提升农村、社区中医药服务能力和中药产业发展水平。积极发展中医预防保健服务，充分发挥中医药的传统优势，大力促进健康产业和医疗旅游的发展。

（七）全面做好人口和计划生育工作。坚持计划生育基本国策，继续实施农村部分计划生育家庭奖励扶助制度和西部地区少生快富工程，不断完善人口和计划生育利益导向政策。加强人口和计划生育服务体系建设。做好流动人口计划生育服务工作，人口自然增长率控制在9‰以下。综合治理出生人口性别比偏高问题，改善出生人口素质。保障妇女合法权益，加强未成年人保护，发展妇女儿童事业。注重发挥家庭和社区功能，优先发展社会养老服务，培育壮大老龄服务事业和产业。支持残疾人事业发展，健全残疾人服务体系。

第四节　健全覆盖城乡居民的社会保障体系

坚持“广覆盖、保基本、多层次、可持续”的原则，以社会保险、社会救助、社会福利为基础，以基本养老、基本医疗、最低生活保障制度为重点，以企业年金、职业年金、慈善事业、商业保险为补充，加快完善社会保障体系。

（一）完善社会保险制度。投入225.6亿元，逐步巩固和完善新型农村养老保险制度，全面建立城镇居民养老保险制度，统筹城镇从业人员养老保险省级补助。进一步完善失业、工伤、生育保险制度。多渠道多方式充实社会保障基金，加强基金监管，保证社会保险基金保值增值。进一步增强养老保险基金支付能力和抗风险能力，保证社会保险基金安全运行。到2015年，各项社会保险基金征缴率超过90%，社会化发放率达到100%。

（二）加强社会救助。完善城乡低保、临时救助、灾民救助、城市生活无着落的流浪乞讨人员救助等制度。将农村符合条件的贫困人口全部纳入最低生活保障范围。加强社会救助动态管理，应保尽保，及时解决好城乡特困户、受灾群众等困难群众基本生活问题。发展慈善事业，增强全社会慈善意识。移风易俗，深化殡葬改革。

（三）提高社会福利水平。支持市县公益性养老服务机构建设，加快城乡社会养老服务体系建设，大力推进高龄、失能病残老年人的基本养老服务。支持敬老院、儿童福利院等项目建设。加强残疾人社会保障和服务体系建设。

第五节　建设平安和谐国际旅游岛

加强社会建设和创新社会管理，健全党委领导、政府负责、社会协同、公众参与的社会管理格局，以完善基层服务和管理网络、统筹协调各方面利益关系、有效应对各种风险、增强人民群众安全感为重点，强化政府社会管理和公共服务职能，为海南国际旅游岛建设营造和谐的社会环境。

（一）加强社区和社会组织建设。把社区和社会组织建设作为国际旅游岛社会管理的重要基础，深入开展城市社区建设，积极推进农村社区建设，加强行政村办公场所建设；推动旅游度假休闲社区建设，健全新型社区管理和服务体制；建立健全共同参与的民主组织形式和社区利益协调机制，完善听证会、协调会、评议会和居务村务公开等制度。促进各类社会组织健康有序发展，依法自主参与社会管理和服务，充分发挥社会组织在推动海南经济社会发展中的重要作用。

（二）预防和化解社会矛盾。适应国际旅游岛建设发展的新要求，形成科学有效的利益协调机制、诉求表达机制、矛盾调处机制、权益保障机制。完善人民调解、行政调解、司法调解三位一体的“大调解”工作体系。建立重大工程项目建设和重大政策制定的社会稳定风险评估机制，正确处理人民内部矛盾，从源头上化解社会矛盾。着力解决土地征收征用、城市建设拆迁、环境保护、企业重组改制和破产、涉法涉诉中群众反映强烈的问题，做好新形势下的群众工作，切实维护好人民群众利益。

（三）加强社会公共安全管理。完善突发事件应急管理机制，健全应急预案体系，加强市县和省直部门应急办事机构建设，建立统一高效的应急联动指挥平台，加强市县应急平台建设；实现全省县以上应急联动平台的互联互通，加强专业应急救援队伍和综合应急救援队伍建设，有效应对地震、台风、海啸、火山等自然灾害和事故灾难、公共卫生事件、社会安全事件。完善安全生产体制机制、法律法规和政策措施，建立重大危险源、高风险点、事故隐患督导平台、安全生产应急管理信息指示平台和安全生产技术支撑体系，加强监管执法队伍和装备建设，加大投入，落实责任，严格管理，强化监督，坚决遏制重特大安全事故。建立健全全省救灾物资储备网络体系，推进应急管理一体化建设。推进人民防空建设，不断提高人民防空的战备效益、社会效益和经济效益。落实国防动员法，实行国防动员计划，不断加强民兵预备役和双拥工作。不断提高全社会防灾减灾意识。

（四）加强社会治安综合治理。抓住人民群众最关心的公共安全等问题，深化和发展社会治安综合治理战略。推进“海南警务信息智能岛”建设，构建海岛型立体化治安防控体系。深入推进社会管理创新，加强实有人口、虚拟社会和新经济组织、新社会组织和新兴媒体的服务管理。加强城乡社区警务、群防群治等基层建设，强化群防群治社会组织建设。加强政法队伍建设，深化司法改革、扩大司法民主、推进司法公开，强化对司法权的监督制约。严格公正廉洁执法。增强公共安全和社会治安保障能力，切实保障人民生命财产安全。

（五）提高城乡居民文明素质。大力提升文化事业发展水平。加快省体育中心、海口江东国家级体育训练基地、民族博物馆、国家南海博物馆和省博物馆二期工程等一批重点文化基础设施建设。加强县级文化馆和图书馆、乡镇综合文化站、社区文化中心及村文化室建设，推进实施文化信息资源共享工程、农村电影放映工程、广播电视村村通工程和农家书屋工程，完善公共文化设施网络布局。推进“全民健身工程”建设。推动公共博物馆、纪念馆、美术馆、文化馆、图书馆、科技馆和基层群众文体设施免费开放。加强文化遗产保护和传承，实施黎族传统纺染织绣技艺保护计划，修缮“海口骑楼老街”等历史文化名街、名镇、名村，争取“海南省海上丝绸之路”列为世界文化遗产。设立全省优秀文学艺术作品奖，支持电视剧、电影、歌曲和舞台精品的创作生产。加强对琼剧、黎族苗族民歌、儋州调声等非物质文化遗产的保护和利用。加强对历史文化名城名镇名村的保护和建设。支持黎锦苗绣等民族工艺精品生产。按照创新体制、转换机制、面向市场、增强活力的要求，加快经营性文化单位转企改制，稳步推进公益性文化事业单位改革，构建统一开放、竞争有序的现代文化市场体系。

不断提升公民文明素质。进一步加强和完善思想道德建设，持之以恒加强社会主义精神文明建设，加强社会主义核心价值体系建设，增强全社会的法制意识，深入开展精神文明创建活动，培育开放、创新、和谐、包容、进取的海南人文精神。设立人文环境建设奖，表彰在国际旅游岛人文环境建设中做出卓越贡献的先进个人。加强未成年人活动阵地建设，净化社会文化环境，保护青少年身心健康。

专栏10 “十二五”重大民生工程

名称	内容	目　标
就业	城乡劳动者就业培训工程	计划总投入5.0亿元。其中，投入2.7亿元为35万城乡劳动者提供职业技能培训补贴；投入1.1亿元，对12.5万人次农村富余劳动力开展农业产业技能培训；投入1.2亿元，对22万人次贫困地区劳动力开展脱贫致富技能培训。
	创业带动就业工程	计划总投入2.7亿元。其中，投入1.3亿元，为5000名登记失业人员、农民工、高校毕业生提供小额担保贷款和贷款贴息；投入1.4亿元，建立创业专项资金，为1万人提供创业培训，重点扶持4000名劳动者成功创业。
	家庭服务业从业人员培训工程	计划投入0.8亿元。开展家庭服务业从业人员培训，建设公益性信息服务平台，帮助1.6万名从业人员实现就业。
	就业困难人员社会保险补贴工程	计划投入6.0亿元，开发2.5万个公益性岗位，为5万名就业困难人员支付社会保险补贴。

续表

名称	内容	目　　标
社保	巩固和完善新型农村社会养老保险制度工程	计划投入24亿元。逐步巩固和完善新型农村社会养老保险制度,全省养老金领取率达98%以上,实现全省所有适龄参保农村居民“老有所养”。
	城镇居民养老金保险制度工程	计划投入13.8亿元,全面建立城镇居民养老保险制度,将全省所有符合条件的适龄城镇居民纳入保障范围,实现15.4万名超龄城镇居民“老有所养”。
	城镇从业人员养老保险省级统筹补助工程	计划投入187.8亿元,力争企事业单位退休人员养老金水平超过全国平均水平。其中,农垦系统养老基金缺口补助148.9亿元;事企差缺口补助7.8亿元;退休归侨生活补贴1.1亿元。
	城乡居民最低生活保障标准和补助水平提升工程	计划投入46.4亿元,为城乡居民提供最低生活保障,实现动态管理下“应保尽保”,确保城乡居民最低生活保障标准和补助水平超过全国平均水平。城市低保全省平均保障标准由2011年300元/月提高到2015年的400元/月;补助水平由200元/月提高到280元/月;保障人数由18万增到21万。农村低保全省平均保障标准由2011年200元/月提高到2015年的300元/月;补助水平由100元/月提高到180元/月;保障人数由21万增到24万。
	五保对象供养标准和供养水平提升工程	计划投入9.3亿元,实施“霞光计划”,实现全省五保户集中供养率达到30%以上。使全省3.7万户五保户平均财政供养水平由2011年的240元/月提高到2015年的380元/月;新建或改扩建敬老院,增加床位7744个。
	乡镇、村委会运行补助和村干部生活补贴长效机制建设工程	计划投入3.0亿元。
	社会福利设施建设工程	计划投入1.6亿元。用于新建殡葬管理所、开展殡葬改革试点、建设省托老院等。
	建立健全百岁老人长寿补助金制度工程	计划投入0.3亿元。对全省100岁以上老人每月给予生活补助,标准由2011年的250元/月提高到2015年的400元/月。
教育	教育扶贫移民工程	计划投入4.4亿元。五年内新建6所思源学校和2所思源高中。
	高中阶段教育基本普及工程	计划投入9.1亿元,其中,资助全省普通高中家庭经济困难学生18万人次;改扩20所市县重点高中,新建5所高中,增加3.5万个学位。
	中等职业教育免学费和家庭经济特别困难学生免住宿费工程	投入8.1亿元,继续按照年生均1,500元的标准补助国家助学金;投入12.9亿元,逐步扩大免费中职教育,到2013年实现所有中等职业在校生免学费,五年共免除63万人次学生学费和3.7万人次家庭经济特别困难全日制学生住宿费。
	县级职教中心和专业学科建设及中职教育基础能力建设和共享型实训基地建设工程	计划投入0.4亿元,到2010年基本完善16个县级职教中心基础设施建设,每个市县职教中心建设好4个重点专业学科。计划投入6.2亿元,重点建设37所中等职业学校和3个共享型实训基地。
	“两免一补”政策推进工程	计划投入55.8亿元。从2011年开始,义务教育阶段小学、初中公用经费提升至年生均450元和750元;小学、初中贫困寄宿学生生活费提高至年生均750元和1000元;继续免费提供教科书。
	中小学校舍安全工程和新农村卫生新校园建设工程	计划投入资金24.5亿元,分期分批集中开展中小学危房改造、抗震加固,重建校舍100万平方米,加固校舍155万平方米;计划投入2.7亿元,完成全省中小学未达标厕所的新建和未满足要求厕所的改建任务。
	中小学校多媒体进教室工程	计划投入4.1亿元,配备3.4万间教室,使全省中小学校全部拥有计算机网络教室,基本实现教学手段现代化。
文化	公共文化服务和广播电视村村通工程	计划投入0.5亿元,实施农村电影放映工程,实现“一村一月一场电影”。计划投入0.4亿元,实施“送戏下乡”工程,由政府购买惠民演出服务,保证所有乡镇和市县社区每年至少有1次公益性文艺演出。计划投入1.5亿元,推进全省公共图书馆文化馆(站)免费开放。计划投入1.1亿元,实施广播电视“村村通”工程。
	公共文化体育设施完善工程	计划投入18.0亿元,建设省博物馆(二期)、中心城市大剧院、国家南海博物馆和海南体育中心等大型文化体育基础设施。计划投入15.9亿元,完善市县“两馆”建设,新建、扩建22个市县(区)图书馆和13个市县(区)文化馆,并建设城乡文化活动场所和体育健身设施和1378家农村书屋。

续表

名称	内容	目　标
医疗	公共卫生服务体系完善工程	计划投入14.3亿元，完成国家9类基本公共卫生服务项目任务，逐步向城乡居民统一提供疾病预防控制、妇幼保健、健康教育等基本公共卫生服务。2011年将财政补助标准从15元/年人提高到25元/年人；2013年提高到35元/年人；2015年提高到45元/年人。
	基本医疗卫生服务体系完善工程	计划投入5.7亿元，支持16个县医院和14个县中医院能力建设，基本实现县级医院的标准化建设，提高市县级公立医院服务能力。计划投入1.9亿元，完成873所村卫生室业务用房标准化建设和2500所村卫生室设备设施配置，着重改善区域医疗中心基础设施条件和医疗设备配置。计划投入5.7亿元，完善省直医疗机构和重点中医院基础设施建设和医疗设备配置，提升省直医疗机构服务能力。
	新型农村合作医疗和城镇居民基本医疗保险巩固与完善工程	计划投入56.2亿元，提高新型农村合作医疗补助标准，巩固和发展新农合制度，新农合参保率保持在95%以上。2011年将财政补助标准提高到200元/年人；2013年提高到240元/年人，2015年提高到280元/年人。计划投入18.9亿元，提高城镇居民基本医疗保险补助标准，实现参保率保持在95%以上。2011年将财政补助标准提高到200元/年人；2013年提高到240元/年人，2015年提高到280元/年人。
住房	城镇保障性住房工程	计划投入322.7亿元，新建廉租住房1.9万套，购、改、租廉租住房5180套；新建公共租赁住房4.1万套；新建经济适用房8.1万套；新建限价商品房5.5万套。计划投入30.9亿元，改造城市棚户区1.5万套、国有工矿棚户区5870套。计划投入40.3亿元，改造国有林区棚户区和林场危旧房1882套、国有垦区危房6.5万套。
	农村保障性住房工程	计划投入68.9亿元，完成12万户农村危房和1.2万户库区移民危房改造，使农村困难群众和库区移民每户有一间(套)质量保证、经济适用的住房。计划投入3.8亿元，到2015年在全省建成1万套农村教师周转房，配套至每个学校。计划投入1.0亿元，使全省农村居民地震安全典型示范户达到1.5万户。

第八章　深化改革扩大开放

海南作为经济特区，仍然肩负着改革开放排头兵的重任，以深化行政管理体制改革为突破口，推进省直管市县管理体制、农垦管理体制、国有企业、社会事业体制等重点改革，构建更具活力的体制机制。不断拓展开放的广度和深度，以开放促改革、促发展、促创新。

第一节　推进行政管理体制改革

(一)完善省直管市县体制。建立规范的各级政府公共职责分工体制；指导市县用足用好下放的权力。乡镇机构改革的重点要放在大力增强乡镇社会管理和公共服务职能上，对具备一定人口规模和经济实力的中心镇赋予必要的城市管理权限。顺应海南国际旅游岛建设发展的趋势，积极稳妥地推进行政区划调整。积极构建有利于加快转变经济发展方式的财税体制。在合理界定事权的基础上，按照财力与事权相匹配的要求，进一步理顺各级政府间财政分配关系，加大对市县的转移支付力度。

(二)建设公共服务型政府。转变政府职能关键是减少政府对微观经济活动的干预。深化政府机构改革，优化政务流程，实现政府职能、机构与人员的合理配置。建立健全决策、执行、监督既相互制约又相互协调的权力结构和运行机制，实现决策相对集中，执行专业高效，监督有力到位。

建立法治政府考评指标体系，加强程序设计和程序保证，严格规范行政执法行为，规范行政处罚权的实施机制。建立严格的行政问责制，提高政府公信力，加大民生指标在政绩考核体系中的权重。创新公务员管理制度，探索实施公务员职位分类管理。加快行政审批制度改革，进一步减少和规范行政审批。加强政务服务中心建设，推行网上审批，强化电子监察，推进行政权力网上公开运行，对涉及重大公共利益的审批事项开展听证。整合现有政务网络资源，建设统一的电子政务网络，建立协同办公、资源共享、科学管理的运行机制，提高电子政务应用水平。充分利用特区立法权，建设法治政府。坚持法治惠民，注重社会群体的法律保障，维护人民群众合法权益，营造民主、公正、高效的法治环境。严格公正文明廉洁执法，加强反腐倡廉建设。扩大公民有序的政治参与，引导公民依法行使权力和履行义务。完善民主选举、民主决策、民主管理、民主监督程序。发挥工会、共青团、妇联、工商联、侨联、残联等人民团体的桥梁纽带作用，反映群众合理诉求，维护群众合法权益。

第二节　推进经济体制改革

（一）农垦体制改革。进一步推进农垦体制融入地方、管理融入社会、经济融入市场。实行海南农垦政企职能分开，海南省农垦总局在过渡期内，继续履行农垦的行政和社会管理职能，代表省政府对海南省农垦集团公司履行出资人职责；海南省农垦集团公司为省政府直属企业，建立健全公司法人治理结构，建立现代企业制度。全面剥离海南农垦的社会职能，全面完成并进一步做好社会职能移交市县工作。积极有序推进农场属地化管理，逐步将农场移交市县管理。加强国有土地资产管理。合理确定海南农垦机构编制和妥善安置海南农垦干部职工。

（二）经济开发区体制改革。继续深化洋浦经济开发区体制机制改革，探索其他工业园区和开发区理顺管理体制、激活发展动力的路子。适应大开发、大建设的要求，争取国家确认洋浦经济开发区现有扩区面积并新增规划面积，支持老城经济开发区等具备条件的省级经济开发区升格为国家级开发区。进一步改革海口综合保税区、海口国家高新技术产业开发区、老城经济开发区、东方工业区、昌江国家级循环经济示范园区、金牌港经济开发区管理体制，进一步提高开发区的管理水平和开发效率，用好、用活开发区的现有优惠政策，充分发挥开发区的品牌和积聚优势，加强对园区的统筹协调和管理，整合开发区资源，努力使现有开发区成为我省新一轮开放开发的重要基地。

（三）深化国有资产监管体制和国有企业改革。积极推动资产资源整合。整合交通基础设施和公路资产，支持海南高速公司、省路桥公司等企业作为业主建设经营交通设施。组建投融资平台，整合旅游、海岸线、矿产、土地等资源，实现集约规模化经营。进一步推进港口管理体制改革，跨行政区域整合港口资源。培育和扶植有发展潜力的国有企业上市。推进企业产权主体多元化改造，采取兼并收购、整合划转等方式推动企业重组。加强省、市、县各部门之间的协作，整合重组企业存量国有资产、可转换为经营性的行政事业资产和资源性资产、政府专项资金、项目资源等，拓宽国有资本金来源。推进公用事业改革，切实放宽市场准入，积极引入竞争机制。

（四）投融资体制改革。探索建立重大基础设施投资补偿机制。改变行政主管部门直接充当业主、承债建设重大基础设施的做法，推行国有投资主体的企业化、市场化运作，完善国有投资主体法人治理结构。进一步规范投融资平台。加强对政府投资项目的管理，加快推行代建制，深化城市公用事业改革，建立多元化的投资机制和规范高效的运营机制，逐步放开公用事业的建设和运营市场。创新公用事业监管模式,构建政府、公众和社会三方共同参与、有机结合的监管评价体系。建立和完善社会投资项目核准备案制度,减少社会投资项目核准事项,进一步放开社会投资领域;完善投资项目后评价、重大项目公示和责任追究制度。

(五)土地管理体制改革。加强和完善省级土地储备,为省重点项目建设提供土地条件。稳步推进农村土地产权改革与农村土地使用权流转制度。积极争取中央支持农村土地整治示范省建设项目,重点抓好海口30万亩土地整治项目建设,建设国家集约节约用地试点示范区。积极稳妥开展城镇建设用地规模增加与农村建设用地减少挂钩试点。将保障农民“生活水平不因征地而降低”和“长远生计有保障”作为土地价格形成因素,把被征地农民社会保障费用纳入征地片区综合地价。建立征地补偿安置争议协调裁决制度。开展留地安置、集体建设用地使用权入股、土地股份合作等多种征地安置模式试点。统一规划岸线资源,分用途、分等级、分时序控制好岸线土地开发。分区域、分级制定开发投资标准,规范土地开发和招商行为,促进土地资源的高效配置。

(六)资源性产品价格和环保收费改革。推行居民用电用水阶梯价格和非居民用水超额加价制度,健全可再生能源发电定价和费用分摊机制。完善农业用水价格政策。改革污水处理、垃圾处理收费制度。扩大排污权交易试点。继续推进天然气价格改革,促进资源节约,逐步理顺天然气价格与可替代能源的比价关系,引导天然气资源的合理配置。

第三节 推进社会事业体制改革

(一)创新基本公共服务政策。制定以设施、设备、人员配备以及日常运行费用等为主要内容的省基本公共服务标准。编制和实施省公共就业、社会保障、保障性住房、义务教育、基本医疗卫生制度、公共文化体育事业、民政社会服务等基本公共服务均等化专项规划。扩大基本公共服务财政投入规模,增强县以下基层政府基本公共服务保障能力。推行政府购买、管理合同外包、特许经营、优惠政策等方式,逐步建立政府主导、市场引导、社会充分参与的基本公共服务供给机制。改革基本公共服务提供方式,引入竞争机制,扩大购买服务,实现提供主体和提供方式多元化。推进非基本公共服务市场化改革,增强多层次供给能力,满足群众多样化需求。建立科学的基本公共服务监测评价体系。

(二)深化事业单位改革。按照“政事分开、事企分开、管办分离”的原则,以促进公益事业发展为目的,以科学分类为基础,以深化体制机制改革为核心,从条件比较成熟的部门入手,积极稳妥地推进事业单位改革。

第四节 扩大对内对外开放

充分发挥海南的区位、资源、政策和侨乡优势,不断拓展海南对外交流与合作,更好地把“引进来”和“走出去”结合起来,改善投资环境,实施互利共赢的开放战略,积极深化琼港、琼澳、琼台、琼粤、琼桂等区域合作,进一步提高对内对外开放水平。

(一)全方位、宽领域、多渠道开展招商引资。实施更加开放的外商投资政策,执行好国家《中西部地区外商投资优势产业目录》,全力开展以引资金、引项目、引会展、引赛事、引客源、引物流、引出口订单、引科技创新产品、引精英人才和管理团队等为内容的招商选商工作。鼓励有实力的海南企业“走出去”,开拓国际市场。

(二)提升对外对内开放水平。最大限度地发挥博鳌亚洲论坛这一平台的作用,拓展博鳌论坛效应。全方位开展区域性、国际性经贸文化交流活动以及高层次的外交外事活动,使海南成为我国立足亚洲、面向世界的重要对外交流平台。创造条件吸引更多的国际会议和展览、双边会见和多边国际活动落户海南,努力打造休闲外交基地。以洋浦保税港区、海口保税港区、东方、儋州边贸市场为依托,融入中国—东盟自由贸易区。积极开展国际经贸文化合作交流,引进国际知名院校和国际知名医疗机构联合办学办医。充分利用遍及五大洲的友好城市和侨务资源,不断拓展对外国际合作。积极参与长三角、环渤海地区合作,加强琼台农业和海洋经济合作。以洋浦经济开发区为龙头,努力打造面向东南亚的航运枢纽、物流中心和出口加工基地。办好东方八所、儋州白马井边贸城,争取建设国家边境城镇开发开放试验区。实施"东融西联"战略,落实《广东海南战略合作框架协议》和《深化海南广西两省合作会谈纪要》,共同推进加快琼州海峡跨海通道工程、国家重点开发区域北部湾地区等重大项目和重要区域建设,加快完善海口至广州、海口至南宁高速公路以及海口至广州、海口至南宁快速铁路建设;共同建立区域旅游合作机制,建设无障碍旅游合作平台,共同开发"一程多站"旅游线路;加强金融、物流、文化、科技、教育、人才、环境保护和市场建设等多方面合作,把琼粤、琼桂合作打造成我国省际合作的典范。以泛珠区域合作为平台,联合制定南海蓝色经济发展规划、共建海洋科技研发平台、加强海洋环保、海域管理和渔船安全生产等方面的交流合作,联手发展南海蓝色经济区。加强琼港、琼澳合作。利用《海峡两岸经济合作框架协议》(ECFA)深化琼台合作,进一步建设好海峡两岸(海南)农业合作试验区,注重引进免税购物、游艇制造商投资,扩大空中、海运直航。按照市场导向和企业自主决策原则,引导具有条件的企业有序到境外投资合作。

(三)进一步深化涉外管理体制改革。积极推动国际旅游岛的一系列开放政策落地。同时进行国际旅游岛进一步开发的政策研究。吸引和举办大型国际体育赛事、联合办学办医院、即开型体育彩票、境外旅客购物离境退税和离岛旅客免税购物等方面,实行更加开放的举措。支持国外有实力的大型旅游企业进入海南,对外商投资旅行社逐步开放经营中国公民出境旅游业务。进一步做好做足航权开放的文章,落实好境外游客来琼的出入境便利政策。继续争取增加入境免签证国家。履行中国5A级旅游景区城市联盟宣言,建立无障碍旅游区。实现涉外经济管理与国际惯例对接,促进贸易和投资便利化。深化口岸管理体制改革,探索海关、检验检疫、边检等口岸查验方式创新,实施单一窗口或"一站式"通关模式,规范口岸物流、客流管理,加大口岸基础设施建设和监管场所规范化建设力度,加快"大通关"进程。整合口岸信息资源,推进"电子口岸"建设。

第九章　组织规划实施

建立体系,完善机制,分类指导,组织落实,监督检查等,形成"十二五"规划实施的有效机制。

(一)完善规划体系。组织编制和实施总体规划、区域规划、专项规划和市县发展规划。省政府组织编制和实施3个区域规划和49个专项规划,编制全省空间布局总体规划。根据本规划,修编各级土地利用和城市总体规划。

专栏11 "十二五"规划体系目录

一、总体规划(1个)

省国民经济和社会发展第十二个五年规划纲要

二、专项规划(49个)

省"十二五"能源发展、天然气利用、综合交通发展、公路、水利发展、电力建设、海上风电、邮政通信发展、农业发展、海洋经济发展、林业发展、工业发展、服务业发展、旅游业发展、游艇产业发展、科技事业发展、高新技术产业发展、利用外资和境外投资、信息化发展、城镇建设、房地产发展、重点民生项目发展、教育事业发展、人力资源开发、卫生事业发展、文化事业发展、社会保障事业发展、普法事业发展、社会治安综合治理、计划生育事业发展、民政事业发展、扶贫开发、土地利用、环境保护、节能降耗、外事侨务事业发展、民族宗教事业发展、财政事业发展、金融事业发展、气象事业发展、测绘事业发展、地震事业发展、矿产开发、海洋地质发展、安全生产、食品药品监督、现代物流、融资、重点项目等规划。

三、区域规划(3个)

西部地区开发建设规划纲要(已编制)、中部生态功能区建设规划、琼东沿海地区国家休闲度假海岸带规划。

(二)建立衔接机制。实施下级总体规划在约束性目标、空间功能定位和重大基础设施建设等方面与上级总体规划进行对接;区域规划和专项规划在发展目标、空间布局、重大项目建设等方面与总体规划进行对接;同级总体规划要在空间布局和基础设施建设等方面与周边地区的总体规划进行衔接;同级区域规划和专项规划要在发展目标、空间布局、重大项目建设等方面进行协调。加强发展规划与城市规划和土地利用规划之间的衔接配合。

(三)坚持分类实施。实现规划确定的目标和任务,主要依靠发挥市场配置资源的基础性作用。同时,政府要正确履行职责,加强和改善宏观调控,有效引导社会资源,合理配置公共资源,保障规划有效实施。规划提出的产业发展任务,主要依靠市场主体的自主行为实现;社会事业发展任务,政府要切实履行职能,运用公共资源努力完成;生态建设环境保护任务,主要通过建立健全法律法规、加大执法力度等法律手段,并辅之以经济手段加以落实;各项改革任务,是政府的重要职责,要放在政府工作的重要位置,确保如期完成。

(四)强化组织落实。省各部门将规划纲要确定的相关任务纳入本部门年度计划,明确责任人和进度要求,并及时将进展情况向省政府报告。本规划提出的约束性目标,省政府分解落实到省各有关部门和地区,定期检查,强化落实,重要的预期性目标也同时分解落实。建立重大项目责任制,分解任务,明确责任。按照科学发展观和正确政绩观的要求,进一步改进考核评价机制,着重考核规划纲要中提出的约束性指标,确保约束性指标的落实。

(五)健全监督评估机制。通过制定和实施国民经济和社会发展年度计划,每年将规划目标和主要任务的进展情况向省人大报告,并向省政协通报。推进规划实施的信息公开,健全政府与企业、公众的沟通机制,加强社会对规划实施的监督;健全规划实施中期评估制度,2013年对"十二五"规划的实施情况进行中期评估;健全规划调整制度,如遇特殊情况,省政府将适时提出调整方案,提请省人民代表大会常务委员会审议批准。

"十二五"规划是全面推进海南国际旅游岛建设发展的第一个五年规划。全省人民在省委、省政府的领导下,高举中国特色社会主义伟大旗帜,深入贯彻落实科学发展观,加快转变经济发展方式,解放思想,求真务实,艰苦创业,为建成中外游客的度假天堂和海南百姓的幸福家园而努力奋斗。

重庆市国民经济和社会发展第十二个五年规划纲要

（2011 年 1 月 14 日重庆市
第三届人民代表大会第四次会议批准）

《重庆市国民经济和社会发展第十二个五年（2011—2015 年）规划纲要》根据《中共重庆市委关于制定重庆市国民经济和社会发展第十二个五年规划的建议》编制，主要阐明规划期内政府的战略意图、工作重点及政策取向，是未来五年全市经济社会发展的宏伟蓝图，是政府履行职责的重要依据，是引导市场主体行为的重要指南，是全市各族人民共同奋斗的行动纲领。

美好发展愿景

第一章　指导思想和发展目标

准确把握未来形势，全面贯彻落实科学发展观，以“314”总体部署为总纲，紧紧围绕全面建设小康社会，确立科学合理、切实可行的发展目标。

第一节　发展环境

“十一五”时期是重庆发展史上极其重要的五年。面对复杂多变的国际国内环境和艰巨繁重的发展改革任务，市委、市政府团结带领全市各族人民，抓住“314”总体部署、国发[2009]3 号文件、建设全国统筹城乡综合配套改革试验区、设立两江新区等重大历史性机遇，全面贯彻落实科学发展观，加快推进工业化、城镇化和城乡统筹一体化，妥善应对国际金融危机及重大自然灾害的不利影响，有效抑制经济运行中的不稳定和不健康因素，提前实现“十一五”规划确定的主要目标，经济社会发展取得巨大成就。

综合经济实力显著增强，地区生产总值翻一番，人均地区生产总值赶上全国平均水平，地方财政收入翻两番，工业总产值突破万亿元，电子信息、金融业突飞猛进，现代产业高地快速崛起。“四件大事”历史任务基本完成，113.8万移民搬迁任务胜利完成，老工业基地焕发生机活力，农村绝对贫困人口大幅减少，生态环境质量大为改观。“五个重庆”建设成效显著，城市品质和功能同步提升，全面完成主城区危旧房改造任务，在西部地区率先取消二级路收费，“二环八射”高速公路网和“一枢纽五干线”铁路网建成，森林覆盖率提高7个百分点，市民健康素质、幸福感和安全感大幅提升。内陆开放高地快速崛起，两江新区起步良好，两大保税（港）区启动运行，“引进来”和“走出去”实现历史性大跨越。统筹城乡综合配套改革试验区建设不断深入，住房、户籍、城乡建设用地等改革强力推进，城镇化率提高8个百分点，实现城镇常住人口超过农村常住人口的重大转折。社会民生持续改善，财政一般预算支出一半以上用于改善民生，“民生十条”增添惠民新措施和发展新动力；城乡居民收入年均分别增长11.3%、13.1%；全面实现免费义务教育，基本普及高中阶段教育，高等教育优化发展；城乡就业规模持续扩大，城镇登记失业率控制在4%以内；社会保障更加健全有力，基本实现基本养老保险、医疗保险、低保等城乡全覆盖。社会更趋公平正义和谐稳定，开展“打黑除恶”，加强警务改革创新，强化社会治安综合治理，关心百姓疾苦，化解社会矛盾。文化大发展大繁荣格局奠定良好基础，“唱读讲传”凝聚起加快发展的强大精神动力。

“十一五”时期，是重庆践行科学发展观，抓住发展机遇和创新发展理念、发展模式有机结合，实现发展速度质量效益同步提高的五年；是重庆发展瓶颈和体制障碍实现重要突破的五年；是重庆综合实力提升快、城乡面貌变化大、人民群众实惠多，全面建设小康社会取得重大进展的五年。五年的巨大成就为“十二五”经济社会发展奠定了坚实的基础。

专栏1 “十一五”规划主要指标实现情况

序号	指标名称	规划目标		完成情况	
		绝对数	年均增长（%）	2010年预计	年均增长（%）
1	地区生产总值（亿元）	5000 （2005年价）	10	7800	14.9
2	人均地区生产总值（元）	18000 （2005年价）	10	27000	14.1
3	非农产业增加值比重（%）	89		91.3	
4	非农产业就业比重（%）	60		58	
5	高技术制造业增加值占地区生产总值比重（%）	5		5.5	
6	研究与开发支出占地区生产总值比重（%）	1.7		1.3	
7	人口自然增长率（‰）	<4		3.93	
8	城镇化率（%）	52		53	
9	城镇登记失业率（%）	<5		3.9	
10	耕地保有量（万公顷）	221.67		221.67	
11	搬迁安置三峡库区移民（万人）	【19.2】		【19.67】	
12	全社会固定资产投资总额（亿元）	3500	12	6934.8	28.2
	其中：引进内资（亿元）	450	17	2638.3	66.5
	外商直接投资（亿美元）	10	15	63	64.7
	静态移民补偿投资（亿元）	【86.7】		【241.1】	

续表

序号	指标名称	规划目标		完成情况	
		绝对数	年均增长(%)	2010 年预计	年均增长(%)
13	社会消费品零售总额(亿元)	2150	12	2880.1	18.6
14	进出口总值(亿美元)	100	18	124.3	23.7
	其中:进口(亿美元)	45		49.4	22.8
	出口(亿美元)	55		74.9	24.3
15	公路通车总里程(公里)*	110000		112000	
	其中:高速公路(公里)	1914		1865	
16	铁路营运里程(公里)*	1394		1342	
17	港口货物吞吐能力(万吨)	12500		13000	
	其中:集装箱(万标箱)	160		200	
18	电力装机容量(万千瓦)	1100		1135	
19	森林覆盖率(%)	36		37	
20	单位地区生产总值能源消耗降低(%)	【20】	-4.4	【20.9】	-4.6
21	工业固体废物综合利用率(%)	80		>80	
22	主要污染物排放量*				
	其中:二氧化硫排放量(万吨)	73.7		73.7	
	化学需氧量排放量(万吨)	23.9		23.9	
23	城市污水垃圾处理率				
	其中:城市污水集中处理率(%)	80		80	
	城市生活垃圾无害化处理率(%)	90		93	
24	三峡库区长江干流水质(地表水国家标准)	II—III 类		II—III 类	
25	主城区环境空气质量满足 II 级天数(天)	290		311	
26	人均受教育年限(年)	9		9	
27	儿童"四苗"接种率(%)	98		98	
28	孕产妇死亡率(1/10 万)	<50		30	
29	城镇新增就业人员(万人)	【120】		【138】	
30	转移农村劳动力(万人)	【160】		【185】	
31	全员劳动生产率(2005 年价,万元/人·年)	11		12.5	
32	城乡居民收入				
	其中:城镇居民人均可支配收入(元)	15000	7.9	17532	11.3
	农村居民人均纯收入(元)	4100	8	5200	13.1
33	城镇社会保障参加人数				
	其中:城镇基本医疗保险参加人数(万人)	250		400	
	城镇职工基本养老保险参加人数(万人)	228		365	
34	新型农村合作医疗参合率(%)	70		93.65	

备注:1. 2010 年完成情况为预计数,以统计局最终发布数据为准;2. 地区生产总值绝对数为当年价,速度为不变价。3.【】表示五年累计数。4. 移民静态补偿投资规划实施期间无统计指标,完成指标统计的实际投资量。5. 公路通车总里程原不包括行政村、乡镇公路,按照交通部要求将行政村和乡镇公路纳入。6. 高速公路因线路优化,建成线路完成规划目标。7. 铁路营运里程因线路优化,建成线路完成规划目标。8. 原规划万元工业增加值二氧化硫、化学需氧量排放量减少目标,根据国家下达给重庆的减排任务调整为排放总量。9. 城市居民收入规划目标为城市居民可支配收入统计口径,规划执行过程中调整为城镇居民可支配收入。

“十二五”时期，和平、发展、合作仍是时代潮流，金融危机催使世界格局发生深刻变化，在给我国带来历史性机遇的同时，也带来前所未有的挑战。我国仍处于社会主义初级阶段，经过三十多年改革开放，物质基础日益增强，社会主义制度不断完善和发展，但各种结构性、深层次矛盾和问题也日益显现，加快转变经济发展方式成为未来较长时期的工作主线。未来五年，重庆面临更多新的发展机遇：“十一五”形成的一系列发展优势将进一步释放效应，在西部大开发中的特殊战略地位将更加明显，经济社会发展基础将更加坚实。更为重要的是，市委、市政府实施的各项政策举措重民生、顺民意、合民心，全市上下心齐气顺、风正劲足，广大人民群众对市委、市政府充满信任和信心，全市人民满怀求发展、奔小康的强烈愿望，展现出积极向上、开拓创新的精神面貌，这些都将为经济社会持续快速发展创造有利条件。

同时，我们也必须清醒认识到，重庆未来发展还面临许多新的矛盾和挑战：经济发展水平和质量不高，产业结构不优，自主创新能力不强，现代服务业和战略性新兴产业发展不足；改革进入纵深推进的关键期，建立科学发展的体制机制任重道远；对外开放的区域竞争加剧，发展环境需要进一步优化；城乡、“圈翼”发展不平衡，二元结构矛盾突出，革命老区、民族地区、贫困地区、三峡库区发展困难较多；资源环境问题较突出，生态修复和污染防治任务重，三峡库区等敏感区域环境约束紧；社会民生需求大，居民收入差距仍呈扩大趋势，调节利益关系、持续增加就业、保障公共安全、应对突发灾害事件等任务繁重。

第二节　指导思想和基本要求

“十二五”时期必须高举中国特色社会主义伟大旗帜，以邓小平理论和“三个代表”重要思想为指导，深入贯彻科学发展观，全面落实“314”总体部署，以科学发展为主题，以加快转变经济发展方式为主线，走民生导向发展之路，着力增强综合经济实力，着力加快“五个重庆”建设，着力提升中心城市功能，着力建设内陆开放高地，着力推进统筹城乡改革，促进经济持续发展和社会和谐稳定，全市人民共建共享改革发展成果走向共同富裕，在西部地区率先实现全面建设小康社会目标。

“十二五”时期经济社会发展的基本要求是：

——突出经济结构战略性调整。进一步扩大内需，调整投资和消费关系，构建消费、投资、出口协调拉动经济增长的良好格局。加强农业基础地位，提升工业核心竞争力，培育战略性新兴产业，加快发展现代服务业，促进经济增长向依靠三次产业协同带动转变。着力推动城乡、区域结构调整，促进协调发展。

——突出提升国家中心城市功能。进一步强化作为长江上游地区经济中心对区域的集聚辐射服务功能。围绕建设国家中心城市，努力提升交通枢纽、金融、商贸、物流等集聚辐射能力和综合服务水平。

——突出缩小贫富、城乡、区域差距。处理好经济发展和收入分配的关系，把缩小贫富差距作为缩小三个差距的核心任务，加大收入分配调节力度，坚定不移走共同富裕道路，使发展成果惠及全市人民。坚持统筹城乡发展，加快推进城镇化，建设社会主义新农村，促进城乡基本公共服务均等化，缩小城乡差距。坚持“一圈两翼”区域发展总体战略，促进“两翼”提速发展，注重解决革命老区、民族地区、贫困地区、三峡库区发展问题，缩小区域差距。

——突出加快推进改革创新。更加注重通过改革的途径和办法解决发展中的矛盾和问题，努力破除制约科学发展的体制机制障碍。加快建设国家创新型城市，积极推进理论创新、科技创新、文化创新以及其他各方面创新，推动发展向主要依靠科技进步、劳动者素质提高、制度和管理创新转变。

——突出建设内陆开放高地。树立全球视野，坚持在大开放格局中谋求跨越发展，创新和完善开放模式，走内陆开放之路。加大两江新区等开放平台建设力度，构建国际贸易大通道，加快"走出去"步伐，积极参与国际国内竞争与合作，全方位提升开放水平。

——突出资源节约利用和生态环境保护。建设资源节约型和环境友好型社会，走绿色发展之路，增强可持续发展能力。加强资源能源节约利用，降低污染物排放，降低温室气体排放，推广低碳技术，积极应对气候变化，发展循环经济，提高生态文明水平。

第三节　发展目标

根据以上指导思想和基本要求，与全面建设小康社会战略目标和"314"总体部署相衔接，综合考虑宏观环境和发展条件，今后五年经济社会发展的主要目标是：

到2012年，地区生产总值迈上万亿元新台阶，"五个重庆"、内陆开放、统筹城乡取得重大进展，民生改善成效显著；到2015年，在2010年基础上地区生产总值翻一番，农民人均纯收入翻一番以上，城镇居民人均可支配收入增长75%。西部地区的重要增长极、长江上游地区的经济中心和城乡统筹发展的直辖市基本建成，在西部地区率先实现全面建设小康社会目标，使重庆成为特色鲜明的国家中心城市和居民幸福感最强的地区之一。

——西部增长极逐步形成。地区生产总值年均增速保持12.5%左右，达到15000亿元，人均地区生产总值突破50000元。建成西部地区现代产业高地，工业总产值超过25000亿元。经济增长质量和效益明显提高，经济结构战略性调整取得重大进展，消费、投资、出口协调拉动经济增长，非农产业增加值比重达到95%，价格总水平保持基本稳定。

——"三大中心"基本建成。基本建成长江上游地区的金融中心、商贸物流中心和科教文化信息中心，金融业增加值比重超过10%，社会消费品零售总额突破6000亿元，物流成本大幅度降低，科教、文化、信息服务经济社会发展能力明显增强，成为人流、物流、资金流、信息流汇集地，对长江上游地区乃至西部地区的综合服务功能显著提升。

——"三个差距"逐步缩小。贫富、城乡、区域差距缩小，逐步实现共同富裕。居民收入增长和经济发展同步、劳动报酬增长和劳动生产率提高同步，低收入者收入明显增加，中等收入群体持续扩大，贫困人口显著减少。城乡居民收入差距缩小到2.5∶1左右。以人均地区生产总值衡量的"圈翼"区域差距缩小到2∶1左右，逐步实现基本公共服务均等化。

——"五个重庆"基本建成。"宜居重庆"，生活舒适、环境优美、功能完善、繁荣和谐，成为西部最宜居城市之一。"畅通重庆"，铁路营运里程、高速公路通车里程分别新增近1000公里，基本建成长江上游地区综合交通枢纽。"森林重庆"，森林覆盖率达到45%，城市绿地增量提质，林业综合效益明显。"平安重庆"，社会治安秩序良好，人民安居乐业，投资者安全放心。"健康重庆"，市民健康指标高于全国平均水平，卫生资源指标达到全国平均水平。

——人民生活全面改善。"民生十条"得到全面贯彻落实，财政一般预算支出继续保持一半以上用于改善民生。实现更充分就业，城镇登记失业率控制在4%以内。社会保障体系更加健全有力，城乡养老保险参保率达到80%，城乡医疗保险参保率达到95%。

——社会建设明显加强。覆盖城乡居民的基本公共服务体系逐步完善。人口自然增长率控制在5.5‰以内，人口素质全面提升。妇女儿童、青少年、残疾人事业全面发展。民主法制更加健全，人民权益得到切实保障。文化大发展大繁荣格局初步形成，市民科学文化素质和思想道德素质不断提高。社会管理更加完善，社会更趋和谐稳定。

——内陆开放高地建成。两江新区开发建设取得重大阶段性成效，两路寸滩保税港区、西永综合保税区及国家级开发区建设取得重大进展，进出口总值突破1000亿美元，累计实际利用外资500亿美元、境外投资300亿美元，建成内陆地区最具活力和竞争力的开放高地。

——综合改革重大突破。建立健全统筹城乡发展的体制机制，户籍、住房、收入分配等重要领域和关键环节改革取得明显进展，逐步建立起城乡人口和资源要素自由流动和优化配置的制度体系，基本形成适应科学发展的制度环境。

——可持续发展能力明显提升。单位地区生产总值能耗减少15%，主要污染物排放总量持续减少，单位地区生产总值二氧化碳排放减少17%。耕地保有量确保220.85万公顷。三峡库区长江干流水质总体稳定在Ⅱ类。主城区空气环境质量满足Ⅱ级以上天数保持在311天以上。

专栏2 “十二五”经济和社会发展主要指标

类别	序号	指标名称	单位	2010年	2015年	指标属性
经济增长	1	地区生产总值	亿元	7800	15000	预期性
		#地区生产总值年均增速(不变价)	%		12.5	
	2	人均地区生产总值	元	27000	50000	预期性
	3	工业总产值	亿元	10000	25000	预期性
	4	全社会固定资产投资	亿元		【45000】	预期性
	5	社会消费品零售总额	亿元	2880.1	6000	预期性
	6	进出口总值	亿美元	124.3	1000	预期性
	7	实际利用内资	亿元		【18000】	预期性
	8	实际利用外资	亿美元		【500】	预期性
结构质量	9	城镇化率				预期性
		#常住人口城镇化率	%	53	60	
		#非农户籍人口比重	%	31	50	
	10	非农产业增加值比重	%	91.3	95	预期性
	11	金融业增加值比重	%	6	10	预期性
	12	战略性新兴产业增加值比重	%	11	25	预期性
	13	单位地区生产总值生产安全事故死亡率	人/亿	0.23	0.1	约束性
	14	研究与试验发展经费支出占地区生产总值比重	%	1.3	2.0	预期性
	15	发明专利授权数	件/年	1000	4000	预期性

续表

类别	序号	指标名称		单位	2010 年	2015 年	指标属性
资源环境	16	人口自然增长率		‰	3.93	<5.5	约束性
	17	三峡库区长江干流水质		类	Ⅱ—Ⅲ	总体Ⅱ	预期性
	18	主城区空气环境质量满足Ⅱ级天数		天	311	>311	预期性
	19	单位地区生产总值能耗降低		%		【15】	约束性
	20	单位地区生产总值二氧化碳排放降低		%		【17】	约束性
	21	单位工业增加值用水量降低		%		【25】	约束性
	22	主要污染物排放总量减少	化学需氧量	%		【8】	约束性
			二氧化硫			【8】	
			氨氮			【10】	
			氮氧化物			【10】	
	23	耕地保有量		万公顷	221.67	220.85	约束性
		#基本农田保护面积		万公顷	183.33	183.33	
	24	工业固体废弃物综合利用率		%	80	80	约束性
	25	森林覆盖率		%	37	45	约束性
社会民生	26	城镇居民人均可支配收入		元	17532	31000	预期性
	27	农村居民人均纯收入		元	5200	12000	预期性
	28	主要劳动年龄人口平均受教育年限		年	10	12	预期性
	29	九年义务教育巩固率		%	88.1	95	约束性
	30	人口平均预期寿命		岁	76.7	77.2	预期性
	31	公租房面积		万平米		【4000】	约束性
	32	城乡养老保险参保率		%	58	80	约束性
	33	城乡医疗保险参保率		%	90	95	约束性
	34	城镇登记失业率		%	3.9	<4	预期性

备注：经济指标绝对数为当年价；【】为规划期累计数；单位地区生产总值能耗降低、单位工业增加值用水量降低、主要污染物排放总量减少目标以国家下达数为准。

加快率先发展

第二章　建设国家重要的先进制造业基地

推动产业高端化、高质化、高新化发展，加快培育战略性新兴产业，改造提升传统优势产业，提高自主创新能力和培育自主品牌，提升产业整体竞争力，努力建设国家重要的先进制造业基地。

第一节 加快发展以信息产业为主导的战略性新兴产业

按照“发挥优势、重点突破、开放引进、创新模式、集群发展”的原则，推行产业链垂直整合模式，加快发展以信息产业为主要支柱的战略性新兴产业。实施“2+10”建设方案，即：基本建成国内最大笔记本电脑生产基地，形成1亿台整机生产规模、80%零部件及原材料本地配套；基本建成国内最大离岸数据开发和处理中心；集中打造通信设备、高性能集成电路、节能与新能源汽车、轨道交通装备、环保装备、风电装备及系统、光源设备、新材料、仪器仪表、生物医药10大重点产业集群，建成万亿元级国家重要的战略性新兴产业高地。

专栏3 战略性新兴产业重点发展方向

2大基地：

国内最大笔记本电脑基地。加快建设西永微电园和空港新城笔记本电脑整机项目，加快发展外围设备、显示器件、电子部件、光电器件和精密模具等集聚度相对较高的配套产业。加快建设铝材、镁材、钢材、化学材料等原材料生产供应基地，建设笔记本电脑整机及关键零部件研发总部功能区，引导关键部件和模块的开发与产业化。充分发挥惠普亚太结算中心服务电脑制造的金融结算功能，积极引进其他跨国公司或国内龙头企业设立为制造业服务的区域性结算中心。实现产值6500亿元。

国内最大离岸数据开发和处理中心。完善高速大容量通信网络等基础设施及配套体系，吸引大宗数据处理需求企业入驻，积极承接数据外包处理服务，争取建成“国家离岸外包特许产业园”。打造以应用软件、嵌入式软件为主的软件产业集群，积极开拓软件服务外包业务，建成国内重要的软件产业基地。大力发展以基础设施、平台环境、应用软件等服务为核心内容的云计算。构建数据恢复、容灾备份、应急支援、托管服务、风险评估与咨询等高水平信息安全服务体系。实现产值1500亿元。

10大集群：

通信设备。建设视频应用工程，重点发展新型手机、打印机、服务器、互联网设备、无线通信设备及配套产业链，建成国内以“智能化+数字化”为特征的新一代通信设备及系统研发和制造基地。实现产值1000亿元。

高性能集成电路。积极引进国内外知名企业，重点发展芯片设计、制造、封装测试产业链，建成国内重要的集成电路设计和制造基地。实现产值1000亿元。

节能与新能源汽车。重点发展混合动力和纯电动汽车，加强驱动电池、驱动电机、控制系统等关键技术开发。实现产值1000亿元。

轨道交通装备。从整车和关键零部件着手，培育具有市场竞争力的总包企业集团，打造全国重要的轨道交通装备制造基地。实现产值500亿元。

环保装备。重点发展水污染防治关键技术及成套设备、空气污染防治关键技术及成套设备、生活垃圾焚烧处理成套设备、固体废弃物处理及综合利用成套设备、资源综合回收利用成套设备等，建成我国重要的环保产业研发生产基地。实现产值1000亿元。

风电装备及系统。建设国家级风电工程中心、工程实验室，积极推进风电整机及关键零部件开发，成为我国风电装备产业主要基地。实现产值500亿元。

光源设备。构建硅材料、硅锭和硅片、太阳能电池、太阳能电池组件、太阳能光伏系统产业链，建成我国重要的光伏产品研发生产基地。构建高纯氧化铝粉体、蓝宝石衬底、外延片、芯片、封装、LED绿色光源产业链，建成国内重要的LED灯开发生产基地。实现产值500亿元。

新材料。重点发展高性能轻合金材料、金属结构材料、特殊合金材料、化工新材料、玻纤材料、复合材料、特种功能材料等优势领域，建设全国化工新材料产业基地。实现产值500亿元。

仪器仪表。重点发展集散控制系统、现场总线控制系统、基于混杂和非线性技术的新一代控制系统以及各类网络化、智能化高性能仪器仪表等，建设国内规模最大、产品门类齐全、系统成套能力最强的综合性智能仪器仪表研发生产基地。实现产值200亿元。

生物医药。大力发展超声医疗、数字医用设备、生物医用材料与人工组织器官等核心技术和系列产品，推进特色生物医学工程产品和创新药物产业化，建设国家生物产业基地。实现产值800亿元。

第二节 壮大提升传统优势产业

坚持做强存量和做大增量并重，继续实施“大投资、大项目、大企业、大基地、大支柱”战略，推动传统优势产业高端化发展，推动汽车摩托车、装备制造产业大力发展“整机+配套”，提升产业集群竞争力，建设中国汽车名城、世界摩托车之都、全国重要的现代装备制造业基地；推动天然气石油化工、材料产业构建原材料精深加工产业链，大力发展循环经济，提高资源利用率和附加值，建成内陆地区资源优化配置、竞争优势突出的综合性化工基地、中国铝加工之都和千万吨精品钢材基地；推动轻纺等劳动密集型产业大力实施成品产业链品牌战略。发挥军工基地优势，发展公共安全装备。引导产业和生产要素向园区集聚，加快用新技术、新材料、新工艺、新装备改造提升传统优势产业，引进、培育和保护知名品牌，以“重庆创造”提升传统制造。

专栏4　传统优势产业重点发展方向及规模

汽车摩托车产业。重点发展乘用车、商用车、专用车和摩托车产业链。加快发展发动机管理系统、自动变速器、汽车制动系统、车用电池及控制器、电机及控制器、汽车传感器、电喷装置、电控油泵、仪表板控制系统等关键零部件，建设面向全球供货的零部件生产基地。建设国家级客车和摩托车公共检测技术服务平台。实现汽车产量300万辆、摩托车产量1200万辆、产值4500亿元。

装备制造业。提升整机设计制造水平，夯实大型及精密铸锻件、轴承、齿轮、液压件等关键基础件制造能力，增强总包和系统集成能力。扩能上档内燃机、仪器仪表、输变电成套装备、特种船舶及船舶零部件产品、数控机床及关键零部件、工程机械、核电配套设备、农业机械、通用机械装备等产业。实现产值3000亿元。

化工产业。重点培育发展天然气石油化工产业集群，加快发展聚氨酯、聚酯、尼龙、聚甲醛等化工新材料、乙烯及下游产品、芳烃及下游产品、天然气精细化工、合成橡胶轮胎等，择优发展煤化工项目。实现产值2500亿元。

材料产业。重点发展铝材、汽车船舶用钢、铜镁硅有色金属、锰及铁合金、绿色建材、玻璃及玻璃纤维等产业链。实现产值2500亿元。

劳动密集型产业。重点发展家具家电、农产品深加工、造纸及包装印刷、纺织服装制鞋、五金灯饰、玩具制造、人工宝石、水暖卫浴及建筑产业等。实现产值2500亿元。

第三节　优化制造业布局

打造五大万亿元工业板块。按照“2020年前形成五大万亿元工业板块”的思路统筹制造业布局。两江新区万亿元板块，重点依托龙盛地区和两路寸滩保税港区，形成先进制造业集群。西永万亿元板块，形成笔记本电脑产业集群。江南工业走廊万亿元板块，依托长寿、涪陵、万州等地区，形成化工、钢铁、装备制造产业集群。二环沿线万亿元板块，依托二环沿线的南岸茶园、巴南环樵坪、九龙坡西彭、北碚、江津、璧山等地区，形成电子信息、装备制造、铝材加工、生物医药及轻纺等制造业集群。区县万亿元板块，各区县（自治县）特色优势产业共同支撑万亿元工业产值规模。

构建“1+2+4+N”开发区格局。即：“1”，两江新区；“2”，两路寸滩保税港区和西永综合保税区；“4”，4个国家级开发区，其中九龙坡国家级高技术开发区向中梁山以西拓展空间，重点发展信息、生物等高技术产业；南岸国家级经济技术开发区向铜锣山以东拓展空间，重点发展通信设备、装备制造等产业；万州国家级经济技术开发区重点发展化工、装备制造、新能源等产业；长寿国家级经济技术开发区重点发展化工、材料、装备制造等产业。“N”，区县市级特色工业园区。

专栏5　先进制造业重大项目

电子信息产业。10000万台计算机整机，300万台高性能服务器，思科通信产品，3000万台打印机，智能天线、有源设备、微蜂窝基站设备、专网通信系统设备，1000万台（套）移动通信终端及配套零部件，6英寸芯片，12英寸芯片，通信级塑料光纤产业园，高世代液晶面板，数字视频高清编码芯片研发及产业化，物联网产业集群，国家电子信息产业基地等项目。

续表

汽车产业。节能与新能源汽车基地,长安鱼嘴整车和发动机基地,长安福特新工厂及发动机基地,长安铃木鱼洞二工厂,北汽银翔,高档车用轮胎,ZF 变速箱等汽车零部件等项目。 **装备制造业**。风电装备,城市轨道车辆、高速列车及动车组西部维修中心,高档车铣数控机床,高精度五轴联动数控机床,高端螺杆,智能化仪器仪表,机器人,航空制造,特高压变压器,大型精密铸锻中心等项目。 **化工产业**。MDI 一体化,1000 万吨炼油,煤化工,精细化工中间体,84 万吨聚酰胺、300 亿川维等项目。 **材料产业**。重钢环保搬迁,西彭工业园高精铝板带箔,年产 30 万吨航空、航天材料,军工铝材,轨道交通车辆用铝合金材料,年产 5000 万米玻纤电子布,100 万吨再生铝,冷轧及特钢制品,10 万吨电解铜、铜材、镁材等项目。 **轻纺产业**。聚酯化纤,纺织服装制鞋,卷烟结构调整,造纸及纸制品,家电,粮油、肉食、蔬菜等农产品加工,照明五金等项目。 **公共检测技术服务平台**。国家质检中心(重庆)基地,重庆科技检测中心,重庆标准科技馆,汽车试验场等项目。

第三章　建设西部地区现代服务业高地

把大力发展服务业作为产业结构优化升级的战略重点,推进服务业规模化、品牌化、网络化发展,提升服务经济水平和服务业对国民经济的重要支撑作用。

第一节　建成内陆地区金融高地

创新发展金融业,强化金融业支柱产业地位和区域辐射服务能力,基本建成江北嘴金融核心区,成为内陆地区特色鲜明的金融高地。

壮大银行、证券、保险主体金融业。积极引进世界知名外资金融机构在渝设立中国区总部或西部总部、分支机构和功能性服务中心,加快新设法人金融机构,推进地方法人金融机构上市、增资扩股,形成明显的总部效应。稳步扩大信贷规模,优化信贷结构,发挥银行业资金供给主渠道作用,力争到 2015 年,银行贷款余额与地区生产总值比例达到 2∶1。大力发展多层次资本市场,推动企业上市和发行债券,提高直接融资比重,合理引导企业实施并购重组,提升西部企业上市路演中心影响力。加快建设保险创新试验区,引导保险资金直接投资。

建设创新型金融机构集聚高地。稳步发展融资担保公司。鼓励小额贷款公司创新发展。规范发展境内外私募基金和风险投资基金,开展外资私募股权基金结汇投资便利化试点。支持信托公司做大做强。推动金融(融资)租赁公司发展壮大。积极推进财务公司、汽车金融公司、消费金融公司等机构创新试点。力争到 2015 年,创新型金融机构超过 400 家,资本规模超过 600 亿元。

完善金融要素市场体系。大力发展股份转让中心,建成全国证券场外交易市场重要平台。促进金融资产交易所发展,建成区域性金融资产转让平台。提升农村土地、农畜产品、药品器械、股份转让、航运船舶等交易所的市场功能,扩大市场规模。推进设立全国电子票据交易中心。到 2015 年,要素市场年交易量超过 4000 亿元,成为内陆地区相应要素的集散中心和定价中心。

加快建设金融结算中心。大力发展加工贸易离岸结算、电子商务国际结算,推进跨境贸易人民币结算试点,开展人民币境外互换结算。积极发展要素市场交易结算和总部结算,大力引进跨国公司结算中心。到 2015 年形成 2500 亿美元的结算量。

继续深化完善金融发展环境,加强信用体系建设,健全融资监管,加强风险监测与提示,保持良好金融生态。建设西部金融人才高地。加强金融专业院校和人才队伍建设,积极培养和引进国际金融业务专业人才。

第二节　建设西部地区国际物流中心

完善现代物流体系，构筑国际物流大通道，提升物流枢纽集散能力，加快建设西部地区国际物流中心。畅通以重庆为枢纽连接欧亚大陆桥和南亚国际物流通道的现代"丝绸之路"，大力发展保税物流，增加"五定"班列（轮）和至欧美等地的国际航线。结合"内客外货"交通枢纽布局调整，建设主城"三基地四港区"、洛碛化工物流园、西部国际涉农物流加工区等国家级物流枢纽，以及市级、地区级物流枢纽节点。建设多层级城市配送网络和农村配送网络，形成长江上游地区最大的城乡整体配送体系。重点发展笔记本电脑、汽车摩托车、能源、化工、金属材料、农产品等专业物流。大力发展高端物流，积极发展多式联运和电子商务，培育壮大一批五十亿元、百亿元级骨干物流企业。加快建设物流公共信息平台，促进区域物流信息交换和信息共享。

专栏6　重大物流平台

主城"三基地四港区"。(1)铁路物流基地：以电子、建材类物流为重点；(2)公路物流基地：以家具、汽摩配件、机电产品类物流为重点；(3)航空物流基地：以快递物品、高端精细物品及生物医药类物流为重点；(4)寸滩港区：以港口集装箱货物为重点；(5)果园港区：以汽车及零配件类物流为重点；(6)东港港区：以机电、医药产品类物流为重点；(7)黄磏港区：以有色金属、废旧金属、黑色金属类散货物流为重点。

洛碛化工物流园区。以危化品物流为重点。

西部国际涉农物流加工区。以大宗农产品物流为重点。

五大市级物流枢纽。万州、涪陵、长寿、江津、永川。

五大地区级物流枢纽。黔江—秀山、合川、南川—綦江、忠县—垫江（石柱）、奉节。

第三节　建设国际知名旅游目的地

加快旅游业转型升级，提升品牌形象，强化整体营销，建成特色鲜明、产品多元、服务最优良的国际知名旅游目的地和西部旅游集散中心，到2015年入境旅游突破300万人次。构建山水都市旅游区、长江三峡国际黄金旅游带和渝东南民俗生态旅游带空间格局。重点打造长江三峡、大足石刻、山水都市、乌江画廊、天生三硚、温泉之都等旅游精品，将合川钓鱼城、酉阳桃花源等打造成为5A级景区。全面提升观光旅游，加快发展休闲度假旅游，积极发展红色旅游、历史文化旅游、民俗文化旅游和乡村体验旅游，开发邮轮游艇等专项旅游。完善旅游设施，建设百家五星级酒店和一批特色旅游酒店，引进国际顶级酒店管理品牌。加大旅游整体形象宣传营销，打造世界级旅游品牌，办好西部旅游产业博览会、山水都市旅游节和中国长江三峡国际旅游节。壮大旅游龙头企业，建设旅游职业学院，培育旅游人才体系，优化旅游环境。

专栏7　建设国际知名旅游目的地重大项目

重点景区景点：

(1)山水都市旅游区：两江四岸滨江休闲带，半岛夜景两江游，渝中区解放碑—大礼堂观光旅游区、红岩联线、洪崖洞、湖广会馆，江北铁山坪，九龙坡九凤山、巴国城，北碚缙云山、大金刀峡、大后港，南岸南山、广阳岛，磁器口，巴南圣灯山、樵坪山、桃花岛；

续表

(2)长江三峡国际黄金旅游带:长寿湖,涪陵白鹤梁、大木,丰都鬼城、南天湖,忠县石宝寨,万州大瀑布群、潭獐峡,开县汉丰湖,云阳张飞庙、龙缸,奉节白帝城、天坑地缝,巫山小三峡、神女溪、神女峰、大昌古镇,巫溪红池坝、宁厂古镇。

(3)渝东南民俗生态旅游带:石柱黄水森林公园、千野草场、西沱古镇,大仙女山,乌江画廊,彭水阿依河、郁山古镇、摩围山,黔江小南海、濯水古镇,阿蓬江,酉阳桃花源、龚滩古镇、龙潭古镇、苍蒲盖大草原,秀山洪安边城,酉水河景区。

(4)其他重点景区。万盛黑山谷,江津四面山、中山古镇,合川钓鱼城、涞滩古镇,永川茶山竹海、重野·奇乐世界、松溉古镇,南川金佛山,綦江古剑山、东溪古镇,潼南"三色"旅游公园、油菜花景区,铜梁巴岳山、安居古镇,大足石刻,荣昌路孔古镇,垫江牡丹生态旅游区,梁平双桂堂,城口黄安坝、九重山国家森林公园。

重大旅游项目。红色经典旅游区,旅游文化创意产业园,五方十泉、一圈百泉、两翼多泉,大型主题公园。

重大旅游基础设施。三峡游艇基地,沿江旅游码头,旅游汽车营地,全市4A级及以上旅游景区安全监控系统,五星级游轮,五星级宾馆,西部旅游服务中心,城市旅游标识系统,长江三峡旅游营销中心。

第四节 建设西部地区消费中心

建设西部地区的消费中心。把扩大消费需求作为扩大内需的战略重点,发展新型消费业态,培育消费热点,拓展服务范围,建成西部地区产品丰富、环境优越、服务一流的消费中心。"购物之都",打造10大百亿元级商圈,建设国际品牌村、商业特色街、中心镇商业中心,推动购物消费,打造西部地区"购物天堂"。加快建设西南大市场,围绕工业品、高技术产品、农产品、小商品等领域建设18个百亿元级专业市场集群。"美食之都",完善餐饮设施,改造提升一批美食特色街,加强餐饮文化建设,充分挖掘知名传统饮食文化内涵,建设西部地区"美食乐园"。加快发展医疗、美容、健身、保健、养老、家政等社会需求大、对增强中心城市服务功能作用突出的现代生活性服务业。积极发展互联网增值服务、手机电视、网络电视、网络购物、远程医疗等新兴消费业态。大力发展社区商业,支持便利店、小超市进社区、进农村。

第五节 大力发展高端生产性服务业

建设西部地区会展之都。坚持专业化、规模化、国际化、品牌化,加快发展会展业,到2015年会展展出面积400万平方米,直接收入50亿元。建设以重庆国际博览中心为核心的悦来会展城,调整优化国际会展中心、重庆展览中心、重庆农业展览中心等会展平台功能。积极举办国际国内重要展览、会议、重大赛事等活动。围绕重点产业、优势资源、民族文化特色等等大力培育会展品牌。

专栏8 服务业发展重大项目

金融业。江北嘴金融核心区、解放碑特色金融街,两江新区金融后台服务产业园区。

会展业。重庆国际博览中心,三峡库区国际会展中心,渝东南会议展览中心,一批专业会展场馆。

商贸流通业。都市区8个100亿元级商圈,万州、涪陵100亿元级商圈,其他区域性中心城市商圈,西部进出口商品集散地,西部农贸城,西部工贸城,西部特色工业品集散地,西南生产资料集散地,西部汽摩贸易城,西部家居装饰城,重庆国际建材商贸中心,商业特色街,社区商业中心,国际品牌村,世界名车4S店集群,"万村千乡市场工程"配送体系建设及其网点管理,西部电子商务交易中心,重庆国际美食乐园等一批特色美食街区建设,乡镇农贸市场升级改造。

高技术服务业。"110"数据同城备份、电子CA认证平台、有线数字电视增值业务管理及应用平台等信息服务项目;商务部电子商务中心EC平台、计算机和网络技术服务平台、移动电子商务、电子支付综合服务平台、城市智能交通管理与服务等信息技术服务项目;北岸创意设计园、星月信息技术服务园、笔记本电脑配套产业公共服务平台、研发设计信息化服务平台、重大研发仪器仪表共享平台等研发设计服务项目。

瞄准产业价值链高端,深化专业分工,积极发展高端生产性服务业,促进现代服务业和先进制造业融合、互动发展。加快发展研发设计、软件设计、信息等高技术服务业。积极发展建筑设计、工程设计、法律仲裁、会计税务、咨询评估、并购重组咨询等专业服务业和中介服务业。鼓励服务企业与跨国公司建立战略联盟。建设渝中区、北部新区等高端生产性服务业集聚区,建设渝中区国家服务业综合改革试点区。

第四章　建设国家中心城市的城镇体系

优化城镇体系,科学布局城镇空间,完善城镇功能,全面提速建设国家中心城市,促进大中小城市和小城镇协调发展,充分发挥中心城市和城镇群对区域经济的辐射带动作用。

第一节　优化城镇化战略格局

依据区域资源环境承载能力、发展潜力差异,科学确定城镇化重点地区,逐步构建以主城特大城市为核心,6 大区域性中心城市为支撑,一小时经济圈城市群为主要空间载体,沿长江及渝宜高速、乌江及渝湘高速带状绵延的"一核六心、一圈双带"的城镇化空间格局,成为全市集聚经济和人口的主体区域。建设四级城镇体系架构,即主城区特大城市,6 个大城市(万州、涪陵、长寿、江津、合川、永川),25 个区县城中等城市,100 多个小城镇。强化主城、区域性中心城市、区县城和中心镇有机连接、互动并进。

第二节　全面提速建设国家中心城市

同步推进主城特大城市功能完善和空间拓展,全面提升城市综合竞争力和国际化、现代化水平。

全面实施二环区域发展规划,加快建设千平方公里、千万人口的特大城市。内环以内优化提升,大力发展总部经济、服务外包和现代服务业,调整升级城市功能,发展高端服务业,疏解城区人口,改善人居环境。内环与二环之间重点开发,实施大规模工业化、城镇化开发建设,重点发展先进制造业、生产性服务业以及大型综合性生活服务中心,加快建设两江新区、西部片区、东部片区和南部片区,加速人口和产业集聚,建设一批工业园、大型聚居区、城市公共服务中心,加快形成一批新的城市组团。二环以外适度开发,强化生态保障,统筹规划建设小城镇和农村居民点,统筹城乡基础设施、公共服务设施建设。强化主城交通枢纽、金融、商贸、物流等城市综合服务功能,推进创新型城市建设,建设中央商务区和中央文化休闲区,打造成为要素集聚、功能完善、宜居宜业、山水园林、独具魅力的国家中心城市。

图1 "一核六心、一圈双带"城镇化战略空间格局示意图

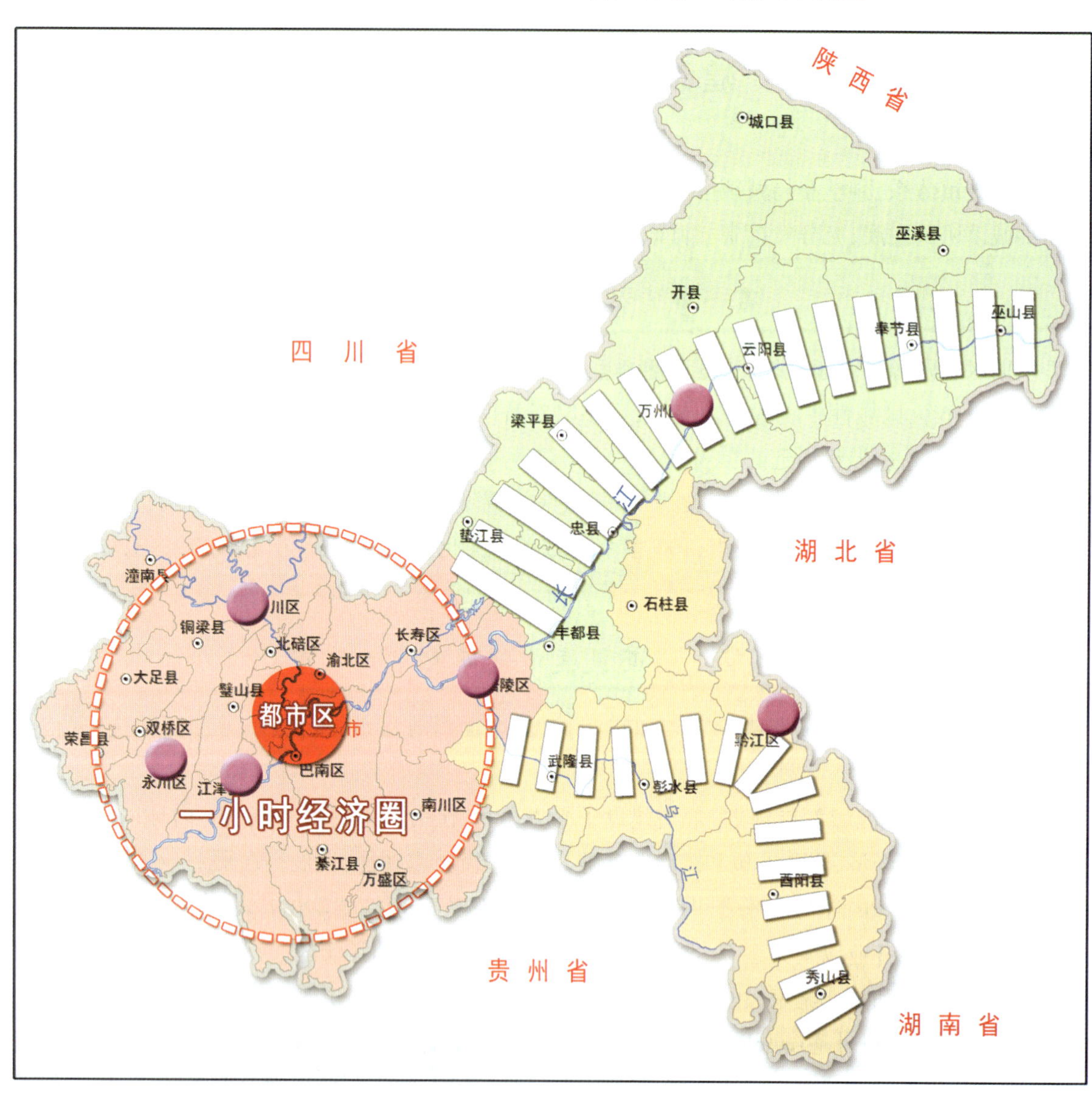

图 2　二环新增 21 个大型聚居区示意图

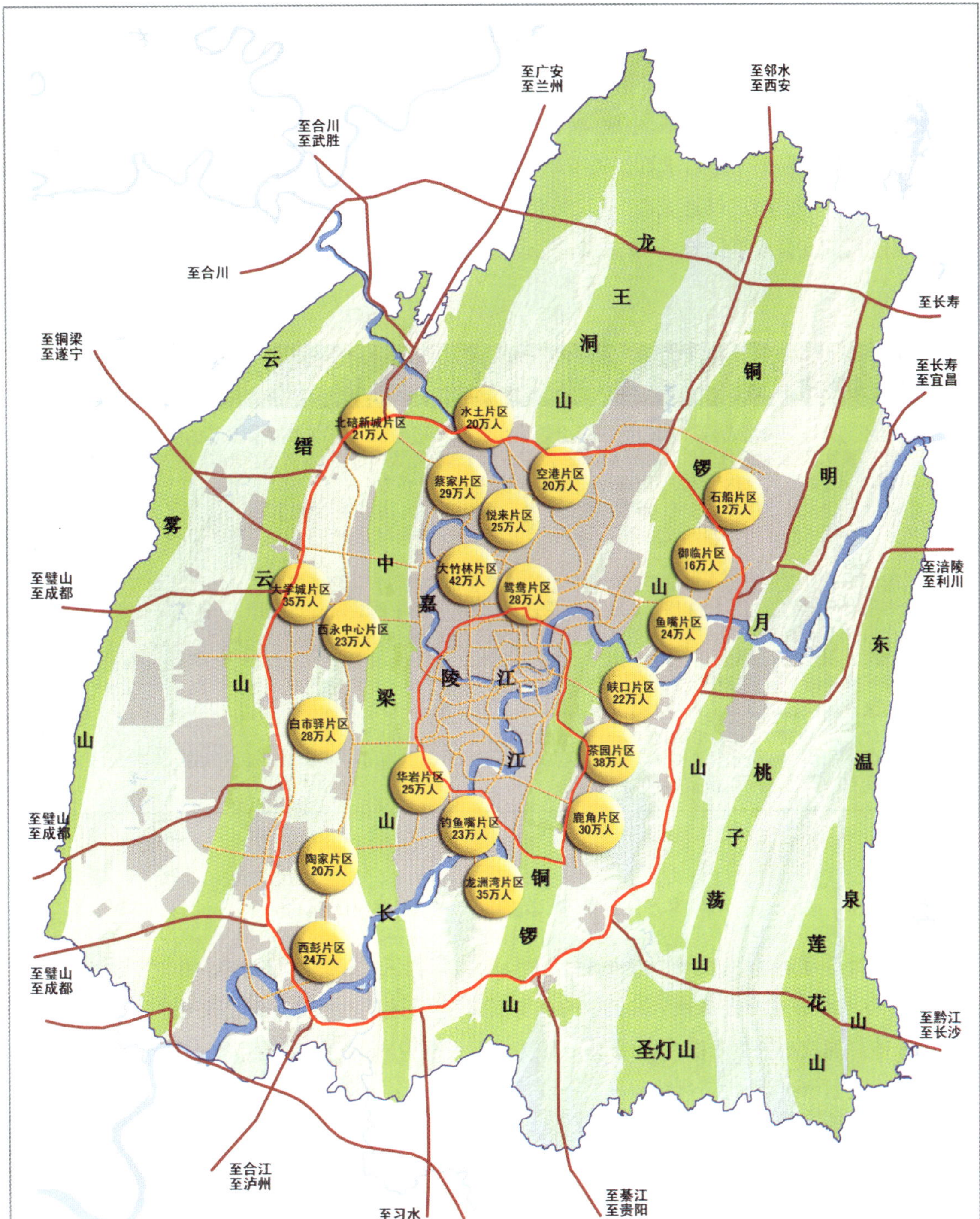
至广安
至兰州
至邻水
至西安
至合川
至武胜
至合川
至长寿
至铜梁
至遂宁
至长寿
至宜昌
至璧山
至成都
至涪陵
至利川
至璧山
至成都
至璧山
至成都
至黔江
至长沙
至合江
至泸州
至习水
至綦江
至贵阳
龙王洞山
缙云山
云雾山
中梁山
铜锣山
明月山
东温泉山
桃子荡山
莲花山
圣灯山
嘉陵江
长江
北碚新城片区
21万人
水土片区
20万人
蔡家片区
29万人
空港片区
20万人
悦来片区
25万人
石船片区
12万人
御临片区
16万人
大竹林片区
42万人
鸳鸯片区
28万人
大学城片区
35万人
西永中心片区
23万人
鱼嘴片区
24万人
峡口片区
22万人
白市驿片区
28万人
茶园片区
38万人
华岩片区
25万人
钓鱼嘴片区
23万人
鹿角片区
30万人
陶家片区
20万人
龙洲湾片区
35万人
西彭片区
24万人

第三节 增强区域性中心城市辐射带动能力

加快建设万州、黔江、涪陵、江津、合川、永川等区域性中心城市，按2020年共同集聚500万城市总人口规划区域性中心城市规模，努力形成产业实力强、城市功能全、要素集聚多、内外开放度高的较大经济体，充分发挥对区县经济的示范标杆作用、对周边地区的辐射带动作用、对全市经济社会发展的战略支撑作用。

加大对区域性中心城市规划、土地、项目布局、枢纽建设等的扶持力度。优化完善城市规划，科学保障城市建设必需的用地需求。优先布局重大产业项目。加快建设对外高速公路、国省道公路等公路骨干网，率先建成“畅通城市”。保障油、电、气等要素供给，在污染物排放总量指标等方面予以适度倾斜。支持改革试验、开放试点，增强创新活力。完善行政管理体制，进一步下放市级管理权限。

专栏9 区域性中心城市规划规模及发展方向

万州区。支持加快建成第二大城市，建成全市城乡统筹发展的特大城市和加快发展的重要增长极、渝东北地区及三峡库区的经济中心和对外开放的重要门户、和谐稳定新库区的示范区和库区生态安全的重要屏障。到2015年，城区人口达到100万人以上，城区面积达到100平方公里。

黔江区。建设渝东南地区中心城市和武陵山区重要经济中心、渝鄂湘黔毗邻地区公共服务高地、民族地区扶贫开发示范区和重庆东南开放重要门户。到2015年，城区人口达到35万人，城区面积达到35平方公里。

涪陵区。充分发挥作为全市重要经济增长极的战略带动作用、全市重要工业基地的核心骨干作用、国家中心城市重要腹地的战略后援作用，以及在“一圈两翼”发展格局中的战略支点作用，早日建成城乡统筹发展的现代化大城市。到2015年，城区人口达到80万人左右，城区面积达到70平方公里。

江津区。积极融入主城，建设国家中心城市重要拓展区、辐射川南黔北重要门户，全市重要的先进制造业基地和现代物流基地。到2015年，城区人口达到60万人左右，城区面积达到60平方公里。

合川区。加快建成全市北部中心城市，中国知名旅游城市，全市重要的装备制造、轻纺、能矿产业基地和物流节点。到2015年，城区人口达到60万人左右，城区面积达到60平方公里。

永川区。加快建成全市西部中心城市，重要的工业基地、商贸物流中心和职业教育基地。到2015年，城区人口达到60万人，城区面积达到60平方公里。

第四节 加快发展区县城和小城镇

培育一批基础条件好、发展潜力大、吸纳人口能力强的区、县城和市级中心镇。发展壮大县域经济，增强区县城在全市经济社会发展中的重要支撑作用，建成县域政治经济文化中心和统筹城乡的主要载体。加快小城镇建设，以市级中心镇为重点，完善小城镇功能，适当扩大规模和人口容量。与新农村建设紧密结合，打造风貌独具、特色鲜明、设施齐备、环境优美、淳朴自然、整洁美观、功能完善的风情小镇。积极推动小城镇归并整合，支持市级中心镇建成小城市。

第五节 建设宜居重庆

坚持规划、建设、管理多管齐下，强化城市特色、完善城市功能、提升城市品质，把重庆建设成为西部地区最宜居城市之一。突出“山城”、“江城”自然风貌和历史文化底蕴，精心打造亲近自然、开阔靓丽、具有山地建筑特色和体现重庆历史文脉的城市景观，促进城市与江河、山脉、森林、绿地和谐共生，建设江河沿岸风景带、山脉走廊生态带、沿交通干线绿道、城市组团森林隔离带、城周森林屏障和城市绿化步行系统。优化城市空间布局,促进城市与农村、生态空间协调,疏导城市空间密度,疏解旧城人口,因地制宜、大小结合建设一批中央公园、城市广场和城市公园,强化城市地下空间合理开发利用。提升城市功能水平,围绕重大交通建筑、社会文化建筑、城市商务功能建筑群及传统风貌街区,建设一批具有现代水准的重大标志性功能性建筑,集中展示城市功能形象。按照“树多、路平、街净、车畅、宜行”的要求,搞好城市环境综合治理。深入开展城市景观改造,美化建筑立面,规范城市广告,优化城市灯饰景观。加强城市管理,提升城市管理数字化、现代化水平,完善城市管理机制,强化和完善综合执法,提高城市文明程度。

专栏10　宜居重庆部分重大项目

主城重大功能性建筑。机场T3a航站楼、铁路客运站项目群、重庆国际博览中心、中国国际园艺博览园、爱心庄园、国泰艺术中心及国泰广场、江北嘴超高层建筑、瑞安化龙桥建筑群、日月光鼎好世纪星城、解放碑金融街、朝天门建筑群、弹子石商务区建筑群、广阳岛开发、西永商务区、协和双子塔、传统街区项目群(弹子石老街、慈云寺老街、巴渝园、重庆映像、三洞桥传统风情街区、悦来老街、十八梯传统街区、湖广会馆传统街区、洪崖洞民俗文化风貌区、金刚碑老街、鱼洞老街、寸滩老街、中梁山老街、马王场老街)。

公园绿地。九龙园区C区中央公园、西永中央公园,茶园中央公园、蔡家中央公园,市体育公园,人民公园、国际村公园改扩建,悦来会展公园,北部新区大竹林公园、张家沟公园,龙州湾公园,黄桷坪公园,北碚龙凤溪公园,两江四岸滨江生态湿地公园。每个远郊区县新建1—2个5公顷以上的综合性公园,5—10个社区公园,每个中心城镇建成1个以上公园。

第五章　建设现代化综合基础设施体系

以提高基础设施现代化水平为重点,加强交通、能源、水利、信息等基础设施建设,为工业化、城镇化加速推进提供坚实的硬件支撑。

第一节　建设畅通重庆

坚持“畅通高效、安全绿色”发展理念,提高交通规划建设的前瞻性和统筹水平,加快通道和枢纽建设,建成西部最大的铁路枢纽、内陆重要的复合型枢纽机场、内陆最大的内河港,成为我国重要的综合交通枢纽。

建成“一枢纽十一干线”铁路网。新增铁路营运里程980公里,2015年达到2300公里,全面实现电气化,干线铁路复线率达到70%,实现铁路“4小时周边、8小时出海”。

基本建成“三环十射三联线”高速公路骨架网络。新增高速公路通车里程约1000公里,2015年接近3000公里,出口通道由10个增加至18个,实现“4小时重庆、8小时周边”。加快国省道提档升级,积极推进农村公路行政村畅通工程。

建成内陆最大的内河港。进一步强化长江上游航运中心功能,按照港口、物流、产业“三结合”原则,以大型化、规模化、集约化、铁公水联运为发展方向,加快建设寸滩、果园、东港、黄磏、新田、龙头山、朱沱、仁沱等9个大型枢纽港区,2015年集装箱年通过能力达到700万标箱。加强长江干流、嘉陵江、乌江支流航道整治。

建设内陆重要的复合型枢纽机场。推进江北机场四期扩建,新建3800米第三跑道及50万平方米东航站区,增开到欧美等地的航线,到2015年旅客吞吐能力和货邮吞吐能力分别达到4500万人次和100万吨。提升万州、黔江机场设施水平，建成巫山机场，形成“一大三小”机场格局。

提速建设主城国家级综合交通枢纽、以万州为核心的渝东北综合交通枢纽、以黔江为核心的渝东南综合交通枢纽，增强对外通道疏解能力。以机场、火车站、港口、公路换乘枢纽为节点，规划布局铁、公、水、空、城市轨道等多种运输方式无缝衔接的枢纽站场或换乘中心，实现乘客零换乘、货物零换装。

改善主城城市交通状况。建设一批跨江桥梁、穿山隧道、快速路以及解放碑地下交通环道等地下交通项目，提高道路交通运行效率，实现内环以内、二环至内环“半小时通达”目标。全面建设城市轨道和城际铁路，城市轨道通车里程达到252公里。完善组团式、网络化城市道路体系，加快“六横七纵一环多联络”城市快速路网建设，通车里程达到600公里以上。强化公交配套设施建设，全面建成九大公路换乘中心。优先发展公共交通，实现都市区公共交通全覆盖，促进城市公交、城市出租、城际客运、城乡客运协调发展，提高城乡公共交通一体化服务能力和水平。科学规划建设城市停车场，积极疏导家庭用车出行，有效解决城市停车难、停车不规范问题。

图3 “十二五”铁路规划示意图

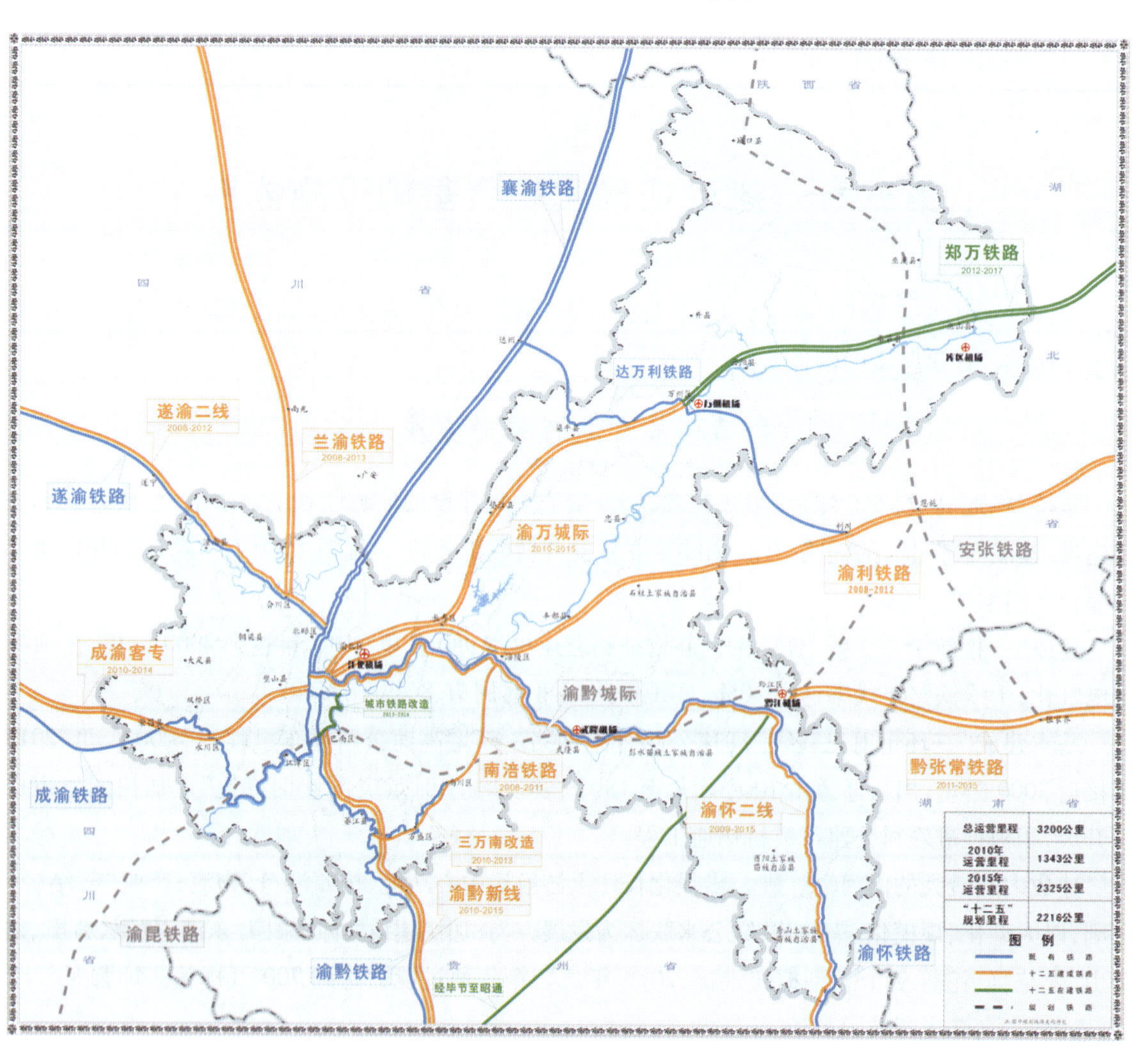

图4 “十二五”高速公路规划图

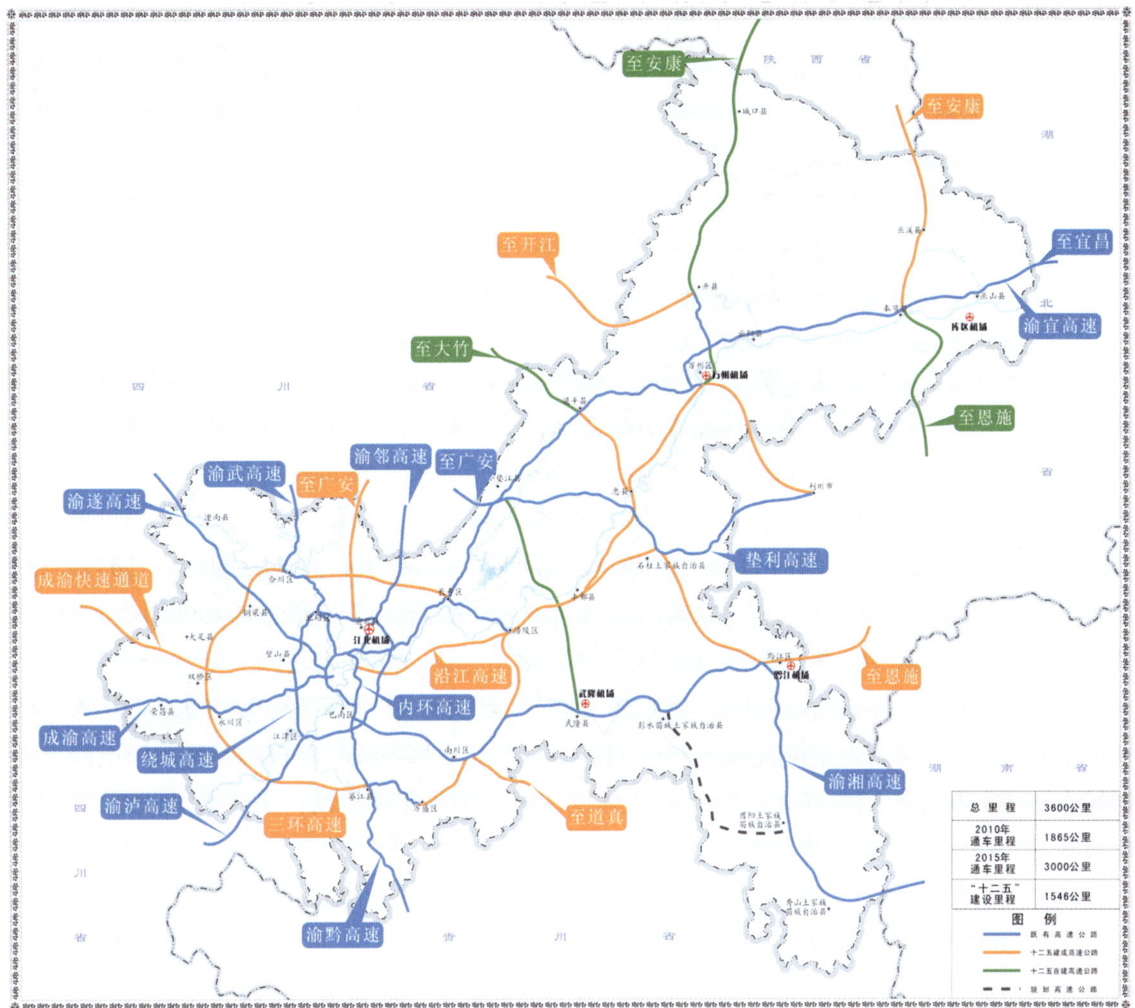

专栏11 重大交通基础设施项目

铁路。(1)续建并建成:兰渝铁路、渝利铁路、成渝客运专线、渝万客运专线、渝黔铁路新线、遂渝铁路二线、渝怀铁路二线、南涪铁路、三万南铁路改造等项目;(2)新开工建设:郑万铁路、黔(江)张常铁路;(3)兴隆场编组站、重庆北站、重庆西站、重庆站;(4)加快推进渝昆、安张、渝黔(江)城际、主城枢纽东环线前期工作,创造条件争取开工建设;(5)加快推进渝西(安)客专铁路规划工作;(6)开展沿江铁路、一小时经济圈铁路环线、长垫梁货运铁路、渝汉货运通道铁路研究论证工作。

高速公路。(1)续建并建成:奉节—巫溪高速公路、沿江高速公路主城—涪陵—丰都—忠县—万州段、三环高速公路万盛—南川—涪陵段、三环高速公路永川—江津段、丰都—石柱高速公路、成渝高速公路复线、万达高速公路开县—开江段、万州—(湖北)利川高速公路、黔江—(湖北)恩施高速公路;(2)新开工并建成:三环高速公路长寿—合川—铜梁—永川段、三环高速公路江津—綦江段、巫溪—(陕西)镇坪高速公路、重庆—(四川)广安高速公路、梁平—忠县高速公路、黔江—石柱高速公路、南川—(贵州)道真高速公路;(3)新开工在建:沿江高速公路支线新田—高峰段、奉节—(湖北)建始高速公路、垫江—丰都—武隆高速公路、开县—城口—(陕西)岚皋高速公路;(4)开展彭水—酉阳—(湖南)永顺高速公路前期工作,开展涪陵—武隆、涪陵—垫江、潼南—大足—荣昌、万忠北线、万达直线、江津—(贵州)习水等高速公路前期论证工作。

港口。新开工并建成:果园二期、万州新田一期、涪陵龙头港一期。

续表

机场。(1)新开工并建成:江北机场第三跑道及东航站区、巫山机场;(2)万州机场改扩建;(3)推动武隆等支线机场前期工作。
轨道交通。(1)建成:轨道交通1号、2号、3号、6号线;(2)新开工:轨道交通环线、4号、5号、9号线。
跨江穿山通道。(1)建成:东水门、寸滩、江津中渡、江津粉房湾、长寿二桥和万州三桥等长江大桥,双碑、千厮门、红岩村等嘉陵江大桥,歇马、双碑等中梁山隧道,南山、石坪等铜锣山隧道;(2)新开工:广阳、郭家沱、白居寺等长江大桥,水土、礼嘉、宝山等嘉陵江大桥,陶家、土主等中梁山隧道,王家、燕尾山等铜锣山隧道;(3)加快推进彭水乌江五桥、大竹林嘉陵江大桥前期工作。
九大公路换乘中心。全面建成四公里、茶园、西永、西彭、两路、北碚、鱼嘴、鱼洞、白市驿公路换乘中心。

第二节 构建能源保障体系

积极应对能源由基本自给转变为能源输入地区的形势变化,市内资源高效开发和区域能源战略合作并举,建立和完善多元化能源输入网络,构建清洁、安全、可靠、低碳的能源保障体系。

优化电源结构。新增装机容量1000万千瓦,2015年全市电源装机容量超过2000万千瓦。积极推进水电、风电、生物质发电等可再生能源建设,装机比重达到35%左右。优化燃煤发电,在周边煤炭资源丰富地区按"点对网"方式建设燃煤发电项目,利用外来煤炭输入适度建设路口燃煤发电项目。继续关停小火电机组,有序发展热电联产。加快推进核电等新能源开发,加快建设抽水蓄能电站。适时启动天然气发电前期工作。

完善电网建设。建成以500千伏"目字型"网为骨干、分层分区、外部电源独立分散接入、以负荷为中心的受端电网。优化和健全外来电力输入通道,按照国家规划积极推动特高压电网建设。继续实施城市电网和农村电网新建和改造工程,积极推进智能电网建设,有序规划建设电动汽车充电设施,探索分布式供能系统发展。

调整煤炭保障机制。调整和优化市内煤炭开发,年产能稳定在4000万吨左右。加强区域合作,增强市外煤炭资源调入力度,形成近期以陕西、贵州、甘肃为重点,远期以新疆为主体的"3+1"煤炭输入格局,煤炭年净输入量达3300万吨。建设国家级煤炭储备基地和转运中心,电煤储备能力达到300万吨。

专栏12 能源保障重点建设项目

电源项目。水电:小南海、乌江银盘、白马、浩口;火电:石柱、合川双槐二期、奉节、重庆电厂环保迁建、九龙电厂环保迁建,习水二郎、陕西安康,江津油溪;核电:涪陵、丰都、中核集团项目等;抽水蓄能:綦江等一批;热电联产:长寿、涪陵、万州等化工园区;一批风电开发项目;一批农林生物质发电项目;开展万州电源布局论证研究。
电网项目。500千伏"目字型"环网、220千伏及以下骨干网络、10千伏以下农村电网改造,电网智能化项目。特高压项目。
煤炭项目。煤炭储运基地、沥鼻峡煤矿开发、松藻矿区煤炭基地、巴南丰盛煤矿开发、松藻小鱼沱煤矿、南桐兴隆煤矿、龙车寺主焦煤资源开发、松藻煤层气净化提纯。
石油项目。中缅原油管道、贵阳—重庆成品油管道、重庆炼厂—伏牛溪油库成品油管道。
天然气项目。都市区天然气外环管网及区域中心城市输气干线工程、中卫至贵阳天然气管线重庆段、相国寺地下储气库、铜锣峡地下储气库。

提升天然气保障能力。加快中卫至贵阳天然气管线、都市圈外环管网等工程建设,构筑天然气保障主干网络,形成150亿立方米的年供气能力。实施地下储气库项目和主城区储气调峰设施项目，提高供气调峰能力和供气可靠性。积极开采天然气，大力发展煤层气、页岩气和城市垃圾沼气等非常规气。

提高成品油供应保障能力。积极推进中缅原油管道昆明至重庆段、贵阳至重庆成品油管线建设，加强成品油储备设施建设，构建成品油保障网络，争取国家在重庆布局西南地区原油或成品油战略储备基地，成品油供应能力达680万吨。

第三节 强化水资源保障能力

解决工程性缺水和提高水资源利用效率并重，提升水资源保障能力，全面解决城乡居民饮水安全问题，增强防洪抗旱减灾能力。

建设骨干水源工程。发挥现有水源供水能力，合理规划建设一批重点水源工程。充分利用江河过境水，建设铜罐驿、松溉、琼江安居提引水和水厂工程。重点在渝西等水资源匮乏地区布局蓄水工程，加快建设大足玉滩水库等在建工程，新开工南川金佛山、巴南观景口2座大型水库和20座以上中型水库，建设一批小型水源工程，新增蓄引能力15亿立方米以上。实施跨区域、跨流域调水工程，提高供水保障能力。

提高水质保障能力。加强水质监测，水质达标率95%。加快老旧水厂和管网改造，按规定配备乡镇供水水厂水质净化、消毒设施，提升城市末梢饮用水水质，农村生活饮用水水质卫生合格率提高33%以上。加强饮用水水源地保护，开展饮用水水源地整治和水质监测，严格取水管理，防止乱打井、乱开矿造成水源枯竭或污染。

统筹城乡供水。统筹规划城乡供水设施，依托骨干水源工程，完善城乡供水设施，建设一批覆盖城乡、规模较大的自来水厂。实施城市向农村的管网延伸工程，城镇自来水普及率达到99%以上，农村集中供水普及率大幅提高，有条件地区实现城乡居民用水“同质、并网、共价”。

增强防洪抗旱减灾能力。加快建设大江大河防洪、中小河流治理和山洪灾害防治工程，实现县级以上城市和重点集镇达到国家规定的防洪标准。全面完成病险水库和水闸除险加固。在有条件地区实施水源、供水设施互连互通工程，建立和完善水资源调配体系和水污染事件快速反应机制，提高防洪减灾应急处置水平。完善防洪抗旱指挥、山洪灾害、水文预报预警体系。加强暴雨、高温、干旱监测、预警和防御，完善人工影响天气业务体系，提升空中云水资源利用水平。

专栏13 水资源保障重点建设项目

大型水库。大足玉滩、南川金佛山、巴南观景口，推进綦江藻渡前期工作。

中型水库。续建21座中型水库(南岸迎龙湖、巴南丰岩、长寿范家桥、武隆接龙、梁平蓼叶、涪陵龙潭、忠县白石、永川孙家口、黔江太极、石柱万胜坝、万州大滩口、綦江鱼栏咀、彭水三江口、秀山隘口、铜梁玄天湖、丰都蒋家沟、云阳梅峰、万州三角凼、璧山三江、渝北观音洞、黔江城北)，力争新开工巫山中硐桥、巴南龙岗、垫江盐井溪、开县天白、万盛青山湖二期、荣昌黄桷滩、江津鹅公、潼南大石桥等20座以上中型水库。

提引水工程。铜罐驿提水、松溉提水、琼江安居提水。

大江大河和中小河流治理工程。长江、嘉陵江、乌江等干流河道整治和堤防建设，梁滩河、花溪河、璧北河、竺溪河、龙溪河等流域面积200平方公里以上有重点防洪任务的中小河流治理，濑溪河、綦江等流域面积3000平方公里以上主要支流治理，铜梁小北海、璧山盐井河等流域控制性防洪水库建设。

城镇净水工程。主城区净水工程二期、区县城老旧供水设施改造。

新增供水工程。井口水厂、悦来水厂、白洋滩水厂、鱼嘴水厂、蔡家水厂、白市驿水厂等，城镇供水设施。

第四节 全面提升信息基础设施水平

加强信息基础设施建设,整合信息资源,强化信息安全,加快信息化进程,建成长江上游地区信息港。

建设宽带城市。提升骨干网传输和交换能力,推进城市光纤到楼入户,加快信息传输网络向农村延伸。加快建设3G网络。升级改造广电网络,建设下一代广电网络(NGB)。建设国际重要的离岸云计算数据处理中心,构建高速数据通道,积极推进宽带电信网、下一代互联网和数字电视网的共建共享和高层业务应用融合。建设基于物联网技术和下一代移动通信技术的城市物联网基础平台,推进物联网应用试点。建设重庆数字媒体中心和综合信息服务平台。

建设智能城市。加快数字化城市管理系统的建设和应用。统筹推进电子政务,建设全市统一互通的电子政务基础设施和内外网平台,构建集成民政、社保、税务、工商管理等公共服务的网络信息服务平台。建设面向全国及西部的数据交换中心、互联网数据中心、容灾备份中心,打造国家级信息资源集散地。强化网络信息安全保障体系,确保基础信息网络和重点信息系统安全。

专栏14 信息基础设施重点工程

"智能重庆"工程。智能电网、智能交通、智能医疗、智能家居、智能物流、智能环保。

"宽带重庆"工程。信息家园建设,国际出口专用通道建设,宽带城市网络提升、资源集散与应用推广。

3G网络提升工程。重庆移动、电信、联通建设全市核心网及接入网,向覆盖区用户提供包括增强数据卡业务、手机电视与可视电话等3G特色业务在内的增值业务。

下一代广电网(NGB)工程。广电网络实施双向数字化改造和数字电视整体转换,升级完善移动多媒体系统。

"三网融合"工程。引导广电和通信运营企业建设基于三网融合的多业务运营平台,推进分区域、分阶段、多方式的信息业务和通信网络融合试点,发展手机电视、互联网应用服务、IPTV等。

西部数据园工程。支持和鼓励企业实施规模化、开放式IDC建设,集聚以商务为主的各类数据中心,建成直连国家骨干核心、省网核心、城域网核心的网络宽带资源和数据存储、交换、传输、应用中心。

物联网应用试点工程。建设基于物联网技术和下一代移动通信技术的城市物联网基础平台,推进物联网在工业、交通、物流、医疗、家居等有关领域的应用。

信息安全工程。安全保障体系建设,安全保障制度和标准建设。

统筹协调发展

第六章 建设社会主义新农村

夯实农业农村发展基础,提高农业现代化水平和农民生活水平,建立健全以城带乡、以工促农长效机制,缩小城乡差距,加快城乡统筹一体化发展。

第一节 大力发展现代农业

加快转变农业发展方式,坚持用现代物质条件装备农业,用现代科学技术改造农业,用现代产业体系提升农业,用现代经营形式推进农业,提高农业规模化和产业化经营水平,提升农业综合生产能力、抗风险能力和市场竞争能力。

深化农业结构调整。完善现代农业产业体系,稳定粮油生产,重点发展蔬菜、柑橘、生猪优势产业,加快发展渔业、茶叶、特果、蚕桑、中药材、烟叶等特色产业。粮食产量稳定在1100万吨以上。建设新时期"菜篮子"工程,着力打造重庆主城区、区县城和集镇三级保供蔬菜基地。打造中国柑橘第一品牌,加快建设长江沿岸柑橘优势产业带和晚熟柑橘生产基地。提质发展生猪,大力发展草食牲畜,适度发展禽蜂,提高畜牧业总产值比重。发展生态渔业,建成三峡库区天然生态渔场。引导优势农产品集聚布局,建设国家现代农业示范区、国家现代畜牧业示范区和国家现代农业科技示范园区。

提高农业组织化、标准化、市场化和科学技术应用水平。推广"农工商"、"产加销"等组织模式,扶持农业产业化龙头企业,大力发展农民专业合作经济组织和农村经纪人。全面推行农业标准化生产,提高农业技术装备水平,主要作物耕种收综合机械化水平达到50%。加强农业科技创新体系、良种繁育体系、农产品质量安全体系、动植物防疫体系、检疫检验体系、信息体系和农业社会化服务体系建设。培育农业主体品牌,鼓励有条件的特色农产品注册商标和地理标志,提高地产农产品在国内外市场的知名度和信誉度。完善农村市场体系,建设大宗农产品区域性批发市场。

第二节　改善农村生活生产条件

加快社会主义新农村建设,统筹农村生活生产服务设施和公益事业建设,切实改善农村生活生产条件。

改善农村人居环境。全面实施乡村规划,科学布局农村村落,因地制宜引导农民集中居住,扩大村落集聚人口规模。改造自然村落,实施农民新村、巴渝新居建设和农村危旧房改造,建设3000个"农民新村",新建"巴渝新居"50万户,引导农民建设富有地方特色、民族特色、传统风貌的安全节能环保型住房,统筹规划建设农民新村公用设施,有条件地区率先实现城乡一体化。全面推进农村环境综合整治,逐步建立垃圾收运体系,因地制宜对垃圾进行处置处理。加大畜禽养殖污染防治,有效控制和降低农药、化肥、农膜等面源污染。

加强农村基础设施建设。以村通畅和县乡道联网为重点,新改建农村公路3.7万公里,乡镇到县城公路基本达到三级标准,行政村公路通畅率达到85%以上,逐步推进农村公路安保工程。全面加强农田水利建设,加快推进大中型灌区续建配套与节水改造,完成病险水库除险加固,完善小微型水利设施。推进农村能源建设,加快农网改造和小水电代燃料、电气化建设,推广秸秆气化、农村沼气等清洁能源,发展农村户用沼气75万户。

改善农村基本公共服务条件。改造农村危旧校舍,提高农村寄宿制学校后勤保障水平,改善农村普通高中和中等职业学校办学条件,积极发展农村幼儿教育。完善农村医疗卫生服务体系、公共卫生服务体系、健康保障制度、基本药品供应体系,开展"健康村"建设,完善农村三级医疗卫生服务网络,实现100%乡镇卫生院、80%村卫生室达标。加快建设科技新村、村文化室、农家书屋、农村文化中心户及文化体育标准化设施,大力开展送电影、送图书、送戏、送展览、送故事"五下乡"活动,保障农村群众基本文化权益,促进乡风文明。

第三节　努力促进农民增收

拓宽农民增收渠道,提高农民收入水平,农村居民人均纯收入翻一番以上,缩小城乡收入差距。实施"两翼"农户万元增收工程,加大政府投入,加强信息、技术、市场、保险服务,支持"两翼"农户发展林果、林下养殖、林业种植、森林旅游等特色产业，实现95%有劳动能力的农户三年增收万元以上。增加农民工资性收入，大力发展劳务经济，继续实施“阳光工程”，开展外出务工人员劳动技能培训，增强就业能力。增加农民经营性收入，建立农产品价格保障机制，稳定农业生产资料价格，大力发展特色高效农业、休闲农业、乡村旅游和农村服务业。增加农民转移性收入，完善农业补贴办法，逐步增加农村养老保险基础养老金，提高城乡居民合作医疗筹资和报销水平，逐步提高农村最低生活保障和五保水平。增加农民财产性收入，以推进农村产权制度改革为手段，保障农民依法分享土地增值权益，依法保障农户宅基地用益物权，拓宽租金、股金、红利等收入增长渠道。

第四节 加大扶贫开发力度

创新扶贫开发模式，建设国家统筹城乡扶贫开发示范区。实行相对扶贫标准，对收入水平低于农民人均纯收入30%的农村人口进行动态扶贫开发。加快解决武陵山区、大巴山区集中连片特殊困难地区贫困问题，对深山峡谷和高寒山区等生态环境恶劣地区的贫困人口实施易地扶贫和生态移民搬迁。加大扶贫开发投入力度，市财政配套扶贫资金每年不低于中央财政投入的30%。支持贫困地区特色产业发展，每个扶贫开发工作重点县集中扶持2—3个特色产业。加快整村脱贫步伐，加大以工代赈实施力度。深入推进农村低保制度与扶贫开发政策有效衔接。继续推进对口扶贫，积极引导各类社会资源投入扶贫事业。

第五节 完善农村发展体制机制

按照城乡统筹一体化发展的要求，完善农村发展体制机制。坚持和完善农村基本经营制度，在不改变用地性质的前提下，允许农民依法自愿有偿流转土地承包经营权。稳步开展城乡建设用地增减挂钩试点，创新城乡建设用地统筹规划布局，建立集体建设用地复垦良性机制。建立稳定的“三农”投入机制，扩大公共财政覆盖范围，确保各级财政“三农”投入逐年增加。积极发展村镇银行等新型农村金融机构，加快发展涉农信贷和涉农保险，推广农村土地承包权、农房、林权抵押融资，完善农村金融服务。支持工商企业下乡示范项目建设，建立工商企业与农民共享收益机制。鼓励农民工返乡创业，促进城市资源、要素、技术、现代理念等向农村传输。培育发展与龙头企业、专业合作组织紧密联系的农林产品交易市场。

专栏15 建设社会主义新农村重大项目

农业产业化。新增粮食生产能力工程，农业开发与土地整治示范工程，畜禽综合加工项目，柑橘种植及加工项目，薯类及玉米等杂粮深加工项目，植物油加工项目，三峡库区和渝东南地区中药材药源建设及中药材深加工项目，蔬菜保鲜、加工项目，农业循环经济示范项目，蚕桑、油茶、青花椒等产业项目，花卉苗木基地项目，三峡库区生态渔场建设，蔬菜良种繁育基地，畜禽规模化养殖基地建设。

农村基础设施和综合环境整治。农村公路，农村沼气等清洁能源工程，农村安全饮水工程，大中型灌区续建配套与节水改造工程，病险水库整治，农村小水电，农村电力提灌站，10千伏以下农村电网改造工程，农业信息化工程；巴渝新居工程，农村危旧房改造工程，农村垃圾收运体系建设工程，测土配方施肥工程，农村畜禽养殖污染防治工程，农村面源污染防治工程。

农村公共服务设施。农村劳动力转移就业体系建设及重庆农业职业学校建设，三峡库区及少数民族地区农村教师终身学习培训基地，农村初中校舍改造二期工程，农村敬老院，乡镇医院及村级卫生室建设，农民体育健身工程，广播电视村村通工程，现代农业产业园气象试验研究基地，特色农业人工影响天气保障工程，现代农业和新农村气象服务体系等。

第七章　加快三峡库区后续发展

抓住国家实施三峡后续工作规划的重大机遇，坚持国家扶助与自力更生相结合，着眼库区长远发展，突出库区安稳致富、生态环境保护、地质灾害防治三大战略任务，努力实现库区群众基本生活有保障、劳动就业有着落、脱贫致富有盼头，同心同德建设和谐稳定新库区。

第一节　促进三峡库区安稳致富

对接国家三峡后续工作规划，积极推进库区产业结构调整、职业教育与技能培训、基础设施和公共服务功能完善以及移民后期扶持等重点工作。扶持库区特色优势产业发展，深化对口支援和招商引资工作，继续发挥库区产业发展扶持资金引导作用，加快移民生态产业园区建设，引导关联产业向功能区、产业区集中。因地制宜发展清洁能源、石油天然气及盐化工、机械制造、纺织服装、生物医药、绿色食品深加工和现代生态农业，大力发展旅游业和商贸物流业，增强库区产业竞争力和吸纳就业能力。加快三峡库区职业教育和技能培训试验区建设，加大教育培训力度，健全就业服务和创业扶持体系，逐步实现适龄劳动力技能培训全覆盖，帮助库区群众稳定就业和持续增收。加快农村公路建设、库周交通复建和航道恢复整治，实施半淹城市基础设施功能恢复建设，完善农田灌溉保障体系和移民迁建城集镇防洪功能，全面解决库区农村饮水安全问题，改善库区群众生产生活条件。加强库区基本公共服务设施建设和社区服务体系建设，增强库区教育、卫生、文化、体育、市政公用等公共服务功能，逐步实现基本公共服务均等化。完善移民后期扶持和社会保障措施，积极解决移民安置遗留问题，维护库区社会稳定。

第二节　加强三峡库区生态环境建设与保护

加强污染控制和生态恢复，保护三峡水库水环境质量安全，恢复提升库区生态系统功能。加大水污染防治力度，有效控制生活污染、工业污染，实施重要支流水体修复、水华控制及水土保持工程，推进船舶污染治理，强化水源地保护。加强水库岸线保护与利用控制，研究优化三峡工程水位调度方案。加强消落区生态环境综合治理，重点实施云阳县、开县、巫山县、奉节县、万州区、忠县、丰都县、涪陵区等重点区域示范工程。全面实施生态屏障区建设，结合地灾避险搬迁有序稳妥推进生态屏障区人口转移。加强库区生态与生物多样性保护，加快珍稀特有动植物栖息地保护区、自然保护区建设以及重要生态的修复与保护，科学有序开展人工增殖放流，实施重点区域和重点入侵物种的监测预警和综合治理。

第三节　加强三峡库区地质灾害防治

建立健全库区地质灾害防治长效机制，综合采取监测预警、避险搬迁和工程治理等措施，重点对库周滑坡体、崩塌体、危岩体、塌岸以及移民迁建高切坡实施防治，保障人民群众生命财产安全和水库运行安全。坚持预防为主、监测为要，全面加强监测预警系统建设，实行群测群防和专业监测相结合，完善监测机构和设施建设，健全灾害预警和应急机制。坚持搬迁为先、城镇为重，对涉及群众人居安全的地质灾害点，适时实施搬迁避让；对危害城镇及集中居民点的地灾点，在充分勘察论证基础上实施工程治理。维护库周地质环境安全,禁止涪陵以下区段库岸区域开矿采矿并限期关闭已有矿区。严格控制巫山县、奉节县等县城及库周重点集镇现有建成区规划,合理疏导城镇人口。加强已治理工程的后期维护,积极开展库区重大地质灾害问题研究。

第八章　促进区域协调发展

把加快"两翼"发展放在区域发展战略的优先位置,努力缩小区域发展差距,促进区域协调发展。

第一节　全面提升一小时经济圈发展水平

坚持率先发展,着力增强综合实力和核心竞争力,提升辐射带动力。强化主城核心引领作用。更加突出渝西地区的重要支撑作用,加快推进工业化、城镇化以及农业现代化,建成大中小城镇密集区、新型工业密集区、集约高效农业区。加快建设大型产业基地和产业集群,大力发展现代服务业。加快建设对外快速通道和换乘枢纽,完善高速公路网络体系,提速建设城际轨道交通。加快建设城市市政设施,重点解决渝西地区水资源保障问题,增强城市人口承载能力。率先推进城乡教育、基本医疗卫生、公共文化和社会保障等基本公共服务及城乡户籍管理一体化。加快南部地区发展,积极推进渝南黔北区域合作。

第二节　促进渝东北地区繁荣稳定

坚持产业发展、生态环境保护、民生改善齐头并进,"提速提档"发展,逐步实现繁荣稳定。充分发挥万州区作为全市第二大城市和渝东北地区区域性中心城市的功能作用,培育壮大"万开云"城镇群,推进垫江—梁平、丰都—忠县轴状开发,形成"点轴"状城镇化、工业化空间开发格局。大力发展资源节约、环境友好、能充分带动就业的特色优势产业体系。整体规划、建设和营销长江三峡国际黄金旅游带。提升长江黄金水道航运效率,加快建设铁路、高速公路干线,着力解决城口县、巫溪县等偏远区县交通难问题。大力发展劳务经济,提高劳动力素质和就业能力,打造劳务品牌,以劳务开发为重点促进人口有序梯度转移。以渝东北地区为纽带,促进渝陕鄂区域合作,加快大巴山等毗邻地区发展。

第三节　加快渝东南地区特色发展

坚持产业发展与基础设施建设并重,资源开发与环境保护并举,人口转移与扶贫开发互促,建设经济发展、社会和谐、生态友好的武陵山地区经济高地。强化黔江区域经济中心功能,有序开发建设其他县城,形成"一核多点"的城镇化、工业化空间开发格局。大力发展民俗生态旅游、现代山地生态农业、绿色食品加工等特色产业,择优开发优势矿产资源,发展清洁能源产业。加快建设交通、能源、水利、工业园区基础设施,着力改善生产生活条件。强化区域内外互动,打造武陵山经济协作区。实施易地扶贫、生态移民、片区开发、整村脱贫。强化少数民族地区政策扶持。

第四节　推进形成主体功能区格局

按照不同区域的主体功能定位和发展方向,加快转变区域经济发展方式和空间开发方式,促进形成主体功能区布局。推进重点开发区域新型工业化进程,增强产业和人口集聚能力。加强限制开发区域耕地保护和生态环境保护,稳定粮食生产,增强水源涵养、水土保持和生物多样性等功能,发展成为保障农产品供给安全和生态安全的重要区域。引导限制开发区适度开发,将其县城规划范围、市级工业园区等确定为重点开发区。依法保护国家级和省级自然保护区、世界文化自然遗产、风景名胜区、森林公园、地质公园等,严禁不符合主体功能定位的各类开发活动,引导人口逐步有序转移,成为保护自然文化资源的重要区域。

专栏 16　市级主体功能区

重点开发区。面积 290.2 万公顷,人口 2303.3 万人,约占全市 35.22%、81%。

限制开发区。面积 453.8 万公顷,人口约 545.6 万人,约占全市 55.07%、19%。划分为生态保障区、农产品保障区(全市耕地 2020 年规划范围,面积 217 万公顷,其中基本农田 183 万公顷)。

禁止开发区。面积 80.01 万公顷,占全市 9.71%。范围包括:(1)国家及市级自然保护区 24 个;(2)世界文化和自然遗产 2 个;(3)国家及市级重点风景区 36 个;(4)国家及市级森林公园 58 个;(5)国家地质公园 4 个;(6)重要水源地、重要水源水库及其保护区 58 个。

第五节　完善区域协调发展机制

突出差别发展、分类指导、优势互补、协作联动,构建区域协调发展的长效机制。实施主体功能区政策和差别化考核评价。完善"圈翼"互动发展机制,促进产业园区多元共建、上下游产业链协作,提高对口帮扶实效。强化区县分类指导,完善区县鼓励产业目录,积极引导理性招商引资,避免恶性竞争,促进错位特色发展。强化区县针对性支持,对革命老区、民族地区、老工业区、资源枯竭地区,以及城口县、巫溪县、酉阳县、彭水县等发展特殊困难区县针对性的帮扶和支持。

专栏 17　主体功能区政策导向及考核评价

	政策导向	考核评价
重点开发区	①优先安排重大产业项目。 ②实施积极的人口迁入政策。 ③实行严格的污染物排放总量控制,合理控制排污许可证发放,加强建设项目环境影响评价和环境风险防范。 ④合理开发利用水资源,在加强节水同时限制入河排污总量。	实行工业化、城镇化发展优先的区域政策及绩效考评,强化经济增长、产业结构、质量效益、节能减排和吸纳人口方面的评价考核。
限制开发区	①加大一般转移支付力度,增强基层政府基本公共服务能力。 ②建立生态环境补偿机制和区县横向援助机制,引导重点开发区域采取资金补助、定向援助、对口支援等方式对限制开发区域进行生态补偿。 ③逐步加大政府投资用于农业和生态环境保护的比例。适当提高国家支持的政府投资项目政府补助或贴息比例。逐步降低基础设施项目区县政府配套资金比例。 ④建立产业退出机制,促进不符合主体功能定位的现有产业跨区域转移或关闭。 ⑤严格控制建设用地增长,严禁农业导向的限制开发区域改变农业生产用途的土地供应,严禁生态导向的限制开发区域改变生态用途的土地供应。 ⑥实施积极的人口退出政策,加强义务教育、职业教育和就业培训,增强劳动力跨区域转移就业的能力;完善人口和计划生育利益导向机制。 ⑦加强排污企业的治理、限制或关停,确保污染物排放总量持续下降,从严控制排污许可证发放。 ⑧加大水资源保护力度,适度开发利用水资源,实行全面节水,满足基本的生态用水需求。	针对农业主产区和重要生态功能区,分别实行农业发展优先和生态保护优先的区域政策及绩效评价,淡化地区生产总值、工业等指标考核。

续表

	政策导向	考核评价
禁止开发区	①加大各级财政对自然保护区的投入力度，在定范围、定面积、定功能基础上定编、定经费，分清市级与区县级财政责任。 ②实施积极的人口退出政策。 ③不发放排污许可证。 ④依法关闭所有的排污企业，确保污染物“零排放”。 ⑤严格禁止不利于水生态环境的水资源开发活动，实行严格的水资源保护政策。	全面评价考核自然文化资源原真性和完整性保护情况。

第九章　建设资源节约型和环境友好型社会

树立绿色、低碳发展理念，加快构建资源节约型、环境友好型社会，全面提升可持续发展能力，促进人与自然协调发展。

第一节　建设森林重庆

走绿色发展之路，加大生态建设力度，构建生态安全屏障，全面提升生态文明水平，建设长江上游生态文明示范区。

建成国家森林城市，全面实施城市森林工程、农村森林工程、通道森林工程、水系森林工程、长江两岸森林工程、苗木基地工程，实施天然林资源保护、水土保持综合治理工程，争取国家继续实施“长防”工程和退耕还林工程。深入开展“绿化长江重庆行动”，实现裸露荒山及通道可视范围内山头、农村房前屋后、确权荒山林地、城周屏障区、长江干流沿线重点区域和城区节点干道全面绿化，累计新增营造林1200万亩，三峡库区库周两岸生态屏障区森林覆盖率达到65%，全市森林覆盖率达到45%以上。建成国家生态园林城市，推进城市主、次干道林带建设，打造城市绿色骨架和绿色隔离带，城市建成区绿化覆盖率达到40%；大力发展公共绿地，形成分布合理、类型多样、各具特色的公共绿地体系。

构建生态安全屏障，形成以长江、嘉陵江、乌江三大水域生态带和大巴山、大娄山、华蓥山、七曜山四大山地生态屏障为主体，以交通廊道、城市绿地为补充，山水相间、带状环绕的“三带四屏”的生态空间格局。加快推进三峡库区消落区、地质灾害危险区、石漠化地区、工矿采空沉陷区等生态环境脆弱地区的生态恢复，开展易灾地区生态环境综合治理。加强自然保护区建设，实施湿地保护与恢复，建设湿地公园，加强野生动植物资源保护和合理利用，建设秦巴及武陵山生物多样性功能区。加快地质灾害频发地区、生态环境脆弱地区和生态功能重要地区人口转移，减轻人口承载压力。加强森林防火、森林病虫害防治，巩固生态建设成果。加强政策引导，建立生态补偿机制，加大对生态保护地区的生态补偿力度。

图5 “三带四屏”生态空间格局

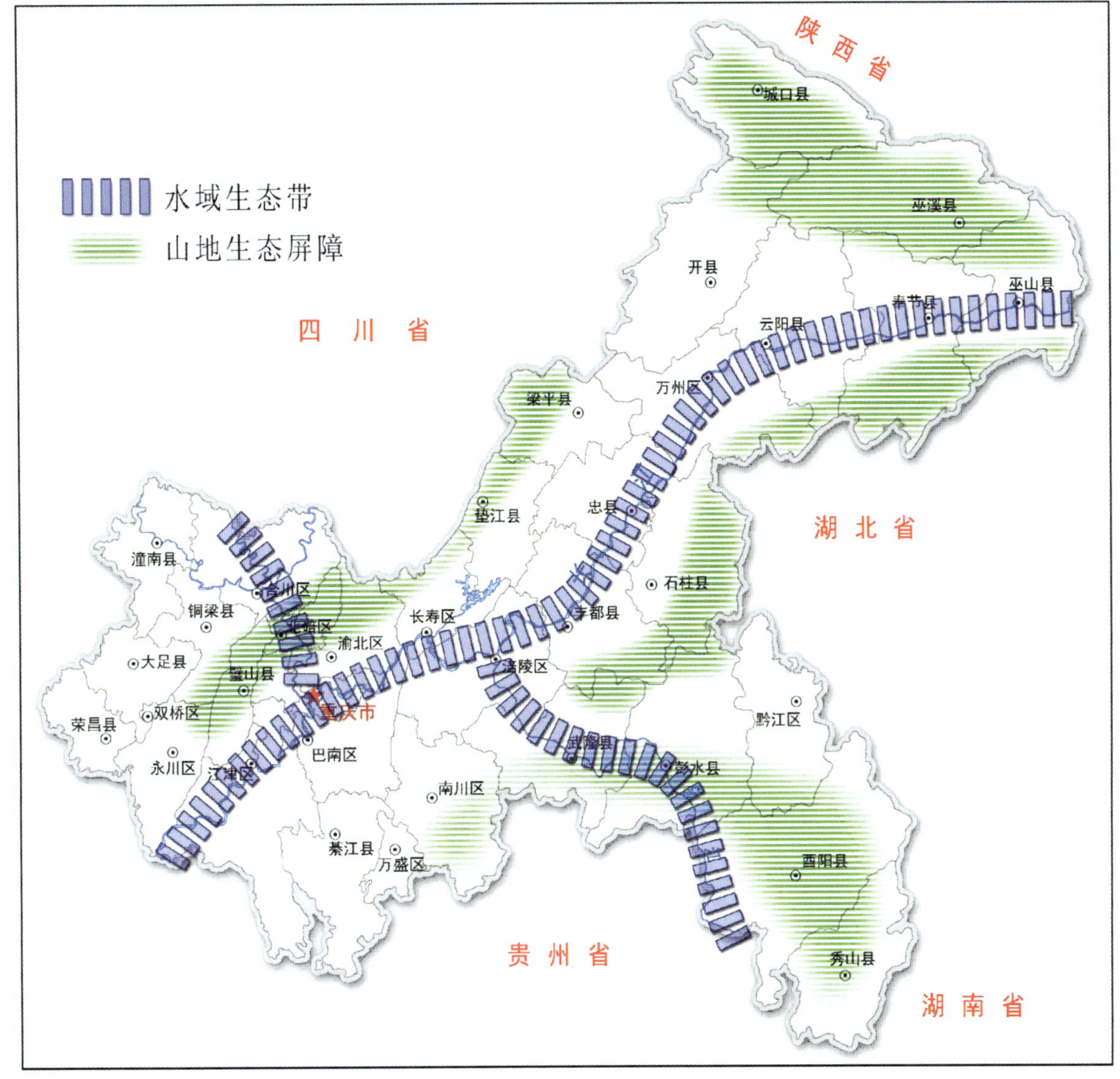

专栏18　森林重庆建设重大项目

生态建设。实施退耕还林、荒山造林及封山育林1300万亩;实施天然林资源保护375万亩,加强1857万亩重点公益林和2372万亩地方公益林保护;加强长江防护林体系建设,实施低效林改造1000万亩;建设中国长江湿地博物馆1个,湿地公园10个,建立湿地自然保护区5个。

生态保护。建成航空护林站,新建70个森林火险监测站,建设森林防火视频系统和森林火灾通信及应急指挥系统,加强渝东北和渝东南重点火险区综合治理,建设生物防火阻隔带1.5万公里,森林防火公路3000公里;建设林木种苗质量检验体系,建成三峡库区松材线虫综合防控体系,建设县级测报站21个,乡镇(林场)基层测报点234个;加强野生动植物资源保护。

第二节　加强环境保护

坚持预防为主、综合整治、强化监管,以创建国家环保模范城市、污染物总量减排、保障三峡库区环境安全为重点，着力解决危害群众健康和影响可持续发展的突出环境问题，不断改善城乡环境质量。

大力推进污染物减排。完善污染物减排责任制，强化工程减排、结构减排和管理减排措施，推进主要污染物排放权有偿使用交易，大幅度减少污染物排放量。

加强水环境保护。以三峡库区水环境、饮用水源保护为重点，确保水质安全和水生态系统健康。全面推进次级河流污染综合整治，加强次级河流跨界断面水质监测。重视三峡水库及其支流回水变动区水体的富营养化问题，建立长效监控体系。完善城市污水处理设施，确保城市污水集中处理率达到90%（主城区达到95%）。因地制宜建设小城镇污水处理设施，城镇污水集中处理率达到75%。妥善处置污水处理厂污泥，实施无害化和资源化处理。全面实现工业园区废水集中处理。

加强大气污染防治。实施二氧化硫和氮氧化物总量控制，继续加强燃煤电厂脱硫脱硝，推进燃煤锅炉废气污染治理，提升工业窑炉废气治理水平，严格控制机动车尾气排放，加快排放超标车淘汰更新。加强餐馆及摊贩油烟排放治理。严格控制建筑工地等城市扬尘污染。建立健全区域大气污染联防联控机制，控制复合型大气污染。

强化固废及危化废弃物综合处理。加快建设城镇垃圾处理场及处理设施，实施生活垃圾分类收集处理，城市生活垃圾无害化处理率达到98%，城镇垃圾无害化处理率达到85%，主城区和区县城餐厨垃圾无害化处理率分别达到80%和50%。加强医疗废物处置设施、危险废物集中处置设施建设，强化重金属、持久性有机污染物、化学危险品风险管理、污染土壤治理与修复、辐射放射污染防治。

构建环境保护预防体系。提高环境准入标准，严格控制高耗能、高污染、低产出项目，加快淘汰落后产能。严格执行主要污染物排放许可证制度。推行绿色信贷，稳步推进排污权有偿使用和交易。加强对重点环境风险源的动态监测与风险控制。健全环境风险预防和处置体系。全面推行城乡污水、垃圾收费制度。

专栏19 环境保护重点项目

重点流域水污染综合整治项目。29条次级河流污染综合整治、主城区达标河流持续改进。

工业污染治理项目。重点工业企业废水污染治理、燃煤电厂烟气脱硫设施建设及改造、燃煤电厂低氮燃烧改造和烟气脱硝工程建设、其他重点工业企业废气污染治理、工业园区废水集中处理设施建设。

固体废物处理处置项目。工业固体废物集中处置设施建设、生活垃圾集中处置设施建设与改造、电子废物集中处置设施建设、餐厨垃圾集中处置设施建设、建筑垃圾集中处置设施建设等。

城镇生活污水治理项目。主城区现有城镇污水处理厂提标改造、城市污水处理厂新建和扩建、小城镇污水处理厂建设等。

农村环保项目。村庄环境综合整治、畜禽污染防治、农业面源防治、农村环境监管等。

环境安全项目。医疗废物处置设施和危险废物集中处置设施建设，危险化学品风险管理、污染土壤治理与修复、重金属污染防治、园区风险防范等。

环境监管能力建设项目。环境监测、监察、宣传教育、信息、应急能力、生态环境监测能力建设等。

第三节 强化资源节约利用

全面加强节能、节水、节地、节材和资源综合利用，有效降低能耗、水耗、物耗水平。

深入开展节能降耗。合理控制能源消费总量，优化产业结构，抑制高耗能产业过快增长，淘汰落后产能，提高能源利用效率。实施“节能产品惠民工程”，推广先进节能技术和产品应用。推进工业、建筑、交通运输等重点领域节能，制定市场能耗准入标准和技术标准，加快推广合同能源管理，落实节能标识制度。大力推动政府机关等公共机构节能，加强科学管控，发挥公共机构在全社会节能中的表率作用。加大节能目标任务督查和考核力度，加强重点耗能企业的管理，落实节能目标责任书。

提高土地利用效率。严格耕地总量控制，提高耕地质量。大力推进农村土地整治特别是建设用地复垦，坚持在不破坏土地生态环境前提下，适度开发宜农后备资源。制定和实施节约用地标准，科学配置城镇工矿用地。加大闲置土地清理处置力度，盘活存量建设用地，充分利用荒山、荒沟、荒滩和荒坡地。

加强矿产资源节约和综合利用。加大天然气、页岩气和铝、锶、镁、硅、锰、锂等重要矿产资源的勘察力度，提高矿产资源保障能力。投资市外、境外重要矿产资源开发利用。改进开采技术和工艺，发展绿色矿业，提高矿产资源开采回采率、选矿回收率和综合利用率。加大矿产资源开采中共生、伴生矿综合利用量。完善矿山环境恢复治理保证金制度。

加强水资源节约。加强需水侧管理，严格用水定额，建立梯度水价制度。大力推进农业节水灌溉。实施钢铁、煤炭、建材、纺织、造纸等重点用水行业节水技术改造，推广城市节水产品和器具应用，单位地区生产总值用水量和单位工业增加值用水量分别比2010年下降20%和25%。加强再生水、矿井水和雨水等非常规水利用。推进重点企业、工业园区、污水处理厂等中水回用。

大力发展循环经济。建设中西部发展循环经济的示范区。推进工业园区上中下游产业链、水电气热联供、基础设施配套、物流配送服务和生产生活环保生态管理等“五个一体化”。推进企业生产内部工艺之间的能源梯级利用和物料循环利用，推动产业循环式组合。加快建设再生资源回收体系。开展大宗工业固体废物综合利用工程试点，工业固体废物综合利用率达到80%。

专栏20　资源节约利用重点项目

节能。工业、建筑、交通运输等重点领域十大重点节能工程：燃煤工业锅炉（窑炉）改造工程项目，余热余压利用项目，节约和替代石油项目，电机系统节能项目、能量系统优化项目、建筑节能项目、绿色照明项目、政府机构节能项目、能源计量数据服务体系建设项目，节能监测和技术服务体系建设项目。

水资源节约利用。重点行业节水改造和矿井水利用重点项目。

资源综合利用。共伴生矿产资源综合开发利用和煤层气、大宗工业固废综合利用项目，建设静脉产业园。

第四节　积极应对气候变化

建设国家低碳试点城市，大力发展低碳经济，降低温室气体排放强度，不断提高减缓和适应气候变化的能力。建立促进低碳发展的政策法规、标准和统计、监测及目标考核体系，制定财税、金融、土地、生产原料价格等方面支持政策，鼓励和引导社会资金投向低碳经济领域。鼓励低碳技术创新、引进、研发和应用，强化低碳发展的技术支撑。以调整产业结构、提高能源效率、优化能源结构、促进低碳技术研发应用为重点，打造以低碳排放为特征的产业体系，着重抓好工业、建筑和交通等重点领域碳减排，促进重点行业和支柱产业向低碳转型。提高低碳能源供给总量，2015年非化石能源占一次能源消费比重达到13%。构建低碳标准及产品认证体系，开展低碳企业和产品认证、低碳园区试点和示范。增加森林蓄积量和碳汇储备，探索建立碳排放交易市场。倡导绿色低碳生活方式和消费模式，培育壮大低碳产品的消费市场。完善气候观测系统，加强三峡库区气候变化与局地气候效应研究，增强适应气候变化特别是应对极端天气气候事件能力。开展应对气候变化和低碳发展的国内外合作。

专栏21　低碳发展重点项目
低碳城市建设。2000万平方米的绿色低碳建筑，低碳公租房示范工程；推广新能源公共交通车辆和绿色照明，推广地源热泵系统和江水源热泵集中供冷供热技术。 **低碳产业**。培育2—3个低碳产业园区，能源产业、化工和汽车制造业的低碳转型示范工程；低碳照明器材、低碳建材、低碳装备以及“再制造”产业化推广项目，煤层气、瓦斯气体回收再利用示范项目，开发清洁发展机制（CDM）项目。

发展动力源泉

第十章　切实保障和改善民生

深入落实“民生十条”举措，切实保障和改善民生，让改革发展成果惠及全市人民，培育起有利于扩大消费、拉动内需、促进经济长期持续稳定增长的内生动力。

第一节　促进就业和劳动关系和谐

把扩大就业作为保障和改善民生的头等大事，健全劳动者自主择业、市场调节就业和政府促进就业相结合的机制，努力实现社会就业更加充分。

大力开发就业岗位。积极发展服务业，充分发挥中小企业、微型企业和非公有制经济促进就业作用，促进充分就业。建立和完善政府购买服务、提供公益性岗位的机制，每年新增开发公益性岗位10000个以上。力争当年新增就业岗位基本满足新增就业需求，并逐年消化结存的下岗失业人员。

实施更加积极的就业政策。完善促进就业和稳定就业的财税优惠措施，建立健全政府投资和重大项目带动就业机制。加强就业援助，动态消除城镇“零就业家庭”问题。加大对三峡库区的就业政策倾斜。完善创业扶持政策，重点支持大中专毕业生、下岗失业人员、返乡农民工、“农转非”人员、三峡库区移民、残疾人、城乡退役士兵等人群创业。

完善城乡就业服务体系。健全统一开放的人力资源市场体系，加快推进职业技能公共实训基地建设，开展预备制培训。健全创业服务体系，为创业者提供开业指导、信息咨询、创业融资等服务。加强高校毕业生就业指导，应届高校毕业生就业率达到90%以上。

促进劳动关系和谐。健全劳动关系三方协调机制，积极推行集体合同制度。完善劳动争议处理机制，加大劳动仲裁和监察执法力度，保障劳动者特别是农民工的合法权益。发挥工会和行业组织积极作用，促进企业和职工利益共享。

第二节 完善城乡社会保障体系

坚持广覆盖、保基本、多层次、可持续的方针，加大投入力度，以基本养老、基本医疗、最低生活保障为重点，建立健全覆盖城乡居民的社会保障体系。

以提高低收入群体承受能力和参保积极性为重点，探索整合完善社会保险制度。完善社会保险管理服务体系，建立健全社会保险转移衔接机制，加强社会保险基金监管，扩大社会保险覆盖面，提高保障能力和水平。完善城镇职工基本养老保险制度，加快实施城乡居民养老保险，推进机关事业单位养老保险制度改革。完善城乡医疗保险制度，实现城镇职工医疗保险全市统筹。完善工伤、失业、生育保险制度，逐步将工伤、生育保险扩大到机关事业单位。发挥商业保险补充性作用。大力发展企业年金、职业年金和补充医疗保险。

完善城乡居民最低生活保障为主体、专项救助相配套的社会救助制度，把符合条件的困难群众纳入保障范围，做到应保尽保。稳步提高低保标准和补助水平，建立低保标准动态调整机制。完善基本生活必需品价格上涨与困难群众生活补贴联动机制。健全城乡医疗救助和临时救助制度，将低收入群体纳入救助范围。加强灾害应急管理、灾民生活救助、救灾物资保障，提高灾害救援能力。加强优抚安置工作。

积极发展社会福利事业，加快建设区县社会福利中心、区域性儿童福利院，逐步健全社会福利服务体系，推动社会福利服务社会化。加快发展慈善事业，鼓励和发展各类慈善组织，支持社会力量兴办慈善机构。

专栏 22 就业和社会保障重点项目

就业。中国西部人力资源市场，市、区县两级创业指导服务中心，50 个市级创业孵化基地，每个区县 1—2 个重点产业预备制培训基地，市级综合公共实训基地和 6 大专业性公共实训基地，万州、黔江区域性综合公共实训基地。

社会保障体系。金保二期工程，市人力资源和社会保障服务中心，区县、街道（乡镇）、社区（村）三级新型就业和社会保障服务体系，万州、永川工伤康复中心，社会保险异地转移接续平台，社会保险基金监管体系。

社会福利。城市福利院（改造 3 万张床位），6 个区域性儿童福利院（新增床位 4500 张）。

备灾。中央级和市级救灾物资储备库。

第三节 建设健康重庆

建立健全覆盖城乡居民的医疗卫生服务体系，广泛开展体育健身，全面提升市民身体素质和身心健康水平。

全面加强公共卫生。健全疾病预防控制、健康教育、妇幼保健、残疾预防、精神卫生、应急救治、采供血、卫生监督等专业公共卫生服务网络。推进医防结合，加强重大疾病防治和公共卫生应急管理体系建设，突出抓好突发性流行病的防控工作，提高重大疾病和突发公共卫生事件预防处置能力。加强对妇女、儿童、老人、残疾人等重点人群的保健康复工作，推进基层医疗信息化建设，提高居民健康档案普及率，针对市民主要健康危险因素实施积极干预。大力推进爱国卫生运动，提高国家卫生区(县城)覆盖率。

健全医疗卫生服务体系。优化医疗卫生设施体系布局,以市级综合型和特色专科医院建设为载体,建设市级10大公共医疗卫生中心、6个区域医疗卫生中心,建成长江上游医学中心和西部医疗卫生服务中心。重点在内环和二环区域间、区域性中心城市,以及80万～100万人口的区县,开展三甲医院创建工程。继续开展乡镇卫生院、城镇社区卫生服务中心的标准化建设和乡镇计划生育服务站建设,健全农村三级医疗服务网络,完善以社区卫生服务为基础的新型城市卫生服务体系。积极稳妥推进公立医院改革,初步建立现代医院管理制度。鼓励社会资本创办医疗机构和参与公立医院改制重组,推进多元化办医。

建立和完善以国家基本药物制度为基础的药品供应保障体系。基层医疗卫生机构全面实施国家基本药物制度,其他医疗卫生机构逐步实现全面配备,优先使用基本药物。建立基本药物目录定期调整和更新机制。完善价格形成机制。提高基本药物实际报销水平。规范和整顿药品生产流通秩序,保障药品质量和安全。坚持中西医并重,发展中医医疗和预防保健服务,推进中医药继承与创新。

广泛开展群众健身,切实加强学校体育,加快社区体育健身设施和农村体育健身设施建设,促进全民享有体育健身公共服务,增强市民体质。积极发展竞技体育,培育引进优秀体育人才,加快市级重大体育设施建设,办好全国第五届体育大会。积极发展心理咨询,促进市民心理健康。

专栏23　健康重庆重点项目

医疗卫生。(1)重大公共医疗卫生建设项目:重庆儿童医疗中心,市急救中心综合整治,市职业病防治院中毒救治综合大楼,市公共卫生医疗救治中心门诊综合楼,市中医院迁建(二期),市肿瘤医院改扩建(二期),市精神卫生中心改扩建,市妇幼保健院迁建,市人民医院;(2)重医附二院江南医院,市血液中心迁建,区县级精神卫生防治体系、区县急救体系、卫生监督体系、全科医生培训基地建设,乡镇卫生院和社区卫生服务中心标准化建设;(3)区县创建三甲医院13所,全面完成区县医院改造升级任务。

体育。全国第五届体育大会场馆,市奥体中心综合馆、大田湾体育场及周边环境改造,市体育运动学校迁建,市射击射箭中心,武隆仙女山户外营地,100条全民健身登山步道,150个乡镇农民体育健身项目,500个社区健身路径项目,体育后备人才基地(恢复和建立41所区县体校)等项目。

第四节　建设平安重庆

推进安全发展,坚持预防、监管、治理相结合,建立统一领导、资源共享、快速高效的公共安全保障网络,建成安全保障型城市。

完善社会治安防控体系。健全"打黑除恶"长效机制。完善校警、交巡警、警务文员新型警务体制。加大刑事案件预警、侦破力度,严密防范、依法打击各种违法犯罪和恐怖活动,切实保障人民生命财产安全。提高治安管理法制化、信息化、数字化水平。加强对治安重点地区的排查整治,推进一体化大综治平台、群防群治等基层基础建设。

强化生产安全。夯实安全生产基层基础,全面落实安全生产责任制,突出企业主体责任,提高政府监管能力,强化监察执法,增强全民安全意识。推进实施矿山、危化、建设以及高层建筑消防等重点行业及领域的安全治本措施,推进企业安全标准化生产,坚决防范重特大事故。加强交通安全管理,继续实施交通安全"生命工程"。加强食品药品安全监管,构建统筹城乡的食品药品监管体制，建立行政监管、技术监督、信息透明、应急处置快捷的食品药品监管体系，确保饮食用药安全。

维护社会稳定安全。深入推进社会矛盾化解、社会管理创新、公正廉洁执法三项重点工作，着力解决影响社会和谐稳定的源头性、根本性、基础性问题。建立人民调解、行政调解、司法调解紧密衔接的大调解格局。加大社会矛盾调解力度，健全党和政府主导的维护群众权益机制。拓宽社情民意表达渠道，建立健全群众诉求表达机制，完善公众决策的社会公示制度、公众听证制度和专家咨询论证制度，扩大公众参与程度，完善"干部接访、下访"工作机制和多元化矛盾纠纷化解机制，有效防范和化解社会矛盾。

加强社会应急管理体系建设。按照预防与应急并重、常态与非常态结合原则，建立健全突发事件应急管理体制、机制和法制。着力增强气象、地质等重大自然、事故灾难、公共卫生和社会安全事件预防控制、应急处置、救助保障和恢复重建能力。加强资源整合和协调互动，提高应急管理信息化水平，增强快速反应和应急联动能力。按照平战结合的要求，全面加强国防动员体系和社会动员应急机制建设，进一步完善军地协同应急工作机制，提高综合应急能力。支持国防和军队建设，积极为驻渝部队提供服务保障。

专栏 24　平安重庆重大项目

公共安全。市公安金盾工程二期，监管场所，公检法司业务技术用房。监狱劳教信息化系统和监控安防系统建设，市公安刑事技术中心，情报信息中心，反邪教教育转化基地，新增 200 个交巡警平台，平安重庆应急联动防控体系数字化建设（含 50 万个公共视频采焦点、5000 个阳光警务查询监督终端等），消防国家陆地搜救暨特勤训练基地，武警新兵及特种训练基地，市公安局突发事件处置中心库区分中心，"闪电"反恐突击队装备集结基地，依赖性药物自愿康复中心，暴力性精神病防治中心，市、区县（自治县）、乡镇三级政府应急平台，暴雨、洪涝、地震、地质灾害、森林火灾、农业有害生物灾害等预测预报体系。

安全生产。5000 公里"生命"工程，重大危险源等安全生产管理与监控预警信息化建设工程，安全生产应急救援体系建设工程，安全生产技术支撑体系建设及执法能力提升工程，危险化学品事故隐患治理等重大安全事故隐患治理工程，煤矿安全、危险化工等企业技术改造与装备建设工程。

食品药品安全。依托市医疗器械质量检验中心建设区域性医疗器械检验中心，依托市药检所建设区域性食品药品检测中心，建设 4 个片区药检所，食品药品监管信息化建设。

第五节　提升人口服务水平

全面做好人口工作，提高人口素质，优化人口结构，促进人口长期均衡发展。坚持计划生育基本国策，逐步完善生育政策，加强人口和计划生育服务体系建设。全面实施新一轮妇女、儿童发展纲要，切实保障妇女儿童合法权益，大力发展青少年事业。加强妇女就业创业帮助，提高妇女参与经济社会发展能力。加强未成年人保护。严厉打击暴力侵害妇女、拐卖妇女儿童、弃婴等违法犯罪行为。加强妇幼保健工作，强化生殖健康服务，实施孕产妇保健、儿童计划免疫等免费服务，加大出生缺陷预防干预力度，促进优生优育。切实解决农村留守儿童教育、成长和监管问题，加大孤残流浪儿童救助力度。积极应对人口老龄化，建立以家庭为主导、社区为依托、机构为支撑的城乡基本养老服务体系。推进农村敬老院建设，提高"五保"供养水平。大力发展社会养老服务，培育壮大老龄产业。加快建设残疾人社会保障体系和服务体系，为残疾人生存和发展提供稳定的制度性保障，支持残疾人事业发展。

专栏 25 人口服务重点项目

人口工作。西南人口信息中心及人口信息网络工程，西部出生缺陷生殖健康研究基地，城乡基层人口计划生育服务体系，人口教育科普中心。

妇女儿童。农村留守儿童托管机构。

养老设施。新建和改扩建 3000 个城乡社区养老服务站（含托老所），新增床位 3.5 万张；新建 6 万张床位规模的国办养老机构；改造 3 万张床位的城市福利院和农村敬老院；建成覆盖市到区县的养老服务信息平台。

残疾康复托养。整体搬迁市精神病院，新建和改扩建潼南县、酉阳县、万州区和忠县精神病院，建设重庆市残疾人康复中心、重庆市残疾人托养中心，区县建设 100 个公办或民办公助的残疾人康复托养机构，依托街道（乡镇）、社区（村）建立 500 个残疾人日间照料站。

第十一章 发挥两江新区开发开放示范作用

加快落实国家赋予的五大功能定位，高起点规划、高标准建设、高水平管理，壮大产业规模，加快城市开发，加速人口集聚，把两江新区建设成为国家中心城市的风貌展示区、高端产业的核心集聚区、主城新增人口的主要承载区，在全市“加快率先”发展和改革开放中发挥示范作用，在西部大开发中发挥标杆和引领作用。到 2015 年地区生产总值达到 3200 亿元，工业总产值超过 6000 亿元，常住人口达到 300 万人，建成区面积达到 350 平方公里。

第一节 推动核心区域发展领先领跑

全面推进十大功能区域建设，实现六大核心区域率先见成效。江北嘴建成内陆地区金融高地的核心区，着力推动金融业创新开放，加快引进国际国内一流的大型金融机构、世界 500 强总部及结算中心，积极吸引金融高级人才，打造创新型金融机构高地。龙盛功能板块（鱼复功能区、龙石功能区）建成万亿战略性新兴产业基地框架，建设长安千亿汽车城，打造“中韩产业园”，引进和发展汽车、高端装备、节能与新能源汽车、新材料、节能环保等核心产业。北部新区建成中西部最大的总部基地和长江上游地区研发创新中心，着力优化创新创业环境，依托 1500 万平方米产业楼宇和国家级研发创新基地，大力集聚和发展总部经济、资讯研发和科技服务平台。悦来建成西部地区最大的会展区，加快建设重庆国际博览中心，完善基础设施和商务、商业配套，打造商务会展高地。空港新城建成西部一流的临空经济区，依托两路寸滩保税港区和国家复合型枢纽机场，发展笔记本电脑制造、临空物流以及商贸商务、航空服务等产业。水土建成内陆最大离岸数据开发和处理中心，形成集聚 20 万台以上服务器的数据处理能力。

专栏 26 五大功能定位和十大功能区

五大功能定位：

统筹城乡综合配套改革试验的先行区，我国内陆重要的先进制造业和现代服务业基地，长江上游地区的金融中心和创新中心，内陆地区对外开放的重要门户，科学发展的示范窗口。

十大功能区：

江北嘴中央商务区。大力集聚金融总部和高端服务机构，西部地区金融中心的核心区；

保税港功能区。发展国际配送、采购、转口贸易和出口加工，建成内陆标志性的开放口岸；

鱼复现代物流功能区。发展轨道交通装备、汽车、节能与新能源汽车，建成先进制造业基地，以及西部最大水铁联运基地和港口物流集散地；

续表

龙石先进制造功能区。发展高端装备、航空航天及新材料产业，建设龙盛万亿工业基地的核心区； **北部新区**。发展高技术产业和房地产业，建成中西部最大的总部基地和长江上游地区研发创新中心； **空港新城**。发展笔记本电脑、临空物流以及商贸商务、航空服务等产业，建成西部一流的临空经济区； **悦来会展城**。建成重庆国际博览中心，成为西部地区最大的会展区； **蔡家高技术产业功能区**。建设电子信息、仪器仪表、新材料产业基地和高品质生态型商住区； **水复生态产业功能区**。发展软件及服务外包产业，建成内陆最大离岸数据开发和处理中心； **木古出口加工功能区**。发展出口加工，建成空港保税区拓展区及配套服务区。

图6　两江新区大型聚居区、公租房布局

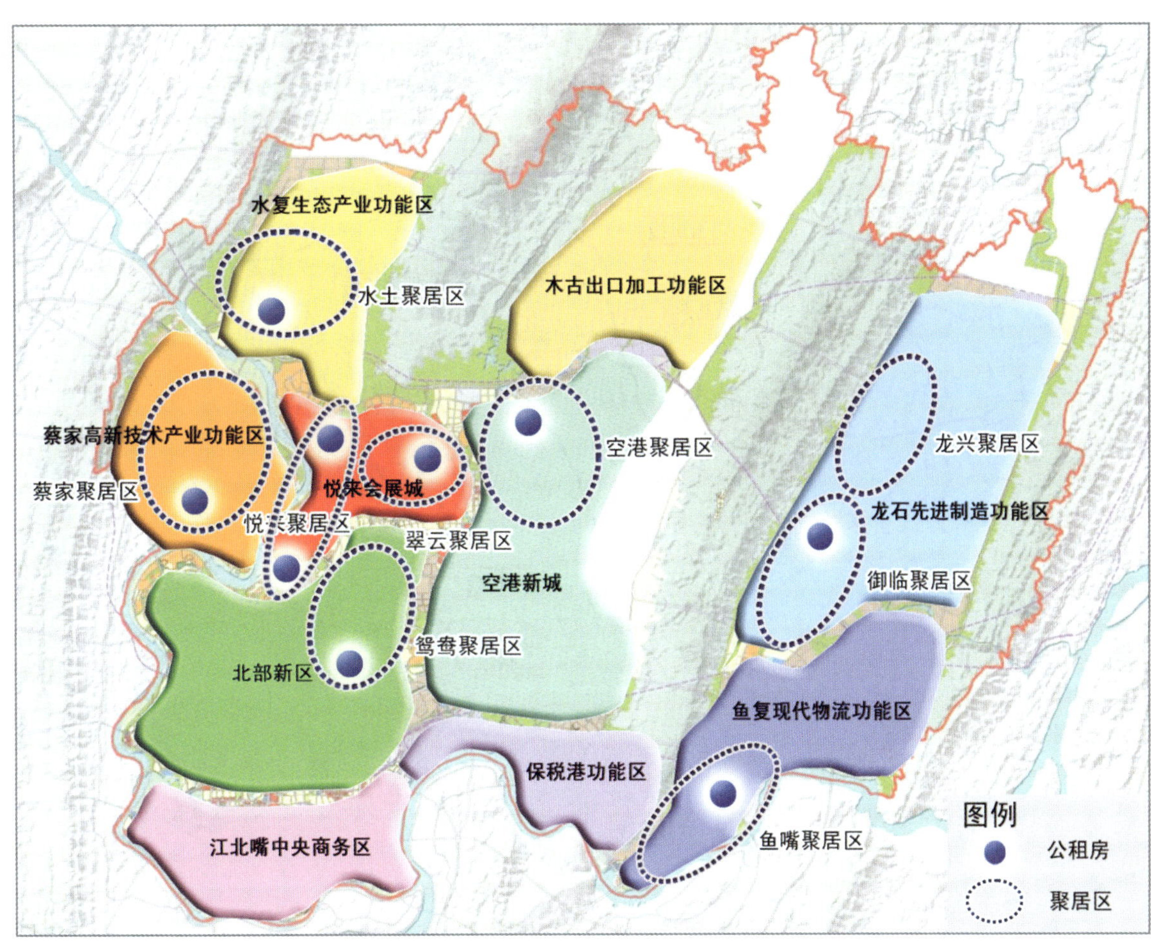

第二节　建设宜居宜业的现代化新区

按照功能现代、服务完善、生态宜居的要求，全面推进两江新区城市规划建设。规划新建蔡家、御临等20万～30万左右人口规模的9个大型聚居区，加速人口集聚，引导合理分布，新增集聚200万人以上。积极稳妥推进房地产健康发展，充分发挥其在两江新区城市建设中的重要作用，合理布局商业住宅小区，在北部新区、空港新城、悦来、蔡家等规划建设一批高档次、生态型、人文化的高品质住宅小区，按照职住平衡，生活及工作便利的原则，在大型聚居区内布局9处公租房住宅区，居住人口占聚居区总人口的20%左右，与商业住宅区共享道路、商业、文体娱乐设施，形成和谐城市人居格局。提升观音桥城市副中心的服务功能，建设悦来、龙兴城市副中心，增强居住和公共服务功能，打造都市休闲区。全面推进基础设施统筹规划建设，建成“五横四纵四联络一环”快速干道网络，打造以轨道交通为核心，整合多种方式的城市立体交通体系，促进各种交通方式无缝衔接。加快电力、燃气、给水、排水、环卫等市政基础设施建设，加快完善卫生、教育、文化、体育和社区服务等社会公共服务设施，满足经济社会快速发展需求。充分考虑环境容量的要求，产业设计符合低碳经济，招商引资符合环境保护，居住开发符合宜居理念，保护好区内山脉、河流、湿地等天然生态屏障，建成“一半山水一半城”的绿色生态新区。

图 7 两江新区快速路网规划

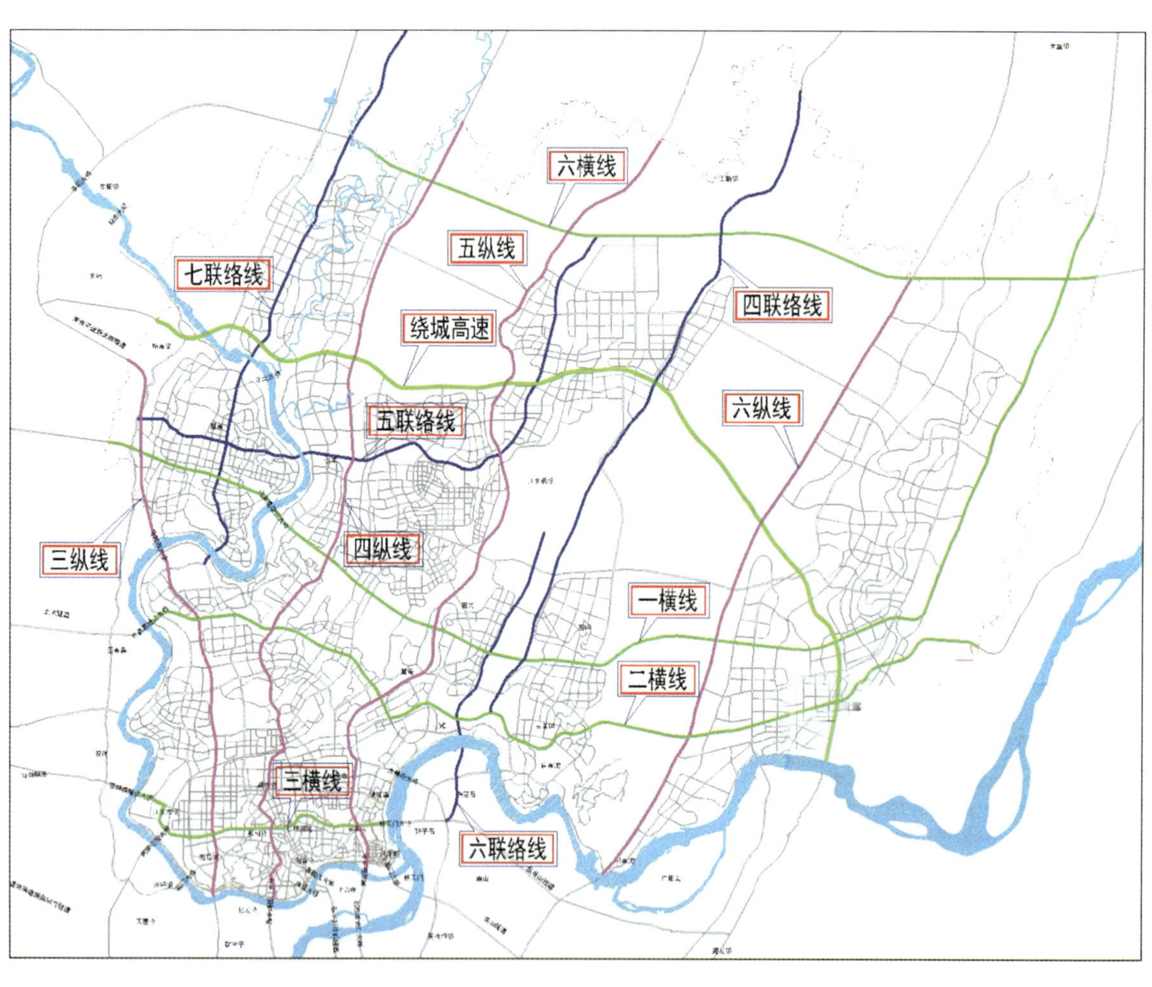

第三节 推进改革开放先行先试

两江新区要成为落实科学发展观，加快转变方式，推进统筹城乡综合配套改革试验的先行区和排头兵，坚持重点突破与整体创新相结合，不断拓宽改革领域，在重点领域和关键环节率先突破，与浦东、滨海新区共同成为国内体制最优、政策最优、环境最优的地区。在金融创新改革方面先行先试，创新金融产品，探索开展社保资金投资基础设施试点，建设保险创新试验区，争取试点人民币境外投资、出口企业人民币跨境结算、个人本外币兑换特许业务等，建设内陆金融改革创新基地。在贸易体制管理方面先行先试，推进符合国际惯例的贸易和结算便利机制，集聚外企地区总部和研发中心，营运中心、结算中心等功能性机构，创建内陆最优的口岸管理体制和机制。在科技创新改革方面先行先试，建设中科院重庆绿色智能技术研究院等大型综合性研发机构、生产力服务大厦等公共技术服务体系，积极开展知识产权质押融资试点，争取国家离岸服务试点，设立"离岸云计算产业试验区"，对国外数据往来给予特殊免检政策。在统筹城乡发展方面先行先试，全面推进公租房、城乡要素流动等改革，实行城乡统一的社会保障、就业、教育、医疗等政策的改革试点。在城市规划和管理方面先行先试，建立健全两江新区城乡规划编制统一管理体系，逐步形成经济社会发展规划、城乡建设规划、土地利用规划和环境保护规划有机联系的机制。

第十二章　建设内陆开放高地

坚持以开放促发展、促改革、促创新，建设开放平台，畅通开放通道，创新开放模式，构建区域协作新格局，建成内陆开放高地。

第一节　统筹"引进来"和"走出去"

坚持"引进来"和"走出去"结合，利用外资和对外投资并重，提高安全高效利用"两个市场、两种资源"的能力。

准确把握后危机时代世界经济发展新趋势和全球产业发展新动向，创新招商引资模式，择优选资，努力提升招商引资规模和水平。瞄准龙头企业、产业集群，完善便捷式服务体系，以人为本招商、以服务贸易招商、以区域特色招商，积极引进世界级大企业、大项目。充分发挥外资在提升自主创新能力、推动产业结构调整中的重要作用，重点引导投向先进制造业、战略性新兴产业和现代服务业，吸引外资企业在渝建立地区研发中心或分部，支持外资参与服务外包基地建设。努力拓宽招商引资渠道和区域，主动引入外资私募股权基金等多样化资本，积极争取和创新利用国外优惠贷款，加强与国际金融组织全方位、多领域合作。

积极探索面向国内市场的重庆"走出去"模式。把"走出去"作为比肩东部地区拓展发展空间的重要途径，按照市场导向和企业自主决策原则，以先进制造业发展和资源开发为重点，鼓励和支持企业通过对外投资办厂、兼并收购、资源开发等多种形式，参与境外稀缺资源和能源开发，收购境外优质企业、研发机构、营销网络和知名品牌，全方位参与国际竞争。鼓励中小企业抱团式"走出去"。推进境外经贸合作区建设，积极开展境外工程承包和劳务输出，拓宽境外工程承包渠道，扩大承包规模，完善外派劳务服务体系，建设国家级外派劳务基地。做好海外投资环境研究，健全境外投资促进体系，提高"走出去"服务能力，强化投资项目的科学评估，防范各类风险。

第二节　深入转变外贸发展方式

加快转变外贸发展方式，大力发展加工贸易、服务贸易和一般贸易，建设区域性国际贸易中心。创新和完善加工贸易模式，按照"整机+配套"、"制造+研发"、"生产+结算"模式，形成整机零部件垂直整合一体化，加快从组装加工向研发、设计、核心元器件制造、结算、物流等环节拓展，建成国家加工贸易示范基地。大力发展服务贸易，离岸与在岸并举，做好信息、软件、工程设计、咨询等知识密集型服务贸易,积极发展物流、金融、会展、旅游、软件外包等国际服务贸易,打造国家服务外包基地、中西部软件及信息服务外包示范城市。调整优化一般贸易,扩大高技术、机电、成套设备和名特优农产品等产品出口,支持具有自主知识产权、自主品牌、自主营销的产品出口,鼓励设立国际营销网络和研发中心,提高出口产品技术含量和附加值。优化进口结构,鼓励更多进口先进技术、关键零部件、战略资源和环保节能产品。

第三节 加快建设国际贸易大通道和保税(港)区

着力把重庆建成我国内陆地区对外开放和"走出去"的桥头堡。构建"一江两翼三洋"国际贸易大通道,畅通东向经上海至太平洋出海大通道,经兰渝快速铁路至阿拉山口通往大西洋的西北通道,经渝昆、滇缅铁路通往印度洋的西南通道。推动建设经上海、广州、深圳出海的铁海联运通道和经北部湾出海的陆路通道。开通并逐步增加欧美远程国际航线空中通道。加快建设电子口岸,开展口岸大通关,优化提升国际通行能力,努力建成内陆地区重要的国际贸易枢纽。

图8 "一江两翼三洋"国际贸易大通道

加快建设两路寸滩保税港区和西永综合保税区，打造内陆政策最优、功能最全、开放程度最高的开放门户，建成国家重要的保税物流基地、加工贸易基地和服务贸易集聚区。两路寸滩保税港区，依托长江水港和机场空港优势，突出口岸物流和中转贸易功能，重点发展国际中转、配送、保税仓储、商品展示、研发加工和制造业务。西永综合保税区，重点引进IT类企业入驻，大力发展保税物流和保税加工。充分发挥海关电子全程监管、全程保税功能，实现两路寸滩保税港区与西永综合保税区的无缝对接，逐步向自由贸易港转型。开放万州机场航空口岸，开放东港、长寿、涪陵、万州等水运口岸和团结村铁路口岸。

第四节　构建区域协作新格局

顺应区域经济一体化发展趋势，积极参与区域协作。加强与长三角、珠三角、环渤海等地区的紧密联系，主动与沿海发达地区在优势产业、知名品牌等方面进行配套承接、协作联动、市场互通共享。务实推进与四川地区的经济合作，促进川渝两地产业优势互补，经济资源和要素优化配置，建设川渝合作示范区。加强与贵州、陕西、新疆、湖南、湖北等中西部省市紧密合作，重点在资源合作、基础设施网络对接等方面取得积极进展。在海峡两岸经济合作框架协议下，发挥重庆对台交流的独特优势，建设两岸经济合作先行示范区，成为台商聚集地。积极开展与东盟国家和地区的经贸合作。进一步加强与港澳地区、国际友好城市的经贸合作和文化交流。

第十三章　加快统筹城乡综合配套改革

以建设统筹城乡综合配套改革试验区为载体，以促进百姓获益、优化资源配置、加快转变经济发展方式为目标，继续把抓住发展新机遇和体制机制、发展模式创新结合起来，构建保障科学发展的体制机制。

第一节　全面推进户籍制度改革

把深化户籍制度改革作为统筹城乡综合改革的突破口，以推动在城镇稳定就业和居住的符合条件的农民工特别是新生代农民工转户进城为重点，健全住房、社保、就业、教育、卫生等支撑保障，消除农民向城镇转移的体制性障碍，最终形成科学有序的人口城镇化机制。按照宽严有度、分级承接的原则，推动人口向小城镇、区县城、主城区聚集，到2015年力争非农户籍人口比重达到50%。建立完善进城农户农村土地处置机制，制定完善农民自愿退出宅基地、承包地和林地的补偿办法，保障进城农民按自愿、有偿原则处置其农村财产。与人口转移进城规模相适应，加快城镇基础设施和公共服务设施建设，满足新增城镇人口需求，有效防范和避免“大城市病”。

第二节　完善住房制度改革

坚持“低端有保障、中端有市场、高端有约束”，完善“市场+保障”的“双轨制”城市住房供给体系。强化住房保障的政府责任，大力推进公租房等保障性住房供给体系建设，覆盖城镇住房困难家庭、进城农民工、大中专毕业生和外地来渝工作人员等群体，力争解决占城镇人口30%以上的中低收入群众住房困难问题。积极推进公租房建设，到2015年全市建成公租房4000万平方米。加快建立完善保障性住房管理和运营体系，确保公开透明分配，健全准入和退出机制，实施商业附着设施的专业化运营，加强配套设施、物业、房屋保养及维修等方面的管理，促进保障性住房小区与城市其他住宅区和谐发展。完善房地产开发行业管理法规体系，加大对房地产市场的调控和引导力度，鼓励群众自住性购房，抑制投机性炒房，综合运用规划、土地、信贷等手段，抑制房价过快上涨，促进商品房市场平稳健康发展。

第三节 合理调节收入分配

坚持统筹兼顾，在继续坚持发展并不断提高发展质量和效益的前提下解决好收入分配问题，重视通过深化改革和完善制度促进收入分配公平，促进共建共享，力争2015年全市基尼系数降至0.35左右。初次分配以优化政府、企业、居民的收入分配关系为重点，逐步提高居民收入在国民收入分配中的比重，提高劳动报酬在初次分配中的比重，与经济增长、物价水平相协调，每年按职工人均收入调整最低工资标准，形成企业职工工资正常增长机制和支付保障机制。推动企业工资集体协商制度，建立健全企业工资支付监控和工资保证金制度。深化二次分配改革，强化税收对个人收入分配的调控作用，更加关注中低收入群体，通过社会保障制度覆盖、住房保障、专项消费补贴、节假日补助、特殊费用减免等措施加大转移支付力度。完善对垄断行业工资总额和工资水平的双重调控政策。根据经营管理绩效、风险和责任规范国有企业、金融机构经营管理人员特别是高层管理人员的收入。稳步实施事业单位绩效工资。规范收入分配秩序，加强收入分配的统计监测和政策评估，促进社会公平。

第四节 深化国有企业改革

全面深化国有企业组织结构、资本结构、产业结构、运管结构调整和监管体制改革，进一步提升国有企业发展质量和核心竞争力，充分发挥在产业结构调整中的主导作用、经济调节中的积极作用和履行社会责任的表率作用，到2015年实现市属国有重点企业资产总额稳定在2万亿元左右，所有者权益达到5500亿元，年利润500亿元以上。加大国企战略性结构调整力度，推进市属国有重点企业退出一般竞争性领域，加大国有企业集团整合力度，到2015年整合至30户，力争3户以上进入世界500强。把整体上市作为深化国有企业改革的基本路径，形成市场监管和政府对国有资产保值增值的特殊监管模式，推动政府由直接管国有企业具体经营行为向以管投资、管股权转变，进一步完善国有资产出资人制度。以资产、财务、投资和金融衍生业务管理为重点，切实防范国有企业债务、财务和投资风险。进一步打破产业垄断，对自然垄断行业推行资源开发或经营权公开市场竞争，完善经营性公共资源和特许经营权招拍挂制度。规范垄断行业和公用事业监管，加强经营、管理和绩效监控等。

第五节 大力发展非公有制经济

鼓励、支持和引导非公有制经济健康快速发展。创造公平竞争、平等准入的市场环境，进一步拓宽非公有制经济投资领域和范围。鼓励非公有制经济参与国有企业改革。支持优质民营企业上市融资。全面推进中小企业服务体系建设，发挥中小企业产权交易市场及西南企业资源网上交易中心作用，为中小企业提供综合服务。利用各类风险投资基金、小额贷款公司、债券和上市融资等，建立银保风险分担机制，构筑中小企业融资体系。依托龙头企业，促进中小企业集群发展。落实资本金补助、免除行政事业性收费、税收返还等政策措施，支持微型企业发展，力争扶持发展微型企业10万户，解决50万人就业。

第十四章　建设国家创新型城市

继续实施科教兴渝和人才强市战略，提高自主创新能力，全面推动经济社会发展向主要依靠科技进步、劳动者素质提高、管理创新转变，建设国家创新型城市。

第一节　增强科技创新能力

坚持自主创新与开放引进相结合，完善创新体制机制，加强自主创新基础能力建设，加快建设长江上游地区的科技创新中心和科研成果产业化基地。

构建科技创新体系。加强政府科技投入引导，实施重大科技创新专项，增强核心、关键、共性技术突破能力。强化企业创新主体地位，鼓励企业增加技术开发经费投入，建立技术研发机构，组建产业技术创新战略联盟。加强技术创新公共服务平台建设，建设一批国家级、市级重点实验室、工程(技术)研究中心、企业技术中心、工程实验室等。大力引进国家级大院大所，支持中央院所和市级科研院所建设，建设一批研发中心和中试基地，推动重科院、农科院等成为技术创新的骨干力量。加强高端科技人才引进，推进跨国公司在渝设立研发总部，加强区域和国际间的科技合作交流。鼓励企业与国内外同行进行专利技术、核心技术、技术标准的交叉授权许可。积极鼓励企业参与标准制订，采用先进标准组织生产，建设技术标准高地。依托两江新区和重点园区打造国家知识产权示范区和创新集群，依托区县工业园区打造科技示范园区。

专栏27　自主创新能力建设重大项目

研究试验体系建设项目。重大创新药物、基因组学、下一代互联网、下一代移动通讯、高性能铝镁合金材料、电子功能材料、复合材料、二氧化碳捕集利用、节能与新能源汽车电池、电机控制等战略性新兴产业重点实验室和研究实验平台建设项目。

科技公共服务体系建设项目。中科院重庆绿色智能技术研究院、重庆科学技术研究院、中药研究院、电信研究院西部分院等重大科技基础设施；医疗器械中试生产、多肽药物中试生产中心、现代中药生产技术中试平台、移动通讯设备检测、汽车电子公共检测评价等重点产业领域公共技术服务平台建设项目。

产业技术开发体系建设项目。微生物制造、绿色农用产品、疫苗药物、高端装备制造、大气污染防治、水污染防治、固体废弃物处理等一批工程实验室和工程中心；作物育种、养猪、SOC高清电视芯片、冻干制剂等工程实验室和工程中心能力提升工程等项目。

企业技术创新体系建设项目。长安、隆鑫、紫光、耐德、远达环保等十七家国家级企业技术中心建设；200余家市级企业技术中心创新能力提升工程；一批战略性新兴产业领域企业技术中心等项目。

创新服务体系建设项目。科技咨询服务平台、重点产业技术转移中心、重点产业科技孵化器、科技成果推广转移平台、知识产权信息服务平台、知识产权交易平台、知识产权战略研究中心、西永大学城孵化器、北碚大学科技园孵化大厦、质检科技创新基地和质检科技成果转化示范区等项目。

完善创新体制机制。落实激励企业技术创新的财税、政府采购等优惠政策。完善促进企业技术创新的多元化投融资体系，发展科技创业风险投资，积极推动银企合作，鼓励金融机构加大对企业技术创新的信贷支持。大力实施知识产权战略，在重点产业领域超前部署、掌握一批核心技术专利。加强知识产权保护，鼓励企业对创新成果申请知识产权，支持企业专利技术的产业化，培育一批知识产权优势企业。建立国家级知识产权信息中心，建成保护知识产权模范城市。引导科技资源“下乡入园进企”，完善基层科技公共服务体系，加快建设统筹城乡科技改革与创新综合试验区。加强科普教育基础设施建设，扩大科普教育覆盖面。

第二节 全面提升教育发展水平

按照优先发展、育人为本、改革创新、促进公平、提高质量的要求，推动教育事业科学发展，推进教育现代化、国际化、城乡一体化，基本建成长江上游地区教育中心。

统筹教育发展。基本普及学前三年教育，乡镇以公办幼儿园为主，区县城注重公办与民办协调发展，主城坚持多种形式发展，积极扶持非营利民办幼儿园。以标准化建设为重点，推进义务教育优质均衡发展。全面普及高中阶段教育，初中毕业生升入高中阶段学校的比例达到98%。大力发展职业教育，推行中职免费教育，加强职业教育基础能力建设，提升技能型人才培养水平。以重点学科和特色产业为引领，促进高等教育结构更加合理，全面提升人才培养、科学研究和社会服务水平，高等教育毛入学率达到40%。积极发展民族教育、特殊教育、继续教育和社会教育。基本形成终身教育体系，主要劳动年龄人口平均受教育年限达到12年，新增劳动力平均受教育年限达到13.8年。

专栏28 教育重大工程

学前教育推进工程。实施学前教育推进工程三年行动计划，新建和改扩建乡镇中心幼儿园700所，实现乡镇中心幼儿园全覆盖。

中小学校标准化建设工程。新建115所中小学，新建2所特殊教育学校，改扩建2个特殊教育中心，22所特殊教育学校，完善2000所农村寄宿制学校功能配套建设，新建15所高水平寄宿制高中。

职业教育基础能力建设工程。建成40所国家级重点中等职业学校，50所市级重点中等职业学校，10所国家和市级骨干高等职业院校；50个网络化职业技能训练平台，5个农民工培训集团，10个农民工培训基地；建成16个职业教育园区，10个区域性、开放式、资源共享型职业教育实训基地，40个重点实训基地。

高等学校核心竞争力与质量提升工程。进入国家“211”工程、西部及行业特色学校建设行列的普通高等院校2—4所，博士学位授予权单位9个，硕士学位授权单位16个，一级学科博士学位授权点50个、一级学科硕士学位授权点200个，国家级重点学科42个，市级重点学科180个，国家级重点实验室6个，国家工程技术研究中心7个，部市级工程技术研究中心40个，国家级人文社会科学研究基地4个，市级人文科学研究基地45个，打造高等教育精品课程、国家级特色专业。

继续教育推进工程。20个市级继续教育示范培训基地，15个市级继续教育示范区县，400个市级示范性社区继续教育指导站，200所示范乡镇成人文化技术学校，50个高等学校远程教育校外学习中心，150个函授站点，重庆开放大学。

教师队伍建设工程。学前教育教师规范配置、义务教育教师均衡配置、普通高中教师增量提质、中职教师“双师多能”建设、高等学校中青年骨干教师队伍及创新团队建设、名师名校长建设等六大计划。

“五个校园”建设工程。平安校园、健康校园、绿色校园、数字校园、人文校园建设工程。

教育对外开放工程。在国外新建一批孔子学院和孔子课堂，选派骨干教师进修学习，完善留学生政策，引进国际通行职业资格证书体系和海外优质教育课程，鼓励外国专家和优秀留学人员来渝教学和从事管理工作。

三峡库区与民族地区教育扶持。新建一批农村寄宿制学校，农村寄宿制学校配套建设，中小学危房改造；三峡库区和民族地区高中阶段学校建设，改扩建一批普通高中，建设一批民族中学；三峡库区、民族地区国家示范中等职业学校，县级职教中心，职业教育实训基地，基本建成“1+15”移民就业培训基地。

优化教育资源配置。建设国家统筹城乡教育综合改革试验区，促进城乡教育一体化，切实解决“大班额”和农民工子女入学问题。统筹配置城乡教育经费，完善城乡教育投入保障机制，新增教育经费优先用于发展农村教育，落实农村学校建设经费、生均公用经费和学生补助经费。财政性教育经费支出占全市地区生产总值比保持在4%以上。实现城乡师资的优化配置，普通中小学和学前教育师资配置比例实行城乡统一标准，并向农村地区倾斜。加强教育城域网、校园网、校园数字化建设，推进农村中小学现代远程教育设施建设，实现城乡教育资源共享。

完善教育体制机制。创新教育内容、方法和考核、评价制度，大力推进素质教育。推进招生考试制度和课程改革。推行“政校分开”、“管办分离”，扩大学校办学自主权。支持和引导社会力量兴办教育，促进办学主体和教育投入多元化。加强师德师风建设，加大教师培训力度，提升教师业务水平，提高教师地位和待遇，完善教师管理制度。扩大教育开放，加强国际交流与合作，大力引进优质教育资源。

第三节　建设内陆开放型人才高地

深入实施人才强市战略，坚持人才优先、服务发展、以用为本、统筹兼顾，健全人才工作体制机制，改善人才发展环境，努力建设内陆开放型人才高地。

统筹推进人才队伍建设。实施“六百计划”，加强高层次人才队伍建设。实施“六项计划”，夯实基层人才队伍。突出培养创新型科技人才、急需紧缺专门人才、应用型人才，合理配置城乡、区域、产业、行业和不同所有制人才资源。充分利用国际国内人才资源，引进海内外优秀人才，抓紧培养造就一批复合型、高层次、通晓国际规则的适应对外开放人才。大力培养产业人才队伍，提高产业工人的技能水平，建设西部地区产业技能工人培训和集聚高地。

创新完善人才发展体制机制。构建多元化投入格局，提高人力资本投资比重。完善平等公开和竞争择优的制度环境，促进优秀人才脱颖而出。改进人才管理方式，创新培养开发、评价发现、选拔任用、流动配置和激励保障政策，形成并落实好更加科学、更具活力的人才政策体系。进一步营造尊重劳动、尊重知识、尊重人才、尊重创造的社会氛围。

专栏29　人才建设重点工程

六百计划。百名党政“一把手”培养计划、百名学术学科领军人才培养计划、百名工程技术高端人才培养计划、百名金融高端人才培养计划、百名宣传文体领军人才培养计划、百名党外知名人士培养计划。

六项计划。农村乡镇人才队伍建设计划、专业技术人才知识更新计划、高技能人才振兴计划、优秀农村实用人才培养计划、社会工作人才培养计划、基层骨干人才培养计划。

五大创新创业平台。西部领先的科技研发平台、两江新区创业平台、重点园区创业平台、海外高层次人才创业平台、大学生创业平台。

人才公共服务体系。全国知名的人才服务中心、建设辐射西部的人才信息平台、覆盖城乡的人力资源市场、社会化公共实训基地。

第十五章　推动文化大发展大繁荣

继续深化文化体制改革和文化管理体制创新，扎实推动社会主义文化大发展大繁荣，努力建设社会主义先进文化发展高地、文化强市和长江上游地区文化中心，为经济社会发展提供思想保证、精神动力和智力支持。

第一节 加强精神文明建设

建设社会主义核心价值体系，切实加强理想信念教育，大力弘扬爱国主义、集体主义、社会主义思想，深入开展世情、国情、党情、市情、民情“五情”教育活动，发扬红岩精神和三峡移民精神，培育重庆城市精神。大力践行社会主义荣辱观，深入推进社会公德、职业道德、家庭美德和个人品德建设，切实加强公民诚信、社会责任、科学精神教育，引导培养创新奋发、开放包容的社会心态，推动形成“我爱重庆、重庆爱我”的社会氛围。深入开展“唱读讲传”活动，使之成为弘扬主旋律、提振精气神的有效载体，成为全国知名的文化品牌，成为全体市民的文化风尚。繁荣哲学社会科学，做好档案、修志、文史工作，加强重大现实课题研究。建立健全以学校为龙头、家庭为基础、社区为平台的未成年人思想道德建设网络，加强网络文化建设，保护青少年身心健康。努力发挥重庆日报、重庆卫视、华龙网的龙头作用，增强报刊、广播电视和新媒体的核心竞争力。牢牢把握正确舆论导向，坚决抵制庸俗、低俗、媚俗之风，确保坚持社会主义先进文化前进方向。

第二节 健全城乡公共文化服务体系

大力加强公益性文化事业，以完善乡镇、社区基层公共文化设施为重点，建成覆盖城乡、惠及全民的公共文化服务体系。着力建设红岩教育基地、抗战文化博物馆、工业遗产博物馆等城市文化设施，打造文化新地标。加强文化遗址保护，切实保护好革命遗址和抗战遗址。抓好各种公共文化设施建设、管理和使用，提高文化供给能力。积极举办系列大型文化艺术活动，提升文化服务层次。促进公共文化服务逐步向农村、基层延伸倾斜，使每个区县都有影剧院，多数区县有博物馆、特色文化街区和文化广场，实现社区和行政村文化活动中心及书屋全覆盖，推进形成城镇居民“十五分钟文化服务圈”和农村居民“半小时文化服务圈”，有效保障群众听广播、看电视、看电影、看书报、看演出、参加文体活动的基本文化需求。

第三节 繁荣文化艺术

实施文化艺术创作精品工程，深入挖掘保护巴渝文化、抗战文化、红岩文化、统战文化、三峡移民文化、渝东南少数民族文化等资源，加强公益出版扶持，创作一批具有民族性和地域性特征的文艺作品。做大做强十大民间文艺及民间工艺，努力实现“一个区县一个品牌”。加强文艺院团建设，支持川剧、歌剧、歌舞、话剧、曲艺、京剧、交响乐、芭蕾舞、民乐发展，做大做强重庆杂技艺术。推进小说、诗歌等文学创作取得新突破，扶持发展美术、音乐、舞蹈、书法等艺术门类，大幅提升重庆在全国文学艺术界的地位。深入挖掘具有重庆地方特色的民族民间文化，加强非物质文化遗产的保护和利用，推动重庆非物质文化遗产展演。推动文化艺术走出去，使文化艺术成为新的城市名片。鼓励扶持群众文艺创作。

第四节 加快发展文化产业

优化文化产业布局，加快核心产业基地和文化功能区建设，积极组建有实力的电影制作机构，重点发展广播影视、出版发行、数字出版、动漫游戏、文化创意、演艺娱乐、文化旅游、广告会展、印刷包装、网络服务和文化经纪等文化产业，文化产业增加值占地区生产总值的比重达到5%以上。推动国有和民营文化企业协调发展，鼓励民营资本投资兴办文化企业，培育一批骨干文化企业和战略投资者。完善开放健康的文化市场体系。保护著作权、版权等知识产权,积极培育各类文化要素市场和服务市场。继续扩大文化国际交流合作,鼓励文化艺术产品开拓海外市场。

专栏30 文化发展重点项目

文化事业。红岩干部教育基地、重庆中国抗战文化博物馆、重庆非物质文化遗产博物园、重庆工业博物馆、大足石刻陈列总馆、主城新区文化艺术中心、重庆广播电视发射塔改造、重庆市十大书城、重庆艺术学校、重庆电影集团基地、重庆国际马戏城、群艺馆、市少儿图书馆。

文化产业。国家数字出版基地、奥林匹克体育文化中心、重庆新闻传媒产业中心及创意产业园、重庆现代印刷包装基地、解放碑时尚文化城、视美动画产业园区、黄桷坪动漫基地、重庆网络电视台、重庆天健创意产业基地、重庆文化产业孵化服务中心、广播电视网络整合改造、川美·创谷。

文化民生。公共文化设施免费开放、流动文化设施配送、农村和社区电影惠民放映、重庆读书月、农民工文化月、公共文化信息服务网络、"五送"活动、渝州大舞台城乡文化互动活动、高雅艺术"三进"(进校园、进社区、进企业)活动、经营性文化场所低票价活动。

民间文艺及民间工艺。綦江农民版画、铜梁龙舞、酉阳土家族摆手舞、川江号子、秀山花灯、万州竹琴、大足石雕、梁平三绝(灯戏、年画、竹帘)、荣昌折扇夏布、城口漆器、彭水原生态民歌。

发展保障措施

第十六章 加强民主和法制建设

坚持党的领导、人民当家作主、依法治国有机统一,发展社会主义民主政治,全面推进法制建设,发展社会主义政治文明。

第一节 发展社会主义民主政治

坚持和完善人民代表大会制度、中国共产党领导的多党合作和政治协商制度、民族区域自治制度和基层群众自治制度,推进社会主义民主政治制度化、规范化、程序化。支持人民代表大会及其常委会依法履行职能,巩固和壮大最广泛的爱国统一战线,支持人民政协围绕团结、民主两大主题,履行政治协商、民主监督、参政议政职能。

健全民主制度,丰富民主形式,拓宽民主渠道,依法实行民主选举、民主决策、民主管理、民主监督,保障人民的选举权、知情权、参与权、表达权、监督权。发展基层民主,巩固和完善村民自治,加强社区民主建设,坚持和完善以职工代表大会为基本形式的企业民主管理制度,全面推进政务公开、村务公开,最广泛地动员和组织人民群众开展基层民主实践,保障人民群众享有更多更切实的民主权利。

支持工会、共青团、妇联、工商联等人民团体依照法律和章程开展工作,参与社会管理和公共服务。全面贯彻党的民族、宗教政策,保障少数民族合法权益,巩固和发展平等团结互助和谐的社会主义民族关系。全面贯彻党的宗教工作基本方针,发挥宗教界人士和信教群众在促进经济社会发展中的积极作用。鼓励新的社会阶层人士投身中国特色社会主义建设。切实做好侨务工作和对台工作。

第二节 全面推进法制建设

落实依法治国基本方略，从立法、司法、行政执法、法律监督、法律服务和普及法律知识等方面全面推进法制建设。加强和改进地方立法工作，重点加强有关完善经济体制、改善民生和发展社会事业以及政府自身建设的法规，做好政府规章的“立、改、废”工作。推进司法体制和工作机制改革，规范司法行为，加强司法监督，促进司法公正，维护司法权威。加快建设法治政府，全面推进依法行政，行政机关及其工作人员严格按照法定权限和程序履行职责。健全和落实执法责任追究制度，强化行政监察，加强行政复议工作，探索法律监督新机制和新途径。扩大法律援助，切实维护社会公平正义。深入做好普法工作，开展“六五”普法，弘扬法制精神，增强全民法律意识，形成人人学法守法的良好社会氛围。

第三节 加强政府行政能力建设

深化行政体制改革，切实转变政府职能，努力建设责任政府、法治政府、服务型和廉洁型政府。按照精简统一效能的原则和决策权、执行权、监督权既相互制约又相互协调的要求，深化大部门体制改革，优化政府组织体系，降低行政成本，提高政府效率。深化行政审批制度改革，减少政府对微观经济活动的干预，强化政府经济调节和市场监管职能，更加突出履行社会管理和公共服务职能。明确界定政府投资范围，加强和规范政府融资平台管理，合理控制政府负债。调整市、区县、乡镇三级政府管理权限，增强区县统筹管理能力，促进乡镇转变职能和服务方式。积极稳妥推进事业单位改革。改革行政绩效考核机制，建立实施与主体功能区相适应的分类考核体系。健全政府科学决策、民主决策、依法决策机制，推进政务公开，加强行政问责制，强化行政权力运行监督，改进行政复议和行政诉讼，完善政府绩效评估制度，提高政府公信力和执行力。坚持标本兼治、综合治理、惩防并举、注重预防，加快推进惩治和预防腐败体系建设。

第四节 加强和创新社会管理

适应社会结构和利益格局的新变化，进一步完善党委领导、政府负责、社会协同、公众参与的社会管理格局。提高政府服务型管理能力，建立健全政府主导、财政保障、社会参与的基本公共服务机制，完善基本公共服务体系。加强社区建设和管理，强化社区管理、服务、自治、维稳和促进文明五大功能，努力把城乡社区建成依法自治、管理有序、服务完善、文明和谐的社会生活共同体。加快建设布局合理、功能互补、运行规范的城乡社区服务设施网络，建立健全政府公共服务、居民志愿互助服务、市场提供服务相衔接的社区服务体系。大力发展志愿服务事业。加强流动人口管理，实施居住证制度。积极培育并规范发展行业协会、公益慈善和基层服务等各类社会组织，充分发挥其提供服务、反映诉求、规范行为的作用。加强和改进对各类社会组织的管理和监管，引导完善内部治理结构，提高自律性和诚信度。发挥媒体在完善社会管理方面的积极导向作用。

第十七章 加强规划实施和管理

本纲要经市人民代表大会审议批准，具有法律效力，要建立健全规划有效实施的保障机制，确保规划发展目标和各项重点任务顺利完成。

第一节　发挥规划导向调控作用

强化本纲要在全市经济社会发展规划、城乡建设规划、土地利用规划、环境保护规划等各级各类规划中的引导地位,突出区县发展规划和市级专项规划对纲要的重要支撑作用,加强相关规划之间的衔接和协调,形成引导经济社会健康发展的规划合力。严格以规划为依据,合理运用土地、财税、金融、环保、价格等综合经济政策,加强政府调控力度。突出规划作为资源要素高效配置综合方案的特点,强调其解决发展实际问题的导向作用,增强规划操作性。强调空间资源高效利用,做好规划任务的时序合理安排,搞好规划任务的空间科学配置,确保规划任务落地。

第二节　强化投资和项目支撑

保持投资规模稳步较快增长,促进投资结构进一步优化,确保纲要明确的重大工程和项目有效实施。积极争取中央投资支持,全力抓好中央投资项目的组织实施。完善市、区县(自治县)、部门联动协调机制,强化重大项目前期论证,完善动态管理、动态储备、滚动实施机制。统筹协调规划设计、用地审查、环境影响评价、资金筹措、项目审批核准等前期工作,加快重点项目建设。建立健全投资项目管理制度,抓好重大项目建设用地和资金保障,确保项目实施效果。强化政府投资项目监管,建立完善投资项目后评价制度,提高政府投资管理水平和投资效益。综合利用政府投资补助、贷款贴息、税收优惠和多种投融资模式,鼓励和引导民间投资。建立完善重大项目库,储备1000个具有战略性和带动性的项目,总投资近3万亿元,争取完成投资1.7万亿元,其中市级政府投资重大项目完成7300亿元,重点投向基础设施、资源节约和生态环保、结构调整、社会事业等领域。

专栏31　"十二五"重大项目储备情况表

重点领域	建设内容	总投资(亿元)	至2010年底完成投资(亿元)	"十二五"争取完成投资(亿元)
总　计		30000	4000	17000
基础设施物流保障能力建设	建设畅通重庆、建设统筹城乡供水体系、能源保障体系、物流保障体系,完善城市功能,全面消除基础设施瓶颈制约,形成功能性、枢纽性、网络化基础设施体系。	11000	2000	6000
资源节约生态环保低碳经济	加强环境保护,大力推进循环经济及资源综合利用,大力发展绿色经济,推进节能减排,建成国家森林城市、生态园林城市、环保模范城市。	3000	400	1600
结构调整工业发展	大力发展电子信息产业、装备制造业和战略性新兴产业,建设国家重要的先进制造业基地,新增工业产值1.5万亿元。	12000	1400	6200
社会事业	加快住房、医疗、教育、社保、文化等民生体系建设,努力实现"住有所居、学有所教、劳有所得、病有所医、老有所养"。	4000	200	3200

第三节　建立健全规划落实机制

明确实施责任。纲要提出的目标任务,要明确实施主体及责任,建立分类实施机制。约束性指标是政府必须履行的重要责任，要分解落实到各区县（自治县）和市级有关部门，并纳入其综合评价和绩效考核体系。纲要提出的义务教育、就业服务、社会保障、基本医疗卫生、公共文化体育、人口服务、福利救助、保障性住房、扶贫减贫、防灾减灾、节能减排、公共安全、基础科学与前沿技术等主要由政府履行责任的任务，要全力运用公共资源确保完成。纲要提出的预期性目标和产业发展等任务，主要通过发挥市场配置资源的基础性作用，依靠市场主体的自主行为实施，政府通过完善市场机制和政策导向机制，营造良好的制度环境。

加强监测评估。做好纲要实施的中期评估和实施完成后的总结评估，年度计划要反映纲要实施进展情况。发展改革部门负责纲要实施情况的总体跟踪分析，市级有关部门负责对纲要相关领域实施情况进行跟踪分析。各部门要自觉接受市人民代表大会及其常务委员会对纲要实施情况的监督检查。纲要实施过程中环境发展重大变化，需要对纲要进行调整，要报市人民代表大会常务委员会批准。

全市各族人民要紧密团结在以胡锦涛同志为总书记的党中央周围，在中共重庆市委的领导下，解放思想、实事求是、与时俱进、开拓创新，为全面实现“十二五”规划，早日把我市建设成为西部地区的重要增长极、长江上游地区的经济中心、城乡统筹发展的直辖市，在西部地区率先实现全面建设小康社会目标而努力奋斗。

四川省国民经济和社会发展第十二个五年规划纲要

（2011 年 1 月 24 日四川省
第十一届人民代表大会第四次会议批准）

《四川省国民经济和社会发展第十二个五年规划纲要（2011～2015 年）》根据党的十七届五中全会精神和《中共四川省委关于制定国民经济和社会发展第十二个五年规划的建议》编制，是政府履行经济调节、市场监管、社会管理和公共服务职责的重要依据，是引导市场主体行为的重要指南，是未来五年我省经济社会发展的宏伟蓝图，是全省各族人民共同奋斗的行动纲领。

第一篇　指导思想和发展目标

"十二五"时期是我省深入实施西部大开发战略、继续推进"两个加快"、全面建设小康社会的关键时期，是深化改革开放、加快转变经济发展方式的攻坚时期，也是我省加快发展的战略机遇期，要准确把握未来发展形势，抢抓机遇，攻坚破难，乘势而上，努力开创科学发展新局面。

第一章　规划背景

第一节　"十一五"时期发展成就

"十一五"时期是我省经济社会发展极不寻常、极不平凡的五年。面对"5·12"汶川特大地震灾害和国际金融危机的严重影响，省委、省政府带领全省各族人民，以邓小平理论和"三个代表"重要思想为指导，深入贯彻落实科学发展观，奋力推进"两个加快"，全省经济社会发展取得巨大成就。国民经济快速发展，经济总量迈上新台阶,预计五年全省生产总值年均增长13.7%,2010年达到1.69万亿元。结构调整步伐加快,工业化、城镇化、农业现代化水平不断提高。基础设施建设成效显著,西部综合交通枢纽建设取得重大进展。生态建设和环境保护取得明显成效。重点领域改革扎实推进,统筹城乡综合配套改革取得突破,充分开放合作打开新局面。社会事业全面发展,人民生活水平明显提高。民族地区发展取得长足进步。社会管理水平不断提高,全省社会保持和谐稳定。社会主义民主法制建设、精神文明建设扎实推进。抗震救灾取得伟大胜利,灾后恢复重建任务基本完成,地震灾区发生了脱胎换骨的巨大变化,焕发出蓬勃生机和旺盛活力。

专栏1 “十一五”规划主要指标完成情况

指标	2005年实际	2010年规划目标	2010年预计实现情况	“十一五”年均增长
地区生产总值(亿元)	7385.1	12000	16900	13.7%
人均生产总值(元)	8721	14000	20500	14.4%
地方财政一般预算收入(亿元)	480	750	1561	26.6%
全社会固定资产投资(亿元)	3478	5834	13582	31.3%
外贸出口总额(亿美元)	47.0	100	188.5	33%
非公有制经济比重(%)	43.5	50	56	[12.5]
城镇化率(%)	33	38	40.3	1.46
研发经费占地区生产总值比重(%)	1.3	2	1.5	0.04
国民平均受教育年限(年)	7.7	9	9	[1.3]
城镇居民人均可支配收入(元)	8386	11000	15461	13%
农村居民人均纯收入(元)	2803	3750	5140	12.9%
城镇居民人均住房建筑面积(平方米)	27	30	30.2*	[3.2]
全省总人口(万人)	8750	8900	8900	3.6‰
非农就业比重(%)	48.5	52	54.9*	[6.4]
城镇登记失业率(%)	4.6	5	4.14	—
农村劳动力转移就业(万人)	1638	2000	2246	[608]
城镇职工基本养老保险(万人)	556	600	860	[304]
森林覆盖率(%)	28.98	33	34.82	[5.84]
单位生产总值能源消耗(吨标煤/万元)	1.60	1.28	1.28	[-20%]
万元工业增加值用水量(立方米)	225	200	135	-15.8%
工业固体废弃物综合利用率(%)	69	75	75	[6]
主要污染物排放,其中:				—
化学需氧量(COD)(万吨)	78.3	74.4	74.4	
氨氮(万吨)	6.7	6.2	6.2	
二氧化硫(SO_2)(万吨)	129.9	114.4	114.4	
耕地保有量(万公顷)	599.6	572.9	594.8	—

注:①地区生产总值绝对数是当年价,增速按可比价计算。②人均指标、城镇化率是由常住人口计算。③[ ]内为五年累计数。④万元工业增加值用水量现状值为2008年值。⑤加注“*”的数据为2009年数。⑥城镇职工基本养老保险指标按老口径统计,仅包括企业参保职工。⑦年均增长值为负是指年均下降。⑧单位生产总值能源消耗(吨标煤/万元)采用等价值法测算。

第二节 “十二五”面临形势

“十二五”时期，和平、发展、合作仍是时代潮流，世界多极化、经济全球化深入发展，世界经济政治格局出现新变化，科技创新孕育新突破，国际环境总体上有利于我国和平发展。同时，国际金融危机影响深远，世界经济增长速度放缓，全球需求结构出现明显变化，围绕市场、资源、人才、技术、标准等的竞争更加激烈，气候变化以及能源、资源、粮食安全等全球性问题更加突出，各种形式的保护主义抬头，我国发展的外部环境更趋复杂。经过改革开放30多年发展，我国综合国力不断增强，工业化、信息化、城镇化、市场化、国际化深入发展，仍处于可以大有作为的重要战略机遇期，但发展中不平衡、不协调、不可持续问题依然突出，加快转变经济发展方式刻不容缓。

经过“十一五”时期的发展，我省经济社会发展的基础更加牢固，发展的内生动力和活力不断增强，进入推进更好更快更大发展的新阶段。“十二五”时期，我省面临国家把实施新一轮西部大开发战略放在区域发展总体战略的优先位置、把扩大内需作为经济发展的长期战略方针、进一步支持地震灾区发展振兴、大力扶持民族地区跨越发展和贫困地区加快发展等重大机遇，具备了进一步加快发展的良好基础和有利条件。同时，“人口多、底子薄、不平衡、欠发达”仍然是我省最大的省情，城乡二元结构突出、初级阶段特征明显仍然是我省最大的实际，发展不足、发展水平不高仍然是我省最大的问题。我省还面临着资源环境约束增强、科技创新能力不强、区域发展竞争加剧、社会矛盾明显增多等压力和挑战。必须科学判断和准确把握发展趋势，抢抓发展机遇，积极应对各种困难和挑战，努力实现经济跨越发展和社会全面进步。

第二章 指导思想

“十二五”时期，要高举中国特色社会主义伟大旗帜，以邓小平理论和“三个代表”重要思想为指导，深入贯彻落实科学发展观，以科学发展为主题，以加快转变经济发展方式为主线，抓住新一轮西部大开发等重大机遇，坚持“一主、三化、三加强”的基本思路，以改革开放和科技创新为动力，以改善民生为根本目的，全面加强经济建设、政治建设、文化建设、社会建设以及生态文明建设，不断提高综合竞争能力和可持续发展能力，努力实现发展新跨越和社会和谐稳定，为建成西部经济发展高地和建成全面小康社会打下具有决定性意义的基础。

立足我省经济社会发展的阶段性特征，着力推动科学发展、又好又快发展，促进社会和谐，提高发展的全面性、协调性、可持续性，“十二五”时期发展应坚持和遵循以下五条基本原则。

——*抓住机遇，加快发展*。紧紧抓住重大发展机遇，始终把发展作为解决我省所有问题的关键，在加快发展中促转变，在加快转变中谋发展。努力促进经济长期平稳较快发展，提高经济发展质量和效益，逐步缩小与全国和发达地区的发展差距，实现经济社会又好又快发展。

——*统筹兼顾，协调发展*。统筹城乡改革发展，联动推进新型工业化、新型城镇化和农业现代化。促进区域协调发展，推进主体功能区建设，加快培育新的经济增长极，扶持民族地区跨越发展和革命老区、贫困地区加快发展。全面加强社会建设，实现经济发展与社会和谐的有机统一。

——*优化结构，可持续发展*。坚持把经济结构战略性调整作为加快转变经济发展方式的主攻方向。积极实施扩大内需战略，形成投资、消费、出口协调拉动经济增长的格局。调整优化产业结构,提升产业层次和核心竞争力,促进三次产业协调发展。加快建设资源节约型、环境友好型社会,大力发展绿色经济,增强可持续发展能力,努力实现经济发展和生态文明的有机统一。

——改革开放,创新发展。坚持把改革开放作为加快转变经济发展方式的强大动力,实施充分开放合作战略,加快建立有利于科学发展的体制机制。坚持把科技进步和创新作为加快转变经济发展方式的重要支撑,深入实施科教兴川和人才强省战略,加快建设区域创新体系,大力提高创新驱动能力。

——民生为本,共享发展。坚持把保障和改善民生作为加快转变经济发展方式的根本出发点和落脚点。加快社会事业发展,大力提高基本公共服务能力和均等化水平,维护社会公平正义,促进全川人民共享发展成果,实现富民和强省的有机统一。

第三章　发展目标

按照全面建设小康社会和建设西部经济发展高地的要求,综合考虑未来发展趋势和条件,今后5年全省经济社会发展的主要目标是:

——经济实力显著增强。经济平稳较快增长,全省生产总值年均增长12%左右,2015年突破3万亿元大关,人均生产总值达到3.5万元左右,进入中等收入地区,与全国平均水平差距明显缩小。财政收入稳步增长,经济发展质量和效益不断提高。西部经济发展高地基本形成,加快向全国经济强省迈进。

——经济结构调整取得重大进展。工业化、城镇化水平显著提升,特色优势产业不断壮大,战略性新兴产业发展取得突破性进展,自主创新能力不断增强,服务业比重提高,现代产业体系加快形成。城乡、区域发展更加协调。到2015年,三次产业结构调整为10.2∶50.8∶39,城镇化率达到48%左右。

——社会建设明显加强。城乡基本公共服务体系逐步完善,全民受教育程度稳步提升,九年义务教育巩固率、高中阶段毛入学率进一步提高,覆盖城乡居民的基本医疗保障体系逐步健全,覆盖全省的公共文化服务体系基本建成。人口自然增长率控制在年均5.6‰以内,总人口控制在9200万以内。全省人民思想道德素质、科学文化素质和健康素质不断提高。社会管理体系更加完善,社会更加和谐稳定。

——人民生活水平不断提高。城乡居民收入普遍较快增长,努力实现居民收入增长和经济发展同步,2015年城镇居民人均可支配收入达到27300元、农民人均纯收入达到9000元。物价基本稳定,就业稳步增长,城镇登记失业率控制在4.5%以内。社会保障体系更加完善,劳动关系保持总体稳定,人居环境显著改善,生活品质不断提升。

——生态环境明显改善。天然林得到有效保护,森林覆盖率达到36%,空气质量进一步好转,主要江河水质持续改善。耕地保有量、单位工业增加值用水量降低、单位生产总值能源消耗和二氧化碳排放降低、主要污染物排放减少、森林蓄积量等指标达到国家要求,非化石能源占一次能源消费量的比重明显提高。城乡环境综合治理取得明显成效。

——改革开放实现新突破。重点领域和关键环节改革取得明显进展,行政管理体制改革加快推进,行政效率进一步提高。开放合作广度和深度不断拓展,内陆开放型经济高地初步建成。

专栏2 “十二五”时期经济社会发展主要指标						
类别	指标		2010年	2015年规划	年均增长(%)	属性
经济发展	地区生产总值(亿元)		16900	30000	12	预期性
	服务业增加值比重(%)		34.6	39	[4.4]	预期性
	城镇化率(%)		40.3	48	[7.7]	预期性
科技教育	九年义务教育巩固率(%)		90.7	93.7	[3]	约束性
	高中阶段教育毛入学率(%)		76	85	[9]	预期性
	研究与试验发展经费支出占地区生产总值比重(%)		1.5	2.0	[0.5]	预期性
	每万人口发明专利拥有量(件)		0.62	1.24	[0.62]	预期性
资源环境	耕地保有量(万公顷)		594.8	—	达到国家要求	约束性
	单位工业增加值用水量降低(%)		*	—	达到国家要求	约束性
	农业灌溉用水有效利用系数		0.41	0.45	[0.04]	预期性
	非化石能源占一次能源消费比重(%)		28	31	>[3]	约束性
	单位生产总值能源消耗降低(%)		4.4	—	达到国家要求	约束性
	单位生产总值二氧化碳排放降低(%)		*	—	达到国家要求	约束性
	主要污染物排放减少(%)	化学需氧量	*	—	达到国家要求	约束性
		二氧化硫				
		氨氮				
		氮氧化物				
	森林增长	森林覆盖率(%)	34.82	36	[1.18]	约束性
		森林蓄积量(亿立方米)	16.5	—	达到国家要求	
人民生活	全省总人口(万人)		8900	9200	5.6‰	约束性
	城镇登记失业率(%)		4.14	4.5	—	预期性
	城镇新增就业人数(万人)		75.44	85	[400]	预期性
	城镇参加基本养老保险人数(万人)		1301.4	1754	[452.6]	约束性
	城乡三项医疗保险参保率(%)		90	93	—	约束性
	城镇保障性安居工程建设(万套)		25	—	[131]	约束性
	城镇居民人均可支配收入(元)		15461	27300	12	预期性
	农村居民人均纯收入(元)		5140	9000	12	预期性

注:①地区生产总值绝对数为2010年价格,速度按可比价格计算。②[ ]内为五年累计数。③三项医疗保险指城镇职工基本医疗保险、城镇居民基本医疗保险、新型农村合作医疗。④加注“*”的规划指标,暂无统计数据。

第二篇　加强基础设施建设

坚持统筹规划、适度超前的原则,与产业布局、城镇发展相协调,扩大规模、完善网络、优化结构,构建功能完善、安全高效的现代化基础设施体系,为经济社会发展提供有力支撑和保障。

第四章 加快建设西部综合交通枢纽

加快进出川综合运输大通道和交通枢纽建设，完善综合交通运输体系，提供便捷、畅通、安全、高效的运输服务，初步建成以成都主枢纽为中心，以区域性次级枢纽和节点城市为重要支撑，以进出川大通道为纽带的西部综合交通枢纽。

第一节 综合运输大通道建设

加快客运专线、快速铁路、高速公路和高等级航道建设，积极融入国家快速铁路网和高速公路网，形成畅通周边省市，通达京津冀、长三角、珠三角、北部湾等经济区的快捷运输通道。积极开辟新的航线，架设内陆对外开放的空中桥梁。

专栏3 铁路重点项目示意图

专栏4 高速公路、港口、机场重点项目示意图

铁路。加快进出川铁路大通道建设，力争建成西安至成都、绵阳至成都至乐山、成都至贵阳、成都至重庆客专以及成都至雅安、成昆铁路扩能成都至峨眉段、兰州至重庆等项目。加快建设成都至兰州铁路。新开工建设雅安至康定铁路、成昆铁路扩能峨眉至广通段、隆黄铁路叙永至织金段、昭通至攀枝花至丽江铁路、川青铁路成都至马尔康段等项目。加快川藏铁路康定至拉萨段、川青铁路马尔康至格尔木段、成都至西宁铁路等项目前期工作，争取规划期内开工建设。五年新增铁路运营里程2700公里以上，运营总里程达到6250公里，形成11条进出川铁路大通道。

公路。加快进出川高速公路大通道建设，建成广元至陕西界、广元至甘肃界、宜宾至泸州至重庆高速公路等项目，适时开工建设雅安至康定、汶川至马尔康高速公路等项目。五年新增高速公路通车里程3700公里，通车总里程达到6350公里，形成18条高速公路进出川大通道。

水运。全面实施“四江六港”水运通道和港口建设，大力改善长江川境段、嘉陵江川境段、岷江、渠江等航道的通航条件，提升“一横二纵六线”水运航道通过能力。加快建设泸州、宜宾、乐山和广元、南充、广安两大港口群，加快推进岷江航电综合开发。全省三级及以上高等级航道里程达到544公里，集装箱总吞吐能力达到250万标箱。

航空。加快成都航空枢纽建设，建成成都双流机场二跑道及新航站楼，加快成都第二机场前期工作并争取开工建设。加快支线机场建设。积极发展通用航空和货运航空，进一步拓展国际、国内航线网络，扩大服务范围。全省通航机场达到14个，全省机场直接通航城市108个，航线150条。

第二节　交通枢纽建设

强化成都主枢纽。建设铁路、公路、航空、地铁等多种运输方式融为一体的综合客运换乘枢纽和多式联运的货运枢纽，实现客货运输的便捷换乘、高效衔接。大力发展城市公共交通和轨道交通，加强市区地铁与市郊铁路、城际铁路的衔接，形成城市与区域一体化的快速轨道交通网络。加强成都铁路调度中心和区域空管中心建设，努力把成都建成西部最大的国家级综合交通枢纽。

完善次级交通枢纽。以区域性中心城市为依托，加快建设泸州、宜宾、乐山、南充等水陆联运次级枢纽，遂宁、内江、自贡、雅安等物流配送次级枢纽，攀枝花、广元、达州、广安等省界次级枢纽，大力加强绵阳、德阳、巴中、资阳、眉山、西昌、康定、马尔康等重要交通节点建设，扩大交通网络的覆盖范围，实现多种运输方式在次级枢纽和节点城市间的有效衔接。

专栏5　交通重点项目

铁路。建成成绵乐、西成、成渝客专、兰渝、成雅、成贵、巴中至达州、叙永至大村等项目，加快成兰铁路建设。新开工建设雅安至康定、成昆扩能峨眉至广通段、川青铁路成都至马尔康段、隆黄铁路叙永至织金段、昭通至攀枝花至丽江、绵遂内自宜城际，加快川藏铁路康定至拉萨段、川青铁路马尔康至格尔木段、成都至西宁铁路、乐山至自贡至泸州、宜宾至泸州铁路等项目前期工作，力争开工建设。加快成都地铁建设。

高速公路。加快雅西、达陕、纳黔、宜泸渝、广甘、广南、南巴、广陕、内遂、成什绵、绵遂绵阳段、雅乐、映汶、成自泸赤、成安渝、成德南、达万、丽攀、巴陕、巴达、遂资眉、南大梁、乐自、成都二绕、绵阳绕城等项目建设，新开工建设汶川至马尔康、雅安至康定、仁寿至沐川、绵阳至九寨沟、汶川经川主寺至川甘界等项目。

水运。加快长江川境段、岷江、嘉陵江和渠江航道整治，加快建设泸州港二期续建工程、宜宾港和广安港，开工建设乐山、广元、南充港。

航空。加快九寨黄龙三期、西昌机场扩建，新开工南充机场扩建和阿坝红原、稻城亚丁、乐山机场建设，迁建宜宾、泸州、达州机场，加快成都第二机场、甘孜等机场前期论证工作，争取开工建设。

第三节　完善内部交通网络

完善省内交通网络，实现进出川运输大通道与枢纽和节点城市的紧密连接，基本建成覆盖全省主要城市的快速客、货运输系统，全面提高交通运输能力和水平。加快城际快速铁路和重要支线铁路建设，完善铁路内部网络。加快高速公路建设，建成高速公路网基本框架。大力推进国省干线公路升级改造，着力提高二级及以上公路比例。加强农村公路建设，进一步提高农村公路的通达深度和通畅水平。

第五章　加强水利设施建设

坚持防洪抗旱并重、大中小微并举的原则，以"再造一个都江堰灌区"为重点，加强水利设施建设，优化水资源配置，提高水资源利用率，着力构建供水保障体系和防洪减灾体系，重点改善老旱区和粮食主产区的用水条件，努力满足城乡居民生活和经济建设对水资源的需求。

第一节　加快大中型水利工程建设

大力加强重点水源工程和灌区工程建设，充分发挥调蓄水量的作用，切实增强抗御旱洪灾害的能力。建成亭子口水利枢纽工程、小井沟水利工程、二郎庙水库、白岩滩水库等重点项目，开工建设武引二期灌区、毗河供水一期、升钟灌区二期、向家坝灌区一期和红鱼洞水库、开茂水库等大中型水利工程，积极推进泥溪水库、通江水库等项目前期工作。五年新增和恢复蓄引提水能力 69 亿立方米。

第二节　加强续建配套与节水改造

加快建设关门石水库、惠泽水库等在建项目的渠系配套工程，大力实施都江堰等已成灌区的渠系配套与节水改造，继续实施灌排泵站更新改造，进一步加强高标准节水示范工程建设。充分发挥已成水利工程效益，积极推进水利现代化灌区建设，加快扩大有效灌溉面积，五年新增有效灌溉面积 760 万亩，新增节水灌溉面积 310 万亩。

第三节　加强防洪减灾工程建设

加强病险水库和水闸除险加固，消除安全隐患。加快实施主要江河堤防工程，继续推进中小河流治理，重点加强渠江防洪控制性工程，提高防洪能力。加强山洪灾害防治和易灾地区水土保持，完善水文基础设施和预警预报系统，提高综合防灾能力。加强重点河道整治和地震灾区堰塞湖的疏浚，提高行洪能力。科学开发空中云水资源。

专栏 6　水利设施重点项目

大中型水利工程。建成亭子口水利枢纽、武都水库、小井沟水利工程、二郎庙水库、大竹河水库、白岩滩水库等在建项目，开工建设红鱼洞、开茂、关刀桥、寨子河、七一、九龙等大中型水库和武引二期、毗河一期、升钟二期、向家坝一期、大桥二期、亭子口一期、铜头引水等大中型灌区工程

续建配套与节水改造工程。加快建设关门石水库、惠泽水库等在建项目的渠系配套工程，基本完成都江堰、玉溪河等 11 个大型灌区和 8000 多个中小型灌区的渠系配套建设。

防洪减灾工程。加强渠江等主要江河防洪控制性工程，基本完成"六江一干"（岷江、沱江、涪江、嘉陵江、渠江、雅砻江、长江上游干流）重点河段堤防工程，继续推进中小河流治理，完善水文、预警预报系统，加强山洪灾害防治。

第六章　提升能源保障能力

加强能源保障能力建设，加快能源结构战略性调整，转变能源发展方式，优化能源区域布局，努力建成全国重要的优质清洁能源基地，构筑安全、稳定、经济、清洁的现代能源体系。

第一节　加快能源基地建设

加强水电、天然气等重要资源开发，夯实能源供应基础。在保护生态和做好移民安置工作的前提下，加快金沙江、雅砻江、大渡河"三江"水电基地和大中型流域水电集群建设，基本建成全国重要的水电基地。推进筠连、古叙等矿区综合开发，建设大型煤炭基地，提高煤炭安全保障能力和加

工转化水平。在重点矿区建设坑口电厂和煤矸石综合利用电厂,结合省外煤源和运输条件规划建设路口电厂,解决电力丰枯矛盾。加快川东北和川西地区天然气开发,建成全国重要的天然气生产和转化利用基地。在负荷中心和天然气资源地合理布局燃气电厂,增强调峰能力。千方百计增加石油供应,加快炼油厂建设,提高成品油自给保障能力。到2015年,发电装机容量达到8600万千瓦(其中水电装机约7000万千瓦),煤炭产能8900万吨,盆地天然气产能400亿立方米。

第二节 优化能源结构

推动能源生产和利用方式变革,大力提高非化石能源和低碳清洁能源的比重。优先发展水电,优化发展煤电,积极发展核电,适度发展天然气发电,加快发展生物质能、太阳能、风能、煤层气、页岩气、沼气等新能源。积极发展智能电网、分布式能源。推进循环流化床技术等高效洁净燃煤发电,促进煤炭安全集约生产和清洁高效利用。扩大天然气利用规模,优化用气结构,优先满足城乡居民生活用气和城市公共服务用气。

专栏7 能源重点项目示意图

第三节 完善能源输送体系

建设以500千伏电网为骨架、220千伏电网为支撑的省内电网和水电送出通道，形成布局优化、结构合理、联系紧密、城乡协调、安全可靠、覆盖全省的输配电体系。建设以超高压、特高压为支撑的跨区大通道，提高网际省际交换能力，构筑跨省区跨流域的电力交换大枢纽。加强天然气管网建设改造，形成覆盖全省绝大多数市州的骨干管网和重点区域网络。加快推进跨省和省内油气管道建设，提高油气保障能力。加强煤炭运输通道建设，提高煤炭运输能力。

专栏8 能源重点项目

水电。重点建设金沙江溪洛渡、向家坝、乌东德、白鹤滩，雅砻江锦屏一二级、官地、桐子林、两河口，大渡河大岗山、长河坝、猴子岩、双江口、枕头坝等"三江"及大中型河流的水电站，新增水电装机容量3800万千瓦。加快金沙江上游水电梯级开发前期工作，力争开工建设。

火电。重点建设珙县、福溪、内江60万千瓦循环流化床示范电站、攀钢电厂，新增燃煤火电装机容量330万千瓦；建设达州等燃机电厂，新增气电装机容量70万千瓦；规划建设重点煤区坑口电厂、煤矸石综合利用电厂以及百万千瓦级超超临界路口电厂。规划布局发电技术创新示范工程。

核电。争取开工建设核电项目。

煤炭。加快筠连、古叙等矿区综合开发，建设新维、船景、观文、武乐、青山、沐园、石屏二矿、龙山、瓦窑坪等重点煤矿项目。"十二五"期间，新增产能1000万吨。

天然气。加快达州、巴中、广元、南充以及川西、川中地区等地区天然气开发。"十二五"期间，新增产能200亿立方米以上。

炼油。加快彭州炼油厂建设。"十二五"期间，新增炼油能力1000万吨。

电网。加快建设锦屏—苏南、溪洛渡—华东等特高压、超高压骨干电网工程；规划建设特高压交流输电通道；加快实施新一轮农村电网改造升级、无电地区电力建设等工程。

管道。加快建设北外环、川东北—川西等环网工程和骨干输气管道；建设宁夏中卫—贵阳天然气管道四川段、中缅天然气石油管道楚雄至攀枝花至西昌支线、兰州—成都原油管道、贵阳—泸州—内江—成都成品油管道。

第四节 改善民生用能条件

加强城乡用能基础设施建设，提升能源普遍化服务水平，逐步缩小城乡、区域能源供应差距。进一步实施城乡电网改造升级和省内联网工程，提高农村电气化水平。加强农村地区、民族地区和边远地区能源建设，加快推进无电地区电力建设，实现电力全覆盖，消除无电地区。加快城镇民用燃气普及，推动城镇居民能源消费结构升级。积极建设充换电配套服务体系，满足电动车发展需要。

第七章 加强信息基础设施建设

加快信息基础设施建设，完善信息网络体系，增强保障能力，推进普遍服务，建设西部通信枢纽，提升全社会信息化水平。

第一节 加强信息网络建设

加快西部通信枢纽建设，进一步提高区域干线传输能力，提升国际出口带宽，加强国际通信保障能力。加快新一代移动通信、下一代互联网、数字电视、卫星通信等网络设施建设。积极推进电信网、广播电视网、互联网互联互通和业务融合,提高信息网络资源利用效率,抓好绵阳国家“三网融合”城市试点。引导建设宽带无线城市,实施城市光纤入户工程,基本建成高速、安全、可靠接入的城市网络系统。大力推进电信、邮政普遍服务,加快空白乡镇邮政局所建设,提高农村和边远地区的信息网络和邮政服务网点覆盖率。

第二节 推进经济社会信息化

大力发展电子政务,推动资源共享和业务协同,加强地理、人口、金融、税收、医疗、社保、就业、统计等信息系统建设,推进社会公共服务信息化。加强电子政务运行维护体系建设,基本实现电子政务建设和运行维护的制度化、规范化和专业化。加强大企业和重点行业信息化系统建设,加快发展电子商务。实施信息化重大示范工程,全面改善城市信息服务,着力推进农村信息化,提高全社会信息化水平。

第三节 强化信息安全保障

建立健全信息安全保障体系、应急通信体系,建设数据灾备中心,强化网络保密体系,加强信息网络监测、管控能力建设,实施信息安全等级保护和风险评估制度,加强信息网络、信息内容安全保障和技术防范,确保基础信息网络和重要信息系统安全。

第三篇 推动产业结构优化升级

坚持走新型工业化道路,以提高产业整体竞争力为中心,以产业高端化高新化为方向,大力调整优化产业结构,做强做优做大工业,加快发展现代服务业,推动信息化和工业化深度融合,增强自主创新能力,不断发展壮大“7+3”特色优势产业,加快构建现代产业体系,努力建设国家重要的战略资源开发基地、现代加工制造业基地、农产品深加工基地、科技创新产业化基地和西部物流、商贸、金融中心。

第八章 大力发展战略性新兴产业

立足我省科技和产业基础,以重大技术突破和重大发展需求为导向,加快推进科技成果产业化步伐,推动战略性新兴产业规模化、集群化发展,尽快把战略性新兴产业培育成我省重要的先导性、支柱性产业。

新一代信息技术。重点发展集成电路、新型显示、高端软件和服务器等核心基础产业。围绕信息获取、传输、处理技术及其运用,加快发展新一代移动通信、下一代互联网核心设备和智能终端的研发及产业化,推进三网融合、物联网及云计算的研发和应用。建设国家重要的信息和软件高技术产业基地。

新能源。重点发展新能源装备制造,发展核岛系统集成、核岛和常规岛设备、核燃料元件等关键部件,大功率风电机组,生物质能发电成套设备。加快发展多晶硅、非晶硅、薄膜太阳能电池及组件、大容量储能电池、动力电池。积极发展清洁可再生能源。建设国家重要的新能源高技术产业基地。

高端装备。重点发展航空、航天、高速铁路设备等。发展军机、公务机等整机和国产大飞机、支线飞机机头、机身等关键部件,以及大型航空发动机整机及零部件、航空电子系统产品,建设国家重要的民用航空高技术产业基地。积极开发空间服务系统、亚轨道科学研究火箭。

新材料。重点发展钒钛、稀土材料,开发含钒钢、钒精细化工、钒电池、钒铝合金、钛合金及高档钛材等高端产品。积极发展新型功能材料、先进结构材料、生物医用新材料、高性能纤维及其复合材料、超硬材料等新材料,建设国家重要的新材料高技术产业基地。

专栏9　战略性新兴产业六大基地建设

国家信息高技术产业基地。高世代薄膜晶体管液晶显示器(TFT-LCD)、有机发光二极管显示(OLED)、富士康(成都)基地、仁宝计算机西部制造基地、戴尔(成都)旗舰基地、纬创(成都)基地、中电科航电产业园、联想计算机项目、德州仪器集成电路项目、三网融合业务传送网络、无线城市建设项目等。

国家软件高技术产业基地。高端软件、高端服务器、IC设计、数字娱乐、信息安全、ODC软件外包中心、通讯研发、软件和信息服务外包、游戏动漫、嵌入式软件。

国家新能源高技术产业基地。多晶硅和太阳能电池及组件项目、非晶硅薄膜太阳能电池项目、燃料乙醇和生物柴油项目、高性能碱锰电池。

国家民用航空高技术产业基地。大型多功能低速风洞建设及测试项目,国产大飞机机头和ARJ-21新支线飞机机头、机身等关键部件,大型航空发动机整机及零部件,空管系统科研生产基地、通用飞机整机维修基地和国家中小型发动机维修基地,北斗星导航终端、定位应用系统、导航应用关键元器件。

国家新材料高技术产业基地。高品质氟橡胶项目、特种有机硅和工程塑料项目、碳纤维预浸布、碳纤维先进复合材料、聚苯硫醚树脂和纤维项目、HPS护坡新材料、玄武岩连续纤维生产基地项目、特种玻纤及万吨级电子纱、新一代骨诱导人工骨及软骨诱导材料和组织工程化制品项目、表面改性心血管系统植入器械项目、高科技光电可调谐激光器项目、切割钢线项目、液晶玻璃基板生产项目、PDP玻璃基板项目、高性能软磁电子材料、醋酸纤维素生产等。

国家生物高技术产业基地。复合型药物研发生产基地、生物药物生产基地、肿瘤类及抗感染类药物生产基地、综合性新药研究开发技术平台、四川(成都)生物医药公共服务平台、现代农业与生物技术育种实验中心、超级动植物新品种开发、创面修复类药物研发生产基地、新药临床研究公共服务平台等。

生物。重点发展创新药物和生物育种,开发以生物技术药物、新型疫苗、诊断试剂等为重点的创新药物研发和生产,推进以先进医疗设备、医用材料等为重点的生物医学工程产品的研发和产业化,支持发展高产、优质、抗病、抗逆生物育种产业,加快生物基材料发展,建设国家重要的生物高技术产业基地。

节能环保。重点发展高效节能技术产品,开发节能电器、半导体照明(LED)、无极灯等绿色照明产品。积极发展先进环保技术装备和产品,加快资源循环利用关键共性技术研发和产业化。

第九章　发展壮大特色优势产业

充分发挥我省特色优势产业的支撑带动作用,做强存量和做大增量并重,提高技术水平,壮大产业规模,延伸产业链,推动特色优势产业高端化发展,提升产业综合竞争力。

装备制造。加强以水电、火电、燃气为重点的发电设备研发制造,开发大型水电机组、大功率超临界和超超临界循环流化床火电机组、重型燃气轮机组。发展重型装备、机车车辆、工程机械、数控机床、油气钻采、薄煤层综合开采等成套设备和关键零部件产业。开发航空、海洋等领域高端铸锻件产品。

油气化工。推进石化深加工及精细化发展,培育壮大石油化工、精细化工和橡塑深加工等产业链,建成四川石化产业基地及下游深加工产业集群。调整天然气化工产业结构,发展天然气制取高效复合肥、乙炔、氢氰酸、烯烃等。推进气盐氟结合,发展化工新材料。积极发展现代煤化工和磷硫化工。

汽车制造。重点扩大中高级乘用车生产规模,巩固提升载货汽车生产水平,培育壮大整车自主品牌,提高汽车关键零部件配套能力。积极发展电动汽车及混合动力汽车,推进压缩天然气(CNG)、液化天然气(LNG)汽车研发制造和推广应用。建设西部重要的汽车整车及零部件生产研发基地。

饮料食品。发挥川酒、川猪、川菜、川烟、川茶等品牌优势,推动农产品精深加工和综合利用,重点发展名优白酒、肉制品、粮油、茶叶、特色果蔬等优势特色产业,大力发展地方名优特食品,提升产品附加值,扩大市场占有率,发展壮大农产品深加工龙头企业,建设国家重要的农产品深加工基地。

现代中药。发挥我省中药材资源优势,以川产道地药材为重点,大力发展川产中药材和中成药大品种。加快中药新药、保健品开发认证,突破提取、分离、纯化等高新技术,支持中药企业加快发展,建设全国重要的中药饮片和中药现代化科技产业基地。

推进建材、冶金、轻工、纺织等其他传统产业技术改造和技术进步,大力发展新型建筑材料,振兴丝绸、苎麻等天然纤维织造工业,积极推进竹原纤维等天然纤维产品开发。加快淘汰水泥、铁合金、焦炭、电石、平板玻璃、化肥、造纸等行业的落后产能。抓好内江、自贡、攀枝花、华蓥等老工业基地调整改造和资源枯竭型城市转型,发展接续产业。提高建筑业技术和装备水平,培育具有工程总承包能力的大型建筑企业,加快传统建筑业向现代建筑业转变。

专栏10 特色优势产业重大项目

发电装备制造。依托现有重点装备制造企业及近300家配套企业,建设形成大功率超临界和超超临界循环流化床火电机组、70万千瓦以上大型水电机组、重型燃气轮机组等批量生产能力。

石化下游产业。积极建设四川石化下游系列项目,大力发展石化深加工及精细化工产品,促进四川化工行业结构调整,带动轻工、纺织、机械、塑料加工、新材料等产业发展。

汽车整车制造。依托现有整车企业及近百家零部件企业,实施系列改扩建项目,积极发展中高级乘用车产品,形成100万辆乘用车生产能力,建设西部重要的汽车生产基地。

大型煤气化及综合利用。建设200亿方煤气化中心,改造现有大化肥装置,实现川南化工原料“气改煤”,并积极发展精细化工产品和化工新材料。

钒钛资源综合利用。以攀枝花、凉山、内江为重点,采用目前国内最先进的钒钛钢铁生产工艺和技术,建设国内最大的现代化钒钛工业园及西南规模最大技术最先进的含钒钢生产基地。实现钒钛深加工产品和低微合金材料等规模化生产,构建较为完整的钒钛产业链,形成具有国际领先水平的钒钛产业集群。

钼铜资源深加工及综合利用。整合西南地区钼铜多金属矿产资源,引进国际最先进技术,建设年产4万吨钼、40万吨铜及金银等稀贵金属回收综合利用装置,推动我省有色行业技术进步和产业升级,成为国内重要的钼铜生产基地。

中国白酒金三角。实施五粮液工业园区、泸州酒业集中发展区、剑南春酒城名酒名街、古蔺名酒名镇、沱牌名酒产业生态园、水井坊遗址酒文化街区等工程建设,将“中国白酒金三角”打造成世界著名的白酒生产基地。

林浆纸一体化。依托省内以丛生竹为主的林竹资源,加快原料林培育,建设一批林浆纸一体化项目,新增竹材制浆年产能70万吨。

第十章　加快发展现代服务业

以建设西部物流中心、商贸中心、金融中心为重点，加强生产性服务业与先进制造业融合发展，推进制造业服务化和服务业规模化、品牌化、网络化，积极发展生活性服务业，不断拓展服务业新领域，促进服务业发展提速、比重提高、水平提升。

第一节　加快发展物流、商贸、金融业

现代物流业。依托我省重要的物流节点城市、制造基地和综合交通枢纽，布局建设一批物流园区、物流中心，推进物流公共信息平台、仓储配套设施建设，构建区域一体的现代物流网络体系，建设西部物流中心。推进物流服务的社会化和专业化，重点发展第三方物流。着力壮大电子、酒业、钢铁、农产品冷链、粮食等领域物流以及大件运输、零担等专业物流集群，培育一批服务水平高、竞争力强的大型现代物流企业。加快发展航空物流，促进口岸物流向物流节点城市延伸，逐步建成一批适应国际贸易发展需要的国际物流港，加快"电子口岸"建设。

商贸流通业。用先进经营理念、运营模式和流通技术，改造提升传统商贸流通业，建设西部商贸中心。加强批发贸易、零售贸易、服务贸易、商务信息、会展经济等平台建设。引进国内外企业在我省设立总部及区域性交易中心、运营中心和研发中心。加强流通基础设施建设，抓好城市中央商务区规划建设，打造一批大型骨干卖场，建成一批特色商业街区，引导大型商业综合体集聚发展，建设西部重要的消费中心。支持大中型流通企业延伸连锁经营网点到农村，满足农村居民消费需求。大力发展会展经济，打造西部重要的商品交易和经贸交流合作平台。

现代金融业。大力发展金融服务业，完善金融市场体系，创新金融产品和服务，增强金融服务功能，建设西部金融中心。进一步巩固发展银行、证券、保险业，积极引进世界知名金融机构在我省设立区域总部、分支机构和功能性服务中心，发展壮大地方法人金融机构，加快西部金融机构中心建设。积极引进和培育股权投资基金、融资性担保公司、小额贷款公司、财务公司、金融租赁公司等非银行金融机构，促进新兴金融业集聚发展。积极稳妥推进金融产品和交易品种创新，扩大票据业务、保险业务以及期货、产权、大宗商品等交易规模，建设西部金融市场和交易中心。推动金融后台服务业发展，大力发展金融外包服务、金融中介服务，建设国内重要的数据、清算、研发、灾备等金融后台服务中心。

专栏11　"三中心"建设重点项目

西部物流中心。成都国际航空物流园区、成都国际集装箱物流园区、成都高新综合保税区、新都物流中心、绵阳电子信息综合物流园区、宜宾临港物流园区、泸州港集装箱物流园区、乐山大件物流中心、攀枝花密地（矿产品）物流园区、达州天然气能源化工产业区物流中心、遂宁中国西部现代物流港等。

西部商贸中心。建设一批年交易额在100亿元以上的农产品、生产资料、五金机电等大型批发交易市场和一批营业面积在5000平方米以上的大型零售设施。打造成都服务外包基地园。建设中国西部国际博览城。

西部金融中心。建设成都金融总部商务区，各类法人金融机构和省市级金融机构数量达到300家以上。初步建成西部票据市场中心、西部直接融资中心、西部保险市场中心、西部产权交易市场中心、西部大宗商品交易市场中心、西部金融创新中心、西部银团贷款中心。建设成都金融后台服务业集聚区，后台服务中心达到30家以上。

第二节 大力发展旅游业

大力发展旅游经济，提升旅游产业层次，促进旅游与相关产业融合发展，推进旅游大省向旅游强省转变。完善旅游服务设施，建设良好的旅游市场秩序，推进旅游标准体系建设，提高旅游服务水平。加强精品旅游区建设，打造特色旅游产品，提升精品旅游线路，积极发展重点旅游城镇。调整旅游产品结构，加强旅游宣传促销，积极培育旅游市场，大力发展入境旅游和休闲度假旅游。抓好成都国家旅游经济改革试验区建设。

专栏12 旅游业重点区域和线路

精品旅游区。大成都都市休闲度假旅游区、大峨眉国际休闲度假旅游区、大九寨国际旅游区、攀西阳光度假旅游区、嘉陵江流域生态文化旅游区、中国白酒金三角旅游区、龙门山国际山地旅游区、中华大熊猫生态旅游区、香格里拉生态旅游区和大巴山生态文化旅游区。

精品旅游线路。提升九环线、成乐线、三国文化旅游线、西环线等国际精品旅游线。新推世界遗产旅游线、环贡嘎山旅游线、抗震救灾和红色旅游线、中国白酒金三角旅游线等精品旅游线。

特色旅游产品。休闲度假旅游产品、高端生态旅游产品、特色文化旅游产品、乡村旅游产品、新兴专项旅游产品。

第三节 积极拓展服务业发展领域

深化专业化分工，创新服务产品和模式，大力发展信息服务、服务外包、商务服务等生产性服务业。发展物联网、下一代互联网、云计算等信息服务业。完善研发设计、支撑产业链协同等公共服务平台，大力发展专业化的科技研发、工业设计、软件设计等服务外包业。规范发展法律咨询、会计审计、工程咨询、融资担保、资产评估、信用评估等商务服务业，加速形成国际化的商务服务能力。

积极发展生活性服务业，不断丰富服务产品类型，着力提升服务水平和质量。支持方便群众生活的便利店等社区商业发展，优化城乡商业网点布局。鼓励发展家政服务、养老服务、社区服务等家庭服务业，培育一批具有本地特色的家庭服务劳务品牌。加强房地产市场调控和监管，促进房地产业健康发展，发展物业管理服务、房地产中介服务。大力挖掘川菜、川茶等丰富的历史文化内涵，提升餐饮业发展水平。积极培育营养保健、家庭教育、时尚健身、远程医疗、网上购物等新兴服务业态。

第十一章 推动产业集中集约集群发展

调整优化产品结构、企业组织结构和产业布局，推进企业兼并重组，加快淘汰落后生产能力，推动产业转型发展，促进产业优化升级。

第一节 推动产业集聚发展

着力提高产业集聚规模效应，引导产业向园区集中。培育壮大一批国家级和省级开发区，积极推动省级开发区扩区、区位调整和转型升级，扶持一批省级开发区升级为国家级开发区，在符合条件的地方新设一批省级开发区。建设一批特色鲜明、优势突出、功能完善、联动发展的产业园区和现代服务业集聚区，带动关联产业和配套产业集聚发展，积极发展具有较强创新能力和竞争能力的优势产业集群。

第二节　提高产业技术水平

鼓励企业加大科技投入，增强新产品的开发能力，加快产品升级换代，提高产品的技术含量和附加值。加大技术改造力度，推进传统产业优化升级。加快淘汰落后生产工艺、设备和生产能力，抑制高能耗、高污染和产能过剩行业盲目扩张，防止新的低水平重复建设。全面实施质量兴川战略，增强品牌创建能力。

第三节　促进企业兼并重组

继续实施大企业大集团发展战略，以装备、汽车、钢铁、水泥等行业为重点，发挥企业主体作用，积极推动优势企业跨行业、跨地区兼并重组、境外并购和投资合作，实现资源优化配置，促进规模化、集约化经营。培育一批拥有自主知识产权和具有市场竞争力的大型企业集团，发挥骨干企业的核心带动作用。大力扶持中小企业加快发展，努力形成专业化分工协作的发展格局。

第四篇　加快社会主义新农村建设

坚持工业反哺农业、城市支持农村和多予少取放活的方针，统筹城乡改革发展，加大对“三农”的投入力度，夯实农业农村发展基础，转变农业发展方式，提高农业现代化水平和农民生活水平，建设农民幸福生活的美好家园。

第十二章　改善农业农村发展条件

加强农田基础设施建设，完善农村小微型水利设施，积极发展节水灌溉、旱作农业，强化田网、路网、水网配套，提高耕地质量。加快农村饮水安全工程建设，在有条件的地方推进农村集中式供水，分类解决农村饮水安全问题，大力推进小型农田水利重点县建设。加强农村道路建设，加快农村断头公路、危桥改造、渡改桥、便民路和客运站点建设，提高农村公路通达通畅水平和道路安全等级，基本实现油路到乡、公路到村、便民路入户、机耕道到田，切实改善农村出行条件。推进农村信息基础设施建设。实施新一轮农村电网改造工程，因地制宜实施农村沼气、太阳能等农村能源工程。加强农村集贸市场和冷链物流设施建设。

专栏13 农业农村基础设施重点项目

农村饮水安全工程。采取集中供水、分散供水等方式解决农村2150万人饮水安全问题。

农村公路工程。新建和改造农村公路约8万公里,全省具备条件的乡镇和大部分建制村通沥青(水泥)路。

农村机耕便民道工程。实施"进组"、"入院"和"到田"机耕便民道建设20万公里。

农村能源工程。建设农村户用沼气池、大中型沼气工程、联户沼气工程、秸秆能源化利用工程、农村省柴节煤炉灶升级换代工程,完善沼气服务体系。

农村供电工程。农村电网改造升级工程、水电新农村电气化、小水电代燃料工程、农村水电增效扩容改造工程。

第十三章 大力发展现代农业

以保障粮食安全和提高农业综合生产能力、抗风险能力、市场竞争能力为目标,加快农业科技创新,优化农业结构,推进农业产业化经营,加快传统农业向现代农业转变。

第一节 稳定粮食生产

坚持把粮食安全放在首要位置,严格保护耕地和基本农田,稳定粮食生产。加强田间基础设施、良种选育、土壤改良与地力培肥建设,大规模改造中低产田土,加快农村土地整理复垦,实施测土配方施肥,建设1000万亩高标准农田。落实完善粮食生产扶持政策,大力实施"米袋子"工程,积极推进新增100亿斤粮食生产能力工程和退耕还林地区基本口粮田工程建设,稳步提升粮食生产能力。加强粮食物流、储备和应急保障设施建设。构建粮食安全保障体系,确保省内粮食总量平衡、基本自给。

第二节 发展优势特色农业

实施"菜篮子"工程,加快建设农产品标准化生产基地。依托农业资源优势,大力发展马铃薯、优质油料、蔬菜、食用菌、水果、茶叶、蚕桑、中药材、烟叶、林竹和花卉等优势特色效益农业。稳定发展畜牧业,促进生猪、奶牛等畜禽和水产标准化规模养殖,建成国家优质商品猪战略保障基地,新增2000万头出栏优质商品猪生产能力。大力发展生态农业,积极开发无公害农产品、绿色食品、有机食品和农产品地理标志产品,满足居民日益提高的食品健康需求。

第三节 推进农业产业化经营

发展多种形式的适度规模经营,提高农业产业化经营水平。扶持农民专业合作社和农业产业化龙头企业发展,培育一批全国行业领先农业产业化经营主体。建立健全风险共担、利益共享的利益联结机制,提高农业经营组织化程度。积极发展现代农业示范区,实施现代农业示范工程,培育一批现代农业产业基地强县,提高农业生产的专业化、标准化、规模化和集约化水平。

专栏14 农业重点工程

"米袋子"工程。建设粮食作物良种繁育基地、标准化生产基地、新品种展示示范基地等。大力开展耕地质量工程、科技保障工程、种子工程,完善农业有害生物预警与控制体系,建设粮食作物产业技术体系和农机现代化服务体系。

"菜篮子"工程。建设"菜篮子"产品良种繁育基地、标准化生产基地、采后商品化处理以及动植物保护、农产品质量安全、科技支撑和市场信息体系等。

现代农业千亿增收工程。建设1000个万亩现代农业产业示范区,培育一批现代农业产业基地示范县,实现农业新增产值1000亿元。

高标准农田建设工程。建设高标准农田1000万亩,高标准农田示范区100万亩,完善耕地质量监测体系。

优质商品猪战略保障基地。在生猪主产县扩建种猪场、仔猪繁育场,新建、扩建标准化规模养殖场(小区)。

现代林业产业基地。建设木竹工业原料林、特色林产品、生物质能原料林和种苗花卉等现代林业产业基地2000万亩。

农业产业化龙头企业培育工程。规模以上龙头企业发展到6000家以上,其中亿元龙头企业超过1000家。

农民专业合作经济组织培育工程。农民专业合作经济组织发展到3.5万个以上,省级示范农民专业合作经济组织达到1000个以上。

现代农业示范区(园区)。突出区域资源优势和产业特色,建设一批规模化、机械化、标准化和产业化程度较高的现代农业示范区(园区),实施现代农业示范工程。

第四节 提高农业科技和综合服务水平

推进农业科技创新,建设现代农业产业技术体系,加强新品种选育、标准化种养殖、精深加工等农业关键技术研发集成,加快农业科技成果转化应用,努力提高农业科技创新能力和科技贡献率。加快推进农机与农艺有机融合,加大关键环节农机化技术和装备的研发与推广,加强机电提灌设施改造,提高农业机械化水平。完善良种繁育、技术推广、动植物保护、信息服务、气象服务等农业综合服务体系。加强农业标准体系建设,开展农产品质量认证和检验检测,保障农产品质量安全。积极发展农产品和农资流通服务,大力推进农超、农餐对接,加快建设流通成本低、运行效率高的农村现代流通体系。

第十四章 加快现代新村建设

坚持统一规划、分步实施、因地制宜、分类指导的原则,加快推进新村建设,加强农村环境综合整治,改善村容村貌,促进农村生产、生活、生态相协调。

第一节 加强新村规划建设

科学编制县域村庄总体规划和村庄建设规划,在条件适宜的地方相对集中规划布局村庄。抓好村庄规划设计,突出民族、地域、历史、文化等特色风貌。探索建设新农村综合体,统筹居住与生产生活、公共服务、社会管理的综合配套,形成人口合理集聚、产业支撑有力、功能设施齐全、环境优美和谐、管理科学民主的农村新型社区。

第二节 加强农村环境综合整治

加强农村面源污染防治，倡导科学使用化肥、农药和农膜，加大规模化畜禽养殖污染防治力度。加大土壤污染防治力度，建设一批土壤污染综合治理试点示范工程。加强水库水质监测和水污染防治，有效保护农村饮用水源。实施农村清洁工程，开展农村垃圾集中收集处理，结合农村沼气建设，带动农户改水、改厨、改厕、改圈，切实改善农村卫生条件和人居环境。

专栏15 新村建设重点项目

新农村建设示范工程。推进一批省级新农村示范片和整县推进的示范县（市、区）建设，建成省级新农村建设示范片100个以上。

农村清洁工程。实施人畜粪便、农作物秸秆和生活污水等有机废弃物处理利用工程，实施农用残膜、农业投入品包装物和生活垃圾等无机废弃物收集转运工程，配套开展乡村硬化绿化。

第十五章 努力增加农民收入

全面落实国家强农惠农政策，加强农民职业技能和创业培训，提高农民增收能力，拓宽农民增收渠道，促进农民收入持续较快增长。

第一节 巩固提高经营性收入

严格执行农产品价格保护制度，认真落实大宗农产品临时收储政策。鼓励农民优化种养结构，提高生产经营水平和经济效益。全面开发农业生产、生态、生活等功能，因地制宜发展特色高效农业、休闲农业、乡村旅游和农村服务业，使农民在农业功能拓展中获得更多收益。

第二节 努力增加工资性收入

加强农民技能培训，提高农民就业能力，加强就业信息引导，开展劳务输出对接，促进农村富余劳动力有序转移。建立健全城乡劳动者平等就业制度，提高农民工工资水平。壮大县域经济和发展小城镇，促进农民就地就近创业就业。结合新农村建设，加大农村基础设施投入，扩大以工代赈规模，增加农民劳务收入。

第三节 大力增加转移性收入

严格执行农业补贴制度，认真落实粮食直补、良种补贴、农机具购置补贴和农资综合补贴。稳步提高新型农村社会养老保险、新型农村合作医疗、农村最低生活保障水平。逐步提高扶贫标准，实现农村低保制度和扶贫开发政策的有效衔接。加快发展政策性农业保险，增加农业保险费补贴的品种，扩大覆盖范围。

第四节 创造条件增加财产性收入

稳定土地承包经营权，依法保障农民对承包土地的占有、使用、收益等权利。按照依法自愿有偿原则，鼓励农民流转土地承包经营权和农村集体建设用地使用权，确保农民分享流转中的增值收益。完善农村宅基地管理制度，依法保障农户宅基地用益物权。开展征地制度改革试点，严格界定公益性和经营性建设用地，逐步缩小征地范围，提高征地补偿标准。依法征收农村集体土地，按照同地同权原则及时足额给农村集体组织和农民合理补偿，解决好被征地农民就业、住房、社会保障。

第十六章 全面推进统筹城乡改革发展

继续深化统筹城乡综合配套改革试验区建设，总结推广试点经验，坚持以城带乡、以工促农，加快破除城乡二元结构的体制机制障碍，推进城乡规划一体化、资源要素配置市场化、基本公共服务均等化和行政社会管理一体化。

第一节 加快推进统筹城乡发展

统筹城乡规划，建立覆盖城乡全域的规划体系，实现城镇建设、农田保护、产业集聚、村落分布和生态建设等各类规划的有机衔接。合理引导产业向园区集中、土地向适度规模经营集中、农民向城镇和农村新型社区转移集中。统筹城乡产业发展，加快形成农业生产、农产品精深加工、生产服务关联发展的格局，促进三次产业互动、城乡经济相融。构建城乡统一的资源要素市场体系，推动生产要素在城乡间的自由流动。强化县城、小城镇在统筹城乡发展中的节点作用，大力发展县域经济。以交通、水利、通信、供电等基础设施为重点，健全衔接配套的城乡基础设施，促进城镇基础设施向农村延伸。以教育、文化、医疗、养老等社会事业为重点，促进公共服务向农村覆盖。

第二节 深入推进统筹城乡综合配套改革

推进农村土地使用管理制度改革。坚持以家庭承包经营为基础、统分结合的双层经营体制，确保现有土地承包关系保持稳定并长久不变。全面完成农村集体土地所有权、土地承包经营权、宅基地使用权、集体建设用地使用权确权登记颁证。加强农村土地承包经营权流转市场建设，建立健全农村土地承包经营纠纷调解仲裁体系，推进土地承包经营权规范有序流转。严格规范农村土地管理制度改革试点，完善农村集体经营性建设用地流转机制，逐步建立城乡统一的建设用地市场，在符合规划的前提下，与国有建设用地享有平等权益。

深化林权制度改革。深入推进集体林权制度改革，依法对林地承包经营权和林木所有权进行确权颁证，完善林权流转制度，健全产权交易平台。完善林木采伐管理制度，规范林地林木流转及林权抵押贷款管理，建立森林资源资产评估和政策性森林保险制度，健全农村新型林业服务体系。建立健全国有森林资源管理体制，推进国有林场改革。

建立现代农村金融制度。加大对农村金融的政策支持力度，拓宽融资渠道，落实税收减免和费用补贴，引导金融机构加大涉农信贷投放力度和社会资金投向农村。大力支持村镇银行、农村资金互助社、小额贷款公司等新型农村金融组织发展。加快农村信用体系建设，建立政府扶持、多方参与、市场运作的农村信贷担保机制。探索扩大与农村土地承包经营权流转相关的信贷抵押担保品范围。发展农村保险事业，健全政策性农业保险制度，逐步建立大宗农产品的风险基金。着力改善农村金融服务环境,全面推动农村信贷、保险产品与服务方式创新,解决金融机构空白乡镇金融服务问题。

推进基本公共服务均等化。推进户籍制度改革,健全和完善城乡统一的户籍管理制度。完善被征地农民社会保障制度,建立完善农民工失业保险、养老保险制度和社会保险转移接续机制,健全覆盖城乡的社会保障制度。加快形成城乡义务教育均衡发展机制,建立健全覆盖城乡的基本医疗卫生服务制度,促进城乡基本公共服务资源合理均衡配置。

第三节 深化农村综合改革

推进县乡财政管理体制改革,加强乡镇财政建设和管理,探索村级财务管理新机制。建立多元化的农业发展和农村建设投融资体制。创新农民专业合作社发展机制,提高农业生产经营组织化程度。创新农技推广机制。推进农场经营体制创新。巩固乡镇机构改革成果,探索开展村级综合改革,推进村级事务管理职能与村级集体资产经营管理职能分离。健全完善村民民主管理制度,探索创新农村基层社会管理体制。

第五篇 促进区域协调发展和城镇化健康发展

实施主体功能区战略,加快五大经济区发展,积极稳妥推进新型城镇化,构建优势互补、分工协作、城乡互动、各具特色的区域协调发展格局。

第十七章 优化主体功能区布局

依据资源环境承载能力,按照优化开发、重点开发、限制开发、禁止开发的方式,分类推进城市化地区、农产品主产区、重点生态功能区发展,逐步形成人口、经济和环境资源相协调的空间开发格局。

第一节 推进形成主体功能区

推进国土空间高效、协调、有序开发,对城市化地区要重点开发,对农产品主产区、重点生态功能区要限制大规模、高强度开发。城市化地区,主要包括成都平原、川南、川东北和攀西地区工业化城镇化基础较好、经济和人口集聚条件较好、环境容量和发展潜力较大的部分县(市、区)。农产品主产区,主要包括盆地中部平原浅丘区、川南低中山区和盆地东部丘陵低山区、盆地西缘山区和安宁河流域耕地面积较多、农业条件较好的县(市、区)。重点生态功能区,主要包括川西高原、秦巴山区、大小凉山等生态系统重要、资源环境承载能力较低的部分县。对依法设立的各级各类自然文化资源保护区和其他需要特殊保护的区域要禁止开发,实施强制性保护。

专栏16　主体功能区发展方向

城市化地区。加大交通、能源等基础设施建设力度，联动推进新型工业化和城镇化，促进经济集聚与人口集聚同步。积极承接先进产业转移，增强产业集聚能力，形成分工协作的现代产业体系。

农产品主产区。加强耕地保护，加强农业综合生产能力建设，推动农业的规模化、产业化和现代化，确保全省粮食安全。以县城为重点推进城镇建设和产业发展，引导农产品加工、流通、储运企业聚集。

重点生态功能区。加强生态建设和环境保护，增强水源涵养、水土保持、防风固沙和生物多样性等功能，实施重点生态功能区保护修复工程。按照面上保护、点状开发的原则，鼓励发展资源环境可承载的适宜产业。

第二节　实施分类管理的区域政策

积极建立和完善有利于引导科学开发的区域政策和绩效评价体系。加大对重点生态功能区的均衡性转移支付力度，建立生态环境补偿机制，增强基本公共服务和生态环境保护能力。政府投资要符合各区域的主体功能定位和发展方向，支持重点生态功能区和农产品主产区的发展。严格实施对不同主体功能区制定的鼓励、限制和禁止类产业政策。实行差别化的土地管理政策，科学确定各类用地规模，严格土地用途管制。对不同主体功能区实行不同的污染物排放总量控制和环境标准。按不同区域的主体功能，实行各有侧重的绩效考核办法。发挥主体功能区规划基础性和约束性作用，加强区域规划、专项规划、重大项目布局与主体功能区规划的衔接协调。

第十八章　促进五大经济区协调发展

加快推进成渝经济区四川部分“一极一轴一区块”建设，建立健全区域协调互动机制，促进五大经济区协调发展。大力发展特色经济，积极培育新的地区增长点，构建比较优势突出、区域特色鲜明、区际良性互动的多极发展格局。

推进“一极一轴一区块”建设。做强成都都市圈增长极，规划建设天府新区，加快建设新川创新科技园，形成以现代制造业为主、高端服务业集聚、宜业宜商宜居的国际化现代新城区。加快成渝通道轴经济发展，促进成渝两极要素流动。加快发展环渝腹地区块，建设川渝合作示范区。深入推进川渝合作，建设国家重要的现代产业基地、内陆开放试验区、统筹城乡发展示范区，构建全国重要的经济增长极。

成都经济区。推动率先发展、优化发展，将成都经济区建成西部地区重要的经济中心、全国重要的综合交通枢纽和通信枢纽，先进制造业基地、科技创新产业化基地、农产品加工基地和现代服务业基地。加快建设装备制造、电子信息、生物医药、石油化工、新材料等重大产业基地。着力提高科技创新能力，加快国家创新型城市和区域创新平台建设，推动产业结构向高端、高效、高附加值转变。

川南经济区。加快川南地区开发建设，打造全省经济发展新的增长极。依托“黄金水道”，有序推进岸线开发和港口建设，加强高速公路、快速铁路建设，建成全省次区域交通枢纽，形成四川沿江和南向开放的重要门户。大力发展临港经济，加快建设沿江产业带，发展壮大机械制造、能源、化工、农产品加工业，积极培育新材料、节能环保、生物等新兴产业，大力发展旅游、商贸、物流等现代服务业，打造“中国白酒金三角”核心区。

川东北经济区。加快天然气等优势资源开发利用，提高资源就地加工和转化水平。重点发展清洁能源和石油、天然气化工、农产品加工业，建设西部重要的能源化工基地和农产品深加工基地。大力发展特色农业，积极发展红色旅游。加强基础设施建设，全面改善发展条件。积极承接产业转移，依托嘉陵江、渠江和重要交通干线，构建联接我国西北、西南地区的新兴经济带。

攀西经济区。依托钒钛、稀土、水能、特色农业等优势资源，加快技术创新和新产品开发，提高资源综合开发利用水平，建设中国攀西战略资源创新开发试验区、全国重要的钒钛产业基地、全国重要的水电能源开发基地和我省重要的亚热带特色农业基地。推进攀西钒钛稀土产业优化升级，开发高技术含量和高附加值的钢铁产品。积极发展阳光旅游、生态旅游。

川西北生态经济区。以保护生态环境、发展生态经济作为主攻方向，因地制宜发展清洁能源、生态文化旅游产业，点状开发矿产资源，改进传统农牧业生产方式，建设特色鲜明、绿色生态的产业体系。积极推进生态移民、扶贫移民和牧民定居工程，逐步引导人口有序转移。加强以交通和水利为重点的基础设施建设，促进基本公共服务均等化，加快改善生产生活条件。

第十九章　加快民族地区、革命老区和贫困地区发展

按照到2020年与全省同步实现全面小康的总体目标要求，以基础设施建设、民生改善和特色产业发展为重点，大力推进民族地区跨越发展和革命老区、贫困地区加快发展。

第一节　推动民族地区跨越发展

贯彻落实支持民族地区发展政策，实施藏区、彝区等民族地区发展规划，实现民族地区跨越式发展和长治久安。加快以交通、水利、供电、城乡公共设施等为重点的基础设施建设，切实解决饮水难、行路难、用电难、就业难、通信难等突出问题。加快民族地区社会事业发展，大力实施民族地区教育第二个十年行动计划、民族地区卫生发展十年行动计划，有效防治艾滋病、包虫病、大骨节病。积极发展生态文化旅游、特色农牧业和优势资源开发等特色产业。大力推进藏区民生工程。抓住中央支持藏区的重大历史机遇，集中解决制约藏区发展最突出、最紧迫的问题，在民生改善、社会事业发展、生态环境保护、基础设施建设、产业培育等方面取得重大突破。加快推进大小凉山综合扶贫开发，培育发展优势特色产业，促进安宁河谷地区跨越式发展。到2015年，民族地区城乡居民收入接近全省平均水平，基本公共服务水平大幅提高，基础设施建设明显加强，重点产业和特色经济初具规模。

第二节　加快革命老区和贫困地区发展

支持革命老区发展，设立革命老区专项扶持资金，加快基础设施建设和社会事业发展，切实改善生产生活条件，促进基本公共服务均等化。积极推进产业培育，壮大特色优势产业，不断增强自我发展能力。深入推进开发式扶贫，努力增加扶贫投入，不断创新扶贫开发和对口帮扶机制，大力实施扶贫攻坚工程。有序推进移民扶贫，整合资源、连片推进特殊困难地区扶贫开发，加快新农村和小康户建设。

专栏 17　民族地区、革命老区和贫困地区重点工程

民族地区教育发展第二个十年行动计划。重点实施学前教育、义务教育、高中阶段教育校舍建设和教师周转宿舍的建设，以及寄宿制学生生活补助、学校装备、教师培训、民族文字教材等。

民族地区“9+3”免费教育计划。继续组织藏区当年未升学的初中毕业生和高中毕业生自愿到内地 85 所职业学校免费接受职业教育，帮助“9+3”职业教育毕业生实现就业。在彝区就地组织免费职业教育。

民族地区卫生发展十年行动计划。建立健全公共卫生服务体系、医疗服务体系、医疗保障体系和药品供应保障体系，加强包虫病、艾滋病等重点疾病综合防控。争取到 2015 年，基本完成州、县、乡、村四级卫生服务机构基础设施建设、基本的卫生人员配置和技术培训，并同步进行设备配备。

牧民定居行动计划暨帐篷新生活行动。到 2012 年，基本完成藏区 10 万户牧民定居房及生产设施建设，完善配套公共设施，推广使用新型帐篷和篷内生活设施。

彝家新寨工程。实施扶贫搬迁和农村危房改造，建成 1475 个彝家新寨，配套完善公共设施，倡导健康文明生活方式。

民族地区交通建设。加快甘孜州“两路一隧”（国道 318、317 线改造和雀儿山隧道建设）、阿坝州国道 317 线、省道 302、303 线和凉山国道 108、省道 216、307 线等藏区、彝区干线公路建设，提高民族地区对外通道和骨干路网的通行能力和服务水平。

民族地区水利工程。加快建设玛依河、白松茨巫引水工程及渠系配套，加快推进洛须、打火沟等引水工程及新华、大海子等水库工程建设，有效缓解干旱缺水问题。

民族地区电网建设工程。城乡中低压配网建设，变电站、输电线路及城镇电网工程，以及 220 千伏、500 千伏输变电线路等建设，基本实现藏区无电人口全覆盖。

革命老区开发建设工程。培育一批特色农业示范园区，建设一批优势资源开发利用项目，打造雪山草地、川陕苏区、将帅故里等红色旅游区。

贫困地区扶贫开发工程。继续实施阿坝州扶贫开发和综合防治大骨节病试点工程，易地搬迁 2.5 万人。加强大小凉山综合扶贫开发，新建和改造新村 1451 个，改善 12.11 万户 60.55 万人的居住条件。加快推进甘孜州“两江一河”千桥工程。加强秦巴山区（四川部分）连片扶贫。

第二十章　积极稳妥推进新型城镇化

坚持走新型城镇化发展道路，完善城镇体系，优化空间布局，增强城镇集聚产业、承载人口、辐射带动区域发展的能力，推进符合落户条件的农业转移人口逐步转为城镇居民，提升城镇化质量和水平。

第一节　优化城镇布局和结构

以大城市和区域性中心城市为依托、大中城市为骨干、小城镇为基础，加快培育四大城市群，促进大中小城市和小城镇协调发展。

大力发展区域性中心城市。按照科学规划、合理布局的原则，加快培育区域性中心城市，增强区域性中心城市对地区经济发展的辐射带动作用。优化成都空间布局，加快推进功能区建设，提升国际化水平，建成中西部地区最具竞争力的特大中心城市之一。积极将绵阳、南充、自贡、泸州、攀枝花、宜宾、内江、达州等城市培育为 100 万人口以上的特大城市。将德阳、乐山、遂宁等一批地级城市培育为 50 万～100 万人口的大城市。将一批发展条件较好的县城培育为 20 万～50 万人口的中等城市。

加快发展中小城市。按照现代城市发展要求，把一批经济基础较好、人口规模较大、环境承载力较强的县城培育成产业支撑强、地域文化特色鲜明、人居环境良好的中小城市。实施重点中心镇建设示范工程，支持有条件的中心镇加快发展，因地制宜发展一批特色鲜明的旅游镇、工业镇和商贸镇。

培育发展四大城市群。率先发展成都平原城市群，推动成德绵乐同城化发展，建设西部最具实力和竞争力的城市群。加快发展川南城市群，推动自泸内宜一体化发展，加快建设西部重要的大城市密集区。发展壮大区域性中心城市，积极培育川东北城市群，着力推动攀西城市群发展。大力加强城市群基础设施一体化和网络化建设，促进城市群内部各类城市功能和产业分工协作，加快形成以城市群为主体形态的城镇化发展格局。

第二节 增强城镇综合承载能力

按照以人为本、节约资源、绿色环保、突出特色的原则，科学编制城镇规划，合理确定城镇发展规模，优化城镇功能分区，有序推进城镇空间拓展。加强市政基础设施和公共服务设施建设，全面提升城镇交通、电力、通信、供水、供气、防洪等基础设施水平，大幅提高城镇污水、垃圾处理能力，加快城镇教育、卫生、就业和社会保障等公共服务设施建设。优化发展环境，提高城镇生产要素集聚、产业发展和就业吸纳能力。发展公共交通，综合治理城市交通拥堵。实施城乡绿化美化工程，加强城乡环境综合治理，加强城镇管理，创造优美舒适的人居环境。

第三节 稳步推进农业转移人口转为城镇居民

坚持因地制宜、分步推进的原则，把有稳定劳动关系并在城镇居住一定年限的农业转移人口逐步转为城镇居民。进一步放宽中小城市和小城镇的落户条件，加强和改进人口管理，发挥重点小城镇的公共服务和居住功能，鼓励引导有条件的农村居民进入城镇居住和创业，就近转为城镇居民。改善面向农民工的公共服务，保障农民工随迁子女平等接受义务教育的权益，逐步把符合条件的农民工纳入城镇职工基本养老、基本医疗保险和城镇住房保障体系。

第六篇 实施科教兴川和人才强省战略

充分发挥科技第一生产力和人才第一资源作用，提高教育现代化水平，壮大创新人才队伍，增强自主创新能力，为实现发展新跨越提供强大的科技和人才支撑。

第二十一章 增强科技创新能力

坚持自主创新、重点跨越、支撑发展、引领未来的方针，深入实施“科教兴川”战略，整合科技资源，提升创新能力，加快科技成果向现实生产力转化。

第一节 构建区域创新体系

加强国家技术创新工程试点省建设，建立企业主体、市场导向、政府支持、产学研结合的技术创新体系。加强创新能力建设，建设一批国家级和省级关键、共性技术创新平台，加强工程（技术）研究中心、工程实验室、重点实验室、企业技术中心建设，完善多层次产业创新支撑体系。组织实施科技重大专项,努力掌握核心技术和关键技术。积极推进科技交流与合作,鼓励企业与国内外大专院校、科研院所建立战略联盟,引进和吸收国内外先进技术。抓好成都国家创新型城市试点和绵阳科技城建设。

第二节 加快推进科技成果转化

组织实施重大科技成果转化工程,完善科技成果转化推广体系,推进重大创新成果的产业化。加强公共信息、分析测试、技术转移、工程配套、企业孵化、投资融资等创新服务体系建设,搭建技术孵化、转移、交易平台。发挥中央在川科研机构和国防科工优势,有效整合区域创新资源,加强院地结合和军民融合,促进科技成果向地方转化。

专栏18 科技创新重大工程和行动

重大科技成果转化工程。实施新一代信息技术产业、装备制造业、节能环保产业、新材料产业、汽车产业、钒钛产业、轨道交通产业、光伏发电及装备产业、军民融合产业、油气化工产业、主要农畜超级种及优质高效安全生产、农产品精深加工及综合利用、创新药物及相关产品、道地中药材大品种培育及系统开发科技成果转化、国际科技合作成果转化等15个专项。

重大科技成果转化平台。建设成果信息共享、成果技术转移、成果工程化、成果孵化、成果转化融资和高新技术园区基地等一批成果转化平台。

国家技术创新四川试点工程。培育创新型企业1500家、产业技术创新联盟100家和技术创新服务平台500个。

第三节 完善科技创新体制机制

加大政府投入引导,发挥企业创新主体作用,拓宽社会投入渠道,健全科技创新投融资体系。加强科学研究与高等教育有机结合,建立现代科研院所制度,构建资源共享的开放型研究开发体系。改革科技成果评价和奖励制度,建立风险共担、利益共享的技术转移利益分配机制,增强科研院所和高校创新动力。发挥企业家和科技领军人才在科技创新中的重要作用。完善支持企业创新和科研成果产业化的财税金融政策,培育和发展创业风险投资,健全创新服务支撑体系。加强知识产权创造、运用、保护、管理,营造有利于科技创新的良好环境。

第二十二章 加快教育改革发展

按照优先发展、育人为本、改革创新、促进公平、提高质量、服务社会的要求,推动各级各类教育全面、协调、健康发展。

第一节 统筹各类教育发展

积极发展学前教育,重点发展农村学前教育,大力发展公办幼儿园,鼓励和支持民办幼儿园发展。实施义务教育学校标准化建设,大力改善中小学办学条件,巩固义务教育普及成果,全面提高九年义务教育普及水平和教育质量。加快普及高中阶段教育,优化高中阶段教育结构,推动普通高中多样化发展。继续实施职业教育攻坚计划,面向优势产业和战略性新兴产业,大力发展职业教育。优化高等教育结构，重点支持优势学科和特色专业发展，增强高校科技创新和服务社会能力，推进高等教育内涵式发展。加快发展继续教育，构建灵活开放的终身教育体系。

第二节 促进教育公平

优化中小学布局结构，均衡配置教育资源，努力缩小城乡之间、区域之间、学校之间的差距，推进义务教育均衡发展。逐步实行县域内城乡中小学教师编制和工资待遇同一标准以及教师交流和校长交流制度。改善特殊教育学校办学条件，完善残疾学生资助政策，全面提高残疾儿童义务教育水平。关爱农村留守学生，着力解决进城务工人员子女接受义务教育问题。健全教育资助制度，扶持家庭经济困难学生完成学业。加快民族地区、革命老区和贫困地区的教育发展。

第三节 实施素质教育

遵循教育规律和学生身心发展规律，坚持德育为先、能力为重，促进学生德智体美全面发展。减轻中小学生过重的课业负担，克服"应试教育"倾向，培养学生创新精神和实践能力，全面提高中小学生综合素质。创新职业教育培养模式，提高学生的职业技能和就业创业能力。全面提高高等教育质量，实施本科教学质量与教学改革工程和研究生教育创新计划。健全教师管理制度，加强师德建设，实施人才强教、人才强校战略，提高校长和教师专业化水平，鼓励优秀人才终身从教。

第四节 深化教育改革

创新人才培养体制，改革教育质量评价和人才评价制度。积极稳妥推进考试招生制度改革。建设现代学校制度，推进学校管理现代化。加大教育交流与合作，扩大教育对外开放。深入推进办学体制改革，健全以政府投入为主、多渠道筹集教育经费的体制，进一步强化各级政府提供公共教育服务职责，完善教育经费投入机制，大力发展民办教育。

专栏19 教育发展重点项目

学前教育推进工程。新建、改扩建一批乡镇中心幼儿园，加强乡镇标准化中心幼儿园建设。支持农村地区利用中小学区域布局调整富余校舍举办幼儿园或幼教点。加强幼儿教师队伍建设。

义务教育标准化建设。结合校舍安全工程、农村义务教育校舍维修改造、农村初中工程、薄弱学校改造和学校布局调整，按照标准化学校建设要求，新建和改扩建一批中小学校。

农村留守儿童寄宿制学校建设工程。加强农村留守儿童寄宿制学校建设，新建、改扩建一批农村寄宿制学校的学生生活用房、教学用房及附属设施，逐步消除农村留守儿童寄宿制学校"大通铺"、"大班额"现象。

特殊教育发展工程。实施国家特殊教育学校建设项目，新建、改扩建一批特殊教育学校，基本实现各市（州）和人口30万以上、残疾儿童少年较多县（市）都建成一所特殊教育学校。

中等职业教育基础能力建设。支持中职学校改革示范校建设，促进示范性职业教育集团学校建设，支持实训基地建设，加强专业、课程建设和学校信息化建设。

中小学教育信息化建设。加强中小学校园网和省、市、县三级教育资源公共服务平台以及省级教育管理平台等建设。

农村教师周转宿舍建设工程。统筹规划农村教师周转宿舍建设，重点支持农村艰苦边远地区和民族地区学校教师周转宿舍建设。

高等学校优势学科与特色专业建设工程。培育一批优势学科专业和重点学科，加强高层次创新人才培养基地和应用型技能型人才培养基地建设等。

教师素质提升计划。完善中小学、中职学校、幼儿园校（园）长教师培养培训制度，改革培养培训模式，实施每五年一周期的校长、教师全员培训；实施教育名家培养计划；加强职业院校教师培训基地建设；培养高校教学名师和学科领军人才。

第二十三章　推进人才强省建设

坚持服务发展、人才优先、以用为本、创新机制、高端引领、整体开发的指导方针，深入实施人才强省战略，加强各类人才队伍建设，加快建设西部人才高地。

第一节　加快重点人才队伍建设

完善高层次人才引进机制，畅通引进和交流渠道，积极引进和培养高层次创新创业人才。大力实施“天府科技英才计划”、海外高层次人才引进“百人计划”、企业家培养计划、高技能人才振兴计划，造就一批高层次领军型人才。加大高层次人才开发使用力度，突出抓好战略性“塔尖”产业领域人才队伍建设，以高端人才开发带动人才队伍整体建设，实现人才开发、科技创新和产业发展的相融互动。

第二节　统筹各类人才开发

实施重点领域人才队伍建设专项工程，推动专业人才向重点领域和产业集聚。加强公共管理和社会事业人才培养和使用。以发展急需紧缺人才为重点，加强实用型和技能型人才开发。鼓励引导高校毕业生和各类人才服务“三农”，整合农村人才资源，继续实施“千万农民工培训工程”，加强大规模劳务培训。深入实施“民族地区人才振兴行动”等人才计划，加强民族地区、革命老区、贫困地区和地震灾区人才建设。

第三节　优化人才发展环境

加强人才开发投入、引进培养、评价使用和管理服务，营造尊重人才、吸引人才、留住人才、用好人才的良好环境。加强学术技术带头人、有突出贡献的优秀专家为主的高层次人才选拔培养，健全高层次人才培养使用机制。鼓励和支持各类用人单位引进和用好高层次人才，切实改善高层次人才工作和生活条件。加快科技人才智力转化，完善人才柔性流动机制。大力实施专业技术人才知识更新、能力提升工程，提高人才效能。建立健全人才激励机制，完善人才激励和保障体系。确立以创新能力和工作实绩为主的评价标准，建立科学的人才评价机制。

第七篇　加强社会建设和改善民生

坚持把保障和改善民生作为根本出发点和落脚点，加强社会建设和创新社会管理，以就业、收入分配、社会保障、医疗卫生、住房保障等为重点，努力促进基本公共服务均等化，使发展成果惠及全川人民。

第二十四章　积极扩大就业

把促进就业放在经济社会发展的优先位置，实施更加积极的就业政策，注重扩大就业与稳定就业相结合，保持就业持续稳定增长，促进充分就业。

第一节　扩大就业机会

大力发展劳动密集型制造业、服务业和中小企业，充分发挥投资和重大建设项目建设对就业的带动作用，千方百计增加就业岗位。改善创业环境，建设创业基地，以创业带动就业。鼓励劳动者自谋职业，支持多种形式的灵活就业。注重省内就业与劳务输出并举，鼓励开展对外劳务合作，积极扩大劳务输出。建立统一规范的人力资源市场，完善市场导向的就业机制。

第二节　加强就业服务

重点解决高校毕业生、农村转移劳动力、城镇就业困难人员就业问题，做好复转军人就业工作。加强基层就业服务平台建设，完善城乡就业服务体系。完善就业援助政策，多渠道开发公益性岗位。加强职业技能培训和创业培训，增强培训的针对性和有效性，开展就业见习，提高培训效果。

第三节　建立和谐劳动关系

切实发挥政府、工会和企业作用，建立企业和职工利益共享机制。严格执行劳动合同制度，加强小企业和农民工劳动合同管理，基本实现企业与劳动者普遍依法签订劳动合同。加强劳务派遣行业管理，规范企业裁员行为。完善调解机制，健全维权统筹协调机制，依法建立健全企业、行业和乡镇、街道以及社区劳动人事争议调解组织，积极推进劳动人事争议仲裁机构建设，探索建立突发性集体劳动人事争议的应急调处机制。加强劳动执法，完善劳动争议处理机制，改善劳动条件，保障劳动者合法权益。消除就业歧视，保障劳动者平等就业的权利。

第二十五章　调整收入分配关系

坚持和完善社会主义基本分配制度，深化收入分配制度改革，努力提高居民收入在国民收入分配中的比重，提高劳动报酬在初次分配中的比重，努力扭转收入差距扩大趋势。

第一节　提高劳动报酬

建立健全职工工资正常增长和支付保障机制，努力提高劳动报酬。加强对企业工资分配的宏观调控，逐步提高最低工资标准，依法普遍建立完善企业工资集体协商制度，探索建立统一规范的企业薪酬调查制度，落实和完善企业工资指导线、人力资源市场工资指导价位和行业人工成本信息发布制度，完善工资支付监控和工资保证金制度。深化事业单位收入分配制度改革，完善公务员工资制度。

第二节 加强收入分配调节

规范收入分配秩序,努力扭转城乡、区域、行业和社会成员之间收入差距扩大趋势。逐步提高基本养老金水平,加强对低收入群众的社会保障,着力增加低收入者收入。增加居民的财产性收入,逐步扩大中等收入人群。加强税收征管,进一步落实调节高收入的税收措施。完善国有企业经营业绩考核制度,进一步规范经营管理者收入,建立经营管理者薪酬与职工平均工资的合理联结机制,加强国有企业工资内外监督检查。保护合法收入,坚决打击和取缔非法收入。

第二十六章 完善社会保障体系

坚持广覆盖、保基本、多层次、可持续方针,加快健全覆盖城乡居民的社会保障体系,全面提高社会保障水平。

第一节 扩大社会保险

实现新型农村社会养老保险制度全覆盖,逐步提高保障标准。以民营经济组织、个体和灵活就业人员为重点,不断扩大社会保险覆盖面。大力促进农民工按规定参加城镇社会保险,推动机关事业单位养老保险制度改革。全面实施和完善城镇企业职工基本养老保险省级统筹制度,逐步做实养老保险个人账户,实现转移接续,完善城镇居民养老保险制度。加快推进城镇基本医疗保险、失业保险、工伤保险、生育保险市(州)级统筹。强化社会保险基金征缴,提高基金支付保障能力。加强社会保障信息网络建设,推进社会保障卡应用,实现精细化管理。发展企业年金和职业年金。发挥商业保险补充性作用。

第二节 增强住房保障

完善保障性住房体系,加大廉租住房、经济适用住房、公共租赁住房和限价商品住房等保障性住房建设力度,稳步提高保障性住房在住房供应总量中的比例。完成棚户区改造,加快城中村改造,加大农村危房改造力度,加快推进农村安居工程建设,改善城乡困难群众住房条件。完善住房体制机制和政策体系,加强土地、财税、金融政策调节,加快住房信息系统建设,合理引导住房需求,加大普通商品住房供应。

第三节 加强社会救助

完善城乡最低生活保障制度,建立和完善与经济社会发展水平和物价变化相适应的城乡最低保障标准增长和补助水平调节机制,实现城乡最低生活保障应保尽保。逐步提高城市“三无”人员、农村“五保”供养水平。健全临时救助制度,实现社会救助全覆盖。积极开展法律援助,依法维护弱势群体合法权益。增强社会慈善意识,积极培育慈善组织,大力发展社会福利和慈善事业,鼓励和支持社会扶助活动。

第四节 加大扶贫力度

以解决民生问题为核心,大力实施扶贫开发攻坚工程和整村推进计划,加快解决集中连片特殊困难地区的贫困问题，基本解决上学、就医、住房、交通等突出民生问题。做好库区移民安置及后期扶持工作。加大财政转移支付力度，完善对口支援帮扶机制，广泛开展社会扶贫，完善扶贫开发工作机制。坚持开发式扶贫，提高贫困人口生活水平和自我发展能力，努力缩小发展差距。

第二十七章 提高人民健康水平

按照保基本、强基层、建机制的要求，深化医药卫生体制改革，健全基本医疗卫生制度，推进基本公共卫生服务均等化，优先满足群众基本医疗卫生服务需求。

第一节 完善城乡医疗卫生服务体系

健全以县级医院为龙头、乡镇卫生院和村卫生室为基础的农村三级医疗卫生服务网络，完善以社区卫生服务为基础的新型城市医疗卫生服务体系。加强妇幼卫生、精神卫生和卫生监督等公共卫生服务体系建设。加快医疗卫生信息化建设。积极稳妥推进公立医院改革，逐步形成城市医院和基层医疗机构分工协作格局，提高医疗服务能力和可及性。鼓励社会资本以多种形式举办医疗机构。加强以全科医生和民族地区医疗卫生人才为重点的基层医疗卫生队伍建设，完善鼓励全科医生长期在基层服务的政策。整合城乡医疗卫生资源，增强区域医疗中心辐射带动作用，加快农村、社区和民族地区医疗卫生事业发展。

第二节 提升基本公共卫生服务水平

实施国家基本公共卫生服务项目，结合实际增加公共卫生服务内容，提高公共卫生服务能力，缩小城乡居民基本公共卫生服务差距。提高妇幼卫生保健服务能力。积极防治重大传染病、地方病、职业病、慢性病和精神疾病。建立健全突发公共卫生应急机制。普及健康教育。加强食品药品安全和卫生执法监督。婴儿死亡率下降到11‰以下，孕产妇死亡率下降到33/10万以下，人均期望寿命达到75岁。

第三节 实施国家基本药物制度

全面实施国家基本药物制度，保障群众基本用药安全有效、价格合理、方便可及。提高基本药物实际报销水平，促进基本药物优先合理使用。建立基本药物省级集中招标采购机制，强化对基本药物生产、流通、使用等环节的监管。健全和完善便民惠农的农村药品供应监督网络。完善以基本药物制度为基础的药品供应保障体系。严格实施医药生产质量管理规范，实施基本药物全品种监管。

第四节 建立健全医疗保障体系

建立健全以基本医疗保障为主体、其他多种形式补充医疗保险和商业健康保险为补充、覆盖城乡居民的多层次医疗保障体系。完善城乡基本医疗保障和救助制度，不断提高筹资水平和统筹层次，缩小保障水平差距。加强基本医疗保障制度和城乡医疗救助制度之间的衔接，逐步推进制度框架的基本统一。探索建立城乡一体化的基本医疗保障管理制度。鼓励社会团体开展多种形式的医疗互助活动。积极发展商业健康保险,满足多样化的健康需求。

第五节　大力发展中医药事业

坚持中西医并重,发展中医医疗和预防保健服务,实施名医、名院、名科、名药战略,推进中医药事业发展。合理规划配置中医医疗机构,加强中医医疗服务体系建设,鼓励提供和使用中医药服务。坚持继承和创新相结合,推进中医药科技进步。建立多层次师承制度,加强中医药人才队伍建设。加强中药资源保护、研究开发和合理利用。大力发展民族医药。

第六节　发展体育事业

完善公共体育服务体系,加强社区、青少年体育活动设施、农村基层群众性体育设施建设,促进各类体育设施向全民开放。积极发展体育产业,大力推进全民健身运动,增强人民体质。积极培育后备人才,提高竞技体育水平。积极申办第十三届全国运动会。

第二十八章　全面做好人口工作

全面做好人口工作,控制人口总量,提高人口素质,优化人口结构,引导人口有序流动,促进人口长期均衡发展。

第一节　坚持计划生育基本国策

完善人口政策体系,改善出生人口素质,遏制出生人口性别比偏高趋势,促进人口长期均衡发展。提高生殖健康水平。完善计划生育服务管理体系,建立全员人口统筹管理信息系统,加强流动人口计划生育服务管理。完善计划生育利益导向政策体系,增强计划生育家庭发展能力。

第二节　发展妇女儿童事业

全面实施妇女儿童发展纲要,优化妇女儿童发展环境,保障妇女儿童合法权益。坚持男女平等基本国策,提高妇女参与经济发展和社会建设能力。坚持儿童优先原则,加强未成年人保护,做好关心下一代工作,促进青少年健康成长。积极发展儿童福利事业,完善孤儿基本保障制度,保障孤儿的基本生活不低于当地平均生活水平。

第三节　积极应对人口老龄化

建立以居家养老为基础、社区养老为依托、机构养老为支撑的养老服务体系,培育发展老龄服务事业和产业。优先发展社会养老服务,鼓励社会资本投入养老服务业。加强公益性养老服务设施建设,完善面向老年人和孤老的福利设施。拓展医疗健康、精神慰藉、紧急援助、法律服务等养老服务领域,切实维护老年人的合法权益。

第四节　支持残疾人事业发展

增加残疾人福利设施,健全残疾人服务体系,积极发展残疾人福利事业。加快完善基本保障制度，健全残疾人社会保障体系，保障残疾人基本生活。依托社区提供多样化的残疾人综合性服务项目。培育专门面向残疾人服务的社区组织，通过政府补贴、购买服务等多种方式，鼓励各类企业、组织和个人投入残疾人事业。

专栏 20　就业、社保、卫生等重点工程

就业促进。人力资源市场和基层就业服务设施及信息网络建设，职业技能培训和创业促进服务设施建设。

社会保障。养老服务设施建设、工伤康复服务设施建设、残疾人康复及托养服务设施建设。为孤残、五保户、高龄老人等特殊群体提供福利服务。社会保险经办服务设施及信息网络建设。殡葬服务体系建设。

卫生。公共卫生服务体系建设(妇幼保健、精神卫生、卫生监督等)、基层医疗服务体系和农村急救体系建设、全科医生培养基地建设、医疗卫生信息化建设工程。基本公共卫生服务(提供居民健康档案、预防接种、传染病防治等)、公共卫生专项服务(实施 15 岁以下人群补种乙肝疫苗、农村妇女孕前和孕早期补服叶酸等)、全面实施国家基本药物制度。

人口。实施计划生育服务体系工程，建立覆盖全省的计划生育服务站，提供免费孕前优生健康检查、免费生殖健康技术服务、独生子女伤残死亡家庭再生育等服务。开展计划生育手术并发症人员扶助。

体育。农村乡镇体育设施建设工程。

第二十九章　加强和创新社会管理

加强社会管理能力建设，创新社会管理体制机制，切实维护社会和谐稳定。

第一节　创新社会管理体制机制

积极探索社会管理创新，逐步形成党委领导、政府负责、社会协同、公众参与的社会管理新格局。建立健全社会管理创新长效机制，强化政府的社会管理职能，重点加强对流动人口、特殊人群、"两新"组织的服务管理，加强对重点领域、重点地区和特殊行业场所的综合治理。强化基层基础建设，推进社会管理重心向基层组织转移，完善覆盖城乡的社区管理和服务体系，增强城乡社区自治和服务功能。健全社区居民自治制度，推进社区居民依法民主管理社区公共事务和公益事业。坚持培育发展和管理监督并重，推动社会组织健康有序发展，发挥其提供服务、反映诉求、规范行为的作用。引导非政府组织健康有序发展，提高非政府组织服务社会的水平。支持工会、共青团、妇联等人民团体参与社会管理及公共服务，加强志愿者队伍建设，完善志愿服务社会动员体系，形成社会管理和服务合力。

第二节　有效化解社会矛盾

健全社会矛盾预防预警机制，实施重大工程项目建设和重大政策制定等事项的社会稳定风险评估，从源头上预防和减少社会矛盾纠纷的产生。健全信访制度，拓宽社情民意表达渠道，建立健全方式多样、畅通高效的诉求表达机制和党政主导的维护群众权益机制。进一步完善涉诉信访终结机制。完善"大调解"工作体系，健全行业性、专业性、区域性调解组织，加强人民调解、行政调解、司法调解联动，有效防范和化解劳资纠纷、征地拆迁、环境污染、食品药品安全等引发的各类社会矛盾。

第三节 加强公共安全体系建设

适应公共安全形势变化的新特点,推动建立主动防控与应急处置相结合、传统方法与现代手段相结合的公共安全体系。

保障食品药品安全。加强食品、药品安全监管,严格执行食品安全、国家药品标准,建立食品药品质量追溯制度。加强食品药品安全监管执法。强化基本药物监管,确保基本药物质量安全,提高公众用药安全保障水平。

强化安全生产。加强安全生产监管,严格安全目标考核和责任追究。完善安全技术标准体系,加强安全生产设施建设。强化煤矿、交通、危险化学品等领域的安全专项治理,加强特种设备安全监管,集中整治非法、违法生产,坚决遏制重特大事故发生。加强消防安全,完善森林草原防火体系。强化安全生产培训和宣传教育,规范发展安全专业技术服务机构,加强对中小企业的安全技术援助和服务。单位生产总值生产安全事故死亡率下降40%,工矿商贸就业人员生产安全事故死亡率下降30%。

健全社会治安防控体系。深入开展平安创建活动,健全点线面结合、人防物防技防结合、打防管控结合,全方位、全天候、立体化的社会治安整体联动防控体系,加强社区、单位内部和城中村、城乡结合部、行政区域交界处治安防控,严密防范和依法打击各类违法犯罪,切实保障人民生命财产安全。

健全突发事件应急体系。坚持预防与应急、常态与非常态相结合,建立健全统一指挥、结构合理、反应灵敏、保障有力、运转高效的突发事件应急体系,提高自然灾害、事故灾难、公共卫生、社会安全等突发公共事件的预防预警和应急处置能力。加强应急队伍建设,健全应急管理组织体系,完善应急预案体系,强化基层应急管理能力。建立应急物资储备体系,统筹安排实物储备和能力储备。

专栏21 社会管理创新发展重点工程

流动人口服务管理工程。建立流动人口管理平台,健全流动人口综合服务管理信息系统和公共服务体系。

特殊人群服务管理工程。加强重点青少年群体教育帮扶工程建设,加强工读学校和未成年人救助中心建设。推进安康医院、刑释解教人员培训和就业基地、社区矫正基地、戒毒康复中心、监管场所、境外来川人员服务管理平台建设。

"两新"组织服务管理工程。建立健全新经济、新社会组织服务管理体系。

社会治安综合防控体系建设工程。推进天网工程续建、群防群治力量建设,完善社会治安整体联动防控体系建设。

重点地区综合改造工程。加强"城中村"、城乡结合部的综合治理。加强社区服务、社区活动场所建设,推进社区网格化管理。

第三十章 推进民主法制建设

发展社会主义民主,健全社会主义法制,全面推进依法治省,扩大立法参与和强化监督意识,形成民主团结、生动活泼、安定和谐的政治局面。

第一节 发展社会主义民主

扩大人民民主,支持各级人大依法履行职能,支持各级政协围绕团结和民主两大主题推进政治协商、民主监督和参政议政,保证民族自治地方依法行使自治权。切实保障人民群众依法享有民主选举、民主决策、民主管理、民主监督权利,切实保障公民的知情权、参与权、表达权、监督权和选举权。继续加强基层政权建设,扩大基层民主,完善农村村民自治组织和社区居民自治组织。依法推进信息公开,完善政务公开、村务公开、厂务公开。切实做好民族、宗教、侨务、新社会阶层工作,积极发挥人民团体的作用,重视发挥老干部的作用,巩固和壮大最广泛的爱国统一战线,推进社会主义民主不断向前发展。

第二节 全面强化法制建设

加强地方立法工作,注重服务科学发展,突出地方特色,坚持推进科学立法、民主立法,加快完善市场主体、市场交易、市场监督、社会管理、公共服务、可持续发展等方面的法规规章。开展“六五”法制宣传教育,进一步增强全社会的法律意识,形成学法、守法、用法的良好氛围。全面推进依法行政、建设法治政府,做到执法有保障、有权必有责、用权受监督、违法受追究、侵权须赔偿。积极推进司法体制改革,实现司法公正,维护社会公平正义。

第三节 深入推进廉政建设

认真贯彻标本兼治、综合治理、惩防并举、注重预防的反腐倡廉战略方针,推进反腐倡廉制度创新。严格执行党风廉政建设责任制,加大从源头上防治腐败的力度,加强对权力运行的制约监督,形成拒腐防变教育长效机制。加大查办违纪违法案件工作力度,严厉惩处腐败分子,坚决纠正损害群众利益的不正之风,努力构建惩治和预防腐败体系。

第三十一章 加强国防动员能力建设

坚持国防建设与经济建设协调发展的方针,把国防动员建设内容纳入各级各类国民经济和社会发展计划,在经济建设中贯彻国防要求,推进军民融合式发展。学习宣传落实《国防动员法》,修改完善相关法规制度,依法开展国防动员工作。加强人民武装动员、国民经济与装备动员、人民防空动员、交通战备动员和信息动员建设,提高国防动员能力。推进国防动员与应急管理体系之间的有效衔接,发挥国防动员体系在应对突发事件中的作用。加强国防教育,增强全民国防观念,深入开展拥军优属和拥政爱民活动,巩固和发展军政军民团结。

第八篇 加快文化强省建设

把握先进文化的前进方向,着力提高公民素质和社会文明程度,推进文化体制机制改革创新,加快构建公共文化服务体系,大力发展文化产业,推动文化大发展大繁荣,满足人民群众不断增长的精神文化需求,努力建设文化强省。

第三十二章 提高社会文明程度

坚持用社会主义核心价值体系引领社会思潮,大力弘扬民族精神、时代精神和抗震救灾精神,开展"感恩奋进"教育活动。深入推进社会公德、职业道德、家庭美德、个人品德建设,构建传承中华传统美德、符合社会主义精神文明要求、适应社会主义市场经济原则的道德和行为规范,加强法制观念教育和社会诚信体系建设,培育奋发进取、和谐包容的社会心态,弘扬扶正祛邪、惩恶扬善的社会风气,进一步筑牢全省人民共同奋斗、加快发展、共建文明的思想道德基础。

深入开展文明城市、文明村镇、文明单位等创建活动,扎实推进农村精神文明建设,着力开展民族地区健康文明新生活活动,改善城乡环境面貌和公共秩序,提高公民文明素质。加强科学普及,推进全民科学素质行动纲要实施,提高公众科学素质。加快爱国主义教育基地、青少年活动场所和地震灾区"三基地一窗口"建设,健全学校、家庭、社会"三结合"教育网络,净化社会文化环境,保护青少年身心健康。

第三十三章 繁荣文化事业

坚持公共文化的公益性、基本性、均等性、便利性,加强公共文化基础设施建设,基本建成覆盖城乡、惠及全民、布局合理、运转有效的公共文化服务网络,提高公共文化产品和服务供给能力。着力建设在全国有较大影响的区域文化中心,加快推进省图书馆、省美术馆等骨干文化工程建设。以民族地区、革命老区、贫困地区和广大农村地区为重点,继续实施文化惠民工程。推进文博事业发展,推动公共文化资源共享,免费开放博物馆、图书馆、纪念馆等公共文化设施,着力提升少数民族文化产品译制能力。加强基层文化队伍建设,配套完善基层公共文化设施,深入开展群众性文化活动,推动公共文化服务向社区、农村、边远地区、民族地区延伸。

支持创作一批具有本土文化特色、体现时代精神的精品力作,坚持振兴川剧,扶持"巴蜀画派"。加强文化遗产保护和传承,实施重点文化遗产大遗址保护工程,推动非物质文化遗产资源的合理利用,加快非物质文化遗产中心建设,提升成都国际非物质文化遗产节暨博览会的国际影响力。加强重要新闻媒体建设,重视互联网等新兴媒体建设、运用、管理。繁荣发展哲学社会科学,形成一批有重大影响的理论成果。加强地方志工作,推进档案事业和公益性出版业发展。

第三十四章 发展文化产业

建设西部文化产业高地,着力提高文化产业规模化、集约化、专业化水平,增强文化产业整体实力和竞争力,努力把文化产业培育成我省重要的支柱性产业。大力开发我省丰富的历史文化、红色文化、民族文化、民俗文化及宗教文化等资源，打造特色文化品牌。积极发展影视制作、出版发行、演艺娱乐、文化旅游等传统文化产业，加快发展文化创意、数字出版、网络视听、动漫游戏等新兴文化业态。培育“双百亿”文化企业，把成都东部新城文化创意产业综合功能区等建设成为在全国有重要影响的文化产业园区。打造藏羌彝文化走廊，发展巴蜀文化产业圈。培育各类文化产品和要素市场，扩大对外文化交流和贸易，繁荣城乡文化市场，构建统一开放、竞争有序的现代文化市场体系。

专栏22　文化重点工程

公共文化服务体系建设工程。省图书馆、省美术馆、省文化馆、四川大剧院、省档案馆、四川社科馆、艺术家之家等建设，市州图书馆、文化馆建设工程，县、乡（镇）公共文化设施配套工程，基层流动文化服务工程。公益性出版工程、数字出版公共服务平台建设，四川民族文字出版基地建设。数字影院建设，民族地区县级广电节目译制能力建设，广电网络改造（三网融合）工程。

文化惠民工程。广播电视村村通工程、农村电影放映工程、农家书屋工程、乡镇综合文化站、文化信息资源共享工程等。

文化遗产保护工程。重点文化遗产大遗址保护工程，重点文物保护单位、国家级和省级历史文化名城名村名镇保护设施建设，国家和省级非遗生产性保护示范基地。

文化产业重点项目。国家动漫游戏产业（四川）振兴基地，成都东部新城文化创意产业综合功能区，西部文化产业园，西部文化商品物流配送中心，数字影视制作基地。

第三十五章　推进文化传承和创新

弘扬优秀传统文化和民族文化，学习借鉴先进文化，推进文化创新发展。深化文化体制改革，培育发展文化市场主体，创新文化事业单位运行机制，推进经营性事业单位转企改制，改革文化宏观管理体制。加速推进文化与科技的融合，提高文化生产和服务的科技含量，增强文化自主创新能力。推动文化与制造、旅游、信息、物流、建筑、包装等产业的对接融合，增加物质生产和服务的附加值。支持民营文化企业发展，构建充满活力、富有效率、更加开放、有利于文化科学发展的体制机制。

第九篇　深化改革扩大开放

坚持把改革开放作为加快转变经济发展方式的强大动力，加大改革攻坚力度，构建有利于科学发展的体制机制，实施充分开放合作战略，构建对外开放新格局。

第三十六章　深化体制改革

围绕完善社会主义市场经济体制，着力推进体制机制创新，努力构建有利于转变经济发展方式、有利于社会和谐、有利于各种所有制经济公平竞争和共同发展的体制机制。

第一节　坚持和完善基本经济制度

坚持以公有制为主体，促进多种所有制经济共同发展，营造各种所有制经济依法平等使用生产要素、公平参与市场竞争、同等受到法律保护的体制环境。深入推进国有经济布局结构战略性调整，深化国有企业改革，加快推进国有企业的股份制、公司制改造，建立健全现代企业制度，完善国有资本经营预算和收益分享制度。加快垄断行业和公用行业改革。拓宽非公有制经济的市场准入和发展空间，大力发展民营经济。

第二节　深化资源性产品价格和要素市场改革

理顺煤、电、油、气、水、矿产等资源类产品价格关系，完善重要商品、服务、要素价格形成机制。积极推进水电气等资源性产品的阶梯性价格改革，建立健全排污权有偿使用和交易制度，改革资源税费制度，健全污染者付费制度，建立全面反映环境使用、环境损害和污染物处置的环境价格体系，完善流域跨界断面水质考核扣缴生态补偿金制度。

第三节　加快财税体制改革

健全完善公共财政体制。理顺各级政府间财政分配关系，建立健全财力与事权相匹配的财政管理体制。完善转移支付制度体系，提高一般性转移支付比重，建全县级基本财力保障机制，增强基层政府提供基本公共服务能力。建立健全由公共财政预算、国有资本经营预算、政府性基金预算和社会保障预算组成的有机衔接的政府预算体系。深化部门预算和国库集中收付制度改革。建立预算支出绩效评价体系。改进和完善政府采购制度。推进建立预算编制、执行、监督相互分离和相互制衡机制。在国家赋予的税政管理权限内逐步健全地方税体系，完善税收征管制度。

第四节　深化金融体制改革

按照政企分开和市场化原则，推进地方法人金融机构改革，支持大型国有商业银行和政策性银行改革，进一步深化农村信用社改革。加快培育各类中小金融机构和金融服务中介机构，积极鼓励民间资本有序参与本地金融机构建设。积极争取各类金融创新试点，完善金融服务创新体系。进一步完善多层次资本市场，积极发展债券市场，探索风险投资与产业基金等股权投融资方式，扩大直接融资规模。稳步发展场外交易和期货市场。完善以市场需求为导向的保险产品创新体系。完善金融支付体系，拓展服务深度和广度，提高金融服务水平。推进行业信用和地方信用建设，完善征信系统，健全金融监管体制，防范系统性金融风险。

第五节　深化行政管理体制改革

健全完善政府职能责任体系，明确各级政府的职责重点，理顺上下级政府的责权关系，建设服务政府、责任政府、法治政府和廉洁政府。深化行政审批制度改革，进一步减少和规范行政审批，减少政府对微观经济活动的干预，提高经济调节和市场监管水平，强化社会管理和公共服务职能。健全科学决策、民主决策、依法决策机制，增强公共政策制定透明度和公众参与度。深入推进综合行政执法体制改革，建立健全权责明确、行为规范、监督有效、保障有力的行政执法体制，提高政府公信力和执行力。加强行政效能建设和行政问责制，改进行政复议和行政诉讼，完善政府绩效评估制度。精简部门内设机构，健全和完善决策、执行、监督的协调与制衡机制。优化行政层级，继续深入推进扩权强县改革试点。按照政事分开、事企分开和管办分离原则，积极稳妥推进事业单位分类改革。改革基本公共服务提供方式，引入竞争机制，扩大购买服务，实现提供主体和提供方式多元化。

专栏23 “十二五”时期重大改革进度安排

改革领域	改革任务	完成时间
完善基本经济制度	深化国企改革，建立健全现代企业制度，完善国有资本经营预算和收益分享制度。	前期
	健全完善非公有制经济发展的政策体制。	中期
	推进国有经济布局结构战略性调整；推进垄断行业和公用行业改革。	后期
财税体制改革	深化部门预算改革，建立预算支出绩效评价体系；深入推进国库集中收付改革，完善国库集中收付运行机制；建立预算编制、执行、监督相互分离和制衡的机制。	前期
	健全政府预算体系；全面推进省直管县财政管理体制改革，建立健全县级基本财力保障机制；健全地方税收体系，完善税收征管制度。	中期
	健全统一规范透明的财政转移支付制度；建立健全财力和事权相匹配财政管理制度。	后期
投融资体制改革	完善企业投资项目核准和备案制度，推广投资项目并联审批制度；推行政府投资项目“代建制”，健全政府投资决策责任制和社会监督机制；规范政府投融资平台运行机制。	前期
	全面推进农村信用社改革，建立健全新型农村金融组织和农村保险制度；积极争取各类金融创新试点，完善金融服务创新体系。	中期
	构建多层次资本市场体系，完善以市场需求为导向的保险产品创新体系。	后期
行政管理体制改革	健全科学决策、民主决策、依法决策机制；健全完善行政问责制度，完善政府绩效评估制度；推进行政执法体制改革，稳步推进相对集中行政处罚权执法。	前期
	继续深入推进扩权强县改革试点，在有条件地区探索推进省直管县改革；积极稳妥推进事业单位分类改革；改革基本公共服务提供方式，推进非基本公共服务市场化改革。	中期
	健全完善政府职能责任体系；深化大部门制改革；健全完善决策、执行、监督的协调和制衡机制。	后期
资源性产品和要素市场改革	推进水电气等资源性产品阶梯性价格改革；完善流域跨界断面水质考核扣缴生态补偿金制度。	前期
	建立健全排污权有偿使用和交易制度、环境污染责任保险制度和环境污染损害鉴定评估机制；改革资源税费制度，健全污染者付费制度。	中期
	完善重要商品、服务、要素价格形成机制。	后期

第三十七章 扩大对外开放

坚持“引进来”与“走出去”相结合，大力发展开放型经济，积极承接产业转移，继续深化区域合作，努力提高开放合作的广度和深度，加快建设内陆开放型经济战略高地。

第一节 大力发展对外贸易

加快转变外贸发展方式，积极培育出口竞争新优势，促进对外贸易规模持续扩大和出口结构转型升级。有效应对国际技术性贸易壁垒,推动高技术含量、高附加值产品和品牌产品出口。大力发展加工贸易,注重延长加工增值链。积极发展服务贸易,优先发展软件、金融、财务等服务外包产业,促进旅游、文化、运输、中医保健等服务产品出口。用足用好中国—东盟等自由贸易区的相关政策,提升企业外贸能力,不断拓展国际市场。鼓励企业引进先进技术、设备和资源,增强产品竞争力,促进进出口协调发展。

第二节 努力提高利用外资水平

扩大利用外资规模,创新利用外资方式,更加注重智力和技术引进。引导外资重点投向先进制造业、战略性新兴产业、现代服务业、现代农业和节能环保产业,参与传统产业改造升级和国有企业兼并重组。鼓励跨国公司设立地区总部、研发中心、采购中心、结算中心、服务外包中心和物流配送分销中心。扩大内外资企业的产业关联和技术交流,增强内资企业自主创新能力。发挥好境内外资本市场的积极作用,促进利用外资方式多元化。积极有效利用国外贷款,支持符合条件的项目使用国际商业贷款,完善外债管理。

第三节 积极承接产业转移

加强承接产业转移与产业结构优化升级相结合,努力把我省建成承接国内外产业转移的重要基地。以重大产业化项目为重点,突出产业链和产业集群招商,积极承接技术含量高、市场前景广阔、低能耗和无污染的现代产业。加快建设承接产业转移示范区,加强各级各类开发区、产业园区和综合保税区建设,着力打造承接产业转移平台,全面增强产业转移的承载力和吸引力。以国内外知名企业为重点,招大引强,努力把我省建成跨国公司和国内龙头企业区域总部基地、制造基地和研发中心。

第四节 加快实施“走出去”战略

鼓励我省有条件的企业到境外投资合作,开发境外资源,参与国际竞争。充分发挥优势行业龙头企业的带动作用,拓展对外承包工程方式和领域,积极开拓新兴市场,带动各类商品和成套设备出口。加快培育形成一批跨国公司和国际知名品牌,提高国际化经营水平。规范发展对外劳务合作,提高合作层次,促进我省外派劳务健康有序发展。建立健全跨部门协调机制,加强“走出去”战略的宏观指导和服务,完善促进体系,有效防范和化解各类风险。

第五节 构建对外开放重要平台

加快开放口岸和海关特殊监管区建设,加强口岸大通关协作。加强外汇管理和服务创新,积极开展跨境贸易结算,促进贸易投资便利化。进一步扩大和提升西博会的国际影响力,增强投资促进、经贸合作和对外交往的平台功能。加强外事、侨务和对台工作,充分发挥驻川领馆、商(协)会、非企业经济组织、国际友好城市和驻外机构、海外侨团的作用,建立健全各类国际及地区间、机构间合作机制。

第六节 优化开放型经济发展环境

建立健全发展内陆开放型经济的政策体系,营造与国内外市场接轨的制度环境。完善投资服务体系，切实保护投资者合法权益，营造方便快捷、诚信守约的市场环境和政务环境。为高端人才在子女教育、医疗保险和出入境等方面提供优质服务，创造吸引境内外各类人才的生活与事业发展环境。

第三十八章　加强区域合作

大力实施“三向拓展、四层推进”，推动资源整合和利益共享，全面加强国际国内区域合作，不断拓展发展空间。

第一节　深化与周边省市的合作

顺应区域经济一体化的趋势，巩固已有的区域合作成果，加强与周边省市的紧密合作，重点在基础设施网络对接、资源合作与共享、优势产业的协作与配套等方面取得重大进展。全面深化川渝合作，打破行政壁垒，努力形成区域统一大市场。抓住国家建设面向西南开放桥头堡的发展契机，共同推进出海出境大通道建设，联合开发优势资源，把我省建成国家西南向开放的战略要地。

第二节　加强泛区域合作交流

积极参与泛珠三角区域合作，构建面向东南亚、南亚的重要出口基地和物流基地。加强与长三角、环渤海地区、欧亚大陆桥沿线、北部湾等经济区和中部省份的合作，构建优势互补、互动发展的新型合作关系。完善与18个对口援建省市的长效合作机制，推进经济社会全面合作。健全港澳援助四川灾后重建协调机制，加强金融资产与产业资本互动合作，全面提升与港澳地区的合作水平。充分利用“海峡两岸经济合作框架协议”平台，深化对台交流和经济合作。

第三节　扩大国际区域合作

突出南向，加强东向，畅通西向，拓展对外开放大通道，改善开放合作的区位条件，全面参与国际经济合作。巩固欧美和东北亚的传统市场，加快融入中国—东盟自由贸易区，加强与南亚、中亚、俄罗斯和非洲、拉美等地区经贸与投资合作。

第十篇　加强生态建设和环境保护

坚持可持续发展战略，积极应对全球气候变化，加快建设长江上游生态屏障，推进生态省建设，着力构建资源节约型、环境友好型社会，促进经济社会发展与资源环境相协调，提高生态文明水平。

第三十九章　推进生态建设

坚持人工治理和自然恢复相结合，加大生态保护和建设力度，提高生态环境质量。

第一节　加强重点生态功能区建设

加强若尔盖高原湿地、川滇森林生态及生物多样、秦巴生物多样、大小凉山水土保持及生物多样性等重点生态功能区建设，增强涵养水源、保持水土、防沙固沙能力。构建以长江、金沙江、大渡河、嘉陵江等主要江河水系为骨架，以山地、森林、草原、湿地等生态系统保护为重点，以点状分布的世界遗产地、自然保护区、森林公园和风景名胜区为重要组成的生态安全战略格局。

第二节　推进重点生态工程建设

深入实施天然林资源保护、退耕还林、退牧还草、石漠化综合治理和长江流域防护林等重点生

专栏24　生态安全战略格局示意图

态工程，全面推进“长治”工程和坡耕地水土流失综合治理工程，加强金沙江下游、嘉陵江上中游和沱江、岷江中下游等重点流域的水土保持。启动实施青藏高原东南缘川西北地区生态环境保护与建设工程，加快实施川西北防沙治沙工程，强化以若尔盖高原湿地为重点的国家湿地自然保护区、国家湿地公园建设。加强易灾地区生态环境建设和保护。实施生态环境脆弱地区和禁止开发区生态移民。加大矿山、交通干线沿线生态恢复治理力度。加强城市生态敏感区等防护林建设，完善城乡生态功能。

第三节　强化生态保护

坚持事后治理向事前保护转变，加快建设生态预警监测体系。加强对水源、生物多样性的保护，加大森林防火、草原防火、森林病虫害防治力度，加强野生动植物保护和疫源疫病监测。加强水土保持监督能力建设，健全水土保持监测网络体系。按照谁开发谁保护、谁受益谁补偿的原则，强化开发建设中的生态保护，逐步建立健全流域、森林、草原、湿地和矿产资源开发生态补偿机制。

专栏25　重点生态工程和防灾减灾工程

天然林资源保护工程。继续对3.23亿亩森林实施常年有效管护，开展中幼龄林抚育和公益林建设，完成公益林建设1000万亩。

退耕还林工程。巩固1336.4万亩退耕还林工程建设成果，继续在水土流失和土地沙化严重的地区、汶川特大地震灾区、青藏高原东南缘等生态脆弱区实施退耕还林工程。

退牧还草工程。在川西北高原实施退牧还草7000万亩。

川西北防沙治沙工程。逐步恢复林草植被，控制沙化土地扩展，治理沙化面积250万亩。

青藏高原东南缘生态环境保护建设工程。在规划区建设生态环境保护工程，生态环境治理工程，生态保障与民生工程，生态保护支撑工程。

石漠化综合治理工程。治理岩溶地区石漠化面积380万亩。

野生动植物保护、自然保护区建设及湿地生态建设工程。建设极度濒危野生动物和极小种群野生植物保护工程、自然保护区保护管理能力工程、湿地保护和恢复工程等。

长江流域防护林体系建设工程。营造防护林150万亩。

森林经营工程。实施森林抚育1500万亩，低产低效林改造1000万亩。

森林资源保护管理体系建设工程。加强森林资源管理与监测、森林防火、林业有害生物防治、野生动物疫源疫病监测、森林执法等五大森林资源保护管理体系建设。

水土保持工程。新增治理水土流失面积15000平方公里。

综合防灾减灾工程。地震监测预警系统、地震烈度速报网、地质灾害专业监测预警示范区建设、综合减灾示范社区建设工程。

山洪灾害防治工程。基本完成山洪灾害防治县级非工程措施建设，加强重点山洪沟治理。

地质灾害防治工程。重大地质灾害隐患治理工程、地质灾害应急排危除险、地质灾害避让搬迁、地质灾害易发县(市、区)地质灾害调查评价。

应急救援救助工程。市县应急救援队伍建设、应急避难场所建设工程、地震专业救援训练基地、救灾物资储备网络建设。

第四节　建设防灾减灾体系

加强防灾减灾基层基础工作，加强应急救灾队伍建设，建设完善综合防灾减灾体系，科学、有序、高效应对各类灾害，全面提高综合减灾能力和灾害风险管理水平，最大限度减少生命财产损失。健全自然灾害监测预警机制，整合自然灾害风险隐患与减灾能力信息资源，加强自然灾害风险评估，完善自然灾害灾情快速评估、上报和发布制度。健全应急指挥和救援救助体系，加快预防避让和应急避难场所建设。加强地震、地质、气象、旱洪等灾害防治，推进综合减灾示范工程建设，提高省市县地质灾害防治能力。建立地质灾害易发区调查评价体系，加强地质灾害隐患排查和工程治理，科学安排危险区域生产生活设施的合理避让。健全洪涝灾害防治体系，增强城乡防洪能力。

第四十章　加强环境保护

以解决危害群众健康和影响可持续发展的突出环境问题为重点，有效控制污染物排放，防范化解环境风险，加强环境综合治理，明显改善环境质量。

第一节　强化污染物减排和治理

实施化学需氧量、氨氮、二氧化硫、氮氧化物排放量总量控制。加大主要江河和重点小流域水污染防治力度，确保出川断面水质达标。实行严格的集中式饮用水源地保护制度，加强集中式饮用水源地水质监测和管理，加大地下水污染防治力度，确保饮用水安全。加强城镇生活污水、生活垃圾处理设施建设，提高城镇生活污水和垃圾处理能力，城市污水处理率和生活垃圾无害化处理率分别达到80%和90%以上。加强工业重点行业污染治理，推广应用先进污染治理技术，进一步削减污染物排放量。加强大气污染防治，建立区域大气联防联控长效机制。推进重点企业二氧化硫污染治理，强化脱硫设施稳定运行。推行燃煤电厂脱硝，开展非电行业脱硝示范，在电力行业和重点非电行业全面推行低氮燃烧技术。加强机动车尾气治理，加大城市烟尘、粉尘和细颗粒物治理力度，改善城市空气环境质量。加强重金属污染、土壤污染和规模化畜禽养殖污染综合治理，加大持久性有机物、危险废物、危险化学品污染防治力度，提高核与辐射安全监管能力。

第二节　减少温室气体排放

以降低单位生产总值二氧化碳排放为核心目标，实行控制温室气体排放目标责任制。加快低碳技术和产品研发应用，推进低碳新兴产业发展。开展低碳城市试点工作，推进低碳建筑、低碳交通、低碳社区建设。提高森林蓄积量，增加森林碳汇。加强适应气候变化能力建设，建立温室气体排放数据统计和管理体系，积极参与碳排放市场交易。

第三节　加强环境监管

加强环境监测、预警和应急能力建设，做好重大环境风险源的动态监测与风险预警控制，提高环境与健康风险评估能力。加大环境执法力度，实行严格的环保准入，依法开展环境影响评价，建立环境污染责任保险制度和环境污染损害鉴定评估机制，严格执行重大环境事件和污染事故责任追究制度。严格落实环境保护目标责任制，强化总量控制指标考核，建立环保社会约束机制。

专栏 26 环境治理重点工程

城镇生活污水、垃圾处理设施建设工程。加快建设城镇生活污水、污泥、垃圾处理处置设施，同步配套建设污水收集管网、垃圾收运设施。开展重点小城镇生活污水、垃圾处置设施建设。

重点流域水环境治理工程。实施岷江、沱江、嘉陵江、金沙江、长江干流和部分重点小流域水环境综合整治。

脱硫脱硝工程。新建燃煤机组全部配套建设脱硫、脱硝装置，对现有燃煤电厂脱硝改造。

重金属污染治理及土壤修复工程。推进重金属排放企业清洁生产，开展受污染土壤、场地、水体等污染治理和对遗留污染物造成的场地土壤污染以及生态敏感区和热点地区土壤进行修复试点示范。

城乡环境综合治理示范工程。将全省 21 个市（州）所在地城区、60 个县城、600 个镇乡、6000 个村庄建设成为"环境优美示范城市（县城、镇乡、村庄）"。

第四十一章 加强资源节约和管理

坚持开发与节约并重、节约优先的方针，加强资源节约和管理，大力推行资源高效利用技术和模式，提高资源科学开发和综合利用水平。

第一节 大力推进节能降耗

落实国家控制高耗能行业过快增长的政策措施，继续抓好工业、建筑、交通、商业、市政、公共机构等重点领域节能，淘汰落后生产能力，加强重点用能单位节能管理，推广先进节能技术，开展能效对标。加大实施重点节能工程。加快推行合同能源管理。严格实行固定资产投资项目节能评估审查。强化节能目标责任考核，完善奖惩制度。继续开展企业节能行动，加强节能技术改造。深入开展全社会节能宣传，提高全民节能意识。

第二节 建设节水型社会

统筹安排生活、生产、生态用水，优先满足生活用水，保障生产和生态用水。高度重视水安全，强化水资源管理和有偿使用。推广高效节水灌溉技术，加快建设农业节水工程。加强工业节水，推进高耗水行业节水技术改造，提高工业用水重复利用率，努力降低万元工业增加值用水量。加强城市节约用水，推广使用节水设备和技术。实施地下水监测工程，加强地下水开采管理。

专栏 27 重点节能工程

重点节能改造工程。继续实施燃煤工业锅炉（窑炉）改造工程，余热余压利用工程、节约和替代石油工程、电机系统节能工程、交通节能工程、建筑节能工程、绿色照明工程、政府机构节能工程、节能监测和技术服务体系建设工程等项目建设。

节能产品惠民工程。加大推广力度，继续落实高效节能家电、汽车、电机、照明产品等补贴政策。

重大节能技术示范工程。支持高效电机产品等重大、关键节能技术产品示范项目，推动重大节能技术产品产业化生产和应用，提高高效节能技术产品的国有化率。

合同能源管理推广工程。工业、交通、建筑、商业、公共机构等领域的合同能源管理。

节能能力建设工程。能源计量、统计和节能监测、监察、预测预警体系建设。

第三节　节约集约利用土地

坚持保护耕地的基本国策，实行最严格的耕地保护制度。强化土地利用总体规划和年度计划管理，落实用地节地责任，加强土地管理动态监测、定期评估和分类考核。控制建设用地过快增长，盘活存量建设用地，加大闲置土地清理处置力度，鼓励深度开发利用地上地下空间，提高土地集约利用水平。

第四节　合理开发利用能源矿产资源

加强能源和矿产资源地质勘查、保护、合理开发，形成能源和矿产资源战略接续区。加强矿产资源开采管理，提高矿产资源回采率、选矿回收率。严格执行矿产资源开发准入条件，健全矿产资源有偿使用制度和矿山环境恢复治理保证金制度。建立完善重要矿产资源储备体系。加大废弃矿山和尾矿库治理力度。加强能源和矿产资源执法监察，坚决制止乱挖滥采。

第四十二章　大力发展循环经济

按照减量化、再利用、资源化的原则，从生产、流通、消费各个环节整体推进循环经济发展，加快构建覆盖全社会的资源循环利用体系。

第一节　推行循环型生产方式

全面推行清洁生产，加强循环经济共性和关键技术的研发、推广和应用，从源头上减少废弃物的产生和排放。加强煤炭、黑色和有色金属共伴生矿产资源和尾矿综合开发利用，推进粉煤灰、煤矸石、脱硫石膏、建筑垃圾等大宗固体废物资源化利用，加强秸秆、废弃木材等农林废弃物综合利用，促进资源再生利用产业化。开展循环经济城市、园区、企业试点示范，推进土地集约利用、废物交换利用、能量梯级利用、废水循环利用和污染物集中处理。

第二节　健全资源循环利用的回收体系

完善再生资源回收制度，建设城乡资源回收体系，推进再生资源规模化利用。促进再生制造旧件逆向回收，培育一批汽车零部件、工程机械、机床、矿山机械等再制造示范企业，推进再制造产业发展。加快区域性再生资源回收市场发展，建设国家“城市矿产”示范基地，促进废旧金属、废旧电器、废纸、废塑料等再生资源的循环利用。开展城市生活垃圾分类体系试点，探索建立分类回收、密闭运输、集中处理体系，推进餐厨废弃物等垃圾资源化利用和无害化处理。

第三节　推广绿色消费模式

倡导文明、节约、绿色、低碳消费观念，形成绿色生活方式和消费模式，推动节约型社会建设。落实国家资源节约财政补贴政策，鼓励消费者购买使用节能节水产品、节能环保型汽车和节能省地型住宅，减少使用一次性用品，抵制过度包装，抑制不合理消费。推行政府绿色采购，推进无纸化办公，逐步提高使用节能节水产品和再生利用产品比重。

专栏 28 循环经济重点工程

资源综合利用。实施粉煤灰、煤矸石、工业副产石膏、建筑垃圾等大宗固体废弃物资源化利用工程，支持共伴生矿产资源综合开发利用，培育一批资源综合利用示范基地。

国家“城市矿产”示范基地。建设技术先进、环保达标、管理规范、利用规模化、辐射作用强的“城市矿产”示范基地，实现废旧金属、废弃电子电器、废纸、废塑料等再生资源的循环利用、规模利用和高值利用。

再制造产业化。培育一批汽车零部件、工程机械、矿山机械、机床、办公用品等再制造示范企业，努力实现再制造的规模化、产业化发展。

餐厨废弃物资源化和无害化处理。在试点城市建设科技含量高、经济效益好的餐厨废弃物资源化利用和无害化处理设施。

重大循环技术示范推广。开展垃圾焚烧发电、中水回用、生猪养殖及粪污综合利用等循环技术示范推广项目。

第十一篇 推进地震灾区发展振兴

抓住国家支持地震灾区发展振兴的机遇，大力推进灾区产业发展、就业促进、扶贫帮困和生态环境建设，增强灾区可持续发展能力，促进灾区全面振兴。

第四十三章 促进灾区民生改善

努力扩大灾区就业。实施积极的就业帮扶政策，加大对就业困难人员的援助力度，优先安排符合岗位条件的就业困难人员就业。扶持劳动密集型产业发展，努力增加就业岗位。强化劳动技能培训，增强灾区劳动力就业能力。加强对口劳务合作和劳务输出，加快外派劳务基地建设，鼓励灾区各类培训基地与对口援建省（市）企业开展合作，促进灾区在外农民工稳定就业。

抓好灾区扶贫帮困。实施新村扶贫、劳务扶贫、连片扶贫等扶贫工程，加快贫困村向小康村跨越。在灾区县实行集中连片和特殊类区扩大连片开发试点，整村推进扶贫开发。坚持开发式扶贫，培育特色产业，增强自我发展能力。对居住在自然灾害严重、次生灾害频繁等不具备居住条件区域地段的贫困人口，加快实施扶贫移民搬迁，在适居地建设扶贫新村。

推进灾区基础设施和公共服务设施建设。以国省干线公路为重点，加快重要生命通道建设，畅通灾区对外连接。防治公路沿线次生灾害，提高应急抢修保通能力。加强灾区电力、水利、通信设施建设。加强学校、医院、就业和社会保障等公共服务设施建设，提高公共服务水平。

加强灾区精神家园建设。妥善安置“三孤”人员，开展心灵抚慰和心理疏导，医治灾区群众心理创伤。传承藏羌民族文化，保护汶川映秀、北川、汉旺等地震遗址。着力打造“三基地一窗口”，展示灾后恢复重建成果，生动展现社会主义制度优越性。

第四十四章　加快产业发展振兴

发展壮大特色优势产业，增强经济发展内生动力。重点建设装备制造、电子信息、航天航空、现代中药和生物医药等产业基地，打造成德绵高新技术产业带。扶持特色农牧业发展，建设现代农牧业示范区和产业化基地。整合旅游、文化、民族民俗等特色资源，打造龙门山生态文化旅游区和藏羌文化体验旅游区，推动旅游文化发展振兴。积极发展物流、商贸以及社区服务等服务业。发挥对口支援长期合作机制的作用，抓好对口支援产业合作园区和"飞地"园区建设，积极承接产业转移。

第四十五章　加强灾区生态环境修复

坚持自然修复和工程治理相结合，加快地震重灾区生态环境保护与治理，深入推进天然林保护、震损和陡坡耕地退耕还林等重点生态工程建设，加大森林抚育改造力度，加大中小河流治理和中小水库除险加固，构建以森林植被为主、林草结合的生态安全体系。加强大熊猫栖息地及其遗传基因交流走廊带建设，增强自然保护区和重要水源地等重要生态功能区保护管理能力，积极开展地震灾区生态环境功能评估，加大湿地公园建设力度，保护生物多样性。

加强防灾减灾体系建设。坚持综合治理、避让搬迁与生态移民相结合，加强地质灾害和次生灾害防治，提高监测预警水平，建设预防避让应急避难场所，健全救灾物资储备设施，全面提高防灾减灾能力。对灾害体规模较小或治理工程较为简单的隐患点，实施应急排危除险，对地质灾害体规模较大而受威胁对象相对较少的地质灾害隐患点，采取避让搬迁措施，对威胁县城、集镇、学校、受灾群众安置点的重大地质灾害隐患实施工程治理。按流域进行泥石流沟的治理，综合防治水土流失，减少入河入库泥沙和次生灾害。强化群测群防监测预警网络建设，加强专业监测，在绵竹清平、汶川映秀、都江堰龙池虹口三大片区建立地质灾害专业监测预警示范区。

专栏29　灾区全面振兴重点项目

产业园区。建设对口支援省市合作产业园区。新设一批省级开发区和国家级开发区，实施开发区扩区调位。

就业促进。续建完成16所技工学校重建，新建57个职业技能培训实训基地及创业中心，新建1个创业园区、5个孵化基地。建设一批基层就业公共服务平台。

扶贫帮困。扶持2516个贫困村，支持贫困新村建设和贫困村配套设施建设，实施集中连片扶贫开发试点、扶贫移民搬迁，推进社会保障服务设施建设。

生态修复及防灾减灾。天保工程新造林250万亩，长江防护林三期工程改造低效林200万亩。完善35个保护区保护站点。重点小流域环境综合整治。全面开展地震灾区39个县(市、区)地质灾害隐患调查评价。完善县级防汛指挥系统建设，建设全国综合减灾示范社区。

第十二篇　规划实施

推动规划顺利实施，主要依靠发挥市场配置资源的基础性作用，各级政府必须正确履行职责，合理配置公共资源，加强政策引导和组织协调，确保完成规划确定的各项目标任务。

第四十六章　加强政策引导

贯彻落实国家宏观调控政策，综合实施消费、投资、产业和财政等政策，引导市场主体行为，激发市场主体的积极性和创造性，为规划实施创造良好的政策环境。

第一节　扩大消费需求

把扩大消费需求作为扩大内需的战略重点，扩大城乡居民消费，增强对经济增长的贡献。千方百计扩大就业，稳步提高城乡居民特别是低收入者的收入，增强城乡居民的消费能力。加快建立覆盖城乡居民的社会保障体系，免除广大群众在医疗、养老、最低生活保障等方面的后顾之忧，降低预防性储蓄，改善居民消费预期。积极培育消费热点，促进消费结构升级，大力推进休闲型、发展型服务消费增长，最大限度扩大农村消费需求，稳步释放消费潜力。创新流通方式，完善市场流通体系，规范商品与服务消费市场秩序，创造城乡居民扩大消费的良好环境。全面推进社会信用体系建设，鼓励金融机构开发更多消费信贷产品，扩大信用消费规模，提高信用消费水平。

第二节　保持投资增长

发挥投资对经济增长的重要拉动作用，保持投资持续较快增长，五年固定资产投资超过 8 万亿元。着力优化投资结构，明确投资方向和重点，加快建设和抓紧谋划一批关系全局、影响深远、带动作用强的重大项目。加强项目前期工作及储备库建设，争取入库项目尽早启动实施。积极争取国家资金支持，加强银政、银企合作，完善投融资平台建设管理，支持企业上市融资、发行债券等，强化资金要素保障。放宽民间投资的市场准入范围，鼓励和引导民间投资健康发展，增强投资内生动力。

第三节　加强产业政策调控

制定完善产业指导和扶持政策，促进产业结构调整和优化升级。制定支持企业发展的金融等政策，落实国家税收优惠政策，完善资源优化配置政策措施，鼓励企业引进国内外战略投资者，促进企业兼并重组。发布重点行业技术创新和技术改造目录，引导和扶持企业加快技术改造和技术进步。完善服务业税收、土地、价格等政策，促进服务业加快发展。制定加快产业园区发展的政策，促进产业集群发展。严格产业准入管理，完善落后产能退出机制。

第四节　增强公共财政能力

强化财政增收节支，优化支出结构，加大对“三农”、教育、医疗卫生、科技、社会保障和就业、生态环保、防灾减灾等领域的投入力度。加大资金整合力度，优化配置，强化管理，确保投向关键领域和薄弱环节。运用财政杠杆，采用担保、奖励、补助、贴息等手段，发挥财政资金对社会资金的引导和放大作用。加强财政监督管理，建立健全财政支出绩效评价制度，最大限度发挥财政资金的使用效益。落实国家税收优惠政策，为经济社会发展创造良好的税收环境。

第四十七章　完善规划实施机制

健全规划体系，做深、做实专项规划，加强各类规划的衔接协调，完善目标考核机制，强化规划实施情况的监督评估，保障总体规划的顺利实施。

第一节　健全规划体系

建立以国民经济和社会发展总体规划为统领，以主体功能区规划为基础，以专项规划、区域规划、城乡规划和土地利用规划为支撑，各类规划定位清晰、功能互补、统一衔接的规划体系。省级有关部门围绕西部经济发展高地建设、重大产业布局、重大民生工程、重大科技创新、生态环境保护等，编制实施一批重点专项规划，明确各领域的发展目标、重点任务和政策措施，形成对总体规划强有力的支撑。各地政府要在省级总体规划和专项规划的指导下，立足本地实际，编制和实施好本行政区的经济社会发展规划。根据实际需要，组织编制跨行政区的区域规划，促进区域协调发展。年度计划要充分体现总体规划确定的主要目标和重点任务，年度计划报告要分析总体规划年度实施进展情况。

专栏30　“十二五”重点专项规划目录

	专项规划名称	主要牵头单位
1	四川省“十二五”城镇化发展规划	省住房城乡建设厅、省发展改革委
2	四川省“十二五”能源发展规划	省发展改革委、省能源局
3	四川省“十二五”综合交通发展规划	省发展改革委、省交通厅
4	四川省“十二五”农业和农村经济发展规划	省委农工委、省发展改革委
5	四川省“十二五”工业发展规划	省经济和信息化委、省发展改革委
6	四川省“十二五”战略性新兴产业发展规划	省发展改革委、省经济和信息化委
7	四川省“十二五”服务业发展规划	省商务厅、省发展改革委
8	四川省“十二五”旅游业发展规划	省旅游局
9	四川省“十二五”科技发展规划	省科技厅
10	四川省“十二五”教育发展规划	省教育厅
11	四川省“十二五”医药卫生事业发展规划	省卫生厅
12	四川省“十二五”就业和社会保障规划	省人力资源社会保障厅、省发展改革委

续表

	专项规划名称	主要牵头单位
13	四川省“十二五”文化发展规划	省委宣传部、省文化厅
14	四川省“十二五”人口发展规划	省人口计生委
15	四川省“十二五”节约能源规划	省发展改革委
16	四川省“十二五”社会管理创新发展规划	省委政法委、省发展改革委
17	四川省“十二五”生态建设和环境保护规划	省林业厅、省环境保护厅、省发展改革委
18	四川省“十二五”开放型经济发展规划	省发展改革委、省商务厅、省招商引资局
19	四川省“十二五”重点领域改革规划	省发展改革委
20	四川省“十二五”革命老区发展规划	省发展改革委、省扶贫移民局
21	四川省“十二五”水利发展规划	省水利厅
22	四川省“十二五”安全生产规划	省安全监管局
23	四川省“十二五”突发事件应急体系建设规划	省政府应急办
24	四川省“十二五”防灾减灾规划	省国土资源厅、省民政厅、省水利厅、省地震局、省气象局
25	四川省“十二五”循环经济发展规划	省发展改革委
26	四川省“十二五”质量发展规划	省质监局
27	四川省“十二五”开发区发展规划	省发展改革委
28	四川省“十二五”军民结合产业发展规划	省国防科工办

第二节　加强规划衔接

按照下级规划服从上级规划、区域规划和专项规划服从总体规划、规划之间协调一致的原则，进行规划衔接。下级总体规划要在约束性目标、空间功能定位和重大基础设施建设等方面与上级总体规划进行对接。区域规划和专项规划要在发展目标、空间布局、重大项目建设等方面与总体规划进行对接。同级总体规划要在空间布局和基础设施建设等方面与周边地区的总体规划进行衔接。同级区域规划和专项规划要在发展目标、空间布局、重大项目建设等方面进行协调。加强经济社会发展规划、城市规划、土地利用规划之间的衔接配合，确保在总体要求上指向一致，在空间配置上相互协调，在时序安排上科学有序，不断提高规划的管理水平和实施成效。

第三节　完善目标考核

围绕本规划提出的重要指标、重大工程项目、重大改革和政策等，明确规划实施责任。对预期性指标和产业发展、结构调整等任务，主要依靠市场主体的自主行为实现。对于约束性指标和公共服务领域的任务，要纳入部门、地方绩效评价考核体系，明确工作责任和进度。根据不同区域的主体功能，分类设置政府考核目标。

第四节　规划实施监督评估

本规划经过省人民代表大会审议批准，具有法律效力，由省人民政府组织实施，地方、部门要严格遵守总体规划。通过制定和实施国民经济和社会发展年度计划，每年将规划目标和主要任务的进展情况向省人大报告。要进一步健全监督评估机制，在实施过程中，主动接受人大、政协和社会各界的监督，对实施中出现的问题，省级有关部门要负责及时处理和反映。规划实施中期，由省政府组织力量对实施情况进行评估，并将中期评估报告提交省人大常委会审议。规划实施期间由于特殊原因确需调整时，由省政府提出说明和建议，按法定程序报省人民代表大会或省人民代表大会常务委员会审查批准。未经法定程序，任何部门、个人、团体均无权对规划纲要进行修改。

名词解释

1. 两个加快：省委九届五次全会提出加快建设灾后美好新家园和加快建设西部经济发展高地的重大决策。

2. 一主、三化、三加强：省委九届四次全会提出要坚持“一主、三化、三加强”的基本思路，即以工业强省为主导，大力推进新型工业化、新型城镇化、农业现代化，加强开放合作，加强科技教育，加强基础设施建设。

3. 预期性指标和约束性指标：预期性指标是指政府运用财政、产业、投资等政策，引导社会资源配置，主要依靠市场主体自主行为实现的指标。约束性指标是指政府在公共服务和涉及公共利益的领域，合理配置公共资源和有效利用行政力量确保实现的目标，将纳入各地区各部门评价考核。

4. 非化石能源占一次能源消费比重：一次能源是指原煤、原油、天然气、水能等从自然界取得未经转变而直接利用的能源。非化石能源是指除煤炭、石油、天然气以外的核能、太阳能、水能、生物质能等，不需要长时间地质变化形成，包括新能源和可再生能源。提高非化石能源在一次能源消费中的比重，能够有效降低温室气体排放量，保护生态环境。

5. 化学需氧量（COD）：指水体中能被氧化的物质进行化学氧化时消耗的氧的数量。这些物质包括：有机物、亚硝酸盐、亚铁盐、硫化物等，其中最为主要的是有机物。测量时根据化学氧化剂将废水中可氧化物质氧化分解，然后根据残留的氧化剂的量计算出氧的消耗量，以粗略的表示废水中有机物含量。COD 值越大，表示水体受污染越严重。

6. 森林蓄积量：指一定森林面积上存在的林木树干部分的总材积。它是反映一个国家或地区森林资源总规模和水平的基本指标之一，也是反映森林资源的丰富程度、衡量森林生态环境优劣的重要依据。

7. “四江六港”水运通道：指以长江、嘉陵江、岷江、渠江为干线，以泸州、宜宾、乐山港口群和广安、南充、广元港口群为枢纽的内河水运通道。

8. “一横二纵六线”水运航道：一横即长江航道，二纵即岷江（乐山至宜宾）、嘉陵江航道，六线即渠江、岷江中段（成都至乐山）、涪江、沱江、赤水河、金沙江航道。

9. 再造一个都江堰灌区：指力争从 2009 年到 2016 年，新增和恢复蓄引提水能力 86 亿立方米，新增有效灌面 1069 万亩，相当于再造一个都江堰灌区。

10. 空中云水资源：指贮存在空中云体中，可以通过天然降水或人工降水等方式开发利用的水分资源。

11. 下一代互联网：指采用 IPV6 协议，能提供更大的 IP 地址空间，数据传输速度更快，更安全可信，支持大规模实时交互式的网络视频通信，支持大规模移动和漫游服务，更易于管理的互联网络。

12. 三网融合:指电信网、广播电视网和互联网相互兼容并逐步整合成为统一的信息通信网络,实现网络资源的共享,形成适应性广、容易维护、费用低的高速宽带的多媒体基础平台。

13. 物联网:指通过射频识别(RFID)、红外感应器、全球定位系统、激光扫描器等信息传感设备,按约定的协议,把任何物品与互联网连接起来,进行信息交换和通讯,以实现智能化识别、定位、跟踪、监控和管理的一种网络。

14. 生物基材料:指利用可再生生物质,包括农作物、树木、其他植物及其残体和内含物为原料,通过生物、化学以及物理等手段制造的一种新型材料。主要包括生物塑料、生物质功能高分子材料、功能糖产品、木基工程材料,具有绿色、原料可再生和可生物降解等特性。

15. 中国白酒金三角:指长江(宜宾—泸州)、岷江(宜宾段)、赤水河流域为核心的三角区域,包括成都、德阳、绵阳、遂宁等延伸区和巴中、内江和凉山等协作区,该区域具有得天独厚的生态酿酒环境和悠久的酿酒历史文化,集中了四川中国名酒六朵金花和贵州茅台等著名白酒品牌。

16. 资源枯竭型城市:指主要矿产资源开发进入衰退或枯竭过程的城市,也称为"资源衰退型城市"。

17. 第三方物流:是相对"第一方"发货人和"第二方"收货人而言的,专业物流企业作为"第三方",以合同方式承担原属于生产经营企业的货运配载、仓储配送等物流活动,并通过信息系统保持三方密切联系,以达到对物流全程管理控制的一种物流运作与管理方式。具有关系契约化、服务个性化、功能专业化、管理系统化和信息网络化的特征,是现代物流的重要形式。

18. 农产品冷链物流:指冷藏冷冻类农产品在生产、贮藏运输、销售,到消费前的各个环节中始终处于规定的低温环境下,以保证质量,减少损耗的一项系统工程。是随着科学技术的进步、制冷技术的发展而建立起来的,是以冷冻工艺学为基础、以制冷技术为手段的低温物流过程。

19. 电子口岸:是运用现代信息技术,借助国家电信公网,将各类进出口业务电子底账数据集中存放到公共数据中心,国家职能管理部门可以进行跨部门、跨行业的联网数据核查,企业可以在网上办理各种进出口业务。

20. 云计算:指主要依托大型服务器集群,通过互联网进行数据传输,将所有的计算资源集中起来,由软件实现自动管理和自我维护,实现计算能力的商品化,具有超大规模、虚拟化、可靠安全等特点。

21. 服务外包:指企业将价值链中原本由自身提供的具有基础性的、共性的、非核心的业务流程剥离出来后,外包给专业服务提供商来完成的经济活动。

22. 农产品地理标志产品:指产自特定地域,所具有的质量、声誉或其他特性本质上取决于该产地的自然因素和人文因素,经审核批准以地理名称进行命名的农产品。

23. 新农村综合体:即在主导产业连片发展、农民收入持续增长为支撑的基础上,以农民为主体,其他个体、企业和社会组织等为成员,以一定的聚合空间为基础,将村落民居、产业发展、基础设施、公共服务、社会建设等生产生活要素集约配置在一起的地域空间形态,是一种大规模、多功能、现代化、高效率、开放性的农村新型社区。

24. 用益物权:是物权的一种,指非所有人对他人之物所享有的占有、使用、收益的排他性权利,比如土地承包经营权、建设用地使用权、宅基地使用权等。

25. 农村资金互助社:指经银行业监督管理机构批准,由乡镇、行政村和农村小企业自愿入股组成,为社员提供存款、贷款、结算等业务的社区互助性银行业金融组织。

26. 一极一轴一区块:为推进成渝经济区发展,省政府对成渝经济区四川部分提出建设“一极一轴一区块”的总体区域发展格局:一极,即成都都市圈增长极,主要包括成都、德阳、绵阳、眉山、雅安市及资阳、遂宁、乐山的部分县(市、区);一轴,即成渝通道发展轴,主要包括自贡、宜宾、南充市及泸州、内江、乐山、遂宁、广安的部分县(市、区);一区块,即环渝腹地经济区块,主要包括达州市及广安、泸州、资阳、内江、遂宁的部分县(市、区)。

27. 中国攀西战略资源创新开发试验区:2010 年国家批复我省建设“攀西战略资源创新开发试验区”,主要是依托攀西地区钒钛、稀土等资源优势,在资源整合与保护、产业升级、技术攻关、体制与机制创新等方面进行创新试点,探索经验并发挥示范效应。

28. 彝家新寨:是省委、省政府推进我省彝区跨越式发展的重点工程之一,即以大小凉山彝族地区行政村或自然村为单元,组织开展以突出地方民族特色的住房建设、村(寨)内公共服务建设、村(寨)内配套基础建设为主要内容的新村建设。

29. “两江一河”千桥工程:在甘孜州的金沙江、雅砻江、大渡河一二级支流修建以工代赈便民桥 1000 座。

30. 天府科技英才计划:到 2020 年,培养、引进人才 2 万名,构建一支能代表我省科技发展水平的核心骨干队伍。

31. 海外高层次人才引进“百人计划”:从 2009 年开始,在省重点创新项目、重点学科和重点实验室、省属企业和在川金融机构、以高新技术产业开发区为主的各类园区等四个领域,用 5～10 年的时间,引进并重点支持 200 名左右能够突破关键技术、发展高新产业、带动新兴学科的海外高层次人才来川创新创业。

32. 战略性“塔尖”产业领域人才:围绕发展壮大新能源装备制造、新一代信息技术、新材料、生物医药、油气化工、航空航天产业,持续实施战略性“塔尖”产业人才聚集工程。到 2020 年,在“塔尖”产业领域集聚 100 名国内科技领军人才、200 名优秀企业家和职业经理人、500 名核心技术研发人才和工程技术专家、50 名高技能专家、40 万名高技能人才,形成综合实力较强、国内领先的产业人才集群,打造“塔尖”产业人才品牌,引领“塔尖”产业发展。

33. 民族地区人才振兴行动:包含切实加强少数民族干部队伍建设,实施民族地区专业技术人才培养工程,实施民族产业人才开发行动,实施百名急需人才援州计划,组建民族地区发展专家服务团,加大农村实用人才培养力度,积极拓宽民族地区人才的来源渠道,设立民族地区发展突出贡献奖,加大对民族地区人才开发的投入等九大任务,为民族地区跨越式发展和全面建设小康社会提供有力的人才保证和智力支持。

34. 城市“三无”人员:指城市里无生活来源、无劳动能力、无法定赡养人、扶养人或抚养人的人员。

35. 农村“五保”供养:指农村老年、残疾或者未满 16 周岁的村民,无劳动能力、无生活来源又无法定赡养、抚养、扶养义务人,或者其法定赡养、抚养、扶养义务人无赡养、抚养、扶养能力的,享受吃、穿、住、医、葬方面给予的生活照顾和物质帮助。

36. “两新”组织:即新经济、新社会组织。新经济组织是指私营企业、外商投资企业、港澳台商投资企业、股份合作企业、民营科技企业、个体工商户、混合所有制经济组织等各类非国有集体独资的经济组织。新社会组织,是社会团体和民办非企业单位的统称,指在发展社会主义市场经济过程中,我国内地公民私人,港澳台商,外商全部所有或绝对控制的新出现的经济组织形态。

37.“大调解”工作体系:指在党委、政府的主导下,整合人民调解、行政调解和司法调解三种矛盾纠纷解决形式的资源和力量而形成的各部门分工协作、社会力量广泛参与的新型社会矛盾纠纷解决体系。

38.“感恩奋进”教育活动:指全省广大干部群众弘扬伟大抗震救灾精神,发掘和宣传抗震救灾和灾后重建形成的宝贵精神财富,以“感恩”和“文明”为主题,组织开展的系列感恩教育和精神文明创建活动。

39.“双百亿”文化企业:指经营收入和总资产均超过100亿元的文化企业(集团)。

40. 三向拓展、四层推进:“三向拓展”包括:突出南向,以西南出海大通道、南方丝绸之路为纽带,扩大与东盟和南亚国家的经贸联系;加强东向,依托通江达海快速通道,强化对日韩等东亚市场的开拓,积极拓展欧美市场;畅通西向,大力开发中亚、俄罗斯等新兴市场。“四层推进”包括:扩大区域合作,以分工协作和整合资源为主题,努力加强西南协作和与周边省区市的合作;强化次区域合作,以互动共进为主题,共同建设成渝经济区;促进泛区域合作,以承接产业转移为主题,主动融入泛珠三角合作,积极对接长三角合作,加强与中部省市的合作和与台港澳的合作;参与国际区域合作,以拓展市场、互补发展为主题,主动融入中国—东盟自由贸易区,加强与东盟的合作。

41. 海峡两岸经济合作框架协议(ECFA):2010年,海峡两岸签订《海峡两岸经济合作框架协议》,其基本内容涵盖海峡两岸之间的主要经济活动,包括货物贸易和服务贸易的市场开放、原产地规则、早期收获计划、贸易救济、争端解决、投资和经济合作等。

42. 中国—东盟自由贸易区:即中国和东盟十国(印尼、马来西亚、菲律宾、新加坡、泰国、文莱、越南、老挝、缅甸、柬埔寨)组建的自由贸易区,是目前世界人口最多的自由贸易区,也是发展中国家间最大的自由贸易区。

43. 森林碳汇:指森林吸收并储存二氧化碳的数量。森林是陆地生态系统中最大的碳库,对降低大气中温室气体浓度、减缓全球气候变暖具有十分重要的作用。

44.“长治”工程:指长江上游水土保持重点防治工程,是长江流域实施最早、规模浩大的生态建设工程。

45. 共伴生矿产资源:指在同一矿床内,除主要矿种外,并含有多种可供工业利用的成分。

46. 城市矿产:指废旧机电、电线电缆、通讯工具、汽车、电子产品、金属和塑料包装物以及废料中,可循环利用的钢铁、有色金属、贵金属、塑料、橡胶等资源,是对可再生利用的废弃资源的形象比喻。

47.“三孤”人员:指汶川大地震造成的孤儿、孤老和孤残人员,即无生活来源、无劳动能力、无法定扶养人的儿童、老年人、残疾人。

48. 三基地一窗口:把重建后的地震灾区建设成为爱国主义教育基地、社会主义核心价值体系学习教育基地、民族团结进步宣传教育基地和展示中国发展模式、发展道路勃勃生机的窗口。

49.“飞地”园区:指打破行政区划限制,把“飞出地”的资金和项目放到“飞入地”的经济园区,通过统一规划、税收分配等合作机制进行共同管理和开发,实现资源互补、经济协调发展。

成都市国民经济和社会发展
第十二个五年规划纲要

（2011 年 4 月 2 日成都市
第十五届人民代表大会第四次会议批准）

序　言

“十二五”时期（2011 年至 2015 年），是成都市建设世界现代田园城市的关键时期，是深化改革开放、加快转变经济发展方式的攻坚时期。本规划纲要根据《中共成都市委关于制定国民经济和社会发展第十二个五年规划的建议》编制，主要阐明未来五年发展战略意图，是政府履行经济调节、市场监管、社会管理和公共服务职责的重要依据，是全市人民共同奋斗，全面建设小康社会，深入推进城乡一体化，建设“新三最”城市，为建设世界现代田园城市奠定坚实基础的行动纲领。

第一篇　指导思想和发展目标

在认真把握建设世界现代田园城市的历史定位和长远目标，分析研判国内外发展大势和内部条件的基础上，提出成都市未来五年发展的指导思想和发展目标。

第一章　规划背景

“十一五”时期是成都市发展史上极不平凡的五年。在党中央、国务院和省委、省政府领导下，市委、市政府团结带领全市人民高举中国特色社会主义伟大旗帜，以邓小平理论和“三个代表”重要思想为指导，深入贯彻落实科学发展观，坚持不懈地深入实施城乡统筹、“四位一体”科学发展总体战略，全面深入推进城乡一体化，推动城乡同发展共繁荣，有效应对“5·12”特大地震灾害和国际金融危机，全市经济社会发展取得巨大成就。经济实现快速发展，城市综合实力明显提升。统筹城乡综合配套改革不断深化，城乡同发展共繁荣格局初步形成。社会事业全面进步，人民生活水平显著提高。城乡建设日新月异，现代新型城乡形态初步展现。对外开放开创新局面，对外贸易和利用外资水平大幅提升。社会管理不断加强，保持了社会和谐稳定。城市功能日益增强，区域中心城市的作用较好体现。抗震救灾取得重大胜利，灾后重建基本完成，灾区实现历史性变化。先后被国家批准为全国统筹城乡综合配套改革试验区，授予“全国文明城市”等称号。

专栏 1　“十一五”取得的巨大成就

经济实力显著增强。2010 年全市生产总值达到 5551.33 亿元，比 2005 年增长 95.9%，年均增长 14.4%，高于全国 4 个百分点左右；地方财政一般预算收入达到 526.9 亿元，年均增长 30.1%。现代农业发展势头良好，工业发展步伐加快，服务业稳步发展，三次产业结构继续优化，产业实力进一步提升；发展方式加快转变，节能减排取得进展，自主创新能力增强；城乡基础设施明显改善，城市功能不断完善提升。

统筹城乡深入推进。以推进城乡一体化为核心、以规范化服务型政府建设和基层民主政治建设为保障的城乡统筹发展战略深入推进，被国务院确定为全国统筹城乡综合配套改革试验区。“三个集中”的根本方法进一步完善，“六个一体化”的科学体制初步构建，农村工作“四大基础工程”建设取得成效。投资体制、医药卫生体制、行政管理体制等重点领域的改革稳步推进。

社会民生显著改善。城乡居民收入大幅提升，2010 年城镇居民人均可支配收入达 20835 元，比 2005 年增长 83.4%，年均增长 12.9%；农村居民人均纯收入达 8205 元，比 2005 年增长 82.9%，年均增长 12.8%。城乡就业体系进一步完善，社会保障扩面提质，教育事业发展更加均衡，医疗卫生保障能力稳步提高，人口计生服务管理体系进一步完善，文化事业和文化产业快速发展，民主法治建设加快，精神文明建设成效显著。

对外开放不断扩大。进出口持续快速增长，2010 年全市进出口总额达 246.6 亿美元，是 2005 年的 5.48 倍，年均增长 40.5%，进出口商品结构进一步优化；利用外资大幅增长，2010 年实际使用外资超过 64.1 亿美元，是 2005 年的 11 倍，招大引强成效明显，落户成都的世界 500 强企业累计达 189 家；对外交流合作不断拓展，国际友好城市增至 13 个，以成都经济区为重点的区域合作全面推进，实施“走出去”战略步伐加快。

五年的艰苦奋斗，成都市在深入推进城乡一体化、构建和谐成都、全面建设小康社会等诸多方面取得了显著成绩，“十一五”规划确定的主要目标和任务如期完成，开创了成都经济社会又好又快发展新时期，谱写了成都科学发展新篇章，为“十二五”时期的发展奠定了坚实基础。

专栏 2　“十一五”计划主要目标完成情况

主要指标	目标值	实现值
地区生产总值(亿元)	>4000	5551.33
地区生产总值年均增速(%)	>12	14.4
一、二、三产业增加值比例	5:45:50	5.1:44.7:50.2
进出口总额年均增长(%)	15	40.5
地方财政一般预算收入年均增长(%)	14	30.1
民营经济增加值占 GDP 比例(%)	>60	60.1
研发经费占 GDP 比例(%)	2.5	2.5
万元地区生产总值能耗降低(%)	[20]	[20]
城市生活污水处理率(%)	>60	94

续表

主要指标	目标值	实现值
森林覆盖率(%)	38	36.8
耕地保有量(万公顷)	42.4	42.4
环境空气质量	国家Ⅱ级	国家Ⅱ级
城镇居民年人均可支配收入增速(%)	8	12.9
农村居民年人均纯收入增速(%)	8.5	12.8
恩格尔系数加权平均值(%)	<38	37
城镇化率(%)	>65	65.1
年新增城镇就业人数(万人)	>10	13.5
城镇登记失业率(%)	<4	2.53
非农产业从业人员比例(%)	>70	77.8
养老保险参保人数每年新增人数(万人)	10	[70.6]
新型农村合作医疗参加率(%)	90	96
人口自然增长率(‰)	≤3	2.8
全市总人口(户籍数,万人)	≤1180	1143.5
注:带[ ]的目标值为5年累计数。		

“十二五”时期,我国经济社会将进入加快转变经济发展方式的新阶段,更加注重内需主导、消费驱动,更加注重科技引领、创新驱动,更加注重民生优先、社会公平。成都市作为中西部地区的特大中心城市,仍处于可以大有作为的重要战略机遇期,加快发展方式转变,实现跨越式发展,既面临难得机遇,也面临重大挑战。在战略机遇与矛盾凸显并存的关键时期,必须准确把握面临的形势,增强忧患意识、机遇意识和紧迫意识,抢抓有利机遇,积极应对各种挑战,着力解决突出矛盾,推动成都市在新一轮发展中实现追赶型跨越式发展,走在中西部地区的前头。

专栏3 “十二五”时期发展面临的机遇

经济社会发展站在新的历史起点上,具备实现新跨越的客观条件。成都市已进入由工业化和城市化中期向后期转变的阶段,经济社会面临巨大变化,城镇化加速发展,消费结构不断升级,产业结构加快调整,城市影响力和综合竞争力显著提升,经济社会发展的内在驱动力将极大增强。

统筹城乡的改革实践,为成都市推进可持续发展提供了最宝贵的经验和基础。经过七年多统筹城乡发展,推进科学发展的总体思路、政策措施和体制机制已经初步形成,特别是经国务院批准的《成都市统筹城乡综合配套改革试验总体方案》将在“十二五”期间全面实施,成为成都市未来发展最现实的优势。

西部大开发战略深入实施,为成都市经济社会加快发展增添了强大动力。进入西部大开发新的十年,国家将着力推进经济基础好、资源环境承载能力强、发展潜力大的重点经济区发展,成渝经济区建设将进一步加快,有利于把成都市建设成为西部经济发展重要增长极。

全球产业分工格局的深刻调整,为成都市深度参与国际国内合作带来新机遇。经济全球化加快发展,我国国际地位不断提高,国内外产业加快转移,信息技术迅猛发展,“外资西进、内资西移”的大趋势为成都市发挥后发优势,抢先占据高端产业和产业高端,更广泛深入地参与国际分工合作,在更大空间范围谋求未来发展创造了机遇。

新兴产业加快发展,为成都市转变经济发展方式提供了重大契机。科技创新和新兴产业正成为抢占发展制高点的战略突破口,有利于成都市充分利用电子信息、生物医药、航空航天、新材料、新能源等产业基础,发挥科技资源优势,着力推动技术进步和自主创新,加快推进成都市经济发展方式转变。

专栏4 “十二五”时期发展面临的挑战

宏观环境不确定因素增多。国际金融危机影响深远,国家宏观调控难度加大,存在诸多可以预见和难以预见的挑战;各区域竞相发展势头强劲,围绕市场、资源、人才、技术的竞争十分激烈,承接产业转移难度加大。

结构性矛盾依然突出。产业结构不够合理,科技对产业的支撑作用有待加强;经济增长主要依靠投资拉动,而投资持续增长动力不足,制约居民消费需求扩大的因素没有得到根本改变,结构调整和新经济增长点培育缓慢。

资源环境制约明显。产业发展与资源环境的矛盾日益突出,长江上游生态保护和都江堰灌区保护对成都市的环境保护要求越来越高,人均占有土地和耕地资源不足,严重制约工业化、城镇化进程和农业规模经营。

就业和社会保障压力较大。“十二五”期间成都市城乡劳动力资源总量将进一步增加,就业总量压力和结构性矛盾并存;社会保障扩面提质和城乡全面接轨对社会保障体系建设提出了更高要求。

维护社会稳定任务艰巨。伴随着工业化和城市化由中期向后期转变的进程,社会矛盾和社会风险可能进入高发期,城乡人口大规模流动,利益格局发生深刻变化,人口老龄化加剧,对现行公共服务和社会管理都提出了新的挑战。

第二章　指导思想

“十二五”期间成都市经济社会发展的指导思想是:高举中国特色社会主义伟大旗帜,以邓小平理论和“三个代表”重要思想为指导,深入贯彻落实科学发展观,认真落实中央“以科学发展为主题、以加快转变经济发展方式为主线”的战略思想和省委“一主、三化、三加强”的基本思路,深入实施城乡统筹、“四位一体”科学发展总体战略,以改革开放和科技创新为动力,以保障和改善民生为目的,全面深入推进城乡一体化,奋力推进三次产业追赶型跨越式发展,全面实现“新三最”目标,为加快建设世界现代田园城市奠定坚实基础。

深入实施城乡统筹、“四位一体”科学发展总体战略,建设世界现代田园城市,是市委深入贯彻落实科学发展观以及中央关于加快转变经济发展方式的重大部署,紧密结合成都市实际确定的发展战略、历史定位和长远目标,是成都市加快转变发展方式、推进科学发展的长期战略任务,必须贯穿于“十二五”时期全市经济社会发展的全过程和各领域,在发展中促转变、在转变中促发展,推动经济社会又好又快发展。基本要求是:

——坚持把全面深入推进城乡一体化作为加快转变发展方式、建设世界现代田园城市的根本要求。按照全域成都的理念,深入推进“六个一体化”、“三个集中”和农村工作“四大基础工程”,加快新型工业化、新型城镇化、农业现代化进程,促进城乡、区域协调发展,改善投资结构,扩大消费需求,构建扩大内需的长效机制。

——坚持把推进追赶型跨越式发展作为加快转变发展方式、建设世界现代田园城市的战略方针。以高端化和高科技化为导向,深化产业结构调整,优先发展现代服务业和高新技术产业,改造提升传统制造业,大力发展战略性新兴产业,加快建立现代产业体系,以产业跨越带动城市整体跨越,提升城市国际竞争力。

——坚持把推进科技进步和创新作为加快转变发展方式、建设世界现代田园城市的重要支撑。深入实施科教兴市和人才强市战略,大力推进教育均衡化、现代化和国际化,完善区域科技创新体系,培育壮大创新人才队伍,增强自主创新能力,努力建设国家知识产权示范城市和国家创新型城市。

——坚持把保障和改善民生作为加快转变发展方式、建设世界现代田园城市的根本目的。深入实施就业优先战略，着力完善社会保障体系，合理调节收入分配，加快发展各项社会事业，巩固和完善城乡居民共创共享改革发展成果的机制，维护社会公平正义，促进社会和谐稳定，建设幸福成都。

——坚持把节约资源和保护环境作为加快转变发展方式、建设世界现代田园城市的重要着力点。深入贯彻节约资源和保护环境基本国策，坚持合理有效开发和利用资源，注重保护基本农田、自然生态和历史文化，大力发展循环经济，积极推广低碳技术，促进经济社会发展与人口资源环境相协调，建设资源节约型、环境友好型城市，走可持续发展道路。

——坚持把深化改革扩大开放作为加快转变发展方式、建设世界现代田园城市的强大动力。从基层基础层面着力推进以经济市场化、社会公平化和管理民主化为基本取向的改革，加快推进统筹城乡发展的行政管理体制、市场经济体制、社会管理体制等重点领域和关键环节改革，努力构建有利于科学发展的体制机制。深入推进开放合作，加强多层次区域合作，积极扩大国际交流合作，努力建设内陆开放型经济战略高地。

第三章　发展目标

按照建设世界现代田园城市"三步走"战略步骤，今后五年，要通过全市人民的共同努力，把成都建成中西部地区创业环境最优、人居环境最佳、综合竞争力最强的现代特大中心城市。具体目标是：

——综合经济实力显著增强。经济增长保持适度领先，年均增长12%左右，经济总量迈上万亿元台阶，人均地区生产总值达到上万美元，财政收入稳步增长，综合竞争力领先中西部城市，对全省、全国经济发展的贡献明显提高。

——结构调整取得明显成效。新型工业化、新型城镇化、农业现代化水平显著提高，城乡区域发展更加协调，综合城镇化水平达到60%。现代服务业、高新技术产业和战略性新兴产业实现跨越式发展，现代产业体系基本形成，三次产业结构优化为3∶45∶52，高新技术产业增加值占规模以上工业增加值的比重达50%以上。投资消费结构进一步优化，自主创新能力不断增强，经济增长的科技含量明显提高，研究与试验发展（R&D）经费支出占地区生产总值比重达到3%，每万人口发明专利拥有量达6件，初步建成国家创新型城市。

——城乡社会建设全面进步。形成城乡一体的现代教育体系，高水平发展义务教育，高标准普及学前和高中阶段教育，实现免费中等职业教育，高中阶段毛入学率达到96%，新增劳动力平均受教育年限达到14年。覆盖城乡的基本医疗卫生制度不断完善，人民群众健康水平不断提高，居民预期寿命提高到78.5岁。文化、体育事业加快发展，人民群众的精神文化生活更加丰富。稳定适度低生育水平，年均人口自然增长率控制在4‰以内，户籍人口控制在1260万人以内。民主法制更加健全，人民权益得到切实保障。社会管理制度更加完善，社会更加和谐稳定。

——人民生活水平大幅提高。基本实现居民收入增长和经济发展同步、劳动报酬增长和劳动生产率提高同步，农村居民人均纯收入年均增长12%以上，城镇居民人均可支配收入年均增长12%左右，城乡居民收入差距进一步缩小。城乡就业持续增长，基本实现充分就业，动态消除"零就业家庭"，年度城镇登记失业率控制在4%以内，城镇新增就业人数50万人以上。社会保障覆盖面不断扩大，实现人人享有社会保障，保障水平不断提高，新增城镇职工养老保险参保人数达50万人，城乡居民养老保险覆盖率达90%以上，城乡居民医疗保险参加率达98%以上，城镇保障性安居工程建设31.9万套，社会救助体系进一步健全。

——人居环境质量显著提升。新型城乡形态初步形成，资源节约型、环境友好型社会建设取得明显成效，耕地保有量保持在42.1万公顷，单位工业增加值用水量比“十一五”末降低30%，农业灌溉用水有效利用系数达到0.55，非化石能源占一次能源消费的比重不低于31%；城乡环境更加优美，单位生产总值能耗较2010年下降16%，单位生产总值二氧化碳排放量较2010年下降17%，主要污染物化学需氧量、氨氮、二氧化硫、氮氧化物排放在2010年基础上分别削减8%、10%、8%、10%，江河水质、大气质量明显提高，森林覆盖率达到38%以上，森林蓄积量达到2910万立方米。

——改革开放取得重大突破。统筹城乡发展的行政管理体制、市场经济体制、社会管理体制等重点领域和关键环节改革取得新突破，科学发展的体制机制不断完善。对外开放的广度和深度不断拓展，实际利用外资年均增长25%以上，落户成都的世界500强企业达210家以上，进出口总额年均增长15%。多层次的对外开放格局和区域一体化发展格局初步形成，“两枢纽三中心”地位显著提升，初步建成内陆开放型经济战略高地。

专栏5 “十二五”时期经济社会发展的主要指标

类别	指标	2010年	2015年	年均增长	属性
经济发展	地区生产总值(现价,亿元)	5551.33	>10000	12%左右	预期性
	人均地区生产总值(美元)		>10000		预期性
结构调整	综合城镇化水平(%)		≥60		预期性
	一、二、三产业增加值比例	5.1∶44.7∶50.2	3∶45∶52		预期性
	高新技术产业增加值占工业增加值比重(%)		≥50		预期性
	研发经费占地区生产总值比例(%)	2.5	≥3		预期性
	每万人口发明专利拥有量(件/万人)	3.6	6		预期性
城乡社会建设	高中阶段毛入学率(%)		96		约束性
	新增劳动力平均受教育年限(年)		14		预期性
	年均人口自然增长率(‰)	2.8		≤4	预期性
	居民预期寿命(岁)	77	78.5		预期性
	户籍人口(万人)	1143.5	≤1260		约束性
人民生活	农村居民人均纯收入增速(%)			≥12	预期性
	城镇居民人均可支配收入增速(%)			12左右	预期性
	年度城镇登记失业率(%)	2.53	<4		预期性
	城镇新增就业人数(万人)	[67.5]		[50]	预期性
	新增城镇职工养老保险参保人数(万人)			[50]	约束性
	城乡居民医疗保险参加率(%)	93	≥98		约束性
	城乡居民养老保险覆盖率(%)	35	≥90		约束性
	城镇保障性安居工程建设(万套)			[31.9]*	约束性

续表

类别	指标		2010 年	2015 年	年均增长	属性
人居环境	耕地保有量(万公顷)		42.4	42.1 *		约束性
	单位工业增加值用水量降低(%)				[30] *	约束性
	农业灌溉用水有效利用系数		0.43	0.55 *		预期性
	非化石能源占一次能源消费的比重(%)			≥31 *		预期性
	单位生产总值能耗降低(%)				[16] *	约束性
	单位生产总值二氧化碳排放降低(%)				[17] *	约束性
	主要污染物排放减少(%)	化学需氧量			[8] *	约束性
		氨氮			[10] *	约束性
		二氧化硫			[8] *	约束性
		氮氧化物			[10] *	约束性
	森林覆盖率(%)		36.8	38		约束性
	森林蓄积量(万立方米)			2910 *		约束性
对外开放	实际利用外资年均增长(%)				25%	预期性
	进出口总额年均增长(%)				15%	预期性
	落户成都的世界 500 强企业(家)		189	>210		预期性

注:带“*”的目标值最终以国家和省分解下达成都市的为准,带[ ]的目标值为 5 年累计数。

第二篇　全面提升城乡规划建设管理水平

以统筹兼顾为原则,大力推进新型城镇化,建设社会主义新农村,加强城乡基础设施建设,全面推进灾区振兴发展,着力构建新型城乡形态,努力建设城乡繁荣、产业发达、居民幸福、环境优美、文化多样、特色鲜明、独具魅力的世界现代田园城市,实现综合竞争力中西部领先。

第一章　着力构建新型城乡形态

按照国家主体功能区规划要求,坚持建设世界现代田园城市“九化”导则,深化完善全域成都规划,规范空间开发,形成人口、经济、资源环境相协调的发展格局,推进繁华城镇和优美田园有机融合,加快构建现代城市与现代农村和谐相融、历史文化与现代文明交相辉映的新型城乡形态。

第一节　优化市域空间布局

以市域生态本底及现实条件为依据,在充分保护和尊重生态本底的基础上,将市域划分为提升型发展区、优化型发展区、扩展型发展区、两带生态及旅游发展区四大总体功能区。

专栏 6　总体功能分区

提升型发展区：包括中心城区的锦江区、青羊区、金牛区、武侯区、成华区。以现代服务业为主导，优化调整产业结构，提高城市承载能力，提升城市功能和品质，改善人居环境。

优化型发展区：包括市域西部的彭州、都江堰、郫县、温江、崇州、大邑、邛崃和蒲江以平原为主的地区。以现代农业为基础，促进现代服务业与先进制造业协调发展，城镇布局要注重显山露水。

扩展型发展区：包括市域东部的新都、青白江、金堂、龙泉驿、双流和新津以丘陵为主的地区。以先进制造业为主导，促进现代服务业与现代农业协调发展，城镇布局要保护生态本底。

两带生态及旅游发展区：包括彭州、都江堰、崇州、大邑、邛崃、蒲江、双流、龙泉驿、青白江、金堂的山区。是成都市的生态屏障，也是旅游产业的重点发展区。

第二节　构建田园城市生态体系

坚持以人为本、生态优先、节地节能、完善功能、突出特色的原则，加强基本农田、生态环境和历史文化保护，形成以中心城区为核心，以县城、重点镇为节点，以城乡一体的交通、通信、公共服务和生态绿道等体系为依托的多中心、组团式、网络化空间结构和多层次、多功能“显山、亮水、露田”生态体系。

推进世界现代田园城市示范建设。结合城乡统筹综合示范、土地综合整理、城乡环境综合整治、战略功能区建设、现代农业示范片区建设、场镇改造等，努力将北新干道示范线、蜀龙大道—成青金快速路—唐巴路示范线等 11 条示范线，温江区、都江堰市、郫县、新津县 4 个整县推进示范县和龙泉驿区同安镇、青白江区城厢镇等 24 个整镇推进示范镇（乡、街道），打造成产业及形态上体现差异化、多样性的世界现代田园城市现实样板。

专栏7 世界现代田园城市示范线规划线路

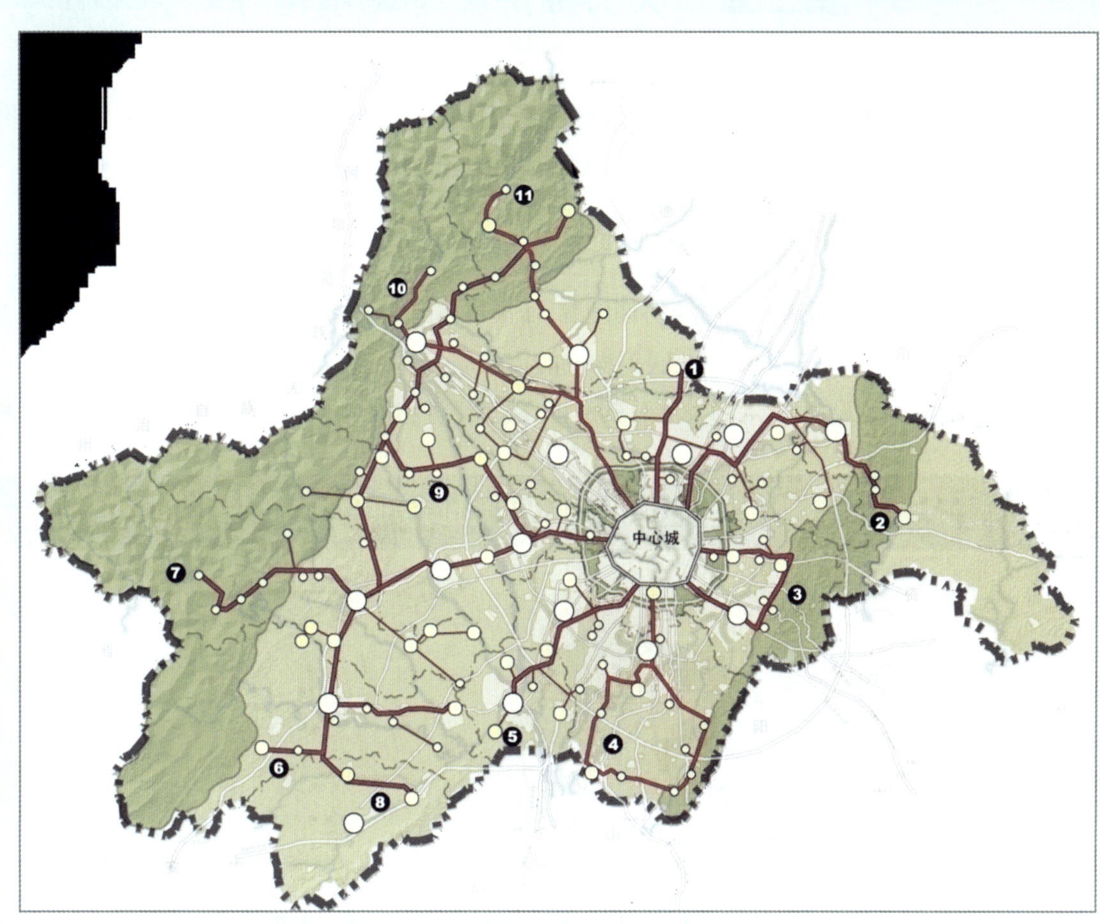

1. 北新干道示范线，建成北部现代商贸及现代农业综合示范线。
2. 蜀龙大道—成青金快速路—唐巴路示范线，建成国际物流及现代制造业示范线。
3. 成龙路—东二路—成洛路示范线，建成现代汽车产业及休闲旅游综合示范线。
4. 天府大道—东山快速路—双黄路示范线，建成现代城市与现代农村示范线。
5. 大件路示范线，建成现代产业与现代农村示范线。
6. 邛崃示范线，建成古镇文化及生态旅游示范线。
7. 光华大道—成温邛高速—大双路示范线，建成以休闲旅游及历史文化为特色主题的示范线。
8. 龙门山沿线示范线，建历史文化及山地度假旅游示范线。
9. 成青快速通道示范线，建成现代服务业及现代农业示范线。
10. 沙西线示范线，建成生态维育、世界遗产及现代农业示范线。
11. 彭白路示范线，建成山水田林及灾后重建示范线。

专栏8 "十二五"时期构建新型城乡形态重大工程

"显山亮水"工程：加强对低山地区保护，明确龙泉山和龙门山的山体保护边界及发展引导，在龙门山，突破行政区划分割，整合风景旅游资源，加快小轨道环线和直升机停机坪的规划；在龙泉山，加强植被恢复，合理引导果树种植，严格控制各类建设行为，梳理穿山通道，减少交通对山体破坏。市域范围内平衡河流水量配置，有效利用再生水及雨水，补充景观水系生态水量，改善城市景观水环境；凸显水网城市特征，建设水城示范点；在水系两侧划定生态保护和景观控制区，明确管控要求。

"田园永续"工程：严控建设对农田保护区的侵占，确保基本农田和一般农田总量不减少；科学指导农业种植结构的调整，合理规划大地景观，彰显田园四季更替的美景；编制林盘群落保护规划，按照林盘群落的方式保护林盘，在水系、道路和大城市周边的交通便捷的地区重点考虑林盘功能的置换，把林盘群落作为承载城市高端服务功能的载体。

第二章 大力推进新型城镇化

以构建市域城镇体系为着力点,以加快人口城镇化进程为主攻方向,加快推进城乡一体化,使城乡居民平等参与现代化进程、共创共享改革发展成果。到2015年,综合城镇化水平达到60%。

第一节 推进市域城镇体系规划建设

积极推进市域大中小城市和小城镇协调发展,加快建成由1个特大城市、14个中等城市、34个小城市、170余个小城镇、数千个新型社区等构成的市域城镇体系。着力推进中心城区转型发展,加大城市更新和新城建设力度,大力发展总部经济、楼宇经济和城市综合体,完善公共服务,提升城

专栏9 市域城镇体系规划示意图

市品质和国际化水平。加强区(市)县城、重点镇基础设施和公共服务建设,提升城镇综合承载能力,发展壮大特色优势产业,形成县域经济重要增长极。加快一般场镇改造建设,完善城镇功能,增强以城带乡能力。

第二节 引导人口向城镇集聚

进一步破除城乡居民身份差异,推进户籍、居住一元化管理,建立户口在居住地登记、随人员流动自由迁徙的统一户籍制度。建立城乡统一的就业失业登记管理制度,逐步统一失业保险待遇标准,依法保护城乡居民平等就业和自主择业的权利,允许农村居民带产权、持股进城居住、就业。调整完善现行教育、医疗、住房保障、计划生育等方面的制度和政策,充分保障城乡居民在户籍所在地平等享受各项基本公共服务和社会管理的权利。

第三节 提高城市现代化管理水平

提高城市管理科学性和透明度。大力推进城市管理网格化,推动管理重心下移,充分发挥区(市)县、街道、社区在城市管理中的作用,形成市、区(市)县、街道相互衔接、合理分工和规范高效的城市管理框架。积极鼓励广大市民参与城市管理决策、实施和监督,充分发挥社会机构在城市管理中的积极作用,形成政府、企业、社会组织、社区和市民共建、共治、共享城市管理的新局面。

提高城市管理信息化水平。深化"数字城管"系统建设,逐步实现数字化城市管理全域成都全覆盖。加快建立以身份证号码为标识,集居住、婚育、就业、纳税、信用、社会保障等信息于一体的公民信息管理系统。加强城市基础测绘和管理工作,完善全市统一的空间地理基础数据平台。提升教育、卫生、文化、旅游等领域的公共信息服务能力,加快推进规划、房地、环保、市政、绿化、水务、气象等城市管理信息深度开发和共享交换。着力推进防灾应急、交通管理等重要信息系统建设。

提升城市交通综合管理水平。优化完善城市交通规划和建设管理,逐步建立交通影响评价机制。综合运用交通需求管理措施,加快发展城市智能交通系统,大力发展公共交通,改善交通出行结构,实现各种交通方式的无缝衔接,减缓交通拥堵。加强城市道路交通管理,加大交通执法力度,增强市民交通法治意识和安全意识。

加强市容环境管理。深入推进裸土覆盖、道路硬化、绿化带提档降土工程,强化联动治尘,加强扬尘污染源头治理。全面实施景观容貌标准化管理,继续实施特色亮点街道打造,加大二环路以内主、次干道及主要出入城通道立面整治力度。加强城郊结合部、出入城道路沿线和背街小巷的市容管理。

第三章 建设社会主义新农村

统筹推进"六个一体化"、"三个集中"和农村工作"四大基础工程",因地制宜,全面推进社会主义新农村建设,增强农村经济、社会和生态功能,努力在农村形成土地规模化、生产企业化、居住城镇化、收入多元化新格局。

第一节 加强农村发展环境建设

推进农村生产条件建设。加强基本农田保护，改造中低产田土，建设高标准基本农田；大力实施沃土工程和测土配方，提高地力；推进水利设施建设，提高农田灌溉保障率；加强农业生产标准化服务体系建设，切实提高产前、产中和产后服务；加快田间路网改造，提高农业机械化服务。

推进农村生态环境建设。加强农村饮用水源地保护、水质检验监测、中小河流域污染治理，改善农村水环境；实施城乡环境综合整治和乡村清洁工程，集中开展农村生活垃圾集中处置工程，改善村容村貌；禁止工业固体废物、危险废物、城镇垃圾及其他污染物向农村转移，大力实施规模化畜禽养殖污染防治、土壤污染防治、秸秆综合利用等工作，有效遏制农村面源污染；5 年内全面完成乡村容貌整治和水环境综合治理，农业面源污染治理率达到 80% 以上，农民集中居住区生活污水、垃圾治理率达到 100%。

推进农村生活环境建设。以产业发展为先导，结合农村土地综合整治、农村宅基地归并，以农村集中居住区为主，以场镇（村落）改造为补充，多种模式建设农村新型社区，切实改善农村居民居住条件。因地制宜推进散居农户的改水、改厕、改圈，大力实施农村沼气建设、秸秆气化工程、小水电代燃料工程，切实改善农户生活条件。

第二节 提高农村公共服务水平

提高基础设施性公共服务水平。加大农村基础设施投入力度，加快农村供水、供电、道路、通信等公共基础设施建设。加快实施县域城乡居民饮水提升保障工程，实现场镇自来水管网满覆盖，将供水管网延伸到农村村组。加快实施农村电网提升改造工程，为提高农村用电水平创造条件。大力发展农村公共交通，推进农村客运公交化，完成农村客运站建设，实现“镇镇通公交”、“村村通客运”。加快农村信息基础设施建设，推进农村宽带网络延伸，实现光纤到乡镇、宽带覆盖行政村，以公共教育、公共医疗卫生、公共安全、环境保护、社会保障为重点，深入开展社区管理、服务和政务信息化建设。加快农村邮政所建设，实现镇镇有邮政所。

提高事业性公共服务水平。加强农村教育工作，巩固义务教育普及成果，加快推进农村标准化中心幼儿园建设、校舍安全工程和农村中小学远程教育工程等，提高中小学校信息化水平。兴建新型农村居民科技培训机构，实施农村劳动力转移培训和实用人才培训。加强农村卫生服务体系建设，加强建制乡镇卫生院及村卫生站的标准化建设，推进非建制乡镇卫生院改革，合理配置农村医疗卫生资源，加强农村卫生人才培养，深化城市医院对口支农工作机制。加强农村文化服务体系建设，建立农村文化投入稳定增长机制，进一步加强农村文化基础设施建设，形成较为完备的农村公共文化服务网络。

提高民生性公共服务水平。进一步完善与农村经济发展水平相适应、与其他保障措施相配套的农村养老保险制度。提高农村居民医疗保险覆盖率。完善农村最低生活保障制度，逐步提高保障水平。完善农村“三无人员”供养、特困户生活补助、灾民救助等社会救助体系。

提高安全性公共服务水平。建立化解农村各种社会矛盾的有效机制，完善社会治安综合治理机制、突发公共事件应急机制。加强消防、气象灾害监测预警和人工防雹降雨等基础设施建设，提高抵御灾害能力。

第三节　推进社会主义新农村示范片建设

以发展新产业、建设新民居、塑造新风貌、创建新机制、培育新农民、建好村班子“五新一好”为目标，到2015年，建成省级示范片14个、市级示范片20个、县级示范片30个。以现代农业发展基地项目建设为抓手，培育农业主导产业，做强产业支撑；加快实施土地综合整治，按照“发展性、多样性、相融性、共享性”原则，分类分重点建设基础设施；强化乡（镇）公益性服务能力建设，建立村级社会服务站（点），完善农村基本公共服务体系；健全完善农村新型基层治理机制，支持发展农村专业合作组织等农村市场主体，加强示范片村级班子建设。把新农村综合体建设贯穿于示范片建设中，在有条件、有基础的地区推进新农村综合体建设，建立体现综合功能和城乡一体化格局的农村新型社区。

专栏10　“十二五”时期新农村建设重大工程

耕地质量提升工程：提高630万亩耕地有机质含量，治理200万亩酸性污染耕地及60万亩重金属污染耕地，建立耕地质量检测体系，建土壤检测室1个、田间检测点位60个，建成标准示范粮田15万亩。

千村清洁示范工程：在1000个示范村推进农田废弃物收集池、发酵处理池、田间“频振诱虫灯”等田园清洁设施，污水、垃圾处理设施和生态庭院等家园清洁设施，农村物业服务站、生活垃圾中转设施等公共清洁设施建设。

畜禽粪便资源化利用工程：实施100个养殖场大中型畜禽粪便处理沼气工程建设，配套沼气脱硫设备、沼气输送设备，沼气利用设备；实施300个养殖小区集中供送沼气工程建设，修建沼气站和沼气配送站，沼气集中供送附近农户。

秸秆综合利用工程：实施免耕沃土栽培、秸秆走道式、机械还田等秸秆综合技术510万亩以上；在崇州市、新都区分别建设年处理秸秆10万吨左右的秸秆固化成型厂，在蒲江县建设秸秆烧结保温砖生产厂。

基层农业综合服务站标准化建设工程：新建112个乡镇级片区服务站，配套完善2700个村级农业服务点，配备村级农技推广人员。

农机专业合作联社农机社会化服务体系建设工程：建立市级农机专业合作联社和14个区市县农机专业合作联合分社，形成统一有机整体，为农户和农业企业提供代耕、代种、代收和农机租赁等服务。

第四章　加强城乡基础设施建设

以规划为龙头，充分发挥市场配置资源的基础性作用，完善综合交通体系，提高城乡信息化水平，加强市政设施和水利建设，不断完善城市功能，努力提高城乡基础设施的承载能力和运行效率。

第一节　构建市域综合交通运输体系

加快推进市域轨道交通建设，实现“县县通快铁”，完成国铁、市域铁路、地铁的资源整合，实现市域轨道运输服务一体化，基本确立轨道交通在成都市公共交通出行中的骨干作用。推动市域快速路网、干线路网、基础路网建设，形成市域“二环十二射”高速路网、“二环十八射”快速路网，加快实施城市支线公路、农村公路等基础路网的提档升级，实现市域快速路网及基础路网的合理衔接。积极推进绿道及慢行交通系统建设工程，完善中心城区路网体系。合理增加公共交通供给，加快形成较发达的市域公共交通体系，全面推进中心城区公交场站建设，优化中心城区公交线网层次，继续实施农村客运公交化改造，实现城乡客运一体化。促进出租车有序发展，基本实现供需平衡。加强交通需求管理，全面提高交通智能化水平，力争实现全市交通“管理智能化、指挥救援一体化、出行服务信息化”。

专栏 11 市域综合交通枢纽示意图

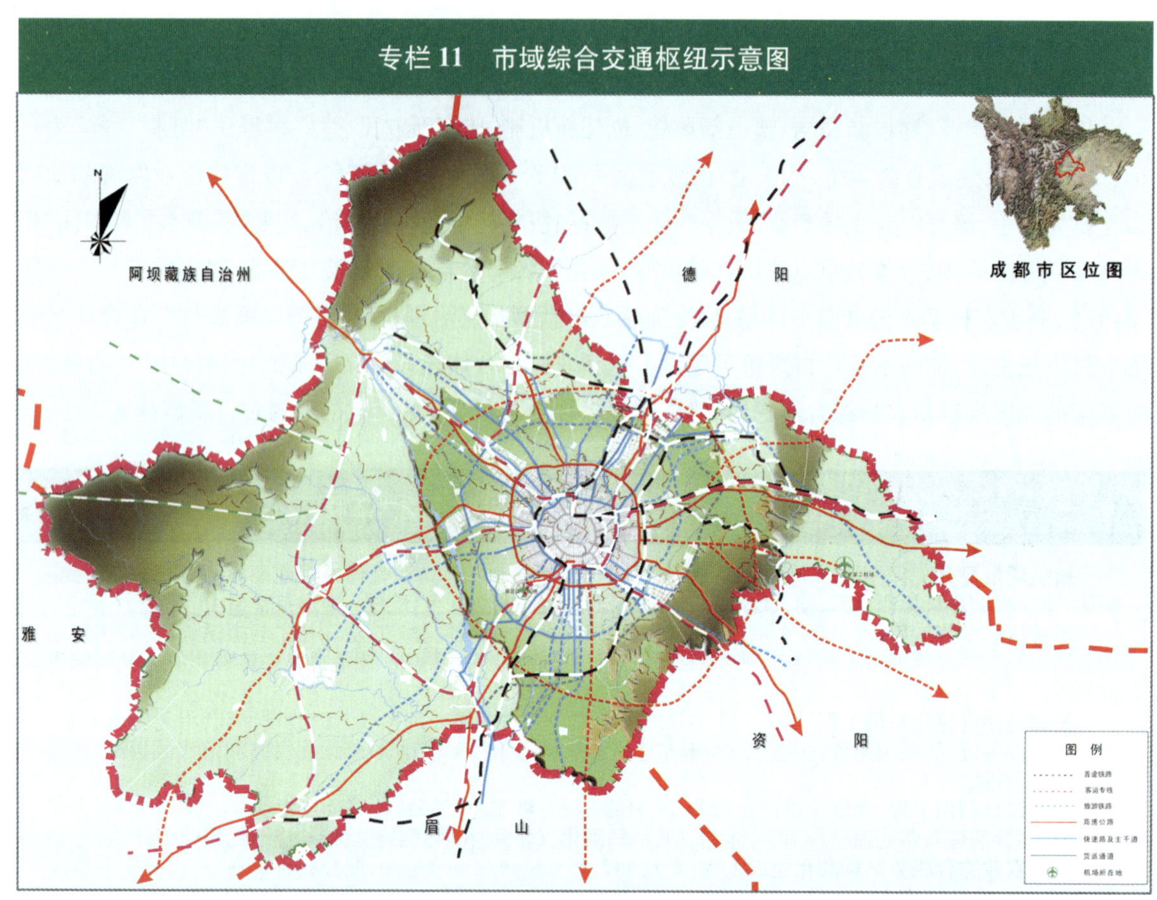

专栏 12 "十二五"时期市域立体综合交通体系重大工程

重点交通建设工程：建设地铁1、2、7号线和3、4号线一期、机场快线，以及成彭铁路、成蒲铁路、青白江至金堂铁路、成绵乐客专等服务成都市域公共交通出行的快速铁路。建设成新蒲、成简、成仁、大件路外绕线等市域快速通道。形成机场、沙河堡、火车北站3大综合客运枢纽。

绿道系统及慢行交通系统建设工程：构建"三环六线多网"的全市绿道网体系，建设二环路、三环路及23条主要放射性道路人行天桥和下穿隧道慢性交通设施，逐步形成连接区域、覆盖全域的绿道网络和构筑"以人为本"的慢行交通系统。

中心城区路网密度提升工程：建设三环路至四环路之间的"117"和"198"区域路网，新增骨干道路资源，在发挥既有城市路网基础设施承载能力的基础上，推进快速路网系统建设和重要节点立交化改造。

第二节 加强城乡一体的信息基础设施建设

大力推进城乡信息化、智能化基础设施建设，建设"智能城市"，信息化发展水平指数达到国内领先。优化提升网络质量，提高城乡宽带覆盖范围，建设无线城市。加快推进电信网、广播电视网和互联网三网融合。积极争取国家在成都市布局互联网绿色数据中心和云计算中心，努力发展第三方公共云计算服务平台。加快推进物联网先导应用示范，积极推进电网、交通、水利、供水等基础设施的数字化、网络化和智能化。完善人口、法人、自然资源和空间地理基础信息库，完善政务信息共享交换标准和机制，加大农业、科技、教育、文化、卫生、社会保障、宣传、法制等重点领域信息资源的公益性开发利用。统一数字身份认证，推进网络信任体系建设。完善应急指挥通信系统和公众通信网络设施，提升通信应急服务能力和抗毁能力。完善网络与信息安全协调指挥联动机制，提升信息网络安全防护技术手段，推进网络与信息安全等级保护、风险评估、应急响应等基础工作，加大存储与灾难备份等基础设施建设力度。

第三节　推进城乡市政公用设施一体化

坚持城乡统筹、适度超前、增量建设与存量改造并重，加快形成城乡共享的市政基础设施网络体系。完善城乡公建配套设施，提高城市供水能力，推进城乡供水一体化。加快排水管网、污水处理设施及垃圾处置场站建设，提高污水、垃圾收集和处理能力。加快输变电工程建设和电网改造，提高供电能力。改造和延伸天然气供气管网，形成环状加放射状的管网系统，抓好调峰用气，扩大用气区域，提高用气普及率。着力抓好消防、园林绿化、人防工程和应急避难场所等设施建设。

专栏13　“十二五”时期市政设施建设重大工程

四大新城市政设施建设工程：完善四大新城路网、立交桥、管网及附属设施工程和公共设施配套建设。

垃圾污水处理工程：成都市污水处理厂建设、成都市再生水利用工程建设、沙河污水处理厂、龙泉长安垃圾场三期工程、成都市餐厨垃圾处置场等。

水、电、气管网工程：新建自来水管网和配合道路改造工程、中心城区排水系统综合整治工程；实施成都“坚强智能电网工程”，随市政道路配套电网建设；对现有的天然气管网配套设施进行技改，对新建道路进行天然气同步配套建设。

风景园林工程：凤凰山片区、天回山片区、虎头山（磨盘山）片区和十陵风景区生态公园建设工程；北湖、犀湖建设和府南河南出口、江安河、东风渠、清水河两湖四河分类打造工程；人民公园等5个公园的开敞改造、16个市政公园建设、84个街头绿地及小游园建设等中心城区公园体系建设工程。

市政基础及配套工程：川陕路道路改造与片区市政基础及配套设施建设项目、成华东郊企业生活区危旧房改造惠民工程、东部新区市政基础及配套设施建设项目、南部新区起步区市政基础及配套设施建设项目、十陵景区基础设施建设项目等。

第四节　加强重点水利工程建设

加快优化水资源配置的重点工程建设，抓好李家岩水库、东风水库、东林寺水库等大中小型水库项目前期工作和开工建设工作，规划建设中心城区供水第二水源，推进龙门山、龙泉山水源工程建设，规划实施“百湖”工程。实施山丘区抗旱能力提升工程，在中远郊14个区（市）县利用三个水利年度重点抓好新建微水池、山坪塘整治、新建改建提灌站、石河堰整治。实施县域城乡居民饮水提升保障工程，在平原浅丘和条件具备的山丘区通过管网延伸工程，实现自来水到村组；在条件不具备的山丘区，建设蓄水设施和水处理设施，实现管网供水到分散农户，彻底解决城乡居民饮水问题。实施灌区改造提升工程，重点抓好大中型引水渠堰灌区改造、小型引水渠堰整治、水库灌区改造、提灌站灌区改造工程。加快新建、加固江河堤防建设，加强山洪灾害防治和城市排水设施建设，完善防灾减灾应急响应体系。

专栏14　“十二五”时期水利工程重大项目

山丘区抗旱能力提升工程、城乡居民饮水提升保障工程、灌区改造提升工程、成都市城市水源工程关口水库、成都市城市水源工程李家岩水库、锦江综合整治工程、重点中小河流防洪治理工程、小流域污水治理工程、湔江河谷水环境整治工程、198功能区西北片区安靖水环境调蓄输配工程等。

第五章　全面推进灾区振兴发展

巩固灾后重建三年任务两年基本完成成果，继续实施政策和投资倾斜，加强灾区基础设施建设，推进灾区环境保护和治理，不断加强民生改善，推动灾区产业振兴和发展。

第一节　改善灾区发展条件

深入推进灾区城镇体系建设，打造一批精品特色场镇。推动灾区基础设施配套完善，加快交通配套建设，提升灾区内外交通快速通行能力和交通设施现代化水平；加强灾区电力通道建设、天然气资源的开发和优化利用，加快能源配套建设；完善供排水设施，大力推进灌区续建和节水改造，加强水利基础设施配套建设。实施积极的就业帮扶政策，扶持就业容量大的产业发展，加强对口劳务合作，强化劳动力技能培训，加大就业援助力度，完善就业服务体系。着力抓好灾区扶贫帮困工程。加强精神家园建设，着力打造“三基地、一窗口”，生动展现社会主义制度优越性。

第二节　提升灾区可持续发展能力

做大做强特色优势产业，扶持特色农业发展，建设一批优质农产品基地；整合旅游、文化等特色资源，打造龙门山生态文化旅游区等具有灾区地域特色的旅游品牌；积极发展物流、商贸、金融等产业，推动灾区服务业提档升级。加快合作产业园区发展，支持对口支援产业合作园区和“飞地”园区建设，把承接产业转移与发展壮大特色优势产业结合起来，培育特色优势产业集群；深化与对口援建单位的交流合作，不断完善对口合作长效机制。

第三节　加强灾区生态环境治理与保护

人工修复和自然修复相结合，加快恢复灾区林草植被，保护生物多样性，加快实施自然保护区、重要水源地等重点地区的修复工程，恢复生态环境功能，加强灾区地质灾害和次生灾害防治，特别是按流域进行泥石流沟治理，坚持综合治理、避让搬迁与生态移民相结合，进一步加强防灾减灾体系建设。

第三篇　加快构建现代产业体系

加快产业结构调整，抢占高端产业发展制高点，推动重点产业高端化，大力发展战略性新兴产业，逐步建立起以现代服务业和总部经济为核心、以高新技术产业为先导、以强大的现代制造业和现代农业为基础的市域现代产业体系。到 2015 年，三次产业结构优化为 3∶45∶52，培育一批产值上 100 亿元的大企业和上 500 亿元、1000 亿元的产业集群，建成 5 个以上产值上千亿元的产业园区，成都高新区建设成为国际一流园区，成都经济技术开发区建设成为国家新型工业化产业示范基地。

第一章　推进战略功能区建设

以“西部第一、全国一流”为目标，以市级和区（市）县级战略功能区作为成都市战略性产业功能的空间载体，推动“天府新区”规划建设，创新开发建设模式，建立健全管理体制和推进机制，推动高端产业集聚发展。

第一节　推进市域战略功能区建设

加快推进天府新城、金融总部商务区、东部新城文化创意产业综合功能区、北部新城现代商贸综合功能区、西部新城现代服务业综合功能区、国际航空枢纽综合功能区、交通枢纽和现代物流功能区、“198”生态及现代服务业综合功能区建设，精心打造“成都服务”品牌，建设服务西部、面向全国、走向世界的现代服务业基地。积极推进龙门山、龙泉山生态旅游综合功能区等建设，精心打造

专栏 15　市级战略功能区规划示意图

国家级旅游度假区和世界旅游知名品牌,建设国际旅游城市。大力推进高新技术、汽车、新能源、新材料、石化产业功能区建设,努力建设全国一流的高新技术产业基地、先进制造业基地和新兴产业基地。按照区(市)县错位发展的要求,确定区(市)县级战略功能区,以区(市)县为主体,自主配置资源、自主管理、自主发展。

专栏 16 区(市)县级战略功能区

行政区	区(市)县级战略功能区
锦江区	中央商业区(东区)、以传媒为主的文化创意产业区、以工业设计为主的总部经济区、东大街金融产业聚集区
青羊区	中央商业区(西区)、航空产业基地、以文博为主的文化创业产业区
金牛区	以综合交通为主的总部经济区、以技术服务为主的专业技术服务区、火车北站客运枢纽综合功能区、现代商贸聚集区
武侯区	人民南路科技商务区、以轻工设计、电子信息服务为主的总部经济区、城市商业物流配送中心
成华区	以数字音乐为重点的文化创意产业区、以机电设备研发及相关生产性服务业为主的总部经济区
龙泉驿区	西部农产品(果蔬)物流中心、西南公路物流枢纽(东区)、再生资源循环经济产业园区
青白江区	建材冶金产业区、现代物流商贸产业区、高性能纤维及复合材料产业区
新都区	西部机电装备制造工业区、成都全球家居建材 CBD、西部公路物流枢纽(北区)、四川现代农机产业园区
温江区	国际医疗服务中心、生物医药产业区、食品饮料产业区、国家级体育产业基地、国家级乡村旅游示范区
都江堰市	聚源文化创意综合功能区、健康食品产业区、国家级乡村旅游示范区
彭州市	现代农业及农产品物流区、塑胶、服装产业区
邛崃市	农副食品加工、中成药产业区、精细化工产业区
崇州市	家具、制鞋产业区、消费类电子配套产业区、乡村旅游区
金堂县	节能环保产业区
双流县	国际体育赛事产业区、临空经济综合功能区、电子信息产业区、以动漫为主的文化创意产业区
郫县	电子电气设备产业区、川菜产业基地、教育培训基地、国家级乡村旅游示范区
大邑县	轻工产品与通用机械产业区、安仁文博旅游区
蒲江县	食品饮料产业区、印务包装产业区
新津县	临空经济综合功能区、水上运动休闲产业区、金融后台中心

第二节 规划建设"天府新区"

充分发挥和依托成都的核心影响力,创新机制、拓展空间、聚集资源,高起点规划建设天府新区。加快建设新川创新科技园,大力发展高端服务业、高技术产业、现代制造业,完善金融、商贸、物流等综合服务功能,加快发展总部经济,优化人居环境,建设宜业宜商宜居的国际现代化新城,力争再造一个"产业成都"。

第二章　优先发展现代服务业

加快发展现代物流业、商务服务业、文化创意产业、会展产业等先导服务业，加快提升金融业、商贸业、旅游业等支柱服务业，加快培育电子商务、服务外包、数字新媒体、健康产业等新兴服务业，构建可持续发展的国际化、专业化、集约化、均衡化的服务业体系；积极推进服务业综合改革试点，努力建设全国服务业区域中心和改革创新示范区，建成服务西部、面向全国、走向世界的现代服务业基地。

第一节　加快发展先导服务业

加快发展现代物流业。引进境内外知名第三方和第四方物流企业建立区域性总部和后台服务中心、结算中心、管理运营中心等功能性总部，加快"物联网"科技研发和普及应用，全面提升现代物流产业能级。加强成都国际航空物流园区、成都国际集装箱物流园区、青白江散货物流园区、新津物流园区和保税物流中心、双流物流中心、龙泉物流中心、新都物流中心建设，建成全球物流网络中的重要节点、西部地区城际分拨和城市配送物流中心。

加快发展商务服务业。重点发展会计、审计、资产评估、法律事务等专业服务，推进公共关系、商业咨询、市场调查和包装策划等领域加快发展。引进和培育人力资源咨询、市场开拓与销售咨询、公司与组织发展咨询、产品和营运管理咨询等服务机构。着力引进国内外大公司、大企业集团总部、区域性总部及销售、研发、投资、结算等功能性中心，努力打造以商贸流通、商务办公、金融服务、旅游休闲、文化传播、创意设计、总部经济等为特色的楼宇经济群。

加快发展文化创意产业。以传媒、文博旅游、创意设计、演艺娱乐、文学与艺术品原创、动漫游戏、出版发行七大行业为重点，以重大项目带动产业聚集发展。重点推进东部新城文化创意产业综合功能区和区（市）县文化创意产业园区基地建设，汇聚文化创意企业，完善和延伸产业链，培育功能性产业集群，建设"西部第一、国内领先"的文化创意产业标杆城市。

建设中国会展之都。建立专业化会展运作机制，提高会展企业竞争力，完善会展软硬件设施。创办体现成都城市地位、城市特色、城市发展趋势的高端论坛，积极申办国际高端会议，建设国际会议目的地城市。培育和引进具有较大影响力的品牌专业展览和消费品展览，建设展会品牌集聚区。创新节庆主题和内容，打造西部休闲节庆品牌。

专栏 17 “十二五”时期物流业空间布局示意图

成都国际集装箱物流园区
Chengdu Intl Containers Logistics Park
货运大道
成都新都物流中心
Xindu Logistics Center
W1线
成都青白江物流园区
Chengdu Qingbaijang Logistics Park
成都保税物流中心
Bonded Logistics Center
蜀龙路
成都航空物流园区
Chengdu Aviation Logistics Park
草金路
成洛路
红星路南延线
成龙路
成都双流物流中心
Shuangliu Logistics Center
成都龙泉物流中心
Longquan Logistics Center
元华路
人民南路南延线
S1线
成新大件路
成都新津物流园区
Xinjin Logistics Park

第二节 加快提升支柱服务业

加快提升金融业。巩固壮大银行、证券、期货、保险等传统金融行业。大力发展新兴金融业,引进和培育股权投资基金、新型农村金融机构、融资性担保机构、财务公司、金融租赁机构等新兴金融服务机构。加快发展金融外包服务、金融中介服务、金融教育培训等金融配套产业。着力培育发展地方法人金融企业。

加快提升商贸业。加快推进中心城区服务业结构战略调整,强化商贸高端服务功能,建设国际大宗商品交易中心,增强区域辐射能力。大力发展连锁经营、电子商务和物流配送等现代流通方式,推动零售业高端化发展,引进国际国内高端品牌旗舰店和专卖店,引导大型商业综合体向主力商圈和城市副中心集聚发展,形成一批主力新商圈,建成一批精品特色商业街区,建设西部时尚购物天堂。提升餐饮业发展水平,建设满足多元美食消费需求的现代化国际美食之都。统筹城乡商贸发展,加快构建覆盖县、镇、村(社区)三级的生活消费品、农产品、农业生产资料和信息服务等商贸流通网络,实现城乡市场同发展、共繁荣。

建设国际旅游城市。深化旅游综合配套改革试点,促进旅游与一二三产业融合,实现旅游业可持续发展。构建成都平原文化旅游功能区、龙门山国际山地度假旅游功能区、龙泉山田园休闲旅游功能区。完善旅游产业链,全面提升旅行社、宾馆饭店、景区景点、旅游商店的服务质量,建设具有国际水准的旅游服务体系。强化国际旅游营销,搭建"最佳旅游联盟",建立多层面的营销体系,巩固和拓展国内外旅游市场,实现旅游产业年总收入突破千亿元,将成都打造成为世界遗产旅游标杆城市、中国乡村旅游典范城市、国际山地旅游知名城市、世界美食旅游名牌城市。

促进房地产业健康发展。有序发展房地产开发经营、物业管理、房地产中介服务,加强房地产市场调控,建立健全住房梯次消费和建设模式,合理调整住房供应结构,规范房地产市场秩序。

第三节 加快培育新兴服务业

加快发展电子商务。以做大做强第三方平台为重点,全面提升电子商务产业化水平。以电子商务普及推广为重点,突出制造业、农业、商贸流通业等重点领域普及应用,全面提升电子商务应用水平。以建设成都移动电子商务产业基地为重点,抢占移动电子商务发展制高点。加强支撑体系建设和政策保障,突出抓好基础设施、在线支付、诚信、标准和安全等体系建设,加快建成西部地区产业集中度最高、市场辐射力最强的电子商务城市,建成中国电子商务示范城市。

加快发展服务外包。以天府新城高新技术产业区为核心区域,以中心城区为特色区域,以温江、崇州、郫县、都江堰等为扩展区域,加快发展软件开发、通信研发、游戏动漫、数据中心、系统集成、呼叫中心、IT基础设施外包等,建成国际知名、中西部领先的服务外包中心城市。

加快发展数字新媒体产业。构建数字游戏动漫产业聚集区,重点发展核心技术攻关、原创内容研制、游戏动漫运营,打造公共服务平台。做大做强网络游戏,精心培育手机游戏和视频游戏,积极打造覆盖西部、辐射国内外市场的游戏运营中心。推动数字音乐、影视内容生产和数字出版发展,支持公共场所视频传媒和网络文学发展。鼓励网络动画和手机动画创作,发展手机电视、网络电视、户外视屏等广播电视新媒体。

加快发展健康产业。加快推进成都国际医学城建设，重点发展中医药产业、医疗康复业和健康管理业，发展第三方医学检测机构，搭建医学支持平台，推动健康产业信息化，举办健康展会节庆活动，形成具有国际竞争力和民族医药特色的健康产业聚集地，力争建成具有较强国际影响力的集医疗康复、养生保健、生物技术与健康旅游为一体的健康城市。

专栏18 “十二五”时期现代服务业重大工程

金融业重大工程：成都金融总部商务区项目等。
商贸业重大工程：成都国际商贸城项目、成都新客站城际商旅城项目、成都力宝村项目等。
现代物流业重大工程：成都航空物流园区及双流物流中心项目、成都国际集装箱物流园区项目、成都青白江（散货）物流园区项目、成都新津物流园区项目、成都新都物流中心项目、龙泉物流中心项目等。
文化创意产业重大工程：东部新城文化创意产业综合功能区等。
旅游“千亿产业”工程：龙门山生态旅游综合功能区的配套基础设施项目、龙泉山生态旅游综合功能区的配套基础设施项目、大青城山旅游区配套设施项目、都江堰市旅游基础设施及公共服务设施建设、国家非物质文化遗产博览园项目、成都大熊猫生态园四期项目、天府华侨城主体旅游区项目、西岭雪山山地运动度假区建设项目等。
数字新媒体产业重大工程：中国移动无线音乐基地扩容项目等。
电子商务产业重大工程：阿里巴巴西部基地、携程旅行网中西部总部、京东商城西部总部（含京东研究院）、电子科大服务外包与电子商务产业园、成都移动电子商务产业基地等。
服务外包重大工程：软通动力“西部软通总部基地”、马斯基信息处理成都公司项目、成都索贝数码科技股份公司项目等。
健康产业重大工程：成都国际医学城项目、金马国际体育城项目等。

第三章 大力发展高新技术产业

加快发展高新技术产业，抢占高端产业发展制高点，把成都市建设成为具有国际影响力的高新技术产业基地。到2015年，高新技术产业增加值占规模以上工业增加值比重提高到50%以上。

第一节 大力发展电子信息产业

加快推进国家软件产业基地（成都）和成都信息产业高技术产业基地建设。重点发展软件及信息服务、集成电路、光电产品、网络和通信设备（含计算机及外设）、航空电子、汽车电子、电子元器件、物联网等产业集群，着力引进光电显示产业和集成电路产业高端项目；积极推进物联网、下一代互联网、新一代宽带移动通信等新一代信息技术的应用和产业化，打造全国一流的电子信息产品制造基地和信息服务基地，建成中国软件名城。

第二节 大力发展生物医药产业

加快推进国家生物医药产业基地建设。重点发展生物医药、医用影像设备、生物医用材料及家用医疗仪器、化学高仿药、现代中药、功能性保健食品和化妆品及生物医药外包服务，巩固提升干细胞技术研究和应用在西部的领先地位，进一步巩固现代中药、血液生物制品、化学发光及基因芯片诊断技术在国内的研发和市场优势地位，加快高端医疗器械和设备的产业化进程，推进化学原料药技术升级，提高化学制剂药水平，积极延伸产业链，建设国内重要的生物医药创新中心、中西部制造中心和医药贸易中心，形成“西部领先、全国一流”的生物医药产业基地。

第三节　大力发展新能源产业

加快推进新能源产业功能区建设。重点发展太阳能、核能、风能、半导体照明、新能源汽车储能装置及关键生产设备等制造产业，积极培育太阳能晶硅、薄膜、光热、聚光等多种技术路线的龙头企业，大力引进新能源汽车整车及动力电池行业领先企业，加快壮大半导体照明产品及应用产业，进一步增强核能、风能产业配套能力，适度发展智能电网、生物质能产业，提升国家级硅材料工程技术中心、太阳能聚光应用工程技术中心、国家光伏产品质量监督检验中心等公共技术服务水平，打造新能源技术研发、系统集成与应用、关键零部件及生产设备制造产业高地。创新、开拓新能源示范应用领域，探索建立新能源标准体系，初步建成以成都（双流）新能源产业功能区为产业核心区、相关区县为产业配套区的成都新能源产业国家高技术产业千亿基地，形成“西部第一、全国一流、国际知名”的新能源产业集群。

第四节　大力发展新材料产业

加快推进新材料产业功能区建设。重点发展高性能纤维及复合材料、电子信息材料以及化工、新能源、生物医药等关键性、基础性和国家战略需要的新材料。建设新材料产学研合作平台、孵化平台和中试平台，加快新材料产业技术转化和应用，加强材料、工艺、装备的技术集成，注重新材料废料回收处理，实现节能环保可循环发展，打造特色鲜明、具有一定规模的国内重要的新材料产业基地。

专栏19　“十二五”时期高新技术产业重大项目

电子信息产业：富士康成都光电产业基地项目、德州仪器集成电路项目、仁宝笔记本电脑及消费类电子产品生产基地、戴尔公司笔记本电脑生产基地项目、联想生产基地及研发中心项目、联发科技嵌入式软件系统研发项目、虹视主动式（AM-OLED）项目、成都中光电液晶基板生产基地项目、中电科大飞航空电子系统项目、高新区华为软件研发基地项目等。

生物医药产业：神威药业医药产业园项目、科伦医药产业园项目、康弘生物基地项目、科伦国际软袋输液制造项目和卵磷脂生产项目、天府生命园项目、新荷花中药饮片生产基地项目、四川海蓉药业原厂扩产项目、成都高新区普什生物医学材料研发中心及生产基地项目、华西医院生物医药创新服务平台、创新药物综合研发平台项目等。

新能源产业：天威新能源西南产业园（三期）太阳能电池扩能项目、汉能控股双流太阳能光伏产业研发制造基地、中光电阿波罗碲化镉太阳能薄膜电池项目、中国军民两用核动力（非放）研发基地、中国工程物理研究院成都基地项目、旭双非晶硅薄膜太阳能电池生产线项目、瑞迪机械CPR1000核动力控制棒驱动机构项目等。

新能源汽车产业：成都瑞华特电动汽车生产基地和电动汽车检测中心项目、成都一汽等新能源客车西部生产基地项目、新能源汽车关键零部件生产项目、四川宝生新能源电池公司无钕稀土等镍氢动力电池项目、黄铭锂动力科技公司纳米磷酸铁锂离子电池正极材料项目、省有色冶金研究院大功率磷酸铁锂离子电池正极材料项目等。

新材料产业：巨石年产50万吨玻璃纤维新材料基地、中蓝晨光10000t/a芳纶Ⅱ项目、新力稀土新光源总部基地、天威四川硅业多晶硅（二期）扩产项目等。

航空航天产业：高端公务机项目、无人机项目、611所科研平台迁建、一航成飞民用飞机一期项目、成都艾特航空高新区制造基地项目等。

节能环保产业：成都·中国节能环保产业城、垃圾焚烧发电厂项目、南玻三期双流节能玻璃生产线项目、中昊西南化工研究院一期项目（工业废气综合利用成套技术与设备和污水处理成套技术与设备）等。

其他：中铁轨道交通高科技产业园项目、西南交大轨道交通国家实验室项目等。

第五节　大力发展航空航天产业

加快推进民用航空产业国家高技术产业基地建设。重点发展大型客机、支线飞机关键大型部件以及研制公务机、无人机等飞机整机，拓展飞机整机、航空发动机和直升机维修等领域；加快航天测控通信系统、卫星地面应用系统等研制。形成特色突出、创新能力强、拥有知名品牌和自主知识产权的成都航空航天产业集群，建成"国内一流、西部第一"的航空航天产业基地。

第六节　大力发展节能环保产业

重点发展具有自主知识产权的汽车尾气净化技术研发和产品生产，引进高效节能催化燃烧、光催化氧化等先进技术、污染处理设备和节能产品，在西部率先实现生物质能产业化，推行产品和工业区的生态化设计与改造，建立西部废弃电气电子产品和废旧汽车处置中心，构筑公共技术服务平台，实现节能环保产业集约、集群、跨越式发展，打造工业节能环保产业基地。

第四章　提升发展现代制造业

推动信息化与工业化的融合发展，加大结构调整力度，加强关键技术和先进工艺对传统制造业的高端化改造，推动汽车、食品、制鞋及箱包皮具、家具等优势产业以及石化、冶金建材等产业的细分行业向产业高端升级。

第一节　推动汽车产业高端化

以汽车产业综合功能区和成资工业开发区为载体，以新能源汽车和传统汽车高端化为重点，着力做大汽车制造规模，扎实推进汽车研发制造、贸易博览娱乐、生产生活服务全产业链一体化发展，成为全国汽车产业的重要制造城市。

第二节　推动石化产业高端化

重点推进四川石化基地 1000 万吨炼油和 80 万吨乙烯项目建设，加快建设高标准、规模化和一体化的大型石化产业园区和特色鲜明的石化深加工产业基地。规划建设好邛崃市羊安精细化工园区，做强做精细化工产业。在新津县新材料产业功能区大力发展化工新材料产品。

第三节　推动食品产业高端化

重点发展肉类深加工，加大肉类冷链产品发展。推动以郫县豆瓣、新繁泡菜为代表的川菜调味品和特色休闲食品的标准化、规模化生产。做强白酒、茶叶品牌，发展低焦油低烟碱含量的烟草产品。

第四节　推动制鞋、纺织服装及箱包皮具产业高端化

重点打造鞋业区域总部经济，发展中高档女鞋，提升"中国女鞋之都"品牌知名度，拓展中高档纺织服装和箱包皮具，巩固和提升成都女鞋制造业西部第一、全国领先地位，逐步占领国际高端鞋

业市场。

第五节 推动家具产业高端化

重点发展高端实木家具与高附加值板式家具，推进企业总部、研发设计、展览展示、贸易流通、生产制造为一体的产业集群发展，着力打造全国最大的板式家具产业基地和中国西部家具商贸中心。

第六节 推动冶金建材产业高端化

重点发展精品钢材、有色金属、高纤复材、超白超薄玻璃深加工等，促进产业链向高端环节延伸，打造优势冶金建材产业集群，全面推动产业结构调整升级。

专栏 20 “十二五”时期现代制造业高端化工程

汽车产业：一汽大众二期及扩能项目、一汽解放青岛汽车厂成都分厂技改扩能项目、中国重汽集团王牌商用车生产基地项目、一汽大众发动机项目、吉利—沃尔沃乘用车成都基地项目、成都大运汽车工业园项目、天合富奥安全气囊项目、成都银河汽配园项目等。

石化产业：中石油四川石化 80 万吨/年乙烯项目和 1000 万吨/年炼油项目、川化 20 万吨/年己二酸生产装置和 13 万吨/年己内酰胺生产装置及硫酸、硝酸等技术改造项目、鸿丰氯化钾等高端产品生产线项目等。

冶金建材产业：台玻年产 6 万吨电子级无碱纤维丝及布项目、攀成钢钒冶炼系统改造项目、中建材 2000 吨碳纤维项目、成都中光电玻璃基板项目、中材集团石英坩埚项目、航天及汽车玻璃项目、节能环保建材项目等。

食品产业：康师傅食品温江生产基地、水井坊产品开发基地、成都川渝中烟总部建设及烟草科技园区建设项目、诗仙太白酒生产基地建设项目、新希望乳业与乳制品生产安全保障模式及可追溯体系建设项目。

家具产业：香江集团全球家居 CBD、全友家私(三期)项目等。

专栏 21 “十二五”时期千亿产业园区

成都高新技术产业开发区、成都经济技术开发区、西南航空港经济技术开发区、成都北新经济开发区、彭州石化基地。

第五章 加快发展现代农业

大力发展都市型现代农业，努力推动成都农业向“一流的经营治理机制、一流的产业发展水平、一流的营销体系、一流的保障体系、一流的吸引人才机制”的目标迈进，建成“西部第一，全国领先”的现代农业基地和国家现代农业示范区。

第一节 优化农业生产力布局

优化农业功能布局。在市域西部“优化型发展区”的平原重点发展优质高效农业，在“两带生态及旅游发展区”的山区重点发展生态农业和乡村旅游经济，在“提升型发展区”的中心城区重点发展农业旅游和农业服务业，在市域东部的“扩展型发展区”的丘区重点发展特色农业。

优化农业空间布局。在城市近郊发展“插花式”、“镶嵌式”景观农业，在城市中郊发展规模化、标准化、精品化的优质高效农业,在城市远郊发展规模化、区域化、标准化优质高效农业和山地丘陵特色生态农业。

优化农业区域布局。拓展成都农业的发展空间,加大成渝、成德绵、成资遂、成眉乐、成雅阿农业和农村经济合作,把成都建设成为西部优势特色产业集中发展区、西部农产品加工、物流、交易和科技转化中心。

第二节 加快现代农业基地建设

建设现代农业优势特色产业基地。建成集中连片的粮油、蔬菜、花卉苗木、食用菌生产基地,加快发展标准化生猪、家禽养殖基地。推进龙门山和龙泉山优质茶叶、猕猴桃、冷水鱼、伏季水果、中药材标准化生产,在主要交通干线建设粮经产业综合示范带。

建设农业科技创新转化基地。加强农业创新中心、科技中心和农业企业总部基地建设,加快新品种新技术研发、引进、试验、示范和推广,着力抓好蔬菜、花卉苗木、伏季水果、茶叶、猕猴桃、生猪、水产、食用菌、粮油等产业的制种育苗和良种良繁。实施品牌战略,着力打造区域性高端农产品品牌。5 年内建成 30 个农业工程技术中心,30 个专家大院,建设 14 个工厂化制种育苗和良种繁育中心,建成年出口 1000 万公斤的杂交水稻种子生产基地,形成 50 万亩珍稀珍贵树种用材林基地,形成 20 个以上全国知名农产品品牌。

建设农产品加工基地。规划建设农产品加工研发中心和特色农产品加工园区,重点发展畜禽、中药材、蔬菜(含食用菌)、茶叶、水产品和林产品的精深加工。到 2015 年,农产品精深加工率达到 50% 以上。

建设现代农业物流基地。加快推进农产品物联网建设和冷链体系建设,加快发展以电子拍卖、电子交易、电子结算为主的农产品电子商务。建设完善彭州、龙泉驿、双流三大区域性农产品批发市场和成都中药材专业市场,配套建成 36 个产地批发市场,建成全域成都的农产品物联网。5 年内使成都成为全国重要的农产品信息交流中心、价格形成中心、物流配送中心和质量检测中心。

第三节 提高农业产业发展水平

加快现代农业园区建设。重点建设一批标准化、规模化、集约化、品牌化的现代农业示范园区,加快现有农产品生产、加工、物流园区基础设施配套建设,健全完善园区管理运行机制,促进企业入园和产业提档升级,发挥园区示范带动作用。到 2015 年,建成标准化、规模化的现代农业园区 50 个以上。

着力培育大型龙头企业。围绕高端产业和产业高端,扶持发展前景好、市场竞争力和带动农户能力强的龙头企业做大做强。支持和鼓励龙头企业以资本或品牌为纽带,进行跨区域、跨行业合作,扩能增效,拓展市场。5 年内培育年产值或销售收入 1 亿元以上的龙头企业 100 家,10 亿元以上的 30 家,100 亿元以上的 5 家;推动 5 家农业企业上市。

突出发展设施农业。鼓励发展智能温室、标准和简易大棚等农业设施。支持现代农业园区(基地)建设滴灌、喷灌等配套设施。加快设施农业专用品种和技术的研发、引进和推广。到 2015 年,全市设施农业面积达到 60 万亩以上。

大力发展有机农业。加快有机农业技术推广和有机农产品生产基地建设,着力建设完善从种子种苗到营销服务的有机农业产业链,引导和支持各类农业产业化龙头企业联结带动农户发展有机农产品生产。"十二五"时期,全市有机农产品生产基地发展到20万亩以上。

健全现代农业服务体系。在建立完善以基层农业综合服务站为主的农业公益性服务体系的基础上,着力推进以技术服务、劳务服务、信息服务为重点的社会化服务体系建设,形成完善以公共服务机构为依托、专业合作经济组织为基础、龙头企业为骨干、其他社会力量为补充,公益性服务和经营性服务相结合、专项服务和综合服务相协调的新型农业社会化服务体系。

专栏22 "十二五"时期现代农业重大工程

现代农业产业园示范工程:蒲江县国家猕猴桃基地、彭州市濛阳(国家)现代农业绿色蔬菜产业示范区建设、成都西部浅山区现代农业科技产业园区、中粮集团西南综合产业园等。

粮经高产高效示范工程:建设100万亩粮经复合高产高效示范基地、200万亩粮食作物高产示范基地和100万亩特色经济作物高产高效示范基地。

设施农业示范基地建设工程:建设以智能设施和标准设施为主的设施农业示范园6个,万亩以上的设施农业示范片10个,高端设施农业展示中心和工厂化种子种苗繁育中心7个。

粮经种子生产基地建设工程:建设8万亩水稻制种基地、3万亩脱毒马铃薯种薯生产基地、2万亩"双低"油菜制种基地、1万亩玉米机械化制种基地和1万亩食用菌、茶树、水果繁育基地。

有机农产品生产基地建设工程:建设蔬菜、水果、茶叶等农产品有机生产基地20万亩以上。

菜篮子生产工程:新建和改(扩)建生猪标准化规模养殖场(小区)1000个、年出栏生猪500万头以上,4个曾祖代(原种)种猪场,3个成都麻羊、金堂黑山羊保种选育基地,标准化改造100个禽蛋养殖场,建设冷水鱼规模养殖基地530亩,建设泥鳅、龙虾、高档观赏鱼等特色水产养殖规模化标准化园区6个、总面积5500亩以上,建设20座蔬菜水果气调保鲜库。

农产品质量安全追溯体系建设工程:构建由1个市级农产品安全监控管理信息平台,14个区市县农产品质量安全检测站,各乡镇片区农业综合服务站、主要农产品生产基地和农产品批发市场快速检测设施构成的市、县、乡三级农产品质量安全追溯体系。

农业物联网应用工程:搭建覆盖全市的生猪、蔬菜、农资物流3个农业物联网应用子平台。

特色农产品深加工基地建设工程:建设大邑青梅深加工基地、崇州枇杷茶深加工基地、都江堰雷竹笋深加工基地和猕猴桃果酒生产基地、金堂和龙泉驿紫薯深加工休闲食品基地、彭州獭兔肉制品深加工基地、邛崃猪肉制品深加工基地。

第四篇 建设内陆开放型经济战略高地

深入推进"两枢纽、三中心"建设,开展全方位、多层次区域合作,积极扩大对外贸易,全面提高对内对外开放水平,努力建设内陆开放型经济战略高地。"十二五"期间,实际利用外资年均增长25%以上,落户成都的世界500强企业达到210家以上,进出口总额年均增长15%。

第一章 建设国际性区域枢纽

完善公路枢纽、铁路枢纽和航空枢纽为主体、公铁航联运互通的综合交通枢纽功能,增强国际通信保障能力、区域干线传输能力、信息汇聚处理能力、信息安全支撑能力和应急通信适应能力,努力建设国际性区域综合交通和通信枢纽。

第一节　建设国际性区域综合交通枢纽

以建设国际区域性航空枢纽、铁路枢纽和公路枢纽为重点，形成以成都为中心、辐射中西部、连接国内外的综合交通运输体系，初步建成西部综合交通枢纽成都主枢纽。建成双流机场新航站楼并全面运行，规划建设成都新机场，开通直达美国、欧洲、南亚、西亚等多条国际航线，成为连接南亚、中亚、西亚的国际性区域航空枢纽。加快成昆铁路扩能改造、成雅铁路、成渝客专、成兰铁路等对外铁路通道建设，形成以成都东客站、成都站、大弯站、新津站等车站组成的铁路客货枢纽系统，实现成都经济区半小时交通圈、成渝经济区 1 小时交通圈，成都到贵阳、兰州、昆明、西安等周边省会城市 4 小时交通圈，成都到京津冀、长三角、珠三角三大经济圈 8 小时交通圈。建成成都第二绕城、成德绵、成德南、成安渝和成自泸等高速公路，启动成都大外环高速及第二机场高速建设前期工作，形成西部公路交通枢纽。

专栏 23　成都市对接南亚、中亚、西亚枢纽示意图

专栏 24　成都市西部综合交通枢纽示意图

专栏 25　"十二五"时期国际区域性综合交通枢纽建设重大工程

国际区域性航空枢纽建设工程：成都双流机场第二跑道及新航站楼建设项目，成都新机场项目。

西部铁路枢纽建设工程：成昆铁路扩能改造、成雅铁路、成渝客专、成兰铁路、成西客专、成贵客专、成都铁路枢纽"一所三段"项目等。

西部公路枢纽建设工程：成都第二绕城高速公路、成安渝高速公路、成自泸高速公路、成德绵高速公路、成德南高速公路等。

第二节　建设国际性区域通信枢纽

实施移动、联通国际直达数据专用通道建设和电信国际直达数据专用通道扩容工程，强化干线传输能力，提高汇聚西部、辐射全国、通达世界的国际通信能力。加速推进区域网络和基础通信设施建设，初步形成宽带、泛在、融合、安全的下一代信息网络。争取国家在成都部署国家大区级互联网直联点，打造国家级存储灾备基地，推进大型商用云计算中心建设，努力构建集科学计算、工程计算和密集数据运算为一体的高效能共享式计算架构。

专栏26 “十二五”时期国际区域性通信枢纽建设重大工程

西部网络交换项目南区交换枢纽、中国移动IDC、光域成都、灾备基地、云计算中心建设等。

第二章 建设国际性区域中心城市

加强商贸物流中心、金融中心和科技中心建设，大力发展总部经济，全面提升集聚辐射能力，建成带动西部地区协调发展、功能强大的国际性区域中心城市。

第一节 加强“三中心”建设

加强商贸物流中心建设。积极引进大型商贸企业参与中心商业区、主力商圈、北部新城现代商贸综合功能区等建设，大力发展电子商务、连锁经营等新型流通业态，加快培育贸易运营控制、交易服务、大宗商品价格发现、口岸集散等现代商贸功能，建成西部商贸中心。加快建设西部航空货运枢纽、铁路货运枢纽、公路货运枢纽，建设西部物流中心。

加强金融中心建设。以金融总部商务区和金融外包及后台服务中心集聚区为载体，深化金融改革，加快金融创新，壮大金融总量，建立健全金融市场体系，建设西部金融机构集聚中心、金融创新和市场交易中心、金融外包及后台服务中心。

加强科技中心建设。以建设创新型城市为抓手，以国家级高新科技产业园区为重点，深化“高科技成都”建设，构建以企业为主体、市场为导向、产学研有机结合的科技服务体系，全面提升自主创新能力、智力支撑能力、科技转化能力和科技资源聚合能力，增强科技辐射力。

第二节 大力发展总部经济

以人才国际化、资本国际化、市场开放化为重点，积极营造总部经济发展的良好环境。充分利用西博会、欧治会等国际化平台，积极引进世界500强和中国500强企业设立区域性总部和功能性总部。加快优势领域总部经济发展，突出抓好航空航天、重装设备、核工业、新能源、新材料、环保产业、金融、物流、电子商务、服务外包等优势产业总部集聚发展。加快形成“198”生态总部基地、天府新城和人南科技商务区等集群发展格局，形成法律、咨询、投资管理、会计服务等专业服务机构为主体的优良商务服务环境和高能级支撑保障体系，建设西部企业总部最多、产业能级最高、资源配置能力最强的总部基地。

第三章 加快成都经济区建设

坚持“平等互利、政府推动、市场主导、充分合作”的原则，积极推进成都经济区一体化建设。深化合作内容、拓展合作领域，完善双边和多边合作机制，促进区内资源、能源、产业、市场、科技、教育、文化等领域的全面合作，推进基础设施共建、公共服务和社会保障共享、环境共治、生态共保，启动成德绵同城化战略，提升成都经济区整体实力和综合竞争力，形成西部地区最具竞争力的区域增长极。

专栏 27　成都经济区

成都经济区包括成都、德阳、绵阳、眉山、雅安全市，以及资阳市雁江区、乐至县、简阳市，遂宁市船山区、大英县、射洪县，乐山市市中区、沙湾区、五通桥区、峨眉山市、夹江县，该区域面积占四川省面积的 16%，涉及省内八个城市，总人口约 3789 万。

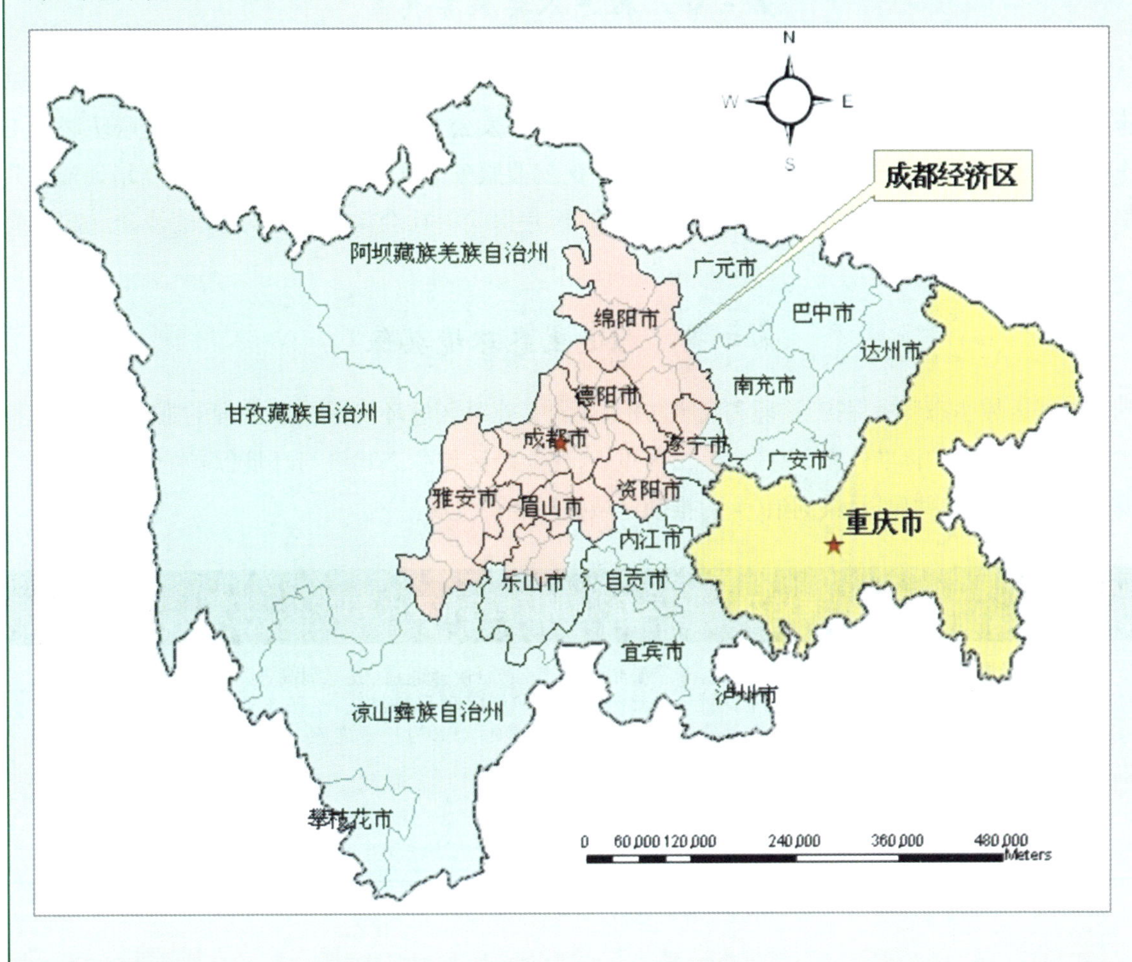

第一节　推进区域市场共融

逐步消除市场壁垒，统一市场规则，形成统一、开放的商品市场和要素市场。加强统一的信息平台建设，推动更大区域范围内企业信息资源共享。建立统一、开放的人力资源市场，促进劳动力合理流动。加快推进成（都）资（阳）、成（都）眉（山）、成（都）雅（安）、成（都）阿（坝）合作工业园区建设。加强区域金融合作，探索建立一体化的存取款体系、支付与资金结算体系、金融网络系统和信用保证体系。继续推进跨区域旅游合作，加快“两湖一山”等旅游资源的合作开发，全面建成无障碍旅游区。建立大区域物流体系。深化农业产业化合作基地建设。

第二节　推进基础设施共建

着力推进成绵乐客运专线等重大项目建设，加快成都第二绕城高速、成简快速通道、三岔湖旅游快速通道、成德绵高速公路、成眉快速通道等道路建设。积极推动区内基础设施的统一规划、同步建设、衔接协调，加快形成以轨道交通和高速公路为主的城市道路交通网，以公用通信为主的大区级区域通信网，以绿化带和江河湖泊优良水质为主构成的生态资源网，以文化体育场馆、展览馆、博物馆、科研院所（研发中心）及学校基础设施为主的科技教育和文化体育设施网。

第三节 推进公共服务共享

积极推动教育、医疗卫生、就业、社会保障、人才等社会事业公共服务领域的交流与合作。鼓励跨区域联合办学，共建科技研究中心。建立协同处理突发公共卫生事件和重大传染病联防联控工作机制，构建区域食品安全保障体系。建设统一的就业服务信息化管理平台，逐步建立培训资源共享、技能资质互认机制。推进统筹城乡养老保险、医疗保险等社会保障服务对接，逐步建立起政府公共服务的互惠制度。

第四节 推进生态环境共保

加强区域生态环境保护、治理和灾害防治，规划实施跨区域环境保护和治理的重大项目，逐步建立区域环境保护标准体系，以区域补偿为重点，建立跨区域生态建设与环境保护的长效机制，实现生态共建、环境共保、污染同治，大力推动区域循环经济发展。

专栏 28 "十二五"时期区域合作重大事项

基础设施共建：成绵乐城际铁路、三岔湖旅游快速通道、成简快速通道、成德绵高速等。
产业协调合作：成都·阿坝工业园项目、成都·眉山工业园区项目、成都·资阳工业园项目、成都·雅安工业园项目，"两湖一山"（龙泉湖、三岔湖、龙泉山）精品旅游项目，彭祖长寿之旅、古镇风情之旅等旅游精品线路，金融"同城化"工程等。
公共服务共享：劳动力供求信息共享、医疗卫生检查结果互认互通、医疗保险双定互认、养老保险无障碍接续、环境齐治、计划生育共管等。
市场环境共治：企业征信体系共享、质量监管标准统一、城管执法联动互助等。

第四章 加强多层次区域合作

积极推进成渝经济区建设，强化成都与西部省区及长三角、珠三角、京津冀等发达地区的区域合作，进一步扩大国际经贸往来和科技文化交流，进一步巩固提升成都西部中心城市地位，增强区域辐射带动作用。

第一节 推进成渝经济区建设

贯彻落实国家成渝经济区区域开发战略的总体部署，发挥核心城市的辐射带动作用，加强与重庆的协作与联系，优化城市功能，成为带动成渝经济区发展的引擎和对外开放的门户，合力将成渝经济区建设成为西部地区经济增长极、我国内陆开放示范区、全国统筹城乡发展先行区、国家生态安全保障区和国家重要的现代产业基地。

增强发展极核的辐射带动作用，重点发展成绵乐、成内渝、成遂渝发展带，加强与周边地区的联系，促进区域内协调发展。加强高技术产业、先进制造业、国防科技工业、现代服务业和特色农业等领域的交流合作,逐步形成区域内合理的产业分工互补体系。加强重大基础设施一体化建设进程。以改善民生为重点加快社会事业领域的合作发展。

专栏 29 成渝经济区

成渝经济区包括四川成都、德阳、绵阳、眉山、资阳、遂宁、乐山、雅安、自贡、泸州、内江、南充、宜宾、达州、广安 15 个市以及重庆市的 31 个区县(自治县),区域面积 20.6 万平方公里,总人口约 10163 万。是我国重要的人口、城镇、产业聚集区,是引领西部地区加快发展、提升内陆开放水平、增强国家综合实力的重要支撑,在我国经济社会发展中具有重要的战略地位。

第二节 强化与中西部地区合作

重点加强与云南边贸和旅游经济合作以及与贵州资源开发与旅游合作,充分利用北海通道实现与广西区域合作升级,支持成兰新铁路建设,打通西南至欧洲新的欧亚大陆桥。积极参与支持西藏、新疆各方面的资源开发建设,加强与西藏、新疆合作打通南亚、西亚、中亚通道。全面加强与武汉、西安等中西部城市在产业、旅游、科技、文化等领域的合作。

第三节　加强与发达地区合作

加快发展海峡两岸科技产业开发园、台湾农村居民创业园，以吸引投资和进出口贸易为重点，加强与港澳台地区合作。全面加强与长三角地区在信息、金融等高端服务业方面的联合与协作，深化与上海在金融、产业、信息等方面的合作；继续推进与泛珠三角地区在产业、项目、产品等方面多层次实质性合作；积极开展与京津冀地区在科技、人才、信息交流等方面的合作。推进区域市场一体化进程，逐步实现资源要素的自由流动。

第五章　加强国际经济合作与交流

大力实施“走出去”战略，充分利用国内外两个市场、两种资源，加强国际区域经济合作与交流，推进成都加快融入世界经济产业体系。

第一节　加快成都企业全球化产业布局进程

抓住新兴市场国家开放市场和经济增长带来的发展机遇，推动现代农业、先进制造业优势企业进行全球化布局。重点支持优势企业建立国际生产体系，获取资源开发权、国际知名品牌和先进技术。支持服务业优势企业发展国际营销网络，逐步创立成都产品品牌。支持科技优势企业到境外科技资源密集地区设立研发中心，利用境外科技、智力资源，提高自主创新能力，开发具有自主知识产权的新技术、新产品。提升对外承包工程和劳务合作的层次，重点支持企业承揽交通水利、通信电力、航站港口等基础设施项目以及城市公共项目和石化、矿山等建设项目。

第二节　全面提升对外经济合作与交流水平

巩固与日本、韩国经济合作与交流，夯实欧美、东欧、俄罗斯等传统市场，统筹兼顾南亚、东南亚、中亚、西亚等新兴潜力市场的开拓，拓展与东盟国家的交流合作，加强与印度在软件和服务外包等方面的合作。重点加强与南亚区域合作交流，编制成都与南亚经济合作规划，搭建经贸合作促进平台，引导成都与南亚优势企业实施跨国生产和经营，把成都打造成为中国与南亚国家区域合作的重要战略枢纽和面向印度洋开放的战略基地。

第三节　加强国际区域经济合作载体建设

规划建设欧盟产业合作园区、新（加坡）（四）川创新科技园等经济贸易发展区，打造中国与其他国家开展经贸合作的重要载体和商品进入中国的桥头堡。组织成都及国内实力较强、有扩张能力的产业、企业到有条件的国家设立成都经济合作园、工业园、商品城等经贸合作区。

第六章　扩大对外贸易

扩大对外贸易规模，优化对外贸易结构，壮大对外贸易主体，营造对外贸易环境，提高外向型经济水平,促进对外贸易持续健康发展。

第一节　扩大对外贸易规模

鼓励各类企业开展进出口贸易。推动有进出口潜力的企业、实体进入外经贸领域,走向国际市场。积极培育进出口骨干力量,加大对重点骨干企业的扶持力度,切实落实各级鼓励、促进政策,引导企业发挥自身优势,加快发展。通过实施技术改造、加快新产品研发、加强业务培训与指导等措施,帮助更多的企业树立信心,增强后劲,扩大进出口规模。

努力融入国际产业分工体系。建立健全以出口退税为主体,以金融支持、信息服务等为支撑的出口政策服务体系。建立健全外贸摩擦应对机制,建立对外贸易保障和预警机制。加快成都口岸服务体系的建设,扩大综合保税区范围,积极推进大通关及电子口岸建设;推进成都与主要口岸之间快速转关通关合作,简化跨关区转关手续;加快口岸服务设施的建设。充分发挥成都高新综合保税区特殊监管区作用,加快申报设立成都高新综合保税区双流园区,加大产业转移承接力度,推动成都电子信息出口基地建设。

第二节　优化对外贸易结构

调整对外贸易结构。重点支持现代制造业、高新技术产业和特色优势农业等产品出口,注重扩大具有自主知识产权、自主品牌的本地产品出口。鼓励自主创新产品、高附加值产品出口。继续发展加工贸易,着重提高产业层次和加工深度。优化出口市场结构,拓宽现有出口渠道,积极开拓新兴市场,努力扩大对欧美、亚洲市场的出口。

大力推动服务贸易发展。制订服务贸易发展规划,拓展服务贸易渠道,巩固发展国际旅游、会展等服务贸易,加快发展通信、金融、技术、管理等资金技术密集型服务贸易。

大力支持先进技术的进口。鼓励进口先进技术设备和短缺资源,带动经济水平的提高和外贸出口的发展。有针对性地鼓励对本土薄弱技术的进口,鼓励进口企业、科研机构尽快掌握进口技术。注重对贸易方式的调控,在发展加工贸易的同时,淘汰落后产能,选择附加值较高的加工产业。积极引导和鼓励自主创新企业走出国门寻找市场。

第三节　营造对外贸易环境

推动企业加强国际交流与联系。支持优势企业尤其是民营企业"走出去",在全球范围内更合理地配置资源,与境外企业、实体互利合作共同发展。积极组织企业参加国内外会展活动,加大出口推销力度。努力为企业疏通渠道,做好部门间的协调工作,为企业提供便利化条件。加强对国际市场动态性研究,为企业尽可能地提供更多、更准确的资讯服务,为企业及时调整出口商品结构和开发新兴市场提供帮助。支持企业对自主品牌和知识产权的国际申请、注册和获取国际标准认证。加强与外贸相关的知识产权保护工作,打击侵权行为,保护企业的知识产权利益。

第七章　优化对外开放环境

积极适应对外开放新形势,营造良好的对外开放环境,提升国际投资开放度,广泛开展国际交流，提高成都在国际层面的知名度和影响力，切实提高国际化程度。

第一节 提升国际投资吸引力

清理涉及外商投资的审批事项，调整审批内容，优化审批程序，改进审批方式，营造良好的外商投资环境。精心办好有影响力的各类国际活动，加强对国际组织、外国驻蓉外交、新闻、商务等机构的服务和管理工作。积极开展民间外事活动，重视国际友好城市关系的建立和维护。积极吸引更多国际组织在成都落户或设立办事机构。鼓励国际组织在成都举办有国际影响力的国际高端会议、展览、文化艺术、体育等活动。创造国际化的生活和服务条件，提高教育、医疗、居住、语言、法律、会计、金融以及出入境等服务的便利化、国际化程度。进一步巩固和提高成都“中国内陆投资环境标杆城市”地位。

第二节 提升国际投资开放度

全力打造吸引高端重大产业项目的承载平台，努力形成配套完善、政策优惠和服务高效的新优势。加强对利用外资的产业和区域投向引导，引导外资投向现代服务业、高新技术产业、现代制造业、现代农业等领域，鼓励支持跨国公司在蓉设立地区总部、研发中心、采购中心、财务管理中心等各种功能性机构。着力提升投资服务质量和水平，研究制定更具比较优势的投资促进优惠政策，努力营造优势投资环境。强化产业链招商和专业化招商，推动本地企业与外资产业链的衔接，打造分工明确、优势突出、配套完善的产业集群。

第三节 加大宣传和营销力度

大力实施全方位的城市营销战略，加强对外宣传，在世界范围内树立良好的城市形象，形成较高的知名度、深远的影响力、独特的吸引力以及强大的亲和力。整合政府各部门、社会团体和专业机构的资源和力量，建立完善城市营销工作机制。建设专业化的营销队伍，统筹整合城市形象、旅游推广、投资促进、文化交流、人居环境、节会活动等领域的资源和诉求，通过新闻宣传、文化交流活动、政府公关、高端论坛、广播电影电视、旅游促销等形式，加强宣传力度。

第五篇 加快建设国家创新型城市

以优先发展教育事业、构建区域创新体系、实施人才强市战略为着力点，大力推进国家创新型城市建设，促使经济发展方式由资源驱动向创新驱动转变，实现创业环境中西部领先。

第一章 优先发展教育事业

深入推进统筹城乡教育综合改革试验区建设，加快教育均衡化、现代化和国际化进程，建立健全充满活力的教育体制机制，在中西部地区率先基本实现教育现代化。到2015年，形成体系完整、布局合理、结构优化的现代教育体系，学前三年入园率达98%，义务教育阶段巩固率达99%，高中阶段毛入学率达96%，实现免费中等职业教育，高等教育毛入学率达50%，新增劳动力平均受教育年限达到14年。

第一节　坚持教育优先发展战略

保障教育经费投入。强化政府教育保障责任，加大财政对教育的投入，完善学前教育和义务教育经费保障机制，建立规范透明的义务教育经费财政转移支付制度。

促进各级各类教育健康协调发展。大力发展公益性幼儿园，不断提高学前教育质量；深化统筹城乡教育的体制机制改革，推进义务教育高水平均衡发展；推进普通高中课程改革，形成多样化、特色化的普通高中发展格局；大力推进职教攻坚，构建布局结构合理、专业门类齐全、中高职相衔接的现代职业教育体系；加快成都大学等市属高校建设，整合在蓉高校资源；大力发展社区教育，打造终身教育网络，健全全民学习的终身教育体系；鼓励社会资本兴办教育，促进民办教育健康优质发展。

第二节　深入推进教育均衡化

优化城乡学校布局，逐步形成城乡均衡、规模适度、效益较高的布点格局。加大对薄弱学校、农村学校的倾斜力度，均衡配置区（市）县域内教育资源。完善“县管校用”教师交流机制，完善城乡校长互派、教师交流机制。进一步完善教育集团的管理和运行机制，发挥优质学校的辐射、带动作用，多种途径扩大优质教育资源。完善小学升初中“就近入学”制度。完善普通高中招收制度，合理引导初中学校生源流向。加大资助力度，切实解决经济困难群体和外来人口子女上学问题。

第三节　全面推进教育现代化

推进教育观念和管理现代化。全面实施素质教育，坚持德育为先、能力为重，尊重个性、全面发展。加强教育督导，改革教育质量和人才评价制度，建立和完善教育质量监测机制、素质教育监测公布制度和基础教育学能监测体系。建设现代学校制度，扩大学校办学自主权，引导社区和有关专业人士参与学校管理和监督，逐步形成学校依法办学、自主管理、民主监督、社会参与的格局。

大力提升教育信息化水平。加大市级专项经费投入，加快学校信息化终端设施普及，加强数字化教育教学建设，重点支持农村地区学校教育信息化基础建设和基本服务项目，构建全市统一的教育信息化管理应用平台。实施网络远程教育，完善资源共享机制，建立全面覆盖学历、非学历、职业教育、市民教育各个领域、开放灵活的教育资源公共服务体系和终身学习平台。

建设高素质教师队伍。加强职业理想和职业道德教育，制定中小学校教师队伍素质提升规划。实行教师准入制度，建立完善教师补充和退出机制，建立健全考评标准和机制。完善激励保障机制，依法保障教师待遇。完善成都市名师选拔培养、教师表彰奖励制度，建立优秀教师荣誉称号体系。

第四节　加快推进教育国际化

加强与国际组织的交流合作。引进国际优质教育资源，提高具有国（境）外学历、学习和工作经历的教师比例。推动国际学校办学质量的提升。引进和执行国际通用标准,参与国际认证,建立与国外院校相匹配或可衔接的评价体系。加强与海内外职业院校、培训机构和教育中介机构的合作,实施成都职业教育“走出去”战略。扩大教育对外交流,形成与经济社会和教育发展水平相适应的“多层次、宽领域”的教育对外开放新格局。

第二章 构建区域创新体系

以壮大创新主体、夯实创新基础、优化创新环境为着力点,构建区域创新体系。到2015年,研究与试验发展(R&D)经费支出占地区生产总值比重达到3%,每万人口发明专利拥有量达6件。

第一节 壮大创新主体

深入实施技术创新工程,引导和支持企业特别是大中型企业与科研院所、高校联合创建企业技术中心、工程技术研究中心、重点实验室、博士后工作站等,建成一批国家级和省级关键共性技术创新平台,培育和发展一批集研发、设计、制造于一体的创新型企业和高新技术企业,打造一批具有自主知识产权的高新技术产品和知名品牌。扶持中小企业和民营企业的技术创新活动,培育一批成长型科技企业。引导和支持创新要素向企业集聚,推进科技型企业兼并重组,培育一批有竞争优势的大公司和大集团。鼓励和支持地方企业与军工单位联合,组建民品科技企业和技术研发中心。支持企业加大研发投入,深化产业技术创新联盟建设,进一步完善以企业为主体、市场为导向、产学研紧密结合的技术创新体系。

第二节 夯实创新基础

加大政府对科技的投入,形成以政府投入为引导、企业投入为主体、金融信贷为支撑、风险投资为重要补充的多元化、多渠道、多层次的科技创新投融资体系。加强高新技术产业、战略性新兴产业、现代服务业、现代农业等重点产业的公共技术平台建设。积极推进对外科技交流与合作,吸引和聚集国内外先进技术。支持科研院所创新发展,深化校(院)地科技交流合作,探索完善合作交流机制,引导科教资源面向社会开放共享,协同参与解决区域科技创新重大问题。鼓励创办专业化科技服务机构,支持引进国内外著名的科技服务机构,重点培育一批技术转移、科技成果交易、科技评估、风险投资等科技中介服务机构。培育省级及以上工程技术研究中心和企业技术中心,支持企业、高校和科研机构创立国际、国家和地方标准,开展技术应用研究与示范。增强科技型企业孵化器孵化服务功能,进一步完善社会化、专业化和网络化的孵化服务体系,推动科技成果产业化。完善战略功能区科技创新综合配套服务,在战略功能区引导建设一批企业技术中心、工程技术研究中心、重点实验室和产业技术创新联盟。

第三节 优化创新环境

制定和落实激励技术创新的政策措施,鼓励原始创新、集成创新和引进消化吸收再创新,健全科技创新服务支撑体系。实施标准化战略,在产业发展、社会建设、城市管理等领域大力推进标准化工作。加强知识产权行政保护,加大知识产权司法保护力度,建立知识产权预警机制,建成国家知识产权示范城市。打造以市场观念、开放观念、创新观念和竞争观念为特色的价值体系,培育敢于冒险、勇于创新、宽容失败、追求成功的创新文化。实施全民科学素质行动,加强科学普及,深入开展"三下乡"等城乡科普工作,办好"成都科技节"等科技活动。

专栏 30 "十二五"时期建设国家创新型城市重大工程

技术创新平台建设工程:建设 48 个国家级技术创新平台,120 个省级及以上企业技术中心,其中国家级企业技术中心达到 15 个,科技企业孵化器面积达到 180 万平方米。

科技公共服务平台建设工程:大型科学仪器设备共享平台、科技信息情报共享平台、科技战略决策咨询服务平台、产业技术创新联盟、科技金融服务平台、区域技术市场交易平台。

知识产权能力提升工程:加强知识产权制度建设,促进知识产权创造与应用,完善知识产权服务体系,强化知识产权保护。

第三章 大力实施人才强市战略

坚持"服务发展、人才优先、以用为本、创新机制、高端引领、整体开发"的人才发展方针,以高层次人才和高技能人才队伍建设为重点,以重要人才工程为抓手,统筹推进各类人才队伍建设,打破常规引进人才,加快建设人才强市,建设中西部人才高地。到 2015 年,全市人才资源总量达到 303 万人,高技能人才占技能劳动者比例、主要劳动年龄人口受过高等教育的比例分别达到 33.5%、24%,每万人劳动力中研发人员数量达到 78 人,人力资本投资占国内生产总值比例达到 14.5%,人才贡献率达到 27.6%。

第一节 加快重点人才队伍建设

以高层次创新型人才为重点,培养和引进一批掌握科技前沿技术、能够突破关键技术、带动新兴学科和新兴产业发展、具有国际国内领先水平的高层次研发人才、创新创业人才和学科带头人,主动培养一线创新人才和青年科技人才,壮大高新技术产业、现代服务业、现代制造业、现代农业和战略性新兴产业人才队伍。

第二节 统筹各类人才开发

加强党政人才队伍建设。坚持德才兼备、以德为先的用人标准,坚持民主、公开、竞争、择优的改革方针,树立正确的用人导向。扩大干部工作民主,加大竞争性选拔干部力度,拓宽用人渠道,提高干部工作科学化水平。开展大规模干部教育培训,构建理论教育、知识教育、党性教育和实践锻炼的干部培养教育体系。改善干部队伍结构,提升干部队伍素质。

加强企业经营管理人才队伍建设。加快推进企业经营管理人才职业化、市场化、专业化和国际化进程,培养一支具有全球经营战略眼光、市场开拓能力、管理创新能力和社会责任感的优秀企业家和企业经营管理人才队伍。加强培训,实施企业经营管理人才素质提升工程。完善以市场和出资人认可为核心的企业经营管理人才评价机制,建立社会化的职业经理人资质评价制度。实施大企业、大集团人才战略,培养引进优秀企业家和企业发展需要的高层次人才。

加强专业技术人才队伍建设。实施专业技术人才知识更新工程，构建分层分类的专业技术人才继续教育体系，扩大专业技术人才队伍培养规模，提高专业技术人才国际化水平。建立科学、分类、动态、面向全社会专业技术人员的职称体系。改进专业技术人才收入分配等激励办法，改善基层专业技术人才工作生活条件，拓展职业发展空间。完善市政府津贴和有突出贡献的优秀专家选拔制度。充分发挥离退休专业技术人才作用。

加强技能人才队伍建设。以提升职业素质和职能技能为核心，以高级技师、技师和高级技工为重点，建设一支技术水平高、革新能力强的技能人才队伍。实施以企业为主体、职业院校为基础、政府推动和社会支持相结合的高技能人才培养工程，形成高技能人才培养网络。打造一批国内一流、国际知名的高技能品牌赛事，聚集人才。鼓励企业实行首席技师制度、建立技能大师工作室、高技能人才创新工作室等方式培养高技能人才。深化技工院校办学体制改革，建立一批国家级、省级重点技工院校和示范院校。

加强农村实用人才队伍建设。以提高科学素质、职业技能和经营能力为核心，着力打造农村实用人才队伍。抓好农村生产经营管理人才、农业技能人才和能工巧匠、种养殖能手为主体的农村人才开发。抓好大学生志愿者队伍建设。建立以市场需求定培训机构、定培训项目、定培训对象的农村实用人才培训机制。积极扶持农村实用人才创业兴业。到 2015 年，农村实用人才总量达到 50 万人。

加强社会工作人才队伍建设。加强社会工作人才教育培养，提高社会工作队伍职业化、专业化水平。大力开发社会工作岗位，发展志愿者队伍，推动建立高校社会工作专业实习基地。建立健全社会工作人才评价制度。出台扶持社会工作人才队伍建设的相关政策。到 2015 年，专业社会工作人才数量达到 1 万人。

第三节　创新人才开发机制

加快人才的培养和引进。创新教育方式，突出培养学生科学精神、创新性思维和创新能力。加强实践培养，依托重大科研项目和重大工程、重点学科和重点科研基地、国际学术交流合作项目，培养具有国际视野、通晓国际规则，能参与国际交往和国际竞争的国际化人才。加大政府对人力资源开发投入力度，深入实施海内外高层次人才、高新技术人才、高技能人才、企业经营管理人才等重要人才培养引进工程，打破常规招纳人才。完善人才培养、引进、评价和激励机制，培育人才、吸引人才、留住人才、用好人才。

激发人才创新活力。探索知识、技术、管理等生产要素参与分配的具体形式，鼓励有条件的单位实行期权、股权激励和年薪制等多种薪酬方式，激发人才创业活力。加大人力资源市场、技术交易市场和风险投资市场的建设力度。

专栏 31　“十二五”时期重要人才工程

党政人才队伍优化工程、海内外高层次人才培养引进计划、高科技人才培养引进计划、高技能人才培养引进计划、企业经营管理人才素质提升工程、专业技术人才知识更新工程、文化名家百人工程、高素质教育人才培养工程、全民健康卫生人才保障工程、现代农业人才支撑计划。

第六篇　推进和谐社会建设

以保障和改善民生为根本出发点和落脚点，努力解决人民群众最关心、最直接、最现实的利益问题，推进城乡社会事业均衡发展，加强和创新社会管理，促进社会公平和公共服务能力提升，深入推进和谐社会和幸福成都建设。

第一章　提升就业、收入和社会保障水平

积极扩大就业，合理调整收入分配关系，完善社会保障体系。到2015年，年度城镇登记失业率控制在4%以内，城乡居民医疗保险参保率不低于98%，城乡居民养老保险参保率不低于90%。

第一节　积极扩大就业

坚持“就业优先”战略。深入推进城乡统筹就业，积极促进高校毕业生、农村剩余劳动力和困难群体就业。继续实施积极的就业促进政策，完善就业促进体系和工作机制，支持自主创业、自谋职业，优化创业环境，鼓励以创业带动就业，加强对创业的服务和支持力度。积极发展就业容量大的中小企业、微型企业、劳动密集型企业和服务型企业，为城乡居民提供更多就业岗位。促进农村富余劳动力向城镇和二三产业转移，加速农民工向新型产业工人转化。

健全公共就业服务体系。整合资源，建设城乡统一的人力资源市场。加快基层就业服务平台和信息网络建设，加强公共就业服务基本信息收集、汇总和发布。完善就业实名制度，加强就业登记、失业登记等服务，为城乡劳动者免费提供就业信息、就业咨询、职业介绍、劳动仲裁、基本职业技能培训和技能鉴定，做好失业调控和就业促进工作。加强政府扶助、社会参与的职业技能培训，促进职业技能培训由数量型向质量型转变，提升就业质量和就业层次，提高就业稳定性。加强就业服务机构和人才队伍建设。

健全就业援助制度。完善面向所有就业困难人员的就业援助制度，建立就业援助动态管理、动态服务工作机制，实现就业援助的制度化和长效化，动态消除“零就业家庭”。通过公益性岗位安置等多种途径，对就业困难人员实行优先扶持和重点帮助。消除就业歧视。

建立和谐劳动关系。以用工必签劳动合同和参加社会保险、增加一线职工工资、提高劳动报酬比重、改善劳动条件为重点，推进小企业完善劳动合同制度和依法参加社会保险，根治企业欠薪行为，深化和谐劳动关系创建工作，促进实现劳动者体面劳动。建立健全适应统筹城乡发展的就业和社会保障地方规章与制度体系，实现劳动保障监察“全覆盖、全动态、全过程”监管，切实维护劳动者合法权益。完善劳动争议调解仲裁工作体制机制，进一步提升劳动争议处理能力。

第二节　合理调整收入分配关系

提高居民收入在国民收入分配中的比重，提高劳动报酬在初次分配中的比重，扭转收入差距扩

大趋势。推进企业工资集体协商制度，形成企业普通职工工资增长机制。鼓励劳动者通过资本、技术、管理等要素参与分配，通过自主创业、技术创新等方式提高收入，逐步扩大中等收入者比重。完善个人收入申报制度和信息体系，加强个人收入税收征管。积极发挥税收、捐助等制度对社会收入和财富的调节功能。

切实增加农村居民收入。挖掘农业增收潜力，积极发展品种优良、特色明显、附加值高的优势农产品，延长农业产业链条，支持发展农业产业化经营，增加农村居民经营性收入。引导农村富余劳动力向非农产业和城镇有序转移，增加农村居民务工收入。明晰农村各类产权，打破农村产权流转中的制度障碍，增加农村居民财产性收入。加大财政对农村的转移支付力度，增加农民的转移性收入。

第三节　完善社会保障体系

提高社会保险参保覆盖率。进一步扩大城镇职工基本养老保险、基本医疗保险和失业、工伤、生育保险及城乡居民养老保险、医疗保险参保覆盖面。强化对非公有制经济组织社会保险的稽核工作，促进非公有制经济组织从业人员、灵活就业人员参加社会保险，实现“全域成都人人享有社会保障”的目标。进一步完善城乡统一的社会保险制度，加快推进非城镇户籍从业人员综合社会保险与城镇职工基本养老保险并轨与接续，实现城镇职工基本养老保险与城乡居民养老保险的合理衔接和顺畅转移。妥善解决宗教教职人员社会保障问题。

提升各项社会保障水平。建立社会保障待遇与物价上涨联动的长效机制。持续提高各项社会保险待遇水平，逐步缩小城镇职工基本养老保险与城乡居民养老保险之间的待遇差距。逐步提高财政对城乡居民医疗保险的补助标准，提升医保政策范围内的报销水平和最高支付限额，扩大基本医疗保险支付范围，提高工伤人员伤残津贴、医药费、生活护理费、抚恤金标准。完善最低生活保障制度，不断提高最低生活保障标准。建立最低工资标准、失业保险金标准、城乡居民最低生活保障标准与城乡经济社会发展水平相协调的机制，逐步缩小城乡居民社会保障水平的差距。加快基层社会保障公共服务平台和信息网络建设，建立全市统一的保险卡制度，提高社会保险的信息化水平，到2015年，社区和行政村社会保障服务站覆盖率达到100%。

完善社会救助体系。完善以最低生活保障为核心，以帮困助学、帮困助医、帮困助房三大救助为配套，以临时救助社会帮扶为补充的社会救助体系。建立最低生活保障标准随经济发展及时调整的自然增长机制，城乡居民最低生活保障标准年均增长10%以上。实现社会救助事业与公共财政收入同步增长，不断提高社会救助标准。落实城乡“三无人员”供养政策，实施城乡统筹的医疗救助制度，完善灾害应急救助体系，建立健全临时救助制度。

增加保障性住房供给。建立统一的城乡住房保障体系，落实各级政府保障性住房保障责任，完善城镇廉租住房和经济适用房制度，积极推行公共租赁房、限价商品房等保障方式。有序推进城市旧住宅区、危旧房和非成套住宅改造，逐步改善城镇中低收入住房困难家庭的住房条件。

第二章　提高人口管理和服务水平

加强人口和计划生育工作，积极发展福利和老年事业，保障妇女儿童和残疾人权益，全面提高人口管理和服务水平。到2015年,年均人口自然增长率控制在4‰以内,户籍人口控制在1260万人以内。

第一节 加强人口和计划生育工作

切实加强人口宏观管理,稳定适度低生育水平,引导人口有序流动,促进人口合理分布。建立城乡统一的计划生育政策,推进人口计生基本公共服务均等化。深入实施“优生促进工程”,加大出生缺陷干预力度,提高出生人口素质和优生健康水平。创新人口计生服务管理体系,完善人口计生利益导向政策,提高投入保障水平。整合户籍、人口计生、民政、卫生等人口信息管理资源,建立统一的人口信息管理系统。推进“婚育新风进万家”活动,促进人口长期均衡发展。

第二节 积极发展福利和老年事业

完善以老年人、孤儿、残疾人为主的补缺型社会福利事业,加快发展面向社会公众的适度普惠性社会福利事业。加快社会福利社会化进程,采取多种形式支持和引导社会力量参与社会福利事业的建设和发展。全面完成县级综合社会福利中心建设,形成覆盖城乡、设施齐全、功能完善的公办社会福利网络。引入社会工作理念,提高专业化服务水平,鼓励开展社会互助和志愿者服务。加强慈善组织建设和宣传力度,创新募捐形式,打造“阳光”慈善系列救助品牌。建立以居家养老为基础、社区养老为依托、机构养老为补充的养老服务体系,加强公益性养老服务设施建设,鼓励支持社会力量兴办养老服务机构。拓展养老服务领域,实现养老服务从基本生活照料向医疗健康、精神慰藉、法律服务、紧急援助等方面延伸。增加社会老年活动场所和便利化设施。开发利用老年人力资源。

第三节 保障妇女儿童和残疾人权益

进一步健全和完善妇女儿童和残疾人利益诉求表达机制和回应机制,建立健全法律服务和法律援助体系,依法维护老年人、妇女、儿童、残疾人、低收入者等群体的合法权益。推动妇女儿童事业发展,编制并实施《成都妇女发展规划(2011～2020年)》和《成都儿童发展规划(2011～2020年)》,依法保障妇女平等获得教育、就业和参与社会事务管理的权利,依法保障儿童和青少年的生存权、发展权、受保护权和参与权。强化政府责任,动员社会支持,建立健全解决留守儿童问题的工作机制。积极推进救助管理站规范化建设,加强对未成年人、残疾人、老年人和困难人群的社会救助。着力改善残疾人教育、康复、就业和社会保障状况,加大对残疾人的就业技能培训力度,创造残疾人平等参与社会事务的条件。

第三章 提高人民群众健康水平

完善医疗卫生服务,积极发展体育事业,着力提高人民群众健康水平。到2015年,基本建立较为完善的覆盖城乡的基本医疗卫生制度,为所有城乡居民建立电子健康档案,构建信息化、规范化的全民健康管理体系,居民预期寿命提高到78.5岁。

第一节 完善医疗卫生服务

提升基层医疗卫生服务能力。财政投入重点转向基本医疗和基本公共卫生服务、社区和农村地区基层医疗服务，加强基层医疗卫生服务设施和内涵建设，支持基层医疗卫生服务机构改善装备水平，提升服务能力。加强以全科医生为重点的基层医疗卫生队伍建设，完善鼓励全科医生长期在基层服务政策，到2015年，每千人口全科医生数达到0.3人。加快形成首诊在乡镇卫生院和社区卫生服务机构的运行机制，完善基层医疗机构与专科医院、综合医院间的双向转诊制度。加强县级妇幼保健机构建设，到2015年，孕产妇死亡率控制在9/10万以下，婴儿死亡率控制在5‰以内。

加强公共卫生体系建设。优化区域卫生规划，推动卫生资源向公共卫生领域倾斜，形成布局合理、特色鲜明、定位明确、优势互补、信息共享的城乡公共卫生服务体系。加强卫生信息网络、疾病预防控制、应急处置和卫生监督、医疗救治及卫生人才等体系建设。实施健康城市计划，进一步拓宽健康教育和健康干预的渠道。强化艾滋病、血吸虫、结核、狂犬病等重大传染性疾病以及精神疾病、职业病的防治。严厉打击非法行医和非法药品生产交易行为。

深化医疗卫生体制改革。按照"需方福利化、供方市场化"的核心思路，扎实有序推进医疗保障制度建设、国家基本药物制度建设、基层医疗卫生服务体系建设、基本公共卫生服务均等化建设、公立医院改革等五项重点工作。鼓励社会力量发展医疗卫生事业，形成多元化办医格局，缓解人民群众"看病难、看病贵"问题，在全市范围内实现基本医疗卫生服务的公平化和均等化。

第二节 积极发展体育事业

大力开展全民健身运动，提高全民身体素质。加强公共体育基础设施建设和管理，基本实现每个社区和乡镇都有公共体育活动场地设施。有效促进体育设施面向全社会开放。做强竞技体育，培养一批竞技体育后备人才，做大做强一批竞技优势项目，打造一批体育人才培训基地和中心。大力推进体育产业发展，拓展体育消费领域，扩大居民体育消费。积极申办或配合申办高水平国际赛事、全国综合性运动会，培育有影响力的品牌赛事。

专栏32 "十二五"时期提高人民群众健康水平重大工程

医疗卫生服务工程：健康行动计划，卫生信息化工程，卫生人才素质提升计划，突发公共卫生事件卫生应急体系建设，县级综合医院、中医医院、疾病预防控制中心、妇幼保健院、卫生监督机构标准化、采供血机构标准化建设等。

体育事业发展繁荣工程：新建成都奥林匹克中心、体育设施免费开放等。

第四章 加强和创新社会管理

健全基层管理和服务体系，加强流动人口服务和管理，提高公共安全水平，进一步加强和创新社会管理。

第一节 健全基层管理和服务体系

按照健全党委领导、政府负责、社会协同、公众参与的社会管理新格局的要求，健全基层管理和服务体系，加强和改进基层党组织工作，充分发挥群众组织和社会组织作用，完善社区治理机制，发展基层民主，健全城乡一体的法律服务体系。加强新形势下群众工作，畅通和规范群众诉求表达、利益协调、权益保障渠道和机制，完善社会稳定风险评估机制，严格执行群众和信访工作逐级负责制，深化社会矛盾"大调解"工作，正确处理人民内部矛盾，努力把各种不稳定因素化解在基层和萌芽状态。

第二节　加强流动人口服务和管理

不断完善流动人口服务管理体系，加强资源整合，建立部门互动、区域互动、群众互动的综合治理机制。落实属地化管理、市民化服务，保障经费投入。强化街道、社区管理服务，落实企业法人和社区负责制，加强流动人口计划生育信息采集与交换。着力解决流动人口劳动就业、社会保障、子女教育、医疗卫生等问题。

第三节　提高公共安全水平

健全公共安全应急体系，建立涵盖自然灾害、事故灾难、突发性公共卫生和安全事件等多层面的防灾减灾与公共危机指挥系统、信息系统和监测预报、快速响应的保障机制，进一步完善各项应急预案，健全应急联动机制，推进应急管理规范化。高度重视安全生产和事故预防，深入开展安全生产执法监管工作，积极发展消防事业，加强人民防空工作，增强城市防空能力。加强国防、"双拥"知识教育，完善"双拥"协调沟通制度，确保成功创建新一轮"全国双拥模范城"。建立健全职业危害申报制度。加强现代社会治安防控体系建设，加强公共交通、公用设施、娱乐设施等公共场所的安全监管，强化治安管理信息化建设。建立健全食品、药品的防控体系，严格食品、药品认证和准入制度，切实加强质量安全监管。

第五章　加强民主政治建设

健全民主制度，加强法制建设，加快推进依法治市，强化公民立法参与和监督意识，形成巩固和发展民主团结、生动活泼、安定和谐的政治局面。

第一节　健全民主制度

坚持和完善人民代表大会制度、中国共产党领导的多党合作和政治协商制度，保证公民依法实行民主选举、民主决策、民主管理、民主监督。加强基层民主建设，坚持和完善政务公开、厂务公开、村务公开，保证公民依法行使选举权、知情权、参与权、监督权。尊重和保障人权，促进人权事业全面发展。探索建立民生诉求的表达、收集和处理机制，提高民生信息传达的及时性，增强政府解决民生问题的主动性。积极组织法治社区、乡镇建设，强化基层民主自治建设。

第二节　加强法制建设

加强地方立法工作，提高立法质量，建立健全公众参与的立法机制，加强保障科学发展和涉及广大群众切身利益方面的立法，拓宽广大群众参与立法的方式和渠道，建立健全立法听证会，进一步完善规范性文件的制定和备案制度。推行政务公开,建立和完善权责明确、行为规范、监督有效、保障有力的行政执法体制。建立健全行政执法责任制、过错责任追究制度和评议考核机制。通过形式多样的普法活动,着力提高群众法制意识。进一步完善司法救助和法律援助制度。

第七篇 推进资源节约型和环境友好型社会建设

坚持绿色发展原则,积极应对全球气候变化,大力节约资源,加强环境保护和生态建设,积极发展循环经济,构建低投入、高产出、低消耗、少排放、能循环、可持续的国民经济体系,强化经济社会发展的要素保障,进一步推进资源节约型和环境友好型社会的建设,实现人居环境领先中西部。

第一章 强化资源保障和节约利用

坚持开发节约并重、节约优先,创新资源节约利用机制,全面推进资源节约,强化资源对经济社会发展的保障作用。到2015年,耕地保有量保持在42.1万公顷,单位工业增加值用水量比“十一五”末降低30%,农业灌溉用水有效利用系数达到0.55,非化石能源占一次能源消费的比重不低于31%,单位生产总值能耗较2010年下降16%。

第一节 强化能源保障和节约利用

强化能源供应保障。做好电、气、油等专项能源发展规划,加强能源基础设施建设,满足经济社会发展需要并适度超前。做好电煤供应工作,保证火电平稳生产,解决枯水期电力供需矛盾。加强与中石油、中石化等能源企业的战略合作,形成天然气、成品油增量供应的长效机制。积极发展新能源,推进生物质能源利用。

加强能源需求侧管理。加快推进智能电网建设,优化电网资源配置。实施“有保有压”的天然气有序供应应急预案。探索天然气梯级定价、峰谷定价,逐步形成以市场为导向、促进能源节约的调控机制,优化能源消费结构。

全方位推进节能。加强高效节能技术应用,实施工业用电设备节电、能量系统优化节能、余热余压利用节能、燃煤工业锅炉窑炉节煤等工程,促进工业节能。加强全过程管理,提高建筑节能标准,妥善推进建筑节能改造,推广节能施工新技术,促进建筑节能。优化交通模式,大力发展公共交通,提升运输装备技术等级,加强道路运输组织管理,推进清洁能源和节能环保型车辆应用,促进交通节能。

第二节 强化土地资源保障和节约利用

优化完善市县乡土地利用规划。完善耕地保护机制,建设基本农田连片保护区,在全市范围内建立完善耕地动态巡查和长效监管机制,调动广大群众保护耕地的积极性。规范管理各类建设用地,清理和盘活建设用地存量,提高单位土地的投入强度和产出效率。严格执行工业项目投资强度与用地规划控制指标，科学规划开发利用旧城土地、未利用土地、低丘缓坡地。鼓励建设标准厂房，建立完善工业用地准入、租赁、退出、考核等方面机制，逐步实现土地资产利用和土地利用结构双优。建设地下交通、人防等公共设施系统，合理开发利用城市地下空间。

第三节　强化水资源保障和节约利用

优化水资源配置。完善城乡水务一体化管理体制。探讨建立水权配置和交易体制，逐步推动岷江流域水资源配置机制改革。依托重点工程建设，科学有序的对沱江流域水资源进行深入开发。严格控制以水能资源开发为目的的工程建设，将水资源开发的主要目标确立为生活用水、生态用水和环境用水。

全面推进节水型城市建设。以总量控制和定额管理为核心，基本建立城乡居民生活用水阶梯式水价制度和非居民用水超额累进加价制度。加强地表水和地下水管理，逐步推行水功能区数字化监管，解决水资源供需矛盾。实施节水改造、集雨节灌，推行喷、滴灌技术，推进农业节水。推动城乡再生水回用、城乡雨水收集利用，因地制宜推进城市水资源循环利用。抓好高耗水行业节水技术应用，推进工业节水。加大节水宣传力度，引导全社会形成良好的节水意识和行为。

第四节　创新资源节约利用机制

健全资源产权制度和有偿使用制度，完善资源节约、资源利用、消费引导等方面的配套法规建设，形成有利于资源节约的法制体系。综合运用产业、价格、财税和投资等行政和市场手段，建立促进资源节约和有效利用的市场体系。健全耗能产品的市场准入制度，建立新建项目的资源评价制度，深化和完善促进资源节约和有效利用的行政管理体系。

专栏 33　“十二五”时期能源保障重大项目

成品油项目：中石油成乐输油管线建设项目，中石油彭州石化基地 50 万立方米储备油库项目，壳牌龙泉 30 万立方米油库项目，中航油彭州至双流航空港并营输油管线项目等。

天然气项目：沿绕城高速外侧高压储气管线项目，市第一储配站和第三储配站技改工程项目，中石油四川佳源燃气有限责任公司新建南部新区配气站，新增中心城区南部进气点等。

电力项目：500kV 输变电项目 4 个，220kV 输变电站项目 35 个，110kV 输变电项目 139 个；国电成都金堂电厂二期 2×1000MW 扩建项目等。

第二章　加强环境保护和生态建设

全面推进城乡环境保护和生态建设，进一步完善城乡一体的污染治理机制，逐步建立生态补偿机制，加强城乡水、大气环境等综合整治，优化城乡人居环境。到 2015 年，环境空气质量达到国家二级标准，地表水出境断面水质达到功能区划标准，声环境质量按功能区全部达标，单位生产总值二氧化碳排放量较 2010 年下降 17%，主要污染物化学需氧量、氨氮、二氧化硫、氮氧化物排放在 2010 年基础上分别削减 8%、10%、8%、10%，森林覆盖率达到 38% 以上，森林蓄积量达到 2910 万立方米，建成国家生态市。

第一节 加强水环境保护

大力推进河湖水网修复。通过示范建设、整体规划、逐步推进，实施江安河、东风渠、清水河和锦江等河流再造综合整治工程，加快堤防岸线生态、亲水型改造。加快龙门山湔江河谷、岷江干流天然水生态廊道、黄龙溪水生态廊道、锦江下游河道生态湿地等重点河道生态整治工程的建设，兼顾水资源综合利用和生态需要，尽量保持河道自然形态，促进人水和谐。加快推进龙泉山、龙门山、“198”等功能区内生态湖泊和人工湿地的建设。统筹配置科学节约的生态环境用水，依托城市河道千年水网的修复，打造水文化特色街道、特色社区等历史传承着力点，创建优美宜居城乡水域环境。力争在“十二五”期间，新增河湖生态修复面积 11.2km^2，规划建设湿地 4 个，生态河道改造 62.4 公里，提高和发挥河流、湖泊、湿地的生态功能。

继续开展水环境综合整治。建立设施完备、运营科学的污水处理和循环系统。以乡镇污水处理厂及配套管网、50 户以上农村集中居住区污水处理设施、农户小型治污湿地建设为重点，统筹构建大中小微结合，多形态、多层次、多工艺的城乡污水处理设施体系。到 2015 年，实现 50 户以上农村集中居住区污水处理设施全覆盖。深入推进中水、灰水循环使用体系建设，实现中心城区排水系统在线监测和调控运行。城市饮用水源地水质达标率达到 95%，中心城区污水收集处理率达到 95%，县城污水收集处理率达到 85%，乡镇污水处理率达到 75%，农村污水处理设施覆盖率达到 45%，城市污水再生利用率达到 20%。

加强水土保持工作。以龙泉、长邱山脉丘陵区的水土流失治理为重点，大力控制人为因素产生的新的水土流失。加强对鞍子河、西岭雪山、青城山、云顶山、白水河等水源涵养区的保护，大力实施水土流失综合治理，完成 200km^2 治理任务。加强地震重灾区新增水土流失的监测和治理，保护物种的多样性及生态平衡。

第二节 加强大气环境保护

继续开展大气环境综合整治。对工业污染、扬尘污染和机动车污染进行重点综合整治，切实解决无组织排放与清洁能源改造两大难点。建立大气环境质量监测、预测、应急、控制平台，积极探索建设网格化可吸入颗粒物在线监测。

第三节 加强生态建设

严格保护生态重点保护区内水源涵养区、风景名胜区、自然保护区、森林公园、地质公园，坡度大于 25 度的山体、林地、生态廊道和绿地等。巩固龙门山 45 万亩生态植被修复成果，5 年内完成龙泉山脉 40 万亩生态植被恢复工程，构筑“两山环抱”的生态屏障。深入推进退耕还林、天然林保护工程和野生动植物保护工程，保护生物多样性，使人与自然更加和谐。建设生态区(市)县及绿色社区，生态环境综合质量持续攀优，全市达到国家生态市建设指标要求，14 个郊区(市)县 80% 达到国家生态县标准。开展生态文明宣传教育，提高全社会生态文明意识。初步建立跨区域生态建设协调机制。

第四节 鼓励低碳技术创新与成果转化

加快低碳技术研发和推广，积极发展低碳排放产业。在电力、交通、建筑、冶金、化工、石化等部门，积极引进有效控制温室气体排放的新技术，加大对可再生能源、新能源及煤的清洁高效利用等领域的技术引进力度。鼓励低碳技术的规模化应用、改进、集成和创新，积极推进技术成果转化，推动新型煤炭高效清洁利用。推动轨道交通、纯电动汽车等技术进入商业化应用。充分开发水利能源和光伏发电技术，初步形成可再生能源技术体系。继续推进能效标识制度，鼓励市民采用高能效产品，培养低碳消费模式和生活习惯。

第五节　完善污染治理机制

严格环保准入机制，按照节能减排要求制定重点污染产业控制名录，严格执行行业经济技术标准和污染排放标准。将污染治理工作列入全市重大决策和重要工作部署。强化环境治理的经济手段，推广排污许可证颁发制度，完善排污收费机制。建立环境信息公开制度，完善公众参与环境监督、综合决策和环境污染有奖举报等制度。健全区域协调和共治共管机制，解决跨区环境污染，鼓励区域环保基础设施共建共享，逐步建立生态补偿机制，结合全市功能区规划，建立和完善生态环境保护和建设重点区域与受益区域的协作机制。

第三章　积极发展循环经济

按照减量化、再利用、资源化原则，以资源的高效利用和循环利用为核心，以建设循环经济产业园区为重点，大力推进清洁生产工作，积极发展循环经济。

第一节　建设循环经济产业园区

培育和建设布局合理、功能互补、废弃物循环利用的循环经济产业园区。重点抓好一批国家级循环经济产业园区的申报工作，充分发挥其示范带动作用，推动全市工业集中发展区逐步按照生态化园区标准进行改造。鼓励园区实现设施共享、企业间副产物交换利用、能源梯级利用、废弃物循环利用、土地集约利用、循环用水。以延伸产业链为主导，因地制宜引入补链企业，着力构建多元化、多层次的循环经济产业链，力争实现园区资源消耗最小化和零排放。

推进农业循环经济园区建设。坚持生态型农业发展方向，着力形成集立体养殖、立体种植、种养加生态农业于一体的多元化、多层次的农业循环经济产业链，推进农、林、牧、渔业及其延伸的农产品之间进行废物交换、循环利用，构成要素耦合的产业共生体系。

积极开展再生资源循环经济产业园区建设。建立以再生资源回收市场、报废汽车拆解场、电子废弃物拆解中心为重点的再生资源循环经济体系，形成从回收、拆解、加工、利用一体化的再生资源产业链条，推进高端机电产品再制造，促进流通领域再生资源产业的提档升级，推动建设资源节约型和环境友好型社会。

第二节　大力推进清洁生产

规范清洁生产审核工作及验收程序，制定详细的验收规程和评分标准。对重点企业开展强制性清洁生产审核，逐步加大清洁生产审核工作力度。加强对企业开展清洁生产审核的监督管理，将清洁生产审核结果与排污许可、限期治理等环境管理工作相结合，加大社会公众监督力度，对未按时完成清洁生产审核工作的企业进行整改。规范清洁生产审核中介机构管理，严格清洁生产审核资质的发放，完善清洁生产审核中介机构退出机制。

第三节　推进废弃物资源化利用

试点生活垃圾分类，推动垃圾减量化。加快生活垃圾焚烧发电厂建设，推动垃圾资源化利用。优选处理处置技术工艺，加快餐厨废弃物收运体系和处理设施建设，建立健全餐厨废弃物资源化利用的相关政策、标准和监管体系。科学处理污水处理厂污泥、通沟污泥、疏浚污泥等，减少未达标填埋和应急填埋。积极开展多种“城市矿产”循环利用，创新“城市矿产”回收方式，建立无害化处理和资源化利用产业链条。

第四节　加大循环经济技术推广力度

将循环经济关键性技术的研发，纳入科技开发计划和产业发展计划。鼓励创建循环经济技术开发重点实验室、研发中心。积极引进和消化、吸收国外先进的循环经济技术，组织开发能源梯级利用技术、废物综合利用技术、发展循环经济中延长产业链和相关产业链接技术、绿色再制造技术以及新能源和可再生能源开发利用技术等。结合节能重大项目建设，积极推广开发能源节约和替代技术、能源梯级利用和综合优化技术、重大机电产品节能降耗技术等。支持科研单位和企业研发制造节能、节水、节材、低耗、环保型装备。积极推广应用先进节能设备、节能工艺和节能材料。鼓励推广节能自愿协议、合同能源管理等节能新机制。以绿色材料产品、可拆解循环产品、节能节水型产品等为重点，推进以产品生命周期全过程资源节约和环境影响最小为基础的绿色产品生态设计。

专栏 34　“十二五”时期生态环保重大工程

外环生态带建设和田园风光保护工程：以外环路两侧为主，充分利用“山、水、田、林”等生态本底资源，在保护现有农田的基础上，进行都市农林业、观光果园、林盘等生态建设，利用和改造水田、沼泽、滩涂、入河口，以及结合废弃砂石场的生态修复，进行湿地建设，保护和提升田园乡村特色，传承自然与历史文化，构建自然生态明显、类型多样的生态环境。

天然林资源保护工程：严格保护生态公益林，实施森林管护 570 万亩。

巩固退耕还林成果工程：对 45 万亩退耕还林和 54 万亩荒山造林实施科学管理，加强现有退耕还林的保护管理，发展替代产业，巩固退耕还林成果。

龙泉山、龙门山生态植被恢复工程：巩固龙门山 45 万亩生态植被修复成果，完成龙泉山脉 40 万亩生态植被恢复工程。

珍稀珍贵植物基地：改造低产低效商品林，建设珍稀珍贵植物基地 50 万亩。

大熊猫繁育研究：建设都江堰大熊猫繁育野放研究中心，完善以“四川省濒危野生动物保护生物学重点实验室”为核心的国家重点试验室和国家博士后科研工作站，加强对“省部共建国家重点试验室培养基地”的投入和建设力度。

第八篇　加强社会主义文化建设

坚持社会主义先进文化方向，提高全社会文明素质，全面繁荣文化事业，大力发展文化产业，着力提升文化软实力，充分发挥文化引导社会、教育人民、推动发展的功能，努力建设中西部文化高地。

第一章　提高全社会文明素质

加强思想道德建设，开展群众性精神文明创建活动，不断提高市民文明素质和城市文明程度，全面深化全国文明城市建设。

第一节　加强思想道德建设

加强社会主义核心价值体系建设，深入推进社会公德、职业道德、家庭美德、个人品德建设，大力弘扬伟大的抗震救灾精神，构建传承中华传统美德、符合社会主义精神文明要求、适应社会主义市场经济发展的道德和行为规范。加强理想信念教育和思想政治工作，广泛开展社会主义荣辱观教育实践活动，弘扬科学精神，加强人文关怀，注重心理疏导，强化诚信建设，培育奋发进取、理性平和、开放包容的社会心态，提倡修身律己、尊老爱幼、勤勉做事、诚实做人，推动形成我为人人、人人为我的社会氛围。

第二节　加强精神文明创建

不断深化全国文明城市建设，建立健全文明创建长效工作机制，促进城乡群众共创共享文明城市建设成果。深入开展文明县城、文明村镇、文明单位创建活动，扎实开展寻找“成都好人”、“新家园、新生活、新风尚”等群众性精神文明创建活动，不断提升全体市民文明素质和城乡整体文明程度。加强理论创新，繁荣哲学社会科学。综合运用教育、法律、经济、行政、舆论手段，引导人们知荣辱、讲正气、尽义务，形成扶正祛邪、惩恶扬善的社会风气。加强未成年人心理健康辅导，开展形式多样的道德实践活动，营造全社会共同关心、爱护未成年人的浓厚社会氛围和良好社会文化环境，促进未成年人身心健康成长。普及志愿服务理念，弘扬志愿精神，培养志愿文化，壮大志愿服务队伍，完善志愿服务体系，推动志愿服务蓬勃开展。

第二章　全面繁荣文化事业

建立全覆盖、高效能的公共文化服务体系，创新文化事业发展机制，丰富群众文化生活，不断满足人民群众日益增长的精神文化需求。

第一节　完善城乡公共文化服务体系

推进成都图书馆新馆、成都美术馆、成都大剧院、成都音乐厅、成都档案馆新馆和川剧艺术中心等一批城市标志性文化设施建设。加强城乡基层文化设施建设，推进群艺馆、图书馆、乡镇综合文化站、街道综合文化活动中心、村（社区）综合文化活动室、农家书屋、有线广播电视网络和地面无线发射台、群众文化广场等各类文化基础设施的提档升级。实现广播电视播出机构数字化和网络化，完善农村广播电视覆盖网络。完成县级文化信息资源共享工程支中心建设。加强市县两级档案馆达标建设，积极发展档案事业。

第二节 丰富人民群众精神文化生活

创新公共文化服务方式和运行机制，免费开放公共博物馆、纪念馆、美术馆、文化馆、图书馆、青少年宫、科技馆、群众艺术馆和基层公共体育设施，全面提升公共文化管理能力和服务水平。全面加强农村公益电影放映，深入开展文艺巡演和“三下乡”等文化惠民活动，不断增强公共文化产品和服务的有效供给。举办群众喜闻乐见的节庆文化活动，培育一批参与度高、效果好的群众文化品牌。利用社区资源，深化全民读书活动，开展各类文体活动。大力发展农村文化市场，提高农村居民文化娱乐水平。努力推动“出人出戏”工作，鼓励创作反映成都历史、文化、经济等领域的文化艺术精品，充分发挥文化作品引导社会、教育人民、推动发展的功能，促进成都文化艺术的大发展、大繁荣。

专栏35 “十二五”时期文化事业重大工程

标志性文化设施建设工程：推进成都图书馆新馆、成都美术馆、成都大剧院、成都音乐厅、成都档案馆新馆和川剧艺术中心三期等工程。

基层文化阵地建设工程：通过新建、购买、产权清理等方式，明确基层文化阵地权属，支持有条件的地方新建或改扩建更大规模的文化设施，增加相关的文化设备。推进全市村（社区）综合文化活动室达标建设和新建一批群众文化广场。

图书馆数字化建设工程：实现“全域成都”内“通借通还”，在城市街区推行自助图书馆系统建设，进一步提升图书馆智能化服务水平。

历史文化建筑和街区打造工程：实施水井坊片区、大慈寺片区、浣花山庄片区、祠堂街节点的改造工程和基督教恩光堂等16个近现代建筑的保护维修及周边环境改造。

广播影视设施建设工程：实施电视“户户通”、广播“村村响”、电影“人人看”、地面无线数字电视覆盖工程；推进安播、监测、应急广播系统建设与升级。

第三章 大力发展文化产业

深入推进文化体制改革，完善文化产业政策，加强文化市场管理，形成以公有制为主体、多种所有制共同发展的文化产业发展格局。

第一节 深入推进文化体制改革

创新公益性文化单位运行机制，深入推进国有经营性文化单位转企改制，推动形成统一开放、竞争有序的文化市场体系。积极推进出版、发行、电影、演艺、广电等经营性文化单位转企改制工作，实现政企、政事、政资分开。深化公益性文化单位人事、收入分配和社会保障制度改革，探索建立事业单位法人治理结构。改革党报党刊发行体制，积极推进广播电视机构制播分离，推进文化市场综合执法体制改革。探索国有文化资产管理方式改革，完善国有文化企业综合评估考核办法。

第二节 提升文化产业竞争力

优化产业发展环境。搭建和优化产业发展平台，完善投融资、产权交易、共性技术、产品展示和信息交流等公共服务，制定文化产业扶持政策，举办城市文化产业会展活动，培养和引进文化人才，营造良好的文化产业发展氛围。

培育引进市场主体。加快国有文化企业规模化、产业化、市场化步伐，鼓励多种所有制主体混合发展，开展跨行业、跨地区资源整合，培育一批具有带动作用的文化企业集团。引进国内外知名文化产业企业，发挥带动示范作用。进一步放宽市场准入，扶持民营文化企业进入文化产业重点领域，增强中小文化产业企业的创新能力，提高文化产业的市场竞争力。

健全各类文化市场。发展文化产品市场，鼓励发展大中型书城、城镇中小型特色书店、专业书店和社区书店，规范和发展演出市场，扶持艺术品市场发展。促进文化要素市场发展，充分利用国内外资本市场，拓展文化产业投融资渠道；规范文化产权交易，重点发展版权、文化信息、技术交易等文化资产交易市场。发挥中介组织作用，发展文化经纪代理、评估鉴定技术交易、推介咨询、担保拍卖等中介服务机构。鼓励文化消费，培育消费群体，拓展文化市场空间。

第四章　提升文化软实力

以文化润色经济、文化丰富生活为目标，加强文化遗产的保护、传承和创新，塑造国际性文化品牌，全面提升文化软实力。

第一节　加强文化遗产的保护、传承和创新

创新历史文化遗产保护理念，统筹文化传承、产业发展和城市建设，加强对各级文物保护单位及历史文化名城、文化古镇和非物质文化遗产等的保护，保护传承振兴川剧、曲艺、蜀锦、蜀绣等传统民间民俗文化艺术，保护和合理利用历史文化遗产。进一步开展古蜀文化、金沙文化、三国文化、熊猫文化、川西民俗文化等地域文化的研究探讨，挖掘历史文化多元价值。抓好文艺精品创作生产，建设西部领先的艺术城市。

第二节　塑造国际性文化品牌

精心打造“大熊猫文化”、“金沙文化”、“青城山—都江堰世界文化遗产”三大国际文化品牌，深入打造“三国文化”、“诗歌文化”等特色文化品牌，培育国际非物质文化遗产、全国民办博物馆示范城市、成都原创动漫等新兴文化品牌，发展相关衍生产业和子品牌。培育一批品牌产品、品牌企业、品牌园区和品牌活动，构建成都文化产业品牌发展体系，塑造具有国际知名度和影响力的成都城市文化品牌。

第九篇　深化统筹城乡综合配套改革

深入推进农村工作“四大基础工程”，全面深化“六个一体化”，努力把成都试验区建设成为全国深化改革、统筹城乡发展的先行样板、构建和谐社会的示范窗口和推进灾后发展振兴的成功典范。

第一章 深入推进农村工作"四大基础工程"

深入推进农村产权制度改革、农村土地综合整治、村级公共服务和社会管理改革、农村基层治理机制建设等农村工作"四大基础工程"。

第一节 深入推进农村产权制度改革

全面完成农村土地、房屋以及集体经营性资产等产权的确权登记颁证和量化到农村居民工作,建立健全归属清晰、权责明确、保护严格、流转顺畅的现代农村产权制度。鼓励村、组集体经济组织通过自主、自愿、自治方式,形成农村产权长久不变决议。完善耕地保护补偿机制,加大耕地保护基金筹集和解缴力度,强化耕地保护基金使用管理,落实耕地保护责任。

第二节 全面开展农村土地综合整治

以土地利用总体规划为基础,协调和衔接好基本农田保护、产业发展、村镇建设、交通、水利和生态环境保护等规划的关系,综合考虑、统筹协调,编制好土地综合整治规划。整合资金渠道,以鼓励和引导社会投资参与为主,在更大范围内聚集各类涉农资金,共同用于土地综合整治和挂钩项目。

第三节 深入推进村级公共服务和社会管理改革

建立完善村级公共服务和社会管理的分类供给、经费保障、设施统筹建设、民主管理、人才队伍建设五大机制,提高农村基层公共服务和社会管理水平。进一步创新办法和途径,放大财政资金投入,加快村级公共设施建设。规范民主管理程序,建立健全科学适用的民主议事制度和规则。建立村级民主机制建设达标验收和日常检查监督机制。

第四节 加快完善农村基层治理机制

全面推进村民议事会制度的建立和完善,有效保证农村居民的民主权利。调整村级组织职能定位,实行"三分离、两完善、一加强"的农村新型基层治理机制,重点调整村委会村级事务决策者和村集体经济经营管理者的职能。优化村级组织运行机制,完善民主决策机制、村务监督机制和村级公共服务机制。加强和改进党组织领导,实现村级党组织领导方式向管方向、定原则、强监督和加强自身建设转变。

第二章 全面深化市场化改革

继续深化投融资体制改革,大力发展非公有制经济,加快现代市场体系建设,着力确立市场主体地位和健全市场运行机制,逐步完善社会主义市场经济体制。

第一节 推进城乡生产要素市场化改革

建立促进城乡经济社会发展一体化制度，促进公共资源在城乡之间均衡配置、生产要素在城乡之间自由流动。

建立全域成都统一的户籍制度，促进城乡劳动力自由流动。健全城乡统一的就业制度，鼓励和支持城乡居民自主选择在农村或城镇就业，"同工同酬"，享有平等的社保、福利等待遇。鼓励农村居民持证进城、持股进城，维护进城农村居民的财产权益，促进农村居民向城镇转移。

坚持依法自愿有偿的原则，鼓励采取转包、出租、互换、转让以及股份合作等方式，推动农村土地承包经营权流转，发展多种形式的土地适度规模经营，促进现代农业发展。在符合土地利用、城乡建设和产业发展布局规划的前提下，允许农村居民依法通过多种形式参与集体建设用地开发经营并保障其合法权益。逐步推进征地制度改革，严格界定公益性和经营性用地。建立城乡统一的房屋登记管理制度。开展农村集体资产的股份量化工作，建立完善农村各类股权的登记制度。进一步完善农村产权流转市场。

鼓励支持社会资本向农村流动。开放社会资本和金融资本在农业农村的投资领域。健全农业投资风险防范体系，扩大农业保险范围，增加农业保险的财政补贴，探索银保互助的融资模式。建立农业风险基金，发展大宗农产品远期交易，提高农业市场风险防范能力。加强农村金融服务体系建设，鼓励银行机构向农村延伸分支机构和经营网点，大力发展村镇银行和小额贷款公司等新兴农村金融服务机构，完善农业担保服务网络和农户信用评价体系。

第二节 深化投融资体制改革

适时修订政府核准投资项目目录，进一步缩减核准范围、下放核准权限；健全政府投资管理机制，稳步推行非经营性政府投资项目代建制，完善投资项目后评价、重大项目公示和责任追究制度。全面放宽民间投资准入领域，制定基础设施、市政设施、社会事业、金融服务等领域的民间投资准入细则，创造进入条件；加大政府采购、补贴、贴息、担保、参股、税收优惠等财政税收政策支持力度，支持民间资本在技术创新、结构调整、节能减排、市场开拓、就业扩充等方面的投资，提高民间投资比例。鼓励符合条件的企业到境内外资本市场上市融资，鼓励上市公司通过增发、配股、发行公司债、可转换债等方式进行再融资，扩大直接融资比重；大力发展各类股权投资基金，鼓励和引导保险资金、企业年金、社保基金等参与发起设立股权投资基金。

第三节 大力发展非公有制经济

充分发挥市场配置资源的基础性作用，允许非公有制经济进入法律法规未禁止的行业和领域。全面放宽服务业市场准入，鼓励和支持非公有制经济进入服务业领域。扶持中小企业发展，扩大中小企业融资方式，帮助中小企业上市直接融资，推进中小企业集合债发行工作，完善股权质押贷款等贷款融资方式，支持民间担保机构发展，健全中小企业担保体系，探索建立中小企业金融服务机构。扶持微型企业发展，加大财政资金支持，落实税收优惠政策，拓宽微小企业融资渠道，建立微型企业服务体系。按照政府引导、企业自主的原则，培育一批有代表性的行业协会、商会，加强行业组织建设。

第四节 加快现代市场体系建设

健全统一开放、竞争有序的市场体系。完善城乡一体的资本、土地、劳动力和产权、技术等要素市场,建设商品、产权、技术、人才等区域性大市场,进一步打破垄断,完善商品和要素价格形成机制,促进市场竞争和要素自由流动。进一步整顿和规范市场秩序,加强政府市场监管职能,加强对交易标准、规则的管理,加大执法力度,坚决打击制假贩假、商业欺诈、偷逃骗税等违法行为,保护消费者权益。加强诚信体系建设,进一步完善社会信用信息采集、加工和信用产品使用等环节的法规规章以及失信惩戒、信用监督等制度,健全个人和企业联合征信平台。

第三章 创新城乡一体的管理体制

深化规范化服务型政府建设和基层民主建设,创新规划管理、行政管理、公共财政、评价考核和激励的体制机制,构建城乡一体的管理体制。

第一节 推进规划管理体制改革

科学编制和完善城乡一体的规划体系,实现市域范围内各类规划全覆盖。强化规划的执行和监督,完善市、县、乡三级规划监督管理体制机制,建立健全听证、公示等公众参与规划编制、评估和监督的制度体系。探索提高规划局部调整工作效率的程序和方法,积极探索建立土地利用总体规划和城乡总体规划实施动态评价机制,依法对土地利用总体规划和城乡总体规划适时进行调整。

第二节 深入推进规范化服务型政府建设

调整市域范围内行政区划,推进撤县(市)设区工作,科学调整乡(镇)、村行政区划。进一步深化市、县两级政府机构改革,继续完善职能有机统一的大部门体制,在机构限额和各层级行政编制总数内,结合实际确定市级及县(市、区)的机构设置、职能配置和人员编制,将执行、服务、监管等职责的重心下移到县(市、区)。深化乡镇机构改革,进一步明确县、乡(镇)两级政府的事权和责任,依法探索将部分县级行政管理职能和社会管理权限向乡镇延伸,强化公共服务和社会管理的职能。深化电子政务应用,推进政务信息共享和业务协同。深入推进行政监察管理体制改革,推行分片监管,实现监察主体和责任主体分离,充分发挥社会监督的作用,推行事前、事中、事后相结合的全过程监督。

第三节 加快社会建设体制改革

稳步推进事业单位分类改革。培育扶持和依法管理社会组织,支持、引导其参与社会管理和服务。改革基本公共服务提供方式,引入竞争机制,扩大购买服务范围,实现提供主体和提供方式多元化。推进非基本公共服务市场化改革,增强多层次供给能力,满足群众多样化需求。提高公共服务和社会管理规范化、法制化水平,建立健全市民对公共服务和社会管理的监督、投诉体系。

第四节 创新评价考核和激励机制

促进经济增长与社会发展和资源环境相协调,将群众满意度作为评价的重要依据,增加统筹城乡发展、社会发展、民生改善、生态环境等方面的指标和权重,着重强化对城乡居民收入水平、城乡公共服务均衡发展水平等反映城乡居民共享经济社会发展成果指标的评价和考核,突出区域间的差异性,形成促进发展方式转变、适应城市发展历史定位和长远目标需要的干部考核激励机制。

第十篇　推进规划纲要实施

在充分发挥市场配置资源基础性作用的前提下,加强政策引导,合理调控社会资源,确保完成规划纲要确定的发展目标和重点任务。

第一章　加强政策引导

积极贯彻国家宏观调控政策,综合实施消费、投资、产业、财政等政策,引导市场主体行为,激发市场主体的积极性和创造性,为规划实施创造良好的政策环境。

第一节　着力扩大消费需求

把扩大消费需求作为扩大内需的战略重点,扩大城乡居民消费,增强消费对经济增长的贡献。千方百计扩大就业,稳步提高城乡居民特别是低收入者的收入,增强城乡居民的消费能力,最大限度扩大农村消费需求。加快建立覆盖城乡居民的社会保障体系,免除广大群众在医疗、养老、最低生活保障等方面的后顾之忧,降低预防性储蓄,改善居民消费预期。积极培育消费热点,促进消费结构升级,大力推进休闲型、发展型服务消费增长,稳步释放消费潜力。完善市场流通体系,规范商品和服务消费市场秩序,创造城乡居民扩大消费的良好环境。全面推进社会信用体系建设,鼓励金融机构开发更多消费信贷产品,扩大信用消费规模,提高信用消费水平。倡导文明、节约、绿色、低碳的消费模式,发展节能环保型消费品。

第二节　调整优化投资结构

发挥投资对扩大内需的重要作用,保持投资适度规模和合理增长,优化投资结构。根据规划纲要确定的重点任务,明确投资方向和重点,加快建设和抓紧谋划一批关系全局、影响深远、带动作用强、增强长远发展能力的重大项目,研究提出一批符合产业结构调整和发展方式转变要求的新项目。明确界定政府投资范围,严格执行政府投资的决策程序、审批程序、投资控制程序和监督程序。规范完善政策性投融资平台建设管理,推进各级政府性平台公司改革,加快从竞争性领域退出,全面放宽民间投资的市场准入范围,改进和完善对民间投资的服务,撬动民间投资增长。促进投资消费良性互动,提高投资质量和效益。

第三节　优化产业政策导向

制定完善产业指导和扶持政策,加快推进产业结构调整和优化升级。制定支持企业兼并重组的政策措施，鼓励企业大力引进国内外战略投资者。制定完善资源优化配置措施和办法，培育壮大优势企业，扶持发展微型企业和中小企业。发布重点行业技术创新和技术改造目录，引导和扶持企业加快技术改造和技术进步。严格产业准入管理，完善落后产能退出机制。

第四节 建立覆盖城乡的公共财政体系

明确市、县、乡三级的事权和财权的责任，健全市、县、乡财力与事权相匹配的体制。探索建立保障农村基础设施建设和公共服务开支稳定来源的机制和办法。加大市级财政对农村基础设施和基本公共服务的直接支出和转移支付力度，形成统一、规范、透明的转移支付制度，提高一般性转移支付规模和比例。整合财政支农资金，充分发挥现代农业投资、小城镇建设等投融资平台作用，引导社会资本进入农业农村。采取财政贴息、适当补贴等手段，引导社会资金投向公共产品和服务领域。加强财政收支审计，建立健全财政资金绩效评价制度，最大限度发挥财政资金的使用效率。

第二章 强化实施保障

突出整体性和可操作性。各重点专项规划是总体规划在特定领域的体现，重点专项规划要与全市"十二五"规划纲要、国家部委和省上厅局相关规划紧密衔接，各重点专项规划之间、重点专项规划与区县及周边地区规划之间也要加强协调，避免冲突、脱节，形成相互衔接、协调统一的规划体系。完善重点专项规划指标体系，在研究提出预期性、导向性指标的同时，增设一些具有约束力且能检查、可评估的指标；强化规划的空间特点，努力将总体目标分解到具体空间；在对具体领域提出工作任务的基础上，提出保证规划实施的重点项目，健全重大项目决策机制、跟踪管理和后评价机制。

专栏36 "十二五"时期重点专项规划目录

序号	牵头部门	名　称	审批单位
1	市发改委、市科技局	《成都市高新技术产业发展"十二五"规划》	市政府
2	市发改委	《成都市循环经济发展"十二五"规划》	市政府
3	市发改委、市农委	《成都市农业和农村经济发展"十二五"规划》	市政府
4	市经信委	《成都市工业发展"十二五"规划》	市政府
5	市商务局	《成都市服务业发展"十二五"规划》	市政府
6	市物流办	《成都市物流业发展"十二五"规划》	市政府
7	市金融办	《成都市金融业发展"十二五"规划》	市政府
8	市委宣传部(文产办)	《成都市文化创意产业发展"十二五"规划》	市政府
9	市科技局	《成都市科技发展"十二五"规划》	市政府
10	市交委	《成都市综合交通发展"十二五"规划》	市政府
11	市经信委	《成都市国民经济和社会信息化"十二五"规划》	市政府
12	市教育局	《成都市教育事业发展"十二五"规划》	市政府
13	市卫生局	《成都市医疗卫生事业发展"十二五"规划》	市政府

续表

序号	牵头部门	名　称	审批单位
14	市人社局	《成都市就业和社会保障“十二五”规划》	市政府
15	市计生委	《成都市人口发展“十二五”规划》	市政府
16	市环保局	《成都市环境保护“十二五”规划》	市政府
17	市水务局	《成都市水务发展“十二五”规划》	市政府
18	市能源办	《成都市能源发展“十二五”发展规划》	市政府
19	市博览局	《成都市现代会展业发展“十二五”规划》	市政府
20	市民政局	《成都市城乡养老事业发展“十二五”规划》	市政府
21	市林业园林局	《成都市林业园林发展“十二五”规划》	市政府
22	市旅游局	《成都市旅游业发展“十二五”规划》	市政府
23	市发改委	《成都市应对气候变化“十二五”规划》	市政府

全面实施规划监督评估制度。加强对规划确定的调控目标的监测预警和对重大改革、重大政策落实情况的跟踪检查，加强服务业、节能减排、劳动就业、收入分配等环节的统计工作，强化对规划实施情况跟踪分析。市政府有关部门要加强对规划相关领域实施情况的评估，自觉接受市人大及其常委会、市政协和社会各界的监督检查。规划主管部门要对约束性指标和主要预期性指标完成情况进行评估，并适时向市政府提交规划实施进展情况报告。在规划实施的中期阶段，由市政府组织开展全面评估，并向市人大常委会提交评估报告。需要对本规划进行修订时，由市政府提出修订方案，报市人大常委会批准。

名词解释

1. 一主三化三加强：省委九届四次全会确立的建设西部经济发展高地的实现路径，即以工业强省为主导，大力推进新型工业化、新型城镇化、农业现代化，加强开放合作，加强科技教育，加强基础设施建设。

2. 新三最：中西部地区创业环境最优、人居环境最佳、综合竞争力最强。

3. 六个一体化：城乡规划、产业发展、市场体制、基础设施、公共服务和管理体制六大领域的“一体化”。

4. 三个集中：工业向集中发展区集中、农村居民向城镇和新型社区集中、土地向适度规模经营集中。

5. 四大基础工程：农村产权制度改革、农村土地综合整治、村级公共服务和社会管理改革、农村基层治理机制建设为主要内容的四项工作。

6. 循环经济：即在经济发展中，遵循生态学规律，将清洁生产、资源综合利用、生态设计和可持续消费等融为一体，实现废物减量化、资源化和无害化，使经济系统和自然生态系统的物质和谐循环，维护自然生态平衡。

7. 低碳技术：涉及电力、交通、建筑、冶金、化工、石化等部门以及在可再生能源及新能源、煤的清洁高效利用、油气资源和煤层气的勘探开发、二氧化碳捕获与埋存等领域开发的，有效控制温室气体排放的新技术。

8. 综合城镇化水平:反映经济城镇化水平、人口城镇化水平、基础设施城镇化水平、公共服务城镇化水平、生活质量城镇化水平的综合性指标。

9. "九化"导则:即"世界现代田园城市规划建设导则",包括布局组团化、建设集约化、环境田园化、产业高端化、功能复合化、空间人性化、风貌多样化、交通网络化和配套标准化。

10. 总部经济:指某区域由于特有的优势资源吸引企业总部集群布局,形成总部集聚效应,并通过"总部—制造基地"功能链条辐射带动生产制造基地所在区域发展,由此实现不同区域分工协作、资源优化配置的一种经济形态。

11. 城市综合体:将城市中的商业、办公、居住、旅店、展览、餐饮、会议、文娱和交通等城市生活空间的三项以上进行组合,并在各部分间建立一种相互依存、相互助益的能动关系,从而形成一个多功能、高效率的综合体。

12. 五新一好:即社会主义新农村示范片建设目标,包括发展新产业、建设新民居、塑造新风貌、创建新机制、培育新农村居民,建好新班子。

13. 三无人员:由民政部门收养的无生活来源、无劳动能力、无法定抚养义务人的公民。

14. 3G 网络:指使用支持高速数据传输的蜂窝移动通讯技术的第三代移动通信技术的线路和设备铺设而成的通信网络。3G 网络将无线通信与国际互联网等多媒体通信手段相结合,是新一代移动通信系统。

15. 云计算:狭义云计算是指 IT 基础设施的交付和使用模式,指通过网络以按需、易扩展的方式获得所需的资源;广义云计算是指服务的交付和使用模式,指通过网络以按需、易扩展的方式获得所需的服务。这种服务可以是 IT 和软件、互联网相关的,也可以是任意其他的服务,它具有超大规模、虚拟化、可靠安全等独特功效。

16. 三基地、一窗口:爱国主义教育基地、社会主义核心价值体系学习教育基地、民族团结进步宣传教育基地和展示中国发展模式和发展道路勃勃生机的窗口。

17. 服务外包:指企业将价值链中原本由自身提供的具有基础性的、共性的、非核心的 IT 业务和基于 IT 的业务流程剥离出来后,外包给企业外部专业服务提供商来完成的经济活动。

18. 能源需求侧管理:指在政府法规和政策的支持下,采取有效的激励和引导措施以及适宜的运作方式,在不牺牲用户的用能品质和不增加用户的能源成本前提下,通过科学使用能源的合理技术,来实现有效降低负荷,减少能源消耗,达到节约资源和保护环境,实现社会效益最好、各方受益、最低成本能源服务所进行的管理活动。

19. 城市矿产:指工业化和城镇化过程中产生和蕴藏于废旧机电设备、电线电缆、通讯工具、汽车、家电、电子产品、金属和塑料包装物以及废料中,可循环利用的钢铁、有色金属、贵金属、塑料、橡胶等资源。

20. 耕地保护基金:由成都市人民政府设立,以保护耕地为主要目的,从土地出让收益中筹集资金,主要用于承担耕地保护责任农户的养老保险补贴(占当年耕地保护基金总量的 90%),耕地流转的担保资金和农业保险的补贴(占当年耕地保护基金总量的 10%)。

21. 零就业家庭:城镇零就业家庭是指本市非农业户籍家庭中,在法定劳动年龄内(在校学生、现役军人、内退人员、办理提前退休人员除外)有劳动能力的家庭成员,均进行了失业登记,且无一人就业的家庭。农村零就业家庭是指本市农业户籍家庭中,男 16～59 周岁,女 16～49 周岁,有劳动能力的家庭成员，既未从事一产（农、林、牧、副、渔）经营项目，又均进行了转移就业登记，且无一人在二、三产业就业的家庭。

22.“三分离、两完善、一加强”的农村新型基层治理机制：决策权与执行权分离、社会职能与经济职能分离、政府职能与自治职能分离，完善农村公共服务和社会管理体系、完善集体经济组织运行机制，加强和改进农村党组织的领导。

贵州省国民经济和社会发展第十二个五年规划纲要

（2011年1月22日贵州省第十一届人民代表大会第五次会议批准）

贵州省国民经济和社会发展第十二个五年规划纲要根据《中共贵州省委关于制定贵州省国民经济和社会发展第十二个五年规划的建议》编制，贯彻落实省委、省政府的施政方针和战略意图，明确政府工作重点，引导市场主体行为，是未来五年我省经济社会发展的宏伟蓝图，是各级政府部门依法履行职责、编制实施年度计划和制定各项政策措施的重要依据，是全省各族人民共同奋斗的行动纲领。

第一篇 深入贯彻落实科学发展观，加快转变经济发展方式，奋力推进全省经济社会发展的历史性跨越

第一章 经济社会发展环境

“十一五”时期，全省上下奋力克服百年不遇的低温雨雪冰冻灾害、百年不遇的国际金融危机和百年不遇的特大重旱灾害带来的严重影响，抓住机遇、突出重点、加快发展，经济建设、政治建设、文化建设、社会建设和生态文明建设都取得了新的重大成就，省第十次党代会确定的经济社会发展历史性跨越第一步战略目标提前实现，“十一五”规划确定的主要目标任务顺利完成。全省经济保持较快增长，生产总值、财政一般预算收入、全社会固定资产投资总量翻番；破解长期制约我省发展的交通瓶颈和工程性缺水难题取得突破性进展；特色优势产业发展加快，节能减排和生态建设扎实推进，经济增长内生动力和可持续发展能力明显增强；从系

统制度安排上加快解决一些重大民生问题，人民生活水平明显改善；各项社会事业全面进步，经济社会发展协调性进一步提高；改革开放进一步深化，经济社会发展的活力不断增强。这些都为“十二五”时期的加速发展奠定了良好基础。面向未来，我省进入了全面建设小康社会新的历史时期，我们正站在一个新的历史起跑线上。

专栏1 “十一五”规划主要指标预计实现情况

指 标	2005年	“十一五”规划目标	2010年	“十一五”年均增长（%）
生产总值（亿元）	2005.42	10%以上	4593.97	12.6
#第一产业（亿元）	368.94	4%左右	630.33	4.7
第二产业（亿元）	821.16	13%以上	1800.06	12.6
第三产业（亿元）	815.32	13%以上	2163.58	15.6
人均生产总值（元）	5119	超过800美元	1819.70美元（12051.34）	12.0
财政一般预算收入（亿元）	182.5	320	533.9	24.0
全社会固定资产投资（亿元）	1018.25	2040左右（15%左右）	3186	25.6
社会消费品零售总额（亿元）	615.76	1022以上（11%以上）	1482	19.2
旅游总收入（亿元）	251.14	700左右（25%以上）	1060	33.4
城镇登记失业率（%）	4.2	5以内	4	
城镇新增就业人数（万人）	16.66［85.12］	［80以上］	21［95］	
转移农村富余劳动力（万人）	［165］	［180左右］	［200］	
城镇化率（%）	26.87	35	31	
非公有制经济比重（%）	28.4	35以上	35	
粮食总产量（万吨）	1100	五年平均1100左右	1111.7	五年平均1115.2
畜牧业增加值（亿元）	122.16	188	185	
农村人口人均有效灌溉面积（亩）	0.37	0.5	0.64	
公路通车里程（万公里）	4.96	5（老口径）	14.98（新口径）	
电力总装机（万千瓦）	1324	3000以上	3000以上	
“普九”人口覆盖率（%）	93.9	100	100	
高中阶段毛入学率（%）	30.5	50	55	
高等教育毛入学率（%）	11	15左右	20	
全社会科技研发投入占生产总值比重（%）	0.57	1.2	0.7	
人才资源总量（万人）	157（老口径）	206	205	
年末常住人口总数（万人）	3730	4096左右	3820	
人口自然增长率（‰）	7.38	6左右	6.3	

续表

指　标	2005 年	"十一五"规划目标	2010 年	"十一五"年均增长(%)
人均期望寿命(岁)	68	69	69.5	
耕地保有量(万公顷)	450.5	437.6	443.8	
森林覆盖率(%)	34.9	40 以上	40.5	
单位生产总值能耗(吨标准煤/万元)	2.81	2.25 [下降 20%]	2.25	[下降 20%]
主要污染物排放总量(万吨)				
#二氧化硫排放量(万吨)	135.8	115.4 以内 [下降 15%]	115.4 以内	[下降 15%]
化学需氧量排放量(万吨)	22.56	21 以内 [下降 7%]	21 以内	[下降 7%]
城市污水处理率(%)	21.1	60 以上	60 以上	
城市生活垃圾无害化处理率(%)	26.7	60 以上	60 以上	
农民人均纯收入(元)	1876.96	2396 以上 (6% 以上)	3400	8.3
城镇居民人均可支配收入(元)	8147.13	11427 (6% 以上)	14180	8.3
城镇参加基本养老保险人数(万人)	183.67	210	250	
城镇职工基本医疗保险参保人数(万人)	180	260	290	
新型农村合作医疗覆盖率(%)	31.9	80 以上	96.3	
亿元生产总值生产安全事故死亡人数(人/亿元)	1.91	1 以下	0.48	

注:国内生产总值和城乡居民收入绝对数是按当年价格计算,速度按可比价格计算;[ ]内为五年累计数。

"十二五"时期,我省发展既面临总体有利的形势,也存在严峻挑战。

我省具备加速发展的有利条件。和平、发展、合作仍是时代潮流,世界经济格局大变革、大调整孕育着新的发展机遇,我国在国际上的重要性和影响力显著提升,有利于我们更好运用两个市场、两种资源加速发展;国家坚持实行扩大内需的方针,把西部大开发放在全国区域协调发展总体战略的优先地位,中央企业转型发展和向西部扩张加快,东部产业加快转移,有利于我们争取中央支持和借助省外力量加速发展;我省基础条件改善,工业化、城镇化进程加快,内生动力增强,自身财力不断提升,丰富自然资源的比较优势显现,有利于我们充分发挥后发优势、遵循经济成长规律加速发展。

我省经济社会发展还存在较多矛盾和问题。经济总量小、人均水平低、发展速度慢仍是我省的基本省情和面临的主要矛盾,工业化水平低、城镇化进程慢、区域发展不平衡、产业结构不合理、城乡发展不协调、农村贫困面广贫困程度深、人口资源环境压力大等问题仍将非常突出,思想观念陈旧、办事效率低下、发展方式粗放、科技创新乏力、社会矛盾易发多发、体制机制转换滞缓等制约科学发展的问题亟待解决。

我省在前进道路上面临着不小的挑战和压力。西部大开发十年来，全国呈现出东部率先发展、中部迅速崛起、西部竞相开发的格局，纵向比我省发展明显加快，横向比多数省区市的发展速度更快，我省与先进地区在很多方面的差距还在继续扩大，特别是要确保到2020年实现全面建成小康社会的目标，目前我省在人均生产总值、城乡居民收入、城镇人口比重、缩小城乡差距等指标上存在较大差距。进入"十二五"以后，全国各地特别是西部地区将在前十年蓄积能量的基础上继续加速，给我们带来更大的现实压力和潜在压力，我省如不加速发展，就会在实施西部大开发战略的过程中丧失机遇，就会在全面建设小康社会的进程中继续拉大差距。

"十二五"时期，是我省可以紧紧抓住并且大有作为的战略机遇期，是我省实现经济社会发展的历史性跨越、全面建设小康社会的加速期，是我省调整经济结构、转变经济发展方式的攻坚期。在这样一个十分重要的历史时期，我们必须科学判断、准确把握我省经济社会发展由工业化初期向中期转变和进入加快发展时期的新的阶段性特征，全面落实加速发展、加快转型、推动跨越的历史性任务，找准我省在全国和区域发展中的定位，真正把思想统一到发展上来，把心思集中到发展上来，把力量凝聚到发展上来，切实增强机遇意识、忧患意识和责任意识，加快转变经济发展方式，不断缩小在"好"的方面存在的差距，花大力气、下真功夫解决"慢"这个主要矛盾，千方百计创造条件推动全省经济社会又好又快、更好更快发展。

第二章　指导思想和基本要求

"十二五"期间我省经济社会发展的指导思想是：高举中国特色社会主义伟大旗帜，以邓小平理论和"三个代表"重要思想为指导，深入贯彻落实科学发展观，抢抓国家深入实施西部大开发战略的历史性机遇，解放思想，更新观念，紧扣科学发展的主题，围绕转变经济发展方式的主线，突出加速发展、加快转型、推动跨越的主基调，重点实施工业强省战略和城镇化带动战略，大力提高农业产业化和服务业发展水平，统筹区域发展，深化改革开放，优化发展环境，切实改善民生，积极促进经济社会发展与人口、资源、环境相协调，为实现经济社会发展历史性跨越、与全国同步全面建设小康社会打下具有决定性意义的基础。

我省经济社会发展处于滞后状况，发展是解决全省所有问题的关键。坚持发展是硬道理的本质要求，牢固树立以人为本、全面协调可持续的科学发展理念，真正把加快转变经济发展方式这条主线作为推动科学发展的必由之路，把加速发展、加快转型、推动跨越的主基调贯穿于"十二五"的全过程，落实到实施"十二五"规划的各领域，不断提高发展的全面性、协调性、可持续性，切实在发展中促转变、在转变中谋发展，努力实现经济社会又好又快、更好更快发展。加速发展，就是要创造条件，奋力拼搏，使我省经济发展速度在一个较长时期内高于以往历史时期、高于西部地区同期平均水平、高于全国平均水平。加快转型，就是要按照转变经济发展方式的要求，加快推进经济结构调整，扎实推进政府职能向创造良好发展环境、提供优质公共服务、维护社会公平正义转变，推进社会管理向全覆盖、社会化转变，推进社会形态由二元结构向城乡一体化转变。推动跨越，就是要推动工业化、城镇化水平显著提高，推动经济总量登上新的重要台阶，推动人民生活水平由总体小康迈向全面小康。基本要求是：

——必须把保持投资较快增长和积极扩大消费、出口需求作为加快转变经济发展方式的重要举措。保持投资合理较快增长,围绕科学规划实施重大项目,依托重大项目优化投资结构,构建扩大消费需求的长效机制,促进经济增长向依靠消费、投资、出口协调拉动转变。

——必须把推进经济结构战略性调整作为加快转变经济发展方式的主攻方向。加强农业基础地位,扩大工业经济总量,改造提升传统支柱产业,加快培育新兴优势产业,提高附加值,延长产业链,不断提高服务业发展水平,促进经济增长向依靠第一、第二、第三产业协同带动转变。积极统筹城乡、区域协调发展,加快推进城镇化,努力提高农村公共服务水平,大力培育区域经济增长极,促进城乡协调发展和区域优势互补。

——必须把科技进步和创新作为加快转变经济发展方式的重要支撑。深入实施科教兴省和人才强省战略,充分发挥科技第一生产力和人才第一资源作用,不断增强科技引进、消化、吸收和再创新能力,推动经济社会发展向主要依靠科技进步、劳动者素质提高、管理创新转变,加快建设创新型社会。

——必须把提高人民生活水平作为加快转变经济发展方式的根本出发点和落脚点。把促进就业放在经济社会发展优先位置,统筹发展各项社会事业,努力推进基本公共服务均等化,合理调节收入分配,完善保障和改善民生的制度安排,建立健全促进城乡人民增收的长效机制,做到发展为了人民、发展依靠人民、发展成果由人民共享。

——必须把建设生态文明、保护青山绿水作为加快转变经济发展方式的重要内容。牢固树立节约资源、保护环境、建设良好生态的可持续发展理念,大力发展循环经济、绿色经济,加快建设资源节约型、环境友好型社会,走生产发展、生活富裕、生态良好的文明发展之路。

——必须把深化改革、扩大开放作为加快转变经济发展方式的强大动力。坚定推进经济、政治、文化、社会等领域的改革,按照行政干预最少、发展环境最优、服务质量最好的目标,在关键环节深化改革,在重点领域扩大开放,在日常工作中提高办事效率,加快构建有利于经济发展方式转变的体制机制和对内对外开放环境。

第三章　经济社会发展的主要目标

"十二五"时期要努力成为改革开放以来贵州经济社会发展最好最快的时期。综合考虑未来发展趋势和条件,要努力实现以下经济社会发展的主要目标:

——经济加速发展。全省生产总值确保实现8000亿元,力争翻一番、突破10000亿元,人均生产总值接近3000美元。生产总值年均增长12%以上,其中,第一产业增长5%以上,第二产业增长16%以上,第三产业增长12%以上;全社会固定资产投资年均增长30%以上;财政总收入年均增长15%以上,其中财政一般预算收入突破1000亿元,年均增长15%以上;社会消费品零售总额年均增长17%以上。

——结构调整取得重大进展。三次产业结构调整为9.6∶45∶45.4;服务业就业比重提高到25%以上;力争五年累计转移农村劳动力250万人以上,城镇化率达到40%;非公有制经济比重达到45%。

——发展基础平台进一步夯实。与全面建设小康社会需要相适应的交通基础平台基本形成,初步建成快速铁路系统,铁路通车里程力争达到5000公里,高速铁路通车里程超过1400公里,基本实现县县通高速公路，高速公路通车里程达到4500公里以上；基本解决工程性缺水问题，农村人口人均有效灌溉面积达到0.9亩，农村人口人均基本口粮田达到0.5亩。

——科技教育水平明显提升。九年义务教育巩固率达到85%，高中阶段毛入学率达到63%，高等教育毛入学率达到27%；人力资源和科技进步、管理创新对经济发展的贡献水平明显提高，科技进步贡献率达到45%，全社会科技研发投入占生产总值比重达到1.2%，人才资源总量达到250万人。

——资源节约环境保护成效显著。单位生产总值能源消耗和二氧化碳排放降低，主要污染物排放总量减少控制在国家下达的指标范围内；耕地保有量439.8万公顷；森林覆盖率达到45%；森林蓄积量3.8亿立方米。

——人民生活水平明显提高。努力实现居民收入增长和经济发展同步、劳动报酬增长和劳动力生产率提高同步；农民人均纯收入年均实际增长10%以上，城镇居民人均可支配收入年均实际增长10%以上；城镇登记失业率控制在4.5%以内；五年城镇新增就业135万人以上；农村贫困人口减少一半，全面建设小康社会实现程度接近西部平均水平。

——社会建设明显加强。人口自然增长率控制在6‰以内，全省常住人口3936万人；人均期望寿命提高到70岁以上；加快完善公共文化服务体系，健全公共卫生服务体系和医疗服务体系；城镇参加基本养老保险人数达到320万人以上；城乡三项基本医疗保险参保率达到93%；新建城镇保障性住房39.82万套，2014年前完成农村危房改造130万户；亿元生产总值生产安全事故死亡率下降到0.31人；社会主义民主法制更加健全；公共管理和治安防控体系加快完善。

——改革开放不断深化。经济社会发展的重要领域和关键环节改革取得明显进展，政府公信力、执行力和服务水平明显提高。对内对外开放不断拓展，开放型发展格局进一步形成。

经过五年的艰苦奋斗，使我省综合经济实力、市场竞争能力和抵御风险能力登上一个新的重要台阶，力争在西部地区实现赶超进位，实现经济社会发展历史性跨越的条件更加充分，全面建成小康社会的基础更加牢固。

专栏2 “十二五”时期经济社会发展的主要指标

类别	指　　标	2010年	2015年	年均增长(%)	属性
经济增长	生产总值(亿元)	4593.97	8400	12以上	预期性
	#第一产业(亿元)	630.33	805	5以上	
	第二产业(亿元)	1800.06	3782	16以上	
	第三产业(亿元)	2163.58	3813	12以上	
	人均生产总值(元)	12051.34	21400	12以上	预期性
	财政总收入(亿元)	969.7	1950	15以上	预期性
	#一般预算收入(亿元)	533.9	1074	15以上	
	全社会固定资产投资(亿元)	3186	11830	30以上	预期性
	社会消费品零售总额(亿元)	1482	3249	17以上	预期性
	进出口总额(亿美元)	30	80	20以上	预期性
	引进省外到位资金(亿元)	900	3000	30以上	预期性

续表

类别	指　　标		2010 年	2015 年	年均增长(%)	属性
结构调整	三次产业结构		13.7∶39.2∶47.1	9.6∶45∶45.4		预期性
	服务业就业比重(%)			25 以上		预期性
	五年累计转移农村劳动力(万人)		[200]	[250 以上]		预期性
	城镇化率(%)		31	40	[9]	预期性
	非公有制经济比重(%)		35	45	[10]	预期性
	粮食总产量(万吨)		1111.7	五年年均 1150 以上		预期性
	电力总装机(万千瓦)		3000	4500	[1500]	预期性
基础设施	铁路通车里程(公里)		1983	5000	[3000]	预期性
	#高速铁路通车里程(公里)			1400 以上		
	高速公路通车里程(公里)		1507	4500 以上	[3000]	预期性
	乡镇通油路(水泥路)率(%)		96.9	100(2012 年实现)	[3.1]	预期性
	建制村通油路(水泥路)率(%)		29.64	70 以上	[40.36]	预期性
	农村人口人均有效灌溉面积(亩)		0.64	0.9	[0.26]	预期性
	农村人口人均基本口粮田(亩)			0.5		预期性
科技教育	九年义务教育巩固率(%)		78.3	85	[6.7]	约束性
	高中阶段毛入学率(%)		55	63	[8]	预期性
	高等教育毛入学率(%)		20	27	[7]	预期性
	科技进步贡献率(%)		40	45	[5]	预期性
	全社会科技研发投入占生产总值比重(%)		0.7	1.2	[0.5]	预期性
	人才资源总量(万人)		205	250	[45]	预期性
资源节约和环境保护	耕地保有量(万公顷)		443.8	439.8	[−4.0]	约束性
	单位生产总值能源消耗降低(%)				控制在国家下达的指标范围内	约束性
	单位工业增加值用水量降低(%)				[25]	约束性
	单位生产总值二氧化碳排放降低(%)				控制在国家下达的指标范围内	约束性
	主要污染物排放减少(%)	化学需氧量			控制在国家下达的指标范围内	约束性
		二氧化硫				
		氨氮				
		氮氧化物				
	森林增长	森林覆盖率(%)	40.5	45	[4.5]	约束性
		森林蓄积量(亿立方米)	3.17	3.8	[0.63]	
人民生活	农民人均纯收入(元)		3400	5480	10 以上	预期性
	城镇居民人均可支配收入(元)		14180	22840	10 以上	预期性
	城镇登记失业率(%)		4.0	4.5 以内		预期性
	城镇新增就业人数(万人)		21	[135 以上]		预期性
	农村贫困人口下降(%)			50		预期性

续表

类别	指　　标	2010 年	2015 年	年均增长(%)	属性
社会建设	人口自然增长率(‰)	6.3	6 以内	[-0.3]	约束性
	年末常住人口总数(万人)	3820	3936		预期性
	人均期望寿命(岁)	69.5	70 以上	[0.5]以上	预期性
	千人卫生床位数(张/千人)	2.73	3.31	[0.58]	预期性
	城镇参加基本养老保险人数(万人)	250	320 以上	[70]以上	约束性
	城乡三项基本医疗保险参保率(%)	90	93	[3]	约束性
	城镇保障性安居工程建设(万套)		[39.82]		约束性
	亿元生产总值生产安全事故死亡率(人/亿元)	0.48	0.31	[-0.17]	预期性

注:国内生产总值和城乡居民收入绝对数是按 2010 年价格计算,速度按可比价格计算;[ ]内为五年累计数;城乡三项基本医疗保险指城镇职工基本医疗保险、城镇居民基本医疗保险、新型农村合作医疗。

第二篇　大力实施工业强省战略,加快推进产业结构调整升级

按照新型工业化要求,坚持以市场为导向和政府推动相结合,坚持集聚发展、节约发展和可持续发展,坚持深化体制机制改革和优化工业发展环境,改造提升传统产业,发展壮大支柱产业,培育发展新兴产业,推进优势资源转化,延长产业链,加快建设国家重要能源、资源深加工、装备制造业、特色轻工产业和战略性新兴产业五大基地,着力扩大总量,在扩大总量、增加投资中调整优化结构,转变经济发展方式,实现转型升级,基本形成特色工业经济体系,通过工业的主导带动作用,促进三次产业加快提速、协调发展,促进工业化、城镇化、农业产业化协调互动发展。到 2015 年,工业增加值比 2010 年增加 1.5 倍,工业总产值实现 1 万亿元以上;“十二五”期间工业累计投资实现 1.5 万亿元以上;电力、煤炭、冶金、有色、化工、装备制造、烟酒、民族医药和特色食品及旅游商品为主的特色产业等八大产业产值分别超过 1000 亿元;培育形成年销售收入超百亿元的大企业、大集团 20 户以上。

第四章　加快建设国家重要能源基地

加大能源产业的结构调整力度,初步形成规模型、效益型、生态型的多元化能源产业体系,基本建成全国重要的综合能源基地。

第一节　提高煤炭工业总体水平

推进煤炭产业规模化、节约化和集团化发展,加大煤矿资源的整合和大矿建设力度,调整完善煤炭工业结构和提升生产力水平,提高煤炭行业集中度,鼓励省内外有实力的大型煤炭企业兼并重

组中小煤矿。"十二五"期间建成1个年产量5000万吨和2个年产量3000万吨以上的大型煤炭企业集团,全省煤炭企业控制在200个以内;规模以上煤炭企业控制的煤炭资源量占全省占用煤炭资源量的80%以上,产量占全省总产量70%以上。提高洗精煤产量和煤炭洗选比例,推进清洁用煤、节约用煤和高效用煤。加快规划矿区内后备资源勘探力度,提高勘查深度。推进煤炭资源的综合利用。依托大型煤炭基地,建设一批大型煤电基地,积极发展煤炭深加工、精加工及关联产业。加强煤炭生产安全设施、装备和技术建设,进一步提高安全生产水平。力争到"十二五"期末,全省煤炭产量达到2.5亿吨,总产值达到1500亿元。

第二节 巩固壮大电力产业

充分发挥我省"水火互济"的优势,坚持扩大省外市场与保证省内用电并重,深入实施"西电东送"和资源就地转化。进一步优化电力结构,优化发展火电,大力发展清洁能源,深度开发水电,积极发展风电、核电和生物质能发电。优化调整电源点布局,进一步加快电源项目和配套煤矿建设,实施一批新建、改扩建和"上大压小"替代容量电源项目、输变电工程,加快推进核电项目前期工作。力争到"十二五"期末,全省电力装机达到4500万千瓦,其中新增外送400万千瓦,达到1400万千瓦,总产值达到1500亿元。

专栏3 能源工业发展重大工程

煤炭。推进盘江、普兴、水城、六枝、织纳、黔北等矿区一批规模以上矿井建设,重点建设五轮山矿一期、二期,文家坝一、二矿,肥田矿,新华矿,马依西一、二矿,马依东一、二矿,发耳矿二期,化乐矿一期,黑塘矿等项目。推进煤层气(煤矿瓦斯)开发和煤矸石等综合开发利用项目建设,重点建设盘江煤电煤层气开发等项目。

电力。建成一批大型坑口及路口电厂,重点建设六枝电厂、织金电厂、清江电厂、盘南电厂(5、6#机)扩建、大方电厂二期、安顺电厂三期、普安电厂、黔西电厂二期、桐梓电厂二期、清镇电厂二期、兴义电厂二期、威赫电厂、盘北煤矸石电厂二期、汪家寨煤矸石电厂等项目。建成沙沱、马马崖等大型水电站电源项目,积极推动中小水电站开发建设,建设乌江等流域抽水蓄能项目。推进毕节威宁、赫章,六盘水盘县,黔东南台江、黄平、锦屏,黔南龙里,黔西南普安、贞丰等重点地区风能的规模化开发和利用。依托生物资源建设一批生物质能发电项目。

第五章 加快建设国家重要资源深加工基地

依托能源工业,充分发挥资源组合优势,合理开发利用矿产资源,以煤化工、磷化工、铝工业和冶金工业为重点,按照煤电化、煤电铝、煤电磷、煤电冶一体化发展思路,推进煤电联营、电冶联营,大力发展优势原材料精深加工,延长产业链,基本建成全国重要的铝工业、磷化工、铁合金生产基地和南方重要的煤化工生产基地。

第一节 大力发展化学工业

按照大型化、基地化、规模化、多联产的要求,积极改造提升传统煤化工,大力发展新型煤化工,提高醇醚、醋酸、烯烃等新型煤化工产品比重,积极构建结构相对优化、品种比较齐全、产业链较长、有较强竞争力的新型煤化工产业体系,大力实施《贵州省煤化工中长期发展规划》,推进建设一批大型现代煤化工基地和项目,推进煤炭液化工程。加强资源整合和产业升级,有序开发磷矿资源,控制磷系复合肥产能规模，改造提升现有装置及配套能力，推进磷化工产业的精细化、集约化发展，推进黄磷深加工、热法磷酸深加工和湿法磷酸深加工，重点发展高纯黄磷、精细磷制品和精细磷酸盐产品，加快磷矿伴生资源尤其是重稀土矿等贵重资源的开发利用。大力发展氯碱化工。积极发展橡胶加工和锰、钡等其他精细化工，打造全国主要的精细碳酸钡生产和新技术、新产品开发基地。力争到“十二五”期末，总产值超过1000亿元；形成年产醇醚300万吨、烯烃60万吨的生产能力；形成年产磷酸500万吨，其中食品级和电子级磷酸50万吨以上的生产能力。

第二节　调整提升有色工业

以淘汰落后、技术改造、企业重组为重点，推动铝工业结构调整和产业优化升级，大力发展铝加工，实现铝产品结构由初级原料为主向加工产品为主的转型，建设形成贵阳、遵义两大铝电联营、上下游配套的大型铝工业基地，推动黔东南、六盘水、安顺、铜仁等地发展铝加工。以增强钛矿资源保障为基础，通过科技创新和技术改造，推动钛产业扩大产能、调整结构，完善钛材品种，重点向高质量的钛及钛合金产品和钛带领域扩展。加快和规范黄金工业发展。支持铜仁、黔东南积极发展钒深加工。力争到“十二五”期末，总产值超过1000亿元；形成年产氧化铝460万吨、电解铝260万吨、铝加工150万吨的生产能力。

第三节　做大做强冶金工业

以调整结构、淘汰落后、优化升级、合理布局、重组发展为重点，加强研发创新，提高产品档次。改造提升钢铁工业，支持六盘水、贵阳等地调整钢材品种结构，延长产业链，推进钢材深加工。调整优化提升铁合金产业，积极引导铁合金企业在资源优势区域的集聚发展和结构升级，发挥锰系、硅系铁合金和工业硅生产优势，推广铁合金精炼技术，生产低碳、低磷、低硫、微碳等精炼铁合金产品。

专栏4　资源深加工产业重大工程

煤化工。重点建设织金“煤—磷—电—化”一体化基地、绥阳“煤—电—化”基地、普兴“煤—电—化”一体化基地、盘南煤化工基地、习水“煤—电—化”多联产一体化基地，推进建设瓮福地区“煤—磷—电—化”一体化基地；完成桐梓金赤煤化工项目一期、老鹰山煤化工项目一期、天福煤化工项目、安龙循环经济重化工二期工程、贵州开阳化工公司煤化工项目、红果煤焦化项目、水城发耳煤化工项目、六枝煤化工项目等一批项目建设；推进首黔公司盘县循环经济基地项目、盘江煤电集团盘北和盘南煤化工项目、绥阳氯碱化工项目等一批重大项目实施。

磷化工。推进开阳、息烽、瓮安、福泉、织金等大型磷化工基地建设，重点建设开磷和瓮福集团精细化工基地；建设瓮福集团矿山二期接替、开磷集团矿山技改扩能、息烽磷矿露天转井下采矿技术改造等项目；实施瓮福集团电子级磷酸、碘氟回收，开磷集团电子级和食品级磷酸，锦磷公司织金精细磷化工等一批精细磷化工项目。

橡胶化工。实施贵州轮胎股份有限公司异地改造项目。

有色。重点建设贵阳、遵义两大铝工业基地，完成清镇80万吨/年氧化铝、40万吨/年电解铝、黔北一期140万吨/年氢氧化铝、40万吨/年电解铝和遵义氧化铝扩能改造等项目建设，推进清镇麦坝和猫场矿区、务川瓦厂坪和大竹园矿区铝土矿开采项目建设，实施中铝、广铝、广东凤铝、双元铝、贵州今飞、江苏达进、南通华恒、东阳光等企业铝深加工项目。实施遵义钛业公司高纯钛、高钛铁及其他钛深加工项目。加快黄金资源勘探，推进黔西南、黔东南、黔南3个产金基地建设，建设贞丰长田、兴仁回龙、普安泥堡等金矿，实施一批金矿改扩建工程。

冶金。加快推进首钢在贵州“一业三地”（钢铁冶金，水钢、首黔、贵钢）可持续发展战略实施，重点建设水钢公司结构调整技术装备提升改造工程、首黔公司新工艺新材料循环经济工业示范基地和贵阳特殊钢公司迁建新特材料循环经济工业基地；推进实施黔东南、黔南、遵义等重点地区铁合金改造升级项目；推进铜仁、黔东南、遵义等地实施金属锰深加工项目。

支持铜仁、黔东南等地实施金属锰节能减排技术改造，发展金属锰深加工。力争到“十二五”期末，总产值超过1000亿元。

第四节 加快发展新型建材

依托优势资源，加强技术研发和创新，促进传统建材的升级换代和延伸加工，支持新型建材扩大生产规模。加快水泥产业的结构调整，合理布局水泥项目，发展新型干法水泥，推广应用低温余热发电，做强水泥产业。加快各类利用磷石膏、粉煤灰、煤矸石、冶金渣、尾矿沙等大宗工业废渣生产的新型建筑材料的生产和推广运用，年利用各种工业废弃物3000万吨以上。支持开发新型节能环保建材和绿色装饰材料，积极发展玻璃深加工产品、天然石材和建筑陶瓷。力争到“十二五”期末，建材产业总产值达到400亿元。

第六章 推进建设国家重要特色装备制造业基地

充分利用我省航空、航天、电子三大军工基地的人才、技术优势和产业基础，积极挖掘省内市场和拓展省外市场，坚持自主创新与技术引进相结合，依托重大项目，提升装备制造业整体水平，发展一批特色鲜明、重点突出的装备制造产业集群和企业集团，重点打造以贵阳为核心区，遵义、安顺、凯里、都匀为配套功能区的黔中特色装备制造业基地，努力使装备制造业在“十二五”期间有一个大的发展，成为全省重要的支柱产业。力争到“十二五”期末，总产值超过1000亿元。

第一节 大力发展能矿产业装备制造业

围绕全省能矿产业发展，支持和加强能矿产业与制造业有机衔接，以装备主机为龙头、以专业化协作配套为基础，大力发展能矿产业装备，增强省内成套设备生产和配套能力。重点建设贵阳、遵义能矿产业装备基地；支持六盘水、毕节、黔西南等地开发电力、化工及矿山机械装备。

第二节 积极发展航空航天装备制造业

依托省内航空工业基础，加大对民用航空产品和实用性航空产品的研发力度，以通用飞机研制和生产为突破口，大力发展航空装备产业。依托省内航天工业基础，大力发展以航天高新技术产品为重点的航天装备产业。

第三节 大力发展汽车及汽车零部件制造业

积极引进省外汽车生产优强企业，推动省内汽车及汽车零部件生产企业资源整合和企业重组，以贵阳客车、专用车、新能源汽车生产基地，遵义轻卡、微型面包、特种车等汽车生产基地，毕节载货汽车、农用车生产基地和安顺客车、微型车、特种车生产基地为龙头，以一大批汽车零部件配套生产企业为基础，大力发展汽车及汽车零部件装备。

第四节 积极发展机电及其他机械装备制造业

支持贵阳、遵义、黔南、黔东南等地区相关机电企业技术研发和企业升级，提升省内机电工业水平，积极发展以精密数控装备及功能部件、风力发电装备、电子元器件及电子信息产品、铁路车辆及备件为重点的装备产业。支持思南、赤水、贞丰等地依托内河航运条件和现有工业基础，发展以内河船舶为重点的装备制造产业。

专栏5　装备制造业发展重点及重大工程

装备制造业发展重点。大力发展飞机及飞机零部件、汽车及汽车零部件、工程机械及零部件、精密数控装备及功能部件、电子元器件及电子信息产品、铁路车辆及备件、新装备及零部件等七大装备系列产品，积极发展船舶制造、输变电器、磨料磨具及钎具、模具等产品。

能矿装备、工程机械及机电装备。重点建设贵阳、遵义能矿产业装备基地，支持六盘水、毕节、黔西南等地开发电力、化工及矿山机械装备，建立采掘、挖掘机械加工等研发基地和锻铸造、工模具、热表处理制造业基础平台，推进一批能矿装备项目建设；重点建设都匀重型机床和贵阳大重型数控磨床及中小型数控机床两个核心产业基地，推进贵州詹阳公司异地技改；推进中国振华集团新型功能材料及电池产业化、贵阳海信公司3D模组及整机一体化等项目建设。

航空航天装备。积极发展中型涡桨多用途飞机、教练机、无人机、航空机载装备、飞机零部件和航天高技术产品，重点建设安顺民用航空国家高技术产业基地和贵阳、遵义航天高新技术工业园区。

汽车及零部件装备。积极发展客车、专用车、新能源汽车、载货汽车、农用车、轻卡、微型面包及汽车零部件，建设以贵阳市、遵义市、安顺市、毕节市为核心的汽车产业聚集区，重点实施毕节力帆公司载货汽车、遵义贵州航天公司微型车、安顺青年莲花公司莲花轿车、贵州万达公司和贵州云马公司异地建设。

第七章　加快建设国家重要特色轻工产业基地

积极发展以优质烟酒和民族制药、特色食品、旅游商品为主的特色产业发展，大力发展龙头企业，支持中小企业、非公经济发展壮大，积极构建具有我省特色和比较优势的轻工产业体系，增强农业的带动和对重工业的支撑作用，加快建设成为全国重要的优质烟草基地、名优白酒基地、中药现代化基地和南方重要的绿色食品加工基地。

第一节　提升壮大烟酒产业

大力实施品牌带动战略，推进烟酒工业结构调整、技术改造、精细制造和市场建设，扩大增量，盘活存量，做大总量。按照集团化、规模化、集约化发展要求，以技术创新为先导，大力调整优化产品结构，进一步提升"贵烟"品质和壮大品牌，推进烤烟生产相对集中布局和规模化、集约化经营，提升烟草行业整体竞争力。充分发挥"国酒茅台"品牌带动作用，加大白酒工业投入，扩大名优白酒在白酒总量中的比例，大力发展年份酒，扩大对高端市场的占有率，整合其他优质白酒品牌，全力打造黔北地区、黔中地区、南部地区三个"贵州白酒"品牌基地和仁怀白酒工业园，提升"贵州白酒"品牌的综合实力和整体竞争力，支持发展啤酒、果酒、保健酒及非粮食原料酒。力争到"十二五"期末，烟酒产业总产值超过1000亿元，其中"两烟"500亿元，白酒500亿元；卷烟总规模达到300万箱，"贵烟"产销规模达到80万～100万箱，力争达到120万箱，"贵烟"品牌在高档卷烟（一、二类）行业排位进入前十名，烟叶850万担；白酒产量达到50万千升，茅台酒产能达到4万千升。

第二节　发展壮大民族医药和特色食品、旅游商品为主的特色产业

立足我省生物资源、旅游资源和民族文化资源，结合特色农产品基地和旅游基地建设，大力发展农副产品深加工、林加工和具有比较优势的民族医药、特色食品和旅游商品。以推进中药现代化

为主线，重点发展民族药，积极发展生物制药和化学制药，发展壮大骨干企业，做强"益佰"、"神奇"、"百灵"、"同济堂"、"信邦"等著名品牌，加快医药工业园区建设，加快流通体系建设，实现医药企业规模化、集群化发展。发挥特色资源优势，依托"老干妈"等骨干企业和品牌产品，加快特色食品工业发展，重点发展辣椒制品、肉制品、马铃薯制品、核桃乳、植物油、调味品和精制茶等特色食品工业，大力建设特色食品加工基地，扩大生产规模、提高产品档次。在有利于生态建设和环境保护的前提下，发挥竹、木资源优势，加快速生丰产原料林基地建设，大力发展纸浆造纸工业。大力开发具有地方资源优势和民族特色的旅游商品，加快建设旅游小商品生产基地，大力发展银器、蜡染蜡画、刺绣、民族服装服饰、民族乐器等系列产品。力争到"十二五"期末，特色产业总产值超过1000亿元。

专栏6　特色轻工产业重大工程

"两烟"。完成贵阳卷烟厂、毕节卷烟厂技改项目，推进实施贵定卷烟厂就地技改、遵义卷烟厂技改项目；推进贵阳卷烟厂和毕节、遵义、贵阳、铜仁、黔南等复烤厂打叶复烤线改造等项目建设；推进铜仁、六盘水、黔南、黔东南、毕节等卷烟物流中心、烟叶库房及烟叶基层站（点）项目建设。

白酒。重点建设茅台酒"十二五"期间新增20000吨产能及习酒新增技改、董酒生产线恢复改造、珍酒技改、安酒填平补齐技改、青酒白酒扩建、匀酒恢复改造、金沙窖酒改扩建、贵酒改扩建、鸭溪酒改扩建、毕节大曲改扩建、贵州醇酒改扩建、平坝窖酒恢复改造等项目。

民族医药。重点实施益佰工业园区、修文扎佐医药工业园区、毕节试验区药品食品工业园区建设，同济堂制药生产线改造，信邦制药、泛特尔公司、新天药业GMP生产线建设，百灵制药GAP基地建设。

特色食品。建设一批辣椒、茶叶、植物油、茶籽油、特色杂粮、畜禽产品、肉制品等绿色食品生产加工基地。

旅游商品。重点扶持一百户旅游商品龙头企业，扶持一百个旅游商品专业市场和公共服务平台。

造纸。重点建设黔东南林浆纸一体化基地，完成年产30万吨木浆、26万吨商品浆板和30万吨高档白卡纸项目建设；完成赤天化年产20万吨竹浆项目上下游产业链项目建设。推进黔东南400万亩、黔北100万亩造纸林基地建设。

第八章　加快培育国家重要战略性新兴产业基地

立足我省资源优势和技术基础，把握未来科技和产业发展方向，按照"明确重点、集中突破、开放合作、政府推进、市场主导"的要求，加强科技创新，强化政策支持，加快发展新兴产业和高技术产业。

第一节　积极培育发展新兴产业

加快发展新材料、电子及新一代信息技术、高端装备制造、生物技术、节能环保、新能源、新能源汽车等新兴产业，重点开发一批比较优势较大的产品，形成新的经济增长点，推进建设安顺民用航空产业国家高技术产业基地、贵阳生物医药产业基地和贵阳、遵义新材料产业基地。力争到"十二五"期末，总产值达到500亿元。

第二节　加快发展高技术产业

加大对高技术产业发展的支持力度，推进高技术产业在优势区域的集聚发展，建设一批高技术产业基地。提升各类高技术产业园区、经济技术开发区的产业创新能力和孵化能力。

专栏7 战略性新兴产业和高技术产业发展重点

新材料。重点发展金属及其合金材料、无机非金属材料、化工材料、聚合物材料、电子功能材料、新能源材料,加快发展高强度铝合金、钛合金、锰合金、镁合金等新材料。形成以贵阳市、遵义市为核心的新材料产业聚集区。

电子及新一代信息技术。重点发展电子元器件、软件产业与集成电路产业、“三网融合”、物联网、下一代互联网(IPV6)等,大力培育信息服务产业。形成以贵阳市为核心的新一代信息技术产业聚集区。

高端装备制造。重点发展航空航天产业、工程机械及其零部件、数控机床及其功能部件、特色装备等。形成以安顺市、贵阳市、遵义市为核心的航空航天产业聚集区,以贵阳市为核心的工程机械制造业聚集区,以贵阳为核心的数控机床制造业聚集区,以贵阳、遵义为核心的特色装备制造业聚集区。

生物技术。重点发展生物医药产业和生物育种产业。形成以贵阳市为核心,以遵义市、安顺市和黔南州为重点的生物医药产业聚集区;以贵阳市为重点的生物育种产业聚集区。

节能环保。以中心城市为依托,加快污染物治理适用技术研发和产业化应用,大力发展节能技术和产品。

新能源。在黔西南州、黔南州和贵阳市形成生物能源技术和产品研发制造基地,在贵阳、遵义等地形成风能、太阳能、地热能技术和产品研发制造基地。

新能源汽车。以锂离子动力电池、驱动电机、电控系统的研发生产为切入点,培育轻型电动车和电动汽车产业。建设以贵阳市为重点的新能源汽车产业基地。

第九章 提高工业发展的集群化水平

综合考虑各区域资源分布、产业基础和主体功能区类型,加强工业化与城市化的紧密结合和互动发展,优化工业发展布局,大力发展园区经济,推动优势工业集聚发展。

第一节 促进工业集群式布局

依托快速铁路和高速公路干线,与城镇化空间布局相衔接,充分发挥各经济区域的比较优势,强化区域分工和经济联系,点轴发展与点状发展相结合,形成全省中、西、北、东南各具产业发展重点的工业化战略布局。黔中地区,重点发展装备制造、磷煤化工、有色冶金、名优烟酒、电子信息、新材料、新能源、生物制药、特色食品等优势产业,加快建设贵阳—遵义、贵阳—安顺工业走廊和贵阳—都匀凯里特色产业带,建设形成装备工业和高新技术产业聚集区、原材料及资源深加工产业聚集区、名优烟酒基地和以现代中药民族药为代表的医药产业基地。西部地区,重点发展能源、煤化工、冶金、黄金、特色食品、新型建材、装备制造等优势产业,建设能源和煤化工产业聚集区,冶金、黄金、区域性绿色食品、优质烟草加工基地。北部地区,重点发展能源、有色冶金、装备制造、新材料、名优白酒、特色食品等优势产业,建设能源和煤化工产业聚集区、铝工业聚集区、名优白酒产业带和特色食品加工聚集区。东南部地区,重点发展加工制造、特色食品、精细化工、能源、原材料加工、新材料、电子信息等特色新型工业产业,建设轻工产业聚集区和区域性能源、冶金、化工、旅游商品基地。

第二节 有序发展产业园区

把产业园区作为工业集聚发展的主要载体,把园区经济作为工业经济发展的重要形式,根据全省工业化战略布局,科学规划、合理布局,新建一批、提升一批、整合一批产业园区(基地)。坚持高起点、高标准和发展循环经济的原则,抓好一批省级重点产业园区建设,加大对县域具有比较优势的特色产业园区建设的支持力度。科学确定产业园区的主导产业和空间布局,培育和引进优强企业作为龙头,形成核心企业、配套企业、生产性服务企业紧密链接、相互支撑的集群发展模式。优先保证重点产业园区用地指标，建立良好的基础设施保障平台、高效的管理服务平台，进行统一的规划环评和总体环评，有效解决企业入驻园区发展的各种前置条件。探索以企业为主体的园区开发机制，广泛吸引外来投资者领办、创办产业园区，推行园区经营性项目的市场化运作、企业化管理。按照“共建共享、收益分成”的运作模式，鼓励各级政府联合进行产业园区的建设。按照优化结构、合理承载的原则，围绕优势产业和重大项目，统筹配置土地、厂房、能源等要素资源，推进对重点高载能产业园区的电力直供。支持符合条件的省级重点产业园区上升为省级或国家级开发区。“十二五”期间，全省建成和完善100个左右具有一定规模的产业园区，其中30个产值达到100亿元以上；创建5～10个国家级新型工业化产业示范基地。

第十章 强化工业发展的体制机制和政策保障

贯彻对接国家深入实施西部大开发的各项政策，切实完善与工业强省战略相适应的政策保障体系，创新体制机制，下大力改善工业发展环境。

第一节 用足用活用好国家政策

强化产业政策支持。抢抓国家对西部地区实行有差别产业政策的机遇，积极争取国家将我省重点特色优势产业纳入西部地区鼓励类产业目录和外商投资优势产业目录；对凡是有条件在我省加工转化的能源、资源开发利用项目，要积极争取国家在我省布局建设并优先审批核准；对省级权限范围内的重点产业项目，优先审批和核准；鼓励外资参与我省提高矿山尾矿利用率和矿山生态环境恢复治理新技术开发应用项目；积极争取中央地质勘查基金、国土资源调查评价资金加大对我省的投入；对获得国家和省级首台(套)产品的企业，由政府给予一定奖励扶持。

努力加强财政、金融和土地要素支持。充分发挥政府投资引导作用，用好用足国家财政资金支持政策，进一步加大省级财政对工业发展的支持力度；积极协调金融机构与政府、企业的关系，逐步建立多元融资结构和多种融资渠道相结合的融资体系，推动金融机构不断加大对工业发展支持力度；统筹全省土地利用总体规划修编，合理安排和有效增加工业用地供给，对重点工业项目由省直接定点供地，加强工业用地储备，鼓励节约集约用地，提高单位土地的投入产出。

第二节 加强体制机制创新

认真落实省委省政府关于实施工业强省战略的决定，加强工业发展组织领导，创新工业发展的体制机制，大力实施“八大行动计划”，建立工业发展的目标分解、考核和评价制度，落实改善工业发展环境的各项措施。

第三篇 大力实施城镇化带动战略，增强城镇对经济社会发展的带动力

按照统筹规划、合理布局、完善功能、以大带小的原则，坚持走有特色、集约型、多样化、组团式

拓展、点状式集中的山区绿色城镇化道路，遵循城市发展客观规律，加快推进城镇化进程，强化城镇化与工业化、农业产业化的紧密结合和互动发展，着力优化城镇化发展布局，以大城市为依托，以中小城市为重点，促进大中小城市和小城镇协调发展，形成科学合理的城镇化体系，创新体制机制，加强城镇基础设施建设，强化城镇产业支撑，增强城市综合承载能力和辐射带动能力，发挥城镇化对增加就业、带动投资和促进消费增长的巨大作用，加快农村人口向城市有序转移，推进统筹城乡发展，初步破解城乡二元结构。

第十一章　优化城镇化空间布局

构建以快速铁路为发展主轴，以黔中经济区为战略重点，以其他重点城市化地区为重要组成，以快速铁路沿线和高速公路网络节点上的重点城市为支撑，能更便捷地融入全国经济大循环的城镇化战略新格局。以贵阳为中心，以贵阳—遵义、贵阳—安顺、贵阳—都匀和凯里为主轴，以六盘水、兴义、毕节、铜仁为区域中心城市，以一批中小城市为网络节点，全面强化城镇集聚与辐射能力，形成中心集聚、轴线拓展的集约发展态势。加快发展黔中城市带，构建黔中城市群，带动全省城镇化加快发展。2015 年全省城镇化率达到 40%；力争经过 10 年左右的努力，全省大城市（含特大城市）、中等城市分别增加到 9 个、20 个以上，发展形成一批小城市，城镇人口 3/4 在大中城市、1/4 在小城市和建制镇，到 2020 年城镇化率达到 50%。

第一节　积极培育黔中城市群

加快培育以贵阳为中心，遵义、安顺、都匀、凯里为支撑，贵阳—遵义、贵阳—安顺、贵阳—都匀和凯里三大城市带为骨架，一批重要县城为节点的黔中城市群，建设成为全省城镇化的核心区。

进一步做大贵阳特大城市。周边省会城市“十一五”期间迅速扩张。贵阳通往周边的多条高速铁路已开工建设，“十二五”陆路交通枢纽基本形成，无论是形成贵州经济的引擎还是适应陆路交通枢纽称谓，都逼迫贵阳尽快扩张发展。贵阳市要调整优化城市核心区发展布局，加快城市规模化发展，大力推进老城区、金阳新区、三桥马王庙区域、小河区域、东部新城、白云区域、新天片区等七大主城区建设，积极推进城市向周边和延伸区域拓展，逐步将清镇城区、修文县城和龙里县城纳入中心城区规划范围。

加快把遵义发展成为特大城市，构建由汇川区、红花岗区、新蒲新区、南白城区组成的中心城区，推进中心城区与周边城镇一体化发展，把桐梓、绥阳、湄潭等县城培育发展成为卫星城市。

加快安顺中心城区发展，加快形成“两片三轴五心”的中心城区空间格局，推进平坝、普定与安顺中心城区同城化发展，实施东向拓展，加快贵阳—安顺一体化进程。

壮大都匀、凯里城市规模，推进凯里—都匀城市组团发展。都匀市要大力推进都匀经济开发区和甘塘产业聚集区建设。凯里市要加快老城区、开发区、开怀片区等主城区建设，推动凯里、麻江城市空间融合，构建“一主多片”的城市空间格局。

积极打造黔中城市带。沿贵阳—遵义轴线，加快发展修文扎佐镇、修文县城、开阳县城、息烽县城、息烽小寨坝镇和遵义乌江镇、三合镇；沿贵阳—安顺轴线，加快发展清镇市、平坝县城、平坝马场镇和普定县城；沿贵阳—都匀、凯里轴线，加快发展龙里县城、贵定昌明镇、贵定县城和福泉市，形成链珠状城市绵延带。

积极发展黔西、织金、瓮安、金沙、惠水、长顺等重要节点城市。

第二节 推进重点城市化地区发展

依托区域性中心城市，积极推进重点城市化地区的城镇化进程。发展壮大六盘水中心城市，推进中心城区“一城七片”建设和钟山城区—水城城区一体化发展，培育发展卫星城镇。以兴义市为中心，支持推动兴义—兴仁—安龙—贞丰组团发展，推进形成兴(义)兴(仁)安(龙)贞(丰)城市经济圈。以毕节市为中心，积极推动毕节—大方同城化发展。加快扩大铜仁中心城市规模，加快谢桥新区、川硐新区建设，培育发展玉屏、松桃等卫星城市，构建以铜仁为中心的城市发展组团。

第三节 发展形成一批中小城市

依托铁路主轴，加快把盘县、黔西、德江、仁怀、榕江等有条件的县城培育发展为区域性重要的中等城市。沿快速铁路和在高速公路网的重要节点，加快把平坝、福泉、贵定、开阳、息烽、瓮安、六枝、织金、金沙、威宁、赤水、绥阳、桐梓、兴仁、思南、从江新县城(洛贯)、独山、天柱及一批有条件的重点城镇培育发展为中等城市或小城市。依托高速公路，根据资源优势和区位条件，点状发展基础条件好、发展潜力大的建制镇。建设一批交通枢纽型、旅游景点型、绿色产业型、工矿园区型、商贸集散型、移民安置型等不同类型的特色小城镇。

专栏8 省会城市和8个区域性中心城市发展规模

2015年城市规模。贵阳中心城区320万人以上；遵义中心城区100万人以上(含汇川区、红花岗区、新蒲新区、南白城区)；六盘水中心城区80万人以上(含双水)；毕节中心城市60万人以上(含大方县城)；安顺中心城区50万人以上；凯里中心城市60万人以上(含麻江县城)；都匀中心城市45万人以上；兴义中心城市45万人以上；铜仁中心城市45万人以上。

2020年城市规模。贵阳中心城区500万人左右；遵义中心城区150万人(含汇川区、红花岗区、新蒲新区、南白城区)；六盘水中心城区100万人以上(含双水)；毕节中心城市100万人以上(含大方县城)；安顺中心城区80万人以上；凯里中心城市100万人以上(含麻江县城)；都匀中心城市80万人左右；兴义中心城市80万人以上；铜仁中心城市80万人左右。

第十二章 大力提升城镇基础支撑能力

按照要素集聚、产业集中、土地集约、生态环保的原则，完善城市功能分区，以城市路网建设带动城市规模扩大，以城市综合交通引领城市发展，着力增强城市基础支撑能力。

第一节 加强城镇基础设施建设

把路网作为城市基础设施的重中之重，加快大中城市骨干路网建设，实施一批重点路网工程，以城市路网建设带动城市规模扩大和城市质量的提高。

按照拉开建设、优化布局、新区先行、带动老区的建设思路和时序，系统抓好城镇配套设施建设。实施城镇供水设施、节水系统和水源建设工程，推进每个城市有一座中型以上水库或几座重点小型水库、乡镇有一个以上小型水源供水工程建设；落实城市公共交通优先发展战略，促进城市公交向郊区和农村延伸;加快城镇污水处理及再生利用设施和城镇垃圾无害化处理设施建设;完善供电网络建设;提高城市燃气普及率和供应保障率;完善信息网络,完成所有设市城市和绝大部分县城数字化综合管理平台建设;加强地下管网建设,完善防洪、排涝、人防、防震减灾和公共消防等设施,实现市政公用设施系统化、网络化、立体化建设;适应城市发展需要,配套建设医疗、卫生、文化、体育、养老等公共服务设施;推进"城中村"和城乡结合部改造。加强城市地下空间的科学开发利用,推进地下空间公共基础设施建设。

第二节 统筹推进城市化区域城际交通等重大设施建设

适应重点城市化区域一体化发展需要,完善区域交通网络。加快编制和实施区域城市连接通道规划,建成一批城际铁路和城际主干道及跨区域环线公路。加快区域内重点城镇、重点工业区、物流园区、旅游景区与快速铁路、高速公路的快速连接通道建设。

统筹布局重点城市化区域生态治理环境保护工程和信息化工程。

专栏9 城镇基础设施和城际干道工程

城镇道路交通工程。实施城市路网工程:大中城市按照远景规模,主骨架路网一次规划到位,分步实施,推进一批重点路网项目建设。2015年贵阳、遵义中心城市人均道路争取达到$12m^2$以上,其他中心城市达到$10m^2$以上,中小城市达到$8m^2$以上。实施贵阳城市轻轨工程:建成贵阳城市轻轨一号线,实现金阳新区与云岩、南明、小河的快速连接,开工建设二号线。实施城市客货运枢纽工程:完成贵阳火车北站、龙洞堡机场改扩建、贵阳客运东站等枢纽工程;其他中心城市结合城市新区开发和工业园区建设,建成一批铁路或公路客货运枢纽工程;小城市和重点镇规划建设一批铁路或公路客货运站场。

城镇供水工程。扩建57个供水项目、增加能力72.2万m^3/日,实施水厂工艺改造项目85个、改造规模359.5万m^3/日,新建和改扩建输配水管网4128公里,分级建成中心城市、县城和重点镇水质检测站,中心城市建成水质突发事故移动式处置设施。

城镇污水和垃圾处理工程。在全省城市、县城、重点流域建制镇、常住人口3万人以上建制镇建成一批污水处理和垃圾无害化处理设施或收运系统。2015年县城以上(含县城)城市污水处理率和垃圾无害化处理率均达到80%。

城镇燃气工程。推进天然气和一批煤气化制醇醚城市燃气项目建设;通过利用矿瓦斯,建设相关瓦斯储备站和运输管道,解决矿井附近城镇居民气源。2015年县城以上(含县城)城市燃气普及率达到70%。

城际干道连接工程。推进贵阳—平坝—安顺、贵阳—修文、贵阳—龙里、花溪—惠水、凯里—麻江宣威—都匀、安顺—普定、毕节—大方、兴义—兴仁—安龙、大兴—松桃等城市干道建设。

第十三章 强化城镇化产业支撑

大力加强城镇产业发展,以产业化促进城镇化,以城镇化推进产业化,实现城镇建设和产业发展的良性互动。

大中城市要按照城市功能定位,强化产业发展布局与城市空间布局的有机衔接,明确主导产业方向,加强城市之间的产业分工与合作,积极发展优势产业和劳动密集型产业,提升城市经济实力,增强区域辐射带动能力和吸纳就业能力。大力发展城市工业,强化集聚发展,加强城市工业园区建设,将工业园区纳入城市发展规划,为城市工业发展预留空间,每个城市应建设一定数量的、与城市发展规模相适应的省级以上工业园区(开发区),使工业园区成为增加就业、带动商业、壮大城市经济、扩大城市规模的重要载体。大力发展现代服务业,积极推进金融、教育、科技研发、现代物流等生产性服务业发展，积极发展生活性服务业，高度重视城市新区开发中商业设施建设和商业流通培育，通过商业片区开发，使新老城区实现有机联结。

小城镇要根据各自资源禀赋、区位条件和发展基础，因地制宜积极发展具有比较优势的特色产业，有条件的小城镇要依托大中城市发展配套产业，提升城镇经济实力，增强对农村人口转移就业的吸纳能力。

积极发展城郊型生态农业和观光农业，加强现代农业科技示范区建设，促进城镇农业转型发展。

专栏 10 区域中心城市定位与重点产业发展方向

贵阳中心城市。西南地区新型工业化城市、金融商贸物流中心和西部区域性重要中心城市；重点发展先进制造业、高新技术产业和现代服务业等。

遵义中心城市。新型工业城市、红色旅游文化城市和黔川渝交界地区重要的经济中心；重点发展装备制造业、特色食品工业、现代服务业等。

安顺中心城市。国际旅游目的地城市和我省重要的装备制造业基地；重点发展旅游业和航空航天、汽车制造业等。

都匀市。具有布衣、苗、水族特色的旅游休闲城市和区域性加工制造基地、商贸物流中心；重点发展旅游业、特色加工业、物流业等。

凯里市。具有浓郁苗侗文化特色的国际旅游目的地、区域性商贸物流中心和承接珠三角产业转移的重要基地，重点发展旅游业、加工业、物流业等。

六盘水中心城市。贵州西部地区中心城市和重要交通枢纽、全国循环经济示范城市、重要的能源原材料加工基地，攀西—六盘水资源综合开发区重要增长极；重点发展能源和资源深加工产业、矿山机械制造业、物流业等。

兴义市。黔桂滇交界的区域性大城市、商贸物流中心和特色旅游城市；重点发展能源和资源深加工产业、物流业、旅游业等。

毕节市。贵州西部区域性中心城市、重要交通枢纽和物流中心；重点发展能源和资源深加工产业、汽车和矿山机械制造业、物流业等。

铜仁市。贵州东北部区域性中心城市、黔渝湘鄂边区商贸物流中心和山水园林旅游城市；重点发展优势加工业和生态健康产业等。

第十四章 创新和完善城镇化发展的体制机制与政策

加强体制改革和机制创新，统筹城乡发展，推动农村人口向城镇有序转移，强化城镇规划指导和城镇化管理，增强城镇发展活力和动力。

第一节 大力推进农村人口向城镇转移

以实现农民工定居为重点，深入推进户籍制度改革，加强和改进大城市人口管理，放开中小城市和小城镇户籍限制，稳步推进农民工市民化，优先把在城镇有相对固定住所和相对固定工作的农民工转为城镇居民。探索迁入城镇落户定居农业转移人口宅基地的有偿退出机制，推动农民工进城定居创业。

把加快城镇化与促进农村人口向城镇有序转移、限制开发地区人口向重点开发地区有序转移结合起来，突出抓好一批推进城乡统筹的综合示范试点，探索符合我省实际的人口城镇化模式。

加强城镇保障性住房建设，重点解决城镇低收入家庭和农村人口转移进城住房困难问题，并将转为城市户口、符合条件的困难群众纳入城市低保范围。对暂时不具备落户的农民工，有计划、有步骤地提高他们在住房租购、社会保障和子女教育等方面的待遇。鼓励社会资金投资建设农民工公寓，改善农民工居住条件。建立统一开放、相互衔接的社保体系，将与企业建立稳定劳动关系的农民工纳入城镇职工基本养老和医疗保险。以公办学校为主、以输入地为主，解决好农民工子女入学问题。

第二节　强化城镇规划指导

超前考虑大中城市路网规划，做到规划到位，分片开发。紧紧抓住城市综合交通、土地利用、生态环境三个环节，高质量编制城镇规划，切实增强规划对城市建设发展中产业布局、历史文化传承保护等重大问题的指导作用。做好新一轮全省城镇体系规划修编，加快实现城乡规划全覆盖。加强城镇规划与经济社会发展总体规划、区域规划和土地利用、工业布局、人口、环境保护等专项规划的衔接，做好城镇规划中各专项规划之间的相互衔接。加强规划管理，建立相关部门定期协调制度，形成科学合理的管理组织结构。建立和完善规划编制工作体系、规划管理督察制度，切实保障规划质量，维护规划的严肃性和权威性。

第三节　加强城镇化管理

创新投融资体制机制，搭建城镇基础设施投融资平台，发挥政府资金的导向作用，吸引社会资金投入城乡建设，多渠道筹集城镇建设资金。深化城镇市政公用事业改革，创新城市管理和服务的体制机制，构建现代城镇管理体系。

根据城镇化发展需要，积极推动行政区划调整，有序推进“撤地设市”、“撤县建市(区)”、“撤镇设办”、“撤乡设镇”；选择一些能够发展成为中等城市或小城市的市县，探索开展市县管理体制改革试点。

第四节　加强城镇化土地保障

认真落实省土地利用总体规划对城镇建设用地的安排，采取城乡建设用地增减挂钩等措施，加强重点城镇土地储备，探索集约节约的城镇用地模式，切实保障城镇建设用地需求。进一步加强土地市场建设和监管，控制房地产单宗用地出让规模，正确处理好房地产用地与公益用地的关系。

第四篇　加快农业结构调整和扶贫开发步伐，推进农业产业化发展

把“三农”工作作为全省工作的重中之重，把扶贫开发作为“三农”工作的重中之重，把农民增收作为“三农”工作和扶贫开发的重中之重，夯实农业农村发展基础，大力推进城乡统筹发展，坚持工业反哺农业、城市支持农村和多予少取放活的方针，通过工业化致富农民、城镇化带动农村、产业化提升农业，推进社会主义新农村建设。

第十五章 大力推进新时期扶贫开发

创新工作机制，整合扶贫资源，加大扶持和开发力度，增强贫困地区自我发展能力，加快脱贫致富步伐。到2015年，按照国家扶贫标准，农村贫困人口数量比2010年减少一半。

第一节 完善扶贫开发机制

实行专项扶贫、行业扶贫和社会扶贫相结合，大力推进集团扶贫，积极构建“大扶贫”格局。坚持以县为单位、整合资金、整村（乡）推进、连片开发。实施“扶贫样板”工程，改变传统的扶贫资金安排方式，继续将省级扶贫资金增量集中用于培育典型、树立样板，带动农民增收致富。完善扶贫开发的激励机制，加快研究制定“摘帽不摘政策”的办法措施，鼓励有条件的扶贫工作重点县加快脱贫致富步伐。

按照新的扶贫标准，对农村贫困人口全面实施扶贫政策，加快推进农村低保制度与扶贫开发制度的有效衔接，逐步提高扶贫标准。准确识别贫困对象，合理确定扶持规模，实施有针对性的扶贫政策和动态管理，扶贫到户、措施到人，应保尽保、应扶尽扶。对鳏寡孤独、因病因残丧失劳动能力的特殊贫困人口给予基本社会保障和实施长期社会救助，使他们的基本生活得到保障。

第二节 增强贫困地区自我发展能力

坚持开发式扶贫方针，大力推进以特色农业为重点的产业化扶贫，促进贫困地区增强自我发展能力。加强规划指导，促进整乡（村）推进扶贫与区域连片开发相结合，提升产业化扶贫水平。

编制和实施武陵山区、乌蒙山区、苗岭山区（含麻山、瑶山地区）区域扶贫专项规划，加快集中连片和特殊困难地区扶贫攻坚，加快脱贫致富步伐。

第三节 促进农村劳动力转移

以青壮年劳动力为重点，加强农村劳动力技能培训，提高贫困人口劳动就业能力。推进贫困地区劳动力转移，大力发展劳务经济。“十二五”期间转移农村劳动力250万人以上。

第十六章 大力推进农业结构调整

在稳定发展粮食生产、巩固传统优势产业的同时，以科技进步为支撑，以提高单产为重点，以促进农业增效、农民增收、农村发展为核心，按照高产、优质、高效、生态、安全的要求，加快转变农业发展方式，加快农业结构调整，大力发展优势特色农业。“十二五”期间，年均粮食产量稳定在1150万吨以上，畜牧业增加值占农业增加值的比重每年提高1个百分点以上。

第一节 大力发展优势特色农业

以市场为导向，突出资源优势，巩固发展传统优势农产品，大力发展优势特色农产品，提升农产品品质,推进规模化生产。

加快发展生态畜牧业。稳定发展生猪,大力发展牛羊,积极发展特色养殖。加强标准化畜牧养殖场(小区)建设和良种繁育体系、动物防疫体系、饲草饲料基地建设。大力实施生态养殖业推进工程,着力打造一批规模化、标准化、产业化的优质肉猪、肉羊、肉牛及地方特色畜禽生产基地,努力建设生态畜牧业大省。

做大做强蔬菜产业。加强标准化体系建设,大力发展优质无公害(绿色)蔬菜,打造贵州蔬菜品牌,围绕省内外市场需求,重点推进47个特色商品蔬菜大县建设,把我省建成为无公害蔬菜的重要生产及出口基地,成为全国蔬菜主产区之一。到2015年全省蔬菜种植面积达到1500万亩以上,其中,辣椒400万亩。

发展壮大茶产业。以发展高品质绿茶为重点,继续加强优质、生态茶叶生产基地建设,提高茶叶规模化、标准化生产水平。加强茶叶综合开发利用,提高茶产业综合经济效益。加大资源整合力度,积极培育和引进一批茶叶龙头企业,打造在国内外市场有较强竞争力的“黔茶”品牌,使我省成为国内绿茶产业发展的大省、强省。到2015年全省茶园面积达到500万亩。

着力提升马铃薯产业。以我省42个全国马铃薯基地县为重点,加快脱毒马铃薯良种繁育体系和生产基地建设,大力发展马铃薯系列产品加工,把贵州建成全国最大的马铃薯产区、南方最大的商品薯生产基地、脱毒种薯供应基地和重要的加工基地。到2015年全省马铃薯种植面积达到1100万亩。

大力发展特色林果业和中药材。大力发展苹果、火龙果、柑橘等精品水果和核桃、板栗等优质干果,积极推进油茶品种改良和规模化种植,扩大和规范中药材种植,建成一批规范化生产基地。到2015年果树面积达到500万亩,油茶面积达到300万亩,中药材面积达到300万亩。

依托烟水配套工程,建设优质烤烟生产基地,优质烤烟产量达到35万吨以上。稳定油菜种植面积,建设优质高产油菜生产基地。围绕建设优质白酒基地,扩大高粱种植面积。因地制宜发展特色杂粮种植。依托自然环境条件,积极发展特色水产养殖。

大力发展设施农业、生态农业、节水农业,加快山地农机推广应用,围绕主导产业,优化区域布局,促进农业生产经营专业化、标准化、规模化、集约化,加强现代农业示范区建设,积极推进50个农产品质量安全标准示范县建设。

第二节　强化农业科技支撑

加强农业科技推广和创新能力建设,提升农业科技自主创新、成果转化和推广水平,健全公益性农业技术推广体系,提高科技对农业增长的贡献率。加强优质高产良种选育、区域性动植物疫病防控、特有物种资源保护与开发、饲料饲养、资源节约、农副产品加工等技术的研发和推广。加强栽培、养殖、加工先进适用技术以及适应山区农业发展需要的新型农机具的研究、引进和推广。加强农业配套技术的集成创新与应用。实施科普惠农兴村计划。加强新型农民科技培训和农村实用人才培训。

第三节　加强现代农业服务体系建设

以各级农业技术推广机构为主导,以农村合作经济组织为基础,大力推进多元主体参与的基层农业技术推广体系建设。加快农产品质量标准体系建设,大力开展无公害、绿色、有机食品和农产品地理标志认证。加强农产品质量安全监管能力建设，完善农产品质量安全监管与检验检测体系。加强动植物重大疫病防控体系建设和农业有害生物预警监控体系建设，全面提升重大动植物疫病和农作物重大病虫鼠害的有效防控能力。完善农业信息服务体系。加强农产品市场流通体系建设。

第四节　加强农业基础设施建设

加强农田水利设施建设，加大中低产田土改造力度，大力实施沃土工程，严格保护耕地，加快农村土地整理复垦，推进稳产高产基本农田建设，着力提高耕地基础地力和产出能力。以骨干水源工程和大中型灌区为重点，大规模建设旱涝保收农田。到2015年农村人口人均基本口粮田达到0.5亩。

第十七章　提高农业产业化水平

以农产品生产基地和产业带为依托，以发展壮大产业化龙头企业和培育农民专业合作组织为重点，大力推进农业产业化经营，促进传统农业向现代农业转变。到2015年，省级以上重点龙头企业达到400家，产业化龙头企业和农民专业合作组织覆盖农户52%以上。

第一节　积极培育和引进产业化龙头企业

大力扶持产业关联度大、市场竞争力强、辐射带动面广的特色农产品加工、流通企业，积极培育和引进一批年销售收入超过10亿元的产业化龙头企业。实施农产品加工能力提升工程，按照“产—加—销”、“贸—工—农”一体化模式，着力打造茶叶、马铃薯、蔬菜、辣椒、肉类、果品等产业链。推动农产品加工企业集聚发展。加大农特产品商标和地理标志开发保护力度，整合区域农产品加工品牌，积极培育和壮大一批竞争力强的名优品牌。在财政、信贷、税收、保险、土地征拨等方面，对生产基地和龙头企业实行政策优惠。

第二节　着力提高农民组织化程度

依托主导产业，大力发展以农户为主的各类农民专业合作组织。鼓励农村基层组织、农技人员、种养大户、农民经纪人及龙头企业开展产销合作，发展专业合作社、专业协会。积极引导农民实行劳动、土地和资本联合，发展多种形式的规模经营。以各种专业合作组织为纽带，大力发展“公司+专业合作社+农户”的产业化经营模式，建立龙头企业与农民之间的利益联结和风险协调机制，形成规范稳定的合作关系。到2015年，扶持新发展农民专业合作经济组织2000家。

第三节　加强农业产业化基地建设

依托产业化龙头企业，采用“龙头企业+合作社+农户”、“龙头企业+农户（或养殖大户、养殖小区）”和“龙头企业+基地”等模式，大力加强农业产业化基地建设，加快形成“龙头带基地—基地联农户”的产业化格局。按照“政府指导、市场运作、企业带动、农民参与”的建设模式，把农业产业基地、农产品加工聚集区建设与培育龙头加工企业结合起来，着力建成一批科技含量高、基础设施好、标准化程度高、辐射效应明显的农业产业化示范基地。

第十八章　拓宽农民增收渠道

坚持统筹城乡发展，拓宽农民增收渠道，提高农民创收能力，促进农民收入持续快速增长。

第一节　增加农民生产经营收入

积极发展附加值高的优势特色农产品，提高农业经营效益。因地制宜发展特色高效农业、休闲农业、乡村旅游和农村服务业，大力开发园艺、传统手工艺、观光等劳动密集型产品，使农民在农业功能拓展中获得更多收益。完善农产品市场体系和价格形成机制。贯彻落实强农惠农政策，及时兑现各种农业补贴。健全企业与农户间利益共享、风险共担的机制，带动农民增收致富。

第二节　增加农民工资性收入

大力发展农产品加工业，引导农产品加工业在产区布局，积极发展乡镇企业，促进农村非农产业发展，引导农民就地就近转移就业。实施农民创业促进工程，建设一批农民创业基地和创业园，以创业带动就业。加强农村劳动力技能培训，提高农民职业技能和创收能力。积极推进农村劳动力转移，大力发展劳务经济。

第三节　促进其他收入快速增长

调整政府投资、土地出让收益和耕地占用税新增收入使用结构，大幅度提高用于“三农”的比例。落实各项农业补贴政策，完善农村社会保障制度，提高农村保障水平，增加农民转移性收入。探索并建立农村集体和农户在当地资源开发项目中入股经营机制，增加农民财产性收入。

第十九章　完善农村发展体制机制

认真贯彻和落实中央关于深化农村改革的各项政策措施，建立和完善农村发展的体制机制，增强农村发展活力。

第一节　深化农村各项改革

坚持和完善农村基本经营制度，现有农村土地承包关系保持稳定并长久不变，在依法自愿有偿和加强服务的基础上，完善土地承包经营权流转市场，发展多种形式的适度规模经营。完善城乡平等的要素交换关系，促进土地增值收益和农村存款主要用于农业农村。按照节约用地、保障农民权益的要求推进征地制度改革，积极稳妥推进农村土地整治，完善农村集体经营性建设用地流转和宅基地管理机制。深化农村信用社改革，加快培育新型农村金融组织，鼓励有条件的地区以县为单位建立社区银行，发展农村小型金融组织和小额信贷，健全农业保险制度，改善农村金融服务。深化农村综合改革，推进集体林权和国有林场林权制度改革。继续发挥供销社在农产品生产、流通等方面的重要作用。积极探索新形势下村级公益事业建设的有效机制，建立健全农村基层工作保障制度。以村级公益事业建设一事一议财政奖补为突破口，完善政策，增加投入，提升农村公共产品供给能力。抓好统筹城乡综合配套改革试点工作。

第二节　加大新农村建设示范推广力度

按照统筹城乡发展能力分类推进全省新农村建设。一类地区，充分依托中心城市，坚持乡镇连片整体推进，大力发展城郊农业和农村二、三产业，加快城乡一体化发展，在新农村建设中实现率先突破。二类地区，依托中小城市，大力发展特色产业，以乡镇为单位实行整体推进，加快新农村建设步伐。三类地区，依托小城镇，坚持新农村建设与扶贫开发相结合，大力实施整村连片推进、产业化扶贫和劳动力培训转移，积极稳妥地推进新农村建设。

专栏11　农业产业化重点工程

优质粮油生产基地建设工程。以实施“千亿斤粮食产能工程”为重点，在生产条件较好的粮油主产县，集中连片建设高产稳产粮油生产基地。建设杂交水稻制种育种基地。

优势特色产业基地建设工程。围绕蔬菜、马铃薯、茶叶、林果、油茶、中药材、高粱、特色杂粮等特色农产品，建设良种繁育基地、标准园和生产示范基地。

生态养殖业推进工程。实施优质肉牛工程、优质肉羊工程、生猪“5511”工程、家禽“1525”养殖工程、奶牛“3213”养殖工程和水产健康养殖工程。实施草畜配套工程，发展冬季农田种草、人工草地、改良草地等。

农产品加工能力提升工程。围绕特色农产品和粮油加工，扶持一批重点加工企业，建设一批农产品加工产业集聚区和绿色产品生产加工基地。

现代农业示范区建设工程。在9个市（州、地）建设现代农业示范区。

农产品质量安全监管和检验检测体系建设工程。建设完善省、地、县、乡四级质检体系，推进50个县农产品质量安全检验检测体系建设。

现代农业产业技术体系建设工程。围绕重点优势特色产业，建立产业技术体系，完善产业技术研发中心、功能实验室、综合实验站建设。

基层农技推广体系建设工程。建设乡镇农业技术推广机构、农机技术推广服务体系、区域性农业试验示范基地、村级服务站点。

动植物良种繁育工程。建立省、地、县三级良种繁育体系，加大优质种苗、地方优良畜禽品种、水产良种资源保护、开发和利用力度。

动植物保护工程。建设无规定动物疫病示范区、省际间公路动物卫生监督检查站以及县级动物防疫隔离场、无害化处理场，新建改建乡镇兽医站，建设完善村兽医室。加快省级、9个市（州、地）及42个县级农业有害生物预警与控制区域站建设。

第五篇　大力发展现代服务业，加快把旅游和文化产业培育成为重要支柱产业

把加快现代服务业发展作为产业结构优化升级的战略重点，坚持市场化、产业化和社会化方向，壮大服务业规模，拓宽服务业领域，优化服务业结构，扩大服务业对外开放，强化政策支持，推动服务业与工业化、城镇化的融合与互动发展，全面提升服务业总量、质量和素质，增强市场竞争力和吸纳就业能力。

第二十章　大力提高服务业发展水平

围绕提升工业竞争力和提供配套服务，大力发展生产性服务业，适应城乡居民生活需求和消费结构升级趋势，积极发展生活性服务业。

第一节　大力发展生产性服务业

加快发展现代物流业。依托重要交通枢纽和交通网络节点，以中心城市和工业聚集区为重点，整合资源，优化要素配置，着力构建与工业化相适应的现代物流体系，加快把现代物流业发展成为服务业的新兴支柱产业。重点把贵阳建设成为全国重要的现代物流中心，把遵义、六盘水、毕节等打造成为省域重要物流中心，把兴义、都匀、凯里、铜仁、安顺等发展成为区域性重要物流中心，支持其他有条件的城市和工矿区发展物流中心，加快建设一批综合性和专业性的物流园区和物流基地。推进全国性物流示范城市建设试点。加快培育和引进一批大型现代物流企业。积极发展第三方物流，推进制造业和物流业联动发展。加快发展快递物流。加强物流业新技术开发利用，提高物流企业的技术装备和信息化水平。

积极发展金融业。完善经济金融互动发展的协调机制，促进政银企合作。继续推进“引银入黔”工程，积极引进国内大型股份制商业银行和外资银行到我省落户；积极吸引国内有实力的非银行金融机构到我省发展。加快地方金融机构发展，支持做大做强一批地方商业银行和投资机构，增强地方金融机构竞争力。积极发展农村金融，促进城乡金融业合理布局、协调发展。规范发展多种所有制形式的中小银行以及非银行金融机构。大力发展资本市场，推动更多省内企业上市融资和发行债券。积极发展保险业，发挥商业保险在健全社会保障体系中的重要作用。

加快发展科技服务业，重点推进科技孵化业、科技风险投资业、科技咨询业、科技中介服务业发展，加快科技服务平台建设，推进科技成果应用和转化。积极支持会展、广告、法律服务、会计、审计、资产评估、工程咨询等商务服务业发展。

积极支持贵阳市做好国家服务业综合改革试点工作。

专栏12　物流业发展重点工程

物流园区工程。建设贵州省金阳商贸物流园区、修文扎佐物流园区、遵义大恒物流园区、安顺黄桶物流园区、毕节远航物流园区、六盘水市红桥和红果物流园区、铜仁灯塔物流园区、凯里市物流园区、黔西南商贸物流中心、都匀市物流园区。

城市配送工程。建设贵阳西南物流中心、贵阳宝通物流园区、遵义南部工业园区物流中心、铜仁金滩物流配送中心、贵州医药集团大中医院医药配送网络等城市配送工程。

大宗商品和农村物流工程。建设贵州农畜产品和农资物流项目、遵义绿色产品交易中心、湄潭西部茶城茶叶物流项目、都匀农产品综合物流项目等。推进“农超对接”鲜活农产品冷链系统、农产品配送中心、鲜活农产品快速检测系统等项目建设。

制造业与物流业联动发展工程。建设贵阳国程小河物流园、贵阳改貌集装箱物流中心、六盘水市矿产品物流中心、赤天化纸业公司物流中心、仁怀有机原料仓储物流项目、毕节地区烟草公司烟草仓储物流项目、大龙物流中心等。

物流公共信息平台工程。建设贵州西南大宗商品电子交易物流信息平台项目、贵州电子口岸工程、贵州无水港物流信息平台项目、贵州农产品农资价格预警网。

应急物流工程。建设贵州省省级应急物资储备中心，贵州省战略物资储备基地，省级粮食、食盐、医药等重要物资储备中心及调控体系。

第二节 积极发展生活性服务业

提升改造商贸服务业，积极发展以连锁经营、特许经营、仓储超市和物流配送为重点的新型商贸流通业态，加快商贸批发和零售市场建设，培育发展商贸聚集区，积极推进农产品批发市场升级改造工程、“万村千乡市场工程”、“农超对接工程”、“双百市场工程”等商贸流通工程，建立完善城乡商贸服务网络。推进房地产业健康有序发展，引导房地产合理布局，优化商品住宅供应结构，重点发展普通商品住房，控制大户型高档商品房，保障住房供给，稳定房价，促进住房梯次消费。积极发展社区服务业，重点发展就业、社区医疗、社区安保、养老托幼、食品配送、家政、修理等服务，推进社区服务规范化和网络化建设。大力发展社会化养老服务，重点发展健康服务、家庭服务等养老服务，加强老年公寓建设，积极推动老年旅游、文化、体育和娱乐业发展，加快形成老年服务产业体系。积极改造提升住宿、餐饮等服务业，提高服务质量和水平。

积极发展服务外包产业和互联网增值服务、手机电视、网络电视、网上购物、远程医疗等服务业新兴业态。

第二十一章 加快建设旅游大省

着力开发特色旅游资源，转变旅游发展方式，深入实施旅游精品战略，丰富旅游文化内涵，加快提升旅游产品档次，推动旅游产品供给从单一化向多元化转变，旅游资源开发从低水平向高水平转变，游客在黔旅游从过路游向深度游转变，旅游产业发展从单要素向多要素转变，将贵州打造成为全国最佳避暑度假基地、新型国民休闲基地、特色乡村旅游基地、养生与老龄度假基地、原生态民族文化体验基地、山地户外活动基地、自驾车与自行车自助旅游基地。力争通过三到五年的努力，把我省建设成为旅游经济大省，把旅游业培育成为战略性支柱产业；到 2015 年，接待旅游总人数达到 2.2 亿人次左右，旅游总收入达到 2200 亿元以上。

第一节 加快特色旅游产品体系建设

按照突出重点、优化结构、打造精品、地域复合、整合线路的原则，以开发市场客源为首要任务，以骨干景区深度开发为支撑，以新产品、新业态为吸引力，以推进旅游产品结构升级为方向，以发展旅游产业集群为重点，加强重点旅游景区、旅游目的地建设和改造提升，着力打造一批特色突出、品味高、市场竞争力强的旅游产品，构建形成特色旅游产品体系。重点打造以喀斯特独特景观为代表的自然风光旅游产品体系，以民族文化、红色文化为代表的文化旅游产品体系，以温泉旅游、避暑旅游和休闲度假旅游为代表的生态度假旅游产品体系和以农业观光、休闲娱乐和特色餐饮为代表的乡村旅游产品体系。推进重点旅游城镇建设，加快发展一批专业旅游城市、旅游城镇、旅游产业园区，着力完善旅游服务要素，构建特色鲜明、功能较为完善的旅游城镇体系。完善省内精品旅游线，依托快速铁路和高速公路打造跨省精品旅游线，积极开辟跨国旅游线路。加强旅游与文化、体育、农业、工业等产业的结合与互动发展。大力发展旅游商品产业，培育旅游商品品牌，办好旅游商品“两赛一会”，提高旅游购物在旅游消费中的比重。

第二节 加强旅游基础设施和配套设施建设

加快旅游交通建设，推进交通运输体系向旅游景区延伸，进一步提高旅游景区的可达性，实现重要旅游景区与铁路、高速公路的快速连接。完成重点旅游城市和景区的旅游交通站场及停车场建设或改扩建。拓展城市公交延伸到周边旅游景区景点，积极开辟通往旅游景区的客运专线。加强旅游景区和旅游城镇道路、供电、供水、供气、垃圾污水处理等基础设施建设。加快完善旅游服务体系，重要旅游城市、AAA以上景区全面建成游客服务中心。积极推进旅游信息化建设，加快建立和完善全省旅游目的地管理系统。加强以星级宾馆为重点的旅游住宿设施建设，积极推进旅游度假酒店、乡村旅馆、营地度假村建设和改造升级，提升旅游住宿接待能力。

第三节 优化旅游发展环境

大力推进旅游业对外开放，创新旅游管理体制，推进旅游企业运行机制改革和景区管理体制改革，探索旅游资源一体化管理。创新投融资机制，多渠道增加旅游发展投入。扶持培育和引进一批旅游优强企业，推动涉旅企业通过上市等方式融资。创新旅游营销方式，加大宣传促销力度，大力开拓国际国内旅游市场，积极开展国际旅游合作。提高旅游服务水平，加强旅游市场监管。健全旅游法规体系。推进旅游行业标准化建设。强化旅游规划管理。加快引进和培养旅游高级人才和紧缺急需人才。

专栏13 旅游发展重点工程

骨干旅游区深度开发工程。开发建设黄果树度假区、多彩贵州城度假区、乐湾国际温泉休闲城、龙里度假区、百里杜鹃度假区、阿西里西大草原度假区、荔波生态旅游度假区、镇远古城度假区、国酒茅台度假区、西江苗寨度假区、肇兴侗寨度假区、织金洞度假区、黔北红色旅游与自然生态度假区、万峰林（万峰湖）度假区、梵净山度假区、安顺屯堡乡村旅游度假区等度假区；建设修文体育示范公园、红枫休闲体育项目、徉㳘湖老王山休闲体育项目、凤冈生命产业园区等一批休闲度假项目和石阡温泉、枫香温泉等一批温泉旅游项目。

旅游基础设施建设工程。重点建设主要旅游区与交通干线的连接线工程；建设景区道路、供水、污水和垃圾处理、环卫、停车场、标识系统等设施；实施景区环境整治工程；推进重点旅游城镇基础设施和景观、旅游商品市场等建设。

旅游服务体系建设工程。建设大中城市、重点旅游城镇游客集散中心；建设重要旅游景区游客服务中心、自助游、自驾游服务体系；推进旅行社的整合与提升；推进旅游商品研发及生产基地、特色商业街区、旅游商品交易中心建设和餐饮服务聚集区及美食街等建设。

旅游接待设施提升工程。新建一批星级宾馆，改造提升星级宾馆、乡村旅馆、经济型饭店、文化主题酒店和度假休闲酒店等住宿设施；建成一批汽车旅游示范营地；完善10000户乡村旅游服务接待点。

旅游信息化建设工程。完善提升旅游信息网络，推进旅游目的地管理系统和旅游电子商务系统建设，建立呼叫中心和安全监控系统。

旅游人才开发工程。培养和引进各类旅游人才2万人，培训各类旅游从业人员200万人次以上。

第二十二章 大力推动文化产业加速发展

加大文化资源开发力度，加快发展民族文化产业和培育新兴文化产业，着力推进文化产业规模化、集约化发展，努力把文化产业培育成国民经济的重要支柱产业。到2015年，力争文化产业增加值达到240亿元以上，年均增长达20%以上，在国民经济中的比重接近全国平均水平。

第一节 构建特色文化产业体系

依托旅游渠道和文化消费市场，充分发挥资源优势，推动以民族文化产业为龙头的特色文化产业、传统文化产业、新兴文化产业快速协调发展。突出发展文化旅游业、民族民间演出业、民族民间工艺美术业、会展广告与民族节庆业，壮大提升广播电影电视业、新闻出版业、休闲娱乐业，加快培育扶持网络、新媒体与动漫网游业以及文化艺术创意设计业。注重统筹发展和差异化推进相结合，加快文化资源产业化开发利用步伐，推动形成我省"八大特色文化产业群"。加快文化产业园区和示范基地建设，促进文化生产要素和文化企业集聚发展，科学规划和实施"十大文化产业园"、"十大文化产业基地"等重点文化产业建设工程。积极推进品牌引领战略，继续做响做强"多彩贵州"品牌，实施"百佳文化品牌"培育工程，推动形成以"多彩贵州"为主的品牌集群。

第二节 培育打造骨干文化企业

加大文化资源整合力度，培育一批具有较强竞争力的文化企业和企业集团，提高文化产业集中度和规模化、集约化水平。积极支持我省有实力的重点文化企业进行跨区域、跨行业、跨所有制的整合重组，加快做大做强，形成以贵州文化演艺集团、贵州广电集团、贵州出版集团、贵州日报传媒集团、当代贵州期刊集团、贵州网络传播集团为主的集团化发展格局。积极引进省外优强文化企业到我省发展，吸引省内外重大战略投资者参与文化项目建设经营。加快培育发展中小型文化企业和民营文化企业，形成以公有制为主体、多种所有制共同繁荣发展的生动局面。积极培育发展外向型骨干文化企业，推动贵州文化"走出去"，提高对外交流合作水平。

第三节 营造文化产业发展良好环境

按照创新体制、转化机制、面向市场、增强活力的要求，深化文化体制改革，着力构建充满活力、富有效率、更加开放、有利于文化产业科学发展的体制机制。加强文化产品市场和文化要素市场建设，发展文化行业组织、中介机构和现代流通组织，积极培育和规范以网络为载体的新兴文化市场，加快构建统一开放、公平竞争、规范有序的现代文化市场体系。加强文化市场监管，强化知识产权保护，严厉打击盗版、侵权等非法行为。落实支持文化产业发展的税收、金融、土地等优惠政策。切实加强国有文化资产监管，建立健全文化产业投融资体系和信贷担保机制。推进文化资源优化配置，支持有实力的文化企业上市融资。大力推进科技与文化融合，积极实施"文化科技提升计划"，加快建立健全政府引导、市场为导向、企业为主体、产学研相结合的特色文化创新体系，不断提升文化产业核心竞争力。

专栏14 文化产业重点工程

八大特色文化产业群。推进形成苗文化、布依文化、侗文化、彝文化、屯堡文化、红色文化、夜郎文化、"三线"文化创意等文化产业群。

十大文化产业园。建设贵州文化出版产业园、贵阳数字内容产业园、贵阳阳明文化产业园、中国（遵义）长征文化博览园、中国（遵义）酒文化产业园、黔中国际屯堡文化生态园、中国（凯里）民族文化产业园、毕节大方古彝文化产业园、黔南平塘国际射电天文科普文化园、黔西南民族文化产业园。

十大文化产业基地。建设多彩贵州城、贵州文化广场、贵州日报报业集团印务传媒研发基地、贵州现代文化创意与数字出版产业基地、贵州广电家有购物集团电子商务文化产业基地、贵阳会展基地、遵义会展基地、六盘水会展基地、铜仁玉屏箫笛研发生产基地、贵州（贵阳、凯里等）民族民间工艺品交易基地。

第六篇　大力发展黔中经济区，构建区域经济发展新格局

全面落实区域发展总体战略和主体功能区战略，优化区域发展布局，健全区域协调互动机制，把黔中经济区打造成为全省经济社会发展的"火车头"和"发动机"，统筹推进其他区域发展，形成中部崛起、带动全省和各区域优势互补、竞相发展的区域经济发展格局。

第二十三章　优先发展黔中经济区

把黔中经济区放在区域协调发展总体战略的优先地位，准确定位区域功能，优化生产力布局，建设成为全省工业化的带动区和城镇化的核心区。

第一节　科学构建空间开发格局

抢抓国家把黔中经济区列为新一轮西部大开发重点经济区和在国家"十二五"规划纲要中作为新培育的区域增长极的战略机遇，积极推动国家组织实施黔中经济区规划，举全力把黔中经济区打造成为带动全省经济社会又好又快、更好更快发展的核心增长极和全国西部大开发战略的重要增长极。加快构建以贵阳为中心，以遵义、安顺、都匀、凯里等城市为支撑，以黔中城市带、产业带为骨架的空间开发格局。强化对外通道能力和交通枢纽建设，加快完善区域交通网络，依托贵阳连接周边地区的快速铁路和高速公路，构建形成1小时经济圈。统筹黔中优势资源开发和生产力布局，强化资源要素集中、优化配置，大力发展优势产业，积极承接产业转移，着力打造贵阳至遵义、贵阳至安顺、贵阳至都匀和凯里城市带、产业带，建设一批特色优势产业聚集区，培育壮大产业集群。力争用5～10年时间，把黔中经济区建设成为全国重要的资源深加工基地，以航空航天为代表的特色装备制造业基地，烟草工业、绿色食品生产加工基地和旅游目的地，区域性商贸物流中心和科技创新中心。

第二节　建立健全统筹发展的体制机制

建立健全黔中经济区领导、协调、合作机制，协调解决各种利益关系和重大问题。搭建多种形式的投融资平台，积极筹集开发建设资金，统筹推进重大基础设施、市政设施和重大产业项目建设。加快制定支持黔中经济区发展的政策法规体系，赋予黔中经济区先行先试的权利。切实落实省政府关于支持贵阳市加快经济社会发展的意见。加快推进贵阳统筹城乡发展。

第二十四章　统筹推进不同区域协调发展

充分发挥比较优势，积极培育区域增长极，统筹推进各区域协调发展。

第一节 推进遵义统筹城乡发展试验区建设

积极制定遵义市统筹城乡发展试点方案，加快推进统筹城乡综合配套改革。大力提升区域性中心城市和重点城镇的综合承载能力和辐射带动能力，促进以城带乡、以工补农。统筹城乡基础设施和产业布局，加快发展特色优势产业，着力建设社会主义新农村，加快推进城乡基本公共服务均等化。积极推进与成渝和黔中经济区的融合与优势互补。努力把该区域建设成为全省统筹城乡发展试验示范区，全国重要的优质白酒基地、红色文化旅游基地，区域性能源基地、资源深加工基地、特色食品基地和物流商贸中心。

第二节 加快毕水兴经济带发展

强化区域交通网络建设，统筹区域能源、原材料等产业发展布局，加强区域分工合作，大力发展循环经济，推进优势矿产资源的深度开发和转化，发展新型产业集群。推进与黔中经济区的融合发展，加强对周边省区的开放与合作。努力把该区域建设成为全国重要的能源、资源深加工基地、黄金工业基地，区域性药材和药品生产基地、绿色食品加工基地、汽车制造基地，成为推动全省经济发展的重要增长极。

第三节 推进东南部特色综合经济区加快发展

统筹区域发展布局，强化区域分工与合作，依托优势资源加快特色产业发展。加强与黔中经济区的融合发展，推进对东部发达地区及周边省区的开放与合作，积极承接产业转移，推动武陵山经济协作区建设。努力把该区域建设成为全国民族文化和生态旅游目的地，区域性能源、冶金、化工、绿色食品及旅游商品基地，承接发达地区产业转移的重要基地，区域性交通枢纽和商贸中心。

第四节 支持民族地区加快发展

贯彻落实扶持民族地区发展的政策，大力支持民族地区产业结构调整，加快转变经济发展方式，加快民族地区发展步伐。加大对民族地区的财政转移支付力度，加大对民族地区交通、水利等基础设施和生态建设支持力度，大力扶持民族地区特色优势产业和科技、教育、卫生、文化、体育等社会事业发展，努力缩小地区间发展差距。大力扶持人口较少民族经济社会发展。

第五节 加快各类试验示范区发展

深化毕节试验区改革发展经验，积极争取国家支持，推进毕节试验区跨越发展。支持安顺试验区改革创新，实现加速发展。抓好贵阳生态文明城市、黔东南生态文明试验区、黔西南“星火计划”科技扶贫试验区和铜仁营养健康产业示范区建设。争取国家支持在我省建立内陆民族地区转变经济发展方式试验区。积极推进万山作为资源枯竭型城市转型发展试验区加快转型发展。

第二十五章 促进县域经济加快发展

把发展县域经济作为统筹城乡发展、承接城市经济辐射带动作用的有效载体，支持各县根据资源禀赋、区位条件、发展基础,以加快推进工业化、农业产业化、农村城镇化为重点,发挥比较优势,培育特色产业,壮大经济规模,增强县级统筹发展能力和自主发展能力,形成强县带动局面。完善促进县域经济发展的政策体系,综合应用财政、税收、金融、产业布局、土地供给等政策措施,鼓励发展县域特色经济,提高经济强县发展水平。进一步完善和落实扩权强县的政策措施,按照"责权统一、重心下移"的原则,扩大县级经济管理权限,积极探索开展强镇扩权试点;在积极推进省直管县财政管理改革试点的同时,从经济社会管理方面探索省直管县的改革试点。在更大的经济区域范围内进行资源的合理有效配置,推动县域经济的开放式发展。制定和实行优惠、灵活的政策措施,鼓励沿边县(市、特区)参与邻省经济合作,促进协同发展。

第二十六章　推进形成主体功能区

按照重点开发、限制开发和禁止开发三类主体功能区的划分和主体功能定位,调整完善区域政策和绩效评价,规范空间开发秩序,形成合理的空间开发结构。

第一节　优化国土空间开发格局

按照全国主体功能区规划和我省主体功能区规划,落实区域主体功能定位,加快构建高效、协调、可持续的空间开发格局。大力推进国家和省级重点开发区域的工业化城镇化发展,增强综合经济实力和辐射带动能力,培育形成全省或区域发展的经济增长极;积极推进国家和省级限制开发区域的生态建设和环境保护,增强农业综合生产能力,提高生态产品和农产品的供给和保障能力;加强对国家和省级禁止开发区域的保护和管制。

第二节　建立差别化的主体功能区配套政策体系

加快建立健全保障形成主体功能区布局的体制机制、政策体系和绩效评价体系,配套完善差别化的财政、投资、产业、土地、人口、环境等区域政策,支持重点开发区域提高产业集聚和人口集聚能力,引导限制开发区域和禁止开发区域的人口向重点开发区域转移,加强对限制开发区域和禁止开发区域的财政支持力度,逐步缩小区域间基本公共服务水平和生活水平的差距。

第七篇　强力推进以交通和水利为重点的基础设施建设,进一步夯实支撑发展的基础平台

按照"着眼十年、规划五年、突破三年"的要求,全力推进现代化综合交通运输体系建设,切实解决工程性缺水问题,加快建设信息、电力等基础设施,增强对经济社会发展的保障能力。

第二十七章　加快构建现代综合交通体系

按照适度超前的原则，统筹规划、合理布局，加快推进以快速铁路和高速公路为重点的交通基础设施建设，着力扩大路网规模，提高通达能力和通畅水平，强化配套衔接，加快形成连通内外、覆盖城乡、便捷、安全、高效的现代综合交通运输体系。

第一节　加快以快速铁路为重点的铁路建设

建成贵阳至广州、长沙经贵阳至昆明、成都至贵阳、重庆至贵阳高速铁路等连接外部区域的快速铁路，基本形成贵阳连接周边各省会中心城市2小时和通往全国主要经济区3至7小时的快速铁路系统。开工建设昭通至黔江等一批区域性重要客货运输铁路。启动一批连接主要产煤区、重化工业区和重点产业聚集区的铁路及铁路支线建设。新增铁路通车里程3000公里左右，到2015年力争全省铁路通车里程达到5000公里。继续做好我国东北、华北及京津冀广大区域经贵阳进入东盟地区便捷快速铁路新通道建设的前期工作，争取郑州经贵阳至河口等铁路纳入国家规划。

第二节　加快以高速公路为重点的公路建设

大力实施“六横七纵八联”高速公路网络规划，全面建成国家高速公路网规划中的厦蓉、杭瑞、汕昆高速公路我省境内路段，积极构建我省通往珠三角和周边省会城市的高速公路体系，基本建成县县通高速公路。“十二五”期间新增高速公路里程3000公里以上，到2015年建成高速公路4500公里以上。积极争取将安康至麻江、张掖至百色、毕节至河口、都匀至西昌等重要的省际高速公路通道调整纳入国家高速公路网规划实施。加快重点城镇、重点工矿区、旅游目的地、支线机场、航运码头（港口）与铁路、高速公路的快速联络线建设。全面取消政府还贷二级公路收费，加大力度实施国、省干线公路改造工程，提升普通干线公路技术等级和服务水平。积极推进农村公路建设，大力实施农村通达通畅工程。“十二五”期末全省公路通车总里程达到16万公里以上。

第三节　加快发展民用航空

大力推进民用机场建设，完成贵阳龙洞堡机场扩建工程，建成毕节、六盘水、遵义支线机场，完成铜仁凤凰等支线机场配套及扩建，建设凯里黄平机场，继续做好其他新机场规划研究工作，基本形成布局合理、覆盖全省的民用航空运输网络。做大做强现有3家基地航空公司驻场机队规模，争取引进2～3家基地航空公司。积极开辟国内国际航线，完善航线网络，到2015年，国际国内航线增加到100条以上，旅客吞吐量达到1360万人次，货邮量达到9万吨。

第四节　积极发展内河航运

加快推进我省水运通道高等级航道建设，提升航道等级，完善航运配套设施，提高北进长江、南下珠江的内河通航能力。加强水库库区航运工程建设。继续实施农村渡口改造工程。

第五节　加强综合交通运输枢纽和站场建设

强化交通运输枢纽建设，合理布局各类交通站场，做好各种运输方式相互衔接。重点建设贵阳、毕节、遵义、六盘水等综合交通枢纽。加快推进快速铁路沿线站场、高速公路重要节点客货站场和农村客运站场建设。建设完善空港设施。加快航运码头及配套设施建设。

专栏15 交通建设重点工程

铁路建设重点工程。建成贵阳至广州,长沙经贵阳至昆明,成都至贵阳,重庆至贵阳等连接外部区域的快速铁路;开工建设铜仁至玉屏,昭通经毕节、遵义至黔江,织金经纳雍至水城至攀枝花,叙永经毕节、织金至黄桶,毕节经水城至兴义等区域性重要客货运输铁路;启动一批铁路支线建设。

高速公路建设工程。建成厦蓉高速(清镇至织金、织金至纳雍、毕节至生机)、汕昆高速(板坝至江底)、杭瑞高速(大兴至思南、思南至遵义、遵义至毕节、毕节至都格)、沪昆高速(贵阳至清镇)等国家高速公路省境内项目;加快省规划地方高速公路中"县县通高速"公路项目的实施,建成黎平至洛香、思南至剑河、惠水至兴仁、晴隆至兴义等一批地方高速公路项目。

农村公路通达通畅工程。加快推进农村公路建设,到2012年实现乡乡通油路(水泥路)、村村通公路;大力推进通村油路(水泥路)建设,建设通村油路(水泥路)40000公里以上;继续实施危桥改造、安保工程、农村客运站、渡口改造等工程。

民航机场建设工程。完成贵阳龙洞堡机场扩建工程;建成毕节、六盘水、遵义支线机场;完成铜仁凤凰等支线机场配套及扩建;开工建设凯里黄平机场。

内河航运建设工程。完成西南水运出海中线通道贵州段(南北盘江、红水河)航道扩建工程、乌江(乌江渡—龚滩)航运建设工程。建设三板溪等库区航运工程。

交通运输枢纽建设工程。重点建设贵阳、毕节、遵义、六盘水等综合交通枢纽,加快推进快速铁路沿线、高速公路重要节点客货站场建设。

第二十八章 大力推进现代水利体系建设

以骨干水源工程建设为重点,大中小微并举、开源节流并重,注重挖潜配套,统筹开发与保护、建设与管理,促进水资源的合理开发、优化配置和高效利用,推进传统水利向现代水利转变。到2015年,全省水资源综合调配能力和供水保障能力明显提高,工程性缺水状况得到有效改善,基本建成满足城乡居民生活生产需求的供水安全保障体系和防洪抗旱减灾体系。

第一节 切实加强水源建设

紧紧抓住国家实施《贵州省水利建设生态建设石漠化治理综合规划》的机遇,新建一批大中型骨干水源工程,力争开工建设毕节夹岩水利枢纽、普安五嘎冲水库、紫云黄家湾水库等3座大型蓄水工程,建设六盘水双桥水库等一批中型蓄水工程,实施完成乌江思林、"引黄入木"等一批引提水工程,"十二五"期间确保新增供水量35.1亿立方米以上。建成黔中水利枢纽一期工程和"滋黔"一期工程。全面完成现有病险水库除险加固。加强地下水资源勘查开发,充分发挥地下水在解决工程性缺水问题中的重要补充作用。因地制宜,积极实施以管代渠、长距离管道输水工程。加强各种水利设施的配套建设,切实提高输水调配能力。

第二节 提高城乡生活生产用水保障能力

保障城乡饮水安全。大力实施农村饮水安全工程,"十二五"期间,农村人口饮水安全问题得到全面解决,县城、乡镇和人口相对集中的居民点生活用水得到有效保障,生活用水供水保障率达到95%以上。开展城镇水源地保护工程建设,健全水源地监测系统和安全防护设施,保障城镇集中式饮用水水源地安全。

加强农田水利建设，着力提高农田有效灌溉面积。大力实施瓮福等十大灌区及一批中型灌区配套和改造工程，加快完善水利灌溉配套设施，积极实施"五小"微型水利工程，搞好烟水配套工程建设。

增强城镇及工业用水保障能力。结合工业化、城镇化发展布局和区域水资源状况，合理布局水源工程和输水工程，建立大中城市供水安全储备体系。积极推进水务一体化，加快城镇和工业园区、产业聚集区供排水设施建设和改造，确保满足城镇和产业用水需要。

第三节 加快防汛抗旱减灾体系建设

加快建成工程措施和非工程措施相结合的防灾减灾体系。加强重点城镇防洪工程建设，基本建成重要城镇的防洪体系；加快重点中小河流域治理及山洪灾害防治，切实抓好纳入国家规划重点治理的河流及重点山洪灾害易发区的治理工作；加强应急水源建设和水资源调度，优先布局和安排旱涝灾害严重地区的水利工程项目；深入开展山洪地质灾害调查评价，完善监测预警体系，加快搬迁避让和重点治理，提高山洪地质灾害综合防治能力；完成省防汛抗旱指挥系统建设。

第四节 加强水资源和水利建设管理

切实贯彻落实《水法》和相关法律法规，加强水资源统一管理，深化水资源管理及水务管理体制改革，促进水资源的合理开发和节约集约利用。逐步建立水权分配体系和配水、用水定额管理制度，积极试行用水总量控制和水权交易制度，开展水权交易试点。推进水利建设管理体制改革，完善建后管护机制。建立职能清晰、权责明确的水利工程管理体制，加快完善水利工程质量与安全监督管理体系，建立市场化、专业化和社会化的水利工程维修养护体系。推进水利建设投融资体制改革，建立水利投资稳定增长机制，完善政府水利投资的管理制度和项目决策机制。

专栏16 水利建设重点工程

骨干水源工程。建成黔中水利枢纽一期工程，新增有效灌溉面积51.17万亩，解决35万人和31.5万头大牲畜饮水问题。尽快完成在建"滋黔"一期等中型水库建设。计划开工建设蓄引提水源工程382座(处)，其中：蓄水工程322座，引提水工程60处。建成后新增供水量47亿立方米，新增有效灌溉面积425万亩，改善灌溉面积95万亩。力争开工建设毕节夹岩水利枢纽、普安五嘎冲水库、紫云黄家湾水库等3座大型蓄水工程，建设六盘水双桥水库等一批中型蓄水工程，实施完成乌江思林、"引黄入木"等一批引提水工程。

灌区续建配套和节水改造工程。实施瓮福、乌中、湄凤余、安西、铜东、黎榕、兴中、金黔、盘江、遵义等10个大型灌区续建配套和节水改造工程。计划开工50个中型灌区续建配套和节水改造工程。新增、恢复和改善灌溉面积为313万亩。

农村饮水安全工程。解决1299.8万人农村人口饮水安全，其中，农村学校师生饮水安全人口200.33万人，全面解决农村饮水安全问题。

"五小"微型水利工程。开工建设一批小塘坝、小水窖、小堰闸、小泵站、小渠道等微型水利工程。新增供水量3745万立方米，新增灌溉面积53.50万亩。

病险水库除险加固工程。治理中小型病险水库829座，其中：中型水库4座，小(一)型水库66座，小(二)型水库759座。

重点地区中小河流治理工程。实施重点地区中小河流治理项目400余个。

烟水配套工程。新增烟水配套工程面积400万亩。

第二十九章 加强电网和油气管道基础设施建设

加快电网建设和油气管道设施建设，为保障能源供应提供重要支撑。

第一节　加快电力基础设施建设

加快"西电东送"主通道和省内电网主网架建设,新建"黔电送粤"500 千伏通道,建成一批 500 千伏输变电工程,新增电网 500 千伏变电容量 900 万千伏安,完善省内 500 千伏及以下电网结构,外送通道形成"两直六交",省内电网形成"三横两中心"网格型电网。加快城市配网和县城配网建设与改造,推进建设 110 及以上千伏输变电工程,新增变电容量 2268 万千伏安,新建线路 10046 公里。加强农村电网改造升级,基本建成以 110 千伏和 35 千伏电压等级为骨干网架、10 千伏及以下网络协调发展的农村电网。

第二节　推进油气管道设施建设

加快油气管道工程建设,积极推进中缅油气管道、贵阳—桐梓成品油管道和中卫—贵阳天然气管道建设,基本建成省内成品油输送管道、天然气输送管道支线网络和储存设施。

第三十章　加快信息基础设施体系建设

以信息网络基础设施和数据共享平台建设为重点,加快"数字贵州"建设,加强信息资源开发、传播共享和有效利用,推进工业化与信息化融合,提高经济社会信息化水平。

第一节　加快信息基础设施建设

建设完善省内以光缆为主,数字微波、卫星通信相协调的干线传输网,加快完善农村通信网络。加快移动通信网改造升级,积极推进新一代移动通信网建设。加速建设和完善宽带通信网,提高宽带网络覆盖率和接入能力。加快建设集有线、无线、卫星传输于一体的数字广播电视覆盖网络,积极推进乡镇有线数字电视整体转换。大力推进电信网、互联网、广播电视网的"三网融合"。推进物联网和云计算的研发运用。加强邮政网络建设。完善无线电管理基础设施。强化信息网络安全保障体系建设。到 2015 年全省电话用户普及率达到 95 部/百人。

第二节　大力推进经济社会信息化

加快完善公共信息服务综合平台建设,推进信息资源整合,完善网络标准,促进互联互通和资源共享。积极发展电子商务,加快完善面向企业的电子商务服务,推动面向全社会的信用服务、网上支付、物流配送等支撑体系建设。实施电子政务提升工程,推动重要政务信息系统互联互通、信息共享和业务协同,建设完善网络行政审批、信息公开、网上信访体系。加强重要信息系统建设,加快完善地理、人口、金融、税收、统计等基础信息资源体系。大力实施"工业强省"信息化助推工程,推进信息化与工业化的融合;加强企业信息化建设,推进生产设备数字化、生产过程智能化和经营管理信息化。加速推进"三农"信息服务工程建设。积极推进信息技术在经济社会各领域、行业的广泛应用。加快金盾工程城市报警监管系统建设,提高政法工作信息化、现代化水平。加强邮政普遍服务体系建设,完善电信普遍服务机制。切实加强信息化建设的统筹规划,避免重复建设和资源浪费。

第八篇 加快科技教育发展和人才开发，提升人力资源素质和科技创新能力

坚持把人力资源作为第一资源，把科技创新作为经济社会发展的重要推动力，全面落实国家和省中长期教育、科技、人才规划纲要，大力推进教育、科技发展和人才资源开发，着力增强科技、人才对全省经济社会发展的支撑作用。

第三十一章 坚持优先发展教育

按照优先发展、育人为本、改革创新、促进公平、提高质量的要求，推进各类教育全面协调发展，努力扩大教育资源，不断提升教育质量与教育服务能力，构建适应经济社会发展需要的现代国民教育体系。

第一节 巩固和提高义务教育水平

进一步巩固“两基”成果，推进义务教育均衡发展，提高义务教育水平和质量。合理调整学校布局，扩大城乡中小学教育资源，推进义务教育学校标准化建设。加强薄弱学校办学条件达标建设，积极推进薄弱学校改造工程。适应城镇化发展需要，加强城镇中小学基本建设。加强农村寄宿制学校建设，基本解决农村初中寄宿生住宿问题，逐步推进农村寄宿制学校建设工程向小学延伸。积极实施农村艰苦边远地区学校教师周转宿舍建设工程。推进义务教育质量工程建设，大力提高师资水平和教学水平。完善城乡义务教育经费保障机制。健全“控辍保学”工作长效机制，努力消除辍学现象。到2015年，九年义务教育巩固率达到85%。

第二节 着力突破高中阶段教育

坚持内涵发展和外延扩大并举，大力推进高中阶段教育加速发展。着力扩大和合理布局高中阶段教育资源，新建或改扩建90所左右高中阶段学校，改善办学条件，努力提高教育管理水平、师资水平和教学质量。积极增加普通高中优质教育资源，发挥示范性高中在特色办学和内涵发展中的示范带动作用，鼓励省内名校实行集团化办学和联合办学，引进省外名校、优秀民营教育集团等优质资源到我省合作办学或独立办学。用4年时间实现以县为单位基本解决初中毕业生能够继续接受高中阶段教育的目标。到2015年，全省高中阶段在校生规模达到125万人左右。

第三节 大力发展职业教育

努力扩大职业学校办学规模，积极构建支撑工业化、城镇化和农业产业化发展的职业教育体系。实施中等职业教育基础能力建设工程，创建一批省级示范性中等职业学校，力争其中一批跻身国家级示范性中等职业学校行列，2015年中等职业教育在校生人数达到55万人。加强高等职业

院校优质资源建设，扩大示范性职业院校规模，到2015年，创建国家级示范性高等职业学校3所以上，省级示范性高等职业学校4～6所。加强工学结合、校企合作，推进省内外联合办学，增强办学活力、丰富办学特色，全面提升职业学校办学水平。逐步实行中等职业教育免费制度。

第四节　积极发展高等教育

迅速有效拓展高等教育资源，提高高等教育质量。着力改善高校办学条件，大力支持用地紧张的省属高校的校区改扩建，完成花溪高校聚集区建设。推动市(州、地)高校加快发展。加强高校合作办学。在巩固提高现有省属高等院校办学质量的基础上，创建适应我省工业化、城镇化和农业产业化需求的高等院校和学科专业。大力推进高水平大学和重点学科建设，积极做好“211工程”大学三期建设工作，建立和完善国家、省、校三级重点学科建设体系。调整优化学科专业结构和人才培养类型结构，重点扩大应用性、复合型和技能型人才培养规模，加强重点学科、优势学科、特色专业、创新平台和重点实训基地建设，增强高等学校的科研与社会服务能力。到2015年高等教育在学规模达到70.5万人。

第五节　促进各类教育发展

高度重视发展学前教育，大力发展农村学前教育，实施农村学前教育发展推进工程，新建和改扩建一批农村乡镇公办中心幼儿园，扶持大村落和社区居委会举办幼儿园(班)，到2015年全省三分之二的乡镇和街道办事处至少有一所公办幼儿园。积极发展民族教育事业，推进实施民族教育基础建设工程，大力提升民族教育水平。加快发展特殊教育。积极发展继续教育。支持发展民办教育。深入实施农村现代远程教育工程。

第六节　深化教育体制机制改革

强化政府统筹发展教育的职责，完善政府主导、分级负责的教育管理体制。进一步深化考试招生制度改革，推进自主招生改革，逐步建立和实施多元招生录取制度。深化教育教学改革，形成适应素质教育要求的教学体制。推进教育改革发展试验示范区和基地建设。扩大学校办学自主权，完善学校治理机制，建立政府依法管理、学校法人治理、利益相关人积极参与的现代学校管理制度。完善民办教育发展扶持政策。强化政府增加和保障教育投入的责任，建立教育投入稳定增长机制。鼓励引导社会力量兴办教育。进一步加强教师队伍建设，推进教师专业化发展。全面建立学生资助政策体系。按照国家规定为学校配备校医，为寄宿制学校配备管理人员。完善校园安全保障机制。

专栏17　教育发展重点工程

义务教育标准化建设工程。实施义务教育巩固提高、中小学校校舍安全、城镇化中小学建设工程、农村义务教育阶段寄宿制学校建设、义务教育阶段薄弱学校改造、农村艰苦边远地区学校教师周转宿舍建设、农村学校体育卫生设施设备配置、中小学信息化“班班通”等工程。

义务教育质量工程。实施万名校长培训工程，省级中小学教师培训计划，农村教师素质提升工程，省级骨干教师和教育教学名师培训工程，中小学教师教学改革与质量提高激励计划，薄弱学校管理与发展计划，城市优质中小学拓展工程，农村学校(教学点)教育教学专业扶助计划，民族地区、贫困地区农村义务教育阶段学生营养改善计划，中小学生思想道德建设工程，中小学生社会实践教育行动计划。

普通高中基础能力建设工程。实施普通高中基本建设项目，新建、改扩建一批普通高中；实施优质高中发展工程；实施特色高中和综合高中创建工程；实施普通高中课程教学改革实验实施计划。

续表

职业教育基础能力建设工程。实施示范性中等职业学校创建工程，县级职教中心（学校）建设计划，职业教育实训基地建设计划，中等职业学校标准化建设等工程，骨干示范专业资助计划，"双师型"教师培养培训计划，示范性高等职业院校建设计划，职业院校校企合作计划，重点产业技能型人才培养工程。 **高等学校建设工程**。推进省直高校花溪聚集区建设，贵州大学、贵州民族学院、遵义医学院等高校校区改扩建和贵州师范学院、贵州职业技术学院等高校新校区建设；实施对口支援西部地区高等学校计划，市（州、地）高校扩建工程。 **高等教育质量工程**。实施好中西部高等教育振兴计划；建设一批高等学校产学研基地；实施基础学科拔尖学生培养试验计划和卓越工程师、医师等人才培养计划；实施好"211 工程"和启动特色重点学科项目，开展省级重点学科、省级重点支持学科建设。 **学前教育发展重点工程**。实施农村学前教育发展推进工程；实施农村幼儿教师素质提升工程；实施学前教育课程建设计划。 **民族教育发展重点工程**。实施省部共建贵州民族学院项目，民族民间文化教育行动计划，民族自治地方贫困县义务教育标准化建设工程，民族教育特需师资培养培训计划，人口较少民族免费教育计划，民族高等学校特色发展扶助计划，高等学校少数民族预科教育发展计划。 **其他教育发展重点工程**。实施新型农民技能培训工程、企业职工教育与再就业培训等工程，加强特殊教育学校建设。

第三十二章　加大人才开发力度

全面贯彻服务发展、人才优先、以用为本、创新机制、高端引领、整体开发的指导方针，大力实施人才强省战略，坚持党管人才原则，以高层次创新科技人才、高技能人才和农村实用人才开发为重点，着力抓好人才培养、引进、使用三个环节，提升人才队伍整体素质。到 2015 年，全省人才资源总量达到 250 万人，力争全省人才开发的各项主要指标接近全国平均水平，基本满足我省经济社会又好又快、更好更快发展对人才的需求。

第一节　加强人才队伍建设

围绕经济社会发展需要，加大重点领域、重点产业急需紧缺人才培养和引进力度，突出培养造就以高层次创新型科技人才和优秀青年科技人才为重点的创新型科技人才，统筹推进各类人才队伍建设。实施党政人才素质提升工程，加快构建"四位一体"的干部教育培训体系，提高党政领导人才的执政本领、科学领导水平和促进社会和谐能力。积极实施优秀企业家培养工程和国家中小企业银河培训工程，形成我省优秀企业家和职业经理人群体，推进高素质企业经营管理人才职业化、市场化、专业化和国际化。大力实施"四个一"人才工程和高层次创新科技人才培养工程，加快培养高层次人才和急需紧缺人才，打造在国内外有一定影响力的科技领军人才群体和创新团队。大力实施高技能人才开发工程，完善技能人才培养培训体系，重点培养技师和高级技师。大力实施我省新型农民培养工程，重点培养农村实用人才带头人、农村生产经营型人才和技术推广人才。建立健全社会工作人才培养体系，重点培养中高级社会工作人才，推进社会工作人才的职业化、专业化。

第二节　创新人才开发体制机制

改进人才管理方式，完善政府宏观管理、市场有效配置、单位自主用人、人才自主择业的人才管理体制。创新人才培养开发机制，逐步建立人人能够发展、人人能够成才的现代人才培养开发机制。建立以岗位职责要求为基础，以品德、能力和业绩为导向，科学化、社会化的人才评价发现机制。健全以用为本、科学用才、人岗相适、用当其时、人尽其才的人才选拔任用机制。逐步建立政府部门宏观调控、市场主体公平竞争、中介组织提供服务、人才自主择业的人才流动配置机制。建立健全与工作业绩紧密联系、充分体现人才价值、有利于激发人才活力和维护人才合法权益的激励保障机制。建立领导干部联系专家制度。加强人才法制建设。建立健全人才开发政策体系，实行人力资本投入优先，加强产学研合作培养创新人才，积极扶持人才创新创业和支持科技人员潜心研究，促进人才合理流动，稳定基层人才队伍，加快推进非公有制经济组织、新社会组织人才平等发展。

专栏 18　人才开发重点工程

"四个一"人才工程。构建我省的核心专家群体（培养选拔 70 名核心专家）、省管专家群体（培养选拔 700 名省管专家）和一批骨干专家群体、一大批基础人才群体。

党政人才素质提升工程。完善干部教育培训制度，大规模培训党政人才。

优秀企业家培养工程。培养大企业、大集团的重点领军人才，造就 50 名以上优秀企业家、250 名企业后备人才和 500 名职业经理人。

高层次创新型科技人才培养工程。力争院士申报取得新突破；培养选拔 50 名重点产业学科带头人、科技领军人才和 200 名优秀青年科技人才培养对象，形成 80 个创新能力较强的团队。

高技能人才开发工程。建设一批国家级、省级示范性高技能人才培养基地，培养选拔 250 名左右有突出贡献的高技能人才。

新型农民培养工程。每两年选拔表彰 100 名具有突出贡献的农民企业家、农村特色产业示范带头人、科技种植养殖能手、经纪人和能工巧匠。

人才基地建设工程。在全省建设 100 个左右人才基地。

高层次人才引进工程。全省引进科技领军人才、高层次创新创业人才和学术技术带头人 500 名左右。

第三十三章　着力提升科技创新能力

坚持合作创新、加强转化、重点突破、引领跨越，着力加强科技创新体系建设，大力推进重点领域科技创新与成果转化，加强科技与经济的紧密结合，着力提升科技创新能力，支撑和引领经济社会的跨越发展和可持续发展。

第一节　加强科技创新体系建设

围绕我省经济社会发展需要，促进科技资源优化配置，建立和完善以企业为主体、市场为导向、政府推动、产学研紧密结合的区域科技创新体系。大力推进技术创新体系建设，强化企业技术创新主体地位，积极引导和支持创新要素向企业集聚，加快建设各类科技研发机构，围绕优势产业发展，推动建立企业、科研院所和高等院校共同参与的创新战略联盟，提高企业核心竞争力。加强知识创新体系建设，支持高等院校、科研机构整合科技资源，在一些重点和优势学科领域建设重点实验室和知识创新基地，提升研发能力。加强科技创新服务体系建设，建立完善科技创新转化服务平台，提高服务企业能力。"十二五"期间，省级以上企业技术中心、工程技术研究中心、重点实验室等研发机构达到 200 家以上；建立国家认定企业技术中心 5～8 家，新建国家级工程技术（研究）中心 2～3 个，国家级工程实验室 1～2 个；力争在化学、地理学、生命科学等学科领域建成国家级重点实验室或省部共建重点实验室 3～4 个；在已有磷化工、装备制造、茶叶、辣椒、物流产业技术创新战略联盟的基础上,新建立铝工业、煤化工、钢铁、民族药、白酒、新材料、烟草、电子信息、航空航天、特色农产品等10个产业技术创新战略联盟,力争形成磷化工、物流等国家级产业技术创新战略联盟;新建国家级生产力促进中心3～5个,省级生产力促进中心及科技企业孵化器等科技中介服务机构10～15个。推进建立省工业技术研究院。

第二节　推进重点领域技术创新与转化

围绕我省经济社会发展的重点领域和关键环节,着力实施一批国家科技支撑计划和省重大科技专项,重点推进新材料、新能源、高端装备制造、航空航天、生物医药、新一代信息技术、节能环保和资源综合利用、现代农业等领域关键技术、共性技术攻关,加快重点产业领域技术引进、消化吸收与再创新,努力实现重点关键技术领域的突破和跨领域的技术集成。大力实施产业技术创新、现代农业科技支撑、生态建设和节能环保技术开发应用等工程,推进科技成果转化及产业化示范基地建设,促进科技支撑与产业振兴、企业创新相结合,加快科技成果向现实生产力转化。推进国家在我省的500米口径球面射电望远镜项目建设。

第三节　加强科技创新环境建设

进一步加大财政对科技创新的投入,实现财政科技支出增长高于财政经常性收入的增长。制定和完善财政、税收等政策,引导和促进企业、社会资金投入,建立以政府投入为引导、企业投入为主体、社会资本广泛参与的多元化科技创新投入体系。建立健全风险投资机制,鼓励和支持企业以股份制或合伙制等形式,组建风险投资公司或创业投资公司。加大知识产权保护和应用力度,提升知识产权创造、运用、保护和管理能力。实施高端人才引进计划和培养工程,搭建高端人才创新创业平台,促进创新创业团队、高端研发资源和高端项目与产业集聚。鼓励发展科技中介服务,完善科技成果评价奖励制度。加强科技资源共享平台建设,建立完善大型科学仪器、科技文献等共享机制。

专栏19　重大科技开发应用工程

产业技术创新工程。实施重点产业技术攻关工程:围绕新材料、新能源、高端装备制造、航空航天、生物医药、新一代信息技术、节能环保等,开展产业化关键技术攻关与开发利用;实施重点产业技术开发应用工程:围绕汽车生产配套技术改造、飞机零部件制造与总装集成、能矿采掘设备制造、动车组高速闸片和制动摩擦片制造、新能源装备、重点矿产资源综合利用、大型环卫设施装备、小型山地农业机械制造等,加快技术引进、集成、转化,推进产业化开发利用。

现代农业科技支撑工程。推进农作物良种繁育和试验示范、畜禽良种繁育及配套养殖等科技攻关;推进特色农业高产栽培、优质无公害农产品生产、特色农产品精深加工、大宗地道药材综合开发、竹产业综合开发等技术研发及利用。

生态建设和节能环保技术开发应用工程。围绕喀斯特山区水资源安全利用、高原湿地生态保护、石漠化治理、林业有害生物防治、重点产业循环经济发展、重点白酒产区和企业环境保护资源综合利用、节能产品开发等,开展关键技术攻关和开发利用。

第九篇　深化改革和扩大开放,增强经济发展动力和活力

把深化改革作为创新之源,把扩大开放作为开发之路,采取更加过硬的措施推动改革,实施更

加积极主动的开放带动战略，加快构建有利于经济社会又好又快、更好更快发展的体制机制和发展环境。

第三十四章　深化重点领域改革

坚持以改革促发展，把发展的难点作为改革的重点，以更大的决心和勇气推进重点领域各项改革，力争取得重大突破和实质性进展。

第一节　深化行政体制改革

进一步加快转变政府职能，深化行政审批制度改革，创新政府管理方式，推进政企分开，减少政府对微观经济运行的干预，加快建设法治政府和服务型政府。深化政府机构改革，进一步优化政府组织结构，提高行政效率，降低行政成本，探索省直接管理县（市）的体制。推进政务公开，增强公共政策制定透明度和公众参与度，加强行政问责制，改进行政复议和行政诉讼，完善政府绩效评估制度，提高政府公信力。加快事业单位分类改革。

第二节　继续深化国有企业改革

加快国有企业体制机制创新，全面推进现代企业制度建设。健全国有资本经营预算制度，推进国有大中型企业的股份制改革和国有资产证券化改革。加快国有企业的资源整合、兼并重组，不断增强国有企业活力、控制力和影响力。推进各种所有制企业之间通过股权并购、股权置换、互相参股等方式进行整合重组，发展国有资本、集体资本和非公有制资本等参股的混合所有制经济。制定促进大企业、大集团发展和企业上市的政策措施及工作方案，通过资源优先配置、项目优先规划、政策优先扶持和兼并重组、产能扩张、技术改造等措施，培育更多销售收入超过100亿元的大企业、大集团，新增一批上市公司。配套完善相关促进国有企业改革改制的政策措施，多渠道筹集国企改革资金，做好国有企业政策性关闭破产后续工作。完善国有资产监管体系，明确重大事项报告制度，建立健全企业重大决策失误和重大资产损失责任追究制度，规范国有产权交易行为。

第三节　深化财税管理体制和投融资体制改革

继续深化财政预算管理改革，加快推进部门预算改革，继续完善省以下财政管理体制和省对下财政转移支付政策，健全“上台阶县”和经济强县的财源建设政策。规范政府非税收入改革，进一步理顺收入分配关系。深入推进国库集中支付制度改革，逐步建立科学有效的预算资金运行监控机制。强化政府采购制度改革，推进采购管理的规范化和精细化。按照国家部署，继续推进费改税，争取开展我省优势矿产资源税改革试点，开征环境保护税。

转变政府投资职能，按照公益性、基础性、竞争性三大类项目的划分原则，全力抓好公益性项目和基础性项目建设。完善投资的运行机制，改善投资环境，降低投资的社会成本，提高对投资主体的吸引力。加快设立产业投资基金、创业投资引导基金、城市建设基金，推进投资主体多元化。深化金融体制改革，完善地方政府金融协调、管理体制，稳步发展地方金融市场和鼓励金融创新，加强投融资平台建设，积极开展项目融资，推进符合条件的各类企业上市融资，力争全省新增上市公司

20户以上,累计实现200～300户优质企业进入上市后备资源库。争取国家支持我省符合条件的企业发行可转换债券和企业债券,推进融资方式多元化。

第四节 深化资源性产品价格和要素市场改革

建立和完善资源价格形成机制,加快理顺资源产权关系,提高资源利用效率。推进水价改革,合理调整城镇供水和水利工程供水价格。推进电价改革,对居民用电逐步实行阶梯式电价,简化电价分类。建立新能源产品价格补偿机制,促进新能源加快发展。支持资源地群众便捷使用质优价廉的煤、气、电。健全土地、资本、劳动力、技术、信息等要素市场,加快社会信用体系建设,完善市场法规和监管体制,规范市场秩序。

第五节 贯彻落实国家收入分配调整政策

认真贯彻落实国家收入分配调整政策,坚持和完善按劳分配为主体、多种分配方式并存的分配制度。初次分配和再分配都要处理好效率和公平的关系,再分配更加注重公平。努力提高居民收入在国民收入分配中的比重,提高劳动报酬在初次分配中的比重。创造条件增加居民财产性收入。着力提高低收入者收入,逐步提高最低工资标准,保障职工工资正常增长和支付。规范分配秩序,落实国家加强税收对收入分配调节的相关政策,有效调节过高收入,努力扭转城乡、区域、行业和社会成员之间收入差距扩大趋势。落实国家完善公务员工资制度,深化事业单位收入分配制度改革。

第三十五章 大力支持非公有制经济加快发展

坚持政府营造环境、全民创造财富,激发全社会创业、创新、创优的活力,加快非公有制经济发展,显著提高非公有制经济在国民经济中的比重。

坚持公有制为主体、多种所有制经济共同发展的基本经济制度,营造各种所有制经济依法平等使用生产要素、公平参与竞争、同等受到法律保护的体制环境。制定我省非公有制经济发展产业目录,引导鼓励民间资本以独资、控股、参股等方式,投资建设铁路、公路、水运、民航、水利、电力,参与土地整治、矿产资源勘探开发、特色经济发展,进入市政公用事业、保障性住房、社会事业领域和国防科技工业领域,重组联合和参与国有企业改革。加大对非公有制经济的财税、金融、土地等政策支持力度,重点扶持成规模、上水平的非公有制企业和发展前景好的中小企业,实施中小企业成长工程、全民创业计划、万户小老板创业行动计划、个体经济腾飞计划、私营企业倍增计划,促进非公有制企业加快发展。加强中小企业信用担保体系建设,为非公有制企业提供良好的信贷服务。加快清理和修订制约非公有制经济发展的地方性法规和政策性文件,简化行政审批环节,规范行政执法,坚决制止乱收费、乱摊派、乱罚款、乱检查等行为。引导非公有制企业增强法制观念,推进科学管理,提升自身素质。

第三十六章 全方位提升对内对外开放水平

坚持以开放促发展、促改革、促创新,着力优化开放环境,大力发展内外联动、互利共赢的开放型经济,加快构建对内对外开放新格局。“十二五”时期,力争在扩大招商引资规模和质量上取得重大突破,引进省外到位资金累计达到9000亿元左右,实际利用外资年均增长30%以上,进出口总额年均增长20%以上。

第一节 努力拓展招商引资的广度和深度

按照优化结构、丰富方式、拓宽渠道、提高质量的要求,进一步开放投资领域,放宽市场准入,努力拓展招商引资的广度和深度,迅速扩大直接利用外来投资规模。重点开展大项目大企业招商引资,加强与国内外五百强企业、中央企业等优强企业的交流与合作,通过合资、合作、独资、兼并重组、股份收购、BOT、TOT、ABS、BT、资源换投资等多种有效方式,积极引进国内外大企业、大集团、大财团等战略投资者。加大对东部发达地区的招商引资力度,重点加强与珠三角、长三角和深圳、宁波、青岛、大连等对口帮扶城市以及苏州市的交流合作,深入开展与泛珠三角经济合作区、成渝经济区的交流与合作,积极参与中国—东盟自由贸易区和大湄公河次区域经贸合作;积极扩大对欧美地区、东盟等境外招商规模,继续加强对港澳台和海外华侨客商的招商引资。积极创新招商引资方式,建立以政府主导、企业市场化运作、社会中介组织参与的合力推进的招商引资机制;充分调动我省大企业和优势企业的积极性,重点针对中央企业进行招商引资;鼓励利用社会各方面力量和资源招商;充分利用国际、国内各种展会精心策划和组织我省招商引资活动,通过举办各种形式的博览会、投资贸易洽谈会积极搭建招商引资平台。加强招商引资项目库建设,积极谋划一批重大项目,开展多种形式的社会推介,建立项目跟踪落实责任制,不断提高招商引资项目的履约率、开工率和资金到位率。强化落实部门和地方招商引资的目标和责任,建立和完善招商引资考核评价奖惩长效机制。

把开发区(园区)作为招商引资、扩大开放的重要载体,大力推进开发区(园区)建设,努力把各级开发区(园区)建设为现代制造业的集中区、吸引外资的聚集区、体制改革的先导区和循环经济的示范区。重点加强国家级、省级开发区建设,进一步完善基础设施,增强服务功能,引导和促进更多大企业、大项目在开发区(园区)集群发展、配套发展,发挥其招商引资的示范带动作用。支持有条件的开发区扩区调位升级,争取国家支持将符合条件的省级开发区升级为国家级开发区。支持未布局开发区的市(州、地)根据优势产业发展和生产力布局新设开发区。依托开发区(园区),以劳动密集型产业、能源矿产开发和加工业、农产品加工业、装备制造业为重点产业承接方向,加大政策支持力度,严把产业政策关,积极承接发达地区产业转移,在有条件的地区规划建设一批高质量承接产业转移园区,重点建设贵阳、遵义、黔东南三大国家级承接产业转移示范基地;争取国家支持建立东西互动产业合作示范园区。

第二节 积极发展对外贸易

调整优化对外贸易结构,拓展对外贸易市场,努力扩大对外贸易规模。加快推进出口商品结构多元化,大力培育新的对外贸易增长点。引导和推动外贸经营主体多元化、市场多元化,鼓励企业扩展对外贸易市场,巩固和扩大东盟、日本、韩国、美国等传统市场,着力开拓欧盟、俄罗斯、中东、非洲等新兴市场。鼓励和支持有条件的企业参与国际经济技术合作与竞争,积极参与中国—东盟自由贸易区和大湄公河次区域经贸和教育、科技、文化合作。进一步加强进出口口岸通道规划建设,争取国家赋予我省“口岸签证权”,支持在我省设立“综合保税区”、“出口加工区”。

第三十七章 大力改善投资软环境

着力改善体制、法制、市场、政策环境，积极营造亲商、爱商、敬商、安商的发展环境和创业、创新、创优的良好氛围，建设“诚信贵州”、“法制贵州”。

创新政务服务方式，提高行政服务效能。继续清理和减少行政审批事项，简化审批环节，缩短审批时间，增强审批透明度。按照“政务公开、权力公开、权力运行公开、运行时间公开、运行结果公开”和“同步审批、限时办结”的原则，营造高效的服务环境，推进“一站式”服务。面向社会全面公开申办事项的前置条件、办理流程、审批环节，推行网上受理、网上审批、网上办结，最大限度地方便外来投资者。

完善有关地方性法规，规范行政执法，强化行政执法监督。加强各级投诉受理中心建设，加强对投资软环境的监督监察和考核评价，定期曝光政府不诚信、行政不作为、执法不公正的典型事例，全面加强政风、行风建设，严厉查处以权谋私、权钱交易、吃拿卡要等行为，切实维护投资者合法权益。

加强社会信用体系建设，建立招商引资项目兑现、督办工作机制，确保各级政府部门出台的政策得以贯彻、承诺的服务得以兑现，强化企业诚信意识和守法经营，营造诚实守信的市场环境。

全面落实和细化国家和我省扩大对外开放的土地、财税、金融等各项政策，积极探索有利于扩大开放的新政策、新举措，营造良好的政策环境。

第十篇 积极推进生态文明建设，促进经济社会发展与人口、资源、环境相协调

坚持经济社会发展与人口控制、资源节约、生态环境保护统筹规划、协调推进，牢固树立绿色、环保、低碳发展理念，加快构建资源节约、环境友好的生产方式和消费模式，增强可持续发展的能力。

第三十八章 加大力度统筹解决人口问题

坚持计划生育基本国策和现行生育政策不动摇，严格实行计划生育一票否决制，采取有效措施统筹解决人口问题，坚决稳定和降低生育水平，控制人口数量、提高人口素质、改善人口结构。到2015 年全省人口自然增长率控制在 6‰以内。

第一节 努力控制人口过快增长

完善网络体系，强化服务管理，健全工作机制，进一步提高符合政策生育率，有效控制人口过快

增长。

进一步加强基层计生服务网络建设,加快完善计划生育服务体系。继续实施基层计生服务体系建设,到2015年,力争使全省所有县站和90%以上的乡镇服务站完成标准化、规范化建设。继续巩固和创建计划生育优质服务先进县,全省新增国家级优质服务先进县15个,实现省级优质服务先进县全覆盖。加快人口计生信息化建设步伐,进一步完善省级全员人口数据库和管理信息系统。加强流动人口计划生育管理服务,实现基本免费服务项目全覆盖,切实完善流动人口计划生育综合治理机制,加强流动人口计划生育服务管理的区域协作。完善计划生育利益导向政策体系,大力推行计划生育家庭奖励扶助、少生快富和特别扶助制度,建立完善长效避孕措施的落实奖励制度,深化贫困计划生育家庭“三结合”帮扶政策,加强公共民生普惠政策与计划生育利益导向政策的衔接。加强计划生育宣传教育工作,大力推进人口文化建设,促使群众婚育观念进一步转变。

第二节　着力提高出生人口素质和改善人口结构

加强出生缺陷干预,鼓励整合基层计生服务、妇幼保健资源,加强妇幼保健能力建设,建立健全市、县、乡、村四级出生缺陷预防网络,全面开展孕前优生健康检查,关注婴幼儿早期教育,努力提高新生人口素质。推行计划生育家庭生殖系统疾病免费普查普治工作,提高生殖健康水平。加强综合治理,实行分类指导、重点管理,建立重点县动态管理制度,遏制出生人口性别比升高趋势。积极应对人口老龄化问题。

第三十九章　加强生态建设

坚持保护优先和自然恢复为主,从源头上遏止生态环境恶化趋势,大力实施生态修复工程,构筑国土生态安全格局,切实改善生态环境,构建“两江”上游重要生态屏障。

第一节　构筑生态安全格局

以乌蒙山—苗岭、大娄山—梵净山山体(“两屏”)、乌江、赤水河及綦江、沅江、都柳江、南北盘江及红水河水系(“五带”)为框架,实施生态保护分区控制。在自然保护区、世界自然遗产地、风景名胜区、森林公园、地质公园、重要水源地保护区等禁止开发区域和天然林保护区、重要水源涵养区、石漠化地区、水土流失地区等限制开发区域,建立重点生态功能保护区。构筑以“两屏五带”为骨架、以重点生态功能区为支撑的生态安全战略格局。

第二节　加强重要生态功能区的保护和建设

按照先急后缓、分期实施、重点突破的原则,全面推进石漠化综合治理,大力实施78个县石漠化综合治理工程,着力打造国家级石漠化综合治理示范区。加强水土流失小流域综合治理,增强区域水土保持能力。推进实施退耕还林、天然林资源保护、珠江等防护林、速生丰产林等工程建设,提高森林覆盖率。加强森林经营,提高森林质量和生态功能。加强湿地保护区保护恢复,维护或重建湿地生态系统。建立和完善生态效益补偿机制,推进实施公益林生态效益补偿项目。大力发展林业绿色产业，增强林业可持续发展能力。加强自然保护区规划建设和管理，推进种质资源库建设，有效保护生物多样性。加强城市公共绿地、环城林带建设，加快沿公路、铁道的绿化带建设，推进城乡绿化一体化，形成网络化的区域生态廊道。

专栏 20　生态建设重点工程

石漠化综合治理工程。大力实施 78 个县石漠化综合治理工程，新增治理石漠化面积 16000 平方公里。

水土保持工程。完成水土流失治理面积 10000 平方公里。

退耕还林工程。新增退耕还林 300 万亩，配套荒山营造林 400 万亩。

天然林保护工程。新增公益林 350 万亩，其中人工造林 150 万亩，封山育林 200 万亩。

重点防护林工程。实施珠江防护林工程，完成营造林 150 万亩，其中人工造林 100 万亩；实施长江防护林工程，完成人工造林 80 万亩。

自然保护区建设工程。支持 2～3 个自然保护区进入国家级示范自然保护区行列，2～3 个省级自然保护区升格为国家级自然保护区。实施保护区核心区生态移民工程。

湿地保护与恢复工程。建设湿地保护区 4 个，国家湿地公园 5 个，恢复湿地 3 处。

森林抚育工程。实施中幼林抚育及低质低效林改造 2900 万亩。

林业绿色产业工程。建设商品林基地 600 万亩，油茶产业基地 300 万亩，林业生物质能源基地 180 万亩，特色经济林 600 万亩。

绿色通道、城郊绿化工程。绿色通道人工造林 26.2 万亩，城郊绿化人工造林 75 万亩、封山育林 43 万亩。

第四十章　强化能源和资源节约

坚持开发和节约并举、节约优先的方针，按照有限开发、有序开发、有偿开发的原则，加强对能源、水、土地和矿产资源的保护和管理，全面推进资源的集约节约利用。

第一节　大力推进能源节约

大力节约能源，确保全省单位生产总值能源消耗降低达到国家要求。提高能源利用效率，控制低水平高耗能企业发展。积极淘汰落后生产能力，到 2015 年，全省淘汰落后产能 1000 万吨以上，淘汰单机 20 万千瓦以下火电机组 100 万千瓦。突出抓好钢铁、有色、电力、化工、建材、煤炭等重点耗能行业和重点耗能企业的节能管理，加强电力需求侧管理和节能发电调度。强化建筑、交通运输和公共机构等领域的节能技改和节能管理。全面实施重点节能工程，推广普及先进节能技术和产品，加快推行合同能源管理，促进节能服务产业发展。严格实施新建项目节能评估和审查制度，完善能效标准和节约产品认证制度。落实能源节约经济政策。健全节能法律法规和标准体系。加强节能监察监测能力建设，建立完善节能统计、监测制度，强化目标责任考核，严格节能执法监察。全面实行政府优先和强制采购节能产品制度，普及节能知识，加强消费引导，实施全民节能行动方案。

第二节　强化土地、水、矿产资源节约

落实保护耕地基本国策，统筹土地资源的保护和合理利用，保障工业化、城镇化用地需求；加强土地用途管理，严格建设项目用地标准，努力盘活存量，合理使用增量，大力提高土地资源利用效率。

建立流域与区域管理相结合的水资源管理体制，全面推行用水总量控制，严格执行取水许可制

度;推进农业节水灌溉,发展旱作节水农业,积极推进节水示范县建设,全省农田灌溉水有效利用系数力争提高到0.52;推进高耗水行业节水技术改造及矿井水资源利用,提高工业用水重复利用率;推进节水型城市建设,力争9个市(州、地)中心城市和4个县级市达到节水型社会评价指标要求。

强化矿产资源勘查、开发的统一规划和管理,健全完善矿产资源勘查市场准入机制和矿业权管理制度,加快建立重要矿产资源储备制度;健全矿产资源有偿占用制度和矿山环境恢复补偿机制;加快推进矿产资源开发整合,有效提高大中型矿山比重;支持和引导矿山企业提高开采回采率、选矿回收率以及共伴生矿和尾矿综合利用率。

专栏21 能源和资源节约重点工程

工业节能重点工程。以冶金、电力、化工、建材、有色、煤炭等行业为重点,采取燃煤工业锅炉(窑炉)改造、余热余压利用、电机系统改造、能量系统优化等节能措施,实施一批年节能5000吨标准煤以上重点节能项目。

重点领域节能示范工程。在建筑领域,加强建筑节能设计和施工管理,积极推广使用节能墙体材料、太阳能、地热能、地源热泵、热泵热水器、节能灯具等材料和技术措施,实施一批建筑节能示范工程;加强公共机构节能改造力度,实施一批公共机构节能示范工程。

节约和替代石油工程。在工业领域,大力实施煤层气、煤制气、可燃尾气、洁净煤和水煤浆替代燃料油(重油)以及等离子无油点火、气化小油枪节油改造等,实施一批节约和替代石油重点项目;在交通领域,实施一批煤层气和可燃尾气提纯制液化甲烷以及液化甲烷、天然气、甲醇、二甲醚替代机动车燃油重点工程。

区域热电联产集中供热示范工程。积极推进工业园区、工业聚集区及城镇实施热电联产集中供热,组织实施一批热电联产集中供热示范项目。

节水重点工程和示范工程。大力开展农业节水灌溉、雨水积蓄利用,建设一批农业节水灌溉示范项目。推进高耗水行业节水技术改造及矿井水资源利用,实施一批年节水50万m^3以上节水技术改造重点项目和年利用矿井水100万m^3以上项目。

第四十一章 大力发展循环经济

以提高资源产出效率为目标,按照突出重点、持续实施、分阶段推进、分层次示范和一体化安排的要求,推进生产、流通、消费各环节循环经济发展,壮大循环经济规模。

第一节 推进循环型生产方式

加快推行清洁生产,从源头上减少废弃物的产生和排放。大力推进粉煤灰、磷石膏、煤矸石、黄磷尾气和炉渣等大宗工业固体废物和建筑、道路废物以及农林废物资源化利用,工业固体废物综合利用率达到60%以上。按照循环经济要求规划、建设和改造各类产业园区,实现土地集约利用、废物交换利用、能量梯级利用、废水循环利用和污染集中处理。按照"煤—电—化—建材"、"煤—磷—电—化—建材"、"煤—电—冶金—建材"一体化产业循环模式,推进产业链接技术的开发运用,加快建设一批省级铝工业、磷化工、煤化工、钢铁、建材等循环经济工业园区和示范企业。推进循环农业示范县和循环农业科技示范园区建设。积极发展循环型服务业。继续抓好国家级循环经济试点单位(城市)建设,积极支持六盘水市建设国家级循环经济示范城市。

第二节 建立健全资源循环利用回收体系

建立完善再生资源回收体系,加快城市社区和乡村回收网络建设,推进再生资源规模化利用。

以再生金属、废旧轮胎、废旧家电、电子产品回收利用为重点，加快完善再制造旧件物流回收体系，优化布局，壮大规模，积极发展再制造业。建立健全垃圾分类回收、密闭运输、集中处理体系，推进餐厨废弃物等垃圾资源化利用和无害化处理。

第三节　建立循环经济促进机制

综合运用投资、产业、价格、财税和金融等政策措施，建立面向市场，有利于发展循环经济的政策支持体系。推动发展循环经济的地方法规体系建设。建立和完善循环经济技术研发和咨询服务体系。编制和实施循环经济发展规划，引导中心城市、重点开发区、重点产业园区、重化工业集中地区，按照发展循环经济的要求集聚发展。倡导文明、节约、绿色消费理念，逐步培育形成绿色生活方式和消费模式。

专栏22　循环经济试点示范工程

循环经济工业示范园区（基地、企业）。巩固提升开阳磷矿、瓮福集团、赤天化纸业、茅台酒集团4个国家级试点企业；推进建设金赤煤化工等18个省级示范工业基地（园区），新建一批循环经济工业示范基地（园区）。

农业循环经济示范区。重点推进贵阳市、遵义市、黔南州、黔东南州等地区的循环农业示范县和示范基地（园区）建设。

大宗产业废物综合利用示范工程。大力开展磷石膏、粉煤灰、黄磷渣、钡渣等工业废物综合利用，推进一批工业固体废弃物综合利用示范基地建设，争取贵阳市列入国家工业固废综合利用十大示范基地。推进农作物秸秆综合利用，建设一批秸秆综合利用示范项目。

"城市矿产"、餐厨废弃物资源化利用示范工程。推进"城市矿产"基地和餐厨废弃物资源化利用项目建设，争取贵阳市列入国家"城市矿产"示范基地、国家餐厨废弃物资源化利用和无害化处理试点城市。

循环经济示范城市。继续推进贵阳市国家级循环经济试点城市建设，积极推动六盘水市建设国家级循环经济示范城市；推动建设省级循环经济示范城市。

第四十二章　加强环境保护

坚持预防为主、防治结合的方针，在发展中落实保护，在保护中促进发展，着力解决损害群众身体健康的突出环境问题，积极防范环境风险，有效控制污染物排放总量，明显改善重点流域、重点区域和重点城市的环境质量。

第一节　加强水、大气环境保护和危险废物防治

实行严格的城镇集中式饮用水源地保护制度，继续加强红枫湖、百花湖、万峰湖等重点湖（库）环境保护。继续推进三岔河、乌江、赤水河、清水江、都柳江和南北盘江流域水环境综合整治。加强汇水区工业污染源有毒有害物质的管理与控制，避免跨界污染。强化城镇污水处理设施营运监管，确保已建成投运的污水处理厂正常稳定运行。逐步开展地下水污染防治。

加强重点行业污染控制和区域大气污染防治。大力推进火电、钢铁、有色、水泥等重点行业脱硫设施建设和技术改造。开展火电机组脱氮设施建设。加强氮氧化物污染防治，开展挥发性有机物及有毒有害物质控制，推进多污染综合控制。加强城市颗粒物、机动车尾气排放、噪声等污染治理。

加强危险废物和医疗废物污染防治。建立危险废物管理考核制度。建成并投运全省危险废物集中处置中心和九个市(州、地)医疗废物集中处置设施,中心城市医疗废物无害化处置率达到90%,逐步实现全省范围内的医疗废物无害化处置。

加强农村环境保护,积极推进土壤污染防治和农业面源污染治理。

第二节 强化环境保护机制

健全考核评估制度,严格落实环保目标责任制,强化政府环境管理职责。严格执行环境影响评价制度,推进规划环评实施。严格排放标准,全面推进排污许可证制度。坚持谁污染谁治理原则,建立和完善企业环保自我约束机制。加强环境管理能力建设,完善监管体系,强化执法监督,健全重大环境事件和污染事故责任追究制度。建立社会化、多元化环保投融资机制,运用经济手段加快污染治理市场化进程。深入开展环保宣传教育,动员全社会积极参与环境保护。推进贵阳市国家级环境保护模范城市建设,积极创建国家级和省级生态市(地、州)、县、乡(镇)、村。

专栏23 环境保护重点工程

饮用水源地保护工程。重点实施红枫湖、百花湖、万峰湖、夜郎湖、乌江水库、阿哈水库、茶园水库、三板溪水库等库区环境综合整治工程;实施集中式饮用水源地环境综合整治工程。

重点流域、区域水污染防治工程。实施赤水河上游及茅台原产地生态环境保护工程;实施乌江流域磷污染、都柳江流域锑污染综合治理;三岔河流域煤矿废水和洗煤水以及农村、乡镇生活污染治理;三都县高戎河汞、镉污染综合整治;铜仁地区锰汞污染区域、六盘水和毕节地区铅锌废弃场、毕节地区炼硫区污染区域等综合整治、土壤污染治理及生态修复工程。

大气污染防治工程。实施火电机组烟气脱硫设施技术改造、脱氮设施建设及燃煤电厂脱汞试点工程,推进钢铁、有色金属、水泥等非电力重点行业脱硫设施建设;加快水泥、钢铁、冶金等行业除尘设施建设及技术改造;建成覆盖全省的机动车尾气检测系统和监管体系;加快大型加油站、储油库、油罐车油气回收及监测系统建设;实施城市清洁能源建设及改造工程;推进实施建筑施工扬尘、餐饮业油烟治理工程。

主要污染物减排工程。实施化工、有色、轻工等行业重点污染源企业水污染治理工程和城镇污水处理设施及配套管网工程;加快规模化畜禽养殖场(小区)环境综合治理工程建设。

危险废物综合利用及污染防治工程。建设铜仁地区国家级汞循环经济示范区、汞科技开发中心、低氯化汞触媒生产技术开发与应用基地;开展历史堆存点风险评估,优先完成位于环境敏感区域的历史堆存危险废物利用处置。

重金属污染防治工程。实施汞、锰、铊、铅、锌、镉、铬等重金属污染治理工程。

第四十三章 积极应对气候变化

坚持减缓和适应并重,充分发挥技术进步的作用,加强政策支持,提高应对气候变化能力。积极推进低碳技术的引进和转化,控制工业、建筑、交通和农业等领域温室气体排放。开发能源高效利用技术,大力发展可再生能源,优化能源结构。提高森林蓄积量,增加森林碳汇,增强固碳能力。推进贵阳市国家级低碳城市试点,开展适应气候变化重点示范区建设。逐步建立和完善温室气体排放统计监测和考核体系,开展区域气候变化影响综合评估。加强极端气候事件监测预警,建立防灾减灾和应急系统,加强国际国内合作,增强适应气候变化能力。加强应对气候变化知识普及,提高公众气候变化意识。

第十一篇 着力保障和改善民生，推进社会主义和谐社会建设

更加注重包容性增长和共享式发展，着力改善和保障民生，逐步完善符合省情、比较完整、覆盖城乡、可持续的基本公共服务体系，推进社会主义和谐社会建设。

第四十四章 实施重大民生工程

统筹解决人民群众最关心、最直接、最现实的利益问题，大力实施一批重大民生工程，显著提高城乡人民生活质量和水平。

第一节 大力实施扶贫脱贫攻坚工程

在贫困地区大力实施乡村道路、水利建设、农网改造、危房改造和中低产田土改造工程，为贫困人口增收创造必要的基础条件。继续实施“雨露计划”、“阳光工程”和各类社会扶贫行动，实现培训一个、就业一人、脱贫一户。广泛推广农业先进适用技术，大力发展乡村旅游，深入实施山地农业扶贫工程、林下经济增收工程、生态扶贫产业建设工程，为稳定脱贫提供可靠的增收保障。对生活在自然条件极为恶劣地区的贫困人口，继续实施易地扶贫搬迁工程，增加易地搬迁扶贫后期扶持资金，为贫困农户增加收入、提高能力提供后续支援。

第二节 大力实施就业和创业工程

把促进就业放在经济社会发展的优先位置，作为政府绩效考核的优先目标，实施更加积极的就业政策，形成经济发展与扩大就业良性互动的长效机制。大力发展劳动密集型产业、服务业和小型微型企业，多渠道开发就业岗位。建立健全政府投资、重大项目建设带动就业的机制。加大统筹城乡就业力度，大力促进农村劳动力转移就业，加快将在城镇稳定就业的农民工纳入城镇管理范围，健全城乡劳动者平等就业制度。建立统一规范灵活的人力资源市场，为劳动者提供优质高效的就业服务。加大对高校毕业生、农民工、就业困难人员等重点群体就业的帮扶力度，健全就业援助制度；通过开发公益性就业岗位和实行岗位补助等措施，帮助有就业能力和愿望的就业困难人员和零就业家庭人员实现就业，“十二五”期间，帮助15万就业困难人员实现再就业。坚持以创业带动就业，支持大学生、退役军人自主创业和农民工返乡创业。依法采取降低创业门槛，落实税费减免、小额担保贷款、社会保险补贴等措施，支持和鼓励劳动者自主创业和自谋职业。加强职业技能培训，提高劳动者就业技能水平。大力推进创业园、孵化园建设。建立健全以街道、乡镇、社区为重点的公共就业服务信息网络平台。建立完善城镇调查失业率统计，建立和完善失业评估和失业预警机制，加强失业风险的预防和有效调控。完善就业权益保障制度，依法维护劳动者权益，促进劳动关系和谐稳定。

第三节 大力实施劳动力素质提升工程

加快制定促进职业技术教育大发展大提高的政策措施，迅速扩大职业教育规模。全面实施职业能力建设工程，积极开展多层次、多形式的职业技能培训，全面提高劳动者就业技能水平，努力使城乡劳动力人人有知识、个个有技能。“十二五”期间，实现城乡统筹培训达到120万人次，技能劳动者总量达到劳动力总量的40%左右。把素质教育的要求贯彻于各级各类教育，贯穿于学校教育、家庭教育和社会教育，全面提高劳动者素质。创新人才培养模式，注重思想道德建设，突出培养劳动者的创新精神、吃苦耐劳精神和创新能力、动手能力。

第四节 大力实施城乡社会保障体系建设工程

坚持广覆盖、保基本、多层次、可持续的指导方针，基本建立起与我省经济社会发展相适应的社会保障体系。

努力扩大社会保险覆盖面。进一步完善城镇企业职工基本养老保险制度，城镇职工基本养老保险参保覆盖率达到80%以上。建立城镇居民基本养老保险制度。新型农村养老保险基本实现全覆盖，解决被征地农民养老保险问题。全面推进城镇职工、城镇居民基本医疗保险和新型农村合作医疗制度建设，城乡三项基本医疗保险参保率达到93%，基本实现城乡居民人人享有基本医疗保障目标，实行城乡基本医疗保障制度的统一管理，解决城乡居民异地就医和医保即时结算问题。完善失业、工伤、生育保险制度，参保覆盖率分别提高到60%、70%、80%。完善城镇企业职工基本养老保险省级统筹，建立工伤、失业保险省级统筹，推进城乡基本医疗保险市（州、地）级统筹，提高社会保障水平。实施基层社会保障公共服务设施建设工程，努力实现社会保障公共服务体系建设的标准化、科学化和信息化。

大力加强社会救助。建立以城乡居民基本生活救助为基础，以医疗救助、临时救助、五保供养为主要内容，以教育、住房、就业、救灾、法律援助等专项救助为辅助，以社会互助为补充，政府职责明确，管理规范，网络健全，覆盖城乡的社会救助体系。将符合条件的城乡困难人口全部纳入社会救助范围，实现动态管理下的应保尽保、按标施保，逐步提高救助标准和救助水平。大力发展慈善事业，积极推进社会互助。

积极发展福利事业。积极发展以扶老、助残、济困为重点的社会福利事业，建立健全城乡困难群体、特殊群体、优抚群体的社会保障机制。加大社会福利事业投入，建立覆盖全省的老年人、孤儿、残疾人、流浪未成年人为重点的服务网络。重点抓好示范性、综合性养老服务设施和福利设施建设，加快建设省残疾人综合服务基地。在40万人口以上的县建设救助站，在30万人口以上的县建设专门的儿童福利院，改扩建一批县级综合社会福利院和一批农村敬老院。进一步落实社会福利企业发展的扶持政策，促进残疾人集中就业，维护好残疾人职工的合法权益。推进殡葬服务体系建设。

第五节 大力实施“一危三棚”改造和保障性住房建设工程

扎实推进农村危房改造和城镇保障性安居工程建设。坚持从最困难的农户和最危险的农房改起，大力实施整县推进，重点扶持农村低收入危房户特别是优抚对象、农村低保户和残疾人危房户的改造和建设，2014年前完成剩余的130万户农村危房改造。加快城镇廉租住房、公共租赁房和限价商品房建设，有效解决城镇中等偏低收入家庭住房困难；探索廉租房建设的有效办法，逐步解决城市低保家庭和低收入家庭的住房困难；加强各类棚户区改造，集中改造城市棚户区、国有煤矿和工矿棚户区、国有林区棚户区及国有林场危旧房、国有垦区危房。“十二五”期间建设城镇保障性住房39.82万套。加大农村教师、乡镇卫生院卫生技术人员等周转房建设。健全稳定的住房土地供应政策和建设资金配套政策，简化新建廉租住房审批手续，加强廉租住房对象的管理，完善退出机制，推行租售并举。

第六节　大力实施基础设施向县以下延伸工程

以农村道路、饮水安全、农网改造、信息畅通等为重点，加快基础设施建设向农村延伸。继续推进国省干线公路改造，大力实施农村通达通畅工程，加快通乡油路、通村公路建设，大力推进通村油路建设，鼓励有条件的地方加快农村通组公路建设，切实解决商品运输难、农村行路难的问题，确保到2012年100%的乡镇通油路（水泥路）和建制村通公路，到2015年70%以上的建制村通油路（水泥路）。加快民生水利建设，搞好城乡水源工程，全面解决农村人口饮水安全问题。搞好农网改造升级，推进新农村电气化建设，扩大小水电替代燃料试点工程范围，实现自然村全部通电，城乡同网同价，努力满足农民群众不断增长的生产生活用电需求。加大农村地区信息网络建设和改造力度，积极推进电信普遍服务，加快农村“三电合一”工程和农村“光纤宽带进乡入村”工程建设，继续推进广播电视村村通工程，提高信息进户率。到2015年，力争建制村基本通宽带，20户以下已通电自然村通广播电视，乡镇数字化广电网络覆盖率达到100%。

第七节　大力实施生活环境改善工程

按照因地制宜、节约用地、设施配套、节能环保、突出特色的原则，科学制定乡镇村庄建设规划。加强城乡环境建设整治，到2015年3万人以上的城镇都要实现雨污分流，实现污水和垃圾无害化处理，实现城镇天蓝、地绿、水清。深入开展“整脏治乱”行动。认真实施水、电、路、气、房、优美环境“六到农家”工程，加快村庄道路硬化，推进农村沼气建设，支持和引导农村改水、改厨、改厕、改圈工作，新建农村户用沼气池75万户，开展农村污水、垃圾处理和面源污染治理，大力推广“四在农家”的典型经验，因地制宜建设山水田园村寨和民族特色村寨，用两到三年时间，使村庄面貌有较大改善。

第八节　大力实施公共文化服务体系建设工程

坚持社会主义先进文化前进方向，按照体现公益性、基本性、均等性、便利性的要求，大力推进城乡公共文化服务体系建设，提高城乡公共文化服务能力，弘扬优秀民族文化，建设和谐文化，满足广大人民群众的基本精神文化需求。

加快公共文化基础设施建设。建设省博物馆新馆等大型文化设施，力争建设省美术馆。建设市（州、地）地级图书馆、文化馆、博物馆新建或改扩建项目。在民族自治地区建设“民族文化展演中心”。完成一批示范性县级公共图书馆（文化馆）、示范性乡镇综合文化站以及城市社区文化中心（文化活动室）建设。完成县级综合档案馆新建或改扩建项目。实现县有两馆（图书馆、文化馆）、乡（镇）有综合文化站、社区有文化活动中心，村有文化活动室。加快广播电视数字化、网络化、智能化建设。继续实施农村电影数字放映工程。继续实施文化信息资源共享工程，建设一批公益性电子阅览室和少儿图书馆。推进数字化农家书屋建设。全面推进博物馆、纪念馆、美术馆、文化馆、青少年宫等基层公共文化设施向社会免费开放。建立公共文化服务体系长效投入和运行机制。继续开展“文化三下乡”等文化活动。继续实施文化精品工程。加强优秀民族民间文化传承,加大对文物、历史文化名城名镇名村、非物质文化遗产和自然文化遗产保护力度。加强对外宣传和文化交流。

加强城乡公共体育场地建设,全面完成地县两级体育设施建设任务,大力开展全民健身运动,健全全民健身服务网络,增强人民体质。争取国家实施贵州生态型多梯度高原训练基地建设项目。

第九节 大力实施公共卫生建设工程

深化医药卫生体制改革,加快建立健全覆盖城乡居民的基本医疗卫生制度,努力为人民群众提供安全、有效、方便、价廉的医疗卫生服务,推进基本公共卫生服务均等化。加大公共财政对卫生事业的投入力度,健全公共卫生服务体系和医疗服务体系。加强城镇医疗服务体系和农村三级卫生服务网络建设,重点完成省级龙头医院和市(州、地)级骨干医院改扩建,加快完善县级医院、乡镇卫生院业务用房和设施设备,完成一批社区卫生服务中心(站)建设,实现每个建制村都有卫生室。加强医疗卫生人才队伍建设。到2015年,全省每千人拥有床位数达到3.31张,拥有卫生技术人员数达到4.5人。建立健全专业公共卫生服务网络,实施重大疾病防控,抓好重点传染病、慢性病、职业病、地方病和精神病的防治工作,有效提供健康教育咨询、居民健康建档、妇幼保健、老人保健等服务。关心妇女儿童身体健康,切实做好妇幼保健工作。积极扶持和促进中医药、民族医药事业发展。全面实施国家基本药物制度,强化药物供应保障和质量安全监督管理。加强卫生监督,维护公共卫生秩序和医疗服务市场秩序。建立健全突发公共卫生事件应急管理体系和医疗救治体系。积极推进公立医院改革,鼓励社会资本以多种形式兴办医疗机构。积极开展爱国卫生运动。

第十节 大力实施社会管理创新和平安创建工程

按照健全党委领导、政府负责、社会协同、公众参与的社会管理格局的要求,加强社会管理法律、体制、能力建设。完善法律法规和政策,健全基层管理和服务体系,发挥群众组织和社会组织作用,提高城乡社区自治和服务功能,形成社会管理和服务合力。大力开展城市社区建设,积极推进农村社区建设,健全新型社区管理和服务体制,规范发展社区服务站等专业服务机构,有效承接基层政府委托事项,以居民需求为导向,整合人口、就业、社保、民政、卫生、文化以及综治、维稳等管理和服务资源,积极构建社区综合管理服务平台。抓好便民利民政务综合服务中心(站、点)和综治工作中心(站、点)建设,创建一批和谐社区、和谐村镇示范点。畅通和规范群众诉求表达、利益协调、权益保障渠道,建立重大工程项目建设和重大政策制定的社会稳定风险评估机制,完善大调解工作格局和机制,正确处理人民内部矛盾,强化矛盾纠纷排查化解,把各种不稳定因素化解在基层和萌芽状态。加大公共安全投入,加强安全生产,完善监管体系,重点加大对煤炭开采、道路交通、建筑施工、药品食品生产等行业的监管力度,加强人员密集场所、易燃易爆单位等消防安全专项整治,推进农村消防试点,健全对事故灾难、公共卫生事件、食品安全事件、社会安全事件的预防预警和应急处置体系。加强地质、气象、地震等自然灾害防治,加快完善防灾减灾体系。做好流动人口服务管理,加强特殊人群帮教管理和服务工作,加大社会管理薄弱环节整治力度。完善社会治安防控体系,加强城乡社区警务、群防群治等基层基础设施建设,加强重点地区社会治安综合治理,强化禁毒工作,依法打击各种犯罪活动。加强政法队伍建设，改善公安、国家安全、司法行政机关的业务条件，加大监管场所建设力度，增强公共安全和社会治安保障能力，大力构建“平安贵州”、“和谐贵州”，创造公平正义的法制环境、优质高效的服务环境、和谐稳定的社会环境。

专栏24 重大民生工程重点项目

扶贫脱贫攻坚工程。实施“集中连片特殊困难地区扶贫攻坚工程”，山地农业扶贫工程，林下经济增收工程，生态扶贫产业工程，“阳光雨露工程”，“三个一细胞工程”，易地扶贫搬迁工程，贫困地区乡村旅游发展工程和公共服务均等化工程。

就业和创业工程。建立和完善省级、市（州、地）县级就业服务设施和人力资源市场；建立健全街道、乡镇、社区等基层就业服务平台；每个县建立一个创业孵化园；实施高校毕业生就业创业项目；建成一批农村劳动力转移培训基地；创建15个省级农村劳动力转移就业示范县。

劳动力素质提升工程。实施职业能力建设工程，技能型人才培养工程，农村劳动力适用技能培训项目，高校毕业生技能培训计划等。

城乡社会保障体系建设工程。实施基层社会保障服务设施建设工程、“金保工程”二期、工伤康复中心建设工程；建设最低生活保障信息系统一期工程；建设和完善城镇社区养老服务中心和服务站、农村居家养老服务中心和服务站，新建9所爱心护理院和750所农村敬老院，建设省级示范性老年公寓；建设省残疾人综合服务基地，建设和完善市（州、地）县残疾人综合服务设施、康复中心、托养中心、体育服务等基础设施；规划建设省、地、县（市、区）三级救灾物资储备库及防灾减灾信息系统工程，建设100个减灾示范社区和200个示范性避灾场所。

“一危三棚”改造和保障性住房建设工程。实施农村危房改造工程，2014年前完成130万户农村危房改造；实施城镇保障性安居工程，建设保障性住房（含各类棚户区改造）39.82万套。

基础设施向县以下延伸工程建设。实施农村公路通达通畅工程；实施农村饮水安全工程；实施农村“三电合一”和农村“光纤宽带”进乡入村工程；实施广播电视村村通工程、乡镇数字化广电网络工程；完成邮政局所空白乡镇网点建设；实施小水电代燃料、水电新农村电气化和农村水电增效减排等工程。继续实施农网升级改造工程。

生活环境改善工程。实施“六到农家”工程和乡村清洁工程；实施农村沼气建设工程和改水、改厨、改厕、改圈项目；规划建设一批山水田园村寨和民族特色村寨。

公共文化服务体系建设工程。完成省博物馆新馆建设和北京路影剧院改扩建，力争建设省美术馆；完成地州市级图书馆、文化馆、博物馆建设；建设毕节地区、黔东南州、黔西南州、黔南州民族文化展演中心；实施文化信息资源共享工程，建设7个地级信息共享工程分中心，623个乡镇基层信息共享工程服务点，80个社区文化中心，1545个社区文化活动室；实施文化遗产保护工程；建设完善市（州、地）、县、乡级公共体育设施和体育场所。

公共卫生建设工程。完成4个省级龙头医院和7个市（州、地）综合医院、2个市（州、地）专科医院业务用房改扩建；支持县级卫生监督机构及20所精神卫生机构业务用房建设，完善84所医院标准化业务用房及设备配置。

社会管理创新和平安创建工程。建设便民利民政务综合服务中心（站、点）和综治工作中心（站、点）；建设矛盾纠纷调解中心；建设完善公共安全事件预防预警和应急救援处置体系；完善地质、气象、地震等自然灾害防灾减灾体系；推进社会治安防控体系建设，建设城市报警监控系统，加快完善城乡社区警务、群防群治等基层基础设施；改善公安、国家安全、司法行政机关业务用房及设备设施，推进金盾工程及政法机关信息化建设。

第四十五章 加强社会主义政治文明和精神文明建设

坚持政治文明、精神文明和物质文明全面发展，扩大社会主义民主，健全社会主义法制，加强思想道德建设和精神文明建设，为推进全省经济社会实现又好又快、更好更快发展提供强有力的政治保证。

第一节 加强社会主义民主政治建设

发展社会主义民主政治，保障人民知情权、参与权、表达权、监督权。坚持和完善人民代表大会制度、中国共产党领导的多党合作和政治协商制度、民族区域自治制度以及基层群众自治制度。制定和落实支持少数民族和民族地区加快发展的政策措施，巩固和发展平等、团结、互助、和谐的社会主义民族关系，促进各民族共同繁荣进步。充分发挥工会、共青团、妇联等人民团体的桥梁纽带作用。切实做好宗教、侨务和对台工作。发展基层民主，推进党务公开、政务公开、厂务公开和村务公开，保证人民群众依法行使选举权、知情权、参与权、监督权。贯彻依法治国基本方略，完善地方性法规和规章体系。规范司法行为，加强司法监督，促进司法公正，维护法制权威。加快法治政府建设，推进依法行政，强化行政监察。拓展和规范法律服务，完善法律服务体系和法律援助制度。全面开展普法教育，形成人人学法守法的良好社会氛围。

第二节 加强社会主义精神文明建设

加强思想道德建设和精神文明建设，巩固和发展全省各族人民团结奋斗的共同思想基础。加强社会主义核心价值观教育和思想政治工作，大力弘扬长征精神和“不怕困难、艰苦奋斗、攻坚克难、永不退缩”的贵州精神。在全社会倡导爱国守法、明礼诚信、团结友善、勤俭自强、敬业奉献的基本道德规范，加强社会公德、职业道德、家庭美德、个人品德建设，引导人们自觉履行法定义务、社会责任和家庭责任，推进全社会形成知荣辱、树新风、促和谐的文明风尚。继续深入开展创建文明城市、文明村镇、文明行业、文明机关等精神文明创建活动，深入推进公民道德建设工程“满意在多彩贵州”主题创建活动，不断提高全省公民的文明素质和服务意识。

第三节 加强廉政建设

加强反腐倡廉建设，坚持标本兼治、综合治理、惩防并举、注重预防的方针，加大从源头上预防和治理腐败的力度，推进反腐倡廉体制、机制和制度创新，建立健全教育、制度、监督并重的惩治和预防腐败体系。大力实施“廉政文化建设工程”。严格权力运行制约和监督，加大查办违纪、违法案件工作力度。强化社会监督，保障公民的检举权、控告权、申诉权，依法维护群众的合法权益。

第四十六章 健全国防动员体系

坚持军民融合式发展路子，积极支持驻黔解放军、武警部队革命化、现代化、正规化建设，完善国防动员体系，加强国防后备力量建设，深化全民国防教育，加快完善国防教育基础设施，巩固和发展军政军民团结，促进国防建设与经济建设协调发展。

第十二篇 建立健全规划实施机制，努力实现规划目标

本规划经过省人民代表大会审议批准，具有法律效力。要强化规划对经济社会发展的引领作用，通过正确履行政府职责，调控引导社会资源，合理配置公共资源，保障规划顺利实施。

第四十七章 建立健全规划管理体制

完善规划体系，加强规划的衔接协调。改革规划管理体制，健全科学化、民主化的编制程序，加强各级各类规划与总体规划的衔接，形成以省国民经济和社会发展总体规划为统领，各级各类规划定位清晰、功能互补、统一衔接的规划体系。省级专项规划特别是重点专项规划以及区域规划，要细化落实本规划提出的主要任务，围绕全省经济社会发展的关键领域和薄弱环节，着力解决突出问题，成为本规划的重要支撑。加强年度计划与本规划的衔接，充分体现本规划提出的发展目标和重点任务。

建立和完善规划评估机制。完善规划实施的中期评估制度，省政府有关部门要加强对本规划实施情况的跟踪分析和监测，接受省人民代表大会及其常务委员会对规划实施情况的监督检查。对规划执行中出现的新情况、新问题，要及时采取相应对策措施，提出调整和修订规划的意见。经中期评估需要修订本规划时，由规划编制主管部门提出调整方案的议案，报省政府同意后，提请省人大常委会审议批准实施。

专栏25 省级重点专项规划名录

(1)省“十二五”交通运输发展专项规划；(2)省“十二五”水利发展专项规划；(3)省“十二五”能源发展专项规划；(4)省“十二五”工业布局及重点产业发展专项规划；(5)省“十二五”特色农业发展专项规划；(6)省“十二五”服务业重点产业发展专项规划；(7)省“十二五”旅游业发展专项规划；(8)省“十二五”城镇化发展专项规划；(9)省“十二五”生态建设和环境保护专项规划；(10)省“十二五”发展循环经济和节能减排专项规划；(11)省“十二五”促进城乡就业发展专项规划；(12)省“十二五”完善社会保障专项规划；(13)省“十二五”科学技术和高技术产业发展专项规划；(14)省“十二五”教育发展专项规划；(15)省“十二五”卫生事业发展专项规划；(16)省“十二五”文化事业和文化产业发展专项规划；(17)省“十二五”人口与计划生育发展专项规划；(18)省“十二五”推进信息化发展专项规划；(19)省“十二五”少数民族事业发展专项规划；(20)省“十二五”人才开发专项规划；(21)省“十二五”安全生产专项规划；(22)省“十二五”战略性新兴产业发展专项规划；(23)省“十二五”地质灾害防治专项规划。

第四十八章 建立规划实施保障机制

明确政府职责，加强规划实施的组织落实。实行规划目标责任制，及时制定规划实施方案，分解落实规划目标和任务，明确部门分工，落实工作责任，并将其列入政府考核目标。规划一经省人民代表大会通过，应予公开发布，利用各种新闻媒体，采取多种形式，加强对规划的宣传工作，进一步统一思想、形成共识，使实施规划成为全社会的自觉行动。

加强和改善经济运行调节。建立和完善科学的决策机制，综合运用规划、财政、金融等经济手段，发挥信贷、物价、税收等经济杠杆作用，解决影响经济社会发展中的重大问题；充分发挥市场配置资源的基础性作用，用规划引导市场主体行为。

建立分类指导的实施机制。切实履行政府职能，着力推进公共服务领域的建设，充分运用公共资源全力保障完成规划目标。对规划提出的以市场为导向的发展重点，要加强政府引导，主要依靠市场配置资源推进发展。

积极组织实施重大项目。把加强项目建设作为推进规划实施的重要抓手。对规划所确定的重大建设项目,政府要采取有力措施,集中力量,加快组织推动实施。要加强项目前期工作,完善项目咨询评估、审议决策制度。要着力改善投资环境,完善政策措施,加大招商引资力度,多渠道筹集建设资金,加强项目实施管理,保证项目顺利实施。

云南省国民经济和社会发展第十二个五年规划纲要

（2011 年 1 月 25 日云南省
第十一届人民代表大会第四次会议通过）

《云南省国民经济和社会发展第十二个五年规划纲要》（以下简称纲要）根据《中共中央关于制定国民经济和社会发展第十二个五年规划的建议》、《中共云南省委关于制定云南省国民经济和社会发展第十二个五年规划的建议》编制，主要阐明国家和全省战略意图，明确政府工作重点，引导市场主体行为。纲要作为今后 5 年经济社会发展的宏伟蓝图，凝聚了全省各族人民智慧，是政府履行经济调节、市场监管、社会管理和公共服务职责的重要依据，是全省各族人民共同的行动纲领。

第一篇　发展基础和面临形势

第一章　"十一五"为科学发展奠定良好基础

"十一五"时期是云南历史上极不平凡的 5 年，大事、难事、急事集中发生，在党中央、国务院的正确领导下，省委、省政府坚持以科学发展观为指导，认真贯彻落实党的十七大和十七届三中、四中、五中全会及省第七、第八次党代会精神，全面实施绿色经济强省、民族文化大省和中国连接东南亚、南亚国际大通道三大战略，团结带领全省各族人民有效应对了全球性金融危机的严重冲击，战胜了百年一遇的特大旱灾和频繁发生的泥石流、地震、低温冰冻等自然灾害的严重影响，"十一五"规划确定的主要目标和任务完成或超额完成。经济建设、政治建设、文化建设、社会建设以及生态文明建设和党的建设取得显著成就，全省经济社会实现了又好又快发展。"十一五"是我省改革开放 30 多年来经济社会发展最好的时期之一。

——经济建设取得“八个翻番”的重大成就，开创了又好又快发展的全新局面。“十一五”期间，全省坚持以经济建设为中心，坚持发展为第一要务，坚持好字当头、好中求快、能快则快，经济发展的速度、质量和水平上了一个新台阶，实现了改革开放以来经济增速第2次超过11%达到11.8%的良好局面。产业结构调整取得明显成效，三次产业比重由2005年的19.1∶41.2∶39.7调整到2010年的15.3∶44.7∶40，5年累计工业投资突破6000亿元，是“十五”时期的3.7倍；支柱产业比重明显提高，占全省生产总值55%左右，非烟工业增加值占全部工业增加值比重提高到69%左右，电力、钢铁、有色、化工等产业的竞争力进一步提升，先进装备制造、光电子、新材料、生物医药、绿色食品等新兴产业发展加快。粮食总产量达到1531万吨，农产品出口突破12亿美元，年出口额连续多年居西部省区第1位。全省人民币存贷款余额双双突破1万亿元，间接融资和直接融资比重由98.8∶1.2调整为83.3∶16.7。2010年全省实现生产总值7220亿元，人均生产总值15749元，工业增加值超过2600亿元，财政总收入超过1800亿元，地方财政一般预算收入871亿元，社会消费品零售总额2500亿元，外贸进出口总额133亿美元以上，5年累计全社会固定资产投资增加到1.86万亿元，取得了生产总值、人均生产总值、工业增加值、财政总收入、地方财政一般预算收入、社会消费品零售总额、外贸进出口总额、全社会固定资产投资总额实现或基本实现翻番的显著成效。

——社会发展有重大推进，各项事业全面进步。“十一五”是社会事业发展最好的时期。坚持以人为本，积极构建公平正义、共同繁荣发展的和谐社会，社会事业取得新进展。“两基”攻坚目标如期实现，中等职业教育在校生规模在“十五”末基础上实现了翻番；公共卫生全力推进，基层卫生服务体系进一步完善；“文化惠民”工程全力实施，民族民间传统文化保护走在全国前列；总人口有效控制在4600万人以内。全面推进科技创新，实施建设创新型云南行动计划取得显著成效。组织实施重大科技项目120余项、重大装备及关键部件研发项目20项，开发具有自主知识产权的重大新产品148个，培育创新型试点企业122户，按国家新标准认定高新技术企业251户，累计申请专利近2万件，获得授权1.2万多件。

——基础设施建设取得重大突破，发展后劲明显增强。实施大项目带动战略，坚持加大投入，不断增强发展后劲，基础设施瓶颈制约初步缓解。建成了一批事关全局的好项目、大项目。综合交通运输体系不断完善，全省以云桂铁路、沪昆铁路客运专线等高标准铁路项目为代表的大规模铁路建设全面展开，铁路运营里程达到2500公里，在建规模超过2200公里；昆明新机场建设全面推进，全省机场总数达到12个，位列全国第2位；公路通车里程突破20万公里，其中高速公路里程超过2600公里，居西部前列；农村公路建设成为重要亮点，乡镇公路路面硬化和建制村通公路比重分别达到90%和98%，通畅和通达率较2005年提高了近1倍。高速宽带网络覆盖全省，电子政务建设成效显著。能源建设加快推进，发电装机容量达到3700万千瓦，中缅油气管道及石油炼化工程开工建设。以“润滇工程”为重点的水源工程建设力度加大，国家规划内的541件病险水库除险加固全部完成，大型灌区和山区“五小水利”工程建设进一步加强，全省蓄水库容超过110亿立方米，5年新增12亿立方米。

——共享发展成果，民生有重大改善。社会保障体系得到进一步加强，新型农村合作医疗实现全覆盖，养老保险实现省级统筹，工伤、城镇居民医疗、失业、生育保险实现州市级统筹，企业退休养老金、失业保险金、工伤人员待遇进一步提高。到2010年城镇基本养老保险参保人数达317万人，农村社会养老保险参保人数达648.6万人，城乡三项医疗保险参保率达91.9%；城镇居民人均可支配收入和农村居民人均纯收入超过16000元和3950元,年均分别增长8.1%和9.9%。累计建成城镇保障性住房31.2万套,改造农村危旧房215万户。5年累计减少贫困人口265万,解决950多万农村人口安全饮水问题。全省农村户用沼气池达到273万口,增长82%,解决了25.8万无电人口的用电问题,“数字乡村”工程覆盖全省。

——*始终把加快少数民族和民族地区发展作为事关全局的战略任务来抓,民族团结、边境稳定、社会和谐开创新局面。*实施边疆“解五难”惠民工程、“兴边富民”行动计划、“平安云南”创建活动、扶持人口较少民族发展等重大工程。“十一五”是民族关系最为和谐、民族地区发展最快、少数民族群众得到实惠最多的时期,民族地区经济增速高于全省平均水平。

——*改革开放取得重大进展,桥头堡建设全面启动。*始终坚持把改革开放贯穿到经济社会发展的各个环节,各项改革全面推进,集体林权制度、医药卫生体制、成品油价税费等一些重大改革顺利推进并取得初步成效,一些重要领域和关键环节改革迈出新步伐,改革试点工作有序展开,发展动力和活力进一步增强。充分利用两个市场、两种资源,拓展发展空间,以开放促发展,对外开放取得突破性成效,桥头堡战略取得实质性进展,我省对外开放有望实现从末梢向前沿的转变。

——*生态文明建设取得重大成果,生态环境保护力度明显加大。*坚持绿色发展,走生态建设产业化、产业发展生态化的道路。“七彩云南保护行动”、“滇西北生物多样性保护行动”、“森林云南”建设、“九湖流域水污染综合防治工程”、“三峡上游区水污染治理工程”全面实施,滇池治理工作全面提速,水质恶化的趋势得到有效遏制,综合治理效果开始显现,洱海治理成果得到巩固提升,创造了水污染防治新模式,生物多样性保护重点区域由18个县(市、区)扩大到44个县(市、区)。节能减排目标如期完成,森林覆盖率达到52.9%,昆明、曲靖、玉溪进入全国10个空气环境质量最好的重点城市行列。全省新增治理水土流失面积140万公顷,城市污水集中处理率和城市垃圾无害化处理率均提高到70%以上。

经过多年的积累,尤其是“十一五”实现又好又快发展奠定的良好基础,积累的经验弥足珍贵,创造的精神财富影响深远,使云南进入了厚积薄发、蓄势待发的新时期,支撑发展的产业基础更加扎实,基础设施瓶颈制约得到初步缓解,各族人民群众加快发展、奋力崛起、兴滇富民的内在要求不断增强,为我省加快发展积蓄了强大能量。

第二章　“十二五”发展面临的形势

“十二五”时期,发展的外部环境更趋复杂。从国际上看,全球经济正缓慢复苏,新兴的经济体发展势头普遍好于发达国家,但国际金融危机深层次影响仍在持续,表现为世界经济复苏动力不强,消费需求不旺,各国宏观经济政策取向不一致,全球经济复苏的不确定性增大。围绕市场、资源、技术的争夺加剧,抢占战略性新兴产业发展的制高点更加激烈。从国内看,“十二五”是保持经济长期平稳较快增长的重要战略机遇期,是加快结构调整、转变发展方式的攻坚期,是经济回升向好、向稳定增长转变的关键时期。但还面临着许多可以预见和难以预见的风险和挑战,调整经济结构、转变发展方式、保持经济社会平稳较快发展的任务十分艰巨。

国际形势的新变化和国内发展的新要求,全省经济社会发展既面临难得机遇,也存在严峻挑战。建设中国面向西南开放重要桥头堡，为我省建设大通道、大窗口、大平台、大基地，打造具有内陆特点的开放型经济，大开放促大发展提供了历史机遇。国家实施新10年西部大开发战略，为云南加快促进区域协调发展、基础设施建设、生态环境保护、社会事业建设、特色优势产业培育、逐步实现基本公共服务均等化、进一步改善民生等提供了重大机遇。经济全球化与区域经济一体化深入发展，中国—东盟自由贸易区的建立，为我省承接产业转移和促进生产要素重组提供了有利条件。实施扩大内需战略，为全省加快结构调整，推进工业化、城镇化提供了难得机遇。加大对革命老区、民族地区、边疆地区、贫困地区扶持力度，更加重视边远、少数民族、贫困地区发展，为全省少数民族和民族地区加快发展提供了难得契机。

同时，在发展的道路上还存在不少困难和问题。全省集"山区、民族、边疆和贫困"四位一体，仍处于全国发展的低层次，发展不充分、不协调、不平衡、不可持续。基础设施滞后仍然是制约云南发展的重要瓶颈，产业发展不快不强是制约又好又快发展的重要因素，发展方式不优、结构调整不快是制约科学发展的关键环节，创新能力不强、资源环境矛盾突出、扩大就业和农民持续增收压力增大，我省统筹城乡和谐发展、实现全面建设小康社会任务仍然十分艰巨。

总体来看，"十二五"期间全省经济社会又好又快发展的基本面和长期持续向好的趋势不会改变，是把握机遇、进一步加快发展的重要战略机遇期，是推进全面建设小康社会的关键期，是深化改革开放、转变发展方式、加快结构调整、促进科学发展的攻坚期，是进一步推进新型工业化、城镇化和扩大开放的加速期，是生态文明、基础设施建设的提升期，是改善民生、民族团结、边境安宁、社会和谐稳定的促进期。必须正确研判和把握形势，抢抓发展机遇、积极应对挑战，着力解决制约经济社会发展的突出矛盾，明确发展思路，突出工作重点，推进全省更好更快发展。

第二篇　指导思想和发展目标

第三章　指导思想

高举中国特色社会主义伟大旗帜，以邓小平理论和"三个代表"重要思想为指导，深入贯彻落实科学发展观，紧紧围绕建设绿色经济强省、民族文化强省和中国面向西南开放重要桥头堡战略目标，以科学发展为主题，以加快转变经济发展方式为主线，以推进农业产业化、新型工业化、城镇化和教育现代化为抓手，以加快产业发展为重点，以改革开放和科技创新为动力，以改善民生为根本点和落脚点，加强统筹城乡协调发展，进一步优化区域经济布局，强基础、快发展，调结构、上水平，惠民生、促和谐，不断推进富裕民主文明开放和谐云南建设迈上新台阶。

——*必须突出科学发展这一主题。*全面推进科学发展、包容发展、和谐发展和可持续发展，千方百计使云南在科学发展轨道上走得更好更快，走出一条更有效率和更富活力的科学发展之路。

——*必须突出转变经济发展方式这条主线。*将加快转变经济发展方式贯穿全省经济社会发展全过程和各领域，以积极调整经济结构为主攻方向，坚持在发展中促转变，在转变中谋发展，使经济增长真正建立在优化结构、提高效益、降低消耗、保护环境、改善民生的基础上。

——必须突出农业产业化、新型工业化、城镇化和教育现代化这个抓手。努力形成“四轮驱动”的良好局面，不断提高发展的质量和水平，为加快发展提供强大推动力。

——必须突出保障和改善民生这个根本出发点和落脚点。更加注重社会建设，加快发展各项社会事业，扩大基本公共服务，完善社会管理，促进公平正义，不断提高人民群众生活质量和收入水平，共享改革发展成果，实现发展手段和目的有机统一。

——必须突出生态建设和环境保护这个重要保障。深入贯彻节约资源和保护环境基本国策，加快建设资源节约型和环境友好型社会，促进经济社会发展与人口资源环境相协调，增强可持续发展能力。

——必须突出科技进步和创新这个重要支撑。深入实施科教兴滇和人才强省战略，充分发挥科技第一生产力和人才第一资源作用，提高教育现代化水平，增强自主创新能力，壮大创新人才队伍，推动发展向主要依靠科技进步、劳动者素质提高、管理创新转变。

——必须突出改革开放这个强大动力。推进经济体制、政治体制、文化体制、社会体制改革，不断完善社会主义市场经济体制，为科学发展提供有力保障。适应国内外环境和条件的新变化、新要求，进一步提高对内对外开放水平，创造参与合作与竞争的新优势，以开发促发展、促改革、促创新。

——必须突出推进区域协调发展这个重要任务。坚持把发挥全省不同区域比较优势作为优化生产力布局的重要途径，巩固提升滇中核心地位和辐射带动作用的同时，着力培育新的经济增长极，支持山区、民族地区、边境地区和贫困地区加快发展，促进生产要素跨区域自由流动和合理配置，统筹谋划全省跨行政区划的区域经济新格局，加强区域间经济联动，努力促进区域协调发展。

第四章　发展目标

根据全面建设小康社会的总体要求，综合考虑未来发展趋势和条件，“十二五”时期全省经济社会发展的主要目标是：

——经济平稳较快增长。地区生产总值和人均生产总值年均增长 10% 以上，力争实现翻番。全社会固定资产投资年均增长 15% 以上，地方财政一般预算收入年均增长 13% 以上，社会消费品零售总额年均增长 16% 以上，外贸进出口总额年均增长 17% 以上，价格总水平保持基本稳定，经济增长的质量和效益明显提高。

——结构调整成效显著。三次产业结构进一步优化，二产占生产总值比重提高 2 个百分点左右，以文化、旅游、物流为重点的三产占生产总值比重提高 2 个百分点以上，城镇化率力争年均提高 2 个百分点左右，非公经济比重力争达到 50% 左右，城乡区域发展协调性增强。

——基础设施建设步伐加快。公路总里程达到 22. 3 万公里，铁路营运里程达到 5000 公里，新增蓄水库容 25 亿立方米，电力装机容量达到 7950 万千瓦。

——科教水平明显提升。高中阶段教育毛入学率达到 85%，新增劳动力平均受教育年限达到 12. 5 年，研究与试验发展经费支出占生产总值比重达到 1. 5%，每 1 万人口发明专利授权数提高到

0.53 件。

——人民生活全面改善。人口自然增长率控制在5.3‰以内。5年新增城镇就业110万人，城镇登记失业率控制在5%以内。努力实现城乡居民收入增长与经济发展同步、劳动报酬增长和劳动生产率提高同步，城镇居民人均可支配收入、农村居民人均纯收入年均增长10%以上。城镇基本养老保险和农村社会养老保险参保人数分别达到350万人和1250万人。力争解决全省城乡居民饮水安全问题。

——资源节约环境保护明显加强。非化石能源占一次能源消费比重达到30%左右，单位生产总值二氧化碳排放量、单位生产总值能耗、单位工业增加值用水量、主要污染物排放总量进一步降低，确保国家下达的"十二五"节能减排等约束性指标圆满完成。森林覆盖率达到55%，森林蓄积量达到17亿立方米。

——改革开放不断深化。财税金融、要素价格等主要领域和关键环节改革取得明显成效，桥头堡建设取得重大进展，开放合作平台和机制进一步完善，国际大通道建设全面推进，互利共赢开放格局进一步形成。

专栏1 "十二五"时期经济社会发展的主要指标

序号	类别	指标	2010年	2015年	年均增长(%)	属性
1	经济增长	全省生产总值(2010年价,亿元)	7220	>11630	>10	预期性
2		服务业增加值比重(%)	40	>42	[>2]	预期性
3		服务业就业比重(%)	28.8	35.7	[6.9]	预期性
4		社会消费品零售总额(亿元)	2500	>5200	>15.7	预期性
5		外贸进出口总额(亿美元)	133.68	300	17.5	预期性
6		城镇化率(%)	36	45	[9]	预期性
7	教育科技	新增劳动力平均受教育年限(年)	8	12.5	9.3	预期性
8		九年义务教育巩固率(%)	90	93	[3]	约束性
9		高中阶段教育毛入学率(%)	65	85	[20]	预期性
10		研究与试验发展投入占生产总值比重(%)	0.60	1.5	[0.9]	预期性
11		省属国有工业企业提取的科技投入占当年营业收入的比重(%)	2.5	5	[2.5]	约束性
12		每1万人口发明专利授权数(件)	[0.47]	[0.53]	—	预期性
13	人民生活	全省总人口(万人)	4598	4771	<5.3‰	约束性
14		城镇居民人均可支配收入(2010年价,元)	16065	>25873	>10	预期性
15		农村居民人均纯收入(2010年价,元)	3952	>6365	>10	预期性
16		城镇登记失业率(%)	4.2	<5	—	预期性
17		城镇新增就业人数(万人)	24[113]	22[110]	—	预期性
18		城镇基本养老保险参保人数(万人)	317	350	2	约束性
19		农村社会养老保险参保人数(万人)	648.6	1250	14	约束性
20		城乡三项医疗保险参保率(%)	91.9	93	[1.1]	约束性
21		城镇保障性安居工程建设(万套)	15	不低于国家下达指标	—	约束性
22		农村保障性安居工程改造(万户)	35		—	约束性

续表

序号	类别	指标		2010 年	2015 年	年均增长(%)	属性
23	资源环境	耕地保有量(万公顷)		604.87	601	—	约束性
24		非化石能源占一次能源消费比重(%)		25	29.6	[4.6]	约束性
25		农业灌溉用水有效利用系数(%)		48	52	[4]	预期性
26		单位生产总值二氧化碳排放量降低(%)				控制在国家下达指标内	约束性
27		单位生产总值能耗降低(%)					约束性
28		单位工业增加值用水量降低(%)					约束性
29		主要污染物排放减少(%)	二氧化硫				约束性
			化学需氧量				
			氨氮				
			氮氧化物				
30		森林增长	森林覆盖率(%)	52.9	55	[2.1]	约束性
			森林蓄积量(亿立方米)	15.54	17	1.8	

注:1. 带[ ]的为 5 年累计数。
2. 三项医疗保险指城镇职工基本医疗保险、城镇居民基本医疗保险、新型农村合作医疗。
3. 总人口 4771 万中包括机械增长人口 50 万,5.3‰为自然增长率。
4. 目前,国家尚未正式分解下达保障性安居工程建设、单位生产总值二氧化碳排放量、单位生产总值能耗、单位工业增加值用水量、主要污染物排放这几项约束性指标,待国家正式下达后,另行补充下达。

第五章　政策导向

实现经济社会发展目标,必须突出科学发展这一主题和转变经济发展方式这条主线,坚持实施扩大内需、西部大开发和“两强一堡”战略,针对经济社会发展中存在的突出矛盾和问题,明确重大政策导向。

——*加强和改善宏观调控*。落实国家宏观调控政策,提高宏观调控的科学性和预见性,增强针对性和灵活性,正确处理好保持经济又好又快增长、调整经济结构和管理通胀预期的关系,提高抵御风险的能力,变被动应对为主动适应,促进经济平稳较快增长。

——*调整优化需求结构*。在继续保持投资持续稳定增长的基础上,努力扩大消费,大力发展对外贸易和省际贸易,努力构建内需主导、消费驱动、外需助推,投资、消费、净出口协调拉动的经济增长格局。进一步发挥投资对经济增长的支撑力,继续加大水利、交通、能源、农业农村及民生领域的投入,夯实发展基础。切实增强消费对经济增长的驱动力,积极推进城镇化,实施就业优先战略,深化收入分配制度改革,健全社会保障体系等,增强居民消费能力,促进消费潜力释放和结构升级,大力提高消费对我省经济增长的贡献率。提升外贸和省际贸易对经济增长的拉动力,提高和优化出口贸易的总量和结构,大力培育支柱产业、新兴产业,做大总量、做优结构,逐步减少省际间贸易逆差,明显降低净出口的负拉动。到 2015 年,力争使全省投资、消费、净出口对经济增长的贡献率由 60.2%、57.5%、-17.7%调整到 54%、54%、-8%左右。

——*调整优化投资结构*。保持投资稳定增长,积极推动增投资与扩消费相结合,增投资与惠民生相促进,继续加大打基础保民生投入的同时,争取产业投资占总投资比重超过50%,着力加大产业投入,增强发展后劲。鼓励扩大民间投资,提高民资、直接融资和外资在总投资中比重,拓宽融资渠道,完善投融资体制机制,科学界定政府投资范围,提高投资质量和效益。

——调整优化产业结构。推进产业发展从粗放式扩张向精深加工转变,从发展传统产业向发展特色产业、战略性新兴产业转变,促进产业新型化和转型升级。发展现代农业调优一产,加快云南特色新型工业化调强二产,推动服务业发展调快三产。着力调整优化轻、重工业内部结构。按照"调优、调强、调轻"的工业结构调整目标要求,不断提高重化工产业集中度,延长产业链,促进重化工产品向精细化、新型化方向发展,实现重化工业从低成本优势向高附加值产业的转型升级;同时,进一步紧密结合主动承接产业转移,着力促进非公经济加快发展步伐,改善我省外贸出口结构,加快农村劳动力转移,有效增加就业岗位等发展要求,大力鼓励和支持发展与最终消费市场衔接最为直接的劳动密集型日用轻工产品产业,努力扭转轻工业占全省规模以上工业比重下滑的局势,促进我省地方轻工业产品对扩大消费的支撑作用。到2015年,力争使全省一、二、三次产业结构由15.3∶44.7∶40调整为12∶46∶42左右;轻、重工业比重由46.2∶53.8调整为48.2∶51.8左右。

——调整所有制结构。进一步实施大企业、大集团、大项目带动战略,规划和实施好一批符合新型工业化要求,带动和示范作用强的大项目,积极推进"央企"、"强企"入滇,鼓励和支持各种所有制企业参与国有企业改制重组,增加新的动力和活力。大力支持非公经济发展,推进公平准入,抓好"放开、引导、扶持、保护"4个环节,切实解决好准入难、融资难等突出问题,加大各项扶持政策的落实力度,提升非公经济发展速度、规模、质量和效益。

——统筹城乡协调发展。把基本公共服务制度作为公共产品向全民提供,完善公共财政制度,提高政府保障能力,建立健全符合省情、比较完整、覆盖城乡、可持续的基本公共服务体系,推进城乡基本公共服务均等化。促进城乡居民收入较快增长,合理调整分配关系,健全初次分配和再分配调节体系,努力实现城乡居民收入与经济发展相协调、劳动报酬增长和劳动生产率提高相协调,大幅提高低收入者收入水平。发挥城市对农村的辐射带动作用,促进城镇化和新农村建设良性互动,缩小城乡差距。

——增强自主创新能力。发挥科技创新对产业结构优化升级的驱动作用,加快创新体系建设,加大研发投入,提高研发投入占生产总值比重,积极引进和培养创新型人才,强化企业在技术创新中的主体地位,引导资金、人才、技术等创新资源向企业聚集,推进产学研战略联盟,提升产业核心竞争力。

——强化生态环境保护和资源合理利用。加快形成节约能源资源、保护生态环境和适应气候变化的产业结构、增长方式和消费方式。建立资源性产品价格形成机制,推动资源环境税费改革。进一步细化节能减排措施和实现途径,合理控制能源消耗总量,支持单位能耗增加值高的行业、产业用能,优化用能结构,健全目标责任制和激励、约束机制,通过技术创新、技术改造着力降低能源消耗强度和污染物排放强度。

第三篇　战略布局

实施区域协调发展总体战略,构筑区域经济优势互补、主体功能定位清晰、国土空间高效利用、人与自然和谐相处的区域协调发展格局。

第六章　促进区域协调发展

以发挥各区域比较优势为着力点，以缩小区域发展差距，促进各区域人民共同富裕为目标，努力构建区域分工合理、区际良性互动、各区特色鲜明、基本公共服务均等的区域协调发展新格局。

第一节　构建空间战略布局

遵循“强圈、富带、兴群、促廊”空间战略布局原则，加快形成“一圈、一带、六群、七廊”的战略格局。

一圈。滇中城市经济圈，包括昆明、玉溪、曲靖和楚雄4个州（市）。加快推进滇中城市经济圈区域协调发展规划的实施，加快推进滇中地区在产业、交通、环保、公共服务等方面的一体化建设，努力将滇中城市经济圈培育成为全省加快发展的引擎和区域协调发展的重要支撑点、我国面向西南开放重要桥头堡的核心区域和连接东南亚南亚国家的陆路交通枢纽、西部区域性经济中心、支撑全国经济的重要增长极。

一带。沿边对外开放经济带，包括我省沿边25个县（市）。大力实施新一轮“兴边富民工程”，积极发展沿边特色产业和边境贸易，推进贯通边境县（市）的交通基础设施建设，加快瑞丽、河口、磨憨跨境经济合作区和瑞丽国家级重点开发开放试验区建设，加快推进天保、猴桥、孟定、片马、勐阿5个边境经济合作区建设，努力将边境地区建设为全省兴边富民、加快经济社会发展的增长带。

六群。率先发展滇中核心城市群；加快发展以大理、隆阳、腾冲、芒市、瑞丽为重点的滇西次级城市群；积极培育以个开蒙建、文砚丘为重点的滇东南次级城市群；以丽江为重点，香格里拉、六库点状开发的滇西北次级城市群；以景洪、思茅、临翔为重点的滇西南次级城市群；以昭阳、鲁甸一体化为重点的滇东北次级城市群。围绕城市群发展，进一步优化交通布局，完善交通体系，努力打造滇中1小时经济圈，滇西、滇东南、滇东北城市群2小时经济圈，滇西北、滇西南城市群3小时经济圈。努力将6大城市群打造成为带动各类中小城镇建设，促进人口聚集、优化资源配置，发展特色优势产业，统筹城乡协调发展和加快工业化、城镇化进程的重要区域经济增长点。

七廊。进一步加强铁路、公路、航空、水运相配套，高效便捷的综合交通基础设施和物流基地建设，以骨干交通网为载体，加强区域合作，大力发展沿线特色优势产业，加快推进城镇建设，促进7条对外对内开放经济走廊早日形成。即昆明至瑞丽辐射缅甸皎漂、昆明至磨憨辐射泰国曼谷、昆明至河口辐射越南河内、昆明至腾冲辐射缅甸密支那连接南亚4条对外开放经济走廊，以昭通水陆交通为枢纽的昆明—昭通—成渝和长三角、以文山水陆交通和物流为节点的昆明—文山—北部湾和珠三角、以滇藏铁路公路为依托的昆明—丽江—迪庆—滇川藏大香格里拉3条对内开放经济走廊。依托经济走廊，规划产业布局和区域物流中心布局，最大化发挥沿线地区经济潜力，逐步培育成为全省经济发展新的重要增长极。

附图1　云南省"十二五"空间战略布局示意图

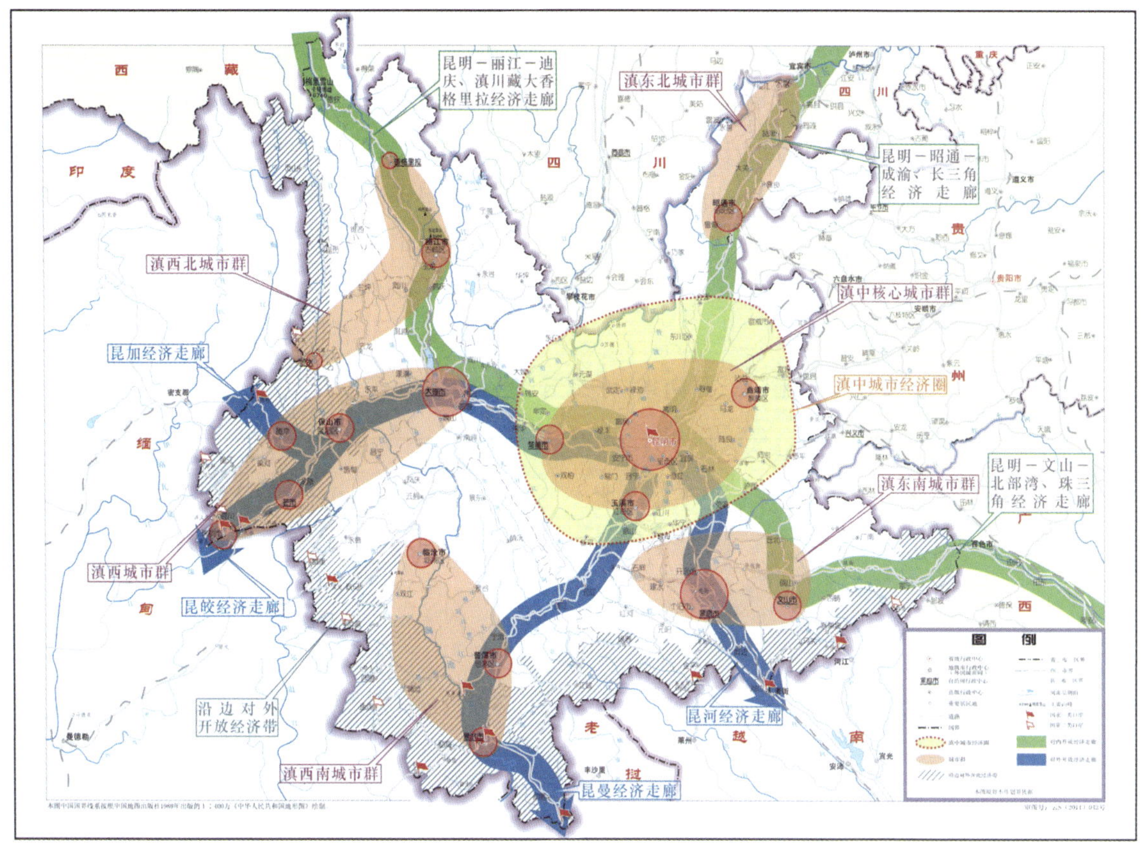

第二节　优化产业布局

着眼全局和长远,优化区域资源配置,坚持集聚性、市场性、特色性、开放性、约束性的产业布局原则。以发挥区域比较优势为出发点,以区域资源、资本、技术等综合生产要素的禀赋为基础,以优化特色优势农业、烟草及其配套、能源、冶金、生物、化工、装备制造、旅游文化、商贸物流和战略性新兴产业等布局为重点,以"1167"空间骨架为依托,以增强区域经济综合竞争力为目的,努力构建滇中、滇东北、滇东南、滇西和滇西北、滇西南5大板块各区域特色鲜明、优势互补、分工有序、协调发展的区域经济格局。优化重点产业生产力布局,主要消耗能源和矿产资源的重大项目,优先向资源富集地布局;主要利用进口资源、能源的重大项目,优先在沿边、物流条件优越的地区布局;主要依托生物等资源的重大项目,采取分散与集中相结合,采用财政分税方式,基地建设和粗加工分散布局在适宜地区,精深加工要有选择性进行集中布局,实现规模化、集约化、品牌化,提高产业竞争力。

滇中地区。以资本和技术密集型产业布局为主要导向。加快传统优势产业优化升级,大力培育战略性新兴产业,努力将滇中地区建成我国面向西南开放重要桥头堡的重要产业基地、区域性金融中心,全国重要的烟草、旅游、文化、能源和商贸物流基地,以化工、冶金、生物为重点的区域性资源精深加工基地,先进装备制造、战略性新兴产业、现代服务业重点发展区域,促进形成滇中综合产业区。

滇东北地区。以清洁载能型和劳动密集型产业布局为主要导向。重点加快发展生态农业、能源、化工、矿产、商贸物流、旅游等产业，促进形成滇东北重化工产业区。

滇东南地区。以特色产业发展和外向型产业布局为主要导向。重点加快发展观光农业、矿产、烟草、生物、旅游、商贸物流、出口加工等产业，促进形成滇东南特色经济和外向型产业区。

滇西和滇西北地区。以生态环保型和外向型产业布局为主要导向。重点加快发展特色农业、生态、生物、旅游文化、清洁能源、矿产、轻工和出口加工等产业，努力建成全国重要的水电基地和旅游目的地，促进形成滇西和滇西北以生物、旅游、能源、矿产为主的特色经济和外向型产业区。

滇西南地区。以特色产业发展和外向型产业布局为主要导向。加快发展热区农业、旅游文化、生物、能源、轻工、出口商品加工、商贸物流等产业，促进形成滇西南以绿色经济为主的特色经济和外向型产业区。

附图2 云南省“十二五”产业布局示意图

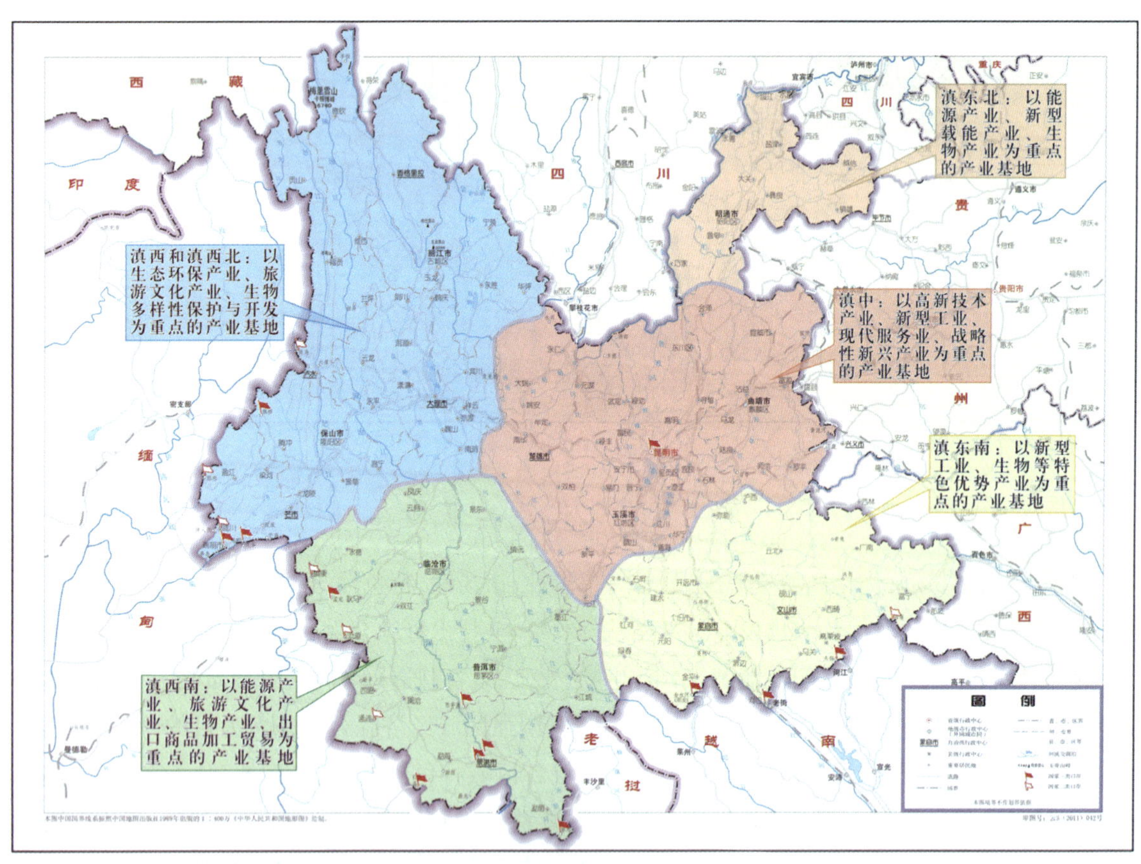

第三节 健全区域协调机制

科学编制区域发展相关规划。在组织实施好滇中城市经济圈区域协调发展规划的基础上，组织编制“一圈、一带、六群、七廊”区域发展规划。各县（市、区）要落实国家和省级主体功能区规划对本县（市、区）的主体功能定位，推进县（市、区）具体功能区的划定，明确各功能区的空间“红线”。

健全市场机制、合作机制、互助机制和扶持机制。打破地区封锁，加快建立统一市场，促进生产要素跨区域的自由流动。探索建立制度化的区域合作机制，创新区域合作方式，鼓励探索建立税收分享机制，促进产业合理布局，避免重复建设和资源浪费，实现区域互利共赢发展。鼓励发达州（市）和县（市、区）采取多种方式帮扶欠发达地区，鼓励社会各界积极支持山区、民族地区、边境地区和贫困地区发展。在继续搞好资金和项目援助基础上，加大技术和人才援助力度，将外生援助转化为内生机制。加大对欠发达地区和重点生态功能区、农产品主产区的扶持力度。

改善促进区域协调发展的环境。加快法制建设，奠定促进区域协调发展的法律基础。加快政府职能转变，破除行政区经济，建立开放公平的市场环境。建立明确的地区财政支出平衡机制，促进各地基本公共服务均衡发展。建立区域协调发展专项资金，用于促进区域间协调发展关键领域和环节的重大项目建设。

第七章　推进形成主体功能区

大力推进形成主体功能区，调整空间开发布局，明确开发内容，完善开发政策，规范开发秩序，提高开发效率，促进人口、经济与资源环境相协调。

第一节　优化国土空间开发格局

统筹谋划人口分布、经济布局、国土利用和城镇化格局，引导人口经济向适宜开发的区域聚集，保护农业和生态发展空间，构建高效、协调、可持续的国土空间开发格局。对资源环境承载能力较强，交通物流条件和区位条件优越，聚集人口和经济条件较好的地区要重点开发。对影响全局生态安全的重点生态功能区和保障农产品供给安全的地区，要限制大规模、高强度的工业化和城镇化开发，支持建设成为重点生态安全屏障和提供农产品的主产区。对依法设立的各级各类自然文化资源保护区和其他需要特殊保护的区域要禁止开发，依法实施强制性保护。

专栏2　各类主体功能区发展建设重点

重点开发区。滇中国家级重点开发区包括昆明、玉溪、曲靖和楚雄4州（市），建成支撑全国经济增长的重要增长极，促进区域协调发展的重要支撑点，全国重要的人口和经济密集区，并在全面提升经济发展的质量效益，全面推进科技创新和体制创新，在全省新型工业化发展、现代服务业发展、战略性新兴产业培育和发展率先实现突破。省级重点开发区以城市群为主体，分布在16个州（市）。重点开发区在提高经济增长质量和效益、节约资源、保护环境的基础上，加快推进工业化和城镇化，促进人口聚集、产业聚集和经济聚集，建成全省工业化和城镇化核心区。

限制开发区。限制开发区分为国家级和省级，以提供生态产品和农产品为主要发展方向，严格控制开发强度，加强耕地保护和生态环境建设，成为全国和全省生态产品和农产品的主要提供区域。限制开发区内矿产、能源、生物、旅游、水资源等资源富集区域，坚持"点上开发，面上保护"的原则，在资源环境承载范围内，从促进当地绿色经济发展出发，科学、有序、合理推进区域内优势资源可持续开发与保护。

禁止开发区。禁止开发区包括国家级和省级自然保护区、风景名胜区、森林公园、地质公园、世界自然文化遗产以及重点水源保护区，禁止开发区点状散布在重点开发区和限制开发区。根据法律法规规定和相关规划，对全省各级各类自然文化保护区域实行强制性保护，控制人为因素对自然生态的干扰，归并位置相连、均质性强、保护对象相同但人为划分为不同类型的禁止开发区，使自然文化资源切实得到有效保护。将禁止开发区建设成为保护自然文化资源的重要区域，珍稀动植物、基因资源保护、研究和利用地。

第二节　制定并实施区域配套政策

通过制定实施和调整完善现行的财政政策、投资政策、产业政策、土地政策、农业政策、人口政策、民族政策、环境政策、应对气候变化政策等区域政策和政府绩效考核评价体系，综合运用各种调控手段，实施分类管理的区域政策，提高区域资源高效配置和可持续发展能力。积极争取中央财政对我省重点生态功能区的均衡性扶持支持力度，增强基本公共服务和生态环境保护能力，省财政要完善对下转移等政策。实行按主体功能区安排与按领域安排相结合的投资政策，按主体功能区安排的投资主要用于支持重点生态功能区和农产品主产区的发展。修订完善现行产业指导目录，明确不同主体功能区的鼓励、限制和禁止类产业。实行差别化的土地管理政策和对不同主体功能区实行不同的污染物排放总量控制标准。

第四篇　主要任务

第八章　走有云南特色优势产业发展道路，着力提升产业综合竞争力

按照构建现代产业体系要求，调优一产、调强二产、调快三产，牢牢抓住发展方式转变和结构调整的主线，深化实施"创新型云南行动计划"和"质量兴省"战略，推进关联产业融合与互动，提升优势产业核心竞争力，构建以现代农业为基础、能源产业为支撑、战略性新兴产业为先导、制造业和服务业为重点的产业发展新格局。

第一节　大力发展现代农业

以保障粮食安全，促进农业增效、农民增收、农产品竞争力增强为目标，按照高产、优质、高效、生态、安全的要求，加快转变农业发展方式，提高农业综合生产能力、抗风险能力和市场竞争能力。以推进农业产业化发展为突破口，加快发展特色农业、设施农业、节水农业、农产品加工业和外向型农业，完善现代农业产业体系，促进农业生产经营专业化、标准化、规模化、集约化、品牌化。

一、加快农业产业化发展

*大力培育农业龙头企业。*把培育壮大农业龙头企业作为推进农业产业化的关键举措，围绕做大做强、产业升级、企业培育，实施重组改造、引进承接、扶持培育的大企业培育计划，加大承接东部产业转移、农业招商引资、扶持发展中小企业的力度，引导农业产业化龙头企业加快结构调整、技术进步和体制创新，加快农产品加工业发展。着力引进和培育一批起点高、规模大、带动力强、成长性好、关联度广的农业产业化龙头企业。积极发展种养大户、农民专业合作组织、行业协会等各类适应现代农业发展要求的经营主体，提高农民组织化程度和抵御市场风险能力。构建龙头企业主导、优势产品带动、区域化布局、标准化生产、系列化加工、品牌化营销、一体化经营、社会化服务的现代农业产业化经营新格局。健全完善农业产业化利益联结机制。

*着力加强农业产业化基地建设。*打破行政区划，合理规划布局，集中连片开发，加快农业产业化基地基础设施建设，创新土地承包经营权流转机制和龙头企业用地机制，健全农村土地流转服务

体系，促进农林产品生产基地向最适宜区和适宜区集中，大力建设一批规模化、标准化生产基地，形成大企业带动大基地、大基地支持大企业、支撑大产业的发展态势。努力把我省建成国家重要的常绿草地畜牧业基地、木本油料生产加工基地、优质烟叶生产基地、南菜北运和云菜外销基地以及天然橡胶、花卉、茶叶、咖啡等特色产品生产加工基地。

二、大力改善农业基础条件

进一步加强农田水利基础设施建设。加强农村土地整理复垦，推进以水浇地、坡改梯、土地平整、水利配套、土壤改良、地力培肥为重点的中低产田地改造、"兴地睦边"和高产稳产农田建设，加快实施中低产林改造工程。加快水源工程建设，全面完成病险水库除险加固任务；继续加大山区"五小水利"建设；推进大型灌区田间渠系配套节水改造工程建设。到2015年，全省高产稳产农田累计达到4500万亩，新增有效灌溉面积400万亩、节水灌溉面积250万亩。完成1000万亩中低产田地和2000万亩中低产林改造。

努力提高农业机械化水平。改善农机装备结构，加强先进适用农机化技术和机具的开发应用。以小型农机具为主，因地制宜拓展各类型农业机械化作业，积极开发推广使用功能适用的农产品加工机械、农林作业机械、节水灌溉设备和农用动力运输机械，提高种植、养殖、加工、储藏、运输等环节机械化水平；推广先进环保农机具；培育发展农机大户和农机专业服务组织，开展农机手等专业技术培训，推进农机服务市场化、产业化。到2015年，全省农机总动力达到3000万千瓦，农业机械化综合水平达到36%，机耕机耙作业水平和病虫害机械统防统治率均达到80%以上。

着力推广使用先进农业生产设施。以蔬菜、水果、花卉、中药材等作物为重点，建设品种引育圃和微繁脱毒、穴盘育苗、变温库等良种引育设施，推广塑料大棚、日光温室、滴灌喷灌、遮阳覆盖等生产设施，提高园艺作物设施化生产水平。推广标准化厩舍、池塘、网箱和规模养殖粪污处理等设施化建设，全面提升畜禽、水产规模养殖和清洁化生产水平。积极发展节地、节水、节肥、节药、节种的节约型农业。大力推广使用新型和专用肥料、低毒高效农药、多功能农业机械及生物可降解农膜等农用生产资料。探索生物农药在优势农产品生产使用上的补贴机制。

三、加快调整优化农业产业结构

稳定发展粮食生产。稳定粮食播种面积，确保粮食种植面积稳定在6500万亩左右。全面实施新增百亿斤粮食生产规划，加强70个国家级和省级粮食产能县建设。依靠科技进步，着力提高单产、品质和复种指数，大力发展优质稻、专用玉米、麦类、杂粮等专用粮食和特色商品粮。到2015年，粮食总产量达到1850万吨，实现粮食省内基本自给。

做强做大特色优势产业。做大做强"云系"、"滇牌"特色农产品品牌，提高特色经济作物和生态畜牧业的比重，重点扶持优势明显、市场广阔的烟草、畜牧、果蔬、茶叶、薯类、中药材、甘蔗、花卉、木本油料、橡胶、林产业、咖啡、蚕桑等特色优势产业，建设一批品牌导向型烟草核心原料基地，以及规模化、标准化园艺作物、畜禽、水产养殖场（小区）和高产优质林场。加强优势特色农产品出口基地建设，大力发展外向型农业，努力扩大优势农产品出口。在主要特色优势农产品主产区创建一批区域特色鲜明、科技含量较高、基础设施过硬、运行机制灵活、带动辐射效应明显的现代农业示范区，推进特色优势产业向区域化、专业化、产业化方向发展。

四、完善现代农业服务体系

建立现代农业科技支撑体系。加大粮油、蔬菜、马铃薯、烟叶、甘蔗、花卉等关系我省农业发展全局的重点品种的选育和高效快繁技术研究及推广，加快建设种质基地，大力发展现代种业。重点开展特色农产品增产关键技术、重大动物疫病和植物病虫害防治、农业资源保护与高效利用、农业设施轻简化机械化生产技术、农产品精深加工等技术的研发与应用。研究建立农业防灾减灾技术体系、节水及抗旱农业技术保障体系、循环农业及生态农业技术支撑体系。加强农业生物技术、信息技术、智能技术和现代食品生物技术等科技创新，增强我省在现代农业技术领域的自主创新能力和国际竞争力。进一步加强县、乡两级农业科技人才队伍建设，健全公益性农业技术推广体系，坚持良种良法良制相配套，以推广主导品种、主推技术和实施主体培训为关键措施，深入推进高产和标准化创建活动，推进农业科技进村入户工程。加大农村劳动力技术培训、农村实用人才培训，大力培养新型农民。

完善现代农业流通体系。着力建设功能齐全、设施先进、辐射能力强的农产品专业批发市场。加快鲜活农产品从生产、流通到消费的冷链系统、物流配送系统和质量检测系统建设。依托农资经营企业发展专营店、加盟店，构建全省农资连锁经营服务网络。积极发展物流配送、连锁经营、网上交易等现代流通方式。培育和组织大批具有经济实力、营销经验的农业合作社、经纪人及运销大户直接参与农产品销售，搞活农产品流通。初步建立乡村现代流通网络。鼓励龙头企业在全国乃至国外建立展销、批发和配送中心，逐步建立面向全国的农产品市场营销网络和农产品现代物流体系。

加快发展农村金融服务体系。统筹城乡金融资源配置，开发符合农村需要的金融产品，提升全省农村金融服务水平，改善农村金融服务环境。深化农村金融机构改革，大力发展村镇银行等新型农村金融机构，鼓励农村信用社探索多样化产权制度，规范发展小额贷款公司，建立健全多层次、广覆盖、可持续的农村金融体系。

加强现代农业信息体系建设。扩展“数字乡村”工程和“云南农业信息网”功能，完善农村信息服务体系。抓好农技推广信息化、供销信息化、农业信息知识库和农业龙头企业服务平台建设等农业管理信息化示范工程。到2015年，农业信息服务覆盖所有的县、乡镇和90%以上的村委会。

五、加快提高农产品质量安全水平

建立农产品质量标准体系。深入实施“食品放心”工程，加快建立无公害农产品安全生产体系。推进标准化生产，加强农业地方标准制定和修订，建设完善农业标准和认证服务体系，加强无公害农产品基地认定和出口备案基地的体系建设和推广。建设一批农业标准化生产示范区。到2015年，全省主要农产品实现生产有规程、产品有标准，80%上市销售“菜篮子”产品实现标准化生产。农产品质量安全水平整体提升，50%以上食用农产品生产通过无公害农产品产地认定。

推进农产品质量安全监管和检验检测体系建设。建立健全农产品产地准出、市场准入、质量追溯、联防联控等监管制度。建立条形码跟踪制度，健全药残可控制、源头可追溯、流向可跟踪、产品可召回的管理体系。抓好农产品产地安全管理，加大对动植物及其产品的检验检疫和检测力度。继续实施省、州（市）、县（市、区）级检测中心（站）建设，支持有条件的企业率先执行国际质量认证。加快无公害、绿色、有机食品、名牌农产品和地理标志证明商标、驰名(著名)商标等品牌的培育。

专栏3 现代农业重点工程

农业基础条件建设工程。建成200万件以上“五小水利”工程。实施12个大型和75个中型灌区续建配套节水改造工程。推进100个中央财政小型农田水利重点县建设。建成1万公里干支渠防渗工程。

服务体系建设工程。建立健全良种选繁育体系、农业产业技术服务体系、动植物防疫体系、经营服务体系、农产品质量安全体系、农业防灾减灾体系、农村金融服务体系、土地流转服务体系。

农业示范园区建设工程。加快云南农业科技园、云南(曲靖)国际农业食品科技园等1000个各类现代农业示范园和标准化园艺、畜禽、水产养殖场、高产优质林场。

农业产业化推进工程。培育10个销售收入超100亿元的农产品加工业大县,培育10个综合产值超100亿元的特色优势产业集群,培育5个年销售收入超50亿元的农业产业化龙头企业集团,省级农业重点龙头企业达到500户。

第二节 加快推进新型工业化

将做大做强、做优做精特色工业作为促进经济增长的重要抓手,促进信息化与工业化深度融合,优化产业布局,推动优质生产要素向优势区域、各类园区和企业集中,促进传统产业新型化、新兴产业规模化。力争把云南建设成为国家重要的可再生清洁能源基地,生物产业发展基地,电、矿、化一体化资源精深加工的清洁载能产业基地,石化基地,外向型出口加工基地,战略性资源及原材料接续地。

一、推进工业转型升级

大力发展轻工业。加大科技和人才支撑,提升技术装备水平,完善标准化体系建设,提高精深加工和资源综合利用水平,加强质量监管,以品牌培育和龙头企业打造,推动行业整合,加强产业升级与产业聚集式发展,力争在做精做优传统轻工产业及做大做强新兴轻工产业方面实现双突破。

做优做强卷烟工业,继续推进卷烟品牌战略,深化卷烟结构调整,做大骨干产品规模,不断提高云南卷烟的市场占有率和竞争力,力争在“走出去”上有所突破,进一步发挥烟草产业对全省经济增长的重要支撑作用。巩固提升制糖产业,加快推进产业技术进步,提高蔗渣、糖蜜等综合利用水平,积极发展深加工,促进糖业由以生产原料型初级产品为主向生产终端型高附加值产品转变。做特做强云茶云酒产业,培育一批龙头企业,打造一批特色产品和优势品牌,扩大市场份额。积极发展林产工业,切实推进林浆纸、林浆纤维重大项目建设,提升人造板、家具、松香、松节油等加工技术水平,延伸林产品产业链,加大橡胶产业初加工整合力度,发展适应市场需求的橡胶加工业。加快发展特色食品工业,做大果蔬、食用菌、咖啡、核桃、乳制品、肉制品、木本油脂等加工业,推动行业技术装备升级和联合重组,提升精深加工产品比例和资源综合利用水平。大力发展以翡翠、黄龙玉、宝石等系列为主的珠宝玉石产业。积极发展日用化学品、特色旅游工艺品、小家电、丝麻为主的纺织和服装等轻工产品。支持发展其他特色鲜明、市场广阔、吸纳就业人员多的轻工业。

专栏4 特色轻工业产业布局

巩固提升现有烟、糖产业聚集区。

形成临沧、普洱、西双版纳、大理等茶产业聚集区；昆明、大理、玉溪、临沧、昭通、普洱、迪庆等酒产业聚集区；德宏、保山、普洱等咖啡产业聚集区；昆明、大理、德宏、临沧等家具加工产业聚集区；昆明、德宏、保山等翡翠、黄龙玉珠宝玉石加工产业聚集区；昆明、曲靖、大理、临沧、保山等食用植物油产业聚集区；文山、昆明、玉溪三七加工产业聚集区。

推动西双版纳等天然橡胶主产区的要素重组，进一步形成橡胶原材料工业聚集区。

优化提升重化工业。加大资源勘探力度，充分利用两种资源，明显提高资源综合利用率和提高资源保障能力。加强“三江”流域等重点矿区调查与勘查工作，新增一批铜、铅锌、银、金、镍、锡、铁、磷等资源矿产地和远景资源量，重点推进普朗铜矿、文山和鹤庆铝土矿、都龙多金属矿等矿山建设。提高中低品位矿、共伴生矿、难选冶矿、尾矿等资源利用水平，加大磷石膏、磷渣等固体废弃物的开发利用。

用先进技术实现节能环保和循环利用，发展精深加工，延伸产业链。做强做大有色金属产业，巩固发展铜产业链、提升发展铅锌产业链、优化发展锡产业链、积极发展铝产业链、培育发展钛硅产业链、加快发展稀贵金属深加工；调整品种结构，淘汰落后产能，提高钢铁产业集中度，推动钢铁产业产品优化升级，实施昆钢搬迁改造。全面提升石化工业发展升级，继续保持磷肥在全国的优势地位，优化化肥产业结构，适度发展专用肥等差异化化肥产品，着重发展黄磷和湿法磷酸精细深加工产业及资源综合利用产业，延伸磷化工、盐化工产业链；积极推进曲靖、昭通新型煤化工基地建设；优化发展建材工业，调整优化水泥产业，积极发展特色天然石材、建筑卫生陶瓷、固体废弃物资源化利用的新型建筑材料等。加快培育发展新的增长点，建设千万吨级石油炼化一体化工程；发挥水电优势，在滇西边境和有条件的贫困地区合理布局、高起点发展现代新型清洁载能产业，推进多种形式的矿电结合，发展水电—铝、水电—铁合金、乙炔化工产业，发展原料、市场、能源“三头在外、封闭运行”的产业新模式。

专栏5 重化工产业布局

有色金属冶炼及深加工。形成滇中铜、铝、钛冶炼及深加工，稀贵金属精制及新材料聚集区；滇南锡、铝、铅锌深加工聚集区；滇东北铅锌综合利用加工聚集区。

清洁载能产业。在丽江、德宏、红河、文山等地进一步合理布局水电—铝产业；在文山、红河、迪庆、昭通等地进一步合理布局发展水电—铁合金产业；在曲靖、昭通、保山等地进一步合理布局乙炔化工产业；在滇西边境地区布局“三头在外、封闭运行”的钢铁产业。

石油和化工产业。形成昆明石油化工及深加工、磷化工、盐化工和生物化工聚集区，昭通煤化工、生物化工聚集区，曲靖煤化工聚集区，红河煤化工、生物化工聚集区，玉溪磷化工、生物化工聚集区，楚雄生物化工聚集区。

做大做强能源产业。优化能源结构，大力发展清洁可再生能源，加强国际能源合作。构建以水电和煤炭为主、火电为辅、新能源及石油炼化加快发展的多元化能源产业发展格局，把云南建设成为国家西电东送清洁可再生能源基地、新兴石油炼化基地、新能源示范基地。

电力。加快“三江”干流水电开发，适度发展中小水电，提高水电开发质量和效益，协调推进高参数大容量主力火电建设，促进地方经济发展。充分发挥清洁可再生能源资源优势，积极拓展省内外电力市场，在满足省内需求基础上，扩大西电东送、云电外送规模，云电内送华南、华中、华东，外送越南、老挝，实现缅甸水电送云南。到2015年，全省电力装机不低于7950万千瓦，其中：水电装机近6000万千瓦,火电装机超过1700万千瓦。

煤炭。加大煤炭资源整合及煤炭企业兼并重组力度,着力推进国家大型煤炭基地建设,强化煤炭清洁利用,不断提高煤炭综合利用效率。到2015年,煤炭产量达到1.37亿吨。

石油天然气。依托中缅油气管道,加快石油炼化基地建设及天然气利用,积极推进楚雄盆地石油天然气勘探开发。

专栏6 能源建设重点项目

电力。大力推进澜沧江中下游、金沙江中下游水电建设,续建金安桥、功果桥、溪洛渡、向家坝等电站,新建澜沧江糯扎渡、里底、苗尾、黄登等一批电站,金沙江阿海、龙开口、鲁地拉等一批电站。积极开展金沙江中游、澜沧江上游龙头水库前期工作,争取启动怒江、金沙江上游水电开发。新开工建设镇雄电厂、威信电厂、滇东电厂二期等骨干火电项目。

煤炭。加快小龙潭、老厂、昭通、恩洪、镇雄、先锋等6大煤炭基地建设,新建(改、扩建)白龙山、富煤一矿、雨汪一号、观音山等13对煤炭骨干矿井。

石油天然气。建设安宁1000万吨石油炼化基地。

风能。续建、新建杨梅山、李子箐、罗平山、朗目山、马英山、东山、海东、大营、牦牛坪等一批风电场。

太阳能。在资源富集区发展太阳能光伏发电,推广太阳能热利用。

培育壮大战略性新兴产业。把发展战略性新兴产业作为引领云南调整产业结构、转变经济发展方式和实现可持续发展的战略重点,把握国家加快培育和发展战略性新兴产业的历史机遇,立足省情和科技产业基础,结合云南经济和社会发展的重大需求,大力发展生物产业,积极发展光电子、新材料产业和高端装备制造业,加快培育节能环保和新能源产业。按照市场主导、创新驱动、引领发展、重点突破的原则,统筹规划战略性新兴产业发展全局;以科技为支撑,充分利用全球创新资源,形成产业核心竞争力;以需求为导向,充分发挥市场的基础性作用和政府的引导推动作用,壮大产业规模;以企业为主体,产业基地和工业园区为平台,促进产业集群化、聚集式发展;以体制机制创新为动力,营造有利于产业发展的良好环境;把壮大特色主导产业与培育战略性新兴产业有机结合起来,坚持技术集成、产业集聚、要素集约的发展要求,推动战略性新兴产业跨越发展。力争"十二五"期间战略性新兴产业实现销售收入年均增长20%以上,成为国民经济的先导、支柱产业。

专栏7 战略性新兴产业重点领域

生物产业。着力在生物医药、生物育种、生物制造和生物技术服务等领域,实现生物技术与优势生物资源的有机结合,关键技术和重要产品产业化取得突破,把云南建成国家重要的生物产业基地。

光电子。着力培育和壮大红外及微光夜视、光机电一体化设备、主动式OLED、半导体照明及配套产业。加快研发与物联网技术应用相结合的光电子、光机电产品和系统。着力构建从光电子材料到器件、整机、系统和配套加工装备的产业链。

新材料。重点发展基础金属特种新材料、战略金属新材料、新能源材料和化工新材料,大幅度提高我省新材料研发与制备的自主发展能力,形成以特色资源高技术产品为龙头,以有色金属深加工生产为基础,大型企业集团和产业集群为支撑,上中下游配套和竞争优势明显的产业格局。

高端装备制造。大力发展大型重型精密复合数控机床、轨道交通大型成套养护和隧道工程设备、空港自动化物流成套设备、重化矿冶成套装备、高端电力装备、金融电子装备等。

节能环保。以满足我省工业节能减排、资源循环高效利用、环境污染治理、矿山环境修复等需求为切入点,加快开发、示范、推广和应用一批节能环保新技术、装备和产品,培育骨干企业,做大产业规模。加快节能环保技术咨询、评估、检测等服务业的发展。

新能源。大力推进太阳能光伏、风能开发,做强太阳能光热利用产业,加快培育生物质能产业,大力加强重大应用示范和配套产业的发展。切实推进煤层气、页岩气勘探开发利用。探索发展核电。

*统筹发展配套产业。*以市场为导向，大力发展立足服务云南的主导产业，面向国内及南亚周边主体产业形成互动的具有竞争优势和特色的配套产业，注重区域内的产业整合，建立规模化、专业化、集约化的配套产业中心。高起点发展烟草配套产业，巩固提高省内“两烟”配套，支持包装印刷、辅料生产、烟草机械等烟草配套产业以优势产品为龙头、资本和品牌为核心进行重组，形成全省乃至全国性的烟草配套专业集团；大力发展装备制造业配套产业，加快发展面向国内、南亚、东南亚的为载货汽车、乘用车配套的小缸径多缸车用柴油机，中小型水电成套设备、中大型数控机床、仓储配送物流成套设备，烟草机械、制糖机械、茶叶机械等生物资源开发配套装备和设备，重型矿山化工等通用设备；加快轻纺工业辅料、食品包装、塑料制品业等配套产业发展。发展旅游配套产品，适应旅游业发展的需要。到2015年，省内配套率明显提高。其中：烟草行业95%以上，内燃机90%以上，光伏电池80%以上，机床行业65%以上，汽车零部件、电力装备制造业50%以上，重化矿冶设备40%以上。

*加快发展建筑业。*以市场为导向，以质量、安全和效益为核心，以增强企业活力和市场核心竞争力为重点，进一步规范建筑市场，调整产业结构，优化产业布局，建立完善产业体系、市场体系和行业管理体系。巩固和提高省内市场和传统建筑市场的占有率，积极开拓省外市场，继续扩大海外工程承包业务与劳务输出，推动我省建筑业由单一生产经营向多元资本经营转变。大力发展节能节地节水节材建筑，加大建筑部品部件工业化生产比重，提高施工机械化生产水平。全面提升建筑业综合竞争力、产业带动力和经济贡献率。

二、主动承接产业转移

充分发挥比较优势，选准产业转移的主动承接点，在承接劳动密集型产业为主的同时，加快承接资金、技术密集型制造业的发展步伐，推动由承接企业转移向承接产业转移转变，促进传统产业升级转型，提升参与国内外产业分工的能力，将承接国内产业转移和利用国际资源衔接起来，整合地区优势条件和国外的政策、市场资源，建立面向周边国家的进出口产品深加工贸易基地、产品加工中转基地。加快工业园区标准厂房建设，创新承接平台，优化承接环境，使云南成为主动承接产业转移的重要区域，走向东南亚、南亚的桥梁和平台。

利用国内外两种资源，重点支持在水电和矿产资源富集地区，沿交通干道承接发展清洁载能产业；以满足本地区域市场、开拓东南亚南亚等周边市场为目标，积极承接发展食品、饮料、丝麻、服装、五金、家电、石材、建筑卫生陶瓷以及汽车、装备制造及其关联产业。依托我省有色、化工等优势产业，努力承接资源开发和精深加工产业，积极承接关联配套产业，引进缺失链、补强薄弱链、提升关键链，大力引进产业关联度高、辐射力大、带动性强的龙头项目，带动与之配套的企业整体转移。加快承接生产性服务业、国际服务外包和战略性新兴产业。

三、调整产业组织结构

积极引入产业、行业领军式骨干大企业（集团），加快推进“央企”、“强企”入滇，深入实施大企业集团战略。充分发挥烟草、有色、云药等行业龙头企业带动作用的同时，重点围绕石油化工、汽车、能源、有色、生物、旅游文化、现代物流、装备制造、电子信息、新材料等，引导和鼓励行业企业兼并重组，通过实施品牌、资源、市场战略，形成一批拥有知名品牌和自主知识产权、主业突出、核心竞争力强、带动作用大的大企业集团。引进30户以上的大企业（集团）到云南投资兴业，新打造3—5户年销售收入超过百亿的企业集团，培育20户年销售收入超过100亿元的龙头企业、100户年销售收入超过10亿元的骨干企业。

大力扶持发展中小企业。加强政策扶持引导,以具有发展潜力的优势产业为基础,大力发展科技型和成长型中小企业,引导中小企业从加工制造环节向研究开发设计以及市场开拓和售后服务环节延伸,依托产业园区及标准厂房建设,形成一批有特色、有规模、体系完整的中小企业产业集群;按照产业供应链要求,建立大企业、中小企业相互协作的战略联盟,鼓励和支持中小企业与大企业建立稳定的原材料、零部件供应及技术进步等方面的协作关系,加快培育“专、精、特、新”中小企业,提高专业化分工协作水平,形成大中小企业齐头并进、产业综合竞争实力显著提高的产业发展格局。

四、促进信息化与工业化深度融合

促进企业信息化建设,提升信息技术改造传统产业的力度,充分发挥信息技术在产品升级、节能降耗、提高服务质量和控制污染等方面的积极作用。稳步推进企业电子商务应用,引导企业逐步实现研发设计、生产、管理、经营信息化。重点支持烟草、冶金、化工、生物、能源、先进装备制造等行业在产品研发、生产装备和过程、企业管理和营销等方面广泛应用信息技术,促进行业信息化水平提升。在大中型重点企业积极推广产品设计数字化、企业管理数字化、生产工艺数字化、制造基础装备数字化、企业营销网络化,带动相关配套企业的信息化建设,形成基于网络环境下的数字化企业群体。支持面向中小企业的公共服务信息平台建设,提高中小企业信息化应用水平,降低交易成本,提升企业竞争力。推动企业信息资源开发利用,促进企业间信息协作、共享,有效提高企业的市场竞争力和创新活力。基本构建“两化”融合支撑和服务体系,从区域、行业、企业3个层面重点实施一批信息化和工业化融合试点示范项目,争取昆明市成为国家级“两化”融合实验区。

第三节　大力发展服务业

大力发展现代物流、金融保险、信息咨询和科技服务等生产性服务业,促进服务业与工农业生产互动发展,提高产业附加值和知识、技术、人力资本含量。以改善民生、培育品牌为目标,大力发展创业成本低、吸纳就业能力强和市场需求大的旅游康体、文化等生活性服务业,全面提高服务业发展速度、质量和水平。

一、提升发展旅游业

充分发挥云南特色民族文化、历史文化、地域文化和自然资源优势,继续推进旅游二次创业,加快旅游综合改革,继续加强旅游基础设施建设,加快旅游信息化建设和市场建设,提高旅游业标准化水平,促进旅游业与文化等其他产业互动融合,促进传统旅游向现代旅游转变、观光型旅游向休闲度假型旅游转变,实现旅游资源开发与环境保护并重、旅游业发展与改善民生共赢。

重点开拓休闲度假、体育健身、商务会展、生态旅游、红色旅游、乡村旅游、自驾游、房车游等休闲度假产品,大力发展野外拓展训练、户外露营等新型业态,规范发展高尔夫旅游、大型主题公园,努力形成多元化、系列化、适应不同需求层次的旅游项目群和产品体系。优化旅游产业布局,加强国内和省内旅游合作,推出一批跨地区、跨省区的旅游产品,促进区域内旅游大合作、大发展。加人旅游对外交流与合作,建立和完善国际区域旅游合作机制,努力构建面向东南亚、南亚国际区域旅游圈,促进云南国内旅游、边境旅游和跨国旅游发展。推动建设一批布局合理、要素集聚、功能完善、特色突出的品牌旅游区。积极引入世界品牌连锁酒店,提升云南旅游服务水平,努力形成旅游产品特色化、旅游服务国际化、游客进出便利化、旅游环境优质化的发展新格局。

到2015年，主要旅游经济指标在2010年的基础上翻一番，在有条件的重点旅游城市自来水实现安全直接饮用标准，把云南建设成为中国一流、世界知名的重要旅游目的地、面向东南亚、南亚开放的国际性区域旅游集散地、国家旅游综合改革发展试验基地和示范窗口，进一步提升云南旅游业在全国的战略地位，努力把云南旅游业培育成战略性支柱产业，实现由旅游大省向旅游强省跨越。

附图3　云南省“十二五”旅游文化产业布局图

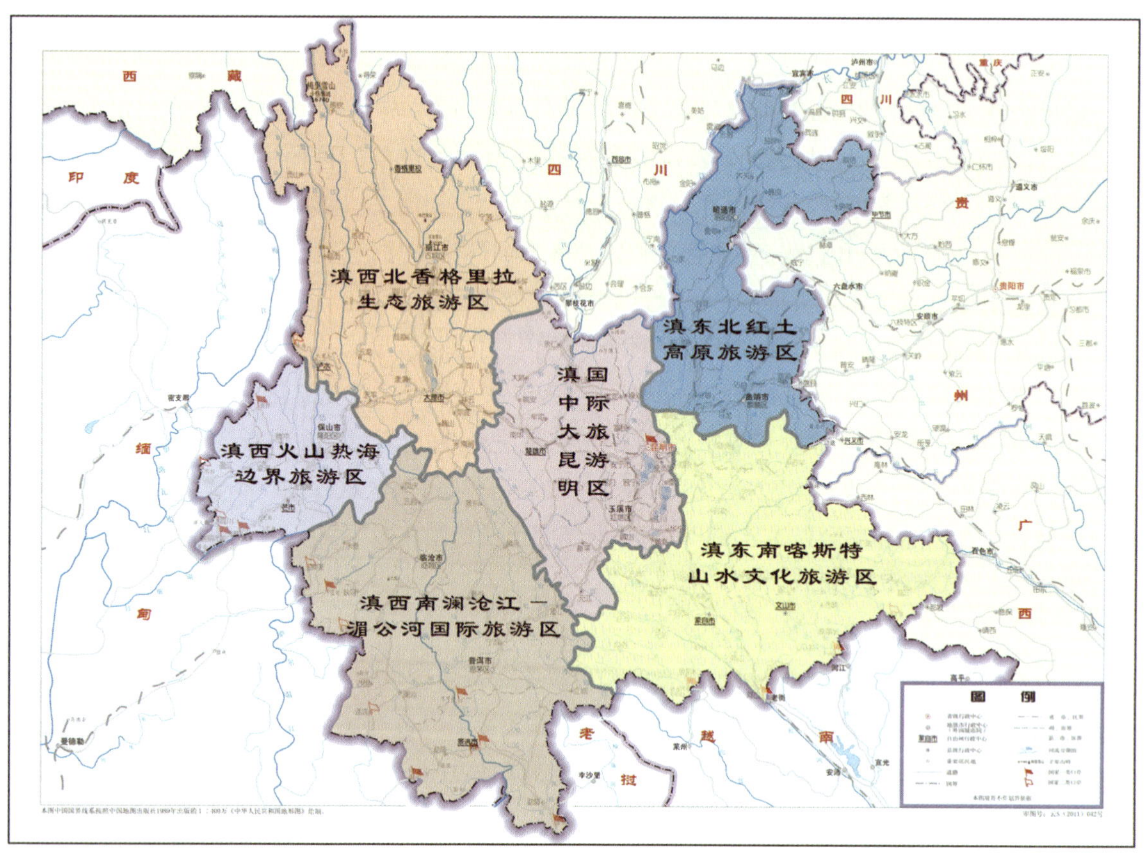

二、着力发展商贸流通业

建设以滇中城市经济圈为中心，其他5大城市群为次中心的面向东南亚、南亚开放的国际商贸枢纽，贯通对内连接中西部各省、长三角地区、珠三角地区，对外连接东南亚、南亚的国际商贸大通道，形成中缅、中老、中越3个边贸组团。

加速发展现代物流业。依托产业基地、园区和交通枢纽，布局建设专业市场、专业物流中心以及大型综合物流园区，为特色优势产业发展和承接产业转移提供高效的物流服务；争取国家设立昆明、红河综合保税区，依托沿边开发开放试验区、跨境经济区、边境经济合作区、重要口岸，建设面向东南亚、南亚开放的国际物流园区和保税物流园区；推动传统物流企业向现代物流企业转型，促进第三方物流发展。加快粮食现代流通体系建设，发展粮食现代物流。

提升传统商贸业。积极发展批发零售业，构建省会城市、州（市）、县（市、区）、乡（镇）、农村5个层级的批发市场体系，建设一批具有国际一流水准的城市商业购物中心，合理规划和建设城市商业网点。积极发展餐饮业，挖掘和整理云南民族餐饮文化和地方餐饮特色，培育注重文化和品牌塑造的大型滇菜餐饮企业。推广连锁经营、特许经营、物流配送、电子商务等现代流通方式。加快商贸流通领域信息化步伐，整合信息资源，加强与公共信息平台的对接。

到2015年，形成与全省经济社会发展规模、层次和功能相匹配的商贸流通产业，与桥头堡建设相适应的效率高、辐射面广、开放度强的综合流通体系。

专栏8 商贸流通重大工程

粮食流通工程。实施粮食仓储功能提升、粮食仓库建设和维修改造、食用油罐建设、粮食现代物流、粮食安全预警、粮食流通信息网络、粮食流通应急设施、大型粮食批发市场等项目建设。

农产品冷链物流工程。实施肉类、水产品、果蔬、花卉冷链物流工程，重点推动专业新型冷库、低温配送处理中心、冷链运输设施与制冷设施、冷链物流全程监控与质量追溯系统等项目建设。

物流园区及物流中心工程。建设昆明国际性物流中心和枢纽，建设曲靖、红河、昭通、大理区域性物流中心，在玉溪、楚雄、保山、德宏、西双版纳、文山、普洱、临沧、丽江等地建设一批物流节点和综合物流园区。

保税物流园区工程。争取国家在水富、富宁、景洪等港口以及河口、磨憨、瑞丽、孟定清水河、腾冲猴桥、麻栗坡天保、孟连勐阿、泸水片马等口岸建设保税物流园区。

农产品批发市场升级改造工程。通过支持信息采集发布系统、电子商务、检验检测系统建设，对全省20个大型农产品批发市场进行升级改造。

乡村流通工程。建设一批州（市）级和县（市、区）级农资、农村日用消费品物流配送中心，以及再生资源回收集散市场、分拣中心和回收网点。在有条件的建制村建设农村综合服务社、便民店（农家店）等网络服务终端。建设1个省级门户乡村流通工程信息网站，16个州（市）级分站。新建或改扩建500个乡镇综合（农贸）市场和1000个左右村级集贸市场。

三、加快发展金融服务业

做大金融总量，吸引更多国内外银行机构入滇，支持省内金融机构在外发展机构网络，着力扩大直接融资规模，加强保险资金运用，提升金融业总体实力。完善金融体系，大力推进地方金融机构、证券、期货和财产保险公司发展，增强农村信用社竞争力，继续推进小额贷款公司、村镇银行试点工作，完善金融中介组织体系。扩大金融开放，推进“走出去”战略的实施，加大“引进来”力度，扩大对外合作交流，积极发展金融服务外包产业，探索并推进中国—东盟区域性金融服务中心建设，保障桥头堡建设顺利推进。推动金融创新，鼓励金融机构大力推进业务创新，形成各具特色、相互补充的金融产品市场。完善中小企业信用担保机制，加大对中小企业信贷倾斜，设立具有我省特色的股权投资基金，大力支持中小企业创业投资引导基金和风险投资基金发展，大力发展农村新型保险，强化金融保障云南经济的功能。到2015年，金融业增加值达到1000亿元，年均增长20%左右。实现信贷融资额翻番，全省金融机构各项贷款余额力争达到2.5万亿元，各项存款余额力争达到3万亿元。金融业综合实力、竞争力和抗风险能力显著增强，为全省经济社会全面协调可持续发展提供有力的金融支持。

四、积极发展信息服务业

以信息传输服务、信息资源服务、信息技术服务、数字内容服务等为重点，创新信息服务的商业模式，培育信息服务产业的新兴业态。围绕第三代移动通信、下一代互联网和无线宽带等，开发新兴增值服务业务。推进电子商务在国民经济各领域的广泛应用，降低企业的运营成本，提升企业竞争力。积极推进与民族文化、旅游文化相结合的数字内容服务业，加快发展信息咨询服务和数字设计服务，促进软件服务外包发展,加快基础信息资源的建设。扩大远程可视医疗为民工程的应用范围和推广力度。大力推进“数字云南”建设,加大基础地理信息资源开发利用,促进地理信息产业快速发展。进一步提高政府、企事业单位、公众享有信息服务的深度和广度。推进物联网开发利用。

五、培育发展咨询服务业

发展行业咨询、项目策划、财务顾问、并购重组、上市推荐等投资与资产管理服务。培育一批专业化、高水平的骨干咨询机构。引导大型企业集团剥离或独立发展设计、技术咨询等服务业。扶持中小企业咨询服务平台建设。规范提升会计、审计、税务、评估、咨询、检测、各类代理等服务业。建立咨询服务从业机构和人员资质认定制度,加强规范管理和诚信建设。引进和培育优秀咨询服务企业或机构,加强对外开放与交流,积极提升我省咨询服务业现代化水平。

六、重视发展社区服务业

坚持政府扶持和市场运作相结合,加快发展城乡社区服务业,鼓励各种经济主体投资兴办社区服务业,完善社区服务设施,规范社区服务标准、拓宽服务领域,形成广覆盖、多层次、社会化的社区服务体系。鼓励社会资本积极兴办多种形式的老年福利服务机构,推进养老服务业加快发展。加快各类社区便民网点建设,努力培育和发展连锁化、品牌化、规范化的社区服务企业。拓宽便民服务范围,重点发展以家政服务、养老服务和病患陪护、家庭用品配送、家庭教育等家庭服务业。

七、平稳健康发展房地产服务业

加强房地产市场宏观调控,分类指导房地产开发投资。大力推进全省中心城市房地产业发展,提高全省房地产发展的整体水平。有效增加普通商品房、公租房、经济适用房和廉租房供应。加强房地产市场调控,进一步建立健全房地产管理制度,继续做好稳定商品房市场价格工作,完善房地产开发融资方式,加强资本金管理。规范物业管理,提高服务水平。

第九章 加快推进科教兴滇,着力促进创新型云南建设

把科技进步和创新作为支撑和引领云南经济发展和社会文明进步的重要驱动力量,把发展教育和培养高素质人才摆在更加突出的战略位置,加大投入,创新体制机制,努力建设创新型云南,为全面建设小康社会提供智力支撑和人力保障。

第一节 优先发展教育

始终把教育摆在优先发展的战略地位,把教育作为提高人的素质、促进人的全面发展根本途径,按照适应全面小康社会和创新型云南建设的要求,坚持育人为本,以促进公平为重点,以提高质量为核心,全面实施素质教育,统筹各级各类教育发展,积极推动建设覆盖城乡的基本公共教育体系,逐步实现基本公共教育服务均等化。

一、着力发展学前教育

建立政府主导、社会参与、公办民办并举的办园体制。大力发展公办幼儿园,积极扶持民办幼儿

园。加大政府投入,完善成本合理分担机制,规范办园行为,提高办园质量。在民族自治地方和民族乡,强化学前双语教育工作。着力发展农村学前教育,支持贫困地区发展学前教育。充分利用中小学区域布局调整富余的校舍和教师资源,在有条件和人口较多乡镇和建制村,逐年增加幼儿园数量和幼师队伍。将乡镇幼儿园纳入当地教育体系进行管理和建设。学前3年毛入园率达到55%以上。

二、巩固提升义务教育

全面落实义务教育有关政策,强化政府责任,在经费投入、管理机制、质量提升、公平竞争等方面提供充分、有效的制度保障。进一步巩固提高"两基"成果,大力推进义务教育均衡发展。按照方便学生就近入学、适当集中办学的原则,形成适应城乡发展新趋势的学校布局。积极拓展和开发教育资源,优化资源配置,提高教育教学资源使用效率。重点加强农村教师队伍建设。切实减轻中小学课业负担。

三、加快发展普通高中教育

充分考虑各地实际,分区规划,分层次推进,不断提高普通高中办学规模,加快普及高中阶段教育。深化推进普通高中课程改革,全面实施高中学业水平考试和综合素质评价。推进普通高中培养模式多样化,支持民办普通高中发展。扩大高中优质教育资源供给、提高共享水平,推进高中特色化、多样化办学。

四、大力发展职业教育

统筹发展中、高等职业教育,合理布局职业教育学校。加强职业教育基础能力建设,力争使所有学校达到合格职业学校标准。以提高教育质量为重点,以服务产业为宗旨,以实现就业为导向,坚持学校教育与职业教育培训并举,完善校企合作、工学结合、顶岗实习的人才培养模式,实现职业学校教育与岗位技能需求对接。完善职业教育教师的评聘办法,加快"双师型"教师队伍建设。积极引导和鼓励行业企业办好职业教育。继续完善县、乡、村3级农民职业教育培训网络建设和管理,扩大农村职业教育培训覆盖面。逐步实行中等职业免费教育,完善家庭经济困难学生资助政策。逐步实施农村新成长劳动力免费劳动预备制培训。

五、稳步提升高等教育规模和质量

以"211工程"学校建设为龙头,以特色优势重点学科建设为支撑,以重大项目成果为标志,努力推进区域高水平大学建设。适度扩大高等教育规模,努力提高高等教育质量,积极推动高校办出特色。加大支持力度,完善高等教育投融资机制,多渠道筹措办学经费,改善高校办学条件。优化高等教育区域布局结构,调整优化人才培养结构,扩大人才培养规模。积极发展高等职业教育,建设一批有特色的示范性高职学校。加强学科专业建设,重点打造一批国家、省部级特色学科和专业。加强高校内外实习基地、实验室和课程教材建设。建立高校教学联盟,完善学分制度,实行弹性学制,促进文理交融,实现优质高等教育资源共享。推进教师队伍建设,组建名师团队,建设专兼结合的应用型教师队伍。完善高等学校教学质量管理与评价机制,健全教学质量保障体系。建立毕业生就业跟踪调查机制,强化高校就业指导服务能力。着力提升高校科研水平和社会服务能力。鼓励高校科技创新。完善学位授权体系,加快发展专业学位研究生教育。到2015年,高等教育毛入学率力争达到30%。

六、重视发展继续教育

大力发展非学历继续教育，稳步发展学历继续教育，重视发展老年教育，努力形成全民学习、终身学习的学习型社会。依托各类教育资源，开展继续教育和科普教育。健全继续教育激励机制，推进继续教育与工作考核、岗位聘任(聘用)、职务(职称)评聘、职业注册等人事管理制度的衔接。加强继续教育的监管和评估，鼓励企事业用人单位为从业人员提供继续教育。

七、促进教育公平

推进义务教育均衡发展，重点加强薄弱学校、农村寄宿制学校的改造，在财政拨款、教师配置等方面向农村学校倾斜，努力缩小边疆贫困地区与经济较发达地区的教育差距，建立城乡一体化义务教育发展机制，因地制宜加快中小学区域布局调整步伐。加大对贫困地区的教育投入，改善中小学办学条件。以流入地政府管理为主、以全日制公办中小学为主，切实保证进城务工人员子女平等接受义务教育，研究制定进城务工人员随迁子女接受义务教育后在当地参加升学考试的办法。关心和支持特殊教育发展，改善特殊教育办学条件，支持特殊教育学校开展职业技能培训，全面提高残疾儿童义务教育普及水平，加快发展残疾人高中阶段教育，大力推进残疾人职业教育，为残疾人享受高等教育创造公平环境。提升和整合各类教育信息化学习资源，完善信息基础设施和服务体系，充分发挥现代远程教育优势，积极探索开放教育新模式，建立灵活高效的远程教育公共服务平台，在全省形成广覆盖、多层次、多形式的远程教育学习服务体系。加强网络教学资源库建设，整合学校、行业和社会优质教育资源，利用远程教学为学校提供开放和弹性化的学习课程，实现教育优质资源最大化的共享。

八、提高教育国际合作与交流的水平和层次

实施来华和出国留学预备教育，努力发展一批国际学校。引进海内外优质教育资源，合作设立国际化教育教学、实训、研究机构或项目，有计划地吸引海外优秀人才和学术团队。鼓励招收周边国家学生，扩大来滇留学生规模。探索建立教师互派、学生互换、学分互认、学位互授联授机制。创新和完善公派出国留学管理机制。建立对优秀自费出国留学生的资助和奖励制度，吸引优秀留学人员回滇服务。

专栏9　教育重大工程

教育基础能力建设工程。着力推进集中办学教育资源整合工程、中小学校舍安全工程、标准化学校建设工程、特殊教育学校建设工程、职业教育基础能力建设工程、中等职业教育实训基地建设工程、农村教师周转宿舍建设工程；实施普通高中教育建设工程、边境县国门学校建设工程、沿边高等学校建设工程、区域性高水平大学与重点学科建设工程。

教育水平提升工程。重点实施义务教育标准化建设工程、中小学校整体素质提升工程、中小学教师队伍素质提升工程、中等职业教育改革创新工程、高等教育质量提升工程、农村学前教育推进工程、民族教育发展工程、教育信息化工程、素质教育工程、科研创新团队建设工程、家庭经济困难学生资助工程。

教育国际化工程。着力打造教育国际家园；加强国际孔子学院建设；推动中外合作办学，推进面向西南开放国际人才培养基地和非通用语种教学基地、汉语国际推广基地建设。

第二节 大力推进自主创新

把增强自主创新能力作为发展科学技术的战略基点、调整产业结构和转变发展方式的中心环节、建设创新型云南的重大战略选择，加大科技创新投入，激发创新活力，增强创新动力。把握科技、经济发展趋势，超前部署基础性、前沿性技术和共性关键技术研究，实施有利于科技进步和创新的激励政策，全面提高科技整体实力和产业技术水平。

一、树立企业自主创新主体地位

加快建立以企业为主体、市场为导向、产学研相结合的技术创新体系。重点支持优势产业的大企业提高自主创新能力，鼓励和促进中小科技企业创新活动。营造自主创新的良好氛围，强化政府引导，促进资金、人才、技术等创新资源向企业聚集，发挥企业在建设产业技术创新平台中的主体作用，鼓励烟草、冶金、化工、生物、医药等优势行业建立开放式技术中心，搭建技术创新和成果产业化服务平台，引导中小企业充分利用现有产业技术创新和公共服务平台开展技术创新。推动以资本为纽带的产学研联合，不断提升主要产品的技术含量和市场竞争力。

二、加强自主创新基础能力建设

充分发挥在竞争性领域市场配置科技资源的基础性作用，更加注重公共财政对前瞻性、战略性、公益性领域创新能力建设的主导作用。采用灵活多样的共建、共享、共用模式，统筹规划全省研究实验体系、科技公共服务体系、产业技术创新体系的建设和运行，强化自主创新基础能力对全省经济社会发展的有效支撑。围绕我省重点产业振兴和战略性新兴产业培育对产业创新能力的重大需求，在整合、优化现有创新平台的基础上，继续新建一批国家级、国家地方联合和省级工程研究（技术）中心、工程实验室、重点实验室、企业技术中心。构建以滇中城市经济圈为中心的科技创新聚集区，以及与优势产业发展相适应的科技示范带，形成区域创新格局。力争到2015年，全省区域创新能力达到全国中等水平。

三、着力实现科技创新和跨越

充分利用国内外创新资源，大力推进原始创新、集成创新和引进消化吸收再创新，支持基础研究、前沿技术研究、社会公益性技术研究，鼓励科学技术的交叉融合，努力实现基础研究和应用研究均衡发展，着力突破制约经济社会发展的关键技术，在若干重要领域掌握一批核心技术，拥有一批自主知识产权，推动优势特色产业从规模优势向技术优势转变，抢占未来发展先机。重视人口与健康、防灾减灾、公共安全、环境保护等重点领域的科技研发。

四、全面提高全民科学素质

把节约能源资源、保护生态环境、保障安全健康、促进创新创造作为提升公众科学素质的核心内容，加强综合性科普设施建设和管理，推进公益性科普事业体制与机制改革，加快形成科普事业多样化投入机制，建立科研与科普结合机制、科普投入和产业发展的保障机制，鼓励经营性科普文化产业发展。继续完善科学素质工作的组织机构、联合协作的工作机制，广泛动员社会各界参与科学素质工作，促进科普活动的普惠与公平。

五、促进科技成果转化

围绕发展壮大五大支柱产业、振兴重点产业和培育战略性新兴产业，营造有利于自主创新成果产业化的市场环境，大力推进成果产业化和技术转移。建立创新成果向技术标准转换的快捷通道，实施科技重大专项，以科技创新引领产业发展，造就一批具有国际科技竞争力的企业，创造一批具有核心知识产权和高附加值的国际著名品牌，全面提升产业综合竞争力。充分发挥各类科技和产业园区在促进科技成果向现实生产力转化中的载体作用，切实落实鼓励自主创新和成果产业化的扶持政策，促进产业升级和聚集式发展。加大自主创新成果产业化投融资支持力度，强化政府引导，加快发展创业风险投资。

六、加强知识产权保护与应用

实施知识产权战略，健全知识产权保护体系，强化政府部门、行业和企业的知识产权管理能力建设。增强公民知识产权意识，鼓励和支持自主创新成果知识产权的获取、维持和有效应用。制定和完善有关专利、商标、著作权和植物新品种等知识产权保护的地方性法规和政府规章。积极探索地理标志、遗传资源、传统知识和民族民间文艺等领域的知识产权地方立法和行政、司法保护措施，构建合理的资源获取与知识产权保护机制、利益分享机制。加强知识产权海关保护及边境保护，制止侵权货物、物品进出境，提高出口商品的声誉。探索推进重点产业知识产权战略联盟，积极引导行业开展知识产权维权工作，完善知识产权案件的举报、投诉及快速处置机制。加强省、州（市）跨地区知识产权保护的合作。

七、完善创新服务体系

以为各类创新主体特别是中小企业的自主创新活动提供社会化公共服务为重点，坚持国际化带动、市场化促进、信息化支撑和法制化保障，建设面向全社会的创新服务体系。着力提升现有的大专院校和科研机构的科技资源、大学科技园、科技企业孵化基地、生产力促进中心、技术转移中心等各类创新服务机构的功能，充分发挥工程研究（技术）中心、工程实验室、中试基地等产业技术服务平台的效用。强化公共科技信息服务能力，积极推进技术信息咨询、知识产权受理申报、技术服务、技术交易等技术创新服务体系建设。加强科技投融资服务体系建设，积极探索科技投融资担保、知识产权质押贷款、科技产业风险投资、科技保险、科技企业上市融资等中介服务。

八、创新体制机制

加快突破制约创新发展的体制机制瓶颈。提升科技管理的效率和水平，健全鼓励自主创新和科技成果产业化的政策法规体系，为提高产业自主创新能力提供制度保障。加强科学研究与高等教育的有机结合，创新产学研用结合模式，推动科研院所、高校和企业建立长期稳定的紧密合作关系，构建联合开发、优势互补、利益共享、风险共担的产业技术创新战略联盟，增强科研院所和高校的创新动力，提升产业核心竞争力。大力推进金融创新，建立各种融资手段相互衔接，适应创新型云南建设的多元化多层次融资体系。

专栏 10　创新工程

产业技术公共服务平台和创新能力建设工程。国家工程实验室、重点实验室、工程(技术)研究中心达到15个左右、国家级企业技术中心达到20个左右、国家级科技企业孵化器达到15家左右,国家地方联合工程研究中心、工程实验室达到20个左右,省级工程实验室、重点实验室、工程(技术)研究中心达到250个左右、省级企业技术中心达到300个左右。

战略性特色高技术服务和技术转移基地。围绕生物医药、新材料、先进制造、新能源、环境保护和生态治理、现代农业、气候变化等领域建设研发、中试和规模试验基地。加强国际合作,聚集国内外科技资源,把云南建成承接我国东中部地区技术转移和面向东南亚、南亚以及印度洋周边国家的重要科技创新与技术转移基地。

第三节　加快人力资源开发

大力推进人才强省战略,以高层次创新人才和产业急需人才为重点,充分开发利用国内国际人才资源,统筹推进各类人才队伍建设,加快人才发展体制机制和政策创新,营造良好人才发展环境,为全省经济社会发展提供坚强的人才保障和广泛的智力支持。

一、加强人才队伍建设

以提高专业水平和创新能力为核心,以高层次人才和紧缺人才为重点,培养和聚集适应我省经济社会发展需要的党政人才、经营管理人才、专业技术人才、技能人才、农村实用人才。进一步扩大专业技术人员培养规模,提高专业技术人才创新能力。围绕建设创新型云南,继续实施高端科技人才培引计划,培养造就一批高水平的科技领军人才、创新团队。以实施高技能人才振兴计划为龙头,形成一支门类齐全、技艺精湛的高技能人才队伍。依托各类院校和大型企业建立高技能人才培养基地、公共实训基地、博士后工作站和技能大师工作室;加快重点行业领域紧缺技能人才培养;加强职业技能鉴定机构建设,健全高技能人才多元评价体系。加强高技能人才师资培养,夯实技能人才队伍建设工作基础。加强农村实用人才队伍建设。到2015年,全省人才资源总量增加到388万人以上,人才资源占人力资源总量的比重提高到11%以上。

二、创新人才工作机制

以促进云南经济社会发展、兴滇富民为导向,以提高思想道德素质和创新能力为核心,完善现代国民教育和终身教育体系,建立以企业为主体、以产业为牵引的人才引进机制,健全政府宏观管理、市场有效配置、单位自主用人、人才自主择业的体制机制。改进人才评价方式,拓宽人才评价渠道,建立以岗位职责要求为基础,以品德、能力和业绩为导向,科学化、社会化的人才评价发现机制。改革各类人才选拔使用方式,科学合理使用人才,促进人岗相适、用当其时、人尽其才,形成有利于各类人才脱颖而出、充分施展才能的选人用人机制。推进人才市场体系建设,完善市场服务功能,畅通人才流动渠道。构建物质与精神激励相结合,短期奖励与长效激励相统一,有利于保障人才合法权益的激励保障机制。

专栏 11　人力资源保障工程

实施创新人才推进计划、青年英才开发计划、特色优势人才产业人才聚集工程、企业经营管理人才培养工程、专业技术人才知识更新工程、高技能人才振兴工程、农村实用人才开发工程、高素质教育人才培养工程、工业人才开发行动计划、文化艺术名家工程、全民健康卫生人才保障工程、边疆民族地区人才支持开发计划、现代服务业人才培养工程、人力资源市场建设工程、人才信息化建设工程。

第十章　强化基础设施建设，着力夯实经济社会发展基础

加大投入，促进水资源开发、节约、保护和优化配置，重点完善内外联通、高效便捷、布局合理、城乡统筹的综合交通运输网络体系，加快以可再生清洁能源为基础的能源支撑体系建设，提高城乡通信保障能力和信息网络覆盖，加快形成功能完善、安全高效、适度超前的现代基础设施体系。

第一节　加强水利保障体系建设

坚持抗旱为重兼顾防洪，开源节流并举，大中小型水利工程结合，加强水利基础设施建设，提高全省水利保障能力。加强重点城镇、中小河流防洪体系建设。以水务、水价、水管体制改革和水利投融资改革为重点，努力形成有利于促进水利科学发展的体制机制；以最严格的水资源管理制度为手段，实现水资源的可持续利用。

一、加快骨干水源工程建设

以改善民生、促进发展、保护生态为目标，以重大水利工程建设为抓手，积极建设一批骨干水利工程和重点水利枢纽工程。继续推进以“润滇工程”为重点的水源工程建设，尽快开工建设牛栏江—滇池补水工程，新开工建设200件左右骨干水源工程，努力争取滇中引水工程开工建设。进一步推进水库配套灌区建设，全面完成病险水库除险加固任务并发挥效益。到2015年，全省总库容达到136亿立方米，供水能力达到188亿立方米，水资源开发利用率提高至9%。

二、强化城乡居民饮水安全建设

加快城市供水设施建设，完善中小城市周边水库为主、地下水源为辅的城市公共饮用水供水体系，优化城市公共饮用水水源结构。加快解决城乡饮水高氟、高砷、苦咸、污染及微生物病害等水质问题，强化饮水安全技术指导和质量监管工作。加快制定供水应急预案，积极开展地下水资源勘察，科学规划、合理利用好地下水资源。5年累计解决1240万农村人口安全饮水问题。

三、加强江河堤防治理建设

加强怒江、澜沧江、南盘江、南汀河、龙川江等河流以及国际界河和重点地区中小河流治理工程。加大对城市周边、村庄附近的江河、湖堤、坝塘的险情排查与修复力度，完成重点地区中小河流整治200条(段)，提高重点城市和农村集镇、粮食主产区的防洪保障能力，基本消除江河堤防隐患问题。

专栏 12　水利保障工程

水源工程。续建清水海引水工程、牛栏江—滇池补水工程；新开工建设香格里拉小中甸、文山德厚、罗平阿岗、马龙车马碧等200件左右骨干水源工程；积极推动滇中引水工程建设。

城乡居民饮水安全工程。农村人畜饮水安全工程、城市供水设施工程。

第二节　构建现代综合交通运输体系

围绕我国面向西南开放的重要桥头堡战略，以构建印度洋国际大通道为重点，形成航空为先导，铁路和公路为骨干，水运为补充，管道运输为辅助，昆明、曲靖、蒙自、大理四大区域综合枢纽为联接，各种运输方式相互衔接、优势互补、高效便捷，连接川渝黔桂藏、走向东南亚、南亚，通边达海、内通外畅、城乡一体的现代综合交通运输体系，实现发展云南、服务全国的目标。

一、铁路建设

以推进印度洋国际铁路大通道建设为核心，以形成云南铁路交通枢纽为重点，以加快完善“八出省、四出境”铁路建设为骨干，强化以印度洋国际大通道为主轴的省际、国际铁路通道建设，构建昆明与周边省会城市以及省内重点城市之间的快速铁路网络，加强区域性铁路枢纽建设，增加营运里程、提升运输能力，加快形成适应经济社会发展并适度超前的现代化云南铁路网。

附图 4　云南省“十二五”及中长期铁路网规划示意图

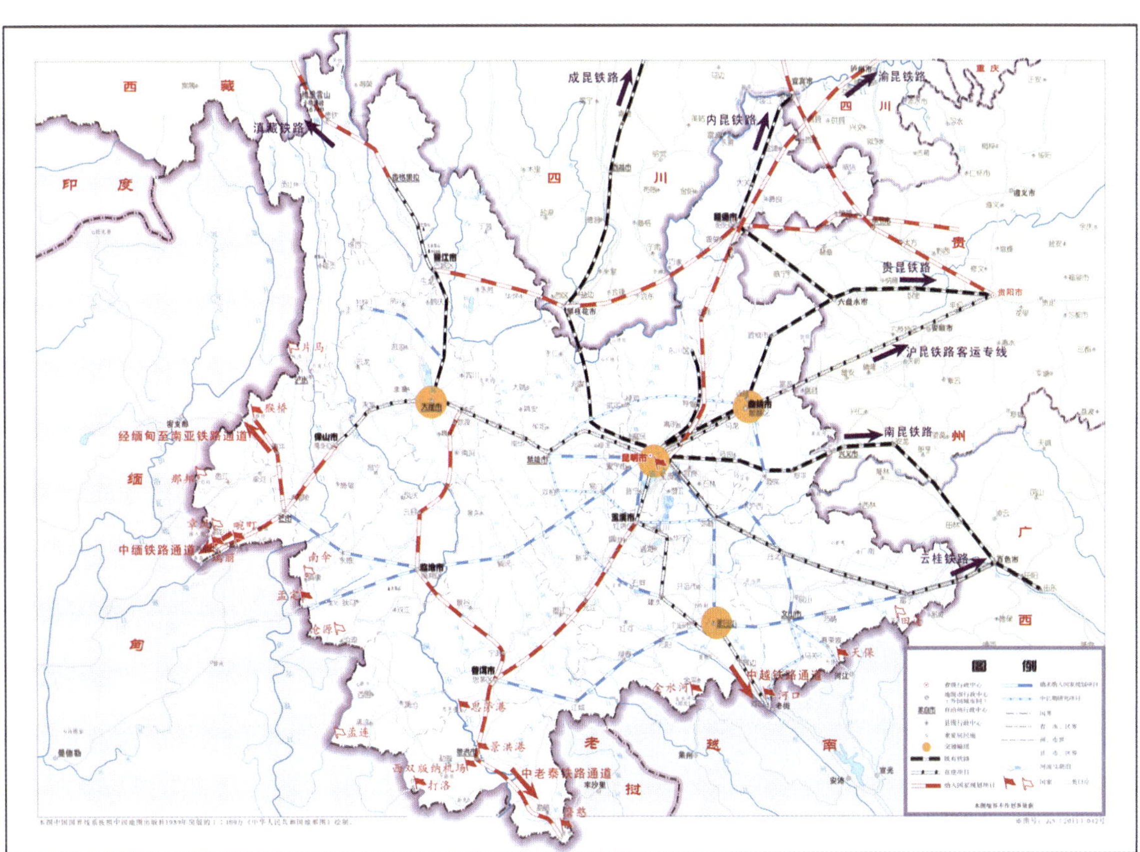

专栏 13 铁路建设工程

继续加快中缅、中越国际铁路通道和云桂铁路、沪昆客运专线长昆段、广大铁路扩能改造等重点项目建设。

新开工建设中老泰通道玉溪至磨憨铁路、成昆铁路扩能改造、渝昆铁路、丽江经攀枝花经昭通至毕节铁路、芒市至腾冲猴桥铁路、祥云经临沧至普洱铁路、蒙自经文山至丘北铁路、滇中城市经济圈城际铁路等重点项目。

开展贯穿滇南地区的沿边铁路、贯穿滇东地区的曲靖至天保铁路等项目前期工作并力争开工建设。

二、公路建设

加快建设完善“七出省、四出境”高速和高等级公路。继续加强国道、省道干线公路改造建设，形成覆盖全省的干线公路网，重点实施大通道高速公路瓶颈路段改造建设，加强省际间、省会至州市间高速公路建设，实现通县公路高等级化，高速公路里程达到 4500 公里。继续完善全省通畅通达工程，加强客货运站建设，启动建制村通畅工程，不断提高农村公路通达率和通畅率。改善农村出行条件，所有具备条件的乡镇通沥青(水泥)路、建制村通公路，70% 通建制村公路路面硬化。推进运输枢纽节点站场建设，积极构建昆明、曲靖、大理、瑞丽、景洪、河口 6 个国家公路运输枢纽节点。

附图 5 云南省“十二五”及中长期公路网规划图

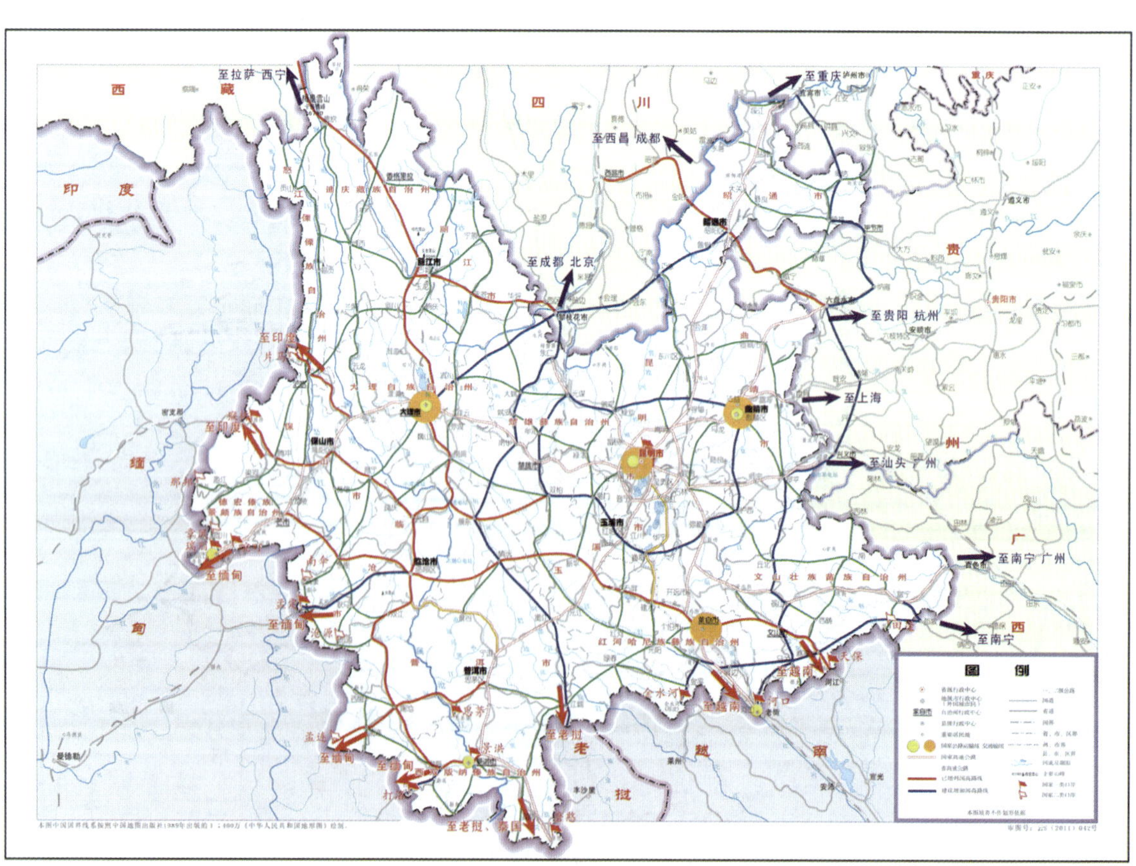

专栏 14　重点公路建设工程

加快推进石林—锁龙寺—蒙自、大理—丽江、宣威—普立、龙陵—瑞丽、石屏—元江、保山—腾冲等高速公路项目续建。

新开工建设嵩明—昆明(黄土坡)—马金铺、昭通—麻柳湾、小勐养—磨憨、丽江—攀枝花等高速公路项目。

推进蒙自—文山—砚山、昆明—临沧—孟定(清水河)、六库—丙中洛—察隅、富宁—那坡、丽江白汉场—香格里拉、保山—泸水等高速公路项目前期工作。

开展滇中城市经济圈环城高速公路、沿边干线公路等项目前期工作并力争开工建设。

三、民航建设

努力将我省由民航大省建设成为民航强省,加快推进昆明新机场建设,构建以国家门户枢纽机场—昆明新机场为核心,丽江、西双版纳、芒市、香格里拉、腾冲和大理等干、支线机场为基础,布局合理、规模适当、功能完备的机场体系。推进通用机场和民航院校建设,大力发展支线航空和货运航空。做强基地航空公司,增加航线密度,开辟新航线,形成直飞东南亚、南亚、中东、欧洲、澳洲、美洲主要国家和国内重要城市、省内环飞的云南航线网络,着力打造我省对内对外全方位开放的空中经济走廊。

附图 6　云南省"十二五"及中长期机场布局规划图

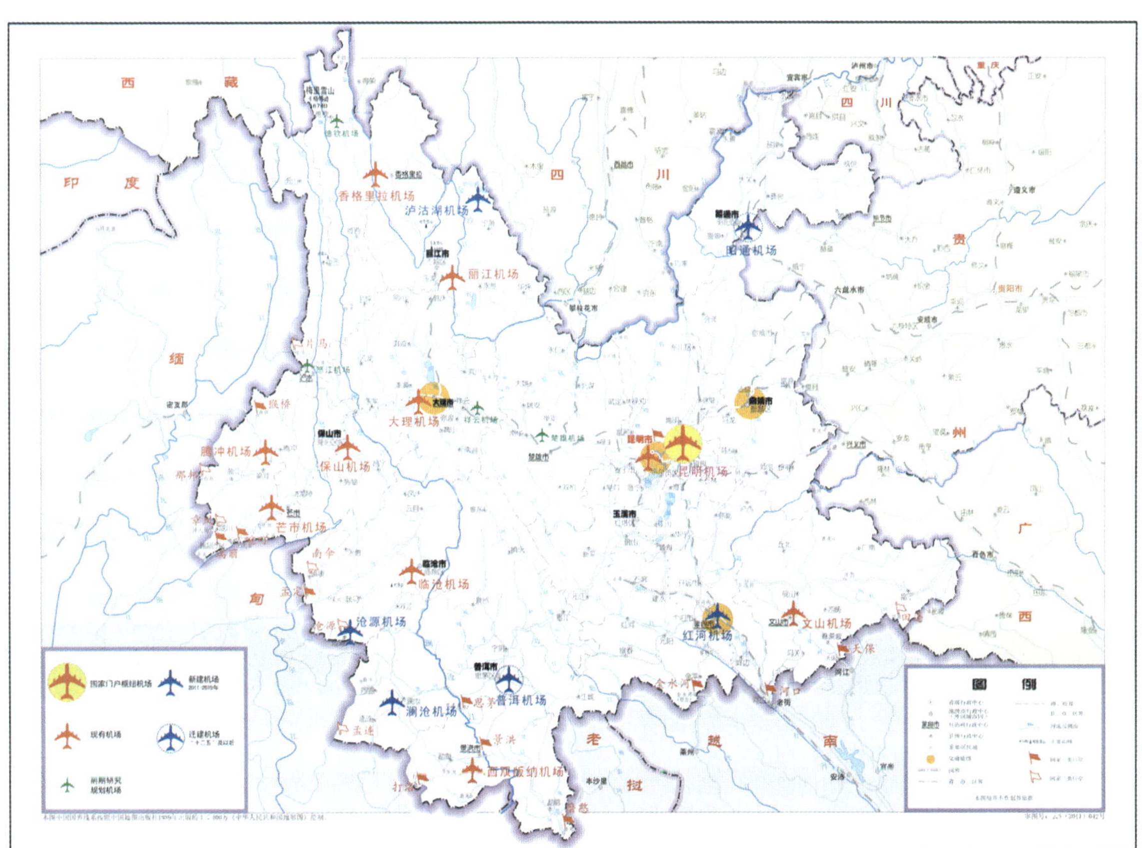

专栏 15 民航机场建设工程

加快昆明新机场建设，建成红河机场、泸沽湖机场，新建澜沧、沧源机场，实施腾冲机场改扩建工程。

开展怒江等新建机场前期工作，开展昭通、普洱等机场迁建前期工作，开展楚雄、祥云等机场规划研究工作。

发展通用通勤机场。

四、水运建设

推进金沙江—长江和右江—珠江 2 条出省水运通道，澜沧江—湄公河国际航运、中越红河水运通道、中缅陆水联运 3 条出境水运通道建设，加快库湖区航运基础设施建设，增加通航里程，提高通行能力。

专栏 16 水运重点工程

港口建设工程。水富港改扩建、景洪港改扩建、富宁港二期工程。

航道整治工程。思茅港—244 号界碑段四级航道、金沙江下游航道整治，红河航道整治工程。

第三节 增强能源保障能力

围绕境内外电力交换枢纽和现代新型载能工业基地建设目标，立足于保障省内电力需求，进一步扩大西电东送，加快电网建设步伐；以建设新兴石油炼化基地和保障油气供应为目标，大力推进中缅油气管道、省内天然气和成品油输送管道建设；以保障我省能源供给安全和市场平稳运行为目标，统一规划，合理布局，分步实施，加快建设石油储备，启动天然气储备，积极推进煤炭储备，建立多方面全方位的能源保障体系。

一、电网建设

加快云南省内交直流特高压、超高压西电东送骨干线路建设，形成以滇中、滇东、滇南为中心，覆盖全省大部分区域的 500 千伏坚强网架，加强 220 千伏地区电网建设，推进智能电网建设，实施城市电网改造，完善农村电网，提高民生用电保障水平。启动连接缅甸、老挝、越南的电网通道规划及建设。到 2015 年，争取建成满足省内需求，内联华南及华中、华东，外联周边国家的大电网，把云南初步建成国家西南境内外电力交换枢纽。

专栏 17 电网重大建设工程

西电东送骨干工程。溪洛渡电站正负 500 千伏、澜沧江下游电站正负 800 千伏直流送电广东，金沙江中游电站正负 500 千伏直流送电广西。

省内 500 千伏主干网架电网建设。建设黄坪输变电工程，建塘输变电工程，草铺输变电改扩建工程、圭山输变电工程、永昌（保山）输变电工程，铜都输变电工程、龙海输变电工程、吕合（鹿城）输变电工程、喜平（花山）输变电工程等骨干电网工程。

220 千伏及以下电网建设。220 千伏电网建设新增变电容量约 1497 万千伏安，线路长度为 3126 千米；建设一大批 110 千伏项目及 35 千伏输变电项目。

附图7 云南省“十二五”及中长期水运规划图

二、油气管道建设

积极配合做好中缅油气管道工程建设工作,2015 年建成 2000 万吨/年的原油、100 亿立方米/年天然气输送能力,实现 1000 万吨/年原油、50 亿立方米/年天然气输送量。积极建设瑞丽、保山、大理、楚雄、昆明、曲靖市区天然气管线,适时建设天然气支线。以昆明为中心,进一步完善成品油管道布局,力争建成管道网主骨架。到 2015 年,新建成成品油输油管道 10 条,累计输送能力达到 3883 万吨/年。

三、能源供应保障设施建设

充分发挥云南作为保障石油安全的重要通道和盐岩洞穴充裕的有利条件,积极争取国家在云南布点建设国家战略石油储备基地。加大成品油商业油库、国家储备油库新建及改扩建力度;加强天然气储备和调峰能力建设,布局建设安宁储气库等,增强调峰能力。建设电动汽车充电基础设施,力争在全省大中城市及发展条件优越的县城建设一批充电站和充电桩。到 2015 年建成油库 41 座,总库容达 300 万方以上;建成储备能力 285 万方的储气库。支持大型骨干煤炭企业建设煤炭储运、交易中心。

第四节 提高城乡通信保障能力

按照宽带化、无线化的发展要求,积极推进通信基础设施建设,提高网络传输能力和覆盖率;推进电信网、广播电视网、互联网的三网融合,构建宽带、融合、安全的下一代信息基础设施;以信息共享、互联互通为重点,大力推进电子政务网络建设,整合提高政府公共服务和管理能力;提升网络与信息安全的保障能力和通信、邮政的普遍服务能力。

一、信息传输网络建设

继续建设和完善具有先进水平的通信基础设施,通信骨干网络光纤覆盖面、出省网络带宽、国际出入口带宽快速增长,协同发展下一代互联网、下一代广播电视网、2G/3G 网络、宽带接入网络,县级以上城市主要区域实现 WiFi(无线保真度,可提供无线宽带互联网访问服务)网络全覆盖,形成天地合一的信息传输网络。

二、推进三网融合

鼓励广电、电信企业加强合作,优势互补,在充分协调、协商的基础上,按照可管、可控、可信的管理要求,平等共享、互惠互利,公益为主、兼顾增值的运营要求,高清晰、跨网络、跨地区、跨平台、多格式、多协议的技术要求,建设统一的云南省视听信息集中集成播控平台,实施三网融合试点工程,推进我省三网融合进程。

三、信息、网络安全建设

继续加强信息安全、网络安全基础设施建设。统筹规划和建设全省密码保障体系、身份认证体系、防灾备份体系、监管体系等基础设施,完善与全省信息化水平相适应的、全网联动的信息网络安全保障体系、基础信息网络和重要信息系统应急响应机制和协调机制。

四、邮政、通信普遍服务能力建设

提升邮政普遍服务保通保畅能力，逐步建立和完善地方邮政普遍服务保障机制，支持城镇邮政业发展由以普遍服务为主向以其他增值服务业务为主转变，结合地方服务业，特别是物流和商贸的发展，通过市场化手段推进村邮站建设，实现全省乡镇邮政普遍服务100%覆盖。电信普遍服务取得新突破，宽带网络在广大农村、边远城镇得到普及，建制村、自然村覆盖率分别达到95%和80%，电话普及率达到80部/百人左右，互联网普及率达到65%左右。

第十一章　加快推进城镇化进程，着力统筹城乡协调发展

坚持以城带乡、以工哺农方针，促进大中小城市和小城镇协调发展，以资源环境人口承载力为依托，以推进城镇化和新农村建设为主攻方向，以促进城乡基本公共服务均等化为抓手，把解决符合条件的农业转移人口逐步在城镇就业和落户作为推进城镇化的重要任务，做强城市群、做优中小城市、做特小镇、做美乡村，形成以城市群为核心、区域性中心城市为重点、中小城镇为骨干，特色村寨为基础，梯次明显、功能互补、结构合理的城镇村落一体化体系。

第一节　积极推进城镇化

逐步破除行政区分割，强化区域城镇体系规划，积极鼓励发展城市群，促进大、中、小城市和小城镇科学定位、协调发展。把加快中小城市和小城镇发展作为加快推进城镇化的重点，推进州(市)政府所在地城市和节点城市建设。强化中小城市产业功能，增强小城镇公共服务和居住功能，推进大中小城市交通、通信、供电、供排水、供气、污水垃圾处理等基础设施建设和立体化发展，保护自然生态廊道，减少城市建设占用平坝耕地。切实发挥好城镇在吸纳人口、发展产业、聚集资源、活跃市场等方面的作用，不断增强城镇综合承载能力。

一、打造以6大城市群为核心的城镇体系

加快推进昆明、曲靖、玉溪、楚雄滇中城市群建设，充分发挥龙头作用，提升对全省经济社会的辐射带动力。围绕“一核、两轴、三圈、四极”的空间布局，构筑连接广大内陆腹地，面向东南亚、南亚的发展格局，把滇中城市群打造成促进人口聚集、优化资源配置、统筹城乡协调发展和加快工业化、城镇化进程的核心城市群。

加快发展滇西次级城市群。以大理、隆阳、芒市、瑞丽为核心，以腾冲、龙陵、祥云、盈江等为节点，注重水环境保护与生态建设，着力推进瑞丽国家重点开发开放实验区建设，打造滇西沿边开放城市群。

积极培育滇东南次级城市群。以蒙自、文山为核心，以个旧、开远、建水、河口、砚山、富宁、丘北等为节点，以蒙文砚高速公路为纽带，优化城市功能，提升城市品质，形成云南连接北部湾、珠三角的滇东南城市群。

大力发展滇西北次级城市群。以丽江为核心，以香格里拉、泸水等为节点，充分考虑资源环境

容量和生态保护要求，有序发展城镇体系，着力打造联动川藏的国际知名旅游休闲城市群。

积极构建滇西南次级城市群。以景洪、思茅、临翔为核心，以宁洱、澜沧、云县、耿马等为节点，重点推进口岸城市建设，逐步建成特色鲜明、布局合理、生态良好的滇西南沿边开放城市群。

专栏 18 滇中城市群空间布局

一核。以现代新昆明（一湖四片）为核心，推动昆明城市功能重组，充分发挥昆明主城区的集聚和辐射作用，大力发展昆明次级中心城市，积极推动城镇建设，统筹推进现代新昆明区域性国际化城市建设，发挥对全省经济社会的辐射力和带动力。

两轴。东西轴以连接曲靖—昆明—楚雄的高速公路和铁路等交通设施为依托，建成滇中城市群连接黔桂、珠三角地区和拓展缅印巴的重要发展轴。南北轴以连接武（定）禄（劝）—昆明—玉溪高速公路和铁路等交通设施为依托，建成滇中城市群向川渝腹地、长三角地区发展和向越老泰柬辐射的重要发展轴。

三圈。以环滇中公路网、铁路网和轨道交通网建设为基础，构筑极核圈层、带动圈层、辐射圈层 3 大圈层结构，加快滇中一体化发展。

四极。东部——曲靖增长极，以构建珠江源大城市为重点。南部——玉溪增长极，以加快建设玉溪三湖生态城市为重点。西部——楚雄增长极，以推进楚雄彝族文化名城建设为重点。北部——武（定）禄（劝）增长极，积极推进倘甸产业园区、轿子山旅游开发区建设，成为滇中北部崛起的引领区和新的经济增长极。

加快建设滇东北次级城市群。以昭阳、鲁甸为核心，以水富为节点，注重区域环境综合治理，加快推进昭鲁一体化进程，带动其他中小城镇发展，形成连接成渝、长三角的滇东北城市群。

加快特色小城镇发展。选择有资源、有基础、有规模、有带动力的建制中心镇、重点建制村，采取省级重点开发建设、州市有序建设方式，突出抓好基础设施、公共服务设施配套建设和特色产业发展，着力推进现代农业小镇、工业小镇、商贸小镇、边境口岸小镇、生态园林小镇、旅游文化小镇等特色小镇建设。

二、完善城镇基础设施

稳步提高城镇基础设施建设水平，推进城镇基础设施建设、维护和运营管理改革，加强城镇管理。推进市政建设市场化进程，提高城镇基础设施综合承载力，实现城镇基础设施建设与城镇化进程协调发展。到 2015 年，全省城镇基础设施功能明显增强，60% 建制镇基础设施系统基本完善。

加快构建重点城市的快速交通体系。优先发展城市公交，倡导非机动车方式出行，加强城市各级道路、停车场等市政公用基础设施的科学合理规划和建设。逐步形成路网等级结构合理、节点连接顺畅的城镇道路体系。促进大中城市基础设施建设与公路、铁路、航空枢纽和现代物流业发展等衔接和配套。加快昆明市快速轨道交通系统建设，完成地铁 1、2、3 号线及轻轨 6 号线建设，开工建设 4、5 号线。

实施城镇供水普及率和水质达标率"双百工程"。推进供水管网建设改造和供水净水工艺改造；加强中心城市和缺水县城供水工程和城镇供水水质监测能力建设，完善供水安全保障，保障城镇供水安全。推进重点城市供水管网工程建设。加大贫困县、严重缺水县城和重点特色小镇供水设施建设。继续加强城镇污水处理及回用设施建设和运营工作，加快管网扩建、改造，实现中心城市和县城雨污分流。加快推进重点特色小镇生活垃圾无害化综合处理，提高垃圾资源化利用率。到 2015 年，中心城市和重点镇、特色小镇供水普及率分别达 95% 和 70%；县城及以上城市污水集中处理率达到 80%；县城及以上城市至少各建成 1 个生活垃圾无害化处理项目。

全面推进绿色城市发展。倡导城市绿色照明，推广应用风光互补绿色照明系统。以园林城市创建为抓手,着力提升城市综合竞争力。积极推广城市清洁能源。依托中缅石油管道,适时调整天然气的供应气源,扩大天然气供应及储备能力。大力发展城市管道天然气,加大昆明、曲靖、大理等城市天然气液化和储备设施的建设力度。实施太阳能热水器"进千家万户"和太阳能供热系统与建筑一体化应用工程。

第二节　加快农村发展

统筹城乡一体化发展,科学规划村庄布局,加大农村基础设施和环境综合整治投入,加快城市公共服务向农村覆盖,改善农村生产生活条件和村容村貌。

一、推进村庄体系规划编制和实施

按照政府引导、村民自治、因地制宜、合理规划、突出特色、集约用地、配套建设、农户自愿、科学发展的原则,根据土地利用总体规划,全面推进建制村总体规划和自然村建设规划的实施。结合撤乡并镇、迁村并点、撤村建居、旧村整治、空心村改造、民居翻建改建、农村基础设施建设、农村公共公益事业等,鼓励和引导农村居民点适当集中,提高村庄建设用地利用率,减少居民点建设占用耕地。对农户居住相对分散的村,紧紧围绕城镇建设与发展,逐步建成一批集中成型的居民新区。

二、加强农村基础设施建设

深入实施水、电、路、气、房和优美环境"六到农家"工程。加强农村饮水安全工程,大力推进农村集中式供水。大力推进农村电网完善和无电地区电力建设工程,推进新一轮农村电网改造升级,全面解决无电人口通电问题,实现城乡用电同网同价。继续加强农村公路建设,实现乡乡通畅、村村通达,提高通建制村路面硬化水平。加强农林废弃物资源化、清洁化综合利用,加快推进农村沼气、太阳能热利用等能源工程建设。加大农村保障性安居工程建设。实施清洁工程,加快改水、改厨、改厕、改圈,推行垃圾集中处理,推进农村环境综合整治。继续推进新农村试点示范建设。

三、有序推进人口转移

大力发展劳务经济,引导非农产业和农村人口有序向城镇聚集,鼓励返乡农民工就近就地创业就业。完善户籍管理制度,放宽中小城市和小城镇户籍限制,引导人口随就业在各级城镇合理有序流动。支持农民工在城镇定居,积极探索建立健全农民变市民的体制机制,为农民工提供就业、教育、医疗、养老、低保、住房等市民保障,确保农民工与城市居民享受同质化生活待遇,同时在身份置换后一定时期内继续享有土地权、林权、宅基地、计划生育政策。

第十二章　促进绿色发展,着力推进生态云南建设

发挥绿色资源优势,把生态建设和环境保护作为加快经济发展方式转变的着力点,深化实施"七彩云南保护行动",推进"森林云南"建设,增强绿色发展对生态建设的基础性和核心性支撑作用,建设资源节约型和环境友好型社会。

第一节 大力推进节能减排

以提高资源综合利用率和减少废物排放为目标，大力支持节能减排技术研发、引进、示范和推广，完善节能减排技术服务体系，推动形成低消耗、低污染、高效率的集约型发展方式。

一、淘汰落后产能

鼓励先进、淘汰落后，支持优势企业兼并、收购、重组并改造落后产能企业。落实并完善相关税收优惠和金融政策，支持符合国家产业政策和规划布局的企业发展，运用高新技术和先进适用技术对落后产能进行改造。严格产业准入制度，实行固定资产投资项目节能评估审查。充分发挥差别电价、资源性产品价格改革等机制在淘汰落后产能中的作用，促进产业结构优化升级。加快淘汰钢铁、铁合金、铅锌、焦炭、黄磷、建材、电石、化肥等行业的落后生产能力、工艺、技术和设备。

二、加强全社会节能

推动制度、管理节能向技术、工程节能转变，推进传统资源型产业向精细化方向发展，提高能源利用效率。应用市场机制和行政方式，加速高耗能产业节能改造，重点搞好重化工工业节能，制定能耗标准，鼓励生产单位选用先进技术工艺。加快推进燃煤工业锅炉（窑炉）改造、余热余压利用、电机系统节能和能量系统优化。加强建筑、交通、商用和民用、农业、政府机构等领域节能工作。优先实施城市绿色照明，推进可再生能源建筑应用示范工程，深入开展公共机构及交通节能，积极促进农业农村及商业节能。到2015年，能源消费总量控制在13200万吨左右。

专栏19 重点节能领域

重化工领域。年综合能耗5000吨标煤以上的重点能耗企业节能，对化工、钢铁、有色、电力、建材五大耗能行业和企业实行单位产品能耗限额管理。

建筑领域。严格执行建筑节能标准，对城镇既有住宅和公共建筑节能改造，对新上建筑按照节能50%以上的设计标准从严审批。

交通领域。鼓励使用小排量、低油耗、节能环保交通工具，形成便捷、高效、节能的一体化公共交通系统，提高交通工具实载率。

商用和民用领域。在公用设施、宾馆商厦、民用住宅中推广采用高效节能办公设备、家用电器和照明产品，严格执行产品能效标识制度，推动蓄能空调系统、太阳能热水器、太阳能光电互补系统应用。

政府机构领域。实施政府绿色办公和绿色采购，抓好建筑物采暖、照明系统及办公设备节能。

三、推进污染物减排

把污染减排与改善环境质量紧密结合起来，有效控制主要污染物排放，加强环境综合整治，实现污染排放持续下降、生态环境持续改善。大力推进结构减排，继续推进工程减排和管理减排，落实总量控制指标。加大重点工业园区、重点企业清洁生产的推广力度。全面完成国家下达的主要污染物总量减排任务。

四、强化目标责任

继续实施节能减排目标责任和评价考核制度。开展节能减排督查，实行属地化节能减排工作问责制和绩效考核制。积极引导行业协会、检测机构和消费者等社会力量参与节能减排监督，建立多渠道、多环节、全方位的节能减排监督体系。推进能耗限额管理、合同能源管理，开展节能对标管理。

落实环境目标责任制。积极稳妥推进环境质量考核，实行一票否决制，加强重点区域和重点企业监管、治理和考核工作。加大环境质量评估、监督、考核力度，加强重点流域水污染防治专项规划考核工作。建立重金属等严重危害群众健康的重大环境事件和污染事件的问责制和责任追究制。

第二节　积极推动循环经济和低碳发展

全面推进节能、节水、节地、节材和资源综合利用，促进废水、废气、固体废弃物的减量化、再利用、资源化，努力降低能耗、水耗和物耗，明显提高单位土地面积产出率。从生产、消费、体制机制3个层面推进低碳发展，推动经济社会发展向低碳能、低碳耗、高碳汇模式转型。

一、推进废弃物资源化

推进工业废弃物综合利用，加强对冶金、煤炭、化工、建材、造纸等废弃物产生量大、污染重行业的管理，提高废渣、废水、废气的综合利用率。重点做好粉煤灰、煤矸石、燃煤电厂烟气脱硫、尾矿、冶金废弃物、化工废渣、有机废水及其他工业副产物综合利用，实施废弃有色金属、废材料、废旧电子电器等的回收利用。推进农业副产物的综合利用，实施农（林）业副产物综合利用示范工程，积极推进秸秆还田、青储氨化、气化、碳化、造纸等综合利用。大力推进建筑、餐厨废弃物资源化利用试点项目建设。

二、建设资源循环体系

重点规范再生资源回收领域的市场秩序，建立规范化和标准化的社区回收、再生资源集散交易、再生资源集中加工的3级循环利用体系。积极培育再生利用龙头企业，推动再制造产业发展，促进再生资源利用向规模化、高效化、集约化发展。

三、促进低碳化发展

加大低碳技术的引进和推广力度，搭建低碳技术支撑体系。推动传统产业的低碳化改造，大力发展新兴低碳产业，支持低碳工业园创建工作，推动低碳产品认证。促进能源结构低碳化转变，转变能源生产和利用方式，进一步提高非化石能源在能源生产中的比重，大幅提升清洁能源在能源消费中的比重。控制性利用煤炭，鼓励利用水电和天然气，高效利用石油，积极推进新能源利用。突出以机制创新和技术进步促进工业更多消纳水电，大力发展以电代燃料。扩大居民管道燃气覆盖，鼓励生物质燃料替代石化燃料。打造低碳交通体系，加快推进清洁燃料汽车、混合动力汽车、电动汽车等城市公共交通工具，推广车用乙醇汽油、生物柴油等新型燃料应用。发展低碳建筑，推进城市建设广泛采用节能低碳新技术。全面推进低碳试点省建设，围绕我省低碳发展的优势领域，开展碳汇交易和碳汇生态补偿试点，建立碳信用储备体系，推进太阳能综合利用示范区建设，开展低碳旅游示范。

四、增加森林碳汇

加大荒山荒地造林和封山育林力度，扩大森林面积，增加城市园林绿化，加快推进中低产林改造、积极开展森林抚育,有效提高林分质量,开展森林灾后生态修复重建工程,提升森林固碳能力,增加森林碳汇。统筹规划,分阶段、分层次逐步推进林业碳汇项目,鼓励企业、个人积极参与碳汇造林和森林经营活动。

五、倡导低碳行为

倡导公众在衣、食、住、行、用等方面的低碳生活方式。促进低碳消费,鼓励和引导消费者购买低碳节能产品。提高城市公共交通的服务能力,鼓励公众选择公共交通、自行车、步行等绿色低碳出行方式。推进政府和企业低碳办公,推行无纸化、网络化办公,推广视频会议、电话会议。发展农村户用沼气,推广省柴节煤灶、太阳能热水器和太阳能电池应用,开展烤烟房节能改造。

第三节　强化资源管理和集约利用

强化资源勘探、开采、生产消耗、废物产生、最终消费等环节的管理,实行资源的有限开发、有序开发、有偿开发,加强对各种自然资源的保护,提升资源综合利用水平和保障能力,实现资源合理开发、永续利用。

一、高效利用水资源

加强水资源综合规划,发挥市场在水资源合理配置中的基础性作用,优化配置水资源,逐步实施地区水量、水权分配制度,提高水资源综合利用效率。加快水源工程建设步伐,统筹协调城乡生活、工农业生产、生态环境的水资源需求,科学利用地下水资源,合理配置地表水与地下水、当地水与外流域引水、水利工程供水与其他水源供水。制定行业用水定额标准,积极推行阶梯式水价,制定合理的超额用水水价和附加的污水处理费价格,实行污染企业取水限额制度。探索和建立区域和行业用水效率考核体系,推行各种节水技术和措施,推进滇中等重点缺水区域和重点耗水行业节水,全面提升水资源管理和公共服务能力。发展节水型产业,扩大节水试点示范。推进生活节水,倡导全民节水。到2015年,全省工业万元产值取用水量下降到46立方米。

二、集约节约利用土地资源

大力推进节约集约用地,提高土地生产力,实现土地资源的可持续利用。完善土地管理制度,切实发挥土地政策的宏观调控作用。坚持最严格耕地保护和节约利用制度,严格保护耕地和基本农田,推进耕地数量、质量和生态安全的全面管护,保证耕地占补平衡,严格控制新增建设用地总量,坚持合理有序开发,统筹区域及各类用地,根据区域发展和土地利用特点,实行差别化土地管理。稳步推进城乡建设用地增减挂钩试点工作。进一步优化土地利用结构,合理配置城镇工矿用地,调整城乡建设用地内部结构,重点保障交通、能源、环保、水利、旅游、民生等基础设施用地。探索城市地上地下空间开发,引导盘活存量土地,提高土地使用效率和节约集约利用水平。稳步推进土地整治工作,积极保护和完善土地生态环境,推进土地可持续利用,建立节约集约利用土地指标体系和价格评估体系。

三、合理开发矿产资源

加大矿产资源调查评价与勘查力度,完善矿山开发准入条件,合理调控矿产资源开发利用总量、矿业权投放数量。实施矿产资源开采分类、分区与保护，按照重点、鼓励、限制和禁止4类规划区分类指导，进行资源开发。加大资源整合力度，依法关闭破坏资源、污染环境、不符合安全生产条件的矿山。推广使用先进适用工艺和设备，加强共伴生矿和中低品位矿产资源的综合开发和利用，提升采、选、冶水平，提高开采回采率、选矿回收率，降低采矿贫化率。完善矿产资源有偿使用制度，积极推进矿产资源资产化管理，大力培育和发展矿业权交易市场。积极推进矿产资源深加工，延长产品链。到2015年，矿产资源综合利用率达到40%，低品位、难选冶矿产资源开发取得重大突破。

四、可持续利用生物资源

按照保护优先、持续利用、惠益分享的原则，加强生物资源的保护和监管，促进生物资源优势转化为经济优势，实现生物资源高效、可持续开发利用。强化具有潜在经济开发价值的重要战略性野生动植物资源控制、保护、研究、利用与监督管理，避免掠夺式开发，依法规范野生动植物的引种、驯化和繁育，防止农业种质资源和遗传多样性散失，探索合理的野生动植物驯化和产业化发展道路，重视种质资源发掘、保存与新品种定向培育，对特有、濒危生物资源实施抢救性保护、人工培育或扩繁。高度重视农作物、牲畜、鱼类、食用真菌等重点农业生物资源保护和利用。加强城市生物资源保护和利用，在推进城镇化建设中保护好自然植物群落和生态群落，做好珍稀植物、古树名木就地保护、迁地保护。着力培育市场前景好、发展潜力大、科技支撑强、能够真正发挥本地优势和对区域经济发展具有较强带动辐射作用的特色生物资源产业。

五、有序开发旅游资源

坚持开发与保护并重，严格遵循世界文化自然遗产保护、风景名胜区、自然保护区、森林公园、地质公园、重点文物保护等规定，加强旅游资源管理和保护，建立健全有利于自然生态环境改善和资源可持续利用的旅游开发长效机制。完善旅游资源价格评价体系和旅游资源经营权招标、拍卖、挂牌市场以及旅游资源有偿使用收费制度。探索建立充分反映市场供求关系和资源稀缺程度的旅游资源价格形成机制，严格旅游市场准入，强化市场竞争机制，建立旅游资源监管制度。实现旅游景区所有权与经营权相分离，引导综合旅游产品开发。

第四节　切实加强生态建设和环境保护

深化实施生态立省战略，坚持生态建设产业化、产业发展生态化，把发展绿色经济放在更加突出的地位，全力构筑生态安全屏障。

一、加快推进生态建设

把生物多样性保护作为全省生态文明建设的重要抓手，加大滇西北生物多样性保护规划纲要和行动计划、“三江”流域生态保护与水土流失治理、生物多样性保护工程、湿地保护工程实施力度。加强滇西北、滇西南地区生物多样性保护和山地热带林森林生态保护，推进生物多样性保护重点区域创建工作，保持生物物种多样性和生态系统多样性，确保重要生态功能得到有效维护。健全生物种质资源的就地保护、近地保护、迁地保护、离体保护相结合的保护体系和网络，探索生物多样性获取和惠益分享，强化自然保护区建设和管理。加强对入境生物材料的检疫、监管和野生动物疫源、疫病防治，加大对外来有害生物物种的防治，加快生态脆弱区生态系统功能的恢复重建。强化管理制度和监控手段,建立生态恢复或再生机制。巩固退耕还林成果,适时启动省级退耕还林工程,继续实施防护林工程、天然林保护工程、石漠化治理工程、农村能源建设工程,加强岩溶地区石漠化综合治理、干热河谷生态恢复、水源涵养林建设和饮用水源地保护。探索建立生态补偿机制,研究建立重点领域生态补偿标准体系,制定和完善生态补偿政策法规,探索多样化的生态补偿方式,逐步建立试点区域生态环境共享长效机制。努力将我省滇西北、滇西南生物多样性富集区打造成我国重要的生物多样性宝库、内陆生态安全重要屏障、周边邻国生态安全示范区以及国际生物多样性保护合作重点实施区。5 年累计新增治理水土流失面积达到 150 万公顷。

二、加大环境保护和治理力度

建立以工业污染防治、城镇污水和垃圾处理、农业农村面源污染控制和内源污染治理为主的污染防控体系,加强污染物总量控制,提高环境安全水平。加快重点流域水污染防治规划的编制及实施,继续抓好以滇池为重点的九大高原湖泊、三峡库区上游、牛栏江等重点流域水污染综合治理,做好集中式饮用水源地水污染防治工作,加大出境跨界河流环境安全监管。深入开展村庄环境综合整治,加强农村环境保护。加强重点行业大气污染源控制,建立以削减机动车排放为重点的城市大气环境安全综合防控体系,改善城市大气环境质量。以危险废物安全处置为重点,加强固体废物污染防治,推进禁塑和限塑工作。强化重金属污染治理及辐射污染防治。进一步增强政府的环境管理能力,不断完善环境保护的统一立法、统一规划、统一监督管理体制,强化重大建设项目环境影响评价制度。强化城镇污水处理设施运营监管。健全环境监测、预警、应急系统,提高对突发性环境污染事件处置能力。

第十三章 加强社会建设,着力促进社会和谐发展

坚持民生优先,把社会事业的建设方向转换到努力扩大基本公共服务覆盖面、完善社会管理的轨道上来,维护公平正义,促进社会和谐稳定,努力实现经济社会协调发展。

第一节 保障和改善民生

坚持把保障和改善民生作为加快转变经济发展方式的根本出发点和落脚点,以解决就业服务、社会保障、医疗卫生等基本公共服务区域间、城乡间发展不均衡为重点,积极推进基本公共服务均等化进程。

一、实施就业优先战略

积极扩大就业。继续实施更加积极的就业政策,加大就业专项资金投入,充分发挥失业保险基金在促进就业和职业培训方面的作用。统筹产业政策和就业政策,引导和促进劳动密集型产业、服务业、中小企业、民营企业加快发展,多渠道开发就业岗位。深化实施鼓励创业"贷免扶补"政策,建设一批创业孵化示范基地,促进充分就业。积极调整经济结构带动就业结构优化,促进产业结构和就业结构协调发展,实现经济增长和就业增长相互促进。

统筹城乡就业。推进城乡和区域就业的统筹协调发展,建立健全平等就业制度,消除劳动者城

乡差别和就业歧视。重点做好高校毕业生、农村转移劳动力、城镇就业困难人员和退役军人等重点群体就业工作。加大对困难群体的就业援助力度，建立健全就业援助制度和工作保障制度，大力开发公益性岗位。推进基层就业公共服务平台和信息网络建设，完善面向城乡的公共就业服务体系。健全职业技能培训制度，提高劳动者技能和整体素质。实施农村劳动力跨地区就业工程。健全统一规范灵活的人力资源市场，规范发展就业中介服务。与东南亚南亚和西亚国家建立协调机制，建设面向西南开放的国际人力资源市场，有序开展劳务输出。“十二五”期间，高校毕业生就业率不低于80%。

构建和谐劳动关系。全面实施劳动合同制度，集体协商和集体合同制度普遍建立，完善协调劳动关系三方机制。加强劳动保障执法，完善劳动人事争议处理机制，改善劳动条件，保障劳动者合法权益。发挥政府、工会和企业作用，努力形成企业和职工利益共享机制，建立和谐劳动关系。

二、着力扩大城乡居民消费

千方百计增加城乡居民收入。统筹协调机关、事业单位和企业工资收入分配关系，着力提高低收入职工特别是一线职工的工资水平，促进形成公正合理有序的工资收入分配格局。拓宽居民收入来源渠道，创造条件增加居民财产性收入。完善公务员工资制度和企事业单位收入分配制度，健全最低工资制度。全面推进实施“农民收入翻番计划”，广开农民增收渠道，增加农民家庭经营收入，加快发展农村二、三产业，扩大农村居民转移就业，增加农民工资性收入。落实强农惠农政策，加大农民直接补贴力度。

不断提高城乡消费水平。增强城乡居民消费能力，人民生活质量和水平不断提高。切实增强消费对经济增长的驱动力。促进城乡居民消费扩大和消费结构升级，完善鼓励家电、摩托车、汽车下乡的各项政策，促进消费潜力释放。稳定和促进大宗商品消费。积极发展文化娱乐、旅游、家政服务等消费，着力创造新型消费需求，促进消费升级。增强城市社区服务功能，扩大城市消费。提高市场调控能力，维护市场稳定，营造安全放心的消费环境。推进社会信用体系建设，开发各类消费信贷产品，提高信用消费规模和水平，扩大消费空间。加强商贸流通体系建设，加快完善农村市场流通体系，为扩大消费创造条件。积极扩大外来消费群体和消费水平，促进地方工业产品消费，大力提高消费对我省经济的贡献率。

三、逐步建立和完善城乡统筹的社会保障体系

统筹城乡社会保障。坚持广覆盖、保基本、多层次、可持续方针，加快推进覆盖城乡居民的社会保障体系建设。加强城乡社会保险制度统筹，扩大社会保险覆盖面。实现新型农村社会养老保险全覆盖，完善城镇职工基本养老保险制度，提高企业退休人员基本养老金待遇水平。建立城镇居民基本养老保险制度，推进机关事业单位养老保险制度改革，发展企业年金和职业年金。逐步统一城乡居民医疗保险政策和管理。提高基本医疗保险待遇水平，完善基本医疗保险、医疗救助、补充医疗保险和商业健康保险等多层次的医疗保障体系。推行新型优抚医疗保障制度，提高生育保险待遇水平。建立工伤预防、补偿、康复三位一体的工伤保险体系。健全社会保险异地转移接续机制，完善异地就医管理服务。着力解决被征地农民和农民工的社会保障问题。充分发挥商业保险补充性作用。到2015年，城镇基本医疗保险参保人数达到925万人，新型农村合作医疗参合率巩固在

95%以上，失业保险参保人数达到215万人以上，工伤保险参保人数达到250万人，生育保险参保人数达到230万人。

健全社会救助体系。建立城乡最低生活保障标准自然调整增长机制，实现农村最低生活保障全覆盖。规范失业、最低生活保障、医疗、教育、住房、农村“五保”供养等救助制度，加大贫困家庭救助力度。健全完善以最低生活保障为基础，专项救助相配套，临时救助、应急救助、法律援助、社会互助为补充的全面覆盖城乡的新型社会救助体系，提高社会救助水平。加强城乡低保与就业和扶贫政策的有机衔接，切实发挥综合解困效应。健全残疾人保障机制和流浪乞讨人员救助制度。完善刑事被害人救助制度和执行案件特困申请人救助制度。

发展社会福利事业。加强社会福利事业建设，新建、改扩建一批敬老院、福利院，建设形式多样的儿童福利服务网络，努力建成服务对象公众化、服务主体多元化、服务内容多样化的新型社会福利服务体系，不断提高面向老年人、孤儿、残疾人、流浪未成年人的社会服务水平。鼓励和引导社会力量、民间资本捐助或兴办社会福利机构。加快殡葬制度改革，提高火葬服务能力。加强优抚安置服务体系建设，建立健全优抚对象抚恤补助标准自然增长机制，进一步解决部分重点优抚对象的生活难、住房难和医疗难问题。继续发挥慈善基金会、红十字会等组织的示范作用，通过税收等政策引导和鼓励社会各方面积极参与慈善和公益事业。

四、加快卫生事业发展

健全完善医疗服务体系。制定卫生资源配置标准，促进区域卫生规划工作。新增卫生资源重点向农村和城市社区倾斜，有效缓解群众看病难、看病贵的问题。进一步加强县、乡、村3级农村医疗卫生服务网络建设。加强城镇社区卫生服务机构建设，大力推进乡镇卫生院标准化建设，进一步完善村卫生室基础设施，提高乡村医生公共卫生服务补助标准，完善以社区卫生服务为基础的新型城市医疗卫生服务体系，加快城镇社区卫生服务机构建设。重点加强区域医疗中心、重点专科医院建设，建立完善区域内医疗卫生机构之间的分工协作和双向转诊机制。提升卫生信息化水平。鼓励和吸引社会资本发展医疗卫生事业，加快形成多元化办医格局。加强以全科医生为重点的基层医疗卫生队伍建设。加强医德医风建设。

加强公共卫生服务体系建设。继续完善疾病预防控制体系建设，加快精神卫生防治体系建设，加强慢性疾病预防控制，建立健全健康教育体系，完善妇幼保健网络。加强以县级急救中心为重点的城乡医疗救治体系建设，完善医疗救治体系和突发公共事件卫生应急体系。加强卫生监督基础设施建设，构建覆盖城乡的卫生执法监督体系。进一步完善采供血机构布局。建立健全以国家基本药物制度为基础的药品供应保障体制，保障人民群众基本用药需求和安全。到2015年，人均期望寿命达到72岁，孕产妇死亡率降到35人/10万人以下，婴儿死亡率控制在12‰以内。

大力发展中医(民族医)事业。以城乡基层中医医疗服务体系为重点，进一步加强中医医疗服务体系建设。积极发展中医预防保健服务。提高中医队伍素质，加强中医学科带头人、优秀中医临床人才培养。扶持民族医疗发展，加强傣、藏、彝等民族医疗临床服务能力建设。

五、加快推进保障性住房建设

以廉租保底、公租解困、农村改危、抗震安居4个重点为抓手，努力构建覆盖城乡的住房保障体系，逐步实现各安其居。在加大城市廉租住房、经济适用房建设、城镇和国有工矿棚户区改造力度的同时，扩大住房公积金制度覆盖面，积极稳妥地推进公共租赁住房建设，加快解决城市低收入家庭、外来务工人员住房困难。以新农村重点建设村、农村危旧房改造、农村民居地震安居工程、扶贫安居、游牧民定居、工程移民搬迁及灾区民房恢复重建为重点，加快农村保障性住房建设，为广大农民创造良好的人居环境。

六、促进人口均衡发展

加强人口和计划生育工作。切实把控制人口和促进人的全面发展与经济社会和资源环境全面协调可持续发展紧密结合起来，加强以人的全面发展为目标的公共财政投入体制建设，稳定低生育水平，大力提高出生人口素质，综合治理出生人口性别比偏高问题，全面提升流动人口计划生育服务管理水平，进一步加大出生缺陷干预力度。基本建立统筹解决人口数量、素质、结构、分布、安全等发展问题的新机制。

积极应对人口老龄化。制定和完善应对人口老龄化政策体系和保障机制，加快推进基本养老服务体系建设，促进家庭养老向社会养老转变。发展社区老年活动场所和服务设施，探索建立老年社会化服务制度。构建以居家养老为基础、社区服务为依托、机构养老为支撑的养老服务体系。多形式多渠道兴建养老服务机构，加强农村敬老院和老年人活动场所建设，逐步提高农村五保老人的集中供养率。到 2015 年，实现城镇社区和 10% 的建制村居家养老服务全覆盖。

保障妇女儿童合法权益。关注妇女的全面发展，着力解决关系妇女切身利益的现实问题，努力实现妇女在身心健康、文化教育、经济参与、决策管理、社会保障、法律保护和环境优化方面的发展。建立健全儿童健康保障机制，以优先保护、平等发展、普惠福利为主线，提高儿童整体素质，保护和促进儿童的健康、全面发展。建立健全政府主导、社会参与的农村留守儿童关爱服务体系和动态监测机制。

专栏 20　公共服务重点工程

就业和社会保障。建设 5—8 个创业孵化示范基地。建设 20 个公共职业技能实训鉴定基地。建设一批农民工职业技能培训基地。建设国家级社会保障灾备中心。

基本养老。补齐填平养老服务机构；建设 435 个农村敬老院。

卫生事业。推进县级中医院、妇幼保健和卫生监督服务体系设施建设、省中医临床基地、州（市）级公立医院建设；实施云南省药物依赖防治研究所艾滋病国际培训项目、中国西南国际友好医院等医疗卫生建设工程；支持边境一线疾病预防控制体系和卫生应急体系设备能力等建设。

人口和计划生育。加强西部孕前优生健康检查技术指导中心等计生服务体系建设。

第二节　推进平安和谐云南建设

加强政府社会管理和服务功能，创新社会管理模式，完善维护社会稳定的体制机制，着力解决影响社会和谐稳定的源头性、基础性、根本性问题，维护社会公平正义，促进社会和谐稳定。

一、提高安全生产和食品药品安全水平

着力提升安全生产保障能力。强化政府监管责任，健全安全生产机制，深入开展安全生产治理

整顿，完善重大安全生产事故预警和预防控制体系，有效防范重特大事故发生。强化企业主体责任，健全安全规章制度，加大安全投入和安全生产执法力度，强制推行安全技术装备，改善作业环境和安全条件，提升安全生产水平。深入开展以矿山、尾矿库、危险化学品、民用爆炸物品、交通运输、建筑施工、冶金、化工等重点行业（领域）和工程为重点的安全生产专项整治。到2015年，亿元国内生产总值生产安全事故死亡率不超过0.2。

大力保障食品药品安全。建立健全适应食品药品安全监管的体制机制，强化各职能部门联合监管合力，健全食品药品监管政策法规、标准规范，加强食品药品质量监管，完善技术支撑体系建设，加快监管信息化建设。加强基层监管机构基础设施、监管能力和人才队伍建设。完善食品药品企业诚信机制和质量控制体系，确保人民群众饮食用药安全。

二、强化禁毒和防治艾滋病工作

深入开展禁毒人民战争。坚持预防为主，综合治理，禁种、禁制、禁贩、禁吸并举，完善禁毒工作机制和保障机制，强化堵源截流、毒品预防教育、吸毒人员管控、边境禁毒执法合作和境外禁种除源等措施，进一步加强禁毒基础设施建设以及毒品查缉防控体系建设，有效减少毒品渗透内流；提高人民群众拒毒防毒意识，遏制新生吸毒人员滋生，切实减轻毒品危害。

加强艾滋病预防和源头控制。加大宣传教育力度，加强采供血管理和病源管理，落实行为干预措施，健全对高危人群的监测检测体系，深入开展关怀救治和预防艾滋病工作。在艾滋病重点地区，以高危人员为重点人群，进一步加强艾滋病防治。

三、提升突发事件应急处置能力

加快推进应急体系建设。按照预防与应急兼顾、预防为主，常态与非常态结合、常态为主的原则，着力完善应急管理体制机制，全面强化应急体系，大幅提高政府处置突发事件能力，有效应对和妥善处置自然灾害、事故灾难、公共卫生、社会安全等突发事件。

提升突发事件应急处置能力。健全风险监控、应急处置、灾害救助、恢复重建等防灾减灾措施，加强防灾减灾救灾能力建设，加大防灾减灾力量资源整合协调力度。强化监测预报、动态跟踪、灾害预防工作，重点建立健全地震和地质灾害易发地区调查评价体系、监测预警体系、防治体系和应急体系，积极推进地质灾害防治重点县城和乡镇的工程治理和因地质灾害的搬迁避让工作，大力推进综合性、专业化与社会化相结合的应急救援队伍建设。健全信息发布、舆论引导、舆情分析系统，进一步完善对口支援、社会捐赠、志愿服务等社会动员机制。全面提升突发事件综合应急能力，有效减少重特大突发事件及其造成的生命财产损失。

健全社会治安防控体系。适应形势变化的新特点，推动公共安全保障体系从被动应急型向主动防控型转变、从传统经验型向现代管理型转变。积极构建新型社会治安防控体系，加强社会治安综合治理，依法打击刑事犯罪和邪教组织，全力维护公共安全，提高人民群众的安全感。严密防范和坚决打击境内外敌对势力渗透、分裂和颠覆破坏活动，有效维护边境安宁和国家安全。进一步强化边境处突维稳能力建设。加强大型会展安保工作。

专栏21　公共安全重点工程

公共突发事件应急能力建设工程。加强救灾物资储备体系和应急指挥平台体系建设，抓好云南地震安全工程、省应急救援中心、省灾害应急救援训练基地、省反恐训练基地、省公安边防部队禁毒培训国际交流基地、安全生产能力建设工程、食品药品安全保障能力建设等项目建设。实施防灾应急小册子、小急救包、小型演习"三小工程"。

气象防灾减灾能力建设工程。建设省气象防灾减灾预警中心，进一步加强人工影响天气、区域自动气象观测网和信息共享、气象雷达、农村气象综合信息服务能力等建设。

地质灾害防治工程。重点开展受地质灾害严重威胁的28个县城和40个乡镇所在地的地质灾害防治。

四、加强政治文明建设

加强民主政治建设。坚持和完善人民代表大会制度，充分发挥人大代表的作用。坚持和完善中国共产党领导的多党合作和政治协商制度，充分发挥人民政协政治协商、民主监督、参政议政的作用。以健全基层自治组织和民主管理制度为重点，逐步扩大基层民主。

提高依法治省水平。突出立法工作重点，健全立法程序和工作机制，加快地方立法进程。加强执法队伍建设，规范行政执法行为，提高行政执法水平。深化司法体制和工作机制改革，维护司法公正。完善法律服务体系，加强对弱势群体的法律援助。深入开展"六五普法"，不断提高全民法律素质。以国家权力机关监督为重点，构建全方位的保护公民权利和制约公共权力的监督体系，充分发挥行政监督、政协民主监督、司法监督、群众监督和舆论监督的作用，加强党内监督。

推进反腐倡廉建设。加大从源头上预防和治理腐败的力度，从严要求和管理干部，强化目标责任，推动工作落实，严格执行党政领导干部问责制。认真落实党风廉政建设责任制，加强对领导干部的监督，健全领导干部个人重大事项报告制度、述职述廉制度和经济责任审计制度，为全省加快发展营造更加良好的环境。

高度重视侨务工作，维护归侨、侨眷合法权益，进一步发挥侨务工作在招商引资引智、合作交流等方面的桥梁作用，推动侨区和归侨侨眷与全省和谐发展。进一步完善国防动员体制机制，抓好国民经济动员、人民防空和交通战备，加强全民国防教育和后备力量建设。广泛深入开展"双拥"共建活动，进一步巩固新型军政军民关系。

五、完善社会管理

切实加强社会管理。加强政府社会管理和服务功能。以改善服务为重点，健全党委领导、政府负责、社会协同、公众参与的社会管理格局，完善社会管理机制，扩大社会管理的公众参与。全面提高基层社会服务和管理水平，打牢构建和谐社会的基础。

创新社会管理模式。充分调动全社会力量，引导社会各方面有序参与社会管理。全面开展平安文明社区建设，积极推进农村社区建设，健全新型社区管理和服务体制，推进社会管理重心向基层组织转移，使其能够承载政府和企事业单位剥离的社会管理和公共服务职能，成为依法自治、管理有序、服务完善、文明祥和的社会生活共同体。培育和规范发展社会组织，引导参与社会管理和服务。

加强社会维稳管理创新。认真解决影响稳定的突出矛盾，完善维护社会稳定的体制机制，积极预防和有效化解矛盾和纠纷，防止各类矛盾叠加升级。统筹协调各方面利益关系，拓宽社情民意表达渠道，推动形成科学有效的利益协调、诉求表达、矛盾调处和权益保障机制。深入分析影响我省社会稳定的各种因素，努力从源头上化解社会矛盾，把问题解决在萌芽状态、解决在基层。坚决纠正各种损害群众利益的行为，妥善解决人民群众反映强烈的突出问题和生产生活中存在的困难问题。

健全价格调控监管机制。建立健全覆盖生产、流通、销售、库存等各个环节的实时价格监测体系，加强重要农产品成本调查和成本监审工作，提高价格调控的针对性和预见性。运用价格政策促进经济社会发展。健全重要商品储备制度，增强价格调控的物质基础。研究建立省级价格调节基金，增强政府运用经济手段调控市场、稳定价格的能力。推动建立物价上涨和低收入群体价格补贴挂钩联动机制，建立健全大宗农产品价格调控机制。完善市场价格调控监管的手段和措施，加强对市场调节价格的监管，维护好市场价格秩序。

第十四章　积极推进民族文化强省建设，着力增强文化软实力

坚持社会主义先进文化前进方向，推进文化创新，深化文化体制改革，增强文化发展活力，繁荣文化事业，发展文化产业，推动民族文化强省建设，增强云南民族文化软实力，充分发挥文化引导社会、教育人民、推动发展的作用。

第一节　大力发展文化事业

加快推进覆盖城乡的公共文化服务体系建设，保障广大人民群众的基本文化权益，为推动我省科学发展提供强有力的精神支撑和文化支持。

一、构建社会主义核心价值体系

大力推动社会主义核心价值体系建设在全省广泛、有力持久开展，着力提高公民思想道德水平。加强基层思想政治工作，加大道德模范和先进典型的宣传力度，深入开展群众性精神文明创建和文化活动，巩固文明和谐的社会风尚。坚持正确的舆论导向，巩固壮大积极健康的社会主流舆论，推进媒体管理制度化、科学化，进一步完善新闻发言人制度、舆情分析研判制度和新闻宣传要情通报制度。大力繁荣发展哲学社会科学。进一步净化社会文化环境。综合运用教育、法律、行政、舆论手段，培育奋发进取、理性平和、开放包容的社会心态，形成扶正祛邪、惩恶扬善的社会风气。

二、基本建立覆盖城乡的公共文化服务体系

以政府为主导，以公共财政为支撑，以城乡基层为重点，加强公共文化基础设施建设，努力形成比较完备的覆盖城乡的公共文化设施网络。深入实施重大文化惠民工程，优先安排涉及群众切身利益的文化建设项目。全省各级图书馆、文化馆、博物馆、文化站基本达到国家规范标准。大力发展公共体育事业，广泛开展全民健身运动，进一步提升体育运动和全民健身水平。建立健全公共文化服务和设施运行经费保障机制，确保公共文化单位的服务功能得到充分发挥。到 2015 年，广播

和电视覆盖率分别达到97%和98%以上，20户以下已通电自然村广播、电视实现全覆盖，数字电视在全省城镇得到全面普及。

扩大公共文化产品和服务的有效供给。完善公共文化产品创作和生产机制，引导各级文化单位和文化企业创作生产优秀文化公共产品。充分发挥公益性文化事业单位在公共文化服务中的骨干作用，延伸服务网络，创新服务方式，着力提高生产能力和服务水平。积极利用市场机制，健全公共文化资源平台，促进文化信息资源共建共享。促进公共文化服务社会化、多元化，增加公共文化产品的供给。推进公益性博物馆、纪念馆、图书馆、文化馆等免费开放，鼓励企业和个人赞助、参与和支持公益性文化活动。

三、繁荣发展文艺创作

坚持出精品、出人才、出效益，大力实施文化艺术精品工程，推进文艺精品创作生产市场化，实现经济效益和社会效益相统一。重点推出一批代表性的优秀文学艺术精品和文化品牌，突出打造香格里拉、茶马古道、七彩云南、聂耳音乐等文化品牌，扶持一批立得住、留得下、传得开的优秀文艺精品。通过主题性美术创作和展览，推出一批优秀美术作品。实施文化艺术名家工程和少数民族艺术人才扶持计划，培养一批文化艺术领域的领军人物和云南特有少数民族顶尖文化艺术人才。实施优秀文艺作品普及和推广计划，开展高雅艺术进校园、优秀剧目移植推广等活动。

四、加强文化遗产保护和传承

加强世界文化遗产、历史文化名城（街区、村镇）、文物保护单位、大型遗址的保护管理，抢救、维护新发现文物和新型文化遗产，配合大型建设工程做好考古发掘研究和文物保护工作。加强非物质文化保护传承工作，培养一批在全国有较大知名度和影响力的非物质文化遗产项目代表性传承人。全面、科学、规范地开展古籍保护整理工作。积极做好百年滇越铁路、红河哈尼梯田等申报世界文化遗产工作。在科学保护前提下，积极推进文化遗产的合理利用，探索与文化旅游、文化产业、文化贸易有机结合的有效途径和方式方法。

五、丰富人民群众文化活动

组织好文化“三下乡”、文化大篷车千乡万里行、“大家乐”群众文化广场、“云之南”艺术团慰问演出等群众性文化活动，办好中国福保乡村文化艺术节、云南省民族民间歌舞乐展演、中国聂耳音乐周等，推出一批优秀的、具有可持续发展价值的群众文化活动品牌。深入开展文化先进县（市、区）、乡（镇）和“文化惠民示范村”创建活动。培育社区文化、广场文化、企业文化、校园文化、军营文化等，鼓励农民自办文化活动，支持进城务工人员自办艺术团体。

六、加强文化市场监管

加强文化市场监管，建立健全管理体制、监管体系和长效机制。高度重视互联网等新兴传媒的建设、运用和管理，营造文明和谐的网络文化。加大对非法出版物的打击力度，规范新闻出版市场秩序。建设覆盖全省文化市场的技术监管平台，提高监管效率。深化文化市场综合行政执法改革，切实履行文化市场监管职责。加强行业自律，发挥社会监督的作用。

专栏22 文化事业重点工程

重大文化设施建设。建成一批重大标志性文化设施，继续加快省博物馆（新馆）、省科技馆、云南大剧院、云南文苑等项目建设；推进云南美术馆、中国西南国际民族文化艺术交流中心、云报传媒广场、省人民广播电台中波发射整体搬迁、西南少数民族文字出版基地建设。实施省话剧院、省花灯剧院迁建，加快云南省民族语言广播电视节目播控中心、云南省广播电视集中集成播控中心建设，建设中国云南高原体育训练基地。建设滇西抗战纪念馆。

基层文化工程。推进综合性社区文化中心（文化室）和村文化室建设。继续实施广播电视“村村通”、文化信息资源共享工程、农村电影放映、农家书屋、“七彩云南全民健身”工程等，国家“春雨工程”云南建设计划。

文化遗产保护工程。实施红河哈尼梯田、茶马古道、滇越铁路和西南联大保护工程；建设江川李家山、晋宁石寨山、澄江金莲山、剑川海门口、龙陵松山抗战遗址、大理太和城等遗址公园；继续做好大理、丽江等古城保护工作；实施明代以前文物建筑维修工程和濒危文物建筑抢救维修工程；建设非物质文化遗产传习馆（所）；文化遗产数据库等建设。

第二节 推动文化产业振兴发展

充分发挥云南文化资源的独特优势，大力发展主导文化产业，培育新兴文化业态，推进都市文化产业，发展乡村文化产业，不断壮大文化产业发展规模，增强发展实力和竞争力，努力把文化产业打造为建设民族文化强省的重要引擎和经济发展新的增长点。

一、加快发展文化主导产业

大力发展新闻出版、广播影视服务、文化会展、演艺、民族民间工艺品、文化创意、数字动漫、文体休闲娱乐、珠宝玉石文化和茶文化等主导产业，增强文化创新能力和传播能力，形成有竞争力的文化品牌。用现代科技创新传统文化行业，催生新的文化业态。发展以数字化生产、网络化传播为主要特征的文化数字内容产业。鼓励扶持对舞台剧目、音乐、美术、文物、非物质文化遗产和文献资源等进行数字化转化和开发。以完善体制和政策为突破口，制定支持文化产业发展的地方法规和优惠政策，营造良好的政策、法制环境和社会氛围，推动文化产业加快发展。文化产业增加值明显提高，广播影视、新闻出版、动漫产业、网络产业的竞争力得到明显提升，演艺产业、工艺品产业、节庆会展产业在中西部地区处于领先地位，文化休闲娱乐产业、茶文化产业、高原体育产业建设取得重大进展。

二、大力培育骨干文化企业

引进战略投资者，鼓励成长性好、竞争力强的国有文化企业开展跨行业、跨地区、跨所有制的兼并重组，做强做大。推动一批骨干文化企业尽快壮大规模，提高集约化经营水平。鼓励非公有资本进入文化产业，培育一批有实力、有竞争力的骨干文化企业。以高技术提升文化企业整体实力，增强文化产品科技含量，提高文化产业的整体实力和竞争力。积极扶持中小型文化企业。到2015年，力争形成2—3个跨地区、跨行业经营，有较强市场竞争能力、产值超百亿的骨干企业和企业集团。

三、加强文化产业园区和基地建设

加强对文化产业园区和基地布局的统筹规划，整体打造以昆明为中心的滇中核心文化产业圈、以大理为中心的滇西文化产业圈、以蒙自为中心的滇东南文化产业圈、以西双版纳为中心的滇南文化产业合作圈。建设一批高起点、规模化、富有云南特色的文化产业示范基地和示范园区。

四、完善现代文化市场体系

立足本省、充分利用省内外、国内外两种文化资源、两个市场,形成适应我省城乡经济社会与本土、外来文化消费需求的文化市场体系。建立健全文化产业投融资体系,支持组建多种形式的文化产业创业、风险投资基金,鼓励具备条件的文化企业上市融资。实施重大项目带动战略,提升产业总体水平,增强产业发展后劲。开拓文化产品市场,规范文化要素市场。培育农村文化市场,健全文化行业组织,鼓励和引导文化消费。整合文化资源,建设覆盖全省、辐射西部、影响全国、面向东南亚南亚的文化市场体系。

专栏23　文化产业重点工程

建设云南民族文化产业示范园区、云南亚广影视传媒中心、楚雄禄丰恐龙文化园区、昭通古象文化中心、德宏民族文化产业园等,大湄公河次区域文化产品博览园、昆明文化产业信息服务基地、云南民族民间工艺品生产基地、"湄公河家园"文化创意产业基地、云南国际影视基地、云南国际图书城、数字动漫城。

第三节　全方位开展文化交流与合作

充分利用云南的文化资源优势和区位优势,深化与东南亚、南亚、西亚、东非国家的交流与合作。大力发展文化贸易,完善机制,搭建平台,打造品牌。积极开展"七彩云南东南亚南亚行"多边文化交流活动,办好面向东南亚南亚国家的文化艺术节,在边境地区与周边国家共同举办民族艺术节和民族体育运动会。扶持、指导并协助文化企业和产品服务"走出去",开拓国际文化市场,参与国际竞争,打造外向型文化产品。加强与国外具有影响力的文化企业的合作,扩大云南少数民族语言出版物、影视作品、演艺产品、体育产品等文化产品的境外营销。充分发挥地方政府和民间力量的积极性,丰富对外文化交流资源,拓宽对外文化交流渠道,提高对外文化交流的水平和质量,把云南建设成为中国面向西南文化交流的重要窗口、文化贸易的重要通道、文化合作的重要平台、文化信息的媒介中心、国际和谐文化建设的示范区。

专栏24　文化交流与合作重点工程

建设东南亚南亚民族民间艺术博览园、考古研究和文物保护基地、东盟数字文化内容制作传输网络基地等。在红河、西双版纳、德宏等建设华文教材和文化交流图书出版基地。

第十五章　加快少数民族和民族地区发展,着力促进各民族共同繁荣

牢牢把握各民族共同团结奋斗、共同繁荣发展的民族工作主题,坚持和完善民族区域自治制

度。进一步强化措施,完善政策,分类指导,以加快边远、少数民族、贫困地区深度贫困群体脱贫发展为重点,加大对少数民族地区发展的支持力度,缩小与全省的发展差距,促进少数民族和民族地区实现跨越式发展。

第一节 创建民族团结进步边疆繁荣稳定示范区

以平等为原则、以发展为根本、以人才为关键、以团结为基础,以增强自我发展能力为主线,创新发展方式,着力推进民族地区各项工作,贯彻执行党的民族政策,巩固和发展平等团结互助和谐的社会主义民族关系,全面提升少数民族和民族地区经济社会发展水平。

一、切实加大资金投入

加大一般性财政转移和均衡性财政支付力度,财政性投资投入重点向民族地区倾斜,逐步提高补助系数。切实加大民族地区基础设施、社会事业、生态环保、扶贫、产业培植、社会保障、基层政权建设等方面的投入力度,扶贫资金重点覆盖民族乡、民族"直过区"和少数民族聚居的贫困村。落实支持藏区发展各项政策,筑牢藏区发展基础,努力将迪庆州建成全国藏区跨越式发展和长治久安示范区。中央和省级投资优先安排与民族地区生产生活密切相关的基础设施建设项目。将民族地区的基础设施项目优先纳入相关专项规划保障实施。中央安排的公益性建设项目,取消民族自治地方县以下(含县)及集中连片特殊困难地区州市配套资金,并适当提高建设补助标准,力争民族自治地方全社会固定资产投资总额年均增幅超过全省平均水平。

二、进一步强化对科技教育和人才支持力度

加强省级创新体系对民族地区支持力度,切实提升科技对民族地区经济发展的贡献率,促进科技研发、技术引进和成果转化;加快发展民族教育,采取特殊政策措施,加大对民族地区基础教育、中等职业教育、高等教育的支持力度,为民族地区科学发展提供人才保障和智力支持。着力培养重点领域急需紧缺人才和少数民族人才,扩大民族地区干部交流规模和层次,健全干部双向交流机制,逐步提高民族地区干部、职工工资待遇,加大人才引进力度。在云南高等院校设立少数民族班,加大对少数民族尤其是人口较少民族、特困民族等民族干部培养力度。

三、积极培育发展特色优势产业

推进民族地区优势特色产业加快发展,积极发展优势特色种养业、林产业、农副产品和出口产品加工业;实行差别化产业政策,加大矿电结合步伐,大力发展以水电、矿产为主的能源和载能产业、以民族医药为重点的现代生物产业。大力发展民族文化旅游产业,提升和开发民族文化旅游产品,充分发挥绿色旅游的带动效应。加强对民族传统加工业、手工业的改造提升,加大对少数民族特需用品生产企业的扶持,结合旅游产业,发展有较好市场前景的民族传统加工业和手工业,提升传统加工业、手工业的生产能力和质量,提高产品竞争能力。

四、繁荣发展少数民族文化

进一步加强我省世居、独有的少数民族传统文化普查收集、归类整理、抢救保护和开发利用。建设一批标志性民族文化设施。加强对少数民族文化遗产的抢救、保护和传承,建立民族文化资源

库和少数民族非物质文化遗产数据库，建设民族特色鲜明、文化浓郁民族文化园区。深入开展民族团结宣传教育和民族团结进步创建活动，增加少数民族公共文化产品供给，提高少数民族语广播、影视制作译制和播出能力与水平，繁荣发展少数民族新闻出版事业。

五、提升民族地区社会保障水平

把民族自治地方、人口较少民族和民族乡符合条件的低收入贫困人口全部纳入低保范围。对边境沿线因守边固土不能易地搬迁的困难群体，实行专项补助制度，使其生活水平不低于所在县中等水平。新型农村养老保险试点优先安排民族地区贫困群体，逐步建立农村养老保险机制。将民族地区贫困人口全部纳入新型农村合作医疗补助范围，提高农村基本医疗保障能力。

六、做好宗教工作

全面贯彻落实党的宗教工作基本方针政策，加强宗教工作队伍和宗教院校、宗教教职人员培训中心建设。建立健全和完善宗教工作机制机构，深入开展宗教政策法规宣传教育，严格依法行政，坚决抵御境外宗教渗透，发挥宗教界人士和信教群众在促进经济社会发展中的积极作用，促进宗教和谐与社会稳定。

第二节　打好扶贫开发攻坚战

以改善集中连片特殊困难地区民生为核心，以专项扶贫为龙头，以行业扶贫、社会扶贫为支撑，增强自我发展能力，改善生产生活生态环境条件，努力提高贫困人口科技文化素质，建立综合扶贫开发机制，集中力量打好扶贫开发攻坚战。

一、千方百计加大扶持力度

贯彻落实西部大开发战略，有计划有步骤地在贫困地区部署国家大中型基本建设项目，建立健全各级财政资金稳定增加扶贫开发投入的机制，加大对山区、民族地区、边境地区和贫困地区发展的支持力度。完善财政扶贫资金引导信贷资金投入的倍增机制，扩大到户贴息贷款和项目贴息贷款规模。发挥专项扶贫的龙头作用，组织实施好整村推进、产业扶贫、劳动力转移培训、以工代赈、易地扶贫搬迁、农村危房改造等，增强贫困地区自我发展能力。省级安排的各类专项资金和项目重点向贫困地区倾斜，明确部门扶持任务和扶贫责任，改善贫困地区发展条件和环境。强化政策保障，在财税支持、投资倾斜、金融服务、土地使用、产业扶持、生态建设、人才培养、区域发展等方面制定有利于扶贫开发的政策。积极争取更多的国外政府援建项目、世界银行贷款和非政府组织反贫困资金、各类慈善基金等投入贫困地区。加强亚行、国际行动援助等扶贫合作，构建扶贫领域的国际合作与交流平台。

二、着力加快深度贫困群体脱贫发展

以扶持边远、少数民族、贫困地区深度贫困群体脱贫发展为突破口，重点解决 160 万深度贫困群众温饱问题。全面贯彻落实党中央和省委、省政府扶持深度贫困群体的特殊措施，积极争取国家支持，加大省、州市政府投入力度，将其作为公共资源配置的重点关注区域和群体，全力实施集中连片特殊困难地区和深度贫困群体扶贫攻坚。坚持以深度贫困自然村为单元，以综合开发为抓手，实施易地搬迁、安居温饱、基础设施、素质提高、增收致富“五项工程”建设，健全农村寄宿制学生补

助、农村低保、新型农村合作医疗、农村养老保险“四项保障”，着力培育增收产业项目，强化基础设施建设，发展社会公共服务事业，改善生产生活条件，提高劳动者文化科技素质和儿童身体素质，加强基层组织建设，为脱贫发展打好基础。到2015年，深度贫困人口人均纯收入翻一番以上，高于当年国定贫困标准，基本解决深度贫困群体脱贫问题。

三、形成大扶贫新格局

激发群众脱贫致富的积极性，增强贫困群众的知情权、参与权、决策权和监督权，充分发挥广大贫困群众勤劳致富的主动性和创造性。以青藏高原东缘地区、乌蒙山区、滇西边境山区、石漠化地区、哀牢山区及小凉山地区等集中连片特殊困难地区为扶贫重点，推动主导产业向扶贫重点地区覆盖、基础设施建设向扶贫重点地区延伸、公共服务建设项目向扶贫重点地区倾斜，实施集中连片开发，整体推进。大力推进社会帮扶，积极争取中央国家机关企事业单位在人才、资金和技术等方面的支持；强化党政机关、企事业单位的定点扶贫制度和挂钩帮扶机制；引导企业、军队、高等院校、科研院所、社会组织和个人参与多种形式帮扶，深入开展“千企扶千村、共建新农村”活动。加大对口帮扶力度，以沪滇对口帮扶合作为重点，力争在对口帮扶的范围、层次、内容、质量和效果上取得新的突破。努力构建群众大发动、连片大开发、部门大配合、政策大协调、社会大参与、资源大整合扶贫新格局，切实帮助贫困群体稳定脱贫，共享改革发展成果。

附图8　云南省边远、少数民族、贫困地区深度贫困群体分布示意图

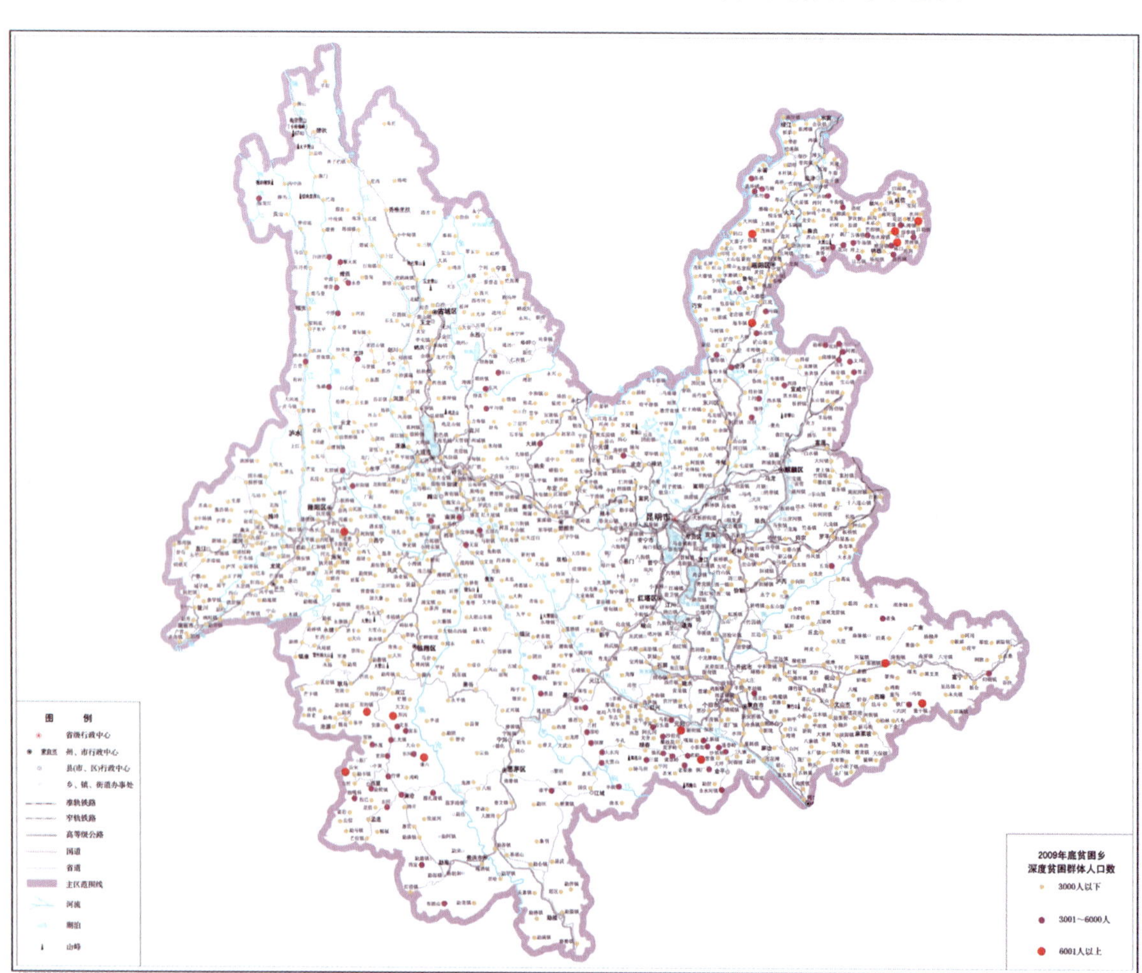

第三节　扎实推进兴边富民行动

以加快发展统领“兴边富民工程”建设全局，不断创新发展方式，围绕建设开发开放试验区、跨境经济合作区、边境经济合作区、民族团结进步边疆繁荣稳定示范区，突出重点，分类指导，着力推进“十大工程”建设，建立健全“十项保障”制度，加快边境发展步伐。

一、深化实施“兴边富民工程”

下更大决心，整合资金、形成合力、集中投入、整体推进，深入实施“兴边富民工程”。努力促使边境地区公路、能源、通讯、口岸、城镇等基础设施建设全面提升；经济与产业结构进一步优化，绿色农业、特色加工、现代物流、跨境旅游、国际贸易等外向型现代产业体系初步形成；城乡基本公共服务、社会保障制度基本覆盖；居民收入水平、文化素质提高；以边境经济合作试验区、国际贸易物流基地为核心的开放型经济发展格局基本形成，建成民族团结进步、边疆繁荣稳定示范区。

二、增强边境地区自我发展能力

强化边境地区义务教育、民族教育、双语教育，提升边境地区教育水平和全民的整体素质。开展成人职业教育和实用技术技能培训，加快新技术、新品种的引进、示范和推广，增强农户依靠科技致富的能力。加大适用技能培训，发展专业性、技术型劳务输出，稳定增加农户工资性收入。加大对边境地区村级组织建设的扶持力度。积极推进瑞丽重点开发开放试验区建设，大力发展跨境和边境经济合作，使边境地区成为重要的外向型特色农产品生产、出口加工基地。加快发展边贸和旅游业。建立健全功能完善、通关便利、商品集散快捷的现代物流体系，从根本上提高边境地区自我发展能力。

三、改善边境地区基础设施和生态环境

加快沿边干线公路和口岸公路建设，逐步解决边境地区自然村通建制村的道路交通困难；加强边境地区水源、农业灌溉设施、饮水安全、农村电网升级改造和无电人口通电建设；推进口岸基础设施和边贸集市和公共服务设施建设。坚持发展产业和改善环境相结合、环保与低碳发展相促进，加强国界河治理、城乡环境综合整治、天然林保护和自然保护区保护，促使生态环境保护的制度化、科学化，促进云南边境地区环境、经济、社会协调发展和国际睦邻友好发展。

专栏 25　民族和贫困地区经济社会发展重点工程

民族发展工程。扶持人口较少民族发展工程、扶持特困民族发展工程、扶持散居民族发展工程、民族特色村寨保护与发展工程、民生改善工程、农村基础设施建设工程、社会保障工程、特色产业发展工程、民族教育科技振兴工程、民族文化发展工程、少数民族劳动者素质提高工程、双语教育工程等，建设云南15个特有少数民族博物馆和标志性建筑。

扶持深度贫困群体脱贫发展工程。易地搬迁工程、安居温饱工程、基础设施工程、素质提高工程、儿童健康工程、增收致富工程。

兴边富民十大工程。基础设施工程、温饱安居工程、产业培育工程、素质提高工程、民生保障工程、城镇建设工程、民族文化工程、开放窗口工程、边境和谐工程、生态保护工程。

兴边富民十大保障。义务教育“两免”补助、中级职业学校免学费补助、农村最低生活保障补助、新型农村合作医疗补助、贫困人口大病救助补助、城镇居民医疗保险补助、新型农村养老保险补助、居民就业培训补助、艰苦落后地区津贴和“边民定补”补助。

第十六章 突出重点领域和关键环节，着力深化体制改革

强化统筹协调，全面推进各领域改革，以改革促进经济发展方式转变，有效化解经济社会发展进程中的深层次矛盾和问题，为实现云南经济社会跨越式发展提供强大动力和制度保障。

第一节 深化农村各项改革

稳定和完善农村基本经营制度，依法保障农民的土地承包权、生产自主权和经营收入权。稳步推进农村土地管理制度改革，加强土地承包经营权流转管理和服务，引导和鼓励农民在自愿互利的基础上发展多种形式的规模经营和集约经营，逐步建立规范的土地承包经营权流转市场和城乡统一的建设用地市场。按照权属明确、管理规范、承包到户的要求，积极推进草场基本经营制度改革。深入推进集体林权制度配套改革，加快建立新型采伐管理制度、公益林生态效益补偿制度、森林政策性保险和林权抵押贷款制度。全面推进国有林场和国有林区改革。推进农村小型水利设施管理体制改革，加快推进农垦管理体制改革，创新农场经营机制，大力推进农垦产业化、股份化、集团化。加强农民专业合作组织和农业社会化服务组织建设，扶持村集体经济发展。深化农村流通体制改革，统筹推进城乡市场体系建设。积极推进城乡综合配套改革试验，继续深入推进乡镇机构、农村义务教育和县乡财政管理体制改革。

第二节 坚持和完善基本经济制度

一、继续推进国有经济布局和结构战略性调整

加快推进国有企业产权制度改革，推进产权多元化，完善法人治理结构。积极引进国内外战略合作者，推进国有资产战略性重组。进一步完善国有资产监管体制机制，对国有企业进行分类管理和绩效考核，逐步实现国有经营性资产全面分类监管。完善国有资本经营预算制度。坚持政企分开、放宽准入、引入竞争、依法监管，着力推进垄断性行业和公用事业改革，维护公正利益。深化能源行业管理体制改革，进一步理顺电力管理体制，逐步建立和培育电力市场，基本实现电网企业主辅分离。推进盐业管理体制改革。深化市政公用事业改革，完善特许经营制度，推进公共服务制度改革，完善监管体制。

二、继续大力发展非公有制经济和中小企业

拓宽非公有制经济发展的市场空间，消除制约非公有制经济发展的体制机制障碍，加快提高非公有制经济比重。鼓励和引导民间资本重组联合和参与国有企业改革。进一步调整国有经济布局和结构，在一般竞争性领域要为民间资本营造更广阔的市场空间。推进公平准入，积极支持民间资本进入资源开发、基础产业、基础设施、公用事业、政策性住房建设、商贸流通、国防科技工业和金融服务等领域。加大对非公有制经济发展的政策扶持力度。全面建立中小企业金融服务专营机构，建立完善中小企业贷款风险补偿机制，进一步提高中小企业贷款的规模和比重。不断扩大

中小企业集合债券和短期融资券的发行规模。完善中小企业上市培育机制，扩大中小企业上市规模。

第三节　深化财税、金融和投资体制改革

一、深化财税体制改革

围绕基本公共服务均等化，完善公共财政体系。继续调整优化财政支出结构，增加一般性财政转移支付，加强对公共服务和社会事业等重点领域投入力度。结合扩权强县试点，继续推进省直管县财政管理改革，增强各级政府提供公共服务的能力。深化预算制度改革，建立健全预算编制、执行、监督相互协调相互制衡的预算管理体制。加强对财政支出效果管理和预算支出约束。完善转移支付制度，促进主体功能区形成。加快完善支持农村建设的财政专项转移支付制度。完善地方税收政策，完善税收征管和非税收入管理。

二、深化金融体制改革

完善国有商业银行现代企业制度，支持政策性金融机构、邮政储蓄银行深化改革。加大风险防范力度，大力发展地方金融机构。鼓励社会资本参与中小金融机构改造，稳步发展各种所有制金融企业。培育合格市场主体，推进资本市场改革发展，拓宽资产证券化的途径和渠道。着力培育现代保险企业，强化保险市场功能，推进保险业改革发展。

三、深化投资体制改革

加快政府投资管理法制建设。合理界定政府投资范围，逐步降低政府直接投资比例，强化政府在民生领域投资主体作用，创新政府投资机制，充分发挥政府投资的导向作用和杠杆作用。进一步扩大投资公司规模，增强其融资能力，提高运营效率。进一步优化投资环境，开放投资领域，提高民间投资主体活力，引导社会资金投向社会事业、基础设施、基础产业和战略性新兴产业。加快发展资本市场，切实拓宽融资渠道，建立多元化、多层次、多专业的投融资体系。发展和完善投资中介服务组织，提升服务功能。完善投资项目后评价、重大项目公示制和责任追究制度。

第四节　深化资源要素价格改革

加快构建资源能源价格市场化形成机制，积极稳妥地推进能源、矿产、土地、水资源、林木等资源性产品价格改革，充分发挥市场配置资源的基础性作用，逐步建立健全能够反映市场供求关系、资源稀缺程度和环境损害补偿成本的生产要素和资源的价格形成机制，健全资源有偿使用制度。加快水资源价格改革步伐，扩大水资源费征收范围并适当提高征收标准，推行面向农民的终端水价制度，合理提高水利工程供水价格，全面开征污水处理费。合理制定清洁可再生能源上网电价，逐步实现水电开发移民和环保成本内部化。进一步完善移民发展和生态补偿政策，建立干流水电开发成果分享机制。推进大用户直购电试点，积极推进发电企业竞价上网、电力用户和发电企业直接交易等定价机制，进一步完善丰枯峰谷电价政策，切实落实差别电价政策。逐步推行居民用电用水阶梯价格制度。加快建立现代环境产权制度，深化环保收费改革，建立完善环境权益补偿机制。对于禁止开发区和限制开发区，实现生态补偿转移支付全覆盖，逐步提高补偿水平。积极

稳妥地推进和探索排污收费制度改革，探索建立排污权交易制度。加强与矿产土地开发利用相关的价格和收费管理，探索基准地价制定与管理办法，做好涉及房地产开发与交易等环节收费管理。

第五节　深化行政管理体制改革

继续推进行政执法改革，合理界定执法权限，明确执法责任，按照精简、统一、效能原则，推进综合执法，减少执法层级，提高基层执法能力。按省、州（市）、县（市、区）、乡（镇）分层次调整优化政府公共服务职责分工。大力推进服务型政府建设，健全政府职责体系，完善经济调节和市场监管职能，强化社会管理和公共服务职能，加快健全覆盖全民的公共服务体系，全面增强基本公共服务能力。深化行政审批制度改革，规范行政审批行为，减少政府对微观经济运行干预。大力推进依法行政，建立健全政府科学决策、民主决策、依法决策机制，完善部门间协调配合机制，健全行政争议化解机制，努力提高政府执行力和公信力。按照政事分开、事企分开和管办分离原则，积极稳妥地推进事业单位分类改革。稳步适时推进行政区域调整改革。

第六节　深化社会事业领域改革

加快推进社会事业体制改革，创新公共服务体制，改革基本公共服务提供方式，推进非基本公共服务市场化改革，增强多层次供给能力，促进基本公共服务的均等化。

一、完善就业和社会保障制度

继续实施积极的就业政策，促进以创业带动就业，提升创业促进就业的管理机制，加快制定有利于促进以创业带动就业的财政税收金融政策，实施鼓励劳动者多渠道多形式就业扶持政策。建立统筹城乡区域的就业体系。按照广覆盖、保基本、多层次、可持续的基本方针，以社会保险、社会救助、社会福利为基础，以基本养老、基本医疗、最低生活保障制度为重点，以慈善事业、商业保险为补充，加快完善社会保障体系。提高政府保障能力，健全覆盖城乡居民的社会保障体系。探索社会保障城乡一体化，建立正常的养老金调整机制。逐步健全新型农村社会养老保险制度。推进机关事业单位退休金制度改革。健全城乡居民最低生活保障制度。逐步实现统一的城乡基本社会保障制度。

二、深化收入分配制度改革

坚持和完善按劳分配为主体、多种分配方式并存的分配制度，坚持走共同富裕的道路。完善工资收入分配制度改革，逐步提高居民收入在国民收入分配中的比重、劳动报酬在初次分配中的比重，国民收入分配向低收入群体和农民倾斜，建立健全适合云南省情的收入分配格局。规范分配秩序，进一步完善税收体制，加大税收对收入分配的调节作用。探索推进垄断行业收入分配制度改革。努力扭转城乡、地区和不同社会成员之间收入差距扩大趋势，防止两极分化，逐步形成中等收入者占多数的"橄榄型"分配格局。

三、继续深化教育体制改革

全面贯彻中长期教育改革和发展规划纲要，着力推进人才培养体制、办学体制、管理体制、保障机制等改革。改革质量评价和招生考试制度，积极探索适应各类学校的办学体制。深化素质教育改革。创新政府、行业、企业及社会各方共同支持职业教育发展机制，积极探索职业教育集团化办学模式。

四、进一步深化科技体制改革

破除阻碍科技生产力发展的体制机制障碍，增强科技创新活力。深入实施建设创新型云南行动计划，鼓励和建立以企业为主体、市场为导向、产学研相结合的技术创新体系，促进科技与经济发展紧密结合。整合、开放、共享全省科技资源，提高科技资源配置集中度，加快构建共性技术创新平台和公共科技服务平台。加大科技投入，大力构建科技投融资体系，提高全社会研发投入占生产总值比重。创新科技人才培养与引进机制，着力解决高层次人才匮乏问题。深化技术开发类型科研院所产权制度改革，完善公益科研院所管理机制，建立现代院所制度。

五、加快医药卫生体制改革

健全覆盖城乡居民的基本医疗保障制度，逐步提高保障标准。继续扩大基本医疗卫生保障覆盖面，扩大国家基本公共卫生服务项目，扎实推进基本公共卫生服务均等化。积极稳妥推进公立医院改革。优化医疗卫生资源配置。健全基层医疗卫生机构补偿机制。完善促进民营医院发展政策，鼓励社会资本以多种形式举办医疗机构。加快建立以国家基本药物制度为基础的药品供应保障体系。进一步规范药品生产流通秩序。

六、继续推进文化体制改革

按照创新体制、转换机制、面向市场、增强活力的要求，加快经营性文化单位转企改制，建立健全法人治理结构，培育一批投资主体多元化、多种所有制共存的大中型文化企业，构建统一开放竞争有序的现代文化市场体系。稳步推进公益性文化事业单位人事、收入分配和社会保障等改革，完善内部管理制度，创新公共文化服务机制，激发发展活力。有效提供不同需求的文化服务。

第七节　加快涉外经济体制改革

建立适应大开放促大发展的对外开放体制，为桥头堡建设构建畅通有效的开放合作机制。深化外贸管理体制改革，完善外贸服务机制建设，转变外贸发展方式。制定加快服务外包产业发展的扶持政策。完善区域合作机制，创新对外投资与合作方式，坚持以企业为主体，以市场为导向，鼓励有条件有实力的各类所有制企业，充分利用国际国内两个市场两种资源积极稳妥地开展境外投资。建立完善跨境经济合作区管理机制，积极推进跨境经济管理运行机制创新。完善外商投资管理体制，简化审批程序，构建完善的外来投资促进政策体系和服务平台，优化投资环境。

第八节　积极开展改革试点

对重点领域和关键环节大胆进行改革试点探索，加快破除制约我省经济社会发展的体制机制障碍。

专栏26 重点推进6大改革试点

瑞丽重点开发开放试验区。先行先试，大胆创新，统筹对内、对外两个市场、两种资源，开展跨境人力资源市场、金融保险市场、物流等多方务实合作，探索我国内陆沿边对外开放新模式。

绿色经济试验示范区。在普洱、西双版纳、临沧选择开展不同侧重点的绿色经济试验示范工作。

昆明、红河综合改革试点。支持昆明市率先改革，大胆创新，为全省提供示范和带动作用。支持红河州积极探索，力争在产业结构优化升级、滇南中心城市建设、南北协调发展、开放型经济走廊建设等方面，取得新的突破。

城乡统筹综合改革试点。麒麟区、开远市等试点地区围绕城乡规划、产业布局、基础设施建设、基本公共服务等一体化目标，深入探索统筹城乡发展的有效途径，创新统筹城乡发展的体制机制。继续推进兰坪工业反哺农业改革试点。

旅游改革试点。大胆探索，破解制约旅游产业发展的体制性障碍。鼓励保山市腾冲县、玉溪市抚仙湖—星云湖、大理州苍山洱海和昆明世博新区等综合改革试点先行先试。

扩权强县和省直管县改革试点。试点县(市、区)理顺县级权责关系，调整规范省与直管县财政分配关系，建立财力与事权相匹配的财政管理体制，不断增强县域经济社会发展能力。在总结试点经验基础上，积极探索进一步扩大省直管县改革试点范围和内容。

第十七章　实施桥头堡战略，着力开创对内对外开放新局面

以推进建设中国面向西南开放重要桥头堡战略为核心，统筹对内对外开放。以战略通道、合作平台、产业基地、交流窗口建设为突破口，构筑面向西南开放的合作平台，促进云南与国际国内区域联动，开放开发并重，培育具有内陆特点的开放型经济，着力构建云南作为中国面向西南开放国际发展空间的新格局，实现内外区域合作共赢发展，提升云南在全国开放开发格局中的战略地位。

第一节　提升国际国内合作层次

以立足云南、服务全国、面向太平洋和印度洋、带动大西南作为参与区域合作的重点，实施更加积极主动的开放战略，全面提升对内对外开放层次。

一、拓展国际区域合作

以中国—东盟自由贸易区建设、大湄公河次区域合作、中国—南亚合作为依托，充分发挥云南的区位优势，适应国际区域合作的新形势，以大通道建设和完善为基础，以推进人员货物跨境便捷流动和贸易投资便利化进程为突破口，以优势产业合作为核心，以项目合作为重点，以区域经济一体化为发展方向，提升我省参与国际区域合作的水平和层次。加快中越昆明—河内经济走廊、中老泰昆明—曼谷经济走廊、中缅昆明—皎漂经济走廊、中缅昆明—密支那经济走廊建设。全面推进云南与东盟特别是大湄公河次区域以及南亚地区在交通、能源、矿产资源、农业、旅游、教育、文化、卫生等各领域的合作，努力扩大贸易和相互投资的规模和水平，落实好各项合作协议和项目，进一步提高合作效益，加快区域经济和社会发展。加强与东南亚、南亚国家的服务贸易对接，稳步推进在工程承包、咨询和劳务合作等服务业合作的同时，积极大力推动物流业、金融保险业、邮电通讯业、跨境旅游业、餐饮娱乐业、酒店宾馆业等方面的合作。在风险可控的基础上，积极稳妥推进人民币

跨境结算试点工作，积极探索和推动面向东盟、南亚服务为主的跨境贸易人民币结算中心建设。

积极拓展与西亚、东非等印度洋沿岸国家的合作，丰富合作内容，提升合作水平，促进友好交往，共同繁荣发展。

二、加强国内区域合作

加强与其他省（区、市）的经济合作，共谋发展、互利共赢。加快云南承接产业转移步伐，形成分工明确、优势互补、功能协调、有效互动的区域空间布局。积极融入泛珠江三角经济区、长江三角经济带，推动成昆经济带、昆渝经济带、南昆经济带建设。推进与泛珠三角各省区的经济联系与合作，继续深化落实滇粤、滇港、滇桂合作，加强珠江中上游资源、水运的综合开发与生态建设、环境保护合作，以及跨省区重大交通、能源、环保、水利等基础设施建设的协调。以铁路、公路、航空、内河航运能力的改善为重点，加强滇川、滇渝、滇黔、滇藏合作。推进与长三角地区的合作，在沪滇合作、滇浙合作的基础上，进一步提升合作层次，扩大合作领域，提高合作成效。加强与国内其他省（区、市）的合作，完善市场、金融、信息、人力开发、公共服务管理，积极培育中介组织，为兄弟省（区、市）企业进入东南亚南亚提供良好的平台和优质的服务，携手推进中国面向西南开放重要桥头堡建设。

第二节　统筹“引进来”与“走出去”

增强安全高效利用两个市场、两种资源的能力。“引进来”要坚持扩大外来投资规模为主线，引资引智并重的方向。“走出去”要努力增强利用境外资源、市场能力为重点，稳步提升对外投资的规模和效益。

一、提升引资引智水平

努力推动利用外来投资由注重规模，向注重规模和质量并重，引进先进技术、管理及高层次人才转变；由引进项目向培植产业集群转变；由制造业为主向制造业与服务业并重转变。促进引资与引智相结合，充分发挥各类开发区引进外资的平台作用，强化利用外来投资在推动科技创新、产业升级、区域协调发展等方面的积极作用。在重点领域引进国内外先进技术和管理，提高区域自主创新、技术成果转化的能力。

进一步优化外来投资结构，积极引导外来投资投向重点发展的特色优势产业和交通、能源、水利、市政等基础设施建设。有计划、有重点地加大利用世界银行、亚洲开发银行等国际金融机构贷款和外国政府贷款的规模和使用范围。鼓励和支持跨国并购等投资方式。实施建立重点区域、培育重点产业、构建引资重点战略，以引进跨国公司投资重大项目为突破口，争取更多的国内外知名企业到云南发展。推广项目融资、证券融资、特许经营等引资方式，积极引进风险投资公司和风险投资基金。加快云南优势企业在资本市场上市和发行债券的融资步伐。务实创新，为外企落户云南创造有利环境。健全监督保障体系，增强处置贸易争端的能力，有效应对技术进步迟缓、污染转移、利益流失等负面影响。“十二五”期间，力争外商实际投资总额达到70亿美元，引进省外到位资金1万亿元，实现利用外资质量和效益同步较快增长。

二、加快实施“走出去”战略

支持省内有条件的企业“走出去”，以利用境外资源、开拓境外市场为重点，积极开展直接投资、跨国并购、合资控股和开办企业，实施资源开发、工程承包、设计咨询和劳务合作，加快培育形成一批跨国、跨省国际公司和国际国内知名品牌。建立境外生产、营销和服务网络，形成稳定的海外资源供应基地和销售市场。支持有实力的企业承建大湄公河次区域合作项目。积极推动和促进省内法人金融机构、保险机构开拓国际市场，提高“走出去”企业的融资能力，拓宽融资渠道，为“走出去”的企业提供更加全面、周到的金融服务。维护境外企业的合法权益，增强境外投资风险防范意识。深入开展境外罂粟替代种植，把替代种植和农业“走出去”有机结合起来，培育替代产业。

第三节　加快转变外贸增长方式

推动外贸转型升级。依靠创新和大力推进科技兴贸、绿色兴贸、信息兴贸、价值链增长战略和质量取胜战略，推动出口产品向高技术含量、高附加值转化。加快培育形成一批在国际市场上有较强竞争力和影响力的知名品牌产品和企业。进一步优化进出口结构，重点支持自主性高技术产品、高附加值产品和特色优势产品扩大出口，控制高能耗、高污染和资源性产品出口。扩大先进技术、关键设备及零部件和国内急需的能源、原材料进口，促进进出口基本平衡。加强进出口产品质量安全管理。努力推动对外贸易由注重规模，向注重规模和质量效益并重的方式转变。

积极推进市场多元化战略。抓住中国—东盟自由贸易区建成的机遇，扩大与东盟的贸易规模。充分发挥与南亚相邻的区位优势，积极拓展南亚市场。不断开拓港澳台地区、欧盟、美国、日韩等发达国家市场；大力推进与拉丁美洲、大洋洲、非洲和中东市场的贸易往来，推进外贸市场多元化发展。

促进一般贸易、边境贸易和加工贸易协调发展，大力发展加工贸易和服务贸易。加强出口基地、出口品牌建设，引导各类企业，特别是积极扶植民营企业扩大出口。建设承接国际国内产业转移的出口加工基地，着重提高产业层次和加工深度，形成具有内陆竞争优势的一体化加工贸易模式，扩大加工贸易产品出口规模。建设若干服务业外包聚集区，有序承接国际服务业转移。鼓励软件开发、工程承包、咨询、技术转让、金融保险、国际运输、物流服务、教育培训、信息技术、民族文化等服务贸易出口，扩大服务贸易份额。

第四节　加强开放平台和窗口建设

建立健全合作机制，搭建合作平台，创新合作发展新模式，使云南成为中国面向西南开放重要窗口。

一、创建开放合作平台和创新合作机制

不断建立健全与东南亚、南亚的双边、多边和多层次、多领域的合作协调机制。进一步加强中国—东盟湄公河流域开发合作机制、大湄公河次区域合作机制建设。巩固和完善云南—泰北、云南—老北双边合作机制，办好中越五省（市）经济走廊合作会议、云南与越北边境四省联合工作组会议，建立健全云南与缅甸、云南与柬埔寨、云南与印度、云南与孟加拉国有关地区的双边合作机制，有针对性的开辟对外交往渠道，争取更多国家在昆明设立领事和商务机构，加快昆明领馆区建设，进一步扩大和提高友城的数量和质量。进一步提升昆交会、中国—南亚国家商品展及中越、中老、中缅边交会等办会水平，进一步办好中国—南亚商务论坛、中国东盟华商会和亚太华商论坛。争取国家将南亚国家商品展升格为中国—南亚博览会，配合国家推动建立中国—南亚

国家部长级会议乃至领导人会议机制。提升孟中印缅地区经济合作层次和水平。加快形成集经贸洽谈、商品展览、招商引资、经济合作为一体，紧密联系东南亚、南亚和中国三大市场的对外经贸合作平台。

二、发挥沿边开放经济带窗口作用

加快沿边交通、城镇等基础设施建设，形成互联互通的交通、物流、信息综合网络，促进资金、技术、人才向边境地区聚集。以跨境经济合作区、边境经济合作区、沿边开发开放试验区建设为重点，完善口岸联检查验及配套基础设施建设，加快形成沿边经济带，促进边境地区的区位优势向经济优势转化，促进边境地区与内地共同协调发展。

加快建设瑞丽重点开发开放试验区，进一步推进河口、畹町、瑞丽边境经济合作区建设。积极争取国家批准建立中国瑞丽—缅甸木姐、中国磨憨—老挝磨丁、中国河口—越南老街3个跨境经济合作区，以及孟定（清水河）、腾冲（猴桥）、麻栗坡（天保）、孟连（勐阿）、泸水（片马）5个边境经济合作区。积极推进昆明、红河等综合保税区建设，逐步在腾冲等具备条件的边境地区形成市场、原料、能源三头在外的产业聚集区。先行规划试验，建设一批国际产业园区、边民互市贸易区、生态保护试验区和无障碍跨境旅游区。

加快口岸和通关便利化建设进程。促进口岸及配套设施上水平。推进与周边国家通关便利合作，提高口岸通关能力。加快电子口岸建设，实现信息共享。积极配合国家尽快与大湄公河次区域各国在检验检疫标准、海关制度、国际运输法律等方面形成一系列制度性安排。

专栏27　口岸建设

重点建设的口岸。昆明新机场、景洪港、河口、瑞丽、磨憨、腾冲猴桥、孟定清水河。
加快建设的口岸。西双版纳机场、丽江机场、天保、金水河、打洛、畹町、章凤、盈江那邦、片马、南伞、沧源永和、孟连勐阿、田蓬。
规划建设的口岸。芒市机场、腾冲机场、勐康、弄岛、都龙、勐龙、滇滩、关累。

第五篇　保障措施

纲要是指导全省国民经济和社会发展的行动纲领，要建立健全实施机制，确保目标任务顺利完成。

第十八章　加强组织保障

纲要是政府履行经济调节、市场监管、社会管理和公共服务的重要依据，由省人民政府组织实施。要切实加强组织领导，强化制度、规划和政策的综合协调，促进规划联动，统筹推进实施。

省人民政府对涉及需要政府履行职责的约束性指标和重大战略任务进行分解，各地、各部门按照统筹协调、分工负责的原则认真落实。牵头部门要落实责任，各有关部门要按职能职责积极配合，切实保障纲要主要目标和任务顺利完成。

专栏28 部门责任分工

1. 约束性指标。纲要确定的约束性指标具有法律效力，要建立约束性指标的定期公报制度、评价和绩效考核制度，必须确保完成。

(1)九年义务教育巩固率(省教育行政主管部门负责)
(2)省属国有工业企业提取的科技投入占当年营业收入的比重(省国有资产行政主管部门负责)
(3)全省总人口控制目标(省人口计生行政主管部门牵头负责)
(4)城镇基本养老保险参保人数(省人力资源社会保障行政主管部门牵头负责)
(5)农村社会养老保险参保人数(省人力资源社会保障行政主管部门牵头负责)
(6)城乡三项医疗保险参保率(省人力资源社会保障、卫生行政主管部门牵头负责)
(7)城镇保障性安居工程建设(省住房城乡建设行政主管部门牵头负责)
(8)农村保障性安居工程改造(省住房城乡建设行政主管部门牵头负责)
(9)耕地保有量(省国土资源行政主管部门负责)
(10)非化石能源占一次能源消费比重(省能源行政主管部门牵头负责)
(11)单位生产总值二氧化碳排放量降低(省发展改革行政主管部门牵头负责)
(12)单位生产总值能耗降低(省发展改革、工业信息化行政主管部门牵头负责)
(13)单位工业增加值用水量降低(省工业信息化行政主管部门牵头负责)
(14)主要污染物排放减少(省环境保护行政主管部门负责)
(15)森林增长(省林业行政主管部门负责)

2. 重大战略任务。纲要确定的重大战略任务是实现发展目标的重要手段，是政府履行职责的重要内容，要落实责任，加强协调配合，努力确保完成。

(1)走有云南特色的优势产业发展道路，着力提升产业综合竞争力(省发展改革、工业信息化、农业、商务行政主管部门牵头负责)
(2)加快推进科教兴滇，着力促进创新型云南建设(省科技、教育行政主管部门牵头负责)
(3)强化基础设施建设，着力夯实经济社会发展基础(省发展改革、交通运输、水利行政主管部门牵头负责)
(4)加快推进城镇化进程，着力统筹城乡协调发展(省住房城乡建设、发展改革行政主管部门牵头负责)
(5)促进绿色发展，着力推进生态云南建设(省环境保护、工业信息化、林业、发展改革行政主管部门牵头负责)
(6)加强社会建设，着力促进社会和谐发展(省发展改革行政主管部门牵头负责)
(7)积极推进民族文化强省建设，着力增强文化软实力(省文产办牵头负责)
(8)加快少数民族和民族地区发展，着力促进各民族共同繁荣(省民族事务、发展改革行政主管部门牵头负责)
(9)突出重点领域和关键环节，着力深化体制改革(省发展改革行政主管部门牵头负责)
(10)实施桥头堡战略，着力开创对内对外开放新局面(省发展改革、商务行政主管部门牵头负责)

注：州(市)约束性指标任务将由省人民政府正式下达。

第十九章 实施分类指导

坚持分类指导实施，注重充分发挥市场配置资源的基础性作用，同时政府要调控引导社会资源，合理配置公共资源。

纲要确定的公共教育、公共卫生、公共文化、公共交通、公共安全和生活保障、住房保障、就业保障、医疗保障等基本公共服务领域，是公共财政优先支持的领域，政府运用公共资源全力完成。纲要确定的改革任务、相关政策的制定，是政府的重要职责，必须放在政府工作更加突出的位置，不失时机推进，并注重及时把行之有效的改革措施用法规、规章和制度的形式加以确立。

纲要确定的保持经济平稳较快发展、转变经济发展方式、调整优化结构、增强自主创新能力、统筹城乡区域协调发展等，主要通过完善市场机制和利益导向机制努力实现。产业发展、利用外资、非公经济等的发展重点，是对市场主体的导向，主要依靠市场主体的自主行为实施。政府要积极引导，维护公平竞争，并综合运用财政、产业、投资和价格等政策引导社会资源配置，激发市场主体活力。

纲要提出的优化国土空间开发格局、生态环保、资源管理、调节收入分配、社会管理等要求，主要通过健全法规规章和加大执法力度，并辅之以经济手段加以落实。政府要高度重视，加强指导和统筹协调。

第二十章　强化政策合力

围绕纲要提出的发展目标和战略重点，着眼于发展的关键领域和薄弱环节，强化政策导向，根据“十二五”期间的重大政策体系，制定和完善财税、金融、土地、环保、投资、产业、改革、开放、人才、民生、价格等政策。严格政策出台相关规定和程序，加强各项政策间的衔接协调和配合，形成政策合力，保障实施效果。

专栏29　重大政策体系

主体功能区配套政策。
公共财政预算安排的优先领域和重点区域的配套政策。
覆盖城乡基本公共服务的公共财政政策。
支持边境、民族、贫困地区加快发展相关配套政策。
促进扩大消费政策。
促进扩大稳定就业政策。
促进投资增长政策。
推进城镇化加快发展政策。
加快特色优势产业发展的支持政策。
鼓励支持清洁载能产业政策。
促进创新发展的支持政策。
支持低碳绿色发展的配套政策。
节能减排支持政策。
生态补偿政策。
鼓励支持非公有制经济发展实施细则。
鼓励企业“走出去”优惠政策。
扶持社会办医优惠政策。
其他重大政策。

适时完善政府投资管理办法，着力优化投资结构，科学界定政府投资范围。“十二五”期间，要建立与规划任务相匹配的省级政府投资规模形成机制，政府投资将重点加大对民生和社会事业、农业农村的主导投入力度，加大对结构调整、转变经济发展方式的引导投入力度，加大对战略性新兴产业和循环经济、低碳发展以及重点领域改革的支持力度，更多投向边境、民族、贫困地区。

专栏30 省级政府投资支持的重点领域

基本公共服务体系建设。学前教育、义务教育、普通高中、中等职业教育和劳动力技能培训，重大疾病防治体系，基层医疗卫生、社会福利、公共文化和体育设施，就业服务，社会保障、社区服务，食品药品安全监管设施，安全生产监管、煤矿安全监察设施及支撑体系，政法系统基础设施建设，边境地区处突维稳能力建设，防灾减灾、救灾应急等。

保障性安居工程。廉租房、经济适用住房、公租房建设，农村危房、地震安居房和棚户区改造等。

农业和农村发展。农田水利、农村水电路气房和农业服务体系建设。主要包括山区五小水利工程、中低产田和中低产林改造，灌区续建配套工程，饮水安全，农村公路，农村电网，无电人口通电工程，太阳能、沼气等可再生能源，公共卫生和基本医疗服务体系，农村劳动力转移就业，特色优势产业发展工程，植保工程，动物防疫体系及种养业良种工程等。

节能减排和生态建设。能源和重要矿产资源地质勘查，生态环境保护与修复，生物多样性保护，环境污染治理，节能节水节地，循环经济、低碳示范等。

边境、民族、贫困地区发展。贫困地区以工代赈和易地扶贫，生态移民，人口较少民族、跨境民族发展，藏区经济社会发展，边远、少数民族、贫困地区深度贫困群体脱贫工程，兴边富民工程等。

重大基础设施。重要的城乡交通基础设施建设，中小河流和跨界河流治理，城镇污水、垃圾处理等市政基础设施，信息化和信息安全基础设施等。

自主创新和战略性新兴产业发展。知识创新工程，产业创新平台建设，重大科学工程及科技基础设施，资源综合利用和深度开发技术研发和推广示范，重大技术装备自主研发，高新技术产业化，战略性新兴产业培育发展，符合重大生产力布局的重化工业，清洁载能产业，延伸和完善产业链的精深加工和产业配套，满足区域和周边国家市场的加工制造业，有利于提高自主创新能力和核心竞争力、对行业或区域具有重大支撑和带动作用、促进产业结构调整和优化升级的项目建设等。

第二十一章 坚持规划统领

纲要是全省国民经济和社会发展战略性、纲领性、综合性的规划，是制定我省各级各类规划、国民经济和社会发展年度计划以及有关政策的重要依据。各地、各部门要自觉服从，严格执行，切实维护纲要的统领地位和权威性、严肃性。

纲要明确的内容和提出的目标任务，由各地总体规划、省级重点专项规划和部门专项规划、区域规划细化和落实，为纲要的顺利实施提供强有力支撑。各地总体规划要做好与纲要发展战略和主要目标任务的衔接，与纲要总体要求不一致的，要在年度计划中相应调整。重点专项规划和部门专项规划要细化纲要确定的专项发展目标、重点任务、重大工程和项目、重大改革和政策。区域规划要按照纲要确定的空间布局和城市群发展战略及重点，落实区域发展具体任务。年度计划要根据纲要，结合年度经济运行情况，合理确定年度发展目标。

推进规划体制改革，加快规划立法进程，加紧制定出台规划管理地方性法规，对各级各类规划的功能、性质、定位等作出明确规定，建立定位清晰、层次分明、功能互补、衔接协调的规划体系，充分发挥规划的总体协调功能，为规划实施提供法律保障。

专栏31 省级重点专项规划

(1)"三江"流域(云南部分)生态保护与水土流失治理规划
(2)云南省兴边富民工程"十二五"专项规划
(3)云南省能源发展"十二五"规划
(4)云南省"十二五"现代农业发展规划

续表

(5)云南省"十二五"综合交通体系发展规划 (6)云南省金融保障与信用体系建设"十二五"专项规划 (7)云南省战略性新兴产业发展"十二五"规划 (8)云南省国民经济和社会发展信息化"十二五"专项规划 (9)云南省产业结构调整和优化升级"十二五"专项规划 (10)云南省轻工业"十二五"专项规划 (11)云南省"十二五"节能减排规划 (12)云南省循环经济发展规划 (13)云南省城乡基本公共服务"十二五"专项规划 (14)云南省"十二五"重点领域改革规划 (15)云南省应急体系建设"十二五"规划 (16)云南省"十二五"社会维稳管理创新发展规划 (17)云南省食品安全"十二五"规划

第二十二章　加强监测评估

对纲要主要目标和重点任务、重要政策的制定实施进展和效果,以及重大工程和重大项目的推进情况跟踪落实和监测评价,总结经验,查找问题,促进规划实施。

落实监测监督制度。各地、各部门要加强对纲要实施情况的跟踪分析,特别要对重要发展目标进行监测,对战略重点任务实施情况进行分析,对重大项目进展情况进行跟踪。建立健全重大事项报告制度,及时报告纲要落实进展情况,自觉接受省人民代表大会及常务委员会的监督检查。根据纲要实施情况,选择重点行业、确定年度重点任务,开展重点督查。

健全规划评估制度。实行编制部门自行组织评估和引入第三方评估相结合的方式,对规划实施情况开展评估。建立第三方评估机制,制定第三方评估管理办法,开展第三方评估,并提出独立的分析评估报告。自评报告和第三方评估报告一并上报规划审批部门。

纲要实施中期阶段,要组织对纲要重要目标、战略重点任务、重大改革和政策、重大工程项目的实施进展情况进行中期评估,并报省人民代表大会常务委员会审议。纲要实施期满,要开展总结评估,为编制下一个五年规划打好基础。

省人民政府确定并审批发布的"十二五"省级重点专项规划,要组织开展阶段评估和总结评估。由省人民政府审批发布的其他专项规划和重要的专项规划,根据需要选择确定开展阶段评估和总结评估。

完善规划修订机制。纲要一经批准,由省人民政府组织实施。当环境发生重大变化或其他重要原因,使实际经济运行、社会发展与规划目标发生较大偏离时,或国家调整相关指标等,需要对纲要进行修订或调整的,由省人民政府提出方案,报省人民代表大会常务委员会审议批准。

"十二五"规划是我省深入贯彻落实科学发展观,实现更好更快发展重要时期的五年规划。全省各族人民要更加紧密地团结在以胡锦涛同志为总书记的党中央周围,高举中国特色社会主义伟大旗帜,以邓小平理论和"三个代表"重要思想为指导,在中共云南省委的坚强领导下,坚定不移地贯彻党的理论、路线和方针、政策,解放思想,抢抓机遇,努力开创科学发展新局面,为实现"十二五"规划的奋斗目标和建设富裕民主文明开放和谐云南而努力奋斗。

附件 1

"十一五"规划主要指标实现情况

指标		2005 年	规划目标 2010 年	实现情况 2010 年
全省生产总值(亿元)	2005 年价	3462	5220	6047
	当年价			7220
三次产业增加值比重(%)		19.1:41.2:39.7	15:43:42	15.3:44.7:40
人均生产总值(元)	2005 年价	7809	11400	13151
	当年价			15749
服务业增加值比重提高(%)		—	[2.0]	[1]
服务业就业比重提高(%)		—	[4.6]	[8.2]
城镇化率(%)		29.5	35.0	36
粮食产量(万吨)		1515	1600	1531
5 年转移农业劳动力人数(万人)		[480]	[600]	[770]
农村居民人均纯收入(元)	2005 年价	2042	2730	3274
	当年价			3952
城镇居民人均可支配收入(元)	2005 年价	9266	12400	13678
	当年价			16065
全社会固定资产投资(亿元)	2005 年价	[5658]	[≥10000]	[16418]
	当年价			[18602]
资本形成率(%)		50.0	46.0	60.5
公路总里程(万公里)		16.8	17.2	20.9
其中:高速公路里程(万公里)		0.14	0.32	0.26
铁路营运里程(万公里)		0.19	0.3	0.25
研究与试验发展投入占生产总值比重(%)		0.41	≥1.5	0.60
万元工业增加值用水量(立方米)		153	120	86
国民平均受教育年限(年)		6.3	8.0	8
总人口(万人)		4450.4	4600	4598
5 年新增城镇就业人数(万人)		[≥90]	[≥100]	[116]
城镇登记失业率(%)		≤4.3	≤5.0	4.2
万元生产总值能耗(吨标准煤/万元)		1.73	1.44	1.44
耕地保有量(万公顷)		606	604.87	604.87
贫困人口减少人数(万人)		50	[250]	[265]
解决农村安全饮用水人数(万人)		—	[500]	[952]
农村乡镇和建制村通公路比重(%)		98.3	99.9	99.9
文教科卫支出占财政支出比重(%)		—	28.5	28.5
中等职业教育在校生人数(万人)		29.3	46	66.91
初中 3 年保留率(%)		—	≥95.0	98.0
广播/电视覆盖率(%)		92/93.5	95/96	95.4/96.4
儿童计划免疫五苗接种率(%)		90	≥90	97
孕产妇死亡率(人/10 万人)		65.4	49	37.27

续表

指　　标	2005 年	规划目标	实现情况
		2010 年	2010 年
新型农村合作医疗覆盖率(%)	40.3	100	100
城镇基本养老保险参保人数(万人)	176.2	≥290	317
森林覆盖率(%)	50.0	53.0	52.9
化学需氧量(万吨)	28.5	≤27.1	27.1
氨氮排放量(万吨)	1.82	≤1.7	5.87
二氧化硫排放量(万吨)	48.2	≤50.1	50.1
城市污水集中处理率(%)	52	≥60	76.1
城市垃圾无害化处理率(%)	38	≥60	70
工业固体废物综合利用率(%)	35	≥60	50.77
新增治理水土流失面积(万公顷)	[120.0]	[120.0]	[140]
单位生产总值死亡人数(人/亿元)	—	≤1	0.6
货物进出口总额(当年价,亿美元)	47.0	82.8	133.68
服务贸易进出口总额(亿美元)	5.0	10.0	18.2
实际利用外资(亿美元)	[5.7]	[11]	[37]
非公有制经济占生产总值比重(%)	35.0	≥50.0	40.6
注:带[ ]的为 5 年累计数。			

附件 2

名词注释

地区生产总值(GDP):指按市场价格计算的一个地区所有常住单位在一定时期内生产活动的最终成果。地区生产总值有 3 种表现形态,即价值形态、收入形态和产品形态。从价值形态看,它是所有常住单位在一定时期内生产的全部货物和服务价值超过同期中间投入的全部非固定资产货物和服务价值的差额,即所有常住单位的增加值之和;从收入形态看,它是所有常住单位在一定时期内创造并分配给常住单位和非常住单位的初次收入分配之和;从产品形态看,它是所有常住单位在一定时期内最终使用的货物和服务价值与货物和服务净出口价值之和。在实际核算中,国内生产总值有 3 种计算方法,即生产法、收入法和支出法。

当年价格:指报告期的实际价格,如工厂的出厂价格,农产品的收购价格,商业的零售价格等。按当年价格计算,是指一些以货币表现的物量指标,如社会总产值、工农业总产值、国民收入、国民生产总值等,按照当年的实际价格来计算总和。使用当年价格计算的数字,是为了使国民经济各项指标相互衔接,便于考察当年社会经济效益,便于对生产和流通、生产和分配、生产和消费进行经济核算和综合平衡。

按当年价格计算的价值指标,在不同年份之间进行对比时,因为包含有各年间价格变动因素,不能确切地反映实物量的增减变动。必须消除价格变动因素后,才能真实反映经济发展动态。因此,在计算增长速度时都使用按可比价格计算的数字。

可比价格:指计算各种总量指标所采用的扣除了价格变动因素的价格,可进行不同时期总量指标的对比。

社会消费品零售总额:指各种经济类型的批发零售贸易业、住宿和餐饮业、新闻出版业、邮政业和其他服务业等在一定时期内,售予城乡居民用于生活消费的商品和社会集团用于公共消费的商品总量。

高中阶段教育毛入学率:高中阶段教育含普通高中和中等职业教育(包括职业高中、中专、技工学校),高中阶段教育毛入学率指接受普通高中和中等职业教育的人数占同期全省15—17周岁总人口的比例。

城镇化率:通常用城镇人口占全部人口的百分比来表示,用于反映人口向城市聚集的过程和聚集程度。

研究与发展经费支出:指用于研究与发展课题活动(基础研究、应用研究、实验发展)的全部实际支出,包括用于研究与发展课题活动的直接支出和间接用于研究与发展活动的支出(如研究院、所管理费,维持研究院、所正常运转的必需费用和与研究发展有关的基本建设支出)。

人口自然增长率:指在一定时期内(通常为1年)人口自然增加数(出生人数减死亡人数)与该时期内平均人数(或期中人数)之比,一般用千分率表示。计算公式为:

人口自然增长率=(本年出生人数-本年死亡人数)/年平均人数×1000‰=人口出生率-人口死亡率

城镇居民家庭可支配收入:指被调查的城镇居民家庭在支付个人所得税、财产税及其他经常性转移支出后所余下的实际收入。

农村居民家庭纯收入:指农村常住居民家庭总收入中,扣除从事生产和非生产经营费用支出、缴纳税款和上交承包集体任务金额以后剩余的,可直接用于进行生产性、非生产性建设投资、生活消费和积蓄的那一部分收入。农村居民家庭纯收入包括从事生产性和非生产性的经营收入,在外人口寄回、带回和国家财政救济、各种补贴等非经营性收入;既包括货币收入,又包括自产自用的实物收入。但不包括向银行、信用社和向亲友借款等属于借贷性的收入。

非化石能源:指非煤炭、石油、天然气等经长时间地质变化形成,只供一次性使用的能源类型外的能源。包括当前的新能源及可再生能源,含核能、风能、太阳能、水能、生物质能、地热能、海洋能等可再生能源。发展非化石能源,提高其在总能源消费中的比重,能够有效降低温室气体排放量,保护生态环境,降低能源可持续供应的风险。

农业灌溉用水有效利用系数:指在一次灌水期间被农作物利用的净水量与水源渠首处总引进水量的比值,是衡量灌区从水源引水到田间作物吸收利用水的过程中灌溉水利用程度的重要指标。

森林覆盖率:指一个国家或地区森林面积占土地面积的百分比。在计算森林覆盖率时,森林面积包括郁闭度0.2以上的乔木林地面积和竹林地面积,国家特别规定的灌木林地面积、农田林网以及四旁(村旁、路旁、水旁、宅旁)林木的覆盖面积。森林覆盖率是反映森林资源的丰富程度和生态平衡状况的重要指标。计算公式为:

森林覆盖率(%)=森林面积/土地总面积×100%

森林蓄积量:指一定森林面积上存在着的林木树干部分的总材积。它是反映一个国家或地区森林资源总规模和水平的基本指标之一,也是反映森林资源的丰富程度、衡量森林生态环境优劣的重要依据。

扩大内需:内需即内部需求,包括投资需求和消费需求两个方面。扩大内需,就是指实行积极的财政政策、稳健的货币政策和正确的消费政策，启动投资和消费市场，拉动经济增长。扩大内需是我国 1998 年以来确定的一项长期的战略方针和任务。当前，国家针对我国出口导向拉动经济增长的模式，提出要正确处理扩大内需与稳定外需、增加投资与扩大消费关系，加快形成主要依靠国内需求特别是消费需求拉动经济增长的格局。

主体功能区：指基于不同区域的资源环境承载力、现有开发密度和发展潜力等，将特定区域确定为具有特定主体功能定位类型的一种空间单元。

战略性新兴产业：是新兴科技和新兴产业的深度融合，是以科学技术的重大突破，满足和培育重大市场需求，引领产业发展方向、快速成长的新产业领域，具有"必须掌握关键核心技术、具有广阔的市场需求前景、资源消耗低、带动系数大、就业机会多、综合效益好"的基本特征。

主动式 OLED：主动式有机发光二极管。

"双师型"教师：指同时具备教师资格和职业资格，从事职业教育工作的教师。"双师型"教师是教育教学能力和工作经验兼备的复合型人才，对提高职业教育教学水平具有重要意义。

铁路"八出省、四出境"："八出省"即滇藏线、成昆线、渝昆线、内昆线、南昆线、贵昆线、云桂线、沪昆客运专线 8 条省际铁路。"四出境"即泛亚铁路东线（昆明—河口—越南）、泛亚铁路中线（昆明—磨憨—老挝—泰国）、泛亚铁路西线（昆明—瑞丽—缅甸），以及昆明—腾冲猴桥—缅甸—孟加拉国—印度 4 条出境铁路。

公路"七出省、四出境"："七出省"即昆明—广州、昆明—汕头、昆明—贵阳—上海、昆明—遵义—杭州、昆明—重庆、昆明—北京、昆明—拉萨 7 个出省方向的高速公路。"四出境"即昆明—河口、昆明—瑞丽、昆明—磨憨、昆明—猴桥 4 条通向东南亚、南亚的出境高等级公路。

通勤航空：是指采用 30 座及以下的小型航空器，经营 400 公里以内的短途航线，为县、市、小城镇或居民点提供定期或不定期航班的航空运输服务。

三网融合：指电信网、计算机网和有线电视网 3 大网络通过技术改造，能够提供包括语音、数据、图像等综合多媒体的通信业务。

数字乡村：指通过完善互联网、电脑、数码照相（摄像）机等农业和农村信息基础设施，建立和完善以自然村为基础的农村基础情况、乡风民俗、政策法规、政策补贴、政务公开、村务公开、农业生产管理、农业科技、农村财务管理、农业生产资料和农产品市场、农产品质量标准、名优产品、农业企业、农民专业合作组织、招商引资、农村劳动力转移、农村资源环境管理、农村规划建设、农村疫情检测防治、气象、扶贫开发、卫生、计划生育、社会保障等农村经济社会信息数据库，建设信息网络服务平台，推进农业生产经营和农村社会管理服务信息化，采用图、文、声、像和多媒体等多种形式，为农民提供及时、高效的信息服务，为各级党委、政府了解农村基层和新农村建设情况、实施科学决策提供依据。

文化业态：即文化产业的业态。包括书报刊出版、印刷和发行业，文化艺术业，文物保护业，广播电影、电视业，文化娱乐业，体育，摄影及扩印业，园林业（包括公园、动植物园和自然保护区），广告业。

中小企业集合债券：企业债是指具有法人资格的企业依照法定程序发行，并约定在一定期限内还本付息的有价证券，其为一种债务契约。中小企业集合债券指的是若干个中小企业各自作为债券发行主体，确定债券发行额度，采用集合债券的形式，使用统一的债券名称，形成一个总发行额度而发行的一种企业债券。其特征为：发债主体多元化；发行主体规模较小；发债主体投资项目占其经营总规模的权重较大；更关注风险防范和增信机制。

2G/3G：第二代移动通信技术/第三代移动通信技术。

西藏自治区国民经济和社会发展第十二个五年规划纲要

（2011 年 1 月 16 日西藏自治区
第九届人民代表大会第四次会议通过）

“十二五”时期(2011 年～2015 年)，是我区深入贯彻落实党的十七届五中全会和中央第五次西藏工作座谈会、西部大开发工作会议精神，全面建设小康社会的攻坚时期。适应国内外形势新变化，顺应各族人民过上更好生活的新期待，科学制定“十二五”规划，把中央关于加快西藏发展的决策部署同西藏实际紧密结合起来，对于紧紧抓住和用好重要战略机遇期，推进跨越式发展和长治久安，为全面建成小康社会奠定坚实的基础，具有重大意义。

本纲要根据中央第五次西藏工作座谈会精神，按照《中共西藏自治区委员会关于制定“十二五”时期国民经济和社会发展规划的建议》要求编制，主要阐明我区经济社会发展的战略目标、发展重点和政策措施，集中体现自治区党委、政府的决策意图，是各地市、各部门依法履行工作职责，编制地市规划、专项规划以及实施年度计划和研究制定各项政策措施的重要依据，是全区各族人民夺取全面建设小康社会新胜利的行动纲领。

第一篇　坚持走有中国特色、西藏特点发展路子，开创科学发展新局面

“十一五”时期，我区积极探索走有中国特色、西藏特点发展路子，经济社会发展取得了重大成就。科学谋划“十二五”时期经济社会发展，必须认真总结在“十一五”时期取得的成绩和积累的宝贵经验，全面分析“十二五”时期经济社会发展面临的有利环境和存在的主要困难、问题，明确发展方向和重点任务，采取强有力的政策措施，推动经济社会更好更快更大发展。

第一章　新的历史起点

“十一五”时期是我区发展进程中极不寻常、极不平凡的五年。面对复杂多变的形势和艰巨繁重的改革发展稳定任务，在以胡锦涛同志为总书记的党中央坚强领导下，在全国人民特别是对口援藏省市、中央和国家机关及企事业单位的无私援助下，自治区党委、政府团结带领全区各族人民，深入贯彻落实科学发展观，全面贯彻落实中央关于西藏工作指导思想和方针政策，抓住机遇，艰苦奋斗，顽强拼搏，开拓进取，有效应对改革发展中的不确定因素，依法果断处置拉萨“3·14”打砸抢烧严重暴力犯罪事件，顽强战胜地震、干旱、暴雪等严重自然灾害，经济社会发展取得了历史性成就。

第一节　发展基础

经济建设取得重大进展，发展基础进一步夯实。经济总量不断扩大，全区生产总值连续保持两位数的增长速度，年均增长12.4%，2010年达到507.46亿元，人均地区生产总值达到17000元，均超过“十一五”规划预期目标，保持了跨越式发展良好态势。地方财政一般预算收入大幅度增长，达到36.65亿元，年均增长25%。消费规模不断增强，社会消费品零售总额达到180.84亿元，年均增长19.8%，比“十五”高8.3个百分点。基础设施建设成就辉煌，“十一五”规划项目方案全面实施，全社会固定资产投资达到1656亿元，比“十五”增长1.4倍。青藏铁路胜利通车，拉萨至日喀则铁路、墨脱公路开工建设，林芝米林、阿里昆莎、日喀则机场通航，进藏干线公路基本实现路面黑色化，县通油路、乡镇和行政村通公路水平显著提高，通车总里程达5.8万公里，综合交通运输体系逐步完善。直孔、巴河雪卡水电站投产发电，全面推进无电地区电力建设，藏木水电站、青藏直流联网工程、旁多水利枢纽工程建设顺利，三大灌区和江北灌区建设效益明显，能源供应和水利保障水平逐步提升。着力推进“一产上水平、二产抓重点、三产大发展”经济发展战略，加快组建企业集团，以旅游为龙头的特色优势产业快速发展，一批产业项目相继建成，产业结构和产业布局进一步优化，产业基础不断增强。银行、证券、保险业不断拓展服务领域，积极促进经济社会发展。

民生建设取得重大进展，各族群众生活进一步改善。始终把保障和改善民生作为一切工作的出发点和落脚点，全面推进以安居乐业为突破口的社会主义新农村建设，27.48万户、140万农牧民住进安全适用的房屋。加强农牧区基础设施建设和村容村貌整治，解决153万农牧民的饮水安全问题，农牧民生产生活条件显著改善。居民收入持续提高，2010年农牧民人均纯收入达到4138.7元，年均增长14.8%。城镇居民可支配收入达到14980元。基本公共服务水平显著提高，教育、卫生、文化、科技等各项社会事业进一步发展，就业形势基本稳定，社会保障体系建设全面推进，统筹能力明显增强，提前两年实现农村新型养老保险制度层面全覆盖。

生态文明建设取得重大进展，可持续发展能力进一步提升。坚持发展和保护并重，大力实施西藏生态安全屏障保护与建设规划，加大对环境保护和生态建设投入。天然林保护、天然草地退牧还草、野生动植物资源保护、自然保护区建设、水土流失治理、地质灾害防治、植树造林、防沙治沙取得显著成效。全面启动农村薪柴替代工程和“绿色拉萨”工程，青藏铁路、重点公路沿线绿化不断加强。完成人工造林11.47万公顷。森林生态效益补偿全面实施，草原、湿地等其他生态补偿研究和试点工作稳步推进。严格环境准入条件，加大执法监管力度，节能减排工作成效明显。垃圾污水处理设施建设加快，主要污染物排放得到有效控制，大力淘汰落后产能，实施节能节电重点工程，单位生产总值能耗持续下降。生态环境保护与建设进入科学规划、协调推进、持续发展的新阶段。

专栏1 "十一五"规划主要目标完成情况

指　标	2005年	规划目标		预计实现情况	
		2010年	年均增长	2010年	年均增长
地区生产总值(亿元)	248.8		12%	507.46	12.4%
人均地区生产总值(元)	9036		10.7%	17000	11%
地方财政一般预算收入(亿元)	12	24	15%	36.65	25%
第二产业增加值占GDP比重(%)	25.5	30		32.3	[6.8]
农牧民人均纯收入(元)	2078	3820	13%	4138.7	14.8%
城镇居民人均可支配收入(元)	8411	12000	7.5%	14980	12.2%
县通沥青路率(%)	45	80		82.2	[37.2]
乡镇通公路率(%)	93	100		99.7	[6.7]
电力人口覆盖率(%)	60	90		82	[22]
乡镇通邮率(%)	70	95		85.7	[15.7]
初中适龄人口入学率(%)	75	95		98.2	[23.2]
人均受教育年限(年)	4.1	7		7.3	[3.2]
千人拥有卫生技术人员(人)	2.93	3.48		3.3	
城镇登记失业率(%)	4.3	5		4	
五年城镇新增就业(万人)	[7.6]	[8]		[10]	
全区总人口(万人)	277	293	11‰	293	11‰
城镇化率(%)	19.8	25		25	[5.2]
耕地保有量(万公顷)	31	35.7		35.7	
城镇垃圾处理率(%)	50	80		80	
万元地区生产总值能耗(吨标煤)	1.48	1.29		1.25	

注：地区生产总值按现价计算，增速按可比价格计算，按2005年可比价格计算2010年预计数为446亿元；居民收入按现价计算；[ ]表示五年累计数。根据自治区土地利用总体规划(2006～2020年)，2005年耕地保有量为36.1万公顷。根据2006年公路调查，2005年县通沥青路率为47.9%，乡镇通公路率为76.4%。

改革开放取得重大进展，体制活力进一步增强。社会主义市场经济体制初步建立，行政机构改革初显成效，政府职能进一步转变，投资、财税、金融、粮食流通体制改革继续深化，宏观调控体系逐步健全。农牧区基本经济制度不断完善，继续巩固"三个长期不变"政策，土地、草场等产权及其流转领域改革取得新进展。社会事业改革成效明显，医药卫生体制改革顺利实施，文化、教育体制改革稳步推进。国有企业集团改革重组取得重大进展，初步形成国有资产管理、营运、监督体系，国有资产整体运营水平显著提高。资本、土地、人才等要素市场建设加快，非公有制经济税收占全区税收的比重超过国有和集体企业，在国民经济中的作用不断增强。全国支援西藏工作力度不断加大，招商引资成效明显，对外贸易不断扩大，进出口贸易总额年均增长27.8%，与其他省份的经济文化交流合作深入发展。

“十一五”时期，我区在经济社会发展多方面实现了历史性突破，取得巨大成就，开创了推进跨越式发展和长治久安的新局面。一是经济发展持续跃上新台阶。“十一五”时期，全区生产总值先后突破300亿元、400亿元和500亿元大关，增长速度高于同期全国平均水平1.4个百分点。经济发展质量和效益显著提高，财政收入大幅增加，物价基本稳定，金融组织服务体系不断完善，经济抗风险能力和发展的可持续性增强。二是经济结构进一步完善。三次产业结构不断优化，以一产就业为主逐步转向第二、三产业就业为主，产业关联度进一步提升。第二产业不断壮大，规模效益明显提高，优势产品市场半径不断扩展，一批特色产品远销海内外。第三产业快速发展，对国民经济发展的带动作用不断增强。投资结构不断改善，民间投资快速增长，占全社会固定资产投资比重达到27.9%，比2005年提高11.2个百分点。三是正在从相对封闭迈向更加开放。广大干部群众思想不断解放，观念不断更新，先进、科学的生产生活方式不断普及。以青藏铁路为标志，铁路、航空和公路为支撑，初步形成了通达区外快速便捷的综合交通运输网络，区内外人流、物流、资金流、技术流、信息流等日益增强，“走出去”战略迈出坚实步伐，开放型经济进入新阶段。四是正在从解决温饱迈向建设惠及更多人口的全面小康。农牧民人均纯收入和城镇居民人均可支配收入分别比2005年翻了近一番和增长78.1%，人均纯收入低于1300元的重点扶持对象减少17万人。

这些成绩的取得，是中央特殊关心和全国无私支援，不断丰富治藏方略、完善援藏机制的结果，是自治区党委、政府坚强领导和科学决策，坚持有中国特色、西藏特点发展路子伟大实践的结果，是全区各族干部群众坚持中国共产党领导、坚持社会主义制度、坚持民族区域自治制度，同舟共济、艰苦奋斗的结果，西藏已经站在了新的历史起点上。实践证明，走有中国特色、西藏特点发展路子完全符合我区实际，符合全区各族人民的根本利益。

第二节　发展环境

“十二五”时期是承前启后、加快全面建设小康社会的攻坚时期，既面临重大机遇，也存在严峻挑战。

从国内环境看，国家综合国力不断增强，工业化、信息化、城镇化、市场化、国际化深入发展，人均国民收入稳步增加，经济结构转型升级，市场需求潜力巨大，为我区拓展发展空间、加快发展步伐提供了更好的外部环境。

——国家加快转变经济发展方式，加快产业结构调整步伐，实施中西部承接产业转移政策，突出节能环保、资源开发等领域科技创新和应用，为我区将资源优势转化为经济优势，提供了强劲的市场需求和科技支撑。

——国家深入实施西部大开发战略，更加注重西部地区基础设施、生态建设和环境保护、经济结构调整和自主创新、社会事业发展、优化区域布局、体制机制创新，为我区持续快速协调发展创造了良好条件。

——国家对外开放不断向纵深推进，我区处在对南亚开放的重要地位，在充分利用国际国内两个市场、两种资源，提高开放水平上具有更加有利的宏观环境，对争取有利于持续发展的国际环境，遏制达赖集团的破坏活动和生存空间具有重要意义。

从我区区情看，我区已步入经济快速发展，社会全面进步，人民生活水平显著提高的快车道，经验日益丰富，体制日益完善，环境日益改善，为实现更好更快更大发展奠定了坚实基础。

——中央关于西藏工作指导思想和方针政策更加丰富完善。中央第五次西藏工作座谈会进一步明确了推进西藏跨越式发展和长治久安的目标、任务和工作重点，制定出台了一系列扶持西藏经济社会发展的特殊优惠政策和具体措施。这些政策措施在“十二五”时期得到全面贯彻落实，是我区实现新的发展目标的坚强保障。

——对口援藏力度进一步加大。中央第五次西藏工作座谈会确定对口支援西藏政策延长到2020年，完善了经济援藏、干部援藏、人才援藏、科技援藏相结合的工作格局，建立了援藏资金稳定增长机制，是我区加快发展的坚强后盾。

——推进跨越式发展的物质基础进一步夯实。“十一五”时期经济社会建设取得历史性成就，基础设施不断完善，产业建设加快推进，瓶颈制约进一步缓解，增强自我发展能力的基础条件逐步成熟。

——推进跨越式发展的内生环境显著改善。市场体系、体制机制和社会环境进一步改善，人口整体素质显著提升，各级政府服务和管理经济社会发展的水平逐步增强，吸引区外资本、技术、人才的能力和水平进一步提高，全区各族干部群众思稳定、盼富裕、谋跨越、奔小康的愿望更加强烈。

同时，我区发展也面临严峻挑战。由于特殊的地理环境和历史原因，我区发展与全国发展的差距仍然较大，经济基础薄弱，基础设施不足，防减灾能力低，市场开发条件差，环境承载能力脆弱，科技和人才支撑能力匮乏，基本公共服务水平较低，城乡居民特别是农牧民生活水平还不高，人民日益增长的物质文化需要同落后的社会生产之间的矛盾仍然是我区的社会主要矛盾。社会大局保持稳定，但反分裂斗争依然尖锐复杂，还存在着各族人民同以达赖集团为代表的分裂势力之间的特殊矛盾。我们同达赖集团的斗争是长期的、尖锐的、复杂的，有时甚至是激烈的，反对分裂、维护社会稳定的任务艰巨。

第二章　新的发展里程

“十二五”时期，从新的起点出发，我区坚持走有中国特色、西藏特点发展路子，在实践中不断充实和丰富这条发展路子的深刻内涵，始终坚持中央关心、全国支援与西藏自身艰苦奋斗相结合的基本方针，步入民生大改善、特色产业大发展、基础设施大建设、文化大繁荣、生态环境大保护、自我发展能力大提高、社会局势大稳定的新里程。

第一节　指导思想

高举中国特色社会主义伟大旗帜，以邓小平理论和“三个代表”重要思想为指导，深入贯彻落实科学发展观，全面贯彻落实党的十七届五中全会、西部大开发工作会议、中央第五次西藏工作座谈会和区党委七届七次全委会精神，坚持党的领导，坚持社会主义制度，坚持民族区域自治制度，坚持走有中国特色、西藏特点发展路子，以科学发展、跨越式发展和长治久安为主题，以实施“一产上水平、二产抓重点、三产大发展”的经济发展战略、加快转变经济发展方式为主线，以改革开放为动力，以民族团结为保障，以保障和改善民生为出发点和落脚点，以生态环境保护与建设为重要内容，巩固和扩大“十一五”发展成果，促进经济更好更快更大发展和社会和谐稳定，为到2020年同全国一道实现全面建设小康社会的宏伟目标打下具有决定性意义的基础。

以科学发展、跨越式发展和长治久安为主题，是由我区存在的社会主要矛盾和特殊矛盾决定的。发展是硬道理，是解决西藏所有问题的关键。稳定是硬任务，是推进西藏跨越式发展的前提。没有稳定就不可能有发展，没有发展就不可能有长久的稳定。必须坚持发展稳定两手抓、两手都要硬，切实把推进跨越式发展和长治久安贯穿到建设社会主义新西藏的全过程。

以实施“一产上水平、二产抓重点、三产大发展”的经济发展战略、加快转变经济发展方式为主线，是坚持走有中国特色、西藏特点发展路子，开创西藏跨越式发展和长治久安新局面的基本途径和方法。中国特色，是引领我们前进的旗帜；西藏特点，是西藏具体实际的体现。必须坚持从区情出发，充分发挥自身优势和潜力，重点突破，特色增效，推进产业结构优化升级，促进全面、协调、可持续发展。基本要求是：

——坚持加快发展，着力在增强自我发展能力上取得突破。努力转变发展观念、创新发展模式、提高发展质量，加快推进基础设施建设，加快培育战略支撑产业，加快形成科教兴藏和人才强区的支撑体系，实现资源优势向经济优势转变，大力提升自我发展能力。

——坚持共享发展，着力在保障和改善民生上取得突破。以改善民生为出发点和落脚点，实施“富民兴藏”战略，大力提高政府提供基本民生服务、公共事业服务、公共安全服务的能力和水平，着重解决农牧区生产生活条件较差、农牧民增收困难等突出问题，显著提高各族群众生活水平和质量，实现民富与区强的有机统一。

——坚持可持续发展，着力在生态环境保护与建设上取得突破。以构筑重要的生态安全屏障和建设生态西藏为目标，正确处理保护与开发的关系，坚持把生态环境承载能力作为发展经济、开发资源的先决条件和基本依据，有序高效利用资源。建立完善的生态补偿机制，抓好重点生态保护与建设工程，扎实推进节能减排和污染防治，实现经济发展与生态保护和谐共进。

——坚持和谐发展，着力在长治久安能力建设上取得突破。把深入推进和谐社会建设和增强维稳保障能力作为促进长治久安的关键环节，加强社会主义精神文明和民主法治建设，认真做好民族和宗教工作，全面加强宣传和舆论引导，着力夯实基层基础，狠抓政法队伍、维稳力量和边境地区建设，不断完善社会管理，确保社会局势由持续稳定进入长治久安的新阶段。

——坚持统筹发展，着力在优化空间发展布局上取得突破。积极推进形成主体功能区，促进不同区域协调发展，加快特殊类型区域的扶贫开发，适度聚集人口，构建有西藏特点的城镇体系，推进经济跨越发展与城乡区域发展相协调，实现经济非均衡布局与推进基本公共服务均等化的有机衔接。

——坚持创新发展，着力在体制机制完善上取得突破。把深化改革扩大开放和建立促进经济社会发展的体制机制作为推进跨越式发展的根本动力，挖掘政策潜力，扩大政策效应，用足用活用好中央赋予我区的特殊优惠政策。加强同兄弟省(区、市)和中央企业的经济合作，进一步完善社会主义市场经济体制，完善招商引资优惠政策，不断拓展对外开放的广度和深度，推动经济社会发展步入改革引领、开放提升、创新驱动的轨道。

第二节　主要目标

"十二五"时期经济社会发展的总体目标是:保持经济跨越式发展势头,农牧民人均纯收入与全国平均水平的差距显著缩小,基本公共服务能力显著提高,生态环境进一步改善,基础设施建设取得重大进展,各民族团结和谐,社会持续稳定,全面建设小康社会的基础更加扎实。

——经济保持跨越式发展。地区生产总值年均增长12%以上,地方财政一般预算收入年均增长15%以上,固定资产投资大幅度增长。居民消费率逐年提高,城镇化率达到30%,工业增加值占GDP的比重超过15%,服务业就业人员占全社会就业人员比重提高5个百分点,特色优势产业快速发展,经济结构进一步优化,发展的质量和效益明显提升,自我发展能力明显增强。

——人民生活水平显著提高。物价总水平基本稳定,居民收入和经济发展同步提高,低收入者收入明显增加,中等收入群体持续扩大,贫困人口显著减少。农牧民人均纯收入年均增长13%以上,城镇居民人均可支配收入持续增加。五年城镇新增就业人数超过10万人,城镇登记失业率控制在4%以内。

——基本公共服务能力显著提高。覆盖城乡居民的基本公共服务体系不断完善,城乡居民受教育程度和健康水平不断提高,思想道德素质和科学文化素质明显提高,九年义务教育巩固率达到90%,高中(中职)阶段毛入学率达到80%,新增劳动力受教育年限达到12.2年。广播电视人口综合覆盖率达到95%以上,千人拥有卫生技术人员数达到3.5人,文化事业和文化产业加快发展。社会保障覆盖率和水平大幅提高。

——基础设施建设取得重大进展。交通、能源瓶颈制约进一步缓解,综合交通运输体系进一步完善,综合能源体系初步建立。县县通油路,次高级及以上路面里程达到1.5万公里。乡镇通光缆,乡村信息化水平明显提高。电力装机规模扩大,用电人口基本实现全覆盖。全面解决农牧民及农林场职工饮水安全问题。

——生态环境进一步改善。耕地保有量保持在35.4万公顷。主要江河湖泊水质、城镇空气质量保持优良。天然林、原生植被得到有效保护,新增人工林地26万公顷,重点地区土地、草场沙化退化和水土流失状况得到明显遏制。主要城镇污水集中处理率达到60%。单位地区生产总值能源消耗水平持续下降,主要污染物排放总量控制在国家核定范围内,生态安全屏障建设初见成效。

——改革开放不断深化。经济、社会事业等领域的体制改革和机制创新深入推进,政府职能加快转变,管理能力和行政效率明显提高,基本经济制度进一步完善,资本、土地、人才、技术、信息等要素市场进一步健全。区域经济协调发展水平不断提升,对外开放的广度和深度不断拓展,南亚贸易陆路大通道建设取得实质性进展。

——社会保持持续稳定。维稳能力建设不断加强,维稳长效机制全面建立,基层基础更加坚实,社会管理制度更加完善,社会管理能力不断提高,藏传佛教正常秩序全面建立,各民族大团结不断巩固发展,社会秩序良好,人民安居乐业。

专栏 2 “十二五”时期经济社会发展的主要目标					
类别	指 标	2010 年预计	2015 年目标	年均增长(%)	目标属性
经济发展	地区生产总值(2010 年价格,亿元)	507.46	900	12%以上	预期性
	人均地区生产总值(2010 年价格,元)	17000	28600	11%	预期性
	地方财政一般预算收入(亿元)	36.65	73.7	15%	预期性
	工业增加值占 GDP 比重(%)	7.8	15	[7.2]	预期性
	服务业就业比重(%)	35	40	[5]	预期性
	城镇化率(%)	25	30	[5]	预期性
人民生活	农牧民人均纯收入(元)	4138.7	7625	13%	预期性
	城镇居民人均可支配收入(元)	14980	21500	7.5%	预期性
	五年城镇新增就业(万人)	[10]	>[10]		约束性
	城镇登记失业率(%)	4	4		预期性
公共服务	九年义务教育巩固率(%)	88	90	[2]	约束性
	高中(中职)阶段毛入学率(%)	60	80	[20]	预期性
	新增劳动力平均受教育年限(年)	9	12.2		预期性
	城乡养老和医疗保险参保率(%)	/	>95		约束性
	千人拥有卫生技术人员(人)	3.3	3.5		预期性
	广播电视人口综合覆盖率(%)	90.3/91.4	95		预期性
基础设施	次高级及以上路面里程(万公里)	0.8	1.5		预期性
	电力人口覆盖率(%)	82	95		预期性
	乡镇通光缆率(%)	90	>95		预期性
	农村安全饮水人口比重(%)	68.8	>95		预期性
资源环境	耕地保有量(万公顷)	35.7	35.4		约束性
	新增人工林地(万公顷)	[11.47]	[26]		约束性
	主要城镇污水集中处理率(%)	4.4	60		约束性
	单位地区生产总值能源消耗降低(%)			[10]	约束性

注:地区生产总值和城乡居民收入绝对数按 2010 年价格计算,速度按可比价格计算;[ ]内为五年累计数;次高级及以上路面指用沥青灌入碎(砾)石、冷拌沥青碎(砾)石、半整齐石块、沥青表面处置等作面层的路面;污水集中处理的主要城镇指七地(市)行署(政府)所在地和边境重点县城。

第二篇 加强基础设施建设,增强跨越式发展的保障能力

立足改善民生、资源开发、产业建设和城镇发展,统筹规划和加快实施重大基础设施项目,加强项目建设和运行管理,充分发挥基础设施对经济社会发展的支撑和保障作用。

第三章 加快完善基础设施体系

加大投入力度，加快建立与经济社会跨越式发展相适应的交通、能源、水利和通信等基础设施体系。

第一节 加快完善综合交通运输体系

坚持整体规划、分步实施、统筹兼顾、突出重点，以公路网为基础，以干线公路、铁路和航空运输为骨架，以农村公路和国边防公路为重点，建设通达、通畅、安全的综合交通运输体系。实施区内交通运输通达通畅工程，重点加快青藏铁路沿线和“一江三河”地区交通枢纽建设，加强各种交通运输方式的配合衔接，推进拉萨至日喀则、山南、那曲、林芝 4 小时经济圈建设，提高交通运输效率和辐射带动作用。实施进出藏通道工程，加快建设通达全国各地的快捷大通道，积极建设南亚贸易陆路大通道。

完善公路网络。加快进出藏干线公路整治改建，加强农村公路和国边防公路建设，消除省道断头路，提升公路技术等级和防灾减灾能力。力争全区公路里程达到 7 万公里，实现国道和主要经济干线路面黑色化，县县通油路，60% 以上的乡镇通沥青（水泥）路，具备条件的行政村、农林场和所有边防站点通公路。加强拉萨和其他地区综合交通枢纽建设，完善公共停车场和客、货运枢纽站场。积极发展乡村客运班线。

加快铁路建设。逐步完善区内铁路网络，建成拉萨至日喀则铁路，推进川藏、滇藏铁路西藏段铁路规划研究及建设前期论证工作，开工建设拉萨至林芝铁路，积极提升铁路运营管理、服务水平和保障能力。

加强航空建设。完善区内机场网络，增加机场布点。积极推进应急救援基地和通用航空起降点选址和建设。逐步做强地方航空公司，发展区内支线航空运输，增加国内外航线，形成区内、区外、国内、国外航线共同发展的良好局面。

加强邮政建设。完善邮政布点和设施建设，基本实现乡镇邮政网点全覆盖，行政村通邮率达到 90%。建立健全邮政普遍服务补偿机制，提高邮政普遍服务和特殊服务水平。

专栏 3 交通运输重点工程

——区内交通运输通达通畅工程

▲农村公路：建设 13 个县通县油路和通乡（镇）、通村、边防公路。

▲主要经济干线：建成墨脱公路。拉萨至日喀则、山南、那曲、林芝等地区的经济圈快速干线路网，重要省道和旅游环线。

▲运输枢纽：地（市、县、乡）客（货）运站、车辆停靠点和连接机场、车站的枢纽公路。

▲邮政设施：中心乡镇邮政网点、邮件转运站、城市速递中心和邮政服务网点等。

——进出藏通道工程

▲铁路：建成拉萨至日喀则铁路，开工建设川藏铁路拉萨至林芝段。

▲公路：整治改建新藏、川藏、滇藏等进藏公路和中尼公路、吉隆口岸公路，推进滇藏公路新通道建设。

▲机场：新建那曲机场、西藏航油配送中心工程、应急救援基地和通用航空起降点，改扩建林芝米林机场、昌都邦达机场和拉萨贡嘎机场。

图 1　通县油路和县际公路建设项目

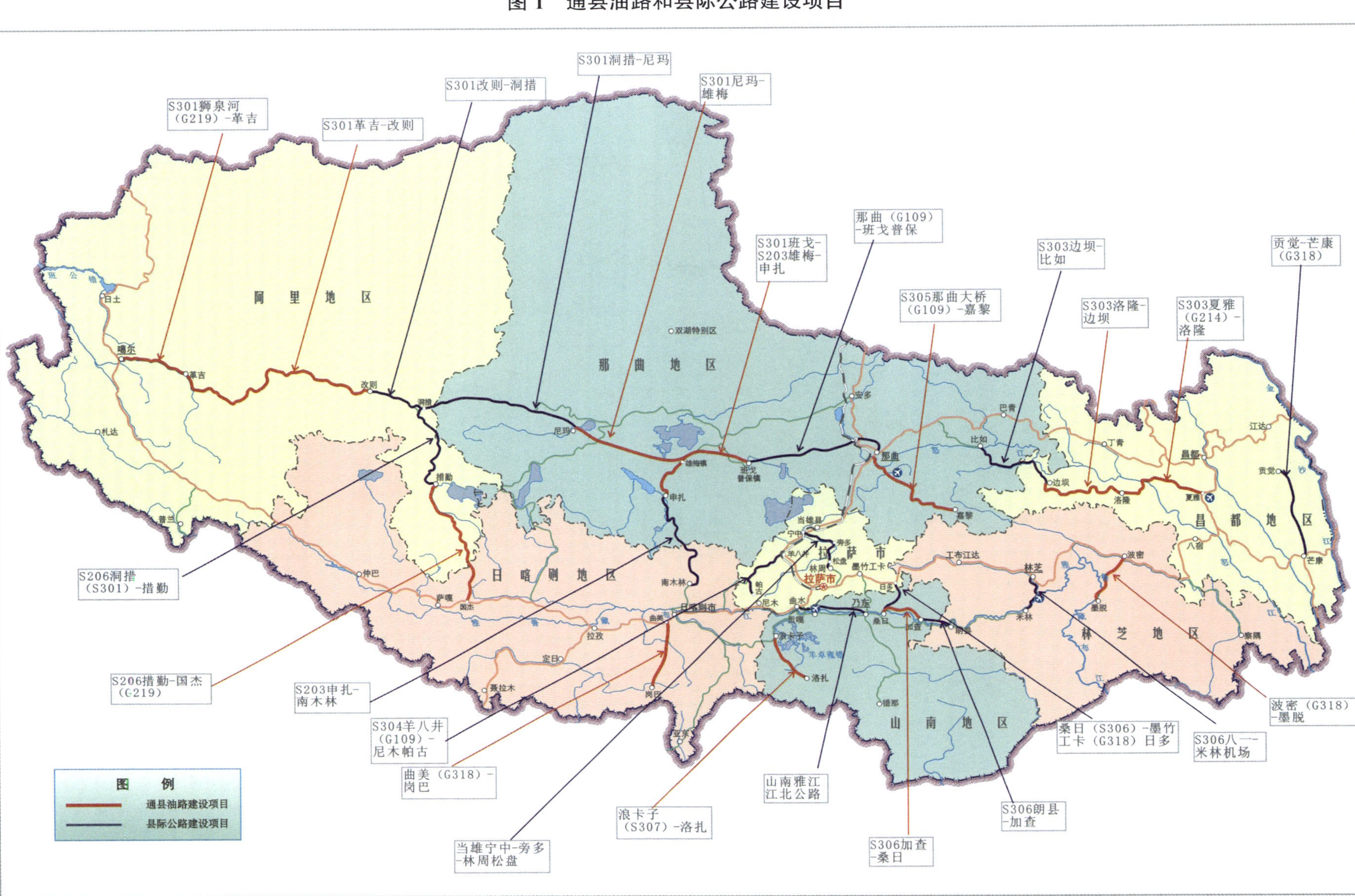
S301狮泉河（G219）-革吉
S301革吉-改则
S301改则-洞措
S301洞措-尼玛
S301尼玛-雄梅
S301班戈-S203雄梅-申扎
那曲（G109）-班戈普保
S305那曲大桥（G109）-嘉黎
S303边坝-比如
S303洛隆-边坝
S303夏雅（G214）-洛隆
贡觉-芒康（G318）
阿里地区
那曲地区
昌都地区
拉萨市
日喀则地区
林芝地区
山南地区
S206洞措（S301）-措勤
S206措勤-国杰（G219）
S203申扎-南木林
S304羊八井（G109）-尼木帕古
曲美（G318）-岗巴
当雄宁中-旁多-林周松盘
浪卡子（S307）-洛扎
山南雅江江北公路
S306加查-桑日
S306朗县-加查
桑日（S306）-墨竹工卡（G318）日多
S306八一-米林机场
波密（G318）-墨脱
图例
通县油路建设项目
县际公路建设项目

图 2　国道、铁路和机场建设项目

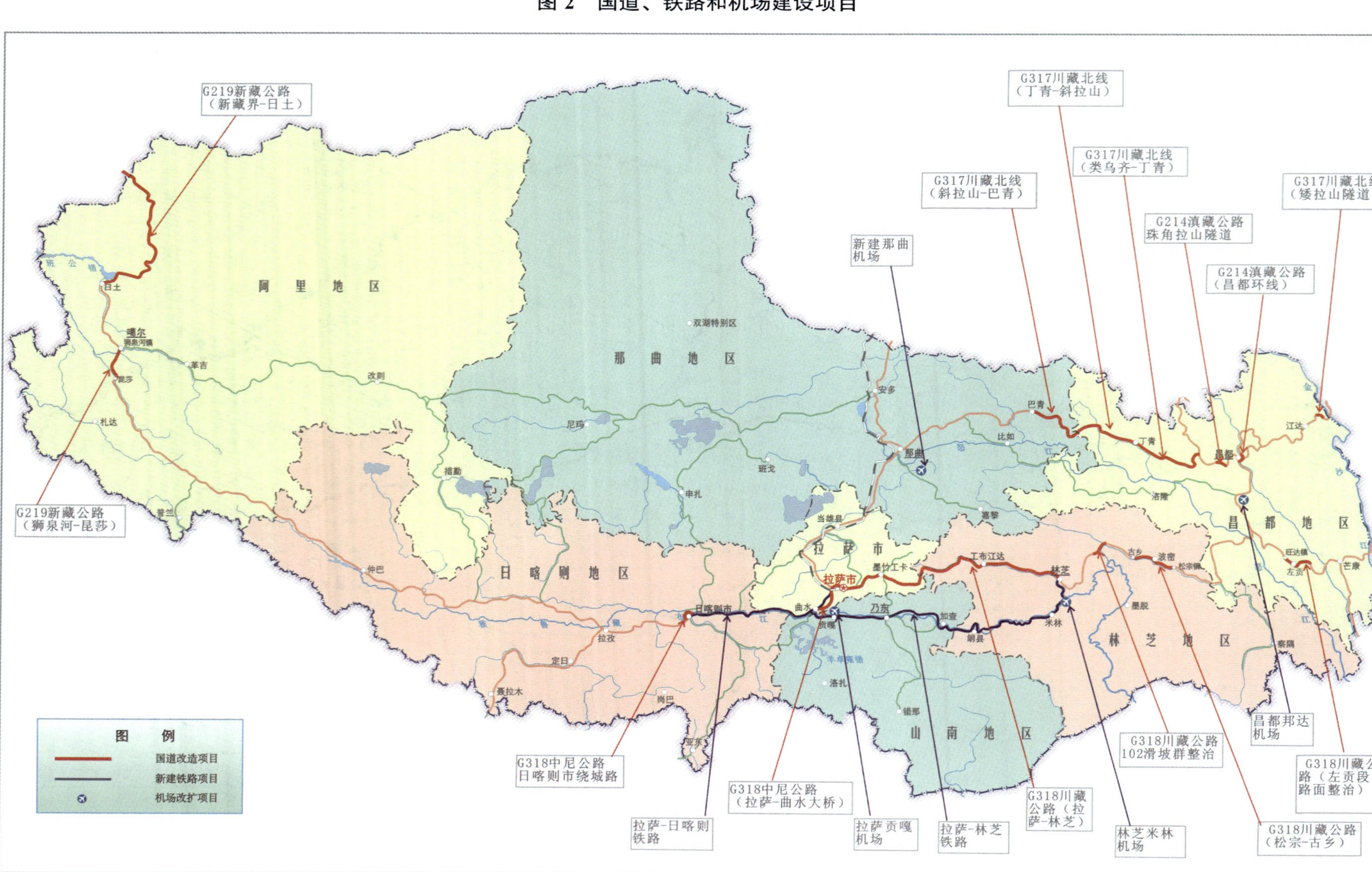

第二节 大力建设综合能源体系

坚持开发利用区内能源资源和输入区外优质能源并举，以水电为主，油气和新能源为补充，形成稳定、清洁、安全、经济、可持续发展的综合能源体系。

实施能源供应保障工程。重点发展水电，满足区内需求的电力装机和建设规模达到260万千瓦。积极开发太阳能，建立国家级太阳能利用研究与示范基地，探索小型太阳能发电和大型太阳能电站建设模式，力争太阳能光伏和光热发电装机达到16万千瓦。加快地热、风能、生物质能等资源开发和利用。加强电网建设，实现藏中电网与西北电网联网，完善电网骨干网架和城镇配电网，加快主电网向农牧区延伸，扩大电网覆盖面，提高电压等级、供电能力和安全可靠性。

实施能源结构优化工程。加快进藏油气主干线管道、拉萨通往地区的油气干线管道和配套设施建设，积极研究、规划建设主要城镇天然气管网，多渠道、多方式解决城镇供气。大力实施农牧民传统能源替代工程。

专栏4 综合能源重点工程

——能源供应保障工程

▲电源：建成藏木、老虎嘴、果多、多布水电站，藏中和阿里地区应急电源和调峰电源。开展加查、街需、大古、忠玉、阿青等骨干电源点以及羊易地热电站的前期工作并适时开工建设。在拉萨、山南、日喀则和阿里地区选址建设大型并网光伏电站和储能装置。

▲电网：建成青藏直流联网工程，改扩建藏中、昌都、阿里电网骨干网架和城市配电网，推进农村电气化。论证建设玉树至昌都输变电工程。

▲无电地区电力建设：建设小型水电站、风光互补电站以及变电站，延长输电线路，加快边防站点电力设施建设。

——能源结构优化工程

▲石油、天然气：适时开工建设青海涩北气田至拉萨输气管道和拉萨至日喀则、山南输气管道，建设拉萨铁路接卸油气库，开展那曲至昌都成品油管道建设前期论证。

▲传统能源替代：继续实施农牧区户用沼气、生态校园沼气、小水电代燃料等工程，推广使用太阳灶、太阳能热水器、节柴灶等新产品。

第三节 大力改善水利基础设施

合理开发利用水资源，强化水资源节约、保护和配置，加快重点水利工程建设，完善防洪、抗旱、灌溉、供水、发电等水利基础设施体系，逐步解决工程性缺水，提高城乡水资源利用水平与保障能力。

全面加强民生水利工程建设。加强饮用水水源地保护和供水工程建设，加快建设城镇集中式饮用水水源工程，有效解决70万农牧民的饮水安全问题。加强农田水利设施建设，实施重点灌区续建配套与节水增效工程，新增农田有效灌溉面积70万亩。重视生态水利建设，因地制宜发展草场节水灌溉，有效保障草地、林地灌溉和植树造林用水。加大边境、边远和高海拔地区小型水利工程建设力度。加强小流域综合治理。加强城镇防洪基础设施建设，拉萨市城区段达到100年一遇、地区行署所在地城区段50年一遇、县城城区段20～30年 遇防洪标准。

加快水利骨干工程建设。加快流域综合规划工作，加强重点流域水资源和水能资源开发利用，建成旁多水利枢纽工程。建设流域控制性水利工程，加强水土流失、生态脆弱流域和大江大河等综合治理和合理开发。

专栏5 水利基础设施重点工程

——**民生水利体系工程**

▲安全饮水工程。采取打井、管道引水等方式保障农牧区群众安全饮水。

▲防洪工程。实施地市行署(政府)所在地和部分县城防洪工程,加强拉萨河、年楚河、雅砻河等重点河流及部分中小河流治理、山洪灾害防治和冰湖灾害防治除险。

▲灌溉设施建设。完善现有灌区配套设施及末级渠系,实施节水增效工程,建设农田基本水利和林地、宜林地、草场灌溉设施等。防汛抗旱体系建设。

▲水源工程。城镇水源地工程。新建雅砻、湘河、卓于、仁多等中型水库。改造加固24座病险水库。

▲特殊地区水利工程。在边境、偏远、生态脆弱、高海拔地区以及人口较少民族聚居区建设小型水利工程。

——**水利骨干体系工程**

▲水利骨干工程。建成旁多水利枢纽工程和江北灌区,开工建设澎波灌区,推进拉洛水利枢纽工程及配套灌区前期工作并适时开工建设。

▲水资源开发利用。"一江两河"综合开发,尼洋河综合治理与保护和藏东南"三江"综合开发规划与相关工程建设前期工作。

第四节 全面推进信息化建设

加强统筹协调,加快通信基础设施和信息化建设,推进通信网络广覆盖,构建宽带融合信息网络,增强通信安全保障能力,提高信息资源共享能力,全面提高信息化水平。

建设通畅、安全、可靠、高效的通信网络。加大通信基础设施整合力度,促进各类管线集约化建设。增加进出藏光缆通道,建设区地县三级应急通信体系,完善党政专网通信基础设施。继续实施移动网广覆盖和宽带通信工程,支持边防覆盖工程建设。完善2G通信网络,大力推进3G网络建设,全区所有乡镇、重要道路和景区(点)实现2G网络覆盖,地市县所在地城镇和具备条件乡镇实现3G网络覆盖。加快农牧区通信建设,有序推进宽带通信工程,建立健全电信普遍服务补偿机制,力争实现乡乡通光缆,具备条件行政村能够上网。

加快信息化建设。有效整合信息资源,建立部门、系统、行业间网络信息平台,推动信息资源共享。完善科技、旅游、农牧业、医疗卫生、文化教育、社会保障和政法等领域信息服务网络,强化地理、测绘、人口、金融、税收、统计等基础信息资源开发利用,基本建成区地县三级电子政务网络平台,建立区地县三级公共事件预警信息发布系统。推进"三网融合",建设中小企业信息服务平台和电子商务、安全生产监控、物流配送等信息平台。建立信息网络安全保障体系,健全信息安全监测监管机制,提高基础信息网络和重要信息系统安全监管能力、应急处置能力和容灾备份、数据恢复水平。

专栏6 通信基础设施和信息化重点工程

——**通信网络工程**

(1)进出藏一级干线光缆;(2)农村通信;(3)移动网广覆盖;(4)应急通信;(5)党政专用通信基础设施;(6)宽带通信。

——**信息化重点工程**

(1)电子政务;(2)突发公共事件预警信息发布系统;(3)"三网融合";(4)电子商务及物流信息化;(5)旅游信息化;(6)农牧区综合信息服务;(7)医疗卫生信息服务;(8)政法系统信息化。

第四章　加强基础设施建设和运行管理

不断加强基础设施建设质量管理和建成后的运行管理，确保项目建设发挥经济社会效益。

第一节　加大基础设施投入力度

提高项目前期工作水平，提高工作质量和效率，加强建设项目储备。强化政府服务和管理水平，健全政府、企业、外商投资及项目管理制度，完善企业投资核准、备案制度。加大政府投资力度，积极引导和鼓励社会投资，营造政府、企业和社会共同参与经济社会发展的投资格局。

第二节　大力提升工程建设水平

扶持和培育具有工程总承包、项目管理、科技研究等综合能力的区内骨干建筑企业和企业集团，增强行业竞争力。探索政府投资工程代建管理模式。立足西藏传统建筑特色，加大传统建筑工艺的保护和利用。推进建筑节能和科技进步，编制地方标准，鼓励工程建设采用新技术、新工艺、新材料。

第三节　加强项目管理

严格执行基本建设管理制度，加强建筑市场监督管理。强化施工许可和施工现场管理，加大安全生产管理人员培训力度，提升安全生产管理水平和工程质量。落实工程运行、维护、管理责任，建立适应当地发展的职能清晰、责权明确的管理体制和运行模式。加强农牧区公路、电站、水渠、水塘和广播影视等设施的运行维护管理，落实管理主体和运行维护经费，适当提高维护人员待遇，确保工程良性运行和发挥正常效益。建立健全项目后评价制度。

第三篇　改善农牧民生产生活条件，深入推进新农村建设

坚持把改善农牧民生产生活条件，增加农牧民收入作为经济社会发展的首要任务，完善各项强农惠农措施，坚持多予少取放活方针，夯实农牧业发展基础，提高农牧业现代化水平和农牧民生活水平，建设农牧民幸福生活的美好家园。

第五章　提高农牧业现代化水平

深化农牧区改革，强化农牧业基础地位，坚持“区域集中、规模做大、质量提升、效益提高”的基本思路，按照优质、高产、高效、生态、安全的原则，优化区域布局，突出特色和优势，注重规模和效益，着力推进“一产上水平”。

第一节　积极调整农牧业结构

优化农牧业产业布局，加快构建"七区七带"农牧业战略格局。在藏西北、羌塘高原南部、藏东北、雅鲁藏布江中上游区、雅鲁藏布江中游—拉萨河区域、尼洋河中下游、藏东南七大农牧业生产区，加快建设藏西北绒山羊、藏东北牦牛、藏中北绵羊、藏东南林下资源和藏药材、藏中优质粮饲、城郊优质蔬菜和藏中藏东藏猪藏鸡七个特色农牧业产业带。推进现代农牧业示范区建设，在条件适宜的地方培育"一产上水平"的示范县、示范乡镇和科学种植养殖示范户。

大力发展特色种养殖业和特色畜牧业，提高农牧业经济整体效益。加大青稞、高原油菜、马铃薯、优质绒山羊、牦牛、藏系绵羊、藏猪、藏鸡及藏药材等高原特色农畜产品和绿色食品生产。加大以核桃为主的木本油料基地建设和林下资源开发，大力发展特色经济林产业。

图 3　"七区七带"农牧业战略格局

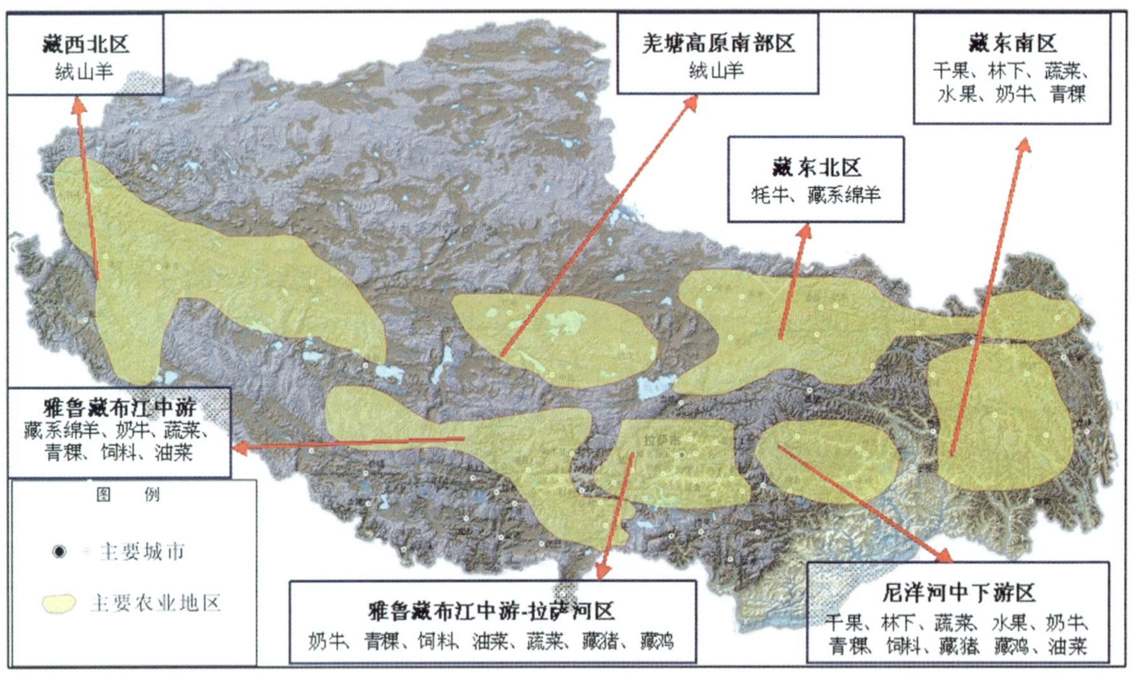

第二节　提高农牧业综合生产能力

保障青稞为主的粮食安全。加大农业综合开发力度，以"一江三河"粮食主产区为重点，狠抓科技推广，大力实施提高粮油单产行动、标准化生产示范、病虫害监测防控等工程，提高种植业产出水平，保障粮食供给和安全。大力加强蔬菜基地建设，积极推广高效日光温室，丰富蔬菜品种，有效保障城镇蔬菜供给。

大力发展畜牧业。强化实用技术推广应用，加强畜禽良种繁育体系建设。加强品种资源保护、品种改良和生物育种等项目建设，加快舍饲与半舍饲、短期育肥、秸杆微贮等技术推广应用，积极发展规模化、集约化、标准化、产业化养殖。草地畜牧业控存增效，发展生态畜牧业。农区畜牧业增量提质，发展效益畜牧业。搞活农牧区市场，有效提高牲畜出栏率和畜产品商品率。

第三节 提高农牧业科技创新和转化能力

加快农牧业科技进步。大力引进、吸收和推广应用先进适用技术，加强技术攻关和自主创新，在动植物品种选育改良、产后加工升值、动植物疫病防治、农畜产品质量安全、生态环境保护、资源高效利用以及防灾减灾等重大关键技术领域取得较大突破，为农牧业发展提供科技支撑。

健全农牧业科技服务体系。以现代农业示范园区为龙头，农牧科技成果转化与示范中心为枢纽，科技示范点为节点，加大农牧业先进适用技术成果集成示范与转化应用力度，辐射带动更多农户实现科技致富。

加强农牧业科技队伍建设。大力培养农牧科研人员，扩大科技特派员队伍，形成由学科带头人、科研骨干人员、科研辅助人员、基层科技成果转化和技术推广服务人员以及科技管理人员组成的农牧业科技人才队伍，推动农牧业增产增效。

第四节 建立农牧业社会化服务体系

加快建立健全以公共服务机构为依托、合作经济组织为基础、科技服务为支撑的新型农牧业社会化服务体系，逐步健全县乡农业技术推广、动植物疫病防控、农产品质量监管等综合服务站点，提高农业公共服务能力。大力扶持发展农牧民合作经济组织，充分发挥种养大户、营销大户和农牧民经纪人等能人在农牧民专业合作组织中的组织带动作用，鼓励龙头企业与农牧民建立紧密的利益联结机制，提高农牧民综合素质和组织化程度。

推进和引导金融机构向农牧区延伸服务，提升农牧区金融服务可获得性和金融服务均等化水平。大力加强农业政策性金融服务，积极发展以小额信贷为载体的金融服务，继续扩大农户小额信用贷款、扶贫贴息贷款和农户联保贷款。通过金融机构基础网点和电子渠道等多种方式，消除基础金融服务空白乡镇，逐步实现乡乡有金融机构营业网点。稳步推进农业保险，扩大范围，增加险种。

加强农牧区市场流通体系建设，加大农产品流通基础设施投入，支持大中型流通企业经营网点向农牧区延伸，扩大“万村千乡”市场工程农家店覆盖面，推进“万村千乡”网络与供销、邮政等网络的结合，积极开展农副产品购销、配送和农资及农牧区日用消费品的统一配送工程建设，构建连接城乡双向流通的农牧区物流服务体系。继续实施“双百”市场工程和农产品批发市场升级改造工程，加强鲜活农畜产品冷藏保鲜、检验检测、物流等设施建设。逐步建立农畜产品卫生、质量安全可追溯体系。

第五节 稳定和完善农牧区基本经营制度

坚持和完善“三个长期不变”的基本政策，继续实行最严格的耕地、森林和草场保护制度，全面落实草场承包经营责任制，制定草畜平衡制度的具体政策措施。积极推进农村土地确权、登记、办证工作。建立和完善“一事一议”奖励补助机制。支持农垦建设。积极稳妥推进以明晰产权、承包到户或联户承包为重点的集体林权制度改革。

第六章 改善农牧区面貌

做好社会主义新农村建设规划，加快农牧区基础设施建设，加强农牧区生态环境保护，切实改善农牧民生产生活条件和农牧区村容村貌。统筹城乡经济社会发展，把增加农牧民收入与推进城镇化、建设新农村、改善基础设施、发展特色产业相结合，建立和完善促进农牧民增收的长效机制，力争农牧民人均纯收入达到全国平均水平的80%。

第一节 加快农牧区基础设施建设

坚持从农牧民最关心、要求最紧迫、受益最直接的领域抓起，加大向农牧业和农牧区投资倾斜力度，整合资源，集中力量，连片推进，着力改善农牧民生产生活条件。深入推进以安居乐业为突破口的社会主义新农村建设，加快实施水、电、路、讯、气、广播影视、邮政和优美环境“八到农家”工程，完善配套基础设施。大力提高农业机械化水平，加快中低产田改造，建设高标准农田，提高耕地质量。完善建设和管护机制，整体推进农田水利工程建设和管理。加强饲草料基地和牲畜棚圈、贮草棚等设施建设。完善农牧区碘盐营销网络。依托地县所在城镇、重点乡镇、传统农畜产品和生产资料集散地，加快建设批发交易市场和综合零售交易市场，举办多种形式的物资交流会，搞活农畜产品流通。

第二节 美化农牧区环境

坚持政府引导、群众自愿、因地制宜、注重实效，继续实施农牧民安居工程和防震加固工程，加快游牧民定居和贫困户安居，2013年实现所有农牧民住进安全适用房屋的目标。做好乡村建设规划，优化农牧区发展环境，完善乡镇基础设施，加快推进农村人居环境建设和环境综合整治，打造布局合理、设施配套、功能齐全、环境整洁、具有民族和地域特色的新村寨。建设农牧区生活垃圾和污水处理设施，改善农牧区环境卫生。推广清洁环保生产方式，治理农牧业面源污染，禁止城镇垃圾及其他污染物向农牧区转移。开展“文明村镇”和“文明户”创建活动，引导农牧民形成科学文明健康的生活方式。

第三节 增加农牧民收入

巩固提高经营性收入。充分挖掘农牧业增收潜力，鼓励农牧民优化种养结构，着力培植农牧业特色产业，提高农牧业产品附加值，延长农牧业产业链条，提高生产经营水平和经济效益。加强农牧区市场监管，完善农产品价格保护制度，稳步提高青稞等重要粮食品种最低收购价，保障农牧民收益。大力发展休闲农业和乡村旅游、生态旅游、特色文化旅游，积极发展农牧区商贸、餐饮、运输、信息等服务业，使农牧民在农牧业功能拓展中获得更多收益。

努力增加工资性收入。创建农牧民非农牧就业服务平台，加强对劳务输出的信息服务和就业指导，统筹各类培训资源，有针对性地对农牧民工开展实用技术和职业技能培训与鉴定，提高农牧民工就业竞争能力和自主创业能力，积极引导农牧区富余劳动力转移就业。加强对农牧民施工队的扶持，鼓励和组织农牧民参与工程建设，政府投资项目在符合条件的前提下，优先吸纳当地劳动力就业。坚持季节性短期转移与长期转移相结合，有计划地组织农牧民工外出务工，促进农牧民工有序流动，增加工资性收入。

促进增加财产性收入。按照依法自愿有偿原则，允许农牧民以转包、出租、互换、转让、股份合作等形式流转土地、草场承包经营权，保障农民从承包经营权流转中获得增值收益。严格划分公益性和经营性建设用地，缩小征地范围，提高征地标准，保障失地农牧民合法权益，积极增加财产性收入。完善条件促进农牧民通过房屋租金、股金、红利等财产性收入渠道增加收入。

大力增加转移性收入。加大财政对农牧业的投入力度，建立财政对农牧业投入稳定增长的长效机制。健全和完善对农牧民的各项直接补贴政策，扩大补贴范围，提高补贴标准，完善补贴办法。推进植保工程和种养业良种工程建设，继续加大对农作物良种、牲畜良种、农机具购置等补贴力度。继续执行家电、家具、汽车、摩托车等下乡政策。完善农牧区社会保障制度，逐步提高农村最低生活保障水平。

第四节　加大扶贫开发力度

完善财政转移支付制度，加大国家投资、援藏资金的倾斜力度，引导各类社会资源投入扶贫事业。做好扶贫开发和农村最低生活保障制度的有效衔接，对人均纯收入低于1700元的农牧区人口实行应保尽保、应扶尽扶的到户帮扶政策和扶贫贴息贷款政策，缓解集中连片贫困，显著减少贫困人口数量和消除绝对贫困。制定专项扶贫开发规划，整合专项计划扶贫、行业扶贫和社会扶贫措施，统筹以工代赈和信贷扶贫等专项行动，重点向地方病区、边境地区、人口较少民族聚居区以及自然条件恶劣地区等特殊类型地区倾斜，实施整乡（镇）推进扶贫开发。优先建设道路、供电、供水、教育、医疗、通讯等基础设施，建立和完善就业服务和社会保障体系。积极开展产业化扶贫、防灾减灾扶贫和贫困地区劳动力培训转移等，逐步建立抑制返贫的长效机制。

专栏7　扶贫开发项目

（1）200个最低收入乡镇整乡推进扶贫工程；（2）50万农牧区低收入人口到户帮扶；（3）2.2万个贫困户安居工程；（4）84条溜索改吊桥工程；（5）培育扶贫产业；（6）综合防治大骨节病；（7）贫困劳动力转移就业培训。

第五节　建立和完善城乡协调发展机制

统筹土地利用和城乡建设规划，合理安排县域范围内城镇建设、农田草场保护、产业聚集、村落分布、生态涵养等空间布局。统筹城乡产业发展，加快发展农牧区服务业和乡镇企业。统筹城乡社会事业发展，逐步实现农牧民工就业、劳动报酬、子女就学、公共卫生、住房租购等与城镇居民享有同等待遇。统筹城乡社会服务和管理，深化户籍制度改革和推进试点工作，推动流动人口服务和管理体制创新。在经济发展速度较快、城镇规模扩张较大、失地农牧民较多、城乡矛盾较为突出的区域，探索建立统筹城乡改革先行先试实验区，为促进城乡协调发展积累经验。

专栏8　新农村建设重点工程

▲**农牧区住房保障工程：**安居扩面工程（农村民房抗震加固、游牧民定居），农牧民聚居区基础设施。

▲**农牧业基础设施工程：**农业综合开发，青稞、奶牛等优势农畜产品基地和产业带，人工饲草料基地。

▲**农牧业科技服务体系：**种养良种体系、动物防疫体系、农机推广和安全监理体系、草原监理体系、农畜产品质量安全检验检测体系、农牧业防抗灾体系和现代农业科技示范基地，农牧业技术推广服务体系。

▲**村容村貌和环境整治：**农家书屋，综合文化体育设施（篮球场），村级文化广播站，数字电影放映设施，广播电视“户户通”，太阳能公共照明，村落道路，垃圾处理，排水（污）系统，村庄绿化美化等。

第四篇 加快推进特色优势产业发展，增强自我发展能力

大力实施"一产上水平、二产抓重点、三产大发展"经济发展战略，从资源条件、产业基础和国家战略需要出发，统筹规划，科学布局，培育壮大特色优势产业，不断增强自我发展能力。

第七章 科学规划产业格局

立足特色优势资源，因地制宜，科学规划产业布局，强化产业配套能力，加快产业结构调整，推动产业加快发展。

第一节 加快产业结构调整

坚持高起点、高标准、高技术与节能环保并重，注重特色与规模，调整产业结构，巩固农牧业基础地位，提高工业发展整体水平，壮大服务业总体规模，促进产业互补、协调发展。推动品牌战略，研究制定具有地方特色的优势产品标准，加强认证认可，加快产品质量检验检测体系建设和地理标识认证，将特色明显、优势突出、规模化发展的产业培育成战略性支撑产业。

积极推进一产上水平，加快发展现代农牧业。加强现代生物技术的引进、创新与推广应用，建立健全农牧业标准化体系，加强农畜产品质量检测和监管能力，强化无公害食品、绿色食品、有机食品等认证工作。加快品种改良，调整种养结构，转变种养方式，推动集约化发展，提高质量产量，大力发展高原特色农畜产品基地和产业带，保障以青稞为重点的粮食安全和特色农牧产品加工业需要。

有重点地发展第二产业，着力增强工业发展实力。优化产业发展环境，加快企业引进、兼并重组，强化企业主体地位，提升企业质量和管理水平。以市场为导向，优先发展能源产业，大力发展农畜产品加工业、高原生物和绿色食（饮）品业，有重点地发展矿产业，改造提升建材业，加快推进藏药产业化，鼓励发展民族手工业，推动工业发展上规模、上水平，切实提高工业在第二产业中的比重，促进第二产业由依靠建筑业为主向由工业和建筑业协同发展转变。

大力发展第三产业，加快服务业结构优化升级。完善服务业政策体系，推进服务业综合改革试点，营造有利于服务业加快发展的社会环境。加快传统服务业改造提升，培育壮大现代服务业，有效发挥旅游业的龙头作用，积极培育新的消费增长点。促进第三产业主要依靠消费性服务业带动向消费性和生产性服务业并举转变。

第二节 优化产业空间布局

在基础设施条件基本具备、特色优势资源相对集中区域，优先布局产业项目。以资源空间分布为点，以交通运输网络为线，以线串点，以点带面，促进产业相对集聚发展，形成以拉萨市、日喀则

市、泽当镇、八一镇为主的"一江三河"区域产业集群区和昌都镇、那曲镇、狮泉河镇为主要节点的产业空间布局。

"一江三河"区域。加快建设现代特色农牧业生产基地，形成以矿业、能源、建材等重工业，高原生物和绿色食(饮)品、农畜产品加工、藏药、纺织、民族手工业、节能环保、高技术产业等轻工业为主的工业体系，特色旅游、交通运输、现代物流、文化产业、金融证券、商贸餐饮为主的服务业体系。

主要节点区域。藏东地区重点发展有色金属采选业、水电等能源产业和高原生物深加工产业。藏西地区重点推动特色旅游业、特色畜牧业和盐湖矿产开发等产业发展。藏北地区大力发展特色畜牧业、商贸流通、物流集散、盐湖矿产和多金属矿产开发等产业。

图4　产业发展布局图

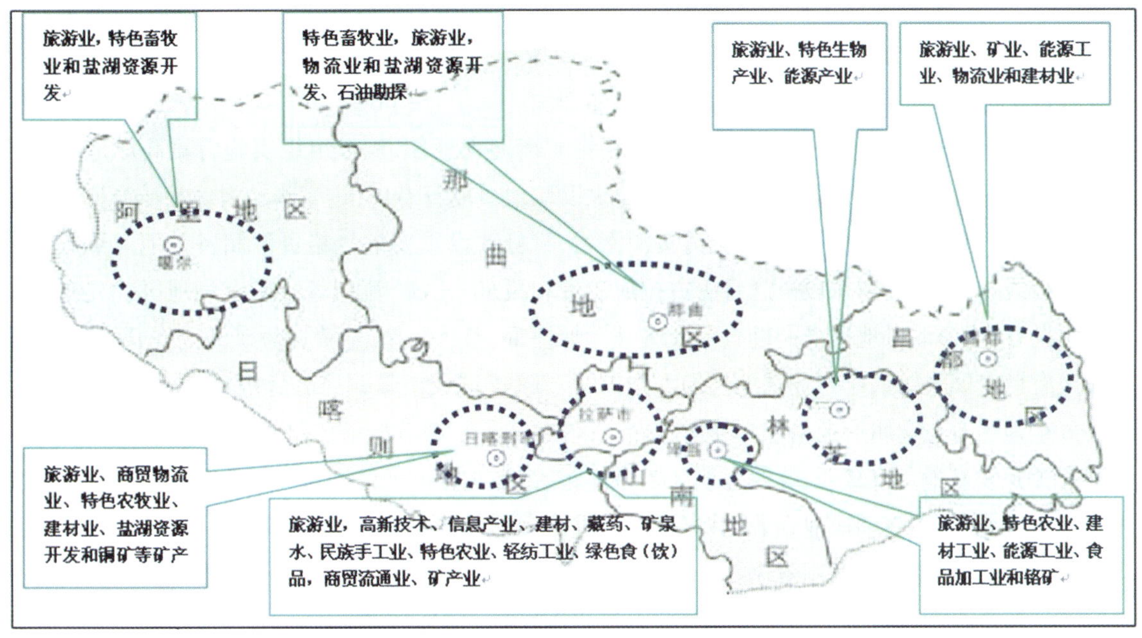

提升产业聚集能力。坚持走大项目、大基地、大集群的产业发展路子，培育和发展优势产业集群，在资源条件相对较好的城镇科学规划和布局工业园区。加快拉萨国家级经济技术开发区B区和那曲物流中心产业园区建设，完善现有各类产业园区配套基础设施。加大招商引资，引导社会资本向优势产业聚集，引导产业向园区发展。论证建设格尔木藏青工业园区，形成西藏特色优势资源深加工基地。

第八章　加快培育战略支撑产业

坚持走新型工业化道路，培育具有地方特色和比较优势的战略性支撑产业，促进资源优势转化为经济优势。

第一节 推进新型工业化发展

着眼于国内外市场需求、本地资源条件和产业基础,坚持走科技含量高、经济效益好、资源消耗低、环境污染少的新型工业化道路。依托特色优势资源,加快工业化进程,力争工业增加值达到130亿元。

——优先发展能源产业。积极推进国家"西电东送"接续能源基地建设,加快雅鲁藏布江和藏东南"三江"流域水电资源梯级开发规划和项目前期工作,促进"藏电外送"通道工程建设,适时开工建设一批外送电源点项目。加强与东部地区在光伏产业上的对接,培育壮大太阳能产业。

——大力发展高原特色农畜产品加工、高原生物和绿色食(饮)品业。积极打造重要的高原特色农产品基地,加快发展高原特色农畜产品深加工。鼓励研发以青稞、荞麦、虫草、红景天等本地资源为原料的高原特色绿色食品、饮品和保健品,不断扩大乳制品、啤酒、矿泉水生产规模。积极发展皮革、牛羊绒等制革、纺织工业。加快林下资源等高原生物系列产品开发。扶持培育一批农畜产品深加工龙头企业,鼓励企业集团化发展,强化市场开拓能力,扩大生产规模,提升产品质量,打造一批有特色、上规模、附加值高、竞争力强的知名品牌。

——有重点地发展优势矿产业。加强战略性矿产勘查工作,积极组织实施青藏高原地质矿产调查与评价、全国危机矿山接替资源找矿等中央财政地质勘查专项,进一步加大优势矿产资源和石油、天然气等能源资源的勘查评价,摸清资源潜力,积极建设重要的战略资源储备基地。重点在青藏铁路沿线、藏中冈底斯东段—念青唐古拉成矿带和藏东"三江"流域等成矿有利地区优先布局矿产资源勘查,力争取得地质矿产勘查重大突破。加快铜、铅、锌、铬、金等优势矿产勘查开发,形成藏中地区有色金属及铬铁矿产业基地。加大藏东"三江"流域成矿带铜、铅、锌等优势矿产勘查开发,形成藏东地区有色金属产业基地。加大藏西地区锂、硼、镁、钾等盐湖资源勘查开发利用,形成藏西盐湖资源开发基地。将藏西、藏西北地区铅、锌、钼、锑等优势矿产资源作为战略储备。积极引进国内外大型矿业企业,鼓励矿业企业兼并重组,推进矿区整合,促进矿产资源规模勘查开发,提高矿业开发水平,提升资源综合利用效率。

——改造提升建材业。科学布局新型干法水泥产能,形成拉萨、山南、日喀则、昌都四地(市)为主的水泥工业格局。落实国家水泥工业产业政策,支持企业技术改造,加快淘汰落后产能,鼓励建设配套低温余热发电项目。大力发展石材、新型墙体材料,在建材开发、生产中推广应用节能、环保技术。

——加快推进藏药产业化。坚持传承与创新,加快藏药保护与开发工程实验室、企业技术中心等创新平台建设,建立和完善藏药标准体系和检验检测体系。鼓励高原特色生物医药研发,增强藏药研发能力和创新能力,形成一批具有自主知识产权的藏药新品种。加强藏药材资源的综合保护和合理利用,鼓励建立藏药材繁殖、生产基地,人工繁殖藏药材,促进种植产业化。鼓励藏医药企业兼并重组和联合,发展藏药集团,建设藏医药产业园区,推动藏药集约化、规模化、现代化发展。支持藏药生产企业运用先进技术和生产工艺加大技术改造,加快藏药剂型改良,提高成果转化能力和生产能力。大力培育名牌产品,拓展营销网络,开拓国际国内市场。

——积极发展民族手工业。组织具有一技之长的民族手工艺艺人申报国家工艺美术大师,扩大和提升知名度。加快民族手工产品原产地标识建设,以旅游业纪念品和民族生活必需品为重点,培育和扶持以藏毯、香品、氆氇、绘画雕刻、金银铜器、铁木家具、皮革、民族服装等为主的企业规模化生产。鼓励企业加大技术改造,提高产品设计水平和生产能力,开发不同档次产品,满足多层次市场需求。

专栏9 工业重点工程

▲**能源产业**:开展古水、如美、松塔、苏洼龙、拉哇等"藏电外送"水电项目和输电通道前期工作,适时开工建设。

▲**农畜产品加工业**:矿泉水、特色食饮品、保健品、乳制品、制革、纺织项目。

▲**矿产业**:青藏高原地质矿产调查评价专项。甲玛铜矿、驱龙铜矿、雄村铜矿、厅宫铜矿、玉龙铜矿二期等重大矿山建设。有色金属冶炼及深加工基地。

▲**藏医药业**:藏医药新药研发及技术改造,藏药资源保护与开发工程实验室,藏药材繁育基地。

▲**建筑建材业**:拉萨、山南、日喀则、昌都干法水泥生产线、新型环保建材生产线,太阳能集热采暖等节能示范建筑。

▲**民族手工业**:藏毯、香品、金银铜器、铁木家具等生产基地及生产线技术改造。

▲**产业园区**:拉萨国家级经济技术开发区B区,山南建材工业园区、日喀则产业园区、林芝生物产业园区和达孜、曲水、堆龙德庆等产业园区,农牧业特色产业园。

第二节 做大做强做精旅游业

充分利用西藏丰富独特的自然、文化资源,大力提升重要的世界旅游目的地地位和品质,树立大旅游观念,高起点编制好旅游业发展规划,增强旅游主导产业地位,力争实现接待国内外游客翻一番。

图5 旅游走廊和主要区域分布示意图

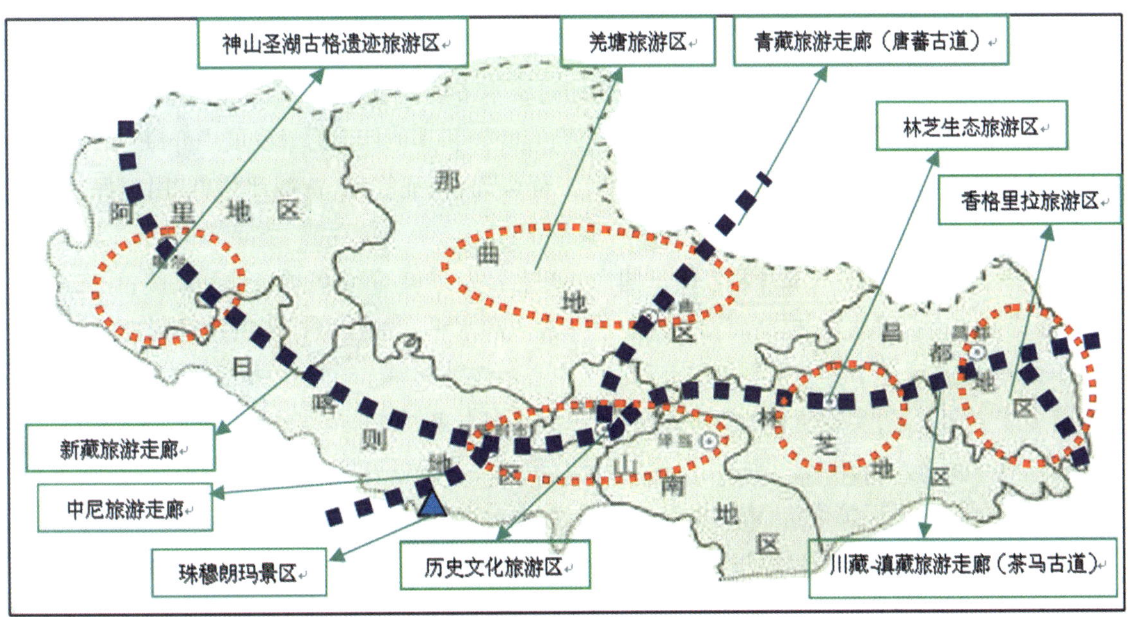

坚持旅游与文化、生态相结合,突出"高山、雪域、阳光、藏文化"主题,优化旅游空间布局,加快形成拉萨历史文化旅游中心和林芝生态旅游中心,完善唐蕃古道、茶马古道、中尼和新藏旅游走廊功能,打造精品旅游线路和旅游景区。统筹推进相关产业和服务,形成主题鲜明、特色突出的旅游

产品体系，吃、住、行、游、购、娱有序发展的旅游产业体系，结构合理、稳定活跃的旅游市场体系，与国家标准、行业标准相衔接，符合西藏实际的旅游标准化体系。深度开发文化体验、生态观光、休闲度假、特种旅游等转型旅游产品及冬季旅游产品，丰富发展乡村旅游。健全政府引导、部门协作、企业参与、市场运作的旅游发展机制，创新景区管理模式，规范旅游市场秩序，强化旅游行业诚信体系建设。加快旅游公共服务基础设施建设，建立综合性旅游服务平台和旅游信息网，健全旅游安全预警和应急机制，完善旅游应急救援等安全救助体系。

第三节　推进服务业大发展

坚持市场化、产业化、社会化发展方向，着力改造提升传统服务业，积极发展新兴服务业，加强市场流通体系建设，增加就业容量，全面推进服务业结构优化升级。

——积极培育现代物流业。最大限度地挖掘青藏铁路的巨大发展潜力，最大限度地发挥青藏铁路的强大辐射作用，加大物流业基础设施建设和政策扶持力度，加快构建以城市物流枢纽、物流中心及城乡配送系统为主的现代物流服务体系。重点打造拉萨物流中枢和那曲、日喀则、昌都区域性物流中心。支持大型流通企业扩大经营规模和升级改造，培育一批现代物流优势企业，组建物流产业集团。鼓励整合资源，打破部门、企业、地域分割，搭建物流公共信息平台，促进互联互通。

——大力发展金融产业。积极衔接落实中央赋予西藏的各项特殊优惠金融政策，建立符合西藏实际的金融管理评价机制。探索财政资金与信贷资金搭配使用的有效方式，建立与西藏实际相适应的差异化信贷管理办法和单独的考核办法，合理扩大授信审批权限，鼓励增加信贷投放。加强金融体系建设，拓宽金融服务领域。推动国家政策性银行在藏设立分支机构，组建地方性法人银行机构。加快证券、保险、信托等非银行金融业务发展。完善服务网络，创新金融产品，改进金融服务，加强金融监管，防控金融风险。大力建设和改善信用环境。完善担保体系，建立风险补偿机制。积极支持产业基金、风险投资基金等战略性投资参与特色优势资源开发。积极培育和发展资本市场，支持企业股份制改组和上市，支持上市公司通过资本市场再融资。

——加快发展商务服务业。鼓励科研院所、高等院校和其他社会力量发展中介服务，建立健全各类中介机构和行业协会，大力发展会计审计、工程咨询、认证管理、资信评估、信用担保、创意服务、广告会展、人才培训、公共关系等社会中介服务业。

——积极发展商贸餐饮业。积极引进国内外知名批发零售、酒店餐饮企业和品牌，壮大具有地域、民族特色的商贸餐饮业，提高商贸餐饮业整体素质和水平。加强城镇商贸市场标准化建设，发展城镇便利店、综合超市等新型零售网点和配送中心。鼓励发展连锁经营，推进连锁经营向多业态和专营专卖方向发展，实现便利消费进社区、便民服务到农家。

——稳步发展房地产业。调整住房供应结构，积极发展普通商品住房和保障性住房，促进房地产业稳步发展。按照保障供给、稳定房价的原则，加强对房地产一、二级市场和租赁市场的调控和监管，建立和完善城镇产权产籍管理机制，引导住房梯次消费。强化土地、财税、金融政策调节，完善房地产开发融资方式，规范住房消费信贷。规范发展物业管理。

——加快发展社区服务等服务业。充分发挥社区服务管理的综合作用，完善社区服务设施和网络。大力发展家政服务，逐步建立完善范围广泛、内容多样、分工精细的家政服务体系。积极推进社会化养老、残疾人托养等服务，提升服务水平。规范发展竞技体育、体育用品、体育彩票等市场。

推进服务业综合改革。建立健全服务业组织协调机制，加快研究制定鼓励类服务业的税费、土地、水、电与工业同等的政策。放宽服务业市场准入条件，鼓励支持非公有制经济发展服务业，增强社会容纳就业能力。积极拓宽生活性服务业领域，促进消费结构不断优化。加快生产要素市场建设，促进服务业与一、二产业的互动融合。启动拉萨市服务业综合改革试点，建设具有高原和民族特色的国际旅游城市。

专栏10　服务业重点项目

（1）旅游基础设施；（2）地方性法人银行；（3）城镇耐用品旧货市场；（4）农畜产品流通基础设施；（5）重要商品储备设施；（6）商贸服务设施；（7）西藏会展中心；（8）二手车市场；（9）万村千乡工程；（10）双百市场工程；（11）大型建材和设备市场。

第五篇　大力加强社会建设，全面提高公共服务水平

全面贯彻落实国家中长期教育、科技、人才规划纲要，提升科技和人才的支撑能力，切实保障和改善民生，逐步建立符合我区特点、满足基本需求、覆盖城乡的公共服务体系，确保各族人民物质文化生活水平不断提高。

第九章　大力实施科教兴藏和人才强区战略

把科技进步和创新作为经济社会发展的重要推动力，突出发展教育和培养德才兼备高素质人才的战略地位，大力提高科技创新和实用技术普及能力，优先发展教育，加强人力资源培养，为推进跨越式发展提供智力支撑和人才保障。

第一节　优先发展教育事业

坚持优先发展，育人为本，改革创新，促进公平，提高质量，建立和完善有中国特色、西藏特点的社会主义现代教育体系，全面推进教育事业科学发展，提高教育现代化水平。

积极推进学前双语教育。推进城镇学前三年、农牧区学前两年双语教育，学前教育毛入园率达到60%。农牧区学前双语教育实行免费政策。

巩固提高义务教育。积极推进义务教育均衡发展，城乡、区域、校际差距明显缩小，推进和提高双语教育质量。合理调整义务教育阶段学校布局，提高农牧区和偏远地区集中办学程度，推进义务教育学校标准化建设。逐步提高“三包”标准。

加快发展普通高中教育。加强普通高中建设，改善办学条件，扩大优质教育资源。适度扩大内地高中办学规模，高中阶段农牧民子女全部纳入“三包”政策范围。

大力发展中等职业教育。实行中等职业教育免费制度，逐步扩大办学规模，积极改善办学条

件，形成与经济社会发展需要相适应的职业教育体系。加强区内职业教育，推行工学结合、校企合作人才培养模式，发展多种形式职业技能培训，大力提高中职学生就业技能，积极拓宽就业渠道。在内地省市的国家示范或国家重点中等职业学校举办西藏中职班。普通高中和中等职业学校在校学生比例力争达到4∶6。

优化提升高等教育。加大高等学校基础设施建设力度，优化学科专业、类型和层次结构布局，加强特色学科、优势专业和重点实验室建设。重点实施西藏大学“211 工程”和博士授权立项建设，把西藏大学建成特色突出、西部先进、国际知名的综合性大学。继续推进西藏民族学院进入中西部重点建设地方高等学校行列，加强西藏藏医学院、西藏职业技术学院、拉萨师范高等专科学校、西藏警官高等专科学校建设，提升高等学校的自主创新能力和整体水平。扩大高校在校生规模和内地生源招生规模，高等教育毛入学率达到30%。

高度重视特殊教育。完善特殊教育体系，加强特殊教育基础设施建设，提高残疾儿童少年接受教育的水平。

深化教育体制改革。建立现代学校管理制度，深化招生考试制度改革，促进教育公平和质量提升。创新培养模式、教育管理体制和办学体制，提高学生的学习能力、实践能力、创新能力、创业能力，促进学生德智体美全面发展。加强和改革“双语”教育，建立和完善各级各类教育相衔接、教育模式与学生能力发展相适应的双语教育体系。全面实施素质教育，坚持育人为本、德育为先，加强社会主义核心价值体系教育、公民意识教育、反对分裂维护祖国统一和民族团结教育，提高青少年学生的思想道德素质。全面提升教师素质，加强师德师风建设，鼓励优秀人才从教。实施教师全员轮训制度，强化“双语”教育、职教师资培训。重视发展继续教育。巩固和扩大远程教育成果，提高现代远程教育技术应用能力，推进教育现代化。

专栏11 教育发展重点项目

(1)学前双语幼儿园建设;(2)义务教育寄宿制学校建设;(3)普通高中建设;(4)职业教育基础能力建设;(5)高等教育发展工程;(6)特殊教育学校建设工程;(7)教育信息化建设;(8)内地西藏班人才培养工程;(9)双语师资培训基地。

第二节 大力推进科技进步

构建科技创新平台。坚持政府主导，社会共建的方针，整合企业、科研单位、高等院校等各方面资源，加快构建以资源共享为目标的技术创新、成果转化和信息服务三大科技平台，提高科研水平、创新能力和服务水平。

提高科技创新能力。围绕特色农牧业、生物产业、藏医药业、新能源、新材料、高原生态与环境、矿产资源开发等重点领域，积极引进和研发新技术、新工艺、新设备，加快科技成果转化，推广应用适宜技术，升级改造生产工艺，增加产品科技含量，增强科技进步对经济社会发展的支撑、引领作用。

营造科技进步的良好环境。改革科技创新体制机制，加快完善基层科技发展体系，积极组织和引导适用技术在农牧区广泛推广应用。引导和支持创新要素向企业集聚，增强企业创新能力。大力实施《全民科学素质行动计划纲要》，加强科普宣传，普及日常科技知识，鼓励群众特别是青少年参与科技创新活动，努力培育全社会的创新精神，提高全民科学素质。加大知识产权保护力度。

专栏12　科技基础平台

▲**技术创新平台**：高原特色农牧业、藏药、生物资源、高原工程技术、新能源、新材料、矿产资源开发等重点实验室和工程技术中心，青稞品质改良与牦牛良种繁育重点实验室。

▲**成果转化平台**：科技"孵化器"和高科技产业园区，农牧区科技成果转化示范基地。

▲**信息服务平台**：科技文献资源共享服务平台，技术、人才、信息交流平台与技术产权交易平台。

▲**科学普及教育平台**：自治区自然科学博物馆，地县科普活动场所。

第三节　加强人才队伍建设

坚持服务大局、人才优先、以用为本、创新机制、培引并举、整体开发的指导方针，大力推进人才强区战略，加快人才工作体制机制改革和政策创新，加大人才投入，统筹推进各类人才队伍建设，用好现有人才、稳住关键人才、吸引急需人才、培养未来人才。到2015年，全区各类人才总量达到32.6万人。

加强人才队伍建设。研究制定经济社会发展急需紧缺人才培养引进政策措施。加大人才知识更新培训，不断提升专业化水平。调整优化高校学科专业设置，加大急需紧缺人才特别是紧缺技术、管理人才培养力度。加强宣传思想文化、民族宗教管理、医药卫生、教育人才培养。围绕优势特色产业、新兴产业、民生改善和重大项目建设需要，引进急需紧缺人才。统筹推进党政人才、企业经营管理人才、专业技术人才、高技能人才、农牧区实用人才和社会工作人才六支人才队伍建设，优化人才结构和布局，构建与我区跨越式发展和长治久安相适应的人才队伍。

优化人才流动配置机制。破除人才流动的体制性障碍，引导人才在城乡间、不同所有制间、产业间、行业间合理流动。制定双向挂职、短期工作、项目合作等灵活多样的人才流动政策，引导党政人才、科研院所和高等院校专业技术人才向企业和基层一线有序流动。有计划地安排高、低海拔地区人才的交流。建设区、地两级人才市场，规范人才市场管理，增强服务功能。

营造人才脱颖而出的环境。完善党对人才的领导体制，改进人才管理方式，建立政府宏观管理、市场有效配置、单位自主用人、人才自主择业的人才管理体制。创新人才工作机制和人才培养模式，完善人才选拔任用机制，深化党政领导干部选拔任用制度改革，提高选人用人公信度，建立事业单位聘用制度和领导人员选拔制度，改革完善国有企业领导人员选拔制度。规范各类人才能力素质标准，改进和完善人才考核评价方式方法。

专栏13　重大人才工程

(1)人才素质提升工程；(2)农牧区急需人才培养工程；(3)特色优势产业人才培养工程；(4)青年英才培养计划；(5)艰苦边远地区人才支持计划；(6)高层次急需紧缺人才引进工程；(7)宣传文化系统"五个一批"人才培养工程。

第十章 切实保障和改善民生

坚持加大投入、优化结构、提升质量、提高效益,大幅提高社会事业发展水平,显著提高基本公共服务能力和均等化水平,促进社会公平正义。

第一节 加快发展医疗卫生事业

全面深化医药卫生体制改革。加快推进医疗保障制度建设,巩固和完善以免费医疗为基础的农牧区医疗制度,扩大城乡居民参保覆盖面,逐步提高补助标准和保障水平。加强医疗救助制度、农牧区医疗制度和城镇居民(职工)基本医疗保险之间的衔接,完善跨地区转移接续和结算办法。做好藏药纳入国家基本药物目录申报工作,建立以国家基本药物制度为基础的药品供应保障体系。建立健全农牧区医疗卫生机构补偿机制,完善乡村医生补助政策。适时推行公立医院改革。

加强医疗卫生服务体系建设。整合资源,优化配置,按照规范化、标准化要求和预防为主、藏中西医并重原则,完善城乡医疗卫生机构设施和功能。逐步建立分级诊疗和双向转诊制度,提高基本医疗服务覆盖面和可及性,实现县县有标准化医院、中心乡镇有标准化卫生院、行政村有卫生室、街道办事处有社区卫生服务中心的目标。健全公共卫生服务体系,加强区地县三级疾病预防控制体系建设,建立和完善卫生监督体系。增加基本公共卫生服务项目,加大传染病、地方病、高原病、慢性病和精神病等防治力度,增强突发公共卫生事件应急处置能力。大力扶持藏医药发展。加快医疗卫生信息系统建设,提高远程医疗能力和水平。鼓励社会资本举办医疗机构,满足群众多样化医疗卫生需求。继续实施“农牧民健康促进行动”,扩大服务范围,碘盐覆盖率稳定在95%以上。普及健康教育,有效控制地方病,法定传染病病发率控制在全国平均水平。城镇65岁以上老人和5岁以下儿童健康档案规范化建档率达到100%,人口平均期望寿命提高1岁。

加快医疗卫生人才队伍建设。加强全科医师培养和在职卫生专业技术人员培训,提高医疗卫生服务能力和水平。继续实施城市卫生支援农牧区卫生工作,进一步提高基层卫生队伍整体素质和诊疗水平。加强医德医风建设,提高医疗卫生服务质量。

第二节 着力扩大城乡就业和构建和谐劳动关系

实施更加积极的就业政策。多渠道开发就业岗位,改善就业结构,鼓励自主创业和自谋职业。继续实施并完善财税、信贷等优惠政策,大力发展劳动密集型产业,扶持中小企业发展,基本形成劳动者自主择业、市场调节就业和政府推进就业的共促机制,促进充分就业。

加强公共就业服务。支持人力资源市场和信息网络建设,健全公共就业服务体系,为城镇失业人员、高校毕业生、“零就业”家庭人员等劳动者提供职业介绍、职业指导、就业失业登记等公共就业服务。完善职业技能培训体系,开展面向城乡劳动者的免费职业培训。加快建立就业、培训、维权“三位一体”的农村劳动力转移就业工作机制,扩大统筹城乡就业试点。推进复退军人教育培训和安置转业工作,鼓励自主择业。加强人力资源供求监测,建立失业预警机制,城镇登记失业率控制在社会可承受范围内。

大力促进高校毕业生就业。加强政策宣传,大力倡导“先就业后择业”理念,鼓励和引导高校毕业生到企业、基层就业。进一步完善高校毕业生创业政策体系,促进高校毕业生自主创业。积极落实就业援藏政策,积极探索高校毕业生到内地就业的方式。高校毕业生当年就业率稳定在80%以上。

完善就业援助制度。建立健全就业援助工作长效机制,积极开发公益性岗位,稳定规模,规范管理。加强政策扶持、职业培训和信息发布等就业服务,重点帮助"零就业"家庭、残疾人、低保对象、企业下岗职工等就业困难人员就业,确保城镇有就业需求的"零就业"家庭至少有一人实现就业。

构建和谐劳动关系。全面推行劳动合同、集体合同制度,完善政府、工会和企业三方劳动关系协调机制,加强劳动执法,妥善处理劳动争议,保障劳动者权益。发挥工会和行业组织作用,努力形成企业和职工利益共享机制。

第三节　构建覆盖城乡居民的社会保障体系

建立健全社会保险体系。完善城镇基本养老保险、医疗保险、失业保险、工伤保险和生育保险制度。建立健全城镇居民基本养老保险,提高企业退休人员养老金水平。继续完善新型农村社会养老保险制度。探索建立被征地农牧民和退牧牧民社会保险制度。各项社会保险实现自治区级统筹,各项社会保险关系有序规范转移接续。加强社会保障服务设施建设,各项社会保险实现信息化管理。

健全社会救助体系。完善城乡居民最低生活保障、城乡医疗救助制度和农村五保供养制度,逐步扩大保障范围,提高保障和救助标准。加强农村低保与新型农村社会养老保险以及其他社会救助制度和扶贫政策之间的衔接。加强农村五保供养服务机构和设施建设,集中供养率达到50%。完善临时救助制度,帮助低收入困难家庭和因突发事件造成临时生活困难的群众。

加强社会福利体系建设。积极发展以扶老、助残、救孤、济困为重点的社会福利事业。推进儿童福利院、社会福利院、农村敬老院、老年护理院建设,改善孤残儿童、孤寡老人的收养供养条件,建立适度普惠型养老服务体系。加强残疾人康复、教育、脱贫和社会保障等工作,完善无障碍设施。做好优抚工作。鼓励和支持社会慈善事业发展。

完善城镇住房保障。加大廉租住房、周转住房、公共租赁住房建设力度,加快改造城镇和国有工矿棚户区,增加中低收入居民住房供给。建立和完善住房服务信息管理体系。扩大住房公积金覆盖面,完善住房补贴制度,增强职工住房消费能力。

第四节　促进文化大发展大繁荣

大力建设重要的中华民族特色文化保护地。大力发展文化事业,加大政府对文化事业的投入,完善公共文化运行保障机制,加强文化设施和文化队伍建设,优先安排涉及群众切身利益的基层文化建设项目,大力实施文化信息资源共享、送戏下乡、送书下乡等文化惠民工程,逐步形成覆盖城乡,较为完备的公共文化服务体系。推进地市图书馆和博物馆建设,积极发挥县综合文化中心功能,继续完善乡镇(农林场)综合文化站、行政村(社区)文化活动室和农家书屋。繁荣文学艺术创作,丰富文化活动内容,打造文艺精品。提高广播影视译制制作能力,推进广播影视数字化。大力实施"西新工程"、广播电视村村通工程和农村电影放映工程和党报党刊免费赠送工程。完善新闻出版基础设施,加强县级新华书店建设。大力发展新兴媒体,支持藏语文音像制品、书报刊等出版和发行，积极扶持和发展藏文和外文网站，提高网络文化产品供给和服务能力。加强物质、非物质文化遗产和古籍的普查、保护和传承，重视历史档案抢救和保护工作，加大重要历史和革命文物保护利用，继续实施重点文物保护维修工程。加强哲学社会科学和藏学研究。积极贯彻落实全民健身条例，大力发展高原特色体育事业。

加快发展文化产业。加强文化产业发展战略研究，制定和落实文化产业发展政策措施，积极稳妥推进文化体制改革。加强专业艺术人才和群众文化人才培养，挖掘传统和民间文化资源，大力发展文化旅游、文化创意、影视动漫制作、演艺娱乐、出版发行、民族工艺品制作、高原极限运动等特色文化产业，打造西藏文化品牌，促进文化资源优势向文化产业优势转变。加大对外文化交流，创新文化"走出去"模式。实施重大文化产业项目带动战略，规划建设民族文化产业发展园区、文化传播基地等项目，建设民族语言信息化国家地方联合共建重点工程实验室，鼓励发展地方特色软件研发。积极稳妥推进条件成熟的经营性文化单位转企改制，加快培育拥有自主知识产权、文化创新能力和较强核心竞争力的文化产业集团，组建现代传媒集团。吸引非公有资本进入政策许可的文化产业领域，培育一批"专、精、特、新"的创新型中小文化企业。推进文化市场综合执法改革，建立和完善统一、灵活、高效的文化市场监管机制。

专栏 14　文化建设重点工程

——**公共文化**

▲公共文化体育设施：西藏综合艺术中心，文化信息资源共享工程。地市图书馆、群艺馆，县级新华书店，乡镇（农林场）综合文化站等城乡公共文化设施。广播电视村村通、西新工程、农村电影放映、地县广播影视基础设施、新闻出版基础设施。体育基础设施建设。

▲传播媒体：西藏广电中心，广播电视"精品工程"，藏语文出版中心，重点新闻网站，藏语言文字网站。

▲创作文艺精品：精神文明建设"五个一工程"，重点文艺剧节目创作演出。

▲文化遗产保护与传承：重点文物保护维修工程，重要历史和革命文物保护，非物质文化保护工程，古籍保护工程，文物资源数字化建设。

——**文化产业**

▲重大文化产业项目：民族文化产业带（园），雅砻文化大观源，民族语言信息化工程实验室，西藏文化艺术展，组建传媒集团。

第五节　加强人口事业和妇女儿童事业

提高出生人口素质。完善基层优生优育和妇幼保健服务体系，加强县级医院妇儿科能力建设，积极开展农牧区避孕节育和生殖保健流动服务，普及优生优育知识，全面实施出生缺陷一级预防工程，推进免费孕前优生健康项目，继续实施住院分娩补助和婴幼儿免费免疫等政策。住院分娩率达到 60% 以上，孕产妇死亡率和婴儿死亡率大幅度降低，不断提高妇女儿童健康水平。

加强人口服务与管理。稳定和完善现行生育政策，保持人口适度增长。积极开展人口发展战略研究，制定人口与经济社会、资源环境协调可持续发展政策措施。加强人口信息系统建设和流动人口服务与管理，引导人口合理布局。

保障妇女儿童权益。全面实施新一轮妇女儿童发展纲要，促进妇女儿童事业持续发展。保障妇女平等依法行使民主权利，平等参与社会事务管理和经济社会发展，平等获得教育培训、劳动就业、卫生保健、社会保障和婚姻财产等权利。依法保障未成年人生存、发展、受保护和参与的权利，营造未成年人健康成长的良好环境。

第六节 促进居民收入协调增长

调整优化收入分配格局，坚持各种生产要素按贡献参与分配，完善按劳分配为主体、多种分配方式并存的分配制度，提高劳动报酬占初次分配的比重，改善劳动收入的形成和增长机制。完善最低工资制度，逐步提高最低工资标准，提高低收入群体收入，逐步扩大中等收入群体，提高居民收入占国民收入的比重。健全工资指导线、劳动力市场工资指导价和行业人工成本信息发布制度。积极探索建立以工资集体协商为形式的企业工资决定机制，保障职工工资随着经济效益的增长正常增长和支付。落实干部职工工资待遇政策，进一步提高广大干部职工的工资水平。

专栏 15 民生保障重点工程

▲**卫生**：基层医疗卫生服务体系、公共卫生综合服务体系、重点医院、藏医院、食品药品监管基础设施等。
▲**就业**：地市人力资源市场、职业技能培（实）训中心和社区就业服务设施。
▲**社会保障**：保障性住房、基层社会保障综合服务设施。
▲**民政设施**：福利院、敬老院、殡仪馆、社区服务中心（站）和残疾人综合服务设施等。
▲**住房保障**：廉租住房、周转住房、公共租赁住房建设，改造老城区和国有工矿棚户区。
▲**人口和优生优育**：优生优育综合技术指导服务站，配备流动服务车。

第六篇 加强生态文明建设，构建国家生态安全屏障

统筹推进生态环境保护、经济发展、社会进步、民生改善，着重抓好生态建设、生态经济、生态补偿、节能减排等关键环节，加强防灾减灾和应对气候变化能力，切实建设生态西藏，积极构建国家重要的生态安全屏障。

第十一章 强化生态环境保护与建设

按照保护优先、综合治理、因地制宜、突出重点的原则，坚持工程治理与自然修复相结合，加快实施西藏生态安全屏障保护与建设规划，优化区域生态格局，促进生态系统良性循环。

第一节 加强生态环境保护

维护重要生态功能，建立大江大河源头重要生态功能保护区，加大大江大河源头区草地、湿地、天然林保护力度，采取生物和人工措施，实施森林、草地和湿地生态系统功能恢复工程。保护生物多样性，开展重点地区物种资源调查，加强生物多样性关键区域生物物种资源的保护和管理。加快自然保护区规范化建设。继续实施天然草地保护、森林防火和有害生物防治、野生动植物保护及保护区建设、重要湿地保护、农牧区传统能源替代等生态安全屏障保护工程。扩大和巩固退耕还林成果。

第二节 加快生态环境建设

以人口密集区、农业发达地区、农牧民聚居区、重点水源地、退化草场、沙化土地为重点，加大环境综合治理力度。大力实施防护林体系建设、人工种草与天然草地改良、防沙治沙、水土流失治理等工程，有效控制水土流失，重点区域可治理沙化土地治理面积达到30%，流动沙地得到有效遏制。

建设重点区域生态公益林，加快迹地更新和中幼林抚育，支持苗圃基地建设，大力开展河谷、小流域、公路、铁路、城镇周边、水库库区、村庄四旁植树造林活动，森林覆盖率达到12.11%以上。建设“绿色拉萨”。鼓励个人和企业承包宜林荒山、荒地、荒滩开发造林。

第三节 建立生态补偿长效机制

积极衔接落实中央财政森林生态效益补偿基金政策，逐步提高国家级公益林森林生态效益补偿标准。全面建立和完善草原生态保护奖励机制。推进湿地、水土保持、水资源保护等生态效益补偿和资源开发生态补偿试点。衔接落实中央财政对江河源头等重点生态功能区均衡性转移支付政策。加大对自然保护区、重要生态功能区、重要战略储备矿产资源所在地财政补贴力度。建立矿山环境治理和生态恢复责任机制。

第四节 加强防灾减灾体系建设

完善水土保持监测网络体系，加大重点江河段、重点地区中小河流治理，加强山洪灾害、冰湖灾害防治和病险水库除险加固改造，完善预警预报调度等非工程措施。加强水文、灾害、环境、农业、旅游地质勘查和重大建设项目工程地质等基础性、公益性地质工作，提升地质科研水平和能力。加强重大地质灾害点监测站建设，加快建立地质灾害易发区调查评价、监测预警、防治、应急等体系，完善地质灾害群测群防网络。加强地震监测预报、地震灾害防御、震灾应急基础设施和能力建设，完善地震台网，增强重大建设工程、生命线工程、容易产生次生灾害的建设工程和学校、医院等人员密集场所的抗震设防。加大综合防灾减灾体系建设，重点建设农牧区防灾减灾设施，提升农牧区民居抗震能力，实施灾害预警服务信息村村通工程，加强高寒牧区牲畜棚圈等减灾设施建设和主要物资储备。推行自然灾害风险评估，科学安排危险区域生产生活设施的合理避让。

第五节 提高应对气候变化和环境监测服务能力

优化布局气象观测站网，改善气象观测设施，提高气候变化监测和服务能力。建立和完善人工影响天气指挥、作业体系，加强对极端天气和气候事件的监测、预警，提升人工影响天气和应对气候变化能力。加强青藏高原气候变化科学研究、观测和影响评估。在生产力布局、基础设施和重大项目建设中，充分考虑气候影响因素。加强气候变化领域的科学交流与研究合作。

建设标准化的环境监测网络，加强对主要江河、重点区域水质、空气质量监测，完善环境应急系统，提高环境应急响应能力。建立生物多样性监测、评价和预警制度。建设功能齐全、布局合理的水文、水资源监测体系。

专栏16　生态安全屏障保护与建设十大工程

(1)天然草地保护;(2)森林防火及有害生物防治;(3)野生动植物保护及保护区建设;(4)重要湿地保护;(5)农牧区传统能源替代;(6)防护林体系建设;(7)人工种草与天然草地改良;(8)防沙治沙;(9)水土流失治理;(10)支撑保障工程。

第十二章　加强节能减排和环境执法监管

发展循环经济,提高资源利用效率,减少污染排放,形成有利于保护和改善环境的发展模式和生产生活方式,推进资源节约型、环境友好型社会建设。

第一节　有效节约利用资源

加强重点领域节能。严格限制高耗能企业发展,鼓励推广应用节能环保的新工艺、新技术、新设备、新材料。制定和推广应用节能标准,实行节能奖励制度,重点抓好工业、建筑、交通运输等重点领域节能,扎实推进节能、节水、节地、节材工作。

有效利用资源。大力推广使用清洁能源,充分利用新能源和可再生能源,实施“金太阳科技工程”,推广适宜高原环境的光热、光电、风能、地热等新产品和新技术。积极推进拉萨“太阳城”建设。综合利用作物秸秆和畜禽粪便,加大沼气等生物质能开发。推进汽车、电子产品、废纸、轮胎等废弃物、废旧金属回收和生活垃圾、污泥等资源化再利用。提高黑色和有色金属共伴生矿产资源综合利用率。

专栏17　资源节约和管理重点领域

▲**节能**:组织实施余热余压利用、建筑节能、绿色照明、太阳能和热泵技术利用节能监测和技术服务体系建设等重点节能工程。

▲**节水**:开展城乡水务管理体制改革试点。加快节水技术改造,推广应用节水器具和设备。强化取水许可管理和水资源论证管理,加大水资源费征收力度。

▲**节地**:落实土地用途管制制度和耕地保护责任制度,确保耕地占补平衡。加强土地利用管理,促进土地集约高效利用和优化配置。发展节能省地型公共建筑和住宅,强化建设用地审批。

▲**节材**:加强重点行业原材料消耗管理,改进设计和施工工艺,鼓励采用小型、轻型和再生材料,加强木材、金属、水泥等节约代用。限制过度包装,减少或取消一次性用品。

第二节　大力推进污染物减排工作

强化污染物减排与治理。严格污染物排放标准和环境影响评价,严禁重污染项目建设。支持企业开展污染治理,减少工业污染物排放。完善城镇污水收集网管,加快污水处理厂、垃圾填埋场等城镇环境基础设施建设。开展重点区域环境综合整治,全面禁止“白色污染”。加大重金属污染防治力度,开展土壤污染修复试点和规模化畜禽养殖污染防治。建立危险废物管理考核制度,妥善处置医疗废物和危险废物。加强辐射环境监管,妥善收贮废旧放射源。

第三节 促进生态经济和循环经济发展

坚持经济生态化、生态产业化,积极发展生态经济。充分利用高原独特的生态资源优势,积极发展农牧业特色产业和高原生物产业。着力改善生态资源富集区域的基础设施条件,大力发展生态旅游。积极利用先进适用技术和节能环保技术,培育和发展新能源等新兴产业,推动形成新的经济增长点。遵循减量化、再利用、资源化的原则,积极探索和推广工业、农业、服务业等领域循环经济发展模式,构建资源循环利用体系和绿色消费体系,推进循环经济标准化发展。加大对清洁生产技术和项目的支持力度,积极推进清洁生产,建立清洁生产信息系统,加快清洁生产技术服务体系建设。

专栏18 循环经济发展重点

▲**清洁生产**:在产品和产品生产过程及服务中采取预防污染措施。

▲**循环经济试点**:在酿造、藏毯、藏医药和乳制品等特色优势产业及产业园区开展循环经济试点。

▲**循环经济发展模式**:企业层面,积极引导和支持企业发展清洁生产,实现资源利用最大化、废弃物排放最小化。区域层面,集成不同企业间的物质、能量和信息,形成循环经济产业链。社会层面,循环利用废弃物,倡导绿色消费。

▲**绿色消费**:建立生产工艺流程的清洁消费管理体系,鼓励企业进行绿色宣传绿色销售。推进政府绿色采购制度,引导社会循环式消费行为。提倡选购包装简易、循环耐用产品。

第四节 严格环境和节能减排执法监管

严格开发建设规划和建设项目环境影响评价,严把生态环境关、产业政策关、资源消耗关,落实好环保“一票否决制”,开展固定资产投资项目节能评估和审查。依法保护林地,严格林地征占用审批。加大对资源开发和基础设施建设的环境执法监管力度。组建节能监察和节能技术服务机构,建立健全节能减排统计、监测制度和考核体系。建立健全重大环境事件和污染事故责任追究制度。对重点污染企业和尾矿库实施在线监控。

第七篇 统筹区域协调发展,积极稳妥推进城镇化

按照发挥比较优势、加强薄弱环节、扩大交流合作、缩小区域差距的要求,实施区域协调发展战略,推进形成主体功能区,逐步形成区域经济优势互补、主体功能定位清晰、国土空间高效利用、人与自然和谐发展、基本公共服务和人民生活水平差距逐步缩小的区域发展格局。

第十三章 优化区域国土开发布局

实施主体功能区规划,落实区域主体功能定位,统筹人口分布、经济布局、国土利用和城镇化格

局，加快边境地区建设，推进区域协调发展。

第一节 推进形成主体功能区

在国家主体功能区规划指导下，立足自然地理条件、资源环境承载能力、现有开发密度和发展潜力，科学编制自治区主体功能区规划，将全区国土空间划分为重点开发、限制开发和禁止开发三类主体功能区，确定主体功能定位，规范开发秩序，实行分类管理的区域政策，形成高效、协调、可持续的空间开发格局。

重点开发区域。实行有利于加大开发强度的激励性政策，优先布局重大基础设施项目和产业项目，改善金融生态环境和投资创业环境，扩大经济规模，增强经济综合能力，承接内地产业转移，承接限制开发区域和禁止开发区域的人口转移，显著提升工业化和城镇化水平。

限制开发区域。坚持保护优先、适度开发、点状发展，因地制宜发展资源环境可承载的特色产业，大力保护基本农田，加强基本农田基础设施建设，提高农业综合生产能力，加强生态修复和环境保护，引导超载人口逐步有序转移，逐步成为全区或区域性的重要生态或农业功能区。

禁止开发区域。依据法律法规规定和相关规划实行强制性保护，控制人为因素对自然生态的干扰，严禁不符合主体功能定位的开发活动。扶持和引导禁止开发区内人员有序转移就业，加大对外迁居民的补偿力度。

加强基础测绘和土地空间管制。推进空间数据基础设施建设，初步建成基础地理信息系统数据库和网络体系。全面推进节约集约用地，合理确定建设用地总规模，从紧控制新增建设用地规模，重点保障重点城镇、重点产业和重要基础设施建设用地。严格划定城乡规模边界和扩展边界，控制建设用地无序扩张。优化城乡建设用地结构和布局，促进形成城乡协调的用地新格局。盘活存量建设用地，充分利用闲置土地，提高土地利用效益。

专栏19 主体功能区功能定位

——重点开发区

▲国家级重点开发区域：具备较强的经济基础，具有一定的科技创新能力和较好的发展潜力；城镇体系初步形成，具备经济一体化的条件，中心城市有一定的辐射带动能力，有可能发展成为新的大城市群或区域性城市群；能够带动周边地区发展，对促进全国区域协调发展意义重大。

▲自治区级重点开发区域：经济基础较强、发展潜力较大，有条件成为全区新的增长极；城镇群框架初步形成，具备经济一体化条件并可能发展为新的城镇群；是落实区域发展总体战略重要支撑的城镇化地区，对全区区域协调发展意义重大。

——限制开发区

▲国家级限制开发区域（生态型）：生态系统十分重要，关系全国或较大范围区域的生态安全，目前生态系统有所退化，需要在国土空间开发中限制进行大规模高强度工业化城镇化开发，以保持并提高生态产品供给能力的区域。

▲自治区级限制开发区域分为两种类型：一是生态地区，指资源环境承载能力较弱、或生态环境恶化问题严峻、或在本地区具有较高生态功能价值的区域；二是农牧地区，指在本地区具有较大食物安全保障意义的区域。

——禁止开发区

▲禁止开发区域：有代表性的自然生态系统、珍稀濒危野生动植物物种的天然集中分布地、有特殊价值的自然遗迹所在地和文化遗址地等，需要在国土空间开发中禁止进行工业化城镇化开发的生态地区。

第二节 推进区域协调发展

中部经济区。主要包括以拉萨、日喀则、山南、林芝为主的藏中南地区和青藏铁路沿线的那曲地区中部和东部区域。这一区域要积极发挥资源和人口聚集优势，统筹规划建设区域一体化基础设施网络，全面改善投资创业环境，加快优势资源开发，引导特色产业集群发展，以产业集群推进城镇化，壮大区域经济规模，引领全区经济增长，打造成为全区特色优势产业发展的战略高地、在国家西部地区有重要影响的经济中心，有国际影响力的旅游目的地、中转地和促进国家区域协调发展的重要支撑点，全区最大的综合交通枢纽、商贸物流中心和金融中心，现代工业发展基地和文化产业培育基地。

东部经济区。以昌都地区为主，要发挥毗邻川、滇两省的区位优势，加快推进以公路交通为主的基础设施建设，培育以水能、矿产资源开发为主导，以特色农畜产品及其加工业、旅游业、民族手工业、藏医药业和建材业为支撑的区域经济，积极融入成渝经济圈，加强与藏中地区和周边省份的联系与合作，建设成为连接川、滇、青的交通枢纽、商贸中心、有色金属生产基地、“西电东送”接续能源基地，依托“茶马古道”和大香格里拉旅游圈打造“三江”流域精品旅游区。

西部经济区。以阿里地区、日喀则的西部区域和那曲西部区域为主，要适度有序集聚人口，发挥沿边区位优势，加快边境口岸开放和建设。发挥新藏旅游走廊核心区作用，完善交通基础设施，打造神山圣湖—古格遗址精品旅游路线，大力发展旅游业。适度发展矿产资源开采业，积极发展特色畜牧业和边境贸易。加强生态环境保护与建设，建立完善草原生态补偿机制，保护濒危野生动植物和生态系统。

促进区域合作互动。加强和完善区域间合作机制，促进要素流动，积极引导中部地区特色优势产业链条向东部和西部区域梯次延伸，形成全区特色优势产业互惠互动、协调推进、形成合力的良好局面。实行区域互助政策，中部经济区在人才培训、支医支教等方面，加大对东部和西部经济区的支援。加大干部跨地区、跨区域交流力度。

第三节　加快边境地区发展

完善优惠政策。把边境地区作为推进跨越式发展和长治久安的重点区域，科学编制专项发展规划，加大财政转移支付力度，完善特殊补助政策。引导社会各类资金参与边境地区建设，率先实施村容村貌整治工程、新型农村养老保险制度等政策措施，拓展对口帮扶形式。

实施“兴边富民”工程。继续加大资金、项目向边境地区的倾斜力度，加快实施边境公路建设项目，打通横向通道。推进骨干电网向边境地区延伸覆盖，加快小水电站和光伏电站建设。加快实施农田灌溉和安全饮水项目，建设边境乡（镇）、行政村通信项目。推进边境地区文化建设，大力改善教育和卫生条件，实施人才培养和劳动力培训工程。改善边境地区县、乡（镇）机关和事业单位工作生活条件。到2015年，边境地区的发展条件特别是基本公共服务水平与全区平均水平显著缩小。

推进产业发展。实行特殊的产业发展扶持措施，鼓励依托特色资源和边境优势，重点发展边境旅游、贸易和特色农牧业。扶持边境乡村集体经济发展，增强物质基础。

第十四章　建立有西藏特点的城镇体系

科学规划，合理布局，完善城镇基础设施，提高城镇的聚集效益和经济辐射能力，走有中国特色、西藏特点的城镇化道路。

第一节 构建科学合理的城镇化布局

按照统筹城乡、布局合理、节约土地、功能完善、以大带小的原则,科学规划、因地制宜、分类指导、突出重点、有序推进,加大地改市、县改市工作力度,大力发展中心城市(镇),加快发展小城镇。初步构建"一圈三带两点一线"的城镇化发展布局,形成以"拉萨—泽当城镇圈"为核心圈,"雅鲁藏布江中上游城镇带"、"尼洋河中下游城镇带"和"青藏铁路沿线城镇带"为重要支撑,藏东昌都镇、藏西狮泉河镇为两个节点,边境沿线重点城镇为一线,加快发展产业集聚程度高、经济综合实力强、内外开放程度大、区域先导作用显著的现代中心城市(镇),有序建设功能完善、环境优美、文化厚重、特色突出小城镇,打造结构合理、层次有序、辐射力强、功能互补的城镇化体系。

图6 城镇化战略格局示意图

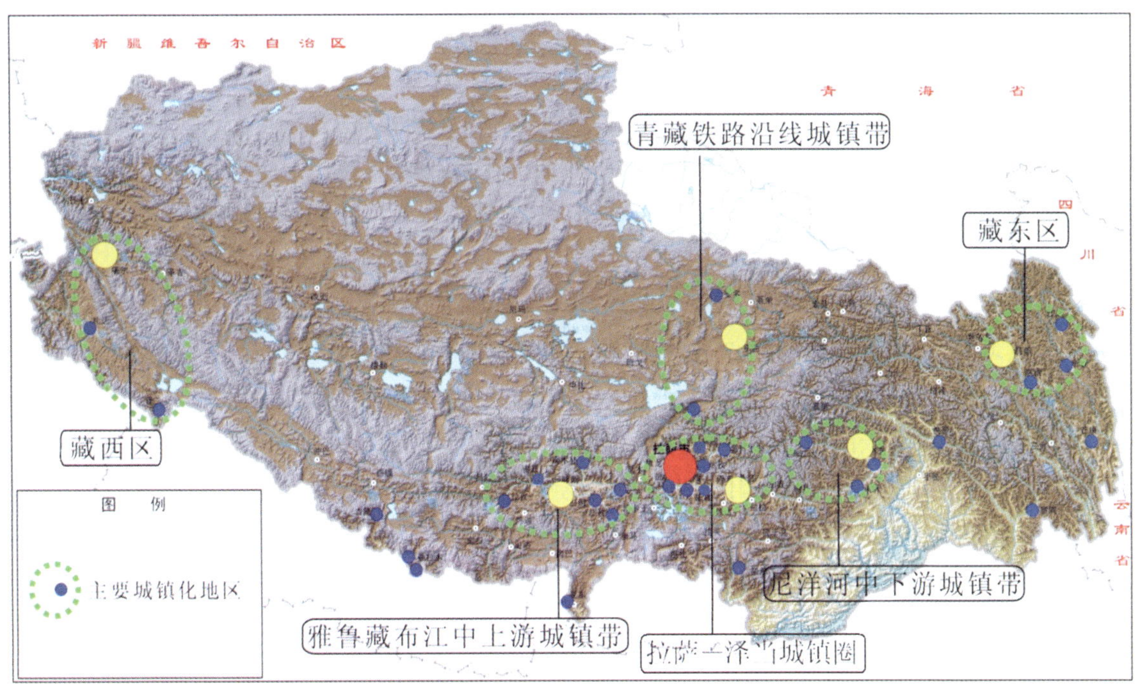

第二节 加强城镇建设

科学编制城镇发展总体规划,制定和实施城镇总体规划及市政道路、园林绿化、供水排水、供热供气、邮政通信服务网点和环卫设施、防灾减灾等专项规划。合理确定城镇开发边界,规范新城新区发展,调整优化建设用地结构,提高建成区人口密度,增强城镇对人口和经济活动的吸纳支撑能力。

统筹市政基础设施和公共服务设施建设。加大城镇交通设施建设,完善拉萨市和中心城镇市政道路(桥梁)、公共交通、公共停车场等公用设施。加快城镇水厂建设和供排水管网延伸改造。加强城镇供暖方式研究,开展供暖工程建设试点。推进老城区保护与改造。加快完善消防设施,加强安全避险场所建设,有序推进人防工程建设。加快实施照明工程、绿化工程,逐步完善面向大众的城镇公共文化、体育设施。

加强历史文化名城名镇保护与利用。坚持继承和发扬传统文化相结合，加强历史文化名城、名镇、名村建筑风貌保护和整治，城（镇、村、街）区设施既满足当地居民生活需要，又保持历史文化魅力。

专栏 20 城镇建设重点项目

▲**供排水**：拉萨市柳梧新区水厂、那曲镇水厂等水源工程，日喀则市、泽当镇、八一镇、那曲镇、狮泉河镇和县城污水处理工程，配套供排水工程。

▲**交通设施**：拉萨纳金大桥，拉萨、日喀则等地（市、县、镇）城镇道路，城镇公共停车场、客运枢纽站场和货运物流站场等。

▲**供暖工程**：城镇供暖方式研究，重点城镇供暖工程试点。

▲**历史文化名城名镇街区保护**：拉萨、日喀则和江孜历史文化街区保护。

第三节 促进人口适度集中

加快推进城镇化，引导和促进人口和生产要素向承载能力强、具有发展基础的沿江（河）、沿路（铁路、公路）的城镇流动。逐步扩大城镇规模，不断提高城镇化水平，带动产业和人口聚集。积极稳妥开展生态环境脆弱、易灾多灾和高寒等不适宜居住生活区域的居民生态移民。放宽城镇入户条件，加快教育、卫生、社会保障、就业等制度改革，促进农牧业人口逐步转为城镇居民。

第四节 大力发展县域经济

突出县域特色，立足县域资源、产业基础和人力资源，坚持有所为、有所不为，精心筛选县域特色项目，培育有特色、有优势、有市场、有效益的县域支柱产业。重点建设农畜产品生产基地和区域性农贸市场，建立农畜产品加工体系，做大做强青稞、小麦、药材、牛羊肉、皮毛等农畜产品加工业。鼓励有条件的地县积极建设产业园区，扶持一批龙头中小企业向产业园区聚集，有序发展旅游、矿产、交通运输、文化和民族手工业等产业。完善促进县域经济发展的激励机制，积极引导金融机构和援藏资金加大支持县域经济发展的力度，增强人才、科技对县域经济的服务能力。提升县城城镇功能，发挥中心镇连接城乡的节点作用，以镇带乡，促进城乡经济相融发展。

第八篇 积极推进改革开放，营造良好发展环境

以解放和发展生产力为目标，深化体制改革，提升开放水平，构建更具活力的经济体系，为推进跨越式发展和长治久安提供良好的体制保障和发展环境。

第十五章 深化体制改革

改革是发展的根本动力，必须下更大的决心、花更大的力气加快推进。坚持社会主义市场经济

的改革方向，按照总体上与全国"框架一致、体制衔接、适当变通"的原则，着力推进重点领域和关键环节改革，形成有利于加快转变经济发展方式、有利于促进社会公平正义的体制机制，增强经济发展的活力和动力。

第一节　深化国有企业改革

加快政企分开，实现国有经营性资产统一监管。推进建立现代企业制度，完善公司法人治理结构。衔接有关政策，分类处置企业不良资产，盘活国有资产，妥善分流安置职工。推进国有经济战略性调整，整合资源，组建特色优势产业集团，发挥行业龙头作用。加强企业规范化、专业化、精细化、科学化管理。完善国有资产监督管理体制，健全国有资本经营预算制度。

第二节　加快非公有制经济发展

放宽非公有制经济市场准入。鼓励、引导非公有资本参与水能、太阳能等特色优势资源开发利用，参与发展文化、旅游、体育产业和商务、商贸流通业，支持进入社会建设、城镇公共交通、园林绿化等领域。鼓励和引导民营企业通过参股、控股、资产收购等多种形式，参与国有企业的改制重组，大力发展混合所有制经济。

鼓励民营企业做大做强。支持有条件的民营企业通过兼并、收购、联合等方式，壮大实力，发展成为特色突出、市场竞争力强的公司或集团。鼓励民营企业实施品牌发展战略，支持民营企业增加研发投入，加强自主创新和转型升级，争创名牌产品。

优化民间投资环境。加大财税、金融等政策支持，完善有利于民间投资发展的法规政策规定，培育和维护平等竞争的投资环境。建立健全民间投资服务体系，加强对个体、私营等非公有制企业和民间投资的服务与监管。充分发挥商会、行业协会等自律性组织的作用。

第三节　培育和完善现代市场体系

建立健全土地、草场、林场等的承包经营权流转市场。落实国有建设用地有偿使用制度。培育和建立城乡统一开放的劳动力市场。加强法规体系和社会信用体系建设，积极规范市场主体行为，建立公平竞争的市场秩序。完善价格管理，建立重要商品、服务、要素价格形成机制，积极稳妥地推进资源性产品价格和垄断行业改革，切实推进电力体制和电价改革，完善反映资源稀缺程度的价格形成机制。深化粮食流通体制改革。

第四节　完善公共管理和服务体制

深化行政体制改革。按照"转变职能、理顺关系、优化结构、提高效能"的要求，推进政府机构改革，促进政府职能转变，着力打造服务型政府。深化行政审批制度改革，不断消减和调整行政审批事项，减少政府对微观经济运行的干预。理顺行政层级体系和权责关系，推进电子政务。

推进社会管理体制改革。深化就业体制、教育体制、社会保障体制和收入分配制度改革。积极培育和发展各类专业性的非政府组织和社会中介组织，将执行方面的权力进一步向社会组织、公共机构和基层政府转移。深化政府机关和事业单位后勤服务社会化改革。加快水利管理体制改革。

健全公共财政体系。进一步完善自治区对下财政管理体制，优化财政收支结构，规范财政管理。增加一般性转移支付规模和比例。建立加强县级政府提供基本公共服务的财力保障机制。完善预算编制和执行管理制度。建立公共预算体系、基本公共服务均等化标准体系和公共支出绩效评价体系，实施部门预算支出绩效考评制度。改革和完善税收制度，与国家同步推进增值税、营业税、个人所得税等税制改革。在“税制一致、适当变通”的框架下，深化资源税改革，健全地方税收体系。

第十六章 大力提升开放水平

增强开放意识，优化对外开放环境，拓宽开放领域，丰富合作内容，大力发展开放型经济，积极主动融入国内外大市场。

第一节 加强与内地的交流合作

坚持“引进来、走出去”战略。加大在文化展示、扩大就业、人才流动、技术创新、管理运行、科研活动及公共安全等方面，与内地的交流和合作。优化税收、土地、行政政策和法制、社会信用体系、服务等投资环境，有效包装和运作招商引资项目，吸引国内知名大型企业或企业集团来藏投资发展。积极参与国内大型展会等经贸商洽活动，鼓励、支持区内企业开拓内地和国际市场。

加强区域性合作与交流。促进与青甘陕三省在文化教育、藏医药业、民族手工业、特色旅游业等领域的战略性合作，建立健全合作交流机制，积极建设藏青甘经济带。加强与川滇黔桂渝五省（市）在交通能源建设、矿产资源开发、生态环境保护、旅游文化、市场开拓等领域的交流协作，加快融入大西南经济圈。逐步提升我区在全国经济发展布局与产业分工中的战略地位，开创开放新局面。

第二节 深入推进对口受援工作

加强同支援省（直辖市）、中央和国家机关及企事业单位的协调配合，推进受援工作科学规范发展。加强经济援藏工作的统筹、规划、监督、管理和协调，健全受援项目全区统筹、地市规划、属地负责的机制，健全援助资金管理办法，推广对口援藏项目建设和管理的有效模式。明确受援重点，突出改善民生、扶贫开发和增强“造血”功能，引导援助资金和项目集中投向改善农牧民生产生活条件、发展县域经济、提高公共服务能力、扶持落后地区发展等重点领域。立足援受双方各自优势，充分发挥市场机制和援藏干部的桥梁纽带作用，坚持无偿支援与互利合作相结合，拓宽合作领域，创新合作方式，丰富经济援藏、干部援藏、人才援藏、教育援藏、科技援藏和金融服务援藏内容，积极推动就业援藏。在联合培养基层急需人才、关键技术的引进和联合攻关、引进先进的企业和社区管理经验、借鉴公共服务和社会管理运作等方面加强合作与交流。吸引和组织内地农村致富能手、企业家、科技人员等到我区开展农牧业科技合作与产业合作。

第三节 深化对外开放

依托青藏铁路，推进铁路、公路和航空港相连的南亚贸易陆路大通道建设。重点建设吉隆口岸，开展吉隆口岸跨境经济合作区前期工作，稳步提升樟木口岸，积极恢复亚东口岸，逐步发展普兰和日屋口岸，加大对口岸边贸市场、出口基地基础设施建设和改造力度，积极发展与南亚地区的贸易与合作，逐步将我区打造成我国陆路通往南亚国家的贸易中心、物流中心。加强便民互市贸易市场建设，适当扩大互市贸易商品种类，加大工业产品、农畜产品、藏药材、林地产品等自产产品出口。

坚持统一领导、归口管理、分级负责、协调配合的外事工作原则，综合运用政治、经济、外交、法律、宣传等多种手段，主动开展西藏地方外事工作，积极发展民间对外交往。加大"请进来、走出去"工作力度，拓展同有关国家特别是周边国家的友好合作，积极吸引境内外资金、技术、信息和项目，多渠道、多领域、多层次推进对外交往，营造更加有利的发展环境。

第九篇　维护社会稳定，建设平安和谐西藏

全面贯彻落实中央关于西藏工作的指导思想，抓住我区存在的主要矛盾和特殊矛盾，抓住推进西藏跨越式发展和长治久安的关键环节，积极谋长久之策，行固本之举，下好先手棋，打好主动仗，凝聚力量，扎实工作，全面推进平安西藏、和谐西藏建设。

第十七章　推进和谐社会建设

进一步加强精神文明建设，发展社会主义民主，健全社会主义法制，贯彻党的民族宗教政策，做好新形势下的民族宗教工作，促进社会各族各界和睦相处、和衷共济、和谐发展。

第一节　加强精神文明建设

加强意识形态领域的建设和管理，坚持马克思主义在意识形态领域的指导地位，大力推进中国特色社会主义理论体系宣传普及，全面贯彻中央关于西藏工作指导思想，加强理想信念教育和思想政治工作，用中国特色社会主义共同理想凝聚力量，为全面建设小康社会提供强大的思想保证和精神动力。

坚持"爱国守法、明礼诚信、团结友善、勤俭自强、敬业奉献"的基本道德规范，实施公民道德建设工程，深入推进社会公德、职业道德、家庭美德和个人品德建设。广泛开展文明行业、文明乡村、文明社区、文明家庭创建和各类自愿服务活动，引导各族群众崇尚科学文明，弘扬传统美德，倡导科学、健康、文明的生活方式。进一步加强未成年人思想道德建设。综合运用教育、法律、行政、舆论手段，引导人们知荣辱、讲正气、尽义务，形成扶正祛邪、惩恶扬善的社会风气。

建设社会主义核心价值体系，大力倡导以爱国主义为核心的中华民族精神、以改革创新为核心的时代精神和以艰苦奋斗为核心的"老西藏"精神。建立开展重大专项纪念活动宣传教育长效机制，建设爱国主义教育基地，深入推进爱国主义教育和民族团结教育进机关、进学校、进社区、进农村、进寺庙，把爱国主义教育和民族团结教育作为各级各类学校学生思想政治教育的重要内容，纳入公民道德教育和社会主义精神文明建设全过程。

第二节 加强民主法治建设

发展社会主义民主。坚持党的领导、人民当家作主、依法治国有机统一，不断发展社会主义民主政治。坚持和完善人民代表大会制度，加强人民代表大会的立法和监督工作。支持人民政协围绕团结和民主两大主题履行职能，不断提高政治协商、民主监督、参政议政的能力和水平。加强党外人士队伍建设，不断发展和壮大爱国统一战线。充分发挥工商联联系非公有制经济人士的桥梁纽带以及管理和服务非公有制经济的助手作用。进一步发挥工会、共青团、妇联等人民团体和文联、残联、科协等社团组织的桥梁纽带作用。积极推进管理创新，推进政务、厂务、村务公开，切实保障各族群众参政议政权利。

加强法治政府建设。深入贯彻依法治国基本方略，进一步深化行政体制改革，依法行政，从严治政，建设法治政府。加强立法工作，提高立法质量。完善行政机关干部学习法律长效机制。建立健全重大决策规则，推进行政决策科学化、民主化、法制化。推进政府信息公开，办事程序公开。进一步健全教育、制度、监督并重的惩治和预防腐败体系，深入开展反腐败斗争。坚持公正司法，积极推进普法、依法治理，广泛深入开展法制宣传教育，在全社会形成学法、守法、用法氛围，不断提高干部群众的法律素质。

第三节 巩固和发展民族大团结

牢牢把握各民族共同团结奋斗、共同繁荣发展的民族工作主题。坚持和完善党的民族政策，广泛开展民族团结宣传教育和民族团结进步创建活动，大力表彰民族团结进步先进典型，切实增强各族群众对伟大祖国的自豪感。教育引导各族干部群众牢固树立“三个离不开”思想，正确认识中华民族多元一体格局，自觉抵制各种狭隘民族意识，坚决反对民族分裂意识，增强各族人民对伟大祖国的认同、对中华民族的认同、对中华文化的认同和对中国特色社会主义道路的认同。

全面贯彻执行民族区域自治制度，切实保障各族人民的合法权益。加强民族工作法规建设，深入研究新时期民族工作的新情况，解决新问题，提高做好民族工作的能力。大力培养藏族和其他少数民族干部，扩大不同民族在社会经济活动中的交流与融合，加大对门巴、珞巴等人口较少民族发展的扶持力度。

第四节 做好新形势下宗教工作

全面贯彻党的宗教工作基本方针，积极引导宗教与社会主义社会相适应。加大对广大信教群众的教育引导，增强党和政府的号召力和影响力。持续开展寺庙爱国主义教育和法制教育工作，加强寺庙民管会组织建设，建立寺庙管理长效机制。积极引导宗教与社会主义社会相适应，充分发挥各宗教组织在促进小康西藏、平安西藏、和谐西藏、生态西藏建设中的积极作用。

依法加强对宗教组织、宗教事务和宗教活动的管理。全面贯彻执行国家关于宗教管理的法律法规，继续完善宗教管理相关法规。坚持属地管理、分级负责的原则，建立健全地、县、乡三级宗教事务管理网络和责任制。将寺庙纳入公共管理和公共服务体系，逐步解决寺庙通路、通水、通电、通信、广播电视覆盖及寺庙书屋建设等问题，积极开展平安和谐寺庙创建活动。大力维护藏传佛教正常秩序，积极推动宗教代表人士和教职人员教育培养工程，造就政治上靠得住、宗教上有造诣、品德上能服众的宗教界代表人士队伍。

第五节　加大舆论宣传力度

唱响主旋律。牢牢把握正确舆论导向，大力宣传党的富民惠民政策和社会主义新西藏的新发展新变化新生活，唱响共产党好、社会主义好、改革开放好、伟大祖国好、人民军队好、各族人民好的时代主旋律，增强各族群众推动跨越式发展和长治久安的信心和决心。加大报纸、广播电视等主流媒体覆盖面和宣传力度，高度重视运用藏语文面向广大群众的宣传。充分运用互联网、手机等新兴媒体，拓宽宣传渠道，增强宣传教育的针对性、时效性。

加强对外宣传。紧紧围绕国家外交外宣大局和西藏发展稳定大局，牢牢把握正面宣传西藏和深入揭批达赖集团两大主题，加大"走出去、请进来"工作力度，加强对沿边国家和边境外宣工作，积极推动民间外宣和网络外宣，充分展示社会主义新西藏的良好形象，增进国际社会对社会主义新西藏的认知度和认同感。

第十八章　全面维护社会稳定

健全和完善维护稳定工作的长效机制，加强主动治理，不断增强维护稳定工作的针对性和实效性，切实推进长治久安。

第一节　深入开展反分裂斗争

深入揭批达赖集团。坚持对达赖集团斗争的方针，大力开展群众性反分裂斗争思想教育，深入揭批达赖集团政治上的反动性、宗教上的虚伪性、手法上的欺骗性，让各族干部群众认清达赖集团分裂祖国、图谋"西藏独立"的反动本质，认清国际敌对势力利用达赖集团对我国进行牵制遏制的险恶用心，进一步增强同达赖集团进行斗争的坚定性、自觉性和主动性。

加强维护社会稳定能力建设。加强公安、检察、法院、司法、国家安全以及边防、消防、特警、反恐等领域基础设施和队伍建设。重点加强基层公安派出所、治安联防队等群防群治组织和队伍建设。落实从优待警等政策。加强统战、民族、宗教部门力量建设。

健全维护社会稳定工作机制。坚持和完善军地联合应急指挥体系及军地联合执勤模式。坚持打防结合、预防为主、专群结合、依靠群众的维稳方针，加强人防物防技防，构建多层次、全方位、点线面结合、专群结合的常态和非常态下的社会治安防控体系。完善细化处置突发事件预案，全面提高预警能力，严密防范和严厉打击渗透破坏和反动宣传煽动、聚众闹事、暴力恐怖等一切分裂活动。

第二节　加强社会管理

健全社会管理，推进平安西藏建设。坚持党委领导、政府负责、社会协同、公众参与的社会管理格局，提高社会管理工作水平。完善社区服务设施，建设管理有序、服务完善、文明祥和的新型城乡社区。加强信访工作，建立健全科学有效的利益协调机制，畅通群众合理诉求表达、利益协调、权益保障渠道，完善调解工作机制，及时调处人民内部矛盾，保障公民权益。健全基层治保组织，加强社会治安防控体系建设，加大社会组织监管和虚拟社会管控力度，进一步落实社会治安综合治理措施，创新社会管理，充分发挥村委会、社区、社团、行业组织在促进经济发展和社会稳定中的积极作用。建立健全严打长效工作机制，坚决铲除黑恶势力，遏制宗族势力和复旧势力。

第三节 完善公共安全体系

保障食品药品安全。加强食品药品监管，建立食品药品质量追溯制度。健全食品药品安全应急体系，强化快速监测、快速通报和快速反应机制。加强餐饮保健食品和化妆品安全风险评估和监管执法，完善检验检测和认证技术手段。强化基本药物监管，确保基本药物质量安全。

严格安全生产管理。加强安全生产监管基础设施建设，建立完善安全生产监管和安全技术标准体系，严格安全许可。规范发展安全专业技术服务机构，加强对中小企业安全技术援助和服务。加强公共安全和安全生产教育引导，深化矿山、交通运输等领域安全专项治理，坚决遏制重特大安全事故，提高安全保障水平，亿元地区生产总值生产安全事故死亡率下降40%，工矿商贸就业人员生产安全事故死亡率下降17%，道路交通万车死亡率控制在20%以内。

健全突发事件应急体系。坚持预防与应急并重、常态与非常态结合，建立统一高效的应急信息平台和指挥系统，依托各级公安消防机构建设精干高效的区、地（市）、县三级综合应急救援队伍。健全分类管理、分级负责、条块结合、属地为主的应急管理体制，形成统一指挥、反应灵敏、协调有序、运转高效的应急管理机制。加快各级救灾物资储备和救灾应急装备建设，健全预案体系。加强应急管理宣传教育，提高公众参与意识和自救能力，实现社会预警、社会动员、快速反应、应急处置整体联动，有效应对事故灾难、公共卫生事件、社会安全事件、自然灾害，提高危机管理和抗风险能力。

第四节 夯实基层基础

加快县、乡（镇）基层政权机关基础设施建设，加强以村级组织活动场所为依托的服务设施和社区综合服务设施建设，充实基层干部队伍力量，改善基层干部职工待遇和工作生活条件。大力发展基层组织主导的乡村集体经济，增强基层组织的凝聚力和影响力。

第五节 加强边境管理

积极应对新的边境斗争形势，进一步加强以边境管控、战略物资储备、口岸基础设施、边境物防及信息化、边境外宣点等为重点的边境基础设施建设，加强对边境地区群众的法律、法规宣传教育，提高边境地区群众自觉维护边境地区稳定的意识。巩固和完善以群众为基础、以各维稳力量为骨干的军警民联防联控维稳控边体系，不断加强反蚕食、反渗透、反偷渡工作，依法严厉打击非法出入境，确保边疆稳固、长治久安。

第六节 支持国防建设

支持驻藏部队建设。大力支持国防和军队建设，推进军地资源开放共享，促进军民融合式发展。加强武警部队建设，支持武警部队改善执勤、处突、反恐和抢险救灾的设施条件。加大交通、能源、信息、市政等基础设施的共享力度，统筹经济建设和国防建设，实现经济建设和国防建设双重效益。加强国防教育，增强全民国防观念。深入开展双拥共建活动，巩固和发展新时期军政军民团结。

增强国防动员能力。完善国防动员体系，提高预备役部队和民兵平战结合与平战转换能力。

推进经济动员、装备动员、人民武装、人民防空规范化建设。加强战略储备能力建设。加强民兵、预备役部队培训基地建设,完善战备措施。

第十篇　完善落实措施,实现宏伟蓝图

本规划是今后五年我区经济社会发展的宏伟蓝图和行动纲领,在我区社会主义市场经济体制初步建立的情况下,实现本规划目标和任务,主要依靠政府指导和市场配置资源的基础性作用。各级政府部门要正确履行职责,调控引导好社会资源,合理配置公共资源,保障规划顺利实施。

第十九章　加强统筹协调

以规划纲要为依据,统筹协调宏观目标和政策工具,统筹协调经济发展、社会管理和改革开放,统筹协调各方利益,统筹协调当前与长远发展,充分发挥财政、投融资、产业、区域等政策的组合效应,共同推进规划实施。

第一节　强化目标管理

本规划提出的预期性指标和产业发展等任务,主要依靠市场主体的自主行为实现。各级政府要加强监测、预测和分析,及时发现和解决经济运行中的突出矛盾和问题,要通过完善配套措施和利益导向机制,创造良好的政策环境、发展环境,激发市场主体的积极性和创造性,增强政府宏观指导和调节的针对性,提高有效应对经济运行中突发事件的能力,保障经济安全稳定运行。

本规划确定的约束性指标和公共服务、生态环境保护与建设等领域的任务,要分解落实到相关部门和地市,明确工作职责和进度。各级政府和部门要统筹运用公共资源,完善公共政策,加大投资力度,确保各项目标任务顺利完成。

第二节　强化协调推进

加强年度计划与本规划的衔接,年度计划的发展目标、重点任务和政策措施,要充分体现和分解落实本规划确定的总体目标和战略任务,分析本规划的实施进展情况。

各部门和地(市)要依据本规划纲要确定的发展方向和总体要求,科学合理编制专项规划和地(市)规划,分解落实各项任务目标。认真做好经济社会发展规划与城镇体系规划、土地利用规划的衔接配合,在重大生产力布局、重点项目安排、基础设施建设上,确保总体要求一致,时序安排合理,确保本规划顺利实施。

第三节　强化政策落实

按照中央第五次西藏工作座谈会确定的我区当前和今后一个时期工作的指导思想、思路、重点任务和政策措施,主动加强与国家各部委和兄弟省市衔接沟通,逐条逐项落实政策和项目,切实用好用足中央为我区制定的各项特殊优惠政策和扶持措施,保障规划实施有坚实的政策基础。

认真编制和实施好“十二五”重大项目规划。各级政府和部门要密切协作,强化项目工作“双联动机制”,进一步加强向国家有关部门汇报衔接的工作力度,积极争取国家投资。加强项目前期工作,积极落实项目建设条件,精心组织项目建设,形成重大项目对落实本规划的重要支撑。

第二十章　加强监督管理

认真贯彻落实《国务院关于加强国民经济和社会发展规划编制工作的若干意见》(国发[2005]33号)精神,进一步健全规划管理体制,促进规划法制化建设,确保规划的权威性、稳定性和连续性。

第一节　完善规划实施评价考核制度

按照各类指标不同要求,实行分类评价考核。规划确定的约束性指标,分解落实到各地(市)、各部门,纳入各地(市)和各部门经济社会综合评价和绩效考核,进一步完善评价考核办法。

第二节　健全规划实施的监督制度

加强重大战略问题跟进研究和规划执行情况分析,定期报告规划目标和主要任务进展情况,适时组织规划中期评估。加强监督检查,充分发挥监察、审计等监督机关、新闻媒体、群众社团的监督作用,建立健全定期检查和专项督查制度及纪律保障制度,建立健全政府与企业、市民的信息沟通和反馈机制。

第三节　规范规划实施调整制度

本规划纲要经自治区人民代表大会审议批准后,由自治区人民政府组织实施。当环境发生重大变化或因其他重要原因需修订本规划时,由自治区人民政府提出调整方案,报自治区人民代表大会常务委员会批准。

陕西省国民经济和社会发展第十二个五年规划纲要

（2011 年 1 月 22 日陕西省
第十一届人民代表大会第四次会议批准）

“十二五”时期（2011～2015 年），是我省全面建设小康社会、实现西部强省目标的关键时期，是深化改革开放、加快转变经济发展方式的攻坚时期，也是大幅提升综合实力、阔步迈向中等发达省份的重要时期。根据《中共陕西省委关于制定陕西省国民经济和社会发展第十二个五年规划的建议》，编制本规划纲要，主要是理清发展思路，阐明目标任务，确定工作重点，引导全省人民在社会主义现代化建设道路上奋勇前进。

第一篇　陕西经济社会发展站在新的历史起点上

准确把握时代脉搏，科学认识省情特点，凝聚各方智慧和力量，牢牢抓住和用好战略机遇期，保持经济社会又好又快发展，努力开创科学发展、富民强省新局面。

第一章　发展基础和面临环境

一、“十一五”发展取得令人瞩目成就

“十一五”是我省改革开放和现代化建设进程中极不平凡的五年。面对国内外环境的复杂变化，在党中央、国务院的正确领导下，省委、省政府带领全省人民深入贯彻落实科学发展观，聚精会神搞建设、一心一意谋发展、扎扎实实促和谐，妥善应对国际金融危机冲击，努力克服特大地震、雨雪冰冻、暴雨洪涝等自然灾害影响，

提前一到两年完成“十一五”规划确定的主要目标，三秦大地发生了新的重大变化。

*综合实力大幅提升。*跨越式发展势头强劲，生产总值跃上万亿元台阶，为“十五”末的2.5倍，年均增长14.9%，人均生产总值超过4000美元；财政收入突破1800亿元，年均增长27.8%，总收入和支出分别是“十五”的3.4倍和3.2倍；全社会固定资产投资累计完成2.62万亿元，年均增长34.4%，加快发展能力显著增强，公共服务设施水平明显提升。

*经济结构不断优化。*农业产业化水平不断提高，粮食连年获得丰收，苹果面积、产量稳居全国第一；优势特色产业增势强劲，战略性新兴产业发展态势良好，能源化工基地建设成效明显，以西安高新区为代表的各类园区成为新的增长极；一批投资过百亿、上千亿元的重大项目加快推进，23户企业销售收入过百亿；区域发展战略深入实施，关中、陕北、陕南发展呈现新格局，城镇化水平大幅提升，城镇化率达到46.5%。

*基础设施显著改善。*在交通、水利、电力、市政等领域兴建了一批多年想建的大项目，基础设施短板正在成为竞争的新优势。“两纵五横四枢纽”铁路网基本形成，新建铁路2600公里，郑西客运专线、太中银和包西复线顺利通车；“米”字形高速公路主骨架日益完善，新增通车里程2158公里，总量位居西部第一，市市通高速目标圆满实现；西安咸阳国际机场旅客吞吐量跃居全国第八、跻身世界百强行列，榆林新机场旅客吞吐量近百万人次，增幅位居全国支线机场前列；信息、电力、市政等基础设施建设步伐加快，引乾济石调水、采兔沟水库等一批重点水利工程相继建成，西安地铁2号线提前贯通并进入调试，新增发电装机1228万千瓦，“气化陕西”工程不断延伸。

生态建设成效明显。“一山两河”为重点的综合整治力度加大，关中、陕北县级污水和垃圾处理设施基本建成，陕南28个县区全部进入国家生态补偿范围，汉丹江水质保持良好，渭河干流水质明显改善。节能减排目标如期完成，单位工业增加值用水量低于全国平均水平，淘汰落后产能力度加大，关小上大取得明显成效。退耕还林面积稳居全国第一，巩固成果工程顺利实施，完成造林2461万亩，治理水土流失面积3.1万平方公里，森林覆盖率达到41.42%，设区市空气质量良好天数连年超过300天，绿色成为三秦大地主色调。

*改革开放深入推进。*国企、农村、科技、文化、卫生、行政等重点领域和关键环节改革进展顺利。现代企业制度不断完善，一批大型国企和高新技术企业成功上市，市场配置资源的基础性作用较好发挥。中小企业发展步伐加快，非公有制经济占到半壁江山。政府机构改革顺利实施，扩权强县和财政直管县试点初见成效，县域经济实力显著增强。集体林权制度改革主体任务提前完成，医药卫生体制改革取得阶段性成果，省市级文化事业单位改制全面实现。对外开放水平不断提高，45家世界500强企业在陕投资，外商投资企业达到4000多家，实施“走出去”战略取得重大突破，年进出口总额跨上百亿美元台阶。欧亚经济论坛、西洽会、杨凌农高会等成为开放合作的重要平台。

*和谐社会建设加快。*社会事业全面发展，民生八大工程建设成效显著。5·12特大地震灾后恢复重建三年任务两年完成，陕南暴雨地质灾害重建工作取得重大进展。义务教育普九目标提前实现，城乡居民医疗保险全面覆盖，最低收入保障实现应保尽保。“六到农家”取得明显成效，解决了1250万农村人口的饮水安全问题，325万人实现脱贫。中小学“蛋奶工程”、65岁以上老人免费体检、农村孕产妇免费住院分娩全面落实。就业规模持续扩展，农民工转移转化力度加大，城乡居民收入年均分别增长13.7%和14.9%。平安陕西建设深入实施，民主法治建设不断增强，精神文明和思想道德建设得到提升，双拥活动蓬勃开展，工青妇等群团工作富有成效，文化体育、广播电视、新闻出版、民族宗教和外事侨务等各项工作取得新进展，全省大局和谐稳定。

实践表明，“十一五”时期是改革开放以来我省经济增长最快、发展质量最好、城乡面貌变化最大、人民群众得到实惠最多的五年，是全省干部群众思想观念和精神风貌发生深刻变化的五年。谋发展、促和谐、奔小康成为思想主流，创业、创新、创优成为自觉行动，自我加压、不断赶超、争创一流成为共同意愿。取得的成绩来之不易，积累的经验弥足珍贵，创造的精神财富影响深远。经过五年努力奋斗，陕西跨入了新的发展阶段，站在了新的历史起点上。

专栏1　“十一五”主要指标完成情况

指标名称	2005年	规划目标		预计完成	
		绝对值	年均增长(%)	2010年	年均增长(%)
生产总值(亿元)	3933.72	6000以上	11	10021.53	14.9
人均生产总值(元)	10594	16000		26434	
财政收入(亿元)	529.02	1000以上	15	1800.85	27.8
五年全社会固定资产投资(亿元)	1982.04	[17000]	20	[26200]	34.4
五年新增铁路里程(公里)		[1000]		[1400]	
高速公路里程(公里)	1300	3100		3458	
五年外贸进出口总额(亿美元)	45.77	[300]		[410.63]	
五年实际利用外商直接投资(亿美元)	6.28	[80]		[68.2]	
服务业增加值比重(%)	37.8	40		39	
城镇登记失业率(%)	≤4.2	≤5		≤4.03	
五年城镇新增就业(万人)		[125]		[168]	
新型农村合作医疗人口覆盖率(%)		80		100	
城镇职工参加基本养老保险人数(万人)	270	450		470	
城镇职工参加基本医疗保险人数(万人)	315	400		930	
研究与实验发展经费占生产总值比重(%)	3	3.5		2.3	
高等教育在学人数(万人)	90	120		125.8	
农村中小学远程教育覆盖率(%)	58	100		100	
九年义务教育普及县数(个)	103	107		107	
万元生产总值能耗(吨标煤/万元)	1.42	1.136	[-20]	1.136	[-20]
主要污染物排放量减少(%)　化学需氧量(万吨)	35.5	31.5	[-10%]	31.3	[-11.9%]
主要污染物排放量减少(%)　二氧化硫(万吨)	92.2	81.1	[-12%]	78	[-15.4%]
城市生活垃圾无害化处理率(%)		70		75	
城市污水集中处理率(%)		60		90	
年末总人口(万人)	3720	3830	<6‰	3787.5	4‰
城镇化水平(%)	37.2	45		46.5	
五年转移农村劳动力(万人)	140	450		620	
城镇居民人均可支配收入(元)	8272	12500	8.7	15695	13.7
农村居民人均纯收入(元)	2052	3300	10.3	4105	14.9
森林覆盖率(%)	37.26	41		41.42	

注：国内生产总值绝对数为当年价格，速度按可比价格计算；[ ]表示五年累计数。

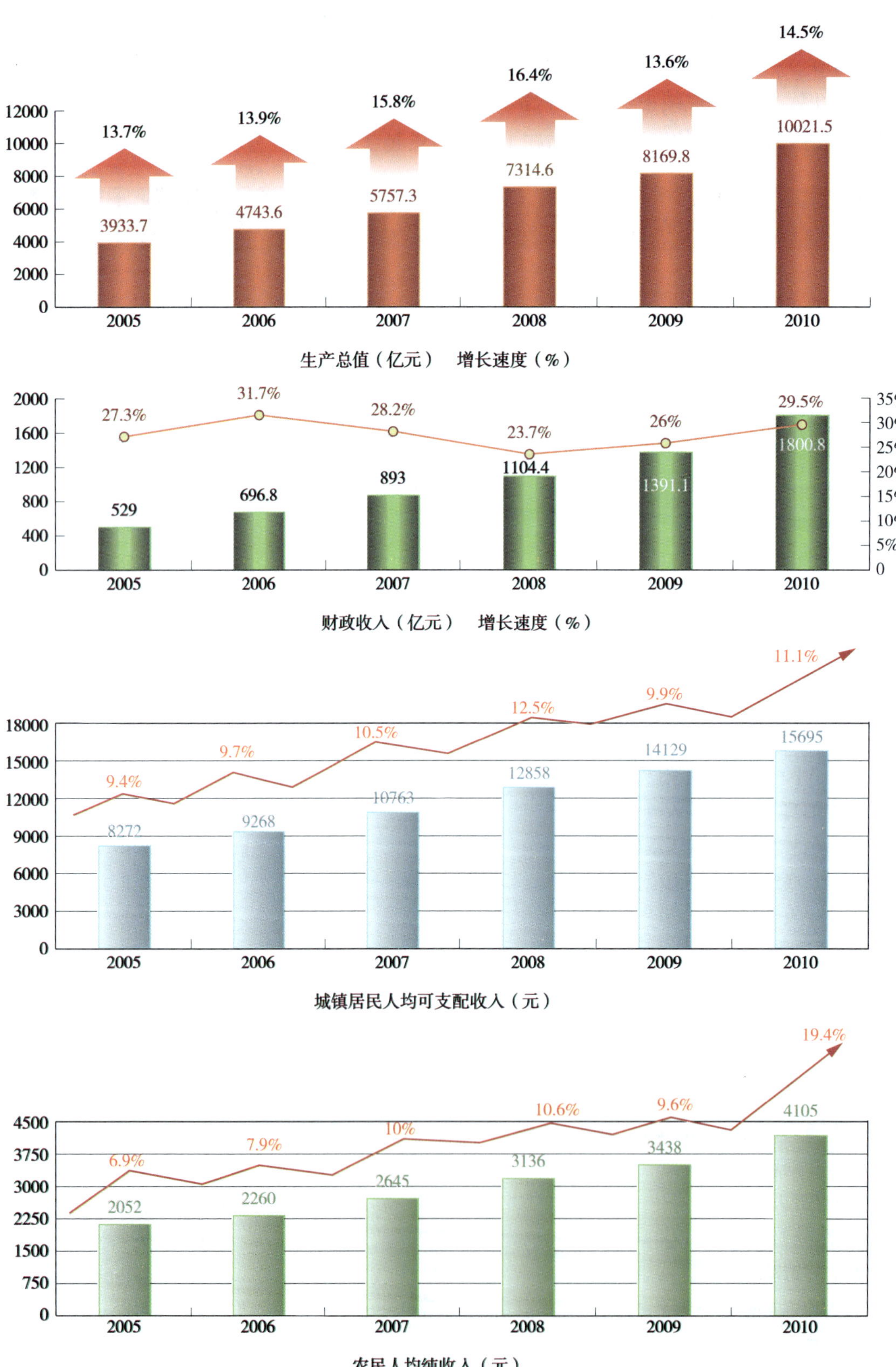
13.7%
13.9%
15.8%
16.4%
13.6%
14.5%
12000
10000
8000
6000
4000
2000
0
3933.7
4743.6
5757.3
7314.6
8169.8
10021.5
2005
2006
2007
2008
2009
2010
生产总值（亿元） 增长速度（%）
2000
1600
1200
800
400
0
27.3%
31.7%
28.2%
23.7%
26%
29.5%
35%
30%
25%
20%
15%
10%
5%
0
529
696.8
893
1104.4
1391.1
1800.8
2005
2006
2007
2008
2009
2010
财政收入（亿元） 增长速度（%）
18000
15000
12000
9000
6000
3000
0
9.4%
9.7%
10.5%
12.5%
9.9%
11.1%
8272
9268
10763
12858
14129
15695
2005
2006
2007
2008
2009
2010
城镇居民人均可支配收入（元）
4500
3750
3000
2250
1500
750
0
6.9%
7.9%
10%
10.6%
9.6%
19.4%
2052
2260
2645
3136
3438
4105
2005
2006
2007
2008
2009
2010
农民人均纯收入（元）

专栏2 “十一五”主要产品产量(产能)

产品名称	单位	2005年	2010年预计	五年增加量
原煤	万吨	15500	36115.5	20615.5
天然原油	万吨	1535	3017.28	1482.28
原油加工量	万吨	1100	1970	870
天然气	亿立方米	66.3	223.47	157.17
电力装机	万千瓦	1093	2321	1228
其中:新能源发电装机	万千瓦	157.8	271	113.2
太阳能光伏电池片	兆瓦		1000	1000
甲醇	万吨	51	160	109
铁路营业里程	公里	3696	4300	604
高速公路	公里	1300	3458	2158
农村公路	万公里	4.4	13.7	9.3
农村户用沼气数	万口	37.5	130	92.5
水泥	万吨	1972	5463.79	3491.79
钢材	万吨	337	900	563
十种有色金属	万吨	30.3	112.74	82.44
数控机床	台	3594	11600	8006
汽车	万辆	4.26	65.97	61.71
变压器	万千伏安	3682	12000	8400
蔬菜	万吨	869.9	1350	480.1
苹果	万吨	560.1	856	295.9
蛋类	万吨	48.7	50	1.3
奶类	万吨	141.7	177.4	35.7
污水处理能力	万吨/日	57.5	287.2	229.7
水库库容	亿立方米	43.5	49.6	6.1

二、“十二五”仍处于大有作为的重要战略机遇期

从国际看,和平、发展、合作仍然是时代主题,世界经济结构进入调整期,经济治理机制进入变革期,创新和产业转型处于孕育期,新兴市场国家力量步入上升期,外部环境总体上有利于我们加快发展。从全国看,国家坚持扩大内需方针,着力保障和改善民生,推进城乡统筹发展,把深入推进西部大开发战略放在区域发展总体战略的优先地位,落实《关中—天水经济区发展规划》,加快资源转化步伐,强化生态环境保护,再实施一批区域发展规划等,为我省加快发展创造了诸多有利条件。从省内看,经过多年努力,我们成功探索出了一条具有陕西特色的发展路子,奠定了坚实的物质基础,蓄积了巨大的发展潜能,完全能够在新的起点上实现新跨越。但国际金融危机对全球影响尚未消除,外部不确定因素明显增多,国内各省份竞相追赶,区域竞争日益激烈。我省经济发展中不平衡、不协调、不可持续的矛盾比较突出,欠发达仍然是基本省情,发展不足仍然是突出矛盾,实

施赶超仍然是基本战略，加快发展仍然是主要任务。

综合分析，未来五年我省既面临着难得的发展机遇，又面临着诸多的风险挑战。举措得当则经济快速增长、实现新的突破、增加百姓福祉；应对失策则可能丧失机遇、经济徘徊不前、社会矛盾激增。我们必须保持清醒头脑，对照先进寻差距，盯着排头找不足，科学判断发展方位，牢牢抓住发展机遇，准确把握发展规律，以只争朝夕的紧迫感、无愧时代的使命感和立说立行的责任感，勇于担当，善于创新，敢于跨越，谱写出科学发展、富民强省的新篇章。

第二章　总体要求

一、指导思想

“十二五”时期，我省国民经济和社会发展的指导思想是，高举中国特色社会主义伟大旗帜，以邓小平理论和“三个代表”重要思想为指导，深入贯彻落实科学发展观，进一步解放思想，转变观念，以科学发展、富民强省为主题，以加快转变经济发展方式为主线，以保障和改善民生为出发点和落脚点，着力破解城乡居民收入水平低、城市化水平低、经济外向度低三大难题，着力构建特色优势产业、战略性新兴产业、现代服务业、现代农业四大产业体系，着力实施调整经济结构、加快科技创新、统筹城乡发展、促进社会和谐、深化改革开放五大任务，全面推进富民强省十大工程，建设经济强、科教强、文化强的西部强省，建设绿色、现代、开放、和谐、奋进的新陕西，为实现全面小康打下具有决定性意义的基础。

二、基本原则

——*必须抢抓机遇加快发展*。坚持把加快发展作为解决陕西所有问题的关键，不动摇、不懈怠、不折腾，发挥优势，释放潜能，瞄准先进，实施赶超，更加自觉地推动科学发展。

——*必须调整结构转型发展*。坚持把科技进步和创新作为重要支撑，强化产业融合，优化经济结构，促进区域互动，缩小城乡差距，提高发展的全面性、协调性和可持续性。

——*必须以人为本和谐发展*。坚持为了人、依靠人、发展人、富裕人，充分发挥人才第一资源作用，尊重群众首创精神，推进基本公共服务均等化，维护社会和谐稳定和公平正义，促进人的全面发展。

——*必须统筹兼顾协调发展*。坚持发展速度与结构、质量、效益相统一，经济发展与人口、资源、环境相协调，扩大投资和促进消费双拉动，实现经济、政治、文化、社会以及生态文明建设全面发展。

——*必须解放思想创新发展*。坚持以改革促开放，以开放促发展，树立世界眼光和战略思维，敢于先行先试，创新体制机制，用好两个市场和两种资源，努力实现多元化发展和包容性增长。

第三章　发展目标

总体目标：实现“三个上台阶”，即经济综合实力、人民生活水平和质量、生态环境保护上台阶；

“三个大幅提升”，即生产总值、财政收入、城乡居民收入大幅提升；“两个明显改善”，即基础设施和公共服务保障水平明显改善，社会和谐程度和人民群众幸福指数明显改善；“一个大跨越”，即从经济欠发达省份跨进中等发达省份行列。

经济综合实力：生产总值年均增长12%以上，人均生产总值达到或超过全国平均水平；财政收入年均增长17%，全社会固定资产投资年均增长20%以上；居民消费能力明显提升，消费对经济拉动作用逐步增强，价格总水平控制在预期范围之内，全社会研究与实验发展经费占生产总值比重提高到2.6%以上。

经济结构优化：特色优势产业带动作用显著增强，现代农业发展水平大幅提升，工业增加值占生产总值的比重达到43%以上，服务业增加值年均增长15%以上，战略性新兴产业增加值年均增长20%以上。城乡统筹步伐加快，城镇化水平达到57%，关中、陕北、陕南三大区域协调互动，县域经济实力进一步提升，非公有制经济比重达到55%左右。

资源节约和环境保护：单位生产总值能源消耗和二氧化碳排放分别降低16%和15%，主要污染物排放总量减少10%；森林覆盖率达到43%，森林蓄积量达到4.7亿立方米，集中式饮用水源地水质达标率100%；城市、县城及重点镇污水处理率达到80%，生活垃圾处理率达到90%，县以上城镇再生水利用率达到30%以上，危险废物、医疗废物得到妥善处理。

人民生活水平：城乡居民收入与经济发展同步增长，城镇居民人均可支配收入达到3万元，农民人均纯收入达到8000元以上，农村贫困人口显著减少。社会保障覆盖面进一步扩大，保障能力和水平显著提升。全省力争转移转化农业人口600万人，城镇新增就业200万人，城镇登记失业率控制在4.5%以内，大学毕业生就业率稳定在85%以上。

和谐社会建设：城乡基本公共服务设施同步建设，教育、科技、卫生、文化事业投入进一步加大，全民受教育程度稳步提升，城乡医疗卫生体系基本建成，人民群众的科学文化素质和健康素质不断提高，人口自然增长率控制在6‰以内。社会主义民主法制更加健全，人民权益得到切实保障。社会管理制度逐步完善，社会更加和谐稳定。

改革开放：重点领域和关键环节改革取得重大突破，企业市场主体地位更加凸显，市场配置资源的基础性作用充分发挥。法治政府、责任政府和服务型政府建设加快，各级政府的公信力、执行力和科学决策水平进一步提高。对内对外开放不断拓展，经济外向度明显提升，实际利用外商投资大幅度增加，进出口总额年均增长20%以上，力争有更多的世界500强企业落户陕西。

到2020年，生产总值再翻一番，全面实现西部强省目标，力争进入全国发达省份行列，整体进入现代化阶段，建成惠及三秦百姓更高水平的小康社会。

专栏3 “十二五”时期经济社会发展主要目标

类别	指标名称	2010年预计	2015年	年均增长(%)	属性
经济发展	生产总值(亿元)	10021.53	20000	12	预期性
	财政收入(亿元)	1800.8	3950	17	预期性
	全社会固定资产投资(亿元)	[26200]	[70000]	20	预期性
	进出口贸易总额(亿美元)	[400]	[900]	20	预期性
	实际利用外资额(亿美元)	[68]	[185]	20	预期性

续表

类别	指标名称	2010 年预计	2015 年	年均增长(%)	属性
经济结构	工业增加值(亿元)	4400	9000		预期性
	服务业增加值比重(%)	36.2	42		预期性
	服务业就业比重(%)	35.8	38.8		预期性
	旅游业总收入(亿元)	983	2500		预期性
	文化产业增加值比重(%)	2.7%	5%		预期性
	非公有制经济比重(%)	49.5	55		预期性
	城镇化率(%)	46.5	57		预期性
科技教育	研究与实验发展经费占生产总值比重(%)	2.3	2.6		预期性
	每万人口发明专利授权数(件/万人)	1.6	2.5		预期性
	高中阶段教育毛入学率(%)	82	96.4		约束性
	主要劳动力平均受教育年限(年)		12.9		预期性
资源环境	单位生产总值能耗降低(%)*		[16]		约束性
	单位生产总值二氧化碳排放降低(%)*		[15]		约束性
	主要污染物排放减少(%)*		[10]		约束性
	单位工业增加值用水量降低(%)		20		约束性
	非化石能源占一次能源消费比重(%)		10		预期性
	农业灌溉用水有效利用系数		0.55		预期性
	城市和县城污水处理率(%)	55	80		约束性
	城市和县城生活垃圾无公害化处理率(%)	75	90		约束性
	森林蓄积量(亿立方米)	4.24	4.7		约束性
	森林覆盖率(%)	41.42	43		约束性
人民生活	总人口(万人)	3787.5	3900	<6‰	约束性
	城镇登记失业率(%)			<4.5	预期性
	城镇新增就业人数(万人)		[200]		预期性
	城乡居民基本养老保险参保率(%)		90		约束性
	城乡三项医疗保险参保率(%)		90		约束性
	城镇居民人均可支配收入(元)	15695	30000	14	预期性
	农村居民人均纯收入(元)	4105	8000	15	预期性

注:生产总值绝对数按当年价格计算,增长速度按可比价格计算。主要污染物指二氧化硫、化学需氧量、氨氮、氮氧化物。三项医疗保险指城镇职工基本医疗保险、城镇居民基本医疗保险、新型农村合作医疗。带*的约束性指标以国家最终下达指标为准。[ ]表示五年累计数。

第二篇 围绕主题紧扣主线 推动科学发展上水平

以科学发展、富民强省统领改革开放和现代化建设全局,把加快转变经济发展方式贯穿于经济社会发展的全过程，坚定不移实施项目带动战略，集中力量突破薄弱环节，切实解决重点难点问题。

第四章　加快转变经济发展方式

一、坚持以发展促转变以转变谋发展

扭住加快发展第一要务不放松，注重把抓住发展机遇和创新发展理念、发展模式有机结合起来，妥善处理好政府和市场的关系、经济发展和收入分配的关系、维护全局利益和发挥地方积极性的关系、加快发展与调整优化结构的关系。保持宏观调控政策的连续性和稳定性，从我省实际出发，充实完善扩大内需的一系列政策措施，加强各项政策的综合运用，搞好各类生产要素的调节，防范和化解潜在风险。通过坚持不懈地转变发展方式，提高经济发展的适应性和竞争力，保持全省经济较长时期的平稳较快发展。

二、继续发挥投资的重要作用

保持适度投资规模，促进投资较快增长。优化投资结构，重点加强保障性安居工程、“三农”、基本公共服务体系、节能减排和生态环境、区域协调发展、重大基础设施、自主创新和战略性新兴产业、能源资源深度转化、优势特色产业等领域。发挥政府投资的导向作用，加强金融机构与重大项目的对接，切实放宽民间投资的领域和范围，以更大力度吸引各方投资，实现投资主体多元化。围绕富民强省十大工程，突出抓好“58123”项目，即5个过2000亿元、8个过1000亿元、10个过500亿元、20个过200亿元、30个过100亿元的项目。

三、下大力气扩大消费需求

把扩大消费作为拉动经济增长的持久动力，建立扩大消费需求的长效机制。增加政府支出用于改善和扩大消费的比重，增加对城镇低收入群体和农民的补贴，增加用于社会保障的各项投入，增强居民消费能力。加强市场流通体系建设，发展新型消费业态，组织实施全民健康、绿色发展、信息惠民等示范应用工程，引导消费模式转换。稳固发展住房、汽车等大宗消费，积极拓展文化、旅游、社区服务等新兴服务消费。继续做好家电、摩托车等商品下乡和农机补贴，加快农村连锁超市物流配送，拓展农村消费市场。整顿和规范市场秩序，营造便利、安全、放心的消费环境。

四、加速科技进步和创新

充分发挥科技创新在加快转变经济发展方式中的引领作用，把加快发展建立在持续创新的基础上。以增强企业自主创新能力为突破口，着力提升原始创新能力，大力强化集成创新和引进消化吸收再创新能力，下大力气抓好科技成果转化和规模化生产。构建以企业为主体、市场为导向、产学研相结合的技术创新体系。扶持一批企业技术研发中心和重点科研院所，培养一批科技领军人物和创新团队，营造全社会注重创新、支持创新、有效创新的良好氛围。

第五章　强力推进富民强省

一、坚持富民优先

持续加大民生投入，深入实施民生工程，推动公共资源向低收入人群、困难群体、农村和贫困地区倾斜，逐步实现包容性增长和共享式发展。把扩大就业作为民生之本，鼓励全民创业，促进充分就业。合理调整收入分配格局，不断提高城乡居民最低生活保障水平，创造条件让群众拥有更多财产性收入。更加注重社会建设，满足人民群众在教育、医疗、社保、住房等方面的基本需求，实现学有所教、病有所医、老有所养、住有所居，不断增强全体社会成员的幸福感。

二、加快强省步伐

把建设西部强省与实现全面小康社会目标有机衔接起来。以经济强为基础，巩固一产、提升二产、扩大三产，着力培育产业集群，打造一批大型企业集团，加快构建具有陕西特色的现代产业体系。以科教强为动力，实施科教强省战略，巩固科教大省地位，推动创新型区域建设，促进科教与经济深度融合。以文化强为支撑，依托得天独厚的文化资源优势，加快文化创新，繁荣文化事业，发展文化产业，构建彰显华夏文明的历史文化基地，大幅提升文化软实力和国际影响力。

三、突破薄弱环节

加快城镇化进程，把促进农业人口转移转化作为统筹城乡发展的突破口，健全以工促农、以城带乡的长效机制，有效破解“三农”难题，着力促进城乡基本公共服务和基础设施一体化。大力实施开放带动战略，扩大开放领域，优化开放结构，提高开放质量，完善内外联动、互利共赢、安全高效的开放型经济体系，大幅提升经济外向度和对外开放水平。按照非禁即入原则，降低门槛、腾出空间、强化服务，不断优化非公有制经济发展的政策环境、法制环境、社会环境和舆论环境，大力发展民营经济，不断提高非公有制经济在全省经济中的比重。以县域工业园区为载体，立足资源禀赋，面向市场需求，有序发展资源加工型、大工业配套型、劳动密集型产业，推动“一村一品”、“一乡一业”向更高层次发展，促进县域金融业发展，增强县域经济的整体实力。完善项目推进机制，建立有效的组织保障体系，及时解决项目实施中的重大问题，加强项目策划，做到投产达产一批、开工建设一批、储备报批一批，确保项目建设接替有序。

专栏4　58123 工程

5 个过 2000 亿元项目　包括民生工程、油气产能、大型电源、新能源、物流园区。总投资 11950 亿元。

8 个过 1000 亿元项目　包括神华陶氏榆林循环经济煤炭综合利用、煤制甲醇制烯烃、榆林盐化工、煤炭产能建设、油气化工、秦岭生态旅游、军民结合产业化、城中村改造。总投资 10012 亿元。

10 个过 500 亿元项目　包括西安至成都客运专线（陕西境）及汉中站改扩建、干线公路及农村公路改造工程、西安地铁骨干网络建设、电网保障工程等。总投资 5739 亿元。

20 个过 200 亿元项目　包括西安软件新城建设、关中城际铁路网一期、新材料、钢铁改造、现代农业创新示范工程等。总投资 5922 亿元。

30 个过 100 亿元项目　包括引汉济渭工程、铜川董家河循环经济示范园、陕南现代中药产业园、西安（沣渭）奥林匹克体育运动中心等。总投资 3310 亿元。

第三篇　继续加强基础设施建设

统筹规划、适度超前、优化结构，建设支撑省内、辐射周边、服务全国的综合交通运输体系，突出抓好以骨干水源工程为重点的水利设施建设，构建大能力坚强电网体系，加快高速信息网建设，全面提升基础设施的支撑保障能力。

第六章　加快构建综合运输体系

以打造全国重要交通枢纽为目标，统筹铁路、公路、航空、轨道和管道建设，加快构建“三纵五横四辐射”综合运输体系，市市力争有快速铁路，县县基本通高速公路，重点区位加快建机场，实现以西安为中心 2～3 小时到达周边省会城市，5～6 小时到达环渤海、长三角和珠三角的快速交通圈。

一、铁　路

加密路网、扩大运能、强化枢纽，在“两纵五横四枢纽”基础上构建“两纵五横八辐射”铁路网络，建成通江达海的客运专线、增密成网的铁路干线和扩容增量的能源通道。加快调度中心等四大铁路基地建设，强化西安枢纽功能。实施既有铁路增建复线和宝鸡、安康、汉中、绥德等枢纽扩能工程，配套建设地方专支线。五年投资约2000亿元，新建铁路2500公里，全省铁路营业里程达到6000公里，复线率、电气化率分别提高到65%、75%左右。

专栏5 铁路建设工程

快速铁路 建成西安—宝鸡、宝鸡—兰州、西安—成都、西安—太原4大客运专线和西安—银川快速铁路，推进西安—重庆快速铁路和西安—武汉、西安—包头客运专线前期工作。

增建复线 建成西安—安康、西安—合肥、阳平关—安康、神木北—大保当复线，开工建设西安—平凉、宝鸡—中卫等复线。

枢纽建设 完成西安北客站、西安车站改扩建，建设客运专线调度中心、动车组维修基地、机车检修基地和客专设施维修4大基地。实施宝鸡、汉中、安康、绥德、神木枢纽扩能，建设延安、定边、商南、阳平关等枢纽。

路网加密 建成西安—平凉、黄陵—韩城、神木北—准格尔铁路，新建神木—盘塘能源通道以及定边—延安、安康—张家界、兰渝联接线、三门峡—商南—宜昌等干线加密铁路。

地方铁路 新设宝鸡—麟游、吴堡矿区支线、榆横矿区专线、旬邑支线等一批地方专支线铁路。

二、公 路

按照加密、扩能、增网的要求，在“米字型”主骨架基础上构建“两环三纵七横六辐射”高速公路网，强化陕西在全国的公路枢纽地位。重点加快省境内国家高速公路建设，积极推进省级高速公路，完成省境内连霍、包茂、京昆等重要路段扩能改造，出省通道达到23条。实施国道、省道以及县城、园区、重点景区的高等级道路工程，搞好路网连接线建设，提高通乡、通村等农村公路的等级标准和抗灾能力。完善公路客货运站场体系，加大农村公路养护投入，理顺交通安全管理体制，提高综合服务水平。五年投资2400亿元，建成高速公路2000公里，通车里程突破5500公里，新建改建干线公路3000公里、农村公路3万公里。

专栏6 公路建设工程

国家高速 建成十天线安康—白河和汉中—略阳段，完成连霍线西安—宝鸡段八车道、包茂线西安—铜川段八车道和铜川—黄陵—延安段六车道扩能改造，以及沪陕线西安—商州二通道、西汉高速秦岭二通道等。

省级高速 建设宝鸡—汉中—陕川界段，吴起—志丹—延安—延川，榆商线榆林—绥德—延川和华阴—澄城段，以及安康—平利、神木—府谷、咸阳—旬邑、榆林—佳县、吴起—定边、西咸大环线、山阳—柞水、安康—岚皋、合阳—凤翔、西乡—镇巴、洛南—岔口铺和法门寺专用高速公路等一批区际通道、县城连接线、景区快速通道等。

干线改造 关中—天水经济区实施国道108、310、210、312等路段一级化改造，陕北能源化工基地实施府谷—大柳塔、神木—红碱淖、神木—盘塘、沿黄公路改造工程，省市联合建设一级、二级公路3000公里。

农村公路 实施通村油路、农村公路网络化建设，推进旅游路、产业路和园区路建设，完善农村公路桥涵配套工程2万延米，农村公路里程达到14万公里，90%以上建制村通油路。

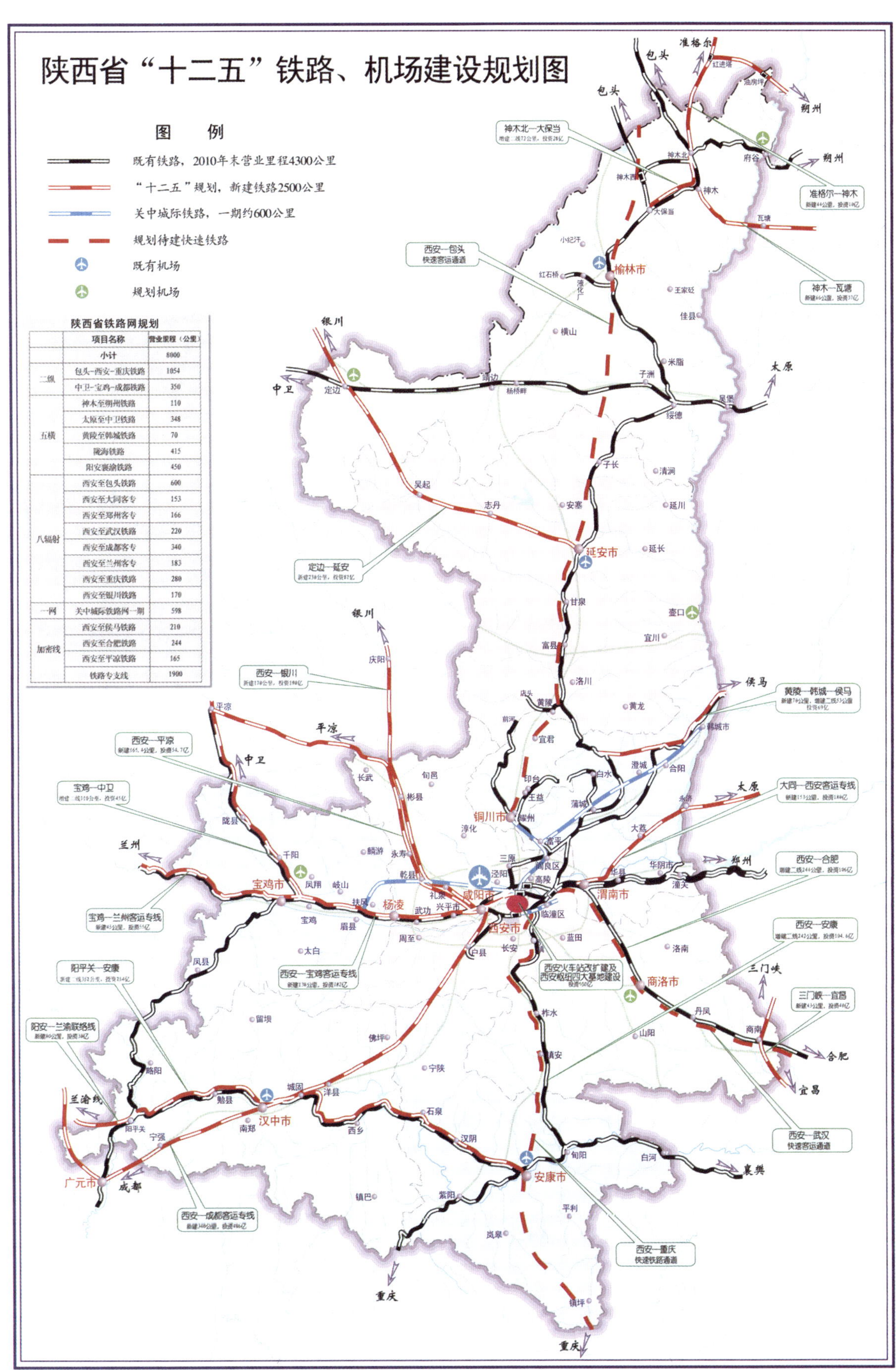

陕西省铁路网规划

	项目名称	营业里程（公里）
	小计	8000
二纵	包头-西安-重庆铁路	1054
	中卫-宝鸡-成都铁路	350
五横	神木至朔州铁路	110
	太原至中卫铁路	348
	黄陵至韩城铁路	70
	陇海铁路	415
	阳安襄渝铁路	450
八辐射	西安至包头铁路	600
	西安至大同客专	153
	西安至郑州客专	166
	西安至武汉铁路	220
	西安至成都客专	340
	西安至兰州客专	183
	西安至重庆铁路	280
	西安至银川铁路	170
一网	关中城际铁路网一期	598
加密线	西安至侯马铁路	210
	西安至合肥铁路	244
	西安至平凉铁路	165
	铁路专支线	1900

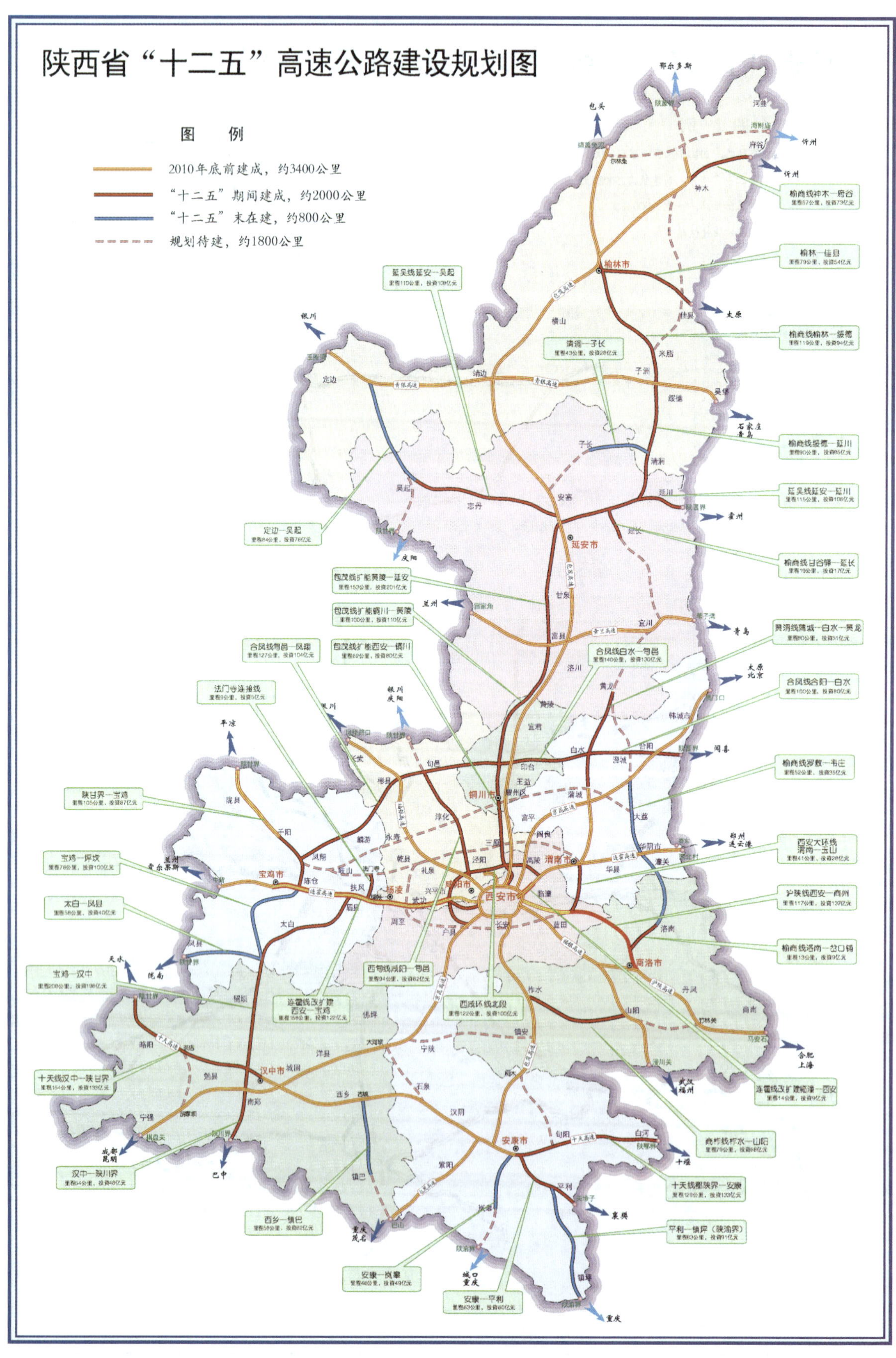
陕西省“十二五”高速公路建设规划图
图 例
2010年底前建成，约3400公里
“十二五”期间建成，约2000公里
“十二五”末在建，约800公里
规划待建，约1800公里

三、机　场

加快西安咸阳机场3号航站楼、第二跑道以及配套设施建设，积极拓展西安直达东南亚、大洋洲及欧美等国际航线，增加国内航班密度，强化全国区域性枢纽机场地位，形成以西安为中心连通国内外重要城市的航空网络，国际国内航线达到200条左右，年旅客吞吐量达到3000万人次。建成延安、汉中和安康新机场，实施榆林机场改扩建。以低空空域改革为契机，加快蒲城内府等通用机场建设，支持社会力量发展通用航空，积极推进府谷、定边、宝鸡、商洛和壶口等支线机场前期工作。

四、其他运输设施

加快推进关中城际轨道交通建设，先期建设"V字型"西安北客站—机场、西安—阎良—富平—铜川等重要路段，实施西安—临潼、乾陵—法门寺轨道旅游专线，做好阎良—韩城、西安—商洛等线路前期工作。加强多种运输方式间的无缝衔接，形成与西安地铁一体化的关中快速轨道交通体系。建成汉江安康—白河段国家高等级航运通道，完善以延安为中心的输油管网，建设神木—蒲城水煤浆长输管道，完善榆林—西安及关中环线输气管道网络，新建西安—安康、西乡—镇巴输气管道，建设西安储气储油设施。输油、输气、输煤管道分别达到2100公里、2800公里和600公里，年输送能力突破2500万吨、130亿立方米和1100万吨。

第七章　加强水利设施建设

一、重点水源建设

建成引红济石调水、延安延川引黄和榆林王圪堵、延安南沟门、咸阳亭口水库等骨干水源工程，推进引汉济渭取得重大进展，力争完成主体工程。加强中小水库建设，完善重点城镇和工业区供水设施。积极开展泾河东庄水库、榆林大泉引黄、月河补水等前期工作，力争开工建设。五年投资300多亿元，新增供水能力18亿立方米，水资源调配和保障能力显著增强，对经济社会发展的瓶颈制约明显缓解。

专栏7 重点水源工程

引汉济渭 跨秦岭调汉江干流及其支流子午河水入渭河流域，缓解关中水资源短缺，改善渭河流域生态。工程主要由“两库（汉江黄金峡水库和子午河三河口水库）、两洞（黄金峡—三河口隧洞和秦岭隧洞）、两站（黄金峡泵站和三河口泵站）”组成，年调水15亿立方米，总投资154亿元。“十二五”争取建成三河口水库，贯通秦岭隧洞。

引红济石 从褒河上游红岩河向渭河支流石头河调水，建设引水隧洞19.7公里，年调水0.9亿立方米，总投资7.14亿元，计划2012年建成。

榆林王圪堵水库 总库容3.89亿立方米，年向榆横、鱼米绥工业区供水1.56亿立方米，向农业灌溉供水0.44亿立方米。总投资22亿元，计划2014年建成。

延安南沟门水库 总库容1.96亿立方米，年向延安交口工业区供水1.17亿立方米，向农业灌溉供水0.07亿立方米。总投资16.8亿元，计划2014年建成。

咸阳亭口水库 总库容2.43亿立方米，年向彬长矿区和彬县、长武县城供水0.72亿立方米。总投资15亿元，计划2015年建成。

泾河东庄水库 总库容30亿立方米，年增加城镇和农业灌溉用水4.34亿立方米，年发电量2.52万千瓦时。总投资61.6亿元，力争开工建设。

城固焦岩水库 总库容1.8亿立方米，年增加城镇和农业灌溉用水2.6亿立方米，年发电量2.52万千瓦时，总投资8.3亿元，力争开工建设。

陕甘宁盐环定扬黄定边供水续建 从黄河青铜峡水库东干渠取水，年供水量2466万立方米。续建支管、分支管367公里，总投资3.5亿元，计划2011年建成。规划和完善向吴起等周边县区配水方案。

榆神工业区供水 年引取府谷天桥岩溶水和黄河漫滩地下水2.07亿立方米，建设供水干线94公里，总投资23.4亿元，计划2015年建成。

宝鸡市石头河引水 年引水4700万立方米，建设输水干线48.5公里。主要向宝鸡市城区及沿线工业区供水。总投资5.16亿元，计划2013年建成。

杨凌石头河饮水 年引水3600万立方米，建设输水干线18.3公里，主要向杨凌区供水，总投资3亿元，计划2012年建成。

延安延川引黄 年引黄河、清涧河水2048万立方米，输水线路长129.7公里。主要向延川、清涧及永坪镇、姚店工业区供水。总投资11.2亿元，计划2015年建成。

榆林大泉引黄 从黄河干流的大泉引水，年引水5.87亿立方米，建设引水干线158公里。主要向府谷煤电载能工业区、榆神煤化学工业区供水。总投资54.9亿元，争取开工建设。

中小型水库 建设西安辋川李家河、铜川龙潭、南郑云河、安塞马家沟、子长红石峁、彬县红岩河、汉阴洞河、洛南张坪、旬邑柏岭寺、延长安沟等10座中小型水库，年新增供水能力2.22亿立方米，“十二五”期间全面建成。

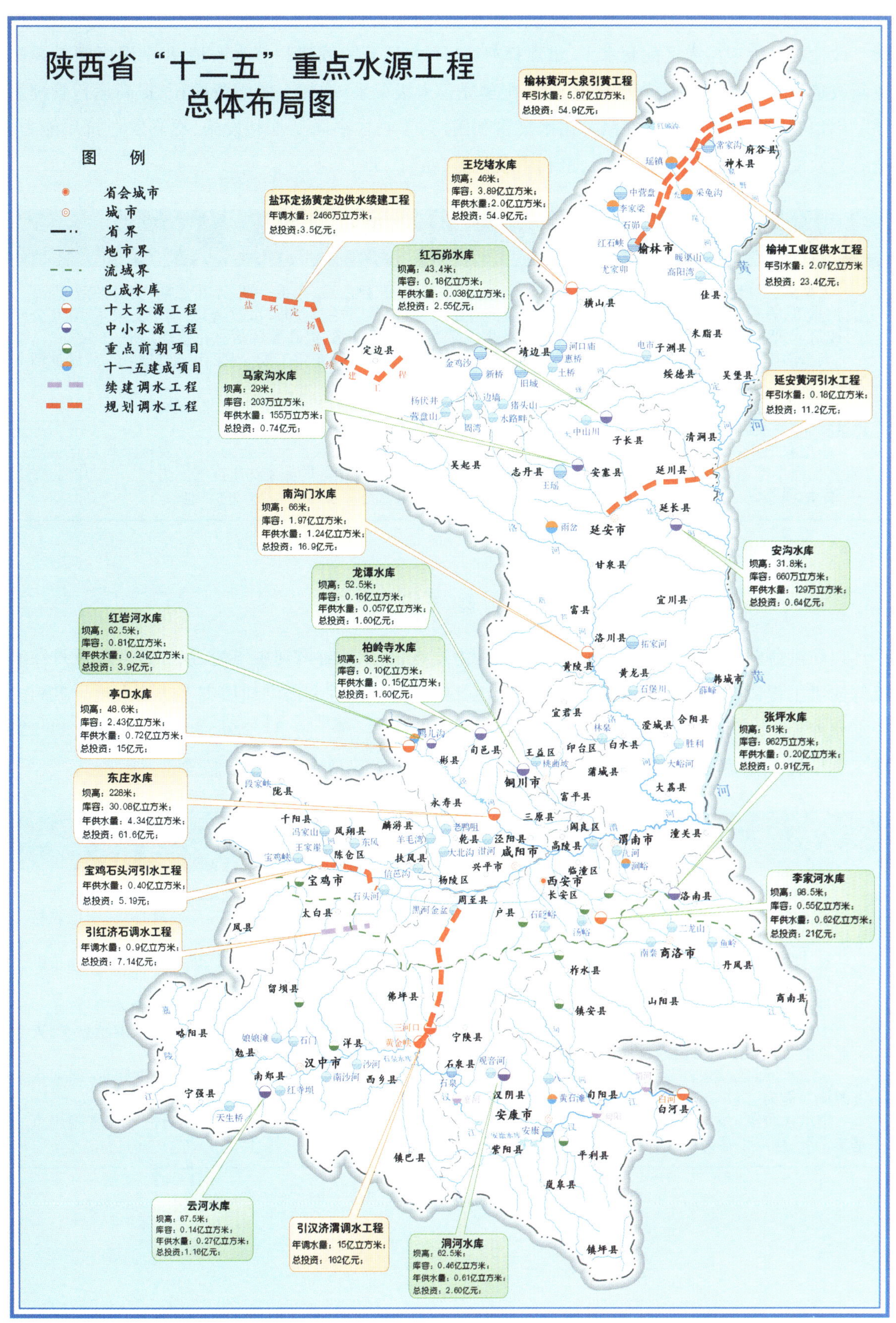

陕西省“十二五”重点水源工程
总体布局图
图　例
省会城市
城 市
省 界
地市界
流域界
已成水库
十大水源工程
中小水源工程
重点前期项目
十一五建成项目
续建调水工程
规划调水工程
榆林黄河大泉引黄工程
年引水量：5.87亿立方米；
总投资：54.9亿元；
王圪堵水库
坝高：46米；
库容：3.89亿立方米；
年供水量：2.0亿立方米；
总投资：54.9亿元；
盐环定扬黄定边供水续建工程
年调水量：2466万立方米；
总投资：3.5亿元；
红石峁水库
坝高：43.4米；
库容：0.18亿立方米；
年供水量：0.038亿立方米；
总投资：2.55亿元；
榆神工业区供水工程
年引水量：2.07亿立方米
总投资：23.4亿元；
马家沟水库
坝高：29米；
库容：203万立方米；
年供水量：155万立方米；
总投资：0.74亿元；
延安黄河引水工程
年引水量：0.18亿立方米；
总投资：11.2亿元；
南沟门水库
坝高：66米；
库容：1.97亿立方米；
年供水量：1.24亿立方米；
总投资：16.9亿元；
安沟水库
坝高：31.8米；
库容：660万立方米；
年供水量：129万立方米；
总投资：0.64亿元；
龙潭水库
坝高：52.5米；
库容：0.16亿立方米；
年供水量：0.057亿立方米；
总投资：1.60亿元；
红岩河水库
坝高：62.5米；
库容：0.81亿立方米；
年供水量：0.24亿立方米；
总投资：3.9亿元；
柏岭寺水库
坝高：38.5米；
库容：0.10亿立方米；
年供水量：0.15亿立方米；
总投资：1.60亿元；
亭口水库
坝高：48.6米；
库容：2.43亿立方米；
年供水量：0.72亿立方米；
总投资：15亿元；
张坪水库
坝高：51米；
库容：962万立方米；
年供水量：0.20亿立方米；
总投资：0.91亿元；
东庄水库
坝高：228米；
库容：30.08亿立方米；
年供水量：4.34亿立方米；
总投资：61.6亿元；
宝鸡石头河引水工程
年供水量：0.40亿立方米；
总投资：5.19亿元；
李家河水库
坝高：98.5米；
库容：0.55亿立方米；
年供水量：0.62亿立方米；
总投资：21亿元；
引红济石调水工程
年调水量：0.9亿立方米；
总投资：7.14亿元；
云河水库
坝高：67.5米；
库容：0.14亿立方米；
年供水量：0.27亿立方米；
总投资：1.16亿元；
引汉济渭调水工程
年调水量：15亿立方米；
总投资：162亿元；
洞河水库
坝高：62.5米；
库容：0.46亿立方米；
年供水量：0.61亿立方米；
总投资：2.60亿元；
府谷县
神木县
榆林市
横山县
佳县
米脂县
子洲县
靖边县
定边县
绥德县
吴堡县
子长县
清涧县
吴起县
志丹县
安塞县
延川县
延长县
延安市
甘泉县
宜川县
富县
洛川县
黄陵县
黄龙县
韩城市
宜君县
澄城县
合阳县
彬县
旬邑县
王益区
印台区
白水县
铜川市
蒲城县
陇县
永寿县
富平县
大荔县
千阳县
麟游县
三原县
凤翔县
乾县
泾阳县
阎良区
渭南市
潼关县
陈仓区
扶风县
咸阳市
高陵县
兴平市
临潼区
宝鸡市
杨陵区
西安市
长安区
洛南县
太白县
周至县
户县
凤县
商洛市
丹凤县
柞水县
留坝县
佛坪县
山阳县
商南县
镇安县
略阳县
宁陕县
勉县
洋县
汉中市
石泉县
旬阳县
南郑县
西乡县
宁强县
汉阴县
白河县
安康市
紫阳县
平利县
镇巴县
岚皋县
镇坪县

二、农业灌溉设施

改造提升大中型灌区配套水平，重点抓好12个大型灌区续建和节水改造、8个灌区灌排泵站更新改造、157个中小灌区节水改造工程，配套完善末级渠系，增加有效灌溉面积，提高运行管理水平。因地制宜发展高效节水灌溉和雨水集蓄利用，完善农村小微型水利设施，提高农业抗旱能力。全省有效灌溉面积达到2000万亩，水利用系数提高到0.55以上。

专栏8 农业灌溉工程

大型灌区续建配套和节水改造 对宝鸡峡、泾惠渠、石头河、桃曲坡、东雷一期、东雷二期、交口抽渭、冯家山、洛惠渠、石堡川、石门、羊毛湾等12个大型灌区骨干工程进行续建配套和节水改造，衬砌干支渠道1020公里，改造建筑物5367座，改造干支沟排水413公里，配套完善末级渠系，提高灌区信息化管理水平。

大型灌排泵站更新改造 对交口抽渭、宝鸡峡、泾惠渠、东雷一期、东雷二期、冯家山、港口抽黄、蒲城抽渭等8个灌区111座灌排泵站进行更新改造。

中型灌区节水改造 对157个灌区(5～30万亩30个，1～5万亩127个)的水源及泵站、骨干渠道及渠系建筑物、斗渠及以下末级渠系工程进行更新改造。

小型农田水利 围绕巩固退耕还林成果基本口粮田、新增21亿斤粮食生产能力、小型农田水利重点县等项目，加强小型塘坝、机井、抽水站、渠系等小型农田水利工程建设，增强非灌区农业抗旱能力。

淤地坝建设 加大黄河中游粗沙区治理，在延安和榆林北部建一批稳产、高产的坝地。

三、防洪减灾

以防洪薄弱地区和山洪地质灾害易发地区为重点，突出抓好渭河中下游、汉江重点段及丹江干流等防洪工程，加大洛河、嘉陵江、延河、无定河等中小河流治理和山洪地质灾害防治力度。巩固大中型水库除险加固成果，全面完成小型水库除险加固任务。强化防汛、气象、水文、地质等监测预警非工程措施，基本解决防洪减灾体系突出问题，切实保障人民群众生命财产安全。

专栏9 防洪减灾工程

渭河防洪工程 重点建设渭河中下游干流防洪、三门峡库区移民防洪保安、渭河下游南山支流治理、渭河下游疏浚淤背、华阴南山支流及排水干沟治理等工程，确保西安、宝鸡、咸阳、渭南市区及沿河县城、重点农村集镇防洪安全。

汉江防洪工程 重点实施汉江汉中平川段、安康城区东西坝等重点段防洪治理工程，确保汉中、安康市区及沿江县城和重点集镇防洪安全。

丹江防洪工程 重点实施丹江干流防洪工程，确保商洛市区、沿江县城及重点集镇防洪安全。

中小河流治理 加强洛河、延河、泾河、嘉陵江、皇甫川、窟野河、无定河等重要河流和132条洪涝频发、灾害严重的重点中小河流治理，提高沿河重点集镇和农田防护区洪涝灾害防御能力。

病险水库除险加固 完成273座小型水库和7座中型病险水闸的除险加固任务，恢复防洪库容，增强水资源调控能力。

山洪地质灾害防治工程 开展山洪地质灾害调查评价工作，摸清重点防治区山洪、泥石流等灾害隐患点基本情况，建立以县为单元、以村镇为对象的山洪灾害监测预警系统和群测群防体系。

第八章　积极构建大能力坚强电网

一、外送通道建设

改进输出方式，理顺利益关系，开拓省外市场，推进“陕电外送”，建成国家“西电东送”主通道和主要电源基地。全面建设陕北、彬长和安康三大煤电基地，完善宝鸡—德阳、神府—石家庄、渭南—灵宝外送通道，新建神府—潍坊和靖边—连云港1000千伏特高压交流、彬长—临沂±800千伏超高压直流、安康—万州500千伏交流输变电工程，形成七大外送通道和点对网、网对网相结合的外送电网体系，送电能力突破2000万千瓦。

二、骨干网架升级

建设西安南、延安、榆横、神木等输变电工程，基本形成750千伏骨干网架，全面建设关中环网，连接陕北电网，实现省内南北互供和跨区域调度。建设渭南禹门、安康旬阳等输变电工程，优化330千伏主网架，增加变电站点，形成关中、陕北辐射供电网络，强化陕南电网与关中电网连接，增强全省电网整体供电能力和安全可靠性。

三、城乡配网改造

完善110千伏及以下配电网，提高建设标准，增强安全性、可靠性和稳定性。城市电网重点解决大中城市城区配电网络薄弱、变电容量不足等问题，加快电缆入地步伐。实施新一轮农村电网改造工程，低压改造覆盖面达到100%。继续推进新农村电气化县建设，力争实现县县电气化。推进电力改革，理顺管理体制，形成有序竞争。

四、智能电网发展

适应国际发展趋势，着眼于资源优化配置、改善系统运行效率，在发电、供电、用电各环节广泛应用智能技术设备，建设无人值守、远程监控和自动调度的智能输变电系统，鼓励用户安装智能电表，实现电源、电网和用户友好互动、协调运行，提高电力系统信息化、自动化和互动化水平，促进我省智能电网建设走在全国前列。推动分布式能源、可再生能源接入，加快配建充电站桩，支持新能源和电动汽车发展。

陕西省“十二五”电力建设项目规划图
图 例
规划火电厂
建成火电厂
水电厂
750KV变电所
330KV变电所
开关站
750KV线路
330KV线路
向山东潍坊送电 1000千伏
向河北石家庄送电 500千伏
向江苏连云港送电 1000千伏
向山东临沂送电 ±800千伏
向四川德阳送电 ±500千伏
向河南灵宝送电 ±330千伏
向重庆万州送电 500千伏
至甘肃平凉
至甘肃天水
河南灵宝背靠背
段寨
庙沟门
郭家湾
府谷清水川
大柳塔
麟州
店塔
郝家
神木热电
府谷二
神木
锦界
大保当
榆林市
神华陶氏
榆横
榆林
龙泉
榆横煤矸石
榆林热电
榆林南
靖边电厂
定边
绥德
靖边
朱家
延安
延安热
洛川
黄陵煤矸石
黄陵
韩城煤矸石
禹门
韩二
韩二二期
西庄
澄县
金锁
东塬
彬长
彬县
瑞池
旬邑
西塬
铜川
铜川市
铜川热电
耀州
桃曲
桥陵
蒲城
富平热电
渭二
泾渭
信义
秦岭
罗敷
华县
商州
张村
商洛市
商洛电厂
商镇
鹿城
游麟
永寿
乾县
麻城
宝鸡
宝二
宝鸡西
蔡家坡
眉县
乌营
凤州
周至县
户县
户二
汤峪
西安南
长安
蓝田
柞水
洋县
略阳电厂
略阳
武侯
汉中
汉中电厂
汉中市
杨家山
黄坝驿
南郑
石泉
喜河
石泉火电厂
安康
金州
旬阳
旬阳火电厂
平利

专栏10 电网工程

"陕电外送"工程 建设神府—潍坊、靖边—连云港1000千伏特高压交流、彬长—临沂±800千伏超高压直流和安康—重庆等输电通道,形成"东进南下"外送电格局,新增送电能力1600万千瓦,2015年达到2370万千瓦。

750千伏骨干网架工程 建设延安、榆横、西安南、神木等750千伏变电站和天水—宝鸡、宝鸡—西安南—渭南、榆横—神木等750千伏线路。新增变电容量突破840万千瓦伏安,线路549公里。

330千伏主网架工程 建设西安户县、西郊、渭南禹门、安康旬阳、榆林大保当等输变电工程18项,扩建增容西安聂刘、延安黄陵、铜川东塬等输变电工程17项。新增变电容量1308万千瓦伏安,线路2585公里。新建户县、洛川、锦界、南郑、旬阳等330千伏变电站和信义—张村等输电线路。

110千伏及以下城乡配网工程 结合城乡统筹和新农村建设,继续大力实施农村电网改造升级和新农村电气化县建设,农网改造覆盖面达到100%。结合西安等大中型城市建设,加快城市配网改造工程,重点解决好西安等市中心城区配电网"卡脖子"和变电容量不足等问题。

第九章 着力推进信息化建设

一、信息基础设施

统筹新一代移动通信、下一代互联网、数字电视等网络设施建设,构建覆盖全省、畅通快捷的高速信息网络。加快IPv6技术商业化应用,建设下一代互联网,全面提高网络技术水平。加快发展宽带用户接入,实现宽带村村通。推进电视网络数字化、双向化改造,建设下一代广播电视网。加快建设第三代移动通信网络,推动互联网、电信网、广播电视网互联互通和业务融合。利用并融合多种技术,建设宽带无线城市。加强云计算服务平台建设。光缆线路总长达到45.84万公里,宽带用户达到700万户,数字电视用户突破550万户。

专栏11 信息基础设施

第三代移动通信网络工程 建设完善覆盖全省的第三代移动通信(3G)网络,包括TD—SCDMA等3G网络扩容、TD—LTE网络建设和WLAN网络扩容,实现市区、县城、乡镇、旅游区100%覆盖;3G全面商用,4G试商用。

宽带网络覆盖工程 城域网及接入网优化改造,接入网络宽带提速。大力推进城区光纤入户,农村光纤到村,加快接入网络的"光进铜退"进程。城市有线宽带接入带宽达到20Mbps,农村有线宽带接入带宽平均达到4Mbps以上。

下一代广播电视网工程 有线电视网络数字化和双向化改造,省内城市100%有线电视网络完成数字化改造。建设骨干传输网、IP数据网、光缆分配网、用户接入网等承载直播电视,互动电视、宽带上网、通信业务等多种业务。

三网融合工程 建设省级IPTV集成播控平台、业务平台和省高清互动电视,发展IPTV、手机电视、互动电视等三网融合业务应用。高清互动家庭(含IPTV)用户突破320万户。

"数字陕西"工程 更新基础地理信息,开展省内地理国情监测,完善地理信息公共服务平台,完成秦岭大巴山地区1∶10000地形图空白区测绘。

二、信息化应用

加快企业信息化建设,积极推进设计研发信息化、生产装备数字化、生产过程智能化和经营管理网络化,大中型企业全面实现信息化。完善省、市、县、乡(镇)四级电子政务网络,推动各项业务系统应用,提升政府公共服务能力。搭建农村公用信息服务平台,整合共享涉农信息资源,实现农村信息应用一站式服务。有序开展电子商务示范城市试点工作。深化“数字陕西”建设，实现全省基础地理信息全覆盖，做好地理省情监测服务的基础性工作，增强应用服务功能。积极推进经济社会各领域信息化，不断提高科技教育、公共文化、人力资源社会保障、卫生医疗等信息化水平。

三、信息安全保障

全面落实信息安全等级保护、涉密信息系统分级保护和风险评估制度，加强信息安全基础性工作，强化网络安全管理，保障基础信息网络和重要信息系统安全。加强以密码技术为基础的信息安全防护和网络信任体系建设，建立网络和信息安全监控、应急响应和容灾备份体系，完善保障网络和信息安全的长效机制。

第四篇　大力推进农业现代化

进一步落实和完善强农惠农政策，加快转变农业发展方式，用现代物质条件装备农业、现代科学技术改造农业、现代产业体系提升农业、现代经营形式推进农业，促进农业生产经营专业化、规模化、标准化、集约化。夯实农村发展基础，大幅提高农民收入，建设农民幸福生活的美好家园。

第十章　加快发展现代农业

一、粮食综合生产能力

坚持最严格的耕地保护制度，稳定基本农田面积。加强农田水利设施建设，实施土地整理复垦、中低产田改造、基本口粮田工程，大力推进淤地坝建设，新修基本农田300万亩，恢复改善和新增灌溉面积580万亩。落实粮食生产扶持政策，加大农业补贴力度，进一步调动农民种粮积极性。实施新增25亿公斤粮食产能工程，重点扶持32个粮食主产县，突出抓好小麦、玉米、水稻、马铃薯四大作物，扩大豆类种植面积，建设关中优质商品粮基地、陕南优质水稻基地，挖掘陕北粮食生产潜力，建设陕西第二粮仓，确保粮食安全。发展节水灌溉和旱作农业，实施保护性耕作，加大良种推广、配方施肥，努力提高粮食单产。粮食播种面积保持稳定，总产达到130亿公斤以上。继续实施粮食仓储设施改造提升工程，完善大宗农产品临时收储政策，稳步提高粮食品种收购价格，加强粮油储备，建立健全粮食应急机制，搞好购销工作，增强市场供应和调控能力，确保全省粮食安全。

二、农业产业化发展

调整结构，优化布局，创新模式，搞好现代农业示范园区建设，大力发展农产品加工业和流通业，积极发展生态农业，壮大农业产业化龙头企业，农产品加工转化率达到70%。果业以苹果为重点，围绕提质增效，提升四项关键技术，加快品种更新换代，推进果畜结合，建设绿色果品基地，打造知名品牌，培育多元化深加工生产体系，建成具有较大影响力和竞争力的国际化大产业。扩大猕猴桃、柑橘等名优水果种植面积，推进核桃、红枣等五大干杂果基地建设。水果种植面积达到2000万亩、总产量1400万吨，其中苹果面积1000万亩、总产量1000万吨。畜牧业以生猪、奶牛为重点，实施现代畜牧业产业化工程，完善良种繁育体系，推广科学养殖模式，建设一批百万头生猪大县、万头生猪示范村、奶牛标准化示范县，发展一批标准化规模养殖场，形成关中奶畜、陕北羊子、渭北和陕南生猪生产基地，促进畜牧业快速发展。蔬菜以建设百万亩大棚设施为重点，构建各有特色、品种互补的三大区域蔬菜产业带，形成一批集中连片设施蔬菜大县。强化"菜篮子、菜园子"市长负责制，建设大中城市设施蔬菜基地。2015年全省蔬菜面积达到800万亩，其中设施蔬菜300万亩。依托资源禀赋，鼓励和支持发展陕北名优小杂粮，关中时令瓜果，陕南"双低"油菜、蚕桑、茶叶、中药材、食用菌、富硒食品等区域特色产业。

专栏12　现代农业产业发展工程

粮食增产　加快新增25亿公斤粮食生产能力、节水改造、保护性耕作、沃土工程、农作物秸秆机械化综合利用、旱作农业示范、旱区作物高产创新及抗旱应急备用水源等工程建设。

现代农业示范　重点建设杨凌现代农业核心示范基地、长安、渭南农场、安康月河川道、榆林定靖高速沿线5个综合性现代农业产业基地，建设卤阳湖等50个现代农业综合示范园。

果业产业化　实施合作社百库建设工程，以农民专业合作社为主体，建设300个千吨级气调贮藏库。推进核桃、板栗、红枣、花椒、柿子等5大干杂果基地建设。完善果树苗木繁育体系，建设省果树苗木繁育中心、市级果树苗木扩繁基地、县级扩繁圃。

畜牧业产业化　培育发展一批规模化、标准化生猪养殖大县、奶牛小区和秦川牛育肥场、羊子核心种群和绒山羊良种繁育基地。发展一批生猪扩繁场、商品代场。实施高产奶牛良种引进工程，扶持建设一批千头奶牛示范场，建设奶牛良种基地和高产奶牛良种核心群。

设施蔬菜　推广"专业化育苗+标准化生产+合作社经营"发展模式，以设施蔬菜精细菜为主，建设一批高标准、现代化的育苗中心和育苗点，发展一批标准化示范园、规模化示范县，扶持一批专业化合作社，形成陕北优质蔬菜产业带、关中时令蔬菜产业带、陕南特色蔬菜产业带。

三、农业创新和服务体系建设

充分发挥杨凌示范区辐射带动作用，加快农业科技创新和推广应用，促进农业技术集成化、劳动过程机械化、生产经营信息化，在生物育种、新型栽培、疫病防控、质量安全、灾害监测预警等方面

专栏13　农业服务体系建设

良种繁育　实施农作物种子工程和畜禽良种工程，健全种质资源保护、品种改良、良种繁育、种子质量监测等基础设施。

技术推广　实施基层农业技术推广改革和建设示范县工程，加强县及县以下推广服务网络基础设施建设，健全乡镇或区域性农业技术推广机构。

动植物保护　加强动植物疫病检疫、监督和防控基础设施建设，建立完善动物标识及疫病追溯、重要农作物有害生物预警与监控体系。

农产品质量安全　完善省、市、县三级农产品质量安全基础设施条件，健全监管、标准、检测、认证和应急体系，强化以农产品产地环境、农业投入品为重点的质量安全监管。

农业综合服务　推进"金农"、"三电合一"，完善农业综合信息服务平台。加强农业机械、农业综合执法等设施建设，提升农机、农药、种子、土肥等服务能力。

防灾减灾　健全水文测报、防汛抗旱指挥、洪水预警系统，加强抗旱应急水源及非工程体系建设、森林火灾监控和应急防控能力，完善农村气象灾害防御、人工影响天气、农业遥感等农业气象服务体系。

科技创新　建设农业重点实验室、工程(技术)中心、科技基础平台，实施具有重要应用价值和自主知识产权的生物新品种开发工程、转基因生物品种培育工程。

取得突破。健全基层农业技术推广、动植物疫病防控、农产品质量监管监测、农业综合执法等公共服务机构。培育多元化农业服务组织，支持供销合作社、农民专业合作组织、农村经纪人、龙头企业等提供多种形式的服务，建立新型农业社会化服务体系。

第十一章　大幅度提高农民收入水平

一、巩固提高经营性收入

鼓励农民优化种养结构，加快发展无公害农产品、绿色食品和有机农产品，推广多功能、智能化、经济型农业装备设施，实施规模化种养、标准化生产、品牌化销售和产业化经营。全面开发农业生产、生态、生活等功能，因地制宜发展高效农业、休闲农业、乡村旅游和相配套的服务业，培养和支持种养业能手、农村经纪人和专业组织领办人带领农民致富，使农民在农业功能拓展中获得更多收益。

二、着力提高工资性收入

统筹推进城乡产业发展，引导生产要素向农村流动、劳动密集型产业向农村转移。加强农民工技能培训，完善和规范城乡统一的人力资源市场，搞好就业服务和信息引导，开展劳务输出对接，促进农村富余劳动力外出务工。大力发展劳务经济，培育壮大“关中技工”、“秦巴茶艺”、“蓝田厨师”、“米脂家政”等知名品牌。加强劳动合同管理，严格执行最低工资标准，保障务工农民的合法权益，增加农民劳务收入。

三、大力增加转移性收入

健全支农资金与财政收入增长相适应的投入机制，确保总量持续增加、比例稳步提高。调整和完善农业补贴制度，强化种粮农民直接补贴、良种补贴、农机具购置补贴和农资综合补贴政策。健全农产品价格保护制度，建立以目标价格为核心的反周期补贴机制。逐步提高农村最低生活保障、残疾人生产扶助和生活救助、五保户供养等方面的补助标准。积极发展农业政策性保险，扩大覆盖范围，增加保费补贴。贯彻落实各项减负政策，完善农民负担监管制度。

四、创造条件增加财产性收入

加快农村土地确权、登记、颁证工作，完善承包经营权权能，依法保障农民对承包土地的占有、使用、收益等权利。按照依法自愿有偿原则，支持农民以多种形式流转土地承包经营权、集体林权，分享增值收益。完善农村宅基地制度，依法保护农户宅基地用益物权。建立迁入城市定居农民承包地和宅基地有偿退出机制。严格界定公益性和经营性建设用地，提高征地补偿标准，逐步实现农村集体与国有建设用地同权同价。拓宽租金、股金、红利等财产性收入渠道，提高农村资源的资产化收益。

第十二章 建设农村美好家园

一、改善农村生产生活条件

统筹城乡基础设施建设，继续实施水、电、路、气、房、网“六到农家”工程。有效解决农村人口饮水安全问题，支持重点村镇实现集中供水和配套排水。加快新一轮农村电网改造，提高生活用电水平，满足生产用电需要。全面实现村村通油路目标，加快村庄道路桥梁建设。提高农村沼气发展水平，大力推广太阳能利用。消除农村危房，支持农民建设新型宜居住房。提高农村信息化水平，实现宽带进村入户。

二、建设新型农村社区

依循土地集约利用、产业集聚发展、农民集中居住和管理服务城镇化“三集一化”的模式，突出地方特色，科学规划布局，加快新型农村社区建设。鼓励和支持基础薄弱、居住分散、灾害多发的村组搬迁合并，统筹农村基础设施、服务设施建设和公益事业发展，按社区标准建设中心村。开展环境综合整治，实施农村清洁工程和“三化一片林”绿色家园工程，加快改厨、改厕、改圈，美化绿化村庄庭院，改善农村卫生条件和人居环境。注重具有历史价值的村镇人文环境的延续，重视保护整体风貌。

专栏 14 农村美好家园建设工程

安全饮水 加强农村饮水安全设施建设，解决 1070 万人安全饮水问题，实现农村安全饮水达标。

电气化 实施农村电网改造升级、小水电代燃料、水电新农村电气化县等建设工程。

路网工程 新建改建农村公路 3.5 万公里，实现乡村通达率和乡镇通畅率达到百分之百。

沼气工程 新建户用沼气 60 万口、小型沼气 9000 处、大中型沼气 300 处，实现农村沼气服务体系全覆盖。

安居工程 实施农村和国有垦区、林区职工危房改造工程，加快解决分散供养五保户、低保户和困难群众的住房问题。

清洁工程 建立农户集中堆放、村庄收集、乡镇中转、县级处理的垃圾收集、清运与处理体系。

库区和移民安置区发展工程 全面落实水库移民后期扶持政策，加强库区和移民安置区基础设施建设，完善配套服务。

扶贫六大工程 全面推进整村扶贫工程、贫困户安居工程、百万贫困户增收工程、25 万“雨露计划”培训转移工程、世行五期扶贫工程，深入开展“两联一包”、“富县帮贫县”、“千企千村扶助行动”等社会扶贫工程，加快脱贫致富步伐。

三、加大扶贫力度

实施扶贫六大工程。全力推进秦巴山区、白于山区、黄河沿岸土石山区、采煤沉陷区等特殊困难地区扶贫开发，启动移民搬迁安置和扶贫移民搬迁工程，在全面完成移民搬迁 280 万人任务上取得重大进展。提高扶贫标准，创新扶贫机制，坚持连片开发、整村推进、扶贫到户，实现扶贫重心由贫困县向贫困村户转变，基本消除绝对贫困现象，逐步消除贫困县。深入推进开发式扶贫，加大以工代赈力度，把扶贫移民与发展现代农业、新农村建设、农民就业创业结合起来，增强造血功能，确保搬得出、稳得住、能致富。完善对口帮扶制度，继续开展千企千村扶助行动，实现农村低保制度与扶贫开发政策有效衔接，重点扶持 3000 个低收入村和 100 万个贫困户，大幅度提高贫困人口收入水平，实现278万人脱贫。

第五篇 坚持走新型工业化道路 不断调整和优化产业结构

以信息化带动工业化，扩大产业规模、优化产业结构、提高产业水平，增强自主创新能力。坚持大集团引领、大项目带动、园区化承载、集群化发展，推动产业融合，实现“陕西配套”、“陕西制造”向“陕西创造”、“陕西服务”转变，着力构筑高端化高质化高新化的产业结构。

第十三章 做大做强能源化工产业

珍惜资源，深度转化，努力实现大资源、大布局、大转化、大产业。稳步增加一次能源产能，大力推进煤电一体化、煤化一体化、油炼化一体化，促进化工产业高端化、电源建设大型化、载能工业特色化，实现煤油气盐综合循环利用。重点建设陕北大型煤炭示范、现代煤化工综合利用等“十大基地”，榆神煤化学工业区、渭南煤化工园区等“十大园区”，煤油气产能建设、新能源千万千瓦装机等“十大工程”。优化能源产业布局，加大相关配套产业发展，加快建设渭北产业集聚区，支持陕南适度发展能源化工下游产业。

——煤炭。稳步提高煤炭开采水平和生产能力，加大安全生产投入力度，按第四代矿井标准建设大保当、小保当、小纪汗、西湾等一批大型矿井。做好渭北老矿区挖潜改造，推进煤矿整顿关闭和资源整合，煤炭企业数量减少到120家。加强矿区资源综合利用和循环经济发展，做好韩城等地煤层气抽采利用。建成一批千万吨级矿井，煤炭产能达到6亿吨。

——电力。加快实施神木锦界、府谷庙沟门、彬长等外送电源项目，全面建成榆横、秦岭等骨干电源工程，积极支持陕南电源项目建设，优先发展西安、咸阳、杨凌等城市热电联产，大力推进铜川、黄陵、府谷等矿区煤矸石综合利用发电，启动实施抽水蓄能电站和核电项目前期工作。新增电力装机3500万千瓦，总装机达到6000万千瓦。

——油气。加快老旧油田改造，推广高效增产采油技术，进一步提高采收率。加大油气资源勘探力度，在抓好原有区块扩边勘探的同时，努力开拓新的油气区块，实现子洲、米脂和杏子川的规模开发，实质性推进镇巴油气田勘探并及早开发利用，鼓励企业境外勘探开发，确保资源有序接替。石油、天然气产能分别达到4700万吨和300亿立方米，油气当量达到5000万吨，建成全国第一油气大省。

——现代化工。发挥资源优势，运用先进技术，凝聚各方力量，扎实推进神华陶氏榆林煤炭综合利用、延长延安煤油气深度开发、靖边循环经济产业园等一批重大资源转化项目。按照循环经济模式，树立低碳环保理念，加快煤制甲醇制烯烃技术产业化，构建煤制油气、煤制烯烃、煤制芳烃、煤制醋酸四大产业链，支持地方发展配套产业，促进兰炭生产上规模、上水平，打造具有世界一流水平的现代化工产业园区，占领行业发展制高点。煤炭资源就地转化率达到50%以上，形成综合化工产能4000万吨以上。

专栏15 能源化工重点工程

煤炭 重点建设榆神矿区大保当、小保当、西湾、金鸡滩、杭来湾，榆横矿区小纪汗、魏墙、巴拉素、红石桥、大海则，神府矿区郭家湾、青龙寺，府谷矿区段寨、西王寨，彬长矿区小庄、文家坡、孟村、雅店、高家堡、杨家坪，永陇矿区麟游区郭家河、崔木、招贤、园子沟，渭北老矿区西卓、王峰，吴堡矿区横沟等一批大型煤矿。投资总规模达到1380亿元，新增产能2.5亿吨。

油气 重点建设长庆油田5000万吨、延长集团2000万吨油气当量勘探开发项目，建设榆林、延安和咸阳三个千万吨级炼油基地，积极推进镇巴油气勘探开发。投资总规模达到1700亿元，新增石油产能1060万吨，天然气129亿立方米。

化工 重点建设神华陶氏榆林循环经济煤炭综合利用、中煤榆横煤制烯烃、华电榆林煤制芳烃、兖矿榆横煤化学工业区煤制油综合利用、大唐府谷甲醇制烯烃（MTP）、神华西湾煤炭综合利用、徐矿宝鸡150万吨甲醇及深加工、延长集团延安靖边煤油气综合利用、陕煤黄陵500万吨焦化及综合利用、延安100万吨乙烯及下游产品深加工、子长398万吨煤焦化、陕煤渭北东陈煤制甲醇制烯烃技术（DMTO—II）技术示范等项目。投资总规模达到3000亿元，形成煤制烯烃700万吨、芳烃100万吨、煤制油300万吨、兰炭2000万吨、煤焦油700万吨。

电力 重点建设神木锦界电厂三期、府谷庙沟门二三期、府谷段寨煤电一体化项目、彬长新民塬电厂、永寿电厂、旬邑电厂和靖边、安康火电基地等"陕电外送"电源项目，榆横电厂、延安电厂、宝鸡二电厂三期、铜川电厂二三期、彬长马屋电厂二期、秦岭电厂扩建、商洛电厂、汉中电厂等骨干电源项目，西安、咸阳、宝鸡、渭南、榆林、延安、铜川、商洛、杨凌等热电联产项目，彬长、榆横等煤矸石综合利用项目。投资总规模达到1500亿元，新增火电装机3200万千瓦。

新能源发电 重点建设陕北百万千瓦风电基地，靖边光伏发电园区，黄河北干流水电梯级开发，汉江旬阳、白河、黄金峡梯级开发、镇安抽水蓄能等工程。积极推进核电项目前期。投资总规模达到500亿元，新增装机400万千瓦。

第十四章 大力发展先进装备制造业

运用先进技术，加快改造步伐，推动重大装备自主化、成套化、高端化，推动骨干企业由单机制造向系统集成转变，推动主体产品由生产制造向服务型制造转变，培育一批具有自主知识产权和名牌产品的龙头企业，建设具有国际竞争力的先进装备制造基地。

——*输变电设备*。适应国家特高压、超高压重点输电工程建设，以大功率晶闸管等核心技术为支撑，重点发展1000千伏交流、±800千伏直流输变电成套设备。以重点园区为平台，整合资源，优化布局，巩固提升高压输变电、低压配电等优势产品，增强成套和试验能力，促进产品智能化。

——*汽车及零部件*。发挥关中汽车产业集群龙头作用，重点发展重型卡车和轿车，大力发展客车、专用车、微型车，加快混合动力车产业化。加强产品研发和技术集成，推动整车升级换代，扩大发动机、变速器、车桥、安全气囊等关键零部件生产规模，实现汽车电子产品系列化、多元化。

——*数控机床*。以数字化、大型化、高速化为重点，做强做精三轴以上加工中心、数控磨床、数控镗铣床等整机产品，不断扩大功能部件、大型铸件、精密数控刀具等优势产品规模，积极实施高档数控机床科技重大专项，开发柔性制造、精密成型、超精密微机械等先进适用技术，增强自我装备能力，嵌入全球制造链条，形成技术创新网络，凸显集团优势。

——*能源装备*。大力发展石油钻机、修井机、连续油管等产品，加快开发海洋平台钻井装备、海洋用管、钻机电控系统、空气钻井装备。开发智能化千万吨级电牵引采煤机，实现可移动矿用救生舱规模化生产，扩大掘进机、运输机和液压支架配套制造能力，建设大型煤炭综采设备生产基地。积极发展风电、光伏发电设备和核应急发电机组、核级压力容器等。

——化工装备。以轴流压缩机、大型空分装置以及大型非标设备为依托，增强高压厚壁设备和特种材料设备的研发制造能力，加快发展加氢反应器、精馏塔、闪馏罐、真空蒸发结晶器等大型反应装置。全面提升系统集成和总包水平，实现大型能源化工非标设备本地化制造。

——工程机械装备。突出发展连铸设备、重型锻压及后处理设备、液压挖掘机、沥青混凝土搅拌设备、摊铺机等产品，积极开发板带冷热连轧、涂镀层加工、高速线材精轧等大型冶金成套装备和多功能工程机械主机产品。延长产业链条，加快开发关键零部件，提高配套生产能力。

——轨道交通装备。加快掌握高速列车、新型地铁车辆等装备核心技术，重点发展适应高速重载要求的铁路罐车、集装箱专用起重机、铁路铺架设备、道岔及转换系统、列车集中轴温报警器等高附加值产品。完善时速 250～350 公里高铁接触网和城轨供电刚性悬挂系统的开发制造，实现电气化产品系列化。

——轻工装备。集中发展新型纺织机械、光机电一体化和特种工业缝纫机、涡旋压缩机、机组式凹版印刷机、柔性版印刷机等产品，加快研发农副产品加工及农业机械装备，扩大中高端轻工设备市场份额。

专栏 16　先进装备制造业重点工程

输变电设备　重点实施西电特高压超高压开关设备产业化、西电核心操作机构扩能、西电产业园变压器系列产品生产、西安电力电子技术研究所大功率晶闸管、西电宝光中压输配电成套设备生产基地建设、国德电气高压开关核心组件生产、陕开智能化低压电器基地、陕西合容串联电容器及交流融冰装置产业化等项目。

汽车及零部件　重点实施陕汽技术中心、陕汽金鼎铸造、比亚迪第二工厂 40 万辆轿车及零部件、陕重汽铜川新区汽车零部件、北方动力微车发动机生产线、陕汽集团通家汽车微型车、延长集团年产 2000 万套子午轮胎、陕西法士特年产 100 万套轻微型汽车动力总成、安康和商洛汽车零配件加工、宝成航空汽车电喷总成等项目。

数控机床　重点实施秦川大型精密专用铸件研发及制造技改、秦川发展磨齿机技改、汉川数控机床制造、宝鸡机床中高档数控机床研发生产基地、汉江机床滚动功能部件产业化、汉江工具数控高性能刀具扩能改造、渭河工模具数控硬质合金刀具等项目。搞好宝鸡数控机床产业园、汉中机床工具制造基地、西安机床研发及制造中心建设。

能源装备　建设国家石油钻采输送、煤炭综采和新能源装备基地，重点实施宝鸡石油机械搬迁、咸阳钢管钢绳搬迁，宝鸡石油钢管连续管及套管生产线、宝鸡石油钢管泾河石油专用管制造、宝鸡石油钢管国家石油天然气钻采输管材工程技术研究中心、中石油测井成套设备产业化、天津德化石油管材、西煤机搬迁改造、煤科院煤炭机械制造、西安船舶大功率风力发电机组、陕柴重工风电设备配套、商洛太阳能电池及高储能钒电池等项目。

化工装备　建设国家化工装备和陕北化工装备装备基地，重点实施宝钛榆林重型化工装备制造、航天六院化工装备及通用装置生产线、西部金属稀有金属耐腐蚀化工容器等项目。

工程机械装备　重点实施中钢西重整体搬迁、中冶陕压大型薄板冷热连轧设备、陕鼓能量回收装置、中国重型机械研究院高精度带材轧制成套装备、中联重科土方机械渭南工业园、中交西安筑路机械筑路设备生产基地、陕西同力重工非公路用自卸车生产线、宝鸡合力渭滨工厂大吨位叉车等项目。

轨道交通装备　重点实施中铁宝桥高速铁路道岔制造及检测技术研发、中铁宝桥机械产品扩能改造、西安铁路信号厂道岔转换设备制造中心技造、开天铁路电气装置生产基地、北车西安车辆高速铁路罐车罐体制造生产线关键设备技造、宝光铁道电器建设、中铁宝桥钢结构生产加工基地等项目。

轻工装备　重点实施经纬织机生产线技改、宝成航空高效精梳设备扩能和前纺设备集成、渭南科赛机电印刷机械套色控制及电子检测系统建设、西安造纸机械中轻机制浆装备产业化、西安标准精密机械高速旋梭生产等项目。

第十五章　培育壮大战略性新兴产业

瞄准世界科技前沿，顺应技术发展趋势，发挥政府引导作用，加大政策支持力度，重点发展航空航天、新材料、新能源、新一代信息技术、生物技术、节能环保等战略性新兴产业，着力突破激光、创新药物、信息通讯、太阳能光伏和半导体照明等一批关键核心技术，适应市场需求，提高产业化水平。战略性新兴产业增加值占生产总值比重达到15%以上。

——航空航天。以国家大飞机项目为带动，依托西安阎良国家航空产业基地和五个园区，增强航空发动机、关键零部件、机载设备配套能力，加快大型运输机、新舟和运八系列飞机、通用飞机产业化，构建集研发、生产、试飞、检修、外包于一体的产业体系。围绕载人航天、探月工程、北斗卫星导航等国家重大科技工程，加快西安国家民用航天产业基地建设，大力发展航天运载动力、空间飞行器有效载荷，重点培育民用卫星应用产业和特种技术产业，促进航天主导产业与航天技术应用产业协调发展。

——新材料。重点发展高性能结构材料、先进复合材料、电子信息材料、新能源材料和新型功能材料，构建钛及钛合金、高性能碳纤维、硅材料、金属铌钽、钼及钼合金等产业链，积极开发稀土资源，建设宝鸡“中国钛谷”和商洛“中国钒都”，打造西安、安康、汉中、商洛等新材料基地，形成“一轴四极七园”的发展格局。

——新能源及新能源汽车。大力发展水电、风电、光伏发电、核电和生物质能，壮大新能源产业规模。合理布局，错位发展，形成太阳能电池材料、专用设备研发、电池组件生产的产业链条，构建以西安为龙头，商洛、咸阳、渭南产业聚集区等为支撑的发展格局。加快陕北百万千瓦风电和太阳能光伏发电基地建设，推进陕南水力资源和关中地热资源开发利用，在吴起、黄龙、宁陕等地规划布局一批生物质能源项目。研制开发电动汽车和码头牵引车，促进新能源汽车产业规模化。

——新一代信息技术。适应云计算等信息技术变革，积极发展物联网、软件与集成电路、通信、半导体照明、平板显示和激光等产业，着力突破嵌入式软件、感知芯片、导航芯片及高功率激光器等关键技术，加快半导体、软件新城、通信、激光、物联网等示范园区建设，建设国内一流信息技术产业高地。

——生物技术。实施创新药物、现代中药、生物医学工程、生物检测试剂和生物育种等产业工程，加速生物技术创新和成果转化。组建生物医药研究院，加快建设陕南原料药种植加工基地和西安、杨凌生物技术研发生产基地，努力打造全球生物医药研发和服务外包基地。

——节能环保。大力开发水污染防治、工业废弃物处置、除尘脱硫脱硝、环境质量在线监测、城市生活垃圾综合利用等技术与装备，培育环保技术、工程设计和运行管理等一体化服务型企业，建设西安经开区大气污染防治、宝鸡高新区节能锅炉与固废综合利用、渭南经开区环保设备等十大示范园。

专栏17 战略性新兴产业工程

航空 加快推进大型飞机、新舟700先进涡桨支线飞机研制，蒲城通用航空产业园、汉中航空工业园、宝鸡航空装备产业园等重点项目建设。

航天 推进中国卫通卫星运营中心、导航卫星应用产业基地、卫星通信产业基地、石化装备、现代包装、印刷设备等航天特种技术民用产业等重点项目建设。

新材料 重点推进航空基地先进复合材料产业园、西安经开区新材料产业园、宝鸡新材料产业基地等重点项目建设。

续表

新能源 主要建设太阳能系列产品、大功率风电机组、核级锆材、浓缩铀等重点产业化项目。以西安为中心建设高端新能源产业园区,培育形成国内具有重要地位的新能源产业研发、制造和应用示范基地。

新能源汽车 重点推进F3DM插电式混合动力汽车、E6纯电动汽车和K9纯电动客车,以及新能源汽车用动力电池系统、控制系统、充电系统、充电桩和充电站系统等项目建设。

信息技术 推进软件新城、通信产业园、半导体照明产业园、物联网示范园、高功率激光器及应用产业园、全球发展中心及半导体设备制造、半导体封装测试等重点项目建设。

生物技术 重点推进加速生物芯片、导向肿瘤血管抑制剂、人血液代用品、透皮给药微针阵列药物芯片、脂质体给药技术、农作物良种繁育等一批重大产业化项目建设。

节能环保 实施纯低温余热能量回收系统装置、海浪锅炉高效节能微排燃烧锅炉、环保转炉炼钢干法煤气除尘节能系统、环保自动打包机和移动式垃圾压缩站、高效节能电机等重点项目。

第十六章 改造提升传统产业

下大力气改善品种质量、淘汰落后产能,进一步培育骨干企业和优势产品,加快应用新技术、新材料、新工艺、新装备,推动产业转型升级。

——有色冶金。加大勘探力度,加强资源整合,实现规模开发。采用先进工艺挖掘低品位矿、共伴生矿、难选冶矿潜力,提高尾矿、熔炼渣和余热余压余气的综合利用水平。运用循环经济模式,形成铅锌—纳米氧化材料、煤—电—铝镁合金、硫铁矿—硫酸镍—镍材、钒矿石—氮化钒—钒电池等产业链条,推进铝电联产,加强黄金开采—选冶—精深加工一体化。推进钢铁企业联合重组,加快技术改造,提高优特钢产品比重。

——建筑材料。加快淘汰落后水泥产能,推广高固气比水泥悬浮预热预分解技术,提升新型干法水泥比重,在陕南、陕北适度布局消纳工业废弃物水泥项目,支持新上水泥窑协同处理生活垃圾和污泥生产线,积极发展商品混凝土、大型水泥构件制品等下游产品。推进氟化工、石英石、重晶石、石墨等非金属资源的深加工,搞好粉煤灰综合利用。建设铜川新型建材基地和宝鸡、安康、神木陶瓷工业园区,实现新型建筑陶瓷、卫生陶瓷、在线镀膜玻璃、玻璃深加工产品和复合环保装饰材料规模化生产。

——食品加工。以果蔬、乳制品、肉制品加工和烟酒制造等产业为重点,打造一批知名品牌,提高精深加工和终端产品比重,建设世界浓缩果汁基地、全国乳制品基地和西部肉制品基地。依托小杂粮、红枣、核桃、魔芋等发展特色食品。加强食品安全能力建设,构建行业诚信自律体系。

——纺织服装。重点发展高档面料、功能性面料、床上用品及家用装饰、服装等产品,提高印染和后整理等配套能力,增加产品门类和附加价值,实现多元化、复合型发展。加快建设西安现代纺织产业园,推动建设咸阳纺织服装、安康丝绸加工等产业基地,支持发展传统手工纺织产品,努力振兴纺织业。

——建筑业。大力发展房屋建筑业,提升市政、交通、电力、水利、通信等专业施工能力,增强建筑业的综合竞争力和产业带动能力。建立和完善劳务分包制度,做大做强总承包,做专做精专业承包。完善工程标准体系和质量安全监管机制,着力培育集勘察设计、工程施工、装修装饰于一体的大型企业集团,形成综合型和专业型相协调、大中小相促进的格局。

专栏18　传统产业提升工程

有色冶金　重点建设陕西有色榆林新材料循环经济产业园、久盛矿业金岭金矿一期、陕西有色30万吨铝镁合金、金钼钼金属工业园、金钼钼焙烧工艺技改、宝钛5000吨钛熔铸技改、宝钛钛及钛合金残废料处理生产线技改、宝钛大吨位自由锻生产线技改、八一锌业10万吨高纯锌冶炼和10万吨锌合金技改、商洛镀锌厂技术升级项目、煎茶岭镍采选工程、安康硫酸镍、铜川铝业12万吨预焙阳极建设、大西沟800万吨铁矿开发、杨家坝铁矿130万吨改扩建等项目。

食品加工　重点建设西凤酒扩建技改、太白酒2万吨陈酒技改、丹凤葡萄酒扩建、丰益粮油深加工、汇源4万吨猕猴桃果浆生产线、银桥4万吨益生菌婴幼儿配方奶粉生产、雨润肉制品加工、财安肉制品深加工、西安米旗冷食生产、得利斯肉制品加工二期、松茂餐饮农业食品科技中心、食品安全检测体系建设等项目。

建材　积极实施水泥行业"关小上大"工程，重点建设铜川环新建材30万方加气混凝土切块、秦岭等水泥低温余热发电、陕煤集团石煤型钒矿石综合利用、华电热电联产粉煤灰综合利用、特种玻璃建材制造加工、博桦陶瓷高档内墙釉面及抛光砖生产线等项目。

纺织服装　实施西安纺织城整体搬迁工程，重点建设丰泰纺织1000头气流纺和400台布机生产线、鑫源纺织二期工程、榆林羊毛绒生产加工基地等项目。

建筑业　培育10家产值过100亿、3家过500亿的建筑企业，力争总承包特级资质企业10家、总承包和专业承包一级企业300家以上。

第十七章　加快发展服务业

把推动服务业大发展作为经济转型升级的主攻方向，以西安国家服务业综合改革试点为契机，相应开展省级服务业综合改革试点，拓展新领域、发展新业态、培育新热点，推进规模化、品牌化、网络化经营。面向民生、面向生产、面向农村，大力发展物流、金融、信息、研发设计等生产性服务业，加快培育旅游、文化、会展等现代服务业，运用现代技术和经营方式改造商贸、餐饮等传统服务业，打造一批现代服务业聚集区，不断提高服务业的比重和水平。

——现代物流。依托区位及交通枢纽优势，加快物流基础设施和信息服务平台建设，应用物联网等现代管理手段，建设布局合理、装备先进、智能化运作的现代物流体系。围绕打造全国重要物流中心，加快建设"三大平台、五大体系、七大园区"。强化宝鸡、汉中、安康、榆林等重要物流节点，推进咸阳空港物流园建设，形成运转高效、畅通便捷的大物流格局。积极引进国内外知名物流企业，大力发展第三方物流，依托供应链加强物流资源整合，把西安国际港务区建设成为国家级一流物流园区。

专栏19　物流业重点工程

物流园区　建设西安国际港务区、西安咸阳空港物流园区、宝鸡陈仓物流园区、榆林能源化工基地物流园区、汉中褒河物流园区、渭南潼关物流港、安康综合物流园等七大物流园区。

制造业与物流业联动发展　围绕装备制造、汽车、电子信息、钢铁、有色、石化等重要产业，重点抓好陕西红光钢铁物流中心、宝鸡西部物流中心、富平物流航空快递中心、西安三桥国际汽车物流中心、杨凌特色农产品及农资物流园等项目建设。

多式联运转运设施　选择重点地区和综合交通枢纽，建设一批集装箱多式联运中转设施和转运设施。重点抓好西安公路港、中陕国际物流中心、西安贝斯特物流中心、西安铁路货运站、杨凌铁路货运站、长安引镇物流中心、绥德物流中心等项目建设。

大宗商品物流　重点实施西安西部大宗商品交易中心、榆林大保当和孟家壕能源化工物流基地、宝鸡煤炭配送中心、中储西安钢材物流中心、延安利源石化物流配送中心、明珠国际家居中国原点新城、西瑞兴平粮油物流基地、省粮食物流集团杨凌粮油物流中心、西粮泾阳粮油物流基地、建兴勉县粮油物流基地、省油脂安全物流工程、陕西苹果交易市场、渭南金地棉花加工仓储物流配送基地等项目。

续表

农产品冷链物流 建设和完善鲜活农产品储藏、加工、运输和配送等冷链物流设施，提高鲜活农产品冷藏运输比例。重点抓好西部欣桥、西安朱雀、咸阳新阳光、西安雨润、华圣果业、陕西昌盛苹果、西安方欣和渭北苹果物流园等冷藏物流中心建设。 **城乡配送** 发展各类超市及连锁配送，完善城乡物流配送网络。着力抓好西北(邮政)物流集散中心、陕西黄马甲城市快捷配送网络工程、西部物流城市配送工程、西北现代医药物流中心、西北出版物物流配送中心等建设项目。 **农村物流** 支持发展日用品、农资、再生资源等配送体系建设。继续实施"万村千乡市场工程"、"双百双千工程"、"新网工程"、"农超对接工程"，建设覆盖全省的新农村流通服务网络。 **物流公共信息平台** 重点建设省级物流公共信息平台、综合运输信息平台、物流资源交易平台和大宗商品交易平台以及面向中小企业的物流信息服务平台。

——旅游。彰显"山水人文、大美陕西"形象，打造历史文化旅游、生态旅游、红色旅游系列品牌。突出抓好秦始皇陵和大明宫国家遗址公园、法门寺文化景区、延安爱国主义教育基地、黄帝陵等著名景区建设，加快培育秦岭生态旅游带和黄河文化旅游带，积极发展民俗风情、科教观展、温泉疗养、乡村、工矿等特色旅游。创新景区开发建设机制，引入战略合作伙伴，加强旅游设施建设。加大宣传推介力度，开发系列产品，规范市场秩序，提高服务水平，建设旅游经济强省。

专栏 20 重点景区
历史文化 重点打造西安蓝田猿人、半坡遗址、兵马俑、大明宫、华清池、楼观台、大雁塔，宝鸡法门寺、周公庙，咸阳汉唐帝陵，韩城古城，延安黄帝陵，榆林镇北台、白云山，汉中古汉台、张骞墓、武侯祠、张良庙，安康汉江古会馆群，商洛商邑古城等历史文化旅游精品景区。 **自然风光** 重点加快大华山、终南山、秦岭植物园、太白山、通天河、金丝峡、天竺山、木王、牛背梁、仙娥湖、大瀛湖、大南宫山、长青—华阳、黎坪、红石峡、红碱淖、黄河乾坤湾、壶口瀑布、玉华宫、洽川湿地等自然风光旅游景区建设。 **休闲度假** 建设提升临潼、咸阳、眉县汤峪、华阴、勉县、东大、药王山等温泉休闲度假区。 **红色旅游** 建设完善延安系列红色旅游区，八路军办事处纪念馆，铜川照金、旬邑马栏、咸阳安吴青训班、米脂杨家沟和蓝田葛牌镇革命旧址，汉中川陕革命纪念馆等景区，渭华起义纪念馆，陕南红军革命根据地等红色旅游景区。 **乡村旅游** 重点建设秦岭北麓、汉丹江沿岸、黄河秦晋大峡谷三大乡村旅游带，完善提升西府民俗体验、渭北农业观光、秦岭南麓生态休闲、嘉陵江羌族风情体验、米仓山乡野观光、巴山人家休闲度假、黄土风情红色游、沙漠生态观光、陕南油菜花海、关中印象民俗风情等乡村旅游板块。

——金融。建设西安区域性金融中心，打造浐灞金融商务区，增强国际资本融通功能和区域辐射能力。营造良好的金融生态环境，支持国有商业银行和政策性银行扩大贷款规模、增设网点、拓展业务，吸引国内外大型金融机构在陕发展，做大做强地方金融机构。加快农村信用合作社发展，积极组建村镇银行、小额贷款公司等，稳步发展期货、基金、信托、金融租赁、融资担保、典当等金融服务。着力培育上市后备资源，加快企业上市步伐，鼓励企业整体上市和再融资。培育壮大保险市场，建立政策性和商业性相结合的农业保险制度。大力发展创业投资和股权投资，鼓励支持企业债券融资，促进设立产权交易市场。

——房地产。加大保障性住房建设力度，满足中低收入居民住房需求。调整商品房供给结构，增加中小套型、中低价位普通商品住房比例及土地供应，稳步扩大住房建设规模，积极培育发展县域城镇房地产业。完善住房信息系统，加强一、二级市场和租赁市场调控，规范物业管理，强化中介服务，促进房地产业平稳健康发展。

——商贸流通。推进大型专业市场和商品交易中心建设,增强区域辐射能力。加快城市商业广场、特色商业街、商贸聚集区建设,支持便利店、中小超市等社区商业发展。深化"万村千乡市场工程"和"农超对接工程",为农民提供便利、安全的生产生活服务。大力发展连锁经营、电子商务、网上购物等新型服务业态,提升酒店、餐饮接待能力和水平,积极发展具有地方特色的名牌餐饮。

大力发展会展业,拓展社区服务领域,开发互联网增值服务,壮大会计、审计、法律、职介等中介服务业。

第六篇　着力构建城乡、区域协调发展新格局

做美城市、做强县城、做大集镇、做好社区。加快推进城镇化,推动城乡统筹发展,构建"一核四极两轴两带"的城镇发展新体系。实施区域发展战略和主体功能区战略,构筑功能定位清晰、国土空间高效利用、人与自然和谐相处的区域发展新格局。

第十八章　全力打造西安(咸阳)国际化大都市

一、形成国际化大都市基本构架

以建设大西安、带动大关中、引领大西北为方向,以2020年主城区面积达到850平方公里、都市区人口达到1000万以上为目标,加快南北中轴线、渭河百里生态走廊、秦岭北麓山水风光带和渭北帝陵生态风光带建设,构建"一轴、一河、两带"的大都市基本构架。优化提升西安、咸阳主城区,加快建设洪庆、常宁、草堂、渭北工业区组团,发展壮大泾阳、三原、高陵、阎良、临潼、蓝田、户县卫星城,形成"一核、四组团、七卫星城"的空间格局。

二、加快推进西咸一体化

全面实施《西咸新区总体规划》,强化新区功能、传承历史文脉、集聚新兴产业、统筹城乡发展、保护生态和谐,打造国际化大都市核心区、宜居生态园林城、中国西部新地标。推进沣渭新区、泾渭新区和渭河生态景观带开发,完善公共基础和配套设施,加快建设西咸快速干道、沣渭大道等四横四纵主干道,配套建设西咸环线和轨道交通。沣渭新区重点发展高新技术、生物医药、节能环保产业和高端现代服务业,泾渭新区重点发展临空产业、仓储物流业、生产性服务业、先进装备制造业和生态文化旅游业。健全高效共建协调机制,逐步实现城建、交通、通信、环保、金融等一体化。

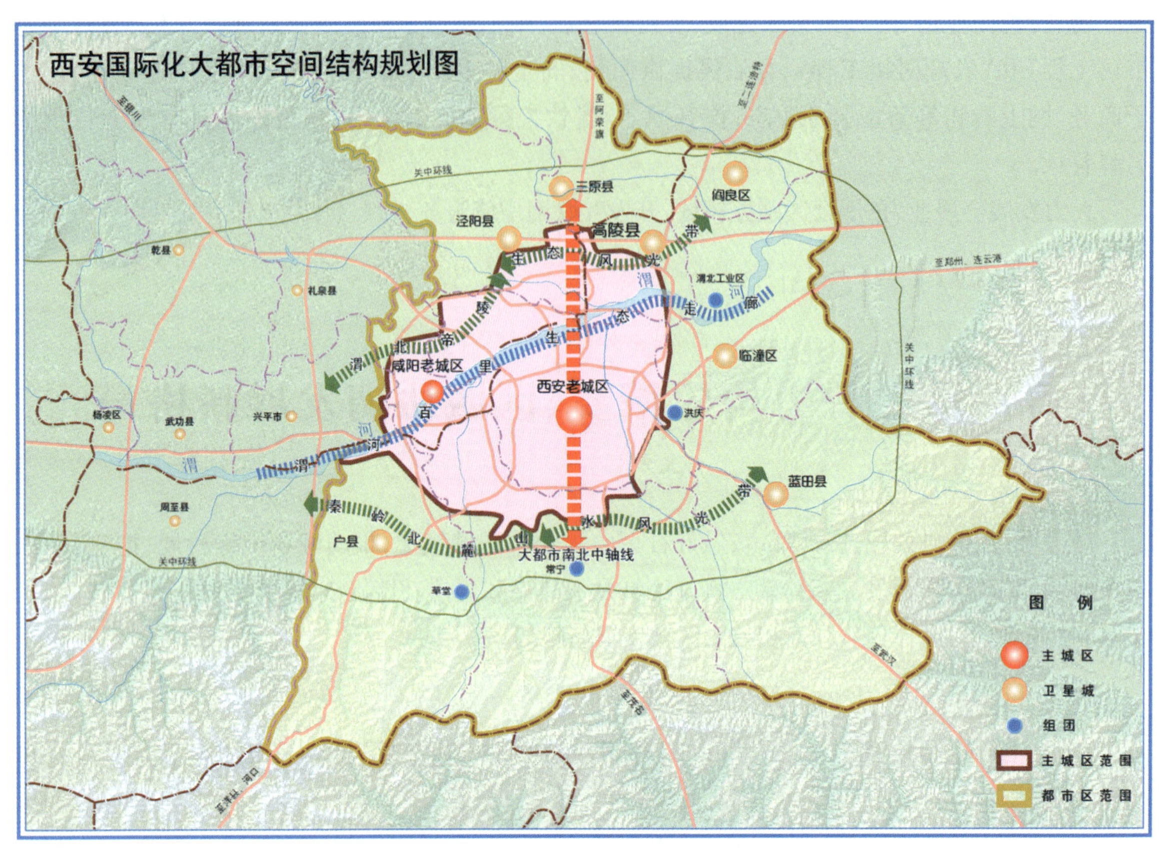

三、大幅提升国际化水平

加快航空、高速铁路、高速公路建设，提高国际通达性。充分发挥高新区、经开区、国际空港、曲江新区、浐灞生态区、国际港务区、航空基地、航天基地等重点板块示范作用，支持西安高新区建设世界一流科技园区，提升大都市综合实力。推进皇城复兴计划，搞好帝陵文化风光带、四大遗址文化带、古都历史文化带、秦岭山水生态旅游带建设，逐步恢复“八水绕长安”生态水系，建成国际一流旅游目的地。积极扩大科技、教育国际化合作，加大文化交流与融合，营造开放包容的人文环境。继续举办和新策划一批国际性重大活动，搭建向世界开放的重要平台，更多地吸引世界500强企业和国际一流人才，更多地争取设立外国领事馆和国际组织分支机构。

第十九章　建设和完善城镇体系

一、扎实推进大中城市建设

加快宝鸡—蔡家坡百里城镇带建设，打造关中—天水经济区副中心和陕甘宁川毗邻地区的区域性中心城市。推进榆林、汉中、渭南等城市规模扩张、设施完善和产业发展，增强集聚辐射功能，形成百万人口的省际区域性中心城市。加快延安、安康、商洛等城市发展，提高综合承载能力，建设五十万人以上的地区性中心城市。创造条件促进杨凌设市，打造世界知名的农业科技创新型城市。加快铜川资源型城市转型步伐，培育壮大接续替代产业，增强新区功能，形成新的工业化城市。加快西安—铜川、西安—渭南一体化进程，建设在西部具有领先水平、在全国占有重要位置、在国际享有较高知名度的关中城市群。以交通轴线为依托，以产业发展为基础，以人口集聚为支撑，构建陕北长城沿线、陕南汉丹江沿岸城镇带，实现城市规模、结构层次和功能提升新跨越。

专栏21　城市发展目标定位

宝鸡市　人口达到115万，建设全国重要的新材料和先进制造业基地，区域重要的交通枢纽、商贸物流中心和文化旅游中心，现代化生态园林城市。

渭南市　人口达到80万，建设关中东部中心城市、新兴工业城市，秦晋豫黄河金三角商贸物流中心城市，国际山水文化旅游城市。

榆林市　人口达到85万，加快榆横一体化，建设陕甘宁蒙晋接壤区域的中心城市，打造全省第二经济增长极。

汉中市　人口达到80万，建成以商贸、服务、旅游、生物医药、装备制造业为主的陕南区域性中心城市，陕甘川毗邻地区的重要的中心城市，国内知名的特色旅游休闲城市。

铜川市　人口达到50万，发展现代建材、铝电煤联产、食品医药、现代旅游等，建设渭北中心城市，成为全国资源型城市转型示范。

延安市　人口达到60万，建设陕北区域性中心城市、能源工业城市，中国革命圣地，红色旅游之都。

安康市　人口达到45万，建设旅游、医药、丝织、水电、商贸、服务业为主的陕南区域性中心城市，陕渝鄂接壤区重要的中心城市。

商洛市　人口达到40万，加快商丹一体化，建设以旅游、加工业、商贸、服务业为主的陕鄂豫接壤区山水园林生态城市，关中—天水经济区次核心城市。

杨凌区　人口达到20万，建设以现代农业示范、农业科技推广、生物、食品、环保农资等特色产业和物流、会展、技术交易等现代服务业为主的农业科技创新型城市、关中—天水经济区次核心城市。

二、加快县城和重点镇建设

加大投入、强化功能、突出特色，着力推进产业园区建设、村镇整合、环境综合治理等工程，扩大县城规模，完善配套设施，营造宜居环境，提高经济和人口集聚能力。支持一批具备条件的县城尽快发展为中小城市，促进一批县区设区设市。加快重点镇建设，在大中城市周边、重要工矿区、交通节点、旅游商贸集中区，建成一批具有地域特色的城镇，承载更多农村人口转移和中小企业集聚。推进重点镇行政管理体制改革，做好相关试点工作。

专栏22　县城和重点镇建设工程

产业园区建设工程　积极规划引导县城和重点镇布局建设产业园区，加强产业园区基础设施建设，形成良好的支撑条件。力争每个县城和重点镇都有省市级产业园区。

村镇整合工程　通过实施“万村入镇”、“百乡并镇”计划，促进就近村庄、乡镇并入重点镇、县城，小乡小镇合并建大镇，使一批县城进一步做大做强，一批区位条件好、发展潜力大的县域小城镇跨入“重点镇”行列。

“以城带镇”工程　在设区市周边实施“卫星重镇”建设计划，促进30个左右县城和重点镇加快建设发展步伐。

城镇社区建设工程　大力加强县城和重点镇的社区建设，完善公共服务功能，提高综合管理能力。实施千项“小城镇社区建设计划”，力争建成1000个左右小城镇社区。

城镇环境综合治理工程　积极发展循环经济、清洁生产，加强县城、重点镇和工业园区垃圾、污水处理设施建设，加大污染减排的监管力度，基本实现所有县城和重点镇拥有相匹配的垃圾和污水处理设施。

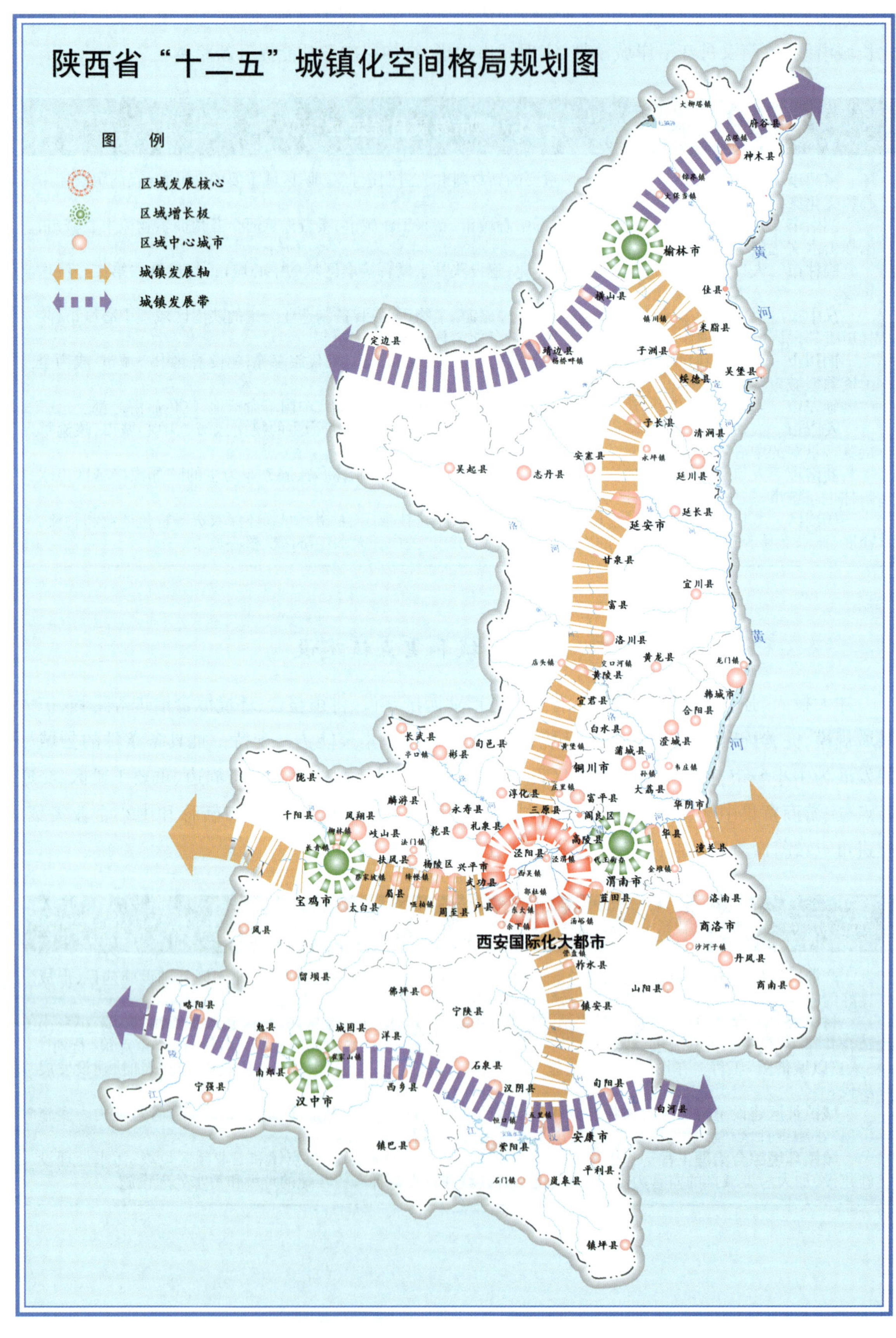
陕西省“十二五”城镇化空间格局规划图
图 例
区域发展核心
区域增长极
区域中心城市
城镇发展轴
城镇发展带
府谷县
神木县
榆林市
佳县
横山县
米脂县
定边县
靖边县
子洲县
绥德县
吴堡县
子长县
清涧县
安塞县
延川县
吴起县
志丹县
延长县
延安市
甘泉县
宜川县
富县
洛川县
黄龙县
黄陵县
韩城市
宜君县
合阳县
白水县
澄城县
长武县
旬邑县
彬县
铜川市
蒲城县
陇县
大荔县
千阳县
凤翔县
麟游县
永寿县
淳化县
富平县
华阴市
三原县
阎良区
岐山县
乾县
礼泉县
泾阳县
高陵县
华县
潼关县
扶风县
杨陵区
兴平市
宝鸡市
眉县
武功县
渭南市
洛南县
太白县
周至县
户县
蓝田县
商洛市
凤县
西安国际化大都市
柞水县
丹凤县
商南县
留坝县
佛坪县
山阳县
略阳县
宁陕县
镇安县
勉县
城固县
洋县
石泉县
南郑县
宁强县
汉中市
西乡县
汉阴县
旬阳县
白河县
安康市
镇巴县
紫阳县
平利县
岚皋县
镇坪县
黄
河

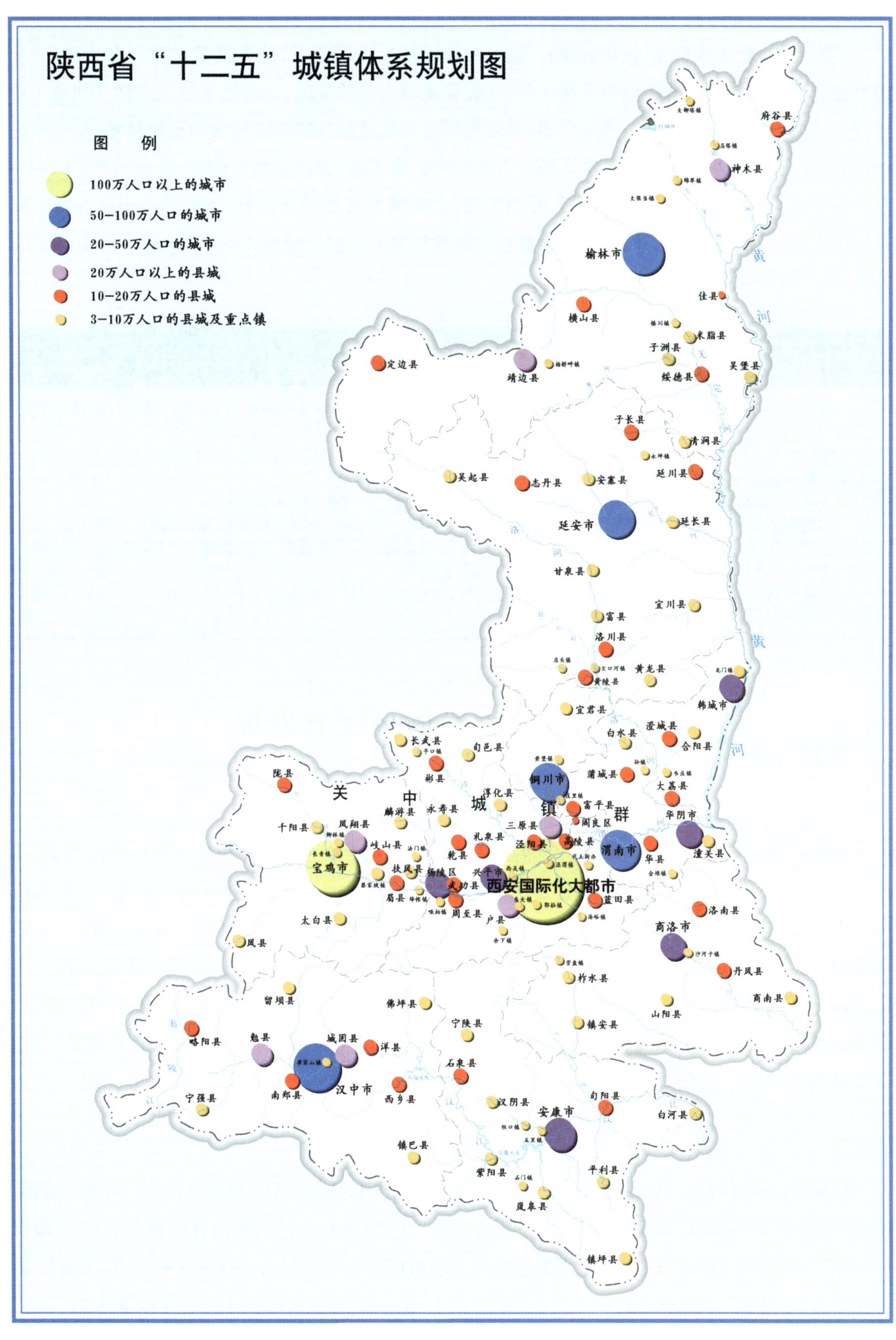
陕西省“十二五”城镇体系规划图
图 例
100万人口以上的城市
50-100万人口的城市
20-50万人口的城市
20万人口以上的县城
10-20万人口的县城
3-10万人口的县城及重点镇
府谷县
神木县
榆林市
佳县
横山县
米脂县
子洲县
吴堡县
定边县
靖边县
绥德县
子长县
清涧县
延川县
吴起县
志丹县
安塞县
延安市
延长县
甘泉县
宜川县
富县
洛川县
黄龙县
黄陵县
韩城市
宜君县
白水县
澄城县
合阳县
长武县
旬邑县
彬县
铜川市
蒲城县
大荔县
陇县
关
中
城
镇
群
淳化县
麟游县
永寿县
富平县
阎良区
华阴市
千阳县
凤翔县
三原县
岐山县
礼泉县
泾阳县
高陵县
渭南市
潼关县
宝鸡市
乾县
扶风县
杨陵区
兴平市
华县
眉县
武功县
西安国际化大都市
蓝田县
周至县
户县
洛南县
太白县
商洛市
凤县
丹凤县
柞水县
商南县
留坝县
佛坪县
山阳县
宁陕县
镇安县
略阳县
勉县
城固县
洋县
石泉县
宁强县
南郑县
汉中市
西乡县
旬阳县
汉阴县
安康市
白河县
镇巴县
紫阳县
平利县
岚皋县
镇坪县

三、提升城镇综合承载能力

高起点规划、高水平建设、高效能管理，加快城镇基础设施建设，统筹增量建设与存量改造，完善城镇公共设施。重视解决城市拥堵问题，优先发展城市公共交通，加快城市轨道交通和快速干道建设，建立大中城市路网完善、密度合理、市政道路与城际道路互联互通的城镇道路体系，积极推进城市公交向县城和重点镇延伸。实施城市供水管网扩容改造，完善天然气输配、集中供热管网和污水处理设施，建设城市垃圾收集、转运、处理系统，大幅增加城市绿地面积，加大城市街区和城中村及旧城改造，加强地下空间开发利用，提高精细化管理水平。加强指导，统筹规划，按城市标准建设县城、重点镇和产业园区设施。

专栏23　城镇基础设施建设

公交优先工程　建成西安地铁2号线、1号线、3号线，开工建设4号线一期工程，加快推进5号线、6号线前期工作，到2015年西安地铁运营里程达到100公里。积极推进咸阳—兴平轻轨前期工作。

能源保障工程　实施城市供水管网扩容改造工程，加强县城、重点镇、产业园区供水设施建设，提高自来水普及率和保证率；实施“气化陕西”工程，2012年底前全省各市县（区）实现气化，2015年前50%以上重点镇实现气化；实施城市供热设施完善工程，加快县城供热设施建设，扩大集中供热面积。

环境保护工程　县级以上城市和重点产业园区新建72个污水、46个垃圾处理设施，加快重点镇污水、垃圾处理设施建设，到2015年县城全部建成污水、垃圾处理设施，中等城市污水处理率达到85%，县城达到80%；设区市城市垃圾无害化处理率达到95%，县城达到80%。

美化亮化工程　实施城市和工矿棚户区改造工程，加强城镇公园绿地规划布局，积极创建卫生城市、园林城市和环保模范城市，营造适宜优美的人居环境。

第二十章　推进城乡统筹发展

一、加强城乡统筹示范建设

积极实施延安城乡统筹试点，落实各项扶持政策，促进城乡优势互补和公共资源均衡配置，实现城乡产业、设施、社会和生态一体化发展，建成城乡一体化先行示范区，在全国革命老区中走在前列。支持西安搞好城乡统筹，鼓励杨凌、高陵、神木、府谷等条件较好的市县和区域先行先试，探索建立城乡互促共进机制。加快扶风—武功、礼泉—乾县、彬县—长武—旬邑、铜川—富平、渭南—华阴、韩城—蒲城、横山—榆林、米脂—绥德、商丹谷地、汉中盆地、月河川道等城乡统筹示范带建设。在试点地区和重点区块，逐步统一城乡规划、产业布局和基础设施建设，形成城乡一体化体制机制，有效推进城乡基本公共服务均等化，构建新型工农、城乡关系。

二、促进农业人口转移转化

加快户籍制度改革，完善教育、医疗、就业、住房等制度和政策，消除制约农民市民化的体制性障碍，促进有条件的农村居民进城落户，完善进城农民宅基地和承包地退出补偿机制，试行“城市居住证”和“城市居民证”制度，保证进城农民与城镇居民享有同等权益。建立统一开放、相互衔接的社保体系，全面实现社保账户在全省范围内的转移与接续，逐步实现省际间的转移和接续。五年累计转移转化户籍农民600万人。

第二十一章　深化区域发展总体战略

一、推动关中创新发展

全面实施《关中—天水经济区发展规划》,在率先发展的基础上突出创新,加快建设"一高地四基地",建成有重要影响的创新型区域,为建设创新型国家进行有效探索。创新体制机制,重点推进统筹科技资源改革,优化要素配置,激发创新活力。创新产业发展路径,突出发展先进制造业、战略性新兴产业、现代农业和现代服务业,形成若干优势产业集群,在新型工业化道路上迈出更大步伐。创新城镇发展模式,充分发挥西安国际化大都市带动作用,促进规模扩张与内涵提升相协调、老城改造和新城建设互促进、要素投入和科学管理共加强,走出一条城镇协调、城乡统筹、工业化和城镇化紧密融合的新路子。

二、实现陕北持续发展

以建设世界一流能源化工基地为目标,继续保持跨越发展的强劲势头。坚持科学开发、集约开发、绿色开发,强化资源勘探、水源建设和生态保护三大基础,坚定不移地推进资源深度转化,以大集团大项目带动大发展大提升,高水平建设六大产业园区,高标准构建十大产业链条,积极发展相关配套产业,带动县域经济腾飞,富裕老区人民群众。全面加强资源综合利用和生态环境保护,推动产业发展与生态建设互动,创建统筹资源开发与环境保护可持续发展的示范区。

三、加快陕南循环发展

研究出台推动陕南加快发展的政策措施,实施更大力度的财政、投资、产业等扶持政策,提升突破发展水平,走上循环发展路子。加快资源勘探步伐,增加油气、有色及贵金属等可采储量,依托汉中、安康、商丹三大循环经济产业核心聚集区,打造有色、装备、生物制药、非金属材料、绿色食品、生态旅游等十大循环经济产业链,实施百个重大产业化项目,培育一批产值上百亿元企业。支持重点园区增强配套功能,进一步加强以交通、电力、供排水为重点的基础设施建设,提高城镇综合承载能力,为实现循环发展提供保障,加快建设国家级循环经济示范园区。深入实施秦岭生态环境保护和汉丹江流域综合治理工程,理顺利益关系,建立水资源补偿机制,争取得到更大支持。

四、完善互动发展机制

加强跨地区统筹规划,促进基础设施共建共享,发挥政策支持作用,缩小区域、城乡间的基本公共服务差距。打破行政区划界限,促进生产要素优化配置,实现关中创新资源、陕北能源资源和陕南生态资源深度融合,形成国际化大都市龙头引领,西安、榆林双极带动,三大区域竞相发展的新格局。鼓励和支持区域之间多种形式的合作交流,采取对口支援等方式推进经济发展先行区帮扶经济发展薄弱区。

五、培育新的区域经济增长极

健全机制、创新方式、搭建平台,推进更大范围、更广区域的合作互利共赢。联手打造呼包榆延重点开发区和陕甘蒙宁“金三角”经济区，形成全国能源安全保障区、低碳技术应用示范区和生态文明先行区。加快构建以西安、重庆、成都为核心的“西三角”经济区，培育合作共赢新优势，打造全国第四增长极。深化陕晋豫三省合作，争取建立黄河南三角经济区，成为加强东中西部合作、承接产业转移的共建区。加快出台和贯彻实施国家《陕甘宁革命老区振兴规划》，全面提高老区经济社会发展和人民生活水平。促进“现代丝绸之路”新亚欧大陆桥沿线城市和地区联系，拓展向西开放的大通道。

六、实施主体功能区战略

实施《陕西省主体功能区规划》，统筹谋划人口分布、经济布局、国土利用和城镇化格局，引导人口经济向适宜开发区域集聚，保护农业和生态发展空间，构建高效、协调、可持续的美好家园。按照主体功能定位，完善财政、投资、产业、土地、环境等政策，逐年加大对重点生态功能区和农产品主产区的均衡性转移支付力度，增强基本公共服务和生态环境保护能力。按照不同主体功能定位，实行各有侧重的绩效考核政策。

第七篇　以科技教育和人才为支撑加快建设创新型区域

全面落实国家中长期科技、教育、人才规划纲要，深入实施科教兴陕、人才强省战略，以西安、宝鸡创新型城市为引领，壮大创新主体，完善创新机制，集聚创新人才，优化创新环境，加快创新型陕西建设步伐。

第二十二章　推进科技创新

一、建设统筹科技资源改革示范基地

按照政府引导、市场推动、机制创新、先行先试的原则，以西安为中心，以实施重大科技创新工程为抓手，以重大科技成果转化及产业项目建设为纽带，解决科技资源分割分离分散问题，充分发挥高新区示范作用，探索建立面向市场、合作共享、互利共赢的统筹模式。有效整合中央与地方、军工与民用、高校院所与企业的科技资源，建设区域科技资源服务平台，建设一批企业技术中心、工程中心，建设若干军民技术融合产业园区，实施军民结合“双百工程”，促进军转民和民进军。鼓励和支持杨凌示范区、西安经开区等开展现代农业技术推广、关键技术研发应用方面的试点，形成企业为主体、市场为导向、产学研相结合的创新体系，为建成全国统筹科技资源改革示范基地打下坚实基础。

二、加快科技创新和产业化步伐

围绕产业结构调整和经济转型升级，深入实施“13115”科技创新工程。强化基础研究和战略

高技术前瞻布局,为抢占未来竞争制高点提供技术能力储备。提升核心和关键领域自主创新能力,为战略性新兴产业发展提供技术支撑。在先进装备制造、新材料、电子信息、现代农业、生物医药、新能源等领域建设一批科技产业示范基地,实现优势产业更高水平的发展。完善企业技术创新环境,发挥各类技术研究院作用,加快构建产业技术创新联盟,大力发展创业投资,推进科技产业风险投资体系建设,开展科技型中小企业小额贷款、科技保险、知识产权质押试点,促进科技与资本的高效对接,加强知识产权创造和保护,强化中介服务与人才引进,实现科技成果的快速转移转化。力争企业研发经费投入占销售收入比重明显提高,全社会研究与试验发展经费占生产总值比重大幅提升。

第二十三章 优先发展教育事业

一、加快普及学前教育

坚持政府主导、社会参与、公办民办并举,实施学前教育推进工程,大力发展公办幼儿园,积极扶持民办幼儿园,鼓励大中型企业、事业单位和社会组织办幼儿园,促进学前教育快速发展,缓解入园难问题。实现学前一年免费教育,每个县(区)至少建成一所符合国家标准的公办幼儿园,每个乡镇建成一所公办中心幼儿园,幼儿园(班)覆盖全部行政村。

二、巩固提高基础教育

把均衡发展作为义务教育的战略性任务,以县为主,分类指导,点面结合,整体推进。加快推进中小学校舍安全工程,实施农村寄宿制学校建设、义务教育学校标准化建设工程,逐步推行小班化教学。依托县城或重点镇优化普通高中布局,鼓励有条件的县率先实行免费高中教育。加大政府投入,扩大普通高中家庭经济困难学生资助覆盖面。

三、创新发展职业教育

重点加强职业教育实训基地、特色专业、“双师型”教师队伍建设,着力构建现代职业教育体系。加强县级职业教育中心和涉农专业建设,深入实施人人技能工程、一网两工程、农村劳动力转移培训阳光工程,积极开展农村实用人才和农村劳动力转移培训。大力推进校企合作,建设行业性、区域性职业教育集团,构建职业教育和普通教育互通融合的“立交桥”,逐步实行中等职业学校毕业生注册进入高等职业院校学习制度。

四、提升高等教育综合实力

支持国家“985 工程”和“211 工程”高校建设,加快实施高水平大学建设工程和中西部高校振兴计划,建成一批高水平大学,办好西北大学等一批有特色的省属高校。着力推进重点学科建设,形成特色鲜明、优势明显的学科体系,培育新的学科优势。实施高等学校教学质量提升与教学改革工程,加强实践教学基地建设,实施卓越人才培养计划和示范高职院校建设工程,推进大学生创新性实验项目,开展高校创新能力培养试点,构建全省高校教学资源共享平台。加强教育对外交流与合作,扩大留学生规模,支持办好民办教育,改善政策环境,保持民办高等教育在全国的优势地位。

专栏24　教育重点工程

学前教育　新建、改扩建1200所乡镇中心幼儿园，其中2011～2012年每年建成400所，2013～2015年建成400所。建成学前教育县、乡(镇)两级骨干体系和县、乡(镇)、村三级服务网络。对农村幼儿园园长和骨干教师进行全员培训。

义务教育学校标准化建设　推进中小学校舍安全工程，确保到2012年全面达到安全标准。实施义务教育学校标准化建设工程。制定办学标准，建立与义务教育均衡发展相适应的教师配置、校舍建设、条件装备等保障机制。到2015年，全省义务教育学校60%达到省颁标准。

高中教育质量提升　改善高中学校尤其是县域薄弱高中的办学条件，加强实验室、图书馆、通用技术教室等建设。深化课程改革，保证学生完成国家规定的课程学习目标。落实学生自主选课制度。建立全省拔尖创新人才培养基地。加大特色学校建设。

职业教育基础能力提升　建成60所国家示范、特色中等职业学校，10个区域性和20个行业性职业教育集团；创建30个农村职业教育和成人教育示范县，办好50个综合性县级职业教育中心；建成15个综合性实训基地和150个中等职业教育专业性实训基地。

高等学校教学改革　重点支持建设一批特色专业和专业群，完善教学质量管理与评价机制，扩大学分制试点范围，推行跨校、跨区域、跨类型的学分互认。发展高等继续教育，开展课程认证、学分积累和转换机制改革试点。

高水平大学建设　重点支持10所省属本科高校建成有影响的高水平大学。实施示范高职院校建设工程，重点建设6所国家级和10所省级示范性高等职业学校。实施省行政学院改造工程。

高校科技创新与服务　加强省部级重点实验室和工程技术研究中心等科学创新平台建设，建立10个行业科技创新联盟。实施"哲学社会科学繁荣计划"，建设西部智库园。支持高校与行业企业共建产学研合作基地、实验室、研发中心等，实施高校科技成果转化与服务计划。

中小学生素质教育　全面落实国家义务教育课程、质量和教师资格标准，建立完善义务教育质量监测制度和教学指导体系。推进教学和学习方式转变，加强体育、音乐、美术、综合实践、小学科学等薄弱学科建设。开展"阳光体育"运动，继续推进"蛋奶工程"，完善学生营养餐计划。

中小学教师素质提升　探索建立面向农村、边远地区和薄弱学校的帮扶机制，着力解决农村中小学教师结构性缺编问题。提高教师、校长学历层次和专业素质。深入实施"农村学校教师特设岗位计划"和"农村教育硕士师资培养计划"，重点建设省、市两级教师培训机构和省级示范县教师培训机构。鼓励和引导优秀高校毕业生到农村学校任教。

教育信息化建设　建成陕西省基础教育专网，推进各级教育局域网和数字化校园建设。加强网络"班班通"建设，逐步实现每个教学班都能开展多媒体教学，缩小城乡学校信息化差距。

五、加强教育改革创新

科学核定并逐步提高各类学校生均经费基本标准和生均财政拨款基本标准。推进高等学校、职业学校与行业企业合作办学，建设依法办学、自主管理、民主监督、社会参与的现代学校制度。积极推进各类学校后勤保障制度改革和保障体系建设。强化素质教育，实行义务教育免试就近入学、中等职业学校注册入学制度。逐步形成分类考试、综合评价、多元录取的招生考试制度。完成民族聚居区中小学、幼儿园标准化建设。积极发展继续教育，大力发展现代远程教育，探索社区教育、老年教育等发展新模式，构建终身教育体系。强化师德师风建设，健全教师管理制度和保障激励机制，建设高素质教师队伍。

第二十四章　加强人才强省建设

一、壮大优化人才队伍

坚持服务发展、人才优先、以用为本、高端引领，扩大人才资源总量，优化人才资源配置，提升人才资源素质。着力培养科学家队伍、工程师队伍、技师队伍，实施"三秦学者"、"百人计划"、"115

人才工程”和新世纪“三五”人才工程，在重点领域培养和引进一批高端领军人才、青年科技骨干和急需紧缺人才，突出为基层培养一批医疗卫生人才和农业科技推广人才。全省人才总量达到418万人，其中专业技术人才173万人，高技能人才74万人。

二、营造人才脱颖而出的环境

落实人才政策，提高人力资本投资比重，改善人才特别是基层人才的工作生活条件。深化人力资源管理体制改革，建立政府宏观管理、市场有效配置、单位自主用人、人才自主择业的体制，营造尊重人才的社会环境、平等公开和竞争择优的制度环境。破除人才流动的户籍、档案、社会保障等体制障碍，引导人才向非公有制经济、农村基层和艰苦边远地区流动。完善人才资源信息共享机制，构建上下贯通的各级人才网，打造互动、高效、便民、安全的人才公共信息服务平台。

专栏25　重点人才工程

115人才工程　每年引进10个国际一流的海外高层次留学人员或者创新团队，形成第一层次领军人才创新体系；遴选和造就100个国内领先水平的学术带头人或优秀创新团队，形成第二层次创新型人才工程体系；支持省内500个学术基础扎实、具有突出创新能力和发展潜力的优秀中青年学术技术带头人，形成第三层次创新型人才工程体系。

“三五”人才工程　造就一批不同层次的跨世纪学术和技术带头人及后备人选，其中第一层次：培养50名45岁左右能进入国内外科技前沿，体现国家学术技术先进水平，在国内外科技界有一定影响的学术和技术带头人；第二层次：培养500名45岁以下，在某一学科或技术领域有很高的学术技术水平，成果显著，代表我省学术技术先进水平的学术带头人；第三层次：培养5000名30到40岁之间，代表各市、各部门学术技术水平，起骨干作用的年轻优秀人才，作为进入省级学术技术带头人的后备人选。

创新人才培养工程　加强博士后工作站和流动站建设，建设一批院士专家工作站（室），重点支持培养和引进200名具有发展潜力的高层次科技创新人才和优秀的管理人才，支持建设100个重点领域的创新团队，建设一批高层次创新人才培养基地。

基层人才援助工程　继续实施选派优秀高校毕业生到村任职、“三支一扶”、大学生志愿服务西部计划、农村义务教育阶段教师特设岗位计划和农村基层人才队伍振兴计划。有计划选派硕士、博士到县级工业园区和市县部门任（挂）职，鼓励支持大学生到农村和中小企业、非公有制企业创业就业，推进科技特派员服务农村、服务企业。

经营管理人才队伍建设工程　培养造就一批优秀企业家和职业经理人，加快培养一批高素质的复合型经营管理人才和企业的党群工作者。每年选送一批高层次企业经营管理人才到国外著名学校、科研机构和大企业学习培训。全省企业经营管理人才资源增加到75万人。

高技能人才培养工程　建立健全人才培训体系，加强高技能人才培养，选拔培养200名首席技师、1000名省级技术能手，建立50个技能大师工作室，每个县（市、区）都有1～2个高技能人才公益性公共实训基地。

第八篇　推动文化大发展大繁荣

坚持社会主义先进文化前进方向，以最大限度满足人民群众精神文化需求为出发点，发展繁荣文化事业，推动文化产业跨越式发展，积极实施文化创新，努力建设富有独特魅力和创造活力的文化强省。

第二十五章　建设公共文化服务体系

一、公共文化建设

以公共财政为支撑，加快建设省级重点文化设施，全面完成县级图书馆、文化馆及中心镇综合文化中心建设任务，启动实施市级博物馆、图书馆、文化馆建设项目，推进重点镇和城市社区文化中心（站）建设，实现市市有"三馆"、县县有"两馆"。建设完善广播电视村村通、农村电影放映、文化信息资源共享、农村舞台艺术繁荣和文化人才培训工程，大力实施村级文化活动器材配送、农家（社区）书屋、图书报刊共享、文体中心建设等基层文化惠民工程。大力推进公共文化设施向社会免费开放，办好全省艺术节、农民文化节、社区文化节、少年儿童文化节，不断丰富传统节庆文化活动。

二、文化遗产保护与传承

实施文化遗产和大遗址保护工程，加强丝绸之路申遗工作，加大对历史风貌保护区、历史文化名城名镇（街区）、抢救性文化、珍贵历史建筑的保护力度，加强田野文物管理。加大非物质文化遗产的保护、传承和利用，实施西安鼓乐、中国剪纸等代表性传承人保护名录项目，力争秦腔等进入联合国非物质文化遗产保护名录，建设一批非遗博览馆、传习馆（所）和区。做好长安学研究和文化典籍整理出版。加强档案管理，加快建设市县档案馆。全面完成第二轮省市县地方志书编纂任务。

专栏26　文化事业重点建设工程

省级重大文化设施项目　省第二广播电视发射塔、陕西文化艺术中心、省秦腔博览馆、省非物质文化博览馆、陕西国学中心、陕西美术创意苑、省电视台演播厅、西部国际图书城、西京大剧院等项目。

公共文化基础设施　实施市级三馆、城市影（剧）院、县级"两馆一院"、重点镇综合文化中心、城市社区文化中心（室）等工程。

公共文化服务平台　实施文化信息资源共享、公共电子阅览室建设、数字图书馆文化馆建设、村级文化活动器材配送、流动文化服务车配送、广播电视村村通、农村电影放映、农家（社区）书屋等工程。

新闻媒体重点项目　实施陕西新闻图片资料中心、广播节目制作系统和网络化集成播控平台、省级广播电视节目无线覆盖、高清节目制作播出、有线电视网络双向化改造、农村有线电视数字化整体转换等项目。

大遗址保护　完善秦始皇陵、汉阳陵、大明宫国家考古遗址公园建设；建成秦咸阳城、汉长安城国家考古遗址公园；推动杨官寨遗址、周原遗址、周丰镐遗址、梁带村遗址、秦雍城遗址、秦阿房宫遗址、汉唐帝王陵遗址、统万城、耀州窑遗址等大遗址保护工程。

抢救性文物保护　实施榆林城墙等135处省内全国重点文物保护单位和重要的省级文物保护单位的抢救性保护工程；做好汉江古会馆群、陕南古民居群、汉中栈道、榆林长城保护。

非物质文化遗产保护工程　实施国家级陕北文化生态保护实验区建设项目；做好西安鼓乐等130个重点或濒危非遗保护工作；建设西安等6个市级非遗博览馆、长安区等10个县级传习馆、集贤镇等30个乡级传习所；实施古籍保护项目。

三、文化服务

支持发展民办公益性文化机构，鼓励和引导社会力量参与公共文化服务体系建设。加快主流媒体发展，推动现代传播体系和网络文化建设，充分发挥其对社会舆论的导向作用。完善文化发展扶持政策，探索适合基层特点的文化投入方式，通过财政补贴、政府购买、项目支持等方式扩大文化服务。加强文化市场管理，严厉打击侵权盗版行为。进一步拓宽对外文化交流和合作渠道，扶持陕西文化精品“走出去”，继续办好公祭轩辕黄帝大典等活动，打造国际文化活动知名品牌。

第二十六章　大力发展文化产业

一、实施文化精品战略

深入实施文化精品工程，以“陕西戏剧”、“长安画派”、“黄土画派”、“文学陕军”、“西部影视”等为重点，加强“大戏、大片、大剧、大作”的策划和文化艺术、广播影视、文学美术精品的创作生产，打响陕西西安国际音乐节、长安雅集国际文化活动、仿唐乐舞系列、长恨歌情景系列、陕西民歌系列等一批陕西知名文化品牌，不断推出彰显历史文化底蕴、体现时代特色、反映陕西风貌、在全国具有较大影响的文化精品力作。扩大秦腔、眉户、商洛花鼓等戏曲品牌影响，打造安塞腰鼓、宝鸡社火、户县农民画、凤翔泥塑、华州皮影、中国剪纸等具有陕西特色的民间艺术品牌。

二、加快文化产业发展

实施一批重大文化产业项目，做强文娱演出、广播影视、新闻出版、文物旅游、民俗文化等优势产业，加快发展网络广告、动漫、游戏、数字媒体等互联网内容产业。促进优质文化资源整合，鼓励文化企业以资本为纽带跨区域跨行业兼并重组，培育一批主业突出、有自主创新能力的文化企业，形成一批核心竞争力强的大型企业集团和战略投资者，促进条件成熟的文化企业上市。突出华夏始祖和周秦汉唐历史文化、红色文化、秦岭绿色生态文化和佛、道宗教文化，建设十大特色文化园区。文化产业增加值占生产总值比重达到5%以上。

专栏27　文化产业基地工程

西安文艺路演艺基地　以打造一流演艺产业品牌为目标，融文艺资源整合、演艺品牌塑造、文化项目建设、城市街区改造为一体，把文艺路建设成为国内最具文化影响力的演艺平台。

陕西动漫创意基地　依托西安动漫创意集聚优势，重点发展影视动漫产业、游戏软件业、新兴文化产业等，建设陕西动漫创意基地。

陕北红色文化演艺基地　以陕北红色旅游精品线路及灿烂的革命文化资源为基础，在延安、榆林打造红色文化和黄土文化演艺基地。

陕西文物复仿制及艺术品基地　以建设高端文物复仿制中心为目标，培育全国最大文物复仿制交易市场。依托大唐西市等艺术品交易市场，借鉴国内外艺术品拍卖或交易所模式，将西安发展成为区域乃至全国文物及艺术品交易中心。

陕西书画艺术品交易基地　利用书画艺术品资源和人才优势，整合资源和市场，推动书画艺术品流通，激活国有存量书画资产，建立完善产业链，形成全国性的书画艺术品交易市场。

西安电视剧版权交易中心　利用国家批准的第一个电视剧交易机构优势，打造电视剧交易、信息发布、融资和服务平台。

西部影视制作基地　以西影集团、陕西电视产业集团等影视传媒企业为主体，联合省内外影视制作机构，建设中西部最大的影视节目中心。

国家级印刷包装产业示范基地　依托西安经济技术开发区，汇集各类印刷包装企业1000余家，建设特色明显、西部领先、全国一流的国家级印刷包装产业示范基地。

国家级数字出版基地　以西安高新区为依托，整合陕西出版集团等资源，聚集国际、国内知名数字出版企业，建设引领西部、辐射全国的国家级数字出版产业基地。

广播电视产业基地　与西部民用航空基地合作，建设数字影视动漫产业基地，形成新媒体制作、创意策划、电子物流和IT产品营销等产业孵化基地。打造西安电视剧版权交易中心。

民俗文化产业基地　建设关中民俗文化风情园、华州皮影文化创意基地、富平陶艺文化创意基地、商洛秦楚风情文化产业基地等。

三、推动文化创新

创新文化发展方式。坚持百花齐放、百家争鸣，大力推进理论创新，整合人文社会科学研究力量，深入研究重大理论和实际问题。推进文化传播手段和表现形式创新，加强文化市场管理和服务，建立健全文化产品和要素市场，发展文化中介机构，促进市场化经营运作和政府服务监管的有机结合。创新文化体制机制，全面完成经营性文化单位转企改制，稳步推进公益性文化事业单位改革。加快文化投融资体制改革与创新，完善国有文化资产管理体制，支持非公有制资本以多种形式进入文化领域。

第二十七章　提高全民文明素质

一、培育陕西人文精神

建设社会主义核心价值体系，积极营造良好的舆论氛围，加强理想信念教育，倡导爱国守法、敬业诚信。大力弘扬延安精神，传承中华传统美德，构建符合社会主义精神文明和市场经济要求的道德行为规范，培育一批体现民族和时代精神的先进典型。塑造企业文化、校园文化、社区文化和乡村文化，弘扬陕西人“勤劳质朴、宽厚包容、尚德重礼、务实进取”精神品格，并不断赋予新的内涵，树立海纳百川、竞争合作、互利共赢的理念和气度。

二、提升思想道德素质

建立完善学校、家庭、社会相结合的未成年人思想道德教育体系，加强和改进大学生思想政治工作，实施品德培育、精品供给、环境净化、心理护卫工程，营造有利于青少年健康成长的社会环境。深入推进社会公德、职业道德、家庭美德、个人品德建设，强化公民的国家意识、社会责任意识、民主法治意识，加强文明礼仪和道德品格教育，形成团结互助、平等发展、共同前进的人际关系。加强科普设施建设和科普教育，提高公民科学素质。

三、精神文明创建活动

大力推进精神文明建设，围绕志愿服务和公益慈善活动，普及助人自助理念，弘扬志愿精神，强化慈善意识。支持西安、宝鸡创建全国文明城市，其他市区创建省级文明城市，文明村镇覆盖面达到70%以上，社会文明程度显著提高。倡导修身律己、尊老爱幼、勤勉做事、平实做人，形成我为人人、人人为我的社会氛围。增强全社会的法律意识和诚信意识，健全社会信用体系，努力打造诚信陕西。

第九篇　高度重视保障和改善民生
大力发展社会事业

大力发展社会事业，加大民生工程投入，逐步完善比较完整、覆盖城乡、可持续的基本公共服务体系，让发展改革成果惠及全省人民。

第二十八章　下大力气提高人民群众生活水平

一、扩大就业鼓励创业

培育壮大中小企业，大力发展服务业、劳动密集型产业，开发社区就业岗位和公益性岗位，健全就业援助制度，促进充分就业。完善各类补贴政策，扩大高校毕业生、农村转移劳动力、城镇就业困难人员和复转军人就业。强化就业培训，实施创业培训计划，推进劳动用工备案制度，建立就业与社会保障联动机制，健全覆盖城乡的人力资源信息网络，全面提高劳动力素质和就业质量。健全创业服务体系，优化创业环境，促进家庭创业、自主创业、合伙创业，支持农民工返乡创业，鼓励群众争创殷实家业。搞好西安、宝鸡、渭南等创业型城市建设。

二、大幅提高收入水平

促进城乡居民收入与经济发展、劳动报酬与劳动生产率两个同步增长，实现居民收入在国民收入分配中、劳动报酬在初次分配中两个比重逐步提高，适时调整全省工资标准，调整退休职工、城镇居民、农村农民养老保险金待遇，调整企业工资指导线标准。适时提高城乡居民最低生活保障标准，建立企业工资增长宏观调节指导体系，完善公务员工资制度，深化事业单位收入分配改革，加强对垄断行业收入分配的监管，扩大中等收入群体，逐步缩小城乡、区域、行业、社会成员之间收入差距。

三、完善社会保障体系

坚持“广覆盖、保基本、多层次、可持续”的方针，加快建立覆盖城乡的社会保障体系，基本实现人人享有基本社会保障。加大城镇廉租房、公租房、经济适用房、限价房建设和棚户区、农村危房改造力度，五年解决254万户城乡中低收入居民的住房困难。实施新型农村社会养老保险、城镇居民社会养老保险制度，巩固和发展城镇企业职工基本养老保险省级统筹成果，推进机关事业单位养老保险制度改革，逐步做实基本养老保险个人账户。探索建立城乡一体化的基本医疗保障制度，逐步提高新农合和城镇居民医疗保险的筹资水平、政府补助标准和报销比例，建立城镇职工基本医疗保险省级调剂机制，逐步实现医疗保险关系转移接续和异地就医结算，城镇职工和城镇居民基本医疗保险参保率、新农合参合率达到90%以上。进一步健全失业、工伤、生育保险制度，支持发展企业年金、职业年金，全面建立公民社会保险登记制度。

第二十九章　全面推进社会事业发展

一、增强医疗卫生服务能力

全面推进县级医院、中心乡镇卫生院、城市社区卫生服务中心（站）标准化建设，健全疾病预防控制、卫生监督、妇幼保健、精神卫生、卫生应急等体系，县医院全部达到二级甲等水平。实施国家基本公共卫生和重大公共卫生服务项目，推进全科医师培训专项和订单定向免费培养农村卫生人才计划。加强重大传染病防控和慢性病、职业病、地方病、精神疾病防治及健康教育工作，启动儿童白血病和先天性心脏病普查治疗服务项目，支持开展产前诊断和新生儿病症筛查。积极开展创建卫生城市、卫生县城、卫生村镇活动。加强省人民医院等综合医院建设，支持条件具备的专科医院建成国家级或省级专科医疗中心。加强市县中医院建设，实施国家级中医药临床研究基地、中医名院名科建设工程，全面提高中医药创新能力。

二、深化医药卫生改革

强力推进公立医院改革，探索管办分开的有效形式，完善内部管理制度，不断提高补偿标准，形成科学规范的公立医院管理体制、运行机制和监管体制，构建公益目标明确、功能完善、富有效率的服务体系，切实解决群众“看病难”问题。巩固实施国家基本药物制度，规范完善药品“三统一”，适时补充和调整基本药物目录，规范药品集中招标采购，形成价格合理、流通规范、用药安全的运行机制，有效缓解群众“看病贵”问题。新增医疗卫生资源重点向农村和城市社区倾斜，鼓励优秀卫生人才到基层医疗卫生机构服务，完善城乡医院对口支援制度。

三、加快发展体育事业

实施农民体育健身、城市社区健身器材配送、县级健身场馆、全民健身示范区建设等惠民工程。建立健全国民体质检测体系，办好群众体育精品赛事。发展竞技体育，以申办十三届全运会为契机，规划建设奥林匹克体育中心、生态体育训练基地，改造提升现有场馆。大力发展体育产业，打造项目融资、投资、建设和运营平台，提升体育综合实力。

四、全面做好人口工作

坚持计划生育基本国策，稳定低生育水平，提高人口素质。继续实施母亲健康工程、优生促进工程，加快中小城镇计划生育服务站建设。健全出生人口性别比统计监测系统，完善流动人口计划生育综合治理机制，实行计划生育家庭奖励扶助标准动态增长机制。重视开发利用老年人力资源，做好老干部工作，加快老年大学和老干部活动中心建设，促进老有所养、老有所为、老有所乐。加大对少数民族聚居地方的支持力度，加快城市少数民族聚居区改造步伐，启动省级少数民族综合培训及展示基地和西部清真食品产业园等工程。健全残疾人服务体系，推进无障碍设施建设，完善残疾人社会保障制度。实施特殊教育学校建设工程，健全特殊教育服务体系，适龄视障、听障、智障儿童义务教育入学率达到73%。

五、促进妇女儿童全面发展

坚持男女平等基本国策和儿童优先原则，全面实施新一轮妇女、儿童发展规划纲要，加强未成年人保护，倡导和支持社会各界开展贫困妇女儿童救助活动，促进妇女就业创业，提高妇女参与经济发展和社会管理能力。严厉打击暴力侵害、拐卖妇女儿童、弃婴等违法犯罪行为，切实保护妇女儿童合法权益。有效解决留守儿童、孤残流浪儿童救助、教育等问题。

第十篇　创新社会管理　建设和谐陕西

适应社会结构变动、利益格局调整、公共需求增长新形势，加强社会管理能力建设，创新社会管理体制机制，切实维护社会和谐稳定。

第三十章　加强社会建设和管理

一、加强公共安全体系建设

强化检验检测等食品药品安全技术支撑能力建设，加强质量安全全过程监控，健全食品药品安全应急体系和快速反应机制。严格安全生产管理，实施监管监察、技术保障、应急救援、职业危害防治等能力建设工程，完善重大隐患治理及重大事故查处督办、安全目标考核及责任追究制度，深化煤矿、交通运输等领域专项治理，单位生产总值事故死亡率下降30%以上。强化应急平台、物资保障、避难场所、救援队伍体系建设，建成一批应急管理培训基地和应急体验科普宣教基地，促进社会预警、社会动员、快速反应、应急处置的整体联动。完善防震减灾、地质灾害防治、人工影响天气减灾、农林生物病虫害防治和森林防火等五大减灾体系，建设完善省市县三级救灾物资储备库，全面提高防灾减灾能力。宣传和普及防灾减灾知识，开展避险抢险演练，提高公众预防意识和自救能力。

二、切实维护社会稳定

以维护社会和谐稳定、保护公共安全、保障合法权益、促进社会公平正义为中心，深化司法机制

专栏28　维护社会稳定工程

公安基础设施　完成省级公安机关业务技术用房建设，新建和改造县级及以上公安业务技术用房、监管场所、特殊监区以及基层派出所。

法院基础设施　新建和改造县级及以上法院审判法庭、基层人民法庭。

检察院基础设施　新建和改造县级及以上检察机关技侦用房。

司法基础设施　新建和改造县级及以上司法业务用房和基层司法所。

监狱基础设施　建成关中监狱，加快推进西安、雁塔、曲江监狱和省女子监狱搬迁，完善监狱技能培训、劳动改造用房。

劳教基础设施　建成榆林、渭南劳教所，改造收容劳教场所、强制隔离戒毒区。

国家安全基础设施　新建和改造国家安全机关业务技术用房等设施。

部队基础设施　加快驻军保障社会化基础设施配套建设，支持武警部队作战指挥、训练基地、消防装备等建设，加快民兵预备役训练基地等项目建设。

特殊人群社会管理　新建和改建一批刑释解教人员安置帮教基地、流浪儿关爱中心、青少年工读学校、精神病人安康医院。

社会治安综合治理　完善综合维稳中心业务用房，组建专职巡防队伍，建成城市视频监控报警系统和农村报警监控设备，强化政法信息服务平台建设。

体制改革，深入推进社会矛盾化解、社会管理创新、公正廉洁执法三项重点工作。扎实开展“平安陕西”创建活动，着力提高社会治安满意率、平安创建知晓率、公众对政法队伍满意度。加强社会治安综合治理，提高情报信息、防范控制、快速处置能力，提高城乡社区警务、群防群治水平，构建立体化社会治安防控体系。做好流动人口、特殊人群帮教、虚拟社会和“两新组织”等薄弱环节社会管理工作。加大刑事案件侦破力度，增强社会治安保障能力，维护人民生命财产安全。加强维护国家安全各项工作，严密防范、依法打击各种违法犯罪活动和敌对分子的各种渗透破坏活动，切实保障国家利益。完善政法机关基础设施，加大对驻陕部队和武警部队支持力度，加强人民防空和民兵预备役基础设施建设，提高国防动员和国民经济保障能力。积极组织驻陕部队参与地方生态建设、社会民生和平安建设等工程，不断提升双拥工作水平。

三、强化社会服务

建立健全社会养老、社会救助、社会福利、城乡社区、优抚安置、家庭婚姻、收养、殡葬等服务体系。推行以家庭养老为基础、社区服务为依托、机构养老为补充的养老模式，加快建设农村敬老院、城镇社区养老中心，鼓励社会资本兴办养老服务机构，实行养老服务补贴制度，拓展养老服务领域。规范城乡低保、五保供养和医疗救助制度，保障各类救助对象的基本生活。以扶老、助残、救孤、济困为重点，推动社会福利服务社会化。加快发展慈善事业，积极培育慈善组织。强化城乡社区建设，创新服务功能和管理体制，构建管理有序、服务完善、文明祥和的社会生活共同体。

专栏 29　社会服务工程

养老服务　加快敬老院、社区养老机构建设，五年新增床位 15 万张，五保集中供养率达到 70%。

社区服务　建设完善 1460 个城市社区服务中心、社区服务站，70% 的乡镇、60% 的建制村建成社区服务中心。

福利服务　建设完善县级社会福利中心，新建改建一批流浪未成年人救助保护中心和县级救助管理站，建设省级康复辅助研究中心。

优抚安置服务　改善 41 个军干所、6 个军供站服务设施，建设省级军休干部管理服务中心。

殡葬服务　新建改扩建 51 个殡仪馆和一批公益性骨灰存放设施，建立困难群众殡葬补贴制度。

四、加强社会组织建设

推进社会组织健康有序发展，完善设立程序，发挥其提供服务、反应诉求、规范行为的作用。推动行业协会、商会规范发展，强化行业自律，发挥沟通企业与政府的作用。建立健全分类管理、分级负责的管理机制。完善社会组织内部管理制度，健全决策、执行、监督机制。建立健全社会组织资助和奖励机制，加快推进政府向社会组织购买公共服务。支持、引导社会组织参与社会管理和服务。

五、健全维护群众权益机制

以维护和发展群众的根本利益为价值取向，建立健全党和政府主导的维护群众权益机制。整合加强基层政法、信访、维稳等力量，建立调处化解矛盾纠纷综合平台，做好人民调解、行业调解、行政调解、司法调解的有机联动，努力把矛盾化解在基层、解决在萌芽状态。完善重大项目和重大决策社会稳定风险评估机制，加强突发事件和社会热点问题的舆论引导，及时处理征地拆迁、环境保护、企业重组、非法集资、涉法涉诉中群众反映强烈的问题，从源头上预防矛盾纠纷发生，妥善处置因人民内部矛盾引发的各类群体性事件。健全畅通高效的民意表达机制，完善公共决策的社会公示制度、公众听证制度和专家咨询论证制度，拓展社情民意表达渠道，引导群众依法合理表达诉求，积极回应社会组织、人民群众及新闻媒体反映的问题，提供对弱势群体的司法援助。

第三十一章　建设民主法治社会

一、发展民主政治

坚持和完善人民代表大会制度、中国共产党领导的多党合作和政治协商制度。加强人民代表大会的立法和监督工作。健全民主制度，丰富民主形式，拓宽民主渠道，依法实行民主选举、民主决策、民主管理、民主监督，保障人民的知情权、参与权、表达权、监督权。发展基层民主，推行政务公开、厂务公开、村务公开，保障人民民主权益。巩固和壮大最广泛的爱国统一战线，加强同各民主党派、工商联和无党派人士合作共事，支持人民政协履行政治协商、民主监督、参政议政的职能。充分发挥工会、共青团、妇联等人民团体的桥梁纽带作用。全面贯彻党的宗教工作基本方针，依法管理宗教事务。加强参事、侨务、外事、对台及港澳工作。

二、推进法制建设

全面推进依法治省进程，维护社会公平正义。加强和改进立法工作，重点完善改善民生、促进发展方式转变、发展社会事业、提高公共服务、编制实施国民经济和社会发展规划、加快西部大开发等方面的立法。推进司法体制改革，优化司法权配置，规范司法行为，促进司法公正。实施法治政府建设五年规划，推进依法行政，坚持严格执法、公正执法、文明执法。完善有权必有责、用权受监督、违法要追究的监督机制。拓展和规范法律服务，加强和改进法律援助。实施“六五”普法规划，开展法制宣传教育，弘扬法制精神，增强全社会法律意识，形成遵法守法、依法办事的社会风尚。

三、加强反腐倡廉建设

坚持标本兼治、综合治理、惩防并举、注重预防的战略方针，加快推进教育、制度、监督并重的惩治和预防腐败体系建设。严格执行党风廉政建设责任制和领导干部廉洁自律的规定，建立健全反腐倡廉长效机制，从源头上预防和治理腐败。推进反腐倡廉体制、机制创新，加强对重点领域和关键环节权力运行的制约和监督，强化政府专门机构和社会监督，为促进经济社会平稳发展提供有力保障。

第十一篇　切实加强资源节约和环境保护

树立绿色、循环和低碳发展理念，以节能减排为抓手，以巩固退耕还林成果为重点，加快构建资源节约、环境友好的生产方式和消费模式，推进生态文明建设。

第三十二章　建设资源节约型社会

一、深入推进节能降耗

以提高能源利用效率为核心，合理控制能源消费总量，突出抓好工业、建筑、交通运输和公共机构等重点领域节能，所有建筑设施都要应用节能技术和产品。加强电力、钢铁、有色、建材、化工、石油石化等高耗能行业和重点用能单位管理，大力推广先进节能技术和产品，积极实施节能重点工程，不断降低单位产品能耗。严格项目节能评估审查，促进科学合理用能。健全激励约束机制，强化节能目标责任考核和执法监察。加强节能基础工作，完善市县（区）节能监管体系和标准体系，充实节能管理力量。加快推行合同能源管理，运用市场手段促进节能。深入开展节能宣传，使节能成为单位、家庭、社会成员的自觉行动。

专栏30　重点节能工程

工业节能技改　继续实施燃煤锅炉（窑炉）改造、余热余压利用、电机系统节能、能量系统优化、节约和替代石油等节能改造项目500个，节约标准煤500万吨，力争钢铁、建材、有色等行业余热余压实现100%充分利用，甲醇汽油比例大幅度提高。

区域热电联产　用热电联产集中供热为主的方式替代县以上城镇燃烧供热小锅炉，鼓励新建和改扩建分布式热电联产和热电冷联供机组。到2015年，县以上城镇和工业园区实现集中供热占50%以上。

重大节能技术和产品应用　推广应用煤炭资源高效开采利用技术、大型密闭电石炉技术，支持高固气比水泥悬浮预热预分解技术应用以及智能化管理等通用技术在重点领域的应用。

建筑节能　城镇新建建筑全面执行65%的节能设计标准，推广新型墙体材料，县以上城镇分户计量供热率达到90%左右。大力实施以太阳能光热利用为重点的“阳光都市、阳光城镇、阳光社区和阳光重点村”节能工程，建设100个可再生能源建筑应用示范项目。

绿色交通　建立全省交通运输网络信息化平台，开展国际先进的甩挂运输方式试点，降低交通运输油耗。加快大运量快速公共交通系统建设，推广使用电子不停车收费系统（ETC）、燃气、电动及新能源汽车，倡导绿色出行。

节能产品惠民工程　大力推广节能家电、汽车、电机及高效照明产品，大幅度提高节能产品的市场占有率。实施50个商业建筑、道路、隧道应用半导体（LED）照明产品示范项目，全力推进我省半导体照明节能产业健康有序发展。

节能能力建设　提高能源计量、统计和监察、监测预警等方面队伍、装备、信息化等节能能力水平，建立健全市县两级节能监察队伍，基本形成完善的节能管理支撑体系。

二、强化节水管理

健全水资源配置体系，加强用水总量控制与定额管理，强化取水许可和水资源有偿使用，完善节水激励政策。加快电力、冶金等高耗水行业节水技术改造，加强矿井水利用。加大城市再生水利用设施建设力度，城市道路绿化等重点行业推广使用再生水，县以上城镇再生水利用率达到30%以上。推进农业节水增效，推广普及管道输水、膜下滴灌等高效节水灌溉技术，新增节水灌溉面积330万亩。加强节材管理，推行生态设计，降低生产、施工、装饰、装修中的材料消耗，健全包装标准体系，倡导绿色消费，减少一次性物品的使用，限制过度包装。工业固体废物综合利用率、再生资源利用率和工业用水重复利用率分别达到60%、70%、80%以上。

三、加强土地节约和矿产资源开发管理

严格执行国家建设用地定额标准，建立健全节约集约用地考核制度，加大闲置土地清理处置力度，鼓励深度开发利用地上地下空间，合理开发未利用土地，推进土地开发整理，强化耕地占补平衡，继续稳步推进城乡用地增减挂钩试点。加强矿产资源开采管理，显著提高矿产资源开采回采率、选矿回收率和综合利用率。加强矿业权市场建设，完善矿产资源有偿使用和矿山环境恢复治理保证金制度，试行煤炭产业可持续发展基金制度。加强矿产资源和地质环境保护执法监察，坚决制止乱挖滥采。

四、大力发展循环经济

按照“减量化、再利用、资源化”原则，在生产、流通、消费各环节和企业、园区、社会各层面推动循环发展。合理规划循环经济产业布局，重点建设关中循环产业带，汉中、安康、商洛循环经济产业核心聚集区和陕北能源化工循环经济基地等“一带三区一基地”。深化循环经济试点，扶持循环经济示范项目200个、示范企业100个、产业园区50个，提高资源产出效率。加快实施循环经济重点工程，构建煤油气盐能源开发转化、钢铁有色采选冶炼、设备再制造、再生资源回收利用等循环经济产业链。集中力量研发推广一批源头减量、循环利用、再制造、零排放等关键共性支撑技术。建立健全循环经济政策法规体系和技术标准体系，实行生产责任者延伸制度。

专栏31　循环经济重点工程

尾矿资源综合利用　加强尾矿库综合治理规划指导，重点支持小秦岭、凤太、山镇柞旬、勉略宁等重点区域加快尾矿资源综合开发利用，推进共伴生矿有价元素回收，把商洛打造成全国尾矿综合利用示范基地。

大宗固体废物资源化利用　依托电源基地建设一批粉煤灰、脱硫石膏利用项目。

“城市矿产”再生资源产业化　建设10个30万吨/年以上废旧金属、家电、轮胎等再生资源循环利用项目，推进“城市矿产”产业化规模利用和高值利用。

再制造产业化工程　支持法士特等企业做大汽车零部件以及矿山机械、电机等再制造产业，将西安打造成为国家级再制造产业集聚示范区。

餐厨及农业废弃物资源化　在中心城市建设10个餐厨废弃物资源化利用设施，支持火电机组协同处置农作物秸秆示范线建设。

产业园区循环化改造　支持重点工业园区或产业集聚区实施清洁生产，推进废物交换利用、能量梯级利用、废水循环利用和废物集中处置，基本实现“零排放”。

循环经济产业链培育　重点培育煤电—建材—综合利用、冶金—资源综合利用—冶金化工—新材料、有色金属采选冶—深加工一体化、石油炼制—石油化工—精细化工、设备制造—回收—再制造等循环经济产业链。

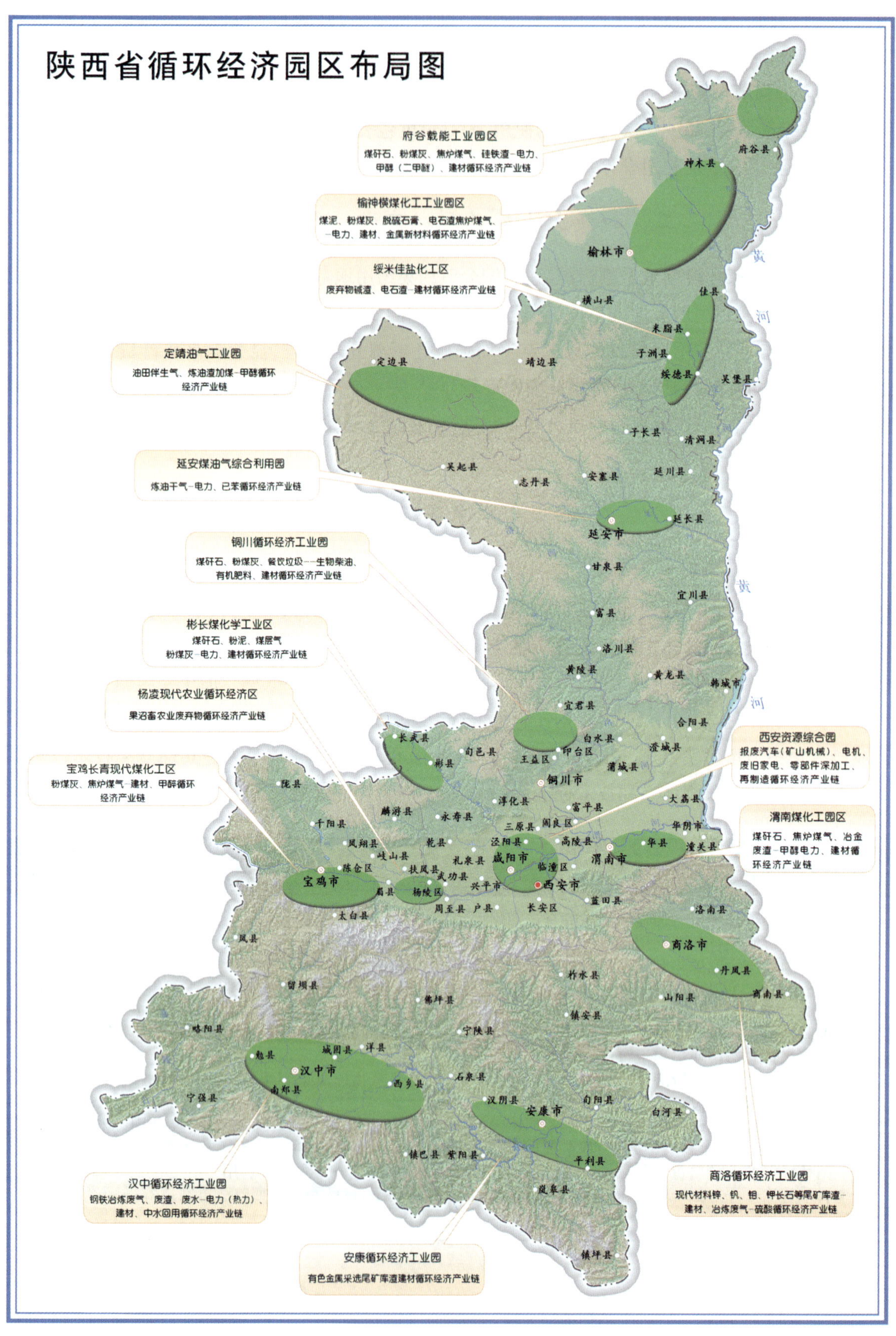
陕西省循环经济园区布局图
府谷载能工业园区
煤矸石、粉煤灰、焦炉煤气、硅铁渣-电力、甲醇（二甲醚）、建材循环经济产业链
榆神横煤化工工业园区
煤泥、粉煤灰、脱硫石膏、电石渣焦炉煤气、-电力、建材、金属新材料循环经济产业链
绥米佳盐化工区
废弃物碱渣、电石渣-建材循环经济产业链
定靖油气工业园
油田伴生气、炼油渣加煤-甲醇循环经济产业链
延安煤油气综合利用园
炼油干气-电力、已苯循环经济产业链
铜川循环经济工业园
煤矸石、粉煤灰、餐饮垃圾--生物柴油、有机肥料、建材循环经济产业链
彬长煤化学工业区
煤矸石、粉泥、煤层气
粉煤灰-电力、建材循环经济产业链
杨凌现代农业循环经济区
果沼畜农业废弃物循环经济产业链
宝鸡长青现代煤化工区
粉煤灰、焦炉煤气-建材、甲醇循环经济产业链
西安资源综合园
报废汽车（矿山机械）、电机、废旧家电、零部件深加工、再制造循环经济产业链
渭南煤化工园区
煤矸石、焦炉煤气、冶金废渣-甲醇电力、建材循环经济产业链
汉中循环经济工业园
钢铁冶炼废气、废渣、废水-电力（热力）、建材、中水回用循环经济产业链
商洛循环经济工业园
现代材料锌、钒、钼、钾长石等尾矿库渣-建材、冶炼废气-硫酸循环经济产业链
安康循环经济工业园
有色金属采选尾矿库渣建材循环经济产业链
府谷县
神木县
榆林市
横山县
佳县
米脂县
子洲县
绥德县
吴堡县
定边县
靖边县
子长县
清涧县
吴起县
志丹县
安塞县
延川县
延安市
延长县
甘泉县
宜川县
富县
洛川县
黄陵县
黄龙县
韩城市
宜君县
合阳县
长武县
旬邑县
白水县
印台区
王益区
澄城县
彬县
铜川市
蒲城县
陇县
淳化县
大荔县
麟游县
永寿县
富平县
千阳县
三原县
阎良区
华阴市
凤翔县
乾县
泾阳县
高陵县
华县
潼关县
岐山县
礼泉县
咸阳市
渭南市
陈仓区
扶风县
武功县
临潼区
宝鸡市
眉县
杨陵区
兴平市
西安市
蓝田县
周至县
户县
长安区
洛南县
太白县
凤县
商洛市
柞水县
丹凤县
留坝县
佛坪县
山阳县
商南县
镇安县
略阳县
宁陕县
城固县
洋县
勉县
汉中市
石泉县
西乡县
南郑县
宁强县
汉阴县
安康市
旬阳县
白河县
镇巴县
紫阳县
平利县
岚皋县
镇坪县
黄
河

第三十三章　建设环境友好型社会

一、加大环境保护力度

处理好环保与发展、稳定、民生的关系，兼顾环境效益和经济效益的内在统一。大力发展清洁生产，减少资源消耗和污染排放，初步构建重点领域、重点行业适应清洁生产发展的科技创新体系、标准体系和审核体系。落实减排目标责任制，加强环境综合治理，建立和完善监测预警、执法监督和环境管理三大支撑体系，着力推进工程、结构和管理三大减排措施。严格污染物排放标准和环境影响评价，减少化学需氧量、氨氮、二氧化硫和氮氧化物排放总量，完成国家下达减排任务。实现所有规模以上火电机组脱硫设施稳定运行，建立光化学烟雾污染预警系统，加快氮氧化物控制技术研发和产业化进程，全面完成设区市危险废物和医疗废物处置工程。鼓励使用生活垃圾发电及分类处理技术，启动西安等城市生活垃圾发电项目。着力解决重金属污染和城市汽车尾气、噪声污染等突出问题，加强核与辐射安全监管，逐步实现在公共场所禁烟。继续推进矿产资源开发中的环境综合整治。全面开展农村面源污染综合治理，推广垃圾集中运送处理，加快城乡垃圾、污水处理一体化。搞好排污权交易示范。

专栏32　清洁生产及污染减排重点工程

清洁生产　在工业、农业、建筑、交通、商贸服务和旅游等领域，实施100项清洁生产技术研发和示范工程，制定清洁生产方案，选择医药、食品加工、冶金、建材、化工、造纸、印染、养殖、餐饮等行业“双超双有”等重点企业开展污染综合防治项目。

水污染防治　实施城镇集中式饮用水水源地保护、城镇污水处理厂建设、工业废水全过程污染治理、河流水质改善等工程。

空气污染防治　实施燃煤电厂脱硫脱硝设施建设、城市空气环境质量改善、区域性大气污染联防联控、工业废气污染防治、机动车污染防治、温室气体排放控制等工程。

固体废物防治　完成汉中、榆林危险废物集中处置中心和宝鸡、延安、安康、商洛医废集中处置中心建设，加快生活垃圾无害化处置和工业固体废物资源综合利用。

农村面源污染防治　开展农村化肥、农药等面源污染综合治理试点示范和农村污染土壤修复，推进规模化养殖场、养殖小区污水处理设施建设，实施重金属污染防治工程。

监管能力建设　加快环境监管标准化、污染源自动监控、环境应急管理和数字环保体系建设。

二、扎实推进生态建设

坚持保护优先和自然恢复并重，大力实施退耕还林、重点防护林、水土流失综合治理等七大生态建设工程，着力构建“三屏三带”生态安全屏障，全面推进生态陕西建设。进一步加大植树造林力度，加强天然林和湿地保护，维护自然生态系统。巩固和发展退耕还林成果，在生态脆弱区和重要生态功能区增加退耕还林任务。加强小流域综合治理、坡耕地综合整治和淤地坝建设，减少水土流失。深化林权制度改革，建立完善生态补偿机制，积极开展生态补偿试点。营林造林2300万亩，治理水土流失面积3.25万平方公里，森林覆盖率提高到43%。

专栏33 重点生态建设工程

退耕还林 完成退耕还林400万亩,其中退耕地造林100万亩、宜林荒山荒地造林200万亩、封山育林100万亩。

巩固退耕还林成果 实施基本口粮田、农村能源、生态移民、后续产业、补植补造、农民技能培训等六大工程,总投资202亿元。

天然林保护 禁止天然林商品性采伐,加强森林资源管护,人工造林200万亩,封山育林450万亩,飞播造林300万亩。

重点防护林建设 实施三北防护林和长江防护林工程,人工造林450万亩,封山育林300万亩;建设榆林沙区、黄土高原水土流失区、关中—天水经济区、秦巴山区四个百万亩防护林基地。

森林经营 对现有8500多万亩中幼龄林逐步进行抚育经营,改善森林结构,增加森林碳汇。

生物多样性保护 重点加强野生动植物物种及生态关键种保护,新建自然保护区5处,各类自然保护区总面积达到177万公顷,达到全省国土面积的8.6%;建设湿地保护区6处,建设湿地公园57处,初步治理自然湿地面积萎缩和功能退化趋势。

水土流失综合治理 以小流域为单元,坚持工程措施、生物措施、农艺措施并重,加快丹江口库区及上游水土保持、黄土高原淤地坝、坡耕地水土流失综合治理、煤油气资源开采区水土保持等重点工程建设,治理水土流失面积3.25万平方公里。启动实施黄土高原地区综合整治工程,一期重点建设宜君等10个示范县。

易灾地区生态环境综合治理 在中小河流和山洪地质灾害易发地区植树造林,加强坡改梯、淤地坝建设,加大封禁保护和生态修复力度,使易灾地区生态环境明显改善。

三、加强渭河综合整治

全面实施《渭河全线整治规划》,按照修堤、治河、滩岸综合开发利用的思路进行全线系统治理,实现渭河洪畅、堤固、水清、岸绿、景美。强化水污染综合防治,加强工业和生活污染源治理,加快跨流域调水,增加生态用水,使渭河水质明显改善。搞好堤防建设工程,提升设防标准和防洪能力,确保渭河安澜。加大水土保持和生态建设力度,建设渭河两岸生态林带,打造横跨关中的八百里绿色屏障。以宝鸡、杨凌、渭南城市滨水景观带和西咸新区渭河生态景观带建设为重点,统筹建设渭河城区段防洪堤岸、主河道、湿地、滩涂绿地、农田林网、休闲景观、观光农业,打造河、林、田、城于一体的城市滨水特色功能区。

四、搞好秦岭生态保护

继续实施天然林保护、长江防护林二期、退耕还林、中幼龄林抚育、水土保持等工程,采取封山育林、人工造林、飞播造林和小流域综合治理等措施,修复自然生态环境功能。加强自然保护区和森林公园建设,建立珍稀物种抢救繁育基地和迁地保护基地,保护珍稀濒危动植物资源,维护生物多样性。实施重点水源地保护工程,确保水源地水质安全。抓好汉江湿地、丹江湿地、商南滔河湿地等保护区建设,加强管护,恢复植被,强化濒危物种栖息地生态修复。加大秦岭生态保护执法力度,规范各类开发建设活动,禁止形成新的污染和破坏。抓好秦岭国家植物园建设,争取设立秦岭国家中央森林公园,打造国际生态保护示范区。

五、创建国家低碳示范省

以大幅降低能源消耗强度和二氧化碳排放强度为目标,加快发展低碳产业和清洁能源,推广低碳产品和技术。通过技术、市场、政策等多种手段降低工业、交通、建筑等领域温室气体排放。大力开展低碳城市、园区、企业、社区、村镇建设活动,推动全民参与低碳社会建设。牢固树立低碳理念,广泛宣传和普及低碳生产、生活知识,引导低碳消费,倡导低碳生活。大力开展植树造林,增加森林蓄积量,增强固碳能力。二氧化碳排放强度下降15%,固碳能力年递增2%左右。

"三屏三带"生态屏障图
三屏：黄土高原生态屏障
秦巴山地生态屏障
渭北台地生态屏障
三带：长城沿线防风固沙林带
渭河两岸生态走廊
汉丹江两岸绿色走廊
长城沿线防风固沙林带
黄土高原生态屏障
渭北台地生态屏障
渭河两岸生态走廊
秦巴山地生态屏障
汉江两岸绿色走廊
榆林市
延安市
韩城市
铜川市
华阴市
咸阳市
渭南市
宝鸡市
西安市
商洛市
汉中市
安康市

第十二篇　深化改革开放　建设内陆型经济开发开放战略高地

全方位推进各项改革，努力在重点领域和关键环节实现新突破，建立充满活力、富有效率、有利于科学发展的体制机制。实施积极主动开放战略，以更加开放的姿态面向世界，着力增强发展的动力和活力。

第三十四章　加快改革攻坚步伐

一、继续深化行政管理体制改革

健全政府职责体系，强化社会管理和公共服务职能，提高经济调节和市场监管水平。深化大部门制改革，进一步优化政府结构、行政层级、职能责任，着力解决职能交叉、政出多门问题。完善“扩权强县”和“财政直管县”改革，搞好省直管县改革试点，实施扩权强镇改革。加快事业单位分类改革。改革基本公共服务提供方式，引入竞争机制，努力实现提供主体和方式多元化。培育扶持和依法管理社会组织，支持引导社会组织参与社会管理和服务。深化行政审批制度改革，调整和规范行政许可事项。改革行政事业性收费制度，进一步规范收费行为，减少收费项目。开展公务用车制度改革试点，推动行政事业单位经营性国有资产管理改革。完善科学民主决策机制，全面推进政务公开，增强公共政策制定的透明度和公众参与度。健全行政执法体制机制，提高行政执法能力和水平。健全公务员科学管理机制，全面提升公务员队伍整体素质和能力。推行政府绩效管理和效能监察制度，加强行政监督，健全行政问责制，提高政府执行力和公信力。

二、加快国有企业改革

坚持政府引导与市场配置相结合，调整优化所有制结构，健全国有资本有进有退、合理流动机制。深化产权制度改革，采取增资扩股、联合重组、产权转让、相互参股等方式，积极推进跨行业、跨地区、跨所有制资产重组。完善法人治理结构，健全现代企业制度，逐步推行外部董事制度。大力发展混合所有制经济，支持国有企业与民营企业、外资企业战略合作，尽快形成一批运营规范、竞争力强、效益显著的大企业集团。完善国有资产监管体系，健全国有资本经营预算和收益分享制度，支持和引导中小企业和非公有制经济发展，鼓励非公有制企业参与国有企业改革。按照国家部署，有序推进石油、铁路、电力、电信等垄断行业改革，加大公交、供水、供气等市政公用事业改革力度。

三、扎实推进农村综合改革

加快消除城乡协调发展的体制性障碍，促进公共资源在城乡之间均衡配置、生产要素平等交换和自由流动。稳定完善以家庭承包经营为基础、统分结合的双层经营体制，根据自愿、有偿的原则，积极引导有条件地方土地承包经营权依法合理流转，发展多种形式的适度规模经营。加快征地制度改革，切实保障被征地农民合法权益。全面推进农村综合改革，基本完成乡镇机构、农村义务教育和县乡财政管理体制改革等任务。推进国有林场和国有林区改革，全面完成明晰产权、承包到户的集体林权主体改革任务。深化农村信用社改革，鼓励有条件地区发展村镇银行、社区银行，支持农村发展适合农村特点的小额贷款公司等各类金融组织，推进杨凌加快建设全国农村金融改革创新实验区。

四、加大财税金融体制改革力度

按照公共财政的要求，调整和优化支出结构，重点支持基础设施建设、现代优势特色产业发展、保障和改善民生、生态环境建设等。围绕基本公共服务均等化和主体功能区建设，逐步规范省以下政府间支出责任划分，理顺政府间收入分配关系；全面推行省管县财政体制；合理配置一般性转移支付和专项转移支付结构，加大对困难县的一般性转移支付力度，完善县级基本财力保障机制，逐步提高县级政府基本公共服务保障能力。建立健全公共财政预算、政府性基金预算、国有资本经营预算和社会保障预算组成的有机衔接的政府预算体系。完善预算编制和执行管理制度，提高预算完整性和透明度。推进财政绩效评价，建立健全预算公开机制。建立地方政府债务管理制度及风险预警机制，有效防范政府债务风险。扩大增值税征收范围，合理调整消费税范围和税率结构，建立健全综合和分类相结合的个人所得税制度，完善企业所得税制度，全面改革资源税，开征环境保护税，推进房地产税等地方税改革，逐步健全地方税体系。继续深化地方金融机构改革，强化监管力度。研究组建科技银行，开展知识产权抵押贷款。建立完善多层次的中小企业贷款担保体系，着力解决中小企业贷款难问题。加强证券期货机构公司治理。深化保险资金运用管理体制改革。

五、稳步推进资源性产品价格和要素市场改革

建立健全灵活反映市场供求关系、资源稀缺程度以及环境损害成本的资源产品价格形成机制。逐步调整水利工程供水价格，完善城市供水价格政策和污水处理收费制度。探索建立水权交易制度，在条件成熟的地区先行试点；开展排污权有偿使用和交易制度改革试点。推进输配电价改革，完善上网电价形成机制，改革销售电价分类结构，完善煤电价格联动机制。积极推进居民用电、用水阶梯价格制度改革。完善天然气价格形成机制，理顺天然气与可替代能源价格关系。大力发展资本市场，完善城乡统一的建设用地市场，逐步建立城乡统一、平等竞争的劳动力市场。加快公共就业服务体系建设，健全劳动力市场价格决定机制。建设陕西技术交易大市场，进一步完善技术转移体制，促进科技成果向现实生产力转化。

第三十五章　大力发展开放型经济

一、提高利用外资水平

抓住国内外产业加快转移的有利时机，以现有开发区、园区为主要载体，以优势特色产业和战

略性新兴产业为重点，创新利用外资方式，加大招商引资力度，扩大利用外资规模。积极吸引世界500强企业和全球行业龙头企业来陕投资兴业，设立区域总部、结算中心、研发中心和专业服务机构。鼓励外资以参股、并购等方式参与我省企业改组改造和兼并重组。积极争取国际金融组织和外国政府等国外优惠贷款，有效借用国际商业贷款。不断优化外资投向，促进“引资”与“引智”结合，注重引进先进技术、管理经验和高素质人才。支持榆林、铜川、汉中等有条件的开发区升格为国家级开发区。鼓励各市县围绕特色优势产业与东部省市进行点对点、城对城对接，承接产业转移。吸引经济发达地区通过委托管理、投资合作等多种方式共建产业转移示范区，促进行业领军企业与我省优势资源嫁接。坚持把优化和改善投资环境作为生命线工程，简化办事程序，提高服务水平，切实维护投资者的合法权益，营造亲商、安商、富商的良好氛围。五年引进境外资金185亿美元。

二、开拓对外贸易新领域

加快转变外贸发展方式，不断优化出口商品结构，积极推动高新技术产品、机电产品、特色农产品和文化艺术精品出口。积极承接和发展航空、软件、信息管理、数据处理、技术研发等国际服务外包。鼓励企业进口重要原材料，大力引进先进技术和关键设备。充分发挥西安出口加工区、西安综合保税区的国际配送、采购、加工制造等服务功能，加快建设西安国家级国际服务外包产业基地等优势特色产品出口基地。建立健全外贸信息服务平台，完善电子口岸功能，支持榆林建设国家一类口岸。培育一批具有国际竞争力的外贸龙头企业，推动一批支柱品牌产品进入国际市场。

三、加快对外投资合作

支持有条件的企业“走出去”，充分利用两个市场、两种资源，在境外开展能源和矿产资源勘探开发、加工贸易、工程承包、劳务合作，鼓励有竞争力的企业通过收购、参股等方式在国外设立研发中心。健全对外投资服务体系，强化投资项目的科学评估，有效防范投资风险。加强与投资目的国政府合作，在重点国家或地区建立境外经贸合作区或生产加工基地，为企业开展对外投资合作提供便利。进一步深化与“长三角”、“珠三角”、“环渤海”等经济区合作，联合共建承接产业园区。继续办好欧亚经济论坛、西洽会、农高会等重大经贸活动，扩大陕西对外知名度，促进区域经济交流与合作，不断拓展发展空间。

本规划经省人民代表大会审议批准，具有法定效力，是指导今后五年全省经济社会发展的纲领性文件，是政府履行宏观调控、经济调节、社会管理和公共服务职责的重要依据。要强化规划实施，健全推进机制，编制实施省级专项规划和市县发展规划，把规划纲要的内容进一步细化、具体化。加强年度计划与本规划的衔接，逐年落实发展目标和重点任务。本规划确定的约束性指标和公共服务领域的任务，纳入各市县、各部门经济社会发展综合评价和绩效考核体系。完善监测评估制度，加强对规划实施情况跟踪分析，在规划实施的中期阶段，由省政府组织开展全面评估，并将中期评估报告提交省人民代表大会常务委员会审议。经中期评估需要对纲要进行修订时，报省人民代表大会常务委员会批准。

建设西部强省、实现全面小康，是时代赋予我们的重大历史使命；推动科学发展、构建和谐陕西，是“十二五”时期光荣而艰巨的任务。全省广大干部群众要紧密团结在以胡锦涛同志为总书记的党中央周围，高举中国特色社会主义伟大旗帜，在省委的坚强领导下，深入贯彻落实科学发展观，集中全省力量，凝聚各方智慧，汇成强大合力，为全面完成“十二五”规划目标任务而努力奋斗！

西安市国民经济和社会发展第十二个五年规划纲要

（2011年1月27日西安市
第十四届人民代表大会第六次会议批准）

《西安市国民经济和社会发展第十二个五年规划纲要》重点阐明"十二五"时期西安市经济社会发展的主要目标、战略导向和发展重点，是政府履行职责和制定实施各类专项规划、区域规划、年度计划及相关政策的重要依据，是未来五年建设西安国际化大都市的行动纲领。

第一篇　站在新的历史起点，建设国际化大都市

"十二五"时期是建设西安国际化大都市全面启动的关键时期，必须深化市情认识，抓住和用好深入实施西部大开发的历史机遇，保持经济社会良好发展势头，努力开创科学发展新局面。

第一章　发展基础

"十一五"时期，西安城市价值得到有效兑现，城市实力、活力和魅力迅速提升，是改革开放以来经济社会发展最好最快的时期，是城市面貌变化最大的时期，是城乡居民得到实惠最多的时期，是改革开放推进最快的时期，城市影响力和知名度迅速提升，进入了建设国际化大都市的新阶段。

综合经济实力大幅提升。"十一五"以来，西安经济发展取得了巨大成就，生产总值连续跨越2000亿、3000亿两大台阶，在全国城市中的位次明显前移。经济

规模快速壮大。全市生产总值达到3241.49亿元,年均增长14.5%,是2005年的2.47倍。人均GDP达到5790美元,是2005年的2.67倍。完成财政总收入510.78亿元,年均增长27.3%,是2005年的3.1倍。其中,地方财政一般预算收入241.8亿元,年均增长33.3%,是2005年的3.31倍;支出达到371.65亿元,增长34.2%。投资消费需求旺盛。“十一五”期间,全社会固定资产投资累计突破1万亿元,为“十五”期间投资总量的4倍;2010年社会消费品零售总额达到1611亿元,年均增长18.9%,是2005年的2.4倍。产业结构持续优化。到“十一五”末,五大主导产业实现增加值1620.7亿元,占全市GDP的50%;实现工业增加值1006亿元,是2005年的2.4倍;三次产业结构由5∶42.5∶52.5调整为4.3∶43.5∶52.2。开发新区作用凸显。开发新区主要经济指标占全市的比重持续上升,规模以上工业增加值、实际利用外资分别占到全市的35%和75.6%,成为全市推进产业化和城市化的重要载体。

城乡面貌极大改善。发挥规划的引领作用,确立了把西安建设成富有历史文化特色的国际化大都市的新定位,城市特色逐步彰显。城市规模迅速扩大,城市建成区面积达到395平方公里,城市化率由2005年的63.3%提高到2010年的70%。综合交通网络更加完善。西安咸阳国际机场旅客吞吐量突破1800万人次,进入世界百强机场行列;铁路路网更加完善,成为全国铁路六大客运枢纽之一;以西安为中心的“米字型”高速公路全部建成,成为全国高速公路重要的节点城市;城市主要路网基本形成,地铁一、二号线全面开工建设,二环路实现立交化,三环路主线贯通,断头路基本打通,人均道路面积14.8平方米。农村公路建设改造8400公里,基本实现平原区行政村“村村通油(水泥)路”。市政服务能力显著增强。城市日供水能力达到186.35万吨,城市未来发展用水保障能力明显增强,燃气普及率达到95%,污水处理率由40%提高到90%,生活垃圾无害化处理率达到90.3%,供电能力日最大负荷达到369.6万千瓦,比2005年增加128.4万千瓦。城市管理提升年活动全面实施,城市服务功能进一步增强。生态环境不断改善。成为国家卫生城市和国家园林城市。全面启动秦岭北麓生态保护工程和增绿工程,森林覆盖率达到45%,绿地率达到31.97%;大力实施“碧水工程”,开展渭河西安城市段、浐灞河全流域、沣河流域等水系生态综合治理,一大批城市生态公园相继建成,增加各类水面2万多亩。圆满完成省政府下达的两项约束性减排指标,化学需氧量和二氧化硫分别削减14.1%和22.1%。大气环境持续改善,空气质量优良天数达到304天,比2005年增加了14天,创历史最好水平。城市改造成效显著。大力推进城中村和棚户区改造工程,完成120个城中村整村拆除工作,和30个棚户区改造项目,安置房开工面积约4000万平方米,已回迁居民14.52万人。区域改造进程加快,启动实施未央新城、大明宫、纺织城、大兴新区、朱宏路、解放路、东大街、小寨商圈、土门地区等一批区域改造工程。全面完成陇海线城市段环境整治,彻底改变了铁路沿线多年来脏乱差面貌。

人民生活更加幸福。大力实施“民生八大工程”,大幅提升人民群众生活水平和质量,市民幸福感明显增强。全市民生方面总投入达到185.1亿元,增长27.2%。荣获中国最具幸福感城市、十大中国最关爱民生城市等荣誉称号。收入水平稳步提高。城市居民人均可支配收入和农村居民人均纯收入分别达到22244元和7750元,年均增长17.3%和23.5%,分别是“十五”末的2.3倍和2.24倍。五年城镇新增就业56.18万人,城镇登记失业率控制在4.5%以内,动态消除“零就业家庭”。新建人力资源市场14个,农村劳动力转移就业280.82万人。累计发放全民创业小额担保贷款7.97亿元,被国家确定为首批“创业型试点城市”。社会保障体系不断健全。城镇企业职工基本养老保险、失业保险、基本医疗保险、工伤保险和生育保险参保人数分别达到187.03万人、130.11万人、364.4 万人、109.45 万人和 87.72 万人。新型农村合作医疗参合人数达到 387.39 万人。经济适用房累计完成投资 144 亿元,累计竣工 815 万平方米,解决了 9 万户单位职工和中低收入家庭住房问题。廉租房建设进程加快,累计保障家庭 20017 户。32 万城乡低保群众实现了应保尽保,基本生活得到了保障。*教育优先地位进一步巩固*。累计投入 244.2 亿元,完成全市山区农村义务教育布局调整,建成 99 所农村标准化寄宿制学校,完成 137 所农村中小学危房改造、80 所薄弱学校治理和 201.8 万平方米校舍安全工程任务,在全省率先实施“蛋奶工程”,惠及农村学生 25.1 万人。小学入学率、巩固率、升学率均达到 100%,初中入学率和巩固率达到 98% 以上,初中升学率达到 90.1%。*医疗卫生服务体系进一步完善*。一批医疗卫生项目启动实施,农村三级卫生服务网络和城市社区卫生服务体系初步形成,新型合作医疗参合率达到 97.14%。*公共文化服务体系进一步完善*。建成 8 个区县文化馆、6 个区县图书馆和 79 个街道、乡镇标准文化服务站,完成 1696 个村的“广播电视村村通”工程,基本形成覆盖全市城乡的公共文化服务网络。*一大批惠民工程相继实施*。半价公交、免费公厕、放心馒头、蔬菜早市、便民市场、新殡仪馆等项目的建设,极大地方便了群众生活。

改革开放深入推进。一些重要领域和关键环节改革迈出新的步伐。完成 265 户国企改制,安置职工 17.9 万人,国企改革完成面累计达到 98.5%。组建了市工业资产经营公司、市投资控股公司、市建工集团和市水务集团,对国有资产的控制力进一步增强。文化体制改革加速推进,西安秦腔剧院、歌舞剧院等事业单位完成改制,成立了陕西文化产业投资控股有限公司,区县文化体制改革任务基本完成。完成新一轮市、区县政府机构和乡镇机构改革工作,市政府机构精简至 41 个,事业单位分类改革稳步推进,教育、卫生等公益服务事业机构得到加强。高陵县统筹城乡综合配套改革试点进展顺利,财政管理体制改革、农村综合改革、户籍一元化改革取得重大突破,全面完成了集体林权制度主体改革任务。*对外开放取得新成效*。累计实际利用外资 57.67 亿美元,年均增速长 20.65%,是“十五”期间的 3.89 倍;累计实际利用内资 3150 亿元,年均增长 19.24%;累计自营进出口总额 224.29 亿美元,年均增长 30%,是“十五”期间的 5 倍。世界 500 强企业在西安设立 123 家企业或办事机构,与 182 个国家和地区建立直接贸易往来。西安出口加工区进出口贸易额居西部 15 个出口加工区第 2 位,西安保税物流中心建成并投入运营。接待海内外游客 5285 万人次,是 2005 年的 2.35 倍。实现旅游总收入 405.18 亿元。韩国总领事馆、泰国驻西安领事办公室相继设立,国际友好城市达到 20 个。欧亚经济论坛机制形成和 2011 西安世界园艺博览会的成功申办,使西安的国际知名度和美誉度进一步提升,荣获“中国国际形象最佳城市”称号。

专栏 1 “十一五”时期西安经济社会发展五大经验

◆**坚持以解放思想为先导,不断创新发展理念,提升发展境界。**从基本市情出发,把握西安发展的阶段性特征,提出了建设“人文西安、活力西安、和谐西安”、“推动科学发展、实现率先发展,建设人民满意城市”和国际化大都市的目标,明确了产业发展、区域布局、富民强市等一系列体现西安特色的发展理念。

◆**坚持以保障改善民生为工作的出发点和落脚点,让市民共享发展成果,创造政通人和的和谐新局面。**始终把一切为了人民、一切依靠人民、发展成果惠及每一位市民作为工作准则,把更多的精力用在解决民生问题上,扎实推进各项民生工程,全面发展社会事业,高度关注困难群体,努力维护社会公平,认真解决好就业、出行、住房、环境、安全等与人民群众利益直接相关的热点、难点问题。

◆**以新区带动战略为突破口,促进体制机制不断创新,充分发挥板块经济的驱动作用。**把经济发展、城市功能完善和城市框架扩大有机结合起来,相继建设了“五区一港两基地”八个开发新区,促使西安的城市规模得到迅速扩张,奠定了城市空间和产业布局的基本架构,创造了以开发区为先导带动区域整体发展的西安发展模式。

续表

◆**以组织实施一批重大项目为抓手，通过项目抓投资，拉动经济快速发展。**以政府信用为依托，充分发挥我市各级投融资平台作用，为城市建设和经济社会发展筹集了大量建设资金。采取绿卡制度、联席会议制度等有效措施，加快在建项目进度，有效地改善和提升了城市基础设施和产业发展水平。

◆**以资源价值的充分兑现为重点，深入挖掘西安比较优势，将存量资源优势转化为现实生产力。**注重扬长避短，发挥比较优势，加速兑现城市价值，将区位、人文、科教等优势资源激活放大，转化为吸引外资、强化区域合作、发展特色经济的增量优势。

专栏2 “十一五”规划主要发展目标完成情况

序号	指标名称	2005年实际	十一五目标	2010年完成	十一五年均增速
1	地区生产总值(亿元)	1313.93	2580	3241.49	14.5
2	人均生产总值(美元)	2165	3600	5790	
3	三次产业比例	5∶42.5∶52.5	3∶45∶52	4.3∶43.5∶52.2	
4	社会消费品零售总额(亿元)	670.56	1340	1611	19
5	全社会固定资产投资(亿元)	835.1	1910	3250.56	31
6	进出口总额(亿美元)	39.01	97	103.82	21
	其中:出口(亿美元)	26.34	74	53.17	
7	地方财政一般预算收入(亿元)	73.05	141	241.8	27
8	研发经费占GDP比重(%)	—	2.5	4.5	
9	高新技术产业增加值占GDP比重(%)	7.9	13	11.3	
10	非公有制经济占GDP比重(%)	43.3	50	49	
11	城市常住人口(万人)	808.1	882	850	
12	城市化率(%)	63.3	68.8	70	
13	五年城镇新增就业人口(万人)	30	40	56	
14	城镇登记失业率(%)	4.3	4.5	4.5	
15	城镇居民人均可支配收入(元)	9628	15000	22244	18.2
16	农村居民人均纯收入(元)	3460	5500	7750	17.5
17	万元GDP综合能耗(吨标煤)	1.03	0.79	0.79	
18	化学需氧量减排率(%)	—	14.1	14.1	
19	二氧化硫减排率(%)	—	22.2	22.2	
20	森林覆盖率(%)	42	45	45	
21	城市绿地率(%)	—	30	31.97	

第二章 发展环境

“十二五”时期，我国仍处于可以大有作为的重要战略机遇期。从国际看，和平、发展、合作仍是时代潮流，世界多极化、经济全球化深入发展，世界经济政治格局出现新变化，科技创新孕育新突破，国际环境总体上有利于我市发展。同时，国际金融危机影响深远，世界经济增长速度减缓，全球需求结构出现明显变化，围绕市场、资源、人才、技术、标准等的竞争更加激烈。我们必须坚持以更广阔的视野，积极创造参与国际经济合作和竞争的新优势。

从国内看，工业化、信息化、城镇化、市场化、国际化深入发展，人均国民收入稳步增加，经济结构转型加快，市场需求潜力巨大，资金供给充裕，科技和教育整体水平提升，劳动力素质改善，基础设施日益完善，体制活力显著增强，政府宏观调控和应对复杂局面能力明显提高，社会大局保持稳定，有条件推动经济社会发展和综合国力再上新台阶。西安也进入了人均 GDP 从 5000 美元到 1 万美元的关键转型发展时期，进入了建设国际化大都市的全面启动时期，经济社会发展面临新环境，我们必须抓住机遇，应对挑战。

一是要抓住实施新一轮西部大开发战略的机遇。"十二五"期间，国家坚持把深入实施西部大开发战略放在区域发展总体战略优先位置，给予特殊政策支持。提出要全面推进西部地区对内对外开放，建设和完善亚欧大陆桥，积极推进西安国际港务区建设，充分发挥陆路口岸的重要作用，打开陆路开放的国际通道，强化与东中部地区和周边国家的交通联系，将西安打造成内陆地区开放型经济的战略高地。西安在国家经济战略中的重要位置和重大作用，为西安发挥自身作用，获得国家更多支持奠定了基础。

二是要抓住推进关中—天水经济区快速发展的机遇。关中—天水经济区作为全国主体功能区中的重点开发区域，面临着重大的发展机遇。《关中—天水经济区发展规划》赋予关中—天水经济区"一高地四基地"的功能定位，赋予了西安"国际现代化大都市"目标定位，把西安的发展提升到国家战略层面；支持西安在统筹科技资源方面先行先试，为把西安建设成为创新型城市创造了有利的条件。积极研究设立西安陆港型综合保税区，推进内陆地区发展外向型经济。这都为西安加快经济发展方式转变、实现更好更快发展提供了有力支撑。

三是要抓住加快兑现城市价值的机遇。经过"十一五"的建设和发展，我市发展的内生动力日益增强，在兑现人文、科教、产业、区位等方面优势的时机更加成熟。西安旅游的井喷、国家发展战略性新兴产业与西安良好的产业发展基础、国家大力发展文化产业与西安强大的文化优势等方面，都显示出我市的优势与市场需求和国家发展重点相契合，顺应了国家加快经济发展方式转变的要求，在城市竞争中更容易抢占先机，为比较优势转变为竞争优势创造了良好条件。

在看到发展机遇的同时，也要充分认识到"十二五"时期我市发展面临的一些突出矛盾与问题：综合经济实力不强，工业规模较小，非公有制经济发展不快；产业聚集度不高，经济外向度不够，外向型经济发展水平不能适应经济长期高速增长的需要；城市建设管理、社会管理和公共服务水平不高，就业压力较大，群众看病、上学、住房等方面还存在许多实际困难，城市建设管理中还有群众不满意的地方；城乡二元结构矛盾还比较突出，农业投入依然不足，综合生产能力、农产品供应保障能力不强，农民收入还比较低；政府公共服务、公务员队伍建设还需要加强。对这些问题，我们必须高度重视，采取有针对性的措施切实加以解决，为西安实现"十二五"跨越式发展创造更加良好的环境。

第三章　指导思想

"十二五"期间我市经济社会发展的指导思想是：高举中国特色社会主义伟大旗帜，以邓小平理论和"三个代表"重要思想为指导，深入贯彻落实科学发展观，适应国内外形势新变化，抓住大有作为的重要战略机遇期，以科学发展为主题，以加快发展方式转变为主线，以建设国际化大都市为目标,以保障和改善民生为出发点和落脚点,坚持项目带动、创新驱动、产业支撑、板块率先战略,充分发挥区位、人文、科教、产业优势,着力构建特色鲜明的城市空间体系,着力构造现代产业体系,着力完善公共服务体系,着力推进城乡一体化进程,着力提升改革开放水平,率先实现全面小康,建设便捷、宜居的幸福家园。

全面落实科学发展观,加快发展方式转变,建设国际化大都市,基本要求是:

——坚持率先发展。立足西安综合优势,紧紧抓住发展第一要务,积极做大经济总量,确保经济平稳较快增长良好势头,尽快缩小和其他发达城市的差距。坚持发展速度与结构、质量、效益相统一,促进经济增长向依靠消费、投资、出口协调拉动转变。率先在转变发展模式、完善体制机制、突破资源瓶颈、构建和谐社会等方面实现突破,努力在区域发展中发挥示范带动作用。

——坚持和谐发展。把发展的出发点和落脚点真正放在富民、惠民和安民上,着力促进城乡区域发展相协调,人口资源环境相协调,改革发展稳定相协调,经济发展与社会进步相协调,使全市人民共享经济发展和改革开放的成果,进一步增强市民幸福感和满意度。

——坚持创新发展。充分发挥西安在科技教育、区位优势等资源禀赋,利用国家赋予我市先行先试的机遇,加大统筹科技资源改革力度,进一步提高科教资源对经济的贡献度,创造性的发展口岸经济和生产性服务业,打造内陆开发开放高地。深化重点领域和关键环节改革,为经济社会发展提供体制机制保障。

——坚持绿色发展。把建设资源节约型、环境友好型社会作为可持续发展的根本举措,把节能减排和低碳发展上升到更加重要的位置,减轻快速发展对资源和环境的压力,加大绿色投资,倡导绿色消费,促进绿色增长,实现经济效益与生态效益的有机统一,确保西安在更长时间内保持又好又快的发展态势。

——坚持开放发展。把西安的发展融入全球化的发展潮流,在更宽领域、更大范围内配置西安的发展资源,参与全球化的国际合作和竞争。把握当前全球经济发展出现的新趋势,创造良好的吸引外资环境,大力实施走出去战略,努力扩大西安发展腹地。

第四章　主要目标

按照与《关中—天水经济区发展规划》和国际化大都市的目标相衔接的要求,综合考虑未来发展趋势和条件,今后五年我市经济社会发展的总体目标是:

国际化大都市建设全面推进,大都市的基本框架初步形成。全国内陆开发开放高地建设扎实推进,西安经济实力明显增强,在国家的战略地位进一步提升;统筹科技资源示范基地建设取得成效,科技对经济增长的贡献度显著提高,力争建成国家一流创新型城市;全国重要的先进制造业基地和高新技术产业基地实力进一步增强,战略性新兴产业蓬勃发展,西安在全国产业布局中的地位得到进一步提升;彰显华夏历史文明基地建设加快实施,西安的人文特色得到充分发挥,初步成为东西方文化交流平台。

——经济实力实现新跨越。到 2015 年,全市生产总值比 2010 年翻一番,年均增长 13% 以上;地方财政一般预算收入超过 500 亿元,年均增长 16% 以上。

——经济结构得到新提升。非公有制经济快速发展,到 2015 年非公有制经济占 GDP 比重达到55%；第三产业比重持续提高，到2015年第三产业占GDP比重达到56%；主导产业不断壮大，到2015年五大主导产业占GDP比重达到53%；县域经济快速发展，经济实力大幅提升。开放型经济发展取得突破，到2015年，外贸依存度达到25%以上。

——创新能力实现新突破。建设创新型的国际化大都市，统筹科技资源改革示范基地建设取得明显进展，不断加大研发投入，到2015年全市R&D经费支出占GDP比重达到5.5%。

专栏3 “十二五”期间经济社会发展主要指标

类别	指标名称	2010年完成	2015年目标	年均增长（%）	属性
经济发展	生产总值（亿元）	3241.49	6400	13	预期性
	地方财政一般预算收入（亿元）	241.8	500	16	预期性
	全社会固定资产投资（亿元）	3250.56	7750	19	预期性
	社会消费品零售总额（亿元）	1611	3840	19	预期性
	服务业增加值比重（%）			[2]	预期性
	服务业就业比重（%）			[2]	预期性
	非公有制经济比重（%）	49	55		预期性
	城镇化水平（%）	70	75		预期性
科技教育	全市R&D经费支出占GDP比重（%）	4.5	5.5		预期性
	万人发明专利授权数（件/万人）	1.8	2.6		预期性
	高中阶段教育毛入学率（%）	90	95		约束性
	主要劳动年龄人口平均受教育年限（年）		11		预期性
资源环境	单位生产总值综合能耗降低（%）		[13]		约束性
	单位生产总值二氧化碳排放降低（%）		[13]		约束性
	主要污染物排放减少（%）		[10]		约束性
	单位工业增加值用水量降低（%）		[25]		约束性
	农业灌溉用水有效利用系数	0.60	0.65		预期性
	城市生活污水集中处理率（%）		95		预期性
	垃圾无害化处理率（%）	90.3	95		预期性
	森林蓄积量（万立方米）	3099.2	3200		约束性
	城市绿地率（%）	31.97	35.6		预期性
	空气质量好于或达到二级天数（天）		300		预期性
人民生活	常住人口（万人）	850	900		预期性
	城镇登记失业率（%）	4.5	4.5		约束性
	五年累计城镇新增就业人口（万人）	56	60		预期性
	城乡居民基本养老保险参保率（%）		95		约束性
	城乡三项医疗保险参保率（%）		95		约束性
	城镇居民人均可支配收入（元）	22244	44488	15%	预期性
	农村居民人均纯收入（元）	7750	15500	15%	预期性

注：地区生产总值绝对数按2010年价格计算，速度按可比价格计算；[ ]内为五年累计数；主要污染物指二氧化硫、化学需氧量、氨氮、氮氧化物；三项医疗保险指城镇职工基本医疗保险、城镇居民基本医疗保险、新型农村合作医疗。

——生态建设取得新进展。生态环境质量进一步改善，单位国内生产总值能耗和二氧化碳排放均下降13%，主要污染物排放减少10%，建成区绿地率达到35.6%以上，全市森林覆盖率达到48%，基本达到国家生态城市标准；城镇污水、生活垃圾无害化处理率达到95%。

——民生改善达到新水平。全面普及高中阶段教育，从业人员平均受教育年限达到12年以上；建立覆盖城乡居民的基本医疗卫生体系和社会保障体系，城市每年新增就业人口10万人左右，城镇登记失业率控制在4.5%以下；城乡居民收入持续增加，到2015年，城镇居民人均可支配收入和农村居民人均纯收入比2010年翻一番；城乡一体化全面推进，城镇化水平达到75%。

专栏4 "十二五"主要经济指标发展态势图

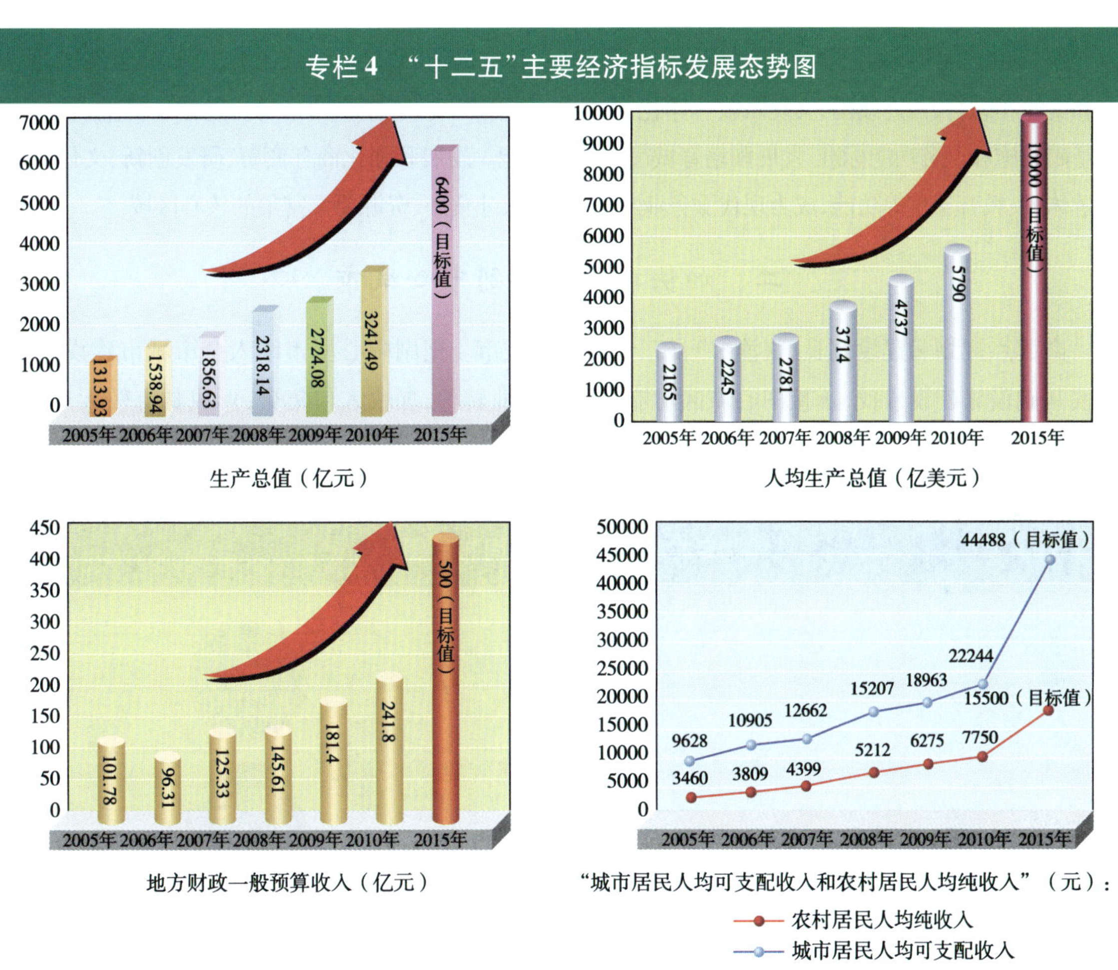

第二篇　构建特色鲜明的都市框架，提升城市综合服务功能

优化城市布局，拉大城市骨架，完善主城区服务功能，培育和建设三个副中心城市、五个城市组团和一批重点小城镇，把副中心城市和城市组团纳入城市建设体系，形成布局合理、功能完备、适宜人居、特色明显的发展格局，塑造现代时尚与历史人文相融合的古都新风貌。

第五章　打造大都市的城市空间发展体系

推进城市发展空间向更大范围拓展，逐步实现主城区与城市组团、组团与组团之间的生态隔离，形成一城多核、山水同构、组团发展，具有历史人文特色的国际化大都市体系结构。

一、明确主城区规划格局

坚持超前科学规划，优化城市空间布局。逐步形成“北跨渭河，使渭河成为城中河；南至潏河，使城市和秦岭相融合；西连咸阳，实现西咸一体化；东接临潼，拓展城市空间”的格局。主城区要重点提升城市基础设施和服务功能标准，发展和培育城市的主导功能。发展和强化商务商贸、研发创新、文化创意、旅游休闲、教育卫生等功能，成为现代服务业集聚、各类人才集中、资源要素富集的核心区域。

二、加快建设3个副中心城市

高起点规划和建设阎良、临潼、户县三个副中心城市。把副中心城市纳入全市城市建设体系，加快基础设施建设步伐，承接中心城区功能转移和产业转移，加快人口集聚，形成具有较大规模的副中心城市。

专栏5　大西安空间布局图

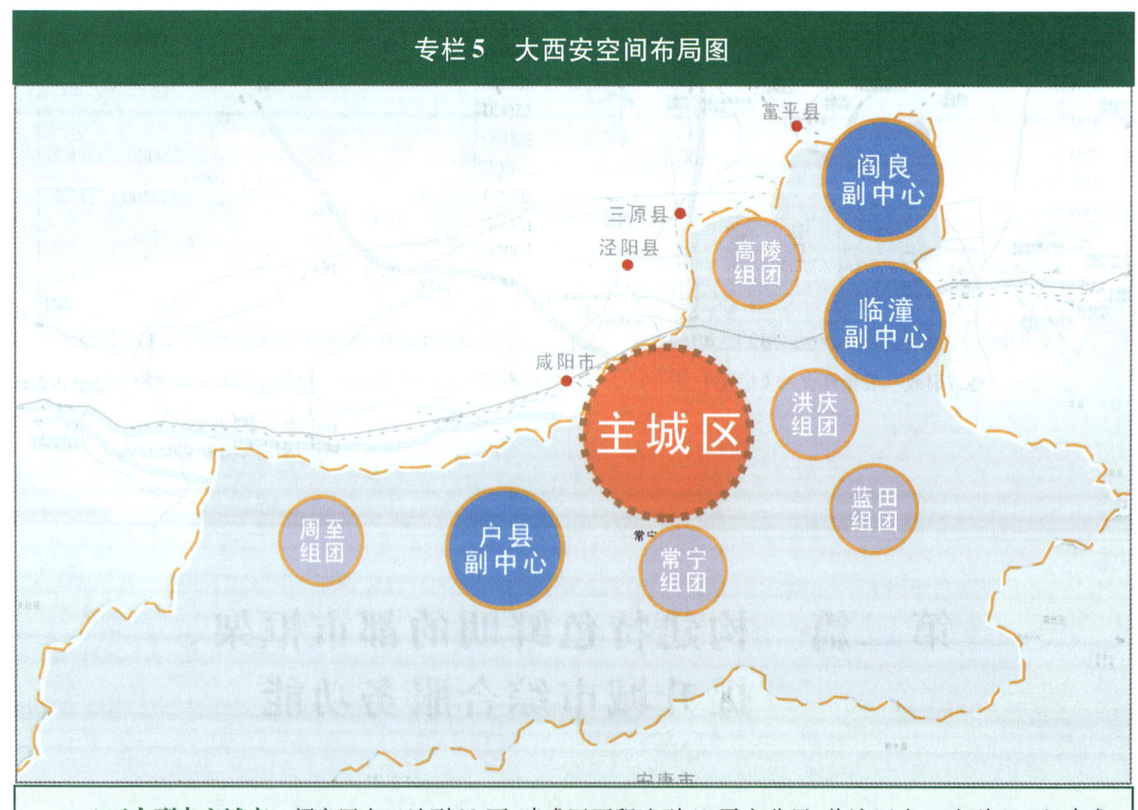

◆**三个副中心城市**。阎良区人口达到30万，建成区面积达到40平方公里；临潼区人口达到60万，建成区面积达到60平方公里；户县人口达到30万，建成区面积40平方公里。

◆**五个组团**。人口规模超过10万。

◆**60个重点镇**。人口规模3万～5万。

三、启动开发5个城市组团

规划建设周至、蓝田、高陵、常宁、洪庆等相对独立、功能齐全、设施完善、产业发达、生态优美的城市组团。打造区域特色，引导人口集中和产业聚集，加快基础设施建设，成为全市产业、要素、人口集聚新兴城区。

四、积极培育60个重点镇

实施小城镇发展战略，统一规划、配套建设、扶持产业，重点打造滦镇、新丰、草堂等60个中心镇，引导周边人口和特色产业向中心镇集聚，形成品牌突出、个性鲜明、功能独特、经济较为发达的重点镇。

第六章　建设高标准的基础设施体系

以建设功能完善的基础设施体系为重点，全面提升城市综合服务功能的国际化水准和现代化水平。到2015年，城市基础设施要达到十五个副省级城市中上游水平。

一、构建高效便捷的现代综合交通体系

构建都市区对外2小时辐射圈、内部1小时通勤圈、主城区半小时通达圈的一体化综合交通网络体系。

专栏6　西安航空交通示意图

专栏7　西安铁路枢纽总布置示意图

专栏8　西安铁路快速客运网络辐射示意图

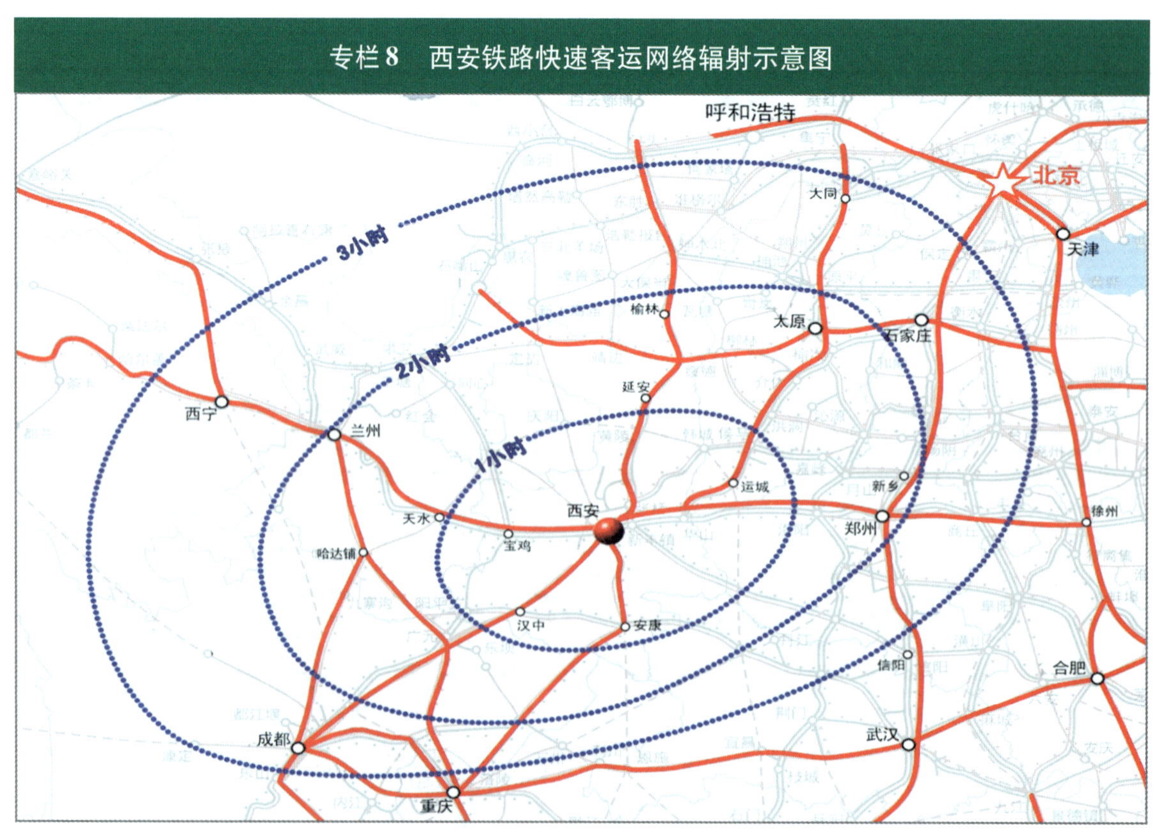

1. 对外交通。构筑立体化、网络化的对外综合交通体系。打造西安咸阳国际机场成为全国重要的区域性门户枢纽，建设第二跑道、第三航站楼以及配套设施建设，积极拓展西安直达东南亚、大洋洲及欧美等国际航线，增加国内航班密度，形成以西安为中心连通国内外 90 多个城市近 200 条线路的航空网络，旅客吞吐量突破 3000 万人次。

巩固提升西安在全国铁路路网中的客货枢纽地位，加快推进关中城际轨道交通建设，先期启动西安—阎良—富平—铜川—延安、北客站—机场—乾陵—法门寺等重要路段。规划建设西安—银川铁路，做好西安—商洛等路段前期工作，配合做好西安至重庆、至武汉、至包头快速铁路规划工作，形成辐射周边、带动省内地市的便捷、快速铁路网。

进一步加强西安公路网络建设。推进沪陕、西铜、西宝等高速公路和国道 310、210、312 等一批国省干线公路改扩建工程。到 2015 年，西安干线公路总里程达到 2200 公里，其中高速公路达到 800 公里。在西安主城区周边建设一批综合交通枢纽站场，实现与各种运输方式的有效连接。

专栏 9　西安对外多通道路网规划示意图

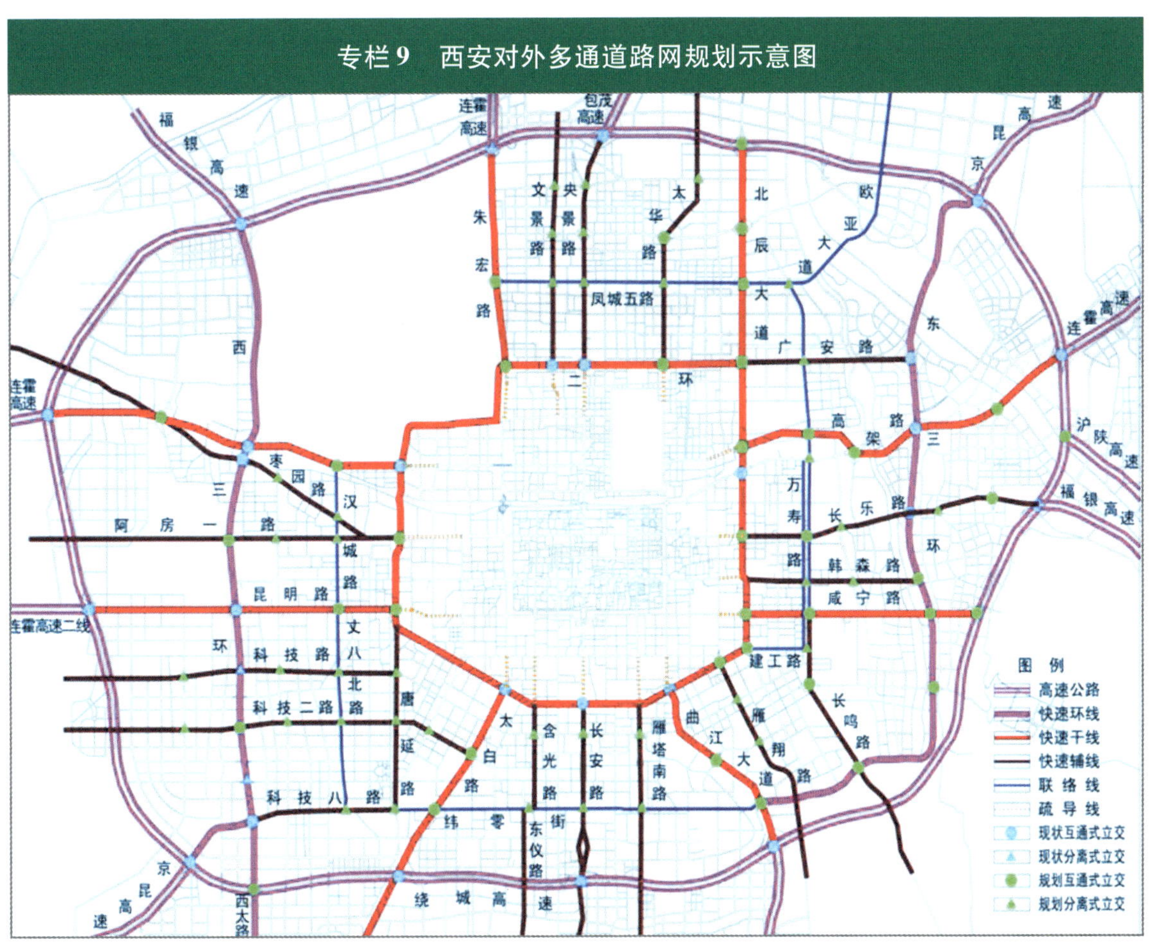

2. 城市交通。建成市内外道路网络衔接良好、内外交通组织有序、"环网相连，节点畅通，结构合理，高效便捷"的立体化城市路网体系。实现主城区内 15 分钟上快速路，快速路 15 分钟出城上高速的目标。着力缓解城市交通拥堵状况，科学布局，优化结构，形成快速路、主干路、次干路、支路等多层次路网格局。新建 6 条、完善 2 条二环至绕城高速的高架快速通道，形成主城区向外辐射的 12 条干道。完善三环内道路系统建设，加密城市路网，全线贯通纬零街、经九路北段、青松路等，基本打通二环内的断头路和瓶颈路。建设二环路高架改造工程、朱宏路、长乐路、枣园路等快速路工程，完成二环三环之间的连接线道路建设，二环以内逐步取消或减少铁路专用线。加快建设主城区与城市组团之间的交通连接干线。加大社会公共停车场建设力度，鼓励开放单位停车场，提高停车设施的使用效率。

专栏 10　综合交通体系重点工程

一、铁路

◆快速铁路。建设西安—宝鸡—兰州、西安—成都、西安—太原客运专线。

◆新增复线。建成西安—安康、西安—合肥、西安—平凉等复线。

◆关中城市群城际铁路。西安—高陵—阎良、阎良—富平—铜川、西安城区—机场—法门寺—凤翔、西安—临潼—渭南—华阴。

◆推进西安铁路枢纽、泾渭新城铁路专用线工程、新筑集装箱中心站与西安咸阳机场的快速货运专用线建设。

二、公路

◆建设西安公路港、大西安环线、西铜高速、国道310、公路客运枢纽站。

三、航空和机场

◆扩建西安咸阳国际机场。

四、市域交通

◆轨道交通建设工程、城市路网完善工程、农村二级网化工程、公交场站。

专栏 11　西安城市快速轨道交通线网规划图

3. 公共交通。实施公交优先战略,加快全市公交系统建设,努力形成以城市公共汽车为主体、以轨道交通和公交优先通道为骨干、出租车为辅助的城市公共交通体系,确立公共交通在城市交通系统中的主体地位,基本建立城乡一体化协调发展的公共交通网络。加快轨道交通建设进度,确保2011年地铁二号线正式通车运营,2013年一号线通车运营,三号线2011年开工并于2015年通车运营,做好四、五、六号等线路的前期准备工作,力争尽快开工建设,到2015年,力争实现地铁运营里程95公里。同时根据城市发展,做好城市轨道交通总体规划修编工作。建设西安—临潼轨道交通旅游专线。合理调整现有公交网络布局,开辟公交优先通道,修建公交停车港湾,提高公共交通的运输能力,适度增加出租车数量。到2015年,整体公交网络设施和公交出行服务指标达到国内中等偏上水平,形成"十纵、八横、三环、一放射"的公共交通网络体系,公交线网覆盖率大幅提高。

专栏12　高架桥、立交桥工程

◆**二环、三环快速路网工程**。对二环路进行高架桥改造,建成西三环至阿房一路跨线桥、南三环长安路立交桥、东三环世博大道立交、北三环港务西路跨线桥等10座立交桥(或跨线桥),建设太白南路高架(南二环至南三环)、昆明路高架(西二环至西三环)、北辰路高架(北二环至北三环)等高架路,实现二环路与三环路之间交通的快速转换,初步形成二环连接三环快速路网体系。

◆**交通瓶颈节点改造工程**。新建东门立交、南门立交、北辰大道与凤城五路立交、北辰大道与凤城八路立交、曲江大道与西影路立交、纺渭路与纺北路立交,改造太华路与环城路立交、星火路立交等一批立交,缓解城市重要节点交通压力,提升城市交通整体通行能力。

专栏13　公共交通建设

◆**快速公交建设**。加快快速公交(BRT)线网规划和建设研究,力争启动2~3条快速公交示范线路建设。用快速公交和轨道交通走廊带动整个城市交通体系的建设,引导城市空间的集约型发展。结合道路改造和轨道交通建设,实施一批公交优先道建设,同步完成公交优先道上公交港湾的建设。

◆**普通公交建设**。扩大新区公交覆盖率,新开辟公交线路83条,调整76条,每年增加531台公交车辆,总运营线路条数达到330条,总运营线路长度达到6226.85公里。

◆**出租车**。出租车每年平均增加445辆,开展电动出租车应用示范工程。

◆**公共自行车租赁**。实施明城墙区域约42个旅游景点的自行车专用道、服务站以及公共自行车服务管理系统。

◆**静态交通**。建成一批布局合理的社会公共停车场(楼),改善城市停车状况;在城市边缘主要交通走廊,规划建设一批"停车—换乘"枢纽设施。

二、建设功能完善的市政服务设施体系

全方位提升市政综合服务能力,高标准建设完善城市供排水、供气、供热、供电等市政公用设施体系。

1. 完善供排水系统。加强供水保障,满足城市发展需求,形成较为完善的城市供排水体系。新建、改建输水、配水管网555公里,改建3座、新建6座水厂。到2015年,全市日供水能力达到260万立方米,城市自来水普及率达95%,主城区自来水普及率达100%。加快排水系统建设,鼓励中水回用,新建改造城市排水管网676公里,加快实施城市排水分流改造和城市排水干管及雨水出水口管道工程,实现主城区污水"全收集、全处理"的目标。

2. 提高供气、供热水平。积极推进天然气城市气化工程,形成多气源供气的格局。完成榆林—西安输气管道建设,规划建成中压管道300公里,推进LNG站建设,提高城市燃气储备和供应能力。到2015年,主城区燃气气化率达100%。加快实施集中供热工程和热源厂建设,努力扩大集中供热覆盖面,到2015年,供热面积达到9839万平方米以上。

3. 增强供电保障能力。积极发展分布式能源,加快推进西安国电西郊、南郊热电厂和大唐户县等9个热电联产项目。新建西安南750kv变电站,建设宝鸡—西安南—渭南750kv主网架,新建330kv变电站8座,新建110kv变电站68座,增容、扩建110kv变电站13座,为西安提供充足的电力资源。

4. 建设完善城市地下管网系统。超前和统筹规划安排城市道路与供水、排水、燃气、热力、供电、通信、消防等依附于城市道路的各种管线、杆线等设施建设,坚持配套各类管网与城市道路发展规划和年度建设计划相协调,坚持“先地下、后地上”的施工原则,与城市道路同步建设。加快“线网入地”,严格执行《西安市城市道路架空线缆落地管理办法》,将架在空中的各种电力、通讯线尽快埋入地下,解决影响城市环境的架空线缆问题。结合人防工作需要,采用商业运作模式,规划利用城市地下空间。

专栏14 市政服务设施建设

◆**供水系统**。配合做好省引汉济渭工程建设,建成李家河水库及配水设施,建设黑河引水灌区配套工程,加大城市供水水源保护力度,形成多水源联合供水保障体系。加强供水管网改造,新、改建555公里输、配水管网,新建、扩建一批增压站,全面消除主城低压供水片区;新建6座水厂,改扩建3座水厂。

◆**天然气气化工程**。建成投运中压管道工程300公里。建设200万立方LNG储气站一期和天然气第二门站,增强城市燃气储备能力。

◆**热电联产工程**。推进国电西安西郊热电项目、国电西安南郊热电联产项目、沣渭新区热电联产一期工程、国电西安阎良热电冷联产项目建设。

◆**供电保障工程**。推进西安南750千伏输变电站建设;新建330千伏变电站8座、110千伏68座,增容、扩建110千伏变电站13座。推进城市配电网建设与改造工程、农村配电网建设与改造工程、西安信容中心及智能电网等项目建设。

三、全面提高信息化水平

推进经济社会各领域信息化,推动信息化与工业化深度融合。加强城市信息基础设施建设,构建覆盖全市的信息网络,重点加快建设城市宽带多媒体信息网络,加强信息资源平台的整合与建设,逐步实现信息网络到社区、进家庭,加快农村地区宽带网络建设,提高宽带普及率和接入带宽。实施一卡通、直播星、下一代互联网、3G普及等工程,促进电信网、广播电视网和互联网互联互通和业务整合。

推进电子商务建设,完善面向中小企业的电子商务服务,储运面向全社会的信用服务、网上支付、物流配送等支撑体系建设。加快政府电子政务网络建设,推动政府信息系统互联互通、信息共享和业务协同,提高政府信息化服务水平。促进信息处理、物流管理、信息交换等方面的数字化和网络化。强化信息安全监控手段,加强对网上违法有害信息的清理整治,确保基础信息网络和重点信息系统安全。到2015年,“数字西安”建设取得显著成效,城市信息化建设达到国内先进水平。

第七章　彰显“华夏故都、山水之城”城市特色

一、再现西安传统风貌

发扬古都历史传统，传承西安人文精神，进一步挖掘和体现历史文化名城的独特魅力。

保护和建设好皇城区。将皇城区的历史文化遗产保护、利用和展示放在首位，理顺管理体制，提升核心功能，保护历史街区、传统民居、古老建筑及周边环境，形成巷、墙、林、园、河、路六位一体的格局，塑造古城的空间形象，建设世界一流和最大的中国历史文化的展示区、体验区和旅游休闲步行城区。

做好大遗址保护利用。探索大遗址保护利用新途径，全面保护好西安的大遗址、大陵墓和古文化遗存。做好唐大明宫、汉长安城等遗址保护，实施文物本体保护与环境整治工程。

专栏 15　大遗址保护示意图

打造博物馆之城。依托丰富的历史文化资源，集中展示华夏历史文化。建设50～80座博物馆，力争博物馆的总量突破100个，将西安打造为国际知名的博物馆之城。

加强非物质文化遗产保护工作。继续开展非物质文化遗产调查，力争有更多项目入选国家级省级名录。加强非物质文化遗产场馆建设，鼓励社会力量兴办非物质文化遗产传习场所。

二、突出城市山水特色

把城市的规划、建设与秦岭的利用、八水的恢复治理结合起来，实现山水同构。

打造具有世界影响力的国家中央公园和文化名山。充分利用秦岭北麓自然资源，强化生态保护机制，科学划分空间功能，建设生态功能稳定、文化内涵丰富的大秦岭。对海拔2600米以上的区域实行严格保护；对海拔1500米至2600米之间的限制区域加强控制，采取封山育林、退耕还

专栏16 山水同构的城市格局

林、植树造林等措施，提高森林覆盖率；对海拔1500米以下的适度开发区域内坚持保护与利用并重，嵌入式地布局和发展一批对生态环境系统影响不大的智力资金密集型产业。重点做好太平峪、高冠峪、祥峪、丰峪、耿峪、太峪、汤峪的规范提升，做足山水文章，充分展示“山水秦岭、人文西安”的独特魅力，形成城市与山水相融合、生态与经济社会相协调、人与自然相和谐的发展新格局。争取设立秦岭国家中央森林公园，打造国际生态保护示范区。

构建“城在水中，水在城中”格局。把长安“八水”和湖泊建成展现城市新区风貌的重要生态符号。促进浐河、灞河流域的治理和开发，打造世界一流的生态化城区；加大渭河两岸的治理和开发力度，建设渭河和泾河生态景观长廊，带动城市重心北移；加快实施沣河综合保护利用和涝河治理，全面优化城西的空间格局；实施潏河、滈河治理工程，促进秦岭北麓休闲旅游区的快速发展。大力实施生态引水，恢复一批河池水景，改造一批城市水工程，加快昆明湖治理，新建一批城区湖泊，打造富有西安特色的水韵之城。

第八章　提升城市管理水平

一、创新城市管理体制

进一步完善“两级政府、三级管理、四级网络”体制，坚持管理重心下移和属地管理，增强条块管理互补性，努力消除管理盲区。创新体制机制，综合运用经济、法律和宣传教育等多种手段拓展城市管理的广度和深度，做到市区与郊区、治标与治本、整治与疏导并举，基本形成规范有序、结构合理、开放透明、足以保障城市安全高效运行、市民安居乐业的城市管理长效机制。

二、强化城市综合管理

坚持“管建并重”，进一步增强城市综合管理能力建设。加大对城乡结合部和城中村管理力度，推行主城区管理模式。大力实施交通畅通工程，完善交通指挥、调度和监管系统，严格控制城市道路挖占施工，提高交通管理能力。进一步规范建筑市场秩序，加强工程施工管理，降低对群众生活的影响。发挥社区服务功能，完善社会服务设施，加强社区管理。

第三篇　加快产业结构优化升级，构建现代产业体系

以优化产业结构为重点，推进经济结构战略性调整，加快发展方式转变。坚持大集团引领、大项目支撑、集群化推进、园区化承载战略，增强自主创新能力，完善体制机制保障，强化政策导向，提升质量强市水平，优化发展环境，加快构建以旅游业、文化产业、战略性新兴产业、先进制造业和现代服务业为主体的具有西安特色的现代产业体系。

第九章 迅速壮大旅游业

一、大力推进旅游产业转型发展

积极壮大旅游产业总体规模，努力把旅游产业培育成为西安的支柱产业。实施“大旅游”战略，推动旅游产业从数量规模型向质量效益型转变，从单纯观光型向参与体验型转变，从单纯注重经济功能向经济、社会和生态综合功能转变。不断推进旅游产业市场化进程，培育一批特色鲜明、有竞争力的旅游骨干企业。加强旅游营销，进一步拓展国内外市场，加强国内外合作水平，充分发挥出旅游产业的综合性优势，把西安建设成为世界一流的旅游目的地城市。到2015年，国内旅游人数突破1亿人次，入境人数达到150万人次，旅游业总收入突破1000亿元。

二、提升优化旅游产品结构

围绕人文历史遗产和自然山水景观，整合旅游资源，打造具有核心竞争力的旅游品牌。

活化历史人文资源，进一步提升西安人文旅游的国内外影响力；挖掘发展文化旅游，打造一批文化旅游精品；大力发展生态旅游，依托丰富的山水资源，积极合理开发秦岭等生态资源，构建城市周边生态休闲带。整合发展翠华山—南五台、朱雀—太平峪、楼观台三大板块，打造5A级自然风光景区；积极打造祖庭朝拜、温泉度假、修学旅行、航空航天旅游、工业旅游、红色旅游等多元化旅游产品体系。

三、全面提升旅游公共服务体系建设

切实树立“旅游城市”理念，在城市建设中凸显旅游服务功能建设，大力建设和完善旅游配套设施。提高接待能力，新建一批星级宾馆和快捷酒店，合理安排布局，满足各类游客需求。改善交通服务设施，完善游览线路，在各大景点、宾馆之间形成快速、通畅的出行通道。完善全市游客服务中心，新建一批紧急救助、安全保卫及公用卫生间等服务设施，完善旅游信息咨询服务和标识系统，全面提升旅游服务的质量和水平，力争旅游设施水平达到国内领先水平。

专栏17 旅游产业发展重点工程

一、历史人文旅游

◆大遗址保护与改造。推进大明宫国家遗址、汉长安城遗址、阿房宫考古遗址、昆明池遗址、杜陵遗址、青龙寺遗址的保护与开发建设。

◆皇城区建设。保护和恢复古城街、巷、院、铺格局，保护历史街区、传统民居、古老建筑及周边环境，形成巷、墙、林、园、河、路六位一体的西安著名旅游品牌，使中心城区成为集商贸、旅游、服务等功能为一体的综合区。

◆秦文化旅游景区。以临潼兵马俑和秦始皇陵为中心，建设秦文化旅游景区。

二、绿色生态旅游

◆建设秦岭国家植物园、沣渭三角洲湿地公园、浐灞国家湿地公园等。

三、休闲度假旅游

◆临潼国家旅游休闲度假区。建设华清池—烽火台景区、温泉疗养教育区、半山养生度假区、国际旅游休闲区等。

四、宗教旅游

◆实施万寿八仙宫、城隍庙、大兴善寺维修与保护；建设道文化主题公园；以兴教寺、香积寺、净业寺、华严寺四大佛教祖庭为依托，发展佛教文化旅游。

第十章　支持发展文化产业

一、打造西安文化品牌

以实现历史文化资源大市向现代文化产业强市转变为目标，加强“大戏、大片、大剧、大作”的策划和创作，实施文化艺术精品创造工程，打响曲江影视、长安古乐、宫廷餐饮、城隍信仰、民俗文化、祖庭文化、户县农民画、秦腔等西安文化品牌，发挥唐诗、老子文化、丝绸之路、重大历史事件等文化资源的重要作用和效益，集中展示西安文化的博大精深，把西安建设成为具有强劲竞争力的全国文化产业基地和国家级文化产业示范城市。

二、发展优势文化产业

推动曲江影视等文化龙头企业做大做强，培育一批骨干文化企业和战略投资者，加大优质文明资源整合力度，实施一批重大文化产业项目，打造具有国际化大都市水准的文化演艺中心、动漫和网络游戏研发制作中心、文化会展中心和古玩艺术品鉴赏交易中心，打造西安文化八大板块和三大街区，全面提升西安文化产业发展水平。

三、加大文化体制创新

进一步完善全市文化产业管理体制，形成全市文化产业的发展合力。全面完成经营性文化单位转企改制，鼓励和支持非公有资本以多种形式进入文化领域，逐步形成多种所有制共同发展的大文化格局。加大西安本地文化人才的培育和国内外高端文化人才的引进工作。进一步加大营销宣传力度，提升西安文化影响力。

专栏 18　文化产业重点工程

◆**八大板块**。以唐文化、影视业及会展业为主的曲江新区板块；以文化创意产业为核心的高新区板块；以印刷、出版、包装为龙头的经开区板块；以广运潭、丝路国际区为亮点的浐灞板块；以秦、唐文化为内涵的临潼区板块；以宗教文化为主题的秦岭北麓板块；以秦汉文化旅游为主题的沣渭新区板块；西安唐皇城历史文化街区板块。

◆**三大街区**。建设文艺路演艺街区；纺织城创意文化街区；大唐西市文商旅街区。

第十一章　培育壮大战略性新兴产业

一、培育一批具有较强竞争力的高新技术企业

以建设西安综合性国家级高技术产业基地为目标，以重大技术突破和重大发展需求为基础，促进科技与产业的深度融合，把战略性新兴产业培育成为先导性、支柱性产业。重点打造若干具有较强研发能力和核心竞争力、在国内外具有较强实力和地位的高技术企业和产业集团，形成一大批富有活力的民营中小型高技术企业。到 2015 年，全市经认定的高新技术企业达到 1500 家。

二、提升企业自主创新能力

建立以企业为主体的技术创新体系，完善促进高技术企业创新的金融、财税等政策，实施中小企业技术创新计划和“瞪羚”计划，采取综合措施，鼓励企业提高研发投入，努力开发具有自主知识产权的核心技术和主导产品。到2015年，力争实现百家企业进入国家和省级创新型企业行列。

专栏19　培育和发展战略性新兴产业重点领域和项目

◆**节能环保产业**。重点发展高效节能、先进环保、资源循环利用等产业。建设节能产业园、环保产业园。

◆**新一代信息技术产业**。重点发展新一代移动通信、下一代互联网、三网融合、物联网、云计算、集成电路、新型显示、高端软件等产业。建设中兴通讯西安通信产业园、长安通讯产业园、物联网产业园、华为全球交换技术中心及软件基地。

◆**生物产业**。重点发展生物检测试剂、创新药物、现代中药、生物医学工程、生物育种等产业，建设生物产业基地，实施生物医药专项工程、新型疫苗和生物检测试剂专项工程、创新性药物专项工程、现代中药专项工程等六大专项工程。

◆**航空产业**。重点发展飞机制造、航空新材料制备、机载设备研发、零部件加工、专用装备制造、航空教育培训、航空旅游博览、改装维修等产业。建设通航产业园、中航工业集团航空制造业基地、大飞机控制、液压、电源等部件系统生产基地。

◆**航天产业**。重点培育以卫星通信、卫星导航、卫星遥感为主的卫星及卫星应用产业。建设中国卫星通信运营中心、导航产业园、618所导航制导与控制(GNC)产业园。

◆**新能源产业**。重点发展新一代核能、太阳能热利用和光伏发电、风电技术装备、质能电网、生物质能。建设风电产业基地、太阳能光伏产业园、半导体产业园。

◆**新材料产业**。重点发展金属超导材料、钛合金材料、金属复合材料、稀有金属材料、陶瓷复合材料、高性能碳纤维等产业。建设金属材料产业园、航空航天材料产业园、美国应用材料全球发展中心。

◆**新能源汽车产业**。重点发展插电式混合动力汽车、纯电动车、燃料电池汽车技术。

三、加大扶持力度

以建设战略性新兴产业示范园区为突破，以培育重点产业链为依托，以培育战略性新兴产业重大项目为支撑，“点、线、面”结合，推动全市战略性新兴产业快速发展。设立战略性新兴产业发展专项资金和产业投资基金，扩大政府创业风险投资引导基金规模，带动社会资金投向处于创业早中期阶段的创新型企业。积极培育节能环保、生物产业、新能源汽车，大力发展航空、航天和新一代信息技术产业，加快壮大新能源、新材料产业。

第十二章　大力发展先进制造业

一、培育扶持大企业集团

以龙头企业为依托，推进企业战略性重组，加大行业资产整合力度，积极培育一批具有较强知名度和竞争力的大企业、大集团。到2015年力争再增加陕鼓等7户产销超百亿元企业，使我市超百亿元大企业达到12个以上，其中超500亿元的2户；规模以上企业达到2000户以上。继续实施名牌战略，力争培育10个以上在国内有一定影响力和竞争力的知名品牌，培育1～2个享誉世界的知名品牌。

二、积极延伸产业链

围绕骨干企业，延长汽车及零部件、高中压输变电成套设备、专用通用设备以及航空航天设备等产品的产业链，提高西安工业产品配套能力，力争到2015年，重点企业主要产品的本地配套率达到60%以上。

三、强化工业经济地位

巩固和提高工业在全市发展中的重要地位，加大工业招商引资力度，集中力量抓好一大批重大工业投资项目的建设。在资金、土地供应等要素配置上向工业项目倾斜，提高工业投资比重，提升工业经济对全市经济发展的贡献度。

专栏20　先进制造业重点领域和项目

◆**汽车产业**。加快汽车产业集群发展，形成重型卡车、中型卡车、微型车、小型车、发动机、变速器、车桥等对产业发展具有强力支撑作用的产业链。建设比亚迪汽车西安二厂、法士特年产20万套轻微型汽车动力总成项目、汽车零部件生产建设等项目。

◆**专用设备制造业**。重点发展大型工业风机、工业缝纫机、筑路、矿山、冶金行业专用工程机械等产品。建设专用通用设备制造生产项目等。

◆**输变电设备制造业**。重点发展高中低压成套、研发、生产有机结合的输变电设备制造产业集群。

◆**石化和精细化工**。重点发展石油化工、清洁燃料、高等级道路沥青、绿色环保洗涤用品、特种橡胶等产品。推进渭北产业集聚区建设。

◆**轻纺食品饮料产业**。重点发展食品饮料、纺织和服装加工等产业。建设西安纺织产业园、西北家具工业园、台湾企业聚集区，食品科技产业园。

第十三章　加快发展现代服务业

推进国家服务业综合改革试点工作，加快应用科学管理模式、先进适用技术和现代经营理念，改造传统服务业，大力发展新型服务业，拓展服务业新领域，推进服务业聚集发展的规模化、品牌化、网络化，重点发展生产型服务业，全面发展生活型服务业，加快推进农村社会化服务体系建设，把西安建设成为区域性的商贸物流中心、金融中心和会展中心。

一、物流业

按照服务西安、链接全省、辐射全国的发展路子，发挥西安的区位优势，优化以西安为中心的物流集疏运体系，建立和完善与西安主体产业协同匹配、相互促进的现代物流业，打造以信息化应用为主导、以生产资料和生活资料交易为主体，由核心物流园区、专业物流中心集群、物流网络节点以及龙头物流企业构成的城乡现代物流体系。建设6～8个专业物流中心，扶持10～20个物流龙头企业，充分发挥西安国际港务区的平台优势，提升海关特殊监管区的保税物流功能。到2015年基本把西安建成国内外有重要影响的国际内陆港口城市和黄河中上游最大的商贸物流集散中心，形成区域经济一体化的物流新格局。

二、金融业

推进西安金融商务区建设，打造具有国际资本融通功能和较强辐射能力的区域金融中心。加快发展金融要素市场，全面提升西安金融业发展水平。优化西安金融生态环境，大力吸引国内外银行、保险、证券、基金、信托、资产管理等方面的金融机构，积极支持各类新兴金融机构和金融组织发展，力争引进银行类金融机构15家，设立村镇银行10家，新增证券营业部5家、期货经纪公司5家、保险分公司3～5家。以金融后台服务为特色，聚集数据中心、清算中心、呼叫中心和灾备中心等种类后台服务机构，积极发展征信、评估和咨询等各类中介机构，加快金融服务外包中心建设。积极推进区域性金融合作和交流，推动产权交易市场建设，促进各类产权合理有序流动。到2015年，全市金融机构本外币存款和贷款规模分别达到1.8万亿元和1.17万亿元，金融业增加值占GDP比重超过8.5%，力争把西安建设成为金融机构分布集中、金融市场完善、经济金融化程度较高、金融工具齐全、金融创新活跃、金融服务设施先进、金融信息畅通的西部重要区域性金融中心。

三、会展业

按照促进会展业与城市文化、城市经济有机结合的发展思路，做大做强会展业。办好现有品牌展会，培育扶持特色展会，办好世界园艺博览园、欧亚经济论坛等，吸引国内外知名会展活动落户西安。培育壮大会展主体，组建会展业投资控股公司，优化会展资源配置，全面推进会展产业市场化进程。大力发展主导产业类专业性展会，建立区县会展联动机制，鼓励发展特色节会活动。到2015年，全市会展场馆总面积达到30万平方米，初步建成区域性国际会展中心。

四、商贸业

推进商贸业由传统业态向现代业态转变，鼓励连锁经营、特许经营、物流配送、电子商务等新业态发展。大力提升中心商业区功能，开发建设二环商业带，加快发展三环商业带。在三环附近，重点建设档次高、功能全、面向全省、辐射西北的大型粮油、水果、蔬菜、干货、工业原辅料、建材轻纺等新型专业化和综合性大市场。加大对解放路、东大街、小寨等重点商圈的改造提升，扶持成熟商圈做大做强。加快龙首村、张家堡、胡家庙和大兴路等商圈的规划建设，使商圈经济成为我市扩大内需、拉动消费的重要途径。提升农村商贸业发展水平。加快农村新型流通网络建设和农村现代物流配送体系建设。

五、软件和服务外包

以发展离岸服务外包为重点，培育一批能够承接跨国公司服务外包业务的大型骨干企业。加快发展面向新一代移动通信、消费类电子、汽车电子、智能仪器仪表等领域的嵌入式应用软件开发和面向装备制造、能源、医疗、教育、电力、环保等领域的行业应用解决方案。着力发展金融、保险、物流等领域的业务流程外包以及呼叫中心、数据灾备中心、人力资源培训中心等共享运营中心。大力发展以研发为中心的高端服务外包，打造国家级研发服务外包示范基地。支持发展数字出版、动漫游戏、影视制作、数字文化等信息服务业务。鼓励政府相关机构、园区和企业合作共建自主运营的云计算平台。积极拓展以欧美日为主的离岸服务外包发包市场，提升接包能力及开发水平。到2015年，全市承接离岸服务外包业务达到10亿美元，把西安建成“国内一流、世界知名”的软件和服务外包示范城市。

专栏21　现代服务业发展重点工程

一、商贸物流

◆提升城市中心商业区功能，开发建设二环商业带，加快发展三环商业带。在三环附近，重点建设档次高、功能全、面向全省、辐射西北的大型粮油、水果、蔬菜、干货、工业原辅料、建材轻纺等新型专业化和综合性大市场。

◆建设西安保税物流园、西安华南城、广汇汽车物流产业园、西北出版物物流基地、雨润西安农副产品全球采购中心。

二、金融会展

◆金融商务区建设。新建中央商务区、海峡两岸商务园、西安金融商务区等项目。

◆会展建设。建设“都市之门”——城市商务会展中心、曲江国际会议中心。加快发展会展业，形成会议、展览、节庆、赛事等为一体的大会展格局。

三、服务外包

◆高新区软件新城、创业园；经开区服务外包产业园。

第四篇　推进板块经济发展，形成各具特色的区域发展新格局

创新开发新区体制机制，统筹全市开发新区发展，根据不同的发展阶段制定不同的发展策略，实现各个开发新区的错位发展。明晰区县功能定位，加快区县经济社会升级转型，全面推动我市区域经济协调发展。

第十四章　加快重点开发新区发展

一、创新开发新区发展模式

不断创新开发新区的管理体制和运行机制，增强开发新区的发展活力和发展实力。修订《西安市开发区条例》，进一步促进开发区建设和管理的规范化、法制化和高效化。解决好开发新区与所在区域各级政府的利益关系，促进二者之间形成合力，逐步解决开发新区范围内行政管理权与经济管理权脱钩的问题，增加开发新区对规划区域的社会管理职能，使开发新区不仅成为我市经济增长的重要支撑，还要成为社会建设的主导力量。

二、统筹全市开发新区整体发展

树立全市开发新区一盘棋的理念，统筹开发新区的发展。进一步明确各开发新区的发展定位和产业重点，制定重点产业和开发新区的统筹协调发展政策，统筹考虑重大项目的选择和布局。建立全市开发新区的发展协调机制，最大程度发挥开发新区的整体优势。整合各开发新区的优势资源，解决开发新区发展中存在的同质竞争、产业雷同、重复建设等问题，真正呈现错位发展、协同发展的局面。

专栏22 开发新区布局图

三、明确不同开发新区的发展策略和工作重点

高新区、经开区、曲江新区等开发新区，重点是要实现从单纯追求经济发展向综合发展转变，在保证经济快速发展的同时，加快开发新区社会事业建设步伐，集中建设一批学校、医院、文体设施等综合服务设施，全面提高公共服务水平。

浐灞生态区、阎良航空高技术产业基地、西安国家民用航天产业基地、国际港务区、沣渭新区等开发新区，重点要进一步加快建设步伐，大力发展产业经济，提高对全市经济发展的贡献，同时区内社会事业也要同步规划，同步建设。

秦岭北麓生态休闲旅游区、渭北产业聚集区等规划建设的开发区域，重点是超前规划，完善机制，加大投入，尽快形成规模。

专栏23　重点开发新区功能定位

◆**高新区**:世界一流科技园区,国际知名科技园、国内一流高新区、中西部最佳的科技产业城和中国通讯产业第三极
◆**经开区**:国内一流、特色鲜明、功能复合、具有国际影响力的创新型综合经济体
◆**曲江新区**:国家级文化产业示范区
◆**浐灞生态区**:重要的区域性金融中心、商务中心、会展中心、商贸中心
◆**阎良航空高技术产业基地**:世界一流、亚洲第一的现代航空城
◆**西安国家民用航天产业基地**:特色鲜明、世界一流的航天新城
◆**国际港务区**:中国最大的国际型陆港和黄河中上游最大的商贸物流集散中心、现代生产性服务业新城
◆**沣渭新区**:国家生态区建设,城市特色功能区,西咸都市圈新型商务中心
◆**皇城发展区**:世界一流和最大的中国历史文化展示区、体验区和旅游休闲步行区
◆**秦岭北麓生态休闲旅游区**:具有世界影响力的国家中央公园和文化名山
◆**渭北产业聚集区**:西安工业经济的集聚发展核心区

第十五章　加快区县域经济发展

新城区、碑林区、莲湖区要把调整和优化区内的经济结构、进一步强化区域特色作为工作重点,大力发展文化旅游、商贸餐饮、休闲娱乐等产业,强化作为全市的核心城区功能。

雁塔区、未央区、灞桥区、长安区要转换发展思路,以西安主城区的发展思路来规划、定位本区的发展目标。必须要以大都市的目标、前瞻性的目光、高标准建设城市基础设施,安排产业布局,全面快速推进城市化和城市现代化,成为全市经济发展最具活力的区域。

阎良区、临潼区、户县要积极承接主城区的功能和人口,重点推进副中心城市建设,成为拉大城市骨架的核心力量。

周至县、蓝田县、高陵县要增强产业、要素、人口集聚能力,成为城市组团。要根据自身的特点,按照全市的统一规划和要求,在生态建设、统筹城乡改革、水源地保护等方面做出贡献。

把加快区县产业园区发展建设作为推进县域经济的重要切入点。按照《西安市加快推进区县工业园区发展建设的若干意见》,统筹规划建设各区县产业园区,形成引导产业集聚的有效载体和平台。

第十六章　调整优化产业布局

一、旅游业布局

根据不同的旅游线路和形式,形成多核心的旅游业发展布局。按照旅游业重点发展的文物观光、文化体验、生态旅游、都市旅游、祖庭朝拜、温泉度假、修学旅行、专门兴趣旅游、航空航天工业旅游等产品,总体形成以临潼、皇城区、秦岭、曲江等为重点的多核心布局。

二、文化产业布局

形成以三大核心区为主体的文化产业发展布局。曲江新区进一步建设和完善以盛唐文化为特色的文化产业核心区。皇城区稳步推进恢复历史文化古城风貌,形成历史文化氛围浓厚的文化产

业聚集区。临潼区以秦兵马俑、秦始皇陵、唐华清池等世界著名历史文化古迹为主体，加快形成旅游观光产品与休闲度假产品互补的大旅游文化产业格局。同时结合大遗址保护建设、宗教文化、广播影视、文化创意、文学艺术、新闻出版、演艺娱乐、数字动漫、网络游戏、信息网络等主要业态相应布局。

三、战略性新兴产业布局

形成以高新区、经开区、航天基地、航空基地、沣渭新区为核心，向外扩散的发展布局。高新区重点发展新一代信息技术、生物、新能源等产业；经开区重点发展节能、新材料等产业；航天基地发展航天和大功率半导体照明等产业；阎良国家航空高技术产业基地发展航空产业；沣渭新区发展生物、节能环保产业。

四、先进制造业布局

构建以渭北产业聚集区为核心的先进制造业发展格局。依托泾渭新城、西安渭北（临潼）现代工业新城等重点产业园区，引导全市制造业向渭北产业聚集区转移和集中，吸引国内外优势产业和大项目进入，使之成为承载全市工业发展最重要的核心区。以西电集团为核心，打造输变电设备制造业集群。

五、现代服务业布局

形成以西安国际港务区为核心，专业物流中心、物流龙头企业、专业物流节点构成的城乡物流体系；推动高新区金融创新试验区、中心城区金融机构聚集区和浐灞金融商务区共同形成定位合理、各具特色、有机补充、互为依托的西部重要金融中心格局；巩固扩大曲江国际会展中心、浐灞国际会议中心、绿地笔克国际会展中心等会展平台，在城市北部、东北部和西安—咸阳结合部新建会展场馆，形成布局合理、特色明显、错位发展、功能齐备的会展聚集区；改造提升中心商贸区，完善二环商业带，开发建设三环商业带和远郊区县商业中心；加快以西安高新区软件园为主导区，以经开区、航空基地、航天基地、浐灞生态区、国际港务区内的专业服务外包园区及碑林动漫产业平台为辐射区的园区平台建设，推进产业聚集，形成特色鲜明、各有侧重、协调发展的产业格局。

第五篇　加快推进统筹科技资源改革示范基地建设，着力构建创新型城市

按照政府引导、市场推动、机制创新、先行先试的原则，以体制机制创新为动力，以实施重大科技创新工程为抓手，打破科技资源条块分割壁垒，推动科技产业融合，建设创新体系完备、创新能力强大、创新产业发达、创新人才荟萃、创新环境优良的国家一流创新型城市。

第十七章　推进统筹科技资源改革示范基地建设

一、创新体制机制

深化科技体制改革，促进全社会科技资源高效配置和综合集成。以重大科技及产业项目建设为纽带，探索建立面向市场、多元投入、合作共享、互利共赢的统筹模式，有效整合中央与地方、军工与民用、高校院所与企业的科技资源，加快建立以企业为主体、市场为导向、产学研相结合的区域创新体系，推动区域内科技资源促进地方经济发展。

二、统筹基础资源

建设西安科技资源大市场，搭建大型设备、信息、技术交流、成果交易平台，完善网络支撑体系，形成企业需求对接机制，促进中央与地方、军工与民用、国有与民营、国内与国际科技资源流通共享，面向关中—天水经济区，建设区域科技资源服务枢纽。到 2015 年，区域内共享大型仪器设备 4000 台套，技术市场交易额突破 300 亿元。

三、统筹技术创新资源

在高校院所之间、科研院所与企业之间通过市场化手段进行资本、技术整合，建设一批企业技术中心、工程中心、工程实验室，构建一批产业技术联盟。到 2015 年，组建 30 家产业技术联盟，加盟企业 1000 家，实施 50 项统筹科技资源重点示范项目和 100 项产学研合作的重大产业化项目。

四、统筹国防科技资源

创新军工资源扩散的市场体制，促进军民两用技术融合、产业融合、集群发展。鼓励军工企事业单位组建民用产业集团，建设军民技术融合产业园区，鼓励民用公司参与军工产品的研发生产。到 2015 年，转化 50 项重大军工技术，军民融合产业产值突破 1000 亿元大关。

五、统筹科技投入

统筹规划科技金融资源，促进科技与资本的高效对接。大力推进风险投资体系建设，吸引国内外投资机构加入西安创业投资联盟。鼓励商业银行创新投资方式、信贷产品和金融服务，开展科技型中小企业小额信用贷款、集合信托、科技保险、知识产权质押等试点。到 2015 年，实现 30 家高新技术企业上市融资，聚集 50 家知名投资机构，投资规模达到 200 亿元，实现科技型中小企业年度贷款总额 500 亿元。

六、发挥开发新区统筹科技资源示范作用

高新区重点在科技金融创新、产学研合作、企业股权激励等方面开展试点。经开区在产业创新平台建设、产业技术联盟构建等方面开展试点。航空、航天产业基地在军转民、民进军机制体制和特色园区建设等方面开展试点。国际港务区和沣渭新区在战略性新兴产业关键技术研发应用方面开展合作试点。

第十八章 营造创新环境

一、强化创新服务体系建设

大力培育和发展创新中介服务机构,加强科技企业孵化器、技术转移机构服务体系建设。建设一批科技创新和成果转化的公共服务平台、专业孵化器,为产业共性技术开发、中小企业创新发展提供服务。建立健全以企业为主体的自主创新体系,大力培育创新型企业。到2015年,全市各类科技中介服务机构达到1000家,孵化科技企业2000家,大中型企业R&D经费占企业销售收入的比重达到3%以上,企业研究与发展(R&D)经费支出占全社会研究与发展(R&D)经费的50%以上。

二、实施知识产权和技术标准战略

健全知识产权保护和自主创新的政策法规,建立专利、商标、版权相统一的管理体制和联动机制,保护知识产权。培育知识产权优势企业,推动创新成果知识产权化,提升企事业单位的知识产权创造、管理、实施和保护运用能力。支持企业和科研院所参与国际、国内及行业技术标准制定,推动自主知识产权与技术标准的结合。到2015年,专利申请量累计达到10万件,发明专利授权占专利授权总量的45%,成为国家知识产权示范城市。

三、弘扬创新文化

以建设创新型城市为契机,积极弘扬创新文化,激发和挖掘全社会创新动力、创新活力和创新潜力。培育鼓励创新、宽容失败的文化氛围,树立以市场、开放、创新和竞争观念为特色的文化价值观,塑造和提升城市的创新精神和创新形象。

第十九章 大力实施人才强市战略

一、确立人才优先发展布局

把人才强市作为推动国际化大都市建设的主战略之一,优先开发人才资源、优先调整人才结构、优先保证人才投资、优先创新人才制度,培养和造就一支规模宏大、结构合理、素质优良的人才队伍,构建更具竞争实力和创新活力的西部人才高地和人才资源强市。到2015年,人才资源总量达到89.7万,人力资本投资占生产总值比例达到16.8%,每百万GDP需要人才数降至2.9人,人才贡献率达到33%。

二、深入实施中长期人才发展规划

贯彻落实《西安市中长期人才发展规划》,大力实施六大人才重点工程,制定和落实七项人才发展保障政策。到2015年,人才环境进一步优化,人才结构更加合理,人才使用效能明显提升,辐射带动能力显著增强,更好的满足西安发展建设的需求。

三、统筹推进各类人才队伍建设

大力培养高层次创新创业型科技人才，造就一批高水平科学家、科技领军人物和创新团队。大力开发我市五大主导产业及重点发展领域专门人才和急需紧缺人才。统筹开发党政人才、企业经营管理人才、专业技术人才、高技能人才、农村实用人才、社会工作人才、城市管理人才等七支人才队伍。到2015年，研发人员总量达到1.9万人，高层次创新创业型科技人才总量达到2500人，专业技术人才总量达到18.9万人，高技能人才总量达到30.5万人。

四、创新人才发展体制机制

坚持党管人才体制，改进人才管理方式，进一步深化国有企、事业单位人事制度改革。发挥用人单位在人才培养、吸引和使用中的主体作用。探索和完善人才培养开发、评价发现、选拔作用、流动配置、激励保障等机制。到2015年，形成完善科学规范的人才政策法规体系和富有活力人才发展体制机制，营造出国际化大都市应有的人才发展环境。

专栏24　人才发展重点工程和重大政策

◆**人才发展六大重点工程：**创新创业人才开发工程、企业经营管理人才能力提升工程、高技能人才队伍建设工程、基层人才振兴工程、社会工作人才建设工程、人才发展理论创新和管理创新工程。

◆**推进人才发展的七项保障政策：**人才发展投入保障政策、产学研合作培养人才政策、人才创新创业扶持政策、鼓励非公有制组织人才发展政策、引进人才和智力的支持政策、强化人才辐射带动功能的支持政策、建设统筹科技资源改革示范基地的支持政策。

第六篇　大力发展社会事业，切实保障和改善民生

深入实施“民生八大工程”，完善六大社会公共服务体系，促进全市公共服务均等化水平，实现经济和社会的协调发展。

第二十章　建立持续增长的就业和创业保障体系

一、全力促进创业就业

健全公平竞争的创业就业制度，建立城乡统一的人力资源市场。全面创建创业孵化基地，协调发挥小额担保贷款、大学生创业基金等专项资金扶持创业功能。促进城市青年、农村富余劳动力和产业结构调整中转移人员自主创业、自谋职业、自雇就业，让劳动者方便创业、成功创业。多层次拓展就业渠道，重点做好高校毕业生、农民工、就业困难人员就业和退伍转业军人就业安置工作。加强就业培训服务。统筹做好城镇新增劳动力就业、农村人口转移就业、下岗失业人员再就业工作。

加强对大学毕业生、退役军人的就业指导和服务。开发社区等公益性岗位，努力消除零就业家庭。建立经济区域内就业工作协调机制，研究区域内就业方面存在问题，及时调整就业工作方向。城镇新增就业人数不少于60万人；下岗失业人员再就业达到20万人，其中困难群体再就业达到6万人；农村劳动力转移就业达到300万人次；小额贷款发放金额达到10亿元；城镇登记失业率控制在4.5%以内。

专栏25 促进创业就业六大举措

◆提升创业服务水平，优化投资、创业环境，推动创业带动就业工作全面开展。
◆全面创建创业孵化基地，协调发挥小额担保贷款、大学生创业基金等专项资金扶持创业功能。
◆多层次拓展就业渠道，重点做好高校毕业生、农民工、就业困难人员就业和退伍转业军人就业安置工作。
◆加强就业培训服务，统筹做好城镇新增劳动力就业、农村人口转移就业、下岗失业人员再就业工作。
◆开发社区等公益性岗位。
◆建立经济区域内就业工作协调机制，研究区域内就业方面存在问题，及时调整就业工作方向。

二、努力提高人民生活水平

以共同富裕为目标，发挥政府调节收入分配的职能，规范收入分配机制，完善工资增长机制。完善按劳分配为主、多种分配方式并存的分配制度，保证各类生产要素按贡献参与分配。合理调节垄断行业的过高收入，努力提高中等收入人群比重。提高低收入者收入水平，逐步提高最低工资标准和最低生活保障标准。逐步缩小城乡、区域、行业之间的收入差距，实现收入分配的相对公平。巩固提高经营性收入，大力增加转移性收入，创造条件增加财产性收入，到2015年，城乡居民收入实现翻一番。

第二十一章 完善覆盖城乡的现代国民教育体系

一、提高教育保障水平

坚持优先发展教育，加大对义务教育的投入力度，教育资源向农村和薄弱学校倾斜，实现义务教育均衡发展。加快学前教育建设，构建覆盖城乡的学前教育公共服务体系，保障适龄儿童接受基本学前教育，全面普及学前三年教育，实现学前一年免费教育，到2015年，全市学前三年适龄儿童入园率达到95%以上。合理规划学校布局，实施中小学、幼儿园办学条件改善工程，新建、改扩建标准化幼儿园400余所，每个县建成一所示范幼儿园，每个乡镇建成一所中心幼儿园，全部行政村都有幼儿园。加快全市标准化寄宿制学校建设，义务段标准化学校达到70%，初中学龄学生入学率达到98.5%以上，中小学教育信息化水平显著提高。采取有效措施，切实保障困难群体和外来务工人员子女就学。

二、大力发展各类教育

全面提升高中教育、职业教育、高等教育、特殊教育和继续教育发展水平。适当减少普通高中数量，到2015年，普通高中全部达到省级标准化水平，15%的学校达到省级示范高中标准。形成3个区域性职业教育集团，建设职业教育园区。完善民族教育学校。扩大高等教育规模，市属高校在校生人数达到3万人。基本保障全市残疾儿童能普遍接受高质量的义务教育。发展灵活多样的继续教育，注重做好农村劳动力转移、人才输出和城市下岗职工再就业的实用技术教育工作。

三、深化教育体制改革

提高财政性教育经费支出，优化配置教育资源。打破行业和隶属关系界限，盘活教育存量资源，优化配置教育增量资源，推动公共教育向农村、薄弱学校、困难学生倾斜，使教育发展与城乡建设、产业发展和人口分布相协调。全面实施“义务教育学校标准化建设工程”，均衡配置教师、设备、图书、校舍等资源，确保适龄儿童免试就近入学，着力解决择校问题。加强师资建设，实行区(县)域内教师和校长定期交流和流动，义务段不设置重点学校和重点班。深化办学体制改革，调动社会支持和举办教育的积极性，支持社会组织和个人投资办学，发展教育事业，形成以政府办学为主、社会各界积极参与的多元化办学格局。

第二十二章　建立完善基本医疗卫生服务体系

以深化医药卫生体制改革为统领，按照保基本、强基层、建机制的要求，优化卫生资源配置，切实解决群众“看病难、看病贵”问题，努力建设区域性医疗卫生服务中心。

一、切实加强公共卫生

健全疾病预防、妇幼保健、精神卫生、应急救治、卫生监督等公共卫生服务网络，逐步提高人均公共卫生经费标准，提高突发性重大公共卫生事件处置能力。普及健康教育，推行公共场所禁烟。大力推行城乡居民电子健康档案制度，提高市民预期寿命。

二、不断完善城乡医疗服务体系

健全农村三级医疗卫生服务网络，确保每个县有一所医院达到二甲标准。完善以社区卫生服务为基础的新型城市医疗卫生服务体系，不断加大社会力量举办的比重。加快构建城乡各级医疗机构分级诊疗、双向转诊制度和分工协作格局。坚持中西医并重方针，加强中医医疗机构和中医药人才队伍建设。加快建设第三医院、中医医院、红会医院、结核病院等项目，支持西安儿童医院建设成为国家级专科医疗中心。切实推进医疗卫生行业管办分离，深化公立医院人事制度和分配制度改革。细化和落实国家鼓励社会资本发展医疗卫生的政策，确立新增医疗资源优先考虑社会资本的决策机制，逐步缓解“看病难、看病贵”的问题。

三、有效提高医疗保障能力和水平

健全基本医疗保障体系，进一步完善城镇职工、城市居民、新农合等医疗保险和城乡医疗救助制度，逐步整合各项医疗保险，实现城镇职工基本医疗保险市级统筹。提高城镇职工和居民医保的住院费用报销比例，逐步扩大和提高门诊费用报销范围和比例。将城镇职工医保、城镇居民医保最高支付限额分别提升到上年度当地职工年平均工资、居民可支配收入的6倍左右。

四、全面推行国家基本药物制度

建立和完善以国家基本药物制度为基础的药品供应保障体系。城乡基层医疗卫生机构要全面实施国家基本药物制度，建立财政保障机制，细化更符合市情的基本药物目录，完善价格形成机制和采购机制。

五、不断完善食品药品监督管理机制

加强食品药品安全监督工作，加大监督管理设施和设备投入，筹划建设食品药品检验检测中心，建立科学完备的药品安全监测、评估、预警体系。力争重大安全事故处理率达到100%；对现有国家药品标准的独立全项检验能力达到80%；药品监督抽检覆盖率达到80%；药品安全信息平台覆盖面网上审批、网上稽查系统覆盖面、药械企业实时监控系统覆盖面均达到100%。

第二十三章　加快建设公共文化体育服务体系

一、积极发展文化广电出版事业

统筹规划建设全市综合的公共文化设施。高起点、大手笔规划建设包含图书馆、档案馆、科技馆、文化馆、妇女儿童活动中心、青少年宫等各类场馆聚集的西安文化广场，提升国际化大都市的文化辐射力和影响力，打造城市标志性工程。

大力发展公益性文化事业，加大公共财政对文化设施投入，重点向基层社区、农村和少数民族聚居区倾斜，实现区县有文化馆、图书馆，乡镇有文化站、村有文化室的文化场馆网络格局。加快实施广播电视“村村通”工程，完成全市709个20户以下自然村广播电视村村通建设任务，建成农家书屋2462个。继续实施农村电影放映工程、全民阅读工程、文化环保工程，创建一批全国版权保护示范园区（基地）和示范单位，把我市建成全国版权保护示范城市。加强现代传播体系建设，重点推动新闻媒体、网络文化、移动电视等新媒体建设。深入挖掘、保护和利用非物质文化遗产，加强文化遗产保护工程建设。鼓励、引导和支持社会资本参与文化事业建设，积极发展新型文化业态。到2015年，基本建成覆盖城乡、群众满意、运行高效的公共文化服务体系。

二、不断完善发展体育事业

围绕建设西部体育强市，形成全民健身、竞技体育和体育产业的发展体系。健全全民健身体系，确保群众体育继续处于全国先进水平。新建伞塔路市级综合健身服务中心，建设13个区县级全民综合健身中心、建设一批“社区全民健身路径”、农民体育健身广场和群众体育活动站。加强公共体育设施建设。实施市体育场馆整体改造，高标准建设陕西奥林匹克体育中心等一批符合竞技体育发展要求的场馆设施。大力发展竞技体育，积极承办各项大型体育赛事。全面发展体育产业，重点发展体育健身休闲市场，大力开发体育表演市场，积极培育体育中介市场，做大做强体育用品业和场馆服务业，产业创收名列西部前列。

第二十四章　建立健全社会服务保障体系

一、建立覆盖城乡的社会保障体系

努力实现社会保障的城乡全面覆盖，建立社会保障投入增长新机制，逐步提高各项社会保险统筹层次和保障水平。到2015年，城镇基本养老、基本医疗、失业、工伤和生育保险参保人数分别达到220万人、366万人、135万人、130万人和89万人，社会保障水平达到全国大中城市中游。

扩大养老保险对非公有制企业、城镇个体工商户和灵活就业人员的覆盖面；积极开展城镇居民养老保险试点工作，并逐步推开；加强企业退休人员社会化管理服务工作；鼓励有条件的企业建立企业年金，逐步扩大年金试点范围，形成多层次的养老保险体系。加快推进新型农村社会养老保险试点工作，积极争取扩大国家、省级试点区县范围。创建扩大失业保险基金支出范围试点城市，将失业动态监测工作逐步扩大到全市范围内的所有企业。建立工伤预防、补偿、康复三位一体的新机制。建立和完善工伤保险的费率机制，减少或降低工伤事故与职业病的发生；完善现行工伤补偿制度，提高工伤补偿标准，确保工伤职工待遇的落实。

二、提高住房保障水平

健全住房供应体系。加快构建以政府为主提供基本保障、以市场为主满足多层次需求的住房供应体系。对城镇低收入住房困难家庭，实行廉租住房制度，政府提供基本住房保障。对中等偏下收入住房困难家庭，实行公共租赁住房制度，政府适当给予支持。对中高收入家庭，实行租赁与购买商品住房相结合的制度。

加大保障性住房供给。强化各级政府责任，加大保障性安居工程建设力度，基本解决保障性住房供应不足的问题。多渠道筹集廉租房房源，完善租赁补贴制度，稳步扩大覆盖范围。大力发展公共租赁住房，使其成为保障性住房的主体，逐步将新就业职工和符合条件的外来务工人员纳入供应范围。加大财政投入，引导社会资金参与保障性住房建设运营。加强保障性住房管理，制定公平合理、公开透明的保障性住房配租政策和程序，严格规范准入、退出管理和租费标准。

改善房地产市场调控。把保障基本住房、稳定房价和加强市场监管纳入经济社会发展的工作目标。完善土地供应政策，增加居民用地供应总量，有效扩大普通商品住房供给。完善住房公积金制度，扩大覆盖范围。

三、建立城乡社会救助体系

建立与经济社会发展相适应的低保标准自然增长机制，逐步提高城乡低保标准。加强城乡医疗救助与医疗保障制度的有效衔接，不断完善救助模式，扩大医疗救助覆盖面。推行定点医院即时结算和“一站式”服务，开展“二次救助”，最大限度满足困难群众的医疗救助需求。建立城镇贫困残疾人基本养老、医疗保险补贴制度，帮助残疾人参加社会养老保险。完善退伍军人优待抚恤政策法规、提高优抚补助标准。

专栏 26 民生保障重点工程

一、教育

◆学前特殊教育。建设幼儿园 431 所,改扩建面积 87.6 万平方米;特殊教育新建 3 所、改扩建 5 所;总面积 1.5 万平方米。

◆农村中小学标准化寄宿制学校。完成 522 所学校的建设。

◆中小学新建、改扩建项目。新建高级中学新校区、浐灞完全中学、航天基地第一中学等;改扩建实验教学:初中 259 所、小学 671 所;完成 50 所高中标准化建设等。

◆职业教育。建设西安职业技术学院、西安铁路职业技术学院等职业教育院校。

二、卫生

◆新建和改扩建市级医疗机构 13 所、区县级医院 5 所,新建和改扩建城市社区卫生服务中心 114 个,实施非建制乡镇卫生院建设项目 27 个,开展乡镇卫生院工程 118 个。

三、文化体育

◆建设西安文化广场、奥林匹克体育运动中心、全民健身中心、陆港国际网球中心、国际休闲运动中心、市体育场“一场两馆”改造等。

四、保障性住房

◆新建经济适用住房 1000 万平方米,16 万套以上。

◆新建廉租房 250 万平方米,累计保障能力达到 9.9 万户,覆盖全市 75% 低收入住房困难家庭。

◆新建公共租赁住房 340 万平方米以上。

五、城市综合改造

◆棚户区改造。完成 30 个棚户区的收尾工作和 32 个棚户区改造。

◆城中村改造。加快三环路以内城中村的整体改造任务,完成 85 个村改造、93 个村的回迁工作。完成 30 个三环以外村庄的整体改造。

◆重点区域综合改造。主要推进主城区、三个副中心城市、五个城市组团及开发区等区域改造。

第二十五章 建立城市人口发展体系

一、构建人口和计划生育宏观调控体系

全面做好人口工作,改善人口结构,引导人口有序流动,提升家庭发展能力,促进人口与经济、社会、资源、环境全面协调可持续发展。坚持计划生育基本国策,稳定低生育水平,逐步提高人口素质,促进从业结构、教育结构、性别比结构逐步趋于合理。建设西安生殖健康服务中心,健全心理健康咨询信息化网络,出生缺陷一级干预覆盖率达到 85%。2015 年末,全市总人口控制在 900 万左右。

二、积极应对人口老龄化

建立养老服务保障体系,加大财政投入,积极支持老龄事业发展。坚持社会化兴办养老事业,引入社会资金加快建设功能全面、服务多样、特色鲜明的养老机构,加快农村五保供养服务机构设施建设。全面提高五保集中供养率,提高五保供养标准,力争全市五保户集中供养率达到 70% 以上。

三、促进妇女儿童全面发展

坚持男女平等基本国策和儿童优先原则,全面实施新一轮妇女、儿童发展纲要,切实保障妇女合法权益,加强未成年人保护。促进妇女就业创业,提高妇女参与经济发展和社会管理能力。加强婴幼儿启蒙教育和独生子女社会行为教育,促进儿童健康成长。严厉打击各类侵害妇女儿童合法权益的违法犯罪行为。

四、支持残疾人事业发展

健全市级及各区县残疾人社会保障体系和服务体系，实施重点康复、“阳光家园”计划，推进残疾人“人人享有康复服务”。大力开展残疾人就业服务和职业培训。推进西安无障碍建设的设施规模和水平。

第七篇　统筹城乡发展，推进城乡一体化建设

着力建立和创新全市城乡一体发展的长效机制，全面统筹城乡经济、社会、文化建设，加快新农村建设，实现城乡共同繁荣。

第二十六章　全面推进统筹城乡进程

认真贯彻实施《西安市委、市政府关于全面推进统筹城乡发展的意见》，着力实施小城镇和新型农村社区建设、产业园区建设和农村基层组织和公共服务体系建设，促进农民向小城镇和新型农村社区转移、土地向园区和经营大户转移、劳动力向非农产业转移、社会保障和公共服务向农村转移，努力实现在发展规划、产业布局、城乡建设、社会事业和改革五个方面的统筹，推进城乡资源配置、经济发展、基础设施、公共事业和体制机制一体化。到2015年，统筹城乡综合配套改革和发展的制度框架基本建立，城乡经济社会发展一体化格局基本形成，城乡差距明显缩小。

第二十七章　加快发展都市型现代农业

坚持园区引领、基地支撑、龙头带动，促进农业的多种功能不断释放，综合效益显著增加，产业水平明显提升，城乡互动、产业融合的活力充分彰显，进一步富裕农民。以六种农业为主要内容，以四大板块，十二条产业带为重点，以十大现代农业示范园区和三大农业展示中心为先导，加快推进都市型现代农业。到2015年，农业增加值达到160亿元以上。

一、提升农业示范园区建设

充分发挥示范园区的示范引领作用，推进农业标准化，不断强化园区功能，打造一批样板示范园区。促进示范园区在引进改良新品种、试验示范新技术、使用推广新设施、开发延伸新产品、汇集传播新信息等方面的引领作用，加强示范园区在组织形式、经营模式、管理机制、营销理念等方面的示范带头作用，努力将示范园区发展成为现代农业的展示窗口、农业科技成果转化的“孵化器”、农产品市场行情及农业资讯的“信息港”和现代农业技术、设备、品种的“博览园”。

二、加快农业优势产业基地建设

按照专业化、规模化、标准化、集约化的发展思路,加快建设一批规模大、标准化程度高、产业优势集聚、经营理念先进的现代农业基地,努力为现代农业发展奠定坚实基础。着力打造一批"万字头"现代农业基地,使全市的农业特色产业和主导农产品基本实现区域化布局、板块式发展。加强农业标准化建设,分类编制全市优质农产品标准化生产规程,加快无公害、绿色和有机产品认证步伐,不断提高优势特色农产品质量安全水平和竞争力。进一步加大品种改良、工厂化育苗、测土配方施肥等方面科技推广力度,提高农产品的科技含量,增强设施农业抵御自然灾害的能力。坚持走高端发展路子,不断提升产品形象,争创驰名品牌,加强地理标志产品保护,实现与国内外高端市场对接。建设大型农副产品综合交易中心,提高西安农副产品定价能力。

三、做大做强农业产业化龙头企业

加快培育发展一批市场前景好、竞争优势明显和辐射带动力强的龙头企业,为都市型现代农业发展提供源源不断的动力。着力拓展龙头企业延伸辐射范围,巩固提升带动能力,促进农民增收致富。鼓励大型龙头企业实施扩张兼并战略,在更大范围、更广领域、更高层次牢牢把握市场的主动权。支持成长型龙头企业,积极引进高端人才,加强与知名企业联姻,加快组建区域性、行业性企业联盟,不断提升企业的影响力和辐射带动力。

专栏 27　农业示范工程

◆**优质粮食单产提增工程**。在长安、蓝田、周至、户县建设 260 万亩优质高产粮食基地。
◆**现代都市农业发展工程**。建设 13 个农业示范园、3 个农业展示中心和 1 个物流中心。
◆**设施蔬菜扩建工程**。新增及改造提升设施蔬菜种植面积 20 万亩。
◆**果品提质增效工程**。重点建设西安现代果业展示中心、周至、白鹿塬、蓝田农业示范园、秦岭北麓时令水果产业基地。
◆**畜牧业标准化建设工程**。重点建设临潼 10 万头奶牛养殖园区;蓝田、长安、户县、周至生猪标准化规模养殖园。
◆**观光农业发展工程**。旅游观光面积达 35 万亩以上,规模以上园区 100 家。
◆**农业综合开发工程**。实施中低产田改造及土地整理 20 万亩。
◆**统筹城乡发展工程**。推进现代农业示范园区、农业规模化、标准化产业基地,龙头企业培育、小城镇吸纳人口、农村新社区建设。

第二十八章　加快建设完善农村基础设施

一、加快农村道路建设

全面提升农村道路建设水平,完成"三横三纵三辐射"农村二级公路网建设任务。到 2015 年,完成城市周边农村公路改造,实现乡乡和村村通油路,全市农村公路总里程达到 1.3 万公里以上。实现 10 分钟由各区县中心通达高速公路或干线公路,50 分钟由市中心通达各县区中心,与周边市县的交通进一步顺畅。逐步实施国省干线扩能改造,实现县县通一级公路,与城市道路的高标准顺畅对接。

二、大力推进水利设施建设

把水利基础设施建设放在突出位置，以李家河水库和周户37万亩灌区改造为重点，大力发展高效节水灌溉。加快农村饮水安全工程建设，全面解决农村饮水安全问题，大力推进农村集中式供水。完善城乡供水、防洪和水生态环境保障体系，初步建立起城乡一体的水资源管理新机制。到2015年，全市节水灌溉面积保持在300万亩以上。

三、提高农村用电和信息化建设水平

实施新一轮农村电网改造升级工程，提升农网供电可靠性和供电能力。推进农村信息化，积极支持农村电信和互联网基础设施建设，健全农村综合信息服务体系。开展广电和电信业务双向进入试点，探索形成保障三网融合规范有序开展的政策体系和体制机制，实现电信对所有自然村的全覆盖。所有乡镇建有便民信息服务中心，所有行政村建有信息服务点，实现城乡资源共享。

第二十九章　积极推进城镇化

一、稳步推进农民向市民转变

深化户籍制度改革，积极引导农民向县城、建制镇和新型社区集中，按照常驻地登记户口的原则，逐步实行城乡统一的户口登记管理制度，放宽县城及建制镇落户条件。建立全市统筹的社保体系，消除制约农民向市民转变的体制性障碍，使进城农民与当地城镇居民享有同等权益。完善进城农民宅基地和承包地退出补偿机制。鼓励市民到小城镇创业，积极参与农村的改革与发展。

二、加大重点城镇建设力度

高标准建设60个重点小城镇道路交通、电力、天然气、供排水、污水处理、公共卫生、文化教育等基础配套设施，完善公共服务，进一步增强小城镇聚集、辐射、带动的能力，促进农村人口向城镇集中，成为带动周边农村发展的区域中心。着力培育和扶持一批有可能成为小城镇的重点村，使其进一步扩大规模。

三、做好农村新社区建设工作

继续抓好我市《建设社会主义新农村行动纲要》的贯彻实施，加大“四改、五通、五化”建设力度，到2015年，提前完成新农村建设“三步走”目标任务。积极开展村庄布局整理，对自然条件较差、公共设施落后、文物保护区和生态敏感区范围内的村庄，以及150人以下或50户以下的居民点逐步撤并，建设新社区。对已建成的新农村重点村加快提升改造，向新型农村社区转化。“十二五”期间，力争全市撤并村庄1458个。

第八篇　建设资源节约型和环境友好型社会，提高绿色发展水平

树立绿色、循环和低碳发展理念，强化激励和约束机制，加快构建资源节约、环境友好的生产方式和消费模式，坚持走可持续发展道路，建设人与自然和谐共生的幸福家园。

第三十章　强化资源节约和管理

一、大力推进节能降耗

以提高能源利用效率为核心，合理控制能源消费总量，强制淘汰落后产能，突出抓好工业、建筑、交通、公共机构等领域节能，加强重点用能单位节能管理。健全节能市场化机制，加快推行合同能源管理，大力推动节能工程建设。发展绿色建筑，主城区公共建筑实施节能65%的设计标准，在新建建筑中全面实行65%的节能标准。加快既有公共建筑节能改造，积极推广新型墙体材料，加大太阳能、地热能等可再生能源的应用推广力度。到2015年，单位生产总值能耗降低13%。

专栏28　重点节能工程

◆**十大节能工程**：继续实施电机系统节能、能量系统优化、余热余压利用、锅炉（窑炉）改造、节约和替代石油、热电联产、建筑节能、交通节能、绿色照明等节能改造项目。

◆**节能技术产业化示范工程**：支持余热余压利用、高效电机产品等重大、关键节能技术与产品示范项目，推动重大节能技术产品规模化生产和应用。

◆**合同能源管理工程**：推动节能服务公司采用合同能源管理方式为用能单位实施节能改造，扶持壮大节能服务产业。

二、加强节水节地节材等资源节约和管理

实行用水总量控制与定额管理，严格水资源保护。开展工业节水改造，提高水资源重复利用率。推进农业高效节水，建设小型农田水利工程。加大再生水利用设施建设力度，城市道路绿化等重点行业强制推广使用再生水。严格执行国家建设用地定额标准，加强用地节地责任和考核，提高建设用地节约集约利用水平，推广标准厂房建设，引导新农村建设节约集约用地，加大闲置土地处置力度。加强原材料消耗管理，推广节约材料的技术工艺，鼓励采用小型、轻型和再生材料。倡导绿色消费，减少一次性用品的使用，限制过度包装。

第三十一章　大力发展循环经济

一、全面推行循环型发展模式

按照“减量化、再利用、资源化”原则，构建节约型生产结构和生产方式。在造纸、电力、纺织、医药等重点行业全面推行清洁生产，全市所有企业基本实现清洁生产。建设和改造各类产业园区，实现土地集约利用、废物交换利用、能量梯级利用、废水循环利用和污染物集中处理。推动产业循环式组合，构筑纵向延伸、横向耦合、链接循环的产业体系。

二、健全再生资源回收利用体系

完善再生资源回收体系，建立健全垃圾分类回收制度，完善分类回收、密闭运输、集中处理体系。推进再生资源规模化利用，重点推进废旧汽车、废旧电器、废旧轮胎等废旧物的资源化利用，提高电厂脱硫石膏、城市建筑垃圾和餐厨垃圾的综合利用能力。加快建设以城市社区回收站点为基础，集散市场为核心，分类分拣和加工利用为目的的三位一体的废旧物资回收网络体系。

专栏 29　循环经济重点项目

◆**“城市矿产”示范基地**。建设西安市“城市矿产”示范基地，实现废旧金属、废弃电器电子、废纸、废塑料、废旧汽车等资源再生利用、规模利用和高值利用。

◆**餐厨废弃物资源化**。建设一座日处理 400 吨的餐厨垃圾无害化处理厂，餐饮垃圾处理率达到 50%，实现餐厨废弃物的资源化利用和无害化处理。

◆**循环经济示范单位（园区）建设**。建设 10 家循环经济示范、试点单位（园区），鼓励园区共享资源、延长产业链，鼓励企业集中处理和回用废弃资源。对新建园区或产业集聚区按照循环经济原则进行规划、建设，围绕核心资源发展相关产业，引进关键链接项目，形成资源高效循环利用的产业链。

三、加快推进循环示范单位（园区）建设

深化循环经济试点，以提高资源产出效率为目标，加强规划指导，强化政策支持，建设循环经济产业园区和基地，培育循环经济龙头企业，打造循环经济产业链，形成园区、企业和产业链三个层面互动促进的循环经济发展新格局。

第三十二章　打造生态城市和宜居城市

一、加大污染治理力度

实施水环境综合整治。严控工业污染排放，建成区内的污染企业要有序搬迁或逼退，减少化学需氧量排放。推进农业污染源防治，着力做好规模化畜禽养殖场和养殖小区、农村生活污染源排放控制。加强渭河、灞河等河流排污口的整治，加大力度治理岸边污染带，减少污水直排，确保城市和农村集中式饮用水源水质。加快污水处理设施建设，提高污水排放标准，扩建 4 座、新建 5 座污水

处理厂，建设3个污泥集中处置中心，完善6座污水处理厂的污水再生处理设施。到2015年，全市污水日处理能力达到200万立方米，城市生活污水集中处理率达95%以上。

完善垃圾收集和处理系统。加快垃圾收集系统建设，建成垃圾压缩收集站190座以上，城区垃圾收集（压缩）站的数量达到300座以上，改造江村沟生活垃圾卫生填埋场渗沥液处理系统。按照"村收集、乡运输、县处理"的原则，逐步建立和完善农村垃圾收集、运输、处理系统。到2015年，城区生活垃圾无害化处理率达到95%。

改善大气环境质量。推进热电联产和集中供热工程，优化能源结构，推广清洁能源，严格控制二氧化硫和氮氧化物排放。强化各类扬尘污染源的控制，推进机动车污染物排放控制，实行国Ⅳ排放标准，进一步加强环境空气质量监测和预警能力，城市环境质量得到明显改善，空气质量好于或达到二级标准300天/年以上，环境质量综合指数达80以上。

二、加强生态建设和自然保护

加强森林和水源地保护。以秦岭北麓生态保护工程为重点，继续实施天然林保护建设工程、退耕还林工程和自然保护区建设工程，启动实施秦岭迎面坡绿化工程、白鹿塬迎面坡绿化工程和洪庆二岭子绿化工程，加强秦岭水源涵养、水土保持和生物多样性保护。实施黑河金盆水库二期移民工程、李家河水库移民安置工程。保护好水源地与水源涵养林，在饮用水源一、二级保护区内实施隔离防护工程，禁止建设有污染的项目。到2015年，全市森林覆盖率达到48%。

建立优良的水生态环境保护体系。全市范围内河湖库各类水体得到有效保护，山区段水质保持在Ⅱ类以上，平原段全部达到水功能区目标要求。市区地下水年开采量控制在2.3亿立方米以内，全市地下水得到有效涵养。每年治理水土流失面积不少于200平方公里，水土流失得到有效控制，全市水环境和水生态状况得到显著改善。

完善城市生态绿地系统。以明城墙、二环路、三环路、绕城高速为环线，建设主城区绿色环道，以关中环线路、铁路沿线为通道，建设城乡一体绿色廊道，依托城市自然湿地、"八水"及渭河两岸，绿化河道林荫堤岸，逐步实施和延伸唐城绿带工程，建设城市绿色生态保护环。实施主城区公园景观建设工程，建设阿房宫公园、清凉山公园、文景公园等20个以上公园。到2015年，城市建成区绿地率达到35.6%，绿化覆盖率达到42.5%，城市人均公共绿地达到10.3平方米，建成区内500米半径就有一处可供市民休闲的广场或街头绿地。

专栏30　生态保护重点工程

一、水环境综合治理

◆实施四大工程：沣河干流生态治理工程、汉城湖水环境综合治理提升工程、渭河城市段综合治理工程、中小河流治理工程。

二、生态林业和绿化

◆重点建设天然林资源保护工程、三环路林带建设项目、巩固退耕还林成果专项工程、重点区域绿化工程、"三化一片林"绿色家园工程。

三、污水处理

◆城市污水处理。重点建设第六、第十污水厂、国际港务区污水处理厂、浐灞污水处理厂、户县污水处理东厂等5座。改扩建第一污水厂二期、第二污水厂二期、第三污水厂二期、第四污水厂二期及污水再生利用处理设施工程。

第九篇　深化改革开放，为发展创造良好环境

以进一步完善社会主义市场经济体制为目标，坚持体制机制创新，充分发挥政府的引导推动作用和市场的基础配置作用，加快推进改革进程，提升区域合作和对外开放水平，为建设国际化大都市注入新的活力和动力。

第三十三章　加快改革进程

一、积极促进非公有制经济发展

破除制约非公有制经济发展的体制瓶颈，促进非公有制经济快速发展，到2015年，非公有制经济占GDP比重达到55%。鼓励非公有制经济扩大投资领域，允许民间资本进入法律法规未明确禁止准入的行业和领域。支持民间资本进入基础产业、基础设施、金融服务和商贸流通领域的投资、建设与营运，引导民间资本参与政策性住房、社会事业和市政公用事业等发展，支持民营资本参与企事业单位的改组改制。大力发展民营企业特别是民营科技企业，在产权制度上发展股份制，积极培育股份有限公司，支持具备条件的民营企业上市、发行债券。爱护民营企业、尊重民营企业家，宣传先进典型，提供优质服务，营造良好氛围。

二、深化国有企业改革

加大存量调整力度，做足做活增量文章，以增量带动存量优化，在转型升级中增强企业市场竞争能力。加大国有经济布局和结构战略性调整，完善国有资本有进有退、合理流动机制，推动国有资本向国民经济中的重要行业和关键领域集中，向大型企业集中。加快推进国有企业股份制改革，到2015年，基本完成市属国有大中型企业股份制改造。完善各类国有资产管理体制，加强现代企业制度建设，健全企业投资管理制度，推行国资经营预算管理，规范国资收益分享制度，完善法人治理结构，推行外派董事会、监事会制度。大力发展国有资本、集体资本和非公有资本等参股的混合所有制经济，将市国资委直接监管的企业，逐步改制、重组为具有不同功能的投资公司、控股公司、集团公司或资产经营公司，拥有自主知识产权和著名品牌的大企业、大集团。鼓励和帮助有条件的市属国有及国有控股企业实现境内外上市。

三、加快市政公用事业改革

积极引入市场竞争机制，大力推进市政公用事业投资运营的市场化程度，建立健全市政公用事业特许经营制度。改进和完善政府采购制度，建立规范的政府监管和财政补贴机制，把具有经营性收益的市政公用事业逐步推向市场，实现政企分开、政事分开和事企分开。进一步提高市政公用事业市场开放度，逐步开放投资、建设和运营市场，支持鼓励民间资本进入城市供水、供气、供热、污水和垃圾处理、公共交通、城市园林绿化等领域，积极参与市政公用企事业单位的改组改制。

四、健全现代市场体系

充分发挥市场配置资源的基础性作用，完善资本、土地、技术、人力资源等要素市场体系。坚持专业市场建设与产业调整相结合，以资源性产品价格改革为重点，建立产权产品自由流动的资源市场体系，以深化金融体制改革为重点，健全股票、债券等资本市场体系，真正做到能交给市场的都交给市场，能通过市场解决的都由市场来解决。完善土地确权、土地调查和登记制度，统一市场准入条件，规范发展土地市场秩序，继续严格执行经营性用地招标、拍卖、挂牌出让制度，健全土地收购储备制度。加快建设覆盖城乡统一规范的人力资源市场，推进公共服务体系建设，完善市、区（县）、街道（乡镇）、社区三级管理、四级服务的人力资源和社会保障管理服务体系。

五、继续深化行政管理体制改革

围绕政府职能转变，推进政府组织体系和运行机制创新，加强市场监管、社会管理和公共服务，加快建设法治政府和服务型政府。进一步深化行政审批制度改革，加快推进政企分开、政资分开、政事分开、政府与市场中介组织分开，减少和规范行政审批，加强行政审批的监督，减少政府对微观经济活动和公民自治活动的干预。进一步优化审批流程，扩大集中办理联动式并联审批事项。加强政务服务中心建设，提高行政效能。继续优化政府组织结构、行政层级、职能责任，让相同或相近的职能尽量划归统一的主管部门，减少部门间的责任交叉和冲突，做到责权统一。加快推进事业单位分类改革，促进公共服务和社会事业发展。充分发挥市场机制作用，探索社会组织管理体制改革，依靠社会力量处理社会事务，积极推动社会组织的民间化发展。

第三十四章　加快发展开放型经济

一、提高利用外资水平

抓住"外资西移"、"内资西进"的有利时机，以开发新区为主要载体，以优势特色产业和战略性新兴产业为重点，创新利用外资方式，加大招商引资力度，扩大利用外资规模。积极吸引世界500强企业和全球行业龙头企业来我市投资兴业，设立总部、研发中心和专业服务机构。消除外资和民营资本进入部分垄断行业的门槛和壁垒，鼓励外资以参股、并购等方式参与我市企业改组改造和兼并重组。加大企业从各类投资基金、国内外证券市场和产权交易市场融资的力度和规模，加强与各类风险投资基金、产业投资基金以及各类私募股权基金的联系。加大对企业境外上市的扶持力度。有效利用国外政府、国际金融组织优惠贷款和国际商业贷款，完善外债管理体制。到2015年，利用外资达到35亿美元，利用内资达到1670亿元。

二、加快对外投资合作

实施"走出去"战略，通过对外投资获取资金、技术和市场等战略资源。加大企业境外投资的政策扶持力度，重点鼓励能够发挥我市企业相对优势、带动我市经济、技术、产品出口和扩大就业的产业"走出去"，尤其是到国家在境外兴建的各类投资合作区内进行项目投资。支持在境外开展技术研发投资合作，提高对外投资的质量和水平。发展海外工程承包，尝试农业国际合作，开展有利于我市民生发展的项目合作。通过对外投资，引导企业主动参与经济全球化竞争。

三、培育出口竞争优势

推动对外贸易从规模扩张向效益提高转变，加快培育以技术、品牌、服务为核心竞争力的新优势。提高劳动密集型出口产品质量和档次，扩大机电产品和高技术产品出口。大力扶持大型外贸龙头企业，力争实现年出口1000万美元以上的企业累计超过50家，年出口5000万美元以上的企业累计超过20家。加大对飞机、汽车、太阳能、发电设备、超导材料、输变电设备和工业缝纫机等优势产业中自主品牌的扶持力度，对自主品牌申请国外的各种产品标准认证给予补贴，推动自主品牌赢得更大的国际市场份额。加快建设西安国家级国际服务外包产业基地等优势特色产业产品出口基地，打造一批产业链长、带动能力强的产业集群。积极扩大先进技术、关键零部件、节能环保产品和重要原材料的进口，发挥进口对宏观经济平衡和结构调整的重要作用，优化进口结构。到2015年，自营进出口总额达到120亿美元。

四、加快西安国际陆路口岸建设

提高国内贸易、国际贸易货物的吞吐量和服务水平，降低货物贸易的物流成本，提高物流效率。充分发挥西安综合保税区和出口加工区的国际配送、采购、加工制造等服务功能，加强西安国际陆路口岸与天津、青岛、连云港、新疆等各口岸的通关合作，探索与中亚、东盟地区口岸的合作交流，发挥西安开展面向中亚和欧盟进出口贸易的陆路运输物流的比较优势。

第三十五章　加强区域合作

一、进一步推进西咸一体化

进一步推进西咸一体化。通过建设沣渭新区，与咸阳统筹规划，联动建设，促进产业同步、资源同享，推动西咸一体化向更深层次迈进。谋划西安—渭南、西安—铜川一体化。

二、加强与关中—天水经济区内城市间的合作

通过共建基础设施，推进与经济区内具有较高相似度的加工制造业、电子电器、机械制造、轻工纺织等产业重组，扩展西安发展的腹地范围，联合共建西部及北方内陆地区开发开放的战略高地，加快地区经济发展步伐。

三、推进与陕北、陕南的合作

认真落实我市与陕北、陕南城市间的合作协议，推动政府间的合作。重点加强与陕北合作，延伸能源精细化工产业链，明晰产业分工，共同构造产业链，力争我市成为能源化工资源深加工基地。突破秦岭障碍，加强与陕南三市在交通、旅游、文化、生物医药、设施农业等领域的合作。

四、启动西三角的合作

研究启动西三角区域间合作，整合三地的优势资源，打造西部发展的引擎和龙头，推动三市乃

至中国西部产业结构优化和规模化发展，形成我国区域经济发展的新格局。

五、积极承接东部产业转移

做好发达地区产业转移调查研究，结合我市特点，明确产业发展定位，找准对接点，积极主动承接东部产业转移。进一步完善相关的配套政策。就产业支持、财税支持、土地使用支持、促进通关便利化和优化投资环境等方面提出政策措施，增强东部企业来我市发展的信心，提高产业转移服务工作的针对性。

六、探索与丝路沿线城市的合作

充分利用欧亚经济论坛、陇海兰新经济促进会等平台，积极探索与丝路沿线城市的合作。在丝路沿线的国内城市，发挥西安综合实力，把握丝路沿线合作的先机，密切与丝路沿线国内城市的经济往来。在丝路沿线的国外城市，传承我市历史文化古都魅力，重振丝路贸易盛况和影响力，积极探索与中亚国家在能源、科技、旅游、物流等领域展开合作，提升西安国际影响力。

七、扩大国际交流

充分发挥欧亚论坛和世园会等平台作用，加强对外交流、拓展合作空间。推动部分国家在我市设立领事馆，国际组织在西安设立办事处，国际性商会在西安设立分支机构。拓展民间国际交流平台，积极组织各类民间友好团体、经济社团互访。策划、承办各类具有国际影响力的大型国际活动，全力打造国际会议会展中心，策划举办各类产业性国际会展，提升西安国际知名度。

第十篇　创新社会管理，全面建设和谐社会

第三十六章　加强和创新社会管理

一、创新社会管理

顺应时代发展和社会管理需要，进一步完善党委领导、政府负责、社会协同、公众参与的社会管理格局。构建源头治理、动态协调和应急管理相互联系、相互支撑的社会管理机制。构建适应市情、统筹城乡、保障有力的社会基本公共服务体系，促进基本公共服务均等化作为社会管理的重要基础，保障市民基本权益和社会公平。建立重点社会群体管理服务责任制和政策体系，从源头上预防和减少社会矛盾。

二、强化社区自治和社会组织建设

全面加强城市社区管理，积极推进新型农村社区建设，把社区建设成为管理有序、服务完善、文明祥和的社会生活共同体。健全社区党组织领导的社区居民自治制度，实现政府行政管理和基层群众自治有效衔接和良性互动。加强社区服务体系建设，整合人口、就业、社保、卫生、文化、综治、

维稳等职能和资源，构建社区综合管理和服务平台。推进社会组织健康有序发展，发挥其积极作用。完善社会组织设立管理制度，引导社会组织完善内部治理结构，支持、引导社会组织参与社会管理和服务。

三、强化公共安全保障体系

完善分类管理、分级负责、条块结合、属地为主的四级响应机制和管理体制。统筹规划公共安全保障体系，加强国防动员、预备役部队和民兵等后备力量建设；提高预防与应急准备、监测预警、应急处置、恢复重建和应急保障能力；建立统一指挥、反应灵敏、城乡一体、各有侧重的应急管理体系；有效降低重、特大突发公共事件的影响，确保人民群众生命财产安全。加强安全生产监督管理，预防和减少生产安全事故。加强生产和市场交易秩序监督管理，确保食品药品安全，维护消费者合法权益。

四、维护社会稳定

大力加强社会治安综合治理工作和平安创建活动，深入推进社会矛盾化解、社会管理创新、公正廉洁执法三项重点工作。落实维稳工作责任制，推行维稳风险评估，构建人民调解、行政调解、司法调解三位一体的“大调解”工作体制。创新信访工作机制体制，健全信访工作制度和程序，及时掌握信访动态，切实提高信访事项办结率，防止矛盾的扩大和激化。深入推进平安西安建设，以社会化、网络化、信息化为重点，全面加强社会治安基层基础建设，构建指挥高效、信息畅通、打击有力、防范严密、管理到位的社会治安“大防控”体系，加强消防建设，创造和谐稳定社会环境。

专栏31　社会治安公共安全重点工程

◆**西安市技防城市公共安全视频监控工程**。构建以市政府应急指挥系统为核心，利用公共数据通道和公安网络数据通道保证各类监控图像信息快速获取、传递与共享，纵向对接省、区（县），横向联通市级相关部门的公共安全视频监控网络体系，实现公共安全、反恐防爆、处突维稳等突发事件的数字化、可视化管理。

◆**西安市社会治安防控体系工程**。构建“信息灵敏、反应迅速、防控严密、打击精准”的新型社会治安防控体系。

◆**公安信息化、数字化工程**。构建公安信息化、数字化支撑下的情报信息主导现代警务机制，实现传统警务向现代警务转变。

第三十七章　加强民主法制和精神文明建设

一、发展社会主义民主政治

坚持人民代表大会制度，认真落实人大的各项决议、决定，进一步发挥人大代表的作用。坚持共产党领导的多党合作和政治协商制度，重视发挥人民政协政治协商、民主监督和参政议政的重要作用。巩固和发展爱国统一战线，充分发挥民主党派、工商联和无党派人士的作用。加强和改善民族、宗教、侨务等方面的工作，支持工会、共青团等人民团体开展工作。

二、加强依法治市

全面推进依法行政，努力建设法治政府。进一步完善行政决策机制，加强立法和规范性文件制定工作，建立权责明确、行为规范的行政法治体系。加强执法队伍建设，提高行政执法能力和水平。实施“六五”普法，加强法制宣传教育。

三、提高全体市民文明素质

建设社会主义核心价值体系，加强理想信念教育，倡导爱国守法和敬业诚信，构建社会主义市场经济条件下的道德和行为规范。加强社会公德、职业道德、家庭美德、个人品德建设，不断拓展群众性精神文明创建活动。培育奋发进取、开放包容的社会心态，形成知荣辱、讲正气的社会风尚。深入开展创先争优活动，大力推进精神文明建设，努力创建全国文明城市。

第十一篇　强化保障措施，确保规划顺利实施

第三十八章　强化项目支撑和要素供给

一、加大项目支撑力度

围绕全市经济社会发展的总体目标任务，优化产业结构，提升城市功能、加强科技创新、保护生态环境，为建设国际化大都市奠定坚实基础。着力推进综合交通体系、能源保障、水源保障、农业示范区、新兴产业、园区建设、文化旅游、现代服务业、生态环境保护、民生保障等“十大工程”，整体推进300个重大项目建设，总投1.5万亿元，“十二五”期间投资9000亿元。

坚持以大项目为引导。继续实施项目带动战略，加大项目策划力度，支持建设一批支撑西安长远发展的大项目，提前开展前期工作，完善建设条件，确保全市经济保持持续平稳较快的发展势头。继续实行“绿色通道”制度，营造良好的项目建设环境。

专栏32　“十二五”重大工程

◆**综合交通体系建设工程。**含23个大项目，总投资1984亿元，“十二五”期间投资1050亿元。
◆**能源保障工程。**含10个大项目，总投资665亿元，“十二五”期间投资542亿元。
◆**水源保障工程。**含13个大项目，总投资281亿元，“十二五”期间投资118亿元。
◆**农业示范工程。**含15个大项目，总投资460亿元，“十二五”期间投资296亿元。
◆**装备制造及战略性新兴产业发展工程。**含68个大项目，总投资1266亿元，“十二五”期间投资851亿元。
◆**园区建设工程。**含14个大项目，总投资1320亿元，“十二五”期间投资794亿元。
◆**文化旅游发展工程。**含46个大项目，总投资2479亿元，“十二五”期间投资1567亿元。
◆**现代服务业发展工程。**含47个大项目，总投资1933亿元，“十二五”期间投资1133亿元。
◆**生态环境保护工程。**含25个大项目，总投资530亿元，“十二五”期间投资277亿元。
◆**民生工程。**含39个大项目，总投资4084亿元，“十二五”期间投资2372亿元。

二、强化政策引导

妥善处理好经济较快发展与发展方式转变、管理通胀预期的关系，把贯彻国家宏观政策与我市

实际紧密结合，保持经济的稳定性和连续性。积极落实国家实施新一轮西部大开发和《关中—天水经济区发展规划》政策措施，完善政府投资、产业发展、社会事业、区域发展和改革创新等领域的政策措施。根据规划确定的发展目标和重点任务，制定出台一批针对产业发展、统筹城乡、开发区和区县建设等方面的政策措施，确保规划顺利实施。

三、强化资金和土地保障

围绕规划实施，加强资金、土地等要素的保障作用。大力推进政府投资结构调整和投入方式改革，进一步发挥政府投资的示范引导作用，提高政府投资的资金使用效益。合理调整用地结构，优化土地资源配置和空间布局，提高土地利用的社会、经济、生态综合效益，促进全市的全面、协调、可持续发展。

四、加强经济运行调节

坚持应急协调与规范管理、行政手段与经济手段、总量调控和结构调整并重，做好煤、电、油、气、运的供需平衡与衔接工作。建立生产要素配置与技术创新、节能降耗和资源综合利用相协调的运行机制，提高经济调节的预见性和有效性，保障全市经济运行的健康平稳。

第三十九章　完善规划实施管理体系

一、加强规划实施衔接

加强经济社会发展规划与土地利用规划、城市规划等相关领域规划的相互协调，尽快编制覆盖全市范围的各项规划，并确保各类规划的统一实施，发挥规划的整体合力。各区县、部门和开发新区要根据“十二五”总体发展规划确定的目标和任务，各司其责，互相协调，密切配合，组织制定和实施市级区域规划、专项规划，保持经济社会发展目标的连续性和稳定性。

专栏 33　西安市“十二五”重点专项规划名录

◆(1)土地利用总体规划(2006～2020年)；(2)城市空间布局与功能分区规划；(3)统筹城乡发展规划；(4)固定资产投资及重大项目建设规划；(5)产业发展与布局规划；(6)经济体制改革规划；(7)对外开放规划；(8)现代农业发展规划；(9)高新技术产业发展规划；(10)先进制造业发展规划；(11)现代服务业发展规划；(12)城乡基础设施建设规划；(13)人居环境建设规划；(14)民生工程建设规划；(15)历史文化名城和遗址保护规划；(16)国民经济和社会信息化规划；(17)统筹科技资源改革示范基地建设规划；(18)交通运输发展规划；(19)教育事业发展规划；(20)卫生事业改革和发展规划；(21)人口与计划生育事业发展规划；(22)人力资源和社会保障事业发展规划；(23)节能减排规划；(24)秦岭西安段生态环境保护总体规划；(25)突发公共事件应急体系建设规划；(26)国民经济动员规划；(27)水务发展规划；(28)食品药品安全规划。

◆西安市10个重点区域规划和13个区县规划。

二、健全考核评估机制

各区县、部门和开发新区要贯彻落实规划纲要提出的发展目标和任务，编制年度计划。将规划实施情况纳入全市目标管理考核制度，继续完善发展规划的实施评估机制，健全规划中期评估制度。市发展改革部门、统计部门要会同有关部门围绕规划提出的主要目标、重点任务和政策措施，组织开展规划实施评估，向市人大常委会提交评估报告，为动态调整和修订规划提供依据。

三、完善规划修编机制

贯彻落实国家和省上关于规划编制工作的要求，建立发展规划“编制—实施—评估—调整—实施”的滚动编制与实施机制。对实施中发现的问题，及时研究解决，提出针对性的对策建议。当宏观环境发生不可预见的重大变化，或由于其他原因导致实际经济社会发展严重偏离规划目标时，市人民政府可适时提出调整方案，报请市人大常委会审议批准。

本规划纲要描绘了西安“十二五”时期经济社会发展的蓝图，明确了市委、市政府的战略意图，体现了全市人民的共同心愿。全市上下要在市委、市政府的领导下，深入贯彻落实科学发展观，解放思想、奋力拼搏、积极进取、开拓创新，为全面完成“十二五”规划目标任务、建设国际化大都市而努力奋斗！

甘肃省国民经济和社会发展第十二个五年规划纲要

（2011年1月18日甘肃省
第十一届人民代表大会第四次会议审议通过）

序　　言

“十二五”时期（2011～2015年），是甘肃贯彻落实科学发展观、推进发展方式转变的重要时期，是努力推动全省经济社会跨越式发展和全面建设小康社会的关键时期。《甘肃省国民经济和社会发展第十二个五年规划纲要》（简称《规划纲要》）根据《中共甘肃省委关于制定甘肃省国民经济和社会发展第十二个五年规划的建议》编制，主要是阐明“十二五”甘肃省国民经济和社会发展的目标任务、发展重点和政策取向，明确政府工作重点，引导市场主体行为，努力实现经济社会又好又快发展和人民群众生活水平明显提高。《规划纲要》是未来五年全省经济社会发展的宏伟蓝图，是全省各族人民共同的行动纲领，是政府履行经济调节、市场监管、社会管理和公共服务职能的重要依据。

第一章　发展基础和环境

一、发展基础

“十一五”规划实施以来，面对复杂多变的国内外发展环境，在省委、省政府的正确领导下，全省上下坚持以科学发展观为指导，全面落实国家西部大开发战略和扩大内需的重大决策，深入贯彻“四抓三支撑”总体工作思路和区域发展战略，成功克服汶川特大地震和舟曲特大山洪泥石流等自然灾害不利影响，有效应对国际金融危机冲击，全省经济保持较快增长，基础设施建设步伐加快，特色产业发展取得重大突破，人民生活稳步提高，公共服务水平明显改善，可持续发展能力不断增强，为全省“十二五”推进跨越式发展和实现全面建设小康社会目标奠定了坚实基础。

——*国民经济保持快速增长*。“十一五”全省地区生产总值年均增长11.14%，人均生产总值年均增长10.7%，预计2010年全省生产总值和人均生产总值分别达到4100亿元和15540元。全社会固定资产投资年均增长31.05%，2010年达到3380亿元，五年累计完成9931亿元。全省大口径财政收入和地方财政收入年均分别增长24%和23.4%，分别达到745.3亿元和353.6亿元。“十一五”规划确定的主要预期目标提前一年完成。

——*基础设施和生态建设成效显著*。五年新增公路通车里程7.35万公里达到11.7万公里，其中高速公路新增398公里达到2046公里。新增铁路营运里程416公里，达到2880公里。引洮供水一期、石羊河流域重点治理、甘南黄河重要水源补给区生态保护与建设等重大水利和生态工程实施顺利。“十一五”规划确定的“十大超百亿工程”①建设任务基本完成。

——*新能源和特色产业发展取得重大突破*。千万千瓦级风电基地一期工程全面完成，风电装机容量达到550万千瓦，敦煌20兆瓦光伏示范项目并网发电。全省总装机容量达到2600万千瓦，新增电力装机1672万千瓦。石化、有色、冶金等传统优势产业改造提升步伐加快，原油加工量达到1448万吨，乙烯产量突破70万吨，十种有色金属生产能力达到200万吨。马铃薯、酿酒原料、中药材等特色农产品加工业加快发展，食品工业增加值突破120亿元，占全省工业增加值的10%以上。全省旅游接待总人数突破4000万人。

——*农业综合生产能力和新农村建设再上新台阶*。“四个一千万亩工程”和“农民增收六大行动”加快实施，重点产业区域布局更加优化，粮食生产能力跃上900万吨新台阶，2010年全省粮食总产量达到958.3万吨，以改善农村生产和生活条件为重点的“六小工程”建设力度加大，新增节水灌溉面积410万亩，新增农村户用沼气73万户，解决农村616万人饮水安全，完成农村等级公路改造10.2万公里。

——*人民生活和公共服务水平稳步提高*。城镇居民人均可支配收入年均增长10.06%，农民人均纯收入年均增长10.81%，预计2010年分别达到13062元和3308元。城乡免费义务教育全面实施，实现全省普及九年义务教育目标。文化体育事业发展加快。多层次的社会保障体系加快建立，城乡低保基本实现动态管理下的应保尽保。城镇职工基本医疗保险、城镇居民基本医疗保险、新型农村合作医疗三项基本医保参保率完成全省医改方案90%以上的目标。扶贫攻坚取得新成效，五年减少贫困人口241万人。

——*可持续发展能力不断增强*。预计2010年全省常住人口2640万人，年均人口自然增长率为6.65‰。节能减排指标完成任务，预计2010年较2005年单位生产总值能耗下降20%，化学需氧量和二氧化硫两大主要污染物排放总量下降7.7%和5.8%。森林覆盖率由2006年13.4%，提高到2010年的15.1%。

——*改革开放深入推进*。国有工业企业改制重组和产权多元化改革基本完成，粮食、农垦、流

---

① 十大超百亿工程：1. 西部通道和干线公路高速化为目标的公路建设工程；2. 西北西南大通道兰渝铁路（甘肃段）工程；3. 大型支撑电源和骨干电网电力供给保障工程；4. 依托华亭国家大型煤炭基地建设的能源、煤化工综合开发工程；5. 鄂尔多斯盆地陇东石油、天然气及煤炭资源勘探开发工程；6. 大乙烯为龙头的乙烯及其深加工工程；7. 钢铁产业技术升级和产品结构调整工程；8. 镍铜冶炼深加工工程；9. 铝工业为核心的“冶—电—加”一体化工程；10. 石羊河流域综合治理和甘南黄河重要水源供给区生态保护与建设工程。

通和公路交通等领域国有非工业企业改革加快推进，农村土地流转、集体林权制度、水利工程管理体制等涉农改革取得重要进展。新一轮医药卫生体制改革全面推进，地方政府机构改革逐步到位。开发园区建设步伐加快，金昌、天水、白银等3个开发区升级为国家级开发区。省际区域间经济合作取得新进展，利用外资规模不断扩大，以资源利用为重点的境外投资初见成效。

专栏1 “十一五”规划主要预期发展目标完成情况

主要指标	“十一五”规划		2010年	“十一五”年均增长预计(%)
	预期目标		预计	
	预期	增长(%)		
地区生产总值(亿元)	>3000	10	4100	11.14
人均生产总值(元)	>10000	9	15540	10.7
全社会固定资产投资(亿元)	1750	15	3380	31.05
社会消费品零售总额(亿元)	1010	11	1370	16.51
进出口贸易总额(亿美元)	50	15	72	22.3
全省常住人口数(万人)	<2730	<7‰	2640	6.65‰
城镇登记失业率(%)	4.6左右	-	4	
城镇化率(%)	>35	-	35.1	
城镇居民人均可支配收入(元)	11900	8	13062	10.06
农村居民人均纯收入(元)	2630	6	3308	10.81
高等教育毛入学率(%)	>20	-	22	
高中阶段教育毛入学率(%)	>50	-	70	
粮食产量(万吨)	>800	-	958.3	2.75
耕地保有量(万亩)	>5040	-	6935(2009年变化调整调查数)	
单位生产总值能耗(吨标煤/万元)	<2	-4	1.81	-4.36
化学需氧量(万吨)	<16.8	-7.7	43.42	-1.62
二氧化硫排放量(万吨)	<56.3	0	56.3	-1.19

“十一五”时期，是改革开放以来我省面临各种困难和矛盾最多，全省经济社会发展最好、特色优势产业发展步子最大、基础设施和生态环境改善最明显、人民生活水平提高最快、城乡面貌变化最显著的五年。同时，发展过程中长期积累的经济总量小、人均水平低、贫困人口多、结构矛盾突出等问题依然存在，特别是产业结构刚性强、调整缓慢，创新能力弱；基本公共服务供给和保障能力弱，城乡居民收入处于全国后位；城镇化水平低，城乡间和地区间发展差距继续扩大；资源环境约束增强，生态保护任务艰巨；非公有制经济规模小，市场化和对外开放程度低，影响加快发展的体制机制矛盾突出。这些矛盾和问题要在“十二五”期间着力加以解决。

二、阶段特征

改革开放特别是实施西部大开发战略以来，全省经济社会发展不断迈上新台阶。在“十一五”加快发展的基础上，“十二五”和今后一个时期全省发展将呈现以下的重要特征。

*一是全面建设小康社会的关键阶段。*新世纪以来，全省经济社会发展加快，2008 年实现总体小康目标，但比全国慢 8 年左右（相当于全国 2000 年水平），人均生产总值水平低，社会和谐、文化教育、资源环境等三类指标实现程度较低。我省面临着缩小与全国发展差距的任务，也面临着缩小省内城乡间、地区间发展差距的任务，必须进一步加快发展，攻坚克难，为实现全面建设小康社会目标奠定新的基础。

*二是工业化城镇化的加速阶段。*随着工业比重达到 40% 左右、城镇化率超过 30%，我省进入工业化和城镇化加速发展的重要阶段，必须加快工业化城镇化进程，努力缩小与全国发展水平的差距。同时，按照转变发展方式的要求，积极推进产业创新和结构调整，加快信息化和工业化高度融合的新型工业化发展；进一步提升中心城市带动和中小城市支撑作用，促进人口、产业向城镇加快集聚，统筹城乡协调发展。

*三是重点地区率先发展和促进区域协调发展的突破阶段。*实施“中心带动、两翼齐飞、组团发展、整体推进”的区域发展战略，加快中心城市和重点区域率先发展，着力打造带动全省发展新的增长极，同时发挥各区域的比较优势，实行各具特色的功能组团发展，加快形成区域协调与竞相发展的新格局。

*四是社会事业发展和人民生活水平的提升阶段。*随着经济发展，我省城乡人民生活水平显著提高，但社会发展仍然滞后，处于全国“社会发展低水平地区”①，城乡居民收入处于全国后位。必须全面落实国家关于把保障和改善民生作为根本出发点和落脚点的要求，加快社会事业发展，增强基本公共服务供给保障能力，不断提高人民群众生活水平和质量，促进经济社会协调发展。

五是改革创新和扩大开放的攻坚阶段。“十一五”以来我省各项改革步伐加快，取得重大阶段性成果。但非公有制经济比重低发展慢，要素市场发育不完善，对外开放程度低，长期积累的矛盾比较突出，制约又好又快发展的体制机制障碍依然存在。“十二五”时期，要适应发展方式转变、社会需求转型和政府职能转变推进相关改革，着力破除制约我省经济社会加快发展的体制性障碍，重视解决好长期积累的改革成本支付问题，为推动跨越式发展提供体制机制保障。

三、环境条件

经过 10 年西部大开发，我们对省情的认识更加深入，发展的思路更加清晰，加快发展的基础更加扎实，全省人民加快发展的迫切愿望更加强烈，具备了进一步加快发展的条件。“十二五”时期的发展环境和面临形势将更加复杂，不确定因素增加，与“十一五”时期相比已经发生了重大变化，既为我们推动跨越式发展提供了机遇，也带来了严峻的挑战。

全球金融危机对世界经济长远发展带来深刻影响，国际环境总体上有利于我国和平发展，我国发展仍处于重要战略机遇期。适应工业化、信息化、城镇化、市场化、国际化深入发展的要求，积极应对全球经济挑战，加快发展方式转变，国家更加突出扩大内需的战略方针，更加突出战略性新兴产业的培育发展，更加突出缩小区域发展差距和加快推进城镇化与新农村建设，更加突出社会建设和人民生活水平的提高，更加突出开放型经济的发展。这有利于我省推进经济结构调整，发挥后发优势，加快特色产业和产业创新发展，构建现代产业体系；有利于我省增强基本公共服务供给和保

---

① 国家发改委、国家统计局 2009 年发布的《2005～2007 年社会发展水平综合评价报告》将全国各省区社会发展水平分为五个层次，我省与云南、西藏和贵州属于最低层次的“社会发展低水平地区”。

障能力，实施重点地区率先突破和城乡协调发展，进一步改善民生和加快社会事业发展；有利于我省发挥区位优势，在更高层次和水平上参与国内外产业分工，在更大范围吸引技术、人才、资本等要素集聚并实现优化配置。

国家深入实施西部大开发战略并摆在优先位置，国务院办公厅下发《关于进一步支持甘肃经济社会发展的若干意见》（简称《若干意见》），国务院批准实施《甘肃省循环经济总体规划》，国家支持关中—天水经济区、兰（州）西（宁）经济区以及藏区、革命老区等加快发展，这些都为我省加快发展指明了方向、提供了强大支持。同时，我省也面临着经济结构调整和节能减排的任务更加艰巨，国内外市场和区域竞争更加激烈，以及缩小与全国发展差距的严峻挑战。我们要抓住机遇，应对挑战，认真贯彻国家宏观调控措施，充分发挥优势，积极利用一切有利条件，千方百计破解发展难题，以只争朝夕的精神，抢占发展先机，扩大发展成果，以新思路新举措走出一条符合甘肃实际、具有自身特色的跨越式发展道路。

第二章　指导思想和发展目标

一、指导思想

坚持以邓小平理论和“三个代表”重要思想为指导，深入贯彻落实科学发展观，贯彻党的十七大和十七届五中全会精神，落实国家支持甘肃发展的一系列政策措施，以推进科学发展为主题，以加快经济发展方式转变为主线，以显著提高各族人民生活水平和质量为目的，围绕建设工业强省、文化大省、生态文明省和各民族共同团结奋斗、共同繁荣发展的示范区，坚持“四抓三支撑”的总体工作思路，深入实施西部大开发战略和“中心带动、两翼齐飞、组团发展、整体推进”区域发展战略，进一步加强基础设施和生态环境建设，强化科技支撑，发展壮大特色优势产业，加快社会事业发展，提高公共服务水平，保障和改善民生，促进社会和谐，锐意改革创新，不断扩大开放，努力推动全省经济社会跨越式发展。

“十二五”发展必须坚持把科学发展作为实现跨越式发展的根本要求，更加注重社会事业发展，更加重视保障和改善民生，更加注重生态环境建设，努力建设社会主义和谐社会；坚持把经济建设作为实现跨越式发展的中心环节，以项目建设为龙头，以拓宽投资渠道为保障，以扩大消费为支撑，大力推动基础设施建设，做大做强特色优势产业；坚持把加快经济发展方式转变作为实现跨越式发展的主要途径，大力调整经济结构，深入实施科教兴省和人才强省战略，着力推动技术进步，发展循环经济，使经济发展转变到依靠科技进步和资源节约、环境友好的轨道上来；坚持把重点突破、整体推进作为实现跨越式发展的基本方法，立足发挥比较优势，推动重点产业、重点地区、重点领域率先发展，带动共同发展；坚持把深化改革、扩大开放作为实现跨越式发展的强大动力，努力消除制约发展的体制机制障碍，进一步扩大对内对外开放，为加快发展创造良好的环境。

根据上述指导思想和基本原则，全省经济社会发展要努力做到：

——突出又好又快发展。坚持以扩大内需为导向，继续保持投资较快增长，进一步增强消费拉动能力，提高出口规模和水平，积极培育发展战略性新兴产业，推进产业转型升级和经济结构战略性调整，保持国民经济持续快速增长。

——突出统筹协调发展。实施区域发展战略，推进城镇化与加快新农村建设相结合，重点地区率先发展与加快少数民族地区、革命老区和贫困地区发展相结合，促进城乡间和区域间的协调发展。

——突出可持续发展。推动发展清洁生产和“环境友好型”产业，加强生态保护和环境综合治理重大工程建设，建立生态功能区和生态补偿机制，促进资源、环境、人口与经济社会的良性发展。

——突出开拓创新发展。全面推进技术进步和提高自主创新能力，改革突破制约经济社会发展的体制性障碍，在更大范围、更广领域、更高层次上参与国内外经济技术交流与合作，加快开放型经济发展。

——突出和谐共享发展。着力提高基本公共服务保障供给能力，加快发展社会事业，鼓励创业富民，推进富民强省，不断提高人民生活水平和质量，共享改革发展成果。

二、总体目标

围绕实现全面建设小康社会总目标，按照《国务院办公厅关于进一步支持甘肃经济社会发展的若干意见》提出的“到2015年，人均地区生产总值缩小与西部地区平均水平的差距，城乡居民收入接近西部地区平均水平”和省委十一届十次全委会提出的“推动经济社会跨越式发展”的要求，“十二五”时期要努力实现以下发展目标：

——经济发展。经济持续快速增长，综合实力显著增强。生产总值高于“十一五”增长水平，预期年均增长12%以上，2015年全省经济总量力争突破7500亿元，人均生产总值预期达到27300元，年均增长12%。全社会固定资产投资年均增长20%以上，五年累计投资总规模30000亿元。地方财政收入年均增长15%以上。城镇化进程加快，城镇化率达到40%以上。

——结构优化。产业结构不断优化，发展质量不断提高。2015年全社会研究与发展经费支出占地区生产总值的比重提高到1.5%，战略性新兴产业增加值占地区生产总值的10%以上，非公有制经济比重达到40%以上。三次产业结构由2010年的14.0∶48.7∶37.3调整到2015年的10∶50∶40。

——资源环境。资源节约和环境友好型社会建设取得明显进展。到2015年，建成国家级循环经济示范区。单位地区生产总值能耗，非化石能源占一次能源消费比重，单位地区生产总值二氧化碳排放量，化学需氧量、二氧化硫、氨氮、氮氧化物等主要污染物排放总量，单位工业增加值用水量，森林覆盖率达到或控制在国家下达的指标内。

——社会发展。稳定人口低生育水平，人口自然增长率7.3‰。教育结构更趋合理，基础教育和职业教育投入增加。九年义务教育巩固率达到90%，高中阶段教育毛入学率达到85%以上，中等职业教育和普通高中招生人数比例大体相当，高等教育毛入学率达到30%以上，人均受教育年限提高到8年以上。城镇登记失业率控制在4%以内。形成覆盖城乡居民的社会保障体系，实现人人享有社会保障的目标。覆盖城乡低收入家庭和部分中低收入群体的城乡住房保障体系基本建立。城乡公共文化服务体系不断健全。

——人民生活。农村面貌持续改善，农村劳动力累计输转2200万人次以上。城乡差距扩大的势头逐步得到控制，农村居民人均纯收入和城镇居民人均可支配收入分别达到5830元和23100元，年均增长12%。五年减少贫困人口200万人。返贫率控制在15%以内，贫困发生率下降至10%以下。

——改革开放。改革开放取得新的进展，对内对外开放进一步扩大。非公有制经济加快发展。要素市场建设进一步完善，资源性产品价格改革和建立生态补偿机制取得新进展。统筹城乡综合改革、政府职能转变和社会管理体制等改革步伐加快。开放型经济提高到新水平，园区经济加快发展。2015年，进出口总额达到150亿美元，外商直接投资达到2.2亿美元。

专栏2 甘肃省“十二五”国民经济和社会发展主要指标

指标		2010年（预计）	2015年（预期）	年均增长（%）	指标属性
地区生产总值(亿元)		4100	>7500	>12	预期性
人均生产总值(元)		15540	27300	12	
第一产业(亿元)		575	760	5.8	
第二产业(亿元)		1995	>3800	14.5	
其中:工业增加值(亿元)		1608	>3300	16	
第三产业(亿元)		1530	>2940	14	
全社会固定资产投资(亿元)		3380	>8400	>20	
地方财政收入(亿元)		353.6	>710	>15	
城镇化率(%)		35.1	>40	[5]	
高中阶段教育毛入学率(%)		70	>85	[15]	
高等教育毛入学率(%)		22	>30	[8]	
研究与开发支出占生产总值比重(%)		1.1	1.5	[0.4]	
农业灌溉用水有效利用系数(%)		0.51	0.54	[0.03]	
城镇登记失业率(%)		4	<4		
城镇新增就业人数(万人)		25		[130]	
全社会消费品零售总额(亿元)		1370	3100	17.5	
居民消费价格指数(%)		4		<4	
城镇居民人均可支配收入(元)		13062	23100	12	
农村居民人均纯收入(元)		3308	5830	12	
外贸进出口总额(亿美元)		72	150	16	
外商直接投资(亿美元)		1.35	2.2	10	
全省总人口数(万人)		2640	<2753	7.3‰	约束性
九年义务教育巩固率(%)			90	[21.76]	
耕地保有量(万亩)		6935	6935		
单位工业增加值用水量降低(立方米/万元)		98		达到或控制在国家下达的指标内	
非化石能源占一次能源消费比重(%)					
单位生产总值能耗降低(%)					
单位生产总值二氧化碳排放量降低(吨/万元)					
主要污染物排放(%)	化学需氧量(万吨)				
	二氧化硫(万吨)				
	氨氮(万吨)				
	氮氧化物(万吨)				
森林增长	森林覆盖率(%)	15.1			
	森林蓄积量(亿立方米)	2.42			
城镇参加基本养老保险人数(万人)		242.5	295	[52.5]	
城乡三项基本医疗保险参保率(%)			>95		
城镇保障性安居工程建设(万套)				[60]	

注:1. >为达到以上,<为控制在以内,[ ]内为五年累计数;
2. 约束性指标待国家明确后,进一步确定;
3. 城乡三项基本医疗保险指城镇职工基本医疗保险、城镇居民基本医疗保险、新型农村合作医疗。

三、战略定位与空间布局

坚持把甘肃放在全国发展的大格局中，结合国家宏观战略调整和区域发展格局的形成，依据甘肃所处的区位、资源和产业优势，突出战略定位，明确发展导向，努力构建空间开发新格局。

提升全省战略地位。贯彻国家《若干意见》，抓住并用好战略机遇，突出连接欧亚大陆桥的战略通道和沟通西南、西北的交通枢纽，西北乃至全国重要的生态安全屏障，全国重要的新能源基地、有色冶金新材料基地和特色农产品生产与加工基地，中华民族重要的文化资源宝库，促进各民族共同团结奋斗、共同繁荣发展示范区的战略定位。着力实施好“中心带动、两翼齐飞、组团发展、整体推进”的区域发展战略；以加强薄弱环节为重点的基础设施建设战略；以节水和治沙为重点的生态安全战略；以改善民生为重点的社会发展战略；以优势资源开发转化为重点的产业发展战略。

优化空间开发格局。全面实施区域发展战略，加快兰白核心经济区建设，发挥“中心带动”辐射作用；推进酒嘉、张掖、金武、平庆、天水（关中—天水）经济区发展，实现“两翼齐飞”；充分发挥各地比较优势，支持甘南、临夏、定西、陇南“两州两市”加快特色产业发展和集中连片扶贫攻坚，支持张掖、武威等河西绿色经济区和金昌、白银等为重点的循环经济区建设，促进各具特色的区域“组团发展”和全省发展的“整体推进”。实施国家和我省主体功能区规划，构建“六大片区”①为主体的工业化城市化战略格局、“一带三区”②为主体的农业战略格局和“三屏四区”③为主体的生态安全战略格局。

四、重大战略性工程

为实现“十二五”发展目标，围绕推进重点领域跨越式发展，着力谋划并实施好夯实基础、推进产业创新发展的“十大战略工程”，谋划并实施好改善民生、加快社会事业发展的“十大惠民工程”。

专栏3 “十大战略工程”

1. 基础设施和对外开放平台建设工程。建成甘肃高速公路网，形成与国家高速公路网的联网配套，市市通高速，县县通二级以上公路。高速铁路贯通全境，铁路网覆盖全省14个市州，强化兰州区域性枢纽地位。加快中川机场等改扩建工程和支线机场建设，支线机场按区域覆盖所有市州。推进兰州新区、白银工业集中区基础设施建设，打造面向中亚、西亚合作交流的战略平台。

2. 生态安全建设工程。构建以甘南黄河重要水源补给生态功能区、“两江一水”流域水土保持与生物多样性保护区、祁连山冰川与水源涵养生态保护区三大生态安全屏障，加快敦煌生态环境和文化遗产保护区、石羊河下游生态保护治理区、黄土高原丘陵沟壑水土流失防治区、北山荒漠自然保护区建设等重点生态建设工程。实施好重大地质灾害治理工程。

---

① “六大片区”工业化城市化战略格局：即以兰州—白银、酒泉—嘉峪关、张掖（甘州—临泽）、金昌—武威、天水—成徽（成县、徽县）、平凉—庆阳为主体的组团式工业化城市化战略格局。

② “一带三区”农业战略格局：即以沿黄农业产业带、河西农产品主产区、陇东农产品主产区、中部重点旱作农业区为主体的农业战略格局。

③ “三屏四区”生态安全战略格局：即构建以甘南黄河重要水源补给生态功能区为重点的黄河上游生态安全屏障、以“两江一水”流域水土保持与生物多样性保护区为重点的长江上游生态安全屏障、以祁连山冰川与水源涵养生态保护区为重点的内陆河生态安全屏障，加快敦煌生态环境和文化遗产保护区、石羊河下游生态保护治理区、黄土高原丘陵沟壑水土流失防治区、北山荒漠自然保护区建设。

续表

3. 陇东国家大型能源基地建设工程。建设陇东亿吨级国家大型煤炭和煤电化基地，提高庆阳石化原油就地加工转化能力。力争"十二五"煤炭生产能力达到5000万吨以上，形成1200万千瓦火电装机、800万吨炼油、100万吨以上煤化工生产能力。加快建设大容量超高压和点对点直流输变电工程。

4. 兰州国家战略性石化基地建设工程。新增原油加工能力2000万吨，扩建兰州石化现有乙烯装置达到100万吨，新增乙烯生产能力100万吨，建设兰州国家战略性石化基地，改造提升玉门特色油品生产基地。

5. 千万千瓦级新能源基地建设工程。建设以酒泉为重点的河西风能、太阳能基地，全省风电装机规模达到1700万千瓦以上，太阳能装机100万千瓦以上。配套建设大型火电及超高压直流电网送出工程。建设全国最大的核燃料生产和乏燃料后处理基地，加快核电建设前期工作，推进兰州核能供热项目。

6. 有色冶金新材料基地建设工程。十种有色金属生产能力达到600万吨。形成80万吨铝加工材、50万吨镍铜合金和300万吨不锈钢深加工能力。

7. 先进装备制造业基地建设工程。重点发展石油钻采炼化、机床、电子、电器、新能源、矿冶等装备制造业，扩大汽车生产规模和零部件配套产业，打造兰州、天水、酒嘉、金昌先进装备制造业基地，建设若干个百亿元以上装备制造产业园。

8. 新医药和生物产业基地建设工程。实施陇药产业化工程，加快建设国家级中药种植、生产和加工基地，建设陇西中医药循环经济产业园、重离子束治疗肿瘤大型装置产业化项目。以生物制造和生物医药为重点，培育发展生物产业，建设兰州生物医药产业基地。

9. 农业综合生产能力和加工基地建设工程。加快大型水利和农田基本设施建设，继续实施"四个一千万亩工程"和农民增收"六大行动"，粮食总产力争达到1000万吨。推进马铃薯、草食畜、葡萄酒、果蔬、制种等特色农产品加工和食品工业发展。

10. 特色文化旅游基地建设工程。加强文化遗产、文物保护、文化园区和旅游景区基础设施建设，打造"321"精品旅游线路，将旅游业培育为战略性支柱产业。

专栏4 "十大惠民工程"

1. 就业促进工程。扩大就业规模，提高就业质量，"十二五"全省城镇新增就业130万人，下岗失业人员再就业40万人，农村劳动力转移200万人。建设市县就业和基层公共就业服务平台和大学生创业就业服务基地。建设14个市州和重点劳务大县农民工培训基地。

2. 社会保障工程。巩固提升新型农村社会养老保险，"新农保"实现全覆盖；全面推行城镇居民社会养老保险，认真做好农民工和被征地居民社会保障，参保率达到90%以上。建立适应全省经济社会发展的最低生活保障增长机制，完善社会福利、社会救助及城乡社区服务体系。建立孤儿基本生活保障体系。建设城乡居民养老服务和托管设施，实施"关爱老人一键救助"工程。

3. 安居保障工程。加快城镇保障性住房建设和棚户区改造，新增解决中低收入家庭住房31.14万户。新增保障性住房19.46万套，实施廉租住房租赁补贴4.3万户。解决国有工矿、林区、垦区棚户区改造7.38万户。

4. 教育助学工程。继续免除义务教育阶段学生学杂费，对农村义务教育阶段寄宿贫困学生发放生活费补助，九年义务教育入学率达到98%，巩固率达到92%。重点实施城乡学前教育工程、中小学校舍安全工程、特殊教育工程。建设和改造150所城镇公办幼儿园，每个乡镇改建1所幼儿园(公办幼儿园达到50%)。实施中等职业教育基础能力建设项目，建设30个左右特色职教中心，10个综合性开放式大型实训基地。

5. 医疗卫生工程。继续巩固新型农村合作医疗制度，基本实现全覆盖。加强基层医疗卫生体系建设，改造建设11所县级医院、8个中心乡镇卫生院、1170个村卫生室，加强妇幼保健设施建设。做好重大疾病的监测、防治和健康教育，改扩建13个精神卫生防治机构，加快65个县级残疾人康复、托养中心建设。

6. 文化体育工程。继续实施好"西新"工程、20户以下广播电视"村村通"工程；重点加快市州图书馆、博物馆、文化馆建设，建设1930个农家书屋，建设150个乡镇和社区全民体育健身中心。新增300套农村数字放映设备。

7. 农村基础设施建设工程。解决纳入国家规划农村890万人安全饮水，行政村用水普及率达到77%。新增70万户农村户用沼气。行政村道路硬化达到80%。加快农村电网和小水电代燃料项目建设，乡村通电率达到100%。农村危旧房改造力争完成120万户，抓好1.5万户游牧民定居工程。重点抓好100个示范镇、1000个示范村环境整治，建设优美环境。

8. 整村推进扶贫工程。继续实施以工代赈、易地扶贫、救济扶贫和对口帮扶工程。加快集中连片特殊困难地区扶贫攻坚步伐，完成整村推进2500个，减少贫困人口200万人。

9. 便民服务网点建设工程。继续实施"万村千乡市场工程"，进一步扩大农家店覆盖面，形成以城镇社区和乡镇店为骨干、村级店为基础的基层商业网点。积极推进农产品"农超对接"，加快社区和乡镇放心粮店、小型超市建设。推进农资配送"新网"工程，建设改造一批农资连锁门店和配送中心。推进"邮政服务三农"项目。

续表

10. 社会平安工程。建立健全社会治安群防群治体系,建设乡镇(街道)综治维稳中心,开展乡镇(街道)社会公共场所视频监控系统建设试点。加强治安重点地区综合整治,强化校园、交通、消防安全。加强司法救助和法律援助。强化食品药品安全监管,让群众吃上放心食品、放心药。加快水电气等生命线应急处置能力和防范自然灾害预警及群测群防体系建设。

第三章　实施区域发展战略，加快中心城市和重点地区发展

着力实施"中心带动、两翼齐飞、组团发展、整体推进"区域发展战略,以中心城市为依托,整合要素资源,加强区域间合作,促进区域协调发展。

一、加快兰白核心经济区发展

全面推进兰州新区建设,先行先试,率先突破,打造兰白核心经济区的先行区和示范区,实施兰州高新技术开发区、经济技术开发区增容扩区。规划建设白银工业集中区,调整优化区域产业布局,加快资源型城市转型。依托兰州和白银主城区基础设施、产业基础和科技人才综合优势,科学规划,功能分区,合理调整城市布局,优化空间开发结构,不断改善并增强城市功能。做大做强石油化工、有色冶金、装备制造、新材料、生物医药、生物农业等主导产业,打造石化、有色冶金循环经济、动力电池及电池材料产业基地,推进再生资源规模化利用。大力发展商贸物流、金融、会展及科技文化等现代服务业。着力推进国家和省级开发园区建设。把兰白经济区建设成为西陇海兰新经济带重要支撑区域、我国向西开放的战略平台、西部地区科技研发创新基地、西北交通枢纽及物流中心和引领全省经济跨越式发展的核心区,发挥"率先、带动、辐射、示范"的中心作用。

依托兰白核心经济区,增强对定西、临夏、甘南、武威等周边市州和县区的辐射带动作用,打造沿黄河经济带,充分发挥各自比较优势,加强产业分工合作,优化空间布局,促进城乡统筹和区域协调发展。

二、加快以新能源和有色金属新材料基地建设为重点的河西地区发展

围绕河西新能源和新能源装备制造业基地建设,发展新材料、现代农业等特色优势产业,发挥中心城市和现有产业基础作用,以线串点、以点带面,着力构建分工协作、特色鲜明、相对完整的产业体系,促进产业、人口、经济集聚发展,加速推进工业化城镇化进程,着力构建西翼经济发展的新格局。

推进酒嘉经济区一体化发展。以酒泉—嘉峪关市区为重点,加快建设酒嘉新区。大力发展新能源和新能源装备制造业以及新能源综合利用产业,推进钢铁和新能源就地转化高载能产业以及特色农产品加工等优势产业发展,培育产业集群。建设新能源调峰配套电源和特高压直流外送电网工程。将酒嘉经济区建设成为支撑西陇海兰新经济带发展的区域性中心城市、全国重要的新能源基地和传统产业转型升级创新区、区域性交通枢纽和物流中心以及对外开放陆路口岸、统筹城乡

发展先行区、生态文明建设示范区。

加快建设张掖经济区。以甘州—临泽为重点,充分发挥“居中四向”的区位和生态比较优势,加快推进新城区建设,打造宜居宜游宜商绿洲城市。积极发展新能源、光伏发电设备制造业及新材料产业,建设全国重要的钨钼产业基地和传统能源清洁转化基地,提升现代农业及特色农产品加工产业发展水平,加快发展旅游及现代物流业。将张掖经济区建设成为西陇海兰新经济带重要节点城市、现代农业和生态经济示范区以及重要的矿产资源战略接续区。

促进金武经济区创新发展。以金川—凉州为重点,发挥中心城市和大中型企业的带动作用,统筹城乡发展。以发展循环经济为主线,建设国家重要的有色金属工业和新材料基地,促进再生资源规模化利用和再制造产业发展;积极发展新能源、碳基新材料和氟化工产业,加快现代农业、特色农产品加工业和食品工业发展。构建全国重要生态安全屏障,打造生态宜居和重要物流节点城市,支持一体化创新发展。将金武经济区建设成为资源共享、生态共建、产业互补、社会相融的区域经济一体化发展的创新区。

三、加快陇东南能源化工和先进制造业基地建设

抓住国家加快关中—天水经济区发展和建设陇东煤电化基地的机遇,依托区位优势和产业基础,优化资源配置和分工合作,提升产业层次,在融入区域经济和承接产业转移中提升发展新优势,实现东翼经济发展的新跨越。

建设天水区域性中心城市和先进装备制造业基地。实施好关中—天水经济区规划,突出天水次核心城市辐射带动作用,以完善综合交通运输体系为依托,发展大通道大流通,强化区域中心城市服务和带动功能。支持机械制造、电工电器、电子信息三大园区建设,培育发展产业集群。将天水建设成为区域交通物流中心、文化旅游基地和西部重要的先进装备制造业基地。

加快平庆能源化工基地建设。以建设国家大型能源基地为重点,拓展煤电、石油等特色产业链条,突出石油化工、煤化工、煤电冶一体化发展。加快建设煤炭外运通道和特高压直流外送电网工程。以中小城市为依托,以交通通道为纽带,促进人口、产业和经济集聚,加快工业化城镇化进程和区域经济发展,形成全省新的经济增长极。

推进陇东南区域经济整体发展。以陇东能源化工基地建设为重点,突出陇南有色金属资源和特色农产品资源优势,发挥天水区域中心城市和产业发展的带动协调作用,加快区域综合交通和能源输出通道建设,加大资源整合和产业协调力度,优化空间开发结构和产业布局,发挥各自优势和积极性,加强合作,相互促进,构建陇东南区域经济整体发展的新格局。

四、实施区域功能组团和联动发展

充分发挥各地区比较优势,优化配置资源和要素,支持跨地区和各地区各具特色的功能组团,实现整体推进和协调发展。

推进以“两州两市”为重点的扶贫开发攻坚。实行甘南、临夏、定西、陇南等集中连片扶贫开发攻坚,加大政策扶持力度,加强基础设施和生产生活设施建设,不断完善以工代赈、易地扶贫搬迁、整村推进扶贫开发方式,加强特困片带扶贫开发的整体推进。加强农业产业化和特色农产品加工体系建设,支持定西建设全国重要的脱毒种薯、商品薯生产、精深加工基地及马铃薯循环经济产业园,支持陇南、定西建设规范化优质中药材生产加工基地,支持甘南、临夏发展畜牧业及畜产品加工

和矿产资源开发。加强自然保护区和重点生态工程建设。

加快少数民族地区、革命老区发展。认真贯彻国家支持藏区和人口较少民族发展的政策，加大转移支付力度，提高对民族地区均衡转移支付补助系数，支持甘南、临夏等民族地区加快发展。实施陕甘宁革命老区发展规划和扶持政策。进一步加大对教育、医疗、社会保障、基础设施等方面投入，支持民族特色产业、民族特需商品、民族医药等优势产业发展，做大做强特色农产品加工、旅游和资源开发等主导产业，挖掘培育民族文化、“红色文化”，增强自我发展能力。

支持特色功能组团和区域联动发展。鼓励发展跨省区、市州、县区的各类特色功能组团，优化资源配置，形成发展合力。加强兰白核心经济区、东西“两翼”和各功能组团的分工合作，创新区域联动发展机制。加快发展张掖、武威河西绿色经济区，建设金昌、白银等重点循环经济区。积极发展跨省区的区域经济合作，推进兰（州）西（宁）经济区建设，加强与关中、成渝、乌昌、西格、宁东等区域的经济技术合作，承接东部产业转移，促进区域共同发展。

五、加速推进城镇化进程

全面实施区域发展战略和加快城镇化相结合，着力构建以特大城市为中心、大城市为骨干、中小城市和重点建制镇为基础，大中小并举、功能定位优势互补、空间布局合理的城镇化体系。加快推进以“六大片区”为主体的工业化城市化进程，促进经济、人口和要素资源的集聚。全面提升兰州特大型城市的辐射带动功能，积极发挥酒嘉、天水等区域中心城市作用，健全市州所在地城市服务功能，发展特色建制镇。加强城市新区和园区建设的统一规划指导，拓展城市发展空间，完善城市功能布局，提升城市综合服务和辐射带动能力。加强城镇规划编制和修编，完善城镇化的政策措施，促进城市的人口和产业聚集，加快城镇化进程，2015 年城镇化率提高到 40% 以上。

第四章　深入实施工业强省战略，加快产业创新发展

紧紧抓住国家经济结构战略性调整的机遇，深入实施工业强省战略，坚持市场导向和技术创新，改造提升传统支柱产业和发展战略性新兴产业相结合，大中小企业并举，积极推进产业转型升级和循环经济发展，探索新型工业化路子。

一、培育发展战略性新兴产业

依托资源和产业优势，培育发展新能源和新能源装备制造业、新材料、新医药、生物制造、信息技术等战略性新兴产业。

新能源。大力发展风能、太阳能、核能及核燃料、生物质能等新能源产业，加快适应新能源发展的调峰电源和输配电网建设，建成全国重要的千万千瓦级风电示范基地和大型太阳能发电示范基地。加快建设酒泉风电二期工程，抓好武威、金昌、张掖、白银等光伏发电和风电项目建设。抓好河西抽水蓄能电站前期工作。积极推进核能资源的商业开发利用，加快建设核燃料生产基地和乏燃料后处理基地，开展兰州低温供热堆项目前期工作，搞好核电项目论证，推进核电建设。抓好生物质固体成型燃料和沼气发电等试点项目建设。2015 年全省风电装机规模达到

1700万千瓦以上，太阳能发电装机规模达到100万千瓦以上，新能源装机占全省电力装机比重达到36%。

新能源装备制造业。围绕建设国家新能源基地，加快发展风电、太阳能光伏整机及配套设备等新能源装备制造业，支持兰电等省内企业加快发展大容量风力发电机组、核电用核级/非核级配套电机等，鼓励国内外大型风电制造企业扩大新型风机生产能力，设立研发机构、技术中心和售后服务中心，建设数字风机设备和太阳能光伏光热产品研发制造基地，实施新能源装备成套和产业化。支持在武威建设太阳能利用技术研发中心、新能源学院。

新材料。充分发挥我省基础原材料产业和能源工业比较优势，依托大中型企业和高等院校、科研院所的技术研发能力，实施产业创新发展工程。加强产学研联合，集中优势资源，强化核心关键技术攻关和引进、消化、吸收，培育发展有色金属新材料、稀土功能材料、新能源材料、新型化工材料、高性能结构材料等产业，推进新材料及下游产品产业链发展，努力形成以核心企业为龙头的上下游产品配套协调的新材料产业体系。

新医药及生物产业。依托省内科研单位研发基础和优势企业的品牌效应，加快发展生物医药、生物农业、生物制造等产业。以建设道地中药材种植示范基地为重点，实现规范化种植和规模化生产。大力发展中药饮片加工、中药提取物和成药加工，开发中成药、藏药、新药系列产品，发展药膳、保健等产品。整合省内科研、制药、医疗科技资源，扶持重点企业和优势品牌产品，发展道地药材和新特药精深加工。支持兰州生物制品所、中牧兰州生物制药厂、独一味生物制药公司等生物制品企业做大做强，发展新型疫苗、基因工程治疗药物、诊断试剂等生物制品。加快重离子束治疗技术产业化步伐。发展面向农业、能源、工业、环保等领域的生物制造业。建设国家中药现代化科技产业基地、兰州生物医药产业基地和兰州中医药产业园、陇西中药材物流园和中医药循环经济产业园。

信息技术产业。推动信息化与工业化的高度融合，以电子集成制造为导向，加快发展电子信息产品制造业。充分发挥基础软件、应用软件等方面的比较优势，发展面向能源、交通、制造业以及金融、现代物流等信息服务业。着力建设天水微电子产业、安宁特种电子产业、兰州高新技术软件产业三大集聚区，培育发展光电子——半导体照明产业链，打造集成电路芯片封装制造、电真空器件制造、半导体集成电路和元器件生产等三大基地。积极争取建设兰州国家级软件产业园。

专栏5　战略性新兴产业发展重点

1. 新能源。重点建设酒泉千万千瓦级风电基地二期800万千瓦风电场，加快武威、金昌、白银三个20兆瓦特许权光电招标项目建设，实施好嘉峪关、武威、张掖、白银10兆瓦光伏并网发电项目，加快生物质压块成型、气化与发电、生物质液体燃料等技术的研发应用；依托我省核工业基础和优势，大力发展新一代核能。

2. 新能源装备制造。依托国家大型风电基地建设，发挥省内企业作用并引进国内外知名企业，建立核心零部件加工和成套设备生产基地，扩大新型风机和成套集成生产能力；引进消化吸收国内外太阳能光伏电池组件和大规模光热生产技术，加快太阳能真空镀膜、平板太阳能集热器、大型槽式太阳能集热系统技术研发和生产，打造新能源装备制造产业集群。

3. 新材料。重点发展高性能镍及镍基合金、钴基合金、镍铜钴粉体、铜基多元合金、铅锌合金等有色冶金新材料；新一代稀土永磁、稀土贮氢、稀土发光、稀土催化、稀土抛光、稀有金属等功能新材料；镍氢和锂离子电池、薄膜太阳能电池等新能源材料；各类石化催化剂、合成树脂、合成橡胶、特种润滑剂、精细化工、新型有机氟和聚氨酯等新型化工材料；高性能精品钢材、高性能铝合金、新型钛合金以及碳纤维和碳纤维复合材料等高性能结构材料。

续表

4. **新医药及生物产业**。生物医药方面，推进中药材 GAP 种植基地、中医药临床前安全评价和新医药临床实验基地建设，加快发展新型疫苗、基因工程药物等生物产品；生物农业方面，重点发展生物育种、生物农药、生物肥料、绿色植物生长调节剂等农用产品；生物制造方面，积极利用生物转化技术，采用细胞工程、发酵工程、酶工程和现代提取技术，促进特色农产品精深加工和相关产业发展。推进重离子束治疗技术和设备产业化发展。 5. **信息技术产业**。推动半导体集成电路、元器件封装、电子专业设备、通用自动化控制设备、专用通信电缆、电真空器件产业化。发展集成电路封装、专用集成电路芯片设计制造等微电子产业，推进超高亮度发光二极管芯片制造、封装及集成应用。支持发展军工电子装备及自动控制、信号处理、探测技术等特种电子产业，研制开发民用电子产品。

二、改造提升传统产业

积极争取国家对老工业基地改造的政策支持，坚持用高新技术和先进技术改造提升石油化工、冶金有色、建材等产业发展水平，调整产品结构，延伸产业链条，优化资源配置，提高后续资源保障能力，壮大产业基地，发展产业集群。

石油化工。围绕国家石化工业基地和石油储备基地建设，大力推进石化产业结构优化升级。启动兰州石化新增 1000 万吨炼化工程建设，利用西气东输二线天然气资源，推进兰州石化乙烯扩能改造，将兰州石化建设成为全国最大的合成树脂、合成橡胶基地和重要的乙烯、碳五、裂化催化剂加工生产基地。发展壮大玉门特种油品生产基地，进一步改造提高庆化石油加工转化能力。规划建设兰州战略石油储备库二期工程。支持白银银光公司扩大 TDI 生产能力，建设聚氨酯生产基地。加快陇东国家重要的传统能源综合利用示范区建设，科学合理布局发展煤化工产业。积极开发利用新疆等外来煤炭资源，抓好张掖煤制天然气和武威煤炭集疏运中心等项目建设。大力发展环保涂料、催化剂、生物化工等精细化工产业，积极发展高浓度复合肥，农作物专用肥等新产品。

冶金有色。加快发展冶金有色产业，建设全国重要的冶金有色金属基地。支持酒钢集团、金川公司、白银公司、兰铝、连铝、西北铝加工、华鹭铝业、东兴铝业、稀土公司等骨干企业加快扩能改造和技术升级，实施节能减排工程。依托金川公司镍和酒钢集团冶炼、轧制生产线优势，开展上下游协调合作，建设西部最大的不锈钢生产基地。发展新能源综合利用的高载能产业，推进电冶加一体化发展。抓住东部产业转移的机遇，依托骨干企业，大力发展镍铜钴等有色金属下游精深加工产品。加快铝冶炼和加工企业技术改造升级，淘汰落后产能。

建材业。加快非金属矿产资源勘探开发，推进非金属材料制造业及水泥行业结构升级和产业链延伸。淘汰现有 900 万吨落后水泥产能，积极发展新型干法水泥、特种水泥及水泥制品，新型干法水泥产能达到 7000 万吨左右。促进高档玻璃、节能玻璃、功能性玻璃、新型墙体材料等轻质、隔热、保温环保节能建材产品发展。加强建材行业资源综合利用和节能减排。

轻工纺织业。积极扶持现有企业改造升级，鼓励民营经济投资，打造品牌，壮大规模，开拓市场。主动承接东部产业转移，引进国内外知名企业，振兴发展轻工纺织业。依托兰州石化基地资源优势，加强化学纤维高端产品开发，支持兰州新西部维尼纶 6000 吨聚乙烯醇高强高模工程纤维扩能改造，发挥毛纺品牌优势和棉花种植资源优势，积极发展高档精纺面料，促进彩棉纺织、亚麻纺织等产业发展。充分利用我省畜牧资源优势，发展制革和皮革制品业。建设区域性包装及塑料制品产业基地、包装品集散地，促进消费品工业发展。

建筑业。充分发挥建筑业就业容量大、产业关联度高、投资带动性强的优势，加快推进建筑企业技术进步和创新发展。以项目建设为载体，积极采用新技术、新工艺、新材料，建设一批优质节约环保适用的精品工程。深化建筑企业改革，发展具有竞争优势和综合实力的大型建筑企业。面向工业化、城镇化和新农村建设，积极参与市场竞争，努力开拓省外市场，扩大对外工程承包，不断壮大实力，提高建筑业在国民经济中的比重和贡献率。

三、振兴装备制造业

依托现有制造业基础，以兰州、天水、酒嘉、金昌为重点，加强现有装备制造企业的战略重组，加大技术创新和招商引资，充分利用我省材料工业优势，突出整机制造和系统集成，建设西部重要的装备制造以及大型设备维修和再生产基地。

石化通用设备制造。重点支持兰石集团、蓝科石化公司等企业发展石油钻机、海洋石油设备、抽油机等石油钻采设备，炼油化工设备、重油催化裂化关键设备、烟气轮机、特殊阀门、大型加氢反应器、快速锻造液压机组、大型板式高效换热器、空冷器、大型石油天然气管道加工设备等，扩大重点产品的市场占有率，提升石化通用设备制造基地的竞争优势。

机械电工电器设备制造。重点支持天水星火机床公司、风动工具厂等加快发展，积极发展大型精密数控机床、数控系统及功能部件、系列气动凿岩机及气动工具、重型导轨式液压凿岩机、全液压与高气压履带式露天潜孔钻车、重熔铝锭连续铸造机等产品。支持兰州真空设备公司等加快发展真空镀膜机、特种泵阀、智能化压力试验机、特种轴承等产品。整合发展电工电器产业链，支持天水二一三电器有限公司、长开厂、天水电气传动研究所、天水铁路电缆厂等企业发展高低压电器元件、电气传动控制设备以及自动化装置、仪器仪表、电工合金材料、接触器、信号电缆、通信电缆等电工电器产品和成套设备，提升产品协作配套能力。

汽车及专用设备。支持国内汽车企业来我省投资发展，重点发展各种车辆及零部件产品。发展专用设备制造，开发新型液压支架、采煤机、刮板运输机等煤矿设备，发展井下无轨设备、盾构机、选矿设备等矿山设备，创新发展除尘、水处理、风机等节能环保新型设备，推进分工协作和联合生产，着力提高本地化配套水平。适应现代农业发展的需要，重点发展节水设备、种子机械、农产品深加工成套设备，配套发展农机零部件，促进农业机械的多品种、专门化、标准化发展。

四、加快发展农产品加工业

围绕建设全国重要的特色农产品生产加工基地，鼓励农产品龙头加工企业整合资源，引导企业按园区模式布局，发展产业集群。支持各地发挥优势，重点发展马铃薯、草食畜、中药材、酿酒原料、果蔬、制种等特色农产品加工业，加快建设以专业化布局、产业化经营、标准化生产和技能化培训为特点的农产品加工基地，推进张掖、武威、定西、庆阳等特色农副产品加工循环经济基地建设，支持建设临夏清真食品加工基地，促进以农产品为主要原料的酿造、肉蛋奶加工、休闲食品、饮料等食品工业发展。2015 年，全省规模以上食品工业增加值达到 360 亿元以上，占全省工业增加值的 12% 以上。

专栏6　特色农产品加工基地建设

1. **马铃薯及玉米淀粉深加工基地**。支持定西、张掖等建设全国重要的商品薯生产基地及精深加工基地，武威、张掖建设玉米淀粉深加工基地。

2. **特色草食畜加工基地**。扶持甘南等牧区畜牧业发展，加快河西、陇东、中部等农区畜禽规模化养殖和品种改良，加快发展酱制加工、冷冻加工等精深肉制品加工业，推动品牌肉制品规模化生产。壮大发展乳制品加工产业。

3. **优质中药材药源和加工基地**。支持定西、陇南等为重点的规范化优质中药材生产加工基地建设。

4. **酿酒原料及加工基地**。支持河西地区加快发展酿造葡萄和啤酒原料种植业，做大做强葡萄酒酿造业。

第五章　推进农业现代化，建设社会主义新农村

加快发展现代农业，大力改善农村生产生活条件，全面推进新农村建设，实施扶贫开发攻坚，统筹城乡发展，努力缩小城乡差距。

一、加快发展现代农业

继续夯实农业基础，稳定粮食生产，提高农业综合生产能力。构建沿黄农业产业带、河西和陇东农产品主产区、中部重点旱作农业区及陇南山地特色农业区为主体的农业战略布局。抓好马铃薯脱毒种薯种植、全膜双垄沟播玉米、河西及沿黄灌区高效节水农业、优质林果等"四个一千万亩"工程。加快大中型灌区配套改造，扩大节水灌溉面积，加大中低产田改造力度，建设750万亩高标准梯田，提高农田产出能力。扩大特色农产品种植面积，发展壮大草食畜养殖业和现代制种业，发展农产品加工、保鲜、储运和其他服务业，鼓励和扶持优势农产品出口，促进农业生产经营专业化、标准化、规模化、集约化。全省粮食总产量突破1000万吨。

推进农业科技创新和农业机械化，建立健全公益性农业技术推广体系和服务体系。发展现代设施农业，推广日光温室和塑料大棚，继续实施河西走廊星火产业带高效节水农业科技示范工程和甘州区国家级现代农业示范区建设；推广全膜双垄沟播、膜下滴灌等高效旱作节水技术，建设以定西为重点的中部和陇东旱作农业示范区。提高农业机械化装备水平，耕种收机械化率达到45%。大力发展农民专业合作社和农村专业经济协会，提高农业组织化程度。

专栏7　增强农业综合生产能力建设工程

1. **实施"四个一千万亩"工程**。1000万亩马铃薯脱毒种薯种植，1000万亩全膜双垄沟播玉米，河西及沿黄灌区1000万亩高效节水农业，1000万亩优质林果。加快推进旱作农业区新增50亿斤粮食示范项目。

2. **建设四大特色农产品产区**。一是以酿酒原料、设施农业、草食畜、现代制种、优质瓜果和棉花生产为重点的河西及沿黄特色农产品生产基地。二是以马铃薯、苹果、中药材、小杂粮、肉牛肉羊、生猪等为重点的中部和陇东特色农产品基地。三是以林果、露地蔬菜、中药材、茶叶、油橄榄、核桃、花椒等为重点的天水、陇南特色农产品生产基地。四是以牧区畜牧业为重点的甘南高原特色畜产品生产加工基地。

3. **农业服务和科技创新体系建设**。一是动植物疫病防控和检疫体系建设。建设市级动植物防疫检疫基础项目、省级公路动植物防疫监督检查站、省际间高速公路动植物防疫监督检查站、动植物疫病预防控制中心、村兽医服务站和乡镇兽医站续建等项目。二是农产品质量安全检验检测体系建设。建设市县区级农产品质检站。三是基层农业技术推广服务体系条件建设工程。建设乡镇农技推广服务站。四是农业生产市场信息体系建设。五是农业金融支持体系和保险体系建设。六是农业科技创新体系建设。

二、努力增加农民收入

继续实施好特色优势产业提升、草食畜牧业发展、农村二三产业推进、农村人力资源开发、扶贫开发水平提高、强农惠农保障等“农民增收六大行动”。大力推进农业产业化发展和市场化经营，进一步健全和完善龙头企业与农户利益共享、风险共担的机制。加快劳务经济发展，着力打造劳务品牌，促进农村富余劳动力转移和稳定就业，保障农民工合法权益，增加农民务工收入。进一步加强农民技术培训。积极开展各种适用技术培训，加快培养种养大户、科技示范户、农机作业能手、农村经纪人等农村发展急需的实用人才。进一步整合培训资源，加强农民外出务工技能培训，增强文化技能素质和就业能力，拓宽增收渠道。

落实增收减负政策。继续加大国家和我省强农惠农政策措施实施力度，落实好种粮直接补贴、良种补贴、农机具购置补贴、农业生产资料综合补贴等政策，完善补贴方式。探索提灌区农业发展的扶持政策。完善农业支持保护制度，严格涉农收费管理，禁止向农民乱收费、乱摊派。

专栏8 “农民增收六大行动”

1. **特色优势产业提升行动**。实施“特色优势产业增产增收计划”，实施品牌推进战略，不断提高区域性优势产业、地方性特色产品的知名度和市场份额。
2. **草食畜牧业发展行动**。实施“规模化养殖计划”，进一步发挥畜牧业在农民增收中的支柱作用。
3. **农村二三产业推进行动**。实施“龙头企业培育计划”，不断增强产业化经营对农民增收的带动能力。发展休闲农业和乡村旅游。
4. **农村人力资源开发行动**。实施“农村劳动力转移培训计划”和“阳光工程”、“雨露计划”，增强就业创业能力。扩大劳务规模，提高劳务输转的层次和水平。
5. **扶贫开发水平提高行动**。实施“扶贫开发创新计划”，创新扶贫方式，完善扶贫机制。严格扶贫资金管理健全扶贫投入机制，完善扶贫项目实施办法。
6. **强农惠农保障行动**。不断加大投入力度，努力提高农业综合生产能力和防灾减灾能力。

三、实施集中连片扶贫开发攻坚

以“两州两市”为重点，突出少数民族地区、革命老区、中部干旱片带、南部高寒阴湿山区、河西特困移民区及“两西”建设区等集中连片区的扶贫开发攻坚，加大对其他国扶县贫困深度较深的贫困片区的政策扶持力度，实施分类指导。支持贫困地区加快基础设施和公共服务设施建设，引进扶持和壮大扶贫龙头企业，大力发展能致富快致富的农产品加工、旅游等特色产业，不断增强自我发展能力。

创新扶贫开发机制，建立扶贫开发动态管理机制，对集中连片区实施集中优先攻坚战略，对其他重点片带实施专项扶持战略，对其他低收入人群采取责任目标管理办法。强化政府在扶贫工作中的主导作用，引导非政府组织、企业参与扶贫工作，形成扶贫开发的合力。以县为单元整合各类支农和扶贫资金，深入推进开发式扶贫，逐步提高扶贫标准，加大扶贫投入。实行扶贫开发与发展劳务经济、促进人口转移相结合，落实对口扶贫和帮扶政策，完善帮扶机制，拓展帮扶领域，积极帮助和优先做好贫困地区农民工就地安置和稳定就业工作。坚持扶贫开发与农村低保制度相衔接，建立健全扶贫对象识别制度和农村低保运行制度，保障贫困地区特困人群的基本生产生活，稳定解决温饱。加快陇南、甘南地震和特大山洪泥石流灾害灾区重建和特色产业发展，促进灾区经济振兴。

四、统筹城乡发展

坚持工业反哺农业、城市支持农村，加快公共财政向农村倾斜、基础设施向农村延伸、社会保障向农村覆盖、公共服务向农村侧重、城市文明向农村辐射，促进公共资源在城乡之间均衡配置、生产要素在城乡之间自由流动，努力形成城乡协调发展的新格局。

统筹城乡发展规划，促进城乡基础设施、公共服务、社会管理一体化，全面提高财政保障农村公共服务水平。保持现有农村土地承包关系基本稳定，加强土地承包经营权流转管理和服务，发展多种形式的适度规模经营。逐步建立城乡统一的建设用地市场，土地增值收益主要用于农业农村。加快建立城乡统一的人力资源市场，形成城乡劳动者平等就业制度。深化农村信用社改革，鼓励有条件的地区以县为单位建立社区银行，发展农村小型金融组织和小额贷款，完善农村贷款担保机制。

发展壮大县域经济。突出县城所在地和小城镇连接城乡的特殊地位，抓好大中城市周边和重要交通沿线等各类特色镇的建设，把发展小城镇同调整县域产业布局、完善农村市场体系、发展农村服务业以及壮大县域经济结合起来，促进农村二、三产业发展。扩大县域发展自主权，稳步推进扩权强县改革试点，依法赋予经济发展快、人口吸纳能力强的小城镇在投资审批、工商管理、社会治安方面的行政管理权限。增加对县一般性转移支付，促进财力与事权相匹配。发挥县域资源优势和比较优势，积极培育特色支柱产业，不断提升县域经济的地位和发展能力。

实施好兰州、金昌、嘉峪关三市统筹城乡综合配套改革试验方案，继续搞好新农村建设试点，逐步扩大市县改革试点范围。按照城乡规划一体化、产业布局一体化、基础设施建设一体化、公共服务一体化和工业向园区集中、农民向城镇和集中居住点集中、土地向适度规模经营集中的要求，积极推进户籍制度改革，统筹安排和推进城乡基础设施建设。继续加大对小城镇基础设施的投入，强化公共服务和居住功能。把农村居民住房改造与新社区建设结合起来，引导农村居民适度集中居住，加快中心村和农村居民集中居住区建设。推进城市社区卫生服务向农村延伸，提高乡镇卫生院和村镇卫生所服务能力。继续加快乡镇村社基层文化、体育和培训“三位一体”设施建设，倡导文明健康生活方式，推进社会主义新农村建设。

第六章　大力发展服务业，构建现代产业体系

适应工业化和城镇化发展需要，着力培育和发展物流、旅游、金融、信息等现代服务业，不断提升传统服务业发展水平。

一、发展现代物流业

依托兰州、酒嘉、天水、张掖、平凉等综合运输枢纽，整合物流资源，建设区域性现代物流基地，着力构建“一主五副、两大重要节点”的物流业发展格局。到“十二五”末，基本建成分工合理的物流节点体系，物流业增加值年均增长15%以上。

进一步提升兰州区域性物流中心地位，强化物流园区建设，推进兰州商贸中心和交通枢纽建设，培育发展保税物流、国际中转、国际配送等跨国物流，建设支持新疆、西藏发展和面向中亚西亚

的区域性物流中心。积极发展酒嘉、天水、张掖、平庆、金武地区性物流中心,依托大型企业建设一批大型物流园区、配送中心和批发市场。加快陇西物流节点建设,支持临夏发展面向藏区的物流业。

专栏9　物流业重点布局与建设

一、物流业布局

一主五副、两大重要节点:"一主"即建设兰州西北区域物流中心;"五副"即建设酒嘉、天水、平庆、金武、张掖地区性物流中心;"两大重要节点"即建设临夏、陇西物流节点。

二、九大物流工程

1. 多式联运、转运设施工程。重点解决铁路与公路、民用航空与地面交通等物流基础设施配套建设,实现多种运输方式"无缝衔接"。
2. 物流园区工程。建设一批布局集中、用地节约、产业集聚、功能集成、经营集约的物流园区。
3. 城市配送工程。依托重点城市,发展面向流通企业和消费者的社会化共同配送体系。
4. 大宗商品和农村物流工程。建设跨省区粮食物流通道和重要物流节点,加强农产品市场建设,支持发展农资和农村消费品物流配送中心。
5. 制造业与物流业联动发展工程。发展第三方物流企业,促进现代制造业与物流业有机融合和联动发展。
6. 物流标准和技术推广工程。加快对现有仓储、转运工具标准化改造,实现物流设施、设备标准化。
7. 物流公共信息平台工程。重点建设电子口岸、综合运输信息平台、物流资源交易平台。
8. 物流科技攻关工程。重点支持货物跟踪定位、智能交通、物流管理软件、物流信息服务等技术攻关,促进物流业与互联网融合发展。
9. 应急物流工程。建立多层次政府应急物资储备体系和应急生产、流通、运输信息系统,提高应急反应能力。

二、发展壮大旅游业

以建设西部旅游胜地和旅游目的地为目标,着力打造"321"精品旅游线路,做大做强丝绸之路、华夏文明黄河旅游线、大香格里拉三条国家精品线路,积极培育甘南—陇南—定西—白银—平凉—庆阳红色旅游、天水—陇南三国古迹成长型旅游线路,全力建设兰州、天水、平凉休闲度假旅游圈。加快重点景区建设,进一步提升敦煌莫高窟、鸣沙山月牙泉、嘉峪关关城、张掖大佛寺、夏河拉卜楞寺、天水麦积山、平凉崆峒山、黄河三峡、会宁会师旧址、华池南梁、宕昌哈达铺和酒泉航天科技城等景区及旅游目的地的知名度,加大敦煌雅丹地貌、张掖丹霞丘陵、白银黄河石林、漳县贵清山、秦安大地湾遗址、武威雷台汉墓、和政古生物化石等新兴旅游景区建设和推广力度。围绕建设兰州区域性旅游集散中心、天(水)平(凉)和酒(泉)嘉(峪关)地区性旅游集散中心,大力促进中国历史文化名镇等新型旅游小城镇发展,加快旅游项目开发和景区景点建设。推进旅游业与文化产业等融合发展,积极发展森林旅游、生态旅游、文化体育旅游、工业观光旅游、农业乡村旅游等新兴旅游业态,开发民族性、地域性等特色鲜明的旅游商品。积极培育旅游演艺市场,大力推广特色旅游演艺节目,打造旅游文化品牌,丰富旅游文化内涵,把旅游业培育成现代服务业发展的龙头产业和战略性支柱产业。2015 年,全省旅游接待总人数达到 9000 万人次。

三、加快发展金融服务业

着力培育兰州西部区域性金融中心,努力改善金融生态环境。继续支持国有商业银行、股份制银行和政策性银行发挥主导作用,保持信贷规模持续扩大和中长期贷款快速增长。吸引金融机构来甘肃设立分支机构,做大做强地方金融机构,规范发展多种所有制形式的地方中小银行。加强农村金融体系建设，发展壮大农村合作银行、农村信用社，鼓励发展以服务农村为主的地区性中小银行。全面推进村镇银行、小额贷款公司、资金互助社等新型金融机构发展。进一步培育发展保险市场，积极调整业务结构，发展多种形式的农业保险，努力扩大保险覆盖面。大力发展多层次资本市场，推动企业通过发行股票、公司债券等多种形式，提高直接融资比例，拓展金融服务业。

四、促进信息服务业发展

加强信息服务基础设施建设，积极推进“三网”融合，发展互联网、物联网。重点支持邮电通讯信息服务、计算机应用服务和与工农业生产、公共生活相关的信息咨询等普及性业务，鼓励发展增值信息服务、专项信息服务等新兴业态。加快培育面向区域、行业和中小企业的第三方信息服务，发展面向消费者的新兴电子商务。继续推进电子政务，优化整合网络资源，加强信息资源的公益性开发和服务，通过依法开放政府信息资源、培育公益性信息服务机构，提高农业、科技、教育、文化、卫生、社保和宣传领域的信息服务水平，促进信息资源市场繁荣和产业发展。

五、发展多种形式的生产和生活服务业

大力发展生产性服务业，支持法律、会计、咨询、设计、广告等服务业加快发展，促进创意经济、商务会展、服务外包等新兴高端服务业发展。规范发展房地产市场，调剂住房供求关系，促进住房有效供给与需求的平衡。继续发展生活性服务业，大力实施品牌战略，支持优势商贸企业做大做强，推进老字号企业采用现代经营管理技术，积极引进国内外大型连锁经营企业。推进特色街及商圈建设，打造一批特色专业市场，积极建设大型综合超市、便利店、农贸市场等生活服务网点。加快农村现代流通设施和网络建设，完善城乡商品市场体系。继续发展餐饮住宿、旅游休闲、娱乐健身、物业家政、市政服务等服务业加快发展。

第七章 继续加强基础设施建设，增强发展保障能力

按照优化布局、完善体系、增强能力的要求，继续加强基础设施建设，着力消除瓶颈制约，提高基础设施保障能力。

一、加快综合交通运输体系建设

以建立综合交通运输枢纽为重点，统筹各类交通建设，构建多种运输方式衔接协调、优势互补、布局合理、运能充分、快捷通畅的综合交通运输网络。

铁路。加强对外通道和省内通道建设，强化路网主骨架，加快区内铁路干线和支线建设，增加路网密度，改善技术条件，实现干线快速化和大能力化，枢纽客货列车分流和集装箱集散口岸化，加快由通道型向网络型转变。强化兰州与周边省区中心城市的联接。结合河西、陇东能源基地建设，加强煤炭运输通道建设，推进区域性、地区性铁路集运站和枢纽建设。到 2015 年，全省境内铁路营运里程达到 6000 公里以上，主要繁忙干线实现客货分线，复线率和电气化率分别达到 60% 和 80% 以上，力争实现铁路覆盖 14 个市州。

专栏 10 "十二五"铁路网建设重点

1. **强化骨干运输通道**。建成兰州至重庆铁路，兰新铁路第二双线，宝鸡至兰州客运专线，兰州至张掖增建三、四线，包兰铁路银川至兰州扩能工程。

2. **完善区域路网结构**。建成西安至平凉铁路，西安至银川铁路，平凉至天水铁路，敦煌至格尔木铁路，干塘至武威增建二线，兰州至成都铁路；开工建设兰州至合作铁路，宝鸡至中卫增建二线，天水至陇南铁路。

3. **加快枢纽改扩建**。建成兰州集装箱中心站，兰州北编组站，提升天水、平凉、武威等区域性铁路枢纽功能。

公路。以高速公路和农村公路建设为重点，加强国省干线扩容改造。2015 年，全省公路总里程达到 13 万公里，其中高速公路 3600 公里。省域高速公路网基础网络初步形成，主要的省际出口通道均实现高速化，全省所有市州政府驻地与兰州实现高速连接，县(市、区)政府驻地与市州政府驻地实现二级及以上公路连接，一般国省干线公路联网、加密，繁忙路段力争达到二级及以上标准；农村公路网基本建成，所有乡镇和 80% 以上的建制村通沥青(水泥)路。加强干线公路与资源开发区及重点旅游景区道路联网建设。加快国家公路运输枢纽建设，推进城市公交和农村公路客运一体化发展。

专栏 11 "十二五"公路网建设重点

1. **国家高速公路网**。建设青兰国家高速雷家角至西峰，十堰至天水国家高速徽县(大石碑)至天水，兰州南绕城，兰海国家高速临洮至渭源，京新国家高速白疙瘩至明水，兰海国家高速渭源至宕昌至武都等国家高速公路。

2. **地方高速公路**。建设兰郎地方高速临夏至合作，平武地方高速平凉至天水、成县至武都，金昌至武威等地方高速公路。

民航。进一步拓展民航运输网络规模，完善现有机场配套设施，增强兰州中川机场枢纽功能，大力发展支线机场。力争到 2015 年，初步形成干支结合、能力充分的航空运输网络。合理规划建设兰州国际航空港，加快兰州中川机场二期扩建和敦煌、张掖、庆阳机场改造，完成金昌、夏河、陇南机场建设，推进天水军民合用机场迁建、新建平凉机场项目前期工作。研究布局及建设一批通用机场，提高应对各类突发事件的应急救援能力。

水运。重点加快内河航道和以兰州、临夏、陇南、白银四大港口为重点的码头服务体系建设步伐，基本实现通航航道等级化，满足重要航道区段通航要求，内河水运优势得到发挥。

管道。支持原油、成品油和天然气管道建设以及重点城镇天然气利用支线管道建设，做好涩宁兰输气管道复线、兰州—郑州—长沙成品油管道、庆阳石化成品油外输管道等油气管道建设，积极开展西气东输新建天然气管线和原油管线前期工作，实现 14 个市州通天然气，争取 2015 年天然气供应能力比 2010 年翻一番。

枢纽。统筹城市布局规划，进一步发挥区位优势，突出国家级综合运输枢纽和区域性综合运输枢纽建设。继续提升兰州在国家综合交通网中的综合运输枢纽地位，加强酒嘉、天水、金武、平庆、张掖等区域级综合运输枢纽建设，增强合作、武都、陇西、敦煌等地区级交通枢纽中心功能，实现客运"零距离换乘"和货运"无缝衔接"，形成以兰州枢纽为核心、区域枢纽为中心、地区级枢纽相配合的多层次综合交通运输枢纽。

二、进一步加强能源建设

煤炭生产按照“加快东部、稳定中部、开发西部”的布局要求，加快陇东煤田建设，抓好华亭、宁正、沙井子、宁中等大型矿区建设；支持靖远煤业公司大水头、魏家地、王家山和窑街煤电公司三矿、金河、海石湾等矿井改造升级；抓好红沙岗二号井、花草滩、平山湖等矿井建设，做好河西含煤区资源勘探和接续工作。推进煤层气资源勘探和规模化开发利用。

围绕河西新能源和陇东煤电化基地建设，引进省内外战略投资，组建大型煤电化企业集团，增强煤炭资源清洁高效利用和就地加工转化能力，加快配套大型火电和坑口电厂建设。实施重点城市热电联产建设，新建武威、天水、白银、金昌、西峰等一批热电项目，抓好兰州第二热电厂、酒泉、八零三热电厂等“上大压小”工程。积极发展水电，进一步加强黄河、洮河、黑河、疏勒河等水资源配置和水电开发规划工作，积极推进黄河黑山峡河段、玛曲河段水电开发前期工作。2015 年，全省煤炭生产能力达到 11750 万吨，电力装机达到 5000 万千瓦以上。

加快省内及省际 750 千伏和跨区域特高压直流网架建设，完善省内 330 千伏电网建设，加快农网、城网和无电区电力建设，强化西北区域性电力交换枢纽中心地位。

三、继续加快水利设施建设

继续推进大型跨区域、跨流域骨干水利工程建设，提高水资源配置能力。抓紧建设盐环定扬黄续建、引洮供水一期及配套工程、引大供水结构调整等工程。开工建设引洮供水二期、引哈济党、引洮济合、引洮入潭、靖远双永供水、会宁北部人饮、葫芦河引水等工程。加快兴电二期扩建、引大济西、引黄济积（石山）、马莲河苦咸水综合利用和小盘河调蓄工程等前期工作。加强病险水库（闸）除险加固、大型泵站更新改造和大中型灌区续建配套与节水改造，提高渠系水有效利用率。加强小型农田水利工程、雨水集蓄利用工程建设。实施以饲草基地建设、草场灌溉工程为重点的牧区水利建设。做好兰州、白银、天水等重点城市供水前期工作，增强工业能源基地和城镇供水保障能力。积极配合国家推进南水北调西线工程前期论证工作。

强化水资源管理保护，创新水利工程管理机制，积极推进城乡水资源和水务统一管理。加快水管体制改革，明晰小型水利工程产权，推进管养分离。发展农民用水合作组织，建立用水户自主管理与水管单位专业化服务相结合的管理模式，发挥社会力量参与水利建设和设施管护的积极性。

四、完善城乡基础设施

适应城镇化进程加快的要求，按照统一的城镇建设规划，统筹城市基础设施建设和管理，加快城镇道路、供水、供气、供热、垃圾和污水处理、再生水回用、园林绿化等市政设施建设。2015 年，城市人均道路面积达到 12 平方米（县城 11 平方米），建成区绿地覆盖率达到 32%（县城 20%），城市用水普及率达到 92%（县城 86%）。加大城市水源保护力度，加强重点城市和城镇地质灾害、防洪、抗震、消防等防灾减灾体系建设。加快发展城镇公共交通，建设兰州城市轨道交通。强化城市规划实施的监管，推进城市综合管理，强化服务意识，提高城市管理水平。推进城市信息基础设施和数字化城市建设。大力改善城市环境，完善城市功能，拓展城市空间，提升城市建设品位。

大力改善农村生产生活条件，以农田水利、农村道路、饮水安全、清洁能源、环境整治、信息畅通等为重点，强化农村基础设施建设。实施农村安全饮水工程，加快农村和国有农场公路“通达工程”和“通畅工程”建设。按照节约土地、设施配套、节能环保、突出特色的原则,统筹乡村建设规划,引导农民合理建设住宅,保护有特色的农村建筑风貌,改善环境卫生和村容村貌。

第八章　加大资源环境保护力度,建设生态文明省

以建设资源节约型、环境友好型社会和生态文明省为目标,大力发展循环经济,切实加强生态建设和环境保护,全面推进节水型社会建设,提高可持续发展能力。

一、大力发展循环经济

全面实施《甘肃省循环经济总体规划》,落实扶持政策,着力建设七大循环经济基地和培育16条产业链,实施72大类循环经济重点支撑项目,努力形成循环经济产业集群。以资源高效循环利用为重点,开展工业废弃物循环利用。抓好餐厨废弃物资源化利用和无害化处理城市试点及城市矿产示范基地建设,构建西北地区废旧汽车、家电、有色金属等资源再利用中心,扶持和推进再制造产业发展,促进再生资源规模化回收和加工利用水平。积极推行合同能源管理,促进节能服务产业发展。继续加大节能减排力度,鼓励企业生产使用节能产品、工艺、技术和设备,开展清洁生产。推动企业向产业园区集中,实现集聚生产、集中治污、集约发展,提高能源、水资源和废弃物的循环利用率。加快白银、玉门资源枯竭型城市转型,推进金昌、嘉峪关产业转型步伐,努力推进资源型工矿城市可持续发展。

专栏12　七大循环经济基地和16条产业链

1. 七大循环经济基地

(1)兰州、白银石油化工、有色冶金循环经济基地;
(2)平凉、庆阳煤电化工、石油化工循环经济基地;
(3)金昌有色金属新材料循环经济基地;
(4)酒泉、嘉峪关清洁能源、冶金新材料循环经济基地;
(5)天水装备制造循环经济基地;
(6)张掖、武威、定西特色农副产品加工循环经济基地;
(7)甘南、临夏、陇南生态循环经济基地。

2. 十六条产业链

着力打造精细化工;冶金—资源综合利用—冶金化工—新材料;风电设备;石油化工—特色精细化工一体化;有色金属及废弃物采选冶—深加工—再生—再加工;石油炼制—石油化工—精细化;煤电化工循环经济;煤电—建材—综合利用;河西“陆上三峡”;设备制造—回收—再制造;资源高效利用—节能环保产品—新型材料;西部电工电器工业基地和集成电路封装基地;养殖—沼气—种植—养殖生态农业;畜产品—特色农副产品—农业废弃物循环经济;中藏药产业;绿色食品产业等循环经济产业链。

二、积极推进生态建设

抓住国家推进形成主体功能区的机遇,积极构建“三屏四区”生态安全屏障,推进生态功能区建设,保障国家和区域的生态安全。加快国土绿化步伐,继续实施好天然林保护、退耕还林、退牧还草、三北防护林体系建设、防沙治沙、公益林补偿等工程。抓好水土流失、风沙危害严重和25度以上陡坡地段及江河源头、库区周围等重要生态地区退耕还林工程建设,巩固退耕还林成果。加大湿地恢复与保护力度,积极开展小流域综合治理。支持草原“三化”和生态治理、暖棚养殖、饲草料基

地建设等项目，推行草原禁牧、休牧和轮牧制度，继续搞好游牧民定居。加强生态监测，强化自然保护区建设与管理，严格实施森林公园、地质公园、风景名胜区等生态保护。建立完善生态补偿机制，促进生态修复。

加快流域综合治理。坚持科学规划、标本兼治、综合治理，统筹考虑各流域的人口、资源、环境和水资源承载能力，合理调整经济结构和产业布局，强化水资源统一管理，加大节水和治污力度，加强高耗水产业用水管理，提高用水效率和效益。积极开展水土保持生态建设，加快黄土高原地区淤地坝、坡改梯工程建设。加快推进石羊河、黑河以及疏勒河流域的讨赖河与党河综合治理，实施渭河、洮河、泾河等中小河流综合治理工程，做好大夏河、白龙江、白水江、西汉水等河流水源涵养保护工程前期工作。

专栏13　构建“三屏四区”生态安全屏障

1. 甘南黄河重要水源补给生态功能区。加快传统畜牧业发展方式转变，加强草原综合治理和重点区段沙漠化防治，实施牧民定居工程，建设全国重要水源涵养区和黄河上游生态屏障。

2. “两江一水”流域水土保持与生物多样性保护区。继续实施国家生态环境建设重点县综合治理工程、天然林资源保护工程、退耕还林还草工程、荒山荒地造林绿化工程、基本农田建设工程、小型水利水保工程、草地治理工程及农村能源工程等，构建长江上游生态屏障。

3. 祁连山冰川与水源涵养生态保护区。实施冰川、湿地、森林、草原抢救性保护，强化水源涵养。实施石羊河、黑河、疏勒河三大内陆河流域综合治理工程，构建内陆河流域生态屏障。

4. 敦煌生态环境和文化遗产保护区。加强生态环境治理和文化遗产保护，控制人工绿洲规模，发展旅游等特色产业，把敦煌建成为全省生态文明示范区。

5. 石羊河下游生态保护治理区。全面推进节水型社会建设，适度发展优势特色产业，加强防沙治沙、生态修复和环境保护。

6. 黄土高原丘陵沟壑水土流失防治区。加快以治沟骨干工程为主体的小流域沟道坝系建设，加强泾渭河流域生态环境保护与治理和子午岭自然保护区建设，加快林草植被恢复和生态系统改善，合理开发利用优势能源资源。

7. 北山荒漠自然保护区。依法保护荒漠植被和珍稀、濒危野生动植物资源及生物多样性，加强沙漠化和荒漠化治理，促进生态自然修复。

增强防灾减灾能力。坚持预防为主，在灾害多发地区建立健全专业预警预报、群测群防和应急处置指挥体系。增强灾害性天气监测预警预报能力，加强对各类自然灾害的监测预警，突出城镇和重点地区地震、地质灾害、防洪等预防和治理，提高防灾减灾和应急管理能力。切实搞好灾区和重点流域的山洪、滑坡、泥石流等地质灾害治理，组织实施和鼓励生态移民，逐步实现生态修复。加强中小型水库防汛工程建设，制订并实施山洪灾害防治规划，形成非工程措施与工程措施相结合的综合防洪减灾体系。积极建设抗旱备用水源工程，完善全省抗旱减灾管理体系。

三、加强节能减排和环境保护

实施重点节能工程，调整能源消费结构，提高能源利用效率。抓好工业、建筑、交通运输、公共机构等重点领域节能，推广先进节能技术和产品。建立并完善节能减排统计监测制度，健全节能市场化机制和激励约束机制，强化节能目标责任考核。

积极推进以污染减排为重点的重大环境保护项目建设，着力解决黄河流域以及渭河、泾河等支流水污染、矿区环境污染、兰州和金昌等城市大气污染等重点流域区域环境污染问题。加强饮用水源地保护，确保饮用水安全。严格执行环境影响评价制度，推进火电、钢铁、有色、化工等行业二氧化硫治理，加大机动车尾气治理力度。推进城镇生活污水、生活垃圾、危险废物、医疗废物处置等环保基础设施建设,提高污水处理率和垃圾无害化处理率。2015 年,设市城市污水处理率达到 80%,生活垃圾无害化处理率达到 90%。开展农村环境综合整治,推进农村垃圾集中收集处理,综合治理土壤污染,防治农药、化肥、农膜等面源污染和规模化养殖场污染。实施化学需氧量、氨氮、二氧化硫、氮氧化物等主要污染物总量控制。加强核设施及核辐射监测工作。

四、全面建设节水型社会

以发展高效节水农业为核心,加快高效用水、节约用水基础设施建设,推进雨水集蓄,建设节水灌溉饲草基地,提高灌溉水利用效率,基本实现农业灌溉用水总量零增长。重点推进火电、石化、有色冶金、纺织、造纸、食品等高耗水行业节水技术改造,积极开展矿井水利用。抓好城市节水和中水回用工作,着力降低城镇供水管网漏损率,加强公共建筑和住宅节水设施建设,普及节水设备和器具。加大节约用水宣传力度,合理配置生活、生产和生态用水,引导发展节水产业和节水型生活方式。推广张掖、敦煌节水型社会建设经验,建设河西节水型社会示范区,推进全省节水型社会建设。

五、合理开发利用和保护资源

坚持保护耕地,节约集约用地。实施最严格的耕地保护制度,建立健全基本农田保护监管体系,严格控制各类建设盲目占用耕地,控制不合理土地资源开发活动。做好各级土地利用总体规划修编和年度计划分类考核工作,统筹安排好农业、林业、交通、水利、能源和城镇发展各类用地,实行土地利用动态监管。实施国土整治,保护性开发利用沙地、荒山、荒滩、戈壁等未利用土地,充分有效利用土地资源。

加强矿产资源勘查开发统一管理,提高资源保障能力。加大国土资源勘探投入,重点抓好现有重点矿产资源地和大型矿山资源勘探,提高经济开采年限。加快陇东、玉门油气资源勘查,做好陇东地区、中部地区、河西地区能源后备资源和金属矿产资源勘查工作,积极开拓新的能源和原材料接续基地。完善矿业权交易制度和重要资源储备制度,促进资源向省内优势企业集中和规模开发,健全矿产资源有偿占用制度和矿山环境恢复补偿机制。科学合理开发利用气候资源,做好风能、太阳能开发利用的气象服务,开展风能、太阳能的多层次普查和可利用资源的评估。继续做好人工增雨(雪)作业。加强基础测绘工作,实现省级基础测绘省域基本覆盖。

第九章 积极开发人力资源,强化科技和人才保障

继续实施科教兴省和人才强省战略,立足科技进步和劳动者素质提高,加强人力资源开发和人才队伍建设,为经济社会发展提供智力保障和技术支撑。

一、推进技术创新与科技进步

加快建立以企业为主体、市场为导向、产学研相结合的技术创新体系,抓好新产品、新技术、新工艺的研究开发。围绕我省重点产业创新发展,依托重大产业和科研项目、重点科研基地、企业技术中心,以产业化应用为目标,组织实施重大科技专项攻关,加强与重大项目的对接。实施科技人

员服务企业“百团千人”计划，鼓励高校、企业国家级和省级重点实验室、工程技术研究中心、企业技术中心对外开放和提供服务，促进科技成果交流和推广应用。加强甘肃国家级质检中心和省级质检项目建设，完善产品质量检验检测体系。大力兴办各类科技服务机构，加快技术开发和社会化服务体系建设。加大科技投入，提高研发经费占生产总值比重。深化地方科研院所改革，放活科研单位，放开科技人员，支持科研机构和科技人员领办创办企业。保护知识产权，提升自主创新水平和科技成果转化能力。发展各类科技服务机构和平台，建立以技术转移与成果转化为核心的科技成果产业化基地，形成以应用为导向、高效服务的科技服务和激励机制。

专栏14　重大科技专项

1. **生态建设和环境保护专项。**重点是黄河上游（甘肃段）草场退化防治及水源地生态环境修复。
2. **水资源合理利用与环境治理专项。**重点是内陆河流域水资源合理配置及荒漠化治理。
3. **风能、太阳能发电及设备专项。**重点是风能、太阳能光伏光热发电共性关键技术研发，兆瓦级以上风力发电机机组研制及产业化。
4. **新材料专项。**重点是以兰州、白银、金昌有色金属新材料产业化基地建设为重点，延伸有色金属产业链，培育一批科技含量较高的新材料企业。
5. **先进装备制造产业专项。**重点推动太阳能光伏、光热发电及核电等装备的研制。加快石油钻采、炼化、真空设备、数控机床、大中型电机等行业的技术升级，实现成套装备的智能化、高端化和网络化，提升机电、锻铸件、基础件等产品区域配套能力。
6. **冶金、化工、建材产业专项。**重点是流程工艺节能及清洁生产技术与装备。
7. **动植物品种创新与产业化专项。**重点加快动植物优良品种繁育、动植物胚胎移植技术、航天育种、农业制种等自主核心技术研发及产业化发展。
8. **农产品精深加工专项。**重点开展特色优质农畜产品的贮藏、保鲜、精深加工、包装、储运环节的关键共性技术创新与应用。生物催化转化农产品工业化成套技术的开发，以及农畜产品品种、检测检疫技术开发与应用。
9. **新药创制及特色中药现代化专项。**重点发展预防和治疗人用及动植物用新型疫苗、基因工程药物、诊断试剂等生物制品，加快推进中药材规范化种植、中药饮片加工、中药提取、中药新药研发。
10. **民用核技术开发专项。**重点开展核废料处理、辐射化工、食品辐照、医疗用品和药品辐射灭菌消毒、核检测设备、农业核技术、辐射治理三废、放射性同位素制品和工业用电子辐射加速器、核热能城市集中供热技术、重离子束治疗肿瘤产业化科技创新与应用。

二、优先发展教育

坚持把教育摆在优先发展的战略地位，实施好《国家中长期教育改革和发展规划纲要（2010～2020年）》。以大力发展职业教育为重点，加强学前教育，巩固提高九年义务教育，加快普及高中阶段教育，努力提高高等教育质量。

大力发展职业教育。以就业为导向，统筹中等职业教育与高等职业教育发展，根据社会需要和自身特点，优化专业设置，提升基础能力，提高信息化水平，形成专业特色和优势。加快发展面向农村的职业教育，加强“双师型”教师队伍建设，完善县域职业教育培训网络。建立健全政府主导、行业指导、企业参与的办学机制，建设一批示范性职业院校和公共实训基地。建设西部区域性职业教育中心。

加强学前教育和义务教育。坚持政府主导和社会参与，积极发展公办幼儿园，重点发展农村幼儿园。推进义务教育学校标准化建设，巩固提高九年义务教育水平，大幅度降低青壮年文盲率。加快普及高中阶段教育，推进特色和多元化发展。着力调整教育布局，促进高中阶段学校向城区集中、初中向城镇集中、小学向乡镇集中、教学点向中心村集中。抓好中小学校舍安全工程和寄宿制学校建设，加强农村基础教育教师队伍建设。大力支持民族地区和贫困地区县基础教育发展。加大特殊教育投入力度，全面提高残疾儿童少年义务教育普及水平，建成一批标准化的特殊教育学校，基本实现市州有一所特殊教育学校。

提高高等教育质量。支持发展我省急需的学科和专业，优化学科专业和层次、类型结构，培养战略性新兴产业和我省重点产业发展急需的专业人才。鼓励教学与科研相结合，提高科研创新和面向社会服务能力。积极争取国家支持，扩大高校省部共建，加大部门院校和外地高校在甘肃的招生规模。大力发展继续教育，构建全民学习、终身学习的学习型社会。

深化教育体制改革，加快建设现代学校制度，推进政校分开、管办分离，落实和扩大学校办学自主权。健全以政府投入为主、多渠道筹措教育经费的体制，鼓励引导社会力量兴办教育，落实扶持民办教育政策和措施。按照国家部署，针对制约我省教育发展的突出问题研究确定具体任务，积极开展多种形式的教育改革试点。

三、实施创新人才工程

深入实施《甘肃省中长期人才发展规划》，依托支柱产业、重点行业、重大项目和重点学科，以高层次创新创业人才和高技能人才为重点，加大人力资源开发力度，实施领军人才、“科教兴省”人才、工业强省战略人才、新农村建设人才、科技创新创业高层次人才、陇原青年创新人才、少数民族地区人才、宣传文化骨干人才、旅游产业人才、医疗卫生人才、社会工作人才、非公有制经济组织和新社会组织人才等“十二大人才工程”建设，统筹推进各类人才队伍建设。健全完善人才培养开发、评价发现、选拔使用、流动配置、激励保障、开发投入等方面的政策机制，为各类人才干事创业营造良好环境。

第十章　着力改善民生，努力提高人民生活水平

坚持民生优先，充分发挥政府基本公共服务职能，增强公共服务供给能力，不断提高人民群众生活水平和质量，着力实施好“十大惠民重点工程”，促进和谐社会建设。

一、大力促进就业

实施积极的就业政策。把扩大就业作为经济和社会发展的重要目标，改善创业环境，促进创业带动就业，完善支持自主创业、自谋职业政策体系，建立健全政策扶持、创业服务、创业培训三位一体的工作机制，广开就业渠道。加强创业意识教育，营造鼓励自主创业的社会环境，使更多的劳动者成为创业者。

建立健全就业援助制度。加强对零就业家庭的就业援助，通过公益性岗位援助等多种途径，对就业困难人员实行优先扶持和重点帮助。鼓励劳动者参加各种形式的培训，支持各类职业院校、职业技能培训机构和用人单位依法开展就业前培训、岗位培训、再就业培训和创业培训。进一步加强高校毕业生就业统筹协调，广泛开展技能培训和就业见习，引导高校毕业生面向基层就业和创业。统筹做好城镇新增劳动力就业、农业富余劳动力转移就业和失业人员就业工作。

建立健全失业保险制度。推进国有企业下岗职工基本生活保障向失业保险并轨，强化保障基本生活与鼓励再就业相结合的机制，更好地发挥失业保险在“保生活”和“促就业”方面的作用。

加强就业服务和管理。按照建立统一开放、竞争有序的人力资源市场的要求，加大对人力资源市场信息网络及相关设施建设的投入，建立健全人力资源市场信息服务体系，完善市场信息发布制度。充分发挥社区在促进就业中的作用，加强街道、社区再就业平台建设。促进和规范就业中介组织发展，鼓励社会各方面依法开展就业信息、技能培训、劳务租赁、劳务输出等就业服务活动。

二、合理调整收入分配关系

完善按劳分配为主体、多种分配方式并存的分配制度，积极调整收入分配，不断提高中低收入人群的收入水平，努力缓解行业、地区和社会成员间收入分配差距扩大的趋势。继续坚持“多予、少取、放活”的方针，千方百计增加农民收入。改革农村土地征用补偿和建立农民工工资支付长效机制。完善农村“五保户”供养制度。努力提高工资收入在国民收入中的比重，逐步提高最低工资标准，加快建立职工收入随企业效益增长、离退休人员离退休金随职工工资增长的机制。加强对垄断行业收入分配监管，规范企业经营者的薪酬福利制度。建立科学合理的公务员收入分配制度，继续深化事业单位收入分配制度改革。

三、健全社会保障体系

扩大基本养老保险覆盖。根据就业形势变化，以混合所有制、非公有制经济组织从业人员和灵活就业人员为重点扩大社会基本保险覆盖面。完善城镇职工基本养老保险制度。坚持养老保险社会统筹与个人账户相结合，逐步做实个人账户。结合新农保积极推进农村进城居民养老保障制度的建立，研究制订进城务工农民、被征用土地的农民以及农转非人口的养老保险制度，逐步实现城乡居民养老保险制度的统一。统筹开展机关事业单位养老保险制度改革。落实社会保险关系跨地区转移接续办法，制订完善城乡相关社会保障制度的衔接办法，确保参保者的合法权益。大力发展补充性社会保险和商业保险。

健全城乡居民最低生活保障制度。建立和完善城市低保对象家庭备案制度，合理确定保障标准，建立与经济发展相适应的最低生活保障增长机制。完善农村最低生活保障制度。积极发展社会福利和慈善事业，以扶老、助残、救孤、济困为重点，逐步拓展社会福利保障范围。

继续建立健全城乡居民基本住房保障制度。加快城镇保障性住房建设，继续抓好棚户区改造和公共租赁住房建设，积极增加廉租住房、经济适用住房和限价商品住房，着力解决低收入家庭以及中等偏下收入家庭住房困难问题。全面完成农村危旧房改造任务。按照全面小康标准要求，逐步提高城乡居民居住水平，2015 年城镇人均住房建筑面积达到 30 平方米，农村人均住房建筑面积达到 32 平方米，农村砖木、砖混住房比例达到 80% 以上。

四、提高人民健康水平

加强公共卫生建设。高度关注人民健康，加大政府对公共卫生的投入力度。改善疾病预防控制机构条件，提高重大传染病的防控能力，降低重大传染病的危害。加快建设卫生监督体系，加强食品药品安全监管，提高突发公共卫生事件应对能力。加强妇幼卫生保健工作，重点建设农村地区妇幼保健机构，提高综合服务能力。婴儿死亡率降至 9‰，孕产妇死亡率降至 30/10 万，儿童计划免疫接种率达到 95% 以上，人均期望寿命达到 73 岁以上。

优化卫生资源配置。整合城市公共医疗资源，鼓励城市卫生资源向农村辐射，扩大农村和基层公共卫生资源的比重。加大民族地区和贫困地区卫生基础设施建设。积极发展社区卫生服务,强化社区医疗卫生服务机构在提供基本医疗和公共卫生服务中的基础地位,将社区医疗卫生服务机构纳入城镇职工基本医疗保险定点范围。构建区域医疗卫生中心和社区卫生服务机构合理分工、相互合作、双向转诊的两级新型城市卫生服务体系。切实加强乡村卫生服务体系建设,形成县乡两级、乡村一体、防治结合、分工合理的农村卫生服务网络,提高乡镇卫生院医疗装备水平和医务人员的技术水平,改善农村的医疗卫生状况。保护和发展中医药,加强县级中医院建设,完善乡村中医药服务。

深化医药卫生体制改革。建立和完善覆盖城乡居民的公共卫生服务、医疗服务、医疗保障、药品供应保障体系。坚持政事分开、管办分离、医药分开、营利性和非营利性分开的原则,加快公立医疗机构改革,整合医疗卫生资源。鼓励社会资金、外资进入医疗市场,建立投资主体多元化、投资方式多样化的办医体制和投入机制。改变"以药补医"状况,合理确定医疗服务价格。进一步加强监管,纠正医疗卫生行业不正之风。推进医疗保障制度改革,完善城镇职工、城镇居民基本医疗保险制度,积极稳妥地扩大新型农村合作医疗覆盖面,提高财政对贫困地区农民的新型合作医疗补助标准,探索农村医疗保险新途径。

发展体育事业。全面实施全民健身计划,增强人民体质。高度关注青少年身体健康,着力提高青少年身体素质。重视发展农村体育事业,以社区为重点加强公共体育设施建设。积极推进农民体育健身工程、全民健身路径工程、雪炭工程、民康工程、丝绸之路体育健身长廊建设。提高竞技体育水平,积极改善训练设施,加快建设临洮等体育训练基地。探索体育运动项目面向社会、面向市场良性循环的运行机制,加快体育场馆多元化经营。

五、全面做好人口工作

坚持计划生育基本国策,稳定人口低生育水平。完善政策导向,重点控制计划外生育。加强计划生育管理服务能力和县乡两级计划生育服务站建设,提高计划生育服务网络化和信息化水平。全面推进优生促进工程,建立出生缺陷干预体系,努力降低出生缺陷发生率。抓好出生人口性别比失调综合治理。

保障妇女儿童权益,积极应对人口老龄化。坚持男女平等,保障妇女平等获得就学、就业、社会保障和参与社会事务管理的权利,加强妇女卫生保健,改善少年儿童成长环境,促进儿童身心健康发展。积极发展老龄产业,实施爱心护理工程,加强社区养老服务等面向老年人的公共服务设施建设,增强社会的老龄服务功能。弘扬敬老风尚,营造老有所养、老有所乐的社会氛围。

发展残疾人事业,保障残疾人权益。推进残疾人社会保障和服务体系建设,加快残疾人康复机构、托养服务机构、信息交流和无障碍设施建设,建立健全残疾人康复、贫困残疾人脱贫、残疾儿童及少年义务教育、残疾人就业和社会保障等服务体系。

第十一章　推进文化繁荣发展,建设文化大省

积极开发利用丰富的特色文化资源,以建设文化大省为目标,加快文化事业和文化产业发展,推进社会主义精神文明建设。

一、加快发展文化事业

加强公共文化设施建设。完成市州级文化馆、图书馆、博物馆和文化信息资源共享工程建设，加快县级综合文化中心、行政村文化室建设进度，农家书屋覆盖全省行政村。建设甘肃科技馆。实现甘肃卫视和甘肃新闻综合广播节目在全省的有效覆盖，加快甘肃卫视在全国35个中心城市的落地。继续实施广播电视“西新”工程、“村村通”工程、地面数字电视覆盖工程，提高农村电影放映工程补助水平。加强文物保护，支持丝绸之路整体申遗，实施好国家遗产地保护项目。建立省、市、县三级非物质文化遗产保护项目资源数据库，建设文化遗产保存保护、教育展示、科学研究和开发利用的综合性体系。实施好公益性文化单位和爱国主义教育基地免费开放工作，探索公共文化设施的共建共享、委托管理的机制，扩大公共文化服务体系覆盖面。

二、培育发展文化产业

发挥敦煌文化、丝路文化、地域民族文化等特色文化资源优势，突出文化积累，加强文化保护，创新文化发展。重点发展现代传媒、出版发行、文娱演艺、文化旅游等优势产业，加快数字内容及影视动漫、广告会展、文化创意、体育健身等新业态发展。实施文化数字化建设工程，加快广播电视网络整合、有线电视网络数字化双向化改造。推进甘肃日报报业集团的改革与发展。加快读者出版传媒股份有限公司上市步伐，积极推动出版业态结构调整。组建省演艺集团公司，加快文艺演出院线建设。支持民营影视制作公司的发展。

以兰州创意文化产业园、庆阳农耕和民俗文化产业园、临夏民族文化产业园和丝绸之路文化产业带建设为主体，优化文化产业区域布局。保护和发掘甘肃特色历史文化和非物质文化资源，突出中华始祖文化和民间、民俗、民族文化，推进文化产品的产业化开发和市场化运作。培育我省特色文化品牌，深入挖掘“读者”、“丝路花雨”、“大梦敦煌”等知名品牌商业价值，重点扶持“大戏、大片、大剧、大作”等文艺精品的创作与生产，积极打造实景演出、精品剧目演出、民族风情演出、戏剧说唱演出等演艺项目。扶持民营文化企业做优做精，推进甘肃特色文化产业发展。

三、加强社会主义精神文明建设

加强公民文明素质建设。建设社会主义核心价值体系，坚定走中国特色社会主义道路和实现中华民族伟大复兴的理想信念，树立以改革创新为核心的时代精神，弘扬“人一之、我十之，人十之、我百之”的甘肃精神，倡导热爱甘肃、建设甘肃、奉献甘肃的思想和行为。构建传承中华传统美德、符合社会主义精神文明要求、适应社会主义市场经济的道德和行为规范。深入推进社会公德、职业道德、家庭美德、个人品德建设，倡导爱国守法、明礼诚信、团结友善、勤俭自强、敬业奉献的基本道德规范。加强正确舆论引导和文化环境建设，保护青少年身心健康。综合运用教育、法律、行政、舆论手段，引导人们知荣辱、讲正气、尽义务，营造良好的社会和谐氛围。把廉政教育融入全党全社会宣传教育之中，树立崇廉鄙腐的社会风尚。

深入开展群众性精神文明创建活动。弘扬科学精神，加强人文关怀，培育奋发进取、理性平和、开放包容的社会心态，引导形成文明健康的生活方式。普及科技知识，提倡修身律己、尊老爱幼、勤勉做事、平实做人，广泛开展志愿服务，在全社会形成团结互助、诚信友爱、和谐相处的社会氛围和人际关系。广泛开展文明城市、文明村镇、文明社区、文明行业、文明单位、文明家庭等文明创建活动,加强精神文明活动场所和设施建设。

专栏 15　文化事业建设和文化产业发展

一、公共文化设施建设

1. 完成 14 个市州级图书馆、文化馆、博物馆建设。实施文化资源信息资源共享工程,对 14 个市州图书馆配备信息资源共享设备,继续建设 287 个村级基层服务点,建成 1192 个社区服务点。

2. 高清频道和移动多媒体广播电视支撑系统建设。建设省台高清频道,实现高清节目的采编制作和播出。建设移动多媒体广播电视省级运营支撑系统和覆盖网络,完成全省县级(含)以上城市的地面有效覆盖,建设我省 IPTV、手机电视集成播控平台。

3. 文化数字化建设。实施文化资源数字化、文化生产数字化、文化传播数字化、文化消费数字化项目建设,提高公共文化服务的数字化水平。积极推进市和有条件的县城数字影院全覆盖。

二、文化产业建设

1. 建设文化产业园。加快兰州创意文化产业园、庆阳农耕和民俗文化产业园、临夏民族文化产业园建设,集聚文化创意企业,建设销售收入突破 10 亿元以上文化产业园。在丝绸之路沿线各市州建设集聚文化企业的省级文化产业园,力争各产业园区销售收入突破 4 亿元。鼓励汉字文化等创意产业发展,推进文化产业与教育、旅游、制造、物流、建筑、包装等产业的融合。

2. 民间文化产业。大力发展香包、刺绣、剪纸等民间手工艺品,发展特色鲜明的民间民俗工艺品产业、地方戏剧演艺业,建设环县道情皮影基地和皇甫谧—商周文化产业基地,发展临夏砖雕、雕刻葫芦、回族刺绣等特色民族工艺产品。积极创作实景演出、民族风情演出、说唱演出等演艺项目,开发旅游演艺市场。

3. 文艺精品创作与重点图书出版。创编新剧 40 台以上,其中重点剧目 10 台以上、具有精品艺术水准的剧目 3 台以上。加快发展陇剧、皮影、花儿等地方特色艺术。实施《四库全书》数字和影印图书出版、三农出版、少数民族文化出版、敦煌文化系列出版、中亚历史文化出版和陇原文化出版等 6 项出版工程。

三、文化保护与精神文明创建

1. 文化遗产保护。建设省级和市州级非物质文化遗产艺术博览中心 15 个,为国家级和省级传承人所在地修建 300 个非物质文化遗产传习所,实施濒危非物质文化遗产项目、传承人抢救性保护,建立非物质文化遗产数字化保护体系。建立省、市、县三级非物质文化遗产保护项目资源数据库。改善国家遗产地申遗备选点保护设施,加强保护管理设施和科普展示设施建设。

2. 精神文明创建。建成 1 个以上全国文明城市,30% 以上的文明乡镇,20% 以上的文明村,创建一批文明单位,深入推进区域联片共建活动。实施公益性文化单位和爱国主义教育基地免费开放。实施精神文明建设"五个一工程",开展重大历史题材、抗震救灾、防沙治沙、西部扶贫开发等题材影视和创作工程。

第十二章　强化社会管理,推进民主法制建设

以促进公共安全、维护社会稳定为重点,加强社会建设。扩大社会主义民主,健全社会主义法制,为加快经济社会发展提供保障。

一、加强公共安全建设

提高安全生产水平。坚持"安全第一、预防为主、综合治理"的方针,加快安全生产技术装备支撑、隐患排查治理、重大危险源监控、生产安全事故应急救援、重点危险源监控等安全生产体系建设。强化安全生产监督管理责任,落实企业安全生产主体责任,严格实行安全生产许可证制度,健全安全生产监管体制。2015 年,全省亿元地区生产总值死亡率下降 36% 以上,工矿商贸从业人员 10 万人生产安全事故死亡率下降 15% 以上,煤矿百万吨死亡率下降 27%,道路交通万车死亡率下降 10% 以上。

强化应急体系建设。加强公共安全基础设施和专业应急队伍建设,建立应急联动机制,提高应急处置能力。实施分级管理,明确各级政府的责任,进一步完善突发公共事件专项应急预案、部门应急预案和地方应急预案。强化公共场所应急体系建设,提高装备水平。加强宣传和培训教育工

作，提高公众自救、互救和应对各类突发公共事件的综合能力。

维护社会稳定和保障公共安全。深入开展矛盾纠纷排查化解，构建党委政府统一领导、多种调解方式协调联动的“大调解”工作格局，全面推行社会稳定风险评估机制，建立和完善矛盾排查、信息预警、应急处置机制，完善人民调解、行政调解、司法调解体系，努力预防和化解各类公共危机。进一步完善社会治安防控体系，发展壮大专职群防群治队伍，大力推进科技防范，落实社区警务，确保社会稳定和长治久安。

二、创新社会管理

按照健全党委领导、政府负责、社会协同、公众参与的社会管理格局的要求，加强和改进基层组织工作，发挥群众组织和社会组织作用，提高城乡社区自治和服务功能，健全基层管理和服务体系。建立社会管理创新指标体系，加强对流动人口等管理，切实提高对新经济组织、新社会组织和互联网等新兴媒体的管理能力，综合治理校园及周边治安环境。整合社区资源，鼓励和引导卫生、科技、劳动、教育、法律等服务进社区，大力发展社区服务，努力开发社区就业岗位，促进下岗失业人员尤其是困难家庭人员在社区实现就业和再就业。继续推进社区工作者制度。完善村级民主自治机制，进一步加强农村基层组织建设，严格执行村民会议或村民代表会议议事规则，实行村级重大事务决议公开和实施结果公开，切实保障农民群众的知情权、决策权、参与权和监督权。建立农村事务管理和保障机制，促进公共资源向农村延伸。

构建统一规范的社会诚信体系。加强全社会诚信教育，树立并弘扬诚信的文化和价值理念。以政府信用、企业信用和个人信用为重点，建立健全征信及信用监管平台，打造诚信甘肃。围绕信用信息的征集、管理和使用，完善有关法律法规，依法加强政府监管和市场监管，加大失信惩戒力度。以完善信贷、纳税、合同履约、产品质量等信用记录为重点，加快建设企业与个人信用服务体系。加强金融、工商、税务、市政公用等信用信息平台的互联互通和资源共享，建立联合征信平台。加强行业自律，规范中介和社会组织行为，积极推行信用档案记录和管理，建立行业违信惩戒制度。

三、推进社会主义民主法制建设

坚持党的领导、人民当家作主和依法治国有机统一，健全完善社会主义民主法制，进一步巩固和发展风正气顺、人和业兴的良好趋势，逐步实现社会主义民主政治的制度化、规范化和程序化。

发展社会主义民主。坚持对人民代表大会及其常委会负责并报告工作，自觉接受人大法律监督和工作监督，执行人大的决定、决议，认真办理人大代表建议、批评和意见。重视和支持人民政协履行政治协商、民主监督和参政议政的职能，认真办理政协提案。密切与各民主党派、工商联、无党派人士的联系，发挥好工会、共青团、妇联等人民团体的作用。广泛征求各类咨询机构、专家学者的意见和建议，认真听取人民群众的意见和要求。进一步做好民族、宗教和侨务工作。建立健全民主制度，丰富民主形式，扩大公民有序的政治参与，保证人民依法行使知情权、参与权、表达权和监督权。扩大基层民主，完善村民自治、城市居民自治和以职工代表大会为基本形式的企事业民主管理制度。

实施依法治省。认真贯彻执行国务院《全面推进依法行政实施纲要》和《关于加强市县政府依法行政的决定》，全面推进依法行政，提高政府公信力。加强立法工作，注重提高立法质量。全面推行行政执法责任制，切实做到执法有保障、有权必有责、用权受监督、违法要追究、侵权须赔偿。

推进司法体制和工作机制改革，促进司法公正，提高司法效率。做好法律服务和法律援助工作。加快推进惩治和预防腐败体系建设，在坚决惩治腐败的同时加大教育、监督、改革、制度创新力度，更加有效地预防腐败，形成拒腐防变教育长效机制、反腐倡廉制度体系、权利运行监控机制。

第十三章　深化改革开放，构建向西开放战略平台

围绕探索建立适应科学发展的体制机制，继续加大重点领域和关键环节的改革力度，进一步发挥市场配置资源的基础性作用，大力培育各类市场主体，增强经济发展活力，推进开放型经济发展。

一、深化重点领域改革

继续深化国有企业产权改革和战略重组。鼓励省属企业与国内外大型企业进行整合，开展战略合作，培育一到两家具有国际竞争力的跨国企业集团。做强做大优势国有企业，健全并完善企业和公司法人治理结构，通过重组上市、合资合作、相互参股等多种途径，促进投资主体多元化。探索建立推动引导企业资金、技术、人才等要素优化配置的体制机制，提高产业集中度，推动产业结构优化升级。

大力发展个体、私营等非公有制经济和中小企业。积极支持和引导全民创业，支持非公有制中小企业做大做强。继续改革投资体制，降低民营资本市场准入门槛，拓宽投资领域和范围，鼓励和引导民间资本进入交通、电信、能源、基础设施、市政公用事业、保障性住房建设等领域，兴办金融机构，投资商贸流通产业，参与发展文化、教育、体育、医疗、社会福利等社会事业。支持民营企业加强自主创新和转型升级，参与重大科技计划项目和技术攻关，共同建立工程技术研究中心和技术开发中心。鼓励和引导民营企业通过参股、控股、资产收购等多种方式参与国有企业改制重组，支持有条件的民营企业通过联合重组等方式进一步壮大实力。充分发挥商会、协会的作用，建立健全民间投资服务体系，加强服务和指导。清理和修改不利于民间投资发展的法规政策和行政审批事项，支持符合条件的民营企业产品和服务进入政府采购目录。

进一步深化行政管理体制改革，探索建立决策、执行、监督分工协作的决策体系。加快政府自身建设和职能转变，提高经济调节和市场监管水平，强化社会管理和公共服务职能，探索政府购买公共服务和采购制，加强价格监管，努力建设服务型政府，提高行政效能。继续深化行政审批制度改革，减少和规范政府行政审批。针对落实区域发展战略和推动跨越式发展的需要，积极建立跨区域的合作发展协调机制，探索创新行政管理模式。按照政事分开、事企分开和管办分离的原则，加快推进事业单位改革。

深化财税体制改革。按照财力与事权相匹配的要求，进一步理顺省、市、县三级政府间财政分配关系。全面推进省直管县财政体制改革，加强县级政府提供基本公共服务财力保障，完善乡财县管、村财乡管财政管理方式。健全财政预算体系，完善预算编制和执行管理制度，增加一般性转移支付规模和比例。进一步优化支出结构，加大对“三农”、教育、社会保障、医疗卫生等重点领域的投入力度。继续深化部门预算、国库集中收付、政府采购等改革。落实好国家税收改革政策，逐步健全地方税体系。

深化资源要素价格改革。理顺资源性产品价格形成机制，努力推进形成能够灵活反映市场供

求关系、资源稀缺程度以及环境损害成本的价格机制，继续完善水、电、运、气价格及环保收费政策。进一步探索农村土地经营权流转的多种有效方式，完善城乡平等的要素交换关系，促进土地增值收益主要用于农业和农村。建立健全水权分配体系和配水用水定额管理制度、水权转换制度，规范水权交易办法，完善水价形成机制。推进工业企业清洁生产和水资源循环利用，鼓励再生水利用，逐步实现水资源费的统一征收。积极探索地质找矿新机制，推行探矿权、采矿权有偿出让。研究探索建立排污权有偿使用交易制度。

二、加快开放型经济发展

抓住全球和东部地区产业调整的机遇，继续实施开放带动战略。坚持市场导向和政府推动相结合，加大招商引资力度，创新招商引资方式，努力扩大利用内外资规模。突出重点领域和重点项目，积极引导外资投向，将利用外资与产业结构调整和转变发展方式紧密结合起来，鼓励外资投向我省重点发展的基础设施和产业领域。以国家级、省级开发区和各类工业集中区为对外开放的平台，加强基础设施建设，改善投资环境，增强产业集聚和承接能力。支持兰州高新技术开发区、经济技术开发区增容扩区，促进金昌、天水国家级经济技术开发区和白银国家级高新技术产业开发区加快发展。争取张掖、酒嘉开发区升级为国家级经济技术开发区。加强与周边省区的经济合作和共同发展。

实施向西扩大开放、向东承接合作，打造面向中亚西亚对外开放的战略平台。大力发展开放型经济，创新外经外贸工作。不断加强与传统贸易国家之间的经济联系，调整出口结构，增加出口产品附加值。支持符合条件的地区设立海关特殊监管区域，发展保税加工和保税物流。继续实施“走出去”战略，扩大对外工程承包和劳务合作，鼓励和规范企业在境外建立和扩大能源、矿产原料初加工和供应基地。

三、创新投融资方式

大力培育各类投融资主体，积极鼓励社会投资和争取国家投资，进一步推进投融资市场化改革进程。加强国有资产经营和资本运作，探索发展多种大型国有及国有控股投资集团公司。依托大型能源和资源项目开发引进战略投资者。

加快发展资本市场，全面实施企业上市培育工程，做好上市资源培育，重点支持大型骨干企业、科技创新型企业上市。鼓励有条件的企业发行企业(公司)债券、短期融资券、企业中期票据，扩大直接融资规模和比重。积极激活民间资金，规范发展各类融资平台，拓宽直接融资渠道。努力引进国内大型基金，尝试设立产业投资基金和创业风险基金。加强债券和期货市场建设。发展壮大产权交易市场，积极推进各类产权、矿权、林权、特许经营权、社会公共资源开发权等进入产权市场交易。继续争取银行信贷融资对我省基础设施、工业、农业、民生等领域项目建设加大支持力度。

四、营造良好发展环境

进一步解放思想，树立有利于我省加快发展、创新发展的观念。围绕全面落实《国务院办公厅关于进一步支持甘肃经济社会发展若干意见》，强化政府服务意识和责任意识，加强市场服务体系建设，积极搭建信息、市场、工商、融资等各类服务平台，为企业和市场主体提供优质服务。加强社会诚信和社会信用体系建设。进一步优化市场环境，规范市场秩序，严格治理乱收费、乱罚款、乱摊派和乱检查等行为,坚持抓好社会治安工作,引导公平有序竞争,营造良好的投资经营环境和社会环境。

第十四章　规划实施

建立健全规划实施机制是确保“十二五”规划目标顺利实现的重要条件。要从完善机制、分类指导、组织落实、监督检查等方面,形成“十二五”规划实施的有力保障。

一、加强规划衔接

依据《甘肃省人民政府办公厅关于加强国民经济和社会发展规划编制工作实施意见》(甘政办发〔2006〕63号),全省国民经济和社会发展规划分为省级规划、市县级规划,分为总体规划、专项规划和区域规划三类规划。总体规划(即《规划纲要》)体现战略意图,具有战略性、纲领性、综合性,是编制各级专项规划、区域规划以及制定年度计划的依据;专项规划是以国民经济特定领域为对象编制的规划,是总体规划在特定领域的细化;区域规划是指以跨地区的特定领域为对象编制的规划,是总体规划在特定区域的细化和落实。

按照下级规划服从上级规划、专项规划服从总体规划的要求,下级总体规划要在约束性目标、空间功能定位和重大基础设施建设等方面与上级总体规划进行对接;区域规划和专项规划要在发展目标、空间布局、重大项目建设等方面与总体规划进行对接;同级总体规划要在空间布局和基础设施建设等方面进行相互衔接;同级区域规划和专项规划要在发展目标、空间布局、重大项目建设等方面进行相互协调。

加强国民经济和社会发展规划与城市规划、土地利用规划、环境保护规划之间的衔接配合,确保在总体要求上方向一致,在空间配置上相互协调,在时序安排上科学有序,提高规划的管理水平和行政效率。

二、强化组织实施

省直各部门要按照职责分工,将《规划纲要》确定的相关任务纳入年度计划。本规划提出的约束性指标、重大任务和重点工程项目,省政府将分解落实到省直各有关部门和市州,明确责任和进度要求,确保实施落实。特别是对耕地保有量、单位地区生产总值能耗、污染物减排等约束性指标以及“双十工程”的实施情况,要定期检查、督促落实。要按照科学发展观和正确政绩观的要求,进一步改进考核评价机制,加强激励和约束。

三、规划评估与调整

加强规划实施报告,通过制定和实施国民经济和社会发展年度计划,每年将规划目标和主要任务的进展情况向省人大报告,并向省政协通报。推进规划实施的信息公开,加强社会对规划实施的监督。省发展改革部门要组织对“十二五”规划的实施情况进行中期评估,分析规划实施效果,提出对策建议,形成中期评估报告。“十二五”规划实施期间,如遇国内外环境发生重大变化或其他重要原因导致实际运行与规划目标发生重大偏离时,省政府将适时提出调整方案,提请省人民代表大会常务委员会审议批准。

“十二五”规划是实现全面建设小康社会目标承上启下关键时期实施的五年规划，目标宏伟，任务艰巨。我们要高举邓小平理论和“三个代表”重要思想伟大旗帜，深入贯彻落实科学发展观，在省委、省政府的领导下，全省各族人民团结一致，振奋精神，开拓进取，站在新起点，实现新跨越，为全面实现全省“十二五”规划目标而努力奋斗！

青海省国民经济和社会发展第十二个五年规划纲要

（2011 年 1 月 22 日青海省
第十一届人民代表大会第四次会议通过）

"十二五"时期（2011～2015 年），是我省推进跨越发展、绿色发展、和谐发展、统筹发展和全面建设小康社会的关键时期，也是深化改革开放、加快转变经济发展方式的攻坚时期。本规划纲要，根据《中共青海省委关于制定国民经济和社会发展第十二个五年规划的建议》编制，主要明确政府工作重点，引导市场主体行为，是未来五年我省经济社会发展的宏伟蓝图，是全省各族人民共同的行动纲领。

第一章　发展基础和发展环境

第一节　发展基础

"十一五"时期，面对复杂的国内外形势和繁重的改革发展稳定任务，省委、省政府坚定不移地贯彻执行党中央、国务院战略部署，团结带领全省各族人民，树立自信开放创新的青海意识，紧紧围绕科学发展、保护生态、改善民生三大历史任务，牢牢抓住国家实施西部大开发战略和支持青海等省藏区发展的历史机遇，妥善应对国际金融危机巨大冲击，努力克服玉树地震等自然灾害的不利影响，积极探索欠发达地区实践科学发展观的成功之路，胜利完成了"十一五"规划确定的主要目标和任务。

综合经济实力明显增强。2010 年全省生产总值达到 1350 亿元，年均增长 13.1%；人均生产总值达到 24000 元，年均增长 12.4%；全社会固定资产投资五年累计完成 3359 亿元，年均增长 20.9%；财政一般预算收入达到 205 亿元，年均增长 26.5%。高原特色农牧业向区域化、规模化、产业化方向发展。优势工业不断壮大，循环经济试验区建设取得实质性进展。服务业蓬勃发展，高原旅游名省建设取得长足进步。

各项社会事业明显进步。城乡免费义务教育全面实施，"两基"攻坚任务如期完成。省州县三级医疗、公共卫生服务体系基本建立，年均人口自然增长率控制在

9‰以内。建设了青海科技馆、青海大剧院等大型科技文化设施，广播电视综合覆盖率达到92%。

人民生活水平和质量明显提高。城镇居民人均可支配收入和农牧民人均纯收入分别达到13855元和3863元。覆盖城乡的社会保障体系基本建立，城乡居民住房条件不断改善。五年新增城镇就业23.6万人，农村牧区劳动力转移就业500万人次，减少贫困人口85万人。

发展基础和条件明显改善。实现了省会到州府通二级、州府到县城通三级及以上等级公路、91%的乡镇通油路、行政村通公路的目标。青藏铁路格拉段、兰青铁路增建二线、柴木铁路、玉树机场、天然气涩宁兰复线、涩格复线、石油花格复线、拉西瓦、公伯峡水电站、盘道水库等一批重大项目建成投运，兰新铁路第二双线、西宁站改造及相关工程、曹家堡机场二期等工程开工建设。建成了一批城镇基础设施，西宁市、格尔木市获得国家卫生城市称号。

生态环境保护和建设取得明显成效。以三江源、青海湖流域为重点的生态环境综合治理工程加快推进，水土保持和西宁南北山绿化成效显著，全省森林覆盖率达到5.23%。节能减排取得重要进展，单位生产总值能耗、主要污染物排放总量控制在规划目标以内。

改革开放步伐明显加快。省、州(市)、县三级机构改革顺利完成，农村牧区综合改革取得阶段性成果，投资、财税、金融、教育、卫生、文化等改革取得重大进展。对外开放向多方位、多层次、多领域拓展，招商引资规模和水平不断提高，青洽会、环湖赛等大型经贸文体活动影响力不断扩大，大美青海的知名度、美誉度进一步提升。

图1 “十一五”规划主要经济指标完成情况

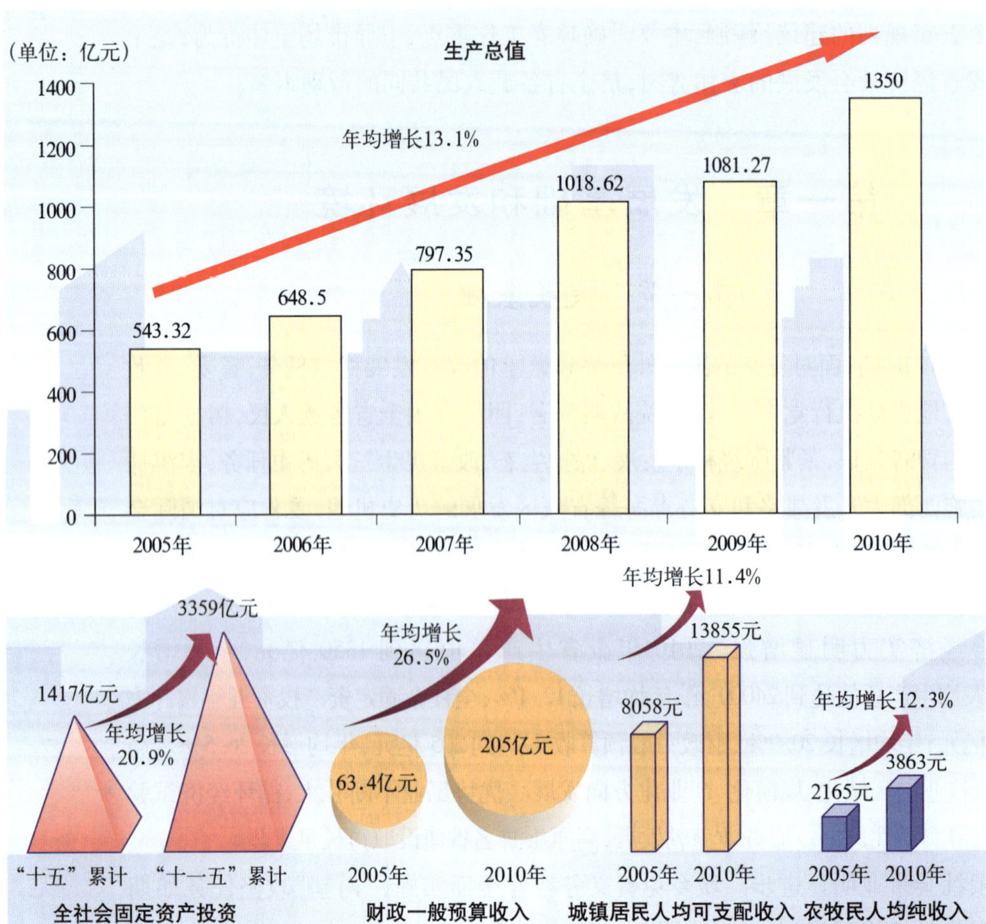

表1 “十一五”规划主要指标实现情况

指标		2005年	规划目标		实现情况	
			2010年	年均增长(%)	2010年	年均增长(%)
生产总值	亿元	543.32	900	10%以上	1350	13.1
人均生产总值	元	10045	15700	8.9	24000	12.4
全社会固定资产投资总额五年累计	亿元	[1417]	[2500]		[3359]	20.9
财政一般预算收入	%	63.3	116.8	13	205	26.5
居民消费价格指数	上年=100	100.8		<103.0	105.4	105.2
五年城镇新增就业	万人	[15.2]	[15]	年均3万人	[23.6]	年均4.72万人
城镇登记失业率	%	3.9		控制在5.0以内	3.8	控制在3.8
研究与试验发展经费支出占生产总值比重	百分点	0.6	1	上升0.08个百分点	0.82	上升0.044个百分点
十五岁以上人口平均受教育年限	年	6.8	8	上升0.24年	8.05	上升0.25年
万元生产总值能耗降低率	%		下降17%	下降3.66%	下降17%	均控制在国家下达目标以内
主要污染物排放总量 化学需氧量	万吨		8.5以内		8.5以内	
主要污染物排放总量 二氧化硫排放量	万吨		14.6以内		14.6以内	
亿元GDP生产安全事故死亡率	人/亿元		1.04	-9	0.51	-13.2
工矿商贸就业人员生产安全事故死亡率	人/十万人		4.68	-2.13	4.17	-2.3
总人口	万人	544	573	1.07	562	0.68
人口自然增长率年均控制在	‰	9.5		9.8以内		9.0以内
耕地保有量	万公顷	54.22	54.7	0.6	54.0	
城镇化水平	%	39.2	44	提高0.96个百分点	44	提高0.96个百分点
森林覆盖率	%	4.4	5.07	提高0.13个百分点	5.23	提高0.162个百分点
城镇居民人均可支配收入	元	8058	12000	8	13855	11.4
农牧民人均纯收入	元	2165	3000	7	3863	12.3

注:[ ]表示五年累计数。

第二节 发展环境

“十二五”时期,我省将进入经济加速发展、产业加快转型、城镇化全面推进的重要战略机遇期,既面临着实现跨越发展的难得历史机遇,又面临着发展环境复杂多变的严峻挑战。

一、发展机遇和有利条件

——经济全球化、信息化迅速推进,国内外经济深度调整和变革,将促进我省加快转变发展方式,大力发展特色优势产业,显著增强自我发展能力。

——国家坚持扩大内需的战略方针,有利于我省集中力量解决基础设施建设、生态环境保护、保障和改善民生等全局性、战略性和关键性重大问题,推动经济社会协调发展。

——国家西部大开发、支持藏区发展和玉树地震灾后重建等政策措施,将为我省实现跨越发展和长治久安提供强有力的支撑。

——多年来的改革和发展,全省基础设施、资本、技术等要素支撑能力增强,民族团结进步、社会和谐稳定局面进一步巩固。特别是近年来,全省上下在推动"四个发展"、探索具有青海特点的科学发展模式上取得了一系列新突破,为今后的发展奠定了坚实基础。

二、面临挑战与困难

——加快发展面临复杂多变的环境。国际金融危机影响深远,国内外经济发展的不确定、不稳定性明显增加,我省总体发展水平低,经济总量小,自身财力弱,抵御风险和波动的能力较差,保持经济持续较快发展的难度增大。

——传统发展方式面临严峻挑战。随着要素成本上升、资源环境约束增强、产业竞争加剧,加快发展与生态保护矛盾突出,实现人口、经济、资源、环境协调发展的任务十分艰巨。

——社会建设面临繁重任务。公共服务供给与人民群众日益增长的物质文化需求矛盾突出,城乡、区域发展不平衡,各种自然灾害和突发公共事件呈增多趋势,维护社会和谐稳定面临新考验。

——改革面临深层次矛盾。制约科学发展的体制机制障碍依然存在,继续深化改革涉及深层次利益关系调整,改革成本明显增大,攻坚更具复杂性和艰巨性。

总体看,机遇与挑战并存,压力与动力共生,机遇大于挑战。必须增强机遇意识和忧患意识,科学判断和准确把握发展趋势,加快解决突出矛盾和问题,更加奋发有为地推进富裕文明和谐新青海建设。

第二章 指导方针和发展目标

第一节 指导思想

高举中国特色社会主义伟大旗帜,以邓小平理论和"三个代表"重要思想为指导,深入贯彻落实科学发展观,顺应全省各族人民过上美好生活新期待,以科学发展为主题,以加快转变经济发展方式为主线,以跨越发展、绿色发展、和谐发展、统筹发展为主要路径,以保障和改善民生为出发点和落脚点,更加注重基础设施建设,更加注重推进工业化、城镇化进程,更加注重统筹城乡、区域协调发展,更加注重生态保护和建设,更加注重保障和改善民生,更加注重推进改革开放,更加注重维护民族团结和社会稳定,为建设富裕文明和谐新青海、与全国同步进入全面小康社会打下更加牢固的基础。

第二节 基本原则

——必须坚持扩大投资,促进消费,实现总量增加与结构优化有机统一,着力推动跨越发展。坚持项目带动,增投资,强基础,扩规模,不断提升综合实力;坚持投资与消费双轮驱动,形成有利于投资消费相互支撑、协调发展的长效机制;坚持以调整需求结构、产业结构、要素投入结构为重点,加快经济发展方式转变,实现速度与质量的双重跨越。

——必须坚持在保护中开发,在开发中保护,实现资源转换与生态立省有机统一,着力推动绿色发展。深入贯彻节约资源和保护环境基本国策，大力实施生态立省战略，建立完善生态补偿机制和资源有偿使用制度，发展循环经济，延伸产业链条，加快特色产业转型升级，推广低碳技术，积极应对气候变化，促进经济社会与人口资源环境协调发展，不断增强可持续发展能力。

——必须坚持以发展惠民生、促民生，实现经济发展与改善民生有机统一，着力推动和谐发展。牢固树立发展是第一要务，不断壮大经济总量和财政实力，夯实改善民生的物质基础。在加快发展中，努力解决好事关各族人民群众切身利益的突出问题，完善保障和改善民生的制度安排，加快发展各项社会事业，努力推进基本公共服务均等化，使发展成果惠及全省各族人民，增强经济社会发展的协调性。

——必须坚持因地制宜、分类指导，实现城乡、区域协调发展有机统一，着力推动统筹发展。以构筑战略新高地和培育经济增长极为目标，以重点产业突破、特色产业集群发展和产业布局优化为抓手，加快特色产业园区、示范区建设，形成“四区两带一线”区域发展格局。统筹城乡发展，推进东部城市群优先发展，加强新农村新牧区建设，加快城乡一体化进程，促进城乡区域良性互动，协调发展。

——必须坚持改革开放，创新驱动，实现制度创新与科技创新有机统一，着力增强“四个发展”的动力和活力。深入实施科教兴青战略和人才强省战略，增强重点领域和优势产业的科技支撑能力。深化改革，扩大开放，加快构建有利于科学发展的体制机制，加快开放型、创新型青海建设，提高市场化水平，增强市场竞争能力，使经济社会发展步入改革引领、创新驱动、开放提升的轨道。

第三节 发展目标

“十二五”时期，全省经济社会发展的总体目标是：综合经济实力上一个大台阶，基础设施不断完善，结构调整取得明显成效，现代特色产业体系基本形成，城市化进程稳步推进，科技支撑能力不断提升，自我发展和可持续发展能力显著增强；人民生活水平上一个大台阶，社会事业全面进步，基本公共服务均等化水平显著提高，扶贫开发取得重要进展，民生保障能力不断增强，同步实现全面小康目标的基础更加坚实；生态环境保护和建设上一个大台阶，建成国家重要的生态安全屏障和高原生态旅游名省，生态环境保护和建设成效更加显著；社会管理水平上一个大台阶，社会管理格局进一步完善，公共安全和社会治安保障能力进一步提升，成为全国民族团结进步的典范，社会更加和谐稳定。经过五年的努力，实现地区生产总值和财政收入翻一番以上，城乡居民收入大幅增加，人均经济总量、人均投资强度、城乡一体化、基本公共服务、绿色发展、生态保护与建设等六个方面走在西部前列。

——经济发展实现新跨越。生产总值年均增长12%，财政一般预算收入年均增长15%，五年累计全社会固定资产投资达到9000亿元。

——改善民生迈出新步伐。城镇登记失业率控制在5%以内，五年新增城镇就业25万人，五年累计转移农村劳动力500万人次。城乡居民收入大幅提高，年均分别增长10%和12%，收入差距比由3.6∶1缩小到3.3∶1。社会保障制度覆盖城乡全体居民，全面解决城乡困难群众住房问题，加快发展各项社会事业，着力推进基本公共服务均等化。保持价格总水平基本稳定。

——生态保护和建设取得新进展。建成三江源生态保护综合试验区，生态补偿机制基本建立，青海湖、祁连山等生态工程取得重大进展，形成“一屏两带”生态安全格局，全省森林覆盖率达到6.28%，中度以上退化草地基本得到治理。

——社会管理水平得到新提升。各族人民思想道德素质和科学文化素质不断提高。社会主义民主法制更加健全，人民权益得到切实保障。社会管理制度趋于完善，“平安青海”建设取得明显成效，社会更加和谐稳定。

——转变发展方式取得新突破。科技研发经费支出占生产总值的比重达到1.5%，非公有制经济比重达到38%，服务业就业人员比重达到40%。循环经济增加值比重达到80%，可再生能源生产比重达到40%，单位生产总值能耗、二氧化碳排放量、主要污染物排放总量均控制在国家下达指标以内。

——区域发展形成新格局。三江源生态保护综合试验区、东部城市群、海西城乡一体化示范区、海东现代农业示范区、海北海南生态畜牧业示范区、黄南生态文化旅游实验区等建设初具规模，“四区两带一线”分工合理、各具特色、优势互补、良性互动发展格局基本形成。城乡发展差距显著缩小，一体化进程明显加快，城镇化率达到50.5%。

图2 “十二五”时期经济社会主要发展目标

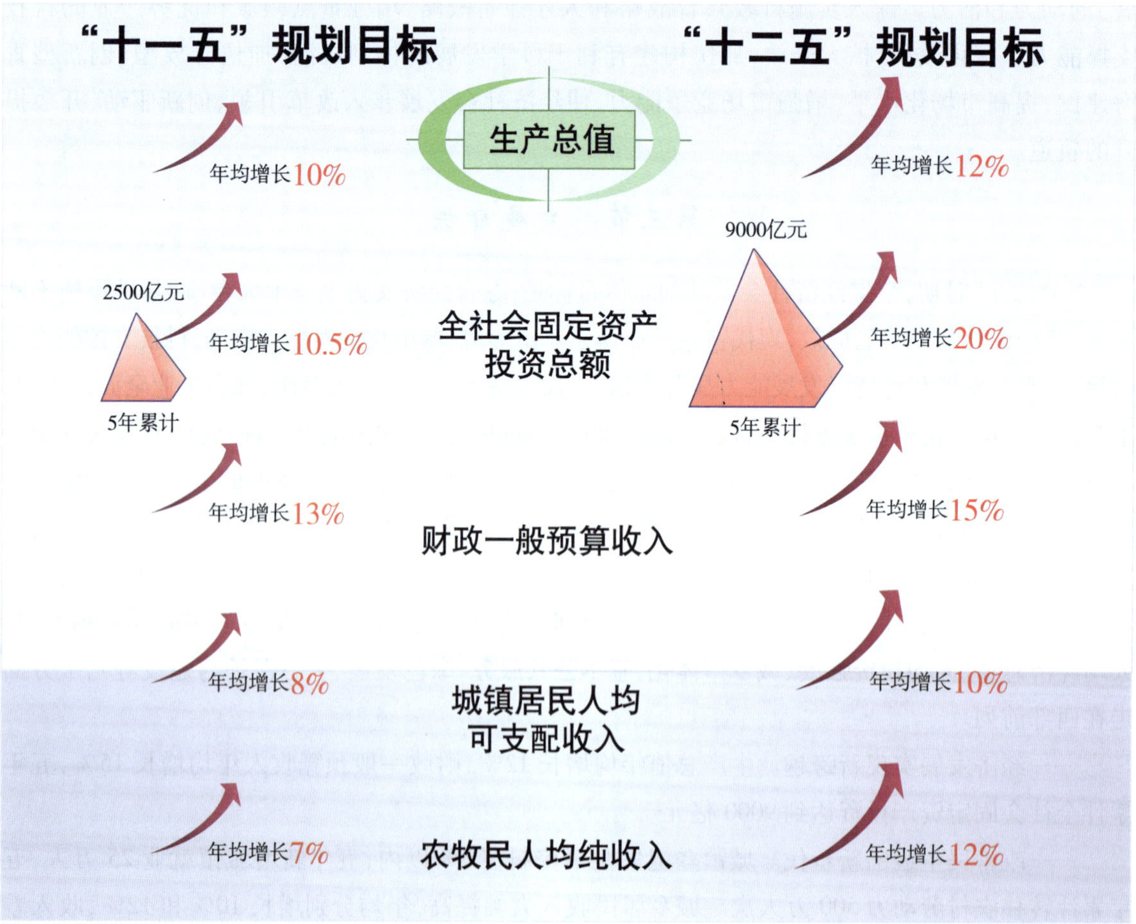

表 2 “十二五”时期经济社会发展主要指标

类别	指　　标	单位	2010 年预计完成	“十二五”规划目标		指标属性
				2015 年	年均增长(%)	
	生产总值	亿元	1350	2900	12	
经济发展	全社会固定资产投资总额五年累计	亿元	[3359]	[9000]	20	预期性
	财政一般预算收入	亿元	205	412	15	
	非公有制经济比重	%	31	38	共提高 7 个百分点	
	可再生能源生产比重	%	35	40	共提高 5 个百分点	预期性
结构调整	服务业就业人员比重	%	35	40	共提高 5 个百分点	
	研究与试验发展经费支出占生产总值比重	%	0. 82	1. 5	共提高 0. 68 个百分点	
	城镇化率	%	44	50. 5	共提高 6. 5 个百分点	预期性
	城镇居民人均可支配收入	元	13855	22300	10	
	农牧民人均纯收入	元	3863	6800	12	
	城镇登记失业率	%	4. 3	<5	<5	
	五年城镇新增就业人数	万人	[23. 6]	[25]	每年 5 万人	预期性
	五年农村劳动力转移人数	万人次	[500]	[500]	每年 100 万人	
民生改善	新增劳动力平均受教育年限	年	10. 5	12	共提高 1. 5 年	
	广播电视综合覆盖率	%	92	98	共提高 6 个百分点	
	城镇职工参加基本养老保险人数	万人	74. 4	80	增加 5. 6 万人	
	城乡三项医疗保险参保率	%	92	95	共提高 3 个百分点	
	九年义务教育巩固率	%	97. 2	98	共提高 0. 8 个百分点	约束性
	城镇保障性住房建设	万套			[30]	
	农牧区保障及奖励性住房建设	万套			[50]	
	森林覆盖率	%	5. 23	6. 28	共提高 1. 05 个百分点	约束性
	人口自然增长率	‰	9		≤9. 8	
	耕地保有量	万公顷	54. 0	54. 0		
	农业灌溉用水有效利用系数		0. 4	0. 45		预期性
人口资源环境	单位工业增加值用水降低	%				
	单位生产总值能耗降低	%		控制在国家下达目标之内		约束性
	单位生产总值二氧化碳排放降低	%				
	主要污染物排放总量减少	%				

注:[ ]表示五年累计数;三项医疗保险指城镇职工基本医疗保险、城镇居民基本医疗保险、新型农村合作医疗;主要污染物指化学需氧量、氨氮、二氧化硫、氮氧化物。

第三章　基础设施

构建覆盖城乡、功能配套、适度超前、安全高效的现代化基础设施体系,为经济社会实现跨越发展提供有力支撑。

第一节 交 通

完善交通运输网络，提高通畅水平和通达深度，建设综合运输大通道和综合交通枢纽，优化各种运输方式的衔接，全面提高交通运输能力和效率。

铁路。加快构建东连陇海、北接兰新、西通南疆、西南连接拉萨、东南通达成都的铁路网。建成青藏铁路西格增建二线、兰新铁路第二双线、格尔木至敦煌、格尔木至库尔勒、饮马峡至霍布逊、鱼卡至一里坪、塔尔丁至肯德可克铁路，开工建设西宁至成都、格尔木至成都铁路，积极推进西宁至玉树至昆明铁路前期工作。做好建设西宁轨道交通 1 号线的前期工作。到 2015 年，新建铁路 1400 公里，营运里程达到 3000 公里，国铁干线电气化率达到 75%、复线率达到 45%。

图 3 交通大通道示意图

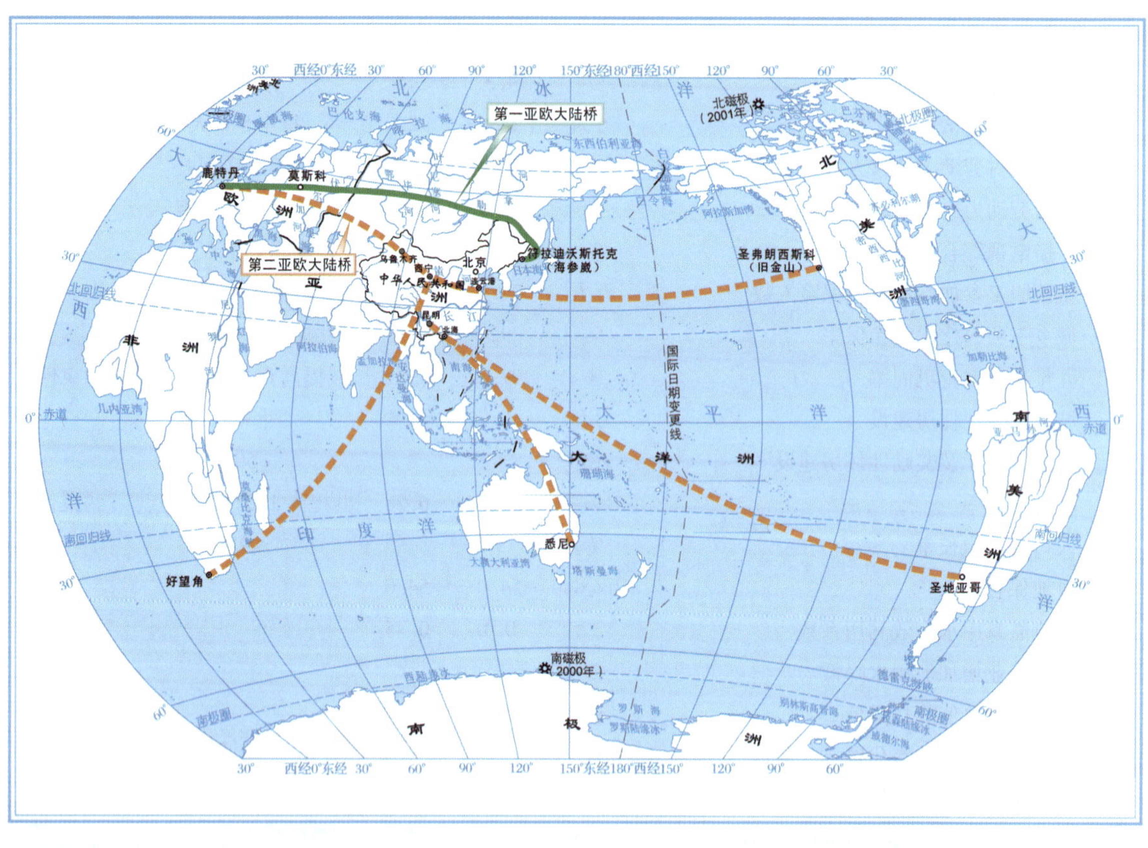

公路。加强国道、省道干线公路、出省通道和资源开发、旅游、农村公路建设，增加密度，提高等级，构建“六纵九横二十联”①公路网。实现主要出省通道、西宁至州府通高等级公路，州府至县城基本通二级公路，所有乡镇、主要旅游景区、85%以上行政村（牧委会）通沥青（水泥）路。加强主要

① 六纵：乐都—大武、张掖—河南、西宁—甘孜、祁连—昌都、敦煌—囊谦、冷湖—黄瓜梁；九横：兰州—二指哈拉山口、武威—茫崖、民和—拉萨、临夏—刚察、临夏—共和、阿坝—茫崖、班玛—曲麻莱、玉树—沱沱河、玉树—那曲；二十联：大通河—西宁、西宁大环线、民和—循化、夏河—贵德、三塔拉—黄沙头、泽库—肃南、河南—玛曲、甘德—久治、久治—若尔盖、久治—甘孜、青石嘴—木里、民和—青海湖羊场、共和—青海湖、黑马河—大水桥、察汗诺—德令哈、乌兰—都兰、德令哈—都兰、冷湖—大柴旦、马海—乌图美仁、清水河—曲麻莱。

城镇道路、交通枢纽、站场等公共交通基础设施建设，提高城镇交通便捷化水平，抓好资源开发地、产业园区连接道路建设，支持产业发展。力争到 2015 年全省公路通车里程突破 7 万公里，高等级公路突破 9000 公里，其中高速公路达到 3000 公里。

民航。加快构建“一主八辅”①机场格局，增辟航线、增加航班密度，全面提升航空运输能力，逐步形成以西宁为中心的区域航空运输格局。完成西宁、格尔木机场扩能改造，建设德令哈、大武、花土沟等机场。

内河航运。建成黄河贵德—李家峡—大河家河段航运工程、青海湖航运二期工程，实现黄河贵德以下分段通航，基本满足水上旅游客运需要。

图 4　交通发展示意图

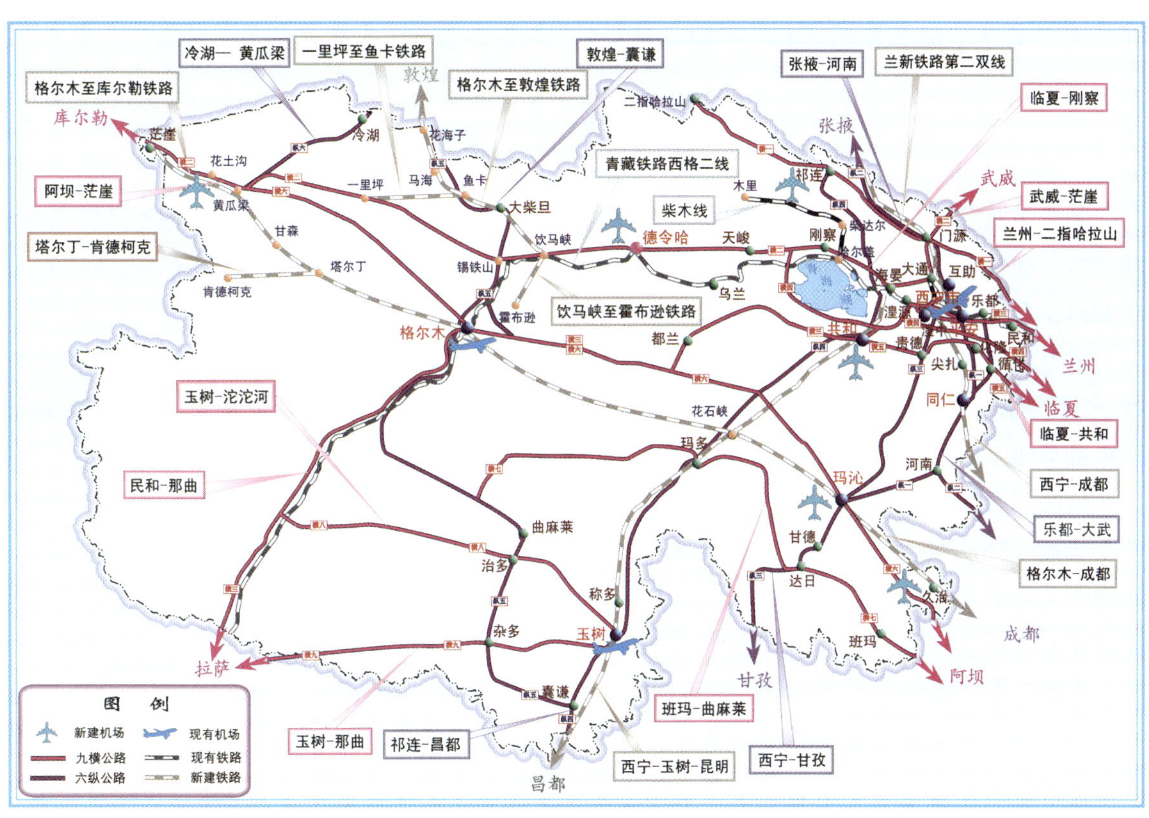

专栏 1　综合交通重点建设工程

铁路

续建项目

西宁—格尔木增建二线、兰新铁路第二双线、西宁站改造及相关工程。

新建项目

格尔木—敦煌、格尔木—库尔勒、格尔木—成都、西宁—成都、饮马峡—霍布逊、鱼卡—一里坪、塔尔丁—肯德可克铁路、西宁火车站综合配套工程。

① 一主：西宁曹家堡机场；八辅：格尔木、德令哈、玉树、大武、花土沟、祁连、青海湖、久治（甘德）。

续表

公路

续建项目

京藏高速倒淌河—共和、京藏高速共和—茶卡、柳格高速大柴旦—察尔汗、柳格高速察尔汗—格尔木、张河高速阿岱—李家峡、国道315线察汗诺—德令哈。

新建项目

京藏高速茶卡—格尔木、西宁南绕城、张河高速牙什尕—同仁、临共高速隆务峡—大力加山、国道214线共和—玉树、成香高速香日德—久治、武茫高速小沙河—大通、武茫高速黄瓜梁—石棉矿、玉树—曲麻莱、清水河—治多。

机场

续建项目

曹家堡机场二期改扩建工程。

新建项目

德令哈民用机场、大武民用机场、花土沟民用机场。

航运

黄河贵德—李家峡河段航运工程、黄河李家峡—大河家河段航运工程。

第二节 能 源

坚持多元发展、多能互补方针，优先发展水电，大力开发太阳能、风能等新能源，配套发展火电，增强水火电及太阳能风能调峰互补能力，积极开发油气、煤炭资源，构建安全、稳定、经济、清洁的现代能源体系。到2015年，全省可再生能源生产比重达到40%。

水电。加快黄河上游水电资源开发，建成羊曲等大中型水电站，开工建设茨哈峡、玛尔挡、宁木特、尔多等水电站，积极推进通天河、扎曲河水电资源开发前期工作，适时开工建设，建成全国重要的水电基地。到"十二五"期末，全省水电装机达到1400万千瓦。

新能源。加快推进柴达木2000万千瓦级太阳能发电项目，把柴达木建成全国最大的太阳能发电基地，推进格尔木"光伏城"建设。建成东部太阳能光伏、光热可再生能源应用示范基地。加快实施海南光伏并网发电项目。建成茶卡、小灶火、尕海等风电场，开工建设锡铁山、诺木洪、贵南、泽库、共和等风电场。到"十二五"期末，新能源装机达到200万千瓦以上。

火电。加快实施西宁热电联产项目，开工建设乐都热电厂、柴达木千万千瓦级火电基地和西宁、民和火电厂，积极推进华电二期、格尔木、德令哈热电联产项目。到"十二五"期末，全省火电装机达到400万千瓦以上。其中，到"十二五"中期新增装机260万千瓦，努力缓解全省电力紧张局面。

电网。实施青藏、青新电网联网和大电网覆盖全省工程。加快750千伏超高压骨干网架建设，加强与西北电网的多点联络，提高省际间电力输送能力。建成格尔木—拉萨±400千伏、西宁—格尔木750千伏双回路，西宁—门源—八宝、甘森—花土沟、盐湖—鱼卡330千伏输变电工程。开工建设哈密—敦煌—格尔木750千伏，海南—玉树、海南—果洛330千伏联网工程。推进750千伏青川联网、格尔木—玉树联网和330千伏玉树—昌都联网工程的前期工作。实施新一轮农网改造升级和无电地区电力建设工程，提升农网供电可靠性和供电能力。到2015年，形成以750千伏为骨干、330千伏为支撑的青海大电网，电网县城覆盖率达到100%，实现主网覆盖全省负荷中心和电源基地、支网到乡村，基本解决无电人口用电问题，全面提高供电保障水平。

石油天然气。加大石油天然气勘探开发力度，"十二五"期末，原油产量达到300万吨，天然气产量达到90亿立方米。开工建设西宁、格尔木液化天然气工程，推广发展车用天然气。实施玉树、果洛、海南、黄南等藏区天然气利用工程,建设格尔木至拉萨管道输气项目。

煤炭。加快柴北缘、祁连山地区煤炭资源开发,推进鱼卡、木里两个大型煤炭基地建设,建成全省主要煤炭生产基地。到"十二五"期末,煤炭产能达到2000万吨。

图5　能源建设示意图

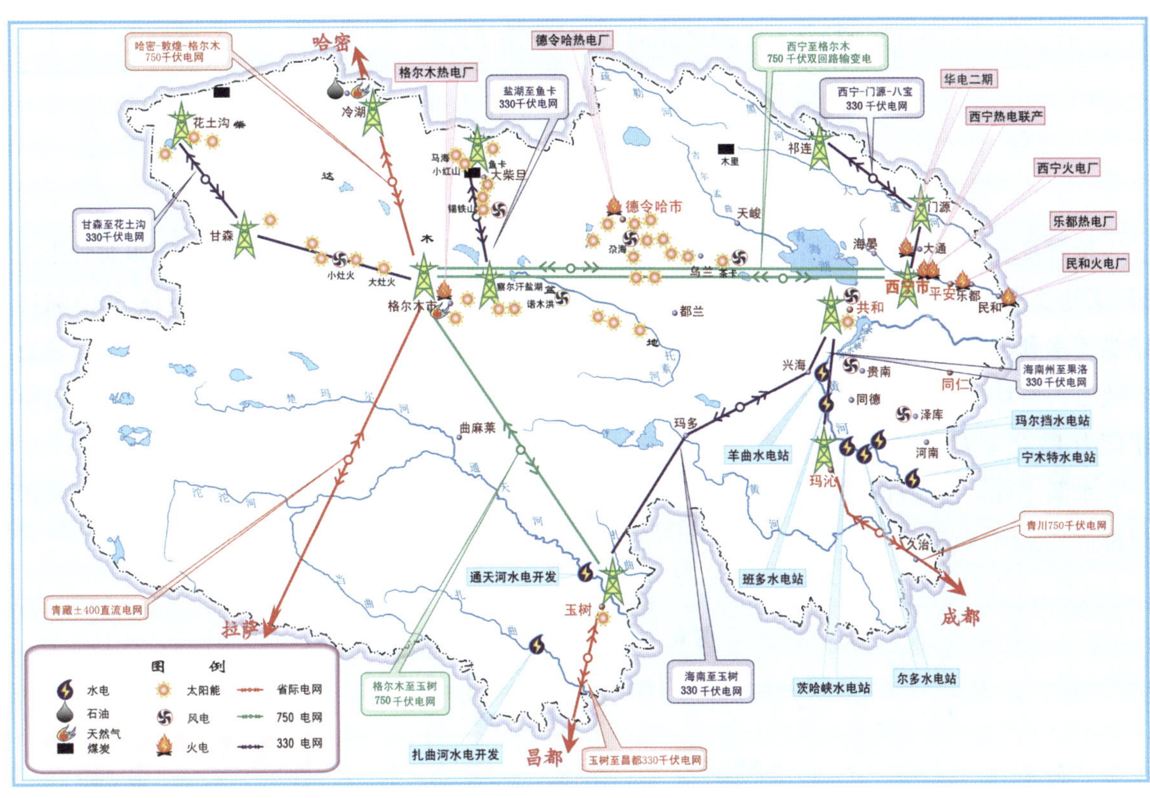

专栏2　能源重点建设工程

水电

续建项目

拉西瓦水电站、积石峡水电站、黄丰水电站、班多水电站、羊曲水电站。

新建项目

茨哈峡水电站、玛尔挡水电站、宁木特水电站、尔多水电站。

通天河规划装机350万千瓦,扎曲河规划装机50万千瓦。

新能源

续建项目

茶卡、小灶火、尕海风电场,农村牧区清洁能源项目建设。

新建项目

锡铁山、诺木洪、贵南、泽库、共和风电场,柴达木太阳能电站,海南州、黄南州光伏能源开发项目。

火电

新建项目

西宁市热电联产项目、西宁火电厂、乐都热电厂、民和火电厂、华电二期、格尔木热电联产项目、德令哈热电联产项目。

电网

续建项目

750千伏西宁至格尔木双回输变电工程、格尔木至拉萨±400千伏直流联网工程、西格电气化铁路供电工程、农网改造升级工程。

续表

新建项目

哈密—敦煌—格尔木750千伏联网工程、甘森—花土沟、西宁—门源—八宝、盐湖—鱼卡、海南—玉树、海南—果洛等330千伏输变电工程、110千伏及以下电网项目、农网改造升级工程、无电地区电力建设工程。

煤炭

新建项目

鱼卡矿区、木里矿区。

石油天然气

石油天然气勘探开发、格尔木至拉萨输气管道、通县输气管道建设。

第三节 水 利

统筹推进引大济湟、黄河沿岸水利综合开发、重点水源、东部城市群综合供水网络四大骨干工程，实施饮水安全、灌区节水改造、小型农田水利、草原水利、农村小水电、中小河流治理、重点城镇防洪等水利工程建设，基本解决工程性缺水问题，有效缓解城镇和工农业用水紧张局面，全面解决农牧区人畜饮水安全问题，显著提高水资源保障和防洪抗灾能力。到"十二五"期末，全省新增供水能力13亿立方米。

水源工程。建成石头峡、扎毛、下湾等水库，开工建设蓄集峡、夕昌、马什格羊等大中型水库，积极推进三岔河、黄藏寺水库建设前期工作。

图6 水利建设示意图

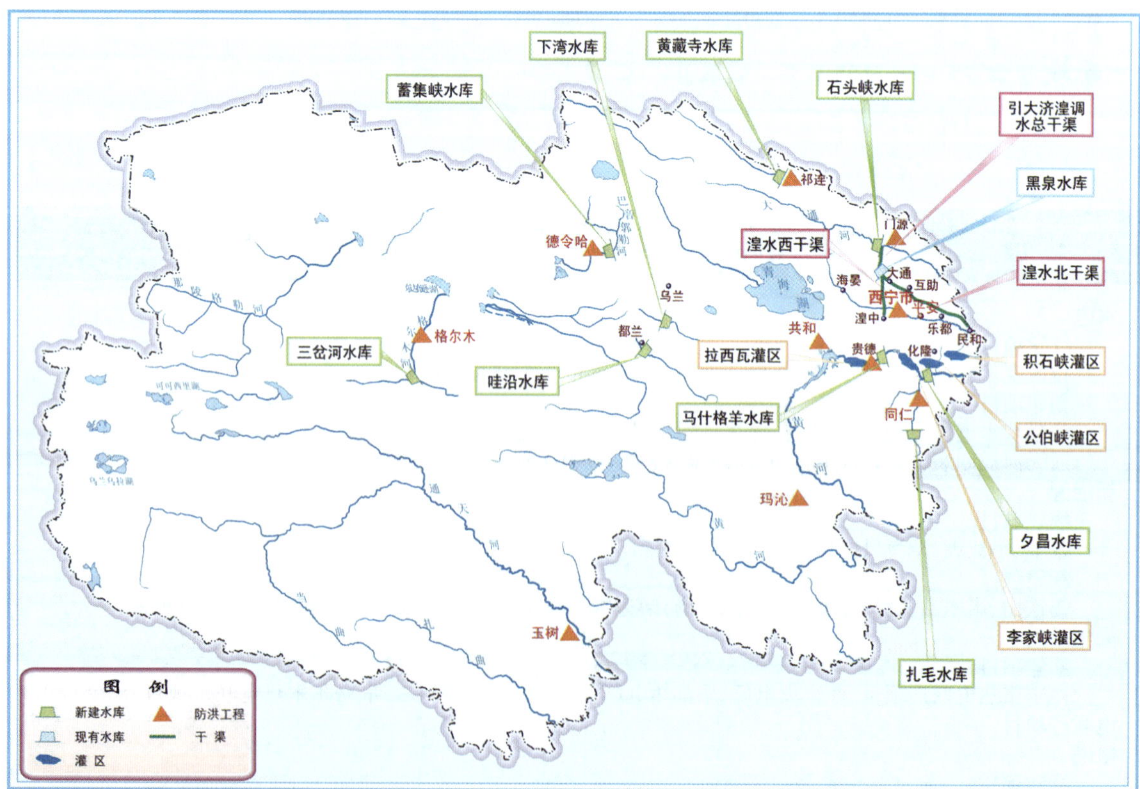

灌区工程。建成湟水北干渠一期工程，开工建设西干渠工程、湟水北干渠二期和拉西瓦、李家

峡、公伯峡、积石峡水库灌溉工程，大力推进特色农牧业百里长廊水利配套等小型水利设施建设。开工建设湟水流域、柴达木盆地、黄河沿岸三个百万亩节水灌溉工程。“十二五”期间，新增有效灌溉面积50万亩，改善灌溉面积150万亩。

防洪工程。以城市和州府县城为重点，加快建设湟水、格尔木河等重要河段，西宁、格尔木及州府县城等重点城镇防洪工程，完成中小河流治理、易灾地区山洪防治和中小型病险水库除险加固工程。

水资源配置。建成引大济湟调水总干渠工程。编制完成柴达木盆地、青海湖流域和三江源地区水资源综合规划并组织实施。积极配合国家做好南水北调西线工程前期工作，争取先期开工建设调水试验工程。

专栏3　水利重点建设工程

续建项目

建设石头峡、扎毛、下湾等水库，调水总干渠工程，湟水北干渠一期工程，黄河沿岸李家峡、公伯峡水库灌溉工程，大型灌区续建配套与节水改造工程，农牧区饮水安全工程。

新建项目

蓄集峡、夕昌、马什格羊、哇沿等水库工程，拉西瓦、积石峡水库灌区工程，湟水西干渠工程，湟水北干渠二期工程，重点城镇防洪工程，中小河流治理工程，病险水库除险加固，易灾地区山洪灾害防治工程。

第四节　信　息

构建宽带、泛在、融合、安全的下一代信息基础设施，推动信息化与工业化深度融合，加快党政信息系统和基层综合信息平台建设，推进经济社会各领域信息化，全面提高信息化水平，确保基础信息网络和重要信息系统安全。到2015年，力争实现所有乡镇宽带上网，行政村互联网通达率达到70%。

信息基础设施建设。加快省内干线传输网、新一代移动通信网建设。统筹建设“无线城市”①，实现主要城镇无线宽带全覆盖。加快“数字青海”②进程，强化地理、人口、金融、税收、统计等基础信息资源开发，推进远程教育、远程医疗普及应用。建立东部城市群统一门户网站，推动城市群社会保障、公共交通、社会治安等公共管理系统互联，构建城市群信息高速公路和资源共享平台。推进电信网、广播电视网、互联网“三网”融合，扩大网络覆盖面，完善网络功能，提升服务能力。积极推进交通、物流、生态环保、医疗、城市管理、公共安全、工业、农业等领域物联网研发及应用示范。

党政信息系统建设。以完善设施、信息共享、互联互通为重点，加快建设覆盖省、州（市、地）、县、乡的电子政务内外网，实现政务信息共享和业务协同，整合提升政府公共服务和管理能力，提高工作效率。以促进农牧业产业化经营为重点，建设完善乡级基础性综合信息服务平台和村级综合

① 指使用高速宽带无线技术覆盖城市行政区域，向公众提供利用无线终端或无线技术获取信息的服务，提供随时随地接入和速度更快的无线网络。是城市信息化和现代化的一项基础设施，也是衡量城市运行效率、信息化程度以及竞争水平的重要标志。

② 是指通过通信网络、宽带IP网络和数字电视网络等手段，应用现代的通信、信号处理、智能仿真、网络、计算机和多媒体等技术，整合全省各领域的信息资源，建立全省电子政府、电子商务、电子社区，实现全省经济和社会活动的全面信息化和智能化。

信息服务站3400个,信息服务站行政村覆盖率达到80%。

企业信息化工程。积极发展电子商务,用信息技术引领工业转型升级,推进生产设备数字化、生产过程智能化、企业管理信息化、产品销售网络化,将西宁经济技术开发区建设成为全国信息化与工业化融合的试点园区。到2015年,全省重点骨干企业信息化应用率达到95%以上,规模以上中小企业信息化应用率达到70%以上。

邮政。加快邮政服务网点设施建设,实现全省所有乡镇通邮,稳步提高行政村通邮率。健全邮政网络,增加服务内容,充分发挥实物流、信息流、资金流优势,提高邮政普遍服务能力和水平。"十二五"期间完成270个乡镇邮政所建设任务,全省营业网点达到448个。

专栏4 信息重点建设工程
信息传输基础设施工程、社会服务信息资源库群工程、电子政务内外网和业务协同平台、现代远程教育工程和文化信息资源共享工程、食品药品监督信息工程、生态环境监测与管理信息工程、公检法司信息化建设、农村牧区信息服务工程、安全生产监管工程、水利信息工程、企业信息化建设、邮政普遍服务工程。

第四章 产业发展

以推进特色发展、循环发展和培育核心竞争力为目标,加快产业结构战略性调整,促进特色产业扩大规模绿色发展、新兴产业争先进位跨越发展、传统产业改造升级优化发展,推进增长方式由粗放型向集约型转变,生产方式由高耗低效向低耗高效转变,产业链由低端扩张向高端延伸转变,构建结构优化、技术先进、清洁安全、附加值高、吸纳就业能力强的现代产业体系。

第一节 特色生态农牧业

加快转变农牧业发展方式,把发展设施农牧业和产业化经营作为推进农牧业现代化的重要突破口,发展壮大高效设施农牧业,集中力量建设一批农牧业示范园区和种植基地、养殖基地、制种基地,打造一批特色主导产业和品牌,提高农牧业综合生产能力和菜篮子主要产品供给能力,力争基本实现肉、菜、奶、蛋自给,基本实现新型农牧业合作组织全覆盖,全面形成生态农牧业发展新格局。"十二五"期间,全省农牧业增加值年均增长4%以上。

加快农牧业产业结构调整。稳定粮食播种面积,提高粮食综合生产能力,保障农牧区粮食安全。全力打造河湟流域特色农牧业百里长廊,实施8个百里万亩(万头)工程,打造油菜、马铃薯、蚕豆、蔬菜、中藏药、特色果品、牛羊肉、奶牛、毛绒、饲草料十大农牧特色产业。大力推进环湖地区现代生态畜牧业,积极发展青南地区草地生态畜牧业,促进草场使用权流转,引导牧户规模经营,加快草原畜牧业向集约型转变,提高畜牧业生产效益。积极推进林业产业体系建设,打造沙棘枸杞、高原花卉、经济动物养殖、生物质能源等基地,建设河湟谷地经济林带,发展林下产业。积极发展水产养殖业,充分利用库塘河流水域资源,发展冷水鱼蟹养殖。积极发展蜂产业,利用天然无污染油菜等特色优势生物资源,打造优质蜜源基地,大力发展自养蜂和蜂产品加工业。积极培育农牧业新的增长点,发挥农牧业多种功能,发展观光农业、休闲农业。到2015年,特色农作物种植面积比重达到80%。

加强农牧业设施建设。加快日光节能温室、畜用暖棚、饲草料基地、农区养殖场(小区)建设,新建日光节能温室15万座,建成规模养殖场(小区)630个,畜用暖棚10万座。大力推进农牧业机械化,加大对大型农机具购置补贴力度,推广应用耕作、收获等现代农机具,加快建设农产品保鲜储藏等设施,增强农牧业设施化和装备水平,提高农牧业生产经营效率。

大力推行农牧业产业化经营。依托特色农牧业资源,以规模化、品牌化、集约化为目标,以培育现代产业化龙头企业为载体,积极创建无公害、绿色、有机农畜产品生产基地,大力培育高原绿色农畜产品品牌。以特色农牧业百里长廊及农牧业产业园区为重点,引导农畜产品加工业在产区布局,抓好各种生产要素及企业的整合,扶持现有龙头企业做大做强,加快培育一批新的农牧业产业化龙头企业。积极推广先进生产经营模式,鼓励通过合同订单、股份合作等方式,强化企业与农牧民之间稳定的利益联结机制,实现企业增效、农牧民增收的双赢目标。到"十二五"末,形成年销售收入超亿元的产业化龙头企业20个以上,知名品牌10个以上,订单农业面积达到400万亩,农畜产品加工转化率达到50%以上。

创新农牧业社会化服务体系。鼓励农村基层组织、农技人员、种养大户、农牧民经纪人及企业开展产销合作,发展合作社、协会等专业合作组织,提高农牧业经营组织化程度。创新农牧业生产技术服务体系,在设施农牧业、生态畜牧业、产品精深加工等重点领域加强科技攻关和技术引进,强化先进技术的推广与应用。推进全省农畜产品标准化生产,加快发展保鲜储藏、运销业,搞好农畜产品质量安全、检测、监管体系建设,努力提高农畜产品市场占有率和竞争力。

专栏5　特色生态农牧业重点建设工程

续建项目

特色农牧业"百里长廊"工程、特色农产品基地建设项目、特色农产品制繁种工程、标准化规模养殖小区建设项目、设施农牧业建设项目、高标准农田工程、生态畜牧业建设项目。

新建项目

农牧业产业化项目:马铃薯、油菜籽、牛羊肉、蔬菜、饲料、生猪、冷水鱼、核桃等特色产品种植与加工。

现代农业示范园区建设项目:建设国家现代农牧业示范园区4个,省级现代农业示范园区20个。

平安、乐都高原富硒农产品基地项目、柴达木枸杞种植及深加工项目、蜂产品基地建设及深加工项目、柴达木牦牛繁育及开发项目、牦牛肉制品加工项目。

第二节　特色工业

紧紧把握低碳、循环、生态、绿色的发展方向,以发展园区经济为载体,以发展循环经济为主要途径,以建设百个项目、培育百家重点企业的"双百"工程为抓手,加快培育战略性新兴产业,发展壮大优势产业,改造提升传统产业,打造在西部乃至全国有影响的十大特色优势产业,全面促进工业结构优化升级。"十二五"期间,全省工业增加值年均增长15%。

一、新能源产业

扩大单晶硅、多晶硅生产规模,带动和构建晶体硅、太阳电池、光伏发电系统集成的光伏产业链。加快建设柴达木太阳能大型并网发电项目、青南牧区光伏电源项目,把青海建成国家重要的太阳能光伏产业基地和太阳能发电基地。抓好风能设备的研发与制造,开发大型风电机组,培育风能产业链，建成集风电整机及附属设备制造、测试、配件供应等为一体的风电装备制造业和服务基地。扩大风能利用规模，选择合适地点建设大规模的风力发电场。建立生物质能技术研发平台，推进生物质能技术研发和产业化。

二、新材料产业

以新型电子材料、新型合金材料、新型化工材料、新型建筑材料等为主要方向，致力发展若干具有快速成长性的产业群，打造特色鲜明、优势突出的全国重要的新材料产业基地。以晶体硅、电子薄膜、锂电池材料为重点，扩大新型电子材料发展规模；以镁合金、铝合金、铜合金等复合材料为重点，积极发展轻质、高强度、耐热、耐磨的新型合金材料；以合成树脂、有机硅、新型改性添加剂等为重点，大力发展高性能的新型化工材料；以高性能玻璃、隔热材料、硅灰石综合利用等为重点，积极发展节能环保的新型建筑材料。

三、盐湖化工产业

以钾资源开发为龙头，大力发展盐湖综合利用和梯级开发，重点开发钾、钠、镁、氯、锂、硼、锶等盐湖资源系列产品，拓展盐湖化工产业群和产业链。加快盐湖综合利用二期、新增百万吨钾肥、盐湖化工—天然气一体化等项目建设，着力推进盐湖化工与石油天然气化工、煤化工、有色金属和新能源、新材料的融合发展，加快盐化产业向规模化、集约化、精细化方向发展，建成全国最大的盐湖化工、大型钾肥及钾盐基地。

四、有色金属产业

加快开发省内资源，充分利用国内外资源，加强铝、镁、铜、铅、锌、镍等有色金属冶炼及精深加工配套能力建设，大力发展各类有色金属合金、管棒材、板带箔材、型材等下游精深加工产品，加快黄金等贵金属开发，提升产业技术和装备水平，延伸产业链。以形成300万吨以上电解铝生产规模为目标，建设新增百万吨以上电解铝、40万吨铝基合金大板锭及炭素阳极、铝型材等重大项目，积极发展铝型材、铝箔、铝基合金等下游产品，加快形成铝合金产业链。加快实施金属镁一体化、镁合金压铸件、电解铜箔等项目，建成全国重要的有色金属生产基地。

五、油气化工产业

以建设千万吨级油田为目标，加大油气勘探开发力度，增加储量，提高产量，完善油气输送网络，进一步提高原油加工和天然气化工技术装备水平，积极推动天然气化工与盐湖化工、有色金属工业融合发展，建成区域性石油天然气化工基地。推进烯烃下游产品开发，支持发展合成氨、聚氯乙烯、甲醇等大宗产品。

六、煤化工产业

充分利用省内外煤炭资源，以煤炭清洁利用为重点，积极发展煤化能源下游产品，积极推进煤制烯烃项目，建设大型焦炭生产基地，综合利用焦炉煤气、煤焦油、粗苯等发展精深加工，构建煤焦化一体化、煤盐化一体化、煤焦化冶金一体化、煤电铝一体化等产业链，实现电、热、液体燃料、化工产品的多联产，建成以煤化、能源、盐化、冶金相结合为特色的新型煤化产业基地。

七、装备制造业

以发展数控机床、专用汽车、环保设备、石油机械、压力容器、非标设备、大型铸锻件及基础零部件为重点，提高加工工艺水平和产业配套能力，建立与装备制造相配套的零部件、原辅材料中心。加快建设5000台专用汽车改装、大型多功能锻压机组、数控机床改扩建、10万吨铸件等项目，培育具有较强市场竞争力和成长性的大型企业，全面提升装备制造业整体水平。

八、钢铁产业

做精做专钢铁工业，支持开发利用低品位、难选冶铁矿资源，加强共伴生铁资源的回收利用，提高资源支撑能力。加快对现有生产工艺的技术改造，促进产品升级换代，稳定和巩固特钢生产能力，规划建设百万吨不锈钢项目。立足省内外资源和市场，加快推进钢铁产业一体化项目，建设西部新的特钢生产基地。加快产品结构调整，淘汰落后产能，推进铁合金企业兼并重组，提高产业集中度。

九、轻工纺织业

以优质矿泉水、沙棘、农畜产品开发等为重点，加快发展饮料和特色食品加工产业，开发绿色环保产品。以藏毯、民族服饰、毛棉纺织为重点，进一步调整结构，扩大规模，增加品种，提高档次，推进纺织产业由劳动密集型向劳动技术复合型转变，加快特色纺织产业实现规模化、精细化、品牌化、集群化，建成集研发、加工、展销和原辅材料交易为一体的国际毛绒纺生产经营集散地。

十、生物产业

充分利用青藏高原气候冷凉、资源丰富和无污染的优势，重点发展生物医药、生化制品、动植物种植利用产业和生态产品，构筑有鲜明地域优势和高原特色的生物产业体系。加快大黄、藏茵陈等中藏药材GAP种植基地、抚育基地建设，创新药物研发及产业化模式，培育壮大中藏药、新特药产业。发展沙棘、枸杞、虫草和牛羊骨血等精深加工。以生物多样性资源的有效保护、持续利用和惠益共享为前提，发展野牦牛、红景天等珍稀野生动植物种质利用，培育面向全国的特色制繁种产业，建成珍稀野生动植物种质利用和农作物北繁制种基地，加快形成以特色生物产业为主导的产业群。打造三江源、青海湖、祁连山三大生态品牌，建设在国内外具有重要影响力的生态产品供给基地，探索碳汇交易和生态保护建设协调推进的路子。

专栏6　十大特色工业重大建设项目

新能源

太阳能光伏组件项目、风力发电设备项目。

新材料

多晶硅项目、单晶硅项目、玻璃项目、锂电池项目。

盐湖化工

昆仑碱业项目、复合肥二期项目、察尔汗钾肥项目、德令哈盐化综合利用项目、金属镁一体化项目、德尔尼尾矿综合利用二期项目。

续表

有色金属 高精铝板带项目、铝箔项目、高档电解铜箔二期项目、600千安大电流电解槽项目、覆铜板项目、卡尔却卡铜矿开发项目、大场金矿开发项目、铝加工园项目。 **油气化工** 盐湖化工—天然气一体化项目、甲醇下游产品项目。 **煤化工** 乌兰煤化工二期项目、焦化产业园项目、IGCC 煤电化—天然气一体化项目。 **装备制造业** 改装车项目、高性能模具项目、大型多功能锻压机组项目、重大数控机床及相关零部件生产项目。 **钢铁** 野马泉铁矿开发项目、尕林格铁矿开发项目、百万吨不锈钢项目、千万吨钢铁项目。 **轻工纺织业** 优质矿泉水项目、无毛绒精梳绒条项目、机织藏毯项目、牛羊绒针织衫项目。 **生物产业** 高纯度沙棘抗氧化复合物提取及产业化项目、大黄精深加工项目。

第三节　现代服务业

坚持市场化、产业化、社会化发展方向，以增加供给、促进消费、扩大就业为目标，统筹推进生产性服务业与生活性服务业，突出发展金融、现代物流、科技服务、信息与中介、商贸餐饮、房地产、旅游、文化体育、社区服务和商务会展等十大产业。加快现代服务业集聚区建设，培育骨干服务企业和新型业态，推进规模化、品牌化、网络化经营，提升专业化和社会化水平，促进服务业转型升级。“十二五”期间，服务业增加值年均增长12%，服务业从业人员比重达到40%。

一、金融业

发展壮大金融产业，完善金融市场体系，提高金融要素集聚水平和配置能力，增强金融业对经济的支撑力和渗透力。鼓励和支持各政策性银行、国有商业银行、股份制商业银行和地方银行业金融机构开展体制机制创新、组织模式创新、产品服务创新、技术手段创新，切实增强我省金融业的核心竞争能力。加快省内金融市场体系、金融运行机制、金融运行管理等方面的全面对接，拓宽金融服务领域。支持青海银行加快增资扩股步伐，实现跨区经营并推动上市。健全保险组织体系和市场功能，支持各类保险公司到青海设立分支机构，拓宽业务，进一步发展“三农”保险，积极推进保险业务创新，充分发挥保险业在我省经济建设中的作用。通过财政专项资金引导、其他政策支持和加强自身建设，进一步提高地方融资平台规模和风险承担能力，加大对生态保护、节能减排、中小企业、科技创新企业、“三农”事业支持的力度。积极引入省外股份制(外资)银行、证券公司、期货公司、信托公司、基金公司、金融租赁公司等金融机构在我省设立地区总部或分支机构，引导和鼓励各类产权投资机构落户或在青海设立分支机构，推进创新，拓展业务，活跃市场。大力发展资本市场，积极推动优质企业上市融资，支持具备条件的上市公司通过增发、配股等方式进行再融资，推进设立创业投资基金、产业发展基金及生态补偿基金，进一步扩大地方债券、企业债券发行规模，广泛聚集和吸引社会资金。鼓励企业积极参与和利用期货市场增强发展预期，控制成本，稳定生产。加强对金融业发展的指导和支持，推进信用担保、再担保体系和诚信制度建设，优化金融发展环境。到“十二五”末，全省金融业增加值占生产总值的比重达到6%，上市公司发展到18家，融资额达到200亿元以上，使金融业成为我省新的支柱产业。

二、现代物流及中介服务业

培育壮大现代物流业，打造西宁朝阳、格尔木、德令哈、平安四大物流园区，建设玉树、果洛、黄南、海南、海北物流节点，改造提升兰青、青藏铁路物流、重要国省干道公路物流以及航空物流三大物流通道，逐步形成全省的物流体系骨架，提高物流网络覆盖面。大力发展第三方物流，形成以物流信息平台、连锁配送网络为基础，以大型物流企业为骨干的现代物流服务体系，培育10家骨干物流企业。加快发展速递物流业。积极发展社会服务业，鼓励发展科技服务、产权交易、商务会展、金融理财、职业介绍、文化传播等中介服务行业，规范发展会计、评估、认证、咨询、征信、律师、司法鉴定等服务业。积极引进国内外知名中介组织，完善中介服务网络，拓展服务领域，提升服务水平。

三、商贸餐饮及社区服务业

加强粮食市场建设，培育粮商，推进粮食储备与物流设施建设，保障粮食安全。搞好城镇商贸市场建设，发展城市便利店、综合超市等新型零售网点和配送中心，鼓励发展连锁经营，推进连锁经营向多业态和专营专卖方向发展。继续实施农村牧区"万村千乡"①市场建设和新农村现代流通服务网络工程，加快现有供销合作社经营网络改造，健全农牧业生产资料、农村日用消费品、农副产品购销和可再生资源回收利用服务体系，鼓励大中型流通企业经营网点向农村牧区延伸和农超对接，推行产销一体化，实现便利消费进社区、便民服务到农家。推进市场监测和应急调控体系建设，及时应对市场异常波动，保障市场供应，稳定市场物价。推动西宁市国家级服务业试点城市建设，增强服务业支撑和带动作用。积极引进国内外知名商贸餐饮企业和品牌，保护和振兴具有地域、民族特色的"老字号"、"名优品牌"，提升商贸餐饮业的整体素质和水平。加强支持和培训，鼓励发展社区服务、家政服务、养老服务和病患陪护等家庭服务业，形成便利、规范的家庭服务体系。

四、房地产业

与加快城市化进程相协调，充分发挥房地产业对投资与消费的拉动作用，进一步健全房地产开发经营体系和物业服务体系。扩大以西宁为中心的东部城市群、重点城镇房地产开发规模，加快新区开发，加强普通商品房、保障性住房、公共租赁房、商务集中区建设，活跃房地产二级市场，实行租赁与购买商品住房相结合的制度，建立健全住房标准体系，倡导租买结合、梯度消费，满足不同群体住房需求。加强对房地产业发展的引导和管理，推广节能环保建筑技术，培育和引进一批具有知名度和品牌效应的房地产创意策划机构、勘测设计机构、专业中介代理机构和物业管理企业，发展家居装潢、租赁经营，延长房地产产业链，促进房地产业绿色发展。

五、旅游业

着力推动旅游业跨越发展。全面提升旅游产业总体规模和整体素质，突出重点，着力打造塔尔寺、青海湖、金银滩—原子城、青海藏医药文化博物馆等国家5A级旅游景区，把我省建设成为全国高原旅游名省和新兴的国际型、复合型旅游目的地，使旅游业成为推动"四个发展"的战略性支柱

---

① 商务部2005年启动，通过建立新型农村市场流通网络、改善农村消费环境，形成以城区店为龙头、乡镇店为骨干、村级店为基础的农村消费经营网络，逐步缩小城乡消费差距，保障农民方便消费、放心消费。

产业。坚持高起点规划、高层次招商、高品位建设、高水平经营，着力打造大美青海旅游品牌，积极发展生态青海健康之旅、文化青海溯源之旅、神奇青海探险之旅。提升以西宁为中心的夏都旅游圈，西宁—三江源生态旅游线、兰青—青藏铁路观光旅游线、门源—祁连森林草原风光旅游线“一圈三线”旅游发展的水平。加快青海湖国家级风景名胜区、热贡国家级文化生态保护实验区和贵德高原旅游示范区建设，积极申报新的国家A级旅游景区、国家级风景名胜区和历史文化名城，支持红色特色旅游产品开发，提高旅游服务水平。抓住玉树灾后重建机遇，打造藏区深度旅游新亮点。促进跨区合作，推进“大九寨”、“大香格里拉”旅游带发展，丰富旅游发展内涵，拓展旅游业发展空间。加快交通、通信、电力等旅游基础设施、配套服务设施和重点景区建设，全力提升旅游业发展保障水平。到2015年，全省旅游总人数达到2000万人次，旅游总收入年均增长20%以上。

图7　旅游发展格局示意图

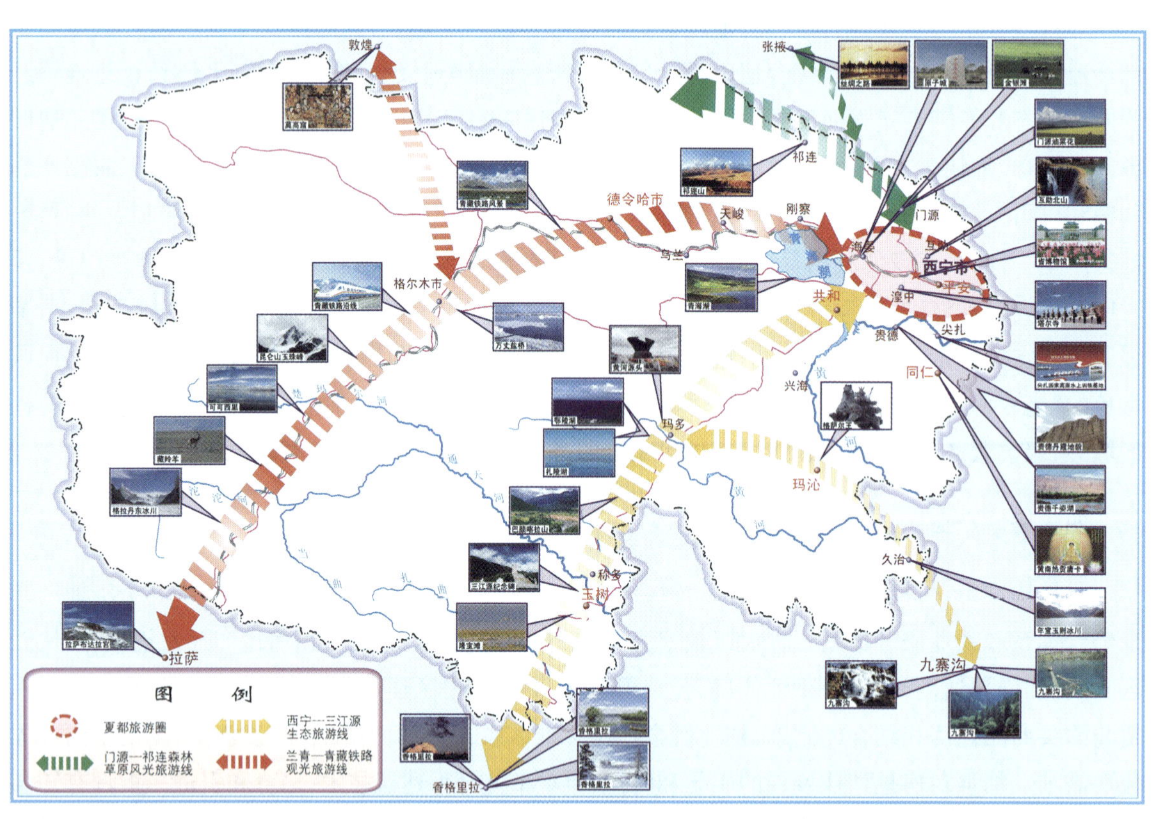

六、文化体育产业

坚持一手抓公益性文化体育事业，一手抓经营性文化体育产业，始终把社会效益放在首位，促进经济效益与社会效益有机统一。统筹文化、旅游、体育等产业发展，加快形成互为依托、相互促进、融合发展的新格局。大力挖掘民族文化资源和历史文化资源，奠定文化产业发展的基础。做大做强青海国际唐卡艺术与文化遗产博览会、青海湖国际诗歌节、中国·青海三江源国际摄影节暨世界山地纪录片节等文化品牌。以深化文化体制改革为动力，积极发展民族歌舞演艺业。培育壮大热贡艺术、藏毯、昆仑玉雕等特色工艺美术产业。促进具有区域特色图书、音像制品出版发行，培育壮大出版发行业。建设青藏影视城和影视外景拍摄基地，发展广播影视制作、文化创意、民族语动漫等产业。集中建设热贡国家级文化生态产业园、康巴文化风情园、昆仑神话园等文化产业基地，培育一批具有浓郁民族特色的文化品牌，建成一批功能全、品位高的公共文化体育服务设施，形成20个年销售收入千万元以上的大型文化骨干企业。打造提升环湖赛、世界攀岩和抢渡黄河极限挑战赛为主的“三大体育品牌”，积极发展竞赛观赏、高原训练、运动体验、健身休闲等产业，形成以多巴高原体育、尖扎水上运动、玉珠峰登山等国家体育训练基地为核心的体育产业链，使文化体育产业成为青海转变经济发展方式的着力点。

专栏7　现代服务业重点建设工程

物流

装备制造业服务体系建设项目、家居建材物流城、弘大粮油精深加工仓储设施建设项目、青海粮油加工物流仓储区建设项目、西宁朝阳物流园区建设项目、平安临空综合经济区物流项目、格尔木物流园区物流项目、冷链物流体系建设项目。

旅游

青海湖、坎布拉、塔尔寺、祁连山南麓、贵德、互助北山等景区基础设施建设，原子城红色旅游基础设施建设、昆仑神话景区和盐湖城旅游基础设施建设、三江源生态旅游区基础设施及保护设施建设。

文化体育

热贡国家级文化生态保护实验区建设、高原体育训练基地建设。

第四节　园区经济

充分发挥园区经济对结构调整和转型升级的引领、辐射和带动作用，加强园区发展的统筹规划，加强基础设施建设，创新建设管理模式，增强园区经济的聚集效应、规模效应和品牌效应，建设一批主导产业明确、关联产业集聚、基础设施共享、污染治理集中的产业园区，打造支撑全省经济跨越发展的新引擎。

农牧业产业园区。围绕特色，因地制宜，争取建成海东国家级农业科技园，大力推进海东高原现代农业、海北现代生态畜牧业示范区建设，将海东地区建成全省重要的特色农畜产品生产加工基地和集散中心，建成具有国际影响力的高原富硒农产品生产基地和引领全省现代农业发展的先导区；将海北州建成草业与养殖业耦合发展、高寒地区牲畜良种化和现代畜牧业组织方式有机结合的示范区。积极推进海南生态畜牧业可持续发展实验区、黄南有机畜牧业实验区建设，将实验区建设成为全省高寒牧区转变畜牧业生产方式和改善民生的重要示范基地。加快基础设施建设，促进土地、草场、牲畜、资金、技术等生产要素向园区集中，着力提高规模化生产、集约化经营、产业化发展水平。

工业产业园区。加速柴达木循环经济试验区、青海国家高新技术产业开发区和西宁经济技术开发区建设，使其示范带动作用显著增强，循环经济规模显著扩大，努力把青海打造成全国区域循环经济发展的先行区。加快发展平安临空综合经济区、乐都装备工业园、民和下川口工业园等产业园区，启动格尔木藏青工业园建设，打造新的省级产业集聚区。着力推动省级开发区升级为国家级开发区。引导对口帮扶地区和单位在东部城市群建设“承接产业转移示范区”，鼓励青南等地区发展“飞地经济”，培育新的增长极。按照合理布局、集聚发展、节约用地的原则，提升东部地区、州府所在县工业集中区发展水平，支持所有具备条件的县、矿区建设工业集中区，发展具有比较优势的资源精深加工业，使其成为聚集人口、吸纳就业、带动发展的重要载体。到“十二五”末，园区工业增加值占全省规模以上工业增加值的比重达到80%以上。

服务业集聚区。重点建设西宁朝阳、格尔木、德令哈、平安临空等物流园区。抓好教育园区、文化影视产业园区、热贡国家级生态文化产业园区、贵德高原旅游示范区等各类园区建设,提高园区对服务业发展的引领和带动作用。

图8 产业园区布局示意图

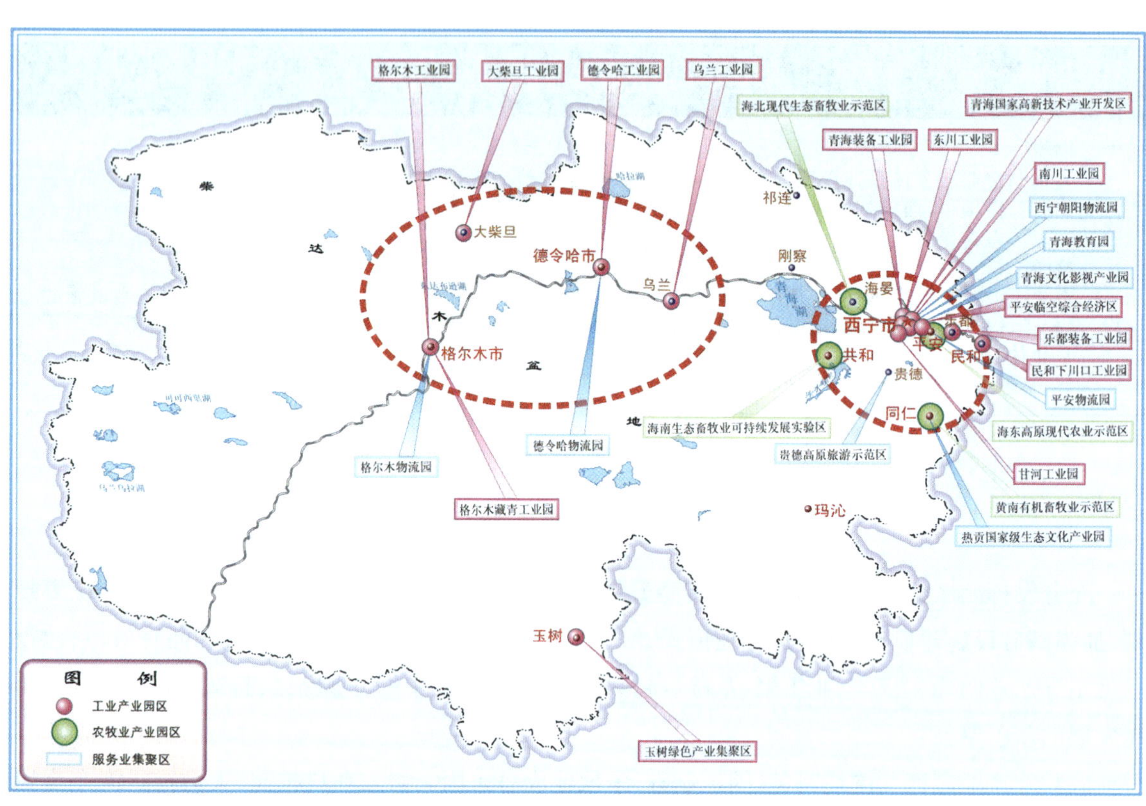

专栏8 产业园区及发展方向

农牧业产业园区

海东高原现代农业示范区:特色生态农牧业产业带,设施农牧业长廊,富硒农畜产品生产等。

海北现代生态畜牧业示范区:现代生态畜牧业生产体系、市场体系和规模化的组织经营体系建设。

黄南有机畜牧业实验区:羊、牦牛有机畜产品加工业和有机肥生产。

海南生态畜牧业可持续发展实验区:草产业及特色农畜产品开发。

工业产业园区

西宁经济技术开发区

青海国家高新技术产业开发区(原生物科技产业园):生物技术产业、保健食品工业。

东川工业园:新材料、光伏产业、资源精深加工。

甘河工业园:有色金属冶炼、化工等。

南川工业园:藏毯等农畜产品加工、铝型材加工等。

青海装备工业园(含乐都装备工业园):装备工业、先进制造业等。

民和下川口工业园:有色金属、铁合金等产品。

平安临空综合经济区:发展来料加工、国际贸易、保税仓储等临港经济。

柴达木循环经济试验区

格尔木工业园:盐湖化工、油气化工、有色金属冶炼工业。

德令哈工业园:盐湖化工、油气化工工业。

续表

大柴旦工业园：盐湖化工、能源化工工业。
乌兰工业园：能源化工工业。
格尔木藏青工业园：有色金属冶炼、盐湖化工等。
服务业集聚区
西宁朝阳物流园区、格尔木物流园区、德令哈物流园区、平安临空物流园区：仓储基地和终端配送等体系建设，逐步形成区域性物流中心。
教育园区：发展形成全省职业教育中心和大学科技产业园。
热贡国家级生态文化产业园区：发展形成热贡生态文化和藏区风情旅游基地。
贵德高原旅游示范区：发展形成黄河明珠文化旅游目的地。

第五章　社会发展

按照保障好人民群众的生存权、实现好人民群众的发展权的总体要求，完善劳动就业、收入分配、社会保障、住房保障等改善民生的制度安排，全面提升人民群众的生活质量。建立健全符合省情、覆盖城乡、比较完善、可持续的基本公共服务体系，促进基本公共服务均等化。完善和创新社会管理机制，切实维护社会和谐稳定。统筹规划，整合资金，着力实施“十大”民生工程。

第一节　改善民生

坚持民生优先，着力解决好事关人民群众切身利益的突出问题，使全省各族人民过上更加幸福、更有尊严的生活。加强公共服务能力建设，改进公共服务供给方式，提高政府保障水平，推进基本公共服务均等化。

一、劳动就业

认真落实财政税收、金融、社会保险、用工补贴、高校毕业生创业等积极的就业政策，建立健全政府投资、重大项目和产业规划促进就业的机制，大力发展劳动密集型产业、服务业和小型微型企业，创造更多就业岗位；推进西宁、格尔木创业型城市建设，鼓励劳动者自主择业、市场调节就业、政府促进就业相结合，创造平等就业机会，努力实现充分就业。实施劳动力全员培训工程，整合“阳光”、“雨露”等培训资源，加强对农牧民科技知识、实用技能和转移就业的培训力度，增强转移劳动力就业能力。着力解决好高校毕业生、城镇就业困难人员的就业问题。健全统一规范灵活的人力资源市场，为劳动者提供高效的就业服务。加强劳动执法，提高劳动合同签约率，建立和谐劳动关系，保障劳动者权益。到2015年，完成对所有适龄劳动力的培训；五年累计新增城镇就业25万人，登记失业率控制在5%以内；转移农牧区劳动力500万人次以上，其中每年实现农牧民稳定转移就业25万人。

二、收入分配

努力增加城乡居民收入，提高居民消费能力。坚持和完善以按劳分配为主体，多种分配方式并存的分配制度，逐步提高居民收入在国民收入分配中的比重、劳动报酬在初次分配中的比重。完善最低工资制度,健全最低工资标准正常调整机制,着力提高低收入人群的收入。建立完善工资指导线、劳动力市场工资指导价、行业人工成本信息发布以及企业职工工资集体协商制度,加快形成职工工资正常增长机制和支付保障机制。建立促进农牧民增收的长效机制,通过改善生产条件、扩大生产规模、健全农产品价格保护制度、完善服务体系等措施,增加农牧民家庭经营收入;通过支农补贴、生态补偿、土地流转、林权改革、征地补偿、宅基地置换等途径,增加农牧民转移性收入和财产性收入;通过积极引导农牧民转移就业,多渠道增加劳务收入;通过增加投入、加快扶贫攻坚等办法,增加贫困农牧民收入。进一步拓宽城乡居民投资渠道,增加居民财产性收入。

三、社会保障

逐步实现基本社会保障制度全覆盖,改善居民消费预期。坚持"广覆盖、保基本、多层次、可持续"的方针,进一步完善以基本养老、基本医疗、最低生活保障制度为重点的社会保障体系。合理提高城乡社保筹资规模、统筹层次和保障补助水平,建立完善同类社会保障关系转移接续制度。加快推进农牧区养老保险,统筹解决好城乡特殊人群养老保险问题。完善城乡基本医疗保障制度,提高统筹层次和水平。加快失业、工伤保险扩面提标和推进计划生育制度改革。完善城乡最低生活保障制度,建立补助标准合理增长机制和专项救助制度,实现城乡救助全覆盖。完善社会福利体系,加强社会福利、残疾人服务设施建设,提升残疾人和孤残儿童福利水平。加强社会保障信息网络建设,推进社会保障卡应用,实现精确管理。到"十二五"末,实现人人享受基本社会保障,覆盖率和保障水平走在西部省区前列。

四、住房保障

全面改善城乡居民住房条件,引导消费结构升级。以城镇低保家庭和低收入家庭为主要对象,加快廉租住房、经济适用房、公共租赁房等保障性住房建设,加大城镇、工矿区棚户区改造力度,扩大保障性住房覆盖面,切实抓好实物配租和租赁补贴等措施的落实,基本解决城镇低收入居民住房困难。深化改革,完善政策,逐步把符合条件的农民工纳入城镇住房保障范围,推进林区、农牧场危旧房改造工程。把改善农村牧区群众居住条件与社会主义新农村新牧区建设结合起来,扎实推进农村困难群众危房改造、牧民定居工程以及农牧民奖励性住房建设,鼓励有条件的农牧民新建或改建住房,大力度改善农牧民住房条件。到"十二五"末,基本解决城乡困难群众住房问题。

五、教育

全面贯彻落实国家和青海省中长期教育改革和发展规划纲要,建立健全体制富有活力、能力显著提升、结构基本合理、总量相对充足、内涵和谐发展的现代教育体系。坚持德育为先、能力为重,全面推进素质教育,促进学生德智体美全面发展。进一步巩固提高"普九"成果,调整优化中小学结构布局,加快普及学前教育、高中阶段教育,推进实施十二年免费教育。加强民族教育,加大异地办学力度,稳步推进"双语"教育改革。大力发展职业教育,把加快职业教育发展与繁荣经济、促进就业紧密结合起来,建设一批骨干学校和重点专业,打造特色品牌。鼓励和引导社会力量兴办教育事业,落实民办学校平等发展的政策措施,积极发展民办教育。高等教育要以学科建设为重点,加大高层次人才培养力度,注重产学研结合,着力提高人才培养、科学研究、社会服务的整体水平。加快发展继续教育,支持发展特殊教育,建设全民学习、终身学习的学习型社会。促进教育公平,合理配置公共教育资源，重点向农牧区、贫困地区、民族地区倾斜，加快缩小教育差距。全面落实优先规划教育发展、优先保障教育投入、公共资源优先满足教育需要的政策，稳步提高教育经费占财政支出比重。建立和完善学生资助保障体系，保障经济困难家庭、进城务工人员子女平等接受教育。完成中小学校舍安全工程、农村牧区寄宿制学校和教师周转房建设工程，显著改善办学条件。加强教师队伍建设，扩大农牧区义务教育阶段学校教师岗位规模，加强师德师风建设，提高业务水平和教学质量。到“十二五”末，幼儿学前一年毛入园率达到85%，九年义务教育巩固率达到98%，高等教育毛入学率达到36%。

六、卫生

按照“保基本、强基层、建机制”的总体要求，加快医药卫生体制改革步伐，建立健全基本医疗卫生服务体系。加快卫生应急体系建设，完善突发公共卫生应急处置机制。加强公共卫生服务体系建设，确保城乡居民享有疾病预防控制、妇幼保健、健康教育等基本公共卫生服务。完善提高以县医院（含中、藏、蒙医院）为龙头、乡镇卫生院为中心、村卫生室为基础、流动医疗服务为补充的农牧区医疗卫生服务网络和服务水平。建立健全以社区卫生服务和健康管理为基础，以综合医院、专科医院为保障，分级医疗、双向转诊的城镇医疗卫生服务体系。加大医疗卫生学科带头人才培养，提高医疗技术整体水平。加强基层全科医生培养，完善医务人员长期在基层服务的政策，积极防治重大传染病、高原疾病、职业病和精神疾病。建立以国家基本药物制度为基础的药品保障体系，规范药品生产流通秩序，确保人民群众基本用药的可及性和有效性。支持藏、蒙医药技术传承与创新，推进质量认证和标准建设，鼓励发展藏蒙医药服务。以西宁公立医院改革试点为突破口，努力还原公立医院的公益性质。鼓励和引导社会资本发展医疗卫生事业，加快形成多元化办医格局。到“十二五”末，基本医疗卫生制度进一步完善，看病难、看病贵的问题得到有效缓解，婴儿、孕产妇死亡率分别下降到15‰和25/10万，70%以上的城乡居民建立电子健康档案，国民预期寿命提高到73岁。

七、人口与计划生育

坚持计划生育基本国策，统筹解决人口问题，稳定低生育水平。推行优生优育，全面加强计划生育生殖健康服务和出生缺陷干预，改善出生人口素质，优化人口结构，促进人口长期均衡发展。增强家庭发展能力，积极推进“康福家行动”，构建计划生育家庭福利政策体系，完善农牧区计划生育奖励扶助、少生快富、特别扶助“三项制度”，建立全社会计划生育利益导向机制。加大基层计划生育、妇幼保健基础设施建设力度，健全计划生育服务体系，强化人口信息资源的开发利用，重点做好农牧区和流动人口的计划生育工作。促进人口合理流动，推进人口城市化。积极应对人口老龄化，统筹城乡老龄事业发展，推进多层次的养老服务体系和老年教育基础设施建设，鼓励社会力量发展养老服务业，强化社区和居家养老功能，促进老年人的社会参与。依法保障妇女儿童合法权益，加快建设省级妇女儿童发展服务中心，促进妇女儿童事业持续健康发展。

八、文化体育

按照体现公益性、基本性、均等性、便利性的要求，推进重点文化惠民工程，建设覆盖城乡的公共文化服务体系。大力发展公益性文化事业，鼓励社会力量积极参与公益性文化建设，推进省文化馆、美术馆及图书馆二期工程等省级骨干文化设施建设，加强州县公共图书馆、文化（群艺）馆和博物馆以及基层公共文化基础设施建设，改善公共文化设施条件，提高公共文化产品供给能力，满足人民群众基本文化需求。继续实施文化信息资源共享工程、农（牧）家书屋工程、文化进社区工程、广播电视西新工程、村村通工程和农村牧区数字电影放映工程，提高覆盖能力。推进广播影视数字化和数字电影院建设。加快少数民族文化建设，加大少数民族语言新闻网络、图书音像、出版印刷、广播影视节目制作和译制能力建设。加强文物、历史文化名城名镇等文化遗产保护及少数民族古籍整理，鼓励非物质文化遗产的传承。培育独具特色的民族文化，加大对民族特色剧目创作支持和优秀人才的培养力度，提高文化艺术创作水平。推进学科体系、学术观点、科研方法创新，繁荣发展哲学社会科学。实施青海文化“走出去”工程，开展多层次、宽领域的文化交流活动，提升民族文化艺术品牌影响力。加强城乡公共体育设施和民族特色体育场所建设，打造环青海湖民族文化体育圈，促进全民健身运动蓬勃发展。

专栏9　改善民生十大工程

教育惠民工程：全省中小学布局调整及校舍安全项目、农牧区中小学教师周转房建设项目、青海教育园区项目、示范性高中建设项目、义务教育标准化建设项目、青海教育园区建设。

就业创业工程：每年分批实施劳动力全员培训，规划建设西宁、格尔木青年创业孵化基地，解决好高校毕业生、农牧区转移劳动力、城镇就业困难人员的就业问题。

社会保障工程：建立健全城乡养老保险制度，完善城乡基本医疗保障制度，完善城乡最低生活保障制度。建设省州县乡四级社会保障服务设施。建设州、县级儿童福利院、未成年人救助站等社会福利设施。州、县老年日间照料中心、敬老院、社区养老等服务设施，省老干部大学基础设施建设。

全民健康工程：建设州、县全民健身中心等，省、州级精神卫生防治体系和州、县级卫生监督体系建设工程、州、县、乡、村级基层计划生育服务体系，省、州、县级医院、乡镇卫生院、村卫生室等。

保障性住房建设工程：城镇保障性住房建设、国有林场危旧房改造、国有农场棚户区危房改造、农牧区危房改造、游牧民定居房屋建设、奖励性住房建设。

基础设施延伸工程：乡村规划、人畜饮水安全、农村公路、乡村用电、信息服务、文体设施、农牧民住房、优美环境、科技培训进村入户。

家园美化绿化工程：湟水流域、青海湖流域水环境保护治理，城镇垃圾无害化处理场建设，中小河流域治理工程，沿湟绿化、西宁南北山绿化工程和城镇道路绿化工程。

藏区温暖工程：玉树、果洛、海南、黄南等藏区天然气利用工程，大电网覆盖全省工程和新一轮农村电网改造及无电地区电力建设工程，藏区县城、重点小城镇集中供热工程。

文化惠民工程：省州县乡村文化基础设施建设项目，省文化馆、美术馆，省图书馆二期、省民族文化艺术中心等工程，州（地市）级“三馆”（博物馆、群艺馆、图书馆）建设工程，西新工程和广播电视村村通工程。

社会管理创新工程：社会管理创新、平安青海创建、安全生产建设、防灾减灾体系建设、应急救援体系建设等工程。

第二节　社会建设

加强社会主义民主法制建设，扎实开展文明青海建设活动，加强和创新社会管理，深入推进平安青海建设，确保社会长治久安。

一、民主法制

坚持和完善人民代表大会制度、中国共产党领导的多党合作和政治协商制度、民族区域自治制度。健全基层自治组织和民主管理制度扩大基层民主，保障人民群众依法行使知情权、参与权、表达权、监督权。发挥工会、共青团、妇联等人民团体的桥梁纽带作用。全面落实依法治国基本方略，深入开展社会主义法制宣传教育，努力提高全民法律素质，推进依法治省进程。全面贯彻民族区域自治政策，深入开展民族团结进步创建活动，充分调动各族各界建设新青海的积极性。

二、精神文明

以建设社会主义核心价值体系为重点，打牢全省各族人民团结奋斗的共同思想基础。积极拓展精神文明建设领域和渠道，大力开展“文明青海”建设活动，不断丰富活动内容，创新活动形式，在全社会营造开拓创新的发展环境、廉洁高效的政务环境、公平正义的法制环境、规范守信的市场环境、健康向上的人文环境、安居乐业的生活环境、可持续发展的生态环境。着力提高全省公民思想道德素质和科学文化素质，满足人民群众的精神文化需求，促进人的全面发展，开创全省精神文明建设新局面。

三、社会管理

按照健全“党委领导、政府负责、社会协同、公众参与”的社会管理格局的要求，加强社会管理法律、体制、能力建设。完善地方法规和政策，健全基层管理和服务体系，加强和改进基层党组织工作，发挥群众组织和社会组织作用，提高城乡社区自治和服务功能，形成社会管理和服务合力。进一步改进社会管理方式。推进流动人口、特殊群体、社会组织、网络虚拟空间、寺院社会化管理服务创新，健全新型社区管理和服务体制，把社区建设作为社会管理的重要基础，以建设依法自治、管理有序、服务完善、文明祥和的社会生活共同体为目标，全面开展城市社区建设，积极推进农牧区社区建设，健全新型社区管理和服务体制，推进社会管理重心向基层转移，增强承载政府和企事业单位剥离的社会管理和公共服务职能的能力。加强社会组织建设，改进对民间组织的管理和监督，大力促进民办非企业单位、社会团体、行业组织、社会中介机构、志愿团体等各种社会组织健康有序发展，发挥各类社会组织提供服务、反映诉求、规范行为的积极作用。通过合同外包政府公共服务、政府购买服务等形式，形成多方参与社会管理和社会服务的合力。建立重大工程项目建设和重大政策制定的社会稳定风险评估机制。妥善协调处理各方面利益关系，预防和化解人民内部矛盾。依法加强对宗教事务的管理。改进和完善信访工作，逐步建立用群众工作统揽信访工作新格局，拓宽社情民意表达渠道，推动形成科学有效的利益协调、诉求表达、矛盾调处和权益保障机制。

四、公共安全

强化全社会公共安全意识，加强公共安全预防体系和保障能力建设，提高保障水平，维护人民群众生命财产安全。按照预防与应急兼顾、预防为主，常态与非常态结合、非常态为主的原则，健全社会应急管理体制，有效应对自然灾害、事故灾难、公共卫生、社会安全等突发事件，提高危机处置、管理和抗风险能力。建立健全社会预警体系和应急救援、社会动员机制，推进应急管理工作规范化、制度化、法制化。大力加强公共气象服务，努力提升气象预报预测准确率。加强地震监测预报，强化抗震设防管理，提高各类建设工程、公共基础设施及城乡居民住房防御地震灾害的能力。建立地质灾害预警系统，加强地质灾害防治工作。坚持安全第一、预防为主、综合治理的方针，落实安全生产责任制，健全安全生产监督体系，加强安全监管能力建设，严格安全执法，加强安全生产设施建设。重点抓好矿山、化工、交通运输以及职业卫生、消防等安全工作，有效遏制重特大事故发生。“十二五”末，全省单位工矿商贸就业人员生产安全事故死亡率下降15%，亿元GDP生产安全事故死亡率下降40%。加强食品、药品、餐饮卫生监督，规范市场流通秩序，保障人民群众健康安全。

持续开展平安青海建设，构建多层次、全方位的社会治安防控体系，强化社会治安重点地区综合治理，加强基层政法体系和力量建设，提高维稳基础设施和装备水平，加强反分裂、反渗透、反破坏斗争，维护国家安全和藏区和谐稳定。增强全民国防意识，统筹经济建设和国防建设，完善国防动员体制，加强民兵预备役和人民防空基础设施建设，构建平战结合、相互兼容、共建共用的基础平台，提高国防动员和后备力量建设质量。深入开展“双拥共建”活动，巩固和发展军政军民团结。

第六章　区域城乡发展

坚持统筹区域城乡发展的基本方略，构筑主体功能定位清晰、区域经济优势互补、国土空间高效利用、人与自然和谐相处、城乡一体化协调发展的新格局，逐步实现区域、城乡间基本公共服务均等化。

第一节　区域主体功能

按照发展定位明确、开发秩序规范、各类要素协调的总体要求，注重产业、人口、环境三大要素在空间上的合理分布和均衡发展，形成合理的空间开发格局。根据不同区域资源环境承载能力和发展潜力，将全省划分成重点开发区域、限制开发区域和禁止开发区域。

——重点开发区域。我省重点开发区包括以西宁为中心的东部地区和以格尔木、德令哈为重心的柴达木地区，其主体功能定位为，国家兰州—西宁重点开发区的重要组成部分，全国重要的新能源和水电、盐化工、石化、有色金属和农畜产品加工产业基地，区域性新材料和生物医药产业基地，全省工业化和城镇化的重点区域，人口和经济的重要空间载体。

——限制开发区域。我省限制开发区包括国家级三江源草原草甸湿地生态功能区和祁连山地水源涵养生态功能区，其主体功能定位为，全国乃至亚洲大江大河发源地，冰川、雪山及高原生物多样性最集中的地区之一，全国最重要的生态安全屏障，保障省域生态安全主体区域，矿产、水电等特色优势资源点状开发区域。

——禁止开发区域。我省禁止开发区包括国家级自然保护区、重点风景名胜区、森林公园、地质公园等四类17处和省级自然保护区、重点风景名胜区、森林公园、历史文化遗产保护地、重要水源保护地等五类360处。其主体功能定位为，点状分布的生态功能区，重要的水源保护地，基本农田保护区，珍稀动植物基因资源保护地，自然文化资源的重要保护区域。

第二节　空间开发布局

遵循城镇化发展规律，完善城市布局和形态，以现有城镇为基础，强化中心城市的辐射带动作用，积极培育次中心城市和新兴城市，有重点地发展小城镇。加快城镇道路、供排水、污水垃圾处理、燃气、集中供热、园林绿化、公共避险等设施建设，推进建筑节能改造和可再生能源建筑应用。完善公共交通网络，强化新兴城市产业功能，增强小城镇公共服务和居住功能，实现市政设施基本配套，使其成为全省经济和人口的主要空间载体。到2015年，全省城镇化率达到50.5%，城乡一体化走在西部地区前列。

一、东部城市群

加快推进以西宁为中心的东部城市群建设，按照“一核一带一圈”空间布局，强化西宁“核心”城市的聚集辐射带动作用，加快推进平安、乐都、民和、互助沿湟“带”城市化进程，着力提升大通、湟中、湟源等1小时“圈”的城市功能。以中心城市、次中心城市、县城和中心镇为节点，以交通、信息、市政公用设施等为网络，以要素和功能各具特色、有机联系、优势互补为纽带，以城镇融合、共兴共赢为目标，多主体互动、多空间扩展，加大区域城乡统筹，加强区域统规共建，促进区域发展空间集约利用，生产要素有序流动，公共资源配置均衡。大力推进城市群产业合理分工布局，打造西宁夏都、青藏高原区域性现代化中心城市和海东高原现代农业示范区两大区域品牌，加速人口和产业集聚，不断提高民生水平，使其成为欠发达地区践行科学发展观的示范区、引领全省经济社会发展的综合经济区和促进全省协调发展的先导区，最具特色魅力、适宜人居创业的和谐区，承接国内外产业转移、参与国内外市场竞争的重要平台。到2015年，东部城市群地区生产总值达到1400亿元，城市化率达到52%，其中西宁市城市化率达到67%。

二、海西城乡一体化地区

加快海西工业化和城乡一体化进程，打造全国区域循环经济发展示范区和全省统筹城乡一体化发展示范区两大区域品牌。把格尔木建成我国西部重要交通枢纽、电力枢纽和资源加工转换中心，把德令哈建成新型高原绿洲城市和资源加工基地。构建集群发展、循环开放的城乡产业格局，宜业宜居、和谐共荣的城乡空间格局，协调发展、安全持续的城乡生态格局，内部高效、外部通达的城乡交通体系，健全统一、公平均衡的城乡服务保障体系，因地制宜、集约配置的城乡基础支撑体系。加快国家级柴达木循环经济试验区建设，建成全国最大的盐湖化工基地、钾肥生产基地、太阳能发电基地、区域性石油天然气化工基地、国内重要的镁锂深加工生产基地，积极探索高原地区循环经济发展模式，率先实现工业化，率先实现城乡一体化，率先实现全面小康。到2015年，地区生产总值达到800亿元，城镇化率达到75%。

三、环青海湖地区

围绕交通干线、旅游干线，分别把西海等20个重点小城镇打造成为旅游商贸型、资源开发服务型、交通物流型和农牧业服务型精品城镇。以构建环青海湖民族文化旅游体育圈为抓手，加强基础设施和配套设施建设，充分挖掘民族文化内涵，汇集诗歌音乐文化、红色文化、原生态文化、游牧文化等元素，加快形成具有世界品牌和重要影响力的环青海湖大景区、大格局。以海北、海南生态畜牧业示范区建设为着力点，加强基础设施和技术装备建设，优化资源配置和生产布局，提高组织化、专业化、集约化水平，延伸产业链，强化标准化和品牌建设，提高综合生产能力和竞争力，实现人与自然和谐发展，实现农牧民收入跨越式提高。有序开发水电、矿产、太阳能、风能等资源，建设优势工业生产基地。

四、三江源地区

三江源地区要把生态保护和建设作为主要任务，全力推进国家级生态保护综合试验区建设，建立生态补偿机制，创新草原管护体制，强化生态系统自然修复功能，建成全国重要的生态安全屏障。

按照全区总体保护、建设重点城镇、两线适度发展、多点特色分工的布局原则,加快结古城市化进程,改善基础设施条件,增强支撑能力,辐射和带动国道214线、省道101线等沿线乡镇,提升城镇功能,适度聚集人口,实现人口、生态、经济、社会协调发展。加快发展生态畜牧业、高原特色旅游业和民族手工业,有序开发水电、矿产等优势资源。

五、玉树灾后恢复重建

按照"上两个大台阶"的总体要求,把国家支持玉树灾后重建的政策与青海藏区跨越式发展的政策结合起来,与建设三江源国家生态保护综合试验区结合起来,认真实施《玉树地震灾后恢复重建总体规划》,用三年的时间,基本完成恢复重建的主要任务,使灾区基本生产生活条件和经济社会发展全面恢复并超过灾前水平。建设更加安全的城乡居民住房、更加完善的公共服务体系、更加健全的基础设施、更加合理的产业结构、更加优美的生态环境、更加繁荣的民族文化、更加和谐的社会秩序。再通过进一步努力,把州府所在地建成高原生态商贸旅游城市、三江源地区中心城市和青海藏区城乡一体发展的先行地区,同步推进其他地区基础设施、生态环境建设和产业发展,实现建设生态美好、特色鲜明、经济发展、安全和谐的社会主义新玉树的宏伟目标。

第三节 新农村新牧区建设

坚持工业反哺农业、城市支持农村和多予少取放活的方针,加大支农惠农强农力度,夯实农牧业发展基础,促进农牧业稳定发展,农牧民稳步增收,农牧区和谐繁荣。以显著改善农村牧区生产生活条件为目标,加快实施"九到农家"工程:统筹规划农牧民生产、生活和公共设施建设及产业布局,建设生产发展、生活富裕、村容整洁、村风文明、管理有序的新农村,实现乡村规划到农家;实施农村牧区饮水安全工程,全面解决人畜饮水困难,实现自来水到农家;实施农村公路改造工程和"通达工程",实现通路到农家;推进小水电、太阳能、风能、沼气、生物质能等能源惠民工程建设,启动新一轮农村牧区电网改造升级工程,解决无电乡村用电问题,实现送电到农家;实施移动网广覆盖和宽带通信工程,加强村级综合信息站建设,实现电话互联网到农家;实施广播电视、农家书屋、农牧区电影放映、健身设施建设等文体惠民工程,实现文化体育到农家;实施牧民定居和农村危房改造工程,落实农牧民新建和改建住房奖励补助政策,实现安居到农家;实施"千村整治、百村示范"工程,加快改变村容村貌,实现优美环境到农家;实施农牧民全员培训工程,提高农牧民种田养畜水平和创业能力,实现科技服务到农家,全面推进新农村新牧区建设。

第四节 县域经济

扩大县域发展自主权,稳步推进扩权强县改革试点,依法赋予经济发展快、人口吸纳能力强的小城镇在投资审批、工商管理、社会管理等方面的行政管理权限,增加对县的一般性转移支付,促进财力与事权相匹配。把发展县域经济发展作为推动城镇化和新农村建设的重要载体,加大扶持力度,以西宁三县、海东六县及州府所在县工业集中区为抓手,发挥县域资源优势和比较优势,积极培育特色支柱产业,支持产业向县城和中心镇集聚。鼓励中小企业和非公有制经济快速发展,激发县域经济发展活力。

第五节　贫困地区扶贫开发

以基本消除农村牧区绝对贫困现象、明显改善农牧民生产生活条件为目标，将扶贫开发与农村低保制度有机结合起来，与开发优势资源、调整产业结构、保护生态环境和小城镇建设有机结合起来，重点搞好东部干旱山区、青南高寒牧区两大贫困地区扶贫攻坚。加强贫困地区水电路、户用能源、广播电视、通讯等基础设施建设，加快实施东部浅脑山地区易地扶贫搬迁、整村推进、劳动力转移培训、产业化扶贫、以工代赈等重点工程。加大社会帮扶和对口帮扶力度，落实工作责任，引导和鼓励社会各界扶贫济困，着力构建“政府主导、群众主体、部门联动、社会参与”的合力攻坚扶贫开发机制。“十二五”期间，脱贫90万人。

专栏10　扶贫开发重点工程
以工代赈项目、易地扶贫项目、扶贫开发整村推进项目、集中连片综合开发项目、藏区六州扶贫开发项目、特殊类型贫困地区综合扶贫、产业化扶贫项目。

第七章　资源环境

把建设资源节约型、环境友好型社会放在更加突出的战略位置，加快矿产资源勘查勘探，以节能减排为重点，健全激励和约束机制，树立绿色低碳发展理念，大力发展循环经济，强化生态环境保护和建设，推动形成节约能源资源、保护生态环境的产业结构、增长方式和消费模式，增强可持续发展能力。

第一节　矿产资源勘查

加快矿产资源勘查步伐，以祁连山、柴北缘、东昆仑和三江北段等重要成矿区带为主战场，大力度投入、大兵团作战，加快基础性、公益性地质调查，以能源、黑色、有色金属、贵金属、钾盐等紧缺优势矿种为重点，集中力量加快勘查，查清基本家底，尽快取得重大突破，全面实现“358”地勘工程目标，打造国家战略资源基地。安排使用好青海省地质勘查基金、青藏高原地质矿产调查与评价专项资金、中央地勘基金，积极引进省外地勘力量，鼓励社会投资参与地质勘查，形成公益性地质调查与商业性地质勘查相互促进、共同发展的良好格局。加快天然气水合物、煤层气和盐层气勘查力度，建设国家级冻土地区天然气水合物试验基地，探索建立开发利用工程体系和技术支撑体系。进一步加强基础测绘工作，加强现代测绘基准体系建设，加快国家基本比例尺地图数据生产，推进地理信息公共服务平台建设，提高测绘服务水平。

图9　矿产资源重点勘查区域分布图

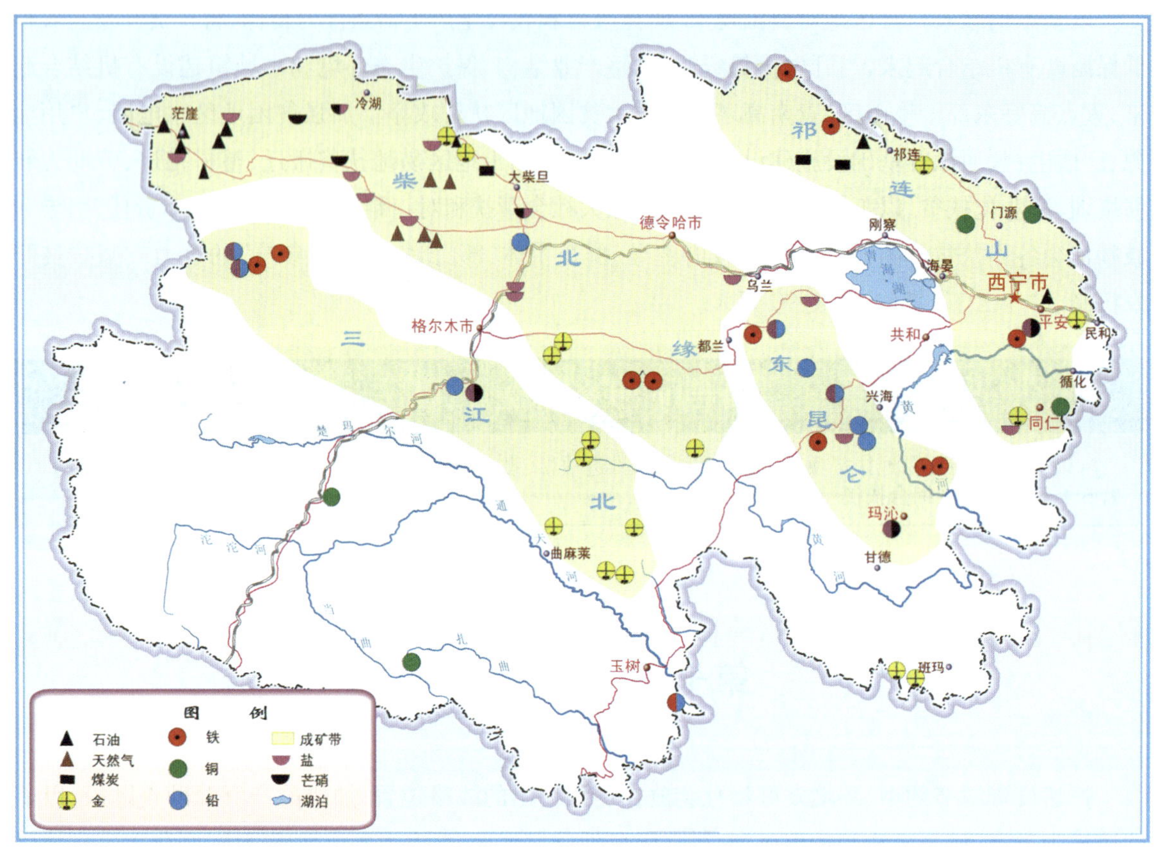

第二节　资源节约和循环利用

一、资源循环利用

按照“减量化、再利用、资源化”的原则，强化资源节约，推进资源循环利用，形成产业间纵向延伸、横向拓展，资源、产业、产品多层面联动发展的循环型产业格局。大力推进绿色矿山建设，实施矿产资源循环经济发展示范工程，积极引导支持矿山企业引进、推广先进的选矿技术和开采技术及综合回收工艺，重点加强盐湖资源、有色金属、贵金属矿产等共伴生矿产资源的回收利用，提高资源开采利用效率和废弃物的资源化水平，减少储量消耗和矿山废物排放，安全、环保、可持续地发展矿业经济。推广煤矸石发电和建筑垃圾利用的技术和工艺，拓展固体废物综合利用领域。加强水资源节约和管理，大力发展高效节水农业，强力推进高耗水行业节水技术改造，认真做好城镇节水，提高水资源综合利用率。实施节能科技示范工程，坚决淘汰浪费资源、污染环境的落后产能。突出抓好钢铁、有色、煤炭、电力、化工、建材等产业和重点用能企业的节能工作。组织实施好热电联产、省柴节煤灶、建筑节能、公共机构节能等节能重点工程。加强能源制度建设和合同能源管理，实施强制性标准，最大限度地降低单位产品能耗。到2015年，全面淘汰落后产能，低能耗产业形成规模，资源节约型、环境友好型社会建设实现新突破，循环经济增加值占全省工业增加值的80%以上，矿产资源综合利用率在2010年的基础上提高3～5个百分点。

二、土地节约

守住耕地红线，节约集约用地。进一步完善耕地保护、征用补偿机制，严格实行“先补后占”，实现耕地占补平衡。逐步增加土地整治投入，推进土地开发整理，完成黄河谷地百万亩土地开发整理工程，启动湟水流域土地开发整理项目。推进中低产田改造，加快建设高产稳产基本农田，加强土壤污染防治，确保基本农田总量不减少、质量有提高。从严控制建设用地，合理确定新增建设用地规模、结构和时序，积极盘活存量建设用地，充分利用未利用地和工矿废弃地拓展建设用地空间。到 2015 年，全省耕地保有量保持在 54 万公顷。

第三节　环境保护和建设

一、生态保护与建设

坚持工程治理与自然修复相结合，加大重点生态功能区保护建设力度，继续实施好退耕还林、退牧还草、天然林保护、三北防护林、野生动物保护工程，进一步巩固和扩大生态保护与建设成果，全面落实草原生态保护补助奖励政策，基本建立覆盖全省的生态环境监测与评估体系，维护生物多样性，促进生态保护与建设从分散治理向集中治理转变、从单一手段向综合措施转变、从事后治理向事前保护转变，探索生态保护的长效机制，形成以三江源草原草甸湿地生态功能区为屏障、以青海湖草原湿地生态带、祁连山水源涵养生态带为骨架的“一屏两带”生态安全格局，为 2020 年生态系统步入良性循环打下更加牢固的基础。五年累计治理水土流失面积 20 万公顷、治理退化草场 400 万公顷，人工造林 37 万公顷，封山育林 75 万公顷。

三江源国家生态保护综合试验区建设。继续实施好三江源自然保护区生态保护和建设总体规划，启动三江源生态保护与建设二期工程。加快建立生态补偿机制，完善有利于生态保护的产业政策、财税政策、投资政策、生态环境监测评价体系和考核办法。积极发展后续产业，引导牧民转变畜牧业生产方式，增强转移就业的能力，走出一条生态保护与牧民增收双赢的路子。设立中国三江源保护发展基金，争取发行公益彩票。

青海湖流域及周边地区生态环境保护与综合治理工程。保护好林草植被，加大退化草原、沙化土地治理，采取退牧还草、划区轮牧、舍饲圈养、加快出栏等措施，减轻天然草地超载过牧压力，实现草畜平衡。开展人工增雨，加强青海湖水源地保护，严格限制在入湖河流新建引水工程，控制农牧业灌溉用水，维护青海湖生态平衡。

祁连山水源涵养区生态环境保护和综合治理工程。加大黑河源头生态治理力度，切实保护好黑河、大通河、湟水河、疏勒河、石羊河等水源地林草植被，加强流域水资源统一调配管理，强化水土流失和沙化土地综合治理，努力实现生态系统良性循环。

黄土高原水土流失综合治理工程。继续实施西宁南北两山、湟水河流域百万亩人工造林工程和河湟沿岸绿化工程，巩固退耕还林成果，提高植被覆盖度，控制水土流失，逐步形成以祁连山东段和拉脊山为生态屏障，以河湟沿岸绿色走廊为骨架的生态网络。

柴达木地区生态保护与综合治理工程。依法建立一批封禁保护区，加强沙生植被和天然林、草原、湿地保护；实施沙漠化防治工程，以防风固沙工程为重点，加强水资源保护和节水工程建设，合理分配、高效利用水资源，控制地下水位下降，构建以绿洲防护林、天然林和草原、湖泊、湿地点块状分布的圈带型生态格局。

二、环境污染防治

继续控制主要污染物排放总量，建立健全工业污染防控体系，加大水环境综合治理力度，重点推进湟水流域、青海湖流域水环境保护治理，加强城乡饮用水源保护和水质保障能力建设，确保饮用水安全。加强西宁、格尔木、德令哈市和河湟沿岸城镇环境空气、噪声污染综合治理，基本完成县城生活污水处理以及重点小城镇、主要旅游景点垃圾处理设施建设。大力发展环保型产业，加强环保技术的研发及产业化，加快电动汽车充电站建设，扩大环保专用清洁车生产规模。完善再生资源回收体系，强化综合利用及污染防治，推进资源再生利用产业化。加快处置历史堆存和遗留的危险废物。发展清洁生产，推进排污权有偿使用和市场交易试点工作。加强农村面源污染治理，启动农村清洁工程，改善人居环境。实施好矿山地质环境保护与治理工程，推进矿山环境保护。到2015年，集中式饮用水源水质达标，黄河干流水质达到Ⅲ类以上，湟水流域好于Ⅳ类以上水体达到60%，城市空气质量优良率达到82%以上，人均公共绿地面积达到7.5平方米；二氧化硫、氮氧化物、化学需氧量、氨氮等主要污染物排放减少率均控制在国家下达的指标之内。

三、积极应对全球气候变化

合理控制能源消费总量，提高能源利用效率，有效控制温室气体排放。强化节能目标责任考核，完善节能法规和标准，健全节能市场化机制和对企业的激励与约束，实施重点节能工程，推广先进节能技术和产品，加快推行合同能源管理，抓好工业、建筑、交通运输等重点领域节能。调整能源消费结构，增加非化石能源比重。提高森林覆盖率，增加蓄积量，增强固碳能力。加强适应气候变化特别是应对极端气候事件能力建设。建立温室气体排放和节能减排统计监测制度，加强气候变化科学研究，加快低碳技术研发和应用。

专栏11　资源环境重大工程

矿产资源勘查

"358"工程：在祁连山、柴北缘、东昆仑、三江北等31片重点成矿区带实施矿产资源勘查17万平方公里。

土地资源保护与利用

黄河谷地百万亩土地开发整理项目、湟水流域土地开发整理项目。

生态保护

三江源生态保护和建设工程、青海湖流域生态环境保护和综合治理工程、三北防护林建设工程、天然林保护工程、退耕还林工程、天然草原退牧还草工程、祁连山水源涵养区生态建设和环境保护工程、青海三江源自然保护区生态保护和建设二期工程、水土保持工程。

环境治理

污水处理工程、城镇垃圾处理场工程、西宁等历史遗留铬渣综合治理项目。

第八章　人才强省与科技创新

积极推进科教兴青和人才强省战略，全面落实我省中长期人才、科技规划纲要，加强人才队伍和创新型青海建设，全面提高科技整体实力和产业技术水平，为加快转变经济发展方式、建设富裕文明和谐新青海奠定坚实的人力资源和科技基础。

第一节 人才队伍建设

坚持党管人才原则，贯彻服务发展、人才优先、以用为本、创新机制、开放融入、盘活资源的指导方针，加强现代化建设需要的各类人才队伍建设。全面组织实施国家重大人才工程、人才创业工程，努力建设一支重点突出、布局合理、结构优化、素质优良、富有创新能力的人才队伍。完善有利于激励人才脱颖而出的引才、选才和薪酬制度，科学合理地使用好现有人才，突出培养创新型科技人才，大力开发经济社会发展重点领域急需紧缺的专门人才。创新人才培养模式，加强科研与教育的有机结合，加快形成知识教育与创新精神相结合，省内培养和国内外交流合作相衔接的开放式人才培养体系。加大国内外高层次科技人才引进力度，有计划、分层次引进一批能够突破关键技术的领军人才和创新团队。吸引国内外科研院所在青设立研发机构，支持我省研发机构和人员广泛参与国内外科技联合攻关，制定并实施好对口支援人才规划，全方位、多形式、大力度地推进创新队伍建设。按照"不求所有、但求所用，不求常住、但求常来"的原则，继续完善柔性引才机制，不断优化人才发展环境，使青海成为各类人才施展才华、建功立业的乐土。完善知识产权制度，加强知识产权保护。发展创新文化，营造竞争择优的制度环境，形成勇于创新、尊重创新、宽容创新、保护创新的社会氛围，着力改善人才生活环境，解决人才居住、子女就学等后顾之忧。

第二节 科技创新

破解技术瓶颈制约，推动重点产业快速发展。把科技引领、创新驱动放在推进转变经济发展方式的突出位置，把科技创新作为推动产业结构优化升级的中心环节，瞄准未来产业发展的制高点，增加研发投入，设立重大科技专项，实施重大科技工程，增强产业关键共性技术原始创新、集成创新和引进消化吸收再创新能力，努力在新能源、新材料、高原医学、高原生物等领域取得科技竞争新优势。开展复杂难采矿床开采、多金属矿分离、尾矿资源综合利用以及采选过程智能控制技术研发，提高矿产资源综合利用技术水平。抓好金属镁、金属锶、氧化锌、镁合金、铝合金、铜合金、特钢等生产工艺和技术研发，推动新材料产业发展。实施好国家"863"计划①磷酸铁锂产业化等各类国家科技计划项目，抓好硅材料节能环保工艺技术、太阳能光伏电池生产技术引进与再创新，突破新能源开发应用技术瓶颈。开展数控机床、数显量具、汽车专用成套设备以及大型液压锻造设备等技术研发和引进，增强装备制造业核心竞争力。开展动植物有效成分分离提取合成技术、新特药研发，推动生物产业快速发展。针对高原农作物培育和综合开发应用，重点开展农作物种质资源发掘保存与创新、病虫害防治、农产品精深加工、农牧业信息化、技术集成与产业化等方面开发研究。

健全科技创新支撑体系，全面提升创新能力。引导和支持资金、人才等创新要素向企业集聚，加快完善以企业为主体、市场为导向、产学研结合的技术创新体系，全面提升企业的自主创新能力。依托循环经济试验区、青海国家高新技术产业开发区、农业科技示范园区，组建一批初具规模的国

---

① 即国家高技术研究发展计划。是以政府为主导，以信息技术、生物和医药技术、新材料技术、先进制造技术、先进能源技术、资源环境技术、海洋技术、现代农业技术、现代交通技术、地球观测与导航技术等为研究目标的国家基础性研究计划。

家级、省级重点实验室。充分发挥大企业在技术创新中的领军作用，支持建设科技孵化器、企业技术中心和工程研发中心，鼓励建立企业、科研机构和高校参与的多种形式的产业技术创新联盟，开展重大产业关键技术研发，推进科技成果产业化。激发中小企业的创新活力，培育一批具有核心技术的创新型中小企业。加大财政投入力度，提高科技研发支出比重，分期分批组织科技攻关专项。鼓励上市企业通过定向增发股票等方式筹集技术研发资金，设立创新投资引导基金，支持科技风险投资，积极引导社会资本对科技创新活动的投入，逐步形成政府引导资金、企业研发资金、金融资金以及配套政策共同支持科技创新的新机制。

专栏 12　人才与科技创新工程

人才工程

人才竞争力提升计划、人才“小高地”建设工程、青年科技人才培养计划、党政人才能力提升工程、企业经营管理人才推进计划、专业技术人才知识更新工程、“三江源”人才培养使用工程、高技能人才培养工程、万名农牧区实用人才培养计划、高层次人才引进计划、人才信息化法制化建设工程。

科技创新工程

西部矿业股份有限公司国家级企业技术中心、青海中信国安科技发展有限公司盐湖资源综合利用、青藏高原特有草种资源开发及应用、青藏高原有色金属资源高效利用国家地方联合工程研究中心、科技合作创新体系建设、创新型企业建设、重大科技行动工程、技术创新基地构建等工程。

第九章　改革开放

坚持社会主义市场经济改革方向，努力在重要领域和关键环节取得新突破，基本消除制约经济社会发展的体制性障碍，使市场在资源配置中发挥更大作用，形成有利于转变发展方式、推进“四个发展”的体制机制，构建更具活力、更加开放的发展新格局。

第一节　深化改革

一、培育壮大市场主体

努力营造各种所有制经济依法平等使用生产要素、公平参与市场竞争、同等受到法律保护的体制环境，大力培育市场主体。进一步深化国有企业改革，建立和完善现代企业制度，完善国有资产监管体制，健全国有资本经营预算制度和企业经营业绩考核体系，编制地方国有资本经营预算。全面落实促进非公有制经济发展的政策措施，消除制约非公有制经济发展的制度性障碍，鼓励民间资本进入法律法规未明确禁止准入的行业和领域，引导民间资本投资建设重要基础设施，参与土地整治、矿产资源勘探开发、特色经济发展，引导非公有制企业通过参股、控投、资产收购等多种形式参与国有企业改制重组。大力培育创业文化、完善创业体系，深入推动民众创业战略，支持各类创业者发展壮大。

二、行政管理体制改革

深化行政审批制度改革，增强服务意识，规范审批行为，简化审批程序，推行限时审批，提高行政效率。加快推进政企分开,强化社会管理和公共服务。按照政事分开、事企分开和管办分离的原则,加快事业单位分类改革。大力推进行政事业单位人事制度改革。全面推进依法行政,加强法治政府建设,健全科学决策、民主决策、依法决策机制,推进政务公开,增强公共政策制定透明度和公众参与度。加强行政问责制,改进行政复议和行政诉讼,完善政府绩效评估制度,建立健全充分体现科学发展的绩效考核评价体系和用人机制,提高政府执行力和公信力,努力建设法治政府和服务型政府,形成决策科学、分工合理、执行顺畅、运转高效、监督有力的行政管理体制。继续深化投资体制改革,确立企业的投资主体地位,形成市场引导投资、企业自主决策、融资方式多样、中介服务规范、监管调控有效的新型投资体制。

三、社会事业领域改革

积极稳妥推进教育、卫生、文化、科技等事业单位分类改革。培育扶持和依法管理社会组织,支持、引导其参与社会管理和服务。改革基本公共服务提供方式,引入竞争机制,扩大购买服务,实现提供主体和提供方式多元化。推进非基本公共服务市场化改革,增强多层次供给能力,满足群众多样化需求。坚持教育公益性质,创新办学体制和教育管理体制。加快推进医疗卫生体制改革,完善基本药物制度,改革公立医院运营模式,妥善处理公立医院公益性与提高效率的关系。深化文化体制改革,加快推进出版发行单位转企改制和兼并重组,进一步深化文艺院团改革,推动广播电视制播分离,组建广电传媒集团。创新科技服务体系和运行机制,提高科技资源配置和运行效率。

四、财税金融体制改革

积极构建有利于转变经济发展方式的财税体制,在合理界定事权基础上,按照财力与事权相匹配的要求,进一步理顺各级政府间财政分配关系,提高基层政府提供公共服务的能力,加速推进基本公共服务均等化。健全财政转移支付制度、完善均衡性转移支付和基本财力保障机制,稳步推行“省直管县”的财政体制。建立完善促进藏区发展、循环经济、园区建设的财税体制和政策体系,形成有利于东部城市群建设和推进城乡一体化的体制机制,提高优惠政策的配套性和协调性。稳妥推进资源税、消费税、企业所得税、房产税、个人所得税等税费改革。健全地方国有金融资产管理体制,加快普惠金融和县域金融发展,深化农信社改革,在稳定县域法人机构的基础上,将符合条件的法人社改制为农商合作银行。加快培植新的地方金融机构,探索设立地方保险公司、金融租赁公司、基金管理公司、财务公司,形成金融业多元发展新局面。

五、农村牧区改革

继续推进青南地区农牧区综合改革,巩固改革成果。稳定和完善农牧区基本经营制度,按照“依法、自愿、有偿”的原则,进一步完善土地、草场承包经营权流转等使用权流转办法。加快农村集体土地所有权、宅基地使用权、集体建设用地使用权等确权登记颁证工作,完善农村宅基地制度,依法保障农户宅基地使用和收益物权。探索建立城乡统一的建设用地市场,促进土地增值收益主要用于农牧区。建立森林资源资产评估制度,健全重点公益林生态补偿机制,继续推进林改带动公益林家庭合同制管护等具有青海特色的林权制度改革。深化水管体制和小型水利工程产权制度改革。

六、资源性产品价格和环保收费改革

理顺煤、电、油、气、水、矿产等资源类价格关系，推进形成灵活反映市场供求关系、资源稀缺程度以及环境损害成本的价格形成机制。健全统一、开放、竞争、有序的资源要素市场，促进资源产权的自由流动和资源产品的合理配置。完善水资源费征收管理办法。推行居民用电阶梯电价和企业用电峰谷电价制度。推动形成合理输配电价机制，疏导电价矛盾。完善油价与运价联动、煤电价格联动、天然气价格与可替代能源价格挂钩机制。建立可再生能源发电定价和费用分摊机制。积极推进城镇供热体制改革，逐步实行用热计量收费制度。全面落实污染者付费原则，提高排污费征收率。改革垃圾处理费征收方式，适度提高垃圾处理费标准和财政补贴水平。完善污水处理收费制度。积极推进环境税费改革。

专栏 13　重大改革任务

培育市场主体：进一步创造有利于非公有制经济发展的法治、政策和市场环境；深化国有企业改革，建立完善现代企业制度；完善国有资产监管体制，健全地方国有资本经营预算制度。

行政管理体制改革：转变政府职能，健全科学、民主、决策机制，减少规范行政审批事项，建立健全行政审批运行、管理、监督长效机制；深化干部人事制度和事业单位分类改革；继续推进投资体制改革。

社会事业领域改革：全面推进教育体制、科技体制、医疗卫生体制、文化体制、收入分配制度改革，完善就业、社保、环保政策，改革基本公共服务提供方式，实现提供主体和提供方式多元化，推进基本公共服务均等化。

财税金融体制改革：健全完善财政转移支付制度，推进“省直管县”财政管理体制改革；加强政府预算绩效评价和审计监督；推进资源税、消费税、所得税、城镇土地税、环保收费等税费改革；深化农信社改革；积极推进非银行金融机构改革重组；加快培植新的地方金融机构。

农村牧区改革：完成农村牧区综合配套改革；推进城镇化，推进土地、草场承包经营权流转改革；健全重点公益林生态补偿机制，规范集体林权流转。

资源产品价格和环保收费改革：推进资源要素价格形成机制改革；完善水资源费征收管理办法；积极推进电价改革，推进电力直购；建立可再生能源发电定价和费用分摊机制。改革垃圾处理费征收方式，适度提高垃圾处理费标准和财政补贴水平。完善污水处理收费制度。积极推进环境税费改革。

第二节　扩大开放

一、推进招商引资

紧紧围绕循环经济、高新技术产业、特色旅游业、现代服务业等重点领域，创新招商引资方式，强化企业在招商引资中的主体作用，以大项目、大投入、好资源、选好商为理念，进行定向招商，推进整体招商，鼓励以商引商、中介招商，拓展招商领域，提高招商质量。积极承接东中部地区产业转移，吸引中央企业、跨国公司和优势民企来我省发展，放手引进具有资金、品牌、技术、管理等优势的各类企业，真正引进一批能够促进青海优势资源、特色产业与东部地区资本、技术、人才等要素对接的战略投资者、大型企业集团，迅速扩大全省市场主体的规模，实现我省和东中部地区的优势互补、合作共赢。顺应经济全球化发展趋势，多方式、多渠道吸引外资。进一步加强与世行、亚行等国际金融机构的战略合作，扩大使用外国政府贷款规模。加大智力和技术的引进力度，促进我省利用外资从引进资金为主向引进资金技术管理并重转变，从引进粗加工项目向精深加工综合利用转变。加强对外宣传，精心组织好“青洽会”、藏毯国际展览会、国际清真食品用品展览会等大型会展经贸

活动,积极打造会展国际品牌。进一步改善投资软环境,为投资者提供主动优质服务。

二、扩大对外贸易

立足服务全省结构调整的战略方向,把扩大进出口与培育特色优势产业紧密结合起来,加强出口基地建设,培育新的出口增长点,不断提高出口对经济增长的贡献率。优化进出口主体结构、产品结构、贸易结构和市场结构,加快外贸发展方式转变。稳定农畜产品、机电等传统出口产品,积极扩大新能源、新材料、特色纺织等产品出口,提高出口商品档次和附加值。扩大省内急需的先进技术装备、关键零部件及重要原材料进口。建立和完善对外贸易服务支持体系,加快建设平安临空保税区,积极做好西宁口岸建设和管理工作,实现海关、检验检疫等方面的贸易便利化。到2015年,外贸进出口总额达到12亿美元以上,年均增长10%以上。

三、加强对外联合协作

加快兰西经济区发展,推进黄河上游经济区上升为国家战略。加强与周边省区在能源、矿产资源开发、基础设施、旅游等多方面的联合协作。依托西藏、新疆边境口岸扩大对外贸易,在向西开放方面取得实质性进展。支持鼓励有能力的企业走出去,到省外、境外投资兴业,拓展发展空间,全面提升我省对外开放水平。"十二五"期间引进省外、境外资金年均分别增长20%和10%。

四、做好对口支援工作

认真贯彻落实中央各项扶持政策,主动加强与对口支援省市、国家部委及中央企业的联系和沟通,规划建设管理好援青项目,积极做好人才、技术、管理等方面的交流,不断提升自我发展能力和内生动力。搭建与对口支援地区在产业发展、技术合作、干部教育等方面的合作平台,构建互利共赢的长效机制,推动援青工作向更宽领域、更深层次发展。

第十章　规划实施

本规划经过全省人民代表大会审议批准,具有法律效力。要举全省之力,集全民之智,实现未来五年发展宏伟蓝图。

第一节　完善规划实施和评估机制

推动规划顺利实施,主要依靠发挥市场配置资源的基础性作用;各级政府要正确履行职责,合理配置公共资源,调控引导社会资源,保障规划目标和任务的完成。

一、明确规划实施责任

本规划提出的预期性指标和产业发展、结构调整等任务,主要依靠市场主体的自主行为实现。各级政府要通过完善市场机制和利益导向机制,创造良好的政策环境、体制环境和法制环境,打破市场分割和行业垄断,激发市场主体的积极性和创造性,引导市场主体行为与政府战略意图相一致。

本规划确定的约束性指标和公共服务领域的任务，是政府对全省人民的承诺。约束性指标要分解落实到各地区、各部门。公共服务特别是促进基本公共服务均等化的任务，要明确工作责任和进度，主要运用公共资源全力完成。

二、强化政策措施统筹协调

围绕规划提出的目标和任务，加强经济社会发展政策和重大举措的统筹协调，注重落实政策与推进重大举措的衔接配合。按照公共财政服从和服务于公共政策的原则，优化财政支出结构和政府投资结构，重点投向民生和社会事业、农牧业农牧区、科技创新、生态环保、资源节约等领域。

三、完善绩效评价考核体系

完善有利于推动“四个发展”、加快转变经济发展方式的绩效评价考核体系和具体考核办法，强化对结构优化、民生改善、资源节约、环境保护和基本公共服务等目标任务完成情况的综合评价考核，考核结果作为各级政府领导班子调整和领导干部选拔任用、奖励惩戒的重要依据。

四、加强监测评估

完善监测评估制度，加强监测评估能力建设，加强服务业、节能减排、劳动就业、收入分配、房地产等薄弱环节统计工作，强化对规划实施情况跟踪分析。省级有关部门要加强对规划相关领域实施情况的评估，接受省人民代表大会及其常务委员会的监督检查。规划主管部门要对约束性指标和主要预期性指标完成情况进行评估，并向省政府提交规划实施年度进展情况报告，以适当方式向社会公布。在规划实施的中期阶段，由省政府组织开展全面评估，并将中期评估报告提交省人民代表大会常务委员会审议。需要对本规划进行修订时，要报省人民代表大会常务委员会批准。

第二节　加强规划协调管理

以国民经济和社会发展总体规划为统领，以主体功能区规划为基础，以专项规划、区域规划、城市规划和土地利用规划为支撑，形成各类规划定位清晰、功能互补、统一衔接的规划体系，完善科学化、民主化、规范化的编制程序，健全责任明确、分类实施、有效监督的实施机制。

省政府有关部门要组织编制一批省级重点专项规划，细化落实本规划提出的主要任务。省级重点专项规划，要围绕经济社会发展关键领域和薄弱环节，着力解决突出问题，形成落实本规划的重要支撑和抓手。

专栏14　重点专项规划

序号	目　录	牵头单位	审批部门
1	青海省“十二五”特色农牧业发展规划	省农牧厅	省人民政府
2	青海省“十二五”林业发展规划	省林业厅	省人民政府
3	青海省“十二五”水利发展规划	省水利厅	省人民政府
4	青海省“十二五”工业和信息化发展规划	省经委	省人民政府
5	青海省“十二五”能源发展规划	省发展改革委	省人民政府
6	青海省“十二五”服务业发展规划	省发展改革委	省人民政府

续表

序号	目 录	牵头单位	审批部门
7	青海省“十二五”综合交通发展规划	省发展改革委	省人民政府
8	青海省“十二五”教育和改革发展规划	省教育厅	省人民政府
9	青海省“十二五”卫生发展规划	省卫生厅	省人民政府
10	青海省“十二五”文化发展规划	省文化厅、广电局	省人民政府
11	青海省“十二五”科技发展规划	省科技厅	省人民政府
12	青海省“十二五”国土资源规划	省国土资源厅	省人民政府
13	青海省“十二五”城镇发展规划	省住房城乡建设厅	省人民政府
14	青海省“十二五”环境保护规划	省环保厅	省人民政府
15	青海省“十二五”就业和社会保障发展规划	省人社厅	省人民政府
16	青海省“十二五”旅游业发展规划	省旅游局	省人民政府
17	青海省“十二五”扶贫开发规划	省扶贫开发局	省人民政府
18	青海省“十二五”防震减灾发展规划	省地震局	省人民政府
19	青海省“十二五”气象发展规划	省气象局	省人民政府
20	青海省“十二五”粮食安全和流通发展规划	省粮食局	省人民政府
21	青海省“十二五”金融业发展规划	省金融办、人行西宁中心支行	省人民政府
22	青海省“十二五”社会服务发展规划	省民政厅	省人民政府
23	青海省“十二五”安全生产发展规划	省安监局	省人民政府

地区规划要结合当地实际，突出区域特色。要做好地区规划与本规划明确的发展战略、主要目标和重点任务的协调，特别是要加强约束性指标的衔接。地区规划与本规划总体要求不一致的，应在地区年度计划中做出相应调整。

加强年度计划与本规划的衔接，对主要指标应当设置年度目标，充分体现本规划提出的发展目标和重点任务。年度计划报告要分析本规划的实施进展情况，特别是约束性指标的完成情况。

全省各族人民要更加紧密地团结在以胡锦涛为总书记的党中央周围，在省委的领导下，高举中国特色社会主义伟大旗帜，解放思想、实事求是、与时俱进、开拓创新，为胜利完成“十二五”规划目标和任务，全面推进富裕文明和谐新青海建设事业而努力奋斗。

宁夏回族自治区国民经济和社会发展第十二个五年规划纲要

（2011 年 1 月 22 日宁夏回族自治区
第十届人民代表大会第五次会议通过）

宁夏回族自治区国民经济和社会发展第十二个五年规划纲要（2011～2015年），根据党的十七届五中全会精神和《中共宁夏回族自治区委员会关于制定国民经济和社会发展第十二个五年规划的建议》编制，主要阐明自治区党委、政府战略意图，明确政府工作重点，引导市场主体行为。本规划《纲要》是全区人民的行动纲领，是政府履行职能的重要依据。

第一章　转变经济发展方式　开创跨越发展新局面

“十二五”时期，是我区与全国同步实现全面小康宏伟目标的关键时期，是深化改革、加快转变经济发展方式的攻坚时期，必须紧紧抓住和用好重大战略机遇期，努力开创全面、协调、可持续发展的新局面。

第一节　现实基础

“十一五”期间，是我区综合实力提升最快、城乡面貌变化最大、人民群众得到实惠最多的五年。在党中央、国务院的亲切关怀和正确领导下，自治区党委、政府团结带领全区各族人民，坚持发展第一要务，深入贯彻落实科学发展观，坚决贯彻中央应对国际金融危机冲击的各项决策部署，认真贯彻《国务院关于进一步促进宁夏经济社会发展的若干意见》（国发〔2008〕29 号），奋力拼搏，攻坚克难，除森林覆盖率、人口自然增长率、研发支出占 GDP 比重三个指标有一定差距外，其余全部实现“十一五”规划确定的目标任务，经济社会发展取得巨大成就。

综合经济实力显著增强。地区生产总值、财政收入、固定资产投资三大指标实现总量翻番。2010年地区生产总值达到1643亿元，是2005年的2.7倍。地方财政一般预算收入达到154亿元，是2005年的3.2倍。5年累计完成全社会固定资产投资4580亿元，是“十五”时期的2.9倍。

以宁东基地为重点的工业快速崛起。宁东能源化工基地列入国家重点开发区，五年累计完成投资1260亿元，开工建设了一大批现代化大型煤矿、电力、煤化工项目。工业结构战略性调整取得重大进展。

农业和农村发展步入历史最好时期。农业综合生产能力显著增强，粮食总产量达到357万吨，农业“三大示范区”建设稳步推进，优势特色农产品产业带基本形成，农业产业化经营迈上新台阶，农业和农村基础设施得到加强，新农村建设成效显著。

生态环境质量进一步改善。在全国率先实现全区封山禁牧，被国家确定为全国防沙治沙综合示范省区，全面完成国家下达的节能减排任务。

基础设施保障能力全面提升。公路通车里程达到22500公里，全区73%的行政村通沥青(水泥)路。太中银铁路建成通车，铁路运营里程达到1272公里。银川河东机场二期改扩建工程全面完成，中卫香山、固原六盘山支线机场建成通航。大力实施沿黄城市带发展战略，千里滨河大道全线贯通。新建改建了一大批城市市政公用设施。

人民生活水平不断提高。各级各类教育快速发展，全面推行义务教育阶段“三免一补”，“两基”攻坚提前一年实现。城乡居民收入增长是改革开放以来最快的时期之一。以基本养老、基本医疗、失业、工伤、生育等为主的社会保障体系基本建成。扶贫开发成效显著，165万农村人口的饮水安全得到解决。

改革开放取得新进展。粮补“一卡通”、药品“三统一”、“乡财县管”、“少生快富”、省(区)直管县试点、水权转换等改革走在全国前列。高水平举办“宁洽会”、“文博会”、“房车节”等六大节会，成功举办中阿(宁夏)经贸论坛，内陆开放型经济区建设迈出实质性步伐。

五年取得的成绩来之不易，积累的经验弥足珍贵，创造的精神财富影响深远。

专栏1 “十一五”规划主要指标完成情况

指　　标	2005年	“十一五”规划目标		2010年	“十一五”年均增长(%)
		总量	增速(%)		
地区生产总值年均增长(亿元)	612	1000	10以上	1643	12.7
第一产业(亿元)	72	85	4	160	6.9
第二产业(亿元)	281	518	13.3	833	15.8
工业(亿元)	228	440	14	553	15.9
第三产业(亿元)	259	397	9.5	650	10.5
全社会固定资产投资(亿元)	444.8	(3300—3500)	14—16	(4580)	25.2
地方财政一般预算收入(亿元)	47.7	85	12	154	26.4
五年城镇新增就业(万人)	6	(30)		(32.7)	
城镇登记失业率(%)	4.6		5	4.4	
外贸出口总额(亿美元)	6.87	11	9.9	11.7	11.2
研究与试验发展(R&D)支出占GDP比重(%)	0.55		1	0.77	

续表

指　标	2005 年	"十一五"规划目标		2010 年	"十一五"年均增长(%)
		总量	增速(%)		
高等教育毛入学率(%)	19.2		23	23.5	
高中阶段教育毛入学率(%)	58.1		80	82.5	
初中毛入学率(%)	94.2		100	104	
全区总人口(万人)	596	635		635	
人口自然增长率(‰)	11		9	9.4	
城镇职工基本养老覆盖人数(万人)	66	76.5		93	7
城镇居民人均可支配收入年均增长(%)	8094	11100	6.5	15345	13.6
农村居民人均纯收入年均增长(%)	2509	3250	5 以上	4675	13.3
城镇化率(%)	42.3		47	48	
森林覆盖率(%)	10.5		18	11.4	
万元 GDP 综合能耗(吨标准煤)	4.14	3.31	(-20)	3.31	(-20)
注:带()的为五年累计数。					

第二节　面临形势

"十二五"时期,是我区加快发展的重要战略机遇期,是工业化、城镇化加速的重要发展期,更是优化结构、转变发展方式的转型期,既面临难得的历史机遇,又面临诸多可以预见和难以预见的困难和挑战。

从国际环境看,和平、发展、合作仍是时代潮流,为我区发展内陆开放型经济、参与国际产业分工带来新机遇。从国内环境看,实施西部大开发战略、建设呼包银经济区、启动能源化工金三角开发战略、振兴陕甘宁革命老区、落实《国务院关于进一步促进宁夏经济社会发展的若干意见》等为我区带来重大战略机遇。国内经济结构调整,经济发展方式转变,东部地区产业转移,城市化进程加速推进,为我区调整优化产业结构、构建现代产业体系提供了有力支持。区内水、土、煤资源良好组合,民族文化特色明显,"十一五"时期取得的发展成就和积累的宝贵经验,自治区党委、政府发展思路更加清晰,驾驭复杂局面能力明显提高,为我区抢抓新机遇、实现新跨越奠定了坚实基础。

同时,必须清醒地看到,我区经济总量小,自我发展能力不强,市场化程度不高,制约发展的结构性矛盾依然突出,发展方式仍然粗放,科技创新能力弱,经济转型的任务十分艰巨。社会事业发展不均衡,区域之间、城乡之间基本公共服务差距大,山川发展、城乡发展不协调,贫困面相对较大,保障和改善民生的任务十分艰巨。生态环境脆弱,人口资源环境压力大,节能减排约束增强,推进生态文明和"两型"社会建设的任务十分艰巨。综合交通运输体系建设滞后,水利设施老化严重,基础设施建设的任务十分艰巨。

我们要科学判断和准确把握发展趋势,增强机遇意识和忧患意识,主动适应世情、国情、区情深刻变化的阶段性特征,充分利用各种有利条件,积极有效破解经济社会发展中存在的各种瓶颈制约和难题,更加奋发有为,推进我区经济社会科学发展、跨越发展。

第三节　指导思想

"十二五"期间,必须高举中国特色社会主义伟大旗帜,以邓小平理论和"三个代表"重要思想为指导，深入贯彻落实科学发展观，顺应全区各族人民过上更好生活的新期待，以科学发展为主题，以加快转变经济发展方式为主线，深入实施西部大开发战略，着力推进以项目为载体的基础设施建设，着力推进以构建现代农业产业体系为主要任务的农业现代化，着力推进以宁东能源化工基地建设为重点的新型工业化，着力推进以沿黄城市带为支撑的特色城市化，着力推进以生态治理和节能减排为抓手的生态环境建设，着力推进以生态移民攻坚为重点的扶贫开发进程，深化改革开放，保障改善民生，加强民族团结，维护社会稳定，奋力推动我区经济社会科学发展、跨越发展，为建设和谐富裕的新宁夏，实现全面建设小康社会的宏伟目标而努力奋斗。

发展是当前和今后一个时期解决我区一切问题的关键所在，必须始终坚持科学发展、跨越发展的主题；加快转变经济发展方式是我区实现经济社会发展新跨越的必由之路，必须始终把这一主线贯穿于经济社会发展全过程和各领域。坚持实现新跨越与坚持科学发展的主题相统一，与加快转变经济发展方式的主线相统一。基本要求是：

——*必须把经济结构战略性调整作为转变经济发展方式、实现新跨越的主攻方向。*坚持走新型工业化道路，做大做强特色优势产业，培育发展战略性新兴产业，改造提升传统产业；坚持走现代农业发展道路，加快农业“三大示范区”建设，打造特色农业、精品农业、优势农业、高端农业品牌，切实增加农民收入；坚持把服务业作为国民经济主导产业来推进，大力发展现代服务业，加快提升服务业的比重和层次；促进三次产业协同发展，走协调发展之路。

——*必须把科技进步和自主创新作为转变经济发展方式、实现新跨越的有力支撑。*深入实施科教兴宁和人才强区战略，积极依靠科技进步、提高劳动者素质和推进管理创新，增强企业自主创新能力，不断提升经济发展的质量和效益，走创新发展之路。

——*必须把保障和改善民生作为转变经济发展方式、实现新跨越的出发点和落脚点。*完善保障和改善民生的制度安排，推进全民创业，积极扩大就业，统筹城乡发展，推进基本公共服务均等化，实施生态移民攻坚计划，有效增加城乡居民收入，走共同富裕之路。

——*必须把建设资源节约型、环境友好型社会作为转变经济发展方式、实现新跨越的重要着力点。*认真贯彻落实节约资源和保护环境基本国策，扎实推进生态建设，积极发展循环经济、绿色经济，切实搞好节能减排，促进经济社会与人口资源环境协调发展，走可持续发展之路。

——*必须把改革开放作为转变经济发展方式、实现新跨越的强大动力。*深化重点领域和关键环节的改革，努力营造有利于科学发展的良好环境。坚持以大开放促进大发展，加快构筑内陆开放型经济新格局，走改革开放之路。

——*必须把民族团结和社会稳定作为转变经济发展方式、实现新跨越的重要保证。*全面贯彻党的民族政策和宗教工作基本方针，坚持“两个共同”的主题，牢固树立“三个离不开”的思想，巩固和发展平等团结互助和谐的社会主义民族关系，依法加强宗教事务管理，引导宗教与社会主义社会相适应。加强社会管理，促进社会和谐，维护社会稳定，走和谐发展之路。

第四节　发展目标

按照党的十七届五中全会和自治区党委十届十一次全委会的总体要求，“十二五”规划要突出战略性、前瞻性和指导性，与全面建设小康社会奋斗目标紧密衔接，综合考虑我区发展现状和未来趋势，今后五年经济社会发展的主要目标是：

——*经济平稳较快增长。*到 2015 年，全区生产总值达到 2900 亿元以上（2010 年价），年均增长12%左右,人均生产总值达到43000元(约合6500美元)。地方财政一般预算收入达到310亿元,年均增长15%。

——经济结构不断优化。三次产业结构调整为6∶53∶41,现代服务业比重大幅度提高,战略性新兴产业增加值占地区生产总值比重达到8%以上,优势特色农业增加值占农业的比重达到85%以上,非公有制经济增加值占地区生产总值比重达到70%以上,城镇化率提高到55%。

——人民生活显著改善。人均基本公共服务接近全国平均水平,城乡居民收入与经济增长保持同步,达到全国平均水平。五年累计新增城镇就业36万人,生态移民35万人,新增脱贫人口60万人,基本解决全区农村饮水安全问题。城乡居民社会保障体系进一步完善,低收入人群实现应保尽保。

——生态环境全面好转。全区森林覆盖率达到15%以上,城市建成区绿化覆盖率达到41%,生活垃圾无害化处理率和城镇污水处理率均达到80%。节能减排指标控制在国家下达任务以内,节水型社会建设取得新进展。

——社会事业全面发展。九年义务教育质量显著提高,全面普及高中阶段教育。基本建成覆盖城乡的公共文化服务体系,促进文化大繁荣大发展。大力发展医疗卫生事业,稳定低生育水平,促进人口长期均衡发展。研究与试验发展(R&D)经费支出占地区生产总值比重达到1.2%以上,科技对经济增长贡献率达到48%以上。

——改革开放不断深化。财税、投资、收入分配等重点领域改革取得新进展,政府效能建设深入推进,发展环境不断优化,构筑内陆开放型经济格局取得新突破。

第五节 战略导向

实现"十二五"宏伟蓝图,必须紧紧围绕转变经济发展方式,加快经济结构调整,统筹城乡发展,建设生态文明,发展内陆开放型经济,保障和改善民生,促进民族团结,建设和谐富裕的新宁夏。

建设现代产业聚集区。以转变经济发展方式为主线,优化产业结构和布局,全面推进形成我区现代产业体系。坚持产业高端化、低碳化、高技术化、高效化的发展方向,坚定不移地推进工业强区战略,实施"三个千亿投资计划",做大做强特色优势产业,突出发展战略性新兴产业,改造提升传统产业,着力推进宁东能源化工基地等自治区级开发区升格为国家级开发区。加快发展现代服务业,重点发展物流、金融和旅游业,打造辐射西部、服务全国、面向世界的现代服务业基地。推进三大农业示范区建设,加快发展13个优势特色农业产业带,高标准建设120个现代农业示范基地。将我区建成以现代农业为基础、新型工业为主导、现代服务业为支撑的现代产业聚集区。

建设统筹城乡示范区。树立将宁夏作为一个大城市进行规划建设的理念,推动沿黄城市带成为新一轮西部大开发的重要引擎,构筑以沿黄城市带为核心、固原市为次中心、重点镇和中心村为补充的新型城乡一体化发展格局。全面推进城乡规划编制、基础设施、产业发展、区域市场、生态建设和公共服务一体化。加快推进沿黄城市带同城化步伐,促进产业、资本、人口向城镇集聚,努力把沿黄城市带建成西北最具潜力、最有特色、最富魅力、最适宜人居和创业的精品城市带。打破城乡二元结构,加快农民变市民步伐,建设城乡良性互动、统筹协调发展的示范区。

建设生态文明先行区。树立生态、绿色、低碳发展理念,构建沿黄城市带绿色景观长廊、贺兰山东麓生态防护长廊、中部干旱带防风固沙长廊和六盘山生态保护长廊四大"绿色长城",建设全国防沙治沙示范省区,构建西部重要的生态安全屏障。全面加强水资源节约管理和优化配置,推进节水型社会建设。大力发展清洁生产和循环经济，加强节能减排，严格控制主要污染物和温室气体排放，建设生态工业园区，加强城乡绿化美化，切实解决好老百姓关心的突出环境问题。

建设内陆开放试验区。在巩固深化与欧、美、日、韩等国家和地区经贸合作的基础上，充分发挥回族自治区的独特优势，加快面向穆斯林世界的经贸文化合作。以建设中阿（宁夏）论坛银川永久会址、举办中国（宁夏）—阿拉伯国家博览会为契机，推动形成中阿国际经贸合作交流平台、中阿高层对话合作机制，把宁夏打造成最具国际影响力的清真食品穆斯林用品集散地、我国重要的国内外产业转移承接基地、中国面向阿拉伯国家和穆斯林地区开放合作的人才培育基地。

建设民族团结进步模范区。把保障和改善民生放在更加突出的位置。组织实施好民生计划，加快生态移民搬迁，强力推进中南部地区扶贫攻坚，实施更加积极的创业就业政策，千方百计增加城乡居民收入，大力推进基本公共服务向农村和贫困地区倾斜，构建覆盖城乡居民的社会保障体系，稳步提高保障水平。坚决贯彻落实民族区域自治政策，牢固树立“三个离不开”的思想，坚持各民族共同团结奋斗、共同繁荣发展，巩固和发展平等、团结、互助、和谐的社会主义新型民族关系。

专栏2 “十二五”时期经济社会发展主要目标

类别	指标	2010年	2015年	年均增长（%）	属性
经济发展	1. 地区生产总值（2010年价，亿元）	1643	2900	12左右	预期性
	2. 地方财政一般预算收入（亿元）	154	310	15	预期性
	3. 全社会固定资产投资（亿元）	1464	（15000）	25左右	预期性
	4. 外贸出口总额（亿美元）	11.7	24	15	预期性
	5. 城镇化率（%）	48	55		预期性
经济结构	6. 居民消费率（%）	37	40		预期性
	7. 三次产业结构比例	9:51:40	6:53:41		预期性
	8. 战略性新兴产业增加值占GDP比重（%）	3.8	>8	30	预期性
	9. 服务业就业比重（%）	34	36		预期性
科技教育	10. 研究与试验发展（R&D）支出占GDP比重（%）	0.77	>1.2		预期性
	11. 每百万人口发明专利授权数（件）	9.3	15	10	预期性
	12. 科技进步贡献率（%）	42.8	>48		预期性
	13. 小学六年义务教育巩固率（%）	85	90		约束性
	14. 初中三年义务教育巩固率（%）	92	93		约束性
	15. 高中阶段教育毛入学率（%）	82.5	87		预期性
	16. 高等教育毛入学率（%）	23.5	36		预期性
人民生活	17. 城镇居民人均可支配收入（元）	15345	27000	12	预期性
	18. 农民人均纯收入（元）	4675	8200	12	预期性
	19. 城镇登记失业率（%）	4.4	<4.5		预期性
	20. 五年城镇新增就业（万人）	（32.7）	（36）		预期性
	21. 城镇保障性住房（万户）	2.79	（12.44）		约束性
	22. 城乡参加基本养老保险人数（万人）	253	380	8.5	约束性
	23. 城乡居民基本医疗保险参保率（%）	90	95		约束性
	24. 全区总人口（万人）	635	675		预期性
	25. 人口自然增长率（‰）	9.4	9		约束性

续表

类别	指　　标	2010 年	2015 年	年均增长(%)	属性
资源环境	26. 耕地保有量(万亩)	1650	1650		约束性
	27. 万元工业增加值用水量(吨)	91	64	(-30)	约束性
	28. 农业灌溉用水有效利用系数	0.42	0.48		预期性
	29. 非化石能源占一次能源消费比重(%)	0.9	5 左右		约束性
	30. 森林覆盖率(%)	11.4	15		约束性
	31. 单位 GDP 能耗降低(%)	按照国家下达指标执行			约束性
	32. 单位 GDP 二氧化碳排放降低(%)	按照国家下达指标执行			约束性
	33. 化学需氧量排放减少	按照国家下达指标执行			约束性
	34. 二氧化硫排放减少	按照国家下达指标执行			约束性
	35. 氨氮排放减少	按照国家下达指标执行			约束性
	36. 氮氧化物排放减少	按照国家下达指标执行			约束性
注:国内生产总值和城乡居民收入绝对数按 2010 年价格计算,速度按可比价格计算;带( )为 5 年累计数。					

第二章　推进工业强区　打造西部现代产业集聚区

以优势资源深度开发与转化为重点,加快构建具有宁夏特色的现代产业体系。实施“三个千亿投资计划”,做大做强煤电化主导产业,大力培育战略性新兴产业,改造提升传统产业,以增量调整存量,不断推进产业结构优化升级。

第六节　做大做强宁东煤电化主导产业

适应市场和国家能源安全需求,高起点、高水平地把宁东(含太阳山)建成国家重要的大型煤炭基地、“西电东送”火电基地、煤化工产业基地,实现资源优势向经济优势转变。

推进国家大型煤炭生产基地建设。以建设安全高效煤矿为目标,按照适度超前的原则,全面建成鸳鸯湖矿区,开发建设韦州矿区、马家滩矿区、积家井矿区、红墩子矿区和甜水河井田,建成一批大中型安全高效现代化矿井,扩大煤炭产能。加快推进萌城矿区、韦州矿区后备勘查区前期工作,积极推进与内蒙古上海庙矿区煤炭资源整合开发与合作,增强宁东能源化工基地煤炭供应保障能力。到 2015 年全区煤炭生产能力达到 1 亿吨以上。根据资源赋存条件优化矿区生产开发布局,加快煤炭资源整合和中小煤矿升级改造,提高机械化、自动化、信息化和安全装备水平。

推进国家重要的“西电东送”火电基地建设。依托宁东丰富的煤炭资源、良好的电源建设条件和便利的取水条件,建成一批大容量、高参数大型坑口电厂,满足“西电东送”和区内用电需求。大力推进高效洁净燃煤发电,加强火电脱硫、脱硝技术和节水技术的推广应用。加快构筑我区坚强的区域主干电网体系,推进智能电网建设。到 2015 年,全区电力装机达到 3000 万千瓦以上,建成宁夏外送电第二通道工程,外送电能力达到 1000 万千瓦以上。

推进国家重要的煤化工产业基地建设。按照规模化、大型化、基地化的发展模式,重点加快煤制烯烃、煤制油、煤制气等煤化工项目建设,开工建设煤炭液化、甲醇制烯烃、煤制烯烃二期、煤制天然气、国电英力特宁东煤化工产业园、宝丰能源二期等项目。着力延伸煤化工产业链，推进宁东煤化工产业向高端、高技术、高附加值方向发展。到“十二五”末，煤化工产能达到1000万吨以上。

理顺宁东能源化工基地管理体制，加快规划建设宁东生活基地，完善配套设施。加强与蒙陕甘新等省区在资源能源开发建设上的联合协作，推进“疆煤进宁”，促进宁东—上海庙基地一体化发展，合作开发宁陕甘边界油气等资源，培育我区经济新增长极。

专栏3　宁东基地重点项目

※**煤炭项目**：金凤煤矿（400万吨）、银星一号（400万吨）等一批煤矿项目。
※**电源点项目**：鸳鸯湖电厂二期等一批电源项目。
※**煤化工项目**：410万吨煤炭间接液化、50万吨甲醇制烯烃、50亿立方米煤制天然气、200万吨煤制烯烃（二期）、国电英力特宁东煤基多联产化学工业园及庆华、宝丰、中电投宁夏能源铝业、盐池华泰煤焦化多联产，捷美丰友煤制化肥项目。
※**电力外送项目**：宁夏外送电第二通道工程。
※**电网项目**：建设750KV太阳山、330KV临河等一批重点输变电工程，同步加强110KV及以下配电网建设。

第七节　大力培育战略性新兴产业

把培育战略性新兴产业作为优化产业结构、推进发展方式转变、提升产业竞争力的重要抓手。重点发展新能源、新材料、先进装备制造、生物、新一代信息技术、节能环保等战略性新兴产业，设立战略性新兴产业发展专项资金和产业投资基金，实施战略性新兴产业“倍增计划”，增加值年均增长30%。

新能源产业。做好风电资源评价，科学规划风电场布局和规模，加快贺兰山东麓、宁东、盐池等百万千瓦风电基地建设，加快风机制造及配套产业发展，实现风电开发与配套产业协调发展。鼓励扩大太阳能发电规模，重点利用沙漠、戈壁等集中建设规模化光伏电站。加快推进硅材料—光伏电池—光伏发电产业链建设，将宁夏建成我国重要的风能、太阳能光伏产品生产基地，使新能源产业成为我区重要的经济增长点。

新材料产业。重点围绕钽铌铍钛稀有金属新材料、铝镁合金及轻金属材料、碳基材料、复合材料，扩大产业发展规模、提升竞争实力，建成具有世界影响力的钽铌铍钛产业核心技术研发和生产基地。进一步推进铝镁合金产业链向下游高端产业延伸，建设宁东—青铜峡—太阳山—中宁铝镁材料基地和银川市交通工具轻型化材料制造基地，将新材料产业发展成为自治区支柱产业。

先进装备制造业。加速推进工业化和信息化融合，做优做强数控机床、仪器仪表、煤矿综采设备、大型铸件、铁路牵引变压器、精密轴承、智能化成套输配电设备等优势产业，建立产业技术持续创新机制，加快形成新型装备制造产业体系，促进产业集群发展。

生物产业。适度扩张发酵产业规模，坚持以创新为主，实现生物领域重大关键技术的新突破，掌握一批拥有自主知识产权的核心技术成果。大力发展高附加值生物发酵、生物医药和生物制剂产品，加快发展中医药产业，丰富和完善回族医药产业发展体系。利用现代生物技术，开展宁夏特有农、林、畜、草、水产等生物品种的研究与保护，建立和完善特有生物品种种质资源库，建设区域性良种繁育基地，发展具有区域特色的高效优质良种产业体系。

新一代信息产业。大力培育信息制造业，开展无线射频设备、新型电子元器件研发。积极发展物联网、泛在网，以新一代信息技术推动电子商务、信息增值服务、系统集成、软件和服务外包的发展。大力推动数字动漫、影视制作、网络游戏和多媒体数字产品的开发和产业化。加快光伏宽带、第三代移动通信等信息基础设施建设，实现电信网、广电网、互联网三网融合。

节能环保产业。鼓励节能关键技术、装备的研发和产业化，积极推广使用节能新技术、新工艺、新产品，实施节能重点工程，大幅度提高节能降耗水平。大力开展环保装备制造及推广应用，积极开发环保产品，推进环境技术服务产业发展。

专栏4 战略性新兴产业重点项目

※**光伏发电及相关产业项目**：建设一批太阳能光伏发电及电池组件、逆变器等产业配套项目。
※**风电及风机制造项目**：建设贺兰山东麓、宁东（含太阳山）、麻黄山百万千瓦级风电基地和中卫、红寺堡、同心、西吉及海原等五十万千瓦级大型风电场。西北轴承公司风力发电机组配套轴承项目、宁夏发电集团风机制造项目、宁夏运达公司风机制造项目。
※**新材料项目**：中色（宁夏）东方集团钽铌铍钛稀有金属材料高技术产业链系列项目，太阳镁业等企业30万吨镁合金项目，中电投宁夏铝业铝合金及板带材加工项目、中宁100万吨稀土彩钢板项目。
※**装备制造业项目**：宝塔石化石油化工机械制造、宁夏银星能源股份有限公司扩建风力发电机组及组件、力成电气集团高压电气产业化、银川卧龙变压器有限公司变压器产业化、西北轴承股份有限公司轴承产业化、天地奔牛煤矿机械再制造项目。
※**生物产业项目**：伊品生物科技有限公司年产5万吨苏氨酸、5万吨蛋氨酸，宁夏启元药业金莲花清热系列制剂、高附加值抗生素原料药及制剂，万胜生物工程公司医药中间体褐藻寡糖、聚谷氨酸，原州区枸杞多维钙和回药开发与应用等项目。
※**信息项目**：建设通信大本地网一体化工程、数字企业、光纤宽带网络、物联网基础、3G网络及运营工程，三网融合项目、宁夏电子商务综合服务平台建设。

第八节 改造提升传统产业

应用高新技术、先进工艺和新装备改造提升化工、冶金、汽车、建材、特色农产品加工及纺织等传统产业，促进产业优化升级和产品更新换代。到2015年，传统产业技术装备达到国内同行业先进水平。

化工行业。积极调整化肥原料结构和品种结构，提高高浓度高效化肥比重。依托周边原油和天然气资源，加快石油天然气化工产业园建设，大力提升石油炼制能力和水平，发展石油深加工产品。"十二五"期间，建成500万吨/年炼油、45万吨合成氨80万吨尿素国产大化肥等项目，再配套扩建500万吨/年炼油等项目，进一步发展工程塑料、聚氨酯、聚酯和精细化工等产品。建设固原盐化工循环经济扶贫示范园区。

冶金行业。加快推进先进节能技术改造电解铝、金属镁、铁合金等冶金产业。采用先进的大型预焙电解槽技术建设电解铝项目，加快新型竖罐式炼镁等新技术的研发推广，改进皮江法、硅热法等生产工艺，鼓励铁合金行业采用先进的冶炼炉技术，延伸产业链，发展高附加值产品，有效降低能耗，提高企业竞争力。

汽车行业。积极鼓励发展汽车零部件和配套产业，依托青年汽车、君功汽车等企业集团，逐步形成卡车、客车和改装车为主的整车生产体系。

建材行业。鼓励利用工业废渣发展新型干法水泥，支持企业利用余热发电和处置城市垃圾及污泥等。积极发展陶瓷、PVC型材、铝型材、新型墙体材料、防水材料、装修装饰材料、石膏、自发光材料等新型建材。

特色农产品加工业。依托资源优势,采用先进生产技术、工艺,发展特质化、差异化的高端加工产品,加强品牌建设和市场营销,努力建设全国高端葡萄酒、高端乳制品、高端枸杞制品、精品羊绒制品和清真食品和穆斯林用品生产与集散基地。

专栏5 传统产业升级改造重点项目

※**化工项目**:建成中石油宁夏石化分公司500万吨炼油、80万吨PX项目、45/80万吨国产化大化肥等项目,再配套扩建500万吨炼油项目。固原盐化工循环经济扶贫示范园区一期,金昱元公司烧碱、PVC扩建项目。
※**汽车项目**:石嘴山青年汽车及零部件等项目、宁夏君功矿用自卸汽车二期。
※**电网项目**:全面加强智能电网建设,建设750KV大贺黄Ⅱ回、330KV同心、宣和及220KV西河桥等一批重点工程,实施农网升级改造工程。
※**园区项目**:宁夏生态纺织产业园区、"疆煤进宁"中卫化工园区、闽宁西吉产业园区,惠农淄山工业园区、吴忠慈善工业园区。

纺织工业。充分利用宁夏及周边煤化工、石油、天然气优势,规划建设以聚酯纤维色纺为主导、羊绒及生物纤维相结合的生态纺织产业园,形成以煤化工、石油化工和色纺色织、服装、装饰产品等一体化的现代化新型生态纺织工业基地,打造继宁东基地之后我区又一重要的经济增长极。

第三章 推进农业现代化 建设社会主义新农村

把解决好农村、农业、农民问题作为全区工作的重中之重。坚持统筹城乡山川发展、工业反哺农业、城市支持农村,加大强农惠农力度,夯实农业农村发展基础,提高农业现代化和农民生活水平,建设农民幸福生活美好家园。

第九节 提高农业综合生产能力

加快转变农业发展方式,提高农业综合生产能力、抗风险能力、市场竞争能力。按照国家增产千亿斤粮食要求,实施宁夏百亿斤粮食生产能力建设工程,加大引黄灌区中低产田改造力度,加快中北部土地开发整理步伐,加强中南部地区扬黄、库井灌区节水改造。加强农田水利建设,改造中低产田150万亩,新增有效灌溉面积50万亩。全区粮食产量稳定在350万吨以上。

加快农业科技创新和服务体系建设。从技术研发、试验示范、集成推广等全过程推进农业科技进步与创新,完善农业科技服务体系。到2015年,农业科技进步贡献率提高到60%以上,主要农作物良种覆盖率达到95%以上,肉牛、肉羊良种率分别达到75%和95%以上。

加强农业社会化服务体系建设。着力提升现代农机装备能力。提高农产品质量安全检验检测能力,形成区有中心、市县有站、基地和企业及市场有点的农产品安全检验检测体系。提升动植物病虫害防控能力,建立健全农作物病虫害专业化防治队伍。进一步完善区、市、县、乡、村五级动物防疫体系,提高重大疫病防控能力。

完善现代农业产业体系。促进园艺产品、畜产品、水产品规模种养,加快发展设施农业和农产品加工业、流通业,促进农业生产经营的专业化、标准化、规模化、集约化发展。充分发挥农垦对全区现代农业的引领示范作用,促进其加快发展。

第十节 加快建设三大农业示范区

全面推进北部引黄灌区现代农业示范区、中部干旱带旱作节水农业示范区、南部山区生态农业示范区建设，以节水、化学品低投入、优质良种、标准化栽培养殖等技术为核心，全面推进农业生产向高产、优质、高效、生态、安全转变。提高特色优势农产品集中度，奠定农民增收的坚实基础。

建设北部引黄灌区现代农业示范区。以现代农业科技示范园为引领，用现代技术装备改造农业，加快转变农业发展方式，着力推进区域产业化、经营集约化、生产规模化、质量标准化和产加销一体化，全面提高劳动生产率、资源利用率和土地产出率，建立资源节约型、环境友好型和高效循环型的现代农业体系。把黄河金岸建成休闲观光农业产业带，引黄灌区建成引领西北、面向全国的现代农业示范区。

建设中部干旱带旱作节水农业示范区。按照节水、生态、特色、避灾的发展方向，以现代旱作节水农业科技示范园为引领，坚持生态恢复重建、农业基础设施建设和特色优势产业发展并重，建设特色优势农产品产业带。把中部干旱带建成引领西北的旱作节水农业示范区。

建设南部山区生态农业示范区。坚持生态优先、草畜先行、特色种植、产业开发，以“三河源”水源涵养保护工程为重点，加快生态恢复和农田水利基础设施建设，以提高水资源利用效率为目标，配套完善库井灌区，进一步培育壮大退耕还林接续产业。把南部山区建成我国西北黄土高原生态农业示范区。

到2015年，全区形成600万亩优质粮食、400万亩马铃薯、80万头奶牛、1600万只肉羊和250万头肉牛、100万亩淡水鱼、100万亩设施蔬菜和100万亩露地蔬菜、100万亩硒砂瓜、150万亩红枣、100万亩枸杞、80万亩葡萄、100万亩苹果、100万亩中药材等13个优势特色产业带，建设120个现代农业示范基地，打造现代农业产业集聚区。

第十一节 大力推进优势农产品转化增值

以工业化理念经营农业，充分发挥龙头企业带动作用，加快推进农业产业化经营，有效解决农业发展资金、市场等问题。重点培育和发展一批特色明显、市场竞争力强的农产品加工产业集群，促进农产品由初级加工向精深加工转变。引黄灌区走高品质、精深加工之路，重点培育枸杞、清真牛羊肉、乳制品、优质粮食、脱水蔬菜、淡水鱼、葡萄、苹果等农产品加工业集群；中部干旱带大力发展以滩羊、红枣、中药材、优质牧草、羊绒为主的农产品加工业；南部山区加快发展肉牛、马铃薯、小杂粮、油料、中药材、优质牧草等农产品加工业。重点培育10家销售收入过10亿元、10家5—10亿元的加工龙头企业，国家和自治区级农业产业化重点龙头企业达到200家以上。到2015年农产品加工率达到70%以上。

第十二节 加快社会主义新农村建设

按照推进城乡一体化的要求，制定实施社会主义新农村建设规划。全面加强农村水利和农村信息基础设施建设，以实施农村饮水安全、塞上农民新居和农村危窑危房改造、农村清洁能源、农民初级卫生保健、农村公共服务体系、万村千乡市场、农村环境保护等工程为重点，实现水、电、路、气、房和优美环境“六到农家”目标。推进农村电网升级改造，进一步完善220KV主网架和110KV以下配网，提高城乡供电能力和供电可靠性。在尊重农民意愿的基础上推进农村居民适度集中居住，全面改善农村生产生活条件。到2015年,全区农村公共基础设施明显改善,人均基本公共服务接近全国平均水平,农村文明程度和农民文明素质明显提高,形成产业新格局、生活新提高、乡风新文明、村容新变化、管理新机制的社会主义新农村。

第十三节 千方百计增加农民收入

提高农民职业技能和创收能力,多渠道增加农民收入。到2015年,农民人均纯收入达到8200元,年均增长12%。

巩固提高经营性收入。鼓励农民优化种养结构,提高效益。健全农产品价格保护制度,稳步提高重点粮食品种最低收购价,完善大宗农产品临时收储政策,建立以目标价格为核心的反周期补贴机制。因地制宜发展特色高效农业、休闲农业、乡村旅游和农村服务业,使农民在农业功能扩展中获得更多收益。

努力增加工资性收入。高度重视劳务产业,开展农民就业技能培训,加快实施农民创业促进工程,促进城乡劳动者平等就业,努力实现农民工与城镇就业人员同工同酬,提高农民工工资水平。建设一批农民创业基地和创业园,大力支持农民发展二、三产业,帮助农民实现多元增收。

专栏6 现代农业发展重点项目

※**中北部土地开发整理项目:**土地开发整理面积194万亩,新增耕地47万亩。
※**种植业项目:**建设种子工程40处,建设粮食示范基地32万亩,万亩粮油高产示范片500个,优质瓜菜基地及标准示范园200万亩,旱作农业示范基地150万亩,建成马铃薯脱毒种薯三级繁育体系,兴庆区3万亩花卉产供销示范基地。新建12个县农产品质量安全检测检验站。
※**畜牧业项目:**建设标准化奶牛养殖场(小区)150个、肉牛标准化养殖场100个、生猪标准化养殖场120个,建设滩羊养殖基地、畜禽良种繁殖体系、饲草(料)加工体系,完善动物防疫体系。
※**水产项目:**发展低洼盐碱地生态渔业基地30万亩、适水产业基地100万亩。
※**农产品加工项目:**发展优势农产品储藏保鲜、脱水烘干、质量安全控制等技术示范企业200家。宁夏伊利集团、蒙牛集团液态奶、金河乳业牛乳蛋白粉、中粮集团宁夏葡萄示范园和2万吨葡萄酒厂、张裕葡萄酒公司宁夏葡萄基地和酒庄项目、宁夏红产业集团枸杞深加工、荣昌绒业羊绒深加工。
※**农村能源项目:**建设规模化畜禽养殖场沼气工程200处,农村户用沼气7.5万户,推广新型高效节能灶(炕)25万台、太阳能热水器1.2万户、太阳灶50万台。
※**农业信息化项目:**配套完善农村信息服务网点基础设施,建成县、乡、村三级信息服务网络。

大力增加转移性收入。加大政策惠农力度,健全农业补贴等支持保护制度,坚持对种粮农民实行直接补贴,继续实施良种补贴和农机具购置补贴,扩大补贴范围,提高补贴标准。加快发展政策性农业保险,增加农业保险费补贴品种并扩大覆盖范围。

创造条件增加财产性收入。搞好农村土地确权、登记、颁证工作,按照依法自愿有偿原则,允许农民以转包、出租、互换、转让、股份合作等形式流转土地承包经营权,分享土地承包经营权流转中的增值收益。完善征地补偿制度,使农民更多地分享农业用地转为非农业用地过程中形成的土地增值效益。完善农村宅基地制度,探索迁入城市定居的农民工承包地和宅基地有偿退出机制,允许其通过市场自愿转让获得财产性收入。严格界定公益性和经营性建设用地,逐步实现农村集体建设用地与国有建设用地同权同价并保障农民合法权益。拓宽租金、股金、红利等财产性收入增长渠道。

第四章 推动现代服务业大发展 促进产业结构转型升级

把推动现代服务业大发展作为产业结构优化升级、促进充分就业、增加城乡居民收入的战略重点，实施服务业发展提速计划，优先发展关联带动作用强、市场需求大和吸纳就业人员多的服务业。

第十四节 打造西部独具特色旅游目的地

合理开发和保护旅游资源，将旅游产业培育成为国民经济支柱产业。到2015年，全区年接待国内外游客1600万人次，旅游收入达到160亿元。

优化旅游产业布局，以知名景区为龙头、以历史文化为主线、以地文景观为核心，依托“两山一河”（贺兰山、六盘山、黄河）、“两沙一陵”（沙湖、沙坡头、西夏王陵）、“两文一景”（西夏文化、回族文化、塞上江南景观）等特色旅游资源，科学规划景区景点，深度开发塞上江南新天府、贺兰山历史文化、六盘山红色生态三大旅游板块，努力将我区打造成我国西部独具特色的旅游目的地和面向阿拉伯国家及穆斯林地区的国际旅游目的地。

促进旅游业由观光旅游向休闲度假旅游转变，大力开发旅游休闲度假产品，延伸旅游产业链。全力打造观光游、娱乐游、红色游、探险游、产业游等五大旅游品牌，建设阳光沙疗福地、塞上避暑宝地、黄河金岸胜景、民族风情家园，力争黄河大峡谷、须弥山石窟、水洞沟遗址进入国家风景名胜区。打造贺兰山东麓葡萄长廊，形成集观光采摘、酒庄体验、度假休闲为一体的塞上江南旅游新亮点。建设横跨东西、纵贯南北的特色旅游经济圈。

加大旅游基础设施投入，完善旅游通道与交通设施建设，提高游客出行的便捷性。加强旅游休闲度假基础设施建设，在银川市等中心城市适度建设五星级酒店、中高档旅游健身休闲娱乐设施。

实施旅游品牌战略和国际化战略，加强旅游宣传营销，开展区域旅游协作，重点拓展与阿拉伯国家的旅游合作。充分发挥银川市区域性中心城市的作用，进一步提升城市旅游功能，使其成为辐射周边省区的旅游中心。

第十五节 大力发展现代物流业

挖掘地缘空域优势，构建公路、铁路、航空相互配套、紧密衔接的物流大格局。

扩充“三大口岸”功能，推动口岸物流发展。高标准建设银川国际空港物流中心，打通连接国内外的“空中走廊”。完善银川、惠农陆港口岸功能，加强与天津、青岛、连云港、秦皇岛、霍尔果斯、阿拉山口等沿海沿边口岸的跨区域合作，开辟便捷通畅的出海、出境通道。

加快“三大口岸”、“九大物流中心”和“十大专业市场”物流基础设施建设，形成覆盖全区、辐射周边、联接国际的现代化物流体系，把我区建成全国重要的区域性物流中心和新欧亚大陆桥重要的物流中转基地。着力引进并培育大型物流企业，提高物流信息化水平及综合效益。围绕重要工业园区，鼓励企业承接服务外包业务，大力促进第三方物流发展。

图1　三大口岸、九大物流中心格局

第十六节 积极促进房地产业健康发展

加大房地产投资力度,进一步扩大住房供给,形成住房供需总量基本平衡、结构基本合理、房价与居民收入基本适应的住房体系,实现广大群众住有所居。

根据城乡居民收入增长和消费水平,完善由保障性住房和商品性住房构成的住房供应体系。进一步扩大中低价位、中小套型商品住房的供应,适当发展中高档商品房,构建多层次的商品住房供应格局。对中、高收入家庭,实行租赁与购买商品住房相结合的制度。对中等偏下收入住房困难家庭,实行公共租赁住房制度,政府给予适当支持。对城镇低收入住房困难家庭,实行廉租住房制度,政府提供基本住房保障。倡导租买结合、梯度消费。

把保障基本住房、稳定房价和加强房地产市场监管纳入各地经济社会发展的工作目标,由自治区政府负总责,市、县级人民政府负直接责任,全面促进房地产健康发展。

完善土地供应政策,增加居住用地供应总量,健全差别化的住房税收、信贷政策,完善住房公积金制度,扩大覆盖范围。大力整顿和规范房地产市场秩序,抑制土地价格过快上涨,加大对房地产违法违规行为的查处和打击力度,抑制投资投机性购房需求。完善房地产售后服务,提升物业管理水平,规范住房租赁业务和房地产中介服务管理。

第十七节 加快发展现代金融业

坚持扩大总量、盘活存量、增加品种、优化结构,不断增强金融市场功能,推动金融服务业快速健康发展,更好地为实体经济和转变发展方式服务。

积极引进国家政策性银行、股份制商业银行、金融性公司、保险机构和外资金融机构以及非银行金融机构在我区设立分支机构和办事机构,吸收和利用各类金融机构和非金融机构的投资,构造多元化的金融体系。

支持宁夏银行、黄河商业银行、石嘴山银行等地方银行跨区域经营。大力发展证券、期货、保险、担保、信托等非银行金融机构,构建多元化的金融服务体系。全面发展创业基金、信托投资、金融租赁、质押典当等金融服务业,建立完善的产权交易市场。鼓励发展创业投资企业,积极吸引民间投资。加强社会信用体系建设,强化金融监管,防范金融风险。

着重解决县城以下金融网点少、农业保险滞后、农村金融服务水平低等问题。鼓励农业银行加大对三农的投放力度,增强农村信用社支农实力,扩展邮政储蓄银行支农服务功能,引导各类涉农储蓄资金回流农村。着力推进村镇银行、贷款公司和农村资金互助社试点,建立健全农民小额信用贷款和农户联保贷款制度。增加支农再贷款额度,完善扶贫贴息贷款管理,提高资金使用效率。加快农村担保体系建设,建立农业贷款风险基金。积极开展设施农业、特色种养等农业保险,扩大覆盖面。

加快我区资本市场建设,大力推进直接融资,鼓励企业通过发行企业债券和银行中长期票据等方式,拓宽融资渠道,降低融资成本。鼓励有实力的企业跨行业、跨地区、跨所有制进行资产重组,支持上市公司通过配股、增发、可转债和公司债等多种方式融资。积极扶持和培育一批具有增长潜力和带动力强的企业上市融资,"十二五"期间力争新增上市公司5家。

第十八节 提升商贸流通业

改造优化传统商贸流通业,加快建立覆盖城乡的现代化流通体系,完善便民服务网络,促进城乡居民消费。以工业园区、物流园区和县乡农贸市场、超市、农家店、外埠销售窗口以及流通企业和合作组织为基础,构建多式联运体系。创新产销对接模式,实施商贸数字化、网络化改造工程,加快商贸流通业改造步伐。

完善城市功能,提升城市形象,改善服务环境,规划设计城市服务业集聚区。加快推进阅海湾新商圈、万达商业广场、拉普斯商业中心等重点商贸项目建设,引导银川等地级市建设中央商务区(CBD),积极引进一批国际国内名牌零售商与商贸企业。大力发展社区商业连锁便利店、超市、放心肉店和面向中低收入群体的标准化菜场和专业化菜店。

加大清真菜肴开发力度,形成全国知名的清真菜系,全面提升清真产业的品牌优势。大力培育和发展清真餐饮业,强化品牌效应,重点支持老字号清真餐饮名店做大做强,鼓励其跨省区经营。

加快发展农村服务业,建设一批农产品综合专业批发市场,完善农村现代市场体系,加快农产品冷链体系和配送中心建设,健全农村商贸物流网络,提高农村双向流通水平。

第十九节　发展商务会展业

建立以政府为主导、企业为主体、社会资本广泛参与的会展经济新机制,以举办特色产品、文化旅游、民族商贸、设施园艺等各类特色精品会展为平台,形成以经贸招商旅游为主体、以国内区域交流合作为常态的会展经济新格局。

专栏7　现代服务业发展重点项目

※**旅游基础设施项目**:沙坡头旅游基础设施、沙湖旅游区基础设施、环六盘山旅游基础设施、沿黄旅游基础设施、贺兰山东麓旅游基础设施、青铜峡大峡谷旅游区、水洞沟、苏峪口、西夏陵等重点旅游景区基础设施建设。
※**现代物流业项目**:银川国际空港物流中心、惠农陆路口岸物流中心、银川陆港物流中心、永宁望远现代物流园区、宁东能源化工基地物流园区、宁夏交通物流园区、中宁物流园区、中卫迎水桥物流园区、海原新区物流中心、太阳山物流园区、固原西兰银交汇中心物流园区、吴忠现代商贸物流产业园。
※**商业流通业项目**:阅海湾新商圈、万达商业城、拉普斯商业中心。
※**商务会展业项目**:国际博览中心。

进一步加大会展基础设施建设力度,策划设计丰富多样的会展平台和会展活动。办好一年一度的"中国(宁夏)—阿拉伯国家博览会"、"中国(宁夏)—阿拉伯国家经贸论坛高峰会议"和"中国(宁夏)—阿拉伯国家文化艺术节",打造国际会展知名品牌。着力办好香港宁夏文化周活动,继续支持银川房车、沙漠摩托车旅游节、园艺博览会、黄河金岸国际马拉松及自行车大赛等会展节庆活动。

第五章　优化水资源配置　建设节水型社会

以水资源高效利用为核心,优化水资源配置,建立健全严格高效的水资源管理体制,基本形成南北统筹、城乡兼顾、丰枯补给的水资源调配体系,全面保障"十二五"时期我区经济社会发展用水安全。

第二十节　加快节水型社会建设

以节水为中心，优化水资源配置，提高水资源利用效率和效益，全面推进节水型社会建设。

农业节水。通过调整农业结构和耕作制度，发展设施农业和优势特色产业，减少亩均耗水量，提高单方水的产出效益。创新推广控制灌溉、小畦灌、点灌、注水灌等适用节水灌溉技术，扩大滴灌、喷灌等现代节水技术灌溉规模。到2015年，农业灌溉用水有效利用系数提高到0.48。

工业节水。围绕“五大十特”工业园区和重点耗水行业，推进企业循环用水、串联用水和重复用水、园区循环用水网络系统改造与建设，大幅度提高企业水循环利用水平，减少新鲜水用量。新上企业与项目全部采取节水新工艺。到2015年，工业用水重复利用率达到75%，万元工业增加值用水量减少到64立方米。

城乡生活节水。加快供水管网系统改造，增加城市中水管网建设，推进城市生产—生活—生态水资源循环利用，大力普及生活节水器具。加强公共用水监测监管，加大节水宣传力度，增强全社会节水意识。到2015年，城市中水回用率达到50%，城镇节水器具普及率达到90%。

第二十一节　加强重点水利工程建设

按照“北部节水，中部调水，南部开源”的分区治水思路，抓紧兴建一批事关自治区经济社会可持续发展全局的重点水利工程。

北部引黄灌区以节水为中心，通过加快灌区节水改造和水权转换，大幅度提高水资源利用效率，保障不断增长的生活生产和生态用水需求。加快实施青铜峡灌区、沙坡头灌区续建配套和节水改造工程，进一步完善灌区水系建设，增强调控能力，实现灌区节水30%，增产30%。加强黄河防洪工程和贺兰山东麓防洪工程体系建设，银川市防洪标准达到100年一遇，其他地级市防洪标准达到50年一遇，黄河防洪标准达到20年一遇。

中部干旱带以调水为中心，拓宽扬水范围，建设集雨设施等小微型水源工程，实现扬黄水和当地水资源相互补给，确保农村饮水安全。加快实施固海等扬黄灌区节水改造工程、大型泵站更新改造工程，完成高效节水补灌工程建设，节水灌溉面积达到200万亩。全面建成盐环定扬黄续建工程。建设同心下马关、中卫兴仁综合供水工程和红寺堡、同心、海原城乡供水工程。

南部山区以节流增效为中心，开源与节流并重，以流域为单元加强生态保护和水源涵养建设，加强雨洪水资源利用，建立大中小工程并举、库坝窖池联用的供水体系。实施中南部城乡饮水安全水源工程，解决城乡饮水安全问题。加快实施库井灌区节水改造、病险水库除险加固、中小河流治理、山洪灾害防治等工程，消除安全隐患、增强防洪能力，力争库井灌区灌溉面积达到100万亩。大力推进水土保持工程建设，加快清水河、泾河、葫芦河等重点流域综合治理，新增治理水土流失面积5000平方公里。

完善工业供水工程体系。重点推进上海庙、红墩子、固原盐化工基地供水工程建设。加快推进黄河大柳树水利枢纽工程前期工作，争取早日开工建设。

专栏 8　水利重点项目

※**节水项目**：中部干旱带高效节水补灌工程、青铜峡、固海大型灌区续建配套与节水改造工程、沙坡头南北干渠及灌区节水改造工程、大型泵站更新改造工程、中型灌区节水改造工程、节水示范工程。
※**民生水利项目**：农村安全饮水工程、中南部城乡饮水安全水源工程、病险水闸除险加固工程、小型农田水利建设工程、盐环定扬黄续建工程、同心下马关和中卫兴仁综合供水工程、城乡供水一体化工程。
※**工业供水项目**：上海庙、红墩子、固原盐化工等重点工业园区供水工程。
※**水土保持与水生态修复项目**：渭河流域宁夏段重点治理工程、水土保持重点治理工程、易灾地区生态环境综合整治工程。
※**防洪抗旱减灾项目**：黄河宁夏河段防洪工程、贺兰山东麓防洪工程、清水河流域防洪治理工程、苦水河流域防洪治理工程、中小河流治理工程、山洪灾害防治工程。

第二十二节　强化水资源管理

建立健全最严格的水资源管理制度，全面落实用水总量控制、用水效率、水功能区纳污控制三条红线，逐步建立覆盖自治区、市、县三级的水权配置体系和用水定额管理制度，落实生活、生产、生态用水定额制度。健全水资源有偿使用制度，建立不同来源、不同用途、不同地域的水价核算体系，进一步完善节水型水价机制，实行阶梯式水价制度。创建水资源交易市场，规范水权转换办法，加强监督管理，加快水权转换步伐。加快推进水利工程管理体制改革，完善水费收支管理办法，切实落实管护经费和管理责任，确保水利工程良性运行。鼓励农民参与水资源管理，充分发挥农民用水协会作用，调动社会力量参与水利建设和工程管护的积极性。

第六章　建设现代综合运输体系　提升交通保障能力

全面提升交通运输保障能力，基本建成以干线铁路、高等级公路、干线机场为主骨架，以银川、石嘴山、吴忠、固原、中卫为中心的现代化综合运输体系，实现各种运输方式的无缝对接。

第二十三节　构建五纵三横铁路运输网

重点打通宁夏与周边地区的快速通道，提高运输效率。加快包兰铁路惠农—银川扩能改造工程，开工建设包兰铁路银川—兰州段、宝鸡—中卫、甘塘—武威南等铁路二线工程，新建银川—西安快速铁路、银川经鄂尔多斯至北京铁路惠农接轨线、太阳山—甘肃白银铁路。做好太中银铁路银川—定边和中卫—定边段增建二线、沿黄城市带城际轨道和银川城市轨道交通等项目前期工作，争取早日开工建设。完善宁东地方铁路网，加快固原地方铁路建设，推动地方铁路与国铁接轨，形成功能完善、点线协调的客货运输网络。开通银川至北京、西安等城市的动车组，构建银川至西安、兰州、呼和浩特、太原等毗邻城市“三小时通勤圈”和银川至北京、郑州、成都等省会城市“五小时通勤圈”。做好连通能源金三角城际铁路的前期工作。到 2015 年，全区铁路营运里程达到 1770 公里，货运量 9000 万吨，国铁复线率达到 70% 以上。

图2 宁夏五纵三横铁路网

图 3　宁夏三纵九横公路网

第二十四节　提高三纵九横公路网现代化水平

加快建设联通内外、覆盖城乡的公路运输网络。加快沿黄城市高速路网通达能力建设，重点抓好呼包银、陕甘宁、能源化工金三角等经济区公路交通运输体系建设，打通省际断头路，促进区域交通一体化融合发展。

改造提升国省干线通行条件，全面更新改造农村公路及危桥，增加公路密度，重点抓好中南部地区和生态移民区公路建设，大幅度提高贫困地区公路交通保障能力。加强综合客运枢纽建设，以银川、石嘴山、固原枢纽为重点，以"零距离换乘"为目标，加强公路运输和其他运输方式的有效衔接。提高公路交通运输服务水平，形成与我区产业布局和经济、人口分布相适应的公路运输体系。

到2015年，全区公路通车里程达到33200公里，高速公路1600公里，公路密度达到50公里/百平方公里左右。国省道二级以上公路达到80%以上。新增沥青（水泥）路面里程7000公里，所有行政村通沥青（水泥）路，所有乡镇建成客运站，90%的行政村建成招呼站。

第二十五节　提升一主两辅航空港服务功能

建成银川河东机场三期扩建工程，完善口岸航空货运服务功能。引进1家～2家国内航空公司在河东机场设立运营基地，开通国内所有省会城市及计划单列城市的直飞航线，开通银川至迪拜等国际航线，实现银川至韩国、日本的旅游客运包机和银川至中东国家的客货运包机运营，把银川河东机场建成西北重要的区域支线综合枢纽和我国对中东、中亚地区货运的重要节点和物资集散地。进一步完善中卫、固原支线机场基础设施，积极开辟航空线路，提升服务功能。到2015年，全区航空旅客吞吐量达到650万人次。

专栏9　交通基础设施重点项目

※**铁路项目**：包兰复线惠农至银川、银川至兰州段，甘武铁路复线、宝中复线、银川至西安快速铁路、银川经鄂尔多斯至北京铁路惠农接轨线、完善宁东地方铁路网，原州区至王洼铁路。开展太中银铁路银川至定边、甘肃白银至太阳山铁路、沿黄城市带城际轨道交通等项目前期工作。

※**公路项目**：国道211线甜水堡至灵武段及古窑子至青铜峡联络线、福银高速同心至沿川子段、银川至巴彦浩特高速公路、青兰高速公路东山坡至毛家沟段，西线高速、东线高速、京藏高速红寺堡至桃山口段、国道309线宁夏境高速公路，银川北绕城至沙湖、银川亲水大街至永宁、利通区至红寺堡、海原新区至海城镇一级公路。石嘴山黄河大桥、银川兵沟、中宁等黄河大桥，银川、石嘴山、固原公路枢纽客货运站场。农村公路修复建设与危桥改造。

※**民航项目**：银川河东机场三期扩建工程。

第七章　实施生态移民　推进中南部地区扶贫攻坚

深入推进开发式扶贫，加大投入，逐步提高扶贫标准，构建专项扶贫、行业扶贫和社会扶贫格局。切实增强贫困地区和贫困群众的自我发展能力，有效解决中南部地区的贫困问题。

第二十六节　全力实施生态移民攻坚工程

把生态移民作为减少贫困人口、保障和改善民生、统筹山川发展的重要抓手，进一步完善政策，整合资源，举全区之力打一场移民攻坚战。

按照山内的问题山外解决、山上的问题山下解决、面上的问题点线解决的思路，围绕水源、生态、开发、特色、转移五个重点，坚持生态移民整村搬迁、县外为主、分类安置的原则，通过山区川区结合、城市农村结合、有地无地结合、宜工宜农结合、集中插花结合等多种途径，采取开发土地集中安置、适度集中就近安置、因地制宜插花安置以及在沿黄城市、重点城镇、工业园区、产业基地建设移民周转房等多种安置方式，利用 5 年时间将贫困程度深、生存条件差、发展难度大、不适宜人类生存地区的 35 万最困难群众，妥善安置到近水、沿路、靠城的区域。

按照社会主义新农村建设标准，统一规划、统一设计、统一建设移民住房和移民新村，统一配套建设水、电、路、气、通讯和商贸等基础设施，建设教育、卫生、文化、科技、村级活动场所等公共服务设施，积极推进广播电视、互联网进移民新村，方便移民生活。大力发展劳务产业和特色产业，初步形成以特色种养收入为基础、劳务收入为主体的增收格局，确保"搬得出、稳得住、能致富"，努力把我区建设成为国家生态移民扶贫开发示范区。

第二十七节　大力推进产业扶贫

把产业扶贫作为贫困地区群众脱贫致富的重要途径加速推进。

依托沿黄经济区、产业园区，使劳务产业成为农民稳定增收、脱贫致富的重要手段。坚持县内转移与县外输出相结合、季节性转移与长期转移相结合、组织转移与自发转移相结合，引导农民向城市和沿黄经济区转移，每年稳定输出劳动力 50 万人次，使沿黄经济区成为吸纳山区农民务工就业的大平台和主战场。

结合自治区优势特色产业和农业产业化经营，采取政策扶持、示范带动、技术服务等措施，突出发展节水种植、高效养殖、设施农业等特色产业，推进特色优势产业集聚升级。在中南部地区打造清真牛羊肉、马铃薯、红枣、硒砂瓜、中药材产业集群，培育各具特色的产业村，大幅度提高农民生产经营性收入。

第二十八节　切实改善贫困地区生产生活条件

改善贫困地区的生产生活条件，既是扶贫开发的一项长期战略任务，又是一项极为紧迫的民生工程。

加大民生水利工程建设力度，基本解决贫困地区 112 万群众饮水安全问题，实施 100 万亩库井灌区高效节水改造工程、100 万亩集雨补灌工程、100 万亩高效节水改造工程。加大危房危窑改造步伐，消除农村居民居住安全隐患。积极发展沼气、太阳能等可再生能源，改善农村生活用能结构。

以整村推进为切入点，对人均纯收入低于国家扶贫标准的贫困人口，实施扶贫到户、责任到人"双到"工程，推进农村低保制度和扶贫开发政策有效衔接，使 80% 以上的贫困人口年均纯收入达到 3000 元左右，五年新增脱贫人口 60 万人。

专栏10 扶贫攻坚重点项目

※**生态移民项目**:生态移民搬迁35万人。
※**百万亩库井灌区高效节水改造和产业发展项目**:高效节水库井灌区灌溉面积110万亩,主要建设水源、灌区配套、特色产业和综合服务配套等工程。
※**中南部城乡饮水安全水源项目**:年引水3980万立方米,解决固原市原州区、彭阳、西吉、中卫市海原县部分地区44个乡镇609个行政村、112万城乡居民的生活用水水源问题。
※**农村危房危窑改造项目**:以中南部地区为重点改造危房危窑15万户。
※**扶贫整村推进项目**:实施600个贫困村整村推进。

第二十九节 实施强有力帮扶政策

加大对中南部地区的财政转移支付和公共服务设施的投入力度。制定实施强有力的帮扶政策,以地级市、财政强县和宁夏区域内主要大中型企业为主体,每年拿出一定比例的资金对口帮扶山区贫困县。强化山区公共财政支出强度,努力缩小山川基本公共服务产品供给差距,到2015年山区人均公共财政支出占全区平均水平提高到60%以上。在沿黄经济区设立山区主要贫困县“飞地”工业园区。全面建立贫困村村级发展互助资金,扩大受益人口覆盖面,提高投入标准,每个村由平均25万元提高到40万元。积极探索引进金融资本与互助资金叠加的运作机制,提高资金使用效益,切实解决贫困户发展资金短缺难题。

第八章 推进城镇化 优化国土空间开发格局

全面构筑新型城乡发展体系,形成区域经济优势互补、主体功能定位清晰、国土空间高效利用、人与自然和谐的区域发展新格局。大力推进城镇化进程,努力构建以沿黄经济区为核心、固原市为次中心、其他县城和重点镇为补充,大中小城市与城镇布局合理的城镇体系。

第三十节 优化国土空间开发格局

将宁夏作为一个大城市进行规划建设,加快构筑以沿黄经济区为核心、以固原市为次中心、以100个重点镇和3000个中心村为补充的相互依存、连片成群的“1113”城乡一体化发展新格局,着力形成具有宁夏特色的新型城乡发展体系。

按照集中均等开发模式重塑宁夏经济地理格局。全区人口、产业重点向沿黄经济区集聚、南部山区重点向固原市及县城集聚、村镇重点向100个重点镇和3000个中心村集聚。基本公共服务产品的供给大幅度向中南部地区和农村倾斜,让全区人民享有基本均等的基本公共服务,共享我区经济社会发展成果。

图4　宁夏城镇化战略格局

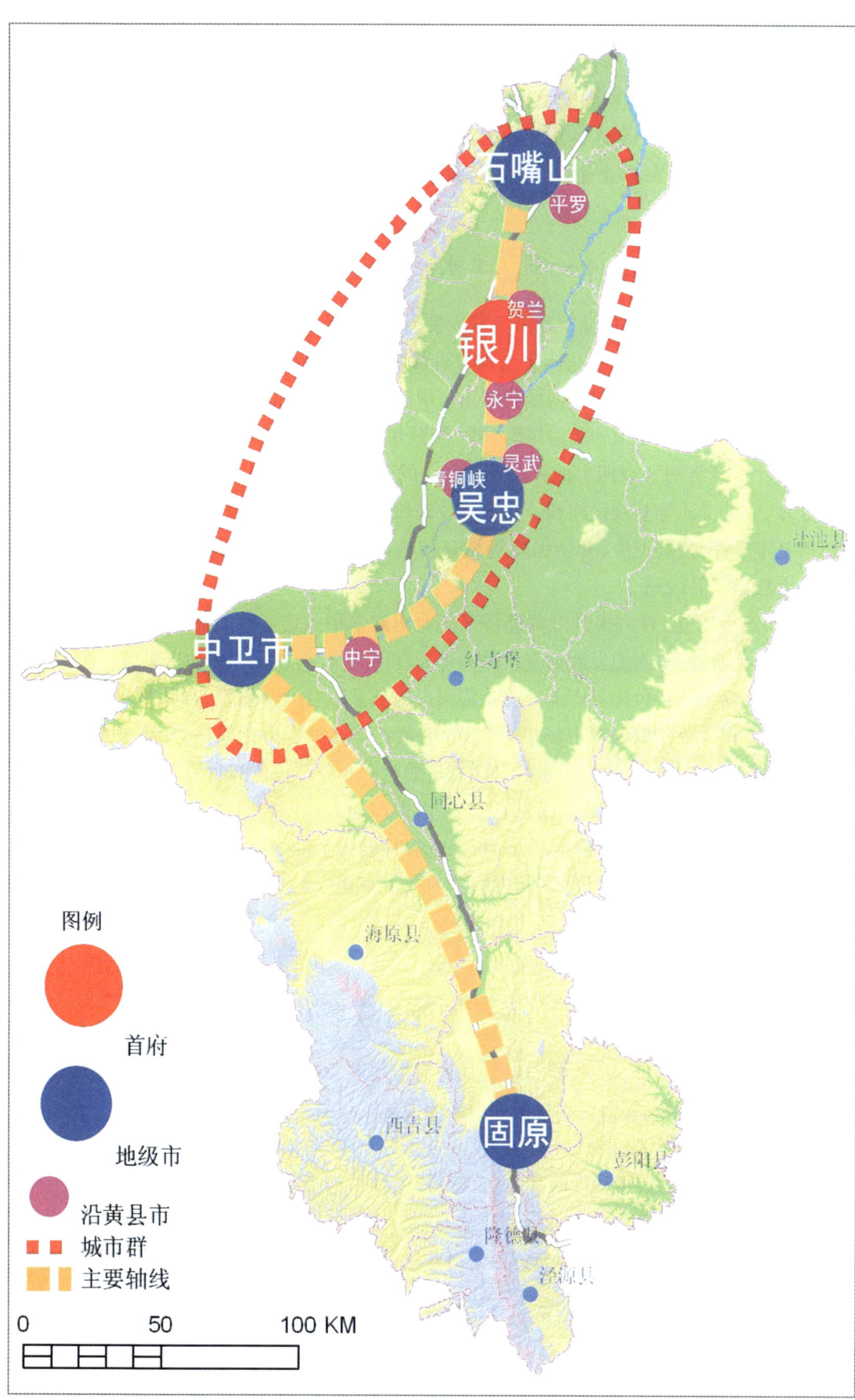

在重点开发区，推进工业向园区集中，着力打造“五大十特”重点园区，建设现代产业集聚区，推进产业向高端、高附加值、高科技方向发展。加快推进能源化工金三角建设，把能源化工金三角打造成为西部地区现代产业发展的密集区。

在限制开发的农产品主产区，推进土地向规模特色产业集中，大力发展现代农业，推进形成13个优势特色产业带，保障我区粮食安全，带动农民增收与农产品加工行业的可持续发展。

在中南部限制开发区与全区禁止开发区，全面实施退耕还林、围栏禁牧，结合全区主体功能定位实施“六个百万亩”生态林业建设工程，全面修复、治理生态环境，构筑西部重要的生态安全屏障。

第三十一节　高水平建设沿黄经济区

奋力打造黄河金岸，加快建设宁夏沿黄城市带。围绕城乡规划编制、基础设施、产业发展、区域市场、生态建设和公共服务“六个一体化”，加快沿黄城市带同城化步伐。

配套完善城市基础设施。建成西线石嘴山—中宁高速公路，充分利用包兰线、太中银铁路正线和银川联络线建设银川—中卫—定边“闭环式”城际快速通道，开通沿黄城际公交，形成以银川市为中心的“一小时经济圈”、以四个地级市为次中心的“半小时通勤圈”。逐步实现供排水、污水处理、垃圾处理、公共交通等基础设施和公共服务设施城乡共建共享，生态环境共同治理。加快推进义务教育、基本医疗、公共卫生、社会保障等城乡接轨。基本实现电话号码统一区号，金融同城结算，共同推介旅游产品线路。

强化城市产业功能，着力提升沿黄经济区产业集聚水平。培育壮大能源产业、战略性新兴产业，大力发展现代服务业，集中发展清真食品和穆斯林用品、轻纺加工等劳动密集型产业，大力发展以农副产品加工为主的特色优势产业。支持银川市服务业综合改革试点，加快推进石嘴山资源枯竭型城市转型。构建统一的区域市场格局，引导沿黄各市充分发挥比较优势，积极承接国内外资本、技术、人才和产业转移，努力把沿黄经济区打造成为产业分工特色鲜明的现代产业集聚区。

高标准建设滨河景观大道，提高黄河行洪、防洪保障能力。以黄河文化为基础，建设一批生态旅游景观与文化景观，发展休闲度假、生态观光、农家体验等产业，形成500公里生态文化景观带，再现“塞上江南”秀美景色，全方位多视角展示黄河文化底蕴。

到2015年，沿黄经济区城镇人口占全区城镇人口、经济总量占全区经济总量均达到90%以上。

第三十二节　加强固原区域中心城市建设

加大固原城市建设力度，扩大城市规模，加快完善城乡一体的交通运输网络，增强城市服务配套功能，提升城市辐射带动能力。支持南部山区加强县城和中心村镇基础设施建设，增强就业吸纳能力和自我发展能力。

重点发展煤电、盐化工、劳务、草畜、马铃薯、特色林果与小杂粮等特色产业，加强水土流失治理，积极开发六盘山旅游资源，将固原市建成全国旅游扶贫发展试验区、全国重要的马铃薯育种和种植加工基地、劳动力转移就业培训与劳务输出基地、旅游休闲目的地和陕甘宁区域性物流中心。

第三十三节　扎实稳妥推进城镇化进程

在加强沿黄城市带与固原区域中心城市建设的基础上，扶持发展一批资源开发、旅游度假、加工制造、商贸流通等特色小城镇，使其成为承接农业人口和劳动力转移的有效载体。大力推进符合条件的农民工逐步转为城镇居民，不断提升城镇化的质量与水平。到2015年，全区城镇化水平达到55%，沿黄城市带达到70%，固原市达到40%。

积极稳妥推进农民工转为城市居民。把有稳定劳动关系并在城镇居住一定年限的农民工逐步转为城镇居民，优先解决举家迁徙农民工与新生代农民工的落户问题。中小城市和小城镇要根据实际放宽落户条件，切实探索农民工转为城镇居民的相关政策和办法。对暂时不具备条件的农民工，要改善公共服务，加强权益保护，切实保证农民工随迁子女平等接受义务教育。与企业具有稳定劳动关系的农民工，要纳入城镇职工基本养老与医疗保险。增加对农民工的技能培训和就业服务，拓宽就业渠道。多渠道多形式改善农民工居住条件，将符合条件的农民工纳入城镇住房保障体系。"十二五"期间，力争50万农村人口转为市民。

第三十四节　推进形成主体功能区

实行差别化的区域调控政策，实施《自治区主体功能区规划》，推进要素资源合理配置，形成分工明确、布局科学、特色鲜明的主体功能区。

适度增加重点开发区工业用地和城镇用地供给，实施积极的人口迁入政策，提高重点开发区集聚能力。加强禁止开发区管制力度，严格控制人为因素对自然生态的干扰破坏，提高环境质量和生态产品供给能力。

强化政府投资，实行按领域安排和按主体功能区安排相结合的政府投资政策。按领域安排的投资，要符合各区域的主体功能定位和发展方向，根据产业指导目录，明确不同主体功能区的鼓励、限制和禁止类产业。按主体功能区安排的预算内投资，重点用于限制开发区域的生态建设、环境保护、农田水利以及公共服务基础设施建设。

建立生态环境补偿机制，在森林、草原、湿地、矿产资源开发、重点流域等开展生态补偿，建立开发地区对保护地区、生态受益地区对生态保护地区的生态环境补偿。对不同主体功能区实行不同的污染物总量控制和环境标准。加大对限制开发区的财政转移支付力度，逐步实现与重点开发区基本均等的公共服务产品供给。

专栏11　主体功能区发展建设重点

※**重点开发的城市地区**：包括沿黄城市带（含宁东）与固原原州区，加大交通与能源等基础设施建设，优先布局重大加工、制造项目，统筹工业和城镇发展布局，适度扩大建设用地规模，促进各种经济要素与人口向重点开发区集聚，保持经济集聚和人口集聚同步。

※**限制开发的农产品主产区**：加强耕地保护，加大农业综合生产能力建设投入，推进农业规模化、产业化和现代化。以重点镇为基础推进城镇建设和工业发展，引导农产品加工、流通、储运企业集聚，加强公共服务设施建设。

※**限制开发的重点生态功能区**：包括盐池县、同心县、海原县、西吉县、隆德县、泾源县、彭阳县、红寺堡区，加大生态环境保护和修复力度，增强水源涵养、水土保持、防风固沙和生物多样性功能。鼓励发展与生态功能相适宜的产业。

※**禁止开发的自然文化资源保护区**：依法实施强制性保护。严格控制人为因素对自然生态与文化自然遗产原真性、完整性的干扰，严禁不符合主体功能定位的各类开发活动。加大自然文化遗产投入与保护力度，完善管理体制和政策机制。

在绩效考核方面，对重点开发的城市化地区，综合评价经济增长、产业结构、质量效益、节能减排和吸纳人口数量等；对限制开发的农产品主产区和重点生态功能区，分别实行农业发展优先和生态保护优先的绩效评价，不考核地区生产总值、工业等指标；对禁止开发的自然文化资源保护区，全面评价自然文化资源原真性和生态完整性。

第九章　保障和改善民生　提高基本公共服务水平

大力实施改善民生计划，显著增强各级政府的基本公共服务产品供给，加快完善符合区情、比较完整、覆盖城乡的基本公共服务体系，推进基本公共服务均等化，让全区人民共享改革发展成果。

第三十五节　优先发展教育

按照优先发展、育人为本、改革创新、促进公平、提高质量的要求，推动教育事业科学发展，提高教育现代化水平，为经济社会发展提供强有力的智力支持和人才保障。

推动学前教育发展。建立政府主导、社会参与、公办民办并举的幼儿园办园体制，扩大学前教育资源，重点发展农村、社区学前教育，保证农村留守儿童入园，实现乡镇中心幼儿园全覆盖，全区学前三年教育毛入园(班)率达到60%以上。

巩固提高九年义务教育水平。建立国家义务教育质量基本标准和监测制度，减轻中小学课业负担。促进义务教育均衡发展，统筹规划学校布局，大力实施义务教育学校标准化建设工程，消除校舍安全隐患，解决“大班额、大通铺”等突出问题。大力促进教育公平，实行县域内城乡中小学教师编制和工资待遇同一标准，加快推行教师和校长交流制度；取消义务教育阶段重点学校和重点班，教育资源配置向农村地区、贫困地区、生态移民地区大力倾斜，加快缩小教育差距；完善城乡义务教育经费保障机制，努力实现城乡之间、地区之间义务教育均衡发展。小学六年巩固率达到90%，初中三年巩固率达到93%。

普及高中阶段教育。全面实施高中学业水平考试和综合素质评价，克服应试教育倾向。增加普通高中优质教育资源供给，有效改善普通高中办学条件。建立普通高中阶段家庭困难学生资助制度，实行残疾学生高中阶段免费教育，加强对中南部地区高中阶段教育的扶持。到2015年，高中阶段毛入学率达到87%。

大力发展职业教育。加强职业教育基础能力建设，建成自治区职业教育园区，加强符合用人需求的专业建设，实行工学结合、校企合作、顶岗实习的人才培养模式，坚持学校教育与职业培训并举，提高职业教育培养质量。逐步实行中等职业教育免费制度，完善家庭经济困难学生资助政策。到2015年，中等职业教育招生规模稳定在4万人左右，在校生规模达到12万人以上，普通高中和中职教育在校生比例大体相当；高职招生规模达1.5万人，在校生规模达4.5万人。

全面提升高等教育。提高高等院校办学水平和高等教育大众化程度。加强高校重点学科、专业和实验室建设，积极开展基础研究和适应我区经济社会急需领域的应用研究，推进产学研用相结合，增强办学特色，实现高校规模、结构、质量与效益协调发展，提升高校人才培养、科学研究和社会服务能力。完成宁夏大学“211工程”三期重点学科建设和宁夏医科大学“申博”目标。到2015年，普通本科年招生规模达到1.6万人，高校在校生规模达到12万人，高等教育毛入学率达到36%。

大力发展继续教育、民族教育、特殊教育。鼓励引导社会力量兴办教育，落实民办学校和公办学校同等的法律地位。

全面实施素质教育。坚持育德为先、能力为重，创新教学内容、方法和评价制度，突出培养学生科学精神、创造性思维和创新能力，加强实践培养，促进学生德智体美全面发展。

推进人才培养体制、招生制度、学校管理制度和办学体制改革，扩大教育开放，加强教师队伍、师德师风建设，提高校长和教师专业化水平，鼓励优秀人才终身从教。健全以政府投入为主、多渠道筹集教育经费的体制。

第三十六节　积极发展医疗卫生事业

按照保基本、强基层、建机制的要求，深化医药卫生体制改革，优先满足群众基本医疗卫生服务需求，不断提高健康水平。

全面加强公共卫生。健全完善重大疾病预防控制、健康教育、妇幼卫生、精神卫生、卫生监督等公共卫生服务网络，逐步提高人均公共卫生经费补助标准，全面免费提供基本公共卫生服务项目，实施重大公共卫生服务项目，积极预防重大传染病、慢性病、地方病、职业病和精神疾病，提高突发公共卫生事件应急处置能力。到 2015 年，人口平均期望寿命达到 75 岁，婴儿死亡率、孕产妇死亡率分别降至 12‰、20/10 万以下。

健全医疗服务体系。加强村卫生室建设，进一步完善农村三级医疗卫生服务体系，加强社区卫生服务机构建设，建立以社区卫生服务为基础的新型城市医疗卫生服务网络。深化公立医院改革，优化医院布局和结构，加强医疗质量管理和医疗服务监管，提高医疗整体服务水平。鼓励社会资本投资医疗卫生事业，兴办医疗机构和参与公立医院改制重组，加快形成多元化办医格局。到 2015 年，全区每千人口医疗机构床位数达到 4. 13 张，每千人口职业（助理）医师数达到 4. 12 人。

全面贯彻落实国家基本药物制度。进一步完善基本药物采购配送机制，提高药品供应保障能力。支持中医药、回族医药发展。加强食品药品监管，全面实施食品药品放心工程。

第三十七节　全面做好人口工作

坚持计划生育基本国策，稳定低生育水平，促进人口长期均衡发展。到 2015 年，全区总人口控制在 675 万人以内，自然增长率控制在 9‰。

加强基层计划生育服务网络建设，提升计划生育服务水平，加强流动人口计划生育管理，开展长效节育措施奖励试点。加大少生快富实施力度，进一步完善奖励扶助政策，提高标准扩大覆盖面。综合治理出生人口性别比偏高问题，加大出生缺陷预防干预，做好生殖健康教育、优生咨询、高危人群指导、孕前筛查等，实施强基提质工程和优生促进工程，提高出生人口素质。

加快人口信息化建设，运用信息技术手段，做好人口及相关信息资源管理工作，全面提升人口科学决策、社会管理和公共服务水平。结合推进生态移民工程与城镇化进程，引导人口合理分布。

积极应对人口老龄化，优先发展社会养老服务，注重发挥家庭和社区功能，加大养老服务机构建设力度，构建多层次、社会化养老服务体系。开展医疗健康、精神慰藉、法律援助等养老服务，增加社区老年人活动场所和便利化设施。

第三十八节 扩大城乡创业就业

实施更加积极的就业政策，大力发展就业容纳大的服务业和劳动密集型产业，扶持中小企业加快发展，多渠道开发就业岗位，促进充分就业。

加强基层公共就业基础设施建设。健全统一规范灵活的人力资源市场，大力整合各类培训资源，扎实推进农村劳动力转移就业培训，提高劳动者的职业技能和创业能力，确保农村劳动力的整体技能素质明显提升。全力做好高校毕业生就业工作，建立促进就业的长效机制。鼓励自主创业，着力培育个体、工商业主、企业家、经纪人、群众性创业队伍。鼓励发展社区服务、家政服务、养老服务和病患陪护等家庭服务业。进一步完善全民创业政策，做好创业就业服务工作，建设创业园区和创业基地，不断拓展创业空间，实现创业带动就业的倍增效应。

完善面向就业困难人员的就业援助制度。大力开发公益性岗位，确保每个有劳动能力的贫困家庭至少有 1 人实现就业。城镇每年新增就业岗位 7 万个以上，农村富余劳动力转移就业 70 万人次左右。

第三十九节 提高社会保障水平

以扩大社会保险覆盖面和提高保障能力为重点，加快推进覆盖城乡居民的社会保障体系建设，实现应保尽保。到 2015 年，养老保险参保人数达到 380 万人、基本医疗保险 560 万人、失业保险 57 万人、工伤保险 60 万人、生育保险 60 万人。

完善以城镇职工基本医疗保险、城乡居民基本医疗保险和城乡医疗救助为主体的医疗保障体系。逐步提高城镇居民医保的筹资标准，稳步提高城镇职工医保、城乡居民医保的保障水平和最高支付限额。建立健全医疗保险关系转移接续和异地就医结算制度。积极推进基本医疗保险门诊统筹和地市级统筹，逐步实现自治区级统筹。

提高社会保险统筹层次，完善基本养老保险自治区级统筹，逐步实现失业保险自治区级统筹。切实做好城镇职工基本养老保险关系转移接续工作，逐步推进城乡养老保障制度有效衔接。完善失业、工伤、生育保险制度。积极发挥商业保险补充性作用。

进一步完善城乡社会救助体系，稳步提高救助水平。完善城乡最低生活保障制度，健全低保标准动态调整机制，合理提高标准和补助水平。加强城乡低保与最低工资、失业保险和扶贫等政策的衔接平衡。

专栏 12 社会事业与改善民生重点项目

※**学前教育项目**：全区每个乡镇新建或改造 1 所标准化中心幼儿园，加快城市社区幼儿园建设。
※**义务教育项目**：新建和改造中小学校舍 200 万平方米以上，全面消除中小学校舍安全隐患，实施农村教师周转宿舍建设工程。
※**普通高中教育项目**：每个县区都有 1 至 2 所标准化高中，全区普通高中达到 63 所以上。
※**职业教育项目**：建成宁夏艺术学校、宁夏财经职业技术学院新校区，完成自治区职业教育园区。中等职业教育二期基础能力建设，建成宁夏防沙治沙职业技术学院、迁建宁夏体育学校。
※**高等教育项目**：完成宁夏大学“211 工程”三期重点学科建设，建成宁夏大学科技综合楼，完成宁夏医科大学新增博士学位授予单位建设，支持宁夏师范学院、宁夏理工学院等高校改善办学条件，迁建宁夏大学新华学院。

续表

※**公共卫生项目**:建设覆盖全区的卫生监督体系,完善妇幼卫生体系和重大疾病预防控制体系,建成自治区儿童医院,建设自治区回医医院,迁建自治区精神卫生中心,完善基层卫生服务体系建设工程。完善计划生育服务体系,继续实施少生快富工程。 ※**医疗服务项目**:全区县级医院,乡镇卫生院、村卫生室基本达到国家标准,迁建银川市口腔医院。加快城市社区卫生服务站建设,建立以社区卫生服务为基础的新型城市医疗卫生服务体系。改造全区地市级综合医院,实施第二批医学优势特色专科建设项目。 ※**医疗卫生人才培养与信息化项目**:建设全科和专科医生临床培养基地,建设远程医疗服务系统,建立国家基本药物制度信息服务平台。 ※**社会保障与救助服务项目**:实施社会保障一卡通工程,新增廉租住房3.14万套。完善养老服务体系、社区服务体系、特殊群体社会福利服务体系、基层就业和社会保障公共服务设施建设工程。 ※**安全生产监管项目**:建设完善监管执法、信息、技术支撑、应急指挥、实训考核等。

完善社会福利服务体系,提高妇女、儿童、老年人、残疾人、农村五保户、“城市三无人员”等社会困难群体的生活水平和质量。加强孤儿保障工作,建设和完善儿童福利院、孤儿院等福利基础设施。加快福利企业发展步伐,加大福利企业政策支持力度,开辟更多适合残疾人就业的工作岗位。实施“阳光家园计划”,加大残疾人事业投入和残疾人社会保障工作力度。大力发展慈善事业,完善地方慈善法规,鼓励社会各界参与慈善工作。

第四十节　扩大保障性住房建设

按照统筹规划、分步实施的原则,重点保障城镇中低收入住房困难家庭、外来务工人员、新就业人员等群体的住房需求。

强化各级政府责任,加大保障性安居工程建设力度,基本解决保障性住房供应不足的问题。建立健全由廉租房、公共租赁房、经济适用房、限价商品房构成的住房保障体系。多渠道筹集租房房源,完善租赁补贴制度,稳步扩大覆盖范围。大力发展公共租赁住房,使其成为保障性住房的主体,逐步将新就业职工和符合条件的外来务工人员纳入供应范围。引导社会资金参与保障性住房建设运营。增加土地供应总量,调整供应结构,不断完善保障性住房配建制,将保障性住房列入控制性规划指标,作为土地出让招标的前置条件,确保落到实处。

加强保障性住房管理,制定公平合理、公开透明的保障性住房配租政策和程序,严格规范准入、退出管理和租费标准。倡导住房租赁消费,合理引导居民通过换购、租赁等方式,量力而行改善居住条件。

“十二五”期间建设保障性和政策性住房12.44万套,其中廉租房3.14万套、经济适用房4.9万套、限价商品房1万套、公共租赁房3.4万套。加大城市工矿区、林区、垦区的棚户区改造力度,改造棚户区住房4.23万套,从整体上缓解中低收入群体住房困难问题。

第十章　推动文化传承创新　促进文化大繁荣大发展

坚持社会主义先进文化前进方向,提高公民文明素质,基本建成覆盖城乡的公共文化服务体系,推动文化产业发展成为国民经济支柱产业。推进文化创新,深化文化体制改革,不断满足人民群众日益增长的精神文化需求。

第四十一节　提高公民文明素质

坚持马克思主义指导地位和中国特色社会主义理论体系，大力弘扬以爱国主义为核心的民族精神和以改革创新为核心的时代精神，深入开展社会主义核心价值观教育，提倡修身律己、尊老爱幼、勤勉做事、踏实做人，培育奋发进取、理性平和、开放包容的社会心态，引导人们知荣辱、讲正气、尽义务，着力营造风清气正的社会风气，进一步巩固全区人民团结奋斗的共同思想基础。深入推进社会公德、职业道德、家庭美德、个人品德建设，大力创建文明城市、文明村镇、文明单位、文明家庭、学习型组织，倡导终身学习理念，抓好文化、科技、卫生、法律、信息五下乡。高度重视未成年人教育，保护青少年身心健康。

第四十二节　健全公共文化服务体系

以保障和实现公民基本文化权益为出发点和落脚点，按照“公益性、基本性、均等性、便利性”原则，以政府为主导，以公共财政为支撑，以服务全民为对象，以城乡基层为重点，加快建立和完善覆盖城乡、惠及全民的公共文化服务体系，逐步缩小山川之间、城乡之间公共文化服务设施差距。

加强公共文化基础设施建设。建成宁夏大剧院、红旗文化大厦等一批标志性文化工程，着力改善全区公共文化馆、图书馆、体育馆以及社区和乡村基层公共文化设施条件，使各级各类公共文化设施基本达到国家标准并实行免费开放。

扶持公益性文化事业。实施文化信息资源共享、农村电影数字化放映、农家书屋和自然村广播电视村村通工程，建设文化大院、流动文化服务、文化广场升级改造等文化惠民工程。到2015年实现全区广播电视户户通目标。

加强文化遗产保护，积极组织挖掘、整理、抢救、保护非物质文化遗产。扶持具有回族特色的民族、民间、民俗文化加快发展。在传承的基础上推进文化生产和传播创新，加强重要新闻媒体及互联网等新型媒体建设，把握正确舆论导向，提高传播能力。

推进学科体系、学术观点、科研方法创新，繁荣发展哲学社会科学。加强宣传和对外交流，增强文化竞争力和影响力。加强城乡群众性公共体育设施建设，大力开展全民健身运动，提高竞技体育水平。

第四十三节　推动文化产业大发展

逐步推动文化产业成为我区支柱性产业，增强文化整体实力和竞争力。

深入挖掘回族优秀文化、红色经典文化、丝绸之路文化、大漠黄河生态文化、边塞军旅文化、西夏遗存文化等特色文化。加快建设黄河金岸文化产业带、贺兰山历史文化产业带、六盘山生态文化产业带。实施重大文化产业项目带动战略，进一步提升文化影响力。大力推动文化产业结构调整与资源整合。加快文化产业基地和区域性特色文化产业集群建设，大力发展影视制作、出版发行、演艺娱乐、文化会展等产业，积极培育网络、动漫、创意等新兴文化产业。实施文化精品工程，创作一批思想深刻、艺术精湛、群众喜闻乐见的文化精品，艺术再现回族优秀文化。

培育骨干文化企业，做大做强宁夏报业集团、黄河出版传媒集团、宁夏影视传媒集团、宁夏演艺集团等大企业，支持发展“专、精、特、新”的中小型文化企业，增强多元化供给能力，满足多元化社会需求，繁荣文化市场。

第四十四节 深化文化体制改革

以创新文化生产和传播方式、解放和发展文化生产力为重点，整合资源、增加投入、转换机制、完善服务，激发公益性文化活力。

围绕重塑文化市场主体，推进国有经营性文化单位加快建立现代企业制度，完善法人治理结构，发展经营性文化产业。培育国有骨干文化企业和战略投资者，努力提高文化企业的实力和竞争力。围绕提高服务水平和能力，深化公益性文化事业单位劳动人事、收入分配等制度改革，不断增强活力，最大限度地发挥社会效益。

专栏13 文化繁荣发展重点项目

※**公共文化服务体系建设项目**：建设宁夏大剧院、美术馆、贺兰山体育场，固原市广电中心、吴忠市新闻中心。建设地市级公共文化馆、图书馆、体育场馆达标建设，新建和改扩建一批县级文化馆、图书馆和乡镇综合文化站，实施20户以下自然村广播电视村村通工程。实施文化信息资源共享、农村电影数字化放映、农家书屋、农民体育健身工程等文化惠民工程。

※**文化产业振兴项目**：建设移动多媒体广播电视系统、宁夏高清数字电视节目制作播出系统、地面数字广播电视单频示范网、宁夏广播电视综合信息网、宁夏区域性影视基地，建成红旗文化大厦、宁夏图书出版大厦等项目，建设黄河文化展示园，建成黄河楼、黄河书院等标志性工程。

※**文化和自然遗产地保护项目**：迁建西夏陵博物馆，扩建固原博物馆，建设文物大县县级博物馆及地级市综合性博物馆。

※**体育运动设施建设项目**：自治区水上运动中心、吴忠市体育场等市县级体育场馆建设、农民体育健身工程等。

理顺文化行政管理部门与所属企事业单位的关系，加快转变政府职能，推进政企、政事分开，使文化行政管理部门实现由办文化为主向管文化为主转变，更好地履行政策调节、市场监管、社会管理、公共服务的职能。积极推进投资主体多元化，支持有条件的文化企业面向市场融资，提升经营性文化竞争力。建立健全文化产业协会，大力发展文化经纪、文化代理等中介组织。

第十一章 增强自主创新能力 实施科技兴宁和人才强区战略

充分发挥科技第一生产力和人才第一资源作用，增强自主创新能力，壮大创新型人才队伍，提高全民科学素质，为加快转变经济发展方式、实现全面建设小康社会奋斗目标奠定坚实的科技基础并提供坚强的人才保证。

第四十五节 增强自主创新能力

结合我区区情，支持原始创新，加快推进集成创新与引进、消化、吸收、再创新，着力提高自主创新能力，促进科技成果向现实生产力转化。

实施重大科技专项，深入实施科技创新工程，重点在能源化工、新能源、新材料、先进装备制造、生物医药、特色优势产业、节能环保、人口与健康等领域取得新突破。围绕重点产业和关键领域，启动20个重大科技专项，攻克一批关键共性技术，引进、推广、应用一批先进技术，掌握一批核心知识产权，开发一批优势特色产品，形成一批拥有知名品牌的优势企业，显著提升经济社会可持续发展的科技支撑能力。

建立企业、大学和科研机构紧密结合的产业技术创新战略联盟，鼓励有条件的企业建立产学研合作基地，构筑企业技术支撑体系，提升研发水平和成果转化能力。在区内国有和国有控股、非公经济产值超亿元的生产企业建立研发机构，加大研发投入，积极支持科技型中小企业发展。积极开展国内外科技合作。力争到“十二五”末，培育100家高新技术企业，建成300个成长性好、覆盖各个领域的科技型中小企业。

到2015年，全社会研究与试验发展（R&D）支出占地区生产总值比重达到1.2%以上，高新技术产业增加值占工业增加值的比重达到10%以上，科技进步对经济增长的贡献率达到48%以上。

第四十六节　健全创新体系

以科技研发、科技资源共享为重点，搭建和完善50个科技创新平台，建设区域创新体系。

围绕自治区特色优势产业完善科研院所布局，建设一个产业一个研发平台、一套研究机构的科技成果转化公共服务平台。鼓励发展科技中介服务。以国家和自治区工程实验室、重点实验室、工程技术研究中心和企业技术中心建设为重点，建立完善以企业为主体、市场为导向、产学研相结合的技术创新体系，增强科技服务产业发展能力。强化支持企业创新和科研成果产业化的财税金融政策，加大政府对研发和创新平台技术设施建设的投入，促进科技和金融结合。实施《全民科学素质纲要》，着力加强科普能力建设。实施知识产权战略，加强知识产权创造、运用、保护和管理。全面落实企业研发投入加计扣除、研发设备加速折旧、所得税减免等激励政策。建立健全科技进步考核体系，加强对各级政府和国有、国有控股企业科技进步目标的考核。

“十二五”期间，建设完善自治区级重点实验室20个、工程技术研究中心30个、技术创新中心100个，建设国家级企业技术中心10个。加快推进自治区六大高新技术产业基地建设，加快科技孵化园和工业园区科技孵化基地建设。

第四十七节　造就高素质人才队伍

推进人才强区战略，统筹各类人才队伍建设，为我区全面建设小康社会提供坚强的人才保证和广泛的智力支持。

围绕建设创新型宁夏、构建现代产业体系和建设内陆开放型经济区，在经济社会发展的支柱产业、特色产业和重点领域，培养一批创新型科技人才和经济社会发展的急需人才。建设高层次创新型人才培育基地和急需紧缺专业技术人才培养基地、科技创新团队和人才高地。积极引进特需特缺人才，争取“千人计划”，继续实施“百人计划”，启动并实施国内高层次人才引进计划。

推进科技创新团队和人才提升、未来人才储备工程，实施专家服务团和科技特派员创业行动，加大青年人才培养力度，努力形成合理的人才梯次结构。支持高等院校、职业技术学校根据需求联合、定向培育企业所需技术人才。

推进党政人才、企业经营管理人才和专业技术人才队伍建设，广泛培养高技能人才、农村实用人才和社会工作人才。充分发挥区内人才作用，稳定区内人才队伍，实施“塞上英才”培养激励计划，努力培养造就科技领军人才，大力培养少数民族高层次骨干人才。

专栏 14　科技自主创新重点项目

※**重大科技支撑项目**：宁东煤化工产业研发、新能源产业研发、新材料及稀有金属材料应用开发、生物产业研发、先进装备制造研发、节能环保产业研发、农业特色优势产业研发、固原盐化工产业研发等科技支撑工程。
※**科技创新平台项目**：科技资源共享建设工程、科技研发平台建设工程、科技成果转化平台建设工程，科技基础研究工程，银川科技孵化园和创业园。
※**自主创新体系项目**：宁东煤化工资源循环利用国家地方联合工程实验室、枸杞繁育与加工国家地方联合工程研究中心，西北特色经济林栽培与利用国家地方联合工程研究中心。
※**科普基础设施项目**：建成石嘴山市科技馆，争取建设固原市科技馆，建设市县级综合性科普场馆。
※**人才培养引进项目**：创新型人才培育基地、紧缺专业技术人才培养基地、塞上英才培养激励计划、千人计划、百人计划和国内人才引进计划项目。

创新人才发展的体制机制，建立完善有利于各类人才脱颖而出、充分施展才能的选人用人机制。改进、完善人才管理方式，促进人才向重点领域和基层流动。优先保证人才发展的投入，建立人才发现和激励新机制。支持银川市建设“人才特区”或“人才管理改革试验区”。到“十二五”末，全区人才总量超过 50 万人，培育建设 50 个优势科技创新团队，培养造就一批在全国有影响的专家、学者和学术带头人。

第十二章　改善生态环境　构建“两型”社会

树立生态、绿色、低碳发展理念，以节能减排和生态建设保护为重点，健全激励和约束机制，加快构建资源节约、环境友好的生产方式和消费模式，增强可持续发展能力。

第四十八节　积极应对全球气候变化

采取得力措施，以降低能源消耗强度和二氧化碳排放强度为重要抓手和突破口，减缓气候变化。进一步强化节能目标责任制，加强重点企业节能管理，完善落后产能退出机制，限制和淘汰低效落后的工艺设备。利用 IGCC（燃气蒸汽联合循环发电技术）和煤气化多联产等先进技术，大力推进煤炭清洁高效利用。严格执行新建项目节能评估审查，推进合同能源管理。到 2015 年，高耗能行业单位产品能耗指标达到或超过国内同行业先进水平。

建设低碳产业园区，大力发展信息、旅游、动漫、文化创意等低碳产业，鼓励发展新能源及新能源设备制造产业，进一步延伸风力发电、太阳能光伏发电产业链。优化能源消费结构，提高非化石能源消费比重，广泛开展农村沼气综合利用，鼓励低碳产品消费。建立和完善温室气体排放统计监测制度，积极推进碳排放交易平台建设，加快碳交易步伐。

坚持用低碳理念指导城市规划编制，发展低碳城市。应用绿色节能建筑技术，发展节能节地建筑，执行新建住宅建筑和公共建筑推广节能 65% 的标准。优先发展城市公共交通，推广使用节能环保型汽车，建设绿色照明工程。

加强适应气候变化能力建设，科学分析评估气候变化对经济社会发展的影响。优化水资源配置，合理调整农业生产结构与布局，提高保护性农业发展的比重。继续实施退耕还林、封山禁牧、防沙治沙等工程，提高植被覆盖率，增强固碳能力。根据水土资源潜力，大力实施生态移民工程，实现人口、资源、环境的协调发展。

第四十九节　大力发展循环经济

坚持减量化、再利用和资源化，全面推进循环经济发展，从生产、流通、消费各环节入手，构建资源循环利用体系，大幅度提高资源产出效率。

以沿黄经济区为重点，全面推进清洁生产，打造煤炭、化工、冶金、造纸等高效循环生态产业链，着力发展循环型农业。强化资源综合利用，推进城市生活垃圾与废弃物资源化利用，提高工矿企业水资源循环利用率和城市再生水利用率。

继续推进宁东基地国家级循环经济示范区、石嘴山市国家级循环经济示范城市、永宁县农业循环经济示范县、灵武市可再生资源利用循环经济示范园、大地循环经济产业园等建设，为创建全国循环经济示范省区打下坚实基础。

第五十节　加强资源节约和管理

着力推进节水、节地、节材，加大资源勘查力度，加大资源供给，建设集约、清洁、绿色的资源节约型社会。

强化水资源节约、管理和有偿使用，严格控制深层地下水开采，科学利用浅层地下水和地表水，加强水源地保护，深入开展农业节水、工业节水、城市节水，全面推进水权转换。

严格执行土地利用总体规划，实行城乡建设用地增减挂钩，控制城镇建设用地，保护基本农田，开展农村土地整理，推进农村居民点撤并后的土地复垦。

制定重点行业原材料消耗技术标准，开发节材代木、代钢、代铝等新材料、新技术、新产品、新工艺。大力推广使用散装水泥、新型墙体材料、可降解材料和替代材料。增强全民资源节约意识，减少使用一次性用品，抵制过度包装，倡导绿色消费。

加强矿产资源勘探和保护，重点加强宁东地区煤炭资源、卫宁北山金属矿产、原州区岩盐、中南部缺水地区地下水以及宁夏急需紧缺矿产资源的勘查。依法规范矿产资源开发秩序，严格执行矿产资源开发准入制度，实行有限开发、有序开发、有偿开发。

第五十一节　加大环境保护力度

围绕生态文明建设，加快建设环境友好型宁夏，促进经济发展方式转变，不断开创经济、社会和环境共赢的新局面。到2015年，黄河干流宁夏段水质全面达到Ⅲ类，饮用水水源达标率90%以上，县级以上城市空气质量Ⅱ级标准天数比例达到80%以上，确保二氧化硫、氮氧化物、化学需氧量、氨氮等主要污染物控制在国家下达的指标内。

以环境保护优化经济发展，围绕创建宁东能源化工基地等生态工业园区、实施沿黄城市带区域环境全防全控、确保中部干旱带饮用水安全、加强南部山区生态保护为重点，严格执行环境影响评价、产业和项目准入制度，设置鼓励、限制和禁止建设的产业环保准入标准。

强化主要污染物排放总量控制，实施重点流域综合整治，推进大气污染联防联控，创建生态示范县，加强农村环境综合整治，完善环境监管体系，提高环境监管能力，加强采煤沉陷区治理等重点工作。进一步强化环境目标责任制，将污染总量减排、环境质量目标、重点流域水污染防治、重大环境事件和污染事故防范与应急处置等纳入目标责任制考核范围，实行严格的环保绩效考核，落实问责和责任追究制度。严格环境执法，加强环境监测和环境执法能力建设。改善全区环境质量，实施环保民生工程，切实解决老百姓关心的突出环境问题。

专栏15　节能环保重点项目

※**节能重点工程项目**：窑炉改造工程、余热余压利用工程、能量系统优化工程、电机系统节能工程、合同能源示范推广工程、建筑节能工程、绿色照明工程、区域热电联产工程。
※**循环经济试点项目**：宁东能源化工基地循环经济试点、石嘴山市循环经济试点，灵武市资源再生利用示范基地建设，大地循环经济产业园、餐厨废弃物资源化试点工程建设，再制造产业化工程，农业循环经济示范工程。
※**工业污染减排项目**：火电脱硫脱硝项目、重金属污染防治项目、宁东等工业园区污水处理及中水回用项目。
※**城镇环境基础设施项目**：升级改造污水处理厂，新建污水处理厂、集污管网、再生水厂、污泥处理设施、生活垃圾填埋场、生活垃圾渗滤液处理设施。
※**农村环境连片整治示范项目**：农村生活污水、垃圾和畜禽养殖废弃物处理示范工程，整治连片村庄1100个。以村为单位建设农村清洁工程100个。
※**资源综合利用项目**：采煤沉陷区治理、“五大十特”工业园区固体废弃物处置与综合利用，宁夏电子废弃物资源化综合利用项目。
※**区域水环境污染防治项目**：城乡饮用水水源地保护工程、黄河流域宁夏段支流、排水沟治理工程，河道生态污染治理及生态恢复与保护建设。
※**环境监管能力建设项目**：环境监测、辐射、应急、执法宣教能力标准化建设，宁夏地表水自动监控体系、城市及工业园区空气自动监测系统，自治区污染源自动监控体系、预警应急及环境风险防范体系。

第五十二节　建设西部生态文明先行区

坚持保护优先与自然修复为主，以荒漠化防治和水土保持为重点，着力推进生态脆弱区综合治理，构建以六盘山水源涵养和水土流失防治生态屏障、贺兰山防风防沙生态屏障、中部防沙治沙带和宁夏平原绿洲生态带为骨架的“两屏两带”生态安全战略格局。

北部引黄灌区以农田、湿地和城市生态系统建设为核心，重点完善农田林网和贺兰山东麓防护林体系，保护绿洲湿地，打造黄河金岸绿色长城。中部干旱带以防沙治沙为核心，继续实施封山禁牧和退牧还草，恢复退化草场植被，积极推进沙产业开发，建设全国防沙治沙综合示范区。南部山区以水源涵养林和水土保持为核心，加快泾河、葫芦河、清水河、祖厉河等重点流域综合治理，巩固退耕还林成果。

专栏16　生态建设重点项目

※**生态修复与保护项目**：退耕还林、“三北”防护林、天然林资源保护、大六盘生态经济圈建设、城乡大环境绿化工程。
※**黄河金岸绿色长城项目**：生态景观林5万亩、防护林20万亩、经果林10万亩、湿地恢复和保护40万亩。
※**防沙治沙综合示范区项目**：治理沙化土地420万亩。
※**中南部水土保持和生态治理项目**：“三河源”保护和小流域综合治理工程。治理中小河流69条，治理水土流失面积5000平方公里，新建水库6座，完成小型病险水库加固177座，新建骨干坝467座。
※**草原保护和建设项目**：综合整治沙化草原800万亩，建设多年生优质牧草基地400万亩，退牧还草围栏300万亩，草场补播改良1100万亩。
※**湿地保护项目**：湿地自然保护区10处，湿地示范区3处，保护湿地60万亩，恢复湿地5万亩。
※**生态环境保护项目**：自然保护区建设工程、生物多样性保护工程、自然生态监管能力建设工程、生态建设示范区创建工程。

图5 "两屏两带"生态安全战略格局

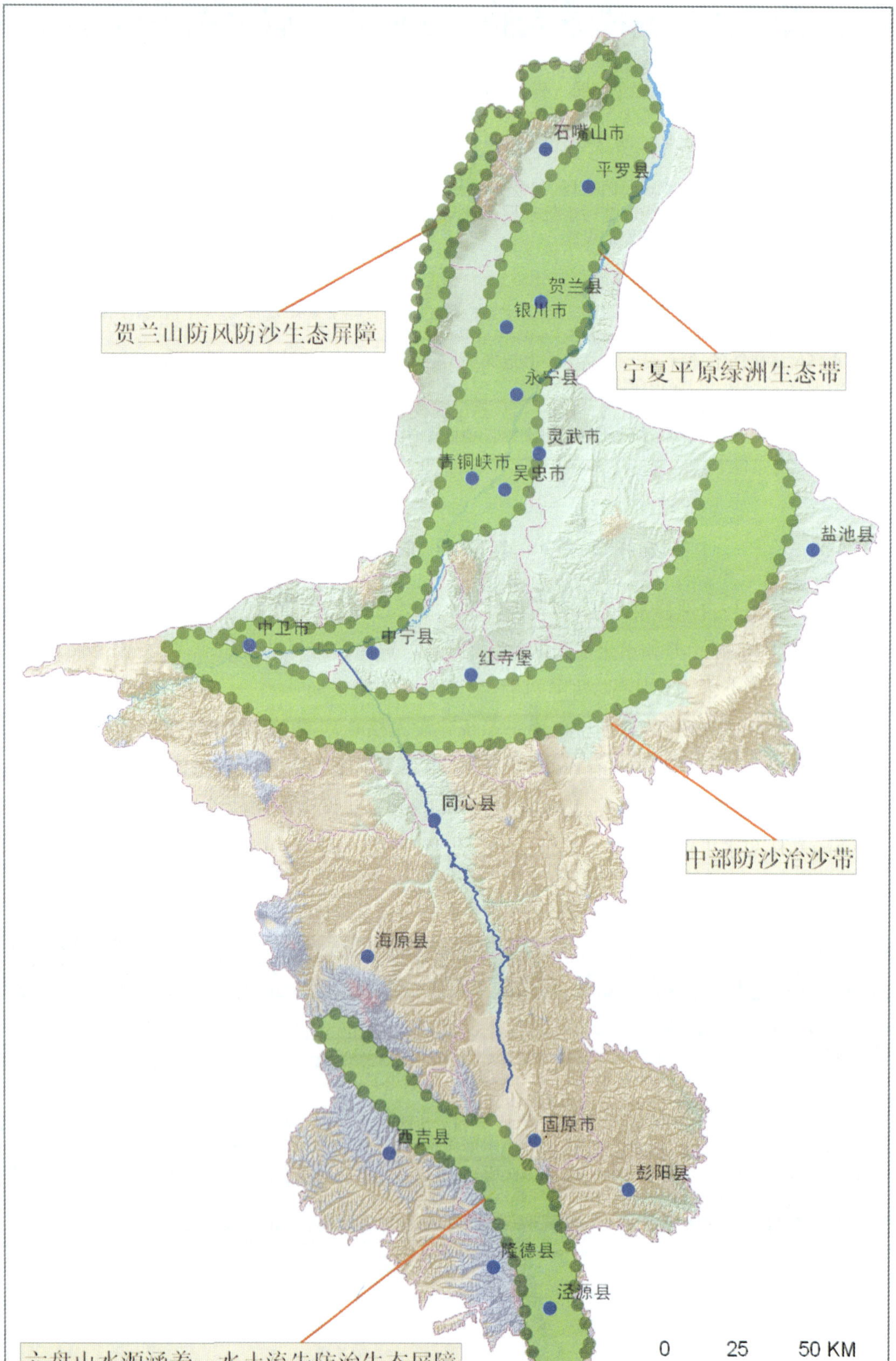

石嘴山市
平罗县
贺兰县
银川市
永宁县
灵武市
青铜峡市
吴忠市
盐池县
中卫市
中宁县
红寺堡
同心县
海原县
固原市
西吉县
彭阳县
隆德县
泾源县
贺兰山防风防沙生态屏障
宁夏平原绿洲生态带
中部防沙治沙带
六盘山水源涵养、水土流失防治生态屏障
0 25 50 KM

加快推进“六个百万亩”生态经济林建设工程，实施“三河源”水源保护工程和大六盘生态经济圈建设，增加城市公共绿地面积，加强重点镇、中心村、生态移民新村绿化。加大宁东、太阳山等工业园区生态建设和保护力度。进一步提高自然保护区等重点生态功能区的保护和管理，增强涵养水源、保持水土、防风固沙能力，保护生物多样性。加快建立生态补偿机制。

五年营造林面积1125万亩，治理沙化土地420万亩，森林覆盖率达到15%以上。

第十三章　扩大对外开放　发展内陆开放型经济

坚持以大开放促进大发展，树立全球战略眼光和合作共赢理念，充分发挥自身优势，进一步拓展对内对外开放的广度和深度，努力构建全方位、多层次、宽领域的对外开放新格局，打造内陆开放新高地。

第五十三节　深化国内区域合作

积极推进与外省、市、自治区的区域合作，不断夯实合作基础，创新合作机制，拓展合作领域，努力形成三大合作圈。

毗邻地区合作圈。充分发挥宁蒙陕甘毗邻地区共同发展联席会议机制作用，以能源化工金三角开发、呼包银经济区建设和陕甘宁革命老区振兴为契机，重点深化宁夏与三省区在能源、化工、冶金、服务业、扶贫开发、资源综合利用等领域的交流合作，共同推进能源金三角一体化发展，加快推进呼包银经济区建设，实现陕甘宁革命老区共同繁荣发展。

西部经济合作圈。西北区域，积极促进疆煤进宁，加快推进黄河上游经济区建设，全面加强与新疆、青海、甘肃在劳务、能源、化工、清真食品与穆斯林用品产业等领域的合作与开发。西南区域，加强与四川、重庆、云南、广西、贵州在特色旅游、特色农产品、文化产业、节能环保、新材料、生物医药等方面的合作，力争取得实质性进展。

东中部地区合作圈。发挥宁夏承东启西的区位优势，加强与京津冀、长三角、珠三角、海西经济区、东北老工业基地等地区在经济、技术、文化、旅游等方面的交流合作。加快建设承接东中部产业转移平台，探索与东中部地区政府、开发区、战略投资者和中央直属企业合作共建开发区、园中园、托管园区，积极吸纳东中部地区资本、技术、人才、品牌等要素，促进我区装备制造业，原材料产业，特色农产品加工业和高技术产业以及战略性新兴产业的优化升级。

第五十四节　扩大对外交流合作

立足宁夏，面向世界，积极参与国际产业的分工与合作，充分利用两种资源、两个市场，努力形成开放与发展新优势。

扩大对外贸易。主动适应国际贸易发展新趋势，加快调整对外贸易产品结构，加强新材料、生物医药、羊绒制品、机电、信息软件、清真食品等出口创汇基地建设，巩固扩大欧美日韩等外贸市场，积极开拓中东、西亚、北非、南美等新兴市场，切实做大对外贸易规模，形成海外进出口贸易网络。积极引进国际先进技术和关键设备，促进传统产业与国际市场接轨。

提高利用外资水平。以特色优势产业为重点，积极吸引外商直接投资。引进一批跨国公司在我区设立生产基地、投资公司、研发中心、采购中心和地区总部，引进一批投资规模大、技术含量高、带动能力强的重大项目。鼓励外资以合资、合作、参股、并购、特许经营、租赁等方式参与我区商贸、旅游、金融、文化、卫生、环保、农业和基础设施等领域的建设与经营。积极稳妥地利用国际金融组织和外国政府优惠贷款，优化贷款投向，提高贷款使用效率。

实施“走出去”战略。鼓励有条件的企业开展对外投资，收购国外优良资产，开展跨国生产和境外加工，规避贸易壁垒，拓展国际市场。大力发展海外工程承包，积极承揽国际工程设计与项目施工，提高国际劳务输出，支持本土企业参与境外土地开发。

第五十五节 打造面向穆斯林世界开放的前沿阵地

发挥宁夏回族穆斯林文化优势以及与阿拉伯世界先行交往优势，加快建设与阿拉伯国家和穆斯林地区国际经贸文化合作交流平台，发展面向穆斯林世界的经贸文化合作，努力将我区建成我国向西开放的前沿阵地。

搭建一个平台。办好一年一度的“中国（宁夏）—阿拉伯国家博览会”、“中国（宁夏）—阿拉伯国家经贸论坛高峰会议”和“中国（宁夏）—阿拉伯国家文化艺术节”，搭建中阿双方国家级、国际性、永久性的经贸、能源、投资、金融、旅游和人力资源培训等领域合作新平台。

建立两项机制。建设宁夏清真食品认证中心，升级宁夏清真食品认证标准为行业标准和国家标准，尽快实现与国际清真认证标准（Halal）接轨，形成国内统一、国际认可的相互认证机制；制定中国清真食品穆斯林用品的产业标准，形成规范有序、双方认可的产业准入准出机制。

建设三大基地。清真食品和穆斯林用品集散基地。加快清真食品和穆斯林用品研发、生产、销售，扶持出口龙头企业，建设中国（宁夏）—穆斯林国家青年创业园、中国（宁夏）—穆斯林国家清真产业国际工业园，大力发展清真产业集群。依托宁夏国际空港物流园区，建设国家级综合保税区，建设中国小商品交易中心、清真食品交易中心、国际穆斯林商品交易中心等项目，发展集保税仓储、保税出口加工、物流服务、境内关外国际集中采购的物流中转基地，把宁夏建设成为中国清真产品进入穆斯林世界、世界穆斯林产品进入中国的枢纽。国内外产业转移承接基地。适应国内外产业转移的新趋势，以项目对接为纽带，努力改善发展环境，鼓励各市县与阿拉伯国家及穆斯林地区、沿海地区、战略投资者和中央直属企业，合作共建产业园区，承接组团式产业转移。面向阿拉伯国家和穆斯林地区开放合作的人才培育基地。适应内陆开放型经济发展需求，强化国际经贸、法律等相关专业人才培养。办好宁夏大学阿拉伯语学院和阿拉伯国家及穆斯林地区研究院，开展阿语短期培训和学历教育。支持宁夏大学等院校走出去开办孔子学院，拓展与阿拉伯国家及穆斯林地区的文化、科技和教育合作，把宁夏建设成为我国最大的阿语培训基地、阿拉伯国家及穆斯林地区研究中心以及国内外穆斯林学生学习和培训基地。

建设四大中心。经贸文化交流中心，引导企业和社会各界广泛开展与阿拉伯国家和穆斯林地区的各类经贸文化交流与合作，鼓励双边开展学术研究与交流，积极开展教育、医疗等社会事业方面的交流合作，逐步将宁夏建设成为中阿经贸文化交流合作与文明对话的主阵地。文化休闲度假中心，建设世界穆斯林文化博览园、世界穆斯林民俗村、世界穆斯林友谊广场、世界穆斯林历史博物馆，形成国际知名的文化旅游休闲度假中心。阿拉伯国家投资承接中心，积极引进阿拉伯国家及穆斯林地区金融机构和有实力的企业来宁设立分支机构、开展合作，吸引保险、担保等机构来宁发展非银行金融业务，积极稳妥推进与阿拉伯国家金融机构业务试点，把宁夏作为承接阿拉伯国家及穆斯林地区投资的重要平台。清真食品穆斯林用品设计、加工和博览中心,研究开发适宜阿拉伯国家及穆斯林地区市场需求的新技术、新工艺、新产品、新包装,依托银川、吴忠等地清真产业园区和优势特色农产品基地,大力发展清真食品穆斯林用品加工业。建设中阿经贸论坛永久性会址、中阿博览会国际博览中心和阿拉伯国家外宾接待中心。

专栏 17　内陆开放型经济重点项目

※**中阿(宁夏)经贸论坛银川永久会址**。国际穆斯林大厦,外宾接待中心、国际博览中心、阿拉伯国家商务区等建筑群落及附属设施建设。
※**世界穆斯林文化城**。回乡文化园二期、世界穆斯林民俗村等文化建设项目及附属设施建设。
※**中国国际穆斯林商贸城**。中国小商品贸易中心、中国清真食品穆斯林用品贸易中心和国际穆斯林商品贸易中心及附属设施建设。
※**清真食品国际认证大厦**。清真食品检测,穆斯林用品认证、监管与认证培训和清真食品穆斯林用品研发建设。

第十四章　优化发展环境　凝聚跨越发展强大动力

推进宁夏经济社会发展新跨越,任务艰巨,使命光荣,必须进一步优化发展大环境,大力发展社会主义民主政治,深化体制机制改革,全面推进法制建设,建立政府与社会力量共同参与的社会管理新机制,加强和保障公共安全,凝聚新跨越的强大动力。

第五十六节　深化重点领域和关键环节改革

推进行政管理体制改革。进一步转变政府职能,切实把政府职能转向提供优质公共服务、创造良好发展环境和维护社会公平正义上来。全面推行自治区直管县改革,实施扩权强县。强化政府社会管理和公共服务职能,建设服务型政府,提高宏观经济调节和市场监管水平。加强政府效能建设,强化政绩考核。健全科学决策和信息公开机制,完善公众参与、专家论证和政府决策相结合的科学决策体系。

加快农村综合改革。稳定完善农村家庭联产承包基本经营制度,推进农村土地使用制度改革,依法规范土地有偿流转,完善农村土地承包纠纷争端解决机制。深化农村综合改革,推进集体林权和国有林区林权制度改革,完善草原承包经营制度,加快农垦管理体制改革。创新农村产权制度,开展农村土地确权工作,积极探索以宅基地置换城镇房产、以集体经济组织中资产所有权置换合作社股权的试点工作,保护农民财产权益性收入。继续推行农业经营方式改革,大力发展农业龙头企业和农民专业化合作组织。建立健全城乡发展一体化制度,促进公共资源在城乡之间均衡配置、生产要素在城乡之间平等交换和自由流动,全面提高财政保障农村公共服务水平。

深化国民收入分配体制改革。坚持按劳分配为主、多种分配形式并存、各种生产要素按贡献参与分配的基本制度。初次分配和再分配都要处理好效率和公平的关系,再分配更加注重公平。调整政府、企业、居民的收入分配关系,逐步提高居民收入在国民收入分配中的比重,提高劳动者报酬在初次分配中的比重。完善公务员工资制度,积极稳妥地推进事业单位绩效工资制度改革,推进企业职工工资集体协商和支付保障制度建设，改革国有企业特别是垄断行业工资总额管理制度。健全城镇最低工资制度，提高城乡低收入困难群众的保障。

*深入推进所有制改革。*推进国有经济战略性调整，切实把国有资本投资重点放在关系国民经济命脉的重要行业和关键领域。大力发展非公有制经济，鼓励扩大民间投资，进一步放宽民间投资的市场准入，扶持培育一批有实力、上规模的非公有制企业。鼓励有实力的社会法人和非公有制企业参与国有企业改制和重组，充分发挥非公有制经济在促进经济发展、扩大就业以及增加城乡居民收入中的重要作用。

*促进中小企业快速健康发展。*加大对中小企业的财税、金融支持力度。各级政府在本级财政预算中设立中小企业发展专项资金，加快自治区、市、县三级信用担保体系建设，按照国家和自治区的有关规定落实中小企业享受的税费优惠政策。鼓励各类金融机构开发适合中小企业的金融产品并扩大信贷支持，支持中小企业依法使用国际金融组织贷款和外国政府贷款、捐赠，支持符合条件的中小企业上市融资。建立和完善促进中小企业加快发展的体制机制。维护中小企业合法权益，保护其依法参与公平竞争与公平交易的权利，不得歧视、附加不平等的交易条件。法律法规未明令禁止的行业和领域，中小企业可以平等进入。加快中小企业公共服务平台、信息服务网络和创业基地建设。

*推进财税体制改革。*围绕推进基本公共服务均等化和主体功能区建设，规范和完善转移支付制度，增加一般性特别是均衡性转移支付的比例。按财力与事权相匹配的要求，进一步理顺政府间财政分配关系，逐步扩大对市县政府尤其是对中南部地区的公共财政转移支付规模和比例，提高基本公共服务产品投资力度。加大对服务业、战略性新兴产业税收优惠力度。完善预算编制和执行管理制度，强化预算支出约束和预算执行监督，提高预算完整性和透明度。全面扩大矿产资源税的征收范围，开征环境税，进一步推进费改税等税收政策改革。

*深化投资体制改革。*进一步完善政府投资项目决策机制，建立政府投资项目公示制、后评价制和责任追究制度。加强政府投资项目监管，全面推行政府投资项目代建制。牢固确立企业投资主体地位，抓紧完善与投资相关的法律法规制度建设，全面实施企业投资项目管理办法，落实企业投资项目核准、备案制及相关配套联动机制。完善投资体制机制，明确界定政府的投资范围，提高财政用于民生领域的支出比重，地方财政新增收入的2/3用于民生和社会事业发展。

*深化价格和收费改革。*完善资源性产品价格形成机制，重点推进电价、水价、天然气价格改革，建成全区统一的土地交易市场，改革污水处理、垃圾处理收费制度。完善医疗、教育、住房等重点民生价格监管政策。探索建立体现公益性质的医药价格形成机制，加强对高值医用耗材购销环节的价格监管，降低高端医疗设备检查费，调整医疗服务价格内部结构关系。规范各级各类学校的学费和住宿费标准，加强中小学服务性收费和代收费管理，鼓励有条件的地方降低或直接取消高中阶段择校费。

第五十七节　发展社会主义民主政治

坚持和完善人民代表大会制度、中国共产党领导的多党合作和政治协商制度、民族区域自治制度以及基层群众自治制度。巩固和发展民主团结、生动活泼、安定和谐的政治局面。自觉接受人民代表大会及其常委会的各项监督，进一步发挥政协和各民主党派参政议政的重要作用。扩大公民政治参与，依法保障公民知情权、参与权、表达权、监督权。加强社区、农村基层自治组织建设，深化政务、厂务、村务、校务公开。牢牢把握共同团结奋斗、共同繁荣发展主旋律，大力创建民族团结进步模范村镇社区、学校和企业。尊重信教群众的宗教信仰，提高依法管理宗教事务的水平，坚决抵御境内外敌对势力的渗透破坏活动。加强国民国防教育，强化国防动员基础设施建设，提升经济动员应急应战综合水平。推进双拥共建，巩固发展军政军民团结。大力开展创先争优活动，为“十二五”规划实施提供政治动力和组织保障。

第五十八节　全面推进法制建设

坚持依法治国，建设平安宁夏。加强执法监督，建立有权必有责、用权受监督、违法必追究的监督机制。深化司法体制改革，规范司法行为，促进司法公正，维护社会正义和司法权威。加强政法系统基础设施保障能力建设，改善基层基础设施条件，提高维护国家安全和社会稳定能力。

加强地方立法，提高立法质量，完善民族区域自治地方法制体系。积极开展法律援助，拓展和规范法律服务，建立健全控面兜底的矛盾纠纷调解网络。加强和改进信访工作。加强社会治安综合治理，着力解决突出的治安问题，防范和依法严厉打击各类违法犯罪活动。深入开展法制宣传教育，启动实施“六五”普法，提高全民法律素质，形成遵法守法、依法办事的社会风气，为全面实现新跨越创造安定和谐、友好宽松的法治环境。

第五十九节　加强社区和社会组织建设

充分调动和引导社会各方面力量有序参与社会管理，加快建立政府调控机制与社会协调机制互联、政府行政功能与社会自治功能互补、政府管理力量与社会调节力量互动的社会管理模式。

大力发展民办非企业单位、各类基金会，规范社团组织的发展与监管，进一步创新社会组织登记管理，改进社会组织登记管理办法，简化农村专业经济协会、社区基层社会组织的登记程序，实行备案制管理，适度放宽经济类、公益类和基金会的设立条件。加强社会组织监管，完善法律监督、社会监督、政府监督、自我监督相结合的监督体系，探索政府向社会组织转移职能和购买服务模式，创造社会组织健全发展的良好环境。

健全社区党组织领导的社区居民自治制度。把城市社区和农村社区建设作为社会管理的重要基础，加大社区服务设施建设力度，构建布局合理、功能齐全、运行规范的社区服务体系，建立新型社区管理和服务体制，推进社会管理重心向基层组织转移，使其承担政府和企事业单位剥离的社会管理和公共服务职能。加快社区信息化建设，构建社区综合管理和服务平台。

扎实推进社会管理创新，统筹协调各方面利益关系，拓宽和畅通社情民意表达渠道，推动形成科学有效的利益协调、诉求表达、矛盾调处和权益保障机制。支持工会、共青团、妇联等社会团体参与社会管理，共同维护群众权益，积极化解社会矛盾，切实解决影响社会稳定的源头性、基础性、根本性问题。认真解决好征地拆迁、企业改制、司法诉讼等关系群众切身利益的突出问题，有效预防和妥善处置群体性事件，确保社会稳定和长治久安。

第六十节　加强公共安全建设

强化全社会的公共安全意识，加强公共安全体系建设，提高公共安全保障能力。

全面提高防灾减灾能力。高度重视防震减灾工作，重点加强学校、医院等特殊部位防震减灾能力建设，提高设防标准和综合防御能力。加强对水利、气象、地震、农牧、林业、环保等各种灾害、事故预测预报和监测。开展地质灾害、气象灾害等评估,加快构建地质灾害、气象灾害、森林火灾、救灾物资储备等防灾减灾体系建设,实施地质灾害避让搬迁。加强黄河综合治理、病险水库除险加固、蓄滞洪区建设和城市防洪。

建立健全社会应急管理体制和应急救援体系。有效应对自然灾害、事故灾难、公共卫生、社会安全等突发公共事件,提高重大事件处置和重大自然灾害发生后的应急处置能力,切实保障人民生命财产安全。

严格安全生产管理。坚持安全第一、预防为主、综合治理,落实安全生产责任制,严格执行重大安全生产事故责任追究制度。加强交通、消防等安全生产基础设施建设,切实强化煤矿、化工、建筑、交通等高危行业的安全监管,有效遏制重大事故发生。到2015年,单位地区生产总值生产安全事故死亡率下降36%,工矿商贸就业人员生产安全事故死亡率下降10%,有效控制一次死亡10人以上重特大事故的发生。

第十五章 保障规划实施 顺利实现发展宏伟蓝图

积极组织实施本规划确定的各项任务,对推进今后五年经济社会科学发展、跨越发展至关重要。在社会主义市场经济体制条件下,既要充分发挥市场配置资源的基础性作用,也要重视发挥政府正确履行职责,积极引导各类社会资源,合理调控配置公共资源,确保规划的顺利实施。

第六十一节 加强重大项目谋划与实施

高度重视和充分发挥投资对我区经济增长的重要拉动作用,把加快投资增长和优化投资结构作为实现新跨越目标和转变发展方式的重要抓手。紧抓新一轮西部大开发的战略机遇,围绕新型工业、现代农业、现代服务业,战略性新兴产业、基础设施、公共服务等重要领域,进一步解放思想,拓宽思路,高起点、高水平谋划一批事关当前和长远发展的重大项目,切实增强我区经济社会的可持续发展能力。不断开拓投资增长的新领域,建立重大项目库动态更新机制。完善投融资平台,优化投资环境,积极引导社会力量参与我区经济社会建设。建立目标责任制和激励机制,将固定资产投资任务分解落实到市县、部门、项目单位和具体责任人,纳入各级政府年度效能目标考核管理体系,确保完成"十二五"规划确定的全社会固定资产投资目标。

第六十二节 明确规划实施职责

本规划提出的各项发展改革目标任务,各地各部门要严格按照职能分工,各司其职。本规划确定的各项约束性指标,具有法律效力,必须逐级逐项分解落实,纳入各地各部门经济社会发展综合评价和绩效考核。本规划总体上具有宏观性、战略性、政策性,是自治区制定各项经济社会发展政策、专项规划、区域规划、市县规划及年度计划的重要依据。与本规划相配套的若干专项规划、区域规划,由有关部门组织制定,报自治区人民政府和规划主管部门批准实施。完善规划协调机制,下级规划必须服从上级规划,专项规划必须符合总体规划。通过年度计划分解落实五年规划主要目标和重点建设任务,形成有效分类实施机制。

专栏 18 重点专项规划

(1)工业发展规划;(2)能源发展规划;(3)战略性新兴产业规划;(4)农业和农村经济发展规划;(5)服务业发展规划;(6)独具特色旅游目的地规划;(7)水利发展规划;(8)综合交通运输体系发展规划;(9)生态移民规划;(10)城镇化发展规划;(11)教育发展规划;(12)卫生发展规划;(13)人力资源和社会保障事业发展规划;(14)文化产业发展规划;(15)科技发展规划;(16)生态建设规划;(17)环境保护规划;(18)节能减排规划;(19)低碳经济发展规划;(20)绿色建筑发展规划;(21)安全生产规划;(22)内陆开放型经济区规划。

第六十三节 加强规划动态监测

建立规划实施动态监测机制,实行年度巡查报告制度。完善规划中期评估机制,根据实际按程序对规划进行必要调整。自治区发展和改革委员会要加强对本规划实施情况的监测和跟踪分析,各地各部门要自觉接受自治区人民代表大会及其常务委员会对规划实施情况的监督检查。健全政府与企业、公众的沟通机制,推进规划实施信息公开,加强社会监督。

站在新的历史起点上,抢抓西部大开发历史机遇,全面实施“十二五”规划,对加快推进全面小康社会建设具有十分重大的意义。全区各族人民要紧密团结在以胡锦涛同志为总书记的党中央周围,高举邓小平理论和“三个代表”重要思想伟大旗帜,全面贯彻落实科学发展观,在自治区党委、政府的正确领导下,开拓进取,科学发展,为建设和谐富裕的新宁夏而努力奋斗!

新疆维吾尔自治区国民经济和社会发展第十二个五年规划纲要

（2011 年 1 月 18 日新疆维吾尔自治区
第十一届人民代表大会第四次会议批准）

"十二五"时期，是全面建设小康社会的关键时期，是深化改革开放、加快转变经济发展方式的攻坚时期，是深入贯彻落实中央新疆工作座谈会和自治区党委七届九次、十次全委（扩大）会议精神，推进我区经济社会跨越式发展和长治久安的重要时期。在新时期新阶段，编制并实施好"十二五"国民经济和社会发展规划，对于推动我区大建设、大开放、大发展，开创各项工作新局面，具有十分重要的意义。

第一篇　开创经济社会跨越式发展的新局面

第一章　基础和环境

"十一五"时期，自治区党委、自治区人民政府团结带领全区各族人民，以科学发展观为统领，坚定不移地贯彻党中央、国务院关于促进新疆发展和稳定的一系列重大战略部署，全面落实中发 11 号和国务院 32 号文件精神，扎实推进西部大开发战略，积极应对国际金融危机冲击和重大自然灾害的挑战，坚决排除国内外敌对势力的破坏和干扰，艰苦奋斗，锐意进取，取得了经济建设、政治建设、文化建设、社会建设和生态文明建设的新成就，"十一五"规划确定的主要目标和任务如期完成。目前，我区经济社会加快发展，综合实力明显增强，基础设施条件进一步改善，生态环境建设取得重大进展，特色优势产业快速发展，改革开放成效显著，社会事业蓬勃发展，各族人民共同团结奋斗的物质基础、政治基础、思想基础、群众基础不断巩固,我区经济社会发展已经进入新时期和新阶段。

专栏1 “十一五”规划主要指标实现情况

指　　标	2005年基期数	2010年规划目标		2010年执行情况	
		平均增速	期末数	平均增速	预计完成
全区生产总值(亿元,现价)	2604	9%		10.6%	5418.8
全社会消费品零售总额(亿元)	638	12%以上		16.7%	1378
全社会固定资产投资(亿元)	1352	16%以上		21.2%	3539
五年累计完成投资(亿元)		10000		12039	
地方财政一般预算收入(亿元)	180	16%以上		22.7%	500.5
外贸进出口总额(亿美元)	79.4	18%以上		16.6%	171.3
五年累计城镇新增就业(万人)		145		207	
城镇登记失业率(%)	3.9	4以内			3.9
城镇化率(%)	37.2		42		40
人口自然增长(‰)	11.38	11以内			11以内
初中学龄人口净入学率(%)	92		95		95
新型农村合作医疗覆盖率(%)	59		100		100
森林覆盖率(%)	2.94		3.2		4.02
城市建成区绿化覆盖率(%)	30		35		34.3
城市居民人均可支配收入(元)	7990	8%		11.3%	13644
农民人均纯收入(元)	2482	6.5%		13.3%	4643

“十二五”时期,我区经济社会发展呈现新的阶段性特征。党中央、国务院根据新疆在国家战略全局、核心利益中的特殊重要性,高瞻远瞩,统揽全局,作出了推进新疆跨越式发展和长治久安的总体战略部署,突出强调了新疆发展和稳定的特殊重要地位、特殊重要意义和新疆肩负的特殊重要任务。新疆是我国实施西部大开发战略的重点地区,是祖国西北的战略屏障,是对外开放的重要门户,是国家战略资源的重要基地;新疆的发展和稳定关系全国改革发展稳定大局,关系祖国统一、民族团结、国家安全,关系中华民族的伟大复兴。我们已经进入把新疆建设成为西部强区、全国可持续发展重要支点的新阶段,进入不断满足全疆各族人民群众求发展、谋富裕、思稳定、盼和谐美好愿景的新阶段,进入全力以赴把经济社会发展搞上去、把长治久安工作搞扎实的新阶段。

在新时期和新阶段,我区拥有推进跨越式发展的诸多有利因素:

——*拥有趁势而上的历史机遇*。综合研判国际国内形势,我国仍处于可以大有作为的重要战略机遇期,将呈现工业化和城镇化快速发展态势,科技创新孕育新突破,产业结构调整和消费结构升级蕴藏着巨大的需求潜力,新一轮西部大开发战略加快推进,东部沿海地区向中西部地区产业转移明显加快,为我区跨越式发展创造了良好的外部环境。

——*拥有资源优势和后发优势*。新疆战略资源丰富,尤其是作为全国重要的能源资源生产基地和进口能源资源的重要战略通道地位将进一步凸显,充分利用资源禀赋,加快推进新型工业化、农牧业现代化和新型城镇化,促进资源优势转化为经济优势、发展优势,是实现我区跨越式发展的重要途径。

——拥有加快对外开放的地缘优势。“十二五”时期，我国将实施更加积极主动的开放战略，加快形成全面开放、向西开放的新格局。新疆与周边国家合作潜力很大，加快建设国家战略层面的特殊经济开发区，打造我国向西开放的重要门户，将为我区跨越式发展开辟更加广阔的空间。

——拥有全国人民鼎力支持的政治优势。“十二五”时期，国家将进一步加大对我区的支持力度，举全国之力开展新一轮对口援疆工作，用于民生、基础设施、特色产业等重点领域的投资大幅增加，经济、科技、教育、人才援疆全方位推进，为我区跨越式发展注入新的强大动力。

——拥有加快发展的物质基础。新中国成立半个多世纪特别是改革开放三十多年以来，新疆经济社会发展取得举世瞩目成就，国民经济综合实力显著提高，基础设施和基础产业支撑能力不断增强，特色优势产业初具规模，体制机制不断完善，为我区跨越式发展奠定了坚实的基础。

同时，也要清醒地看到，进入发展的新时期和新阶段，新疆同全国一样，社会主要矛盾仍然是人民群众日益增长的物质文化需要同落后的社会生产之间的矛盾。受诸多因素影响，新疆经济发展滞后；经济结构不合理；区域发展不平衡；生态环境脆弱，结构性缺水；基础设施建设滞后；人才严重匮乏，远不能适应经济社会发展的需要；社会不稳定因素的影响仍然存在，分裂和反分裂斗争尖锐复杂，促进社会和谐、稳定发展的任务十分艰巨。

在新的历史起点上，机遇与挑战并存，机遇大于挑战。我们要以高度的历史责任感、光荣的政治使命感和强烈的工作紧迫感，进一步增强机遇意识和忧患意识，科学把握发展规律，主动适应环境变化，有效化解各种矛盾，牢固树立科学跨越、后发赶超的坚定信心和雄心壮志，发挥“新疆效率”，更加奋发有为地开创新疆经济社会发展的新局面。

第二章　指导思想和战略选择

“十二五”时期，新疆经济社会发展的指导思想是：高举中国特色社会主义伟大旗帜，以邓小平理论和“三个代表”重要思想为指导，深入贯彻落实科学发展观，坚持中国共产党领导，坚持社会主义制度，坚持民族区域自治制度，坚持各民族共同团结奋斗、共同繁荣发展，深入实施稳疆兴疆、富民固边战略，以科学发展为主题，以加快转变经济发展方式为主线，始终把推动科学发展作为解决一切问题的基础，始终把改革开放作为促进发展的强大动力，始终把保障和改善民生作为全部工作的出发点和落脚点，始终把加强民族团结作为长治久安的根本保障，始终把维护社会稳定作为发展进步的基本前提，努力推进新疆跨越式发展和长治久安。

必须坚持以下原则：

——坚持科学跨越发展。要注重高起点、高水平、高效益的发展，注重加速发展方式转变、不断调整结构的发展，注重惠及民生、改善民生的发展，注重环保优先、生态立区的发展，注重廉洁高效、开放和谐的发展。转变发展理念、创新发展模式、破解发展难题、提高发展质量，始终在科学发展的轨道上推进跨越式发展。

——坚持转变经济发展方式。要把加快转变经济发展方式作为科学跨越发展的必由之路，贯穿于经济社会发展全过程和各领域，提高发展的全面性、协调性、可持续性。加快推进经济结构战略性调整，通过科技领先、自主创新，抢占现代产业的制高点，在发展中促转型，在转型中谋发展，加快建立现代产业体系。

——坚持民生优先。要始终坚持以人为本、民生优先、群众第一，把保障和改善各族人民生活作为经济发展的首要目标，加快推进基本公共服务均等化。坚定不移地把公共资源特别是财政资源向基层一线、艰苦边远地区和困难群众倾斜，加快改善生产生活条件，集中力量解决好人民群众最关心最直接最现实的利益问题，确保全区各族人民群众在改革发展中得到实惠，走向共同富裕、走向现代文明，实现富民与强区的有机统一。

——坚持两个可持续。要突出生态文明建设，注重保护和建设生态环境，推动优势资源科学合理有序开发，走资源开发可持续、生态环境可持续之路，加大绿色投资，倡导绿色消费，促进绿色增长，实现经济效益与生态效益、环境效益的有机统一。

——坚持社会和谐稳定。要始终站在维护国家核心利益的政治高度，维护社会稳定、维护社会主义法制、维护人民群众根本利益、维护祖国统一、维护民族团结。坚持维稳工作常态化，坚持反暴力、讲法制、讲秩序的工作原则和重点，深入开展“热爱伟大祖国，建设美好家园”主题教育活动，反对民族分裂，正确处理发展与稳定的关系，夯实社会和谐稳定基础。

根据上述指导思想和原则，“十二五”时期的战略选择是：以现代文化为引领，以科技教育为支撑，加速新型工业化、农牧业现代化、新型城镇化进程；加快改革开放，打造中国西部区域经济的增长极和向西开放的桥头堡，建设繁荣富裕和谐稳定的美好新疆。

——以现代文化为引领。尊重差异，包容多样，相互欣赏，进一步弘扬各民族的优秀文化，传承和提升区域特色文化，激扬以爱国主义为核心的民族精神和以改革创新为核心的时代精神，激活现代文化的改革开放和现代化建设的内涵，发挥教育、凝聚、鼓舞和引领作用，努力形成爱国、感恩、勤劳、互助、开放、进取的精神，推动各民族和睦相处、和衷共济、和谐发展。

——以科技教育为支撑。充分发挥科技在促进经济社会发展、增强综合实力、提高各族人民生活水平方面的支撑作用，增强自主创新能力，促进科技与经济社会发展紧密结合，加快科技成果向现实生产力转化，依靠科技进步推进经济发展方式转变。充分发挥教育的基础性作用，提高劳动者素质，培养和引进大批适应现代化建设的高素质人才，为实现跨越式发展提供智力支持和人才保障。

——加速推进新型工业化。坚持以信息化带动工业化，以工业化促进信息化，深度拓展和提升优势资源转换战略，不断优化产业结构，转变发展方式，走一条科技含量高、经济效益好、资源消耗低、环境污染少、人力资源优势得到充分发挥的新型工业化道路。做大做强现有优势产业和支柱产业，加快培育战略性新兴产业，抢占产业制高点，积极培育和引进大企业大集团，大力支持非公有制经济和中小企业发展；加快产业园区建设，推进产业集群发展，通过新型工业化强有力的拉动，推进跨越式发展。

——加速推进农牧业现代化。用现代发展理念引领农牧业，用现代物质条件装备农牧业，用现代科学技术改造农牧业，用现代产业体系提升农牧业，用现代经营形式推进农牧业，不断提升农牧业产业层次和整体水平，大幅度提高生产效率和农牧民收入，促进新疆由农牧业大区向农牧业强区转变。

——加快推进新型城镇化。树立现代城市理念，突出产业支撑，以提升城市竞争力为核心，增强城市的经济带动力和对劳动力的吸纳能力，加快构建布局合理、特色鲜明、优势互补、支撑功能强大的城市格局，充分发挥城市和小城镇以城带乡、以工促农、扩大就业、拉动消费的重要作用，统筹城乡协调发展。

——加快改革开放。加快完善社会主义市场经济体制，构筑科学跨越发展的体制保障。进一步扩大对内对外开放，以大开放促大发展，加强大开放的平台和通道建设，打造向西开放的重要门户，着力提升向西开放水平，构建对内对外开放新格局。

第三章 主要目标

新时期新阶段新疆经济社会发展的总体目标任务是：坚持走具有中国特色、符合新疆实际的发展路子，全面推进经济建设、文化建设、社会建设和生态文明建设，到2015年我区人均地区生产总值达到全国平均水平，城乡居民收入和人均基本公共服务能力达到西部地区平均水平，基础设施条件明显改善，自我发展能力明显提高，民族团结明显加强，社会稳定明显巩固。

——经济总量。"十二五"期间，全区生产总值年均增长10%以上；全社会固定资产投资年均增长25%以上，五年累计完成36000亿元（其中工业和能源投资约15000亿元）；地方财政一般预算收入年均增长20%以上；外贸进出口总额年均增长18%以上；社会消费品零售总额年均增长17%以上；价格总水平保持基本稳定。

——经济结构。产业结构更趋合理，三次产业发展质量和水平显著提高，工业增加值年均增长17%以上，自主创新能力不断增强，战略性新兴产业增速明显高于同期工业增加值增长速度。城乡结构进一步优化，城镇化水平不断提高，城镇化率达到48%。

——科技教育。科技教育水平明显提升，九年义务教育质量显著提高，高中阶段毛入学率提高到88%，科技创新能力明显增强，研究与实验发展经费支出占地区生产总值比重达到1.8%。

——资源环境。资源利用效率明显提高，工业单位产品能耗达到国家限额标准或国内先进水平，有效控制万元生产总值能耗。工业固体废物综合利用率提高到55%。生态环境进一步改善，森林覆盖率达到4.5%，城市建成区绿化覆盖率达到38.5%。

——民生保障。城镇居民人均可支配收入达到23000元以上，年均增长11%以上；农牧民人均纯收入达到7900元以上，年均增长11%以上。就业状况明显改善，城镇新增就业累计200万人，城镇登记失业率控制在4%以内。新型农村社会养老保险参保率达到90%以上。更加注重人口素质的提高，人口自然增长率控制在11‰以内。城乡居民的居住条件明显改善，教育、文化、卫生等公共服务水平明显提高。

专栏2 "十二五"期间经济社会发展的主要指标

指标		2010年	2015年	年均增长(%)	属性
经济总量	全区生产总值(亿元,2010年价)	5418.8	(8800)	10以上	预期性
	地方财政一般预算收入(亿元)	500.5	(1250)	20以上	预期性
	全社会固定资产投资(亿元)	3539	(11000)	25以上	预期性
	社会消费品零售总额(亿元)	1378	(3000)	17以上	预期性
	外贸进出口总额(亿美元)	171.3	(400)	18以上	预期性
经济结构	工业增加值(亿元,2010年价)	1950	(4280)	17以上	预期性
	城镇化率(%)	40	48		预期性

续表

指　　标		2010 年	2015 年	年均增长(%)	属性
科技教育	九年义务教育巩固率(%)	91	95		约束性
	高中阶段毛入学率(%)	69	88		约束性
	研究与实验发展经费支出占地区生产总值比重(%)	0.61	1.8		预期性
	每万人口发明专利拥有量(件)	0.54	1.09		预期性
资源环境	耕地保有量(万公顷)	512	512		约束性
	农业灌溉水有效利用系数	0.47	0.53		约束性
	单位工业增加值用水量(%)			[9]	约束性
	非化石能源占一次能源消费比重(%)	4	2		预期性
	工业固体废物综合利用率(%)	48.5	55		约束性
	万元生产总值能耗降低(%)	[10.2]	控制在国家下达指标内		约束性
	单位生产总值二氧化碳排放降低(%)		控制在国家下达指标内		约束性
	主要污染物排放(%)		控制在国家下达指标内		约束性
	森林覆盖率(%)	4.02	4.5		约束性
	森林蓄积量(亿立方米)	3.01	3.2		约束性
	城市建成区绿化覆盖率(%)	34.3	38.5		约束性
民生保障	人口自然增长率(‰)	11	11 以内	11 以内	约束性
	城镇登记失业率(%)	3.9	4 以内	4 以内	约束性
	城镇参加基本养老保险人数(万人)	256	303		约束性
	新型农村社会养老保险参保率(%)	33	90 以上		约束性
	城镇职工基本医疗保险参保率(%)	91.4	95		约束性
	城镇居民基本医疗保险参保率(%)	85.5	90		约束性
	新型农村合作医疗参合率(%)	98.6	98 以上		约束性
	城镇保障性安居工程建设(万套)	19.1	[123.3]		约束性
	城镇居民人均可支配收入(元)	13644	(23000)	11 以上	预期性
	农牧民人均纯收入(元)	4643	(7900)	11 以上	预期性

注:1. 带( )为 2015 年预期最低值。2. 带[ ]为五年累计数。3. 主要污染物指二氧化硫、化学需氧量、氨氮、氮氧化物;4. 预期性指标是政府期望的发展目标,主要依靠市场主体的自主行为实现。政府要创造良好的宏观环境、制度环境、市场环境,并适时调整宏观调控的方向和力度,综合运用各种政策引导社会资源配置,努力争取实现。约束性指标是在预期性基础上进一步明确并强化了政府责任的指标,是政府在公共服务和涉及公共利益领域提出的工作要求。政府要通过合理配置公共资源和有效利用行政力量,确保实现。

第二篇　加速推进新型工业化

坚持高起点、高标准、高效率推进新型工业化,促进特色优势产业集群化、战略性新兴产业高端化,建设国家大型油气生产和储备基地、国家重要的石油化工基地、大型煤炭煤电煤化工基地、大型风电基地和国家能源资源陆上大通道,建成国家绿色农产品生产和加工出口基地。推进优质棉纱、棉布、棉纺织品和服装加工基地建设。

第一章 做大做强特色优势产业

充分发挥矿产和农牧产品资源优势，立足现实产业基础，不断优化结构，延伸产业链，加快发展制造业，在新的起点上做大做强特色产业，全面提升竞争力，实现优势产业率先跨越。

第一节 石油天然气工业

加快塔里木、准噶尔和吐哈三大盆地油气资源勘探开发步伐，扩大开采规模，确保油气产量稳步增长。大力推进疆内企业参与石油天然气下游产品开发，增加油气资源在疆内的加工量，最大限度地延伸产业链，形成一批石化产业集群。重点建设独山子—克拉玛依、乌鲁木齐、南疆和吐哈四大石化基地，抓好大型炼油、大型乙烯、大型芳烃、大型化肥生产，发展塑料、化纤制品、橡胶制品和精细化学品。支持企业“走出去”参与周边国家油气资源开发合作，提高合作水平，实现互利共赢。积极推进独山子、鄯善国家级石油储备基地和乌鲁木齐、克拉玛依国家级成品油储备基地建设。到2015 年，原油产量达到 3300 万吨，天然气 450 亿立方米，油气当量超过 6500 万吨；原油加工能力3800 万吨，石油储备库容 1300 万立方米。

第二节 煤炭工业和现代煤化工产业

坚持“统筹规划、环保优先、集约高效、有序发展”的原则，认真落实差别化产业政策，大力推进国家煤炭资源转化实施方案，以准东、吐哈、伊犁、库拜四大煤田为重点，高起点、高标准、高效益规划建设国家第十四个现代化大型煤炭基地。强化矿区总体规划和矿业权设置的调控作用，积极培育大型煤炭企业集团，着力推进煤矿企业兼并重组和煤炭资源整合，加快建设具有国内领先水平的大型现代化煤矿，提高产业集中度。加快煤炭资源开发和转化，延长煤炭产业链。

吐哈煤田以“疆煤东运”为主，适度发展煤电及电力外送；准东煤田重点发展煤电及现代煤化工，参与“疆煤东运”；伊犁煤田以发展现代煤化工为主，适度发展煤电；库拜煤田以供应南疆四地州生产生活用煤为主，适度发展煤电及煤焦化。准北、准南等其他煤田按照经济合理原则，满足当地及邻近区域经济社会发展用煤需要。以准东、准南、吐哈等煤田为主，加快煤层气勘探开发，建设 2～3 个煤层气综合利用示范工程。到 2015 年，新疆煤炭产能达到 4 亿吨以上，外运5000 万吨。

依托优质煤炭资源，以伊犁、准东煤炭基地为重点，大力发展现代煤化工，提升传统煤化工，提高技术含量和深加工程度，形成煤制合成氨、煤制二甲醚、煤制气、煤制烯烃、煤制乙二醇、煤焦化产业链，尽快建成一定规模的现代煤化工产业集群。到 2015 年，建成煤制尿素 260 万吨、煤制二甲醚80 万吨、煤制天然气 1000 亿立方米、煤制烯烃 100 万吨、煤制乙二醇 100 万吨；“十二五”期间新增煤焦化生产能力 800 万吨。

专栏 3　煤矿及煤化工重点工程

煤矿：准东煤田重点开发五彩湾、大井、西黑山、将军庙等矿区，建设准东煤田五彩湾矿区三号露天煤矿（1000 万吨/年）、准东煤田大井矿区南露天煤矿（1000 万吨/年）等项目；准南煤田重点开发艾维尔沟、呼图壁白杨河、昌吉硫磺沟、昌吉阜康玛纳斯塔西河等矿区，建设呼图壁白杨河矿区白杨河煤矿（500 万吨/年）、呼图壁白杨河矿区铁列克矿井（300 万吨/年）等项目；准北煤田重点开发塔城托里铁喇、和丰和什托洛盖、富蕴喀木斯特等矿区，建设富蕴喀木斯特矿区阿拉安道矿井（1200 万吨/年）、塔城托里铁喇矿区一号矿井（240 万吨/年）等项目；吐哈煤田重点开发哈密大南湖、托克逊黑山、伊吾淖毛湖、托克逊克（布）尔碱、哈密三道岭、巴里坤、沙尔湖等矿区，建设哈密大南湖矿区一号矿井（1000 万吨/年）、托克逊黑山矿区一号露天煤矿（1000 万吨/年）等项目；伊犁煤田重点开发伊宁矿区，建设伊宁矿区伊犁四号矿井（600 万吨/年）、伊犁二号矿井（1000 万吨/年）、伊宁矿区七号矿井（1500 万吨/年）等项目；库拜煤田重点开发库车俄霍布拉克、库车阿艾、拜城等矿区，建设库车阿艾矿区大平滩煤矿（240 万吨/年）、库尔勒塔什店矿区一号矿井（120 万吨/年）等项目，共计产能达到 4 亿吨。

煤化工：建成新疆庆华煤化有限公司一期年产 55 亿立方米煤制天然气项目，加快新汶矿业集团（伊犁）20 亿立方米煤制天然气、中电投伊南 60 亿立方米煤制天然气等 3 个项目建设步伐。促进中电投霍城 60 亿立方米煤制天然气、华电新疆发电有限公司 60 亿立方米煤制天然气、新疆开滦能源投资公司 40 亿立方米煤制天然气、昌吉盛新实业有限公司年产 16 亿立方米煤制天然气、国电平煤尼勒克化工有限公司年产 40 亿立方米煤制天然气、华能新疆能源开发有限公司准东 40 亿立方米煤制天然气、新疆龙宇能源有限责任公司奇台 40 亿立方米煤制天然气、兖矿新疆能化有限公司准东 40 亿立方米煤制天然气、特变电工新疆能源准东 40 亿立方米/年煤制天然气项目、新疆庆华煤化有限公司二期年产 55 亿立方米煤制天然气、新疆富蕴广汇新能源有限公司 40 亿立方米煤制天然气、中煤能源新疆煤电化有限公司准东年产 40 亿立方米煤制天然气、新疆华宏矿业投资有限责任公司年产 20 亿立方米煤制天然气、徐矿新疆公司 40 亿立方米煤制天然气、哈密紫光矿业投资有限公司 8 亿立方米煤制天然气、潞安新疆煤化工（集团）有限公司年产 40 亿立方米煤制天然气、神东天隆集团有限公司新疆煤化工分公司年产 13 亿立方米煤制天然气等 17 个项目开工建设。20 个项目产能共计 767 亿立方米。

加快建设伊泰伊犁能源有限公司煤基多联产、新疆富蕴广汇新能源有限公司煤基多联产、山西潞安集团煤基多联产、新汶矿业伊南基地年产 180 万吨甲醇转 60 万吨烯烃、国电平煤公司尼勒克基地年产 180 万吨甲醇转 60 万吨烯烃、庆华年产 600 万吨煤制甲醇转 200 万吨烯烃、大唐集团 180 万吨甲醇转 60 万吨烯烃、兖矿新疆能化有限公司年产 60 万吨醇氨联产、新疆宜化化工有限公司年产 40 万吨合成氨 60 万吨尿素、新疆宜化化工有限公司年产 60 万吨聚氯乙烯 50 万吨离子膜烧碱、潞安新疆煤化工（集团）有限公司 30 万吨合成氨 52 万吨尿素、新疆中能万源化工有限公司 40 万吨合成氨 60 万吨尿素、中煤能源伊犁煤电化有限公司伊犁 60 万吨煤制烯烃、新疆宝泰隆煤化工有限公司年产 100 万吨乙二醇、新疆凯禹源矿业有限公司 300 万吨/年焦化、国电准东煤基化纤原料等项目。

“十二五”期间，预计全区工业项目总投资 10000 亿元。

第三节　矿产资源勘探开发

以满足国家战略矿产资源需求为导向，以勘探大型、超大型矿床为重点，实施好“358”项目，重点开展天山、阿尔泰山—准噶尔、昆仑—阿尔金山成矿带基础地质调查和重要矿产勘查。围绕煤炭、铁、铜镍、铅锌、金等急缺的大宗矿产和稀有金属，加强国家急需钾盐、钠硝石等矿产以及南疆地区煤炭资源勘查，实现找矿新突破。到 2015 年，力争形成一批重要资源后备勘查开发基地，新增一批重要矿产资源储量，新发现矿产地 70 处，提供具有大型、超大型资源潜力的矿产集中区域 13—20 处。加快紧缺矿产资源的综合开发利用，积极发展铁、铜、镍、黄金、铅锌等重要有色金属和钾盐、膨润土、石材等特色非金属矿深加工业，形成一批国家级矿产资源开采和加工基地。推进基础测绘工作，构建新疆基础地理信息数据库，建设现代化测绘基准体系。

第四节　现代农牧产品加工业

把推进现代农牧产品加工业发展作为我区由农业大区向农业强区转变、实现农牧业现代化的重要突破口，构建信息服务、科技支撑、产业园区和农产品及加工品外销四大平台，以龙头企业为依托,重点围绕棉花、粮油、林果、畜产品、区域特色农产品,大力发展高科技含量、高档次、高附加值的农产品精深加工业。优化农牧产品加工业布局,形成南疆以特色林果精深加工为主、北疆以特色农副产品和畜产品精深加工为主的产业格局。到2015年,培育和形成一批销售收入超十亿、上百亿的农产品加工企业,农产品加工业总产值比2010年翻一番,农产品加工转化率提高到60%,主要农产品二次以上加工转化比重达到30%以上。

第五节 纺织工业

以技术进步为支撑,以承接内地纺织产业转移为契机,加快纺织工业产业结构优化升级,全面振兴纺织工业。重点建设阿克苏、石河子纺织工业城,加快发展喀什、呼图壁、沙雅、巴楚、奎屯、库尔勒、博乐等纺织工业园区,做大做强棉纺产业。以大型棉纺骨干企业(集团)为依托,大力发展棉纱精深加工,加快发展中高档优质面料。稳步发展毛纺、麻纺等特色产业。适度发展人造纤维产业,以发展差别化和高性能粘胶纤维为重点,支持玛纳斯和库尔勒两大人造纤维生产基地建设。积极发展针织、印染、服装、家纺、产业用纺织品等深加工产业,加快建设纺织品出口加工基地。到2015年,棉纺生产能力达到1000万锭。

第六节 钢铁、建材、化工和轻工业

按照在新疆具备资源优势、在本地区和周边地区有市场的原则,认真落实差别化产业政策,积极推进一批项目建设,尽快形成产能,适应经济社会发展需求。

钢铁工业重点支持具有比较优势的大型骨干企业发展,加大现有企业技术改造力度,科学合理布局新增生产能力,提高产业集中度,限制低水平重复建设,提高资源综合利用水平。力争到2015年,钢铁生产能力达到2200万吨。建材工业要大力采用先进技术、工艺和设备,注重节能和环保,稳步发展新型干法水泥,重点发展玻璃及深加工制品、建筑卫生陶瓷、新型墙体材料、非金属矿深加工制品,鼓励发展非粘土类墙体材料。力争到2015年,水泥生产能力达到6000万吨。化学工业要积极发展聚氯乙烯、离子膜烧碱、高效专用复合肥、无机盐等市场潜力大的产品。轻工业要以农牧产品、石化下游产品等综合开发为重点,鼓励企业向“专、精、特、新”方向发展,重点发展绿色食品、保健食品、饮料制造业,优化发展造纸、塑料、皮革、家具及人造板、日用化工等产业,积极发展地毯、玉雕、民族手工艺、旅游纪念品等劳动密集型产业。

第二章 积极培育战略性新兴产业

立足新疆产业基础、比较优势以及未来前景,重点发展新能源、新材料、节能环保、生物制药等新兴产业,强化政策支持,着力培育形成一批科技创新能力强、具有竞争优势的龙头企业和企业集团,建设国家工程(技术)研究中心、国家重点(工程)实验室和国家高新技术产业化基地,积极抢占新一轮产业竞争的制高点。

第一节 新能源产业

结合风电、光电等新能源基地建设,加快新能源产业配套延伸,形成完整的新能源产业链。风

电产业以研发制造3兆瓦级以上大型风力发电机组及关键零部件为主,加快形成拥有风电机组研发、设备制造、技术、运营管理服务等完整体系的风电产业。太阳能光伏发电产业以发展单晶硅和多晶硅片、太阳能电池组及配套产品为主。积极发展节能环保产业、生物能源产业。

第二节　新材料产业

充分发挥有色金属和非金属矿产资源优势,大力发展高纯铝、电子铝箔、电极箔等铝电子材料,抓好铝电子材料国家地方联合工程实验室建设,加快形成铝电子材料产业链。积极开发以基础锂盐为原料的新型储能电极材料,为高性能储能电池提供配套关键材料。发展以石油、天然气、煤炭为基础的工程塑料、新型高分子材料、聚氨酯、弹性体、有机硅、新型复合材料。积极推动稀有金属材料、光电功能材料、高纯度高性能合金材料、功能陶瓷材料、非金属矿物材料和新型建筑材料的产业化发展。

第三节　生物产业

加快生物技术产业化进程,促进生物育种、生物肥料、生物农药和绿色农用生物产品的推广应用,以及生物医药产品研发。应用生物技术提升民族医药和中医药产业,加大研发投入,鼓励自主创新,重点发展拥有自主知识产权的医药产品,支持有实力的企业整合和开发民族医药资源。

第四节　先进装备制造业

大力发展先进农业机械、农副产品精深加工设备,以及采掘业和矿山机械装备,优先发展输变电装备和可再生能源装备。围绕区内市场和中亚市场需求,积极培育一批专业化的制造企业。力争到"十二五"末,建成我国西部现代装备生产和向西出口基地。

输变电装备制造业,重点发展750千伏及以上交直流输变电设备、新型特种专用变压器、电线电缆以及智能电网设备等。农业机械装备,重点发展大型收获机械、耕整地机械、精准农业机械、畜牧业机械、饲草料收获机械、林果业机械等。采掘机械装备制造业,围绕石油和煤炭资源开发,重点发展钻探设备、高效采油设备、油田专用设施、化工设备,以及煤炭采掘设备、洗选机械、矿井提升、运输和通风排水等设备。积极发展交通运输装备制造业。

第五节　电子信息产业

加快发展区域特色电子信息产业。重点发展新能源、石油、电力、农业等领域特色电子产品,加强信息技术在生产和管理中的应用。大力开发热敏元器件、多语种自主知识产权基础软件和嵌入式软件,形成多语种软件产业化集群优势,积极承接我国企业在中亚、西亚、南亚等国的多语种服务外包业务。

第三章　加快产业园区建设

做大做强现有产业园区,最大限度发挥好园区的产业集聚、资源整合、经济拉动、技术创新和辐射带动效应。将具备条件的省级园区提升和打造为国家级产业聚集园区,规划建设一批省级和地市县产业聚集园区，使之成为带动经济社会发展的重要增长点。

抓好园区水、电、路、通讯等基础设施配套建设，增强对项目的吸纳和承载力。创新园区管理和服务，制定用电、土地、信贷、项目审批、税费等方面优惠政策，加快建设小企业创业基地和公共服务平台，为投资者营造良好的创业环境。

根据各地的区位优势和产业特点，合理选择园区产业定位，形成适应区域特色、发挥比较优势、最有效利用区域资源和先进技术的特色园区。支持乌鲁木齐经济技术开发区、乌鲁木齐高新技术产业开发区、昌吉高新技术产业开发区和石河子经济技术开发区等各类国家级园区发展，建成天山北坡高新技术产业带。积极推动库尔勒经济技术开发区、奎屯—独山子经济技术开发区、准东煤电煤化工产业园区、乌鲁木齐甘泉堡（五家渠）经济开发区、库车化工园区和阿拉尔工业园区等升格为国家级园区。充分发挥伊宁、塔城、博乐等现有国家级边境经济合作区的作用，建成吉木乃国家级边境经济技术合作区。通过对口支援等方式，在有条件的地州和部分市（县）行政中心所在地建设产业园区。

把产业园区作为产业集群发展的重要载体，优化产业聚集环境，提高产业关联度，强化科技创新，加强社会化服务建设，以大企业大集团为依托，支持中小企业配套发展，不断延伸或重构产业链，培育和发展一批特色鲜明、竞争力强的创新型产业集群。

第三篇　大力推进农牧业现代化

以农牧民增收为核心，以推进社会主义新农村建设为目标，大力转变农牧业发展方式，不断提升农牧业整体水平，加快构建高产、优质、高效、生态、安全的现代农牧业产业体系，保证农产品有效供给。认真落实强农惠农政策，促进新疆由农牧业大区向农牧业强区转变，努力使广大农牧民过上具有基本现代文明的生活。

第一章　强化特色农业基础地位

进一步优化农业产业结构，做优做强粮、棉、果、畜、区域特色农业和现代设施农业六大特色优势产业，提高农牧产品的市场竞争力。

粮食生产坚持区内平衡，略有结余的原则，加快调整粮食布局和品种结构，加强标准粮田建设，努力提高粮食综合生产能力和加工转化能力，建设伊犁河流域国家粮食安全后备基地，促进粮食生产能力稳定增长。到2015年，粮食生产能力达到1350万吨左右，确保我区粮食安全。棉花生产坚持稳定面积、提高单产、优化品质、节本增效的原则，实施“十二五”棉产业建设项目，重点进行高效节水灌溉、良种繁育和推广、中低产田改造等建设，到2015年，棉花生产能力达到300万吨，保障全国棉花安全。林果业以环塔里木盆地、吐哈盆地、天山北坡、伊犁河谷等特色林果业基地为重点，稳定面积，提质增效，大力提升果品贮藏保鲜、精深加工能力，积极开拓国内外市场，将特色林果业打造成为农民增收的重要支柱产业。到2015年，果品产量达到1500万吨，加工率达到35%以上。畜牧业以建设优质牛羊肉、牛奶、细羊毛、生猪、禽蛋五大产品产业带为重点，促进传统畜牧业向现代畜牧业转变。加快良种繁育、疫病防治、饲草料保障等体系建设，积极发展草原畜牧业，大力发展农区和城郊畜牧业，加强优质畜产品生产基地、人工饲草料基地和标准化规模养殖小区（场）建设，合理调控天然草场载畜规模。到2015年，畜牧业产值占农业总产值的比重达到30%以上。大力发展水产养殖业。区域特色农业要突出比较优势，积极发展番茄、红辣椒、红花、枸杞、啤酒花、打瓜籽、冷水鱼、马等特色农产品，稳步扩大加工规模，不断延伸产业链，增强产业带动能力。现代设施农业要围绕"菜篮子"工程加快建设，到2015年面积达到150万亩。

专栏4　农牧业重点工程

"十二五"棉产业建设项目：在宜棉区实施以良繁田、高标准棉田、中低产田改造、良种产业化和产业配套体系为重点的棉花产业建设项目，进一步提高棉花生产能力、加工转化能力和市场竞争力。

国家粮食后备基地项目：在伊犁河流域建设水利、种子、农田配套及仓储设施等工程，进一步改善农田基础设施条件。工程建设新增耕地326万亩，种植粮食800万亩、总产量96亿斤，可为国家提供优质商品粮70亿斤左右。

第二章　大力发展高效节水农业

牢固树立水资源是促进新疆可持续发展命脉的理念，把发展高效节水农业作为重中之重的工作抓紧抓好，降低农业用水在全社会供水中的比例，为经济社会可持续发展提供水资源保障。

加快高效节水农业建设，促进农业规模化生产、集约化经营，提高农业生产效益，推动农业生产方式转变。加强大中型灌区续建配套和节水改造工程建设，实施农田基本建设和中低产田改造，抓好土地平整、渠道防渗等常规节水建设，全面推广滴灌技术，因地制宜发展喷灌、管道灌等节水技术，大力发展旱作节水农业，改善灌区灌溉条件，建立标准化、规范化高效节水综合示范区，促进现代农业发展。到2015年，完成新增高效节水灌溉面积1500万亩以上，农业灌溉水有效利用系数提高到0.53，农业用水占全社会用水比重下降到93%，将节约的水资源重点用于支持新型工业化和新型城镇化发展，禁止盲目无序开垦荒地。结合发展高效节水灌溉，加快改革耕作制度，优化栽培模式，调整种植结构，积极推广多熟高效种植，推进现代农业发展，大幅度提高土地产出率和资源利用率。

第三章　大力推进农业产业化经营

围绕农产品标准化生产、区域化布局，健全农业社会化组织体系，扶持和培育农业产业化龙头企业，构建贸工农一体化、产加销一条龙的现代农业产业体系。

支持引导农牧民兴办专业合作组织，培育扶持专业大户和经纪人队伍，提高农业产前、产中、产后的社会化服务水平。到2015年，农业产业化经营组织达到数万家。以资本运营和优势品牌为纽带，开展跨区域、跨行业、跨所有制的联合与合作，扶持和培育一批集生产经营、科研开发为一体的农副产品精深加工和储运保鲜营销龙头企业。引导农业产业化龙头企业与农牧民和农牧民专业合作组织建立新型利益分配机制，形成紧密的利益共同体。到2015年，产业化经营组织订单带动农户达到60%以上。

积极搭建营销平台，建设区内外衔接互动、功能完善、交易规范的农产品批发市场，支持大型流通企业、加工龙头企业开展农产品营销，建设电子商务平台，建立从农产品生产、加工、运输、仓储、配送到消费的一体化现代农产品物流体系。大力实施农产品品牌战略，树立新疆农产品品牌形象。着力建设好北京、上海、广东等农产品展销平台，扩大特色农产品的销售规模。加快扶持建设一批外向型农产品出口生产、加工基地，建立外向型农业发展合作机制，积极开拓以周边国家为主的农产品国际市场。通过构建农产品现代营销网络与现代物流模式，建立农产品市场外销体系和流通新体系，到2015年，主要农产品商品率达到70%。

第四章　健全现代农牧业支撑体系

加强农业科技创新，开展农业生产、加工、流通等重点领域的关键技术攻关，加强应用技术研发与推广，以及现代农牧业产业技术体系建设，力争“十二五”末，农业科技成果转化率达到40%以上，农业科技贡献率达到50%以上。提高农机装备水平，大力推广畜牧、林果、设施栽培、节水和农产品精深加工等领域的机械装备。到2015年末，主要生产领域和生产环节实现机械化作业，种植业综合机械化程度达到80%。强化农产品质量安全体系建设，制定农产品质量标准、产地环境标准、生产标准，推进绿色、有机农产品标准化生产。大力推进良种体系建设，加快建设农作物优质高产种子繁育生产基地，建立起主要农作物种子育、繁、推一体化产业体系。大力实施畜禽品种改良冷链体系建设，加快全区畜禽良种化进程。强化林果业良种苗木繁育体系建设，加快优良树种引进、培育和推广，努力实现重点林业工程的良种化栽培。到2015年，力争主要农作物及林果良种覆盖率达到100%，牛、羊、猪禽的良种率分别达到75%、80%和95%。强化动植物疫病防控体系建设，加强疫情监测预警预报，全面推行免疫效果监测，提高突发重大疫情应急处置能力。继续对高致病性禽流感、口蹄疫等重大动物疫病实行依法强制免疫，加强对活畜、肉禽的检验检疫，全方位控制和区域性消灭重大动物疫病。建设好有害生物防御体系，继续实施植物保护工程。加快林果业病虫害防治体系建设。加强农技推广服务体系建设，加大财政对基层农业技术推广服务体系的支持力度，加快县乡农技推广站基础设施建设，深化基层农技推广体系改革，稳定农业技术推广人员队伍，加强与高等院校和科研院所合作，切实提升基层农业技术服务水平、技术装备水平和农技推广服务能力。完善农牧业防灾减灾体系建设，加强防洪抗旱能力建设。健全农业气象服务体系和农村气象灾害防御体系，充分发挥气象服务“三农”的重要作用。

第五章　大力实施“安居富民”和“定居兴牧”

把“安居富民”和“定居兴牧”作为改善农牧民生产生活条件、推进农牧业现代化的创新性重要工程，高起点、高水平、高效益推进，普惠各族人民群众，建设农牧民幸福生活的美好家园。强化产业支撑,完善配套设施,鼓励农牧民转产就业,促进农牧民增收,让广大农牧民共享现代文明生活。

“安居富民”要按照现代和民族特色相统一、新居建设与产业发展相结合的要求,优化县域村镇布局,整体规划城镇、村落、房屋及配套的学校、医院等公共服务设施和生产基础设施,强化产业带动,大力发展农牧业和农牧产品加工业,实行多种经营;在条件较好、沿路、沿景点的重点村庄,依托产业基础和资源优势,加快中心村建设,提升当地传统产业,引导集聚劳动密集型产业,加快促进劳动力转移。建设适应旅游业的农家乐新居和农业综合示范区,发挥安居富民的综合效益,增加农民收入,引领农民走向富裕。到2015年,力争农民家庭产业有支撑,收入有保障,生产生活条件达到西部平均水平。

“定居兴牧”要以企业援建牧区水库工程为抓手,加快建设进度,力争到2012年建成也拉曼、麦海因等25座牧区水库,1个渠首,1个饮水工程,新增库容1.427亿立方米,新增草料基地100万亩,改善灌溉面积160.9万亩,确保工程建设尽快惠及各族牧民群众。

按照以水定地、以地定草、以草定畜、以畜定人的要求,实施游牧民定居工程,推进安居住房、牲畜棚圈、饲草料基地和电路气等配套工程,以及学校、医院等公共服务设施建设。坚持既“兴牧”又“富民”,做好支撑产业统一规划,大力发展规模养殖,培育养殖小区、养殖专业户,开展牧民劳动技能培训,鼓励牧民从事民族手工业、餐饮业、民俗旅游业等二、三产业,引导牧民定居转产,使广大牧民生产生活方式实现历史性跨越。

第六章　加大扶贫开发力度

坚持开发式扶贫的方针,扶贫资金重点用于改善贫困乡村基本生产生活条件、调整农业结构、提高劳动者技能,增强贫困地区发展能力。把尽快稳定解决温饱并实现致富作为扶贫开发的首要任务,把南疆三地州、高寒地区及其他扶贫开发工作重点县作为扶贫开发的重点区域,以提高自我发展能力为重点,创新扶贫方式,实施连片扶贫开发,整合各类资源,强化支撑基础,扶持优势产业,增强增收能力。坚持扶贫开发与扶贫救助并举,有效衔接扶贫政策与农村低保制度,对农村低收入人口全面实行扶贫政策,对有劳动能力的扶贫对象,通过项目扶持提高其自我发展能力,实现脱贫致富;对丧失劳动能力的贫困人口实施社会救助。加强技能培训和先进适用技术推广,提高贫困地区各族群众科技致富能力。加大兴边富民行动实施力度,扶持人口较少民族发展。到2015年,基本消除贫困,贫困地区农牧民人均纯收入达到5000元,贫困人口生活水平得到较大提高。

第四篇　加快推进新型城镇化

按照统筹城乡、布局合理、突出特色、以城带镇的要求,以新型工业化为动力,以农牧业现代化为基础,以体制创新为先导,走可持续发展的城镇化道路。进一步优化城镇布局,促进大中小城市和小城镇协调发展。强化城镇功能,提高城镇集聚经济和人口的能力,到2015年,城镇化水平达到48%。

第一章　构建城镇化战略新格局

以乌昌都市区为核心，以南、北疆铁路及其邻近主要公路干线为发展轴，着力构建“一核两轴多组群”的城镇发展格局。进一步完善城镇体系，突出发展区域中心城市和小城镇，努力把伊宁、石河子、库尔勒、喀什、阿克苏、哈密建成50万人口以上的区域中心城市。

乌昌都市区要积极推进乌鲁木齐、昌吉、阜康、五家渠四市同城化发展，充分发挥其对全区新型城镇化发展的带动和辐射作用，把乌鲁木齐建设成为中国西部中心城市、面向中亚西亚的现代化国际商贸中心、各民族和谐宜居城市、天山绿洲生态园林城市、西部综合交通枢纽，引领新疆发展的繁荣之区、和谐之区、首善之区。

以兰新铁路西段、连霍高速、312国道所组成的综合交通廊道作为北疆城镇发展主轴，积极培育石河子—玛纳斯—沙湾、克拉玛依—奎屯—乌苏、博乐—阿拉山口—精河、伊宁—霍尔果斯等城镇组群，构建天山北坡城市群。促进城市间产业对接、设施配套和服务联动，有序推进城市合理分工、协调发展，迅速增强城市群的整体竞争力，建成我国西部地区重要增长极。

图1　新疆“十二五”城镇发展格局示意图

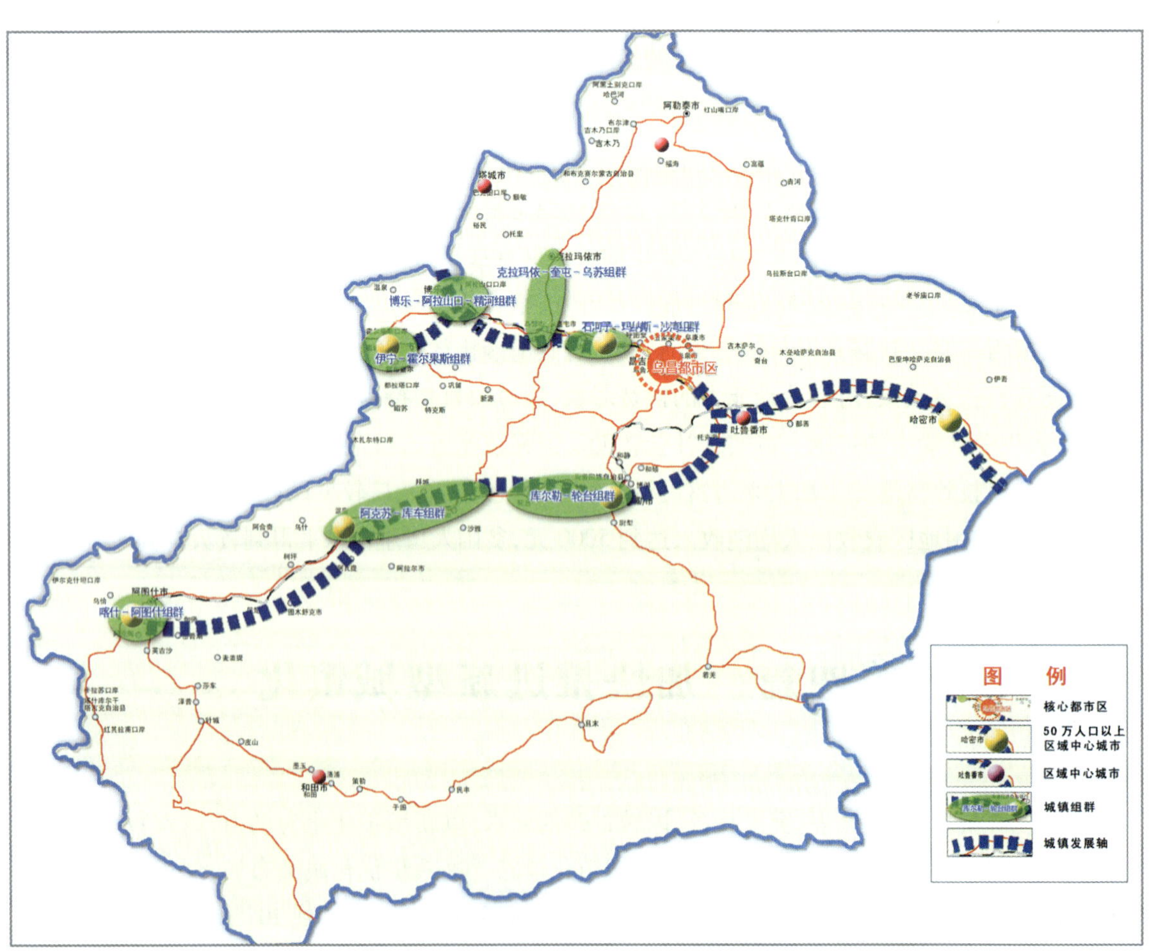

以南疆铁路和314国道干线作为城镇发展轴，着力培育库尔勒—轮台、阿克苏—阿拉尔—库车、喀什—阿图什等各具特色的城镇组群，塑造集现代城市、历史文化、地域特色于一体的特色鲜明的城市形象、城市品牌，增强城市的活力和竞争力。加快完善城市功能，扩大城市规模，强化城市管理，提升人口聚集能力和综合承载能力，增强其对南疆经济社会发展的辐射带动作用。

加快培育和田、阿勒泰、塔城、吐鲁番、哈密等各具特色的区域中心城市，努力打造宜业宜居、生态良好的现代城市，增强其对周边小城镇的辐射带动力。加快推进有条件的县撤县建市。

以城市群和大中城市为依托，以产业发展为支撑，积极推进小城镇建设，促进小城镇与区域中心城市共同发展。立足城乡经济协调发展、农牧民增收和培育新的经济增长点，因地制宜，重点支持一批成长性好的县城按照高标准的小城市进行规划建设，提升公共服务水平，建设宜居环境，促进农民就近转移，增强对农村经济发展的辐射带动作用。按照高起点规划、高水平建设、高效益配套的标准要求，重点抓好自治区重点示范镇（乡）建设，积极推进撤乡建镇，支持有条件的地方规划建设一批工业强镇、商贸重镇和文化旅游名镇。大力扶持边境县市城镇发展。

第二章　稳步提高人口城镇化水平

把符合条件的农民工在城镇落户作为推进城镇化的重要任务，积极落实国家相关政策，推动农民工进城定居、转业创业。深化户籍制度改革，促进有稳定劳动关系在城镇居住一定年限的农民工特别是新生代农民工转移为城镇居民。制定优惠政策，使农民工在城镇住房租购、社会保障和子女教育等方面与城镇居民享受同等的权益。

第三章　加快城镇基础设施建设

加强城镇基础设施和公共服务设施建设，不断增强城镇功能和可持续发展能力。加快城镇交通设施建设，优化路网结构，优先发展城市公共交通，提高通行能力。加强城镇供排水、供气、供电、供热、污水和垃圾处理、防灾减灾等工程，以及学校、医院等公共服务设施建设。加强城市园林绿化和城市周边绿化建设，提高城市绿化率。努力改善人居环境，建设优美宜居城市。到2015年，城市供水普及率达到98%，燃气普及率达到94%。

第五篇　大力发展服务业

把促进服务业大发展作为推进新型工业化、农牧业现代化和新型城镇化的重要保障，作为扩大就业和消费需求的重要抓手，按照“发挥优势、服务全局、突出重点、创新发展”的原则，优化服务业结构，不断提高服务业发展质量和水平。

第一章 发展面向生产的服务业

以提高劳动生产率为目标，大力发展面向生产的服务业，细化专业分工，降低社会交易成本，不断提高资源配置效率。

第一节 现代物流业

积极推进连锁经营、物流配送、电子商务、代理联运等现代流通方式。培育专业化物流企业，大力发展第三方物流配送服务，加快企业生产流程再造，促进物流配送的社会化。引导和支持国内外有实力的大企业大集团通过兼并、参股、联合等方式，实现物流产业要素的优化配置，构筑全疆物流体系综合平台。加强大宗重要商品、生活必需品等应急物流体系和物流基础设施建设，进一步完善铁路、公路、航空和管道运输的立体化运输网络，加快在乌鲁木齐、奎屯、哈密、喀什、库尔勒、精河、阿拉山口、霍尔果斯等交通枢纽和口岸建设一批起点高、规模大、辐射能力强，集运输、仓储、包装、流通加工、配送等功能一体的现代物流基地或物流中心。大力推广农业生产资料的连锁经营，加强农业生产资料流通网络建设。加强快件处理中心和空白乡镇（村）邮政所（站）建设。加快新疆与内地及周边国家物流大通道建设，支持企业参与中亚国家互联互通项目建设，形成区内物流、国内物流和国际物流互动发展的现代物流网络体系。

第二节 金融保险业

鼓励各类商业银行完善服务功能，创新服务品种，提高服务质量，拓展服务领域和范围，全面推广综合柜面业务系统、网上银行、电子商务网上结算等新型金融业务。鼓励和支持各类银行机构在偏远地区设立服务网点，力争 3 年内实现乡镇基础金融服务全覆盖。积极吸引股份制商业银行、外资银行和进出口银行在自治区设立分支机构，加快发展地方商业银行。支持各大银行设立中小企业信贷专营机构，建立面向中小企业的信用担保体系。大力支持符合条件的企业上市融资、再融资和发行企业债券，支持新疆上市公司并购重组。加快发展保险业，推进保险市场主体多元化，拓展保险资金运用渠道和商业保险领域，大力开发具有广泛社会需求的保险产品，规范发展保险中介机构服务，全面提升保险业的保障功能、融资功能和社会管理功能，满足企业和消费者日益增长的保险产品需要。稳步推进农业保险，增加保险品种，不断提高保险覆盖面。

第三节 商务服务业

拓展和规范法律、信息、会计、审计、税务、评估等中介服务业，积极培育和发展投资顾问、广告、形象设计、战略策划、市场研究等咨询服务业，促进行业自律和良性发展，积极发展会展业，创新商务服务产品，引导商务服务企业向着专业性、品牌化、集群式的方向发展。

第二章　发展面向消费的服务业

以满足人民群众日益增长的物质文化需求为目标，积极发展面向消费的服务业，满足各族人民的服务需求。

第一节　文化、体育产业

全面贯彻落实国家《文化产业振兴规划》，充分发挥我区丝路文化和独具特色的少数民族文化资源优势，将我区建设成为文化大区。重点发展影视传媒、新闻出版、文化演艺、动漫产业、网络文化、文化会展、文化旅游等文化产业，推动文化资源产业化和文化产业规模化、集聚化发展。打造"新疆宴艺"、"大型实景演艺"等文化休闲基地。加强与内地合作，培育发展具有新疆民族特色和区域特色创意文化产业。加快特色文化"走出去、引进来"步伐，办好"中国新疆国际民族舞蹈节"等活动，提高新疆文化影响力和竞争力。充分发挥社会各界支持体育产业的积极性，积极发展体育竞赛、体育表演、特种旅游等体育项目，办好少数民族传统体育运动会。

第二节　商贸服务业

加快发展批发、零售市场，大力推动便利店、专业店等新型商贸业态发展，促进有形市场的升级改造，积极发展物联网。按照优化城市功能、疏解交通的要求，合理调整城市商业网点结构和布局。支持农村市场体系建设，加大对"万村千乡"、"双百市场"工程和"农超对接"的支持力度，到2015年基本实现农家店全覆盖。

第三节　房地产业

强化政府职责，多渠道筹措建设资金，加大对保障性住房建设力度，不断增加中低收入居民住房供给。优化商品房结构，增加普通商品住房供应。结合各地实际，适度开发中、高档住房。提高住房建设质量和配套服务设施水平，为居民营造布局合理、设施配套、功能齐全、环境优美的居住、办公和商业环境。加强房地产调控，深化土地供应制度改革，优化土地供应方式，建立公正、透明的一级市场，加大中低价位、中小套型普通商品住房土地供应，强化用地管理，提高土地使用效率。加强房地产市场监管，整顿规范房地产市场秩序，强化城镇房屋拆迁管理，培育完善二级市场，规范发展房地产中介服务，完善物业管理服务，营造良好的房地产开发、消费市场环境，促进房地产业健康发展。

第四节　社区服务业

加快社区商业网点建设，继续实施好便利消费进社区、便民服务进家庭的"双进工程"，完善社区服务功能，大力发展社区卫生、文化娱乐、家政保洁、养老托幼、食品配送等便民服务，满足城镇居民多层次的消费需求。加强社区管理，推进社区服务规范化和网络化建设。

第三章　做大做强旅游业

按照科学规划、统一管理、严格保护、永续利用的原则，加强新疆旅游资源的整合，充分挖掘民族历史文化的丰富内涵，深度开发旅游资源和产品，使旅游业成为新疆调结构、促就业、惠民生的支柱产业。着力建设好喀纳斯、喀什、那拉提、天池、吐鲁番等一批国家级乃至世界级旅游景点和景区。积极开展世界自然文化遗产和历史文化遗产的申报工作，加快文化和自然遗产地、国家风景名胜区、自然保护区、森林公园等重点旅游景区基础设施建设，加强主要景区连接交通干线的旅游公路建设，改善旅游交通条件，建设全疆旅游综合信息服务平台。

开发具有地域特色和民族特点的旅游品牌与项目，构建"丝绸之路"民俗旅游产品、生态旅游和特种旅游产品体系，将生态资源、历史文化遗产资源等转化为产品优势和产业优势，全力打造"丝绸之路"旅游品牌，带动沿线景区的开发和建设。加强与周边国家的旅游合作，积极稳妥推进边境旅游。积极发展冬季冰雪旅游，逐步变旅游淡季为旅游旺季。加快培育优质旅游市场主体，积极引导和支持国内外大企业大集团参与我区旅游市场的整合与开发，不断提升旅游产业发展层次和水平。大力开发特色旅游商品，不断延长旅游产业链，在旅游重点城市发展星级酒店，加快大众经济型饭店的改造和建设，积极发展新疆特色餐饮业，增强旅游业吃、住、行、娱等整体服务能力，形成一批满足人性化、多元化、特色化要求的旅游产品，开拓旅游业发展新领域，提高旅游综合效益。加大旅游市场宣传促销力度，抓好旅游市场规范管理，积极培养旅游高素质专业人才，提高服务质量。"十二五"期间，旅游总收入年均增长20%以上，把新疆建设成为我国重要的旅游目的地。

专栏5　旅游业重点建设任务和项目

景区建设：实施天池、喀纳斯景区扩展规划，北庭故城等古文化利用规划，形成南北贯通的"丝绸之路"环线。

旅游交通体系建设：推动旅游中心城市、节点城市和重点景区的机场建设，逐步引导旅行社与铁路部门协作，开发旅游专列，重点发展高等级公路和主要旅游城市与重点景区间的快速旅游专用道。重点景区与周边景区之间的道路建设。根据旅游市场需求，协调公路运输管理部门和客运公司开通旅游中心城市至重点旅游景区的旅游班车。在旅游交通干线沿线布置层次合理、规模适当的旅游信息咨询、旅游餐饮、汽车旅馆、自驾车营地、旅游厕所等配套服务设施。启动旅游交通标识体系建设工程，建设重点旅游城市和旅游景区引导指路标识、旅游景区宣传广告牌，统一设计制作新疆区内主要交通道路沿线的旅游景区引导标识。

特色旅游建设项目：完善霍尔果斯、阿拉山口、红其拉甫、吐尔尕特、塔克什肯、巴克图、吉木乃等口岸的接待设施及边境旅游市场环境。建设乌鲁木齐、喀什两个国际旅游集散中心，建设巴州大漠生态与特种旅游区、和田玉石文化旅游区、克拉玛依工业旅游区、塔城边境山花旅游区、温泉休闲度假区等五个特色旅游区。

第四章　促进服务业加快发展的政策

积极推进服务业市场化、社会化、产业化进程，打破所有制分割和行业垄断，放宽服务业准入领域，建立公开、平等、规范的行业准入制度。充分发挥政府服务业引导资金作用，调动和吸引银行信贷资金及社会资金投向服务业，增强服务业的融资能力和发展后劲。加快服务业领域改革步伐，按照营利性和非营利性分开的原则，推进企业、事业单位和政府机关后勤服务社会化改革。通过制定鼓励服务业发展的财税、土地、价格等优惠政策，支持服务业关键领域、薄弱环节和新型业态发展。加快服务业先进技术和标准的引进。积极发挥服务业行业管理机构、行业协会的监管职能，通过政策引导、价格监管、规范竞争行为和市场秩序，交流行业信息、掌握行业动向，坚持依法行政和依法监督，严厉打击各种不法行为，保护经营者和消费者的合法权益，为服务业创造公平、健康、有序的市场竞争环境。提倡健康、文明的消费方式，引导城乡居民增加服务消费，营造有利于扩大服务消费的社会氛围。

第六篇　切实保障和改善民生

把保障和改善民生作为推进新疆跨越式发展和长治久安的出发点和落脚点，大力提高全民保障能力，着力改善各族人民生产生活条件，坚定不移地走共同富裕道路，使发展成果惠及各族群众，促进社会和谐稳定。

第一章　千方百计扩大就业

就业是民生之本。实施更加积极的就业政策，支持就业容量大的劳动密集型企业、中小企业、民营企业及第三产业发展，千方百计增加就业岗位，重点解决好零就业家庭、未就业高校毕业生和农村富余劳动力群体的就业问题。鼓励在疆企业吸纳当地就业困难人员就业，并根据实际给予社会保险补贴。大力开发主要面向就业困难人员的公益性岗位，确保零就业家庭二十四小时动态清零。鼓励大中专毕业生到乡镇、农村尤其是困难地区的基层就业。保障大中专毕业生基本生活，对未就业大中专毕业生参加语言、职业技能和创业培训期间给予生活补助。积极组织农牧民参与疆内基本建设，发展劳务经济，促进农村富余劳动力自愿转移就业。落实促进少数民族就业优惠政策，多渠道多形式安排少数民族人员就业，鼓励机关事业单位在同等条件下优先录取少数民族人员。加强妇女就业、劳动保障和维权工作。政府投资项目和在疆的各类企业优先吸纳当地劳动力就业。实施自主创业、自谋职业和灵活就业优惠政策。

坚持城乡统筹、就业导向、技能为本、终身培训的原则，建立健全面向城乡全体劳动者的职业培训制度，建立覆盖对象广泛、培训形式多样、管理运作规范、保障措施健全的职业培训工作机制。加大公共实训基地建设和创业孵化园基地建设，支持符合特色产业发展需要的职业技能实训基地建设。大规模开展就业技能培训、岗位技能提升培训和创业培训，切实提高培训的针对性和有效性，加快培养满足自治区经济社会发展需要的高素质技能劳动者。对城镇失业人员、企业新录用农民工、困难企业职工、农村富余劳动力、登记求职的高校毕业生、城乡初中和高中毕业后未升学未就业的学生、退役士兵等人员开展职业技能培训，提高培训补贴标准。鼓励高等院校开展职业技能培训，促进高校毕业生就业。

专栏6 促进就业计划

企业吸纳就业计划：鼓励在疆企业吸纳新增80万人就业。

促进大中专毕业生就业计划：鼓励企业吸纳大中专毕业生就业20万人，鼓励4万名大中专毕业生参与新农村建设从事农牧业生产经营管理和服务，组织10万名大中专毕业生到城乡基层就业，安排8万名大中专毕业生参加就业见习，鼓励4万名大中专毕业生灵活就业、自谋职业和自主创业。

就业困难人员就业援助计划：建立社区就业援助金，用于岗位开发和援助就业困难人员从事灵活就业、自谋职业和自主创业；对15万灵活就业、从事家庭服务业人员给予基本养老保险补贴。

促进创业带动就业引导计划：建立三级创业引导性资金，扶持12万人创业，带动50万人就业。

创业孵化基地、创业园区建设项目计划：在全区所有县（市）各建立1个创业园区和创业孵化基地，扶持创业人员创业。

基层公共就业服务平台建设项目：在全区所有县（市）和乡镇街道建立基层培训就业社会保障公共服务中心，为城乡劳动者提供公共就业服务。

建立健全覆盖城乡的公共就业服务体系，推进城乡公共就业服务均等化。加强就业指导和职业介绍。在自愿的基础上，进一步做好有组织劳务输出。规范就业中介服务和人力资源市场。加强劳动保护和人力资源市场监管，维护劳动者合法权益。

第二章 完善覆盖城乡的社会保障体系

坚持"广覆盖、保基本、多层次、可持续"方针，以社会保险、社会福利、社会救助为基础，以基本养老、基本医疗、最低生活保障为重点，不断完善覆盖城乡的社会保障体系，加大社会保障和公共福利服务设施建设，提高管理服务水平，逐步实现人人享有基本社会保障的目标。

加强社会保险体系建设，完善相关政策和制度，扩大覆盖范围，提高保障水平。大力实施新型农村社会养老保险制度，2012年前实现全覆盖。完善城镇基本养老保险省级统筹制度，逐步提高养老金标准。将无收入的城镇居民纳入城镇养老保障制度。加快推进做实养老金保险个人账户试点。按照先保后征原则，将被征地农牧民纳入社会保障体系。健全医疗、失业、工伤、生育等保险制度，逐步提高统筹层次。规范各类社会保险基金征缴和使用管理。积极发展企业补充保险和商业保险。

完善和规范城乡社会救助体系。大力实施"关爱工程"，将孤儿、弃婴纳入机构和居家供养。加强儿童活动阵地建设，支持残孤儿童、流浪未成年人和老年人等的社会福利设施建设。提高城乡居民最低生活保障标准、孤儿和流浪儿童养育标准及农村五保供养标准。建立健全城乡低收入人口临时救助制度。完善对承担守边任务边民补助制度。推进残疾人社会保障和服务体系建设，加快残疾人综合服务设施建设，建立健全残疾人就业服务网络。加大城镇社区综合服务设施、优抚安置和社会保障服务设施建设力度。大力发展社会慈善事业，完善慈善事业管理体制和社会捐赠机制。创新社会福利运行机制，推动社会福利、社会救济、优抚安置和社会互助社会化进程。

第三章 改善城乡居民生产生活条件

按照统一规划、合理布局、设施配套、安全适用的原则，把"安居富民"和"定居兴牧"工程作为解决广大农牧民生产生活最紧迫、最现实问题的优先工程,高起点、高水平、高效益推进。到2015年完成150万户农民安居富民,实现11.05万户游牧民定居兴牧。按计划完成国有林区(场)棚户区改造任务。

改善城镇居民住房条件。继续实施廉租住房建设,适当提高困难地区廉租住房补助标准,对符合条件的困难家庭实施租赁补贴。大力发展公共租赁住房,因地制宜发展经济适用住房和限价房,积极推进城市和国有工矿棚户区改造,逐步建立分层次、多渠道的保障性住房供应体系。到2015年,全面完成城市和国有工矿棚户区改造任务。加强新建住房上下水、集中供热、供气、垃圾处理等配套设施建设。科学扎实推进喀什老城区改造工程。加强住房保障机构建设,健全管理制度,提高住房保障规范化管理水平。完善住房保障财税支持政策,拓宽保障性住房融资渠道,建立完善政府主导的多元化保障性住房投融资体制,增强政府住房保障能力和中低收入家庭住房支付能力。

抓好水路气电等基础设施和优美环境配套设施建设。加快农村安全饮水工程建设,到2013年全面解决剩余343万农牧民的饮水安全问题。加大农村公路建设力度,到2015年实现所有乡镇和具备条件的建制村通公路,具备条件的乡镇和80%以上建制村通沥青(水泥)路。完善农村通信网络和通信、邮政设施,提高农村邮政服务水平。加快连接气源地至县市天然气主干管网建设,“十二五”期间基本解决城镇居民用气问题。继续实施农村沼气工程,并逐步向农村推广液化石油气、压缩天然气、液化天然气。加快南疆天然气利民工程建设进度,到2012年实现南疆三地州所有县市及21个农牧团场全部天然气化。加大无电地区电力建设力度,提高农村电网和无电地区电力建设投资补助标准,因地制宜地发展农村小水电、风能、太阳能等清洁能源,“十二五”期间基本解决边远山区农牧区缺电、少电及无电问题。支持水电农村电气化县建设。加强农牧民聚居区环境综合治理,推进改水、改灶、改厕、改圈,切实改善村容村貌。

第四章　提高城乡居民收入水平

通过加快发展、广泛就业,促进城乡居民收入持续增加。坚持按劳分配为主体、多种分配方式并存,逐步提高居民收入在国民收入分配中的比重,提高劳动报酬在初次分配中的比重,努力使城乡居民收入增长和劳动报酬增长不低于经济增长。提高艰苦边远地区职工工资收入。完善机关事业单位工资收入分配制度改革。积极开展企业工资集体协商,建立健全企业职工工资动态增长机制。逐步提高最低工资标准。提高农业综合效益,拓宽农牧民增收渠道,不断增加农牧民收入。积极扩大城乡居民投资范围,努力增加财产性收入。

第七篇　深化体制改革

改革是加快转变经济发展方式的强大动力。要进一步解放思想、大胆创新,进一步调动各方面的积极性,坚持社会主义市场经济体制的改革方向,充分发挥市场配置资源的基础性作用,坚持和完善基本经济制度,推动关系经济社会发展全局的重点领域改革取得突破性进展,消除影响跨越式发展的体制机制障碍,为科学跨越发展提供强有力的保障。

第一章 坚持和完善基本经济制度

坚持以公有制为主体、多种所有制经济共同发展的基本经济制度,营造各种所有制经济依法平等使用生产要素、公平参与市场竞争、同等受到法律保护的体制环境。深化国有企业改革,加快国有经济布局和结构调整,加大国有大中型企业尤其是优势企业的股份制改革力度,大力发展混合所有制经济,实现投资、产权主体多元化。

鼓励支持和引导非公有制经济发展,消除制约民间投资的制度性障碍。放宽市场准入,按照"非禁即入"的原则,凡法律法规未禁入的所有行业和领域,一律对非公有制经济和中小企业开放。充分发挥非公有制经济在产业结构调整、增加民间投资、扩大就业等方面的重要作用,培育一批非公有制企业和产业集群,努力提高非公有制经济在国民经济中的比重,实现公有制经济与非公有制经济协调发展。

完善促进中小企业发展的政策措施,实行对中小企业的政府采购扶持政策,采取有效措施减轻中小企业负担;强化财税支持,自治区中小企业发展专项资金按20%逐年递增。支持中小企业信用担保机构发展,加快中小企业信用体系建设,完善中小企业信贷服务机制。拓展中小企业融资渠道,积极培育上市资源,着力推进企业上市融资。大力发展面向中小企业的金融机构和金融服务。拓宽服务渠道,加快推进中小企业服务平台建设,鼓励国家级园区创建小企业创业基地。积极支持中小企业开拓市场、参与优势资源开发、参与大企业大集团产业配套的相关服务业和配套产业,增强中小企业的实力,实现大企业大集团与中小企业"双轮驱动"。

第二章 深化行政管理体制改革

切实转变政府职能,强化社会管理和公共服务职能,创新政府管理服务方式,建设责任政府、服务政府、法治政府。推进行政审批制度改革,减少和规范行政审批,提高行政效率。积极推进政务公开,全面推行依法行政,强化行政问责制度,建立违法责任追究制度。深化投资体制改革,健全政府投资决策责任制度。

第三章 加快财税体制改革

建立健全财政收入稳定增长、财政支出保障有效和有利于科学发展的财税体制机制,完善公共财政管理体系。完善收入征管措施,实现各项税收收入和非税收收入应收尽收,确保财政收入稳定增长。充分发挥公共财政的职能,增加地方财政支出用于改善民生和提高基本公共服务水平的比重,力争到2015年达到75%。建立科学规范的对下转移支付制度,探索对地县转移支付资金的有效下达模式,加强激励约束机制,增强地县统筹资金能力。进一步深化预算管理体制改革,大力推进部门预算、国库集中支付、政府采购、非税收入管理等财政改革。加快财政国库集中支付改革步伐,推进税制改革。

第四章　推进金融体制改革

加强金融监管协调,建立健全系统性金融风险防范预警体系和处置机制,建立起与经济发展、居民生活和社会进步相适应的金融服务体系。建立存款保险制度。深化政策性银行体制改革。健全国有金融资产管理体制。完善地方政府与金融监管部门的沟通、协调机制,共同防范地域性金融风险。探索实施有利于发展特色产业和改善民生的信贷政策。进一步深化农村信用社改革,切实增强金融机构对农户的信贷支持力度。加强地方经济发展与金融发展的融合,推进金融产品和服务创新,推动符合新疆实际的资本市场建设。

第五章　积极稳妥推进价格体制改革

加快生产要素和资源性产品价格改革,着力解决与民生关系密切的价格问题,完善公共产品价格形成机制和管理政策。加强市场保障和价格稳定工作,实施“米袋子”和“菜篮子”行政首长负责制,各级财政拿出一定资金,大力支持城郊农业和城郊畜牧业发展,建立和完善价格调节基金,完善市场调控预案,继续整顿和规范市场价格秩序。理顺水、电、燃油天然气等资源性产品价格,建立能够反映市场供求和资源稀缺程度的价格形成机制。加强价格监测预测,提高价格监管水平。继续深化收费管理体制改革,逐步实施城市污水、垃圾及医疗废物等处理收费制度,加强收费管理,引导和规范收费行为,形成行为规范、公正透明的收费运行机制。

第六章　加快社会事业体制改革

强化政府社会管理、提供基本公共服务职能和责任,突出社会事业的公益性,深化社会领域和公共事业管理体制改革,保障民生事业的发展。培育扶持和依法管理社会组织,支持、引导其参与社会管理和服务。推进非基本公共服务市场化改革,增强多层次供给能力,满足群众多样化需求。围绕区域创新体系建设,深化科技体制改革。以促进公平和提高质量为重点,加快推进教育体制改革。围绕“保基本、强基层、建机制”,全面推进医药卫生体制改革。以扶持公益性文化事业、发展文化产业、鼓励文化创新为重点,积极稳妥地推进文化体制改革。

第七章　深化农村改革

按照统筹城乡发展要求,加快推进农村体制改革,强化农村发展制度保障,增强农村发展活力,逐步形成以工促农、以城带乡的体制机制。

稳定和完善农村基本经营制度，坚持以家庭承包经营为基础、统分结合的双层经营体制不动摇，现有农村土地承包关系保持长久不变。加强土地承包经营权流转管理和服务，在依法自愿有偿流转的基础上发展多种形式的适度规模经营。推进集体林权和国有农牧场制度改革。推进小型农田水利设施产权制度改革，明确小型农田水利设施的所有权，落实管护责任主体。深化粮棉流通体制改革，完善保障粮食安全和保护粮农利益的粮食购销体制，建立促进棉花产业发展的长效机制。探索建立农业科技成果进村入户的有效机制。深化农村信用社改革，扩大小额贷款公司试点，加大农业农村建设贷款供给，改善农村金融服务。拓宽农业保险领域，积极开展林果业、设施农业等主导产业政策性保险，依托龙头企业资助农户进行农业保险试点。积极推进乡镇机构改革，认真落实村级组织运转经费保障政策。整合政府支农投资，建立健全财政支农投入稳定增长机制，引导社会资本支持农业和农村发展。在有条件的地方建立统筹城乡综合改革试点区，发挥示范引领作用。

第八篇　构筑对内对外开放新格局

面向国际国内两种资源、两个市场，全面推进“外引内联、东联西出、西来东去”的开放战略，建设好喀什、霍尔果斯特殊经济开发区，加快发展边境经济贸易区，大力推进与内地及周边国家的大通道建设，完善口岸功能，畅通与内地及周边国家的物流，扩大人员往来，推进新疆对内对外开放跨新台阶、上新水平，努力把新疆打造成我国对外开放的重要门户和基地。

第一章　加快特殊经济开发区建设

充分发挥喀什和霍尔果斯的特殊区位、资源和人文优势，实行特殊的经济政策，着力推进与中亚、南亚、西亚的经贸合作，着力加强与内地的紧密联系，着力提升新型工业化、新型城镇化水平，促进产业聚集，促进产城协同，促进社会和谐，用新思路、新体制、新机制推动两个特殊经济开发区不断提高综合经济实力、服务能力和竞争力，力争用5年时间，基本完成喀什、霍尔果斯特殊经济开发区的基础设施建设，初步构建科学合理、各具特色、功能配套、协调发展的空间布局体系，逐步将其建设成为推动新疆跨越式发展新的经济增长点、我国向西开放的窗口和沿边开发开放的重要示范区。

喀什特殊经济开发区围绕发展商贸物流、农产品深加工、纺织、建材、冶金、机械组装加工、旅游、文化、民族特色产品加工等产业，加快完善口岸功能和基础设施，建设进出口商品集散地、区域性商贸物流中心、进出口产品加工基地、农产品生产加工基地和具有浓郁特色的旅游目的地，逐步将喀什打造成为连接亚欧的区域中心城市和中国西部“明珠”城市。

霍尔果斯特殊经济开发区围绕发展进口资源加工、机械组装、商贸物流、农产品深加工、建材、高新技术等产业，建成我国向西出口加工基地和进出口商品集散地，面向中亚与欧洲的物流通道和国际商贸中心,绿色和有机食品出口生产基地。

专栏 7 喀什、霍尔果斯特殊经济开发区

喀什特殊经济开发区:规划 50 平方公里左右,包括喀什市 40 平方公里左右、伊尔克什坦 10 平方公里左右。喀什市辖区 40 平方公里左右重点建设综合保税区、出口加工区、金融贸易区、区域性商贸物流中心和农副产品加工区。加快和完善伊尔克什坦 10 平方公里左右口岸功能和基础设施,建设进出口商品物流仓储集散中心、进出口产品加工区。

霍尔果斯特殊经济开发区:规划 83 平方公里左右,包括伊宁市 40 平方公里左右、霍尔果斯口岸 33 平方公里左右(含国务院已批准的国际边境合作中心 13.16 平方公里)、清水河 10 平方公里左右。伊宁市 40 平方公里左右建设进出口产品加工区、优势资源转化加工区和区域性商贸物流中心。霍尔果斯口岸 33 平方公里左右进一步完善基础设施,加快推进中哈合作中心的中心区和配套区建设。清水河 10 平方公里左右建设农副产品加工、轻纺、建材、机械组装出口加工基地。

第二章 打造我国向西开放的桥头堡

积极开展同中亚等周边国家的经贸与技术合作,把新疆建设成我国向西进出口商品加工基地、商品中转集散地、走出去开发能源资源和开拓国际市场的“新欧亚大陆桥”。

第一节 大力发展对外贸易

充分利用上海合作组织、中亚区域经济合作机制、政府间经贸混委会机制等区域或双边合作机制,推进双边或区域贸易自由化的进程。加强同周边国家进行以能源资源互补为主的深层次合作,加大国家急需的石油、天然气等能源资源及铁、铜、镍、铝、磷矿等矿产资源的进口力度,使新疆成为我国进口能源和紧缺矿产资源的陆上安全大通道。实施新疆商标和品牌战略,推动新疆产品走出去。加快发展一般贸易、加工贸易等多种贸易方式,大力发展面向中亚的外向型产业,培育壮大我区出口优势产业和外向型龙头企业,加快建设农副产品、轻纺、机电、化工、建材等出口加工基地,提高我区企业的国际市场竞争力,不断扩大地方加工贸易在出口贸易中的比重。加快对外服务贸易发展,建立有效的服务贸易促进政策体系。落实优惠政策,推进自营出口,支持边境贸易发展和边境小额贸易企业能力建设。依托口岸大力发展旅游购物和边民互市,完善边民互市监管措施。适当调高境外人员购物限额,增加市场采购贸易方式。

第二节 加快向西开放平台建设

充分发挥“中国—亚欧博览会”作用,扩大博览会在中亚、西亚、南亚、欧洲乃至全世界的影响力,提升向西开放水平。

办好中国新疆喀什—中亚南亚商品交易会、中国新疆伊宁—中亚国际进出口商品交易会、新疆塔城进出口商品交易会,提升沿边区域中心城市的国际影响力,推动形成新疆沿边经济带。

加强口岸通道功能建设。根据实际需要,适当增设口岸和扩大现有口岸功能。重点完善国家一类口岸功能,新建中哈霍尔果斯铁路等口岸,将伊宁机场口岸升格为一类口岸。加快改造陈旧落后的口岸基础设施及生活设施。健全口岸边防、海关、检验检疫等管理机构,改善口岸查验设施条件。提高安检技术水平,增强口岸预防恐怖事件能力。加大边境口岸铁路、公路建设支持力度。采取补偿贸易、贷款等多种方式,帮助周边国家加强连接口岸的境外铁路、公路建设。建设乌鲁木齐、阿拉山口综合保税区。

开展跨境人民币业务。推动在新疆开展跨境贸易和投资人民币结算,建立新疆与中亚国家和俄罗斯的人民币跨境结算、清算渠道。在中哈霍尔果斯国际边境合作中心和中方配套区、喀什和霍尔果斯特殊经济开发区范围内允许使用人民币进行贸易和投资,扩大人民币使用范围,鼓励金融机构在这些区域范围内设立分支机构。

第三节　大力实施走出去战略

鼓励有实力的企业到周边国家投资办厂,从事能源资源开发、农林业合作。积极参与油气、矿产资源的全球配置,通过风险勘探、购买油田、合资合作、参股控投等方式,在中亚建立油气供应基地。扩大商贸、旅游等服务业的对外开放与合作。支持具备条件的新疆企业参与境外经贸合作区建设。制订和完善财政、金融、保险、外汇、外经贸、海关、检验检疫等促进“走出去”的政策措施。

第三章　加大招商引资力度

坚持对内开放和对外开放并举,积极引进和利用好外资,加强同内地的经济技术合作,支持内地企业以各种方式参与新疆开发建设,进一步增强服务意识,为境内外企业、人才到新疆投资、创业、发展创造良好环境。

第一节　积极合理利用外资

修订适合新疆特点的外商投资产业指导目录,鼓励发展节能环保、再生能源、节水农业、特色林果及农牧产品深加工、棉纺织等投资项目。按照布局集中、用地集约、产业集聚要求,促进外商投资项目向各类产业园区集聚。“十二五”期间,外商直接投资年均增长25%以上。有效利用国外优惠贷款和国际商业贷款,优化贷款投向,开拓贷款领域,促进重点项目建设。借用国外贷款五年累计达到15亿美元以上。

第二节　加大经济技术合作力度

把本地资源、市场、劳动力优势与东部地区资金、技术、人才优势结合起来,开展多种形式合作,实现共同发展。鼓励内地企业到新疆参与建设高水平的工业园区、现代化物流中心和高新技术产业聚集园区,鼓励东中部地区的国家级和省级开发区对口支援新疆产业聚集园区,鼓励东部沿海地区产业特别是劳动密集型产业向新疆战略转移。积极引进有实力的大企业大集团和高成长、科技型的中小企业,扩大规模、优化结构,重点投资现代农业、高新技术产业、先进制造业、现代旅游业和传统产业优化升级等领域。落实各项招商引资的优惠政策,提供规范化、标准化服务,在经济法规建设、公平公正执法、转变政府职能等方面,营造良好的招商引资环境。

第九篇　建设资源节约型、环境友好型社会

坚持环保优先、生态立区，走资源开发可持续、生态环境可持续的道路，推动形成资源节约、环境友好的生产方式和消费模式，增强可持续发展能力，确保新疆山川秀美，绿洲常在。

第一章　加强资源节约和管理

引导全社会树立节约资源的意识，大力优化资源开发方式，严格环境准入条件，加强节能减排，建立促进资源开发可持续的体制机制，推动产业结构向高能效、低能耗、低排放转型，积极发展循环经济，确保资源合理开发和永续利用。

第一节　科学合理有序开发资源

坚持资源开发规划先行，确保资源集约化、高起点、高水平和高效益的开发，大力提高资源的有效利用率。建立健全资源开发和保护的地方性法规，坚决防止无序开发、乱采滥挖和盲目圈地占资源，避免资源浪费。加大资源开发中的环境保护力度，严格项目的环评审查，加强对在建项目和已建项目的环境保护管理。按照谁开发谁保护、谁受益谁补偿的原则，加快建立生态补偿机制。

节约使用水资源。以农业节水为重点，推行现代节水灌溉新技术，大幅度降低灌溉定额。加强地下水保护与管理，严格控制超采、滥采地下水。大力发展节水工业，加大企业节水技术改造力度。加强公共建筑生活小区、住宅节水设施及中水回用设施建设，广泛开展节水型城市创建活动，建设节水型社会。

坚持合理利用土地资源。实行严格的用地管理制度和耕地保护制度，加大土地整理、复垦力度，鼓励使用戈壁、荒滩等非耕地开展各类工程建设，确保基本农田总量逐年增加。

规范矿产资源开发秩序。加强市场准入管理和矿业权市场建设，加大矿产资源和地质保护执法监查力度，严禁乱采乱挖，坚决遏制“五小矿”。在资源开发中积极采用先进技术保护生态环境，提高采矿回采率、选矿和冶炼回收率，重点确保煤矿矿井回采率达到65%以上。加快煤田灭火进度，力争完成剩余的三大重点火区和20处一般火区的煤田灭火任务。完善矿产资源有偿使用和矿山环境恢复治理保证金制度。

第二节　节能降耗

强化节能减排目标责任评价考核，加强项目节能评估，严格执行重点用能行业单位产品能耗限额标准，提高能源利用效率。健全节能市场化机制，加快推进合同能源管理、能效标识管理和节能产品认证管理。从严控制二氧化碳排放强度，积极应对全球气候变化。

突出抓好工业、交通运输、建筑、公共机构等重点领域节能。加快钢铁、煤炭、电力、有色、化工、建材等重点用能企业的节能技术改造，淘汰落后产能，鼓励推广应用节能环保新技术、新工艺、新设

备、新材料。调整优化交通运力结构,降低空载率;鼓励购买小排量汽车,加大淘汰旧汽车力度。积极推广节能环保型建筑和绿色建筑,大力实施新建建筑热计量收费管理。深入开展节能全民行动,推广高效节能产品,全面实行政府优先和强制采购节能产品制度,大力实施“节能惠民”工程。

第三节 循环经济

按照“减量化、再利用、资源化”的要求,加快构建全社会的资源循环利用体系。加快推行清洁生产,从源头上减少废弃物产生和排放。加强共伴生矿及尾矿综合利用。强化对工业、建筑业、农业等重点行业和城市生活垃圾的废物资源化利用。按照循环经济的要求,规划、建设和改造各类产业园区,实现土地集约利用、废物交换利用、能量梯级利用、废水循环利用和污染物集中处理。实施循环经济和资源节约示范工程,构建循环经济产业链。强化循环经济试点工作,形成具有行业特色、发挥示范和带动作用的循环经济模式。

第二章 保护修复自然生态

坚持保护优先和自然恢复为主,加大生态保护和建设力度,从源头上有效遏制生态环境进一步恶化,把新疆建设成为我国西北重要的生态屏障。

以保护山区、荒漠天然植被和绿洲为重点,实施重大生态修复工程。尽快启动新疆防沙治沙工程,重点推进塔里木盆地周边和准噶尔盆地南缘防沙治沙、天山北坡谷地森林植被保护与恢复。继续实施天然林保护、“三北”防护林工程,加强农田防护林体系建设,加强公益林保护,加大对国家级公益林补偿力度,巩固退耕还林成果。加大天然草原保护与建设,继续实施退牧还草工程,落实草原生态保护补偿奖励机制。加快实施伊犁河、叶尔羌河、阿克苏河、和田河等流域水土保持工程。加强湿地保护与恢复。积极推进自然保护区基础设施和管护能力建设,加强野生动植物保护。力争到2015年,新增水土流失治理面积2万平方公里,新增生态修复面积50万亩。

加强重点生态功能区保护和管理,增强水源涵养、保持水土、防风固沙能力,保护生物多样性。构筑由阿尔泰山地森林、天山山地草原森林和帕米尔—昆仑山—阿尔金山荒漠草原三大生态屏障,以及环塔里木和准噶尔两大盆地边缘绿洲区组成的“三屏两环”生态安全战略格局。

第三章 加强环境保护

以解决危害群众健康和影响可持续发展的突出环境问题为重点,加强对主要污染物排放总量控制,明显改善环境质量。

加快伊犁河、额尔齐斯河、博斯腾湖、艾比湖等流域水污染治理。严格饮用水源地保护制度,加强地下水污染防治,确保城市集中式饮用水源地水质达标率达到90%。大力推进乌鲁木齐市大气污染防治工程,力争5年内解决大气污染严重问题。实施重点城市热电联产、煤改气、集中供热、热网改造、电厂脱硫、机动车尾气治理工程。力争“十二五”期间,全区城市空气质量好于Ⅱ级天数比例达到82%。

加强城市及周边企业的污染治理，对重点排污企业实行挂牌整治，有计划地逐步搬迁城区内的重污染企业。加快城镇污水处理及配套管网、垃圾处理设施建设。力争到2015年，城镇污水集中处理率达到75%，城镇生活垃圾无害化处理率达到45%以上。

实施农村环境综合治理，加强农村水源地保护和水质改善，因地制宜开展农村污水、垃圾污染治理和农业面源污染治理。加大矿区环境保护与修复力度，禁止矿山废水、废气、废渣无序排放。

加强环境监管基础能力和应急体系建设，提升监测预警水平。加强环境敏感区的风险防范。确保危险废物安全处置率达到65%。大力提高保护环境消费意识，鼓励低碳消费方式，实行环境标识、环境认证和政府绿色采购制度。

第十篇　大力推进区域协调发展

实施区域发展总体战略和主体功能区战略，按照“两带两区”的发展战略布局，分类指导，发挥优势，率先发展天山北坡经济带和天山南坡产业带，扶持发展南疆三地州贫困地区和沿边高寒地区，推进区域优势互补、相互促进、共同跨越发展，构筑主体功能定位清晰、国土空间高效利用、人与自然和谐相处的区域发展格局。

第一章　天山北坡经济带

东起哈密西至伊宁的天山北坡经济带，要以乌昌经济区为核心，以城镇组群和区域中心城市为支撑，形成产业分工合理、联动发展的格局，不断提升区域整体发展实力，进一步增强对全疆乃至西部地区的辐射带动作用。充分发挥作为国家级重点开发区和向西开放大通道的优势，加快提升自主创新能力、产业集聚水平和外向型经济发展水平，在全疆率先实现新型工业化、农牧业现代化和新型城镇化，率先实现经济结构优化升级和发展方式转变，率先实现全面建设小康社会目标，建成国家重要的经济增长带。

*乌鲁木齐—昌吉经济区*要加快推进经济一体化和城乡一体化进程，大力促进生产要素的优化组合，重点发展能源矿产资源精深加工、制造业和战略性新兴产业，加快技术进步与创新，形成一批自主知识产权、核心技术和知名品牌，提高产业素质和核心竞争力。大力发展现代商贸物流、金融保险、商务服务等现代服务业。进一步改善投资环境，提高对外开放水平，大力吸引资金、技术、人才聚集。加快建成我国重要的综合性能源基地，西部地区重要的制造业中心、国际性商贸和物流中心。*吐鲁番—哈密经济区*要依托丰富的光热资源、油气、煤炭和盐类等矿产资源以及独特的旅游资源优势，大力建设国家级太阳能综合利用示范基地、煤电生产和外运基地，我区重要石油天然气产业基地、无机盐化工产业基地以及独具魅力的旅游胜地。*石河子—玛纳斯—沙湾经济区*要立足农业集约化发展的优势，建成全疆重要的制造业基地、纺织工业基地、绿色食品加工基地和农业产业化示范区。*奎屯—克拉玛依—乌苏经济区*要依托丰富的石油石化、特色农业资源和交通枢纽优势，统筹规划、相互协作，大力提升对全疆发展的影响力，建成国家重要的能源基地和全疆重要的轻工

业基地、商贸物流中心。博乐—阿拉山口—精河经济区要发挥特色农业资源和口岸优势，以农产品加工业、对外贸易、旅游等产业为主，建成我国重要的陆路货物贸易中转集散地、进出口产品加工基地。伊宁—霍城—察布查尔经济区要以霍尔果斯特殊经济开发区建设为契机，加快发展外向型经济，依托丰富的水土、矿产、旅游资源，积极发展现代煤化工、特色农牧产品加工、旅游等支柱产业，加强天然林和天然草场保护，建设天山北坡西部经济强区、中心城市和向西开放的桥头堡。

第二章　天山南坡产业带

东起库尔勒西至阿克苏的天山南坡产业带，要充分发挥丰富的能源资源和特色农业资源优势，做大做强石油天然气、煤化工、纺织、农副产品精深加工等特色优势产业，加快延伸产业链，提高附加值，支持重点园区和重点企业发展，注重创品牌和市场网络建设，加快形成特色产业集群，建成国家重要的石油天然气化工基地、农产品精深加工基地、纺织工业基地，着力增强对南疆乃至全疆经济的辐射带动作用。

巴州要发挥资源、区位等优势，强化产业带动，注重城乡统筹，努力实现新型城镇化建设走在南疆乃至全疆前列，新型工业化走在南疆前列，城乡居民人均收入走在全疆前列。阿克苏地区要发挥优势，不断壮大经济实力，提高人民生活水平，在南疆率先实现跨越式发展和长治久安，率先实现新型工业化、农牧业现代化和新型城镇化。

第三章　南疆三地州贫困地区

以保障和改善民生、增强南疆三地州自我发展能力为目标，加大对南疆三地州的扶持力度，力争新型工业化、农牧业现代化、新型城镇化发展和对外开放有较大突破，力争使南疆三地州经济增长和城乡居民收入增长高于全区平均水平，逐步缩小与其他地区的发展差距。

加快实施安居富民、定居兴牧和南疆天然气利民等民生工程。创新开发方式，整合各类资源，大力推进集中连片扶贫开发。大力普及“双语”教育和职业教育。加强符合特色产业发展需要的职业技能实训基地建设，提高各族群众就业能力，鼓励和支持劳动密集型企业发展，拓宽就业渠道。加快建立健全覆盖城乡的社会保障体系，全面提高城乡居民基本公共服务水平。

加快推进南疆三地州水利、交通、电力等重大基础设施建设。加大对特色优势产业发展扶持力度。充分发挥农业资源优势，大力发展林果、棉花、畜禽、药材等农副产品加工和储藏保鲜，积极推进农牧业现代化。利用丰富的民族文化资源，积极发展旅游业和民族特色手工业，高位推动旅游业发展。以喀什特殊经济开发区为中心，打造“大喀什”经济圈，主动吸引和承接面向周边国家的机械组装加工产业和商贸物流业，高起点、高水平建成中国西部“明珠”城市，带动南疆三地州及周边各具特色的小城镇发展，加快新型城镇化进程。建成全疆重要的特色林果产品生产加工基地、外向型农业基地，以及面向中亚、南亚的民族特色产品生产加工基地和物流中心。

第四章　沿边高寒地区

沿边高寒地区要充分发挥丰富的天然草场资源、矿产资源和口岸优势，在注重保护生态环境基础上，加快推进新型工业化、农牧业现代化、新型城镇化，大力发展生态旅游业、矿业开发和边境贸易为主的特色优势产业，着力建设全疆重要的绿色农牧产品基地、特色产品生产加工出口基地和我国西部地区重要的生态、民俗旅游目的地。

以改善牧民生产生活条件和增强可持续发展能力为目标，加强对沿边高寒地区发展的扶持。按照立足生产、发展产业、统筹城乡、安边兴县的原则，全面推进17个边境扶贫重点县（市）扶贫工作。加大实施兴边富民行动力度。大力实施“定居兴牧”工程，配套完善水、路、电等基础设施，加快建设社会主义新农村和新城镇，推进传统畜牧业向现代畜牧业转变，传统生活方式向现代生活方式转变，到2015年，基本实现游牧民定居目标。

图2　新疆“十二五”区域发展布局示意图

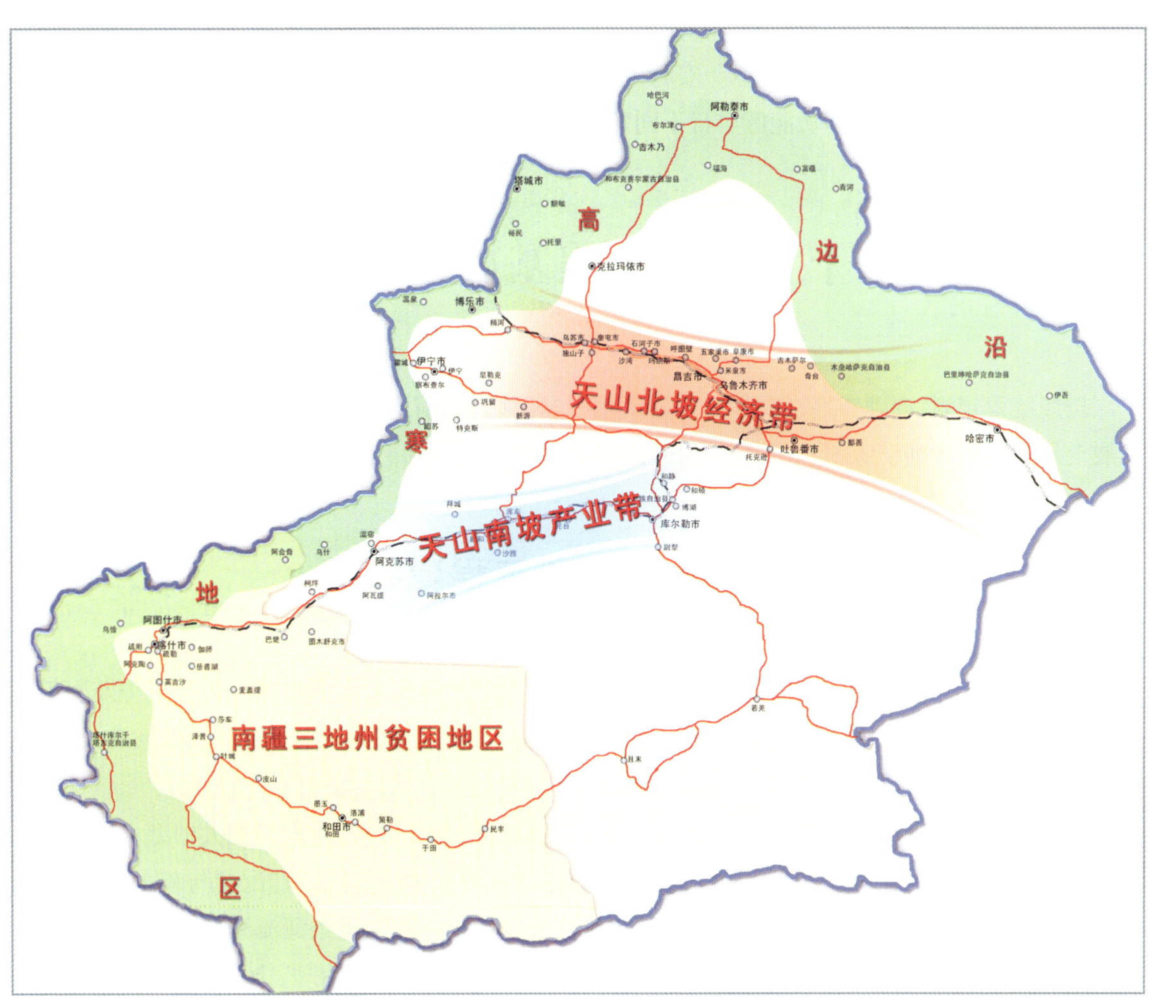

第五章 推进主体功能区战略

根据不同区域资源环境承载能力,明确开发方向,完善开发政策,规范开发秩序,控制开发强度,优化国土空间开发格局,促进人口、经济与资源环境相协调。

统筹谋划人口分布、经济布局、国土利用和城镇化格局,引导人口经济向适宜开发的区域集聚,保护农业和生态发展空间,构建高效、协调、可持续的国土空间开发格局。对资源环境承载能力较强、集聚人口和经济条件较好的城市化地区要重点开发。对影响全局生态安全的重点生态功能区和保障农产品供给安全的农产品主产区,要限制大规模、高强度的工业化和城镇化开发。对依法设立的各级各类自然文化资源保护区和其他需要特殊保护的区域要禁止开发。

实施分类管理的区域政策。按照区域主体功能定位,配套完善财政、投资、产业、土地、环境等政策。要用好中央财政对重点生态功能区的均衡性转移支付资金,增强基本公共服务和生态环境保护能力,自治区财政要完善对下转移支付政策。实行按主体功能区安排与按领域安排相结合的政府投资政策,按主体功能区安排的投资主要用于支持重点生态功能区和农产品主产区的发展,按领域安排的投资要符合各区域的主体功能定位和发展方向。实行差别化的产业政策,明确不同主体功能区的鼓励、限制和禁止类产业。实行差别化的土地管理政策,科学确定各类用地规模,严格土地用途管制。对不同主体功能区实行不同的污染排放总量控制和环境标准。

第十一篇 加强基础设施建设

按照统筹规划、合理布局、优化配套、适度超前的原则,提前谋划、抓紧建成一批事关经济社会发展全局的重大基础设施项目,为推进跨越式发展奠定坚实基础。

第一章 水利工程建设

坚持节约优先、合理开发、优化配置、强化管理的原则,加强重点河流控制性骨干工程及农田水利、防洪减灾工程建设,加快水资源开发利用,科学调度,合理配置,提高水资源利用效率和效益,保障经济社会可持续发展。

加快重点流域水资源开发,全面完成塔里木河流域近期综合治理,建设一批大中型水利枢纽工程和山区水库,提高防洪抗旱能力。加强以渠道防渗为主的大中型灌区续建配套与节水改造建设。抓好土地整理、中低产田改造,实施南疆盐碱化耕地改良治理。加强重点河流和重点城市应急防洪工程体系建设,加快完成病险水库(闸)除险加固工程,启动中小河流治理、山洪地质灾害防治、易灾地区生态环境综合治理,重点易发区山洪灾害得到基本治理。加强重点河流水文资源检测与站点建设。

强化水资源统一管理,实行严格的水资源管理制度。完善流域管理与行政区域管理相结合的水资源管理体制、机制,建立取用水总量控制指标体系,合理调整用水结构。

专栏8　水利重点工程

水资源配置工程建设

建成拦河引水枢纽及北岸干渠工程,年新增引水量12.51亿立方米,改善灌溉面积119.69万亩,新增灌溉面积86.9万亩;开工建设艾比湖流域生态环境保护一期工程,计划年调水量10亿立方米。

建成布尔津河西水东引一期工程,年调水量9.5亿立方米;建成克孜加尔水利枢纽工程,新增库容1.76亿立方米,开发土地17万亩。

全面完成塔里木河流域近期综合治理项目建设,有效恢复保护生态环境,建成吉音水库,新增库容0.83亿立方米,建成卡拉贝利水利枢纽工程,新增库容2.53亿立方米,开工建设阿尔塔什水利枢纽工程,电力装机69万千瓦,新增库容22.4亿立方米。

其他流域:建成奇台中葛根、阜康白杨河、乌鲁木齐大西沟、托克逊阿拉沟、昌吉努尔加、塔城白杨河、库车铜场、轮台五一8座中型水库,新增库容4.5亿立方米。开工建设莫莫克、萨尔托海、阿不都拉等21座大中型山区控制性水利枢纽工程,计划新增库容72亿立方米。

农田水利建设

加快国家规划内喀什噶尔、博斯腾等34个大型灌区续建配套和节水改造,改善灌溉面积2500万亩。

实施150个中型灌区续建配套与节水改造,改善灌溉面积1535万亩。

南疆灌区盐碱地改良治理面积834万亩。

防洪减灾建设

完成157座小型病险水库除险加固。

完成26座大型和280座中型病险水闸除险加固。

实施叶尔羌河、伊犁河及阿克苏河等8条重点河流河段治理,建设25条重点灾害性河流和36座城市(县城)重点河段防洪工程。使重点河流险工险段防洪标准达到20至30年一遇,中小河流防洪标准提高到10至20年一遇。

第二章　交通建设

加快构建新疆与内地和周边国家紧密联系的铁路、公路、民航、管道等综合交通运输体系,全面提升新疆在全国乃至中西亚地区交通运输格局中的国际大通道和交通枢纽作用,为巩固新疆在国家能源资源陆上安全大通道地位打下坚实基础。

第一节　铁　路

全面推进陆桥通道及东西部通道建设,抓紧实施兰新第二双线、兰新铁路嘉峪关至阿拉山口段电气化改造等项目建设,开工建设北屯至富蕴至准东、哈密至将军庙、额济纳至哈密、库尔勒至格尔木、鄯善至敦煌、淖毛湖至兰新铁路。加强国际铁路通道建设,加快推进中吉乌、中巴等铁路建设。不断完善路网结构,扩大路网覆盖面,加快在建的哈密至罗布泊铁路、吐鲁番至库尔勒至阿克苏复线建设,推进新和至拜城、罗布泊至若羌、阿克苏至阿拉尔等铁路前期工作,力争早日开工建设。按照一次规划、分期实施的原则,建设和完善乌鲁木齐、哈密、库尔勒、喀什等铁路枢纽。全面改善乌鲁木齐城市交通条件,开工建设乌鲁木齐轻轨工程,进一步完善乌鲁木齐城市公共交通体系。

到2015年,铁路营运里程达到8200公里,五年新增4100公里,路网覆盖全区75%以上的县级行政区域,到2020年,形成四纵四横、五大对外通道、六个对外铁路口岸的铁路路网格局。

专栏9　四纵四横、五大对外通道、六个对外铁路口岸

四纵:阿勒泰—克拉玛依—伊宁—阿克苏、富蕴—准东—乌鲁木齐—巴仑台—库尔勒、吐鲁番—库尔勒—阿克苏—喀什、哈密—罗布泊—若羌—和田铁路。

四横:将军庙—哈密—额济纳、阿拉山口—乌鲁木齐—哈密—兰州、库尔勒—若羌—格尔木、喀什—和田—日喀则铁路。

五大对外通道:兰新通道、准东—哈密—临河通道、鄯善—敦煌通道、青新通道(库尔勒—若羌—格尔木)、新藏通道。

六个对外铁路口岸:红其拉甫口岸、吐尔尕特口岸、霍尔果斯口岸、阿拉山口口岸、吉木乃口岸、塔克什肯口岸。

第二节　公　路

加强高速公路建设,建成横贯东西、沟通天山南北的高速公路主骨架,基本实现连接14个地州市及兵团师部的公路高速化,全疆高速公路总里程突破4000公里。全面推进国省道改造,国道基本达到二级及以上公路标准,基本实现县市通二级及以上公路,高等级公路(一二级以上)通车里程接近2万公里。大力实施“农村富民畅通工程”,具备条件的所有乡镇和90%建制村通沥青(水泥)路,所有建制村通公路,农村公路总里程突破11万公里。国边防公路全部实现等级化。口岸公路全部实现黑色化,其中8个国家重要一类陆路口岸通二级及以上公路。到2015年,公路通车总里程达17万公里,初步形成“四横两纵”高速公路骨架和“五横七纵”干线公路网络格局。

专栏10　公路建设重点工程

高速公路:重点建设乌鲁木齐绕城高速、星星峡—吐鲁番、明水—哈密、库尔勒—阿克苏—喀什、喀什—叶城—和田、喀什—伊尔克什坦、奎屯—克拉玛依—乌尔禾、阿勒泰—乌尔禾、克拉玛依—塔城等国家高速公路,适时将国家高速公路网中吐鲁番—小草湖、乌苏—赛里木湖、小草湖—和硕一级公路改建为高速公路。加强地方高速公路建设,重点建设大黄山—奇台—木垒、五彩湾—大黄山、伊宁—墩麻扎、五工台—克拉玛依、省道215线三岔口—莎车、麦盖提—喀什等地方高速公路项目。

国省干线改造:重点建设国道216线乌鲁木齐—白杨沟岔口、国道315线叶城—喀什段老路改造,以及省道101线乌鲁木齐—八音沟、省道228线青河阿热勒别克—苦水等一批国、省道改造项目。

农村公路:重点建设通乡沥青(水泥)路改扩建9000公里,通村沥青(水泥)路43000公里、村通达公路8500公里、新改建独立大中小桥、危桥30000延米。

国边防、口岸公路:重点建设国道219线新藏公路新疆段改建整治工程、边防公路以及察布查尔—都拉塔、阿勒泰—红山嘴等口岸公路。

第三节　民　航

以优化机场布局,完善网络结构为重点,全面推进机场建设。完成石河子机场建设,新建塔中机场、莎车机场、若羌楼兰机场、图木舒克机场,迁建富蕴机场、且末机场,改扩建乌鲁木齐机场(四期)、和田机场、库尔勒机场、喀什机场,构建以乌鲁木齐国际机场为门户枢纽,喀什、伊宁、库尔勒机场为区域枢纽,支线机场和通勤机场为补充的机场体系。加快安全及应急设施、空管及航油保障设施建设和航空应急救援体系建设,着力发展通用航空和通勤航空。进一步完善航线网络。到2015年,我区干线机场数量达到22个,其中新建、迁建机场6个。

第四节　管　道

建成中哈二期原油管道，独山子—乌鲁木齐市、王家沟—乌石化原油管道，乌石化—王家沟成品油管道；开工建设西气东输三线、四线、五线，建成轮南—吐鲁番、伊宁—霍尔果斯等干线及支线天然气管道和18条城市供气支线。开工建设两条各300亿方煤制气外送管线。到2015年，建成国家西部油气能源输送通道。

第三章　电力建设

坚持统一规划，适度超前布局，不断调整电力结构，大力发展火电，科学开发水电，全面加快可再生能源利用步伐。推进坚强电网建设，尽快建成750千伏主干网架，促进电源电网协调发展。加快实施"疆电东送"工程。

第一节　电　源

在煤电开发条件较好的中心城市和产业园区，建设一批负荷中心热电厂，重点加快乌鲁木齐、克拉玛依、伊宁、库尔勒、哈密等热电联产项目建设，满足用电和供热需求。结合电网网架强化和延伸，建设轮台、库车、和丰、富蕴、阿克苏等电网支撑电源，增强电网可靠性。尽快建成投产华电喀什热电扩建、和田华威热电、巴楚热电厂等热电联产项目和配套工程，全面解决南疆三地州电力紧缺的问题。加快准东、哈密煤电一体化基地建设，在准东、哈密分别形成1500万千瓦、1200万千瓦的配套电源规模，保障"疆电东送"。

在保护生态的前提下，进一步加快伊犁河、额尔齐斯河、开都河、叶尔羌河等一批有调节能力的梯级水电站建设，推进玛纳斯河、和田河、喀什噶尔河、盖孜河、精河等河流水电开发。加快哈密、达坂城千万千瓦风电基地建设，为特高压外送通道建设提供保障，实现风电整体外送。在达坂城、哈密、喀什、和田、克州等规划建设一批5000千瓦以上并网光伏电站，建成3～5个太阳能综合利用示范基地。

"十二五"期间新增装机4900万千瓦，2015年总装机规模达到6500万千瓦，其中：疆内需求电力装机达到3800万千瓦（火电3000万千瓦，水电550万千瓦，风电250万千瓦）；外送电力装机2700万千瓦（火电2100万千瓦，风电600万千瓦）。

第二节　电　网

加强疆内750千伏主网架建设，尽快形成伊宁—乌苏—凤凰—乌鲁木齐—吐鲁番—巴州—库车—伊宁等750千伏环网，并延伸至喀什、准北地区，建成西至伊犁，东至哈密、准东，北至准北，南至喀什，内通外联的全疆750千伏电网主网架，实现全疆电力的统一调度。推动"疆电东送"工程建设，力争开工建设哈密—郑州±800千伏、准东—重庆±1100千伏两条特高压直流送电工程，保证大型水火风电基地的电力可靠送出。通过农网升级改造、无电地区电力建设和城市电网等多方式、多渠道完善220千伏、110千伏等各电压等级输配电网络，全面提高供电质量，基本解决无电人口用电问题。

专栏11 电力建设重点工程

电源

在建规模达到1400万千瓦，其中在建火电1150万千瓦、水电250万千瓦。重点建设昌吉新热电厂(2×30万千瓦)、阿克苏热电厂(2×20万千瓦)、乌苏热电厂(2×33万千瓦)、哈密大南湖热电厂(2×30万千瓦)、和丰火电厂(2×35万千瓦)、尼勒克一级水电站(22万千瓦)、小石峡水电站(11万千瓦)、齐热哈塔尔水电站(19.5万千瓦)等项目。

新建火电装机3740万千瓦(疆内1840万千瓦，外送2700万千瓦)。为满足疆内用电需求，重点建设乌鲁木齐西山热电厂(2×35万千瓦)、城北热电厂(2×35万千瓦)、准东五彩湾热电厂(2×35万千瓦)、克拉玛依热电厂(2×35万千瓦)、福海热电厂(2×35万千瓦)、哈密热电厂扩建工程(2×35万千瓦)、库尔勒热电厂(2×35万千瓦)、轮台热电厂(2×35万千瓦)、巴楚热电厂(2×35万千瓦)等热电联产工程；重点建设玛纳斯电厂四期扩建(2×66万千瓦)、吐鲁番火电项目(2×35万千瓦)、伊犁火电项目(2×66万千瓦)、阿克苏火电项目(2×66万千瓦)等支撑点源项目。

配套“疆电东送”工程，在准东煤电基地建设国网能源准东奇台大井发电厂(2×66万千瓦)、中电投准东五彩湾电厂(2×100万千瓦)、大唐准东五彩湾煤电一体化电源项目(2×100万千瓦)、中煤能源五彩湾发电厂(2×100万千瓦)、国电准东五彩湾电厂(2×100万千瓦)、华电昌吉英格玛煤电一体化坑口电厂(2×66万千瓦)、华能吉木萨尔五彩湾电厂(2×66万千瓦)、神华新疆准东五彩湾发电厂二期工程(2×100万千瓦、2×66万千瓦)、恒联五彩湾电厂(2×66万千瓦)、特变电工新疆能源有限公司(2×100万千瓦、2×66万千瓦)、潞安准东电厂(2×66万千瓦)等煤电一体化大型电厂。

在哈密煤电基地建设国网能源哈密大南湖发电厂二期工程(2×66万千瓦)、大唐巴里坤煤电一体化电源项目(2×100万千瓦)、中电投巴里坤火电厂(2×100万千瓦)、国电哈密三塘湖发电厂(2×100万千瓦)、国投哈密发电厂(2×66万千瓦)、华能新疆哈密工业园电厂(2×66万千瓦)、华电哈密淖毛湖煤电一体化坑口电厂(2×66万千瓦)、重庆能源哈密电厂(2×66万千瓦)等煤电一体化大型电厂。

电网

重点建设伊宁—凤凰、凤凰—乌鲁木齐西山—乌鲁木齐东郊、吐鲁番—巴州、伊宁—库车—巴音郭楞、阿克苏—巴楚—喀什等750千伏输变电工程。力争开工建设哈密—郑州±800千伏、准东—重庆±1100千伏两条特高压直流送电工程。

第四章 信息化建设

第一节 综合信息基础设施建设

进一步加强通信设施建设，发展多种形式的宽带接入，提高宽带接入率，实现互联网的广泛应用。加快数字广播、电视的建设与改造，促进数字广播、电视的普及覆盖。加快光纤宽带网络、第三代移动通信网络建设，促进“三网”融合。

以基础信息网络和重要信息系统安全为重点，加强信息安全保障体系建设，基本完成自治区网络与信息安全保障体系建设，全面提高网络与信息安全防护能力，创建安全健康的网络环境。

第二节 推进经济社会信息化

积极推进电子政务信息化，加快建设和完善全区统一的电子政务网络平台，初步建立形成以应用服务为目的信息资源共享体系，加快自治区重点业务系统和应急指挥系统信息工程建设。

支持信息技术在国民经济和社会发展各领域的广泛应用。大力推进信息化与工业化的融合，积极发展电子商务，推进物联网技术的应用。扎实推进农村信息化，构建统一的农村综合信息服务平台。进一步完善人力资源和社会保障信息系统建设，加快教育信息化进程，提高科研设备网络化应用水平，大力推进社会事务管理和城市社区服务信息系统建设。加快少数民族信息技术应用。

专栏 12　信息化建设重点工程

广播电视数字化工程：重点实施广电光缆干线建设、数字高清项目、有线电视数字化转换、下一代广播电视网络（NGB）试点、有线数字电视前端异地灾备、大功率短波自动监控、小功率短波自动调度等。

通信基础设施建设工程：重点实施新疆电信、移动、联通公司的光纤宽带网络覆盖工程和第三代移动通信网络覆盖工程。

政务信息化推进工程：重点实施电子政务内、外网工程；公安信息化平台建设；政法综治维稳信息化建设；商务信息化系统；水利信息化系统；新疆粮食综合信息化管理平台；邮政信息化系统；金税工程（三期）；金审工程（二期）。

社会信息化推进工程：重点实施"三网融合"工程；"数字新疆"地理空间基础框架；教育专网信息系统；旅游信息化平台；人口和计生综合信息管理系统；档案信息管理利用平台；人力资源和社会保障信息系统建设。

企业信息化推进工程：重点实施在轻工、纺织、石化、机电、建材行业开展中小企业信息化建设试点，建设中小企业信息化服务体系、信息化服务平台，建立完善中小企业信用信息征集机制和评价体系。

农村信息化推进工程：重点建设农村综合信息服务体系、综合信息服务平台等。

文化信息化推进工程：重点实施文化资源的数字化、网络化工程。

第十二篇　实施科教兴新和人才强区战略

充分发挥科技教育的重要支撑和基础性作用，大力提高科技创新能力，加快教育改革发展，加快建设现代化人才队伍，推进创新型新疆建设。

第一章　加快科技创新能力建设

大力增强自主创新能力，将科技创新与经济社会发展紧密结合，依靠科技进步提升发展层次和水平，加快科技成果向现实生产力转化，推进经济发展方式的转变。

合理部署与大力支持原始创新、集成创新和引进消化吸收再创新。以支持现代农业、能源、矿产资源、先进制造、新材料、信息产业与现代服务业、医药卫生与健康、生态环境、城镇化与城市发展、公共安全等领域创新为重点，加强科技攻关和高技术研究开发，组织实施一批重大科技工程，支撑重点产业振兴、战略性新兴产业培育和民生改善。到 2015 年，科技进步综合水平达到全国平均水平。

以高技术产业园区、研究与开发机构、重点实验室、工程技术研究中心、高新技术产业化基地、科技企业孵化器、科技成果转化和产业化示范基地、科技公共服务平台和行业技术创新平台建设为重点，加强科技基础条件与创新载体建设。依托全国科技援疆机制，充分利用国内外科技资源，促进创新资源的集成配置和高效利用，形成科技创新整体合力。依托重大科研项目和工程项目、重点科研基地，培养引进一批高层次创新型人才和高水平创新团队。合理配置全社会科技资源，逐步完善以财政投入为引导、企业投入为主体、社会投入为补充的多元化科技投入体系。到 2015 年全社会研究与试验发展经费占生产总值的比例达到 1.8%。

进一步深化科技体制改革，全面推进具有区域特色的开放型创新体系建设，建立科技与经济紧密结合的有效机制。实施技术创新工程，促进产学研结合，完善以企业为主体的技术创新体系，着力培育创新型企业和科技型中小企业。在全区有条件的县市建立集科技成果转化、科技信息、科技培训、技术服务等功能为一体的综合科技服务中心,根据区域产业布局建设一批科技成果转化和技术转移中心,采取有效措施,大力推进科技成果的推广应用,提高科技服务基层的能力。以中亚地区为重点,扩大国际科技合作交流的广度和深度。加强知识产权创造、应用、保护、管理。进一步繁荣发展哲学、社会科学。广泛开展科学普及工作,传播科技知识,推广科学方法。积极开展全民科学素质行动,加大公民科学素质建设。

第二章　优先发展教育事业

坚持育人为本,全面实施素质教育,大力推进教育公平,不断提高教育质量,加快教育体制机制改革,优化公共教育资源配置,突出抓好双语教育和职业教育,依法落实教育经费增长机制,确保财政性教育经费支出占生产总值的比重保持在4%以上,不断提高教育现代化水平。

大力推进双语教育。采取增量补充、存量培训、定向培养、滚动推进的办法,加快解决学前幼儿和中小学校双语教学师资短缺问题。安排新增双语教师周转宿舍建设。加强双语教师培训基地建设,加快现有教师双语教学能力培训。建立双语教师队伍建设激励机制,力争5年内中小学教师队伍双语教学能力明显提高。增加国家通用语言文字授课课时,扩大双语教育覆盖面。推进双语现代远程教育,健全各级双语教育评价考核体系。做好学前双语教育与小学教育的衔接,新建、改扩建一批双语幼儿园。2012年基本普及学前两年以国家通用语言文字为主、本民族语言文字为辅的双语教学。加快对少数民族中小学实行国家通用语言文字教学,加授本民族语言文字课程的双语教育步伐,到2015年基本普及双语教育。与推进双语教育要求相适应,逐步改善义务教育阶段寄宿制学校办学条件,新建、改扩建一批民汉合校普通高中。扩大内地新疆高中班和疆内初中班招生规模,到2014年分别提高到每年招生1万人。

大力发展职业教育。根据自治区产业发展需求,重点建设一批中等职业学校(含技工院校),优化专业结构和布局,加强“双师型”教师队伍建设。逐步建立中等职业学校生均公用经费正常增长机制,对困难地区中等职业教育学生全部免除学费并对家庭经济困难学生补助生活费,对普通高中家庭经济困难学生提高国家助学金补助标准。到2015年,高中阶段教育毛入学率达到88%。积极争取内地中等职业学校为我区培养技能型人才。加快发展继续教育,支持特殊教育发展,建设全民学习、终身学习的学习型社会。

巩固和提高“两基”成果,不断提高义务教育质量,促进均衡发展。改善农村办学条件,加大公共教育资源向贫困落后地区和农村转移力度。适当提高家庭经济困难寄宿制学生生活费补助标准,推动义务教育均衡发展。加快普及学前教育,特别是发展农村学前教育,逐步将学前教育纳入基本教育公共服务体系,实行政府主导、公办为主、社会参与的办园体制。

全面推进高等教育发展。以提高质量为核心,加强学科建设,优化学科设置,积极培育符合新疆实际需要的特色专业,尽快使部分学科、专业达到国内先进水平。加强师资队伍建设,实施高校高层次人才引进培养计划和产学研联合培养研究生创新计划,增强高校科研基础能力建设,提升高校教学科研水平。加快全区各类高校发展,加快紧缺人才专业建设,提高新疆大学、石河子大学和塔里木大学等高等院校服务经济社会发展和长治久安的能力。

专栏13 教育重点工程

双语幼儿园建设工程:计划新建和改扩建双语幼儿园290所,新建校舍41.5万平方米。
民汉合校普通高中工程:规划新建、改扩建民汉合校普通高中76所。
全区农村教师周转宿舍工程:规划实施农村边远艰苦地区学校教师周转宿舍建设项目2168项,改善农村义务教育阶段学校特岗教师、支教和交流教师、离城镇较远的边远艰苦乡、村教师、寄宿制学校管理教师生活条件。
中等职业学校建设工程:重点实施80所中等职业学校建设,新增实训设备和生活辅助设施约7.37万台(套)。

第三章 加强人才队伍建设

全力实施人才强区战略。坚持稳定和用好现有人才,引进特殊人才的原则,按照"多措并举育人才、海纳百川引人才、不拘一格用人才、营造环境励人才"的要求,实施人才资源优先开发、人才结构优先调整、人才投资优先保证、人才制度优先创新,通过完善政策、优化结构、加强培训,加快现代化高素质人才队伍建设,为实现跨越式发展和长治久安提供人才智力支持。

大力加强经济社会发展急需紧缺人才队伍建设。围绕加快建设新型工业化、农牧业现代化和新型城镇化的需要,大力推进工业、农牧业、基础设施建设、外经贸、旅游、教育、科技、宣传文化、卫生、"双语"、维稳等领域人才队伍建设。以高层次人才和高技能人才为重点,以应用型人才为主体,实施天山英才、青年科技创新人才培养、高层次紧缺人才引进等工程,统筹推进党政人才、企事业经营管理人才、技能人才、农村实用人才和社会工作人才等各类人才队伍建设。

继续实施高校毕业生到边远地区服务和到村任职工作优惠政策,到2012年实现"一村一名大学生村官"的目标。加强乡村专业技术人才就地培训,进一步扩大基层就业专门项目和就业见习计划。大力开发城镇基层社会管理和公共服务岗位,实现每个社区吸纳一名以上高校毕业生就业。实施高校毕业生"三支一扶"(支教、支农、支医和扶贫工作)计划。实施好第四批新疆少数民族科技骨干特殊培养工作。

建设高素质专业技术人才队伍。加强学科带头人和领军人才培养力度,重点培养一批具有国际视野、通晓国际规则、能够参与国际事务合作的国际人才。实施国家技能人才振兴计划,重点面向现代煤化工、纺织、石油化工、特色农产品加工以及新能源、新材料、生物等战略性新兴产业培养高技能人才。实施海外留学人员来疆服务行动计划,加快博士后科研流动(工作)站、留学人员创业园建设。积极引进国外智力,重点吸引基础设施建设、资源开发利用、新兴产业发展、外向型经济管理、生态环境保护等领域高层次及适用技术人才。

加强人才培养基地建设。加大高技能人才培养示范基地和公共实训基地建设力度,建设乌鲁木齐高新技术产业开发区、喀什特殊经济开发区、霍尔果斯特殊经济开发区等人才管理综合实验区。扩大高级工、预备技师培养规模。

优化人才环境。健全政策,完善制度,努力消除不利于人才成长和发挥作用的各种思想观念和体制机制障碍,形成规范有序、便捷高效、运转协调的人才培养开发、选拔任用、评价发现、流动配置和激励保障机制,不断提高人才的使用效能。提高人才待遇,改善人才环境,最大限度地为人才提供施展才能的平台。

第十三篇　加快发展社会事业

大力发展医疗卫生、文化、广播电视、新闻出版、体育等社会事业，逐步建立符合区情、比较完整、覆盖城乡、持续发展的社会公共服务体系。

第一章　提高医疗卫生服务水平

按照保基本、强基层、建机制的要求，深化医药卫生体制改革，推进基本公共卫生服务均等化，优先满足人民群众基本医疗卫生需求，到2012年初步建立覆盖城乡居民的基本医疗卫生制度。

加快建立覆盖城乡的基本医疗保障体系。巩固和完善城镇职工基本医疗保险，全面推进城镇居民基本医疗保险，加快完善新型农牧区合作医疗制度。逐步提高城镇居民基本医疗保险、新型农牧区合作医疗筹资水平和政府补助标准。

全面实施国家基本药物制度。基层医疗卫生机构全部配备使用基本药物并实行零差率销售，各级政府加大对基层医疗卫生机构投入力度，保证基层医疗卫生服务的公益性质。建立健全科学的基本药物目录遴选调整机制。规范和完善基本药物招标采购等机制。合理制定基本药物价格。强化基本药物生产、供应、使用与质量监管，建立基本药物供求信息系统，确保药品安全有效、价格合理、方便可及。加强食品药品监管执法能力建设。

合理配置医疗卫生资源，完善基层医疗卫生服务体系。加快基层卫生专业技术人员队伍建设。加强县、乡、村三级医疗卫生机构基础设施建设。实施县级医院、中心乡镇卫生院和行政村卫生室标准化工程。加强医学人才特别是全科医生和防疫人员的培养。推进乡镇卫生院、国营农牧场卫生院、牧业医院和牧业医疗服务站建设。完善以社区卫生服务为基础的新型城市医疗卫生服务体系，重点抓好社区卫生服务中心建设。支持经济困难的自治区级和地（州、市）级医疗卫生机构建设。加强国家中医临床研究基地、重点中医院（含民族医院）建设，推进民族医药发展。健全城乡医疗救助制度，适当提高医疗救助标准。

推进基本公共卫生服务均等化。完善城乡公共卫生服务体系和公共卫生服务经费保障机制。加强疾病预防控制机构能力建设，完善妇幼卫生体系建设。逐步扩大国家公共卫生服务项目范围。做好艾滋病、结核病、肝炎等重大传染病和包虫病、碘缺乏病等地方病及高血压、糖尿病等慢性非传染性疾病的预防控制工作。加大职业病防治力度。

专栏14　卫生重点项目

基层医疗卫生服务体系建设：建成基层医疗卫生服务体系建设项目1135项，其中县级医院建设项目81项（含县级中医院），中心乡镇卫生院建设项目164项，行政村卫生室890项。

精神卫生专业机构建设：规划建设国家精神卫生专业机构建设项目15项。

卫生监督机构建设：规划建设全区县级卫生监督机构建设项目94项。

全科医生临床培训基地建设：规划建设地级全科医生临床培训基地项目4项。

按照上下联动、内增活力、外加推力的原则，探索建立维护公立医院公益性和提高效率相结合的投入、监管和运行机制，提高医疗服务质量和效率，构建和谐医患关系，满足各族群众多样化医疗卫生需求。加强空地立体化医疗救援体系建设，加强县、乡急救站（点）建设，建立和完善远程会诊系统，加强卫生应急指挥与决策系统建设，提高突发公共卫生事件应急能力和现场处置能力。加强精神卫生专业机构建设。积极开展爱国卫生运动和健康教育工作，加强各级红十字会建设。

第二章　提高人口管理和服务水平

坚持计划生育基本国策，实施更加积极地计划生育利益导向政策，继续大力实施“少生快富工程”，有效控制人口过快增长势头。加强基层计划生育服务体系建设，强化流动人口计划生育服务和管理。加强育龄群众生殖保健工作，维护育龄群众身心健康。开展免费孕前优生健康检查，提高出生人口素质。

坚持男女平等，切实保障妇女合法权益，加强未成年人保护，发展妇女儿童事业。加大妇女干部教育培训和妇女职业技能培训力度，努力提高广大妇女的整体素质。积极应对老龄化，注重发挥家庭和社区功能，优先发展社会养老服务，培育壮大老龄服务事业和产业。

第三章　繁荣公共文化

着力构建多元融合、充满活力、更加开放、科学发展的现代公共文化体制机制，满足人民群众不断增长的精神文化需求。

加快推进文化基础设施建设。大力实施文化建设“春雨”工程，统筹城乡文化发展，以社区和乡镇为重点，加强文化阵地、文化队伍建设。积极推进公共文化服务体系、基础网络设施及基本运行保障机制建设。加强各级文化馆（站）、图书馆、博物馆建设，全面实现博物馆、纪念馆免费开放。精心组织创作优秀文艺作品，鼓励各级文艺团体开展送文艺下乡服务。实施文化遗产保护工程，重点开展对《维吾尔木卡姆艺术》、柯尔克孜族《玛纳斯》、维吾尔族《麦西来甫》等人类口头和非物质文化遗产名录项目的抢救保护。继续加大对丝绸之路新疆段大遗址重点文物的抢救保护，实施坎尔井地下水利工程、国家考古遗址公园、野外文物保护设施、屯垦戍边遗址、近现代重要史迹、人口较少民族不可移动文物保护及环境设施建设项目，强化文物安全保障机制和执法巡查体系建设。继续扩大我区对外文化交流合作，有针对性地开展与周边国家的文化交流活动，加大与内地省区的文化交流合作，促进各民族文化相互借鉴，共同繁荣。实施优秀文化艺术人才扶持战略，着力培养和引进一批德艺双馨的艺术家和文化领军人才。加大对文化艺术精品创作扶持力度，推进文化创新，创作一批体现新疆民族特色，反映时代精神深受群众喜爱、具有高水准的文化艺术精品，提升新疆文化影响力。

加强传播能力建设。继续实施西新工程、广播电视村村通工程等文化惠民工程，到“十二五”末基本实现广播电视农牧区户户通。提高广播影视节目制作和译制能力。加强广播电视基础设施建设。扩大农村大喇叭广播工程覆盖面。逐步建立卫星地面接收设施监管体系和广播电视播出应急体系。加强中小城市及县城电影院建设。继续实施农村电影放映工程,提高农村电影放映场次补贴标准。到2015年,广播、电视人口综合覆盖率分别达到96.4%和96.7%。继续实施新闻出版“东风工程”,扩大免费赠阅范围和数量。加强重点新闻网站建设。全面推进“农(牧)家书屋工程”建设。加强少数民族文字出版物译制能力建设。推进“天山工程”,深入开展“打黄扫非”,建立文化市场综合执法机构和管理机制加强文化市场管理,依法打击各类违法文化经营活动,净化市场环境,维护国家文化安全。积极推进各级档案馆(库)建设。

全面贯彻落实《全民健身条例》,建立覆盖城乡的群众体育服务体系。以提高全民身体素质和生活质量为目标,加强公共体育设施建设,合理完善体育设施布局,为各族群众提供基本体育公共产品和体育公共服务。广泛开展全民健身活动。有重点地发展竞技体育,全面提升竞技体育总体实力和水平。

专栏15 文化事业重点工程

春雨工程:继续推动公共文化基础设施建设,加强文化内容建设,建立公共文化服务体系基本运行保障体系,加大文化人才培养力度,凝聚人心,人人享有文化成果权益,实现社会主义先进文化牢牢占领基层阵地。

地市级三馆专项建设:规划新建15个地市级图书馆、15个地市级文化馆、6个地市级博物馆。

广播电视村村通:对20户以下已通电盲点村进行广播电视村村通,采用直播卫星方式解决广播电视覆盖344732户,依靠有线光缆联网解决55739户,采用其他方式解决64840户。

东风工程:国家对新疆新闻出版业的一项公益性惠民工程,包括出版物免费赠阅、发行网点建设、党报党刊及音像电子出版物印刷制作设备配置、出版物市场监管网络建设等,以满足广大农牧民学知识学文化的需要。

第十四篇 全力做好对口援疆工作

进一步加强和推进对口援疆工作,是新形势下中央新疆工作总体部署的重要组成部分,中东部19个支援省市和新疆各受援地区要从维护祖国统一、促进民族团结、实现中华民族伟大复兴的高度出发,扎实做好对口援疆各项工作,推进新疆跨越式发展和长治久安。

第一章 对口援疆工作总体任务

要坚持“统筹兼顾、突出重点,全面支持、民生优先,科学规划、有序推进,加强协作、促进互利”的原则,以保障和改善民生为首要目标,以增强自我发展能力为重点任务,以对口援疆建设规划为引导,重点实施好农村安居、农民致富、双语教育、产业园区建设、人才干部五大工程。工程建设要坚持高起点、高水平、高效益,因地制宜、顺应民意、加快实施,尽快让受援地群众得到实惠。要充分发挥支援省市的优势,以产业聚集园区为平台,加快优势产业向受援地区转移。坚持“引进来”与“走出去”相结合,通过双向挂职、两地培训和支教、支医、支农等方式,加快为受援地区培养一批企业经营管理和紧缺专业技术人才。力争在5年内,使新疆特别是南疆地区经济发展明显加快、各族群众生活明显改善、城乡面貌明显改观、公共服务水平明显提高、基层组织建设明显加强。

第二章 完善对口援疆工作机制

各支援省市肩负着党中央、国务院赋予的重大历史使命,要切实把对口支援新疆作为自身工作的重要组成部分,做到有研究部署、有组织落实、有跟踪检查。要及时协调解决好对口支援新疆工作中遇到的问题,确保对口支援新疆工作有力有序有效推进。对口援疆的组织实施由对口支援省市负责,与新疆有关单位共同实施。要紧密结合受援地区实际,在落实好、使用好援助资金的同时,把更多更好的干部、人才、观念、技术、管理带到新疆,形成经济援疆、干部援疆、人才援疆、教育援疆和科技援疆协同推进的新局面,为受援地区经济社会发展注入强大动力。

各受援地区要积极主动做好配合工作,建立与对口支援相适应的工作机制,提供必要的工作条件和良好的后勤保障,及时帮助解决支援省市工作中遇到的问题。要加强对援疆干部、人才的管理与培养,做到政治上信任、工作上支持、生活上关心、安全上保护,帮助他们解除后顾之忧。要进一步改善投资环境,简化对口援建项目审批程序,减少审批环节,推广一站式办公方式,提高审批效率,对符合国家产业政策支持的项目,优先配置土地资源,优先允许环境准入,优先安排配套资金,优先办理项目前期手续。按照对口支援专项规划,统筹安排中央补助投资、自治区配套资金与援助资金,合理引导资金投向。要严格执行项目法人制、招投标制、工程监理制、合同管理制和竣工验收等基本建设制度,切实加强对援疆资金和项目的检查、稽查和审计,确保阳光援建、廉洁援建,确保资金安全、项目安全和干部安全。

第十五篇 构筑社会长治久安的坚实基础

进一步巩固各族干部群众共同团结奋斗、共同繁荣发展的思想基础,加强社会主义政治文明建设,强化和创新社会管理,为新疆长治久安打下坚实基础。

第一章 加强宣传思想文化工作

要坚持以中国特色社会主义理论体系为指导,大力开展以“热爱伟大祖国、建设美好家园”为主题的宣传教育活动,切实把各族群众思想和行动引导到促进民族团结、维护社会稳定上来,增强各族人民对伟大祖国的认同、对中华民族的认同、对中华文化的认同、对中国特色社会主义道路的认同,建设中华民族共有精神家园。用以爱国主义为核心的民族精神和以改革创新为核心的时代精神鼓舞斗志,用社会主义荣辱观推动形成良好社会风尚,在新疆大地唱响“共产党好、社会主义好、改革开放好、伟大祖国好、民族团结好、人民解放军好”的主旋律,激扬热爱新疆、建设新疆、积极向上、奋发有为的精神风貌。加强对新疆历史文化的研究,大力宣传新疆发展的历史,引导各族干部群众牢固树立正确的祖国观、民族观、宗教观,历史观和文化观。顺应时代发展的要求,充分发挥现代文化的引领作用，进一步加强各民族文化建设，坚持各民族文化交流与交融，使其与当代社会相适应、与现代文明相协调，保持民族性，体现时代性。

第二章 巩固和发展各民族大团结

民族团结是新疆各族人民的生命线。要高举维护和发展各民族平等、团结、互助的伟大旗帜，推动各民族和睦相处、和衷共济、和谐发展。运用各种载体和群众喜闻乐见的形式广泛深入开展各民族之间相互离不开的民族团结宣传教育，形成各民族之间相互包容、相互欣赏、相互学习、相互帮助的良好社会氛围。广泛开展民族团结进步创建活动，大力表彰民族团结进步模范集体和模范个人。组织少数民族群众代表赴内地参观考察。在对口支援工作中，开展民族团结心连心、手拉手活动，促进支援地和受援地干部群众特别是青少年联谊交往。

全面正确贯彻党的民族政策，坚持尊重少数民族文化习俗与增强国家意识、法律意识、公民意识相统一，坚持依法行使民族区域自治权与贯彻执行党和国家的方针政策相统一，坚持享有少数民族合法权益与依法履行公民义务相统一，巩固和发展平等团结互助和谐的社会主义民族关系。坚持党的宗教工作基本方针，全面贯彻党的宗教信仰自由政策，加强爱国宗教人士思想和队伍建设，加大对宗教人士的培训力度，扩大宗教界人士赴内地参观考察规模，培养一批政治上靠得住、宗教上有造诣的宗教人士。充分发挥宗教人士在促进民族团结、维护社会稳定方面的作用，引导宗教与社会主义社会相适应。积极引导宗教界做好解经和讲经工作，把伊斯兰教教义中含有和平、团结、爱国的思想贯穿到解经、讲经、学经之中，抵制和消除宗教极端思想的影响。要制定和完善宗教事务管理地方性法规。加强统战、民族、宗教工作能力建设。加强对统战民族宗教工作的领导，适当增加工作力量，重点建设一支乡村民族宗教事务管理队伍。加大统战、民族、宗教干部教育培训力度，不断改善统战、民族、宗教工作条件，保障工作经费。

第三章 维护社会稳定

要从维护国家最高利益、新疆各族人民根本利益的大局出发，坚决反对民族分裂，维护民族团结、祖国统一和国家安全。牢固树立“稳定压倒一切”的思想，坚持“反暴力、讲法制、讲秩序”和“主动出击、先发制敌、标本兼治、重在治本”的方针，严密防范，严厉打击民族分裂势力、宗教极端势力、暴力恐怖势力。依法加强对宗教事务的管理，坚决取缔非法宗教活动，严厉打击利用宗教进行的各种违法犯罪活动。加强政法维稳力量建设和基础设施、装备手段建设，建立健全以综治维稳中心为重点的基层维稳工作机制，完善统一的维稳情报信息工作机制和预警、应急处置机制，提高处置各种突发事件的能力，坚决防止发生大规模群体性事件，坚决防止发生特大恶性暴力恐怖案件。

加强和创新社会管理。按照健全党委领导、政府负责、社会协同、公众参与的社会管理格局的要求，加强社会管理法律、体制、能力建设。完善法律法规和政策，健全基层管理和服务体系，加强和改进基层党组织工作，发挥群众组织和社会组织的作用，提高城乡社区自治和服务功能，形成社会管理和服务合力。加强人民调解、行政调解、司法调解联动的工作体系，整合各种社会力量，建立调处化解矛盾纠纷综合平台。建立重大工程项目建设和重大政策制定的社会稳定风险评估机制，高度重视信访工作，关注网络舆情，及时掌握社情民意，深入细致地做好新形势下群众工作，努力解决好关系群众切身利益的突出问题，从源头上预防和减少社会矛盾的发生。健全流动人口服务和管理体制，全面推行居住登记和居住证为核心的流动人口"一证通"制度，把流动人口纳入当地社会一体化管理范围和公共服务体系。全面落实"四知四清四掌握"工作机制，最大限度地减少社会不稳定、不安全、不和谐因素。加强社会治安防控体系建设，构建打防管控相结合的综合动态防控体系。加强特殊人群帮教管理和服务工作。加强社会治安重点地区集中整治工作，重点开展城中村、城乡接合部等敌社情复杂和管理薄弱区域综合治理，依法打击各种违法犯罪活动。深入推进平安建设，深化基层平安创建活动，促进社会平安和谐。

第四章　推进社会主义民主法制建设

坚持党的领导、人民当家做主、依法治国有机统一，发展社会主义民主政治，扩大公民有序政治参与，依法保障公民的知情权、参与权、表达权、监督权。坚持和完善人民代表大会制度，保证人民代表大会及其常委会依法履行职权。坚持和完善中国共产党领导的多党合作和政治协商制度，充分发挥人民政治协商、民主监督、参政议政的职能作用。加强基层民主，实行基层组织公共事业和公益事业民主自治，完善农村村民自治制度，推进社区居民自治，完善以职工代表大会为基本形式的企业民主管理制度，全面推进政务、厂务、村务公开。巩固和壮大最广泛的爱国统一战线，进一步发挥民主党派作用，发挥工会、共青团、妇联等人民团体的桥梁纽带作用。尊重和保障人权，促进人权事业全面发展。

落实依法治国基本方略，全面推进依法治区。加强地方立法，完善立法程序和立法机制，提高地方立法质量，进一步做好地方性法规、政府规章和规范性文件的"立、改、废"工作。推进司法体制改革，加强司法体系建设。全面推进依法行政，建立健全科学、民主、依法决策机制和决策跟踪反馈、评价及责任追究制度，完善权责明确、行为规范、监督有效、保障有力的行政执法体制，落实行政执法责任制，加快建设法治政府。完善司法制度，维护司法公正。加强法制宣传教育，做好"六五"普法工作，推进法治实践，增强公民法制意识，提高公民法律素质。加强廉政建设，建立健全教育、制度、监督并重的惩治和预防腐败体系。

第五章　加强社会主义精神文明建设

积极开展精神文明创建活动，构建传承中华传统美德、符合社会主义精神文明要求、适应社会主义市场经济的道德和行为规范，提高各民族文明素质，为全面建设小康社会提供强大的思想保证和精神动力。深入推进社会公德、职业道德、家庭美德和个人品德建设，深入开展文明城市、文明村镇、文明行业、文明单位和文明家庭等群众性精神文明创建活动，广泛开展志愿服务。弘扬科学精神，加强人文关怀，注重心理疏导，培育奋发进取、理性平和、开放包容的社会心态。倡导修身律己、尊老爱幼、勤勉做事、平实做人，推动形成我为人人、人人为我的社会氛围。强化职业操守，支持创新创业，鼓励劳动致富，发扬团队精神。净化社会文化环境，保护青少年身心健康。综合运用教育、法律、行政、舆论手段,引导人们知荣辱、讲正气、尽义务,形成扶正祛邪、惩恶扬善的社会风气。

第六章　加强公共安全和国防安全

坚持“安全第一、预防为主、综合治理”,努力提高安全生产水平,重点做好道路交通、矿山、危险化学品、建筑施工、消防等行业领域安全生产工作,加强安全生产应急救援体系建设,有效防范和遏制重特大事故。严格安全许可,淘汰达不到安全生产条件的安全技术、工艺和装备,推进安全标准化建设。加快安全生产监管监察设施、装备及支撑体系工程、应急救援基地建设,提高安全水平和事故防御应对能力。加强全民安全文化建设,提高社会公众安全素质和安全意识。到2015年,亿元地区生产总值生产安全事故死亡率和工矿商贸就业人员十万人生产安全事故死亡率比2010年分别下降40%以上和26%以上。

增强防灾减灾能力建设,做好对滑坡、泥石流和森林、草原火灾的防治。加强救灾救助应急体系建设,加快救灾仓库和避险场所建设,提高救灾装备水平。强化公共环境安全,坚决防止工程建设、环境污染等人为引发的环境灾害。加强地震安全基础工作,全面完成学校、医院等抗震加固任务,积极推进城镇生命线工程、文化体育和社会福利机构等公共建筑抗震加固工作,提高地震综合防御能力。完善适应经济社会发展需求的气象服务体系,加强气候变化监测及评估能力建设,提高气象灾害监测水平。

加强社会公共突发事件应急体系和应急能力建设,健全应急物资保障体系,完善应急物资生产、储备、调拨、运输及配送机制,提高应急监测、预警、通信保障能力。加强应急队伍建设。

建立全区鲜活农产品生产、加工、运输、供应保障体系,支持建立重要农产品储备制度,确保大中城市蔬菜等农副产品供应。加强农产品、食品、药品质量监管,保障人民群众健康安全。

积极支持中国人民解放军和武警部队建设,加强民兵预备役力量建设,抓好国民经济动员、人民防空和交通战备等基础建设,加强边防基础设施建设,满足巩固边防的需要。深化全民国防教育,提高平战转换、快速动员、持续保障和综合防护能力建设。坚持拥军优属、拥政爱民,积极开展军民共建。

第十六篇　发展壮大兵团经济

充分发挥兵团在新疆发展和稳定中的特殊作用,围绕推进新疆跨越式发展和长治久安两大目标,坚持走新型城镇化、新型工业化和农业现代化发展道路,不断增强自我发展、带动发展、维稳成边能力,发挥好建设大军、中流砥柱和铜墙铁壁作用,为新疆繁荣和稳定做出新的更大贡献。

第一章　主要目标

力争到2015年,实现“六个明显”:一是综合实力明显增强。生产总值比2010年翻一番,人均生产总值达到50000元，全社会固定资产投资年均增长25%，在西北地区特别是新疆区域发展中的影响力、带动力明显增强。二是经济结构明显优化。以工业为主导的产业结构基本形成，城镇化水平达到60%。三是职工群众生活明显改善。职工群众社会保障程度大幅提高，贫困团场实现基本脱贫，职工收入达到西部地区平均水平。四是社会建设明显加强。覆盖兵团辖区、与兵团职能属性相适应、与地方相协调的公共服务体系比较健全，人均基本公共服务达到全国平均水平。五是可持续发展水平明显提升。资源开发利用效率显著提升，单位生产总值能源消耗和主要污染物排放与自治区保持同步。六是维稳戍边能力明显加强。各级应急处突、反恐维稳能力显著增强，巩固边防、维护稳定作用更加突出。

第二章 重点任务

强力推进新型城镇化建设。按照师建城市、团场建镇、整体规划、分步实施、强力推进的思路，促进人口、产业、公共资源向城镇集聚，增强城镇公共服务和居住功能，形成与地方城镇职能互补、分工协调、具有兵团特色的城镇体系。大力支持石河子市加快发展，积极推进创新型城市、循环经济、城乡统筹试点，提高其在新疆和全国的影响力。加快五家渠、阿拉尔、图木舒克市发展，尽快扩大城市规模，增强经济实力，提高在兵团和新疆的影响力。支持北屯建市工作，力争成为北疆地区重要的物流集散地和进出口加工区。选择战略地位重要、经济基础较好、发展潜力大的垦区中心城镇，按照石河子模式，规划建设一批县级市，并纳入国家城市规划建设体系。按照共建、共享、共赢原则，适度发展兵地共建城区和师部城区，使其成为兵地融合发展的有效载体。加快团场城镇建设，引导团场经济、连队职工和附近居民向城镇集中，其他边境连队、偏远连队统筹规划建设好连队居民区和生产作业区。改善城镇人居和投资环境，加快团场城镇水、电、路、气、房、通信等工程建设，使团场城镇居民享受与小城市同等公共服务。

大力推进新型工业化进程。支持兵团依托资源优势和自身产业基础，加快发展食品饮料、纺织服装、氯碱化工、矿产开发，培育壮大装备制造、新型建材。支持兵团在准东、哈密大南湖、三塘湖、伊犁、库拜等地参与大型煤电化工基地和新疆油气加工基地建设。支持兵团产业园区建设，提高园区承载能力和集聚产业能力，支持将条件较好的省级产业园区升格为国家级园区。支持兵团加快现代物流、金融、商务等生产性服务业发展，拓宽生活性服务业空间，实现服务业结构升级和质量提升。

加快推进农业现代化。以龙头企业、品牌产品、基地建设为抓手，充分发挥兵团农业科技优势，走规模化、集约化、产业化、市场化之路，提高兵团土地产出率、资源利用率、劳动生产率和加工增值率，确保职工收入持续增长、团场效益显著提升、农业资源持续利用，使兵团农业成为新疆和全国现代农业发展的排头兵。积极调整和优化农业结构，做优做强棉花产业，加快特色园艺业和现代养殖业发展。重点实施一批高产出、高效益现代农业示范工程。以提高灌溉水利用效率和节水技术推广为重点，发展节水技术外包服务，成为全国节水灌溉示范推广基地。以实现棉花生产全程机械化为重点，加快推进各类先进适用农机设备推广使用，成为全国农业机械化推广基地。

加强基础设施建设。以水利、交通、能源、通信等基础设施建设为重点，着力改善南疆垦区、沙漠周沿、边境一线及腹心垦区基础条件，不断增强可持续发展能力，提高基础设施对经济社会发展的支撑能力。

着力改善民生和发展社会事业。坚持以人为本、民生优先，全面落实国家一系列加强新疆及兵团发展与稳定的特殊政策，加快建设覆盖全兵团、与地方相协调的公共服务体系，统筹推进城市基础设施向团场延伸、城市公共服务向团场覆盖、城市现代文明向团场辐射。支持兵团保障和改善民生，积极发展教育、医疗、文化等社会事业，切实提高广大职工的生活水平，促进职工群众特别是低收入群体持续增收，使兵团干部职工收入与地方同步提高。

促进兵地融合协调发展。兵团要主动融入当地发展，地方要大力支持兵团发展。着力推进优势资源共享、基础设施衔接、产业布局配套、企业联合重组、市场体系对接和人才培训交流。促进地州市兵地教育、卫生等公共资源共享。发挥兵团在农业装备、科技推广等方面优势，探索建立与周边农村长期稳定的土地承租和代耕代种合作关系，推进兵团农业产业化龙头企业与地方农村建立长期稳定的基地关系，扩大农技服务覆盖范围，示范带动全疆经济发展。加大兵地干部挂职交流力度，促进干部融合团结。加大政策落实上的衔接和沟通，确保各项政策在兵团辖区的有效贯彻和执行。

支持兵团参与向西开放大通道建设。支持兵团充分利用新疆沿边开放和毗邻口岸的优势，大力发展口岸经济，在边境垦区建立集货物进出口、保税等多功能为一体的边境经济合作区。扩大兵团自产品出口，努力建设成为外向型商品加工基地、商品中转集散地、进口能源和紧缺资源周转地。支持兵团积极推进农业、资源和服务西进，鼓励师团到周边地区建立境外农业基地，鼓励企业到周边地区拓展矿产资源转换空间。

加强维稳戍边能力建设。进一步强化“兵”的地位和作用，努力把兵团打造成一支政治意识强、军事素质硬、特别能战斗的坚强队伍，成为增强民族团结、确保社会稳定的中流砥柱，巩固西北边防、维护祖国统一的铜墙铁壁。实行特殊招人留人政策，通过城镇建设和产业发展大规模吸纳复转退伍军人、大中专毕业生和城乡其他劳动者留在兵团，最大限度稳定现有人口，稳步增加兵团人口数量，特别是增加南疆和边境师团的人口。大力实施职工素质工程，吸收各类优秀人才充实兵团职工队伍，逐步优化兵团职工队伍年龄结构、知识结构，夯实履行使命的基础。加强基层人民武装部和民兵预备役力量建设及维稳戍边基础设施建设，全面提升兵团民兵的动员能力。加大政法系统基础设施建设力度，加强社会治安综合治理，严厉打击“三股势力”渗透破坏活动，确保辖区稳定和新疆大局稳定。

第十七篇 加强党的领导，确保规划顺利实施

党的领导是推进新疆跨越式发展和长治久安，实现本规划确定的各项目标和任务的根本保证，必须要加强党的执政能力建设和先进性建设，不断提高党领导经济社会发展的能力和水平。要以创造新的人间奇迹为目标，进一步解放思想，转变观念，以改革创新的精神，全面提高党的建设科学化水平，更好发挥党委领导核心作用、基层党组织战斗堡垒作用、领导干部模范带头作用、共产党员先锋模范作用。全区各级党政领导干部要以推进现代化建设、社会发展和造福各族群众为己任，准确把握发展形势，加强理论学习，注重实践锻炼，不断增强科学执政、提高经济活力，促使当地优势

最大化的能力。要以坚韧不拔的意志、昂扬向上的斗志、勤勉务实的作风、甘于奉献的精神，加速推进新疆跨越式发展和长治久安。

按照完善社会主义市场经济体制要求和国家宏观调控政策基本取向，正确履行政府职责，充分发挥市场在资源配置中的基础性作用，合理配置公共资源，调控引导社会资源，建立健全规划实施机制，保障规划目标和任务顺利实施。

第一章 统筹调控

进一步完善公共财政政策，确保公共财政资源配置与经济社会发展规划、产业政策、区域政策、科技政策、教育政策、卫生政策、环境资源政策等重大公共政策之间相互配合和协调。根据公共财政服从和服务于公共政策的原则，合理界定政府支出范围，优化财政支出结构，提高财政资金使用效率。按照集中力量办大事原则，财政资金优先安排社会保障、民生、教育、科技、卫生等关系到改革发展稳定的公共服务领域支出需要。在经济发展和财力增加的基础上，逐步增加自治区财政预算内基本建设资金规模，建设资金优先支持民生工程、重大基础设施等经济社会薄弱环节建设。

充分发挥投资在调结构、惠民生方面的重要作用，用好政府资金和对口援疆资金，积极引导民间资本、外资投向规划鼓励和支持的领域，千方百计扩大社会投资和金融贷款规模，增强投资对经济发展的拉动作用，为完成本规划目标提供强有力的资金保障。

第二章 加强协调

按照本规划确定的总体要求、发展目标、发展重点及重大项目布局，各地（州、市）以及各部门、各行业要组织编制相应的地方规划、区域规划和专项规划，有针对性地提出具体目标和任务，以及可操作的实施措施。要建立本规划与地方规划、区域规划和专项规划相互协调的工作机制，在主体功能定位、重大生产力布局、重点项目安排、基础设施建设上，确保总体要求一致，空间配置和时序安排科学合理，形成以本规划为统领，各级各类规划定位清晰、功能互补、统一衔接的规划体系。加强本规划与自治区年度计划的衔接，在制定和实施全区经济社会发展年度计划时，要结合实际，按年度分解和落实规划纲要提出的目标和任务。各有关部门要针对所担负的中长期发展任务，制定年度具体措施，切实组织落实。

第三章 监督评估

实行规划目标责任制，及时分解落实规划确定的发展战略、任务和政策，明确部门分工，落实部门责任，并将其列入政府考核目标。有关部门要跟踪、监测、分析相关领域规划实施情况，研究年度实施情况和实施中发现的问题，提出解决方案，并及时向自治区人民政府报告。要采取有效措施，加强对工程质量和项目资金的监督管理，确保工程质量安全、资金安全和干部安全。各地政府要自觉接受同级人民代表大会及其常委会对规划实施情况的监督检查，为完成规划目标提供有效的机制保障。在本规划实施的中期阶段，由自治区人民政府组织开展全面评估，并将中期评估报告提交自治区人民代表大会常务委员会审议。需要对本规划进行修订时，要报自治区人民代表大会常务委员会批准。在规划实施期间，当遇到区内外环境发生重大变化或因其他重要原因使实际经济运行严重偏离规划目标，需要调整本规划时，自治区人民政府应适时提出建议，提请自治区人民代表大会常务委员会审议批准实施。

"十二五"规划是全面贯彻落实中央新疆工作座谈会精神的重要规划，是为推进新疆跨越式发展和长治久安打好基础的重要规划。全区各族人民要紧密团结在以胡锦涛同志为总书记的党中央周围，高举中国特色社会主义伟大旗帜，在自治区党委的领导下，进一步解放思想，改革创新，众志成城，奋力拼搏，为推进新疆跨越式发展和长治久安、夺取全面建设小康社会新胜利、谱写各族人民幸福美好生活新篇章而努力奋斗！

新疆生产建设兵团国民经济和社会发展第十二个五年规划纲要

(2011 年 1 月 6 日新疆生产建设兵团党委
六届六次全委(扩大)会议批准)

"十二五"期间(2011～2015 年)是兵团贯彻落实中央新疆工作座谈会和西部大开发工作会议总体部署、实现新疆跨越式发展和长治久安的重要时期。根据国家要求,依据自治区"十二五"规划纲要和兵团实际,编制《新疆生产建设兵团国民经济和社会发展第十二个五年规划纲要》。本纲要主要阐明兵团战略意图、明确兵团工作重点、引导市场主体行为,是未来五年兵团经济社会发展的宏伟蓝图,是广大干部职工群众共同的行动纲领,是编制各类规划及制定年度计划、安排国家与兵团投资的重要依据。

第一篇　发展基础和发展环境

第一章　"十一五"时期经济社会发展情况

"十一五"时期是国内外环境发生重大变化、兵团驶入快速发展轨道、维稳戍边能力稳步提升的五年。在党中央、国务院的亲切关怀和自治区党委的统一领导下,兵团党委、兵团认真落实中央关于新疆及兵团发展稳定工作的战略部署,以科学发展观统揽全局,团结带领广大干部职工群众克服金融危机和乌鲁木齐"7·5"事件等不利影响,着力推动科学发展、促进社会和谐、创新体制机制,圆满实现了"十一五"规划确定的主要目标。

——综合实力明显增强。2010 年生产总值达到 770.62 亿元,五年年均增长 12.9%,占自治区比重由 2005 年的 12.7% 提高到 14.2%;人均生产总值达到

29948元，与全国平均水平持平；五年累计完成固定资产投资1345.32亿元，是“十五”时期的2.3倍。经济运行质量和效益稳步提升，企业竞争力不断提高。

——结构调整初显成效。产业结构以农业为主导向三次产业协调发展的格局转变，三次产业结构由2005年40∶25∶35调整到36∶34∶30；城市功能逐步完善，产业集聚和人口吸纳作用开始显现，城镇化率达到50%，比2005年提高8个百分点。所有制结构逐步完善，非公有制经济比重提高到28%。

——基础设施建设成效显著。水利、交通、能源等一批基础设施重点项目相继投产，高新节水灌溉面积达到1040万亩，新建、改建公路1.4万公里，新增发电装机容量280万千瓦，新增城镇供水管网1110公里、集中供热管网380公里，人居环境逐步改善，发展后劲进一步增强。

——职工生活日益改善。实施了以道路、饮水为重点的“十件实事”工程，基层职工群众衣食住行条件得到全面改善，80万人喜迁新居，城镇居民人均可支配收入和团场农牧工家庭人均纯收入达到14559元和8782元，分别比2005年增长74%和1.1倍。社会事业稳步推进，率先在西部地区完成“两基”攻坚任务，团场全部实现初级卫生保健目标，广播电视综合覆盖率达到97.1%。

——改革开放不断深化。以基本经营制度为主的团场综合配套改革稳步推进，以现代企业制度为重点的国有企业改革进一步深化，国有资产监督管理体制逐步完善。招商引资规模迅速扩大，向西开放地缘优势进一步凸显，自产品出口占兵团出口总额比重超过20%，发展活力进一步增强，外贸进出口总额达到55.89亿美元。

——可持续发展能力逐步提高。生态环境建设与保护稳步推进，节能减排工作与循环经济发展取得实效，资源利用效率明显提高，森林覆盖率达到7%。人口稳定在低生育水平，职工队伍不断壮大。

——维稳戍边能力稳步提升。职工维稳戍边意识得到强化，政法基础建设得到加强，出色完成了各项重大维稳任务，促进区域发展、维护社会稳定、巩固边防安全作用得到充分发挥。

专栏1 “十一五”时期主要发展目标完成情况

指标名称	2005年	规划目标		实现情况	
		2010年	年均增长(%)	2010年	年均增长(%)
生产总值(亿元)	331.12	650	11.2	770.62	12.9
一产(亿元)	130.64	195	6.6	278.81	9.3
二产(亿元)	83.35	210	16.2	262.27	20.5
工业(亿元)	56.49	160	19.2	186.29	21.9
服务业(亿元)	117.13	245	12.5	229.54	10.4
人均生产总值(元)	12900	24000	10.8	29948	
全社会固定资产投资额(亿元)	〔579.54〕	〔1200〕	15	〔1345.32〕	23.3
社会消费品零售总额(亿元)	93.38	160	11	202.87	16.8
进出口总额(亿美元)	31.05	100	15.6	55.89	12.5
城镇新增就业人数(万人)	〔23.9〕	〔25〕		〔29.3〕	
三次产业结构	40∶25∶35	30∶32∶38		36∶34∶30	
其中：工业增加值占生产总值比重(%)	17.1	24		24.2	
农产品加工产值与农业产值之比	0.31∶1	0.8∶1		0.49∶1	
农业综合机械化水平(%)	84	90		90	

续表

指标名称	2005 年	规划目标		实现情况	
		2010 年	年均增长(%)	2010 年	年均增长(%)
非农产业从业人员比重(%)	51	57		54.2	
非公有制经济比重(%)	21.3	35		28	
城镇化率(%)	42.6	50		50	
15 周岁以上平均受教育年限(年)	8.8	11		10.5	
总人口(万人)	256.95	267		257.32	
农牧工家庭人均纯收入(元)	4105	7500	8	8782	16.4
城镇居民人均可支配收入(元)	8353	14800	9.7	14559	11.8
广播电视综合覆盖率(%)	94.2	97		97.1	
农业灌溉用水有效利用系数	0.45	0.5		0.52	
森林覆盖率(%)	4.2	7		7	
注明:①生产总值绝对数按当年价格计算,增长速度按可比价格计算;②〔〕表示五年累计数。					

总体来看,五年来兵团综合实力大幅度提升,职工群众生活水平再上新台阶,区域影响力和地位作用显著提高,屯垦戍边事业站到一个新的历史起点,为率先在西北地区实现全面小康社会目标奠定了坚实基础。

第二章　发展环境

第一节　发展机遇

——中央新疆工作座谈会为兵团实现跨越式发展提供了难得的政策机遇。党中央、国务院高度关注新疆的发展与稳定,新疆在全国发展稳定大局中的战略地位越发重要,兵团特殊作用更加突显。中央新疆工作座谈会从战略高度对实现新疆跨越式发展和长治久安做出全面部署,进一步明确兵团在新疆发展稳定中的战略地位,指明了兵团城镇化、新型工业化和农业现代化的发展方向,出台了加大综合财力补助力度、加快产业结构优化升级、加强基础设施建设、推进城镇化进程、提高公共服务水平、加强维稳戍边能力建设等一系列具体政策,并首次将兵团十二个师(市)及团场纳入全国对口支援范围,从经济、干部、人才、教育、科技等方面组织内地省市对兵团实行全方位对口支援,为兵团发挥后发优势、实现跨越发展、致富职工群众提供了前所未有的历史机遇。

——国内外发展形势新变化为兵团实现跨越式发展营造了良好的发展环境。"十二五"时期,世界多极化、经济全球化深入发展,我国仍处于重要战略机遇期,将着力推进基本公共服务均等化,深入实施西部大开发战略,进一步推动传统产业、资源性产业向西部转移,为兵团承接东部优势产业转移、推动发展方式转变、缩小与全国发展差距创造了有利条件。

——新疆向西开放门户作用突显为兵团实现跨越式发展拓展了空间。"十二五"时期,我国将进一步推动开放由沿海向沿江沿边、由东部向中西部深度拓展。周边国家资源富集、消费潜力大,经济上的互补性、独特的地缘及口岸优势,为兵团开拓中亚市场、拓宽资源利用空间提供了有利的条件。

——改革发展稳定取得的显著成就为兵团实现跨越式发展奠定了坚实基础。经过半个多世纪的开发建设，尤其是“十一五”时期的快速发展，新疆进入大开发、大建设、大发展的新阶段，兵团自我发展能力显著提高，经济发展活力显著增强，发展环境显著改善。特别是广大干部职工群众思稳定、盼富裕、谋跨越、奔小康的愿望日益迫切，聚精会神搞建设、一心一意谋发展的氛围日益浓厚，为推进跨越式发展奠定了坚实的物质基础、政治基础、思想基础和群众基础。

第二节　困难与挑战

在推进跨越式发展的前进道路上还存在不少困难和问题。兵团目前正处于工业化初级阶段，长期积累的深层次矛盾与金融危机影响相互交织，使发展中的制约因素更加凸显，发展压力进一步加大。一是产业层次低。工业化起步晚、规模小，服务业对工农业生产促进作用不明显，资源环境压力日益显现，调结构、促转变任务艰巨。二是民生和公共服务欠账较多。职工生活水平与发达地区相比还有很大差距，团场基本公共服务水平亟待提高，特别是南疆、边境和少数民族人口较多团场生产生活条件仍然较差。三是市场配置资源基础性作用有待加强，改革相对滞后，兵团特殊体制与市场机制有效接轨途径还需进一步探索。四是维稳戍边任务更加艰巨。新疆分裂和反分裂斗争尖锐复杂，兵团维稳戍边能力有待进一步提高。

在机遇与挑战并存、机遇大于挑战的关键时期，必须切实立足兵团实际，全面落实中央关于推进新疆跨越式发展、长治久安的新要求，积极适应国内外环境的新变化，妥善应对经济社会发展的新挑战，努力探索发展壮大兵团、致富职工群众的新途径，不失时机科学发展、加快发展、和谐发展，为率先在西北地区实现全面建设小康社会目标打下坚实基础，奋力把屯垦戍边事业推向新辉煌。

第二篇　指导思想和发展目标

第三章　指导思想

高举中国特色社会主义伟大旗帜，以邓小平理论和“三个代表”重要思想为指导，深入贯彻落实党的十七届五中全会和中央新疆工作座谈会精神，以科学发展为主题，以加快转变经济发展方式为主线，以改革开放为动力，以科技进步为支撑，以改善民生为出发点和落脚点，坚持走城镇化、新型工业化和农业现代化“三化”道路，处理好屯垦与戍边、特殊管理体制与市场机制、兵团与地方“三大”关系，发挥好建设大军、中流砥柱和铜墙铁壁“三大”作用，为推进新疆跨越式发展和长治久安做出新的更大贡献。

第四章　基本原则

——*坚持把实现科学跨越发展作为主题*。坚持发展是硬道理的本质要求，把转变经济发展方式贯穿经济社会发展全过程和各领域，以经济建设为中心，充分利用国家政策支持和兄弟省市支援，有效发挥比较优势和后发优势，加快发展速度，提升发展质量，迅速壮大实力，始终在科学发展的轨道上实现高起点、高水平、高效益发展。

——坚持把推进“三化”进程作为主攻方向。依托政策优势、资源优势、区位优势和组织优势，以城镇化为载体，以新型工业化为支撑，以农业现代化为基础，引导人口向城市（镇）、产业向园区、土地向规模经营集中，促进经济结构进一步优化和发展方式加快转变，显著提高自我发展能力和在区域发展中的地位。

——坚持把保障和改善民生作为出发点与落脚点。以增加职工群众福祉为目的，坚持民生优先，改善人居环境，提高基本公共服务和社会管理能力，加大向基层和困难职工倾斜力度，集中力量解决好职工群众最关心最直接最现实的利益问题，努力在提高职工群众生活水平、稳定壮大职工队伍上实现新跨越。

——坚持把改革开放与科技进步作为动力和支撑。破除自我发展桎梏，积极探索特殊管理体制与市场机制相结合的有效实现形式，扩大对内对外开放，以大开放促大发展，实现行政推动与市场运作双轮驱动。发挥科技第一生产力和人才第一资源作用，推动发展向主要依靠科技进步、劳动者素质提高、管理创新转变。

——坚持把建设资源节约型、环境友好型社会作为重要着力点。倡导绿色、低碳发展理念，加强生态保护，强化环境治理和资源节约使用，发展循环经济，走资源开发可持续、生态环境可持续之路，促进经济社会发展与人口资源环境相协调，实现经济效益与生态效益、环境效益的有机统一。

——坚持把提高维稳戍边能力作为基础任务。始终牢记和忠实履行历史使命，自觉服从服务于新疆发展与稳定大局，从思想上、感情上、工作上自觉互通共融，在生产力布局优化、资源利用、人才交流等方面加强与地方沟通协调，以发展促稳定，以稳定保发展，实现边疆同守、资源共享、优势互补和共同繁荣。

第五章　发展目标

“十二五”期间努力实现“三个明显”：

——综合实力明显增强。2015 年生产总值比 2010 年翻一番，占自治区经济比重达到 17% 左右，年均增长 15% 左右；人均生产总值超过全国平均水平。五年累计完成全社会固定资产投资 4000 亿元以上，年均增长 25%。结构调整取得重大进展，非农产业从业人员比重提高到 60%，城镇化率达到 60%，与地方相衔接的主体功能区布局初步形成。科技对经济发展支撑作用显著增强，研究与试验发展经费支出占生产总值比重提高到 1.5%。重要领域改革取得明显进展，向西开放广度和深度不断拓展，进出口总额年均增长 22%，社会消费品零售总额年均增长 17%。综合经济效益大幅攀升，兵团城市地方财政一般预算内收入年均增长 20%。资源开发利用效率显著提升，耕地保有量保持在 1540 万亩，非化石能源占一次能源消费比重达到 3.7%，森林覆盖率提高到 8%，森林蓄积量增加 600 万立方米，单位工业增加值用水量降低 12%，工业单位产品能耗达到国家限额标准或国内先进水平，单位生产总值能源消耗、单位生产总值二氧化碳排放与自治区保持同步，主要污染物排放控制在国家下达指标内。

——职工群众生活明显改善。总人口达到 280 万人。基本养老保险人数达到 141 万人，基本医疗保险覆盖率达到 95%。五年城镇新增劳动力就业 35 万人，城镇登记失业率控制在 4% 以内。城镇居民人均可支配收入年均增长14%,农牧工家庭人均纯收入年均增长13%。城镇保障性安居工程建设48万套。覆盖兵团辖区、与兵团职能属性相适应、与地方相协调的公共服务体系比较健全,九年义务教育巩固率达到98%,高中阶段教育毛入学率达到91%,职工群众普遍享有基本医疗和公共卫生服务,文化事业和文化产业加快发展。社会主义民主法制更加健全,社会更加和谐稳定。

——维稳戍边能力明显提高。职工思想政治素质、职业技能素质、经营管理素质、军事素质及健康素质明显提高,各级应急处突、反恐维稳能力显著增强,巩固边防、维护稳定作用更加突出。

专栏2 "十二五"时期经济社会发展主要目标

类型	指标名称		2010年	2015年	年均增长(%)	指标属性
经济发展	生产总值(亿元)		770.62	〈1550〉	15	预期性
	全社会固定资产投资额(亿元)		〔1345.32〕	〔4000〕	25	预期性
	社会消费品零售总额(亿元)		202.87	450	17	预期性
	进出口总额(亿美元)		55.89	150	22	预期性
	城镇化率(%)		50	60		预期性
	非农产业从业人员比重(%)		54.2	60		预期性
科技教育	九年义务教育巩固率(%)		97	98		约束性
	高中阶段教育毛入学率(%)		88	91		预期性
	研究与试验发展经费支出占生产总值比重(%)		1.1	1.5		预期性
职工生活	总人口(万人)		257.32	280		预期性
	城镇登记失业率(%)		2.41	4		预期性
	城镇新增就业人数(万人)		〔29.3〕	〔35〕		预期性
	农牧工家庭人均纯收入(元)		8782	〈16180〉	13	预期性
	城镇居民人均可支配收入(元)		14559	〈28030〉	14	预期性
	城镇保障性安居工程建设(万套)			〔48〕		约束性
	城镇参加基本养老保险人数(万人)		133	141		约束性
	基本医疗保险覆盖率(%)		91.37	95		约束性
资源环境	耕地保有量(万亩)		1540	1540		约束性
	森林增长	森林覆盖率(%)	7	8		约束性
		森林蓄积量(万立方米)	2647	3200		
	农业灌溉用水有效利用系数		0.52	0.55		预期性
	单位工业增加值用水量降低(%)			〔12〕		约束性
	非化石能源占一次能源消费比重(%)		3	3.7		预期性
	单位生产总值能源消耗降低(%)				与自治区同步	约束性
	单位生产总值二氧化碳排放降低(%)				与自治区同步	约束性
	主要污染物排放(%)				控制在国家下达指标内	约束性

注明:预期性指标是兵团期望的发展目标,主要依靠市场主体自主行为实现,要创造良好的宏观环境、制度环境、市场环境,并适时调整综合调控方向和力度,引导社会资源配置,努力争取实现。约束性指标是在预期性基础上进一步明确并强化兵团责任的指标,是兵团在公共服务和涉及公共利益领域提出的工作要求,要通过合理配置公共资源和有效利用行政力量,确保实现。带〈〉按2010年价格计算,带〔〕为五年累计数。主要污染物排放包括:化学需氧量、氨氮、二氧化硫和氮氧化物等。

第三篇　强力推进城镇与垦区发展 打造跨越式发展平台

充分发挥兵团既融入新疆社会又高度集中统一的组织优势及集聚稳定人口的载体作用,统筹产业布局、人口分布、土地利用空间和城镇格局,大力推进城镇化进程,逐步形成与资源环境承载能力相适应、与地方相互融合促进、主体功能定位清晰、体现维稳戍边战略需要的区域发展格局。

第六章　实施城镇化发展战略

按照师建城市、团场建镇、整体规划、分步实施、成熟一个、建设一个的思路,促进人口、产业、公共资源向城镇集聚,增强城镇公共服务和居住功能,使城镇成为集聚人口产业、丰富屯垦戍边内涵、弘扬军垦文化、转变职工群众生活方式的重要载体和平台。统筹规划城市辖区产业、人口、空间布局,做优做强现有城市,培育发展新的城市,重点发展团场小城镇,创新兵地共建城区模式,形成与地方城镇功能互补、分工协调、具有兵团特色的城镇体系。

第一节　做优做强现有城市

以完善师市合一模式为切入点,以集聚产业、吸纳人口为重点,引导资金、技术和人才等要素资源向城市集聚,提高综合承载能力、城市管理水平和公共服务水平,使城市成为提升兵团综合竞争力的核心增长极。到2015年,城市基础设施建设和运行管理指标力争达到全国平均水平,城市经济占兵团经济比重达到50%以上,非公有制经济占城市经济比重达到60%。

——石河子市

方向:做大规模、做强实力、提升品位、改善环境,增强石河子市在全国和新疆的影响力,成为自治区及兵团推进跨越式发展和长治久安的领头雁。

重点:扩大城区面积—加快“北进南扩”步伐,推进石河子国家级经济技术开发区扩区,加强城市基础设施建设,拓展城市功能,促进石河子—玛纳斯—沙湾区域经济合作,大力提高城市综合承载能力和产业、人口集聚能力。扩大经济总量—发挥区位、产业、人才优势,做大做强国家级经济技术开发区,吸引一批国内外500强企业集团入驻,设立棉花交割仓库,加快建设西部重要纺织产业基地、国家重要氯碱化工生产基地和食品加工出口基地以及兵团战略性新兴产业、现代服务业发展先导区。扩大人口规模—着力改善人居和消费环境,改革户籍制度,吸纳高素质就业人口,推动团场富余劳动力进城定居、转业创业。

目标:2015年,人口力争达到50万人,经济年均增长25%,成为经济繁荣、生态宜居、文明富裕的全疆重要城市。

——五家渠市

方向:健全城市职能,扩大招商引资规模,完善产业配套,增强城市发展活力和综合实力。

重点:推进协调发展—主动参与乌昌都市区建设,与乌鲁木齐及周边城市形成合理分工、配套协作,构建乌—昌—五半小时城市“经济圈”,提升在乌昌地区和天山北坡经济带的影响力,成为乌昌区域休闲服务基地。推进快速发展—引导兵团公共资源向五家渠集中,做大做强五家渠国家级经济技术开发区,加快发展农产品精深加工、有色金属加工、房地产、高新技术产业和城郊农业,迅速提高经济和人口集聚能力。推进融合发展—通过经济跨越发展、人口规模扩大和各民族文化交流与融合,成为增进乌昌地区民族团结、确保乌昌地区社会稳定的重要支点。

目标:2015 年,人口达到 15 万人,经济年均增长 25%,成为天山北坡经济带重要产业基地、兵团经济增长新的引擎。

——阿拉尔市

方向:完善城市功能,扩大城市规模,提升城市综合竞争力。

重点:健全师、市职能,强化市政府社会管理和公共服务职能,引导驻市团场产业、人口和公共资源向城区集聚。优化投资和人居环境,为集聚产业和吸纳人口创造条件。主动参与阿克苏—库车城镇组群发展,培育农业产业化龙头企业和支农产业,创造条件发展油气加工及黑色金属加工业,加快服务业发展,壮大产业和人口规模。

目标:2015 年,人口达到 20 万人,经济年均增长 20%,成为兵团在南疆推进城镇化和工业化的主力军及稳定南疆的重要战略支点。

——图木舒克市

方向:改善人居环境,发展优势产业,与喀什市、阿拉尔市相互促进、同步发展。

重点:完善城市职能,加强城市基础设施建设,加快社会事业发展和维稳基础能力建设,吸引市辖区人口到城市就业定居,增加城市活力和生气。主动参与喀什—阿图什城镇组群发展,加大开发开放力度,吸引企业及周边团场工业向城市集中,大力发展民族特色、劳动密集型产业。加快图木舒克支线机场前期基础工作。

目标:2015 年,人口达到 17 万人,经济年均增长 20%,成为促进喀什地区经济发展和社会稳定的战略支撑点,南疆和周边地区民族用品及农副产品生产集散中心。

第二节 培育建立新城市

方向:按照能够设立市的师都争取新建一座城市的思路,选择战略地位重要、经济基础好、发展潜力大的垦区中心城镇,增设自治区直辖县级市,并纳入国家城市规划建设体系,加快推进实施。

重点:完成北屯设市工作,完善城市职能,统筹规划市辖区产业、人口、公共资源,分期分片建设,成为区域性交通枢纽、商贸物流中心和新型工贸基地。按照小城市标准,科学规划可克达拉、库西、塔斯尔海、芳新、黄田、皮墨等垦区发展,合理确定城市区域、发展方向、发展重点,加强垦区中心城镇基础设施建设,吸纳垦区内部人口、产业、项目向垦区中心城镇集聚,提高中心城镇承载能力。加强设市组织机构建设,抓紧拟建城市前期准备和报批工作,加快推进条件成熟垦区中心城镇增设为自治区直辖县级市,逐步完善城市功能,积极创造条件,成熟一个,建设一个。

目标:2011 年,力争北屯市尽快挂牌;2015 年,努力再新建 3～5 个由兵团管理的自治区直辖县级市。

第三节 重点建设团场小城镇

方向:将屯垦戍边新型团场建设与城镇化发展结合起来,使团场城镇成为现代文明的聚集地、吸纳农业富余劳动力的有效载体和维稳戍边的坚固堡垒。

重点:引导团部周围连队居民向城镇集中,适度合并其他连队并按中心连队标准规划建设,提高边境连队和战略地位重要连队建设标准。壮大团场城镇经济实力,优先发展区位优势明显、资源环境承载能力较强、发展基础较好的团场,突出抓好一批经济强团。城市周边团场和重要交通沿线团场要充分发挥区位和土地资源优势,发展农副产品加工、房地产开发、城郊农业、物流等产业。边境沿线团场要依托口岸和周边国家资源优势,建立出口及来料加工区,发展边境旅游、境外资源开发和劳务输出等。其他团场要坚持因地制宜、适度集中原则,发展特色优势产业。

目标:2015 年,团场城镇面貌显著改善,团场城镇居民享受到与小城市同等公共服务。

第四节 创新兵地共建城区模式

方向:适度发展兵地共建城区和师部城区,争取统一规划、自行建设和管理,实现与所在城市共建、共享、共同发展,使兵地共建城区成为兵地融合发展的有效载体。

重点:坚持统筹规划、分步实施、滚动开发,加强奎屯天北新区、五师博乐新区、九师朝阳新区、十二师乌鲁木齐新区等现有城区基础设施建设,完善城区产业发展和社会服务功能,健全管理职能,吸纳产业、集聚人口,实现与所在城市协调健康发展。参照五师博乐新区管理模式,推进一、二、三、四、十二、十四师在师部所在地与当地政府共建城区,建立资源优化整合机制。

目标:2015 年,兵地共建城区和师部城区在经济发展、公共服务等方面实现与所在城市同步发展。

第五节 建立健全城镇管理体制

方向:建立健全与屯垦戍边历史使命相适应、与市场经济体制相结合的城镇管理体制。

图 1 兵团城市化战略格局示意图

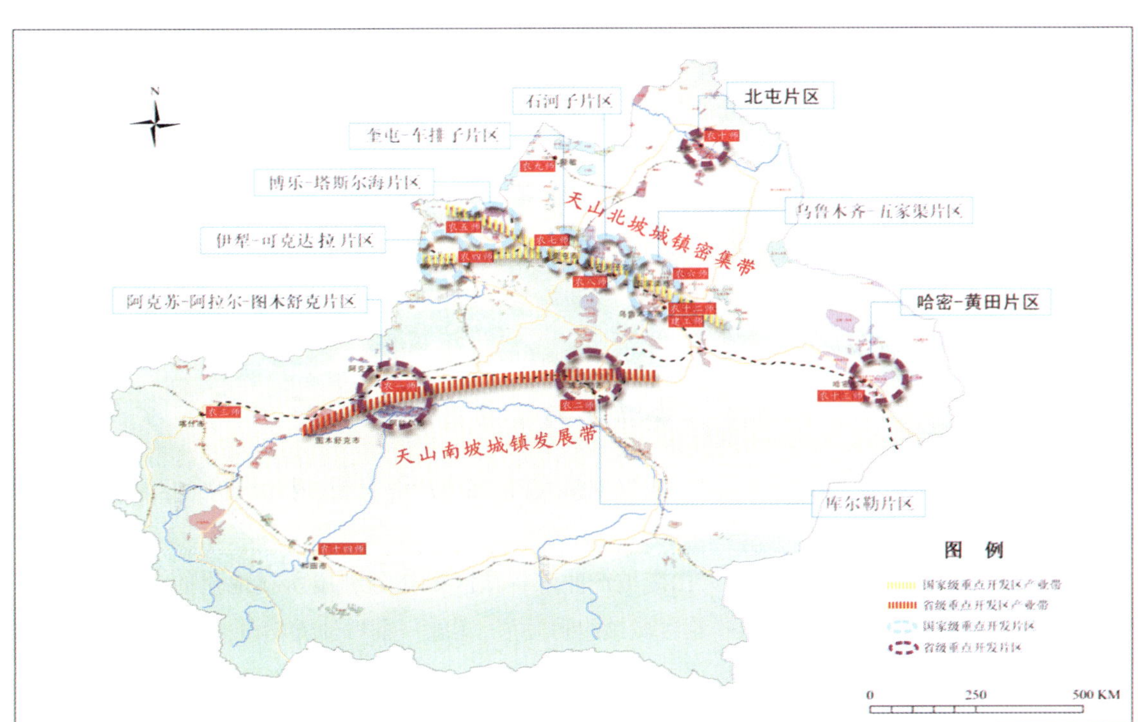

重点：完善城市交通运管、公安消防、质量技术监督、价格管理、金融保险等政府职能，推进城市职能向团场延伸。将兵团城市（区）和团场城镇纳入国家城镇规划建设体系，合理安排城镇建设、农田保护、产业聚集、居民点分布、生态涵养等空间布局，逐步解决团场城镇公共设施运营和维护经费补助问题。统筹城市和团场发展，将兵团城市辖区内团场纳入市域范围统一管理。在兵团城市辖区内、离城区较远的团场城镇试行场镇合一模式，完善基础设施和公共服务职能，增强城镇承载产业和人口能力。采取多种形式吸引社会资本投入城镇基础设施建设，逐步建立行政引导、市场运作的多元化、多渠道城镇建设投融资体制。用好对口支援政策，借助援助力量，提高兵团城市建设和经营管理水平。

第七章　发挥各垦区比较优势

服从服务于自治区总体布局，坚持融合发展、集聚发展和可持续发展原则，依据资源环境承载能力、发展基础和发展潜力，按照发挥比较优势、加强重点和薄弱环节建设、推进基本公共服务均等化的要求，科学配置经济社会资源和生产要素，不断优化区域发展格局。

第一节　推动天山北坡垦区率先发展

方向：依托石河子市、五家渠市及重点产业聚集园区，进行据点式开发、交通轴线开发，在更高层次参与区域经济合作与竞争，提高兵团各垦区在天山北坡经济带中的影响力和带动力。

重点：东起哈密西至伊宁的天山北坡经济带各垦区要着力发挥向西开放大通道优势，做大做强国家级石河子经济技术开发区、五家渠国家级经济技术开发区和霍尔果斯特殊经济开发区兵团园区，积极参与乌昌经济区、奎屯—克拉玛依—乌苏经济区、伊宁—霍城—察布查尔经济区、博乐—精河—阿拉山口经济区和吐鲁番—哈密经济区发展，打造兵团对外开放的重要窗口、招商引资的重要平台和进出口商品加工集散地。发挥天山北坡各垦区资源优势，以产业聚集园区为载体，集聚技术、资金和人才，积极参与“疆电外送”、“疆煤东运”工程建设，发展农产品精深加工、化工、高新技术产业和现代服务业，打造兵团优势产业集聚区、新能源利用和特色矿产加工基地。发挥天山北坡各垦区比较优势，率先推进现代农业建设，完善农业生产和经营模式，打造兵团现代农业先行区。加强垦区间联合与互动，提升垦区整体实力及对周边县乡发展的辐射带动能力。

目标：2015 年，生产总值占兵团经济总量 70% 以上，成为带动兵团跨越式发展的主导力量和促进天山北坡经济带率先发展的中坚力量。

第二节　支持南疆垦区跨越发展

方向：立足后发优势，借助援助力量，集聚城镇人口，加快产业发展，成为维护地区稳定、促进地区发展的重要力量。

重点：东起库尔勒西至阿克苏的天山南坡产业带各垦区要充分利用所在地州的矿产和农业资源，主动参与阿克苏—库车、库尔勒—轮台城镇组群发展，实施一批石油天然气开发利用及电力、纺织、食品加工等重大项目，发展壮大兵团在南疆的经济实力，使其逐步成为新的经济和人口聚集区。加强南疆三地州各垦区基础设施建设，改善图木舒克市及和田垦区人居、投资环境，发挥喀什特殊经济开发区兵团园区集聚带动作用，大力发展特色瓜果、农产品精深加工及民族特色产品生产加工，力争经济和收入增幅高于兵团平均水平。在水土平衡前提下，适时扩展南疆垦区。通过对口支援方式，鼓励师（市）建立产业聚集园区、现代农业示范区，发展特色农产品加工和劳动密集型产业，辐射带动县域经济发展和少数民族群众共同致富。

目标：2015 年，南疆垦区在南疆的经济和人口比重显著提高。

第三节　扶持边境垦区加快发展

方向：提高边境垦区自我发展能力，更好发挥戍边维稳作用。

重点：实施兴边富民行动，加大基础设施建设力度，着力改善塔额、北屯、昭苏、温泉等垦区职工生产生活条件，提高基本公共服务水平。依托各垦区资源和地缘优势，因地制宜发展出口商品生产、农副产品加工、煤化工、过境旅游等特色产业，大力发展口岸经济，建设边境经济合作区，增强造血功能和戍边实力，形成与周边地区明显的发展优势。

目标：2015 年，公共服务和基础设施条件得到极大改善，经济与其他垦区实现同步发展。

第四篇　大力推进新型工业化 壮大跨越式发展实力

立足新疆农业资源充足、区内及周边地区矿产资源丰富、地处向西开放前沿三大优势，以市场为导向，以兵团城市和产业聚集园区为载体，以提升竞争力、夯实屯垦戍边物质基础为目标，推进优势资源向优势产业、优势生产要素向优势企业、优势产品向优势品牌、优势企业向重点园区集聚，打造结构优化、技术先进、清洁安全、附加值高、吸纳就业能力强的现代产业体系，形成以工业的超常规发展带动三次产业整体联动、以园区聚集产业、以大企业大集团引领产业升级的发展格局。

第八章　发挥工业主导作用

重点发展食品医药、纺织服装、氯碱化工及煤化工、特色矿产资源加工等支柱产业，培育壮大石油天然气化工、新型建材和装备制造等产业，着力建设优势农产品深加工和矿产资源转换两大基地，使工业成为未来五年带动兵团跨越式发展的主力军。“十二五”期间，工业经济年均增长 25% 以上。

第一节　做精食品医药业

方向：立足大宗农产品转化增值，扩大农副产品加工业规模，提高技术装备水平、加工深度及市场占有率，延长农产品加工产业链，做强企业、做深加工、做优产品。

重点：以特色农牧产品生产基地为依托，引导龙头企业向工业园区和有条件的团场集中，建设果蔬、酿酒、粮油及饲料、乳肉制品、制糖、生物制品等 6 个特色农牧产品精深加工基地，整合提高中医药、制糖、番茄和油脂加工业，建成西部重要的绿色、优质、特色食品及医药加工和出口基地。

目标:2015年,食品医药业销售收入超过350亿元。

专栏3 食品医药产业布局及主攻产品

番茄加工产业:以番茄酱、番茄红素等为主攻产品,主要布局在天山北坡地区及焉耆、塔额和伊犁等垦区;
果蔬加工、饮料产业:以浓缩果汁、天然果肉原汁、茶饮料、饮用矿泉水等为主攻产品,主要布局在石河子、库尔勒和伊犁等垦区;
干果及红枣加工业:以精深加工为主攻方向,主要布局在南疆、东疆垦区;
乳制品:以鲜乳、乳饮料、功能性配方乳粉为主攻产品,主要布局在乌鲁木齐、阿克苏、石河子、奎屯等垦区;
肉制品加工:以羊、牛、猪分割肉和熟肉制品等为主攻产品,主要布局在塔额、伊犁、北屯、乌昌、石河子和图木舒克等垦区;
粮油及饲料加工业:以粮油、马铃薯、玉米综合利用为主攻方向,主要布局在石河子、昭苏、博乐、奇台等垦区;
酿酒业:以中高档白酒、果酒为主攻产品,主要布局在伊犁和石河子垦区;
制糖业:以精制绵白糖和综合利用等为主攻产品,主要布局在伊犁、塔额、焉耆等非宜棉垦区;
生物制品:以味精、氨基酸等为主攻产品,主要布局在伊犁、石河子、五家渠、奎屯等垦区;
医药业:以中成药、生物制药为主攻产品,主要布局在南疆和乌昌等垦区。

第二节 延长纺织服装产业链

方向:努力建成全国重要的优质棉纱、棉布、棉纺织品和服装加工及依托内地、面向中亚的出口基地。

重点:发挥新疆和兵团棉花资源优势,主动承接东部纺织产业转移,推进棉纺织生产能力向优势企业和棉花主产区集中,加快先进技术、工艺应用和更新改造步伐,提高设计、生产、管理和营销水平,重点发展棉纺织、针织产业,鼓励开发多种纤维混纺高织产品,推进绿色印染和后整理加工,配套发展差别化棉纤产业,积极发展中高档服装业。推进植棉团场、棉麻公司和纺织企业合作,建立利益联结机制,打造棉花种植、加工、流通、纺织产业链。

目标:2015年,棉纺锭规模达到600万锭,棉花→棉纱→棉布→服装加工转换率分别达到60%、30%和20%,纺织服装业销售收入达到350亿元。

专栏4 纺织产业布局及主攻产品

产业布局:依托天盛、华芳、如意等企业,在北疆以石河子为中心,辐射博乐、五家渠、奎屯等垦区,建设以棉、毛纺织为主,针织、印染后整理及服装协调发展,物流、设计等配套完善的纺织产业集群;依托新越丝路、海龙等企业,在南疆以阿拉尔为中心,辐射库尔勒、小海子等垦区,建设以棉纺织、针织和人造纤维为重点的纺织产业集群。
棉纺织:纯棉高支精梳纱、混纺纱、色纺纱等附加值较高纱线产品;色织布、高档防羽布、强力牛仔布等服装面料以及宽幅家纺面料和功能性整理面料等。
毛纺织:高支、精纺、轻薄型面料、多纤混纺和化纤仿毛面料。

第三节 做强氯碱化工和煤化工业

方向:立足现有基础,引导行业布局,提高产业集中度,延伸加工链,建设西部重要的煤化工生产基地和全国重要的氯碱化工生产基地。

重点:依托准东、吐哈、伊犁、库拜等地的煤炭资源,利用新技术、新工艺,按照循环经济发展模式和资源配置条件,加快发展氯碱化工产业,积极发展下游产品,不断延伸产业链。走传统煤化工与新型煤化工结合的道路,稳步发展以焦炭、电石、合成氨、甲醇及下游产品为重点的传统煤化工,做大煤焦化、煤制甲醇、煤制合成氨三大传统产业链,积极发展有规模、有市场潜力、有竞争力的煤制天然气、煤制烯烃、煤制乙二醇等三大新型产业链。参与自治区煤层气勘探开发和综合利用,适时规划建设煤层气开发利用示范工程。

目标:2015 年,氯碱化工和煤化工业销售收入达到 400 亿元。

第四节 做大特色矿产资源加工业

方向:打造新疆重要的特色矿产资源加工转换基地。

重点:依托国内和周边地区资源富集地,发挥新疆能源成本低、环境容量大等优势,认真落实差别化产业政策,按照在新疆具备资源优势、在本地区和周边地区有市场的原则,在保护环境的前提下,推动铜镍铝等有色金属、钢铁等黑金属、多晶硅等高载能产业发展,积极发展钾盐、膨润土、石灰石等非金属矿加工及其下游产品。

目标:2015 年,特色矿产资源加工业销售收入达到 400 亿元。

专栏 5 氯碱化工和煤化工布局及重点项目

氯碱化工:重点在石河子、五家渠、阿拉尔和伊犁等垦区实施天业三期 40 万吨、六师煤电 40 万吨、青松建化 36 万吨和南岗化工 30 万吨聚氯乙烯及其配套工程,打造资源优化配置、规模优势明显、产业布局合理、链条有效衔接的氯碱化工产业格局。

煤化工:煤焦化产业重点在五家渠、阿拉尔、伊犁等地实施鸿基焦化 150 万吨焦化、新农开发 110 万吨焦化、南岗集团联合化工等项目;煤制合成氨产业重点在天山北坡一带实施锦疆化工二期 40 万吨合成氨、鸿基焦化 45 万吨合成氨等项目;煤制乙二醇、煤制烯烃、煤制天然气产业重点在石河子、五家渠、北屯等地,实施翡翠能源 60 万吨烯烃、六师 60 万吨烯烃、十师 20 万吨乙二醇等项目。

特色矿产资源加工:在五家渠、阿拉尔、石河子、哈密、北屯等垦区,重点建设六师煤电有色金属综合加工、天山铝业有色金属加工和一师黑色金属加工等项目,发展铜镍、铅锌、电解铝、钢铁等产品。在库尔勒和屯南等垦区建设钾盐、膨润土等非金属矿加工基地。

第五节 培育壮大成长型产业

利用新疆独特的资源优势,围绕提升产业竞争力,加快培育壮大石油天然气化工产业、新型建材产业和装备制造业,逐步培育成为经济发展新的支柱。

——石油天然气化工产业

方向:打造西北地区重要的石油天然气化工产业基地。

重点:在南北疆各落实 500 万吨石油资源和 20 亿方天然气资源,引进战略合作者,采用先进生产技术和清洁生产工艺,大力发展天然气化工、石油化工及下游精细化工产品。创造条件促进石油石化等中央企业新建项目落户兵团城市和产业聚集园区,带动兵团石化产品精深加工业发展。

——新型建材产业

方向:打造新疆重要的新型建材生产和出口基地。

重点:以发展新型干法水泥为重点,优化水泥产业布局,提高疆内市场份额和技术水平。加快发展环保、节能新型建材，重点发展新型墙体材料、化学材料和复合型材料，促进建材产业上档升级。

——装备制造业

方向：建立与兵团农业规模化、集约化相适应的农用装备体系，创造条件发展支柱产业所需机械备品备件。

重点：大力发展农用装备制造业，形成“节水灌溉、收获加工、耕作播种、牧草加工”四大农牧机械体系。提高农业机械自主生产能力，推进棉花、番茄等作物收获机械全面本地化生产。发展与食品、纺织、矿山等支柱产业配套的机械零配件生产。

目标：2015 年，石油石化、新型建材和装备制造等产业实现销售收入 350 亿元。

专栏 6　成长型产业布局及重点产品

石油天然气化工：在南北疆垦区建设石油化工综合加工和芳烃、乙烯生产基地；在阿拉尔、图木舒克、库西工业园区、天北新区等地建设天然气化工基地。重点发展芳烃、乙内酰胺、甲醇、醋酸、醋酸乙烯、聚甲醛、尿素等产品。

精细化工：在石河子、五家渠、伊犁、阿拉尔等垦区发展有机硅、聚乙烯醇、三聚氰胺、胶粘剂、食品添加剂等产品。

新型建材：依托现有基础，发展新型干法水泥、化学建材等产品。

装备制造：重点在城市和产业集聚园区生产节水器材、采棉机、精量播种机等；依托纺织和煤炭基地，发展机械零配件制造等。

第六节　积极发展战略性新兴产业

方向：着眼于后危机时代竞争需要，把握国内外科技和产业发展方向，创造条件培育战略性新兴产业，抢占新一轮产业竞争的制高点。

重点：完善和落实吸引东部沿海地区战略性新兴产业向兵团转移的政策，着力培育高新技术企业及科技型中小企业，实施产业创新发展工程，积极鼓励生物技术、新材料、新能源、电子信息等战略性新兴产业发展。优先发展生物医药产业，推进生物农药、生物肥料、动物新型疫苗的规模化生产。创造条件发展电子元器件产业，培育农业信息装备产业和嵌入式软件业，力争建成全国重要的碳化硅晶片和特高压电极箔生产基地。积极发展新型复合材料和绿色、节能等环保材料。适时开发利用生物质能源，利用甜高粱等非粮作物生产燃料乙醇，推进秸秆、木屑等农林业废弃物气化、固化供热与发电。

目标：2015 年，战略性新兴产业初具规模。

专栏 7　战略性新兴产业布局及重点产品

生物技术：重点在三、六、十二等师发展特色中草药、新型疫苗、诊断试剂等生物医药以及生物饲料、生物农药等绿色农用生物产品。

电子信息：重点在六、八、十二等师发展电子元器件制造业、应用软件业、信息服务业，在三、四师重点发展面向中西亚市场的消费类电子信息产业制造业。

新材料：重点发展高性能碳基新材料、纳米改性节水材料、特种功能性硅酸盐材料等。

新能源：重点在二、六、八等师发展生物质能源产业，在五、十三等师发展风能产业，利用硅业资源发展太阳能光伏相关产业等。

第九章　做大做强建筑业

方向:抓住西部大开发及新疆和兵团跨越式发展机遇,适应工业化、城镇化和基础设施建设的需要,提升建筑业整体水平和竞争力,形成总承包、专业承包、劳务分包比例合理,总包强、专业精、主业突出的行业发展格局。

重点:坚持“立足疆内、拓展疆外、挺进海外”的市场经营战略,大力开拓疆内及国内建筑市场,巩固和拓展海外建筑市场,增强建筑企业业务承揽能力。加大对建筑行业设计、施工、管理等专业人才培训力度,开展对有就业意愿的农业富余劳动力免费进行专业技能培训,拓宽就业渠道。做强铁路、水利、公路、工民建等专业板块,拓展岩土基础工程、机场建设工程等专业领域。延伸建筑业产业链,加快施工总承包向工程总承包转变,走高资质、专业化和多元化发展道路。整合兵团建筑业资源,加大建筑企业兼并重组力度,做大兵团建工集团,提高资质等级,实现特级资质建筑企业零的突破。改善建筑企业装备、技术条件,提高施工水平,保障建筑产品安全。

目标:2015 年,建筑业增加值比 2010 年翻一番,年均增长 15%。

第十章　搭建产业发展平台

按照布局合理、用地集约、产业集聚的原则,依托兵团城市、垦区中心城镇和边境口岸,建设各具特色的产业聚集园区。

第一节　大力发展产业聚集园区

方向:推进园区与城镇协调发展,提高园区产业配套能力和承接产业转移竞争力,引导工业和生产型服务业企业向园区集中,提高产业集中度和上下游产品关联度,实现产业、资金、人才聚集,形成特色突出、分工合理、协作配套、创新能力强的产业集群和产业集聚区。

重点:推进石河子经济技术开发区扩区,完善出口加工区、物流保税区和综合服务区等功能,扩大管辖范围,提升竞争能力,设立海关特殊监管区,成为向西开放的支撑点。加快建设喀什特殊经济开发区兵团园区和霍尔果斯特殊经济开发区兵团园区,享受喀什、霍尔果斯特殊经济开发区财政、税收、金融、土地等政策,建立综合保税区、出口加工区和农副产品加工区,完善基础设施,成为兵团在南疆三地州、边境地区新的经济增长点和向西开放的示范区。将阿拉尔工业园区、五家渠工业园区、哈密二道湖工业园区升格为国家级园区,在北屯设立边境经济合作区,成为带动师团及周边县乡经济发展的重要支撑。争取库西、天北新区和五师、九师、十二师、十四师等园区享受所在地州园区同等政策。落实好对口援疆政策,引导支援省市在兵团受援师团建设产业聚集园区及现代农业示范区。

目标:2015 年,建成 2 家特殊经济开发区兵团园区,打造 5～7 家国家级产业聚集园区,每个师至少拥有一个省级以上产业聚集园区。

第二节 改善园区环境

方向:将园区打造成为产业聚集的高地、承接产业转移的洼地、对外开放的窗口。

重点:改善园区硬环境,争取国家支持,借助对口支援力量,加大园区道路、给排水、供热、供电、污水和垃圾处理等基础设施建设力度。改善园区软环境,健全园区管理职能,落实园区各项政策,增强协调服务功能。

目标:2015年,年销售收入200亿元以上的园区达到5家以上。

第十一章 强化大企业大集团支撑带动作用

以资产为纽带,以效益为中心,突破行政分割、绿洲经济局限和所有制界限,加快培育兵团控股大企业大集团,积极引进国内外大企业大集团,发挥大企业大集团对经济社会发展的引领和带动作用。

第一节 培育和引进大企业大集团

方向:提高大企业大集团对支柱产业的带动力和影响力。

重点:培育壮大兵团控股企业集团。以股权联结为纽带,围绕"大企业、大市场、大品牌",促进资本、劳动力、技术、资源等各种要素在企业和师域之间优化配置,在资源性产业等领域组建大型企业集团,提高产业集中度,增强产业扩张能力和品牌创建能力。支持符合条件的企业发行股票、债券,通过改制、兼并、重组,增强企业创新发展能力,促进企业提升盈利、融资能力和规范水平,实现高效的资源转换和经济产出。积极培育优质上市公司资源,壮大上市公司后备军队伍。

引进兵团外大企业大集团。用好国家支持兵团加快发展的各项政策,打造招商引资平台,做好产业上下游配套,以关联度大、产业链长、技术含量高、带动力强的重大项目为重点,主动承接东部地区优势产业、优势企业转移,扩大引资规模,提升产业层次,壮大经济实力。落实企业援疆政策,通过项目援建、相互参股等方式与支援省市企业建立战略合作关系,主动引导区外尤其是对口支援省市优势企业参与兵团支柱产业发展,变输血为造血,进一步增强自身发展能力。坚持引资引智并重,吸引支援省市高层次管理人才和紧缺技术人才,更多利用支援省市先进技术和管理经验提高兵团技术及管理水平。

目标:2015年,力争上市公司达到18家,每个支柱产业均有全国名牌产品;形成10家对兵团经济发展具有重要影响力、年销售收入100亿元以上的大企业大集团。

第二节 大力发展中小企业

方向:围绕服务支柱产业,大力发展各类中小企业,形成大企业与中小企业协调发展的格局。

重点:完善和落实促进中小企业发展的政策措施,实施"中小企业成长工程",推动中小企业向优、特、专、精方向发展。支持中小企业信用担保体系建设,拓展中小企业融资渠道,推进中小企业服务平台建设。依托产业聚集园区和支柱产业,积极发展各种所有制中小企业,鼓励非公有制经济参与国有企业改制和重组。引导中小企业围绕大企业、大项目,发展专业化、标准化、系列化的协作配套产业和产品，力争引进一个大项目、跟进一批配套中小企业。

第五篇　加快推进农业现代化
夯实跨越式发展基础

按照生产、加工、销售、服务、生态“五位一体”思路构建现代农业产业体系，促进农业由生产型向经营型、由传统型向现代型、由数量型向效益型转变，提高土地产出率、资源利用率、加工增值率和劳动生产率，确保农产品竞争力有效提高、职工收入持续增长、团场效益显著提升、农业资源可持续利用，力争率先在西部地区实现农业现代化。

第十二章　建设农业“三大基地”

以农业标准化生产为抓手，以农业科技成果转化为动力，以农业产业化经营为先导，推广节水灌溉技术，推进农业机械化，加快建设现代农业示范基地。

第一节　建设现代农业示范基地

方向：用现代生产方式、先进科学技术、产业化经营模式、企业化管理方式组织农业生产和经营，形成以“标准化、信息化、工厂化、高科技、多功能、可持续”为主要特征的全国现代农业示范基地。

重点：加强耕地质量建设，实施中低产田改造和盐碱地综合治理工程，建设高标准农田1200万亩，提高农业综合生产能力。在阿拉尔、五家渠垦区建设国家级现代农业示范区，分产品、分垦区、分批建设20个高产出、高效益现代农业示范团场，实现整团推进，带动其他垦区和周边地区农业发展。培育20家产值过10亿元的农产品精深加工企业，健全农业产业化利益联接机制，发挥龙头企业对调整农业结构、促进职工增收的带动作用。

目标：2015年，成为引领全国现代农业发展的排头兵。

第二节　建设节水灌溉示范推广基地

方向：以提高灌溉水利用效率和效益为核心，科学、合理利用地表水和地下水，逐步在全国推广应用节水灌溉运作模式和支撑体系。

重点：增强现代节水意识，应用引水蓄水、输水和田间灌溉各环节节水技术，健全节水灌溉服务体系，实施高新节水灌溉工程，在全国特别是干旱地区建设节水灌溉技术服务网络，扩大节水灌溉服务区域。

目标：2015年，新增高新节水灌溉面积560万亩，80%以上耕地和果园实现田间高新节水灌溉，基本建成全国节水灌溉示范推广基地。

第三节 建设农业机械化推广基地

方向：提高农业综合机械化水平和农机装备质量，促进农业集约化、规模化经营，为发展现代农业提供稳固的支撑基础。

重点：加大先进适用农机具研发、生产和应用力度，实施棉花生产全程机械化，推广大型拖拉机配套犁耙、多功能精量播种、精准施肥等田间作业机械，加快饲草料、林果及蔬菜农机新技术利用，扩大甜菜、番茄机械采收面积，健全农机经营管理体制，促进农机农艺融合，逐步将农机服务辐射到周边地区。

目标：2015 年，80% 的棉田实现机械采收，农业综合机械化水平达到 93%，成为全国农业机械化推广基地。

第十三章 调整和优化农业结构

按照区域化布局、标准化生产、集约化经营、产业化带动的要求，坚持以水土资源承载能力为前提、以市场为导向、以产业化龙头企业为主体，调整农业结构，培育主导产业竞争优势、强化区域比较效益、延伸农产品产业链，提高农业综合竞争力。

第一节 优化农业产业结构

方向：推进种植业与养殖业相结合，提高畜牧业和果蔬园艺业效益，因地制宜建设设施农业，发展高产、优质、高效、生态、安全农产品，实现稳粮、优棉、增果畜目标。

重点：稳粮—在确保兵团口粮自给有余的基础上，加强标准粮田建设，参与伊犁河流域国家粮食安全后备基地建设，大力发展饲料粮生产，提高粮食加工转化能力，粮食生产能力稳定在 200 万吨左右。优棉—坚持棉花发展战略不动摇，稳定面积、提升品质、节本增效、增强市场竞争力，生产能力稳定在 130～150 万吨，成为全国重要的优质商品棉生产基地，满足纺织业发展需求，与地方共同保障国家棉花安全。增果—以效益为中心，加快发展优质特色林果业，普及良种、突出特色、创立品牌、提高效益，重点建设 150 万亩红枣等干杂果基地、100 万亩葡萄基地、50 万亩香梨等特色林果基地。增畜—实施畜牧业倍增计划，推进布局区域化、饲养标准化、生产规模化、经营产业化和防疫程序化，加大品种改良力度，加强人工饲草料基地和舍饲圈养建设，发展奶牛、生猪、牛羊肉、家禽生产，新建及改扩建 800 个标准化、规模化养殖小区。设施农业—按照科学技术、生产手段、设施装备和管理方法现代化的要求，围绕沿边出口和城市发展，高标准建设 30 万亩特色明显、市场导向、以反季节果蔬为主的设施农业，实现在有限的耕地资源和水资源条件下最大限度创造农业生产价值。特色农业—按照订单农业模式，积极发展番茄、辣椒、啤酒花等特色农产品。

目标：2015 年，畜牧业、果蔬园艺业产值占农业总产值比重提高到 50% 以上，棉花、红枣、葡萄、番茄、肉类等特色产业均有一个在西部和全国有竞争力的品牌，成为全国重要的绿色农标产品生产基地。

第二节 优化农业区域布局

方向：根据资源禀赋、区位特点和比较优势，科学确定不同垦区农业发展重点，重点在天山北坡、塔里木盆地周边、塔额盆地—北屯、吐哈盆地形成8个规模化经营、专业化生产、区域特色明显、市场相对稳定的优势产业带(区)。

重点:粮食—在天山北坡、昭苏、塔额、北屯等垦区建设粮食基地;棉花—在博乐、芳新、车排子、莫索湾、下野地、阿拉尔、沙井子、前海等垦区建设棉花产业带;奶牛—在奎屯、石河子、乌鲁木齐、阿拉尔等垦区建设专业化奶牛养殖小区;生猪—在伊犁、五家渠、奎屯、石河子等垦区发展规模化生猪养殖;牛羊肉—在奇台、塔额、北屯、图木舒克等垦区发展肉牛羊养殖;干杂果—在阿拉尔、小海子、库尔勒、皮墨、哈密等垦区发展以红枣为主的特色干杂果;葡萄—在天山北坡各垦区和哈密发展葡萄;设施农业—在城市周边和边境口岸发展设施农业。集中各类资金,加强优势农产品主产区保鲜、储运、加工和营销设施建设,努力形成竞争新优势。

图2　兵团农业战略格局示意图

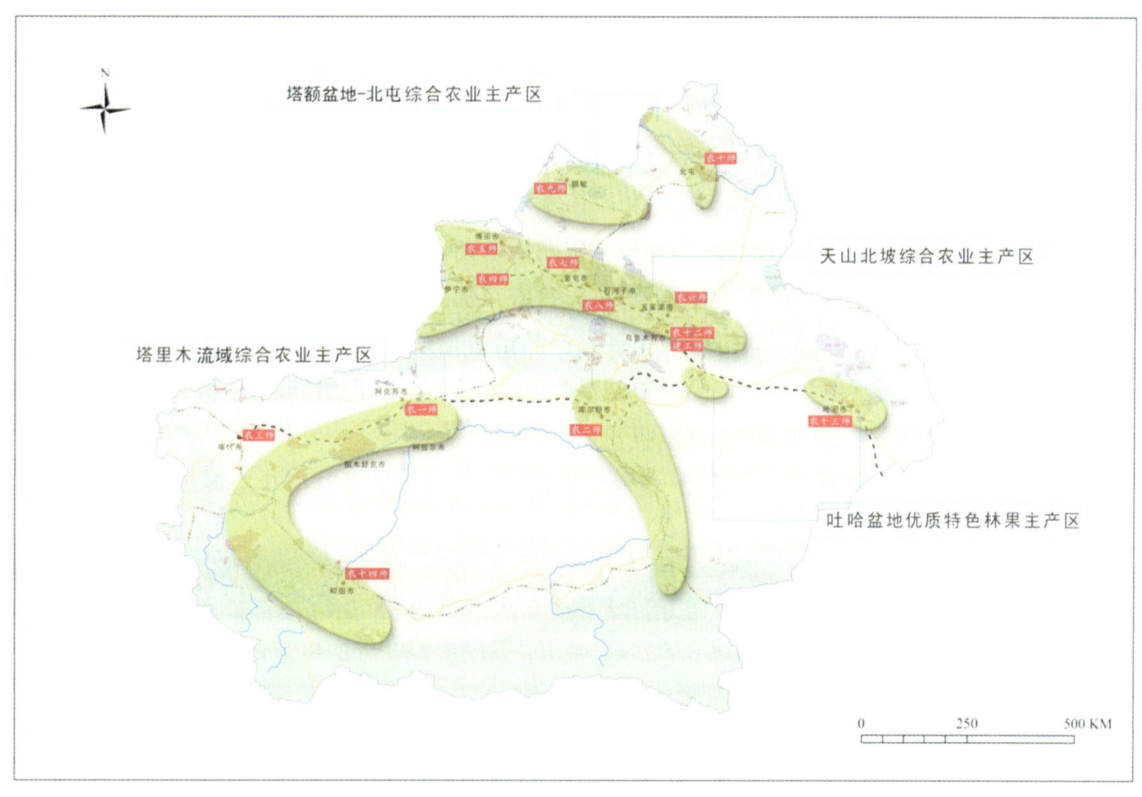

第十四章　加快农业产业化步伐

方向:将农业置身于三次产业链条中,兼顾团场、企业和职工利益,引导农产品加工、流通、储运企业向农产品主产区集聚,形成加工、生产、销售、服务一体化产业链,实现整体利益最大化。

重点:完善运行机制—改革现行管理办法,塑造市场化、专业化和社会化的现代农业发展主体,建立联系紧密、运转协调、分配合理的“龙头企业+团场中介服务+基地农户”产业化运行机制,构筑更有效率的利益协调、利益增进、激励约束和风险分担机制,提高农产品综合竞争力,实现职工增收、团场增效。壮大龙头企业—加大对农副产品精深加工和储运保鲜营销龙头企业支持力度，延长农产品产前、产中、产后及精深加工产业链，提高产品附加值，统一标准、统一质量、统一品牌、统一销售，以龙头企业带动粮、棉等种植业，番茄、红枣等果蔬园艺业，乳、肉等畜牧业三大优质农产品基地建设。鼓励农超、农企对接—引导鲜活农产品产地与大型农产品连锁超市、大企业建立长期、稳定的购销合作关系，降低农产品流通成本，提高农产品流转升值效率。

目标：2015 年，农产品加工产值与农业总产值之比达到 1.2∶1。

第十五章　推进农业社会化服务体系建设

方向：按照市场化、专业化、社会化的要求，着力建设科技支撑、生产经营和市场营销体系，为农业产前、产中、产后提供各项服务。

重点：推进现代农业产业技术体系建设，通过培育科技示范基地、科技示范园区、科技示范团场，提高新品种、新技术覆盖率，重点加快动植物良种体系、农业技术推广体系和集销售、服务、维修、培训为一体的农机服务体系建设。推进农产品标准化体系建设，把农业生产全过程纳入标准化生产和管理体系，重点建立健全动植物疫病防控体系以及以无公害产品认证为基础、涵盖有机食品及绿色食品的农产品质量安全认证、监管和检验检测体系，实现原料生产、加工转化、物流营销各环节的全程质量监控。推进农产品市场体系建设，完善农产品加工、储藏、保鲜设施，重点在华东、华南、华北及周边国家建立农产品营销网络，拓展农产品销售渠道，提高特色农产品在国内外市场的影响力和竞争力。建设兵团大宗农产品网上交易电子商务平台，引入期货、电子撮合等金融产品对大宗农产品进行套期交易，降低风险，锁定收益。

目标：2015 年，基本形成覆盖全兵团、辐射全疆及周边地区的农业社会化服务体系。

专栏 8　农业现代化重点工程

农业基础项目：实施现代化节水灌溉示范工程、100 万亩旱改水工程，新建 48 万亩保护性耕作工程示范区、50 个标准化“四位一体”农机服务区。

种植业：实施优质棉基地建设，建设伊犁河流域粮食后备基地。

畜牧业：建设 800 个畜禽规模化标准化养殖示范区。

林果业：建设 200 万亩特色标准果园。

农业服务体系：继续实施 30 个困难、边境及新建团场气象台站基础设施建设工程，新建 10 家以上团场（县级）农产品质检站、100 个团场动物防疫基础设施建设项目，新建 40 个规模化养殖场大中型沼气项目，配套建设 80 个团级沼气服务站点。在内地及周边地区目标市场建立兵团特色农产品营销中心和仓储冷链设施。

第六篇　积极发展服务业　提升跨越式发展质量

抓住国家扩大内需机遇，适应城镇化、新型工业化和农业现代化发展需要，以服务对象社会化、服务业态多样化、生活服务社区化、生产服务专业化为方向,扩大服务业领域和覆盖范围,大力发展现代服务业,发挥服务业联结生产、促进消费的作用,实现服务业结构升级和质量提升。"十二五"期间,服务业年均增长13%。

第十六章　加速发展生产性服务业

围绕推进新型工业化、农业现代化,配套发展现代物流、金融、商务服务业,鼓励生产性服务业走集聚发展、专业化发展道路,降低运行成本,提高整体效益。

第一节　突出发展现代物流业

方向:发挥区位和毗邻口岸优势,打造三大物流通道,重点建设商品中转和集散中心,形成布局合理、运作规范的现代物流服务体系。

重点:依托新疆与内地铁路、公路、民航等综合交通运输体系以及乌鲁木齐、喀什、霍尔果斯等中心枢纽城市和边境口岸,加快推进物流园区(中心)、农产品冷链、物流业与制造业联动、口岸仓储等重点工程建设,推广现代物流管理技术,培育一批新型物流龙头企业,创造条件在兵团城市和产业集聚园区设立综合保税区和海关监管库,构建农资供应及农产品购销、工业原料供应及产品销售物流体系,初步形成以喀什为中心,以库尔勒、阿拉尔、图木舒克、和田为节点,依托吐尔尕特、伊尔克什坦等口岸,联通中亚和印巴的南疆物流通道;以乌鲁木齐、石河子为中心,以五家渠、奎屯、博乐、伊犁、哈密为节点,依托阿拉山口、霍尔果斯等口岸,西接中亚和俄罗斯,东联内地、贯通东西的物流通道;以北屯为中心,依托吉木乃口岸,联通中亚、俄罗斯、蒙古的北疆物流通道。

目标:2015年,形成10家左右在新疆具有影响力和竞争力的大型物流企业。

第二节　积极拓展金融业

方向:拓宽融资渠道,促进银企合作,提高兵团在金融领域的协调力和企业融资能力。

重点:吸引国内外银行、证券、保险及其他金融机构到兵团辖区设立分支机构,鼓励各类银行在偏远、贫困团场设立服务网点。以城市为重点,加快金融业发展。支持在石河子等城市开展跨境贸易和投资人民币结算试点。研究筹划兵团金融机构,积极稳妥在兵团城市设立商业银行,在垦区中心城镇探索建立村镇银行。设立中小企业信贷专营机构,发展小额信贷。创造条件成立产业发展基金平台和创投公司,支持企业融资、并购、重组和上市。

目标:2015年,金融产业实现新的突破。

第三节　培育壮大商务服务业

方向:按照专业化分工,拓宽行业体系,壮大行业规模,提升服务能力。

重点:大力发展法律、会计、评估、工程咨询、人才交流等专业服务。鼓励兵团企业承接服务外包业务。在城市发展设计、工艺美术和广告策划等创意商务。采取合资、合作等形式,引进区外知名中介机构,带动兵团辖区内商务机构提升水平、壮大实力。

目标:2015年,商务服务业成为兵团城市服务业发展新的亮点。

第十七章　大力发展生活性服务业

围绕城镇化发展，适应职工群众生活水平提高、消费结构升级新趋势，大力发展商贸、房地产、旅游、社区等面向消费者的服务业，不断满足职工群众多样化、个性化的消费需求。

第一节　规范提升商贸流通业

方向：运用现代经营理念、方式和技术，改造传统商贸业。

重点：统筹规划流通基础设施建设，推进连锁经营、特许经营、专业配送、仓储式超市等现代流通方式，建设一网多用、双向流通的商品流通网络。改善职工群众消费环境，以师（市）和垦区中心城镇为重点，推进日用消费品网络向团场延伸，加快城市社区便利店、标准化菜市场、团场农贸市场建设，培育各类专业批发市场。在兵团城市和易受自然灾害、突发事件影响的团场建设应急储备保鲜库及生活必需品应急储备库，建立大宗农产品储备保障体系。

目标：2013 年，基本实现日用消费品和农资农家店全覆盖。“十二五”期间社会消费品零售总额年均增长 17% 以上。

第二节　大力发展旅游业

方向：立足新疆丰富的旅游资源，挖掘兵团特色旅游内涵，推动兵地旅游资源、客源、基础设施共用共享，使旅游业成为新疆旅游的重要力量和兵地融合发展的成功典范。

重点：坚持走旅游产业发展精品化、宣传促销品牌化、行业管理规范化道路，依托自治区环准噶尔生态文化、环天山生态等十三条旅游线路、集散城市及喀纳斯、那拉提、喀什、天池、吐鲁番等国家级旅游景区，建设石河子旅游中心城市及北屯、阿拉尔、五家渠等旅游服务基地，加强兵团重点旅游景区基础设施建设，打造军垦文化、边境旅游、绿洲生态三大旅游区。提升旅游文化内涵，塑造“中国屯垦旅游”主体品牌。壮大旅游企业，开拓旅游商品生产和销售渠道，形成食、住、行、游、购、娱相配套的综合旅游产业体系。

目标：2015 年，旅游总收入年均增长 27%，成为西北地区乃至国内重要的旅游目的地。

第三节　有序发展房地产业

方向：满足职工群众多样化住房需求，构建以商品房、经济适用房、保障性住房为重点的住房体系。

重点：在兵团城市和团场城镇积极发展房地产业，加大经济适用房、廉租房和公共租赁房建设力度，提高住房建设质量和配套服务设施水平。培育壮大房地产企业，拓展疆内外房地产市场，增加普通商品住房供应，适度开发中、高档住房。培育完善二级市场，规范发展房地产中介服务，推行房地产开发、销售和物业管理分业经营，提升物业管理服务质量。

目标：2015 年，房地产业增加值占服务业比重达到 15%。

第四节　鼓励发展社区服务业

方向：加快社区服务业发展，推进社区服务由福利型、事业型向经营服务型转变。

重点：在兵团城市和团场城镇建设社区服务中心（站），加强社区服务网点建设，重点发展社区生鲜食品超市、养老托幼、社区卫生、家政保洁、文化娱乐、维修等便民利民服务。加强社区管理，推进社区服务规范化和网络化建设。优化配置社区服务资源，师部城区公益性社区服务业依托当地开展。

目标：2015 年，形成设施齐全、功能完善、质优价廉、管理规范的社区服务体系。

第十八章　营造服务业加速发展的政策和环境

加强服务业工作组织领导，切实把服务业摆到经济工作更加重要的位置，建立服务业工作考核机制，将服务业增加值指标逐年分解落实到各师。加强服务业运行监测分析，主要监测服务业重点行业、重点师及重大项目，及时提出有力措施，确保服务业工作目标实现。加强服务业统计分析工作，健全服务业统计体系。用好国家服务业引导资金和兵团产业发展资金，增强服务业融资能力和发展后劲。通过落实服务业价格、税收等政策，制定鼓励服务业发展的各项优惠政策，支持关键领域和新型业态发展，创造良好的服务消费环境。加快服务业市场化、社会化、产业化进程，推进服务业企业规模化、品牌化、网络化经营，促进服务业适宜经营领域向企业转变，推动机关事业单位后勤服务社会化改革。开展石河子国家级服务业综合改革试点工作。

专栏9　服务业重点项目

物流业重点项目：建设喀什三运、十师北屯工业园区、乌鲁木齐北站、新联运库西、伊犁恒信、石河子开发区、三坪、十三师二道湖等物流园区。

口岸物流仓储设施工程：在阿拉山口、霍尔果斯、都拉塔、伊尔克什坦、吐尔尕特、卡拉苏、巴克图、吉木乃、老爷庙等口岸建设物流仓储设施。

制造业与物流业联动工程：新疆天业产业联动物流园、石河子纺织原料及纺机配件交易配送中心、新疆伊力特实业股份有限公司产业联动物流园等。

商贸流通业重点项目：在大中城市改扩建 10 个大型农产品批发市场，在沙井子、焉耆、沙山子、奇台、芳草湖、车排子、下野地等垦区改扩建农产品交易市场。

连锁配送中心工程：在 13 个农业师建设 30 个农资配送中心；建设 40 个日用消费品配送中心及 80 个加油（气）站。

旅游业：建设石河子旅游中心城市及北屯、阿拉尔、五家渠三大旅游接待服务基地，打造军垦文化、边境、大漠绿洲三大旅游区。

社区服务：250 个社区服务设施建设项目，5 个师级和 50 个团场养老机构建设项目。

第七篇　加强基础设施建设　形成跨越式发展强大支撑

适应推进跨越式发展和长治久安的需要，加强与地方在水利、交通、能源、通信等基础设施的对接、共享，着力改善南疆垦区、沙漠周沿、边境一线及腹心垦区基础条件，提高基础设施对经济社会发展的支撑能力。

第十九章　加强水利基础设施建设

适应新疆水资源新的调整格局，以水资源高效和可持续利用为根本，以提高供水保证率和用水效益为重点，逐步形成水资源合理开发、综合治理、科学配置和高效利用的基本格局。

第一节　加大水资源保障力度

方向：在保护生态的基础上，加强重点水源和水资源配置工程建设，推进水资源高效利用，提高兵团用水保障能力。

重点：完成肯斯瓦特水利枢纽工程、奎屯河综合治理工程建设，加强重点地区中小型水库工程建设，提高水资源调配能力和防洪能力。参与自治区重点流域调水和山区控制性枢纽等重点工程，与自治区同步开展山区控制性枢纽兵团配套工程建设，在独立水系建设山区控制性水利工程，加强兵团城市供水水源工程建设，为兵团经济社会发展提供水资源保障。

目标：2015 年，兵团总供水量稳定在 125 亿立方米。

第二节　大力开展农田水利建设

方向：加大与农业发展密切相关的农田水利设施建设，推进农田水利现代化。

重点：继续实施大中型灌区续建配套与节水改造工程，全面开展大中型病险水闸除险加固。推进小型农田水利基础设施及其配套工程建设。加快实施高效节水灌溉、灌排渠系改造、盐碱地治理等，加快推进水电新农村电气化、小水电代燃料和以节水灌溉饲草料地建设为主的牧区水利工程建设。加强边境团场和南疆困难团场水利基础设施建设。

目标：2015 年，农业灌溉用水有效利用系数达到 0. 55。

专栏 10　水利建设工程

水资源保障工程：继续实施肯斯瓦特水利枢纽工程、38 团—且末垦区苏塘灌区水利工程、农四师南岸灌区自流灌区工程。加快推进 38 团—且末垦区苏塘灌区石门水库工程、奎屯河综合治理工程、农四师南岸灌区扬水灌区和北岸灌区工程及叶尔羌河中游渠首农三师配套工程等。积极参与布尔津河西水东引一期工程、拦河引水枢纽及北岸干渠等工程建设。

农田水利工程：重点实施 22 个大型灌区续建配套与节水配套改造工程、34 座大中型病险水闸除险加固工程、54 个团场牧区水利工程、7 个团场及垦区水电农村电气化项目等。

第二十章　加强交通基础设施建设

将兵团交通置于自治区交通发展大格局中统筹谋划、合理布局，以提升综合运输能力为重点，加快交通基础设施建设，提高公路通达深度，适时发展铁路和航空，形成联通国道、省道和垦区内部四通八达的立体交通网络，实现各种运输方式、垦区内外交通有效衔接与便捷换乘。

第一节 公路建设

方向：依托国省干线路网，加快垦区之间以及垦区内部公路建设，形成纵横交错、四通八达的公路网。

重点：在主要垦区、兵团城市与临近城市、国省道路之间建立快速联接通道，实现两小时到达高速公路和国省道目标。加强垦区之间以及垦区内部干线公路建设，加大通团、通营通连公路建设，形成较为完善的公路网络。加强作战机动道路、部队进出口道路建设，提高戍边固边保障能力。加快客运站、货运站点建设，提高垦区、团场和连队班车通达程度。

目标：2015 年，兵团城市和 80% 的团场通二级及以上公路，有条件的连队 100% 通畅，牧区通机动车。

第二节 航空建设

方向：结合新疆机场网络建设，加快支线机场建设，壮大通用航空，发展通勤航空。

重点：推进兵团支线机场建设，在南北疆各建一个支线机场，迁建石河子机场，规划建设图木舒克机场。在石河子市建立国家级通勤航空试点和飞行员培训基地，推进航空服务园区建设，形成农业、工业、服务业、教学为一体的航空综合服务体系和救灾、维稳固边为主的航空应急体系。

第三节 铁路建设

方向：适应经济社会发展和城镇化建设需要，加快兵团铁路客货专线建设，提高运输能力。

重点：适应兵团城市经济发展、人口规模和维稳戍边需要，建设城市支线铁路。重点实施北屯—富蕴、阿克苏—阿拉尔支线铁路及天业铁路专用线二期等建设项目，在兵团城市和垦区中心城镇配套建设铁路站点。启动乌鲁木齐—石河子城际轨道交通规划与建设的前期准备工作。

专栏 11 重点交通建设工程

公路工程：建设干线公路 2850 公里，通营连公路 12500 公里，工业园区、矿产资源、旅游、口岸等道路 4000 公里。

航空工程：迁建石河子机场，建设 52 条通用机场跑道硬化项目，改建 9 个通勤机场，建设应急救援体系。加快图木舒克机场前期工作。

铁路工程：阿克苏—阿拉尔铁路，天业二期、五家渠、伊犁南岗、七师锦疆、哈密二道湖工业园区等铁路专用线。

第二十一章 加强能源基础设施建设

围绕经济社会发展，适度超前发展能源产业，提高资源开发和利用效益，形成有力的能源供应体系。

第一节 煤炭建设

方向：加强煤炭资源的勘探和争取，加快煤炭产业升级和联合重组，扩大产能，提高保障能力。

重点：推进煤炭资源和现有矿井整合，提高产业集中度，扶持发展一批现代化大型煤矿和煤炭企业，淘汰年产9万吨以下矿井。积极参与自治区“疆煤东运”，推进在伊犁、准东、三塘湖、吐哈、库拜等矿区形成一批大中型煤矿。提高煤矿安全生产技术装备水平和煤炭资源回采率，推进矿井向安全、高效、集约化开发转变。

目标：2015年，原煤产能达到5600万吨，形成2～3个千万吨级特大型煤矿，10个百万吨级以上大型煤矿。

第二节　电源和电网建设

方向：扩大电源建设规模，优化电网结构，提高输配电能力和供电可靠性。

重点：围绕兵团城市、重点工业园区、重大煤化工项目，配套建设热电联产等电源项目，同步建设输送电和供热管网，满足用电和供热需求。积极参与“疆电外送”准东、哈密煤电一体化基地建设，配套做好运输、后勤等服务。利用水能、风能和光照资源，开发可再生和清洁能源，重点建设水电站、太阳能综合利用示范基地和风电项目。在有条件的团场或无电地区推进户用光伏系统建设，着力解决无电地区用电问题。加强兵团城市电网和垦区电网建设，发展220千伏电压等级输电线路；实施农网升级改造和无电地区电力建设工程，完善110千伏供电网架建设，重点建设阿拉尔、图木舒克、五家渠和北屯220千伏和110千伏线路，提高供电质量，满足各垦区电力需求。

目标：2015年，电力总装机容量达到1600万千瓦。

专栏12　重点能源建设工程

重点煤矿：建设准东煤炭基地、哈密大南湖煤炭基地、榆树岭煤矿、奇台北山煤矿、巴音沟煤矿、努肯泥沃特格煤矿、红山西煤矿、大白杨沟煤矿、铁列克煤矿、塔仔店金川煤矿、天富煤业南山煤矿、嘎顺乌散煤矿及小煤矿升级改造等项目。

重点电源：建设城市热电联产、工业园区热电联产、大型企业自备电厂等火电项目，规模约在1200万千瓦。

可再生能源：建设哈熊沟、肯斯瓦特大型水电站及玛纳斯河、奎屯河、古尔图河梯级电站等40万千瓦水电工程。建设农十三师淖毛湖、农五师阿拉山口大型风电基地等30万千瓦风电工程。建设农三师、八师、十三师大型光伏发电并网等25万千瓦光伏发电工程。

电网建设：城网、农网和无电地区电力工程建设。包括220千伏线路、变电站，110千伏线路、变电站等。

第二十二章　提高信息化水平

加强统筹规划，以应用促发展，完善信息基础设施，加大信息技术应用。

第一节　加强信息基础设施建设

方向：坚持依托疆内电信运营企业，推进互联互通、资源共享，实现综合高速宽带网络全覆盖。

重点：完善和整合内部网络资源，提升兵团综合信息平台服务能力和水平，实现全兵团联网。改善“两周一线”师团信息网络基础设施条件，实施“信息进连进户”工程，优先采用光纤宽带方式加快团场信息基础设施建设，推进光纤到团入户，提高边境、边远团连网络覆盖率。推进电信网、广电网、互联网“三网融合”和第三代移动通信网络建设，促进物流网应用。加强网络与信息安全基础设施建设，完善应急通信保障机制，建设应急通信指挥平台及信息安全综合管控预警平台，提高应对突发事件快速反应能力。

目标：2015 年，连队和交通沿线信号实现全覆盖。

第二节　加大信息技术应用

方向：促进信息技术在工业、农业、服务业及社会生活各领域的普及应用，用信息技术改造提升传统产业，以信息化带动城镇化、新型工业化和农业现代化。

重点：加强重要信息系统建设，强化地理、人口、统计等基础信息资源开发利用。建设和完善兵团电子政务协同办公平台，促进无纸化办公和信息共享。推进社会保障、就业服务、医疗卫生、科研教育、文化等领域信息化建设，促进城镇社区信息化。用信息技术改造提升传统产业，促进信息化与工业化融合，推动研发设计、生产流通、企业管理等环节信息化改造，提高企业自动化、智能化、柔性化水平。加快发展电子货币、电子采购、网上支付等电子商务，鼓励支持第三方电子商务发展，开展物流公共信息服务。推进交通和物流信息化。积极发展信息系统集成、信息技术咨询、信息服务外包、信息工程监理等。支持各类应用软件的研发与应用。

目标：2015 年，兵师团三级电子政务平台实现互联互通。

专栏 13　重点信息建设工程

信息化应用项目：大宗农产品电子商务交易平台，农业自动化节水滴灌示范工程，城市综合管理系统，社区居民综合信息服务平台，电子政务网络平台，政法系统综合信息平台，远程医疗诊断和信息查询平台，远程教育和公共服务平台。

第八篇　着力改善民生　共享跨越式发展成果

坚持以人为本、民生优先，全面落实国家一系列加强新疆及兵团发展与稳定的特殊政策，提高公共财政保障水平，完善社会管理，集中力量办好住房建设、用电用气、工资待遇、社会保障、劳动就业、教育卫生和文化惠民工程等职工群众最关心、最直接、最现实的民生大事，逐步实现基本公共服务均等化，确保职工群众学有所教、劳有所得、病有所医、老有所养、住有所居。

第二十三章　促进人口事业发展

第一节　保持人口稳定增长

方向：实行特殊招人留人政策，营造良好安居乐业环境，提高人口机械增长率，发挥兵团改善区域人口结构的特殊作用。

重点：大力发展劳动密集型工业和服务业，通过扩大就业迅速吸纳人口。建设和发展城市，扩大城市规模，以城市为主要载体集聚产业和人口。依靠国家政策倾斜，在水土资源有保障的战略要地，扩建或新建以二三产业为主的垦区，通过扩大兵团发展空间吸纳人口。改善人口转移模式，鼓励和引导大专院校毕业生、军转干部、退伍军人及迁移人口向城镇聚集。提高兵团福利待遇，解决好长期工作在边境和南疆团场的职工子女上学、就业、医疗、社保问题。适应人口发展需要，适时增加相应的水、土、能源、公共服务等资源，把符合落户条件的外来人口逐步转化为兵团人口。

目标：2015 年总人口达到 280 万人，力争占自治区人口比重不降低。

第二节 提高人口素质

方向：改善人口结构，全面提高出生人口和迁入人口素质。

重点：在兵团城市和部分垦区试行同地区同等生育政策。实行更加积极的计划生育利益导向政策，提高生殖健康水平，加强基层人口和计划生育服务体系建设。实施优生促进工程，鼓励婚前和孕前医学检查，开展免费孕前优生健康检查试点工作。加强迁入人口和流动人口管理，严把人口素质关。

第三节 保障特殊群体权益

方向：维护妇女、儿童、老年人和残疾人合法权益，形成全社会理解、尊重、关心、帮助弱势群体的社会环境。

重点：加强未成年人保护，发展妇女儿童事业。保障妇女平等获得就学、就业、社会保障、婚姻财产和参与社会事务的权利，加强妇女卫生保健、扶贫减贫、劳动保护、法律援助等工作。改善儿童成长环境，保障儿童权、发展权、受保护权和参与权。发展残疾人事业，逐步解决贫困残疾人生活保障、医疗康复问题。重视人口老龄化问题，加强养老设施建设，营造老有所养、老有所乐的社会氛围。

第二十四章 保障和改善民生

把保障和改善民生作为拴心留人、壮大队伍的有效手段，加强城镇水、电、路、气、房和环境等基础设施建设，完善服务功能，推进城市基础设施向团场延伸、城市公共服务向团场覆盖、城市现代文明向团场辐射。

第一节 改善职工群众住房条件

方向：按照统一规划、分类指导、合理布局、设施配套、安全实用原则，以完善配套基础设施、提高居住环境质量、建设美好家园为重点，高起点、高水平、高效益建设好安居工程，使职工群众迈向现代文明新生活。

重点：继续实施廉租房、解危解困房、公共租赁房建设及城市、国有工矿区棚户区改造等工程，推进游牧民定居工程建设。在规划布局上要与城镇布局、产业发展相结合，本着节约用地、集约发展的原则，城郊团场职工向城市集中居住，周边连队职工向团部集中居住，偏远和边境连队建成高质量中心连队。在住房设计上要尊重职工群众意愿，体现地域特色和民族风格，加强新建住房上下水、集中供热、供气、垃圾处理等配套设施建设，达到美观实用科学、内部功能齐全、附属设施配套、符合抗震节能要求。

目标:2015 年,实现居者有其屋,城镇人均住房建筑面积达到 30 平方米,团场人均住房建筑面积达到 28 平方米。

第二节　加快水电路气等基础设施建设

方向:结合推进城镇化发展需要,配套建设水、电、气、路等基础设施,使团场环境面貌得到较大改善,团场城镇职工基本享受与城市同等的公共服务。

重点:以兵团城市、垦区中心城镇为重点,继续实施供水、供热、供电、供气、污水和垃圾处理、大气防治等一批基础设施项目。实施城市防洪工程,建设重点城市备用水源工程,改造升级现有供水设施,完善以集中供热为主的城市(区)供热采暖系统,推进污水集中处理以及生活垃圾集中无害化处理。科学规划团场城镇建设,推进团场连队撤并工作。统筹使用对口支援资金与中央专项资金,以团场为援建重点,把保障和改善民生放在优先位置,推进兴城安居、兴业安居工程实施,配套建设水电路气通信等基础设施,推进团场集中式供水,提高团场内部道路质量,加强居民点环境集中连片整治,加快连接气源地到团场城镇天然气主干管网建设,实现团场道路硬化、居民点绿化、住房优化、环境美化和水电气入户。

目标:2013 年,安全饮水普及率达到 100%;2015 年,城镇集中供热率、燃气普及率、污水处理率和生活垃圾无害化处理率分别达到 80%、85%、70% 和 60%。

第三节　提高劳动力就业能力

方向:适应增强维稳戍边能力和调整产业结构的需要,实施积极的就业政策,改善就业环境,扩大就业规模。

重点:依托城镇化建设,通过发展劳动密集型产业、服务业和中小企业,引导外来人口和农业富余劳动力到兵团城市和团场城镇就业,逐步实现就业结构与产业结构相匹配。采取开发公益性岗位、自主创业、岗位替换等各种有效形式,促进兵团子女就业。实行项目规划与就业岗位开发同步审批制度,鼓励企业和项目就近就地吸纳兵团富余劳动力就业。加强择业观念教育,实行自谋职业和灵活就业。建立符合兵团产业发展需要的职业技能实训基地,开展多种形式的职业技能培训,做好团场失业人员、企业新录用人员、困难企业职工、登记求职高校毕业生、初高中毕业未升学学生的职业技能培训。建立就业援助,对零就业家庭实行动态清零。完善劳动争议处理机制,改善劳动条件,保障劳动者权益。全面实行劳动合同制度,完善团场职工队伍实名制管理和劳动用工备案制度,努力形成企业和职工利益共享机制。

目标:五年城镇累计新增就业人数达到 35 万人,累计转移团场富余劳动力 10 万人。

第四节　提高职工收入水平

方向:完善以按劳分配为主体、多种分配方式并存、各种生产要素按贡献分配的制度,调整兵团、师团、企业和职工收入分配结构,努力实现职工收入与经济发展、劳动报酬与劳动生产率同步增长。

重点:按照市场机制调节、企业自主分配、平等协商确定、行政监督指导的原则,形成反映劳动力市场供求关系和企业经济效益的工资决定机制和增长机制。提高职工生产经营水平,巩固提高经营性收入。拓宽职工增收渠道,加快发展二三产业,使职工收入更多来源于非农产业,努力增加工资性收入。鼓励职工以劳动、资金、技术等要素参资入股企业、参与项目建设，增加职工财产性收入。落实农业、农资、农机、良种等各种补贴制度，增加职工转移性收入。合理调整团场和企业收入占比，健全职工工资正常增长和支付保障机制。以高于全国机关事业单位平均工资收入水平的原则，提高兵团机关事业单位工资收入水平。加快实施干部职级与待遇挂钩、工资福利待遇向基层和艰苦边远师团干部倾斜政策。着力增加低收入者收入，逐步提高最低工资标准。建立激励与约束相结合、科学规范的国有企业、农牧团场高层管理人员收入分配制度。

目标：2015 年，城镇居民人均可支配收入达到西部地区平均水平，农牧工家庭人均纯收入达到农垦领先水平。

第五节 提高职工群众社会保障水平

方向：坚持广覆盖、保基本、多层次、可持续方针，以基本养老、基本医疗、最低生活保障制度为重点，统筹城市和团场居民社会保障服务，逐步统一和提高保障标准，解除职工群众后顾之忧。

重点：将非公有制企业、个体工商户和灵活就业人员纳入基本养老覆盖范围，建立基本养老保险金正常调整机制，完善兵团级养老保险统筹。完善医疗保险制度，稳步提高基本医疗保险待遇水平、支付比例和最高支付限额。做好失业保险扩面征缴、待遇发放和动态监测工作，适度提高失业保险标准。完善工伤保险政策和标准体系，将机关工作人员纳入工伤保险参保范围。完善兵团辖区社会救助体系，实行城乡居民最低生活保障制度，加大对困难群众医疗救助、残疾人医疗康复救助及受灾群众临时救助力度。加强社会保障基金监督管理，健全社会保险社会化管理服务体系，促进城镇和团场居民平等享有社会保障服务。

目标：2012 年，力争应保尽保，实现全覆盖。

专栏 14 民生领域重点工程

城镇基础设施建设领域：城市市政基础设施改扩建、北屯等拟新建城市基础设施建设、工业园区市政基础设施建设、师部城区市政基础设施建设、边境团场、腹心团场城镇基础设施建设工程。
安居领域：新建和改建廉租住房 26 万套、公共租赁住房 5 万户、改造城市及国有工矿棚户区 10 万户、改造连队危房 18 万户。实施 3950 户游牧民定居工程。
促进就业计划：建立一批综合性公共实训基地和高技能人才培训基地。

第二十五章 完善公共服务体系

第一节 优化公共资源配置

方向：按照基本公共服务均等化原则和兵团职能属性，立足于服务兵团职工群众，调整公共资源布局，提高公共资源利用效率和公共服务水平。

重点：按照依托原则，加强兵团城市和垦区中心城镇公共资源投入，靠近兵团城市和中心城镇的团场要充分依托城市（镇）社会公共资源；团部附近连队要充分依托团部社会公共资源；兵直和师部兵团居民尽量依托所在地州市提供的公共服务，逐步减少对兵直和师部公共资源投入。按照整合原则，统筹规划建设医院、疾控中心和计划生育服务站，做到功能分区明确、用房合建共管、管理相对集中、设备综合利用;加快集中办学步伐,推进基础教育、职业教育和成人教育"三教统筹、资源共享";鼓励发展集多功能为一体的综合性公共文化设施,避免重复建设,降低运行成本。按照倾斜原则,加强兵团城市和垦区中心城镇公共服务设施建设,加快兵师优质公共服务向团场覆盖,逐步缩小团场与城市、边境与腹心垦区差距。

目标:2015 年,形成与职工群众公共需求相符合、与人口规模相适应、与兵团职能属性相匹配的社会事业管理体制和运行机制。

第二节　优先发展教育

方向:推进各级各类教育协调发展,着力提高基础教育、职业教育和高等教育质量和水平,进一步增强教育保障能力,建设终身教育体系和学习型社会,更好地服务于兵团及全疆经济社会发展。

重点:推进基础教育向"9+3"发展—巩固提高义务教育成果,推进兵团辖区义务教育均衡发展,实施中小学校舍安全工程、双语寄宿制工程、义务教育标准化工程,完善义务教育经费保障机制,实现办学条件标准化、学校管理规范化。大力发展学前教育,实施团场公办示范性幼儿园建设工程,完成双语幼儿园建设,支持民办幼儿园发展,2015 年基本普及学前两年教育。普及高中教育—推进"民汉合校"普通高中建设,提倡民汉混班教学,对普通高中家庭经济困难学生提高国家助学金补助标准,对南疆三地州兵团垦区初中毕业生高中阶段实行免费教育。积极发展职业教育—围绕推进城镇化、新型工业化、农业现代化对技能型人才和高素质劳动者的需求,扩大以就业为导向的中等职业教育规模,实施中等职业教育基础能力建设工程,推行工学结合、校企合作、顶岗实习的培养模式,对困难垦区中等职业教育学生免除学费并对家庭经济困难学生补助生活费。提高高等教育质量—实施重点学科平台建设工程、人才强校工程和本科专业建设创新工程,增强石河子大学服务于兵团经济社会发展的能力;支持塔里木大学建设南疆基层政权、南疆少数民族职业技能和南疆中职技能型教师"三大培训基地"。大力发展双语教育—实施双语寄宿制学校建设、双语教师培训工程,实现从学前到高中阶段双语教学的有效衔接,2012 年基本普及学前两年以国家通用语言文字为主、本民族语言为辅的学前双语教育,2015 年基本普及双语教育。加强教师队伍建设—通过教育援疆等方式,加强团场中小学教师周转房建设,着力提高各级学校特别是团场教师队伍政治、业务素质和教育教学水平。深化教育体制改革—按照优先发展、育人为本、改革创新、促进公平、提高质量的要求,改革教学内容、方法和评价制度,减轻中小学课业负担,实施高中学业水平考试和综合素质评价,促进教育公平和提高教育质量,形成适应素质教育要求的教学体制。

目标:2015 年,新增劳动力平均受教育年限达到 13.5 年。

第三节　提高医疗卫生服务水平

方向:坚持保基本、强基层、建机制、重预防,完善公共卫生和基本医疗服务体系,提高医疗卫生服务能力。

重点:深化医药卫生体制改革,健全医疗服务体系,完善兵团级医院功能,加强师(市)及团连医疗、社区卫生服务机构基础设施建设,重点加强急救中心、重症医学科建设,增强医疗救治能力。加强公共卫生服务体系建设,健全疾病预防控制、妇幼保健、卫生监督和医疗救援体系,完善基层急救站点和远程会诊系统,增强重大传染病防治和突发公共卫生事件医疗卫生应急处置能力,促进基本公共卫生服务均等化。提高医护卫生人员执业水平,加强住院医师规范化培训和以全科医生为重点的基层医疗卫生队伍建设。健全以国家基本药物制度为基础的药品供应保障体系,保障职工群众饮食用药安全。改革公立医院管理、补偿、运行和监管机制,引入多元化办医机制。加强重点中医院和综合医院中医科建设,推进中医药事业发展。

目标:2015 年,职工群众享有安全、有效、方便、价廉的医疗卫生服务;人均期望寿命达到 76.5 岁,孕产妇死亡率控制在 22/10 万,婴儿死亡率控制在 5‰。

第四节 繁荣文化体育事业

方向:坚持以现代文化为引领,充分发挥文化引导社会、教育职工群众、推动发展的功能,着力健全以文化、广播电视和新闻出版为主体的公共文化体系,不断满足职工群众日益增长的精神文明需求。

重点:加快推进文化基础设施建设。加强公共文化活动场所、文化阵地建设,实施"东风工程"、"春雨工程"、文化信息资源共享工程、屯垦戍边遗址保护工程,推进基层综合活动室、农家书屋工程建设。继续推进广播电视"西新工程"、"村村通"工程和兵团电影放映工程实施,加强师团有线电视网络、广播电视数字化等基础设施建设,增强广播电视传播能力,提高广播电视节目制作水平,促进兵团卫视在全国免费落地。启动兵团城市及垦区中心城镇电影院建设,提高团场电影放映公益场次补贴标准。加强基层宣传文化队伍建设,逐步形成覆盖垦区的公共文化服务体系和基本运行保障机制。推动文化体制改革,发展具有兵团特色的文化产业。加强城市社区和团场城镇公共体育设施建设,开展全民健身运动,有重点地发展竞技体育,提高职工群众健康素质。

目标:2015 年,力争文化设施普及率达到 100%,广播电视覆盖率达到 99%,有线电视入户率达到 75%。

第二十六章 加强宣传思想文化工作

按照建设社会主义精神文明的要求,加大理论宣传、文化宣传、舆论宣传力度,弘扬兵团精神,努力当好生产队、战斗队、工作队和宣传队,不断巩固各族职工群众团结奋斗、共同繁荣发展的思想基础。

第一节 加强社会主义精神文明建设

方向:以中国特色社会主义理论体系为指导,坚持用正确舆论导向引导社会思潮,切实把各族职工群众的思想和行动引导到跨越发展、改善民生和维护稳定上来。

重点:拓展群众性精神文明创建活动,构建传承中华传统美德、符合社会主义精神文明要求、适应时代要求的道德和行为规范。深入推进社会公德、职业道德、家庭美德、个人品德建设。加强和改进青少年思想道德建设,营造有利于青少年健康成长的社会环境。弘扬科学精神,加强人文关怀,注重心理疏导,培育奋发进取、理性平和、开放包容的社会心态。倡导修身律己、尊老爱幼、勤勉做事、平实做人,推动形成我为人人、人人为我的社会氛围。综合运用教育、法律、行政、舆论手段,引导职工群众知荣辱、讲正气、尽义务,形成扶正祛邪、惩恶扬善的社会风气,提高全兵团文明素质。

第二节 弘扬兵团精神

方向:大力弘扬兵团精神,努力构建屯垦戍边核心价值观,用兵团精神推进新时期屯垦戍边新的伟大实践。

重点：加强反对民族分裂、维护民族团结和履行使命教育，建设一批爱国主义教育基地和民族团结进步教育基地。开展以“热爱伟大祖国、建设美好家园”为主题的教育活动，弘扬“热爱祖国、无私奉献、艰苦创业、开拓进取”的兵团精神，以国家最高利益和中华民族根本利益为宗旨，以推进新疆跨越式发展、长治久安为己任，拓展兵团精神新的内涵，广泛开展兵团精神宣传教育进机关、进团场、进社区、进校园、进企业活动，在全兵团唱响和实践兵团精神，将兵团精神塑造为兵团人的主流价值、转变成职工群众的自觉追求。实施文艺精品创作工程，精心组织创作一批体现军垦特色、思想深刻、艺术精湛、喜闻乐见的文化艺术精品，繁荣发展哲学社会科学，增强中华文化、社会主义文化、兵团文化的凝聚力和软实力。加大与地方、内地及国际文化交流，使兵团文化走出新疆、走向全国，提升兵团文化影响力。

专栏 15　公共服务重点工程

教育事业：中小学校舍安全、义务教育标准化、民汉合校普通高中和双语寄宿制、中等职业教育基础能力、石河子大学和塔里木大学基本建设、双语教师培训基地、团场教师周转用房等建设项目。

医疗卫生事业：兵团级医院改扩建、基层医疗卫生机构危房加固改造工程、师团卫生监督机构业务用房、妇幼保健等公共卫生服务机构建设、医疗卫生信息综合网络平台建设等。

文化事业：实施文化建设“春雨工程”、团连综合文化设施和广播电视建设工程；在乌鲁木齐建设新闻中心，实施东风工程、农家书屋工程、天山工程，在兵团城市和垦区中心城镇建设集文化馆、图书馆、博物馆为一体的综合设施。

体育事业：在兵团城市和垦区中心城镇建设体育健身中心、标准足球场及灯光篮球场等项目。

第二十七章　加大扶贫开发力度

方向：创新扶贫开发方式，健全扶贫开发机制，增强贫困团场自我发展能力。

重点：坚持分类指导和因地制宜原则，对不同团场实施差别化扶贫政策，重点加大南疆和边境贫困团场扶持力度。完善产业扶贫、科技扶贫、挂钩帮扶措施，推进开发式扶贫，提高扶贫效率。继续实施兴边富民行动，建立健全扶贫开发与维稳戍边有效结合的新机制。提高扶贫帮困针对性，将扶贫对象由团场扩展到职工，整合各类扶贫开发资金和资源，集中力量帮助贫困职工改善基本生产生活条件、培育发展特色产业，拓宽增收渠道，提高劳动者素质。支持少数民族人口较多团场加快发展，扶持和引导少数民族职工从事二、三产业，确保少数民族人口较多团场职工收入水平和生活条件高于周边地方群众。

目标：2015 年，实现基本脱贫。

第二十八章　加强民族团结

方向：牢固树立“三个离不开”思想，巩固和发展平等、团结、互助、和谐的社会主义民族关系，积极引导宗教与社会主义相适应，推进各民族共同团结进步、共同繁荣发展。

重点：贯彻落实党的民族政策，推进各族职工群众交流、交融，深入开展民族团结进步创建活动，引导和鼓励各族职工群众混合居住，共同就业。普及国家通用语言文字，鼓励汉族干部学习少数民族语言，推动各民族和睦相处、和衷共济、和谐发展。贯彻落实党的宗教政策，依法加强对宗教事务和宗教活动场所的管理，引导宗教与社会主义社会相适应。坚持共产党员不能信教，坚持宗教活动不得干预行政、司法、教育等国家职能的实施，坚持宗教活动不得妨碍正常社会秩序和生活秩序。加强对统战、民族、宗教工作的领导，在各级各类学校进行党的统一战线、民族、宗教理论政策教育。建设兵团社会主义学院。

第二十九章　加强公共安全保障能力建设

方向：进一步提高安全生产、防灾减灾能力，保障职工群众生命财产安全。

重点：增强抵御各种自然灾害的能力。加快建设防汛、抗旱、气象、地质灾害监测预警信息发布系统和灾害防御体系，加快抗旱应急备用水源建设，做好气候变化监测及评估能力建设。全面完成学校、医院抗震加固任务，积极推进城镇生命线工程、文化体育等公共建筑的抗震加固。加强救灾救助应急体系建设，加快救灾物资储备和避险场所建设，提高救灾装备水平。

提高安全生产水平。强化安全生产监督和管理，严格落实企业安全生产主体责任，有效防范生产安全事故和职业危害，切实抓好煤矿、化工等高危行业安全生产和特种设备安全监管，完善安全生产技术支撑和应急救援体系，有效遏制重特大生产安全事故的发生。

保障职工群众健康安全。加强农产品、食品、药品监管体系建设，建立健全突发公共卫生事件监测预警制度，提高应对能力。强化公共环境安全，坚决防止工程建设、环境污染等人为引发的环境灾害。

目标：2015 年，单位生产总值生产安全事故死亡率下降 36%，工矿商贸就业人员生产安全事故死亡率下降 26%。

专栏 16　防灾减灾重点工程

城镇供水、供热、燃气等生命线工程；矿山地质环境治理、矿区土地复垦工程；阿拉尔、图木舒克、五家渠、石河子、北屯等城市防洪工程；防汛、抗旱、气象、地震灾害监测预警信息发布系统和灾害防御体系建设项目；救灾物资储备库建设工程；兵团煤矿安全改造工程；兵团应急指挥中心建设工程、兵团安全生产技术支撑体系建设工程等。

第三十章　加强民主法制建设

第一节　发展社会主义民主

方向：健全民主制度，丰富民主形式，拓宽民主渠道，保障职工群众依法行使民主权利，充分调动职工群众参与兵团经济社会事务管理的积极性、主动性和创造性。

重点：扩大职工群众有序政治参与，保障职工群众依法实行民主选举、民主决策、民主管理、民主监督。坚持和完善团场职工代表大会和城市人民代表大会、人民政治协商会议制度，凡重大事项必须经职工代表大会和人民代表大会通过，真正做到顺应民心、反映民意、贴近民生。加强基层民主，完善政务公开、团务公开、厂务公开，保证职工群众依法行使选举权、知情权、参与权和监督权。发挥兵团各级人大代表和政协委员作用，疏通信息通达、参政议政渠道，依法推进民主化进程。

第二节　推进依法行政

方向：坚持依法行政基本方略，树立社会主义法治理念，保障职工群众合法权益，逐步实现各项工作法治化。

重点：按照国家相关要求，依法实施兵团行政管理职能。进一步加强执法队伍建设，提高执法水平，坚持司法公正。尊重和保障人权，依法保证广大职工群众平等参与、平等发展的权利。增强职工群众法制意识，继续搞好普法教育工作。提高职工群众法律素质，抓好律师、公证和基层法律服务队伍建设，营造遵纪守法、依法办事的社会风气，为创建和谐兵团提供强有力的法律保障。

第九篇　实施科技和人才强兵团战略　增强跨越式发展动力

加大科技投入和技术创新力度，用高新技术和先进适用技术改造提升传统产业，积极培育新兴产业，实行人才资本优先积累，为经济社会发展提供科技和人才支撑。

第三十一章　推进科技创新

加强科技与“三化”紧密结合，提高科技创新能力和科技成果转化应用水平，完善以企业为主体的技术创新和应用体系，到 2015 年总体科技达到西部地区先进水平。

第一节　加强自主创新能力建设

方向：把增强自主创新能力作为科技发展的战略基点和促进产业升级、转变发展方式的重要环节，围绕解决兵团经济社会各领域发展关键技术问题，瞄准全国领先水平，开展集成创新和引进消化吸收再创新。

重点：加大农业科研和技术开发力度，全面普及种养业、果蔬园艺业十大常规技术，重点突破优异种质资源利用与生物育种技术，开展农业生物、现代节水、农机装备和农业信息四大技术研究与应用，力争动植物良种繁育、高效节水技术集成与示范、农机装备等技术达到国内领先水平。引导工业企业以品牌、标准、服务和效益为重点，用现代科技改造提升传统产业，在氯碱化工、煤化工、高性能高分子功能材料、特种硅酸盐、新型墙体材料、现代食品生物工程和节能环保等技术上实现突破，使煤化工、氯碱化工等领域技术研发和应用达到国内先进水平，农产品加工技术与装备达到西部地区先进水平。加强科技基础平台建设，整合各类创新资源，将农垦科学院培育成综合性科学院，推进重大科技基础建设和开放共享。发展创业风险投资，推进科技攻关项目实施。加强科普能力建设，提高兵团职工群众科学素质。

目标：2015 年，科技进步对全社会的贡献率达到 56% 以上，研究与试验发展经费支出占生产总值比重达到 1.5%。

第二节 促进企业成为技术创新主体

方向：鼓励企业加大科技投入和先进技术应用步伐，建立以企业为主体、市场为导向、产学研相结合的技术创新体系。

重点：实施“科技创新型企业培育计划”，围绕推进新型工业化和农业现代化，着力培育一批自主创新能力强、拥有自主知识产权、竞争力较强的优势企业和企业集团。落实科技援疆政策，鼓励企业与石河子大学、塔里木大学、农垦科学院以及支援省市科研院所，共建重点实验室、科技园、研究院（所）、博士后流动站，吸引国内外特别是支援省市企业到兵团建立研发机构和技术转移中心，支持企业建立工程研究（技术）中心，加强面向企业的技术开发平台和技术创新服务平台建设。力争使兵团规模以上工业企业都能与国家级科研机构建立多种形式的产学研合作关系，并从技术服务、成果转让等一般性合作拓展到科研开发、成果产业化、人才培训等多方面合作。

目标：2015 年，新增国家级企业技术中心 2 家、自治区级企业技术中心 15 家。

第三节 强化科技成果转化和应用

方向：加速科技与经济的有机结合，推动科技成果向现实生产力转化。

重点：以推进新型工业化和农业现代化为着眼点，推进新技术、新工艺和新产品的开发，加大中试和应用阶段的资金投入，实施一批重大常规技术和高技术产业化项目，加速推进科技成果转化，着力建设新材料、新医药、生物技术、现代服务业等科技成果转化示范基地，形成一批具有自主知识产权的高技术产品。建立健全科技成果转化的金融服务、技术市场等支撑体系，改革科技成果评价和激励机制。

目标：2015 年，新增 15 家产学研联合示范基地。

专栏 17 重大科技工程

科技攻关工程：动植物转基因育种技术、优良畜禽品种体细胞克隆及干细胞技术、农业生物肥料、生物农药产品研发，优良畜禽品种培育及高效繁育技术，聚氯乙烯高性能材料技术、汞减排成套技术和无汞催化剂开发、等离子体裂解煤制乙炔技术开发及应用。

科技基础建设工程：农产品质量安全、动物遗传改良与抗病育种、功能高分子材料兵团重点实验室建设项目，科学数据及文献、专利信息资源共享平台建设项目。

重大科技成果转化工程：石河子新材料高技术产业基地建设项目；南疆特色中药资源深加工项目；生物育种及产业化项目；微生物制造、绿色农用生物产品高技术产业化项目；新材料、新能源技术开发及应用等。

第三十二章 推进人才强兵团战略实施

坚持服务发展、人才优先、以用为本、创新机制、高端引领、整体开发的指导方针，以扩大规模为基础,以提升能力为核心,以高层次、高技能人才为重点,推进各类人才队伍建设,为实现跨越式发展和长治久安提供坚强人才保障。

第一节　建设高素质人才队伍

方向:培养和造就总量充足、结构优化、布局合理、素质优良、热爱兵团的人才队伍,努力成为人才高地。

重点:加大人才投入和培养力度,大力实施党政人才素质能力提升工程、"兵团英才"建设工程、新型工业化人才开发工程、名师名医培养开发工程、"兵团青年拔尖人才"培养选拔工程、专业技术人员知识更新工程、现代化农业人才支撑计划、兵团技能人才振兴计划和对口支援兵团人才培养工程等,造就一批懂经营、善管理的发展型班子、工业人才、科技带头人及各类实用技术人才。鼓励企业与院校建立产学研战略联盟培养模式,支持石河子大学、塔里木大学和对口支援省市所属高校定点培训城镇化、新型工业化所需各类人才。在龙头企业增设博士后流动站和科研工作站,缓解高层次人才和紧缺人才瓶颈制约。落实干部援疆、人才援疆政策,通过双向挂职、两地培训等方式,帮助受援师团培养干部和人才,吸引科技带头人、高技能人才参与兵团经济社会发展。组织实施选聘高校毕业生到连队任职工作、"三支一扶"计划、大学生志愿服务西部计划和特设岗位教师计划等,引导和鼓励高校毕业生到基层就业和服务,到2012年,实现"一连两名大学生连官"。

目标:2015年,人才资源总量达到37万人。

第二节　创新人才管理体制机制

方向:改进人才管理方式,营造充满活力、富有效率、更加开放的人才制度环境。

重点:坚持党管人才原则,将人才工作纳入各级党政班子综合考核指标体系。创新人才使用、引进机制,建立高于地方同行业标准的福利待遇机制,广泛吸纳各类人才来兵团建功立业。建立以岗位职责要求为基础、以品德、能力和业绩为导向的人才评价发现机制。深化党政领导干部选拔任用制度改革,健全国有企业领导人员市场化选拔制度,完善事业单位聘用制度和岗位管理制度。营造尊重人才的社会环境、平等公开和竞争择优的制度环境,健全与工作业绩紧密联系、充分体现人才价值、有利于激发人才活力和维护人才权益的激励保障机制。建设统一规范、面向疆内外的人才市场,完善与对口支援省市、与地方人才交流合作机制。

目标:2015年,兵团成为人才培养、使用、输送的蓄水池。

第十篇　促进改革开放和兵地共同发展
激发跨越式发展活力

发挥市场在资源配置中的基础性作用,推进重点领域改革,扩大对内对外开放,积极融入新疆发展大局,构建既符合市场经济要求、又与屯垦戍边使命相适应的经济体制和运行机制,为跨越式发展提供制度保障和动力源泉。

第三十三章　深化体制改革

坚持兵团特殊体制与市场机制有效结合的改革方向，破除自我发展、绿洲经济桎梏，形成充满活力、富有效率、更加开放、有利于跨越式发展和长治久安的体制机制。

第一节　推进行政管理体制改革

方向：按照精简、统一、效能原则，坚持政企分开、政事分开、政资分开，建立健全决策科学、权责对等、执行顺畅、监督有力、廉洁高效的行政管理体制。

重点：健全和落实辖区内行政、司法职能，逐步确立兵团行政主体资格。优化行政结构、行政层级、职能责任，科学划分兵、师、团事权和财权，精简机构，提高效能，下放权限，着力解决机构重叠、职责交叉、政出多门问题。转变行政职能，强化社会管理和公共服务职能，减少对微观经济的行政干预。健全科学民主行政决策机制，建立健全公众参与、专家咨询、风险评估和集体讨论决定的决策程序，对同职工群众利益密切相关的重大事项，逐步实行公示、听证等制度，继续推进政务公开并实现制度化。推行行政绩效管理和行政问责制度，健全责任追究制度和纠错改正机制，降低行政成本，提高行政执行力和公信力。按照政事、事企和管办分离原则，加快事业单位分类改革，合理确定属性和划分类别，将主要承担行政职能的逐步将其行政职能划归行政机构，将主要从事生产经营活动的逐步转为企业，将主要从事公益服务的继续保留事业单位序列。深化投资体制改革，强化企业投资主体地位，规范政府性投资行为，加大政府性投资整合力度，健全以规划为依据，以土地、环保、能耗为约束的投资宏观调控体系，逐步建立市场引导投资、企业自主决策、融资方式多样、富有兵团特色的投资体制。深化财务体制改革，完善预算管理机制。

第二节　推进团场改革

方向：建立和完善具有兵团团场特点、科学规范有序的管理体制，完善双层经营体制，使团场管理步入科学化、制度化、规范化轨道。

重点：科学划分团场行政管理职能与企业生产经营职能，形成权责明确、分工协调、有机统一的运行体制。加大公共财政保障力度，保障团场机关基本运转经费，逐步提高团场公共性公益性事业保障能力，完善连队基本运行经费补助机制。建立团场国有资产经营公司，以出资人身份监督管理国有经营资产，确保国有资产保值增值。放手发展多种形式的经济组织，引入投资者改造团场国有企业。进一步完善职工土地承包、产品管理和收入分配制度，在依法自愿有偿和加强服务基础上，有序推进承包土地流转，完善连队职工住房用地管理机制。加强团场社区管理，健全团场社区管理职能。

第三节　推进国有企业改革

方向：健全国有资产监督管理体制，优化国有经济布局，增强国有经济活力、控制力和带动力。

重点：建立各负其责、运转协调、有效制衡、激励和约束相统一的企业法人治理结构，形成科学规范的现代企业制度。推进国有经济战略性调整，促进优势资产向支柱产业、优势企业和重点品牌集聚，推进国有企业股份制改革，实行投资、产权主体多元化。继续推进企业分类划级工作，逐步取消企业行政级别。落实企业生产经营自主权，规范企业重大决策的科学化、民主化，建立国有企业重大决策失误责任追究制度。深化国有企业人事制度改革，逐步推进企业管理者市场化选择，建立有利于人才成长、适应市场机制要求的选人、用人制度。健全国有资本经营预算和收益分享制度，扩大国有资本收益上交范围，提高上交比例，全面建立股份制公司特别是上市公司分红制度。建立和完善上下顺畅的兵师团三级国有资产监督管理体系，形成出资人有效监督与企业自主经营结合的国有资产管理体制。

第四节 支持和引导非公有制经济发展

方向：坚持公有制为主体、多种所有制经济共同发展的基本经济制度，营造各种所有制经济依法平等使用生产要素、公平参与市场竞争、同等受到法律保护的体制环境。

重点：认真落实国家关于鼓励支持非公有制经济的政策，清除限制非公有制经济发展的体制障碍和政策规定，依法保护各种所有制经济主体的合法权益，促进非公有制经济快速发展。以城市和产业园区为平台，鼓励非公有制经济通过参股、控股和资产收购等多种形式，参与国有企业改制和重组，发展混合所有制经济，做大支柱产业。2015 年，非公有制经济占兵团经济比重达到38%。

第五节 开展综合配套改革试点

方向：遵循社会主义市场经济发展规律，立足兵团党政军企合一职能属性，结合各师发展实际，推进改革试点工作，实现重点突破与局部创新。

重点：在农八师石河子市开展城乡综合配套改革试点，着力推进城市和团场规划建设一体化、公共服务均等化。在农六师五家渠市开展承接产业转移综合配套改革试点，着力推进传统产业升级和新兴产业发展。在农四师开展向西开放综合配套改革试点，着力提升开放型经济水平。在农三师开展参与喀什特殊经济开发区建设综合配套改革试点，着力增强自我造血功能、带动少数民族群众共同致富。

专栏18 重大改革进度安排

领域	任 务	完成时间
行政管理体制改革	科学划分兵师团事权和财权，强化行政绩效考核，提高行政效率	前期
	建立重大事项集体决策和决策失误责任追究制度	中期
	推进政务公开，完善新闻发布制度	中期
	加快事业单位分类改革，合理确定属性和划分类别	中期
	建立兵师行政引导、企业自主决策、融资方式多样投资体制	中期
	完善预算管理体制机制	中期
团场改革	推进团场管理体制改革	前期
	加大公共财政保障力度，保障团场机关基本运转经费	前期
	建立团场国有资产投资经营公司，确保国有资产保值增值	中期
	完善职工土地承包经营制度，推进承包土地流转	后期
国企改革	调整国有经济布局，形成一批跨师大企业，提高企业市场竞争力	中期
	建立健全科学规范的现代企业制度	前期
	健全国有企业重大决策失误责任追究制度	前期
	推进企业管理者市场化选择，完善经营者业绩考核和薪酬分配制度	中期

第三十四章 建设开放型经济

以大开放促进大发展，实行对外对内开放并举，引进来与走出去相结合，充分利用两个市场、两种资源，形成更高水平、更宽领域的全方位开放格局。

第一节 扩大对内开放

方向：按照发挥比较优势、拓展增长空间的要求，全面提升对内地省市开放质量和效益。

重点：抓住东部产业向中西部转移以及国家继续实施西部大开发的机遇，充分利用新疆资源和区位优势，坚持优势互补、互惠互利，全面加强与内地各省区合作，积极吸引中央企业和内地有实力的大企业大集团来兵团投资，促进国内优势产业、技术、人才向兵团集聚，增强兵团经济发展活力。建立以企业为基础、以产业为纽带、行政积极推动的多层次对内开放机制，密切兵团与内地经济、文化往来和交流，提高兵团知名度。营造招商引资环境，制定并落实各类优惠政策，提高服务水平，实现借力发展。

目标：2015 年，招商引资固定资产到位资金占全社会固定资产投资总额比重达到 50% 以上，成为东部沿海地区优势产业转移承接区、西部重要的经济增长点。

第二节 提升向西开放水平

方向：充分利用新疆沿边开放和毗邻口岸的优势，大力发展口岸经济，促进外向型产业和边境贸易共同发展，努力建设成为外向型商品加工基地、商品中转集散地、进口能源和紧缺资源周转地以及内引外联、东联西进的示范区。

重点：发展对外贸易—面向中西亚和内地两个消费市场，吸引内地企业落户兵团加工生产再出口，扩大纺织服装、聚氯乙烯、特色农产品等自产品出口及先进技术、关键设备、矿产、木材等资源类产品进口，加强特色农产品和产成品出口物流基地及转运加工进口资源性商品保税仓储基地建设。发展口岸经济—围绕周边国家市场需求，引导企业发展以加工贸易、仓储物流、设施农业、商贸旅游等为主的口岸经济，在边境垦区建立集货物进出口、保税等多功能为一体的边境经济合作区，以贸易带动优势产业发展。参与对外交流平台建设—充分利用“中国—亚欧博览会”、哈萨克斯坦中国商品展、我国与中西亚及上海合作组织高层经贸论坛等活动，提升向西开放水平，扩大兵团影响力。

目标：“十二五”期间进出口总额年均增长 22%，自产品出口年均增长 30% 以上，培育 10 家外向型企业集团。

第三节 加快“走出去”步伐

方向：以农业开发为先导，以矿产资源开发为重点，以实施优势资源转换战略为目标，引导和鼓励优势产业和优势企业到周边和新兴市场国家开展多领域、多方式投资合作，拓展发展空间。

重点：推进“农业西进”—充分发挥兵团农业技术和人才优势，鼓励有条件的师团到周边国家以租赁、承包、投资、购买等方式开展农业综合开发，建立境外农业基地，扩大农业经营规模。推进“资源西进”—鼓励企业到周边国家利用就地开采出售、加工升值、进口深加工等开发方式，开展石油、天然气、铁、铜、磷、木材等资源的开发与利用，拓展优势资源转换空间。推进“服务西进”一大力开展境外工程承包和劳务合作，支持兵团企业发展境外工程承包。拓展建筑安装、农业种植、设备维护调试、医疗服务等领域的技术劳务合作，带动工程机械、建材、技术、商品出口和劳务输出。鼓励企业到周边国家建设货物分销集散地，搭建自产品出口平台，形成国内外一体化出口商品销售网络。

第三十五章　促进兵地共同发展

树立融合发展、协调发展、共同发展理念，主动融入当地发展，着力推进优势资源共享、基础设施衔接、产业布局配套、企业联合重组、市场体系对接和人才培训交流，提高促进区域经济发展的参与度和协调性，合力推进新疆跨越式发展和长治久安，使边疆同守、资源共享、优势互补、共同繁荣的格局得到进一步巩固和发展。

第一节　推进规划对接

主动加强与地方规划的衔接，将兵团各级各类规划和重大项目纳入自治区及各地州经济社会发展规划，使兵团产业发展和重大基础设施建设在自治区层面得到统筹考虑，促进区域内生产力布局进一步优化。

第二节　推进资源共享

积极主动参与自治区山区控制性水利枢纽工程和跨流域调水工程，同步建设兵团配套工程。加强主动沟通衔接，落实给兵团无偿配置矿产资源的种类、数量、分布及时限。按照依托、整合原则，促进地州市兵地教育、卫生等公共资源共享。

第三节　做好示范带动

发挥兵团在农业装备、科技推广等方面优势，探索建立与周边农村长期稳定的土地承租和代耕代种合作关系，推进兵团农业产业化龙头企业与地方农村建立长期稳定的基地关系，扩大农机服务、良种供应和节水灌溉覆盖范围，示范带动全疆经济发展。

第四节　推进干部交流

按照政治坚定、业务精湛、作风过硬、群众信任的原则，选拔各级党政领导干部，加大兵地干部挂职交流力度，建立与地方高层联系会议制度，促进干部融合团结，形成兵地干部交流的长效机制。

第五节　推进政策共享

根据适用于新疆自治区的任何支持政策兵团同样适用原则，加大与自治区在政策落实上的衔接和沟通，确保中央和自治区各项政策在兵团辖区的有效贯彻和执行。

第三十六章　发挥兵团集团化优势

按照整体联动、协调配合、形成合力原则，进一步发挥兵团决策高效、组织有力、集中力量办大事的优势，将行政推动和市场运作有效结合，加强师与师之间经济联合，提高优势产业集中度，增强兵团整体实力。

第一节　优化生产力布局

按照市场导向、产业集聚、突出特色、交通便利和可持续发展原则，在全兵团范围内统筹规划好原料基地生产、下游产业发展和产业链延伸等生产力布局，优先发展各类产业集聚园区，以点促线、以线带片，逐步形成分工合理、协作配套、优势突出、规模效益显著的产业集群。

第二节　推进优势资产整合

打破师团行政区域对生产要素流动和优化配置的壁垒，促进国有存量资产和增量投入向优势产业、优势区域、优势企业和名牌产品集聚，形成一批跨区域的国有控股或参股大企业、大集团，以兵团品牌整体形象参与竞争、占领市场、实现利益最大化。

第三节　提高资源利用效率

运用市场机制，通过必要的行政手段，着力在建设用地置换、各类资金整合、公共资源共享等方面采取有效措施加以推进，使兵团集团化、规模化优势得到充分发挥。

第四节　创新企业运作方式

鼓励师团通过自行投资或招商引资方式，在兵团城市、工业园区创立企业，实行经济指标、税收分成。

第十一篇　改善资源环境　推进跨越式发展可持续

把建设资源节约型和环境友好型社会放在实现兵团跨越式发展的突出位置，把推进城镇化、新型工业化、农业现代化与建设生态文明有机统一起来，实现生态效益、社会效益和经济效益相互促进。

第三十七章　提高资源保障能力

坚持节约优先、保护环境，立足疆内、拓展周边，构建稳定、经济、安全的资源保障体系，为经济社会发展提供可持续、强有力的资源支撑。

第一节　加强水资源管理

方向:着力提高水资源保有量和利用效率,促进经济社会发展、人口产业布局与水资源承载能力相适应,实现水资源的有序开发、有限开发、有偿开发和高效可持续利用。

重点:根据水资源和水环境承载能力,强化用水需求和用水过程管理,建立用水总量控制和定额管理相结合的管理体制,明确各师年度用水指标和节水目标。坚持以水定地、以水定产业、以水定规模,加强水源地保护,强化节水措施,维护河流和地下水系统功能。调整用水结构,节约种植业用水,增加城镇、工业和生态用水。发挥水价杠杆作用,推进城镇供水价格和污水处理收费制度改革。

目标:2015 年,农业用水比重下降到 92%。

第二节　加强土地资源管理

方向:坚持"在保护中开发、在开发中保护"原则,合理有序开发利用土地资源,促进土地集约利用,提高耕地质量和建设用地单位土地产出率。

重点:加强耕地和基本农田保护,强化耕地保护共同责任机制,严格土地用途管制,从严控制非农建设占用耕地,落实耕地占补平衡。严禁水土无序开发,加大土地整理力度,推进耕地和基本农田质量建设。建立健全城市和城郊建设用地储备出让制度,适时建立土地储备中心,加快城镇存量建设用地挖潜和二次开发。按照产业集聚、布局集中、用地集约的原则,引导工业项目向园区集中、居住向城镇集中。强化规划和年度计划管控,建立重点建设项目用地审批绿色通道,实行项目供地面积与产出效益挂钩。鼓励建设项目使用未利用地,鼓励受援地区在城镇建设用地范围外使用戈壁荒滩开发建设产业聚集园区,享受免交土地出让金、土地有偿使用费政策。

目标:2015 年,耕地保有量 1540 万亩。

第三节　强化矿产资源保障

方向:提高对疆内和周边地区优势矿产资源的拥有量,为推进新型工业化、实现跨越式发展提供资源支撑。

重点:多渠道加大地质勘探投入,参与实施自治区"358"项目,加紧落实石油、天然气、煤等能源以及其他重要资源,满足新型工业化对资源的需求。通过"保护、争取、合作"等方式,鼓励各师积极参与自治区矿产资源勘探与开发,在准东、吐哈、伊犁和库拜等已探明储量煤田落实优质煤炭资源,在南北疆落实一定数量的天然气、石油资源,在周边国家矿产资源富集区获取更多矿产资源。

目标:2015 年,形成强有力的现实和后续矿产资源保障能力。

第三十八章　加大环境保护力度

增强资源忧患意识、节约意识和环保意识,建立低投入、高产出,低消耗、少排放,能循环、可持续的经济体系,提高资源使用效率,加快建设资源节约型和环境友好型社会。

第一节 重视节能减排

方向:加强政策引导,创新节约模式,推广节约技术,加强资源节约和管理,提高资源利用效率。

重点:强化节能减排目标责任评价考核,坚决淘汰浪费资源、污染环境和不具备安全生产条件的工艺和设备,严格执行环境影响评价制度,建立项目能评制度。加快实施节能减排重点工程,推进合同能源管理、能效标识管理和节能产品认证管理,加快电力、化工、建材等重点用能企业的节能技术改造,鼓励推广应用节能环保新技术、新工艺、新设备、新材料。提高应对气候变化能力,调整优化能源结构,增加清洁能源和可再生能源比重,建立节能减排统计监测制度。在农业、工业、交通、建筑、商业、生活等各个领域推行节约能源、节约用水、节约用地、节约原材料活动,引导和推广节能环保型消费及服务方式。

目标:2015 年,单位生产总值能源消耗和二氧化碳排放下降幅度与自治区保持同步。

第二节 发展循环经济

方向:按照减量化、再利用、资源化原则,以提高资源产出效率为目标,在生产、流通、消费各领域推广循环经济模式。

重点:推进以石河子市为代表的区域循环经济试点和以天业为代表的循环经济企业发展。加快资源循环利用产业发展,实施节能、节水、节材、综合利用等减量化项目、废旧产品再利用项目以及废旧物资等资源化利用项目,推进资源、能源、废料闭合循环利用和废弃物无害化处理。推行产业间上下游联动、一条龙生产,实现土地集约利用、废物交换利用、能量梯级利用、废水循环利用和污染物集中处理,力争做到“吃干榨净”。提高矿产资源回收率,加强共伴生矿产资源综合利用。建设城市社区和团场垃圾分类收集及分选系统,推进生活垃圾资源化利用,推进废旧物资回收再生利用。

目标:2015 年,工业固体废物综合利用率达到 72%,工业用水重复利用率达到 85%,矿井回采率达到 80%。

第三节 强化污染防治

方向:全面推行清洁生产和绿色消费,强化污染物减排和治理,逐步实现污染防治由末端治理向全过程控制转变。

重点:强化水库、流域和水源地环境综合治理,保护水库及水源地水质,确保职工群众饮用水安全。实施好土壤污染治理工程,加强规模化畜禽养殖污染防治和综合利用,科学合理使用肥料、农药和农膜,有效治理农业面源污染。重点实施园区、矿区、企业、医院综合整治,提高工业“三废”处理能力,危险废物、医疗废物和放射性废物基本得到安全处置。加快实施和完善兵团城市、团场城镇污水、垃圾处理工程,加强城镇污染物治理。建立健全监测预警、执法监督和环境管理体系,提高环境监管能力。加大环保宣传力度,提高公众环保意识,倡导绿色消费。

目标:2015 年,化学需氧量、氨氮、氮氧化物、二氧化硫等四项总量控制指标,控制在国家下达指标内。

第三十九章　加强生态建设与保护

方向:坚持保护优先和自然修复为主,加大生态保护力度,发挥生态安全屏障作用。

图 3　兵团生态地区示意图

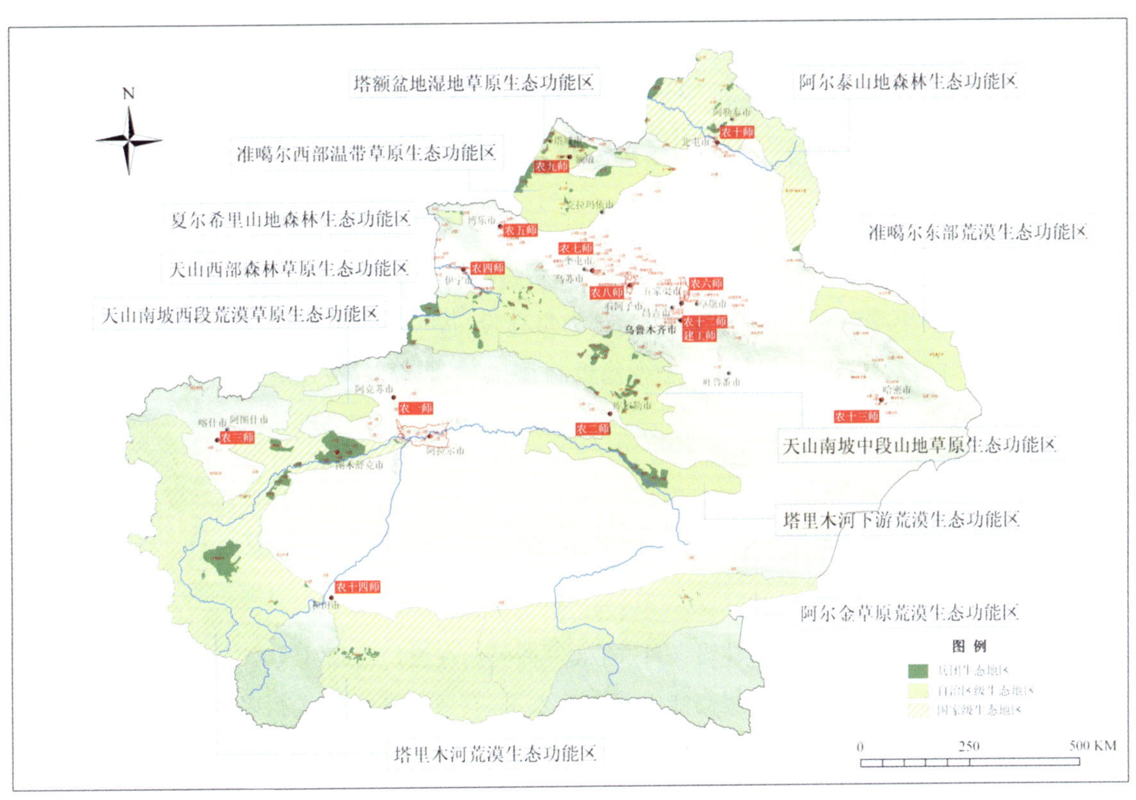

重点:增强水源涵养、水土保持能力,对 44 个团场进行水土流失综合治理,继续实施塔里木河等重点流域综合治理二期工程,参与艾比湖生态修复,逐步构建有效的水土流失综合防治体系。继续实施天然林保护、三北防护林、退牧还草工程,巩固退耕还林成果,恢复天然植被,发展绿洲人工生态,建设绿洲基干防护林、农田防护林体系、垦区绿色生态带、边境林体系,营造良好的生产和人居环境,形成保障绿洲生态安全的重要屏障。启动准噶尔盆地南缘、塔里木盆地周边防风固沙工程,减缓土地沙化、盐渍化趋势。加强湿地保护与恢复。能源和矿产资源开发尽量减少对生态空间的占用,同步开展矿山环境保护与恢复治理。倡导生态文明建设,积极开展各类生态创建,改善连队生态环境。参与国家级和自治区级重点生态功能区建设,与自治区共同构筑由阿尔泰山地森林、天山山地草原森林和帕米尔—昆仑山—阿尔金山荒漠草原三大生态屏障以及环塔里木和准噶尔两大盆地边缘绿洲区组成的“三屏两环”生态安全战略格局。

目标:2015 年,森林覆盖率 8%,新增水土流失综合治理面积 1000 平方公里。

专栏19 环境与生态建设重点工程

重点环境保护和资源节约工程:开展石河子市和天业集团9个循环经济试点工程,实施一批重大节能项目,围绕城市、产业园区以及重点城镇实施污水、垃圾处理工程,围绕大宗工业固体废弃物、工业废水和工业废气等组织实施一批资源综合利用和环境保护项目。

重点小流域综合治理工程:实施44个团场水土保持工程和64条中小河流治理工程。

重点生态建设工程:继续实施兵团三北防护林和退牧还草工程,加快推进塔里木盆地周边和准噶尔盆地南缘防沙治沙工程。

第十二篇 提高应急处突能力 为跨越式发展提供保障

把增强维稳戍边能力作为有效履行使命、实现新疆长治久安的重要保证,着力提高总量、提高素质、提高能力,加快维稳戍边基础设施和武装力量建设,进一步提升兵团整体动员、维稳处突能力,强化和完善军警兵民“四位一体”反恐维稳机制,为新疆繁荣发展、民族团结、社会稳定和边防巩固做出突出贡献。

第四十章 加强民兵应急能力建设

方向:着力改善民兵基础设施建设条件,有效发挥民兵在维护新疆社会稳定中的重要作用。

重点:从提高总量、提高素质、提高能力等方面入手,有效提高民兵遂行多样化军事任务能力。加强民兵训练场所等基础设施建设,强化基础训练和综合演练,保障训练经费足额到位。改善民兵组织和年龄结构,形成一支政治可靠、组织健全、结构合理、训练有素、装备良好、保障有力的民兵队伍。

目标:2015年,民兵动员潜力、应急力量占基干民兵比例以及应对各种突发事件装备能力明显提高。

第四十一章 加强政法力量建设

方向:着力改善政法系统办公、办案条件,提高设施水平和执法能力。

重点:完善政法系统基础设施建设,提高装备水平,改善工作手段。加大政法机关业务装备经费、办案业务经费保障力度。加强政法队伍建设,重点加强双语政法干部培养,提高政法队伍整体素质、执法水平及维稳能力。

第四十二章　加强职工队伍建设

方向:培养造就一支结构合理、数量足够、相对稳定、素质较高、纪律严明的职工队伍。

重点:巩固和稳定兵团现有职工队伍,改善职工队伍结构,从军转干部和优秀退伍战士中选留一批到团场工作,从大专院校招录一批优秀大学生到基层工作。加强兵团精神教育,增强职工维稳戍边的责任感、使命感。大力实施职工素质工程,提高职工思想政治素质、职业技能素质、经营管理素质、军事素质和健康素质,重点加强职工子女、青年职工的培养和锻炼,逐步优化职工队伍年龄结构,实现职工队伍向高素质、年轻化过渡。

第四十三章　维护兵团内部稳定

方向:在确保兵团辖区平安稳定的基础上,构建全天候、无缝隙社会治安防控体系,为新疆稳定、边防巩固、长治久安做出更大贡献。

重点:深入开展"创建平安团场、建设平安兵团"活动,加强兵团辖区视频监控平台及相关配套的技防体系建设,提高综合治理全面防控和快速反应能力。依法严厉打击各类违法犯罪活动,保护职工群众生命财产安全。强化反腐败斗争,建立健全惩治和预防腐败体系。正确处理人民内部矛盾,加强流动人口治安管理服务及刑释解教人员安置帮教工作,改进信访工作,完善人民调解、行政调解、司法调解联动的工作体系,整合各方面力量,建立调处化解矛盾纠纷综合平台。支持工会、妇联充分发挥联系职工群众的桥梁和纽带作用,畅通和规范群众诉求表达、利益协调、权益保障渠道,建立和完善矛盾排查机制、信息预警机制、应急处置机制、责任追究机制和重大决策风险评估机制,积极预防和妥善处理群体性、突发性事件,维护社会安定团结。加强基层组织活动场所和综合服务设施建设。

第十三篇　凝心聚力　实现跨越式发展宏伟蓝图

坚持以科学发展观为指导,适应社会主义市场经济体制的要求和履行屯垦戍边使命的需要,加强和改善党的领导,健全规划实施机制,强化政策保障、项目运作、投资支撑,有效引导社会资源,合理配置公共资源,保障规划顺利实施。

第四十四章　健全规划保障机制

加强组织领导。在兵团党委的统一领导下,"十二五"规划编制工作领导小组负责组织对规划纲要的实施。各师、各部门、各单位要按照职责分工，将规划纲要确定的相关任务纳入本部门工作重点，按照进度要求，认真落实纲要提出的目标、任务，结合各自实际，制定具体的贯彻落实意见。

营造良好氛围。各级各部门要进一步增强政治意识、大局意识、责任意识、机遇意识，以只争朝夕、奋发有为的精神状态和工作状态，用足用好各类政策机遇，把广大干部职工群众的思想和行动引导到落实中央决策部署上来，引导到一心一意谋发展、全力以赴保稳定上来，引导到推进规划顺利实施上来，努力形成社会各界广泛关注规划、认可规划、自觉参与规划实施的良好氛围。

强化规划衔接。加强规划规范化管理，以国民经济和社会发展总体规划为统领，以主体功能区规划为基础，以专项规划、区域规划、城市规划和土地利用规划为支撑，形成各类规划定位清晰、功能互补、统一衔接的规划体系。明确本规划在各类规划中的主导地位，加强在指导思想、发展目标、发展重点及重大项目布局等方面的衔接，确保各级各类规划在主体功能定位上指向清晰，在资源配置上相互协调，在生产力布局上保持一致，在时序安排上科学有序。兵团产业发展规划以及重大项目要力争纳入国家相关规划，兵团各级各类规划要与自治区及各地州相关规划在重点任务和重大项目布局上相衔接，并落实本规划提出的主要任务。

强化目标管理。各级各部门要依据本规划和相关专项规划、区域规划，结合工作实际，将规划目标和重点任务分解落实到年度计划。要加强对经济增长、投资、收入、环境保护等主要预期性和约束性指标的监测预警，形成规划逐年落实、动态实施的机制。

第四十五章　实行分类指导的实施机制

本规划提出的工业、农业和服务业等产业的发展方向，着力是为市场主体提供明确的发展导向，主要发挥市场配置资源的基础性作用，依靠市场主体的自主行为实现规划目标。各有关部门要履行市场监管职能，减少对微观经济的直接干预，维护公平竞争，为市场主体创造良好的发展环境。

本规划确定的推进经济跨越发展、调整优化经济结构、促进垦区协调发展，主要通过体制机制创新、完善相关政策和建立分类绩效评价体系来实现，对城镇化区域主要强化经济增长、人口规模、产业升级等方面的评价，对农产品主产区和重点生态功能区主要强化提供农业产品和生态产品的评价。

本规划确定的教育、卫生、社会保障、社会救助、促进就业、防灾减灾、公共安全、维稳戍边等公共服务领域任务，主要通过兵团履行行政职能、运用公共资源完成。

本规划确定的改革任务，是兵团的重要职责，要加强对改革的总体指导和统筹协调，将改革任务分解落实到有关部门，分步加以推进。

第四十六章　强化政策保障

将落实中央新疆工作座谈会精神贯穿于“十二五”全过程。各师、各部门要牢固树立“兵团一盘棋”思想，按照职责要求，认真履行形势研判、政策研究、协调指导、督促检查、调查研究等职能，建立健全沟通协调机制、情况报告通报制度、督促检查机制、考核评估机制和目标责任制，对上做好汇报衔接，相互之间做好协调配合，确保中央推进新疆跨越式发展和长治久安等相关工作顺利推进以及相关政策、重大项目有效落实和实施。对于属一个部门职责范围内由其落实的政策项目，要明确责任人，提出具体的目标任务和进度安排，积极主动扎实推进各项工作。涉及两个以上部门的，牵头单位要统筹协调推进牵头事项的组织实施，成员单位要支持配合牵头单位的工作。需与国家部委沟通衔接的，要加大力度，责任到人，积极跟进。需细化落实的，要抓紧制定具体意见措施，确保各项政策、项目逐一落实、取得实效。

第四十七章　做好对口支援工作

加强与对口支援省市的全方位合作。坚持民生优先、基层优先、困难地区优先，以规划为先导，以团场为援建重点，整合援建资金和资源，重点加强安居工程、双语教育、园区建设、人才干部等工程建设，提升硬件设施水平，改善团场和连队职工生产生活条件。通过双向挂职、两地培训和支教、支医、支农等方式，帮助受援师团培养专业技术干部和企业经营管理人才，吸引高技能人才、高科技带头人参与兵团经济社会发展。抓住东部产业向中西部转移的机遇，规划建设对口支援工业园区，主动引导区外尤其是对口支援省市优势企业、产业向兵团转移，吸引和鼓励支援方个人、企业参与兵团支柱产业发展，增强造血功能。力争用五年时间使受援师团经济发展明显加快、职工群众生活明显改善、团连面貌明显改观、公共服务水平明显提高。

统筹用好对口支援各项政策。抓住各省市全方位对口支援的有利契机，处理好输血与造血、“硬件”与“软件”建设、物质支援与文化交流的关系，借援助力量，进一步增强自身发展能力。发挥主体和主导作用，主动加强与支援省市的协调配合，促进经济、干部、人才、教育、科技等援疆政策衔接协调，保证政策实施效果，形成对口支援合力。健全直接对口到团的援助机制，增强对口支援力度和效果。健全对口支援领导机构和工作协调机制、重大项目管理制度、责任追究制度，推进各项政策和项目的有效实施。简化对口援建项目审批程序，减少审批环节，提高审批效率，严格执行基本建设制度，确保资金、项目和干部安全。解决好援疆干部工作居住问题，为其创造良好的工作条件和后勤保障，及时帮助解决支援省市工作中遇到的问题，发挥援助最大效应，促进兵团经济社会发展水平整体提升。

第四十八章　加强投资和项目管理

强化投资保障。扩大投资规模，拓宽投资渠道，提高投资质量和效益，发挥投资对跨越式发展的拉动作用。实行按主体功能区安排与按领域安排相结合的投资政策，国家产业发展资金着力增强兵团自身发展能力，重点投向产业链长、辐射面广、推进优势资源转换的重大工业项目；中央专项资金着力体现公平，重点向基层、基础设施、民生公益性领域倾斜；兵团可控资金着力提高投入产出率和资金集中使用率，用于做大做强优势产业；中央专项资金和对口援助资金集中投入水电路气房、教育、卫生等民生领域，重点向基层倾斜、向贫困团场倾斜。

建立重大项目责任制。对规划纲要中确定的重大项目和重大工程进行分解落实，明确进度、明确责任、明确要求,加快实施一批关系全局、带动作用强、示范效果好的民生项目、基础设施项目、产业项目和生态项目。建立分类指导的项目实施机制。对主要依靠市场配置资源、由市场主体自主实施的竞争性领域项目,重点明确发展导向、加强市场监管和做好项目服务。对由兵团提出、社会资金参与建设的项目,创新投融资体制,充分激发市场主体参与的积极性。对公共服务领域项目,需由兵师统筹用好中央专项资金和兵师配套资金,确保项目落到实处和按期完成。完善项目储备机制,按照规划确定的发展方向,不断研究提出新的建设项目,形成动态有序的项目储备。

专栏 20 "十二五"重点项目分布和投资构成

"十二五"期间,兵团围绕加强基础设施建设、改善民生、促进产业结构调整与升级等重点领域,规划重点项目 260 个,总投资 4000 亿元,其中:在建或续建项目 30 个,新开工项目 230 个。

按行业类别分,基础设施和民生项目 160 个,完成投资 1600 亿元;产业发展项目 100 个,完成投资 2400 亿元。

按投资规模划分,投资在 100 亿元以上项目 10 个,总投资 1500 亿元;投资在 10 亿～100 亿元之间的项目 100 个,总投资 2000 亿元。

第四十九章　完善规划评估机制

健全监测评估机制。加强监测评估能力建设,加强服务业、节能减排、收入分配等薄弱环节统计工作,强化对规划实施情况跟踪分析。各有关部门要加强对规划相关领域实施情况的评估,规划主管部门要对约束性指标和主要预期性指标完成情况进行评估,并向兵团提交规划实施年度进展情况报告,以适当方式向社会公布。在规划实施的中期阶段,组织开展全面评估,针对规划实施中出现的新情况、新变化,提出调整修改意见,并将中期评估报告提交兵团审议。

责任编辑:张振明　阮宏波　忽晓萌
责任校对:吴海平　张　红　王　惠

图书在版编目(CIP)数据

国家及各地区国民经济和社会发展"十二五"规划纲要/国家发展和改革委员会 编.
-北京:人民出版社,2011.11
ISBN 978-7-01-010362-4

Ⅰ.①国…　Ⅱ.①国…　Ⅲ.①国民经济计划-五年计划-中国-2011～2015　Ⅳ.①F123.393

中国版本图书馆CIP数据核字(2011)第214859号

国家及各地区国民经济和社会发展"十二五"规划纲要
GUOJIA JI GE DIQU GUOMIN JINGJI HE SHEHUI FAZHAN SHIERWU GUIHUA GANGYAO

国家发展和改革委员会　编

人民出版社 出版发行
(100706　北京朝阳门内大街166号)

北京新华印刷有限公司印刷　新华书店经销

2011年11月第1版　2011年11月北京第1次印刷
开本:889毫米×1194毫米 1/16　印张:149.5
字数:3800千字　印数:0,001-3,000册

ISBN 978-7-01-010362-4　定价:680.00元

邮购地址 100706　北京朝阳门内大街166号
人民东方图书销售中心　电话 (010)65250042　65289539